2015
中国—东盟商务年鉴

主编　王　雷

线装书局

2015中国——东盟博览会指定行业合作伙伴
2015中国——东盟博览会指定燃油供应商

中国石油广西销售公司简介

中国石油天然气集团公司是一家集油气勘探开发、炼油化工、油品销售、油气储运、石油贸易、工程技术服务和石油装备制造于一体的综合性国际能源公司。2014年，在世界50家大石油公司综合排名中位居第三，在《财富》杂志全球500家大公司排名中位居第四。中国石油广西销售公司是中国石油省级销售分公司，成立于2000年10月，主要从事中国石油在广西地区的成品油市场开发、销售以及非油品经营和车用天然气终端销售工作。

十五年来，公司传承和弘扬大庆精神铁人精神，艰苦创业、筚路蓝缕、自强不息，奋力开拓广西市场。目前，中国石油加油站遍布八桂大地，公司先后荣获全国工人先锋号、全国青年文明号等称号，一个具有国际水准的现代成品油销售企业迅速崛起于美丽壮乡。

十五年来，公司积极践行“奉献能源、创造和谐”的企业宗旨，认真履行国有企业“三大责任”，服务地方经济发展，开创了地企共建、和谐发展的全新局面。今后，公司将进一步发挥中国石油的品牌优势，为加快实现广西“两个建成”奋斗目标加油，为中国东盟博览会加油。

全国通的油卡

中国石油加油卡，一卡在手，畅通广西，全国加油。

贴心窝的服务

以客户为中心，提供全方位、高质量、差异化服务，满足客户多元化需求，让客户有宾至如归的体验。

放下心的质量

依托国内领先的现代化炼厂钦州炼厂，贯彻“诚实守信、精益求精”的质量方针，为客户提供优质油品和便利店商品。

听得到的口碑

主动服务地方经济发展，真情回报社会，以实际行动践行“奉献能源、创造和谐”的企业宗旨。

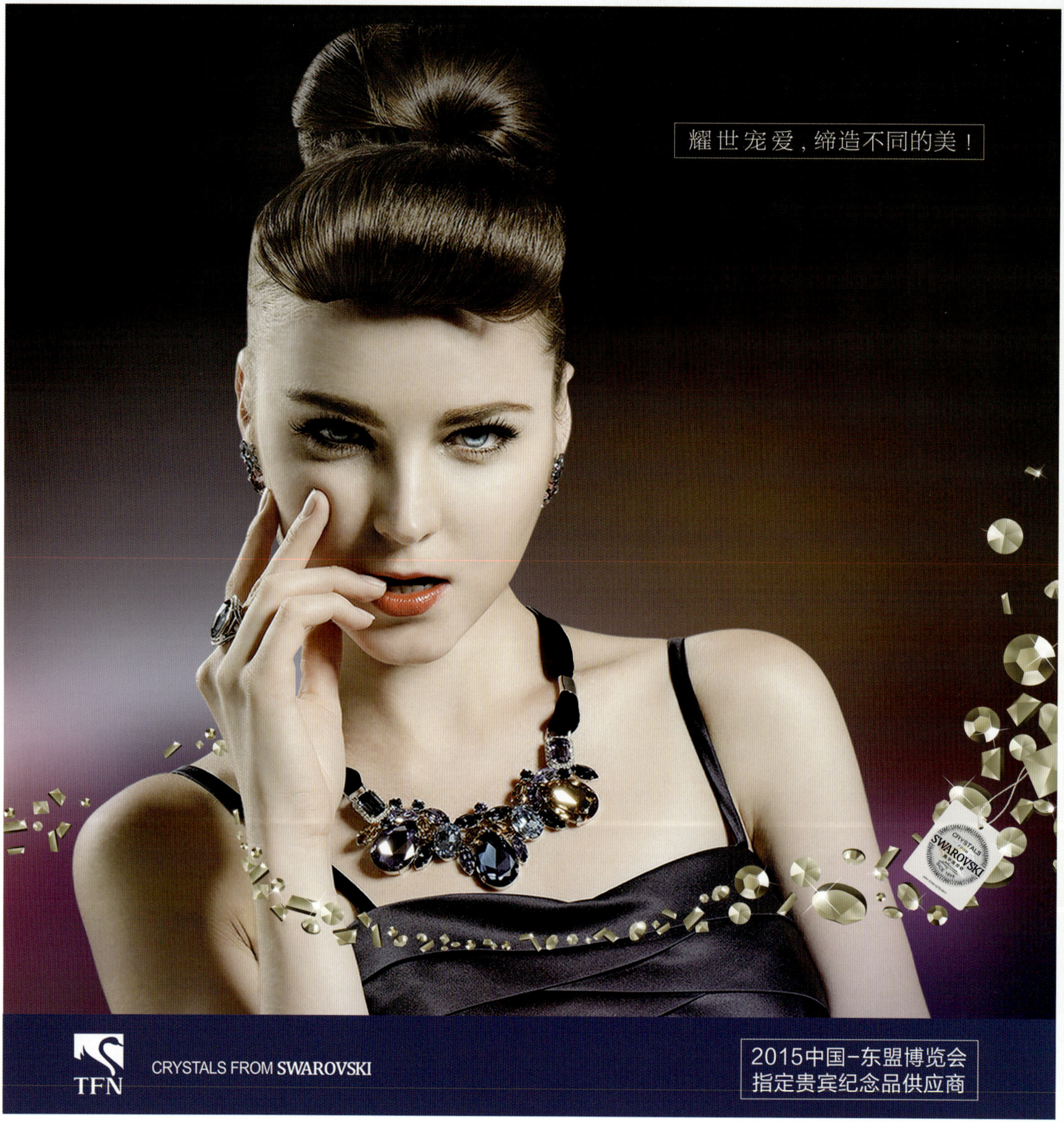

广西盛鑫石业有限公司

董事长寄语

先哲说：“世上没有平坦的大路可走，只有在崎岖小路上不断攀登，才能达到光辉的顶点。” 企业发展如同人类生存，要直面无尽的艰辛，接受风雨的洗礼。市场风生云起，优势与劣势并存，机遇和挑战同在。作为民营企业，在这样的市场风浪中，要有自己的智慧和魄力，乘势而为，积极进取，才能拥有更大的发展空间，创造更大的经济效益。

盛鑫石业成立至今，风雨兼程，步步成长。发扬“团结、进取、廉洁、高效”的企业精神，热忱努力，全情经营，成就了今天东盟签约的自治区层面的重大项目，实现了既定目标。

“专业成就未来”，作为企业的领航人，我深知企业责任重大，更深知市场竞争残酷，盛鑫公司将继续秉承“做一个项目树一座丰碑，交一方朋友，建一生情义”的经营理念，珍惜有限，创造无限；让“盛鑫”这颗闪亮的石材界红星更加耀眼。“世界圆融、积善兴德”、“欲成大事、先得做人”盛鑫愿和业界同仁一道，携手共赢，发展蓝图，规划崭新的石材领域，再创行业辉煌！

回望昨日，展望未来。我衷心地感谢对盛鑫公司关心支持的领导、同仁、朋友和客户！

在新的经济形势下，在政府政策的扶持下，让我们满怀希望与憧憬，开拓进取；以德为基，诚信当先，以人为本、至诚至精；严谨务实、追求卓越。

玉林市

玉林位于广西东南部，毗邻粤港澳，南接北部湾，总面积 1.28 万平方公里，总人口 700 多万，是一座有着两千多年州郡史的城市。玉林是华侨之乡，有华侨 100 多万，是广西最大、全国著名的侨乡。玉林是农业大市，是广西重要的粮食、水果、禽畜生产基地，全国著名的“荔枝之乡”、“桂圆之乡”、“三黄鸡之乡”和“沙田柚原产地”，全国九个海峡两岸农业合作试验区之一，全市家禽、生猪养殖量均占广西的 1/5，其中三黄鸡就占了珠三角市场份额的 70%。玉林是非公经济示范市，商贸底蕴深厚，民营经济活跃，中小企业众多，素有“岭南都会”的美誉，获评为全国首批“中国创业之城”和“流通领域商贸物流示范城市”，形成了以机械制造、医药食品、水泥陶瓷、电子信息等八大产业集群，是全国最大的内燃机生产基地，被誉为“中国动力之城”和“绿色动力之都”、“中国南方药都”，也是全国最大的日用陶瓷生产出口基地之一，国家级的建材生产出口基地、皮革服装基地和食品加工基地。玉林是生态宜居城市，山清水秀，风景秀丽，素有“岭南美玉，胜景如林”的美誉，是中国优秀旅游城市，“全国绿化模范城市”“国家森林城市”、“国家生态文明示范市”和“广西园林城市”，正在创建“国家园林城市”。

近年来，玉林市采取积极措施大力发展会展业，经过多年的培育和发展，目前已经形成玉博会、药博会、陶博会三大品牌展会领头，其他专业性展会紧随的现代会展业新格局。

SME EXPO

中国·玉林

中小企业商机博览标志

第十一届中小企业商机博览（玉林）

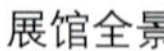

展馆全景

为主动适应和引领经济新常态，紧紧抓住大数据时代蕴含的发展重大机遇，不断拓展和延伸中国—东盟博览会效应，积极融入自治区“双核驱动、三区统筹”战略，提升中小企业商机博览品位，把玉林市建设成为区域性大城市、北部湾城市群商贸中心、国家非公经济发展示范城市，玉林市人民政府联合中国中小企业发展促进中心、中国—东盟博览会秘书处、广西壮族自治区工业和信息化委员会、商务厅、旅游发展委员会、农业厅，定于 2015 年 9 月 20 日至 22 日在玉林市共同主办第十一届中小企业商机博览（简称玉博会），主要内容有：

一、中小企业发展论坛：邀请著名专家学者和企业家围绕“互联网 + 的发展商机”主题，探讨互联网 + 对中小企业的巨大影响和重新构建，推动中小企业抢抓机遇，积极主动实施互联网 + 战略，实现传统企业自我颠覆、组织重构、管理进化、产业升级、涅槃重生。

二、小商品交易会：于 2015 年 9 月 20 日—22 日在玉林毅德国际商贸城举办，展示展销国内外中小企业名优小商品。小商品展区分设港澳台及东盟小商品展示交易区，展示港澳台及东盟企业品牌、产品。室外设置电子商务展示区，以“智慧城市、电商玉林”为主题，展示电子商务在玉林应用发展的成效，并开展其他配套展销活动。

三、特色农副产品交易会：于 2015 年 9 月 20 日—22 日在玉林宏进农副产品批发市场举办，展示展销国内外名优特色农副产品、副食品及相关产品。

四、茶文化展销交易会：于 2015 年 9 月 20 日—22 日在玉林宏进农副产品批发市场茶叶城举办，展示展销茶叶、茶具及茶文化相关

南方西岳、广西最大的高山草甸野营基地、中国南方最大的野菜美食中心——大容山国家森林公园

客商参加玉博会

产品，开展茶文化系列活动。

五、项目推介与商务洽谈：利用玉博会平台，以县（市、区、园区）及知名大企业为主体，分别或联合组织专场推介会，举行项目宣传推介、对接洽谈、签约仪式等活动。

六、有关配套活动：本届玉博会期间，还将有关配套活动：

（一）2015 乐游广西秋季推广活动暨大容山旅游文化节：于 2015 年 9 月 20 日—22 日举办。借助系列配套活动，整合旅游资源，加强区域旅游合作，全面展示玉林市旅游风貌，推进玉林旅游业发展战略的实施，打造龙头景区，唱响玉林旅游文化品牌。

（二）2015“岭南都会”消费购物节：于 2015 年 9 月 20 日—10 月 20 日举办，以“岭南都会，购物天堂”为主题，在玉林市区各大专业市场、各消费购物场所、各县（市、区）各大商场、大卖场广泛开展以返利、打折、特卖等方式的促销让利活动，打造一场各行业联动的消费让利购物大戏，搞活商业氛围，带动市民消费，展示“岭南都会”商贾云集、购销两旺新景象。

中小企业发展论坛

（三）2015 毅德秋季房·车展、养生美食展及音乐节：于 2015 年 9 月 20 日—22 日在毅德国际商贸城举办，展示推介玉林市为主的各大楼盘房源、装饰材料、家居家具、汽车等内容，展示展销以养生为主题的各类美食，丰富市民文化生活。

2014 年 1 月 22 日，在全区率先启动注册资本登记制度，实行注册资本认缴制；8 月 22 日，又率先在全区开展企业登记注册“先照后证”试点，压减 90% 的前置审批事项

2014 年 4 月 1 日，中越北仑河二桥开工

广西东兴国家重点开发开放试验区

广西东兴国家重点开发开放试验区（简称“东兴试验区”）由国务院于 2012 年 7 月批准设立，地处中越边境，既沿海又沿边，是 21 世纪“海上丝绸之路”始发港、西南、中南地区开放发展的重要战略支点，拥有不可替代的区位优势、港口优势、贸易优势、产业优势、政策优势和生态优势，正重点打造国际经贸、港口物流、国际商务、临港工业和生态农业等 5 个功能区，发展空间广阔，潜力巨大。

2014 年，东兴试验区管委会坚持先行先试、真抓实干、敢于担当，全力推进东兴试验区开发开放，取得一批“广西领先、全国瞩目”的成果，“试验区效应”不断凸显。2014 年，东兴试验区地区生产总值 452.96 亿元，增长 11.6%，增速居广西第二；财政收入 57.1 亿元，增长 11%；固定资产投资 401.27 亿元，增长 5.8%；规模以上工业总产值 991.69 亿元，增长 18.8%，增速居广西第二；社会消费品零售额 54.22 亿元，增长 13.4%；外贸进出口总额 54.56 亿美元，增长 27.1%，总量居广西第二；边贸成交额 223.52 亿元，增长 9.2%；城镇居民人均可支配收入 29446 元，增长 8.8%；农民人均纯收入 10833 元，增长 12.1%，增速居广西前列。东兴试验区经济引领作用不断增强，工作亮点不断显现：

市委书记、东兴试验区工委书记金湘军在 2014 中越（东兴—芒街）商贸－旅游博览会开幕式上致辞

市长、东兴试验区管委会主任何朝建在 2014 年第十一届中国—东盟博览会东兴试验区跨境经济合作专题推介会上作推介发言

一是试验区规划体系加快完善。由管委会统筹的 18 项规划基本完成，其中：《试验区建设总体规划》于 3 月 3 日获得国家发改委批复，一批重点项目纳入国家规划盘子。

二是跨境经济合作区建设加快推进。按照建设国家第一批跨境经济合

2014 年个人跨境贸易人民币结算总量达 193 亿元，边境贸易人民币结算占比高达 98%，为全国平均水平的 6 倍多

东兴边民在兑换机构兑换越南盾

国内外主流媒体纷纷聚焦东兴试验区

2015 年 1 月 14 日，东兴冲榄工业园基础设施建设开工仪式隆重举行，试验区管委会副主任初阳宣布全面开工

东兴试验区管委会副主任初阳到冲榄工业园实地察看项目推进情况

作区的要求，管委会不等不靠，制定跨合区建设方案，完善总体规划编制，统筹谋划围网区、配套区 10 + 70 平方公里范围内的产业布局，快速推进一批重点项目建设。

三是先行先试改革创多项全国全区第一。创造了四个“全国第一”和三个“广西第一”，得到自治区领导和广大人民群众的肯定。

四个“全国第一”：全国第一批进境粮食指定口岸、第一个人民币与越南盾特许兑换业务试点、第一个东盟货币服务平台、第一家跨境保险服务中心。

三个“广西第一”：广西第一个启动城乡居民医保统筹改革试点、第一个启动企业登记制度改革试点、成功办理第一笔跨境人民币贷款业务。

四是试验区重大项目加快实施。由试验区重点推进的 23 个项目已开工建设 18 项，完成投资 12 亿元。争取到补助资金 2 亿元，用地指标 90 公顷。一批园区和重点项目的前期工作正加快推进。

五是对外开放合作平台加快打造。防城港进口粮食指定口岸已获批，进境水果指定口岸已获初审。跨合区总体方案已完善，跨合区产业研究、控制性详规已完成。试验区综合保税区前期工作正逐步推进。东兴边合区区域调整、里火边合区设置正加紧申报，峒中口岸和里火口岸升格正提交国务院审查。成功举办一批商贸文化交流活动，签约项目 47 项，项目总投资超 500 亿元。

六是互联互通网络加快构建。中越北仑河二桥等一批桥梁、公路、铁路、码头泊位相继开工或建成，试验区连接东盟陆海通道重要枢纽加快形成。

未来，东兴试验区将积极抢抓国家建设“一带一路”、自治区实施“双核驱动”等战略机遇，主动适应经济发展新常态，以建设“边境特区、海陆门户”为目标，以实现“广西领先、全国瞩目”为标杆，以打造“边海经济带”为主线，以发展港口经济、海洋经济、口岸经济、旅游经济、生态经济、互联网经济等六大经济业态为着力点，为实现“争当全国沿边开发开放排头兵，加快迈入我国沿海开放城市第一集团”宏伟目标作出新贡献。

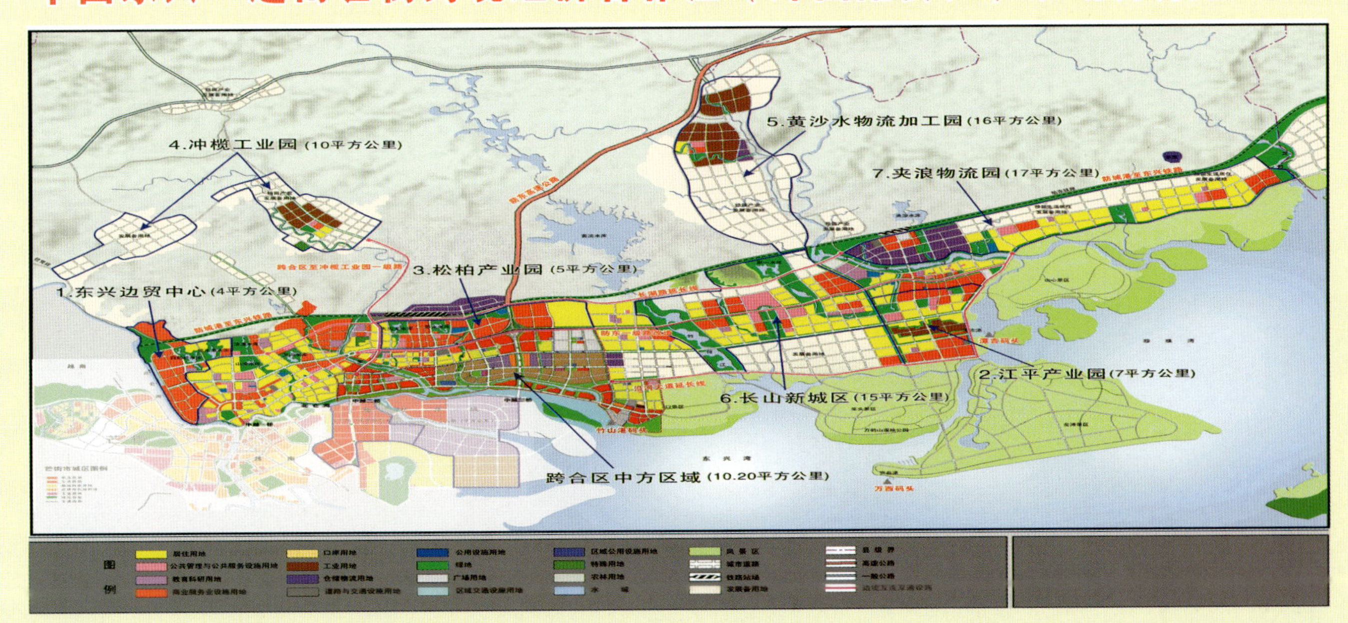

崇左市

崇左，中国南疆最年轻的地级市，也是广西陆地边境线最长的城市。崇左，是边境贸易之都，拥有国家一类口岸 4 个，二类口岸 3 个、边民互市点 14 个，2014 年，全市外贸进出口总额达 146.94 亿美元，2015 年上半年外贸进出口总额 83.64 亿美元；是“中国糖都”，年糖产量占全国 1/5；是“中国锰都”，锰矿储量居全国首位，有全国及至全球最齐全的锰产业链；是“中国红木之都”，近来年红木产品年销售额达 100 亿元。

2015 年 6 月 1 日，中泰（崇左）产业园建设策划座谈会在崇左召开

友谊关口岸，出口越南及东盟的货车排成了长龙

崇左具有独特的区位优势和便捷的交通条件。“打开门就是越南，走两步就进东盟”，是崇左区位优势的集中概括。崇左市区距南宁吴圩国际机场 90 公里，湘桂铁路穿境而过；南友高速公路与越南一号公路对接，崇左至越南河内一小时车程可达；崇左至广西钦州沿海港口相距 150 公里，通过钦州、防城港海上可达世界各国；推进西江黄金水道建设，左江 Ⅲ 级航道工程将于年内实现全线通航，从而形成以市区为中心的出边、出海、连首府、通各县（市）的“通边达海”一小时交通圈。

建市以来，崇左市紧紧围绕资源优势，坚持做大做强做优“糖、矿、红、绿”等四大特色支柱产业，全面推动产业转型升级。2014 年全市甘蔗种植 432 万亩，2014/2015 榨季入厂原料蔗 1620 万吨，年产糖量占广西的三分之一，连续多年成为全国产蔗产糖第一大市；落实“双高”基地建设 31.89 万亩，按照土地整治、土地流转、水利化建设、良种良法、全程机械化的要求加快推进，取得了明显成效。崇左锰矿资源储量达 1.65 亿吨，居全国首位；膨润土储藏量居世界第一，铝土矿、稀土等有色金属储量亦十分丰富。崇左是中国红木交易种类最多、配套设施最全的红木产品集散中心、产销中心和全国最大的红木市场，连续 8 年红木家具进口居全国第一。崇左是边关旅游胜地，境内有友谊关、德天瀑布、左江花山岩画等著名景点，素有“崇左天下美”的美誉。2014 年全市累计接待游客 1362.53 万人次，实现旅游总收入 100.95 亿元。

2015 年 5 月 18 日，广西崇左・龙赞国际东盟林业循环经济产业园项目举行开工仪式

2015 年，崇左市重点推进稀土下游产业、铜下游产业、林业循环经济、坚果加工、生态旅游以及现代农业等六大产业合作。一是重点推进稀土下游产业合作。已探明稀土矿资源量 38 万吨，预测远景储量达 100 万吨。围绕年加工能力 5500t 规模的中铝广西国盛稀土开发有限公司江苏国盛稀土分离生产线异地升级

大型古装玄幻仙侠剧《花千骨》在崇左石景林、大新德天瀑布等地实地取景拍摄

国家文物局已确定将左江花山岩画文化景观列入2016年中国申报世界文化遗产项目

改造项目建成投产，建设中铝广西有色崇左稀土高新产业园，重点发展稀土产品分离、稀土催化剂、稀土永磁材料等稀土下游产业项目合作。二是重点推进铜下游产业合作。围绕广西南国铜业有限公司年产30万吨铜冶炼项目的开工建设，在广西中国－东盟青年产业园规划建设铜循环经济高新科技园，重点发展铜门、铜管、铜线、铜带、铜杆、铜紧固件、电线电缆、变压器及水暖器材等铜下游产业项目合作。三是重点推进林业循环经济产业合作。全市现有木材加工企业553家，林化生产企业14家，批复年生产能力245万立方米，2014年全市人造板产量154万立方米，祥盛木业年产30万立方米刨花板项目是广西最大刨花板生产线。崇左·龙赞东盟国际林业循环经济产业园项目开工建设，重点发展板材、木门、橱柜、木地板、家具、家具机械等林业循环经济产业。四是重点推进坚果加工产业合作。龙州水口口岸是我国主要的坚果进出口贸易口岸，在该县规划打造全国最大的坚果贸易加工交易基地，在崇左市城市工业区规划建设广西－东盟特色食品产业园，发展坚果生产加工产业。五是重点推进生态旅游产业合作。大力实施“发现山水崇左·圆梦别样桂林”旅游发展战略，加快建设边关风情旅游带，创新推进旅游“25671”工程，全面打造“全国红色旅游国际合作创建区”。六是重点推进现代农业产业合作。甘蔗、剑麻、指天椒、苦丁茶、八角、龙眼等种植规模在全国享有盛名。大力开展现代特色农业核心示范区建设，重点发展现代特色农业核心示范区项目、种植、养殖、农副产品加工、涉农机械制造等现代农业产业项目合作。

崇左发展机遇多重叠加。随着国家推进“一带一路”建设，具有独特地缘优势的崇左在全国、全广西对外开放大局中的地位更加凸显。《左右江革命老区振兴规划》覆盖全境，加上已有的北部湾经济区发展规划、珠江—西江经济带发展规划，崇左成为全广西唯一一个“三个国家战略全覆盖”的地级市。凭祥综合保税区已封关运行，广西凭祥重点开发开放试验区、沿边金融综合改革试验区和中越凭祥—同登跨境经济合作区正加快建设，国家出台《关于加快沿边地区开发开放的若干意见》历史机遇为崇左开发开放装上了强劲的助推器，推动崇左走进东盟、走向世界。

风生水起北部湾，陆路东盟崇左看。当前，崇左主动适应经济发展新常态，抢抓历史叠加机遇，加力开放合作，加快南崇经济带建设，奋力把崇左建设成为面向东盟开放合作的新高地，成为提升广西沿边开放水平的桥头堡。

中国铝业

今年，崇左市真抓实干，落实31.89万亩的“双高”基地建设，得到自治区领导肯定。图为在扶绥县的“双高”基地，小型飞机实施喷洒农药作业

国土厅

在中国国土资源部、中国商务部、中国国际贸易促进委员会、广西壮族自治区人民政府的领导下，经过广西壮族自治区国土资源厅、国土资源部科技与国际合作司、广西壮族自治区商务厅、中国国际贸易促进委员会广西分会、广西壮族自治区地质矿产勘查开发局、广西有色金属集团有限公司的共同努力，2014中国—东盟矿业合作论坛暨推介展示会（以下简称“矿业论坛”）于2014年5月9日—10日在广西南宁国际会展中心顺利举办。

一、论坛活动丰富，签约项目成果丰硕

本届矿业论坛以“建设绿色矿山，促进矿业可持续发展”为主题，论坛议题涵盖政府合作、技术合作、投资融资和项目合作。来自中国和东盟国家矿业部委、矿业企业、矿业协会、商协会、金融机构、矿业研究机构和服务供应商等共507名代表参加了论坛和会议，其中中方参会代表401人，外方106人。

本届矿业论坛紧紧围绕主题，重点举办了包括开幕式、多边和双边会见会谈活动、中国冶金地质总局专场推介会和缅甸国家专场推介会、高峰论坛、绿色矿山建设论坛、矿产资源综合利用论坛、矿山地质环境保护论坛、亚洲国家地质矿产概况与可持续发展论坛、中国—东盟地理信息论坛和矿业投融资论坛、中国—东盟国家矿业高官与中国企业家闭门会议、矿业项目签约、推介、洽谈会在内的23项活动，内容更为丰富，实效更加突出。论坛期间签约项目6个，其中涉及东盟国家项目1个，国内项目4个，非东盟国外项目1个。推介项目17个，其中，国外项目6个，区外项目4个，区内项目7个。洽谈项目234个，其中有55个项目属于东盟及其它的国家矿权，国内矿权项目有179个，包括有色金属62个，黑金属30个，贵金属47个，非金属40个。

二、展览会缤纷多样，展商观众反响强烈

本届矿业论坛展览会分为中国—东盟矿物珠宝展和中国—东盟矿业合作图片展两个部分，展览总面积超1.3万平方米。

中国—东盟矿业合作图片展共分为“论坛结硕果”、“合作渐深入”、“交流促实施”三大部分，共126个展板，全面反映了矿业论坛举办五年来中国和东盟各国在地质勘查、矿业开发等方面的深入交流和合作的全面、丰硕成果。中国—东盟矿物珠宝展在南宁国际会展中心1、2和3号展馆设标准展位700余个，共有参展商2100余人，是历届矿业论坛中展位最多、规模最大的展览，也是广西区内珠宝展中品种最齐全、品质最好的一届。区外展商主要来自东盟国家，港澳台地区及其它国家，其中，缅甸展位有56个，台湾48个，广西区内展位159个。本届中国—东盟矿物珠宝展首次引入全国著名产地的矿物晶体及广西新开发的珠宝玉石新品参展，集中展示了矿物晶体和珠宝玉石文化，也充分展示了广西珠宝玉石的地方特色。展会期间，前来观展的采购商、收藏家、珠宝玉石爱好者、观众等超过10万人次，销售成交额达1.3亿元。为期5天的中国—东盟矿物珠宝展得到了各主办方广泛认可，也得到了国内外参展商、国内外买家和观展群众高度称赞。

三、积极开拓创新，论坛亮点不断

（一）举办中国冶金地质总局专场推介会。中国冶金地质总局就地质勘探、矿业开发、岩土工程、地理信息等方面的优势及缅甸矿业开发的环境、政策和问题等进行详细而深入的介绍，共推介了15个矿产勘查合作项目，集中展示了冶金地质总局核心竞争力、新能源开采、发展战略、资源优势、先进技术。

（二）举办缅甸专场推介会。重点介绍缅甸国内的矿产资源现状、投资政策及环境等，推动中缅矿业领域互利互惠合作，促进在相邻区域重要的成矿带进行编图、成矿规律对比研究、资源潜力评估等，专业性和实用性较强，对寻求矿业合作和开发有较强的吸引力。

（三）首次将亚洲国家矿业开发与可持续发展，以及中国—东盟地理信息纳入论坛交流合作内容，进一步扩大了中国、东盟和亚洲国家的合作交流领域。亚洲国家矿业开发与可持续发展论坛采用国别报告的形式展开，覆盖面广，信息量大，发布的资料实用性强，发言嘉宾重点介绍了本国的基础地质和矿产分布、矿业管理机构设置、矿业开发情况、绿色矿山建设，以及矿业政策最新动态和本国矿业在世界上的地位等内容；部分代表还介绍了本国矿权分布、矿业投资机会、外资投资本国矿业的申请程序等非常实用的信息。首次举办的中国—东盟测绘地理信息论坛为广西测绘地理信息实施“走出去”战略成功迈出了第一步，为广西乃至全国测绘地理信息企业走向东南亚开辟了更加广阔的前景，同时也为我国在测绘地理信息应用方面搭建了稳定的交流平台。

广西壮族自治区统计局

广西壮族自治区统计局是自治区人民政府主管统计和国民经济核算工作的直属机构。业务上受国家统计局指导，同时指导全区各市、县(区)统计机构和自治区直属各部门的统计工作。统计工作是认识国情、把握国势、制定政策、服务和监督国民经济科学发展的一项基础性工作。统计工作过程由六个阶段组成：统计设计、数据采集、数据审核整理、数据质量评估控制、数据发布和统计分析。

奋进的广西统计

近年来，自治区统计局紧紧围绕自治区党委、政府中心工作和国家统计局的工作部署，克难攻坚，锐意进取，在科学统计、规范统计、创新统计方面做了大量工作，高质量高标准地完成了各项统计工作任务。统计工作受到自治区党委、政府的高度重视和充分肯定。2014 年以来，自治区人民政府先后印发了《关于进一步加强统计工作的决定》等一系列重要文件，为今后统计改革发展指明了方向。在 2014 年召开的全区经济工作会议上，自治区统计局就统计改革情况作了典型发言，充分彰显了统计部门务实创新的新形象；自治区领导对统计工作批示多、听取统计工作汇报多、到统计局检查多；统计局呈报的经济分析材料多，内容实，水平高，为各级党委、政府及各部门科学决策提供了有力支撑。广西统计局致力于提高统计能力、统计数据质量、政府统计公信力，在建设面向统计用户、面向统计基层、面向调查对象的现代化服务型统计中，不断取得新成绩，受到自治区党委、政府和社会各界广泛好评。

全区统计工作会议

全区经济运行情况新闻发布会

独具特色的统计工作

信息化程度高。自治区统计局的信息化建设水平在全国统计系统和区直部门中处于先进行列。其信息化机房分为通信机房、两个主机房、屏蔽机房、配电间、气瓶间、备件间等 6 大功能区域。信息化机房能够为联网直报、经济普查、人口普查、农业普查、日常统计调查、统计门户网站、统计数据库等提供强大的平台支撑服务。纵向实现与国家、市、县和乡镇等各级统计部门的连接，横向实现与自治区党委、政府和各部门的高速连接。

技术手段先进。拥有广西统计信息网、“四大工程”、统计地理信息系统、统计数据库、社情民意调查、行政管理数字化应用系统等“六大系统”，全方位地保证各项统计工作顺利开展，为自治区党委、政府提供优质高效的统计服务。

人才密集。目前，自治区统计局具有大专以上学历 195 人，占 93.8%。其中，博士 2 人，占 1%；研究生 56 人，占 27%；本科 108 人，占 52%；大专 29 人，占 14%。具有专业技术职称 152 人，占 73%。各类专业人才中，拥有高级职称 45 人，占 22%；中级职称 87 人，占 42%。

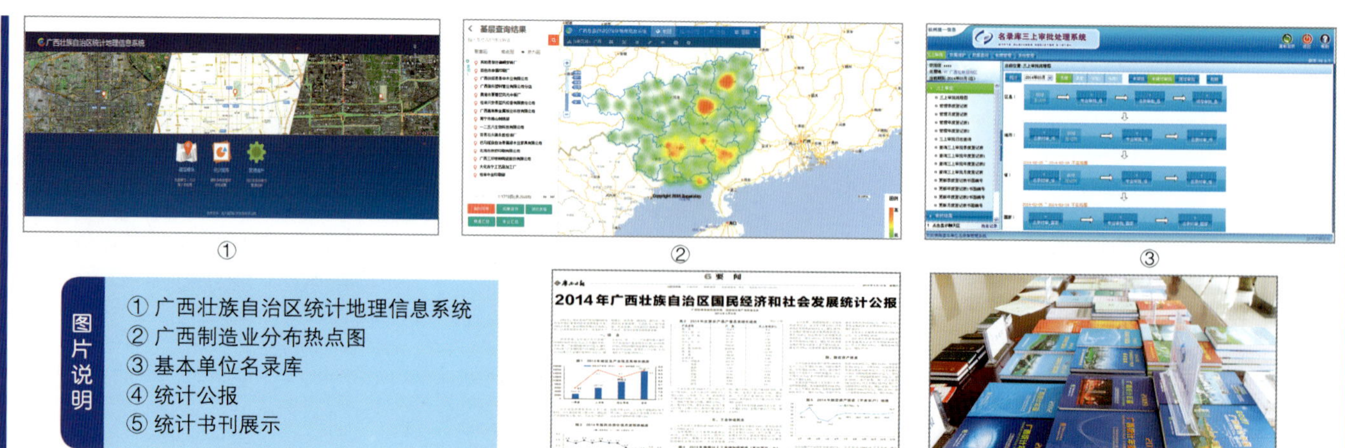

① ② ③ ④ ⑤

图片说明

① 广西壮族自治区统计地理信息系统
② 广西制造业分布热点图
③ 基本单位名录库
④ 统计公报
⑤ 统计书刊展示

缤彩纷呈的统计服务

坚持“三个面向”，全力构建现代化服务型统计。自治区统计局加快建设面向统计用户、面向统计基层、面向调查对象的现代化服务型统计，积极为党政领导和社会公众提供优质高效的统计服务。

坚持以“把好脉，出良策”服务党委政府决策和管理。强化经济运行形势统计监测分析，为自治区党委政府制定稳增长措施提供有力的统计信息支撑和决策依据。2014 年，向自治区党委、政府报送信息 350 篇，编发《广西统计专报》12 期以及统计监测报告 10 余篇。自治区党委彭清华书记、自治区政府陈武主席等主要领导曾对《经济开局总体平稳，“三期”叠加显增速回落》、《2014 年广西经济运行情况初步分析报告》、《2015 年全区经济发展预测报告》等一批分析报告作出重要批示。

拓宽数据传播渠道，提高服务公众能力和水平。积极开展社情民意调查，机关绩效满意度调查、政风行风群众评议、公众安全感调查、社会各阶层思想动态调查及有关部门管理服务调查等，通过调查汇集民智、发扬民主、体察民情，构建政府与民众之间的连心桥。经过多年努力，已经建立了集统计信息、咨询和监督职能于一体的开放型统计服务体系，建立健全了统计数据提供和定期发布制度，真正实现了统计数据取之于民，用之于民。近年来，自治区统计局推进改革创新，建立并不断完善国民经济核算部门统计联席会议制度、统计工作联系点制度、统计工作会商制度，共商促进经济社会发展和做好统计工作的良策；加强基层基础设施建设，确保统计网络畅通、数据安全；组织完成万家企业统计业务培训，不断提高企业统计人员的业务素质。

用数据说话，在量化中建立重大战略协调落实机制。统计是实现科学决策，推进国家治理体系和治理能力现代化建设的重要基础，是监测和指导经济社会发展的重要手段。为贯彻落实《关于进一步加强统计工作的决定》，自治区统计局制定了《自治区重大战略决策实施进程统计监测报告制度》，把自治区重大战略决策实施情况，用数据形式表达出来，加强对策建议的研究，定期向自治区党委政府报告监测情况。该制度在全国统计系统尚属首创。

社情民意调查

服务“一带一路”战略，广西统计走上开放合作。由国家统计局与广西壮族自治区政府联合主办、广西统计局主要承办的 2015 中国—东盟统计论坛，与 2015 年第十二届中国—东盟博览会同期举行，旨在交流中国和东盟各国政府统计工作发展状况，探讨未来合作的领域和方向，推动双方建立长效统计合作交流机制，为巩固和深化中国—东盟合作提供基础信息保障。中国—东盟统计论坛将进一步提升统计部门服务于“一带一路”战略的能力和水平，促进以广西作为主要基地的“中国—东盟信息港”建设。

领导关怀重视

广西壮族自治区党委书记彭清华考察广西壮族自治区统计局

自治区主席陈武作政府工作报告

2014 年 7 月 16 日，自治区党委彭清华书记在时任自治区党委常委、常务副主席黄道伟，自治区党委常委、秘书长范晓丽，自治区副主席张晓钦的陪同下，来到自治区统计局考察调研、看望慰问全体同志，召开座谈会并作重要讲话，充分肯定全区统计改革建设和服务所取得的成就。

2014 年 12 月 18 日，自治区党委彭清华书记对自治区统计局上报的 2014 年工作总结和 2015 年初步计划作了重要批示。充分肯定自治区统计局在科学统计、规范统计、创新统计方面和为促进全区经济社会平稳协调发展所作出的贡献。并要求自治区统计局在 2015 年要重点研究统计制度和核算体系改革，主动适应改革要求，从广西区情和阶段性特征出发，不断改进工作方式，提高统计数据质量，加强与国家统计部门的沟通对接，及时提出对策建议供自治区党委政府决策参考，更好服务和保障我区“两个建成”目标实现。

2014 年元月，自治区主席陈武在政府工作报告中要求：做好全面建成小康社会统计监测分析和第三次经济普查工作。

2014 年 2 月，自治区主席陈武对自治区统计局上报的有关统计改革工作汇报材料作出重要批示：对于国家多项重要改革，我区要及早做好相关对接工作。

2015 年 1 月 7 日，时任国家统计局马建堂局长对广西自治区统计局呈报的《求是创新，全力打造现代化服务型统计——自治区统计局 2014 年工作总结及 2015 年初步计划》上作出重要批示 :2014 年，广西壮族自治区统计局认真贯彻落实党的十八大、十八届三中全会和习近平总书记系列重要讲话精神，紧紧围绕自治区党委、政府中心工作，以钢的意志、铁的决心奋力推进统计改革发展，以火的热情、水的细腻全力打造现代化服务型统计，扎实完成第三次全国经济普查和各项重大统计调查，统计制度方法改革迈出新步伐，统计数据质量取得新提高，统计现代化建设实现新突破，党的群众路线教育实践活动取得新成效，在广西经济社会发展中发挥了越来越重要的作用，统计地位不断提升。希望 2015 年再接再厉，坚决贯彻落实全国统计工作会议任务部署，全面深化各项统计改革，加快统计建设，不断加强统计基层基础和队伍建设，进一步提升统计服务水平，加快建成与经济发展新常态相适应的现代化服务型统计，坚决打造廉洁统计，不断开创广西统计改革发展新局面。

集中力量抓好九洲江流域养殖污染治理工作，水质从Ⅳ类、Ⅴ类，改善到地表水Ⅲ类标准。

稳中求进 优化结构 转型升级
2015年上半年广西水产畜牧经济保持平稳较快发展态势

2015年上半年，广西水产畜牧兽医系统认真贯彻落实党的十八大、十八届三中和四中全会、习近平总书记系列重要讲话、2015年中央一号文件精神和自治区关于千方百计做好稳增长工作的意见，在广西壮族自治区党委、政府的正确领导下，积极应对复杂多变的严峻形势，取得了阶段性成果，保持了产业平稳较快发展良好态势，实现了全区水产畜牧经济稳中有进的良好开局。

据部门统计，2015年1-5月全区水产品产量116万吨，同比增长3.9%；肉类总产量175万吨，同比下降0.25%。预计上半年全区水产品产量144万吨，同比增长3.5%；肉类总产量206万吨，同比下降0.3%。全区没有发生区域性重大动物疫情、没有发生水产畜牧产品质量安全事件、没有发生重大安全生产事故和涉外渔业安全事件。

八桂大地林下生态养殖产出生态、安全、无公害畜禽产品。

高架网床生态养猪模式实现养殖污染“零排放”。

沿海牡蛎养殖。

工作亮点——

1、抓好强农惠农扶持政策落实。
2、以生猪和牛羊肉产业提升行动为抓手推进生态养殖发展。
3、以实施罗非鱼产业提升行动为契机推动千亿元渔业建设。
4、大力推进良种体系建设。
5、深入推进标准化规模养殖和健康养殖。
6、稳步推进“三个确保”工作。
7、支持现代特色农业（核心）示范区建设。
8、着力加强科技管理。
9、大力开展对外合作。
10、扎实推进产业化工作。
11、务实抓好定点扶贫工作。
12、深入推进“清洁养殖”专项活动。
13、加快推进依法行工作。

桂林理工大学

GUILIN UNIVERSITY OF TECHNOLOGY

桂林理工大学坐落于世界旅游名城、中国历史文化名城——广西壮族自治区桂林市。学校是中央与地方共建、以广西壮族自治区管理为主的普通高等学校。

2014 年学校第二次党代会胜利召开，选举出了新一届党委领导班子

2015 年 7 月，自治区人民政府聘任中国工程院曲久辉院士为桂林理工大学名誉校长，图为自治区政府李康副主席为曲久辉院士颁发聘书

学校创建于 1956 年，原隶属于国家重工业部，1998 年改制为中央与地方共建，日常管理以地方为主。学校于 1978 年更名为桂林冶金地质学院，开始本科层次教育；1986 年获得硕士学位授权资格；1993 年更名为桂林工学院；2009 年更名为桂林理工大学。目前学校有桂林屏风、雁山，南宁安吉、空港四个校区，校园面积 3300 余亩。研究生、本科层次教育布局在桂林校本部的两个校区，高职专科层次教育布局在南宁两个校区。

学校有 19 个二级学院和 1 个研究生院，有 2 个博士后科研流动站、3 个一级学科博士学位授权点、16 个一级学科硕士学位授权点、71 个本科专业、5 个专业学位类别（其中工程硕士类别有 11 个专业领域），涵盖工、理、管、文、经、法、艺等 7 大学科门类；学校具有推荐优秀应届本科毕业生免试攻读硕士研究生资格；现有全日制各类在校学生 33000 余人。

学校有专任教师 1400 多人，其中有高级职称教师 600 余人，具有博士学位教师 350 余人，有国家“千人计划”学者、“国家百千万人才工程人选”、国家“有突出贡献中青年专家”、中科院“百人计划”学者、教育部优秀教师资助计划、享受国务院特殊津贴专家、广西“八桂学者”、特聘专家、“十百千人才工程”人选等省部级高层次人才 110 多人。

学校是教育部第二批“卓越工程师教育培养计划高校”，有 7 个研究生专业领域、5 个本科专业列入教育部卓越工程师教育培养计划；有国家级教学团队、精品课程、双语教学示范课程、精品视频公开课程、实验教学示范中心、人才培养模式创新实验区、特色专业等国家级质量工程项目 23 个；近五年获得国家级教学成果奖 2 项、自治区级教学成果奖 26 项。

学校有有色金属及特色材料加工省部共建国家重点实验室培育基地、有色金属及材料加工新技术教育部重点实验室、有色及贵金属隐伏矿床勘查教育部工程研究中心等省部级以上科研平台 16 个，广西重点学科 24 个（其中 5 个为优势特色重点学科），广西政府院士工作站 2 个。近五年来承担国家级、省部级等各类科研项目 2600 多项，其中“973”前期专项、“863”计划、国家自然科学基金、社会科学基金等国家级项目 250 多项，获专利授权 370 多项；学校曾获国家科技进步特等奖，近五年来获得国家技术发明二等奖、广西自然科学一等奖、广西科技进步一等奖及广西社会科学优秀成果一等奖等省部级以上奖励 55 项。

学校以培养应用型高级专门人才为目标定位，着力深化教育教学改革，全面提升人才培养质量。学生学风良好，科技创新活跃，在全国大学生各级各类竞赛中成绩卓著，其中在“挑战杯”全国大学生课外学术科技作品竞赛中，连续八届比赛总分名列广西高校第一。所培养的学生以专业基础扎实、实践能力强而倍受社会欢迎。进入新世纪以来，毕业生初次就业率均保持在 90% 以上，连续 14 年被评为“广西高校毕业生就业工作先进集体”，2009 年获“全国普通高等学校毕业生就业工作先进集体”荣誉称号。

学校先后与美国、英国、日本、澳大利亚等 20 余个国家的 100 余所高校建立了友好合作关系，其中与 51 所高校签订了留学生交换、学术交流和科研合作协议，累计接收了 1500 余名各类留学生，共派出到国外访学、留学的学生 400 多名；由英国皇家宝石协会设在学校的 FGA 考点的考试通过率连续 5 年名列世界各考点第一，被国际珠宝界传为佳话。

学校坚持“育人为本、质量立校、人才强校”的办学理念，传承“艰苦创业、敬业奉献、团结协作、开拓创新”的“桂工精神”，弘扬“勤奋、求实、献身、开拓”的优良校风，结合国家及广西发展需要，坚持内涵发展、特色发展，为建成特色鲜明的高水平教学研究型理工大学而努力奋斗。

2012 年 2 月，学校陈平教授完成的科研成果荣获 2011 年度国家技术发明二等奖

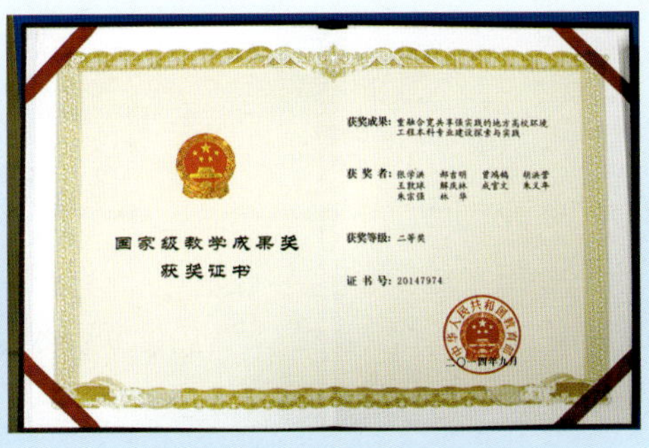

2014 年 9 月，学校张学洪教授主持的成果荣获国家高等教育教学成果二等奖

学校地址：广西桂林市七星区建干路 12 号
邮　编：541004
电　话：0773-5896079
传　真：0773-5892796
网　址：http://www.glut.edu.cn

广西财经学院

广西财经学院是广西唯一独立设置的财经类普通本科院校，位于广西首府南宁市。广西财经学院可溯源至1960年创办的广西商业专业学校和1963年成立的广西财经学校。2004年5月经国家教育部批准，广西财政高等专科学校和广西商业高等专科学校合并组建广西财经学院，并被自治区人民政府确定为重点支持的十所高校之一。2010年，学校以优异成绩通过教育部本科教学工作合格评估。2011年，学校抢抓机遇，成功申报“服务国家特殊需求人才培养项目”，成为会计硕士研究生培养单位。2012年，外交部挂牌“中国—东盟金融与财税人才培训中心”落户学校。2013年，学校获得广西特色高校立项建设单位。2014年，获批广西高校首批“2011协同创新中心”。

学校有**明秀校区**、**相思湖校区**、**防城港校区**、**南校区**四个校区。校园占地面积2008亩，校园建筑面积70.64万㎡，教学行政用房面积30.7547万平方米，学生宿舍面积23.7667万平方米。有教学科研仪器设备总值10573.47万元，教学用计算机7419台，各类教室531间，纸质图书168.38万册。有14个教学院（部），1个继续教育学院和3个教辅机构，25个科研机构。有全日制学生22476人，其中本科生16206人，硕士研究生77人，专科生6167人，成人教育学生13627人。

优化学科专业结构，办学特色日趋明显

学校以经济管理类学科为主，经济学、管理学、文学、法学、理学、工学、艺术学相互支撑、协调发展的教学型全日制普通本科院校。有46个本科专业，26个专科专业，1个硕士点。拥有会计学、财政学、金融学、企业管理、国际贸易学、农业经济管理、数量经济学、区域经济学、管理科学与工程、统计学、社会保障等广西高校重点学科11个，管理科学与工程、统计学、农业经济管理等自治区级特色优势学科3个，获得应用经济学、工商管理、管理科学与工程、统计学、农林经济管理、公共管理等自治区规划和建设的硕士学位授权点一级学科6个，税务硕士、金融硕士、应用统计硕士等自治区级规划和建设的硕士专业学位授权点学科3个。2011年学校成为广西唯一获得“服务国家特殊需求人才培养项目”的试点单位，现已招收3届会计硕士研究生。拥有工商管理、国际经济与贸易等国家级特色专业建设点2个，税务专业为国家级专业综合改革试点。会计学、审计学、税务、保险、统计学、物流管理等广西高校特色专业及课程一体化建设项目6个，金融学、财政学、税务、国际商务、人力资源管理、市场营销、工程管理、电子商务等广西高校优势特色专业建设项目9个。保险学、审计学、经济统计学、资产评估、财务会计教育、农村区域发展、劳动与社会保障、公共关系学、会展经济与管理9个专业是区内高校中我校唯一开办的专业。省部级重点实验室3个，自治区级校地校企共建科技创新平台6个。

推进人才强校战略，打造高水平师资队伍

有教职工1355人，其中专任教师1032人，具有硕士、博士学位教师726人，博士生指导教师2人，教授94人，副教授270人。拥有享受国务院政府特殊津贴专家2人，“新世纪百千万人才工程”国家级人选1人，教育部“新世纪优秀人才支持计划”人选1人，自治区优秀专家1人，广西高校教学名师2人，广西优秀教师2人，广西新世纪“十百千人才工程”第二层次人选4人，全国会计领军（后备）人才（行政事业类）培养对象2人，国家旅游局旅游业青年专家培养计划培养对象1人，广西“十百千”拔尖会计人才培养对象10人，广西青年科技奖2人，“广西高校百名中青年学科带头人资助计划”资助人选1人，“广西高校百名中青年骨干教师资助计划”资助人选1人，广西高等学校优秀中青年骨干教师培养工程培养对象5人，“广西高校优秀人才资助计划”资助人选15人，“广西高等学校骨干教师培养计划”资助人选19人，广西高校卓越学者2人，广西高等学校高水平创新团队2个，自治区级教学团队3个。

深化教育教学综合改革，教学质量显著提高

获得国家级人才培养实验区1个，国家级特色专业2个，国家级双语教学示范课程1门，国家级大学生校外实践教育基地项目1个，国家级视频公开课1门，国家级专业综合改革试点项目1项，自治区特色高校建设项目1个，自治区人才培养创新实验区2项，自治区级紧缺人才专业项目1项，自治区级特色专业及课程一体化建设项目6项，自治区级优质特色专业9个，自治区转型发展试点专业群2个，自治区级精品课程13门，自治区级精品视频公开课2门，校级精品课程18门，校级重点建设课程44门，自治区级教学团队3个，自治区级教学名师2位，校级教学名师9位，自治区级实验教学示范中心3个，校级实验教学示范中心20个，自治区级教学改革立项117项，国家级教学成果二等奖1项，自治区级教学成果奖20项，自治区级重点教材4种。

加强科学研究工作，提高服务社会能力

共获得省部级以上科研项目280项，其中国家级科研项目60项，省部级科研项目220项；科研经费总额达6569.89万元，其中国家级、省部级科研项目经费达1953.80万元，占29.74%；在各级各类期刊

地址：南宁市明秀西路100号

发表论文 8614 篇，其中核心期刊论文 2282 篇，占 26.49%；出版著作总计 412 部，其中学术专著 92 部，占 22.33%；获得省部级以上科研成果奖 72 项，其中一等奖 2 项，二等奖 17 项，三等奖 53 项。学校现有各级各类科研平台 56 个，其中包括 1 个广西首批“2011 协同创新培育中心”、4 个区级重点建设实验室（研究基地）和 6 个区级校地校企共建科技创新平台。学术活动蓬勃发展，共举办各级各类学术活动 870 余场，其中举办国家级、省部级学术活动共计 76 次。

创新人才培养模式，培养质量稳步提升

建设了国家级、自治区级、校级三级人才培养模式创新实验区（班），形成人才培养模式改革创新体系；推进自治区重大教改项目“卓越财经本科人才培养研究与实践”的实践探索，在全校重点专业普及了卓越财经人才培养试点；深化“产学研”合作人才培养探索，诸多专业都确立了合作培养人才单位，扎扎实实开展了合作人才培养工作。

目前，学校拥有 1 个国家级“东盟国际会计人才培养创新试验区”，2 个自治区级人才培养创新试验区，与广西航天信息公司等企业合作开办了合作培养人才实验班 22 个。人才培养模式的优化，有力地保障了人才能培养的质量，学校毕业生就业率一直保持在 90% 以上。

校园文化丰富多彩，社会实践能力大幅提升

学校坚持“育人为本，德育为先”理念，开展“我的中国梦”、学习习近平总书记系列重要讲话精神等 10 余项主题教育活动，提升学生思想素质；举办“学校领导与学生代表面对面”、“职能部门与学生代表面对面”等多种形式，深入开展大学生思想状况调研活动；通过校情通报会、职能部门与学生代表面对面、校长在线等载体，突出思想教育与解决学生实际问题有机结合；开展大学生“文明修身”工程，促使学生养成良好的道德品质和文明行为；荣获“2009—2011 年广西高校大学生心理健康教育先进集体”、全区高校心理健康教育“优秀组织奖”。校团委 8 次被评为广西高校“五四红旗团委”，3 次自治区五四红旗团委。加强学生实践能力培养，推进“社会实践工程”，实施“科技创新工程”，夯实“校园文化工程”，实施“自主创业导航工程”，促进学生创新创业水平上新阶。

获批立项的大学生创新创业训练计划项目 146 项，其中国家级项目 36 项，自治区级项目 110 项。学生共获自治区级以上奖项 50 余项，其中“挑战杯”获国赛三等奖 3 项，全区第三届艺术展演活动获一等奖 3 项，舞蹈节目《花山裙影》、器乐节目《八桂和乐》引起社会强烈反响。

继续教育成绩斐然，对外交流与合作方兴未艾

立足广西，稳步发展高等学历继续教育，形成并完善函授教育、开放教育、网络教育等多方面多层次的立体式非学历教育体系；录取本专科函授生 8300 余人；举办干部培训班 24 期，培训人数 2920 人，区直单位处级干部培训班 3 期，高级经理培训班 2 期，提高了学校美誉度。坚持以国际化视野实施开放办学，积极拓展和加强与美国、英国、法国、澳大利亚、新加坡、泰国、越南、马来西亚等国家交流与合作，有中外合作办学项目 2 个，中外合作办学项目 7 个， ACCA 国际会计实验班 2 个。具有独立组织 ACCA 笔试考试资格并接收境外学生参考。

以互派和学分互认、短期访学等多种方式共派出 102 名学生赴国外相关院校学习，接收来自马来西亚、泰国、越南、老挝的留学生共计 38 人，成功开展与新加坡企业教育合作，国际教育办学迈出新步伐。

充分调动各方力量，共同推进学校发展

支持协助民主党派和无党派人士发挥参政议政、建言献策作用；举行教代会四届二次会议、学校组建十周年系列庆祝活动、第三次党代会座谈会，加强教代会民主管理、民主监督职能；充分发挥督查办、校友办、工会、共青团、学生会的作用，做好计划生育、安全综治、保密等工作；做好离退休教职工服务工作，充分调动老同志参与学校事业发展的积极性。

党委书记： 卞成林
院　　长： 夏　飞
党委副书记： 李明辉（正厅级）　李　海
副院长： 潘　慧　蒙丽珍　曾凡平　廖文龙
总会计师： 宁旭初

单位电话：0771-3822678　　邮编：530003

南宁学院校监：郑学勤
党委书记：夏建军
校长：赖每
党委副书记、纪委书记：刘彪
副校长：黎琳、陈雄章、文旭光、龚击

单位电话：0771-5900990
地址：南宁市龙亭路 8 号
邮编：530299

★ 基本概况

南宁学院是南宁市人民政府与民革广西区委合作共办的国有民办二本高校。学校创办于 1985 年，2013 年被教育部遴选为应用技术大学试点高校，2014 年被自治区教育厅确定广西新建本科学校转型发展试点学校，系教育部批准可向港澳台招收本科生的学校。学校实行董事会领导下的校长负责制。

学校位于南宁市五象新区，总占地面积 1296.28 亩，校舍建筑面积 36.8 万平方米。教学、科研仪器设备总值 6826.98 万元，藏纸质图书 746560 册，纸质期刊 1053 种，电子期刊 22341 种，电子图书 794124 册。设有 11 个二级学院，10 个行政机构，3 个校级研究所，6 个科研基地或平台。现有全日制在校学生 13693 人，其中本科生 2734 人，专科生 10959 人。

学校以“自觉自强、厚德厚学”为校训，践行“应用为先，敢做善成，帮助每一位学子获得成功”的办学理念，实行“温馨校园，宁静求学”的治校方略，以应用型人才培养为主线，以建设全国一流应用技术大学为目标，积极推进应用人才培养模式改革，特色鲜明，人才培养质量稳步提升。

★ 专业建设向应用型聚焦

学校按照广西‘14+10’千亿元产业链对高层次技术技能人才的需求和国家职业资格要求申请设置新专业，重点建设与广西‘14+10’千亿元产业相关的工程、技术、管理类等紧缺专业，着力发展应用型学科专业集群，构建以应用型学科专业为主体的学科专业体系，开设有 16 个本科专业（方向），48 个专科专业（方向），涵盖工学、管理学、文学、艺术学、法学、农学、经济学等 7 大学科门类。专业建设向工科为主的集群化发展方向聚焦，突出特色的培育与凝练。目前已初步形成“2+6”架构。“2”，即重点引领、培育城市产业与公共服务工程、质量技术工程两大跨学科专业特色领域。“6”，即重点发展 6 大专业群：交通与物流专业群，机电与先进制造专业群，信息与通讯技术专业群，土木建筑工程专业群，质量技术工程专业群，城市文化与经营管理专业群。其中，广西高校特色专业 2 个，广西重点专业 4 个，教育部—中兴通讯 ICT 产教融合创新基地 1 个，广西示范性实训基地 1 个，南宁市动漫人才培养基地试验基地 1 个，南宁市高技能人才培养基地 1 个。其中，2014 年获批的育部—中兴通讯 ICT 产教融合创新基地是学校首个国家部委级的创新平台。该平台以南宁学院学生与教师为创新科研的人员主体，以中兴通讯技术及产品和人员训练为基础，深入开展产教融合创新实践，重点推进智能城市管理、智能工业、精细农牧业、智能交通、智能物流、智能医疗等应用示范工程进行二次研发创新，将研发成功的产品、解决方案，通过中兴通讯的全球销售网络，侧重向“海上丝绸之路”国家进行销售。为学校参与中国－东盟区域性信息交流中心建设，更好服务“一带一路”建设搭建了难得的先进技术平台。

学校不孤湖

★ 人才培养对接岗位能力

学校将人才培养定位于培养就业能称职、创业有能力、深造有基础，发展有后劲的高素质技术技能型专门人才。学校启动了应用型人才培养的大调研，赴开设同类专业的高校、科研院所、专业所涉行业或企事业单位、有关政府部门就专业建设方向、人才需求情况和就业导向等进行调研。狠抓了应用型人才的人才培养方案制订。在制定人才培养方案时，立足岗位能力，侧重职业素质。在人才培养方案中，要突出应用型，要注重实践性，对方案中实验、实训、实习等实践环节明确规定要求 40% 以上。结合应用型人才的基本内涵，明确专业的培养目标和人才规格，从大学生的知识、能力和素质结构出发，设置课程体系。组织专家从专业要求、行业需求、人才培养过程等方面对各专业人才培养方案进行全方位论证。

★ 教学模式突出应用实践

应用技术大学建设需要推动课程向应用技术型方向改革，变革传统的课堂教学模式。学校分类建设好合格课程、优质课程和精品课程，深化应用技术教学内容改革；加大应用技术课程资源库的开发和利用，启动应用人才培养的特色教材建设；以任务、项目、案例等为驱动举行大规模讲课比赛，推动教学方式更贴近生产与行业一线改革；引进网络在线学习，分享优质教学资源，引进慕课教学方式，推动教师改变教学方式。

★ 创新创业教育风生水起

学校在校园里（以科技孵化园为主）划出了 2000 多平方米用房，倾力打造开展创业教育、创业实习、创业服务，促进大学生自主创业的重要实践平台——大学生创业园。目前进驻园区的项目涉及服务、商贸、电子商务、文化艺术、科技创新等多种类别，经营得像模像样、有声有色，创业成效初显。2014 年学校有 5 个创新创业项目获得了自治区级大学生创新创业训练计划项目资助。2014 年，南宁学院学子创业团队在 1100 多所高校，5000 多个团队中脱颖而出，斩获全国电子商务实战技能总决赛本科组一等奖。

2015年4月，南宁学院获批成为“教育部——中兴通讯ICT产教融合创新基地”。

南宁学院大学生创业园

★ 产教融合、校企合作成效显著

南宁学院始终紧扣应用型人才培养目标，基于利益共同体的考虑，深入开展校企、校政、校校合作，形成了六种成功的校企合作办学模式，即互联互通模式、需求驱动模式、打通行业模式、攀亲嫁接模式、厂校一体模式、创业就业贯穿模式。

其中，“打通行业模式”是指学校与广西质量技术监督局的深度合作，2014年1月13日，双方签订一体化合作办学协议，依托质监系统的行业优势，共办质量技术监督类专业，合作后联合申报的“质量管理工程”本科专业获得教育部批准，2015年开始招生，成为广西第一个，全国第六个开设该专业的高校；合作解决了质量技术工程学校校园小、招生难、师资紧的发展瓶颈，合作后，质量技术工程学校2014年的招生就实现了开门红；而南宁学院充分利用广西质监局技术研究机构雄厚的条件、技术、人才优势，在学科专业建设、队伍建设、条件建设、人才培养等方面与学校建设应用技术大学统筹规划，缩短学科专业与产业、行业之间的距离，使学科专业错位发展，差异竞争。

“需求驱动”模式是指基于南宁市轨道交通发展的迫切需要，学校与南宁市轨道交通有限责任公司合作共办城市轨道交通控制专业及城市轨道交通运营管理专业，以民办高校灵活的办学机制从全国各地引进轨道交通人才，以轨道交通需求的标准建设实验室，合作共建“轨道交通系统运行与控制实验中心”，联合申报获批南宁市人才小高地。

“攀亲嫁接”模式是指与ZTE中兴公司合作共办中兴通讯工程学院、与苏州高博教育集团合作共办高博软件学院，依托中兴、高博信息与通讯最前沿的技术，通过共建实验室，配备师资，参与教学，实习实训等模式，对接广西的信息产业群，致力打造信息与通讯工程专业群，为南宁市软件产业与移动通讯产业的发展提供人才支撑。

★ 科研实力和服务水平不断增强

学校正在运行的科研机构或平台共15个，其中省部级基地1个，厅局级基地7个，学校自主批准建立的科研机构7个。近2年来，学校共获纵横向科研项目71项，总经费417.3万元，获省部级项目1项，厅市级70项。全校教职工公开发表论文共548篇，其中被SCI收录5篇，EI收录8篇，出版著作和教材37部。共申报过发明专利21项，其中授权8项。

★ 对外交流与合作不断拓展

学校利用区位优势和自身资源加强与国外高校和科研机构的交流合作，与英国、奥地利、泰国、马来西亚、台湾等国家和地区的42所院校缔结友好合作关系，开展合作办学、师资培训、互派留学生等合作项目。其中，首次承接并顺利完成泰王国18所大学26位教师城轨类专业培训（2014年3—5月），得到泰国教育部的高度肯定，泰王国教育部300名公派留学生的城市轨道交通、高铁知识研修班相关工作已正式启动。学校在开展国际交流与合作的同时，很好地配合了国家“一带一路”和周边外交战略的实施。

★ 办学质量稳步提升

学校招生形势保持良好趋势。2013年招生计划4500人，新生报到总数4584人，报到人数比前一年多290人，增长了6.7%。新生录取分数均列区内同等院校前茅，文科投档分高出区文科控线108分；理科高出区理科控线45分。2014年招生计划5400人，新生报到总数5172人，首次突破5000人大关。新生录取分数再飙新高。广西本科录取考生平均分都高出区控线近20分。

学校就业工作屡创佳绩。我校2013届毕业生总数为2610人，该年度毕业生就业率为93.30%，比全区平均就业率90.32%高出将近3个百分点。2014年，我校2014届毕业生就业率91.02%，高出全区平均就业率（89.94%）1.08个百分点，2013、2014年学校连续两年获“广西高校毕业生就业工作先进单位”荣誉。

大学排名稳步提升。在中国校友会网发布中国民办大学排行榜中，2013年前，我校是排在百名之外，2013年、2014年我校排名分别为第61、59位，跻身中国民办大学排行榜百强，位列入选广西民办大学之首，划入中国区域高水平民办大学行列。

学校先后荣获民革全国办学先进单位、民革全国社会服务工作先进集体、全国民办教育先进集体、中国民办高等教育优秀院校、全国职业院校技能大赛突出贡献奖，自治区级的文明单位、卫生优秀学校、安全文明校园、就业工作先进集体、工人先锋号、资助工作先进集体、驻邕高校工会工作先进单位、和谐学校、高校思政宣传先进集体等荣誉。

学校召开2014级本科人才培养方案论证会

2014年1月13日，南宁学院与广西质量技术监督局签订一体化合作办学协议。

南宁学院与南宁市轨道交通公司合作共建的轨道交通运行与控制实验中心

南宁学院高博软件学院苹果IOS系统实训室

2014年3月21日，以学习城市轨道交通、高铁知识为目的的泰王国教师研修班在南宁学院开班。

2015年5月18日，国家质检总局党组副书记、副局长梅克保莅临南宁学院指导工作。

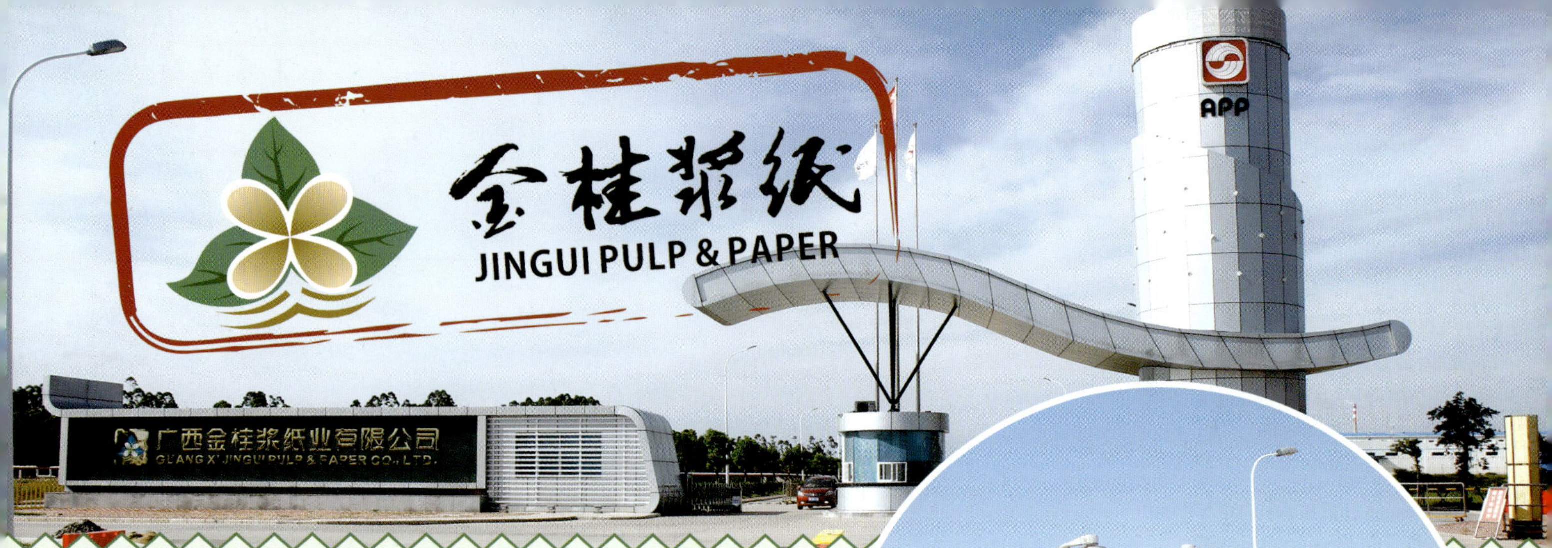
金桂浆纸
JINGUI PULP & PAPER
APP
广西金桂浆纸业有限公司

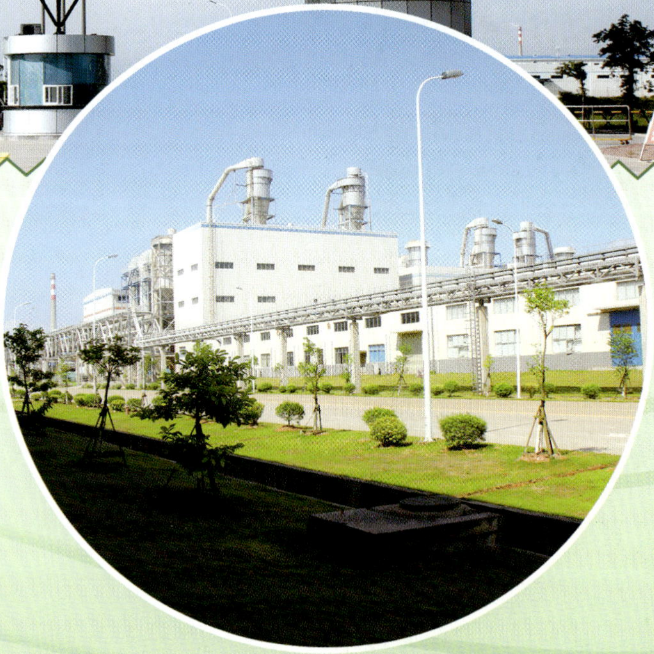

广西金桂浆纸业有限公司（以下简称金桂）于2003年经广西壮族自治区批准注册成立，其厂址位于广西钦州市钦州港经济技术开发区金光工业园。金桂是APP（中国）在华投资建设的第17家制浆造纸企业，是其在中国建设的林浆纸一体化的企业之一。金桂现有员工2600余名，厂区实际面积3300多亩。

金桂是目前国内最大的化机浆生产企业，其制浆生产线于2011年1月获准投产，生产的“金钱豹”牌化机浆为纯桉木原生木浆，其产品松厚度高、白度好，可用于多种纸和纸板的抄造，2014年产量为64万吨。

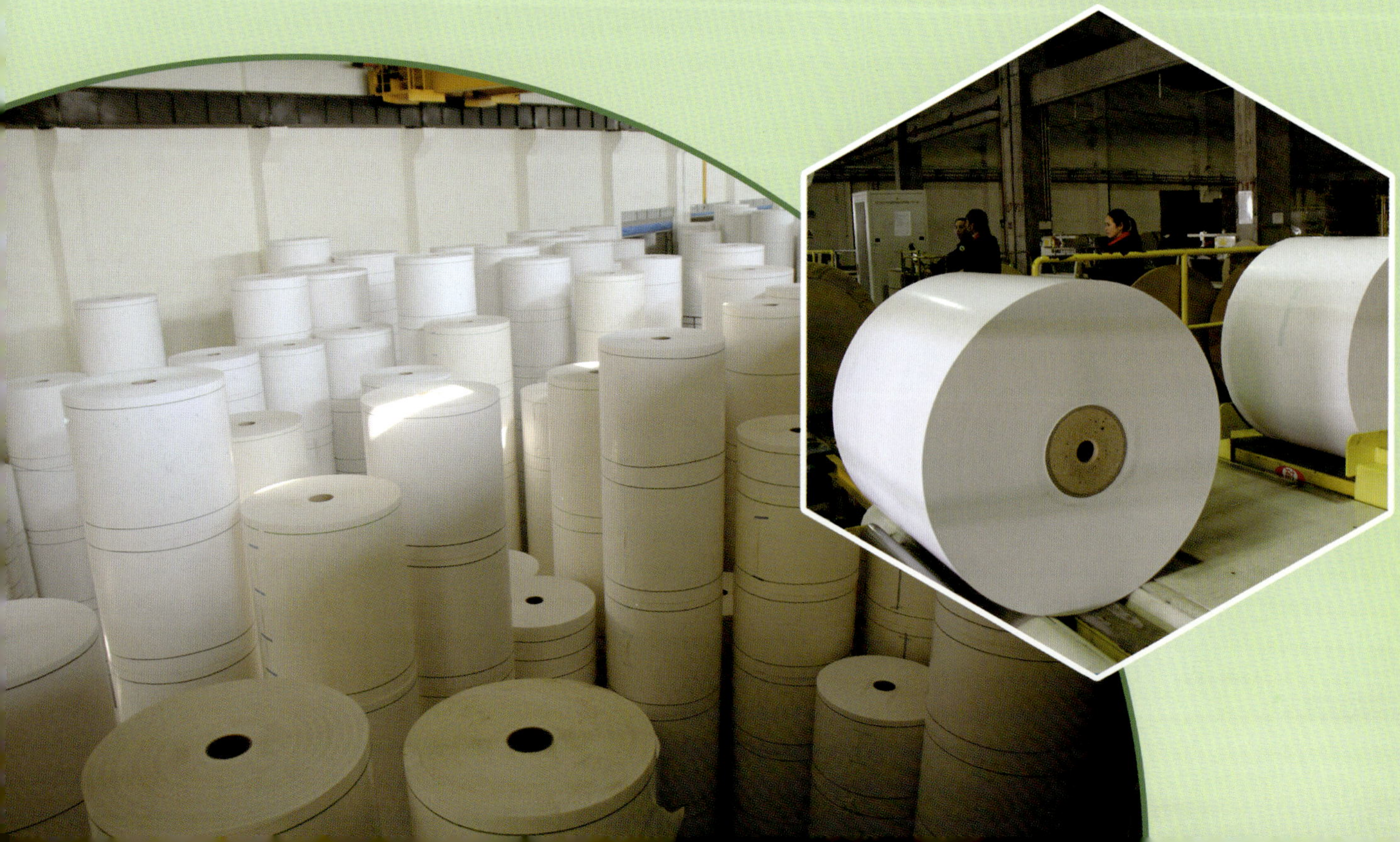

金桂拥有目前世界上最长、最快、最先进的机内涂布白卡纸生产线，纸机设计车速1400米/分，净纸宽8100毫米。该生产线于2013年3月获准投产，生产的白卡纸用于制作食品、化妆品、香烟及饮料的包装盒。“金蝶兰”、“四季桂”、“富桂”、“柏爵”、“帝王松”牌白卡纸产品畅销国内外，2014年产量为67万吨。

金桂在力求促进当地经济发展的同时，还重视企业与社会、环境的关系，努力保护自然，善尽社会责任。为实现清洁生产、节能减排，金桂的环保投入达8.1亿元。金桂配套建设了国内首套专为处理化机浆生产废水的碱回收系统，碱回收率达90%，全厂水循环使用率达95%，使资源得到综合利用。

金桂于2011年6月分别通过了ISO 9001质量管理、ISO 14001环境管理、OHSAS 18001职业健康安全管理三大体系认证，2012年9月通过了PEFC-COC产销监管链体系认证，2013年10月取得食品用纸包装容器等纸制品生产许可证书。

金桂是国家林业重点龙头企业、广西林业产业龙头企业，还先后荣获“中国林业产业突出贡献奖”、“安全生产标准化二级企业”、“广西北部湾经济区优秀创业企业”、“广西五一劳动奖状”等荣誉称号。

金桂微信公众号

《中国一东盟商务年鉴》（2015卷）

特别鸣谢单位

第12届中国一东盟博览会合作伙伴：

1、中国银行股份有限公司

2、华润（集团）有限公司

3、广西投资集团有限公司

4、钰诚集团

5、招商局集团有限公司

6、北京银行股份有限公司

7、柳州两面针股份有限公司

8、中国太平保险集团

9、中国石油广西销售公司

10、中国移动通信集团广西有限公司

11、广西三环企业集团股份有限公司

12、广州市蒂法妮商贸有限公司

13、广西区农村信用社联合社

14、北海源生商贸有限公司

15、广西南珠宫投资控股集团有限公司

16、广西东方南珠珠宝有限公司

17、广西南宁永明珍珠宫珠宝有限公司

《年鉴》（2015卷）入编单位：

1、玉林市人民政府

2、防城港市人民政府

3、崇左市人民政府

4、广西区国土厅

5、广西区统计局

6、广西财经学院

7、南宁学院

8、广西金桂浆纸业有限公司

9、广西盛鑫石业有限公司

10、广西水产畜牧局

11、桂林理工大学

2015
中国—东盟商务年鉴

主编　王　雷

线装书局

图书在版编目（CIP）数据

2015 中国—东盟商务年鉴 / 王雷主编. —北京：线装书局，2016.7

ISBN 978-7-5120-2311-6

Ⅰ. ①2… Ⅱ. ①王… Ⅲ. ①自由贸易区—商务—中国、东南亚国家联盟—2015—年鉴 Ⅳ. ①F752.733-54

中国版本图书馆CIP数据核字（2016）第 156818 号

2015 中国—东盟商务年鉴

主　　编：王　雷
责任编辑：李　旻
装帧设计：黎筱燕
出版发行：线装书局

地　　址：北京市西城区鼓楼西大街 41 号（100009）
电　　话：010—64045283（发行部）64045583（总编室）
网　　址：www.zgxzsj.com

经　　销：新华书店
印　　制：广西地质印刷厂
开　　本：890mm×1240mm　　1/16
印　　张：38
字　　数：1168 千字
版　　次：2016 年 7 月第 1 版第 1 次印刷
印　　数：001—800 册

定　　价：300.00 元

《2015 中国—东盟商务年鉴》主创单位及人员

编辑说明

一、《中国—东盟商务年鉴》是一部国际商务性年鉴，着重收载中国和东盟各国商务方面的基本资料及重要信息，旨在为企业开拓东盟市场提供商务指导，帮助企业快速、全面了解东盟商机，促进双边贸易发展，并促进中国—东盟自由贸易区建设及宣传和提高中国—东盟博览会的商务影响力。

二、本年鉴从2008年起逐年编纂出版。本卷年鉴着重记述2014年中国—东盟商务的相关资料，但为提高年鉴的时效性，卷中东盟商务资讯的信息着重于2015年1～6月份；中国—东盟商务大事记已整理至2015年6月份。

三、本卷年鉴共设篇目14个。分别是国别篇、贸易投资篇、行业篇、商务资讯篇、政策法规篇、企业案例篇、经商实务篇、区域合作篇、活动篇、大事记、数据统计篇、数据挖掘篇、文献、附录等。其中，东盟各国资料的编排，依国际惯例按国名的英文字母顺序排序；一国之内发生的事情，在同一篇目中按时序编排。

四、本年鉴由中国—东盟博览会秘书处主办。本年鉴供稿者均为专事东南亚研究领域的专家及学者，资料来源主要来自国内外权威机构、书籍、传媒或网站，具有一定的权威性和较高的参考价值，涉及的统计表格主要来自海关统计数据及国家商务部网站公开数据。

五、作为资料性工具书，本年鉴内容资料的选题选材和编排，条目的内容要素和记述程序等，都按照既定的体例有所规范。为方便读者阅读、检索，还配备双重检索系统：书前刊有详细目录，书后配有按照字母顺序索引。

六、本年鉴所涉及的单位名称、撰稿人职务均以截稿日期为准。

七、由于资料采集不易和成书时间仓促，本卷年鉴难免有所疏漏和不足，敬请国内外各界读者指正，我们将在今后的编纂工作中努力改进。

八、本卷年鉴在编纂过程中对一些作者和出版机构的著作进行了引用或选编，因时间仓促，部分作者和出版机构未能取得联系，请有关作者或出版机构见到本书后尽快与我们联系，我们将按照国家有关规定支付相应稿酬。

九、本年鉴在策划、组稿、编辑加工过程中，得到有关领导、机关单位、协办单位及社会各界人士的大力支持，谨表示衷心的感谢！

Contents

目　录

国别篇

贸易投资篇

行业篇

商务资讯篇

政策法规篇

企业案例篇

经商实务篇

区域合作篇

活动篇

大事记

数据统计篇

数据挖掘篇

文　献

附　录

国 别 篇

概 况

中 国

国 名

中华人民共和国（The People's Republic of China），简称中国或中华。

国 旗

中华人民共和国国旗是五星红旗。红色象征革命。旗上的五颗五角星及其相互关系象征中国共产党领导下的革命人民大团结。五角星用黄色是为了在红地上显出光明，而且黄色较白色明亮美丽。四颗小五角星各有一尖正对着大星的中心点，这是表示围绕着一个中心而团结，在形式上也显得紧凑美观。

中国国旗

中国国徽

国 徽

中华人民共和国国徽的内容为国旗、天安门、齿轮和麦稻穗，象征中国人民自五四运动以来的新民主主义革命斗争和工人阶级领导的以工农联盟为基础的人民民主专政的新中国的诞生。

国 歌

2004 年 3 月 14 日，十届全国人大二次会议通过宪法修正案，规定“中华人民共和国国歌是《义勇军进行曲》”。由田汉作词、聂耳作曲的《义勇军进行曲》，被称为中国民族解放的号角，自 1935 年在民族危亡的关头诞生以来，在人民中广为流传，对激励中国人民的爱国主义精神起了巨大的作用。

主要节日

新年（1 月 1 日，放假一天）；春节（农历新年，除夕、正月初一、初二放假三天）；清明节（农历清明当日，放假一天）；国际劳动妇女节（3 月 8 日，妇女放假半天）；植树节（3 月 12 日）；国际劳动节（5 月 1 日，放假一天）；中国青年节（5 月 4 日，14 至 28 周岁的青年放假半天）；端午节（农历端午当日，放假一天）；国际护士节（5 月 12 日）；儿童节（6 月 1 日，未满 14 周岁的少年儿童放假一天）；中国共产党诞生纪念日（7 月 1 日）；中国人民解放军建军纪念日（8 月 1 日，现役军人放假半天）；教师节（9 月 10 日）；中秋节（农历中秋当日，放假一天）；国庆节（10 月 1 日，放假三天）；记者节（11 月 8 日）。中国重大的传统节日还有元宵节。此外，各少数民族也都保留着自己的传统节日。

国土与资源

中国位于亚洲大陆的东部、太平洋西岸，陆地面积约 960 万平方公里。中国领土北起漠河以北的黑龙江江心（北纬 53°30′），南到南沙群岛南端的曾母暗沙（北纬 4°）；东起黑龙江与乌苏里江汇合处（东经 135°05′），西到帕米尔高原（东经 73°40′）。从南到北，从东到西，距离都在 5000 公里以上。中国陆地边界长达 2.28 万公里。中国同 14 国接壤，与 8 国海上相邻。领海由渤海（内海）和黄海、东海、南海三大边海组成，东部和南部大陆海岸线 1.8 万千米。内海和边海的水域面积约 473 万平方千米。海域分布有大小岛屿 7600 个，其中台湾岛最大，面积 35798 平方千米。

中国巴音布鲁克

国民

人　口　中国国家统计局发布国民经济运行情况显示：2014年年末，中国大陆总人口（包括31个省、自治区、直辖市和中国人民解放军现役军人，不包括香港、澳门特别行政区和台湾省以及海外华侨人数）136782万人，比2013年年末增加710万人。其中，60周岁以上人口增加999万人，占总人口比例增加了0.6个百分点。

民　族　中国有56个民族，即汉族、蒙古族、回族、藏族、维吾尔族、苗族、彝族、壮族、布依族、朝鲜族、满族、侗族、瑶族、白族、土家族、哈尼族、哈萨克族、傣族、黎族、傈僳族、佤族、畲族、高山族、拉祜族、水族、东乡族、纳西族、景颇族、柯尔克孜族、土族、达斡尔族、仫佬族、羌族、布朗族、撒拉族、毛南族、仡佬族、锡伯族、阿昌族、普米族、塔吉克族、怒族、乌孜别克族、俄罗斯族、鄂温克族、德昂族、保安族、裕固族、京族、塔塔尔族、独龙族、鄂伦春族、赫哲族、门巴族、珞巴族、基诺族。

宗　教　宪法规定公民享有宗教信仰自由。中国宗教徒信奉的主要有佛教、道教、伊斯兰教、天主教和基督教。中国公民可以自由地选择、表达自己的信仰和表明宗教身份。据不完全统计，中国现有各种宗教信徒1亿多人，信教人数呈平稳增长态势。宗教活动场所8.5万余处，宗教教职人员约30万人，宗教团体3000多个。宗教团体还办有培养宗教教职人员的宗教院校74所。

行政区划

一级行政区划　中国行政区划为34个省、自治区、直辖市和特别行政区。即黑龙江、吉林、辽宁、河北、山西、山东、江苏、浙江、安徽、江西、福建、台湾、河南、湖北、湖南、广东、海南、云南、贵州、四川、陕西、甘肃、青海等23个省，广西、西藏、新疆、内蒙古、宁夏等5个自治区，北京、天津、上海、重庆等4个直辖市，香港、澳门2个特别行政区。

主要城市　首都北京市，简称京，位于华北平原西北端，周围被河北省和天津市所包围，是中国政治、经济、文化和国际交流中心，综合性产业城市，著名古都，重要航空港。面积16800多平方千米。2014年年末，全市常住人口2151.6万人。

其他主要城市有：上海、广州、天津、哈尔滨、长春、沈阳、大连、呼和浩特、太原、石家庄、济南、青岛、南京、苏州、杭州、合肥、福州、厦门、南昌、郑州、武汉、长沙、南宁、桂林、深圳、海口、昆明、贵阳、成都、重庆、拉萨、乌鲁木齐、兰州、西安、西宁、银川、香港、澳门、台北、高雄等。

经济

国内生产总值　2014年，中国国内生产总值(GDP)为103611.22亿美元，约合636463亿元人民币，按可比价格计算，比2013年增长7.4%。按国内生产总值与2014年年末人口总数测算，人均国内生产总值7574.92美元，约合46531.2元人民币（数据来自中华人民共和国2014年国民经济和社会发展统计公报）。

产　业　2014年，第一产业增加值9496亿美元，约合58332亿元人民币，增长4.1%；第二产业增加值44180.50亿美元，约合271392亿元人民币，增长7.3%；第三产业增加值49934.72亿美元，约合306739亿元人民币，增长8.1%。

2014年，粮食种植面积11274万公顷，比2013年增加78万公顷；棉花种植面积422万公顷，减少13万公顷；油料种植面积1408万公顷，增加6万公顷；糖料种植面积191万公顷，减少9万公顷。全国粮食总产量达到60710万吨，比2013年增加516万吨，增长0.9%。其中，夏粮产量13660万吨，增长3.6%；早稻产量3401万吨，减少0.4%；秋粮产量43649万吨，增长0.1%。2014年棉花产量616万吨，比2013年减少2.2%；油料产量3517万吨，与2013年持平；糖料产量13403万吨，减少2.5%。2014年猪牛羊禽肉产量8707万吨，比2013年增长2%，其中猪肉产量5671万吨，增长3.2%。生猪存栏46583万头，比2013年下降1.7%；生猪出栏73510万头，比2013年增长2.7%。2014年禽蛋产量2894万吨，比2013年增长0.6%；牛奶产量3725万吨，增长5.5%。

2014年，全国规模以上工业增加值按可比价格计算比2013年增长7.5%。规模以上工业企业实现利润 18611.26 亿美元，约合 64715 亿元人民币，比 2013 年增长 3.3%。

财　政　2014 年，财政收入稳定增长，全国公共财政收入 22847.89 亿美元，约合 140350 亿元人民币，比 2013 年增加 18135.22 亿美元，约合 111401 亿元人民币，增长 8.6%；其中税收收入 19397.99 亿美元，约合 119158 亿元人民币，增加 1404.41 亿美元，约合 8627 亿元人民币，增长 7.8%。

金　融　货币名称为人民币，单位为元。主要银行有中国人民银行、中国建设银行、中国工商银行、中国农业银行、中国银行、中国农业发展银行、中国进出口银行、国家开发银行、交通银行、中国光大银行、中信实业银行等，其中中国人民银行是国家中央银行。主要保险公司有中国人民财产保险股份有限公司、中国人寿保险股份有限公司、中国太平洋财产保险股份有限公司、中国太平洋人寿保险股份有限公司、中国平安财产保险股份有限公司、中国平安人寿保险股份有限公司、新华人寿保险股份有限公司等。证券交易所有上海证券交易所和深圳证券交易所。

2014 年年末国家外汇储备 38430 亿美元，约合 236067.8 亿元人民币，比 2013 年年末增加 217 亿美元，约合 1332.99 亿元人民币。2014 年年末人民币与美元的汇率为 6.1428∶1，比 2013 年年末升值 0.8%。

进出口贸易　2014 年进出口总额 43031.52 亿美元，约合 264334 亿元人民币，比 2013 年增长 2.3%，其中，出口 23427.75 亿美元，约合 143912 亿元人民币，增长 4.9%；进口 19603.93 亿美元，约合 120423 亿元人民币，下降 0.6%。进出口相抵，顺差 3823.83 亿美元，约合 23489 亿元人民币。

就　业　2014 年年末，全国就业人员 77253 万人，其中城镇就业人员 39310 万人。2014 年城镇新增就业 1322 万人。2014 年年末城镇登记失业率为 4.09%，略高于 2013 年年末的 4.05%。2014 年全国农民工总量为 27395 万人，比 2013 年增长 1.9%。其中，外出农民工 16821 万人，增长 1.3%；本地农民工 10574 万人，增长 2.8%。

文　莱

国名

文莱达鲁萨兰国（Brunei Darussalam），简称文莱。

国旗

文莱国旗呈横长方形，长宽之比为 2∶1。由黄、白、黑、红四色组成。黄色的旗地上横斜着黑、白宽条，中央绘有红色的国徽。黄色代表苏丹至高无上，黑、白斜条是为纪念两位有功的亲王。

文莱国旗

文莱国徽

国徽

文莱国徽呈红色。一弯新月环抱着一根棕榈树干，其上为展开的双翼，双翼之上为一顶华盖和一面旗帜，这象征文莱信奉伊斯兰教和苏丹至高无上。在新月中央用马来文写着“永远在真主指导下，万事如意”。中心图案两侧有两只手臂，表示人民向真主祈求，人民对苏丹和政府的拥护。国徽底部的饰带上写着“和平之城——文莱”。

主要节日

独立日：1 月 1 日。国庆日：2 月 23 日。现任苏丹哈吉·哈桑纳尔·博尔基亚的生日：7 月 15 日。开斋节是最盛大的节日，每年日期根据伊斯兰教历均有变化。

自然地理

文莱达鲁萨兰国位于加里曼丹岛北部，国土面积 5765 平方公里。北濒南中国海，东南西三面与马来西亚的沙捞越州接壤，并被沙捞越州的林梦分隔为不相连的东西两部分。海岸线长约 161 公里，沿海为平原，内地多山地，有 33 个岛屿。东部地势较高，西部多沼泽地。属热带雨林气候，炎热多雨。年均气温 28℃。

文莱博物馆

国民

人　口　根据世界卫生组织公布数据显示，2014年文莱的人口总数为42.8977万。

民　族　主要民族有20个。其中马来人占66.71%，华人占11.2%，其他种族占22.09%。

语　言　文莱的国语为马来语，通用英语，华语使用较广泛。

宗　教　国教是伊斯兰教，其他还有佛教、基督教、道教等。

行政区划

首都为斯里巴加湾市，位于文莱—穆阿拉区，面积16平方公里，人口约6万。原称文莱市，从17世纪起即成为文莱首都，1970年10月4日改为现名。全国分区、乡和村3级。全国划分为4个区：文莱—穆阿拉、马来奕、都东、淡布隆。区长和乡长由政府任命，村长由村民民主选举产生。

国体政体

国　体　文莱是一个“主权、民主和独立的马来穆斯林君主国”。君主（苏丹）拥有行政、立法、司法全部权利，同时也是宗教领袖。设宗教、枢密、内阁、立法、世袭等5个委员会（1984年独立后，立法委员会停止运作，内阁委员会改为内阁政府），协助苏丹理政。

宪　法　1959年9月29日颁布第一部宪法。1971年和1984年曾进行重大修改。宪法规定，苏丹为国家元首和宗教领袖，拥有全部最高行政权力和颁布法律的权力。设宗教委员会、继承与册封委员会、枢密院、立法院和内阁部长会议协助苏丹理政。2004年9月，重新设立的立法院第一届会议审议并通过宪法修正案，内容涉及司法、宗教、民俗等多个方面，共13项内容，包括赋予苏丹无须经立法院同意而自行颁布紧急法令等法令的权利；制定选举法令，让人民参选从政；增加立法院议员人数；伊斯兰教仍为国教，但人民有宗教信仰自由；仍以马来语作为官方语言，英语可作为法庭办案语言等。

议　会　立法院由33人组成。1962年曾举行选举。1970年取消选举，议员改由苏丹任命。1984年2月，苏丹宣布终止立法会，立法以苏丹圣训方式颁布。2004年7月，苏丹宣布重开立法会。9月，立法会恢复运作。2005年9月，苏丹解散立法会，重新任命议长和议员。2011年2月，苏丹任命伊萨为立法会新任议长，6月任命新一届立法会议员。2015年2月，苏丹任命拉赫曼为立法会新任议长。

国家政要　文莱元首是苏丹·哈吉·哈桑纳尔·博尔基亚·穆伊扎丁·瓦达乌拉，1967年10月5日继位，兼任首相、国防大臣和财政大臣；王储穆赫塔迪·比拉，1998年8月册封为王储。

政　府　1988年12月1日，苏丹宣布组成政府，1989年1月进行改组。2005年5月，苏丹再次改组内阁，新增首相府高级部长、能源部长、第二财政部长、第二外交部长4个职位，将国家大祭司、总检察长两职位由副部级升至正部级，并首次宣布所有内阁部长以及副部长的任期均为5年。本届政府于2010年5月成立。目前内阁成员16人：首相、国防部长和财政部长由苏丹兼任，首相府高级部长阿尔穆塔迪·比拉王储，外交和贸易部长穆罕默德·博尔基亚亲王，教育部长阿布·巴卡尔，卫生部长阿德南，发展部长苏约伊，交通部长阿卜杜拉，工业和初级资源部长叶海亚等。

司　法　司法体系以英国习惯法为基础。2014年5月正式实施伊斯兰教刑法。一般刑事案件在推事庭或中级法院审理，较严重的案件由高级法院审理。最高法院由上诉法院和高级法院组成。最高法院首席大法官基弗拉维。民事案件最终可上诉至英国枢密院。此外还设有伊斯兰教法院审理穆斯林的宗教案件。宗教法院首席法官阿卜杜勒·哈密德。

政　党　1985年5月30日，苏丹宣布允许政党注册，随后出现了文莱国家民主党和文莱国家团结党。1988年文莱政府将国家民主党取缔，目前仅存文莱国家团结党。另有国民觉醒党和国民进步党两个小党。

经济

国内生产总值　据国际货币基金组织的数据显示，2014年文莱GDP总额为143.75亿美元，约合196.94亿文莱元。人均GDP为2.71万美元，约合3.71万文莱元。

产　业　2014年，工业产值下降1.2%，其中采矿业下降4.9%，制造业增加1.2%，建筑业增长20.2%，水电业增长1.1%。服务业产值下降3.7%，交通运输业增长9.1%，金融业增长14.0%。旅游方面，中国是文莱重要的客源市场，中国游客在文莱入境游客中所占比重增加。

金　融　货币名称：文莱元（Brunei Dollar），与新加坡元等值。文莱元是文莱的法定流通货币，标志为B$。在新加坡，文莱元可以在当地使用，即使其没有法定地位。同样，新加坡元在文莱被广泛使用。文莱不设国家中央银行，在财政部设货币局和金融局负责金融的管理。全国有10家银行、5

家金融公司、26 家保险公司和 1 家证券交易公司。根据金融管理局发布的数据显示，2014 年的银行贷款大幅攀升，家庭贷款和制造业贷款都有所上升。2014 年第 1 季度，文莱银行业发放贷款总额增至 50.59 亿文莱元，同比增长了 17%。文莱元与美元的汇率约为 1.37：1（据中华人民共和国驻文莱达鲁萨兰国大使馆数据）。

进出口贸易 2014 年文莱对外贸易总额 188.3 亿文莱元，其中出口增长了 17.4%，进口下降了 4.4%。文莱经济计划发展局统计报告显示，2014 年 4 月，文莱对外贸易额达 16.83 亿文莱元，同比增长 0.4%，其中出口 14.25 亿文莱元，同比增长 15.3%；进口 2.59 亿文莱元，同比下降 41.4%；贸易顺差为 11.66 亿文莱元，同比增加 47%。2014 年 4 月，液化天然气和原油是文莱主要出口商品，分别占文莱出口总额的 49%和 47.2%；工业制品、机械设备和食品为文莱主要进口商品，合计约占文莱进口总额的 85%。2014 年 4 月，日本、韩国、泰国为文莱前 3 大出口目的地，占比分别为 31.1%、14.7%和 12.4%；主要进口来源地则分别为德国、新加坡和马来西亚，占比分别为 28%、15.9%和 15.7%。

外　资 文莱 2014 年投资环境指数为 73.5，排名亚太区第 5 位。近年来，文莱力推税务优惠以吸引外资，比如向符合资格的企业提供 8 年免税及豁免 15 年出口税等。2014 年，在吸引外商直接投资方面，文莱优先推荐对非油气行业的投资，比如食品、药品、化妆品、可再生能源、数据处理、疾病治疗等，希望能借此创造就业机会，促进本地中小企业的发展。

传媒

文莱新闻社是文莱唯一一家官方新闻机构，创建于 1959 年。主要报纸：《婆罗洲公报》（英文、马来文），日发行量 7 万份；《文莱灯塔报》（马来文），每周三出版，发行 4.5 万份；马来西亚中文日报《美里日报》、《诗华日报》、《国际时报》和《星洲日报》设有文莱新闻版，在文莱发行。

文莱广播电视台创建于 1957 年 5 月，以马来语、英语、华语和尼泊尔语播音。在马来奕区还设有一个专门为英国廓尔喀部队广播的英国军队广播服务台。电视台从 1975 年起开设彩色电视频道，播放马来文和英文节目。

柬埔寨

国名

柬埔寨王国（The Kingdom of Cambodia），简称柬埔寨。

国旗

柬埔寨国旗呈横长方形，长宽之比为 3：2。由三个平行的横长方形相连构成，中间是红色宽面，上下均为蓝色长条。红色象征吉祥和喜庆，蓝色象征光明和自由。红色宽面中间绘有白色镶金边的吴哥庙、著名的婆罗门教建筑，象征柬埔寨悠久的历史和古老的文化。

柬埔寨国旗

柬埔寨国徽

国徽

柬埔寨国徽是以王剑为中心线两边对称的图案。菱形图案中的王剑由托盘托举，意为王权至高无上；两侧为由狮子守护的五层华盖，“五”在柬埔寨风俗中象征完美、吉祥；两边的棕榈树叶象征胜利；底部的饰带上用柬埔寨文写着“柬埔寨王国之国王”。整个图案象征柬埔寨王国在国王的领导下，是一个统一、完整、团结、幸福的国家。

主要节日

独立日（建军日）：11 月 9 日（1953 年摆脱法国殖民统治，宣布独立）；国庆日：6 月 24 日（1991 年 8 月柬埔寨全国最高委员会决定将 1991 年 6 月 24 日柬埔寨停火日定为柬埔寨新的国庆日）。

自然地理

柬埔寨位于东南亚中南半岛南部，北接老挝，西北部与泰国为邻，东和东南部与越南接壤，西南濒泰国湾。陆地面积为 18 万多平方公里，海岸线长 460 公里。中部和南部是平原，东部、北部和西部被山地、高原环绕，大部分地区被森林覆盖。豆蔻山脉东段的奥拉山海拔 1813 米，为境内最高峰。湄公河在境内长约 500 公里，流贯东部。洞里萨湖是中南半岛的最大湖泊，低水位时面积达 2500 多平方公里，雨季湖面达 1 万平方公里。沿海多岛屿，主要有戈公岛、隆岛等。属热带季风气候，年平均气温29℃～30℃。5～10月为雨季，11月至次年4月为旱季。受地形和季风影响，各地降水量差异较大，象山南端可达5400毫米，金边以东约1000毫米。

柬埔寨西哈努克皇宫

国民

人　口　据世界卫生组织数据显示，2014年柬埔寨总人口达1546.6391万人（女性为789.54万人，占51%），较2013年同比增长2.31%。

民　族　有20多个民族，其中高棉族占人口总数的80%，华人、华侨约70万。其他还有占族、普农族、老族、泰族和斯丁族等少数民族。

语　言　高棉语为通用语言，与英语、法语同为官方语言。

宗　教　国教为佛教，全国93%以上的人信奉佛教；占族多信奉伊斯兰教；少数城市居民信奉天主教。

行政区划

首都为金边（Phnom Penh）。全国分为23个省和1个直辖市。金边地处洞里萨河与湄公河交汇处，是柬埔寨政治、经济、文化和宗教中心。

国体政体

政　体　柬埔寨实行君主立宪制。国王是终身制国家元首、武装力量最高统帅。

宪　法　柬埔寨现行宪法于1993年9月21日经柬埔寨制宪会议通过、由西哈努克国王于同年9月24日签署生效。1999年3月4日，第二届国会通过宪法修正案。宪法规定，柬埔寨实行自由民主制和自由市场经济，立法、行政、司法三权分立。国王是终身制国家元首、武装力量最高统帅，是国家统一和永存的象征，有权宣布大赦，在首相建议并征得国会主席同意后有权解散国会。国王因故不能理政或不在国内期间由参议院主席代理国家元首职务。王位不能世袭，国王去世后由首相、佛教两派僧王、参议院和国会正副主席共9人组成王位委员会在7日内从安东、诺罗敦和西索瓦三支王族后裔中遴选产生新国王。

议　会　国会是柬埔寨国家最高权力机构和立法机构，每届任期5年。首届国会成立于1993年，由120名议员组成，其中奉辛比克党58人，人民党51人，佛教自由民主党10人，莫里纳卡党1人。人民党主席谢辛任国会主席。国会下设9个专门委员会。第二届国会成立于1998年9月，由122名议员组成，其中人民党64人，奉辛比克党43人，森朗西党15人。人民党、奉辛比克两党联合执政，森朗西党拒绝入阁，成为国会合法的反对党。奉辛比克党主席诺罗敦·拉纳烈任国会主席。第三届国会成立于2004年7月，由123名议员组成，其中人民党73人，奉辛比克党26人，森朗西党24人。拉纳烈连任国会主席。2006年3月，拉纳烈辞去国会主席。2006年3月21日，柬埔寨国会举行全体会议，投票选举原第一副主席、人民党名誉主席韩桑林为国会主席，人民党中央常委阮涅为第一副主席，奉辛比克党成员尤霍格里为第二副主席。2006年12月27日，国会投票表决通过奉党成员洪逊霍为国会第二副主席。第四届国会成立于2008年9月，由123名议员组成，其中人民党90人，森朗西党26人，人权党3人，拉纳烈党和奉辛比克党各2人。韩桑林任国会主席，阮涅为第一副主席，赛冲为第二副主席。2012年3月24日，赛冲转任柬埔寨参议院第一副主席并辞去国会第二副主席。2012年4月25日，国会召开第四届第八次全体会议，投票选举宫桑达里为国会第二副主席。第五届国会成立于2013年9月，由123名议员组成，其中人民党68席，救国党55席。

国家政要　国王诺罗敦·西哈莫尼，2004年10月就任；首相洪森，1998年起任职；参议院议长谢辛，1999年3月任职；国会议长韩桑林，2006年3月任职，2013年9月连任。太皇诺罗敦·西哈努克，2004年10月7日宣布退位。奉辛比克党前主席诺罗敦·拉那烈。

政　府　柬埔寨第五届政府于2013年9月成立，洪森为首相。设9个副首相，15个国务大臣，27个部和1个国务秘书处。

政　党　1993年大选时柬埔寨共有40多个政党参选。1998年大选时有39个政党参选。2003年大选时有23个政党参选。2008年大选时有11个政党参选。主要政党有：

柬埔寨人民党：该党前身为成立于1951年6月28日的柬埔寨人民革命党。1991年10月改为现名。现任党主席谢辛，副主席洪森，名誉主席韩桑林。现有党员410万。1993年大选后，人民作为第二大党与第一大党奉辛比克党联合执政。1998年大选获胜，成为第一大党，洪森出任首相。在2002年初举行的地方选举中，人民党获得绝大多数乡（区）长职位。2003年大选人民党获胜，获73个国会议席。2008年大选人民党再次获胜，赢得90个国会议席。洪森蝉联首相。2013年大选人民党再次获胜，赢得68个国会席位。洪森蝉联首相。该党主张对内维护政局稳定，致力于经济发展和脱贫，建立民主法治国家。对外奉行独立、和平、中立和不结盟政策，支持建立国际政治经济新秩序，主张加强南南合作、缩小贫富差距及加强区域合作，维护地区和平与繁荣。重视同周边邻国的友好合作以及与中、日、法等大国发展友好关系，积极改善同美国及西方国家的关系。

奉辛比克党：该党前身为“争取柬埔寨独立、中立、和平与合作”的民族团结阵线，由西哈努克于1981年创建，并由西哈努克担任主席。1992年改为现名，盖博拉斯美任主席。目前有党员约40万。该党信奉西哈努克主义，对内主张政治民主化、经济私有化，维护君主立宪制；对外奉行独立、和平、中立与不结盟外交政策，主张与世界各国和一切友好政党建立和发展友好合作关系，主张以和平方式解决与邻国的边界领土争端。2003年大选获得26个国会议席，仍居第二位。2004年7月与人民党组成第三届联合政府。2006年10月，奉党召开全国特别代表大会，决定由盖博拉斯美取代拉纳烈任奉党主席，卢莱斯棱任第一副主席，西索瓦·西里拉任第二副主席，涅本才任秘书长。2008年大选该党获2个国会议席。2011年4月2日，奉辛比克党金边召开代表大会，选举盖博拉斯美为该党领袖（主席），卢莱斯伦为名誉主席，涅本才担任执行主席，负责党的日常工作。2012年参议院选举奉辛比克党未获席位。2012年5月24日，奉辛比克党执行主席涅本才和诺罗敦·拉那烈党主席诺罗敦·拉那烈亲王签署协议，两党将在柬埔寨第三届乡、分区理事会选举后重新合并，由拉那烈亲王任党主席，涅本才任副主席。2012年8月24日，柬埔寨政党诺罗敦·拉纳烈党改名为“民族主义党”，邵拉尼当选民族主义党主席。8月25日，民族主义党与奉辛比克党正式合并为奉辛比克党。2013年3月23日，奉辛比克党举行代表大会，阿伦公主被推选为该党主席。2013年大选中，奉辛比克党未获议席。

救国党：2012年8月20日，森朗西党和人权党在内政部注册联合成立新政党“救国党”。该党推崇西式自由、民主、人权；铲除贪污、腐败；发展自由经济，提高人民生活水平。在柬埔寨知识分子、工人、市民和青年学生中有较大影响。2013年大选救国党获得55个国会议员席位。

经济

国内生产总值 2014年，柬埔寨宏观经济继续稳定增长。2014年，柬埔寨国内生产总值（GDP）达162.7亿美元（约合658935亿瑞尔），同比增长7.1%，人均GDP增至1122美元（约合4544100瑞尔），同比增长8.3%。

产　业 2014年，柬埔寨农业增长2.58%（种植业增长2.28%、渔业增长5.7%），工业增长9.56%，服务业增长7.48%（商业增长5.47%、酒店和餐饮业增长6.9%），金融业增长8.57%，固定资产增长10.35%。通货膨胀率为3.9%。广义货币为106.4亿美元（约合430920亿瑞尔），同比增长29.88%，约占GDP的63.58%。此外，柬埔寨电力供应增至48.73亿千瓦时，同比增长13.4%，其中水电18.41亿千瓦时，同比增长70.3%。清洁水供应1.882亿立方米，同比增长8%。

财　政 2014年，柬埔寨财政收支小幅增加，收支结余大幅增长。2014年国家预算收支结余4.62亿美元（约合18711亿瑞尔），同比增长15.8%。其中，预算执行收入为26.01亿美元（约合105340.5亿瑞尔），同比增长28.8%，占GDP的16%；经常性收入22.81亿美元（约合92380.5亿瑞尔），同比增长18.2%，主要得益于非税收入25%的增长；资本收入0.50亿美元（约合2025亿瑞尔），同比下降43%；预算执行支出21.39亿美元（约合86629.5亿瑞尔），同比增长32.2%；经常性支出17.65亿美元（约合71482.5亿瑞尔），同比增长36.4%；资本支出3.74亿美元（约合15147亿瑞尔），同比增长15.8%。

金　融 货币名称：瑞尔（Riel）。柬埔寨中央银行公布的《2014年柬埔寨经济报告》显示，由中央银行管理外汇储备16年前为3.78亿美元（约合15309亿瑞尔），2014年增加到42.92亿美元（约合173826亿瑞尔），同比增长4.68%，可满足4～4.5个月的进口需要。据柬埔寨国家银行统计，2014年柬埔寨通货膨胀率为3.9%，低于2013年的4%。瑞尔与美元的汇率继续保持稳定，年平均汇率为4050：1。

进出口贸易 2014年，柬埔寨对外贸易持续增长。2014年，柬埔寨对外贸易总额为181.35亿美元（约合734467.5亿瑞尔），同比增长14%。其中，出口76.96亿美元（约合311688亿瑞尔），同比增长11.5%；进口104.39亿美元（约合422779.5亿瑞尔），同比增长15.5%。贸易逆差20.8亿美元（约合84240亿瑞尔）。主要出口产品为服装、鞋类、橡胶、大米、木薯和玉米；主要进口产品为服装原材料、建材、汽车、燃油、机械、食品、饮料、药品和化妆品等。主要贸易伙伴为美国、欧盟、中国、日本、韩国、泰国、越南和马来西亚等。中国是柬埔寨重要的贸易伙伴，2014年双边贸易总额达37.57亿美元（约合152158.5亿瑞尔），同比下降0.39%，占柬埔寨对外贸易总额的20.72%。其中向中国出口4.83亿美元，同比增长33.54%；自中国进口32.74亿美元，同比下降3.99%。

外　资 2014年，经济特区建设逐渐成为柬埔寨吸引外商投资的焦点之一和新的经济增长点。截至2014年年底，柬埔寨原则性批准投资的经济特区为35个（中资企业投资9个），其中21个已正式获得政府批准实施。经济特区内新增投资项目47个，投资额20.4亿美元（约合82620亿瑞尔），创造21524个就业岗位。2014年，柬埔寨政府共批准210个投资项目，投资总额39.33亿美元（约合159286.5亿瑞尔），同比下降21%，创造25.2万个就业岗位。其中国内投资25.17亿美元，占总投资额的64%，同比激增272.2%；外国投资14.16亿美元，占总投资36%，同比增长19.3%。

传媒

柬埔寨有132家报刊，其中柬文报纸97家，英、法、中、日文报刊35家。柬埔寨有很多私人报纸，发行量较少。较有影响的有《柬埔寨之光报》（柬埔寨文，日报）、《柬埔寨日报》（英文、柬埔寨文）、《和平岛报》（柬埔寨文、日报）、《人民报》（人民党党报，柬埔寨文）、《金边邮报》（英文，双周报）、《柬埔寨时报》（英文，柬埔寨文，周报）、《华商日报》（中文，日报）、《星洲日报》（中文，日报）和《柬华日报》等。

柬埔寨新社（AKP）为柬埔寨唯一一家官方通讯社，成立于1980年。

柬埔寨目前拥有11家超短波电台，其中FM103电台属国家所有，每天播音18个小时。电视台6家，国家电视台（建于1984年，以柬埔寨语节目为主）；仙女台（人民党党产）；第9频道（私营）；第5频道（军队台）；首都第3频道（官方开办）；巴戎台（私营）；CTN电视台（私营）。有线电视台：柬埔寨有线电视台、金边有线电视台、微波无线电视公司。

印度尼西亚

国名

印度尼西亚共和国（The Republic of Indonesia），简称印度尼西亚。

国旗

印度尼西亚国旗旗面由上红下白两个相等的横长方形构成，长宽之比为3：2。红色象征勇敢和正义，还象征印度尼西亚独立以后的繁荣昌盛；白色象征自由、公正、纯洁，还表达印度尼西亚人民反对侵略、爱好和平的美好愿望。

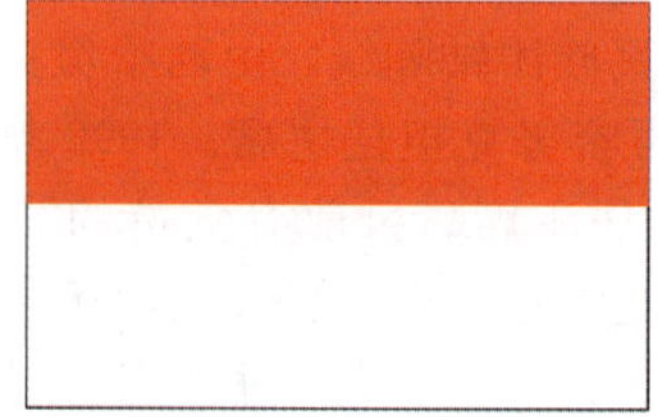

印度尼西亚国旗

印度尼西亚国徽

国徽

印度尼西亚国徽由一只金色的鹰、一面盾和鹰爪抓着的一条绶带组成。鹰象征创造力。鹰两翼各有17根羽毛，其中尾羽8根，这是为了纪念印度尼西亚的独立日——8月17日。鹰胸前的盾面由五部分组成：黑色小盾和金黄色的五角星代表宗教信仰，也象征“潘查希拉”——印度尼西亚建国的五项基本原则；水牛头象征主权属于人民；榕树象征民族意识；棉桃和稻穗象征富足和公正；金色饰环象征人道主义和世代相传。盾面上的粗黑线代表赤道。鹰爪抓着的绶带上用印度尼西亚文写着“异中有同”。

主要节日

独立日：8月17日（1945年）；国庆日：8月17日（1945年）。

自然地理

印度尼西亚位于亚洲东南部，地跨赤道，是世界上最大的群岛国家，由太平洋和印度洋之间的17508个大小岛屿组成，其中约6000个岛屿有人居住。陆地面积为1904443平方公里，海洋面积3166163平方公里（不包括专属经济区），因此，印度尼西亚素称千岛之国。印度尼西亚北部的加里曼丹岛与马来西亚接壤，新几内亚岛与巴布亚新几内亚相连。东北部面临菲律宾，东南部是印度洋，西南与澳大利亚相望。海岸线总长54716公里。属热带雨林气候，年平均温度25℃～27℃。印度尼西亚是一个火山之国，全国共有火山400多座，其中活火山100多座。全国各岛处处青山绿水，四季皆夏，人们称它为“赤道上的翡翠”。

印度尼西亚中央博物馆

国民

人　口　根据联合国报告显示，印度尼西亚是人口增长较快的国家之一。2014印度尼西亚人口超过2.5亿，到2020年将增加到约2.6亿。2025年将增至2.8亿，而2050年，印度尼西亚人口将达约3.3亿。

民　族　印度尼西亚拥有100多个民族，其中爪哇族占人口的45%，巽他族占14%。

语　言　官方语言为印度尼西亚语。各民族语言有200多种。通用英语。

宗　教　全国约87.2%的人信奉伊斯兰教，是世界上穆斯林人口最多的国家。其他宗教有：基督教6.1%、天主教3.6%、印度教2%、佛教1%，其余为原始拜物教等。

行政区划

首都为雅加达。印度尼西亚全国共有一级行政区34个，包括雅加达首都特区，日惹和亚齐达鲁萨兰3个地方特区和31个省。二级行政区（县/市）497个。

国体政体

政　体　实行总统内阁制。人民协商会议是国家最高权力机构，负责制定、修改与颁布宪法和国家总方针政策，选举总统，副总统（2004年后改由全民直选），监督和评价总统执行国家大政方针情况和在总统违背宪法时对其进行弹劾或罢免。只设中央一级。成员700名，任期5年。

宪　法　现行宪法为《“四五”宪法》，于1945年8月18日颁布实施，1949年12月和1950年8月分别为《印度尼西亚联邦共和国宪法》和《印度尼西亚共和国临时宪法》所替代，1957年7月5日恢复实行。1999～2002年先后通过4个修正案。宪法规定，印度尼西亚为单一的共和制国家，“信仰神道、人道主义、民族主义、民主和社会公正”是建国五项基本原则（简称“潘查希拉”）。实行总统制，总统为国家元首、行政首脑和武装部队最高统帅。2004年起，总统和副总统不再由人民协商会议选举产生，改由全民直选；每任5年，只能连任一次。总统任命内阁，内阁对总统负责。

人　协　全称“人民协商会议”。国家立法机构，由人民代表会议（国会）和地方代表理事会共同组成，负责制定、修改和颁布宪法，并对总统进行监督。如总统违宪，有权弹劾罢免总统。每5年换届选举。本届人协于2014年10月成立，共有议员692名，包括560名国会议员和132名地方代表理事会成员。设主席1名，副主席4名。现任主席为祖尔基夫里·哈桑。

国　会　全称“人民代表会议”。国家立法机构行使除修宪和制定国家大政方针之外的一般立法权。国会无权解除总统职务，总统也不能宣布解散国会。但若总统违反宪法，国会有权建议人协追究总统责任。本届国会于2014年10月成立，共有议员560名，兼任人协议员。任期五年。设议长1名，副议长4名。现任议长为塞特亚·诺凡多。

国家政要　佐科·维多多总统，2014年10月就任，任期至2019年，是第7任总统；2014年7月9日，尤素夫·卡拉再次当选为印尼副总统。

政　府　本届内阁于2014年10月组建，现任阁员34人，任期至2019年，包括：政治法律安全统筹部长特佐·埃迪·普尔迪亚特诺、经济统筹部长索菲安·贾里尔、海洋统筹部长英德罗约诺·苏西洛、人类发展与文化统筹部长布安·马哈拉尼、国务秘书部长普拉蒂克诺、内政部长扎赫约·库莫罗、外交部长蕾特诺·马尔苏迪、国防部长里亚米扎尔德·里亚库杜、司法人权部长亚索纳·劳利、财政部长班邦·布罗佐内戈罗、能源与矿产资源部长苏迪尔曼·赛义德、工业部长萨利赫·胡辛、贸易部长拉赫马特·戈贝尔、农业部长阿姆兰·苏莱曼等。

司　法　实行三权分立，最高法院独立于立法和行政机构。最高法院院长由最高法院法官选举，现任院长哈达·阿里。

政 党 1975年政党法只允许三个政党存在，即专业集团、印度尼西亚民主党、建设团结党。1998年5月解除党禁。1999年1月28日新政党法规定，50名以上年满21岁的公民只要遵循“不宣传共产主义，不接收外国资金援助，不向外国提供有损于本国利益的情报，不从事有损于印度尼西亚友好国家的行为”的原则，便可成立政党。2014年大选中，共有15个政党参选，10个政党获得国会议席，民主斗争党成为国会第一大党。主要大党包括：

民主党：成立于2001年9月9日，以“潘查希拉”为政治纲领，以维护和巩固国家统一为目标，倡导民族主义、宗教信仰自由、多元主义和人道主义。2009年4月国会选举中获148个议席，2014年国会选举中议席大幅下滑。现任总主席为苏希洛·班邦·尤多约诺。

专业集团党：1959年组成松散的专业集团联合秘书处，1964年10月由61个群众组织联合成立专业集团，1970年12月扩大为包括291个群众组织的专业组织，1967年至1999年6月为事实上的执政党，但一直自称为社会政治组织。1999年3月7日正式宣布为政党。以“潘查希拉”为政治纲领，主张在民主和民权基础上进行政治体制改革，保障人权，改善民生。2014年国会选举中获91个议席，国会第二大党。总主席阿布里扎尔·巴克利。

民主斗争党：由原印尼民主党分裂出来的人士组成，1998年10月正式成立。系民族主义政党，印尼世俗政治力量代表。以“潘查希拉”为政治纲领，弘扬民族精神，反对宗教和种族歧视。2014年国会选举中获109个议席，国会第一大党。现任总主席为梅加瓦蒂·苏加诺普特丽。

大印尼运动党：成立于2008年2月6日，以“潘查希拉”为政治纲领，倡导民族主义、人道主义。2009年大选中力推普拉博沃参选，因实力不济竞选失败。在2014年国会选举中获73个议席。总主席普拉博沃·苏比延托。

国家使命党：成立于1998年8月23日，党员多为印尼第二大穆斯林团体穆哈玛迪亚（Muhammadiyah）成员，具有伊斯兰现代派特征。主张三权分立制衡、人民主权、经济平等、种族宗教和睦等。2009年国会选举中获53个议席，国会第五大党。现任总主席为哈达·拉加萨。

建设团结党：1973年1月由伊斯兰教士联合会、印尼穆斯林党、印尼伊斯兰教士联盟党和白尔蒂伊斯兰教党合并组成。20世纪80年代后伊斯兰教士联合会退出。原政治纲领为“潘查希拉”，现回归伊斯兰教，并将党徽重新改回麦加天房图案。主张司法独立，实施广泛地方自治和宗教平等，全面提高人口素质。2009年国会选举中获38个议席，国会第六大党。现任总主席为苏尔亚达尔马·阿里。

经 济

国内生产总值 印度尼西亚2014年国内生产总值达7825亿美元，约合9391万亿印尼盾，同比增长5%。人均国内生产总值约达3402美元，约合4146.7万印尼盾（据印尼中央统计局数据）。

产 业 2014年是印度尼西亚第二个中期发展规划接近结束之年，印度尼西亚政府继续加大对各经济领域，特别是基础设施建设、粮食安全、扶贫、投资环境改善等方面的投入。2014年，印尼的信息通讯、商业服务、交通仓储、建筑业和餐饮业保持较快增长，采矿业、制造业和农业增长相对滞后。其中，通讯和信息业增长最快，达10.02%；企业服务业次之，为9.81%。

金 融 货币名称：印度尼西亚盾（Rupiah）。2014年，印尼家庭消费增长5.14%，政府开支增长1.98%。2014年，印尼外汇储备仍较充足，国家债务负担较轻。据印尼中央银行统计，由于政府发行外币债券、油气出口增加等积极因素，截至2014年7月底，印尼外汇储备升至1105亿美元，比6月增加28亿美元。2014年，印尼盾与美元的平均汇率为12189∶1（据中华人民共和国外交部网站数据）。

进出口贸易 据印尼国家统计局统计，2014年，印尼货物进出口额为3544.7亿美元，约合4320.63万亿印尼盾，比2013年（下同）下降4.0%。其中，出口1762.9亿美元，约合2148.8万亿印尼盾，下降3.4%；进口1781.8亿美元，约合2171.84万亿印尼盾，下降4.5%。贸易逆差18.9亿美元，约合23.04万亿印尼盾，下降53.7%。

从国别（地区）看，2014年印尼对其主要贸易伙伴出口除对新加坡和美国仍保持有限增长（增幅依次为0.7%和5.3%）外，对日本、中国、印度和韩国均出现下降。其中印尼对日本出口的降幅为－14.5%、中国为－22.1%、印度－6.0%、韩国为－7.0%。上述6国合计占印尼出口贸易总额的55.0%；其中以日本所占市场的份额最大，为13.1%，中国为10.0%，新加坡为9.5%，美国为9.4%，印度为7.0%，韩国为6.0%。印尼自中国、新加坡、日本、韩国、马来西亚和泰国的进口额分别占其进口总额的 17.2%、14.1%、9.6%、6.7%、6.1%和 5.5%，合计为 59.1%；增减幅依次为 2.6%、-1.6%、-11.8%、2.2%、-18.5%和-8.6%。2014 年印尼前 6 大逆差来源国依次为中国、新加坡、沙特阿拉伯、泰国和尼日利亚。

外　资　印尼经济近年来的优异表现带动了一波又一波的外国投资热潮。据印尼中央投资统筹机构公布的数据显示，2014 年，印尼吸引外资总额为 332.1 亿美元（约合 404.8 万亿印尼盾），同比增长 16.2%，其中外国直接投资占 66.3%。2014 年，印尼实际吸引外国直接投资 285.3 亿美元（约合 347.75 万亿印尼盾），同比增长 13.5%。按投资国别统计，新加坡投资额 58 亿美元，占外资总额的 20.4%，为最大投资国，日本（9.5%）和马来西亚（6.2%）分列第 2 和第 3 位，中国投资额 8 亿美元，列第 8 位。按投资领域统计，采矿业 47 亿美元，占外资总额的 16.4%，其次为食品业（11%），交通、仓储和通信业（10.5%），金属、机械和电子业（8.7%），化工制药业（8.1%）。

传媒

印尼共有各类报刊 3000 多种。主要印度尼西亚文报纸有《罗盘报》、《专业之声报》、《印度尼西亚媒体报》、《共和国日报等》、《革新之声报》和《印度尼西亚商报》；英文报纸有《雅加达邮报》、《雅加达环球报》、《印度尼西亚观察家报》等；中文报纸有《国际日报》、《商报》《千岛日报》和《星洲日报》（原《印度尼西亚日报》）等。

通讯社方面，目前只有安塔拉通讯社，系官方通讯社，于 1937 年 12 月 13 日创立，在印尼 27 个省设有分社，约有 300 名记者。该社于 2007 年 3 月恢复了北京分社，并派驻常驻记者。

广播电视方面，主要有公立的印尼国家电台和印尼国家电视台。印尼国家电台于 1945 年 9 月 11 日成立，设有 53 个分台和对外广播的“印尼之声”台（用 10 种语言广播）。印尼电视台于 1962 年 8 月 17 日正式运营，共有 13 个分台，395 个转播器，覆盖印尼全境，原为政府经营，2000 年后成为公共电视台。

私营电视台有鹰记电视台、教育电视台、美都电视台等 11 家全国性电视台以及众多的地方电视台。各地的电台多达 1800 多个。

老　挝

国名

老挝人民民主共和国（The Lao People's Democratic Republic），简称老挝。

国旗

老挝国旗旗面中间平行长方形为蓝色，占旗地一半，上下为红色长方形，各占旗地的四分之一。蓝色部分中间为白色圆轮，轮的直径为蓝色部分宽度的五分之四。蓝色象征富饶，红色象征革命，白色圆轮表示圆月。此旗原为老挝爱国战线旗帜。

老挝国旗

老挝国徽

国徽

老挝国徽呈圆形，由两束稻穗环饰的圆面上有具象征意义的图案：大塔是著名古迹，是老挝的象征；齿轮、拦河坝、森林、田野等分别象征工业、水力、林业；稻穗象征农业。两侧的饰带上写着“和平、独立、民主、统一、繁荣昌盛”，底部的饰带上写着“老挝人民民主共和国”。

主要节日

独立日：10 月 12 日（1945 年）；国庆日：12 月 2 日（1975 年）；老挝人民军成立日：1 月 20 日（1949 年）；老挝人民革命党成立日：3 月 22 日（1955 年）；老挝新年（宋干节，也叫泼水节）：佛历 5 月，一般从每年公历 4 月 13 日开始，前后共 3 天；塔銮节：佛历 12 月，公历 11 月。

自然地理

老挝位于中南半岛北部，地处北纬 13°52′～22°05′、东经 100°10′～107°30′。老挝国土面积 23.68 万平方公里，位于中南半岛北部的内陆国家。北邻中国，南接柬埔寨，东接越南，西北达缅甸，西南毗连泰国。境内 80%的国土为山地和高原，且多被森林覆盖，有“印度支那屋脊”之称。地势北高南低，北部与中国云南的滇西高原接壤，东部老挝、越南边境为长山山脉构成的高原，西部是湄公河谷地和湄公河及其支流沿岸的盆地与小块平原。全国自北向南分为上寮、中寮和下寮，上寮地势最高，川圹高原海拔2000～2800米。最高峰比亚山峰海拔2817米。发源于中国的湄公河是最大河流，流经西部1900公里。属热带、亚热带季风气候，分为雨季（5～10月）和旱季（11月至次年4月）。

老挝凯旋门

国民

人　口　2014年，老挝总人口数约691.1万（据世界银行统计数据）。

民　族　2008年11月，老挝六届国会六次会议审议确定，老挝只有一个民族即老挝族，下分49个少数民族，分属老挝泰语族系、孟—高棉语族系、苗—瑶语族系和汉—藏语族系。

语　言　官方语言是老挝语。部分国民也使用泰语、华语。老挝语和泰语大致可以相通。

宗　教　90%的国民信奉小乘佛教，少数信奉基督教、原始宗教等。

行政区划

首都为万象。全国划分为17个省、1个直辖市。

国体政体

国　体　老挝宪法规定：老挝人民民主共和国是人民民主国家，全部权利属于人民，各族人民在老挝人民革命党带领下行使当家做主的权利。

宪　法　1991年8月，老挝最高人民议会第二届六次会议通过了老挝人民民主共和国第一部宪法。

议　会　国会（原称最高人民议会，1992年8月改为现名）是国家最高权力机构和立法机构，负责制定宪法和法律。国会每届任期5年，每年召开两次会议，特别会议由国会常委会决定或由三分之二以上的议员提议召开。国会议员由地方直接选举产生。第七届国会选举于2011年4月30日举行，共选出国会议员132名。2011年6月15日，老挝第七届国会第一次会议在万象召开，会议选举老挝人民革命党中央委员会总书记朱马里·赛雅颂为国家主席，中央政治局委员通邢·塔马冯出任政府总理。会议还选举中央政治局委员巴妮·雅陶都为老挝第7届国会主席。

国家政要　老挝人民革命党中央总书记、国家主席朱马里·赛雅颂，朱马里在2006年3月和6月分别当选为老挝人民革命党中央委员会总书记和国家主席。2011年3月和6月，朱马里分别再次当选为中央委员会总书记和国家主席。总理通邢·塔马冯于2011年6月当选。第7届国会主席巴妮·雅陶都于2011年6月当选连任。

政　府　政府是老挝国家最高行政机关。老挝本届政府于2011年6月组成，下设21个部门（18个部和3个直属机构）。总理通邢和四位副总理均连任。总理府更名为政府办公厅，设6名政府办公厅部长（1名兼任办公厅主任）。撤销国家邮电署、科技署、水资源与环境管理署和公务员管理署。新成立邮电通信部、科技部、自然资源与环境部和民政事务部。原教育部和国家体育总局合并为教育体育部、原新闻文化部和国家旅游局合并为新闻文化与旅游部。主要成员有朱马里·赛雅颂（国家主席、中央国防和治安委员会主席），通邢·塔马冯（政府总理），巴妮·雅陶都（女，国会主席），本扬·沃拉吉（国家副主席），宋沙瓦·凌沙瓦（政府常务副总理），阿桑·劳里（政府副总理兼国家监察署主席、党中央党政监察委员会主任）等。

司　法　老挝最高人民法院为最高司法权力机关。最高人民法院院长坎潘·西提丹帕，2011年6月当选；最高人民检察院检察长坎山·苏冯，2011年6月当选。

政　党　老挝人民革命党是老挝唯一的政党和执政党，于1955年3月22日建立，原称老挝人民党，1972年召开“二大”时改为现名。目前有党员约19.2万名。其宗旨是：领导全国人民进行革新事业，建设和发展人民民主制度，建设和平、独立、民主、统一和繁荣的老挝，为逐步走上社会主义创造条件。

经济

国内生产总值　据老挝《万象时报》报道，2014年，老挝政治保持稳定，经济趋缓发展，经济增长率为7.6%。2014年财年，老挝国内生产总值（GDP）为113.3亿美元（约合90.8万亿基普），人均GDP为1672美元（约合1340万基普）。

产　业　目前，老挝经济以农业为主，工业基础薄弱。1988年起推行革新开放，调整经济结构，即农林业、工业和服务业相结合，优先发展农林业；取消高度集中的经济管理体制，转入经营核算制，实行多种所有制形式并存的经济政策。2014年老挝农林业同比增长2.9%，占比24.4%。2014财年，老挝全国稻谷实际种植面积772678公顷，总产量320万吨。2014年老挝工业同比增长8.7%，占比28.4%。全国能源与矿产行业总产值约19.47亿基普，较2013年同比下降3.3%，占GDP的12%。其中，采矿业收入12.465万亿基普，低于原计划15.318万亿基普的目标，但电力行业增长10.44%。2014年，老挝服务业发展较快，同比增长9.3%，占比39.1%。近年来，老挝旅游业也取得了快速的发展，外国游客人数由2013年的378万人次增至2014年的400万人次。

金　融　货币名称：基普（Kip）。2014年，老挝全年通胀率达5.16%。老挝政府财政收入23.89亿美元（约合19.23万亿基普）。老挝基普与美元和泰铢汇率基本保持稳定。基普与美元汇率约为8050∶1（据中华人民共和国外交部网站数据）。

进出口贸易　2014财年，老挝进出口额为81.35亿美元（约合65.49万亿基普），同比增长5%。其中出口为35.82亿美元（约合28.84万亿基普），同比下降1.75%；进口为45.53亿美元（约合36.65万亿基普），同比增长11.4%；2014年贸易逆差9.71亿美元（约合7.82万亿基普）。老挝出口的商品主要有纺织品、咖啡、木制品和农产品，进口的商品主要有汽车零部件、工业制品、汽油和天然气、建材和食品。

外　资　2014年，老挝吸引内外投资项目1150个，总金额33.83亿美元（约合27.23万亿基普）。其中，电力项目4个3.99亿美元；矿产项目12个3.96亿美元；工业和手工业项目2个1.01亿美元。在老挝投资排名前6位的国家分别为中国、越南、泰国、韩国、法国、日本。获外国官方发展援助项目784个，总金额7.95亿美元。截至2014财年，共有53个国家和地区在老挝投资，投资总额（含内资）为252.81亿美元，项目4500个。外资已成为老挝电力、矿产、经济特区和专区、农业和服务业等15个领域投资开发的主要资金来源。目前，老挝全国共有25座水电站投产，装机容量合计329.4万千瓦。老挝自2000年设立经济开发区以来，已批准设立了10个经济开发区，占地130平方公里，其中有2个经济特区及8个专业经济区。共吸引157家企业（国外109家、国内32家、合资16家）入园，注册资金超47亿美元，到位资金10亿多美元，已安排就业人数10607人。其中沙湾—色诺经济特区吸引投资2.72亿美元，有57家企业入驻。

传媒

全国各类报刊约有20种。《人民报》为老挝人民革命党中央机关报，创刊于1950年8月13日，用老挝文出版。其他还有《新万象报》、《人民军报》和《青年报》等。外语报有英文报《VIENTIANETIMES》和法文报《LERENOVATEUR》。

巴特寮通讯社是官方通讯社，于1968年1月成立。

广播电台有老挝国家广播电台、老挝人民军广播电台和14个省级广播电台。老挝国家广播电台设在首都万象，用老挝语广播，对外用越、柬、法、英、泰语广播。电视台有老挝国家电视台和17家省（直辖市）电视台。老挝国家电视台建于1983年12月，每天播放老挝语节目5小时左右。此外还有17家省级电视台。

马来西亚

国名

马来西亚（Malaysia），简称马来西亚。

国旗

马来西亚国旗呈横长方形，长宽之比为2∶1。主体部分由14道红白相间、宽度相等的横条组成。左上方有一深蓝色的长方形，上有一弯黄色新月和一颗有14个尖角的黄色星。14道红白横条和14颗星象征马来西亚的13个州和政府。蓝色象征人民团结及马来西亚与英联邦的关系（英国国旗以蓝色为旗底），黄色象征国家元首，新月象征马来西亚的国教伊斯兰教。

马来西亚国旗

马来西亚国徽

国徽

马来西亚国徽中间为盾形徽。盾徽上面绘有一弯黄色新月和一颗14个尖角的黄色星，盾面上的图案和颜色象征马来西亚的组成及其行政区划。盾面上部列有5把入鞘的短剑，它们分别代表柔佛州、吉打州、玻璃市州、吉兰丹州和丁加奴州。盾面中间部分绘有红、黑、白、黄4条色带，分别代表雪兰莪州、彭亨州、霹雳州和森美兰州。盾面左侧绘有蓝、白波纹的海水和以黄色为地并绘有3根蓝色鸵鸟羽毛，这一图案代表槟榔屿。盾面右侧的马六甲树代表马六甲州。盾面下端左边代表沙巴州，图案中绘有强健的褐色双臂，双手紧握沙巴州州旗。盾面下端右边绘有一只红、黑、蓝3色飞禽，代表沙捞越州。盾面下部中间的图案为马来西亚的国花——木槿，当地人称“班加拉亚”。盾徽两侧各站着一头红舌马来虎，两虎后肢踩着金色饰带，饰带上书写着格言“团结就是力量”。

主要节日

全国各地大小节日约有上百个，政府规定的全国性节日有10个，即：国庆（又称独立日，8月31日）、元旦、开斋节、春节、哈芝节、屠妖节、五一节、圣诞节、卫塞节、现任最高元首诞辰。除少数节日日期固定外，其余节日的具体日期由政府在前一年统一公布。

自然地理

马来西亚位于东南亚，地处太平洋和印度洋之间，陆地国土面积33万平方公里。全境被南中国海分成东马来西亚和西马来西亚两部分。西马来西亚为马来亚地区，位于马来半岛南部，北与泰国接壤，西濒马六甲海峡，东临南中国海。东马来西亚为沙捞越地区和沙巴地区的合称，位于加里曼丹岛北部，海岸线全长4192公里。属热带雨林气候，内地山区年均气温22℃～28℃，沿海平原为25℃～30℃。马来半岛西岸每年9～12月为雨季，西马东岸、沙巴、沙捞越等地雨季为每年10月至翌年2月。

马来西亚仙本那风光

国 民

人 口 马来西亚统计局发布公告，截至2015年2月，马来西亚人口总数为3040万。马来西亚统计局预测，到2040年，马来西亚人口将达到3850万，其中男女比例基本持平，分别为1960万和1900万。

民 族 沙捞越州原住居民以伊班族为主，沙巴州以卡达山族为主。

语 言 马来语为国语，通用英语，华语使用也较广泛。

宗 教 伊斯兰教为国教，其他宗教有佛教、印度教、基督教、拜物教等。

行政区划

首都为吉隆坡。全国分为13个州，包括西马的柔佛、吉打、吉兰丹、马六甲、森美兰、彭亨、槟榔屿、霹雳、玻璃市、雪兰莪、丁加奴以及东马的沙巴、沙捞越，另有3个联邦直辖区：吉隆坡、纳闽和普特拉贾亚（Putra Jaya，联邦政府行政中心）。

国体政体

政 体 实行君主立宪联邦制。因历史原因，沙捞越州和沙巴州拥有较大自治权。

宪 法 1957年颁布马来亚宪法，1963年马来西亚成立后继续沿用，改名为马来西亚联邦宪法，后经多次修订。宪法规定：最高元首为国家首脑、伊斯兰教领袖兼武装部队统帅，由统治者会议选举产生，任期5年。最高元首拥有立法、司法和行政的最高权力，以及任命总理、拒绝解散国会等权力。1993年3月，马来西亚议会通过宪法修正案，取消了各州苏丹的法律豁免权等特权。1994年5月修改宪法，规定最高元首必须接受并根据政府建议执行公务。2005年1月，马来西亚议会再次通过修正宪法案，决定将各州的水供事务管理权和文化遗产管理权移交中央政府。

统治者会议 由柔佛、彭亨、雪兰莪、森美兰、霹雳、丁加奴、吉兰丹、吉打、玻璃市等9个州的世袭苏丹和马六甲、槟州、沙捞越、沙巴等4个州的州元首组成。其职能是在9个世袭苏丹中轮流选举产生最高元首和副最高元首；审议并颁布国家法律、法规；对全国性的伊斯兰教问题有最终裁决权；审议涉及马来族和沙巴、沙捞越土著民族的特权地位等重大问题，未经该会议同意，不得通过有关统治者特权地位的任何法律。内阁总理和各州州务大臣、首席部长协助会议召开。2011年10月14日，在马来西亚统治者会议举行的特别会议上，阿卜杜勒·哈利姆·穆阿扎姆·沙阿获选为马来西亚第14任最高元首。12月13日，阿卜杜勒·哈利姆就任马来西亚最高元首，成为马来西亚成立以来首位两次担任这一职务者。2012年4月11日，阿卜杜勒·哈利姆在首都吉隆坡的国家皇宫正式登基。

议　会　也称国会，为最高立法机构。由上议院和下议院组成。下议院共设议席222个，任期5年，可连任。2013年6月，新一届下议院中国阵占133席，反对党联盟人民联盟占89席。下议长丹·斯里·达图·班迪卡·阿敏，于2008年4月28日就任，2013年6月24日连任。上议院共70席，由全国13个州议会各选举产生2名，其余44名由最高元首根据内阁推荐委任，任期3年，可连任两届。目前共有上议员52名，空缺18名。现任上议长丹·斯里·阿布·扎哈，于2010年4月26日就任，2013年5月21日连任。

国家政要　最高元首端古·阿尔哈吉·阿卜杜尔·哈利姆·慕阿扎姆·沙阿，于2011年12月就职，为马来西亚第14任最高元首，于2012年4月正式登基；总理纳吉布·敦·拉扎克，于2009年4月宣誓就职，2013年5月连任。

政　府　即内阁，联邦政府采用责任内阁制，内阁是马来西亚最高行政机关，由在选举中占半数以上的政党组成。政府首脑是总理，由最高元首任命。2014年6月，纳吉布总理宣布新一届内阁名单，共设24个部门，内阁成员有：总理兼财政部长达图·斯里·穆罕默德·纳吉布·宾·敦·哈吉·阿卜杜尔·拉扎克，副总理兼教育部长丹·斯里·达图·哈吉·穆希丁·宾·穆罕默德·雅辛，自然资源与环境部长达图·斯里·帕拉尼维尔·戈文达萨米，旅游和文化部长达图·斯里穆罕默德·纳兹里·宾·阿卜杜尔·阿齐兹，国防部长达图·斯里·希沙慕丁·宾·敦·侯赛因，交通部长达图·斯里·廖中莱，乡村及地方发展部长达图·斯里·哈吉·穆罕默德·沙菲·宾·哈吉·阿普达尔，国际贸易及工业部长达图·斯里·慕斯塔法·宾·穆罕默德等。

司　法　最高法院于1985年1月1日成立。1994年6月改名为联邦法院。设有马来亚高级法院（负责西马）和婆罗洲高级法院（负责东马），各州设有地方法院和推事庭。另外还有特别军事法庭和伊斯兰教法庭。联邦法院首席大法官丹·斯里·达图·斯里·扎基，于2007年12月11日获任命。总检察长丹·斯里·阿卜杜尔·甘尼·帕泰尔，于2002年1月1日就任。

政　党　注册政党有40多个。13个政党组成国民阵线联合执政。2001年5月，沙巴人民正义党解散，并入巫统。2002年1月，反对党沙巴团结党重返国民阵线。2008年4月，反对党人民公正党、民主行动党和伊斯兰教党联合组成“人民联盟”。2008年9月，沙巴进步党宣布退出国民阵线，成为独立政党。主要执政党有：

马来民族统一机构：马来人政党。成立于1946年5月11日。目前有党员280万名。1996年，从巫统分裂出去的“四六”精神党重返新巫统后再次还名为“巫统”。现有党员338万。巫统主席和署理主席代表国阵出任政府正、副总理。现任主席纳吉布，署理主席穆希丁。

马来西亚华人公会：最大的华人政党。于1949年2月27日成立，原名马来亚华人公会，马来西亚成立后改为现名。目前有党员110万名。现任总会长廖中莱，署理总会长魏家祥。

马来西亚印度人国大党：于1946年8月2日成立。马来西亚印度国大党和巴基斯坦族政党旨在争取和维护两族利益。目前有党员55万名。主席达图·帕拉尼威·哥维达萨米，于2010年12月6日就任。

经济

国内生产总值　2014年，马来西亚经济受活跃的出口和私人投资拉动，增长率达6%。马来西亚国内生产总值GDP为3356亿美元，约合10739.2亿林吉特，同比增长6%。人均GDP为11039美元，约合35324.8林吉特（据马来西亚统计局数据）。

产　业　2014年，在马来西亚经济多元化战略、强劲的私人消费和投资成长带动下，马来西亚经济持续增长，主要源于建筑业、服务业、制造业的蓬勃发展。其中，2014年建筑业发展整体呈上升趋势，增长率为10%。原油产品出口收入占2014年马来西亚财政收入比重高达40%，远高于2013年的22%。2014年，马来西亚棕榈油产量达到1967万吨。2014年，马来西亚家具业出口增长8.9%，达25亿美元，占马来西亚总出口额的1%。2014年上半年，马来西亚服务业产值增长6.3%，制造业产值增长7.1%，建筑业产值增长14.3%，农业产值增长4.6%，采矿业产值增长0.6%。

金　融　货币名称：林吉特（Ringgit）。马来西亚中央银行公布数据显示，马来西亚2014年的通胀率为3.1%。截至2014年12月31日，马来西亚中央银行的外汇储备为1160亿美元，约合3712亿林吉特。2014年，马来西亚林吉特兑美元平均汇率为3.2∶1。

进出口贸易　据马来西亚统计局统计，2014年，马来西亚货物进出口额为4432.1亿美元（约合

14182.72 亿林吉特），同比增长 2%。其中，出口为 2342.5 亿美元（约合 7496 亿林吉特），同比增长 2.6%；进口 2089.6 亿美元（约合 6686.72 亿林吉特），同比增长 13.5%。贸易顺差 252.9 亿美元（约合 809.28 亿林吉特），同比增长 13.5%。马来西亚主要出口商品有机电产品、矿物燃料、机械设备、动植物油、橡胶及制品等。2014 年，马来西亚前六大逆差来源地依次为中国、哥斯达黎加、中国台湾、法国、瑞士和沙特阿拉伯，分别为 71.2 亿美元、33.6 亿美元、29 亿美元、22.3 亿美元、19.9 亿美元和 16.7 亿美元，增减幅依次为 135.2%、92.1%、－12.9%、－11.5%、21.8% 和 86.0%。顺差主要来自日本、中国香港、新加坡、印度和荷兰。

外　资　根据马来西亚国际贸易与工业部发布的公告显示，2014 年总投资额达 2359 亿林吉特，同比增长 8%，创历史新高。其中，国内投资额占 72.6%，外国直接投资占 27.4%。2014 年，马来西亚政府批准投资项目共计 5942 个。从投资领域看，服务领域占总投资额的 63.4%，主要为房地产、公共事业、贸易分销、金融服务、酒店与旅游等，分别吸引投资额为 885 亿林吉特、91 亿林吉特、87 亿林吉特、69 亿林吉特和 67 亿林吉特；制造业吸引投资额同比增长 38%，占比 30.5%，主要集中在石油产品、电子电器、化工与化学产品、基本金属产品、交通设备等，投资额分别为 160 亿林吉特、111 亿林吉特、108 亿林吉特、99 亿林吉特和 56 亿林吉特。原产业位居第 3，占比 6.1%。

传媒

全国约有 50 份报纸，用 8 种文字出版。主要报纸有马来文的《马来使者报》、《每日新闻》、《祖国报》；英文的《新海峡时报》、《星报》、《马来邮报》；华文的《南洋商报》、《星洲日报》等。

马来西亚国家新闻社（简称马新社）是一个半官方的通讯社，成立于 1968 年，在亚太地区设有 33 家分社。

马来西亚广播电台属官办，建于 1946 年，拥有 6 个广播网，用马来语、英语、华语和泰米尔语广播。马来西亚之声电台建于 1963 年，用马来语、阿拉伯语、英语、印尼语、缅甸语、他加禄语和泰语等对外广播。马来西亚电视台属官办，建于 1963 年，设有两个频道，用马来语、英语、华语和泰米尔语播放。另外还有第三电视台（TV3）、城市电视（METRO VISION）和国民电视（NTV）三家私营电视台。近年还开办了 ASTRO 卫星有线电视频道。2004 年 1 月开播了 8TV 电视台。

缅　甸

国名

缅甸联邦共和国（Republic of The Union of Myanmar），简称缅甸。

国旗

2010 年 10 月 21 日，根据缅甸国家和平与发展委员会颁布的法令，缅甸正式启用《缅甸联邦共和国宪法》确定的新国旗、新国徽，国歌保持不变。缅甸的新国旗为黄、绿、红三色，中有白色五角星。绿色代表和平、安宁、草木茂盛、青葱翠绿的环境，黄色描绘出团结，红色象征勇敢与决心，白星反映出坚强联邦永恒不坠的意义。

缅甸国旗

缅甸国徽

国徽

现行缅甸国徽于 2010 年 10 月 21 日开始使用，由 1974 年版的缅甸国徽修改而来。1974 年版缅甸国徽中间为缅甸版图置于一个十四齿的齿轮，齿数象征缅甸的省和邦，外饰以稻穗。新国徽中间为缅甸版图置于橄榄枝中间，两头圣狮为守护兽。两者之间为花卉状图案，顶端为一颗象征独立的五角星。下方是绶带。

主要节日

独立节：1 月 4 日（1948 年）。泼水节（缅历新年）：4 月 13 日。联邦节：2 月 12 日。农民节：3 月 2 日。建军节：3 月 27 日，初为抗日节，1955 年改为建军节。工人节：5 月 1 日。烈士节：7 月 19 日。民族节：12 月 1 日。

自然地理

缅甸位于中南半岛的西部，在西藏高原和马来半岛之间，领土约 67.7 万平方公里。西北与印度和孟加拉国接壤，东北与中国为邻，东南与老挝、泰国毗邻，西南濒临孟加拉湾和安达曼海，海岸线长 3200 公里，均在南部。属热带季风气候，分热、雨、凉三季，3～5 月为热季，6～9 月为雨季，10 月到次年 2 月为凉季。各地年平均气温为 27℃。森林覆盖率占总面积的50%以上。

缅甸因瓦古城

国民

人　口　据联合国人口基金消息，缅甸公布2014年人口普查结果显示，缅甸2014年总人口数量为5141.9万。

民　族　主要有缅族、克伦族、掸族、克钦族、钦族、克耶族、孟族和若开族等，缅族约占总人口的65%。

语　言　缅甸语为官方语言，各少数民族均有自己的语言，其中缅、克钦、克伦、掸和孟等族有文字。

宗　教　全国85%以上的人信奉佛教，约8%的人信奉伊斯兰教。

行政区划

首都为内比都。全国分7个省和7个邦。省是缅族主要聚居区，邦多为各少数民族聚居地。缅甸国家和平与发展委员会于2011年1月27日颁布了缅甸经济特区法，缅甸南部深水港土瓦被确定为经济特区。

国体政体

政　体　缅甸实行总统制，总统为国家元首和政府首脑。

宪　法　1974年缅甸制定了《缅甸社会主义联邦宪法》。1988年军政府接管政权后，宣布废除宪法，并于1993年起召开国民大会制订新宪法。2008年5月，新宪法草案经全民公决通过，并于2011年1月31日正式生效，国名更名为“缅甸联邦共和国”。

国家政要　总统吴登盛，于2011年2月当选；副总统赛茂康，于2011年2月14日在联邦议会选举中当选缅甸联邦共和国副总统；副总统吴年吞，于2012年8月15日在缅甸第一届联邦议会第四次会议第六日会议上，当选缅甸副总统并宣誓就职。

政　府　主要成员有：国防部部长韦伦中将，内政部部长哥哥中将，边境事务部部长岱乃温中将，外交部部长温纳貌伦，宣传部部长吴昂基，农业与水利部部长吴敏莱，环保林业部部长吴温吞，财税部部长吴温欣，建设部部长吴觉伦，国家计划与经济发展部部长坎佐，商务部部长吴温敏。

司　法　缅甸法院和检察院共分4级。设最高法院和最高检察院，下设省邦、县及镇区3级法院和检察院。联邦最高法院为国家最高司法机关，首席法官吴吞吞乌。最高检察院为国家最高检察机关，联邦检察长吞欣博士。

政　党　1988年9月18日，缅甸军队接管国家政权，宣布废除一党制，实行多党民主制。1990年5月27日举行首次多党制大选，有93个政党参加竞选，后大批政党自行解散或被取缔。2010年11月7日缅甸举行全国多党民主制大选，共有37个获批准注册的政党参选，包括4个原合法政党和33个新成立政党。2012年4月1日，缅甸议会对45个空缺席位进行了补选。现有主要政党：

联邦巩固与发展党：该党由1993年成立的缅甸联邦巩固与发展协会转变而成，2010年5月正式注册成为政党，总部设在内比都，共有党员约1800万人。其宗旨是实现国家永固，主权独立，民族团结，和平稳定，繁荣发展，保护百姓的安全、改善民生，维护人权，实现民主。奉行多党民主制度、市场经济制度和独立、积极的外交政策。2012年10月，缅甸选举现任总统吴登盛继续担任该党主席。根据缅甸宪法，当选国家领导人的政党领袖在履行公职期间不可从事党务活动。因此，吴登盛只是名义上继续担任党的领袖。2013年5月吴登盛正式辞去主席，由人民院议长吴瑞曼接任；副主席为吴埃敏、吴泰乌，总书记为吴貌貌登，现有中央执委44人。

全国民主联盟：简称民盟，总部设在仰光，成立于1988年9月29日，昂山素季任总书记。在1990年5月大选中，该党获得485个议席中的396席，后因军政府拒绝移交权力而与政府进行了长期斗争，系缅甸最大反对党。2010年11月7日缅甸举行全国多党民主制大选，民盟拒绝重新注册参选，根据选举法规定失去合法政党资格。2011年11月18日，民盟决定向联邦选举委员会申请重新注册政党。2012年1月5日，联邦选举委员会正式批准民盟申请，民盟重新成为合法政党，并于4月1日举行的议会补选中获得大胜。

民族团结党：主席吴吞伊，总书记吴丹丁，副总书记吴钦貌基。该党由原执政的缅甸社会主义纲领党于1988年9月24日改组而成，系缅甸第二大政党。总部设在仰光，各级组织机构健全，在中央、省/邦、县、镇区等各级设有党委会。宗旨是维护民族团结，维护国家独立和主权，为人民服务，为国家政治、经济和社会等各领域发展服务。

掸族民主党：主席吴赛埃榜。该党总部设在仰光。宗旨是维护民族团结，实现掸邦的经济、交通、教育、农业等领域发展。主席吴赛埃榜。

若开民族发展党：主席为埃貌博士，副主席为吴翁丁、吴丁温、吴梭漂、吴昂班达，总书记为吴吴腊梭，书记为吴吞昂觉、吴钦貌喇、吴达吞腊、吴凯比梭。总部设在若开邦博达坦镇区。该党于2010年5月注册成立，由若开邦和仰光省的若开族人组成，宗旨是团结全国人民，实现民主，促进国家政治、经济和社会发展，保护若开民族宗教信仰和风俗文化，维护若开民族利益和联邦利益。

全国民主力量党：主席为吴钦貌瑞（原民盟中央执委），副主席为吴梭温和拉梭纽博士。2010年5月成立，总部设在仰光省淡汶镇区。由原民盟中吴钦貌瑞、丹宁博士、温奈博士、吴登纽等4名中央执委，吴盛腊乌、吴梭温、吴丹温等3名中央委员在内的28名民盟前成员另立的新党。自2011年12月以来，共有3名该党联邦议会议员宣布重返民盟。

经济

国内生产总值 2014年缅甸GDP初值628.02亿美元，约合65.57万亿缅元，人均GDP 1221.36美元，约合127.51万缅元（据国际货币基金组织数据）。

产　业 2014年，缅甸增长潜力主要取决于4个关键领域：制造业、能源、农业、矿业。其中，制造业是最为重要的，据缅甸商务部统计，2013～2014年财年，缅甸成衣制造业出口额达11亿美元。能源方面，2014年，缅甸天然气出口额达41.8亿美元，同比增长18.6%，占缅甸出口总额的37.9%，创历史新高，为缅甸第1大出口产品。矿业方面，2014年缅甸矿产品出口额达13亿美元，其中玉石出口价值12亿美元，同比增加4倍。旅游方面，2014年进入缅甸的外国游客突破300万人次，创汇10亿美元以上。其中70%为东南亚国家游客，其他主要来自英国、德国、中东。

金　融 货币名称：缅元（Kyat）。截至2014年5月，缅甸外债余额为103.72亿美元，约合10.83万亿缅元。主要债权国及国际金融机构为16个国家及国际开发协会（IDA，世界银行附属机构）、亚洲开发银行和石油输出国组织等。2014年，缅元兑换美元的平均汇率为1044：1。

进出口贸易 据缅甸商务部数据显示，2014年，缅甸进出口贸易总额达272.6亿美元（约合28.46万亿缅元），同比增长17.1%。其中，缅甸出口110.3亿美元（约合11.52万亿缅元），同比下降1.8%；缅甸进口162.3亿美元（约合16.94万亿缅元），同比增长34.7%。缅甸贸易逆差52亿美元（约合5.43万亿缅元）。缅甸主要贸易伙伴为中国、泰国、新加坡、日本和印度。2014～2015财年前9个月，缅甸对外贸易额204.83亿美元，其中出口83.05亿美元，进口121.78亿美元。中国是缅甸第一大贸易伙伴。缅甸主要出口商品为天然气、大米、玉米、各种豆类、水产品、橡胶、皮革、矿产品、木材、珍珠、宝石等，主要进口商品为燃油、工业原料、化工产品、机械设备、零配件、五金产品和消费品。缅甸政府计划从2015～2016财年起实施国家出口战略，着力促进大米、豆类、海产品、纺织品、木材和林产品、橡胶等产品出口并发展旅游业。

外　资 根据缅甸投资与公司管理局统计，2014年，缅甸新批外国投资项目217个，同比增长92%；协议投资金额85.7亿美元（8.95万亿缅元），同比增长208.1%。外资主要来自新加坡（51个项目，55.6亿美元）、中国香港（31个项目，4.82亿美元）、英国（10个项目，4.37亿美元）、荷兰（5个项目，4.31亿美元）、中国内地（32个项目，2.95亿美元）；外资主要投向交通与通讯业（12个项目，27.2亿美元）、油气业（25个项目，26.2亿美元）、制造业（146个项目，15.6亿美元）、房地产业（6个项目，8.91亿美元）、酒店与旅游业（6个项目，2.97亿美元）。截至2014年年底，中国累计对缅甸协议投资金额146.7亿美元（15.32万亿缅元），占缅甸累计利用外资总额的27.7%，稳居外国对缅甸投资第1大国。截至2015年3月，外国对缅甸协议投资总额为540亿美元，实际到位440亿美元，累计投资排名前3的国家为中国、泰国及新加坡。

传媒

缅甸报纸均为官办，全国发行的报纸有3种：《缅甸之光》缅文版、《缅甸新光》英文版和1992年9月复刊的《镜报》。地方性的报纸有仰光市出版的《首都报》、曼德勒市出版的《曼德勒日报》和《雅德那榜报》3份。此外，全国还有近180多种杂志和期刊，如《妙瓦底》、《秀玛瓦》、《威达意》、《视野》、《财富》、《缅甸时报》、《声音》、《七日新闻周刊》《仰光时报》、《时尚》等，其中《金凤凰》为唯一一份中文期刊。

缅甸通讯社为国家通讯社。

缅甸现有电视台6个，包括缅甸之声电视台、妙瓦底电视台、MRTV-4、缅甸国际（MRTV-3）、Channel-7、Skynet-TV。广播电台有缅甸之声广播电台和9个调频电台，包括缅甸之声、城市、曼德勒、波达妙、瑞、彬萨瓦底、茄丽、蒲甘、德仁。

菲律宾

国名

菲律宾共和国（The Republic of The Philippines），简称菲律宾。

国旗

菲律宾国旗呈横长方形，长与宽之比为2∶1。靠旗杆一侧为白色等边三角形，中间是放射着八束光芒的黄色太阳，三颗黄色的五角星分别在三角形的3个角上。旗面右边是红蓝两色的直角梯形，两色的上下位置可以调换。平时蓝色在上，战时红色在上。太阳和光芒图案象征自由，八道较长的光束代表最初起义时争取民族解放和独立的8个省，其余光芒表示其他省。3颗五角星代表菲律宾的3大地区：吕宋、萨马和棉兰老。蓝色象征忠诚、正直，红色象征勇气，白色象征和平和纯洁。

菲律宾国旗

菲律宾国徽

国徽

菲律宾国徽为盾形，中央是太阳放射光芒的图案，3颗五角星在盾面上部，其寓意同国旗。左下方为蓝地黄色的鹰，右下方为红地黄色狮子。狮子和鹰图案分别为在西班牙和美国殖民统治时期菲律宾的标志，象征菲律宾摆脱殖民统治、获得独立的历史进程。盾徽下面的白色绶带上用英文写着“菲律宾共和国”。

主要节日

独立日：6月12日（1898年）。国庆日：6月12日（1898年）。自由日：2月25日。巴丹日（纪念二战时阵亡的战士）：4月9日。五月花节：5月最后一个星期日。国家英雄日：8月27日。英雄节（纪念民族英雄黎刹就义）：12月30日。

自然地理

菲律宾位于亚洲东南部，西濒南中国海，东临太平洋，是一个群岛国家，共有大小岛屿7107个。这些岛屿像一颗颗闪烁的明珠，星罗棋布地镶嵌在西太平洋的万顷碧波之中，菲律宾也因此拥有“西太平洋明珠”的美誉。菲律宾陆地面积29.97万平方公里，其中吕宋岛、棉兰老岛、萨马岛等11个主要岛屿占全国总面积的96%。菲律宾海岸线长达18533公里，多天然良港。菲律宾属季风型热带雨林气候，高温多雨。植物资源十分丰富，热带植物多达万种，素有“花园岛国”的美称。其森林面积为1585万公顷，覆盖率达53%，产有乌木、檀木等名贵木材。

菲律宾宿雾

国民

人　口　据菲律宾国家统计协调委员会统计，截至2014年7月，菲律宾人口为1亿。在东盟成员国中菲律宾人口增长率最高，菲律宾是全球人口增长最快的国家和地区之一。低于24岁的年轻人占总人口一半以上。预计到2040年，菲律宾人口将翻一番，超过1.84亿，迈入世界人口10大国的行列（据新华网数据）。

民　族　菲律宾是一个多民族国家，马来族占全国人口的85%以上，包括他加禄人、伊洛戈人、邦班牙人、比萨亚人和比科尔人等。少数民族和外国后裔有华人、印尼人、阿拉伯人、印度人、西班牙人和美国人，以及为数不多的原住民。

语　言　菲律宾有70多种语言。国语是以他加禄语为基础的菲律宾语，英语为官方语言。

宗　教　国民约85%信奉天主教，4.9%信奉伊斯兰教；少数人信奉独立教和基督教新教；华人多信奉佛教；原住民多信奉原始宗教。

行政区划

全国划分为吕宋、维萨亚和棉兰老3大部分。

全国设有首都地区、科迪勒拉行政区、棉兰老穆斯林自治区等17个地区，下设81个省和117个市。

国体政体

政 体 菲律宾实行总统内阁制。总统是国家元首、政府首脑兼武装部队总司令。

宪 法 菲律宾独立后共颁布过3部宪法，现行宪法于1987年2月由全民投票通过并正式生效。宪法规定：菲律宾实行三权分立政体；总统拥有行政权，由选民直接选举产生，任期6年，不得连选连任；总统无权实施戒严法，无权解散国会，不得任意拘捕反对派；禁止军人干预政治；保障人权，取缔个人独裁统治；进行土地改革等。

议 会 又称国会。为最高立法机构，由参议院、众议院两院组成。参议院由24名议员组成，由全国直接选举产生，任期6年，每3年改选1/2，可连任两届。众议院由250名议员组成，其中200名由各省、市按人口比例分配，从全国各选区选出；25名由参选获胜政党委派，另外25名由总统任命。众议员任期3年，可连任三届。本届国会于2010年7月选举产生。2013年5月中期选举改选半数参议员和全部众议员。现任参议长富兰克林·德里隆，众议长费利西亚诺·贝尔蒙特。

国家政要 总统贝尼尼奥·西米恩·阿基诺三世，于2010年6月就任；副总统杰乔马·比奈。

政 府 本届政府内阁于2010年6月组成，此后略有调整。截至2014年9月，内阁成员32名：副总统杰乔马·比奈，文官长帕奎托·奥乔亚，外交部长阿尔韦特·德尔罗萨里奥，财政部长塞萨尔·普利斯马，司法部长莱拉·德利玛，农业部长普罗塞索·阿尔卡拉，国防部长伯尔泰勒·加斯明，贸易与工业部长格里高利·多明戈等。

司 法 菲律宾司法权属最高法院和各级法院。最高法院由1名首席法官和14名大法官组成，均由总统任命，拥有最高司法权。下设上诉法院、地方法院和市镇法院。检察工作由司法部检察长办公室负责，总检察长克莱罗·阿里拉诺。

政 党 菲律宾共有政党100余个，大多为地方性小党。主要政党包括：

自由党：是菲律宾执政党，1945年11月自国民党中分裂出来。自由党创始者曼努埃尔·罗哈斯是菲律宾第三共和国的第一任总统，之后，自由党的党首埃尔皮迪奥·基里诺和迪奥斯达多·马卡帕加尔也先后当选为总统。自由党政府在1992年大选中失利，成为在野党。2000年，自由党领导了反对时任总统约瑟夫·埃斯特拉达的群众运动，将其推翻。2010年，自由党候选人贝尼格诺·阿基诺三世参选总统获胜，自由党重新成为菲律宾执政党。2010年，自由党在菲律宾国会中拥有4个参议员席位和19个众议员席位。

基督教穆斯林民主力量党（简称“拉卡斯”）：系前总统拉莫斯于1991年底创立，由人民力量党、全国基督教民主联盟、菲律宾穆斯林民主联盟、团结党等整合而成。主张实行两党制，通过修宪扩大地方政府权力，改革选举制度，将总统任期6年一届修改为4年一届，可连任两届；主张通过谈判实现民族和解，促进社会稳定。经济上重视农业发展，增加就业，扶助贫困，加快私有化进程；倡导经济外交，奉行开放政策。1992年该党在大选中获胜，成为执政党。1998年大选中败于菲律宾民众奋斗党联盟。2001年阿罗约就任总统后，该党成为执政联盟的核心。2002年10月，该党针对2004年大选，对执政联盟进行再次整合改组。该党主席是雷比利亚，总裁是前众议长诺格拉雷斯，前总统拉莫斯任名誉主席。

民族主义人民联盟（NPC）：是前总统埃斯特拉达的执政党联盟——爱国民众战斗党（LAMP）成员之一。2000年10月，埃斯特拉达被弹劾后成为独立党派，目前为菲律宾众议院第二大党。该党支持修改宪法。为防止总统权力过大，主张实行议会制政体及实行两党制，支持加快国有企业私有化。现任主席为前众议员圣胡安。

摩洛伊斯兰解放阵线（简称“摩伊解”）：菲律宾最大的穆斯林反政府组织。现有武装力量12500人，主要活跃在棉兰老岛。1978年，以哈希姆·萨拉马为首的强硬派从摩解脱离后建立。2003年萨拉马去世后，穆拉特任主席。主张建立独立的伊斯兰国家，坚持武装斗争。阿基诺总统主张同南部“摩洛伊斯兰解放阵线”等分离组织进行全面和谈，推动外国斡旋调停，促进国家团结和民族和解。2012年10月，菲律宾政府同“摩伊解”达成和平框架协议，2014年3月正式签署。

经 济

国内生产总值 菲律宾2014年GDP初值为2845.82亿美元（约合126340.75亿比索），同比实际增长6.1%，人均GDP为2849美元（约合126481.92比索）。

产 业 菲律宾是东南亚新兴工业国家，并且是世界的新兴市场之一。菲律宾经济的组成以农业及工业为主，特别着重于食品加工、纺织成衣以及电子、汽车组件等。大部分的工业集中于马尼拉大都会区的市郊。2014年，菲律宾经济良好表现得益于制造业、房地产业、交通运输、金融保险等行业。菲律宾的矿业仍有很大的潜力，菲律宾拥有大量储备的铬铁矿、镍及铜。2014年菲律宾矿业收入增长37%，其中镍矿产值达614.4亿比索，同比激增94%。金矿和铜矿产值分别达到237.3亿比索和161.7亿比索，仅次于镍矿。2014年第4季度，菲律宾农业增长率达4.8%，工业增长9.2%，服务业增长6.0%。

金　融　货币名称为比索（Peso）。菲律宾国家统计局数据显示，2014年菲律宾平均通胀率为4.1%，控制在菲律宾政府年初3%～5%的目标之内。菲律宾国家经济发展署署长巴萨利坎指出，菲律宾全年通胀率连月下降，这是由于燃料价格下降，导致住房、水电、运输成本下降。菲律宾中央银行发布的数据显示，2014年菲律宾总国际储备为798.06亿美元（约合35430.03亿比索）。2014年菲律宾比索兑美元平均汇率为44.3952∶1。

进出口贸易　菲律宾工商部统计数据显示，2014年该国货物出口总额为618亿美元（约合27436.23亿比索），同比增长9%。其中，电子和半导体类产品出口量约占12月总出口货物50%，同比增长9.9%。日本、美国和中国是菲律宾货物主要出口国。菲律宾国家统计办公室表示，2014年前3季度，菲律宾商品出口金额达320.83亿美元（约合14243.31亿比索）。2014年，中国与菲律宾贸易额达444.43亿美元（约合19730.56亿比索），同比增长16.75%。

外　资　据菲律宾《商业世界报》报道，2014年外国对菲律宾直接投资约为62.01亿美元（约合2752.95亿比索），同比增长65.9%。主要来源地为墨西哥、日本、美国、新加坡等，主要投资领域为制造业、交通运输、房地产、金融保险、矿业。

传媒

主要英文日报：《马尼拉公报》、《菲律宾星报》、《菲律宾每日问询者报》、《自由报》、《马尼拉时报》、《马尼拉纪事报》。菲律宾文日报：《消息报》、《菲律宾快报》。华文日报：《世界日报》、《商报》、《菲华时报》、《联合日报》和《环球时报》。

成立于1973年的菲律宾通讯社为官方通讯社，与中国、马来西亚、印度尼西亚、泰国、巴基斯坦、日本等15个国家和地区的通讯社建有新闻交换关系，与美联社、路透社均有工作联系。新闻组织有菲律宾全国新闻记者俱乐部、菲律宾新闻摄影家协会、菲律宾出版者协会等。全国有257家出版机构。

全国有629家广播电台，其中商业电台488家，菲律宾商业电台51家，32家为政府所有，10家为宗教台，7家为教育台。有137家电视台，其中广播局和人民电视台属官方性质，其余均为私人所有。菲律宾广播电台、电视台使用的语言主要是英语、菲律宾语和华语。

新加坡

国名

新加坡共和国（The Republic of Singapore），简称新加坡。

国旗

新加坡国旗由上红下白两个相等的横长方形组成，长宽之比为3∶2。左上角有一弯白色新月和五颗白色五角星。红色代表人类的平等，白色象征纯洁和美德。新月象征国家，五颗星代表国家建立民主、和平、进步、正义和平等的思想。新月和五颗星的组合紧密而有序，象征新加坡人民团结和互助的精神。

新加坡国旗

新加坡国徽

国徽

新加坡国徽由盾徽、狮子、老虎等图案组成。红色的盾面上镶有白色的新月和五角星，其寓意与国旗相同。红盾左侧是一头狮子，这是新加坡的象征，新加坡在马来语中是“狮子城”的意思；右侧是一只老虎，象征新加坡与马来西亚之间历史上的联系。红盾下方为金色的棕榈枝叶，底部的蓝色绶带上用马来文写着“前进吧，新加坡!”。

主要节日

独立日：8月9日（1965年）。华人新年：每年1月或2月的农历新年。中秋节：农历八月十五日。开斋节：回历10月新月出现之时。泰米尔新年：4、5月间。大宝森节：泰米尔历的1～2月间。蹈火节：10～11月。卫塞节：5月的月圆日。圣诞节：12月25日。复活节：3月21日月圆后的周日。

自然地理

位于马来半岛南端、马六甲海峡出入口，北隔柔佛海峡与马来西亚相邻，南隔新加坡海峡与印度尼西亚相望。由新加坡岛及附近约63个小岛组成，其中新加坡岛占全国面积的88.5%。地势低平，平均海拔15米，最高海拔163米，海岸线长193公里。属热带海洋性气候，常年高温潮湿多雨。年平均气温24℃～27℃，日平均气温26.8℃。年平均降水量2345毫米，年平均湿度84.3%。

新加坡克拉码头

国民

人　口　截至2014年6月，新加坡总人口547万（据中华人民共和国外交部网站数据）。

语　言　马来语为新加坡国语，英语、华语、马来语、泰米尔语为官方语言，英语为行政用语。

宗　教　主要宗教为佛教、道教、伊斯兰教、基督教和印度教。

行政区划

首都为新加坡。新加坡市行政上相当于国家，因此是一个城市国家。新加坡土地面积约为718.3平方公里（2014年），以符合都市规划的方式将全国划分为五个社区，由相应的社区发展理事会管理。

国体政体

国　体　新加坡实行议会共和制。总统为国家元首，由全民选举产生，任期6年。实行立法、行政、司法三权分立。

宪　法　1963年9月，新加坡并入马来西亚后，颁布了州宪法。1965年12月，州宪法经修改后成为新加坡共和国宪法，并规定马来西亚宪法中的一些条文适用于新加坡。宪法规定：实行议会共和制。总统为国家元首。1992年国会颁布民选总统法案，规定从1993年起总统由议会选举产生改为民选产生，任期从4年改为6年。总统委任议会多数党领袖为总理；总统和议会共同行使立法权。总统有权否决政府财政预算和公共部门职位的任命，可审查政府执行内部安全法令和宗教和谐法令的情况；有权调查贪污案件。总统在行使主要公务员任命等职权时，必须先征求总统顾问理事会的意见。

国　会　实行一院制，任期5年。国会可提前解散，大选须在国会解散后3个月内举行。年满21岁的新加坡公民都有投票权。国会议员分为民选议员、非选区议员和官委议员。其中民选议员从全国9个单选区和14个集选区中，由公民选举产生。集选区候选人以3至6人一组参选，其中至少一人是马来族、印度族或其他少数种族。同组候选人必须同属一个政党，或均为无党派者，并作为一个整体竞选。非选区议员从得票率最高的未当选候选人的反对党中任命，最多不超过6名，从而确保国会中有非执政党的代表。官委议员由总统根据国会特别遴选委员会的推荐任命，任期两年半，以反映独立和无党派人士意见。本届国会于2011年5月7日选举产生，共有99名民选议员，其中人民行动党81人，工人党6人。

国家政要　总统陈庆炎，于2011年8月28日当选，2011年9月1日就任，任期6年。总理李显龙，于2001年11月起兼任财政部长至今，2004年8月任总理，于2006年5月和2011年5月两度连任。议长哈莉玛，是首位女议长。

政　府　本届内阁于2011年5月21日组成，2012年8月1日改组。主要成员有：总理李显龙，副总理兼国家安全统筹部长及内政部长张志贤，副总理兼财政部长及人力部长尚达曼，贸工部长林勋强，总理公署部长林瑞生，通讯及新闻部长雅国，国家发展部长许文远，国防部长黄永宏，环境及水资源部长维文，外交部长兼律政部长尚穆根等。

司　法　新加坡设有最高法院和总检察署。最高法院由最高法庭和上诉庭组成。1994年废除上诉至英国枢密院的规定，确定最高法院上诉庭为终审法庭。最高法院大法官由总理推荐、总统委任。大法官陈锡强，总检察长桑德莱什·麦农。

政　党　已注册的政党共25个。主要有：

人民行动党：执政党。1954年11月由李光耀等人发起成立。党的纲领是维护种族和谐，树立国民归属感；建立健全的民主制度，确保国会拥有多元种族代表，努力建立一个多元种族、多元文化和多元宗教的社会。人民行动党从1959年至今一直保持执政党地位。李光耀长期任该党秘书长，1991年吴作栋接任。2004年12月，李显龙接替吴作栋出任该党秘书长。现任党主席许文远。

工人党：1957年11月创立。主张和平、非暴力的议会斗争。1971 年重建领导机构，提出废除雇佣制，修改国内治安法，恢复言论和结社自由。近年来影响有所扩大。1981 年起，在大选中数次赢得议席。2011 年大选中获 6 席。现任主席林瑞莲，秘书长刘程强。

经济

国内生产总值 2014 年新加坡国内生产总值为 2880 亿美元，约合 3900.1 亿新加坡元，同比增长 2.9%。人均国内生产总值 5.1 万美元，约合 6.91 万新加坡元（中华人民共和国外交部数据）。

产　业 新加坡贸工部公布的数据显示，受益于 2014 年第 4 季度三大产业——制造业、建筑业和服务业的持续增长，新加坡 2014 年全年经济增长 2.9%，略低于新加坡贸工部 2014 年 11 月预估的 3%。2014 年，新加坡制造业增长 2.4%，较 2013 年的 1.7%有显著提升，而建筑业增速则由 2013 年的 6.1%放缓至 3.0%。2014 年制造业和建筑业产值为 900 亿新加坡元，占国内生产总值 25%。2014 年新加坡服务业产值为 2534.4 亿新加坡元，同比增长 5.3%，占国内生产总值的 70.4%。2014 年，新加坡接待外国游客 1508.6 万人次（不含陆地入境的马来公民），酒店住房率 85.5%。2014 年，中国是新加坡第 2 大旅游收入来源国和第 2 大旅游客源国，中国游客占入境新加坡游客总数的 11.4%。

金　融 货币名称：新加坡元（Singapore Dollar）。2014 年，新加坡通货膨胀率为 1%，失业率为 2%。截至 2014 年 12 月，外汇储备为 2568.6 亿美元，约合 3478.4 亿新加坡元。2014 年，新加坡元兑美元平均汇率为 1.3542∶1（中华人民共和国外交部数据）。

进出口贸易 据新加坡国际企业发展局统计，2014 年新加坡货物进出口额为 7760.6 亿美元，约合 10509.4 亿新加坡元，较 2013 年（下同）下降 0.9%。其中，出口 4097.9 亿美元，约合 5549.38 亿新加坡元，下降 0.1%；进口 3662.7 亿美元，约合 4960.03 亿新加坡元，下降 1.8%。贸易顺差 435.2 亿美元，约合 589.35 亿新加坡元，增长 16.8%。

分国别（地区）看，2014 年新加坡对中国、马来西亚、中国香港和印度尼西亚的出口额分别占其出口总额的 12.6%、12.0%、11.0%和 9.4%，其中对马来西亚、中国香港和印尼出口下降 1.8%、1.6%和 5.4%，对中国增长 6.4%；自中国内地、马来西亚、美国和中国台湾的进口额分别占新加坡进口总额的 12.1%、10.7%、10.3%和 8.2%，增长 1.6%、−4.4%、−2.3%和 3.5%。分商品看，机电产品、矿产品和化工产品是新加坡的主要出口商品；机电产品和矿产品是新加坡进口的前两大类商品。

外　资 在世界银行公布的《2014 年营商环境报告》中，新加坡高居全球营商环境排名榜首。这是新加坡连续 8 年荣膺这一称号。2014 年，新加坡吸引外资达 675 亿美元，较 2013 年同比增长 4.2%。2014 年，新加坡吸引的外来绿地投资项目 409 个，总额排在全球各城市之首，为中国香港的 2.5 倍。值得关注的是，2014 年新加坡跨境投资更为活跃，对外的房地产投资金额为 119 亿美元（约合 161.15 亿新加坡元），比 2013 年同期增加 27%。据中国商务部公布数据显示，2014 年新加坡保持中国最大投资来源国地位。2014 年 1～11 月，新加坡对中国投资额达 53.8 亿美元，投资主要集中在制造业和房地产业的开发。

传媒

英文报有《海峡时报》、《商业时报》、《新报》；华文报有《联合早报》、《联合晚报》、《新明日报》；马来文报有《每日新闻》。此外还有泰米尔文报《泰米尔日报》。

广播电台于 1936 年开播，1959 年 1 月起用马来语、英语、华语、泰米尔语广播。新加坡广播电台拥有并经营 12 个国内电台和 3 个国际电台。电视于 1963 年开播，1974 年开始播送彩色节目。1995 年有线电视网开通，用户可接收 30 多个频道、10 余个国家的电视节目。1995 年开通卫星电视，有 387 万用户。1999 年，经营电视和广播业的数家公司合并而成新传媒集团，共经营 6 个电视频道，主要有第 5 波道、第 8 波道、亚洲新闻台等。播送华语、英语、马来语、泰米尔语节目。另有私营的报业控股集团设立的优频道和电视通频道。

泰　国

国名

泰王国（The Kingdom of Thailand），简称泰、泰国。

国旗

泰国国旗呈长方形，长宽之比为 3∶2。由红、白、蓝三色的五个横长方形平行排列构成。上下方为红色，蓝色居中，蓝色上下方为白色。蓝色宽度相等于两个红色或两个白色长方形的宽度。红色代表民族和象征各族人民的力量与献身精神。白色代表宗教，象征宗教的纯洁。泰国是君主立宪政体国家，国王至高无上，蓝色代表王室。蓝色居中象征王室在各族人民和纯洁的宗教之中。

泰国国旗

泰国国徽

国徽

泰国国徽图案是一只大鹏鸟，鸟背上蹲坐着那莱王。传说大鹏鸟是一种带有双翼的神灵，那莱王是传说中的守护神。

主要节日

宋干节（公历4月13～15日）；水灯节（泰历12月15日）；国庆日（国王诞辰日，公历12月5日）；农耕节：6月（泰历）。节日由占卜师选择在每年5月（泰农历6月）的一个吉日良辰按照婆罗门教的习俗举行。

农耕节是泰国的重要节日，每年到农耕节时，泰国都要在曼谷大王宫旁边的王家田广场举行大典。农耕节大典始于13世纪的素可泰王朝。

自然地理

泰国国土面积约51.3万多平方公里，位于亚洲中南半岛中南部，东南临泰国湾（太平洋），西南濒安达曼海（印度洋），西和西北与缅甸接壤，东北与老挝交界，东南与柬埔寨为邻，疆域沿克拉地峡向南延伸至马来半岛，与马来西亚相接，其狭窄部分居印度洋与太平洋之间。属热带季风气候。全年分为热、雨、凉三季。全年平均气温27.7℃，最高气温可达40℃以上。年平均降水量为1100毫米。平均湿度为66%～82%。

泰国芭提雅

国民

人　口　截至2014年3月，泰国总人口6450万。

民　族　全国约有30多个民族，其中泰族人数居多，占人口总数的40%，泰国华侨约占泰国总人口的14%，其余为老挝族、马来族和高棉族。还有一些居住在山地的少数民族，如克伦、掸、瓦、瑶、苗、阿卡、拉祜、傈僳等。在马来半岛山区的热带森林中还有些古老民族，如塞芒人和沙盖人等。此外，还有些因各种原因迁移来的汶人、孟人、越南人、印度人等。

语　言　泰语为国语。

宗　教　泰国的宗教信仰以佛教为主，其中又以小乘佛教为主。佛教对泰国的政治、经济、社会生活和文化艺术等领域具有重大影响。佛教徒占泰国总人口的94.6%，伊斯兰教占4.6%，基督教占0.7%，其他占0.1%。

行政区划

首都为曼谷。全国分中部、南部、东部、北部和东北部五个地区，目前有76个府。府下设县、区、村。曼谷是唯一的府级直辖市。各府名称如下：曼谷（直辖市）、暖武里、巴吞他尼、大城、北标、北揽、佛统、夜功、那空那育、红统、信武里、素攀武里、乌泰他尼、猜那、华富里、龙仔厝、甘烹碧、北榄坡、帕、拍瑶、披集、清莱、夜丰颂、南邦、南奔、素可泰、清迈、程逸、彭世洛、碧差汶、难、呵叻、四色菊、加拉信、色军、孔敬、武里南、耶梭通、乌汶、乌隆、素林、那空帕农、猜也奔、莫达汉、廊开、黎逸、玛哈沙拉堪、巴真、北柳、尖竹汶、春武里、罗勇、达叻、巴蜀、叻丕、北碧、佛丕、达、甲米、北大年、宋卡、沙敦、也拉、拉农、洛坤、春蓬、陶公、素叻、普吉、博达伦、董里、攀牙、沙缴、安纳乍能、廊莫那浦。

国体政体

政　体　实行君主立宪制。国王普密蓬·阿杜德是国家元首、武装部队最高统帅。1946年继位，是当今世界在位最久的君主。

宪　法　2007年8月24日，泰国国王普密蓬·阿杜德签署御令，批准施行在8月19日全民公决中通过的泰国新宪法草案。新宪法将在发布正式公告当日生效。2011年2月，泰国国会首次对这部宪法进行了修正。这两份修正案的内容包括：下议院席位将增至500个，其中375个由直选产生，125

个为按比例分配；政府与外国签署国际协定不必通过国会表决批准。在2014年5月22日因泰国军方宣布军事政变后暂停。现行临时宪法于2014年7月22日经普密蓬国王批准生效，主要涉及国家立法议会、内阁、国家改革大会、制宪委员会等机构组建及职能等内容，共48条。

议　会　国会是最高立法机构，实行上、下两院制。根据临时宪法规定，立法议会议员最多不超过220名。现任立法议会主席蓬佩。

国家政要　国王普密蓬·阿杜德于1946年即位，1950年5月加冕；总理巴育，于2014年8月正式任职，是第29任总理；全国维持和平秩序委员会（维和委员会）主席巴育，于2014年5月出任。

政　府　2014年8月30日经国王批准组成。现任成员名单如下：总理巴育·詹欧差上将，副总理兼国防部长巴威·翁素万上将，副总理比里亚通·贴瓦军亲王，副总理永育·育塔翁，副总理兼外交部长塔纳萨·巴迪玛巴功上将，副总理威沙努·科岩，国务部长巴纳达·迪沙军亲王，国务部长素瓦攀·丹育万塔纳，国防部副部长武东德·西达布上将，财政部长颂迈·帕西，财政部副部长威素·西素攀，外交部副部长敦·帕马威奈，旅游与体育部长葛甘·瓦塔纳瓦朗军（女）等。

司　法　属大陆法系，以成文法作为法院判决的主要依据。司法系统由宪法法院、司法法院、行政法院和军事法院构成。宪法法院主要职能是对议员或总理质疑违宪、但已经国会审议的法案及政治家涉嫌隐瞒资产等案件进行终审裁定，以简单多数裁决。由1名院长及14名法官组成，院长和法官由上议长提名呈国王批准，任期9年。行政法院主要审理涉及国家机关、国有企业及地方政府间或公务员与私企间的诉讼纠纷。行政法院分为最高行政法院和初级行政法院两级，并设有由最高行政法院院长和9名专家组成的行政司法委员会。最高行政法院院长任命须经行政司法委员会及上议院同意，由总理提名呈国王批准。军事法院主要审理军事犯罪和法律规定的其他案件。司法法院主要审理不属于宪法法院、行政法院和军事法院审理的所有案件，分最高法院、上诉法院和初审法院三级，并设有专门的从政人员刑事庭。另设有司法委员会，由最高法院院长和12名分别来自三级法院的法官代表组成，负责各级法官任免、晋升、加薪和惩戒等事项。司法法院下设秘书处，负责处理日常行政事务。

政　党　截至2011年10月，共有61个政党在选举委员会登记注册。主要政党有：

为泰党：2007年9月20日成立。党首乍鲁蓬·荣素旺，秘书长普坦·卫差亚猜，执委31人。在上届国会中拥有下议员262名。在全国设有5个支部，党员23778人。

民主党：1946年4月6日成立。党首阿披实·威差奇瓦，秘书长察伦猜·希欧，执委19人。在上届国会中拥有下议员160名。在全国设有176个支部，党员287.3万人。

自豪泰党：2008年11月5日成立。党首披帕·颇沃拉蓬，秘书长蓬提瓦·纳卡塞，执委12人。在上届国会中拥有下议员34名。在全国设有5个支部，党员36370人。

泰国发展党：2008年4月18日成立。党首提拉·翁萨姆，秘书长潘贴·素里萨廷，执委11人。在上届国会中拥有下议员19人。在全国设有6个支部，党员14957人。

为国发展党。2007年10月3日成立。党首宛纳勒·参努军，秘书长巴帕·林巴攀。在上届国会中拥有下议员7名。在全国设有8个支部，党员9416人。

春府力量党：2011年5月4日成立。党首曹·玛尼翁，秘书长比兰迪鲁·吉达探。在上届国会中拥有下议员7名。

祖国党：2008年11月3日成立。党首颂提·汶亚拉格林，秘书长曼·帕塔诺泰，执委15人。在上届国会中拥有下议员2名。在全国设有5个支部，党员7760人。

大众党：1998年2月10日成立。党首阿披勒·西里纳温，秘书长派讪·蒙恩。在上届国会中拥有下议员1名。党员110万。

新民主党：2011年4月21日成立。党首素拉廷·披赞，秘书长威蒙·讪玛诺。执委9人。在上届国会中拥有下议员1名。

经济

国内生产总值　据国际货币基金组织的数据显示，2014年泰国国内生产总值（GDP）为3736亿美元（约合121345.28亿泰铢），同比增长0.7%。人均GDP为5444.56美元（约合176839.31亿泰铢）。

产　业　2014年，工业和服务业对泰国经济的作用增加，农业的作用却出现下降。2014年工业在GDP中的占比为42.0%，农业在GDP中的占比为11.6%，其他服务业在GDP中的占比为29.0%。旅游方面，2014年泰国共接待外国游客2470万人次，其中中国游客达 460 万人次，占比 18.6%。自 2012 年以来，中国一直是泰国最大的旅游客源国。

财 政 泰国 2014 年财年（2013 年 1 月至 2014 年 9 月）上交国库总款项为 2700 万亿泰铢，比 2013 年度少 930 亿泰铢，差幅 4.3%。2014 年，政府对自然人所得税和法人所得税的征收办法和标准进行调整，使得相应税款比 2013 年财政有所减少。此外，政府开支经费额比 2013 年财年多 570 亿泰铢，造成现金账赤字 3590 亿泰铢。但经过贷款弥补赤字操作后，2014 财年政府账面仍存近 5000 亿泰铢的余额，可为政府的刺激经济措施提供支持，显示财政基础仍然稳定。

金 融 货币名称：泰铢（Thai Baht）。据泰国商业部透露，2014 年，泰国通货膨胀率达 1.9%。2014 年 2 月，泰国通货膨胀率年增 1.96%，连续第 7 个月呈现上升，主因是食品及饮料价格上涨。开泰研究中心数据显示，2014 年上半年，泰国土地及房屋类贷款增长 6.06%，为最大增长率；泰京银行增长率为 5.78%；泰华农民银行增幅为 2.35%。2014 年泰铢兑美元平均汇率为 32.48∶1。

进出口贸易 据泰国海关统计，2014 年泰国货物进出口额为 4537.4 亿美元，约合 147374.75 亿泰铢，比 2013 年（下同）下降 4.4%。其中，出口 2254.6 亿美元，约合 73229.41 亿泰铢，下降 1.3%；进口 2282.7 亿美元，约合 74142.1 亿泰铢，下降 8.6%。贸易逆差 28.1 亿美元，约合 912.69 亿泰铢，大幅下滑 88.7%。分国别来看，中国、日本和美国是泰国前三大贸易伙伴。分商品看，机电产品、运输设备和塑料橡胶是泰国的主要出口商品，机电产品、矿产品和贱金属及制品是泰国的主要进口商品。

外 资 近年来，泰国主要对美国、东盟、中国大陆及台湾地区、日本投资。泰国在中国大陆的投资近年有较大发展。2014 年，泰国对中国直接投资新增 0.61 亿美元（约合 19.81 亿泰铢），中国对泰国非金融类直接投资新增 3.7 亿美元（约合 120.18 亿泰铢）。其中，中国企业在泰国新签对外承包工程、劳务合作和设计咨询合同额 17.8 亿美元，完成营业额 18.4 亿美元，同比增长 39.4%。据泰国投资促进委员会的数据显示，泰国吸引的外国直接投资多为扩大再投资，2005 年至 2014 年十年间，在原项目基础上申请且获准的促投项目获 2 倍增长于新项目。

传 媒

媒体以私营为主，按市场规则运作。泰文媒体是主流媒体，英文、华文媒体居辅助地位。主要泰文报纸有《民意报》、《泰叻报》、《经理报》、《每日新闻》等。主要华文报纸有《新中原报》、《中华日报》、《星暹日报》、《亚洲日报》、《京华中原》和《世界日报》等。主要英文报纸有《曼谷邮报》、《民族报》等。

广播电台有 230 多家，其中由政府民众联络厅掌管的有 59 家。泰国国家广播电台为国家电台，设有国外部，用泰、英、法、中、马来、越、老、柬、缅、日等语言广播。无线电视台共 6 家，均设在曼谷，大部分电视节目通过卫星转播。地方有线电视公司 86 家。电视网覆盖全国。

越 南

国 名

越南社会主义共和国（The Socialist Republic of Viet Nam），简称越南。

国 旗

越南国旗为长方形，长宽之比为 3∶2，红底中间有五角金星。国旗旗底为红色，旗中心为一枚五角金星。红色象征革命和胜利。五角金星象征越南劳动党对国家的领导，五星的五个角分别代表工人、农民、士兵、知识分子和青年，即通常说的金星红旗。

越南国旗

越南国徽

国 徽

呈圆形。红色的圆面上方镶嵌着一颗金黄色的五角星；下端有一个金黄色的齿轮，象征工业；圆面周围对称地环绕着两捆由红色饰带束扎的稻穗，象征农业；金色齿轮下方的饰带上用越文写着“越南社会主义共和国”。国徽图案于 1956 年选定。

主要节日

国庆日（独立日）：9 月 2 日（1945 年）；越南南方解放日：4 月 30 日（1975 年）；越南共产党成立日：2 月 3 日（1930 年）；胡志明诞辰日：5 月 19 日（1890 年）；越南民族传统节日主要有春节、清明、端午、中秋、重阳等，其中春节为最盛大的节日。

越南占婆塔

自然地理

越南位于中南半岛东部，北与中国接壤，西与老挝、柬埔寨交界，东面和南面临南海，海岸线长3260多公里，国土面积约为32.95万平方公里。越南地形狭长，南北长1600公里，东西最窄处为50公里。越南地势西高东低，境内四分之三为山地和高原。北部和西北部为高山和高原。中部长山山脉纵贯南北。主要河流有北部的红河和南部的湄公河。红河和湄公河三角洲地区为平原。全国森林覆盖率从1998年的32%上升到2010年的39.5%。越南全国地处北回归线以南，高温多雨，属热带季风气候，年平均气温24℃左右，年平均降雨量为1500～2000毫米。北方分春、夏、秋、冬四季。南方雨旱两季分明，大部分地区5～10月为雨季，11月至次年4月为旱季。河内时间：GMT+7小时（比北京时间晚1个小时）。

国民

人　口　根据越南统计总局数据显示，2014年越南人口总数为9050万，共计240万个家庭。其中，男性占49%，女性占51%。越南仍居于世界人口众多的国家之列，位于全球第13名。

民　族　有54个民族，京族占总人口86%，岱依族、傣族、芒族、华人、侬族人口均超过50万。

语　言　通用越南语。

宗　教　主要宗教有佛教、天主教、和好教和高台教。

行政区划

首都为河内。全国划分为58个省和5个直辖市。2008年8月1日，原河内市与整个河西省、永富省迷灵县、和平省梁山县4个乡合并成新河内市，总面积达3340平方公里。

国体政体

国　体　越南宪法规定：越南是社会主义国家，越南共产党是领导国家和社会的力量，国家的一切权利属于人民，实行人民代表制度。

宪　法　越南现行宪法是第四部宪法，于1992年4月15日在八届国会11次会议上通过，是1946年、1959年、1980年宪法的继承和发展，体现了越共“七大”提出的社会主义目标与国家全面革新路线。宪法规定：越南社会主义共和国国家政权属于人民，越南共产党以马克思列宁主义和胡志明思想为指导思想。2013年11月底，越南13届国会第6次会议通过1992年宪法修正案，2014年1月1日正式生效。

议　会　也称为国会，是国家最高权力机关，通常每年举行两次例会。目前为第13届国会，共有500名国会代表。现任国会主席阮生雄，于2011年7月23日当选。

国家政要　越南社会主义共和国共中央总书记阮富仲，于2011年1月当选；国家主席张晋创，于2011年7月当选；国会主席阮生雄，于2011年7月当选；总理阮晋勇，于2006年6月当选，于2007年7月当选，2011年7月再次当选。

政　府　国家最高行政机关。本届政府于2013年12月组成。主要成员有：总理阮晋勇、副总理阮春福、副总理黄忠海、副总理武文宁、副总理武德担、副总理（兼外交部长）范平明、国防部长冯光青、公安部长陈大光、内务部长阮太平、司法部长何雄强、计划投资部长裴光荣、财政部长丁进勇、工贸部长武辉煌、农业与农村发展部长高德发、交通运输部长丁罗升等。

司　法　司法体系由最高人民法院、最高人民检察院及地方法院、地方检察院和军事法院组成。最高人民法院院长张和平，于2011年7月当选连任；最高人民检察院检察长阮和平，于2011年7月当选。

政　党　越南共产党是唯一政党，于1930年2月3日成立，同年10月改名为印度支那共产党，1951年更名为越南劳动党，1976年改用现名。目前有党员约360多万人，基层组织近5.4万个，同世界上180多个政党建有党际关系。越南共产党十一届中央总书记为阮富仲。

经　济

国内生产总值　据世界银行统计，2014年越南国内生产总值（GDP）为1862亿美元，约合4003.3万亿越南盾，增长5.98%。人均GDP为2052美元，约合4411.8万越南盾。

产　业　据越南统计总局统计资料显示，2014年，越南服务业增长5.96%，低于2013年的6.56%，占国内生产总值的比重43.38%；工业及建筑业增长7.14%，高于2013年的5.43%，占比38.5%；农林水产业增长3.49%，高于2013年的2.67%，占比18.12%。旅游方面，2014年越南接待外国游客共计787.43万人次，较2013年增长4%，主要游客来源国分别为中国、韩国和日本。

金　融　货币名称：越南盾（Vietnamese Dong）。2014年越南通胀率为1.84%；经济增长率达5.98%，创4年来新高，显示越南经济复苏渐入佳境。2014年上半年，消费品价格上涨指数为4.77%。截至2014年12月中旬，越南财政收入为387.67亿美元，约合833.49万亿越南盾；达到计划的104%；财政支出461.19万美元，约合991.56万亿越南盾，完成预算支出的96%。2014年，越南财政预算赤字107亿美元，约合230.05万亿越南盾。2014年越南盾与美元的平均汇率为21500∶1（据中华人民共和国外交部网站数据）。

进出口贸易　据越南统计总局数据显示，2014年，越南商品进出口总额达2982.4亿美元，约合6412.16万亿越南盾，同比增长12.9%。其中，出口1501.9亿美元，同比增长13.7%；进口1480.5亿美元，同比增长12.1%。2014年，越南商品贸易平衡盈余21.4亿美元，创历史最高纪录。进口方面，中国保持越南第1大进口来源地，越南自中国进口额达437亿美元，同比增长18.2%。从产品上看，生产资料进口所占比重最大，为91.2%，其中机器设备、用具、运输工具、零部件等商品占37.6%，原材料货物占53.6%。消费品占8.8%。出口方面，美国、欧洲、东盟、中国、日本、韩国是越南的主要出口市场。其中，美国仍是越南最大出口市场，出口额为285亿美元，同比增长19.6%；其次是欧洲，出口额为279亿美元，同比增长14.7%；第3大市场是东盟，出口额为190亿美元，同比增长3.1%；第4大出口市场是中国，为148亿美元，增长11.8%；日本达到147亿美元，增长8%；韩国达到78亿美元，增长18.1%。增长率较高的出口商品是咖啡（36亿美元，增长30.8%）、腰果（20亿美元，增长22.4%）、鞋类（102亿美元，增长21.6%）、水产（79亿美元，增长17.6%）、纺织品（208亿美元，增长15.8%）。

外　资　越南计划投资部外国投资局公布，2014年越南全国新批和增资的外商直接投资总额为202.3亿美元（约合434.95万亿越南盾）。2014年，外商投资主要集中在高新技术，加工、制造技术和发展基础设施等领域的大型项目。截至2014年12月15日，越南外商直接投资实际到位资金达123.5亿美元，同比增长7.4%。新批投资项目共计774个，加工和制造业是吸引外国投资商最多的领域，其中新批和增资资金为144.9亿美元，约占2014年协议资金总额的71.6%。2014年年初至12月29日，对越南投资的国家和地区共有60个，其中前4位分别为韩国、中国香港、新加坡和日本。其中新批和增资资金分别为73.2亿美元、30亿美元、27.9亿美元和20.5亿美元，分别占对越南投资总额的36.2%、14.8%、13.8%和10.1%。2014年，外商对越南54个省市开展投资项目。其中，太原省是全国吸引最多外资的地方，新批和增资资金达33.5亿美元，占全国投资总额的16.6%；其次是胡志明市，其新批和增资资金为31亿美元，占投资总额的15.4%；同奈省居第3位，其新批和增资资金为18.3亿美元。

传　媒

越南新闻出版法规定报纸由国家控制。中央及地方新闻单位共450家。主要出版社有国家政治出版社、文化出版社、文学出版社、科技出版社、教育出版社和世界出版社等。各种出版物13515种，年发行量2.18亿册。报社约150家，其余为行业小报。主要报刊有：《人民报》，越共中央机关报，1951年创刊，在国外设有3个分支机构，1998年5月开设电子版；《人民军队报》，越南人民军总政治局机关报；《大团结报》，祖国阵线中央机关报；《西贡解放报》（越文和中文版），越共胡志明市委机关报；《共产主义》月刊，越共中央政治理论刊物，1956年创刊，2001年设电子版；《全民国防》月刊。

越南通讯社：国家通讯社，于1945年创立，1976年越南南方解放通讯社与之合并。在全国各省市均设有分社，驻外分社有27个。1998年8月开设互联网（越、英、法、西班牙文）。

“越南之声”广播电台：成立于1954年，有四套对内节目，用越南语及数种少数民族语言播音；对外广播用中国普通话、广东话、俄语、英语、法语、西班牙语、日语、泰语、老挝语、柬埔寨语、印尼语、马来语等。

越南中央电视台：成立于1971年，目前有7套节目。

双边关系

中国与文莱双边关系

一、双边政治关系与重要往来

中国和文莱于1991年9月30日建立外交关系，双边关系发展顺利，各领域友好交流与合作逐步展开。1999年，两国签署联合公报，进一步发展在相互信任和相互支持基础上的睦邻友好合作关系。2013年，两国建立战略合作关系。

近年来，中国访文莱的领导人主要有：江泽民主席（2000年）、李鹏委员长（2001年）、朱镕基总理（2001年）、吴仪副总理（2005年）、顾秀莲副委员长（2007年）、胡锦涛主席（2005年）、周铁农副委员长（2008年）、戴秉国国务委员（2010年1月）、温家宝总理（2011年11月）、贾庆林政协主席（2012年4月）、杨洁篪外交部长（2012年8月）、王毅外交部长（2013年5月）、常万全国务委员兼国防部长（2013年5月）、李克强总理（2013年10月）。

近年来，文莱访华的领导人主要有：穆罕默德·博尔基亚亲王（2004年、2010年5月）、穆罕默德·比拉王储（2009年）、叶海亚部长（2010年10月）、林玉成外交部长（2012年5月）、哈桑纳尔·博尔基亚苏丹（1993年、1999年、2001年、2004年、2006年、2008年、2012年4月、2013年4月）。

2011年9月30日，国家主席胡锦涛与文莱达鲁萨兰国苏丹哈桑纳尔互致贺电，热烈庆祝两国建交20周年。

2012年4月，全国政协主席贾庆林对文莱进行正式友好访问，这是两国建交以来中国全国政协主席对文莱的首次正式友好访问。

2013年4月，文莱达鲁萨兰国苏丹和国家元首苏丹·哈吉·哈桑纳尔·博尔基亚·穆伊扎丁·瓦达乌拉陛下对中国进行国事访问，双方共同发表了《中华人民共和国和文莱达鲁萨兰国联合声明》。

2013年10月9日至11日，应文莱达鲁萨兰国苏丹和国家元首苏丹哈吉·哈桑纳尔·博尔基亚·穆伊扎丁·瓦达乌拉邀请，中华人民共和国国务院总理李克强于2013年10月9日至11日对文莱进行正式访问。访问期间，双方发表了《中华人民共和国和文莱达鲁萨兰国联合声明》。

二、双边经贸关系

建交初期，两国经贸合作进展缓慢。自2000年起，中国开始从文莱大量进口原油，双边贸易额大幅上升。2008年5月，两国举行首次经贸磋商。2008年9月，广东省海洋渔业局和文莱工业与初级资源部渔业局签署渔业合作谅解备忘录。2008年10月，中国工业和信息化部与文莱交通部签署关于加强信息通信领域合作的谅解备忘录。

进入21世纪，中文双边贸易额大幅上升。2008年4月、2011年4月和2013年3月，两国分别举行3次经贸磋商。2013年中国与文莱双边贸易额17.9亿美元，增长11.6%，中方从文莱进口的商品主要是原油，向文莱出口的商品主要为纺织品、建材和塑料制品等。

两国在投资、承包劳务等方面合作成效显著。截至2013年年底，文莱累计对中国实际投资25.5亿美元，中国累计在文莱非金融类直接投资6980万美元。截至2013年年底，中国累计在文莱签订承包劳务合同额5.1亿美元，完成营业额3.5亿美元。

2014年，中国与文莱双边贸易额为19.36亿美元，同比增长7.96%，创历史新高。中国自文莱进口以原油为主，近年来随着国际油价的变化，进口额波动较大；中国对文莱出口近年来呈现高速增长，2010～2014年间涨幅分别达161.8%、102.5%、68.2%、36.3%和2.51%，2014年出口额已达17.47亿美元。

三、其他领域的交流与合作

两国在民航、卫生、文化、旅游、体育、教育、军事、司法等领域的交流与合作逐步展开。先后签署了《民用航空运输协定》（1993年）、《卫生合作谅解备忘录》（1996年）、《文化合作谅解备忘录》（1999年）、《中国公民自费赴文旅游实施方案的谅解备忘录》（2000年）、《高等教育合作谅解备忘录》（2004年）、《旅游合作谅解备忘录》（2006年）。两国于2002年和2004年分别签署了《中华人民共和国最高人民检察院和文莱达鲁萨兰国总检察署合作协议》和《最高法院合作谅解备忘录》。两国各领域的交流与合作继续扩大。文莱大学和中国驻文莱大使馆共同举办首届“中国语言与文化周”。2010年3月，文莱皇家航空公司重开斯里巴加湾至上海航线。

2003年9月，中央军委委员、总参谋长梁光烈访文莱，双方签署了《关于开展军事交流的谅解备忘录》。11月，中国海军舰艇编队首次访文莱。2004年9月，文莱武装部队司令哈尔比少将访华。2005年10月，文莱国防部副部长亚斯敏访华。2006年7至8月，中国人民解放军军乐团赴文莱参加文莱苏丹60岁诞辰国际军乐节庆典活动。2007年，中国、文莱两国互设武官处。2008年1月，中央军委副主席、国务委员兼国防部长曹刚川访文莱。2008年9月，文莱武装部队司令哈尔比少将访华并观摩“砺兵—2008”军事演习。2009年2月，中国人民解放军副总参谋长葛振峰访文莱。2009年8月，中国人民解放军海军南海舰队司令员苏支前少将访文莱，并率“广州号”导弹驱逐舰出席文莱第二届国际防务展。

自2003年7月起，中国对持普通护照来华旅游、经商的文莱公民给予免签证15天的待遇。2005年6月，两国就互免持外交、公务护照人员签证的换文协定生效。

2004、2005年分别成立中国—文莱友好协会和文莱—中国友好协会。

2013年10月，文莱苏丹哈芝哈山纳柏嘉和中国国务院总理李克强在汝鲁伊曼皇宫举行了双边会议。

四、重要双边文件

1991年9月，钱其琛外长和文莱外交大臣穆罕默德·博尔基亚亲王在纽约签署了《中华人民共和国政府和文莱达鲁萨兰国苏丹陛下政府关于两国建立外交关系的联合公报》。

1999年8月，文莱苏丹在对华进行工作访问期间，双方发表关于两国关系未来发展方向的《联合公报》。

2005年4月，胡锦涛主席在对文莱进行国事访问期间，双方发表了《联合新闻公报》。

另外，两国还签有《鼓励和相互保护投资协定》(2000年)、《避免双重征税和防止偷漏税的协定》(2004年)、《促进贸易、投资和经济合作谅解备忘录》(2004年)、《农业合作谅解备忘录》(2009年)。

2011年11月21日，中国国家开发银行同文莱最大的伊斯兰银行在文莱首都斯里巴加湾市签署《双边合作协议》。

2012年4月，两国签署了《中华人民共和国商务部与文莱达鲁萨兰国工业及初级资源部关于农业领域经贸合作的谅解备忘录》。

2013年4月2日，两国在北京签署了《中国海油与文莱国油合作协议》。

2013年4月5日，双方共同发表了《中华人民共和国和文莱达鲁萨兰国联合声明》。

2013年10月11日，李克强总理对文莱进行正式访问，双方发表了《中华人民共和国和文莱达鲁萨兰国联合声明》。

(来源：中华人民共和国外交部网站.http://www.fmprc.gov.cn/mfa_chn/gjhdq_603914/gj_603916/yz_603918/1206_604714/sbgx_604718/.2015—06—09)

中国与柬埔寨双边关系

一、双边政治关系与重要往来

中柬两国有着悠久的传统友谊。1958年7月19日两国正式建交。长期以来，中国几代领导人与西哈努克国王建立了深厚的友谊，为两国关系的长期稳定发展奠定了坚实的基础。1955年4月，西哈努克亲王在万隆亚非会议上与周恩来总理结识。

近年来中国访柬埔寨的领导人主要有：周恩来总理(1955年4月、1960年)、刘少奇主席(1963年)、江泽民主席(2000年11月)；朱镕基总理(2002年11月)；温家宝总理(2006年4月、2012年11月)；贾庆林政协主席(2008年12月)；习近平副主席(2009年12月)、回良玉副总理(2010年3月)、吴邦国委员长(2010年11月)、胡锦涛主席(2012年3月)、傅莹外交部副部长(2012年5月)、戚建国副总参谋长(2013年1月)、郭声琨国务委员(2015年4月)等。

近年来柬方访华的领导人主要有：西哈努克亲王(1956年2月、1958年、1965年、1970年、1979年、1992年、1994年、1999年)；谢辛参议院主席(1992年、1995年)、拉纳烈国会前任主席(1994年、1999年)、洪森首相(1994年、1996年、1999年、2004年4月、2009年10月、2010年5月、2010年12月、2013年4月)、韩桑林国会主席(2011年12月)、西哈莫尼国王(2005年8月、2012年2月)、贺南洪副首相(2012年2月)、西哈努克太皇和莫尼列太后(2012年4月)等。

2008年7月18日，中柬在柬埔寨首都金边共同庆祝中柬建交50周年。

2008年8月8日，柬埔寨太皇诺罗敦·西哈努克前来出席北京奥运会开幕式。

2008年10月22～25日，柬埔寨首相洪森前来出席第5届中国—东盟博览会及第5届中国—东盟商务与投资峰会开幕式。

2009年10月，西哈努克太皇出席中国新中国成立60周年国庆招待会和天安门观礼活动。2009年10月，洪森首相来华出席第6届中国—东盟博览会，温家宝总理会见。2009年12月，习近平副主席访问柬埔寨。2010年3月，回良玉副总理访问柬埔寨。2010年5月，洪森首相出席上海世博开幕式，胡锦涛主席会见。2010年12月，习近平副主席访问柬埔寨。

2012年3月30日，中国国家主席胡锦涛抵达柬埔寨首都金边，开始对柬埔寨进行国事访问，受到柬埔寨王室、政府和人民热烈欢迎。

2012年3月30日至4月2日，时任国家主席胡锦涛对柬埔寨进行国事访问，双方发表了《中华人民共和国和柬埔寨王国联合声明》。2012年年11月，温家宝总理对柬埔寨进行正式访问。

2013年4月6日至10日，柬埔寨王国首相洪森对中国进行正式访问，双方发表联合新闻公报。

2014年4月28日，柬埔寨王国副首相兼国防大臣迪班在金边会见到访的中国人民武装警察部队副政委于建伟，双方就增进中国武警部队和柬埔寨宪兵部队之间的交流与合作交换了意见。

二、双边经贸关系

中柬两国经贸关系发展较快，合作领域不断拓宽。1996年，两国签订了贸易、促进和投资保护协定，并于2000年成立两国经济贸易合作委员会。据中国海关统计，2011年中柬双边贸易额达24.99亿美元，同比增长73.5%。

2013年，中国是柬埔寨重要的贸易伙伴，双边贸易总额达37.72亿美元，同比增长29.05%。

据柬埔寨发展理事会统计，2013年中国企业对柬埔寨投资总额达4.27亿美元，同比增长62%。截至2013年年底，中国对柬埔寨协议投资累计达96亿美元，主要投资领域为制衣、农业、旅游业、房地产、矿产、水电站等。

近年来，中柬双边贸易呈持续增长态势。据中国海关统计，2014年，中柬双边贸易额为37.57亿美元，同比下降0.39%。其中，中国对柬埔寨出口32.75亿美元，同比下降3.99%，主要商品包括纺织原辅料、机械设备等；中国自柬埔寨进口4.83亿美元，同比增长33.54%，主要商品包括木材、针织服装、天然橡胶等。

三、其他领域的交往与合作

近年来，中柬在各个领域的交流与合作不断扩大。双方在政治、经贸、文化、教育、军事等领域的友好合作不断加强，在国际和地区问题上保持良好的协调和合作。两国先后签署了文化、旅游、农业等合作文件，两国议会、军队、警务、新闻、卫生、文教、信息、水利、气象、建设、农业、文物保护等部门领导人先后实现了互访。

两国外交部保持良好合作关系。1994年两国外交部官员团实现互访；1995年2月时任中国外交部副部长唐家璇访柬埔寨；1999年1月王毅部长助理赴柬埔寨进行外交磋商；1999年6月柬埔寨国务大臣兼外交、国际合作部大臣贺南洪访华；2000年7月，柬埔寨外交国务秘书吴金安来华进行外交磋商。2003年6月，中国外交部部长李肇星访柬埔寨；2005年11月，中国外交部长助理李金章访柬埔寨；2006年7月，柬埔寨副首相兼外交大臣贺南洪访华等；2008年1月，中国外交部长杨洁篪访柬埔寨。

2008年10月，柬埔寨参议院主席谢辛访华。同月，中国人民解放军副总参谋长张黎访柬埔寨。11月，国务委员、公安部部长孟建柱访柬埔寨。12月，全国政协主席贾庆林、全国人大常委会副委员长陈至立分别访柬埔寨。

2009年1月，温家宝总理致信西哈努克太皇夫妇祝贺新春。2月，全国政协主席贾庆林礼节性会见西哈莫尼国王。同月，柬埔寨副首相兼内政部大臣韶肯来华出席“万国禁烟会”一百周年纪念大会。

2010年5月27日至31日，中国全国政协外事委员会主任赵启正率团访问柬埔寨，柬埔寨参议院主席谢辛亲王会见。参议院外事委员会主任迪波拉西、柬埔寨外交国际合作部国务秘书龙威萨罗分别与代表团举行会谈。

2010年12月，柬埔寨首相洪森访华，两国建立全面战略合作伙伴关系。柬埔寨已在中国广州、上海、香港、昆明、重庆和南宁等地设立总领馆。中方保留在柬埔寨设领权力。

2014年2月27日，中国农业部副部长余欣荣与柬埔寨农林渔业部国务秘书曼安诺在金边市郊共同为“中柬优质水果蔬菜示范基地”揭牌。中柬优质水果蔬菜示范基地位于金边市郊，占地30公顷。该基地于2012年8月开始建设，目前已实验播种有哈密瓜、甜糯玉米、牧草、豆角等多种水果蔬菜品种。

四、重要双边文件（1996 年以来）

《中柬贸易协定》（1996 年 7 月）；

《中柬关于促进和保护投资协定》（1996 年 7 月）；

《中柬关于柬在香港特别行政区保留名誉领事馆的换文》（1997 年 4 月）；

《中柬关于柬在广州设立总领事馆的协议》（1997 年 12 月）；

《中柬在柬台通航问题上的协议》（1997 年 12 月）；

《中柬引渡条约》（1999 年 2 月）；

《中柬文化协定》（1999 年 2 月）；

《中柬旅游合作协定》（1999 年 2 月）；

《中柬关于柬在上海设立总领事馆的协议》（1999 年 5 月）；

《中柬关于柬驻香港领事馆升格为总领事馆的协议》（1999 年 7 月）；

《中柬关于双边合作的联合声明》（2000 年 11 月）；

《中柬关于成立经济贸易合作委员会协定》（2000 年 11 月）；

《中柬农业合作谅解备忘录》（2000 年 11 月）；

《中国红十字会与柬红十字会合作与互助协议》（2004 年 4 月）；

《中柬教育、青年和体育部体育合作协议》（2004 年 4 月）；

《中柬两国政府关于加强文物保护合作的谅解备忘录》（2004 年 4 月）；

《中柬关于旅游规划合作的谅解备忘录》（2004 年 4 月）；

《中柬联合公报》（2006 年 2 月）；

《中柬关于打击跨国犯罪的合作协议》（2006 年 4 月）；

《中柬卫生合作的谅解备忘录》（2006 年 4 月）；

《中柬关于大湄公河次区域信息高速公路项目柬埔寨段建设的谅解备忘录》（2006 年 4 月）；

《中柬关于合作保护吴哥古迹二期项目的协议》（2006 年 4 月）；

《中柬互免持外交、公务护照人员签证协定》（2006 年 7 月）；

《中华人民共和国审计署与柬埔寨国家审计署谅解备忘录》（2007 年 8 月）；

《中柬关于禁止非法贩运和滥用麻醉药品和精神药品的合作谅解备忘录》（2008 年 11 月）；

《中华人民共和国和柬埔寨王国领事条约》（2010 年 2 月）；

《中柬道路桥梁基础设施发展合作备忘录》（2010 年 6 月）；

中柬两国海关《合作协议》（2010 年 6 月）；

《中华人民共和国和柬埔寨王国联合声明》（2012 年 4 月）；

《中柬两国经济技术合作协定》（2012 年 11 月）；

《中华人民共和国和柬埔寨王国联合新闻公报》（2013 年 4 月）。

（来源：中华人民共和国外交部网站 . http://www. fmprc. gov. cn/mfa _ chn/gjhdq _ 603914/gj _ 603916/yz _ 603918/1206 _ 604282/sbgx _ 604286 /. 2015—06—09）

中国与印度尼西亚双边关系

一、双边政治关系与重要往来

中国与印度尼西亚于 1950 年 4 月 13 日建交。1965 年印度尼西亚发生“9·30 事件”后，两国于 1967 年 10 月 30 日中断外交关系。

20 世纪 80 年代，两国关系开始松动。1989 年，时任中国外交部部长钱其琛在日本分别与印度尼西亚总统苏哈托和国务部长穆迪约诺就复交问题举行会晤。同年 12 月，两国就关系正常化的技术性问题进行会谈，并签署会谈纪要。1990 年 7 月印度尼西亚外长阿拉塔斯应邀访华，两国发表《关于恢复两国外交关系的公报》。2014 年两国元首发表中印度尼西亚全面战略伙伴关系未来规划。

1990 年 8 月 8 日，时任中国国务院总理李鹏在访问印度尼西亚期间，两国外长分别代表本国政府签署《关于恢复外交关系的谅解备忘录》，宣布自当日起正式恢复两国外交关系。

近年来，中国访印度尼西亚的领导人主要有：胡锦涛主席（2000 年、2005 年、2009 年 11 月）、朱镕基总理（2001 年）、李鹏委员长（2002 年 9 月）、吴官正中纪委书记（2006 年）、贾庆林政协主席（2006 年）、陈炳德上将（2007 年 8 月）、戴秉国国务委员（2010 年 1 月）、郭伯雄军委副主席（2010 年 5 月）、吴邦国委员长（2010 年 11 月）、李源潮委员（2011年6月）、杨洁篪外交部长（2011年7月、2012年8月、2013年9月）、温家宝总理（2011年4月、2011年11月）、梁光烈国务委员兼国防部长（2011年5月）、李源潮中组部部长（2011年6月）、李长春常委（2012年4月）、回良玉副总理（2012年4月）、王毅外交部长（2013年5月）、万钢政协副主席（2013年8月）、习近平（2013年10月）、常万全国务委员（2013年12月）、范长龙中央军委副主席（2014年8月）、王家瑞政协副主席（2014年9月）、陈晓光政协副主席（2014年12月）、孟建柱中央政法委书记（2015年2月）等。

近年来，印度尼西亚访华的领导人主要有：梅加瓦蒂总统（2002年）、阿敏人协主席（2002年）、阿贡·拉克索诺议长（2005年）、希达亚特人协主席（2007年）、尤素夫·卡拉副总统（2007年、2008年）、印度尼西亚经济统筹部长哈达（2010年4月、2011年6月）、布迪约诺副总统（2010年10月）、普尔诺莫·尤斯吉安托罗国防部长（2012年2月）、马蒂外交部部长（2012年3月）、苏西洛总统（2005、2006年、2008年、2010年10月、2012年3月）、马尔祖基国会议长（2011年4月）、马尔迪外长（2011年4月）、希达多人协主席（2013年10月）等。

双方除互设使馆外，中国在印度尼西亚泗水、棉兰设有总领馆，正在筹建驻登巴萨总领馆，印度尼西亚在中国香港、广州、上海设有总领馆。

2012年4月26日，中共中央政治局常委李长春在雅加达会见了印度尼西亚国会议长马祖基。2012年3月22日至24日，印度尼西亚总统苏西洛对中国进行国事访问，双方发表联合声明。

2013年8月，全国政协副主席万钢访问印度尼西亚。9月，杨洁篪国务委员访问印度尼西亚并主持两国副总理级对话机制第四次会议。10月，习近平主席对印度尼西亚进行国事访问，并赴巴厘岛出席亚太经合组织第21次领导人非正式会议。李克强总理在东亚领导人系列会议期间会晤印度尼西亚总统苏希洛。印度尼西亚人协主席希达多访华。11月，中共中央政治局委员、天津市委书记孙春兰访问印度尼西亚。同月，印度尼西亚新任总统佐科来华出席亚太经合组织第22次领导人非正式会议。12月，国务委员兼国防部长常万全访问印度尼西亚。

2014年8月，中央军委副主席范长龙访问印度尼西亚。2014年9月，全国政协副主席、中联部部长王家瑞访问印度尼西亚。2014年10月，习近平主席特使、全国人大常委会副委员长严隽琪赴印度尼西亚出席佐科总统就职仪式。2014年12月，全国政协副主席陈晓光访问印度尼西亚。

2015年1月，印度尼西亚经济统筹部长索菲安来华主持召开两国高层经济对话首次会议。2月，中共中央政治局委员、中央政法委书记孟建柱访问印度尼西亚。

二、双边经贸关系和经济技术合作

两国经贸合作发展顺利。复交后双方签订了《投资保护协定》、《海运协定》、《避免双重征税协定》，并就农业、林业、渔业、矿业、交通、财政、金融等领域的合作签署了谅解备忘录。1990年两国成立了经济贸易技术合作联委会。2001年底，双方将农业、能源和资源开发以及基础设施建设确定为经贸合作重点领域。2002年3月成立两国能源论坛，9月召开首次会议。2006年10月，双方在上海召开了第二次会议。2008年12月，能源论坛第三次会议在雅加达举行。2007年9月，双方在上海召开第九次经贸技术联委会。2008年3月，中国银行泗水分行复行。2009年，中方支持建设的印度尼西亚泗马大桥举行通车仪式。2009年，两国央行签署总额为1000亿元人民币的双边本币互换协议。

2011年4月，两国签署关于扩大和深化双边经贸合作的协议。2011年，两国贸易额突破600亿美元，较2010年增长近50％。

2012年1至11月，印度尼西亚最大出口市场兼最大进口来源国还是中国。在出口市场方面，中国吸收印度尼西亚商品价值189亿美元。2012年印度尼西亚对中国出口家具约达4000万美元。

2013年10月，两国签署经贸合作五年发展规划，续签双边本币互换协议。2013年中国与印度尼西亚双边贸易额683.55亿美元，同比增长3.23％，其中中国对印度尼西亚出口369.32亿美元，同比增长7.7％；中国自印度尼西亚进口314.22亿美元，同比下降1.59％。

2014年中国与印度尼西亚双边贸易总额达635.86亿美元，同比下降6.98％，占中国与东盟十国双边贸易总额的13.2％，是中国在东盟的第5大贸易伙伴。其中，中国自印度尼西亚进口245.25亿美元，同比下降21.95％；对印度尼西亚出口390.62亿美元，同比增长5.77％。

三、其他领域的交流与合作

两国在民航、科技、教育、卫生、旅游等领域的交流与合作不断发展。1991年1月两国签署航运协定，开辟直飞航线；1992年1月两国签署新闻合作谅解备忘录，新华社在雅加达开设分社，人民日报向印度尼西亚派驻记者。1994年两国签署旅游、卫生、体育合作谅解备忘录，启动互派留学生项目。1997年两国成立科技合作联委会，迄今为止已举行两次会议。2000年7月两国签署《刑事司法互助条约》。2001年11月两国重新签署《文化合作协定》。2001年印度尼西亚正式成为中国公民自费出境旅游目的地国。两国民航部门于2004年12月就扩大航权安排问题达成协议。2005年，两国相互免除持外交与公务护照人员签证，印度尼西亚政府宣布给予中国公民落地签证待遇。2005年，两国成立海上合作技术委员会。2012年，两国成立海上合作委员会并举行首次会议。2013年10月，两国签署《关于探索与和平利用外层空间的合作协议》，同意成立航天合作联委会。

2012年4月26日，在中共中央政治局常委李长春和印度尼西亚国会议长 Marzuki Alie 的共同见证下，中国国家汉办许琳主任与印度尼西亚文教部部长代表 Syawal Gultom 总司长在雅加达共同签署了《关于印度尼西亚汉语教师培养合作协议》。

双方地方政府交流活跃。两国结好省市共18对，包括北京市—雅加达特区、广东省—北苏门答腊省、福建省—中爪哇省、云南省—巴厘省、上海市—中爪哇省、海南省—巴厘省、河南省—马鲁古省、天津市—东爪哇省、成都市—棉兰市、漳州市—巨港市、柳州市—万隆市、广州市—泗水市、厦门市—泗水市、北海市—三宝隆市、汕尾市—日里昔利冷县、防城港市—槟港市、济南市—徐图利祖市、东营—巴里巴班市。

四、重要双边文件

1990年7月，钱其琛外长与阿拉塔斯外长在北京签署《中华人民共和国政府和印度尼西亚共和国政府关于恢复两国外交关系的公报》。

2000年5月，唐家璇外长与阿尔维·希哈布外长在北京签署《中华人民共和国和印度尼西亚共和国关于未来双边合作方向的联合声明》及《关于成立中华人民共和国政府与印度尼西亚共和国政府双边合作联合委员会的谅解备忘录》。

2005年4月，胡锦涛主席与苏西洛总统在雅加达签署《中华人民共和国与印度尼西亚共和国关于建立战略伙伴关系的联合宣言》。7月，印度尼西亚总统苏西洛对华进行国事访问。两国发表《中华人民共和国与印度尼西亚共和国联合声明》。

2007年11月，中国国家海洋局局长孙志辉访问印度尼西亚。双方签署《中华人民共和国与印度尼西亚共和国海洋领域合作谅解备忘录》。同月，印度尼西亚国防部长尤沃诺访华。双方签署《中华人民共和国与印度尼西亚共和国关于防务领域合作的协议》。

2008年12月，李克强副总理访问印度尼西亚。双方签署了《中华人民共和国中华全国青年联合会和印度尼西亚共和国青年事务和体育部就青年事务合作的谅解备忘录》和《中华人民共和国政府和印度尼西亚共和国政府体育合作谅解备忘录》。

2009年3月，印度尼西亚央行行长布迪约诺访华。两国签署了金额达1000亿人民币的双边本币互换协议。7月，印度尼西亚外长哈桑访华。双方签署了《中华人民共和国和印度尼西亚共和国引渡条约》。

2010年1月，国务委员戴秉国对印度尼西亚进行正式访问。双方签署了《中华人民共和国政府和印度尼西亚共和国政府关于落实战略伙伴关系联合宣言的行动计划》。

2012年3月，苏西洛总统对中国进行国事访问，双方发表《中华人民共和国和印度尼西亚共和国联合声明》。

2013年10月2日至3日，应印度尼西亚共和国总统苏西洛·班邦·尤多约诺邀请，中华人民共和国主席习近平对印度尼西亚共和国进行国事访问。访问期间，中国和印度尼西亚在雅加达发表《中华人民共和国和印度尼西亚共和国全面战略伙伴关系未来规划》。

（来源：中华人民共和国外交部网站.http://www.fmprc.gov.cn/mfa_chn/gjhdq_603914/gj_603916/yz_603918/1206_604954/sbgx_604958/.2015—05—06)）

中国与老挝双边关系

一、双边政治关系与重要往来

中国和老挝是山水相连的友好邻邦，两国人民自古以来和睦相处。1961年4月25日，中国和老挝正式建立外交关系，两国保持睦邻友好关系。20世纪70年代末至80年代中期，两国关系曾出现曲折。1989年中老关系正常化以来，双边关系得到全面恢复和发展，两国领导人频繁互访，在政治、经济、军事、文化、卫生等领域的友好交流与合作不断深化，双方在国际和地区事务中保持密切协调与合作。老挝政府坚持一个中国的立场，支持中国人民和平统一大业。

中老关系正常化以来，中国访老挝的领导人主要有：李鹏总理（1990 年 12 月）、邹家华副总理（1992 年 11 月）、乔石委员长（1996 年 11 月）、吴邦国副总理（1997 年 10 月）、江泽民主席（2000 年 11 月）、霍英东全国政协副主席（2001 年 1 月）、阿不来提·阿不都热西提全国政协副主席（2004 年 1 月）、吴仪副总理（2004 年 3 月）、温家宝总理（2004 年 11 月、2008 年 3 月、2012 年 11 月）、王忠禹全国政协副主席（2005 年 12 月）；胡锦涛主席（2006 年 11 月）、回良玉副总理（2010 年 3 月）、习近平副主席（2010 年 6 月）；孟建柱国务委员（2011 年 2 月）、贺国强中央纪委书记（2012 年 6 月）、李建国国家常委会副委员长（2012 年 12 月）、戚建国国家人民解放军副总参谋长（2013 年 5 月）、彭清华人大常委会主任（2014 年 3 月）、刘永富国务院扶贫办主任（2014 年 8 月）。

中老关系正常化以来，老方访华的领导人主要有：凯山·丰威汉部长会议主席（1989 年 10 月）、坎代·西潘敦总理（1991 年、1993 年）、凯山·丰威汉主席（1992 年 4 月）、诺哈·冯沙万主席（1995 年 6 月）、沙曼·维亚吉国会主席（1995 年 5 月、2000 年 1 月、2005 年 12 月）、坎培·乔布拉帕副总理（1995 年 11）、本杨·沃拉吉副主席（1997 年 7 月、2002 年 2 月、2010 年 10 月、2013 年 5 月）、乌敦·卡迪亚国家副主席兼建国阵线中央主席（1998 年 3 月）、西沙瓦·乔本潘建国阵线中央主席（1999 年 1 月、2002 年 5 月、2009 年 9 月）、坎代·西潘敦主席（2000 年 7 月、2003 年 6 月）、波松·布帕万总理（2004 年 1 月、2007 年 8 月、2008 年 10 月、2010 年 10 月）、蓬沙瓦副外长（2009 年 8 月）、阿桑·劳里副总理（2010 年 10 月）、宋沙瓦·凌沙瓦政府常务副总理（2010 年 11 月、2013 年 6 月）、巴妮·雅陶都国会副主席（2010 年 12 月、2013 年 6 月）、通伦·西苏利副总理兼外长（2011 年 8 月）、朱马利主席（2006 年 6 月、2008 年 8 月、2009 年 9 月、2010 年 4、2011 年 9 月、2013 年 9 月、2014 年 7 月）、通邢·坦马冯国会主席（2008 年 3 月、2010 年 10 月、2012 年 5 月）、通邢·坦马冯总理（2012 年 9 月、2014 年 4 月）。

二、双边经贸关系

中国企业于 20 世纪 90 年代开始赴老挝投资办厂，目前是老挝主要投资方之一。投资领域涉及水电、矿产开发、服务贸易、建材、种植养殖、药品生产等。中国企业在老挝还积极参与劳务和工程承包。

中国在力所能及的范围内，采取无偿援助、无息贷款或优惠贷款等方式向老方提供援助，领域涉及物资、成套项目援助、人才培训及技术支持等。中方为老挝援建的项目有地面卫星电视接收站、南果河水电站及输变电工程、老挝国家文化宫、琅勃拉邦医院及扩建工程、乌多姆赛戒毒中心、老挝地震台、昆曼公路老挝境内 1/3 路段、万象凯旋门公园、老挝国家电视台三台、老北农业示范园、国际会议中心、万象瓦岱国际机场改扩建等。

中老经贸关系发展顺利。双方先后签署了贸易、投资保护、旅游、汽车运输等经贸合作文件，成立了双边经贸与技术合作委员会。2011 年中老双边贸易额为 3.17 亿美元，同比增长 66.8%。其中，老挝对华出口 0.65 亿美元，同比增长－17.7%，老挝自华进口 2.52 亿美元，同比增长 127.0%。

2011 年 12 月 28 日，中老双方签署《塔銮湖专业经济区开发协议》。“塔銮湖专业经济区”开发项目由上海万峰房地产有限公司投资，占地面积 365 公顷，项目总投资约 128000 亿吉普（约合 16 亿美元），拟在万象塔銮湖地区建成集文化、旅游、休闲、居住为一体的湖滨新城，一期工程于 2012 年 2 月开工。

2012 年 3 月，以李纪恒省长为团长的云南省代表团出访老挝，代表团访问老挝期间，李纪恒省长会见了老挝国家主席朱马利·赛雅颂、总理通邢·坦马冯、国会主席巴妮·亚陶都和副总理宋沙瓦·棱沙瓦。滇老双方共签署 10 个双边合作项目，涉及教育文化、旅游、农业、城市建设等多个领域。总金额达 4.67 亿美元。

2012 年 12 月 9 日，中国水利水电建设股份有限公司在老挝首个水电站 BOT 项目、也是中国企业在老挝的第二个 BOT 水电项目——南俄 5 水电站项目投产发电，该项目中国水利水电建设股份有限公司与老国家电力公司共同投资开发，于 2008 年 10 月 1 日正式开工建设，总装机容量 12 万千瓦，项目投资额 1.99 亿美元，位于老北琅勃拉邦省和川圹省交界处。该项目的顺利建成得到了老挝的认可和积极评价。

2013年是中老经贸合作取得重大发展的一年，中老双边经贸关系发展顺利，合作水平不断提高，合作领域不断扩大，合作内容不断丰富。据中方统计，2013年1～11月，中老贸易额达20.3亿美元，同比增长29.62%。据老方统计，截至2013年11月，中国在老挝投资额累计50.85亿美元，已经成为所有在老挝投资国家中的第一位。

据中方统计，2014年中国与老挝双边贸易额为36.14亿美元，同比增长31.87%。其中，中国对老挝出口18.43亿美元，同比增长7.13%；中国自老挝进口17.72亿美元，同比激增73.56%。其中，主要出口的商品包括矿产品、农产品和畜牧产品、木制品；主要进口的商品包括电子产品、通信产品、建材、日用品、工业用品、汽车及零配件等。

三、其他领域的交流与合作

两国在文化、教育、卫生等领域交流与合作发展迅速。1989年以来，中老双方先后签订了文化、新闻合作协定及教育、卫生和广播影视合作备忘录。两国文艺团体、作家和新闻记者往来不断。中老两国于1990年开始互派留学生和进修生。老挝是中国对外提供奖学金人数最多的国家之一。目前老挝在华留学生人数每年保持在近300名。两国青年团交往密切，保持互访传统。2002年以来，中国共向老挝派遣89名青年志愿者。

中老两军关系顺利发展，中国军队领导人迟浩田、张万年、于永波、梁光烈等先后访老挝，老挝副总理兼国防部长隆再·皮吉等军队领导人多次访华。

老挝分别于1992年、1999年在中国昆明、香港设有总领事馆。2009年在南宁增设总领馆。

2012年，中老之间的经济技术合作取得了重要成果。为支持老挝主办第9届亚欧首脑会议，中国援建或投资建设老挝国际会议中心、第9届亚欧峰会元首官邸别墅项目和万象市瓦岱国际机场改扩建项目。在“中老合作农业试验基地”的基础上，中老合作农作物优良品种试验站顺利建成，将进一步促进中老两国在农作物良种繁育、种质资源保护、品种综合试验以及新品种展示与人员培训方面的合作。

2012年6月，工商银行万象分行成功获得代表老挝国家银行（央行）行使人民币清算中心职责，成为老挝国家银行之外的在老挝第一家、也是唯一一家货币清算银行，同时也是中国工商银行首个在海外获得人民币清算行资格的海外机构。

2014年2月，应老挝妇联中央邀请，中华全国妇联副主席、书记处书记崔郁率中国妇女代表团一行访问老挝。老挝党中央政治局委员、中央书记处常务书记、国家副主席本扬，老挝党中央委员、妇联中央主席西赛分别会见代表团。4月，由老挝人民民主共和国商务部、老挝人民民主共和国驻南宁总领事馆共同主办的“中国—老挝综合产业经贸文化交流会”在老挝首都举办。基于区域经济一体化、中老合作在各个行业上不断加深的背景下，老挝人民民主共和国商务部决定在老挝首都举办“2014年中国—老挝综合产业经贸文化交流会”，以此促进中国—老挝文化交流和经贸合作。

四、重要双边文件（1996年以来）

《中老旅游合作协定》（1996年10月）；

《中老关于成立两国经贸技术合作委员会协定》（1997年5月）；

《中老边界制度条约的补充议定书》（1997年7月）、《中老民事刑事司法协助条约》（1999年1月）；

《中老避免双重征税协定》（1999年1月）；

《中国、老挝、缅甸和泰国四国澜沧江—湄公河商船通航协定》（2000年4月）；

《中华人民共和国与老挝人民民主共和国关于双边合作的联合声明》（2000年11月）；

《中国国土资源部与老挝工业手工业部合作开发万象钾盐矿的原则协议》（2000年11月）；

《中老经济、贸易和技术合作委员会首次会议纪要》（2000年11月）；

《中国农业部和老挝农林部关于农业合作的谅解备忘录》（2000年11月）；

《中华人民共和国和老挝人民民主共和国引渡条约》（2002年2月）；

《中国人民银行与老挝人民民主共和国银行双边合作协议》（2002年2月）；

《中华人民共和国教育部与老挝人民民主共和国教育部2002—2005年教育合作计划》（2002年2月）；

《老挝广播电视系统改造项目考察换文》（2004年3月）；

《贸促会与老挝国家工商会合作备忘录》（2004年3月）；

《关于加快万象钾盐资源开发的原则协议》（2004年3月）；

《关于拟承担老挝北部矿产地质调查项目考察

工作换文》(2004 年 11 月);

《关于拟承担援老挝北部综合开发总体规划项目换文》(2004 年 11 月);

《关于拟承担援老挝国家电力规划项目换文》(2004 年 11 月);

《中华人民共和国教育部与老挝人民民主共和国教育部 2005—2010 年教育合作计划》(2005 年 10 月);

《中华人民共和国与老挝人民民主共和国联合新闻公报》(2006 年 6 月);

《中老越三国国界交界点条约》(2006 年 10 月);

《中老联合声明》(2006 年 11 月);

《中华人民共和国政府与老挝人民民主共和国政府关于禁止非法贩运和滥用麻醉品和精神药物的合作协议》(2006 年 11 月);

《中华人民共和国卫生部与老挝人民民主共和国卫生部卫生合作谅解备忘录》(2006 年 11 月);

《中国国家质量监督检验检疫总局与老挝农林部关于动植物卫生和食品安全合作谅解备忘录》(2007 年 8 月);

《中国全国政协与老挝建国阵线合作协议》(2008 年 12 月);

《中国和老挝农业合作谅解备忘录》(2010 年 3 月);

《中老两国政府关于发展交通基础设施领域合作的协定》(2010 年 6 月);

《中华人民共和国政府和老挝人民民主共和国政府关于边界管理制度的协定》(2011 年 8 月);

《中华人民共和国政府和老挝人民民主共和国政府关于边境口岸管理制度的协定》(2011 年 8 月);

《中华人民共和国政府向老挝人民民主共和国政府集束弹药受害者提供援助的谅解备忘录》(2011 年 8 月);

《中华人民共和国政府和老挝人民民主共和国政府外交部合作议定书》(2011 年 8 月);

《中老两国政府经济和技术合作规划》(2011 年 9 月);

《中国证券监督管理委员会和老挝证券交易委员会有关证券期货监管合作的谅解备忘录》(2011 年 9 月);

《中华人民共和国国家发展和改革委员会与老挝人民民主共和国新闻文化和旅游部关于在老挝采用中国地面数字电视传输标准合作建设老挝数字广播电视全国网项目的谅解备忘录》(2012 年 3 月);

《中国教育部与老挝教育和体育部 2011—2016 年教育合作计划》(2012 年 7 月);

《中国商务部和老挝工业贸易部关于农产品贸易领域合作的谅解备忘录》(2012 年 7 月);

《中老两国政府关于边界第一次联合检查的议定书》(2012 年 11 月);

《中华人民共和国和老挝人民民主共和国联合声明》(2013 年 9 月);

《中华人民共和国和老挝人民民主共和国联合新闻公报》(2014 年 4 月)。

(来源:中华人民共和国外交部网站.http://www.fmprc.gov.cn/mfa_chn/gjhdq_603914/gj_603916/yz_603918/1206_604354/sbgx_604358/.2015—05—04)

中国与马来西亚双边关系

一、双边政治关系与重要往来

中国与马来西亚于 1974 年 5 月 31 日正式建立外交关系。建交后,两国关系总体发展顺利。进入 20 世纪 90 年代,中马关系开始进入新的发展阶段,双方在政治、经济、文化、教育等各个领域的友好交流与合作全面展开,并取得丰硕成果。2004 年,两国领导人就发展中马战略性合作达成共识。2013 年,两国建立全面战略伙伴关系。

近年来中国访马来西亚的领导人主要有:江泽民主席(1994 年)、李鹏总理(1990 年、1997 年)、朱镕基总理(1999 年)、李瑞环政协主席(1995 年)、胡锦涛副主席(2002 年)、姜春云副委员长(2002 年)、李岚清副总理(2003 年)、吴邦国委员长(2005 年、2012 年 9 月)、贾庆林政协主席(2006 年、2013 年 2 月)、胡锦涛主席(2009 年)、孟建柱国务委员(2011 年 2 月、2012 年 10 月)、华建敏副委员长(2011 年 3 月)、温家宝总理(2011 年 4 月)、陈健商务部副部长(2012 年 3 月和 6 月)、贺国强中央纪委书记(2012 年 6 月)、杨洁篪外交部长(2012 年 8 月)、习近平(2013 年 10 月)等。

近年来马来西亚访华的领导人主要有:阿兹兰最高元首(1990 年、1991 年)、贾阿法最高元首(1997 年)、萨拉赫丁最高元首(2001 年)、西拉杰丁最高元首(2005 年)、巴达维总理(2004 年、

2006年、2008年）、拉姆利下议长（2007年）、米赞最高元首（2008年）、巴达维前总理（2010年12月）、旺·朱乃迪下议长（2010年12月）、纳吉布总理（2011年10月、2012年4月、2014年5月）、希沙慕丁内政部长（2012年8月）、潘迪卡尔国会下议院议长（2014年6月）。

2009年3月，全国人大常委会副委员长兼秘书长李建国访马来西亚。2009年6月，应温家宝总理邀请，马来西亚总理纳吉布正式访华。双方签署中马《战略性合作共同行动计划》等合作文件，并举办一系列建交35周年庆祝活动。2009年11月，胡锦涛主席对马来西亚进行国事访问，双方签署了多份合作文件。2009年12月，中共中央政治局委员、北京市委书记刘淇访马来西亚。

2010年3月28日至4月1日，中共中央政治局委员、全国人大常委会副委员长王兆国访马来西亚。2010年4月3日至6日，马来西亚王弗明上议长访华。2010年4月8日至11日，马来西亚前总理巴达维出席博鳌亚洲论坛年会，并当选论坛新一届理事。2010年9月，马来西亚旅游部长黄燕燕出席上海世博会马来西亚国家馆日活动。2010年12月，马来西亚巴达维前总理出席广州亚残运会开幕式，旺·朱乃迪副下议长出席闭幕式。

2011年10月21日，国务院总理温家宝在广西南宁会见出席第8届中国—东盟博览会和第8届中国—东盟商务与投资峰会开幕式的马来西亚总理纳吉布和东盟秘书长素林。

2012年9月21日，时任中国国家副主席习近平在广西南宁会见出席第9届中国—东盟博览会的马来西亚副总理毛希丁。

2014年5月27日至6月1日，中华人民共和国和马来西亚建立外交关系40周年。中华人民共和国国务院总理李克强于5月29日下午在人民大会堂同马来西亚总理纳吉布举行会谈。双方一致表示将以建交40年为契机，充实两国全面战略伙伴关系内涵。2014年6月24日，中国国家主席习近平在人民大会堂会见马来西亚国会下议院议长潘迪卡尔。

二、双边贸易关系和经济技术合作

两国签有《避免双重征税协定》、《贸易协定》、《投资保护协定》、《海运协定》、《民用航空运输协定》等10余项经贸合作协议。1988年成立经贸联委会，迄今为止已举行8次会议。2002年4月成立中马双边商业理事会。

2011年，中国和马来西亚的双边贸易额历史性地达到900亿美元，马来西亚连续第四年成为中国在东盟的最大贸易伙伴，中国也是马来西亚最大的贸易伙伴。

2012年4月1日，中国国务院总理温家宝在广西钦州与马来西亚总理纳吉布共同出席中马钦州产业园区开园仪式。

两国金融合作成效显著。2000年，中国银行和马来亚银行分别在吉隆坡和上海互设分行。2009年2月，中国人民银行与马来西亚国家银行签署了双边货币互换协议。2010年4月，中国工商银行马来西亚分行在吉隆坡开业。2009年7月，中国银行在马来西亚设立的第3家分行中国银行巴生分行开业。2009年8月，两国批准在各自银行间外汇市场开办人民币兑林吉特即期交易业务。2012年2月，中国人民银行与马来西亚国家银行续签双边货币互换协议。2012年4月，中国人民银行与马来西亚国家银行签署了关于马国家银行在华设立代表处的协议。2013年10月，马来西亚国家银行在北京设立代表处。2014年11月，两国央行就在吉隆坡建立人民币清算安排签署合作谅解备忘录。

2013年中马贸易额1060.8亿美元，同比增长11.9%，其中中方出口459.3亿美元，同比增长25.8%，进口601.4亿美元，同比增长3.1%。马来西亚是中国在东盟国家中最大的贸易伙伴。

2014年中马贸易额1020.2亿美元，同比下降3.8%，其中中方出口463.6亿美元，同比增长0.9%，进口556.6亿美元，同比下降7.5%。中国连续7年成为马来西亚最大贸易伙伴，马来西亚是中国在东盟国家中最大的贸易伙伴。截至2014年11月底，马来西亚实际对华投资67.4亿美元，中国对马来西亚非金融类投资9.6亿美元。中国自马来西亚进口主要商品有集成电路、计算机及其零部件、棕油和塑料制品等；中国向马来西亚出口主要商品有计算机及其零部件、集成电路、服装和纺织品等。

三、其他领域的交往与合作

两国在科技、教育、文化、军事等领域的交流与合作顺利发展。1992年签署《科技合作协定》，成立科技联委会，迄已举行3次会议。双方还签署了《广播电视节目合作和交流协定》（1992年），《促进中马体育交流、提高体育水平的谅解备忘录》（1993年），《教育交流谅解备忘录》（1997年），《文化合作协定》（1999年），《中马航空合作谅解备忘录》（2002 年），《空间合作及和平利用外层空间的协定》（2003 年），《在外交和国际关系教育领域合作谅解备忘录》（2004 年）等合作协议。2005 年，双方签署了《卫生合作谅解备忘录》，并续签了《教育合作谅解备忘录》。2009 年，两国签署《高等教育合作谅解备忘录》。2011 年，两国签署《关于高等教育学位学历互认协议》。新华社、中新社在吉隆坡设立分社，中央电视台在马设立记者站，央视 4 套和 9 套节目在马落地，《人民日报》海外版在马来西亚出版发行。马新社在北京设立分社，《星报》在华设立办事处。江苏省与马六甲州、厦门市与槟城市分别结为友好省市。双方签署了《旅游合作谅解备忘录》。1995 年，两国互设武官处，军事交往增多，两国海军军舰多次互访。2005 年 9 月，两国签署《防务合作谅解备忘录》。2014 年，马来西亚赴中国游客 112.96 万人次，中国公民首站赴马来西亚 98.19 万人次。中国已成为马来西亚海外主要客源国之一。

四、重要双边文件

1974 年 5 月，马来西亚总理拉扎克访华，周恩来总理与其签署《中华人民共和国政府和马来西亚政府关于两国建立外交关系的联合公报》；

1999 年 5 月，马来西亚外长赛义德·哈密德访华，时任中国外交部部长唐家璇与其签署《中华人民共和国政府和马来西亚政府关于未来双边合作框架的联合声明》；

2005 年 12 月，中国国务院总理温家宝总理访问马来西亚，与马来西亚总理巴达维发表《中华人民共和国和马来西亚联合公报》；

2009 年 6 月，马来西亚总理纳吉布访华。杨洁篪外长与马来西亚外长阿尼法签署《中华人民共和国政府与马来西亚政府关于中马战略性合作共同行动计划》；

2012 年 11 月 8 日，中国银行与马来西亚旅游部在吉隆坡签署关于“马来西亚—我的第二家园推广计划”合作谅解备忘录；

2013 年 10 月 5 日，中国和马来西亚在吉隆坡发表《中华人民共和国和马来西亚联合新闻稿》；

2014 年 5 月 5 日，澳大利亚、马来西亚和中国的高级别部长举行会议，共同发表《澳、马、中三方会议联合新闻公报》；

2014 年 5 月 27 日至 6 月 1 日，在中华人民共和国和马来西亚建立外交关系 40 周年之际，应中华人民共和国国务院总理李克强邀请，马来西亚总理达图·斯里·穆罕默德·纳吉布·宾·敦·阿卜杜尔·拉扎克对中国进行正式访问。访问期间，中马双方签订了《中华人民共和国和马来西亚建立外交关系 40 周年联合公报》。

（来源：中华人民共和国外交部网站．http://www. fmprc. gov. cn/mfa _ chn/gjhdq _ 603914/gj _ 603916/yz _ 603918/1206 _ 604426/sbgx _ 604430 /. 2015—06—10）

中国与缅甸双边关系

一、双边政治关系与重要往来

中缅两国是友好邻邦，两国人民之间的传统友谊源远流长。自古以来，两国人民就以“胞波”（兄弟）相称。两国于 1950 年 6 月 8 日正式建交。20 世纪 50 年代，中缅共同倡导了和平共处五项原则。20 世纪 60 年代，两国本着友好协商、互谅互让精神，圆满解决了历史遗留的边界问题，为国与国之间解决边界问题树立了典范。长期以来，中缅两国坚持睦邻友好，在国际和地区事务中保持良好合作，双边关系稳步发展。

中缅领导人有着互访传统。刘少奇主席、周恩来总理、陈毅副总理等老一辈中国领导人都曾访缅甸，缅甸吴奈温主席、吴山友总统和吴貌貌卡总理等也多次访华。周恩来总理九次访缅甸和吴奈温十二次访华被两国人民传为佳话。

2001 年 12 月，时任中国国家主席江泽民对缅甸进行国事访问，这是中国最高领导人首次访缅甸，在中缅关系史上具有里程碑意义。双方确定了农业、人力和自然资源开发、基础设施建设等重点合作领域，并签署了有关双边合作文件。此次访问为中缅传统睦邻友好关系在新世纪不断发展奠定坚实基础。

近年来，中国访缅甸的领导人主要有：李鹏总理（1994 年 12 月）、李瑞环政协主席（1995 年 12 月）、吴邦国副总理（1997 年 10 月、2012 年 9 月）、胡锦涛副主席（2000 年 7 月）、李岚清副总理（2003 年 1 月）、吴仪副总理（2004 年 3 月）、何鲁丽副委员长（2008 年 1 月）、习近平副主席（2009 年 12 月）、温家宝总理（2010 年 6 月）、周铁农副委员长（2010 年 6 月）、何勇中共中央书记处书记（2010 年 9 月）、贾庆林政协主席（2011 年 4 月）、李源潮委员（2011 年 6 月）、戴秉国委员（2011 年

12月)、戚建国人民解放军副总参谋长(2013年1月)、中央军事委员会副主席范长龙(2013年7月)、严隽琪副委员长(2014年5月)、王毅外长(2014年8月)、王家瑞政协副主席(2014年9月)、李克强总理(2014年11月)。

近年来,缅方访华的领导人主要有:苏貌主席(1991年8月)、丹瑞主席(1996年1月、2003年1月、2007年9月)、貌埃副主席(1996年10月、2000年6月、2003年8月)、钦纽总理(2004年7月)、吴梭温总理(2004年10月、2005年10月、2006年2月、2006年10月)、貌埃副大将(2009年6月)、吴丁昂敏乌秘书长(2009年10月、2010年7月)、吴年温外长(2010年6月)、吴登盛总统(2007年6月、2008年8月、2008年10月、2009年4月、2011年5月、2013年4月、2013年9月、2014年6月)、吴瑞曼议长(2008年12月、2010年9月、2012年2月)、吴温纳貌伦外长(2011年10月、2012年6月)、吴钦昂敏议长(2008年9月、2009年8月、2012年9月)、吴年吞副总统(2010年7月、2012年3月、2014年4月)、敏昂莱国防军总司令(2013年10月)、瑞曼联邦议会议长(2014年4月)等。

2011年5月,缅甸总统吴登盛对中国进行国事访问,两国发表联合声明,宣布建立全面战略合作伙伴关系。

2012年6月13日,中国国务院副总理李克强在中南海紫光阁会见缅甸外长吴温纳貌伦。李克强表示,中缅互为重要邻国,有着深厚的传统友谊,值得倍加珍惜。

2013年4月5日至7日,缅甸总统吴登盛赴海南三亚出席博鳌亚洲论坛并对华进行国事访问。中华人民共和国国家主席习近平与登盛举行会谈,就发展中缅全面战略合作伙伴关系深入交换意见,双方并发表联合声明。2013年9月2日,中国国务院总理李克强在广西南宁会见前来出席第10届中国—东盟博览会暨中国—东盟商务与投资峰会的缅甸总统吴登盛。

2014年6月28日,中国国务院总理李克强在人民大会堂分别会见缅甸总统吴登盛和印度副总统安萨里,欢迎他们访华并出席和平共处五项原则发表60周年纪念活动。

二、双边经贸关系和经济技术合作

双边经贸协定:1971年中缅签署贸易协定,双方相互给予最惠国待遇。1994年,中缅两国政府签署《关于边境贸易的谅解备忘录》。1997年中缅两国政府签署《关于成立经济贸易和技术合作联合工作委员会的协定》。2001年中缅两国政府签署《关于鼓励促进和保护投资协定》。

中缅经贸合作取得长足发展,合作领域从原来单纯的贸易和经援扩展到工程承包、投资和多边合作。双边贸易额逐年递增。

2013年2月23日,缅甸银联MPU与中国银联CUP业务合作启动,中国银联卡的用户可以直接通过缅甸银联的ATM机提取缅币,或者在缅甸银联的POS机上实现刷卡消费。

2013～2014财年,缅甸与亚洲国家的贸易额达230亿美元,占其总外贸额的95.22%,缅甸与中国贸易额排名首位,其中缅甸向中国出口总额为29.09亿美元,从中国进口总额为40多亿美元。

从1988年到2013年9月30日,中国企业对缅甸的投资总额达到141.9亿美元,占同期缅甸政府接受外国直接投资总额的32%。另一方面,缅甸接受的实际投资总额达到336.7亿美元,其中,有近42%来自中国企业,总额达到141.2亿美元。中国企业在缅甸主要投资在水电大坝、矿业项目和目前正在进行的中缅油气管道项目上。

目前中国香港在缅甸投资项目68个,投资额64.7亿美元,其中,63.7亿美元的投资都已兑现。2014年5月,中国香港特别行政区贸发局官员透露,香港已接近与缅甸方面签署双边投资促进与保护协定(IPPA)。

2014年中国对缅甸出口93.70亿美元,同比增长27.66%;从缅甸进口156.03亿美元,同比激增455.18%。中国对缅甸主要出口机电产品、成套设备、摩托车配件和化工产品等,从缅甸主要进口珍珠宝石、原木、农产品和矿产品等。据缅甸中央统计局统计,2013/2014财年,中国保持缅甸第1大贸易伙伴。

三、其他领域的交流与合作

中缅两国山水相连,文化交流源远流长。据史料记载,中缅两国的友好交往始于汉代。盛唐时期,缅甸骠国王子率领乐工曾访问中国古都长安。著名记者白居易为之感动,写下了千古绝唱“骠国乐”。中华人民共和国成立后,中缅两国的友好关系不断发展,文化交流日益频繁。1960年中国国庆期间,吴努总理率领由文化、艺术、电影代表团组成的400多人友好代表团访华,并在北京举办了“缅甸文化周”。1961年1月缅甸独立节期间,周恩来总理率领由文化、艺术、电影代表团组成的530多人代表团回访缅甸，并在仰光举办了“中国电影周”。两国领导人率如此庞大的友好代表团互访，充分体现了中缅两国之间的“胞波”情谊，成为两国文化交流史上的佳话。建交60多年来，两国文化交流稳定发展，部长级文化代表团互访不断。1996年1月两国在北京签署了《中华人民共和国文化部和缅甸联邦文化部文化合作议定书》。两国在文学、艺术、电影、新闻、教育、宗教、考古、图书等领域内进行了广泛的合作与交流。中国国宝级文物佛牙舍利曾于1955年、1994年和1996年三次应邀来缅巡礼，受到缅政府和社会各界的热烈欢迎。2011年缅甸总统登盛访华时提出再次迎请佛牙舍利来缅贡奉的请求，2011年11月6日至12月24日中国佛牙舍利第四次巡礼，赴缅甸内比都、仰光、曼德勒等地接受贡奉。2013年，中方援助缅主办东南亚运动会，为开闭幕式提供技术支持，取得圆满成功。2014年，缅方捐建的缅式佛塔在洛阳白马寺落成。

2010年11月，时任缅奥委会主席、体育部长杜拉埃敏率118人缅甸体育代表团，参加了在广州市举办的第16届亚运会。2011年12月，国家体育总局刘鹏局长率团访缅，并与缅甸政府饭店与旅游部长兼体育部长丁山续签了《中华人民共和国国家体育总局与缅甸联邦共和国体育部体育合作协议》。

近年来，两军关系发展势头良好，高层互访不断。2013年1月，中国人民解放军副总参谋长戚建国中将访缅，与梭温副总司令在内比都举行了两军首次战略安全磋商。7月，中央军委副主席范长龙访缅。10月，缅国防军总司令敏昂莱大将访华。

2014年5月，国务委员兼国防部长常万全上将访问缅甸并出席10+1防长会。同月，缅空军司令钦昂敏访华。11月，缅国防军参谋长拉泰温来华出席香山论坛并访华。

四、重要双边文件

《中华人民共和国政府和缅甸联邦政府建交公报》(2000年11月)；

《中华人民共和国和缅甸联邦关于未来双边关系合作框架文件的联合声明》(2003年7月)；

《中国与缅甸关于建立全面战略合作伙伴关系的联合声明》(2011年5月)；

2012年2月14日，中国长江三峡集团及中国水电顾问集团昆明勘测设计研究院与缅甸电力二部合作签署缅甸国家电力系统规划项目谅解备忘录；

2013年4月，中华人民共和国国家主席习近平与缅甸总统吴登盛共同发表了《中华人民共和国和缅甸联邦共和国联合新闻公报》；

2014年11月14日，中华人民共和国和缅甸联邦共和国在内比都发表《中华人民共和国与缅甸联邦共和国关于深化两国全面战略合作的联合声明》。

（来源：中华人民共和国外交部网站．http://www.fmprc.gov.cn/mfa _ chn/gjhdq _ 603914/gj _ 603916/yz _ 603918/1206 _ 604498/sbgx _ 604502 /. 2015—06—04）

中国与菲律宾双边关系

一、双边政治关系与重要往来

中国同菲律宾于1975年6月9日建交。建交以来，中菲关系总体发展顺利，各领域合作成效显著。

建交以来，中国访菲律宾领导人主要有：李鹏总理（1990年12月）、乔石委员长（1993年8月）、江泽民主席（1996年11月）、朱镕基总理（1999年11月）、李鹏委员长（2002年9月）、吴邦国委员长（2003年8月）、胡锦涛主席（2005年4月）、温家宝总理（2007年1月）、贾庆林政协主席（2009年11月）、严隽琪特使（2010年6月）、蒋树声副委员长（2011年5月）、梁光烈国防部长（2011年5月）、傅莹外交部副部长（2012年10月）等。

建交以来，菲方访华领导人主要有：马科斯总统（1975年6月）、阿基诺总统（1988年4月、2011年8月、2014年11月）、拉莫斯总统（1993年4月）、埃斯特拉达总统（2000年5月）、阿罗约总统（2001年11月、2004年9月、2007年6月、2010年6月）、德贝内西亚众议长（2008年1月）、卡敦戈格空军司令（2008年7月）、诺格拉雷斯众议长（2008年10月）、比奈副总统（2010年12月）、贝尔蒙特众议长（2011年6月）、德尔罗萨里奥外长（2011年7月、2012年8月、2013年8月）、旅游部长吉米内兹（2012年11月）、加西亚副外长（2013年4月）等。

1996年，时任中国国家主席江泽民对菲律宾进行国事访问期间，两国领导人同意建立中菲面向21世纪的睦邻互信合作关系，并就在南海问题上“搁置争议，共同开发”达成重要共识和谅解。2000年，双方签署了《中华人民共和国政府和菲律宾共和国政府关于二十一世纪双边合作框架的联合声明》，确定在睦邻合作、互信互利的基础上建立长期稳定的关系。

2005年，中国国家主席胡锦涛在对菲律宾进行国事访问期间，两国领导人确认建立致力于和平与发展的战略性合作关系。

2007年1月，时任中国国务院总理温家宝对菲律宾进行正式访问，双方发表了联合声明，愿共同全面深化中菲致力于和平与发展的战略性合作关系。2007年4月，阿罗约总统来华出席博鳌亚洲论坛2007年年会。2007年6月，阿罗约对成都和重庆考察访问。2007年10月，阿罗约来华出席上海特奥会并顺访山东烟台。

2008年1月，菲律宾众议长德贝内西亚来华访问。2008年8月，阿罗约总统来华出席北京奥运会开幕式并顺访成都。2008年10月，阿罗约总统来华出席亚欧首脑会议并顺访武汉和杭州。2008年10月，菲律宾众议长诺格拉雷斯到广西南宁出席第5届中国—东盟博览会并顺访昆明和厦门。2008年10月，菲律宾副总统德卡斯特罗到成都出席第9届中国西部国际博览会。2008年11月，菲律宾副总统德卡斯特罗到南京出席第4届世界城市论坛并访问安徽和上海。2008年12月，阿罗约总统到中国香港出席"克林顿全球倡议论坛"亚洲会议。

2009年10月，中国外交部部长杨洁篪对菲律宾进行正式访问，双方共同签署《中菲战略性合作共同行动计划》和《中菲领事条约》。2009年11月，中国全国政协主席贾庆林对菲律宾进行正式友好访问，双方共同签署《中华人民共和国政府和菲律宾共和国政府关于相互承认高等教育学历和学位的协议》、《中国政府向菲律宾政府提供1000万元人民币无偿援助换文》和《中国政府向菲律宾政府提供20万美元现汇的紧急人道主义救灾援助交接证书》。

2010年4月，菲律宾副总统德卡斯特罗来华出席上海世界博览会开幕式，2010年5月赴宁波出席上海世博会"信息化与城市发展"主题论坛。2010年6月9日，时任菲律宾总统阿罗约来华出席上海世界博览会菲律宾国家馆日活动。

菲律宾总统阿基诺三世于2011年访华期间，两国领导人同意将2012～2013年定为"中菲友好交流年"。

2012年3月20日，"中菲友好交流年"菲方启动仪式在菲律宾外交部隆重举行。

2013年6月14日，中国和菲律宾第19次外交磋商在北京举行。双方就中菲关系和共同关心的问题坦诚、深入交换意见，一致认为中菲关系健康稳定发展符合两国和两国人民的根本长远利益。2013年8月，菲律宾外交部长德尔罗萨里奥来华参加中国—东盟特别外长会。

2014年11月，菲律宾总统阿基诺应邀来华出席亚太经合组织（APEC）第二十二次领导人非正式会议，期间中国主席习近平同其简短会面。

中菲两国外交部自1991年起建立磋商机制，迄今已举行19次外交磋商。中菲除互设大使馆外，中国在宿务设有总领馆，在拉瓦格开设领事馆。菲律宾在厦门、广州、上海、重庆、香港和澳门分别设有总领馆。

二、双边经贸关系和经济技术合作

1999年两国农业部签署《关于加强农业及有关领域合作协定》。2000年双方有关部门签署中方向菲方提供1亿美元信贷协议书。由中方援建的"中菲农业技术中心"于2003年3月在菲律宾竣工。中国优良杂交稻种和玉米在菲律宾试种成功，目前正逐步推广。2004年两国签署《渔业合作谅解备忘录》。2007年1月，两国农业部签署《关于扩大深化农渔业合作的协议备忘录》。据中华人民共和国海关总署统计，2011年，中菲关系总体向好，两国合作交流取得新进展。双方贸易额超过300亿美元，人员往来超过100万人次。2011年双边贸易额较2010年增长22%，达到322.54亿美元，超越2007年创下的最高纪录。

据中华人民共和国海关统计，中菲间双边贸易仍保持较快增长势头。2012年中菲双边贸易额达到364亿美元，创下历史最高纪录，较2011年同比增长12.8%。截至2013年12月底，菲律宾累计对中国实际投资额为30.8亿美元，中国累计对菲律宾直接投资额为3.8亿美元。2014年，中菲双边贸易额444.43亿美元，同比增长16.7%，其中中国出口234.59亿美元，增长18.27%，进口209.83亿美元，增长15.10%。

三、其他领域的交往与合作

中菲在文化、科技、司法、旅游等领域的交流与合作不断深化。两国迄今为止共签署了11个双年度文化合作执行计划，举行了13次科技合作联委会会议，共确定了244个科研合作项目。中国新华社在马尼拉设有分社。中国中央电视台第四套节目在菲律宾落地。中菲两国签有：《科技合作协定》（1978年）、《文化合作协定》（1979年）、《民用航空运输协定》（1979年）、《体育合作备忘录》（2001

年)、《信息产业合作备忘录》(2001年)、《打击跨国犯罪合作备忘录》(2001年)、《引渡条约》(2001年)、《打击贩毒合作协议》(2001年)、《旅游合作备忘录》(2002年)、《海事合作谅解备忘录》(2005年)、《青年事务合作协议》(2005年)、《卫生和植物卫生合作谅解备忘录》(2007年)、《教育合作谅解备忘录》(2007年)、《文化遗产保护协议》(2007年)、《卫生合作协议》(2008年)、《中国国务院新闻办公室和菲总统府新闻传播办公室友好交流与合作两句诶备忘录》(2011年)、《体育合作备忘录》(2011年)、《旅游合作谅解备忘录》(2011年)等一系列合作文件。2004年，双方建立年度防务安全磋商机制。

中菲结有27对友好省市，分别为杭州市和碧瑶市、广州市和马尼拉市、上海市和大马尼拉市、厦门市和宿务市、沈阳市和奎松市、抚顺市和利巴市、海南省和宿务省、三亚市和拉普拉市、石狮市和那牙市、山东省和北伊洛戈省、淄博市和万那威市、安徽省和新怡诗夏省、湖北省和莱特省、柳州市和穆汀鲁帕市、贺州市和圣费尔南多市、哈尔滨市和卡加延—德奥罗市、来宾市和拉瓦格市、北京市和马尼拉市、江西省和保和省、广西壮族自治区和达沃市、兰州市和阿尔贝省、北海市和普林塞萨港市、福建省和内湖省、无锡市和普林塞萨港市、广西壮族自治区和宿务省、河南省和达拉省、黄冈市和依木斯市。

近几年中菲军事交往增多。2002年4月，菲律宾国防部长雷耶斯访华。2002年6月，菲律宾海军舰队首次访华。2002年9月，时任中华人民共和国中央军事委员会副主席、国务委员兼国防部长迟浩田访菲律宾。2004年，菲律宾武装部队总参谋长阿巴亚和国防部长克鲁兹先后访华，双方建立年度防务安全磋商机制。2005年5月，中国人民解放军副总参谋长熊光楷上将赴菲律宾，与菲律宾国防部副部长桑托斯举行中菲首次防务与安全磋商。2006年5月，菲律宾武装部队总参谋长森加上将访华。2006年10月，菲律宾国防部副部长桑托斯访华，双方举行第二次中菲防务安全磋商。2006年10月，中国海军北海舰队访菲律宾，与菲律宾海军举行非传统安全联合演习。2007年5月，中国人民解放军副总参谋长章沁生访菲律宾，双方举行第三次中菲防务安全磋商。2007年9月，中华人民共和国中央军事委员会副主席、国务委员兼国防部长曹刚川访菲律宾。2009年12月，菲律宾军总参谋长维克托·伊布拉多访华。

据中国国家汉语国际推广领导小组办公室统计，目前，菲律宾是中国派出汉语教师最多的国家之一，名列第二。汉语教学不仅遍及菲律宾全国各地华校，而且已进入部分主流学校。中国在菲律宾共有三所孔子学院，分别为：中山大学和雅典耀大学合办的雅典耀大学孔子学院、西北大学和布拉卡国立大学合办的布拉卡国立大学孔子学院、福建师范大学和红溪礼士大学合办的红溪礼士大学孔子学院。

四、重要双边文件

1975年6月，周恩来总理和菲律宾总统马科斯在北京签署《中华人民共和国政府和菲律宾共和国政府建交联合公报》；

2000年5月，菲律宾总统埃斯特拉达对中国进行国事访问，与江泽民主席在北京共同签署《中华人民共和国政府和菲律宾共和国政府关于21世纪双边合作框架的联合声明》；

2004年9月，菲律宾总统阿罗约对中国进行国事访问，双方发表《中华人民共和国与菲律宾共和国联合新闻公报》；

2005年4月，中国国家主席胡锦涛对菲律宾进行国事访问，双方发表《中华人民共和国与菲律宾共和国联合声明》；

2007年1月，中国国务院总理温家宝对菲律宾进行正式访问，双方发表《中华人民共和国与菲律宾共和国联合声明》；

2010年2月26日，中国批准了《中华人民共和国和菲律宾共和国领事协定》；

2011年8月30日至9月3日，菲律宾总统阿基诺三世对中国进行国事访问，这是阿基诺首次对中国进行国事访问，双方签署了《中华人民共和国与菲律宾共和国联合声明》。

(来源：中华人民共和国外交部网站.http://www.fmprc.gov.cn/mfa_chn/gjhdq_603914/gj_603916/yz_603918/1206_604162/sbgx_604166/.2015—03—04)

中国与新加坡双边关系

一、双边政治关系与重要往来

两国于1990年10月3日建立外交关系。建交以来，两国高层交往频繁。两国外交部自1995年起建立磋商机制，迄今已举行7轮磋商。两国除互设使馆外，新加坡在上海、厦门、广州、成都和香港设有总领事馆。

近年来，中国访新加坡的领导人主要有：杨尚昆主席（1993年）、江泽民主席（1994年）、李瑞环政协主席（1995年）、李鹏总理（1997年）、朱镕基总理（1999年）、胡锦涛主席（2002年、2009年）、李岚清副总理（2002年）、吴邦国委员长（2005年）、温家宝总理（2007年）、习近平副主席（2010年11月）、孟建柱公安部长（2011年2月）、梁光烈国防部长（2011年5月、2011年6月）、王岐山副总理（2011年7月）、蔡武文化部部长（2012年5月）、杨洁篪外交部长（2012年5月）、艾平中联部副部长（2012年8月）、王毅外交部长（2013年5月）、张高丽副总理（2013年10月）等。

近年来，新加坡访华的领导人主要有：黄金辉总统（1991年）、李光耀总理（1990年）、吴作栋总理（1993年、1994年、1995年、1997年、2000年、2003年）、王鼎昌总统（1995年）、纳丹总统（2001年、2010年8月）、李显龙总理（2008年、2010年9月、2012年9月、2013年8月）、黄根成副总理（2010年6月、2010年7月、2011年4月）、吴作栋国务资政（2007年、2010年6月、2011年4月、2011年9月、2013年4月、2013年9月）、尚穆根外长（2012年2月）、张志贤副总理（2012年5月、2013年9月）、尚达曼副总理（2013年5月）等。

2008年8月，李光耀内阁资政来华出席北京奥运会开幕式，纳丹总统来华观看北京奥运会比赛。2008年9月，中国王岐山副总理与新加坡黄根成副总理在天津共同主持召开中新双边合作联委会第五次会议、苏州工业园区联合协调理事会第十次会议和天津生态城联合协调理事会第一次会议。新加坡国务资政吴作栋到天津出席第二届“夏季达沃斯”年会。2008年10月，新加坡总理李显龙来华出席第七届亚欧首脑会议并正式访华，李光耀内阁资政随美国摩根大通国际理事会高级代表团访华。2009年1月全国人大常委会副委员长周铁农访新加坡。

2010年4月，吴作栋国务资政来华出席博鳌亚洲论坛，中共中央政治局委员李源潮访问新加坡，张志贤副总理兼国防部长访华。2010年5月，李光耀内阁资政访华。2010年7月，黄根成副总理来华与王岐山副总理共同主持了中新双边合作联委会等三个会议。8月，纳丹总统访华并参观上海世界博览会。9月，李显龙总理访问重庆、湖南、湖北、江苏、上海，并出席上海世界博览会有关活动。11月，习近平副主席对新加坡进行正式访问。

2012年5月29日，新加坡总统陈庆炎会见了到访的中国外交部长杨洁篪。陈庆炎表示，新中关系发展势头令人鼓舞，双方高层互访不断，人员往来频繁，合作项目进展顺利，领域不断扩大。在当前国际经济和金融形势下，新中加强合作交流尤为重要。相信在双方共同努力下，新中关系一定能够进一步发展，这符合两国和两国人民的共同利益，也有利于本地区的发展和进步。

2012年9月8日，中国外交部副部长傅莹与新加坡外交部常任秘书金喜在新加坡共同主持中新第六次外交磋商，双方就中新关系、中国与东盟关系、东亚合作等问题坦诚深入交换意见。

2013年4月，新国务资政吴作栋出席博鳌亚洲论坛年会并访问广东。5月，外交部长王毅访问新加坡。同月，新加坡副总理兼财政部长尚达曼访华。8月，新加坡总理李显龙正式访华。9月，新加坡副总理兼国家安全统筹部长及内政部长张志贤访华出席第10届中国—东盟博览会并访问广东。同月，新加坡荣誉国务资政吴作栋访华，出席天津生态城5周年庆祝活动。10月，张高丽副总理访问新加坡并主持双边合作机制会议。11月，中共中央政治局委员、天津市委书记孙春兰访问新加坡。同月，中共中央政治局委员、中央书记处书记、中组部部长赵乐际赴新出席“中新领导力论坛”。

2014年4月，新加坡荣誉国务资政吴作栋来华出席博鳌亚洲论坛年会并访问山东。同月，中共中央政治局委员、广东省委书记胡春华访新。6月，新外交部长兼律政部长尚穆根访华。7月，新加坡副总理兼国家安全统筹部长及内政部长张志贤来华举行第二届中新治理高层论坛。8月，新加坡总统陈庆炎来华出席南京青奥会开幕式，习近平主席会见。同月，杨洁篪国务委员访新。9月，新加坡总理李显龙来华出席中国—东盟博览会并访问广东、广西和中国香港。10月，新加坡副总理兼国家安全统筹部长及内政部长张志贤访华并与张高丽副总理共同主持中新双边合作机制年度会议。11月，新加坡总理李显龙来华出席亚太经合组织第二十二次领导人非正式会议。2015年2月，习近平主席特使、中共中央政治局委员、中央政法委书记孟建柱访问新加坡。

二、双边经贸关系和经济技术合作

1999年10月，中新签署《经济合作和促进贸易与投资的谅解备忘录》，建立了两国经贸磋商机制。双方还签署了《促进和保护投资协定》、《避免双重征税和防止漏税协定》、《海运协定》、《邮电和电信合作协议》、《成立中新双方投资促进委员会协议》等多项经济合作协议。2008年10月两国签署中新自由贸易协定，于2009年1月1日正式生效。2011年2月18日，中新两国签署外交、公务和公务普通护照持有者互免签证协定，协定自2011年4月17日起生效。

中新经贸合作发展迅速。2011年，中新双边贸易额达到634.8亿美元，同比增长11.2%；2001～2010年十年间，双边服务贸易额增长近9倍，2011年达到171.2亿美元。

2012年5月18日，新加坡国际港务集团与天津港股份有限公司签署了战略合作框架协议，为开展更多领域、更深层次合作奠定基础。

中国和新加坡双边贸易在2012年全球经济充满挑战的背景下仍增长8.7%，达到692.76亿美元。新加坡是中国在东盟的第3大贸易伙伴。2012年新加坡在华投资至63亿美元（约78亿新加坡元），同比上升3.4%。

2013年3月7日，新加坡金融管理局与中国人民银行续签了双边本币互换协议，互换规模由原来的300亿新加坡元（1500亿人民币）扩大至600亿新加坡元（3000亿人民币）。

据中国海关统计，2013年，中国成为新加坡最大贸易伙伴，双边贸易额为759.14亿美元，增长9.6%。其中，中国对新加坡出口458.64亿美元，增长12.6%；进口300.5亿美元，增长5.4%。

据中国海关统计，2014年中国与新加坡双边贸易额为797.4亿美元，增长5%。其中，中国对新加坡出口489.1亿美元，同比增长6.7；中国自新加坡进口308.3亿美元，同比增长2.4%。

三、其他领域的交往与合作

近年来，中新金融合作发展迅速，成为两国互利合作新亮点。2012年6月，中国人民银行批准新加坡金管局在华设立代表处。2013年5月，新加坡金管局北京代表处正式揭牌。2012年7月，两国签署中新自贸协定框架下有关银行业事项的换文。10月，新方授予中国银行和中国工商银行新加坡分行特许全面拍照。2013年2月，中国人民银行授权中国工商银行新加坡分行担任新加坡人民币业务清算行。4月，中国工商银行新加坡分行在新人民币清算业务正式启动。2013年3月，中国人民银行同新加坡金融管理局续签中新双边本币互换协议，互换规模扩大至3000亿元人民币/600亿新加坡元，有效期3年。10月，中国人民银行确定新加坡市场人民币合格境外机构投资者（RQFII）投资额度为500亿元人民币。2014年10月，两国外汇市场正式推出人民币和新加坡元直接交易。

两国在人才培训领域的合作十分活跃，主要项目有中国赴新加坡经济管理高级研究班、中央党校中青年干部培训班赴新考察、两国外交部互惠培训项目等。2001年，双方签署《中华人民共和国外交部关于中新两国中、高级官员交流培训项目的框架协议》，并分别于2005年、2009年和2014年三次续签。2004年5月，双方决定成立“中国—新加坡基金”，支持两国年轻官员的培训与交流。2007年7月，双方签署《关于借鉴运用新加坡园区管理经验开展中西部开发区人才培训合作的谅解备忘录》。2009年以来，双方已联合举办四届“中新领导力论坛”。

2012年9月，首届中新社会管理高层论坛在新加坡举行，双方签署关于加强社会管理合作的换文。2014年7月，第二届中新社会治理高层论坛在华举行。

1992年，两国科技部门签署《科技合作协定》，次年建立中新科技合作联委会。1995年成立“中国—新加坡技术公司”，1998年设立“中新联合研究计划”，合作项目共计28个。2003年10月，中国科技部火炬中心驻新代表处正式挂牌成立。

1999年，两国教育部签署《教育交流与合作备忘录》及中国学生赴新学习、两国优秀大学生交流和建立中新基金等协议，中国15所高等院校在新开办了20个教育合作项目。2013年，我在新留学人员13985人，新在华留学生5290人。

1996年，两国文化部签署《文化合作谅解备忘录》。2006年，两国政府签署《文化合作协定》。项目每年逾200起。双方在文化艺术、图书馆、文物等领域的交流与合作不断深入。

两国在旅游、质检和环保等领域也进行了密切的交流与合作。2013年，双边人员往来238.4万人次。2007年，两国有关部门分别签署《出入境卫生检疫合作谅解备忘录》和《关于在城镇环境治理和水资源综合利用领域开展交流与合作的谅解备忘录》。2013年10月，双方签署《关于农产品质量安全和粮食安全合作的谅解备忘录》。

四、重要双边文件

1990年10月3日，时任中国外交部部长钱其琛和新加坡外交部长黄根成在纽约签署了《中华人民共和国政府和新加坡共和国政府关于建立外交关系的联合公报》；

2000年4月，新加坡总理吴作栋在访华期间，两国政府在北京发表了面向21世纪的《中华人民共和国政府和新加坡共和国政府关于双边合作的联合声明》；

2008年10月23日，在中国国务院总理温家宝和新加坡总理李显龙的共同见证下，中国商务部部长陈德铭与新加坡贸工部长林勋强代表各自政府在北京人民大会堂签署了《中华人民共和国政府和新加坡共和国政府自由贸易协定》。同时，双方还签署了《中华人民共和国政府和新加坡共和国政府关于双边劳务合作的谅解备忘录》；

2011年2月18日，中新两国签署外交、公务和公务普通护照持有者互免签证协定；

2012年7月6日，在中新双边合作联委会第九次会议上两国签署了《中华人民共和国政府和新加坡共和国政府自由贸易协定》框架下的金融合作协议；

2013年10月，双方签署了《关于农产品质量安全和粮食安全合作的谅解备忘录》。

（来源：中华人民共和国外交部网站. http://www.fmprc.gov.cn/mfa_chn/gjhdq_603914/gj_603916/yz_603918/1206_604786/sbgx_604790/. 2015—05—03）

中国与泰国双边关系

一、双边政治关系与重要往来

1975年7月1日，中国与泰国建立外交关系。两国关系保持健康稳定发展。2001年8月，两国政府发表《联合公报》，就推进中泰战略性合作达成共识。2012年4月，两国建立全面战略合作伙伴关系。2013年10月，两国政府发表《中泰关系发展远景规划》。

两国互设大使馆，中国在泰清迈、宋卡、孔敬设有总领馆，泰在广州、昆明、上海、香港、成都、厦门、西安、南宁、青岛设有总领馆。

近年来，中国访泰国的领导人主要有：江泽民主席（1999年）、李鹏委员长（1999年、2002年）、胡锦涛副主席（2000年）、朱镕基总理（2001年）、胡锦涛主席（2003年）、杨洁篪外长（2009年）、温家宝总理（2009年、2012年11月）、梁光烈国防部长（2009年）、严隽琪副委员长（2010年3月）、吴邦国委员长（2010年11月）、陈至立副委员长（2011年1月）、习近平副主席（2011年12月）、贾庆林政协主席（2012年4月）、孟建柱国务委员（2012年7月）、王毅外交部长（2013年5月）、李克强总理（2013年10月、2014年12月）等。

近年来，泰方访华的领导人主要有：诗丽吉王后（2000年）、哇集拉隆功王储（1998年）、沙玛总理（2008年6月、2008年8月）、巴索素上议长（2008年6月）、沙南副总理（2008年8月、2010年6月、2010年12月）、颂猜总理（2008年10月）、朱拉蓬公主（2008年10月、2009年2月）、格实外长（2009年6月、2010年7月）、阿披实总理（2009年6月、2010年9月、2011年11月）、猜·奇触国会主席（2010年1月）、吴拉吞财税部长（2010年5月）、素帖副总理（2010年7月）、诗琳通公主（2008年4月、2008年8月、2009年4月、2009年7月、2010年4月、2010年7月、2012年4月、2013年4月）、泰坤蓬·素旺那达国防部长（2012年4月）、英拉总理（2012年4月）、素拉蓬外交部长（2012年7月）、颂萨·革素拉暖国会主席兼下议院议长（2012年9月、2013年4月）、尼空·瓦拉帕尼上议院议长（2013年1月）、巴育总理（2014年12月）等。

两国除互设大使馆外，中国在泰国清迈、宋卡设有总领馆，泰国在广州、昆明、上海、香港、成都、厦门设有总领馆，在西安、南宁设有领事办公室。

2014年9月16日，中国国务院副总理张高丽在广西南宁会见前来出席第11届中国—东盟博览会的泰国副总理塔纳萨。

二、双边经贸关系

1985年两国成立部长级经贸联委会。2003年6月升格为副总理级。2004年7月，吴仪副总理与差瓦利副总理在北京共同主持联委会首次会议。2005年9月，吴仪副总理与颂奇副总理在泰国清迈共同主持联委会第二次会议。

双方还签订了《促进和保护投资协定》（1985年）、《避免双重征税和防止偷漏税协定》（1986年）、《贸易经济和技术合作谅解备忘录》（1997年）、《双边货币互换协议》（2011）等。2003年10月，两国在中国—东盟自由贸易区框架下实施蔬菜、水果零关税。2004年6月，泰国承认中国完全市场经济地位。2009年6月，两国签署《扩大和深化双边经贸合作的协议》。2012年4月，两国签署《经贸合作五年发展规划》。

2013年中泰双边贸易额712.6亿美元，同比增长2.2%，其中中国出口327.4亿美元，同比增长4.9%，进口385.2亿美元，同比下降0.1%。2013年，泰国对中国直接投资新增4.8亿美元，同比增长521.5%。中国对泰国非金融类直接投资新增3.9亿美元，同比下降10.5%。中国企业在泰国新签对外承包工程、劳务合作和设计咨询合同额22.8亿美元，同比增长187.9%，完成营业额13.2亿美元，同比增长22.3%。

2014年中泰双边贸易额726.7亿美元，同比增长2%，其中中国出口343亿美元，同比增长4.8%，进口383.7亿美元，同比下降0.4%。2014年，泰国对中国直接投资新增0.61亿美元，同比下降87.5%。中国对泰国非金融类直接投资新增3.7亿美元，同比下降5.6%。中国企业在泰国新签对外承包工程、劳务合作和设计咨询合同额17.8亿美元，同比下降21.9%，完成营业额18.4亿美元，同比增长39.4%。

三、其他领域的交流与合作

两国在科技、文化、卫生、教育、体育、司法、军事等领域的交流与合作稳步发展。双方签署了《科技合作协定》（1978年，成立了科技合作联委会）、《海运协定及两个补充议定书》（1979年）、《民用航空运输协定和对方全权证书》（1980年）、《旅游合作协定》（1993年）、《引渡条约》（1993年）、《民商事司法协助和仲裁合作协定》（1994年）、《文化合作谅解备忘录》（1996年）、《卫生医学科学和药品领域合作谅解备忘录》（1997年）、《关于高等教育合作谅解备忘录》（1999年）、《关于加强禁毒合作的谅解备忘录》（2000年）、《文化合作协定》（2001年）、《刑事司法协助条约》（2003年）、《环境保护合作谅解备忘录》（2005年）、《中华人民共和国教育部与泰王国教育部关于相互承认高等教育学历和学位的协定》（2007年）、《中华人民共和国教育部与泰王国教育部教育合作协议》（2009年）、《中华人民共和国国家质量监督检验检疫总局和泰王国农业与合作部关于泰国水果过境第三国输往中国检验检疫要求议定书》（2009年）等。

两国军方长期保持友好交往，领导人经常互访，军事院校定期互换学员培训。2001年，两国国防部建立年度防务安全磋商机制。

2003年10月，中方向泰方提供一对大熊猫，与泰方进行为期10年的学术研究和交流。2009年5月，大熊猫生下一只幼仔。

双方成立了泰中友好协会（1976年）、中泰友好协会（1987年）。两国还缔结了23组友好城市和省府：北京市—曼谷市；烟台市—普吉府；昆明市—清迈市；上海市—清迈府；云南省—清莱府；河南省—春武里府；南宁市—孔敬市；葫芦岛市—碧武里市；广西壮族自治区—素叻他尼府；梧州市—尖竹汶府；陕西省—素可泰府；海南省—普吉府；柳州市—罗勇府；北海市—合艾市；潮州市—曼谷市；揭阳市—南邦市；钦州市—龙仔厝府；青岛市—清迈府；哈尔滨市—清迈市；重庆市—清迈府；玉林市—北榄坡府；德宏傣族景颇族自治州—达府；广州市—曼谷市。

四、重要双边文件

《中泰建交联合公报》（1975年7月）；

《中华人民共和国和泰王国关于二十一世纪合作计划的联合声明》（1999年2月）；

《中国与泰国联合公报》（2001年8月）；

《中泰战略性合作共同行动计划》（2007年5月）；

《扩大和深化双边经贸合作的协议》（2009年6月）；

《中华人民共和国和泰王国关于建立全面战略合作伙伴关系的联合声明》（2012年4月）；

《中泰关系发展远景规划》（2013年10月）；

《中华人民共和国政府和泰王国政府联合新闻公报》（2014年12月）。

（来源：中华人民共和国外交部网站．http://www.fmprc.gov.cn/mfa_chn/gjhdq_603914/gj_603916/yz_603918/1206_604642/sbgx_604646/．2015—06—05）

中国与越南双边关系

一、双边政治关系与重要往来

中国和越南于1950年1月18日建交。中越两国和两国人民之间的传统友谊源远流长。在长期的革命斗争中，中国政府和人民全力支持越南抗法、抗美斗争，越南视中国为坚强后盾。两国在政治、军事、经济等领域进行了广泛的合作。20世纪70年代后期，中越关系恶化。1991年11月，应时任中共中央总书记江泽民和中国国务院总理李鹏的邀请，越共中央总书记杜梅、部长会议主席武文杰率团访华，双方宣布结束过去，开辟未来，两党两国关系实现正常化。

此后，两党两国关系全面恢复并深入发展。两国领导人保持频繁互访和接触，双方在各领域的友好交往与互利合作不断加强。1999年初，两党总书记确定了新世纪两国“长期稳定、面向未来、睦邻友好、全面合作”关系框架。2000年，两国发表关于新世纪全面合作的《联合声明》，对发展双边友好合作关系作出了具体规划。

近年来两国高层互访情况（按时间顺序排列）：

近年来，中国访越南的领导人主要有：李鹏总理（1992年、1996年6月）、乔石委员长（1996年11月）、李瑞环政协主席（1997年）、尉健行书记（1998年9月）、朱镕基总理（1999年）、李鹏委员长（2001年9月）、江泽民主席（1994年、2002年）、贾庆林政协主席（2006年3月）、胡锦涛主席（1998年12月、2001年4月、2005年、2006年11月）、温家宝总理（2004年、2010年10月）、戴秉国国务委员（2009年3月、2011年9月）、习近平副主席（2011年12月、2012年12月）、傅莹外交部副部长（2012年3月）、厉无畏政协副主席（2012年4月）、刘云山中宣部部长（2012年6月）、王国强卫生部副部长（2012年12月）、李建国副委员（2012年12月）、何厚铧政协副主席（2013年5月）、李克强总理（2013年10月）、俞正声政协主席（2014年12月）等。

近年来，越南访华的领导人主要有：杜梅总书记（1991年、1995年）、黎德英主席（1993年）、黎可漂总书记（1999年）、范世阅常委（1999年10月）、陈德良主席（2000年12月、2003年、2005年）、阮文安国会主席（2002年）、潘文凯总理（1998年、2000年9月、2004年、2005年）；阮明哲主席（2007年5月、2008年8月）、范家谦副总理（2007年、2008年1月）、黄忠海副总理（2008年10月、2012年3月）；农德孟总书记（1994年、2001年、2000年、2003年、2006年、2008年5月）、阮晋勇总理（2007年10月、2008年10月、2009年4月、2009年10月、2010年4月、2013年9月）；冯光青国防部长（2010年4月）、阮富仲总书记（2007年4月、2011年10月）、丛氏放国会副主席（2012年1月）、范平明外交部长（2012年2月）、阮青山外交部副部长（2012年5月）、阮善仁副总理（2012年6月、2013年5月）、张晋创国家主席（2013年6月、2014年11月）、阮志咏国防部副部长（2013年6月）、阮氏缘副主席（2014年5月）、黎鸿英越共中央书记处常务书记（2014年8月）。

2014年1月22日，中共中央总书记、国家主席习近平同越共中央总书记阮富仲进行热线通话。双方互致新春问候并就两国关系发展交换了意见。

2014年5月20日至21日，越南国家副主席阮式缘来华出席亚信峰会。期间，中共中央总书记、国家主席习近平同其简短交谈。

2014年8月26日至27日，越共中央总书记特使、越共中央政治局委员、书记处常务书记黎鸿英访华，中共中央总书记、国家主席习近平，中共中央政治局常委、中央书记处书记刘云山分别会见会谈。

2014年11月9日至11日，越南国家主席张晋创来华出席2014亚太经合组织第二十二次领导人非正式会议，中共中央总书记、国家主席习近平会见。

2014年12月25日至27日，中共中央政治局常委、全国政协主席俞正声对越南进行了正式访问。访问期间，俞正声主席分别会见了越共中央总书记阮富仲、国家主席张晋创、政府总理阮晋勇、越共中央书记处常务书记黎鸿英，并与越南祖国阵线主席阮善仁举行了会谈。

2015年2月11日，中共中央总书记、国家主席习近平同越共中央总书记阮富仲进行热线通话。

二、双边经贸关系和经济技术合作

中华人民共和国驻越南社会主义共和国大使馆经济商务参赞处的数据显示，中越双边贸易额1991年为3200万美元，2011年已突破400亿美元，增长1000多倍。两国力争到2015年将双边贸易额提高到600亿美元。

2012年，中越双边贸易再创新纪录，中国对越南投资继续增加，且从传统的制造业向服务业延伸。中华人民共和国海关总署统计表明，2012年1～10月，中越贸易额为399.65亿美元，同比增长25.7%。

2013年中越双边贸易额达502亿美元，增长了21.9%，也是首次突破500亿美元大关，其中，越南对中国出口额达132.6亿美元。中国继续是越南最大贸易合作伙伴，并是越南第四大出口国，仅次于欧盟、美国和日本。

2014年双边贸易额约为836.4亿美元，同比增长27.7%。中国连续11年成为越南第一大贸易伙伴，越南成为中国在东盟第二大贸易伙伴。中国出口商品主要为机电产品、机械设备和面料、纺织纤维以及其他原辅料，从越南主要进口矿产资源和农产品等。

截至2014年12月，中国企业在越南累计承包工程合同额333.2亿美元，其中2014年新增额38亿美元，完成营业额39.8亿美元，分别同比增长35.8%和10.9%。

截至2014年12月，中方累计对越南直接投资21.3亿美元。越南对华累计实际投资1.2亿美元。

三、其他领域的交流与合作

中越关系正常化以来，两国在文化、科技、教育和军事等领域的交流与合作不断向广度和深度发展，党、政、军、群众团体和地方省市交往日趋活跃，合作领域不断扩大。双方还开展了社会主义理论研讨会和青少年交流活动。两国部门间签署了外交、公安、经贸、科技、文化、司法等合作文件近40项。两国空运、海运、铁路等均已开通。

2006年11月，双方成立中越双边合作指导委员会。双方一致认为，这有利于加强对中越各领域合作的宏观指导、统筹规划和全面推进，协调解决合作中出现的问题，将为两国睦邻友好与全面合作关系长期、稳定、健康、持续发展发挥重要作用。2008年1月，国务委员唐家璇与越南政府副总理兼外长范家谦共同主持双边合作指导委员会第二次会议。2009年3月，国务委员戴秉国与越南政府副总理兼外长范家谦共同主持双边合作指导委员会第三次会议。2010年6月，国务委员戴秉国与越南政府副总理兼外长范家谦共同主持双边合作指导委员会第四次会议。2011年9月，国务委员戴秉国与越南政府副总理阮善仁共同主持双边合作指导委员会第五次会议，双方就进一步推进中越友好、深化全面合作达成一系列共识。2013年5月，国务委员杨洁篪与越南政府副总理阮善仁共同主持双边合作指导委员会第六次会议。2014年10月，国务委员杨洁篪与越南政府副总理兼外长范平明共同主持双边合作指导委员会第七次会议。

四、重要双边文件

《贸易协定》(1991年11月7日)；

《经济合作协定》(1992年2月14日)；

《关于互免签证的协定》(1992年2月14日)；

《邮电合作协定》(1992年3月8日)；

《民用航空运输协定》(1992年3月8日)；

《海运协定》(1992年3月8日)；

《关于鼓励和相互保护投资协定》(1992年12月2日)；

《文化协定》(1992年12月2日)；

《科学技术合作协定》(1992年12月2日)；

《中国人民银行与越南国家银行关于结算与合作协定》(1993年5月26日)；

《关于货物过境的协定》(1994年4月9日)；

《关于保证进出口商品质量和相互认证的合作协定》(1994年11月22日)；

《关于成立经济、贸易合作委员会的协定》(1994年11月22日)；

《汽车运输协定》(1994年11月22日)；

《关于对所得避免双重征税和防止偷漏税的协定》(1995年5月17日)；

《卫生合作协定》(1996年4月16日)；

《医药合作协定》(1996年5月10日)；

《领事条约》(1998年10月19日)；

《关于民事和刑事司法协助的条约》(1998年10月19日)；

《边贸协定》(1998年10月19日)；

《陆地边界条约》(1999年12月30日)；

《在北部湾领海、专属经济区和大陆架的划界协定》(2000年12月25日)；

《和平利用核能合作协定》(2000年12月25日)；

《北部湾渔业合作协定》(2000年12月25日)；

《关于扩大和深化双边经贸合作的协定》(2006年11月16日)；

《关于加强预防和打击拐卖人口合作的协定》(2010年9月15日)；

《中越联合声明》(2011年10月)；

《中越联合声明》(2013年6月);

《新时期深化中越全面战略合作的联合声明》(2013年10月15日);

《中越联合公报》(2015年4月8日)。

(来源:中华人民共和国外交部网站.http://www.fmprc.gov.cn/mfa_chn/gjhdq_603914/gj_603916/yz_603918/1206_605002/sbgx_605006/.2015—03—07)

贸易投资篇

“21世纪海上丝绸之路”

“21世纪海上丝绸之路”的由来

一、观点的由来

建设“21世纪海上丝绸之路”，是2013年10月习近平总书记访问东盟国家时提出来的。

古老的海上丝绸之路自秦汉时期开通以来，一直是沟通东西方经济文化交流的重要桥梁，而东南亚地区自古就是海上丝绸之路的重要枢纽和组成部分。习近平总书记基于历史，着眼中国与东盟建立战略伙伴10周年这一新的历史起点上，为进一步深化中国与东盟的合作，构建更加紧密的命运共同体，为双方乃至本地区人民的福祉而提出“21世纪海上丝绸之路”战略构想。同时，“21世纪海上丝绸之路”是中国在世界格局发生复杂变化的当前，主动创造合作、和平、和谐的对外合作环境的有力手段，为中国全面深化改革创造良好的机遇和外部环境。

李克强总理在2014年3月5日所作的政府工作报告提出，抓紧规划建设“丝绸之路经济带”和“21世纪海上丝绸之路”。

打造“21世纪海上丝绸之路”虽存在一些风险和挑战，但沿线国家加强与中国合作是大势所趋。实施策略将从现有区域合作机制着手，把这些国家和地区串联起来，搭建战略平台，携手重现海上丝绸之路繁荣，促进沿线国家的经济发展与共同富强。不仅保证了中国的国际战略安全，并能让沿线国家和中国互惠互利共赢。

二、历史背景

海洋是各国经贸文化交流的天然纽带，共建“21世纪海上丝绸之路”，是全球政治、贸易格局不断变化形势下，中国连接世界的新型贸易之路，其核心价值是通道价值和战略安全。尤其在中国成为世界上第2大经济体，全球政治经济格局合纵连横的背景下，“21世纪海上丝绸之路”的开辟和拓展无疑将大大增强中国的战略安全。“21世纪海上丝绸之路”、“丝绸之路经济带”、上海自由贸易区、高铁战略等都是基于这个大背景下提出的。

“21世纪海上丝绸之路”的战略合作伙伴并不仅限与东盟，而是以点带线，以线带面，增进同沿边国家和地区的交往，将串起连通东盟、南亚、西亚、北非、欧洲等各大经济板块的市场链，发展面向南海、太平洋和印度洋的战略合作经济带，以亚欧非经济贸易一体化为发展的长期目标。由于东盟地处海上丝绸之路的十字路口和必经之地，将是新海丝战略的首要发展目标，而中国和东盟有着广泛的政治基础，坚实的经济基础，“21世纪海丝战略”符合双方共同利益和共同要求。

自2003年中国与东盟建立战略伙伴关系以来，携手开创了“黄金十年”。中国—东盟博览会连续举办11年，以经济合作为重点，逐渐向政治、安全、文化等领域拓展，在应对国际金融危机和抗击重大灾害中守望相助、同舟共济，形成了合作交流的良好局面。2010年中国—东盟自由贸易区建成，中国成为东盟第1大贸易伙伴，东盟成为中国第3大贸易伙伴，以自由贸易区升级为标志，双边关系已进入成熟期，合作已进入快车道。“21世纪海上丝绸之路”作为重要推力和载体，将从规模和内涵上进一步提升双方贸易政治关系。随着美国经济模式向出口推动型转变，亚太多国均面临出口市场萎缩的巨大压力，加快建设中国—东盟自贸区已成为共识。

三、受益潜力地区

“21世纪海上丝绸之路”战略一旦成功，受益地区将是全局性的，不仅会促进沿线国家的经济繁荣，更能对中国的经济改革，产业升级创新，资源有效配置产生强大推力。特别是中国沿海的各个口岸依据不同地缘潜力更会得到相应的大提升，以下列举几个国内可能受益最大的潜力地区。

1. 上海。上海自由贸易区试验中最关键的一个目标是成为像新加坡一样的中转港。如今，中国的许多期货交易虽然在国内，但是货物的交割地点多在新加坡，尤其是中国期交所挂牌的大宗货物的交货地多数都在新加坡。主要原因是中转港是大进大出的物流中心，而物流中心就是资金流中心，资金要能够自由进出进行交割交易，自由贸易需要自由金融的支撑，但中国不是新加坡这种城市国家，基于国家金融风险考量没有办法开放，因此，国外货物就不能或不便在上海中转交割，所以，上海自由贸易区的试验重点便是金融封关。航运业中，大船的运费大大低于小船的运费，货主都希望用大船装运；另一方面，大船因为太大船上货物的目的地往往不单一，例如船期到装船的时候，有部分货物还没有买家，又不能少装 10 万吨只装 20 万吨，这样运费就上去了。那么船东一定是选择先用 30 万吨大船运到新加坡转船，然后先转 2 条 10 万吨的小船运到不同的目的港，剩下的在有自由贸易区政策的新加坡交易市场上交易。

由于通过马六甲的货物绝大部分是中国、日本和韩国，而上海港距离日韩比新加坡近得多，不仅意味着在上海转船更经济，也能为国内企业大大降低运输成本。而自由贸易区政策则是实现的前提。上海自贸区的意义不仅是物流，更重要的是货物交易的平台，同时也意味着定价权和资源配置权，并带来几百万优质的就业岗位和巨大商机，对于当前的就业形势尤是利好。

2. 宁波舟山。上海虽然有最理想的地缘位置，但作为长三角经济区域的龙头上海的辐射作用也极其明显，甚至可以江海联运通过长江一直渗透到武汉长沙这样的中部地带，加上其商业配套齐备，非常适宜建立全国性航运中心，但上海河口港的港口条件远远满足不了航运中心的条件，于是上海向浙江租借了大小洋山岛在外海建人工深水港。而作为长三角最好的港口，宁波北仑港在直面上海港的竞争下背靠浙江发达的经济，依然在2013 年勇夺中国大陆港口吞吐量第 3、世界前 4 位。由于洋山港和宁波北仑港同处杭州湾口，相距不到80 公里。未来怎样顶层设计统筹分工协作，共同做大蛋糕，将是上海港能否成为国际航运、金融中心的关键，也是区域如何整合共赢的课题。

3. 泉州。泉州地处上海与中国香港中间。海上丝绸之路留给泉州的政治经济遗产是真实巨大的存在，作为中国第 1 侨乡，东南亚有 700 多万泉籍华侨，还有超 4 成祖籍泉州的台胞，无论基于统战，或国家层面所需的历史文化软实力支撑，整合泉州丰厚又分散的历史遗存都势在必然。

而更关键的是，泉州拥有超级深水良港。对于泉州和福建而言，地处航运要道，所有北上日本和韩国的船只都经过这里，便有可能在未来国家层面上获得一个中转港机会，中转港两个基本条件是自贸区政策和港口条件，由于海运业大船化趋势愈发明显，对超级良港的要求愈发急迫，而整个东南沿海条件最适合当中转港的天然深水良港是湄洲湾和宁波北仑港。深水港口是泉州和福建的天然地缘优势，而福建同时拥有湄洲湾、三都奥等超级良港。在福建几个深水港的深水岸线、面积位置、港口后方土地面积等综合比较优势中，湄洲湾是最优选择。湄洲湾南岸属于有经济腹地的福建经济中心泉州，因此泉州港湄洲湾港区早在1990 年就被交通部规划成远期的国际中转港。

作为国际中转港需要泊位，仓储、维修等众多支持系统，又要依托深水岸线发展临港工业把港口价值最大化，需要的港区土地自然是多多益善。如果福建发展国际中转港，一定是以综合条件最好的泉州港湄洲湾港区为主港，整合南北港口，以一个分工配合的港口群来提升福建在沿海经济带的位置和竞争力，同时也能解决福建省内南北发展的不平衡。

4. 广东、中国香港、中国澳门。珠江三角洲经济圈是中国最发达的经济区域之一，是 3 大增长极之一。广东是改革开放的最前沿，是中国经济第 1 大省，面临产业转型升级的历史性任务。在转型阶段，“21 世纪海上丝绸之路”战略将对珠三角的港口覆盖面、产业升级产生巨大促进和提升。同时广东也是华侨大省，与沿线国家和地区人文纽带长期不断，这个优势将很好促进广东与“21 世纪海上丝绸之路”战略良好结合。

随着广东、中国香港和中国澳门经济一体化水平不断提高，资金、技术、人才、信息等各类要素资源加快聚集。广东和港澳间功能体系对内相对有机联系，对外则相对完整独立。但广东、中国香港和中国澳门合作中也碰到像上海和宁波一样的区域竞争合作问题。客观上说，中国香港的腾飞使得其成为人才和资本的避风港，并在大陆被封锁后长达 30 年的时间里成为大陆与外界进出口的唯一中转港。随着中国的全面开放，中国香港的地位下降趋势难避免。中国香港只有融入中国大陆特别是珠三角地区，与之携手打造具有国际竞争力的城市群，形成世界级新经济区域才能维系香港当前的地位。虽然中国的全面开放让中国香港失去了世界物流中心的地位，但中国香港在自由港政策及完善的法律制度的经验借鉴上，对中国和珠三角具有不可替代的价值。广东、中国香港和中国澳门之间加大联系，合作互利，加速融合，凭借广东巨大的经济实力和港澳地区长期的国际化优势，并不难塑造出一个与上海自由贸易区截然不同，同时更为自由而繁荣的合作范例。

四、规划建设

1. 加强政府往来，增进沟通了解，巩固政治和战深化与相关国家开展经济、贸易、能源、金融、服务、基础设施等领域合作，共同建立跨境经济合作区，完善当地基础设施建设，在区内实行更加自由便利的贸易、投资及物流政策，利用双方的互补优势开展各项经济合作，促进地区繁荣。

2. 建立完善基础设施互联互通，推动合作交流国际化，以海洋经济为突破口，共同建立海洋养殖合作基地，探索产业园区双向投资，健全常态化的合作交流机制；构筑双方海上互联互通网络，开拓港口、海运物流和临港产业等领域合作，积极发展好海洋合作伙伴关系。

3. 全面拓宽对外开放合作格局，促进共同发展，抓好信息、通关、质检等制度标准的“软件衔接”，推动政策沟通、设施联通、贸易畅通、资金融通、民心相通，为企业创造更为便利的原产地证书申领和核准环境，推动优惠政策的更好落实。加强与各国海关和签证机构的沟通与合作，建立国际安全合作机制，保证海路资源运输的安全，加强海上战略通道的保障能力。

4. 以海上丝路建设为契机，促进产业结构调整升级，通过技术创新，提高相关产业的技术含量，实现产业升级，提升在国际产业分工的地位，实现共赢。

5. 全面提升海上丝路学术研究水平。提升海上丝绸之路的学术研究水平。加强媒体间文化间的交流与合作，增进交流，加强文化、媒体等领域的合作，作好民间友好组织的合作与交流，提高合作向心力。

“21 世纪海上丝绸之路”平行推进基础设施互联互通、产业金融合作和机制平台建设，加快实施自由贸易区战略，加深沿线区域经贸合作，加强安全领域交流与合作，筹建亚洲基础设施投资银行，加强基础文化建设，优先发展海上互联互通，在港口航运、海洋能源、经济贸易、科技创新、生态环境、人文交流等领域，促进政策沟通、设施联通、贸易通畅、资金融通、民心相通，携手共创区域繁荣。

东盟透视：“21 世纪海上丝绸之路”

一、文莱工业和初级资源部部长叶海亚：建设“21 世纪海上丝绸之路”时不我待

中国和文莱两国一直以来都有很好的合作关系，关于未来的合作前景，叶海亚部长表示，由于广西与文莱地域临近，通过产运只需要 3 天时间，而南宁是离文莱最近的主要城市之一，两个地方的气候相近，也在同一个时区，条件优越，因此文莱试图建成一个海上经济通道，这样文莱就可以发挥本国的优势产品，比如文莱生产一些清真食品以及其他消费品，而广西可以帮助文莱打开更广的销路，扩大市场。

在共建“21 世纪海上丝绸之路“方面，叶海亚认为，一个主要的挑战就是互联互通的问题，互联互通指的是交通的互联互通，尤其是港口的互联互通。

此外，叶海亚也表示广西与文莱合作集中在农业、食品生产两个领域，可以通过签订合作框架加强合作。叶海亚认为，在很多层面上，无论是中国对东盟这个整体，还是东盟对中国都可以开展合作，文莱期待未来在投资以及农业各领域，双边都能有更好的合作。

二、柬埔寨副首相贺南洪：支持共建“21 世纪海上丝绸之路”

“作为东盟成员国之一，柬埔寨支持共建‘21 世纪海上丝绸之路’。”柬埔寨副首相兼外交国际合作大臣贺南洪于 2014 年 4 月 25 日在柬埔寨金边表示。

“‘21 世纪海上丝绸之路’对于中国与东盟合作和发展有很好的促进作用。”贺南洪认为，中国与东盟已经建立起很好的贸易伙伴关系，通过海上丝绸之路的共建，可以“将贸易合作转变为全方位的友谊合作”。

贺南洪表示，希望在 2014 年 11 月举行的中国

—东盟领导人峰会上，就“海上丝绸之路”共建事宜进行更好地讨论、交流。柬中两国的合作不仅是政治和经济层面，希望通过“海上丝绸之路”建设，能将柬中两国的各方面合作提升到更高水平。

三、中国驻印度尼西亚大使谢锋：中国与印度尼西亚共建海上丝绸之路大有可为

印尼是海上丝绸之路的重要节点，早在15世纪初，中国明代著名航海家郑和7次远洋航海，每次都到访印尼群岛，足迹遍及爪哇、苏门答腊、加里曼丹等。中国驻印尼大使谢锋表示，目前中国与印尼在共同打造“21世纪海上丝绸之路”的进程中，具备天时地利人和的有利因素，前景广阔，大有可为。

从天时来讲，亚太是当前全球发展势头最好、潜力最大的地区，求和平、谋发展、促合作是地区国家的共同诉求。中国与东盟建立战略伙伴关系10多年来，携手开创了合作的“黄金十年”，正在努力打造新的“钻石十年”。印尼是东盟最大国家。2013年10月，习近平主席访问印尼期间，提出构建“21世纪海上丝绸之路”的战略构想，并与苏希洛总统共同宣布将中印尼关系提升为全面战略伙伴关系。两国关系迎来大有可为的历史机遇期。

从地利上来讲，印尼地跨赤道，处于太平洋和印度洋、亚洲和大洋洲的交汇处，地理位置独特而重要。从体量上看，印尼在东盟国家有3个“最”：人口最多、面积最大、经济总量最大。作为曾经的亚洲文明古国，当前印尼正在焕发着新的生机与活力，在地区和国际舞台上发挥着日益重要的作用。中国和印尼共同参与“海上丝绸之路”建设，对东南亚地区具有重要的引领、辐射和示范作用。

就人和而言，中国与印尼是好邻居、好朋友、好伙伴。两国政治互信不断提升，互利合作深入推进，人文交流方兴未艾。发展两国关系成为两国政府的坚定意志和社会各界的主流共识。两国对接各自发展战略，加强在互联互通、海洋经济、科技环保、防灾减灾、社会人文等各领域的交流合作，实现和谐相处、互利共赢和共同发展，赋予古丝绸之路以新的时代内涵，得人心，合民意。

中国与印尼的经贸合作近年来发展迅速，印尼在中国对外经贸关系中占有重要地位。2013年10月，中国习近平主席访问印尼期间，两国签署了《中国—印尼经贸合作五年规划》，全面规划了未来5年两国经贸合作的总体目标和发展方向。展望未来，中国与印尼经贸合作互补性强，潜力巨大。

四、老挝国家主席朱马里：“21世纪海上丝绸之路”将促区域发展

2014年11月9日，老挝国家主席朱马里出席2014年APEC工商领导人峰会时表示，“21世纪海上丝绸之路”将促进东盟国家及东盟—中国之间合作，实现共同发展。

在朱马里看来，在全球各经济体相互依存的时代，各国无论大小远近都有增长的机会和潜力，但重要的是用有效的方式挖掘潜能，为本经济体人民带来最大的收益。

朱马里指出，亚太区域的合作为区域发展带来新的机遇，促进了贸易的快速增长，对推进区域一体化和经济互融互通产生了重要的影响。

朱马里表示，老挝在东盟国家中有着独特的区位优势，欢迎APEC成员经济体到老投资。政治稳定是老挝发展的关键因素，促进经济和贸易的增长，这使老挝成为稳定发展的经济体，在过去10年的经济平均增长达到7%。

朱马里认为，老挝优越的地理位置是经济社会发展的重要因素。老挝可以成为各经济体之间经济联系的枢纽，目前正积极与东盟国家推进实施互联互通的计划，在大湄公河次区域推进一体化建设，促进建立区域经济走廊。今后，老挝将关注基础设施建设，改善公路、铁路等设施。

老挝有巨大的潜能，将在大湄公河次区域满足其他国家的能源需求，实施水能资源发展计划，实现经济和环境保护协调发展。“这对我们来说是促进经济发展和旅游开发的机会，生态旅游等方式将促进老挝旅游业快速发展，吸引更多游客来到老挝。”

据朱马里介绍，目前每年到老挝的游客不断增长，在亚太区域合作中，老挝在湄公河区域与中国、韩国、日本等国家建立起密切合作。

朱马里高度赞赏中方倡议的“21世纪海上丝绸之路”，并指出，这将实现东盟国家与中国之间的合作，促进区域发展。

五、马来西亚贸工部副部长李志亮：支持“21世纪海上丝绸之路”建设

2014年9月16日，马来西亚国际贸易与工业部副部长李志亮在第11届中国—东盟博览会上表示，马来西亚政府支持中国提出的“21世纪海上丝绸之路”建设，希望双方增进互信，加强基础设施建设和互联互通领域的合作，发挥好双边经贸磋商

机制作用，充分利用中国—东盟自贸区政策优势，力争早日实现2017年双边贸易额1600亿美元的目标。

李志亮表示，2014年是中国与马来西亚建交40周年。40年来，两国人民交流频繁，高层互访已经建立有效机制，合作领域宽泛，目前正向着更好的方向发展，前景广阔。

李志亮表示，中国提出的“21世纪海上丝绸之路”建设符合东盟国家的利益，有助于推进东盟与中国在基础设施建设、金融、电子商务等多方面的合作向更深层次发展，也有助于推动人民币的国际化进程。

数据统计显示，2014年，中国与马来西亚双边贸易额为1020.2亿美元，同比下降3.8%。其中，中国对马来西亚出口463.6亿美元，同比增长0.9%；中国自马来西亚进口556.6亿美元，同比下降7.5%。马来西亚连续7年保持中国在东盟最大贸易伙伴地位。

针对中国与马来西亚现有的合作，李志亮称，由中国和马来西亚两国政府共建的中马钦州产业园和马中关丹产业园，开创了“两国双园”国际合作新模式。目前，中国与马来西亚正致力于尽快开通钦州港与关丹港的班轮航线，拓展“海上合作”，促进中马钦州产业园和马中关丹产业园互动发展。

六、缅甸副总统吴年吞：欢迎并大力支持“21世纪海上丝绸之路建设”

中国和缅甸是友好邻邦，双方正式建交以来在经贸、人文等多领域合作方面取得了良好成效。中国是缅甸的第1大投资国，在能源、制造业、矿业等多个领域进行投资，占缅甸外来投资的40%，双方的合作项目为两国人民带来了互利共赢。

2014年10月，吴年吞表示，缅甸欢迎中方提出的共建“21世纪海上丝绸之路”的提议，这是一个非常有益的构想。这个构想提出的是“海上丝绸之路”而不是“丝绸之路”，是因为海运相较其他方式而言更经济。因此，缅甸非常欢迎这一提议并会大力支持。

吴年吞称，缅甸应该改善现有的海运线路，这样就能更好地实现海上丝绸之路的构想。海上安全、基础设施等都非常重要，中国和东盟国家应该携手共进，解决上述问题。吴年吞确信建设海上丝绸之路能大大改善交通基础设施。

在“21世纪海上丝绸之路”的建设过程中，必然存在困难和挑战，要善于将挑战转化为机遇。从中国南宁到马六甲海峡，经斯里兰卡，最后到达中东，这是一条漫漫长路，期间最主要的就是海上安全问题。所有有关各方都应该通力合作解决这个问题。这不是一个国家的问题，而是国际的问题，国际问题就需要国际的关注。

七、新加坡总理李显龙：赞赏并支持共建“21世纪海上丝绸之路”

2014年9月16日，在第11届中国—东盟博览会、中国—东盟商务与投资峰会开幕大会上，新加坡总理李显龙发表演讲，对中国多年来就加强与东盟各成员国的合作所作出一系列的努力表示赞赏。据悉，本届东博会主题国为新加坡。

新加坡总理李显龙指出，新加坡对中国提出的建设中国—东盟自由贸易区升级版，成立亚洲基础设施投资银行和共建“21世纪海上丝绸之路”等促进中国—东盟经济合作的倡议表示赞赏和欢迎，并期待与中国密切合作，就相关细节作进一步探讨。

当前全球经济的发展不够迅猛，全球金融危机之后经济复苏比较缓慢，且具有很多的不确定性，货币市场一反常态不景气，美国在发展，但发展很缓慢，欧元区也面临着深层次问题，未得到解决。李显龙认为，幸运的是，亚洲地区仍然保持着增长活力，而亚洲的增长很大程度上要归功于中国的经济增长，以及中国—东盟区域一体化。

“我相信中国在未来10年，乃至更长时间里将继续保持强劲的增长势头，这对于区域发展有着积极的影响，因为中国的发展将创造更多的合作共赢机遇，为我们带来更大的繁荣。”李显龙表示，“希望我们继续保持区域一体化的增长势头，即使我们之间有时也会有一些摩擦和问题，我们必须正确地面对和解决难点问题，而不能让争端的阴影笼罩中国—东盟合作的积极方面”。

八、泰国副总理塔纳萨：支持中方建设“21世纪海上丝绸之路”的倡议

2015年3月28日，泰国副总理兼外长塔纳萨在21世纪海上丝绸之路分论坛暨中国—东盟海洋合作年启动仪式上表示，泰国赞赏中国在推动本地区互联互通方面所扮演的重要角色，支持中方建设“21世纪海上丝绸之路”等倡议。塔纳萨介绍，中国提出的“一带一路”倡议可以促进亚洲的互联互通、改善基础设施、建立贸易枢纽。

泰国副总理兼外长塔纳萨则用一组关联的数字，说明了互联互通在减少贫困人口上起到的功效：公共网络增长1%，人民的收入就能有0.33%的增长。塔纳萨认为，中国在推动本地区互联互通方面扮演了重要角色，随着东盟—中国自由贸易区的建成，互联互通将带来更多人员、货物、资金的流动。东盟—中国海洋合作符合各方利益，泰国也将与中国协同一致开展海洋合作，应对挑战。

九、越南总书记阮富仲：正积极参与“21世纪海上丝绸之路”建设

如今，越中关系走过了65年的历程，友好合作是两国关系的主流。当前，越中两国都在致力于建设社会主义的伟大事业，妥善处理分歧，共同营造和平稳定发展环境，越中两国拥有巨大共同利益。

2015年4月7日，越南总书记阮富仲在与中国主席习近平举行会谈中表示，越方希望双方加强两国领导人互访和接触，增强政治互信。全面推进和落实两党业经达成的共识，开展党建、干部培训、加强法治等方面的交流，加强两国立法和政治协商机构交流。充分利用和提升两国现有各领域各类合作机制，加强外交、国防、执法、安全沟通合作。加强两国贸易投资合作，推进边贸往来和跨境经济合作区建设。

越南正积极研究参与“21世纪海上丝绸之路”建设，希望同中国加强农业、制造业、基础设施、互联互通等领域的合作，大力开展科技、卫生、教育、文化、环保、旅游、媒体、青年、地方交流合作，不断增进两国人民相互了解和友谊。

（来源：综合整理自南博网）

专家透视：“21世纪海上丝绸之路”

一、葛红亮：马来西亚将成海上丝路经济文化重心

中国察哈尔学会研究员、广西民族大学东盟研究中心研究员葛红亮表示，东南亚地区自古以来就是“海上丝绸之路”的重要枢纽，而马来西亚作为地区的中心，在“21世纪海上丝绸之路”建设中存在着多项显著优势。

马来西亚具有良好的地理条件和显著区位优势，北接泰国、南望新加坡、东临南海、西面马六甲海峡和苏门答腊岛，与菲律宾、文莱等国亦为邻，是坐落在东南亚地区中心位置的海洋国家。“丝绸之路经济带”和“21世纪海上丝绸之路”战略分别沿着中国西南地区、中南半岛和南海，可在马来西亚形成良好衔接。

马六甲海峡被称为“东方的直布罗陀”，连接着南中国海与印度洋，是亚、非、欧与大洋洲之间重要的海上枢纽，无论是从经济还是军事方面考量，都具有极其重要的地缘价值。

马来西亚在该海域有着大面积的领海，也视之为最重要的对外航运通道。并且，马来西亚大部分重要城市都在马六甲沿岸，是其社会经济的重要支柱。可见，马来西亚在“21世纪海上丝绸之路”建设中将占据非常重要的位置。

相比其他东南亚国家，马来西亚国内的经济条件，特别是工业基础具有明显优势。

东南亚地区其他国家的国际竞争力较低。根据联合国工业发展组织（UNIDO）公布的1980～2005年各国工业竞争力指数（CIP），在全球122个国家和地区中，马来西亚从第40位跻身第16位，在东南亚地区仅次于新加坡。资料显示，1992～2012年瑞士洛桑国际管理学院（IMD）国际竞争力世界排名中，马来西亚在世界59个国家和地区中的国际竞争力排名保持在第14位，领先于大多数东南亚国家。

马来西亚在工业发展方面的现有成就与强劲竞争力将使其在“21世纪海上丝绸之路”建设中发挥关键作用。

多民族共存与多元文化共生使马来西亚在“海上丝绸之路”国家中具有独特文化优势。

马来西亚有30多个民族，其中马来人、华人和印度人在所占人口中比重最大。多民族在长期往来中既相互交融、又保持着各自差异，马来文化、儒家文化和印度文化在马来西亚生活中各有呈现。

英国殖民者“分而治之”政策遗毒使马来西亚长期陷入民族矛盾，并曾造成社会大动荡。经过历届政府的努力，其民族关系总体而言趋于稳定。现任总理纳吉布上台后，提出“一个马来西亚”的施政理念，多次表明自己“并非某一个民族的总理，而是全马来西亚人的总理”，向非马来人大抛橄榄枝，承诺公平对待各民族。

多元民族共存、多元文化共生，有利于马来西亚在“21世纪海上丝绸之路”之路建设中、在中国、东南亚国家与印度洋国家间充当有益角色。

中国察哈尔学会研究员、广西民族大学东盟研究中心研究员葛红亮称，在共建“21世纪海上丝绸之路”进程中，马来西亚将凭借着在地缘、经济与

人文领域的独特优势发挥出其他东南亚国家难以比肩的作用。当然，若要使其优势产出巨大区域效益则需创造有利的合作平台，中马两国须协力保持积极的对话与合作关系。

二、钦貌林：缅甸将受益于“21世纪海上丝绸之路”

缅甸战略与国际问题研究所秘书长钦貌林表示，缅甸地处中、印之间，有着天然的地理和战略优势，无论作为东盟成员国，还是中国邻邦，缅甸都能从中国国家主席习近平提出的“21世纪海上丝绸之路”战略构想中受益。因而，缅甸应认真研究这一构想的相关事宜，为其国家与人民谋求最大的利益。

钦貌林介绍，缅甸的海岸线很长，拥有许多天然深海港，目前缅甸需要的是良好的规划与管理以及基础设施建设，缅甸希望得到像中国这样的邻邦大国的投资来发展公共设施，加强区域互联互通。

缅甸仰光—中国上海直通集装箱货轮作业于1月25日开始运行，该作业由中国集装箱运输公司与AP默勒马士基集团之一的MCC运输公司联合运营，直通航线的开通，将会带来节省运费、时间快捷、增加贸易量的好处。中国是缅甸的重要投资国和最大贸易伙伴，中方的建筑器材、电器、室内装饰品等主要利用海运从缅甸进口。

钦貌林称，以前货轮要经过新加坡，花费时间长，运输费用也更高。随着海上丝绸之路建设的开展，中国将和沿线国家建立更紧密的经贸联系。世界已经变成了地球村，发展的唯一途径便是互相合作。

三、张松声：新加坡对海上丝绸之路的三大作用

新加坡工商联合总会主席、新加坡太平船务董事总经理张松声表示，新加坡商界对“21世纪海上丝绸之路”充满期待。

张松声表示，中国古代丝绸之路是一条东西方经济文化交流的道路，到了明朝，中国已经成功地与东南亚、东北亚、非洲和东欧地区建立了贸易联系，马六甲海峡当时便是中国海洋贸易的重要中转站。新加坡地处马六甲海峡，被誉为“东方的十字路口”，跟郑和下西洋时期相比，新加坡在建设“21世纪海上丝绸之路”中可以扮演更加重要的角色。

张松声认为，新加坡至少有三大作用：第一，新加坡愿意也可以成为是亚太区重要的海运、航运和物流中心，基础设施完善，可以作为“21世纪海上丝绸之路”重要的中转、补给和维修中心；第二，目前新加坡有26000家国际公司，是一个重要的商业金融中心，一些中国企业走出去，希望可以通过新加坡作为一个跳板。新加坡不仅是世界金融中心之一，也是全世界第二大人民币离岸清算中心，中国企业可以把这里作为贸易、融资和投资中心；第三，新加坡可以帮助中国更好地开展区域合作。东盟跟中国关系非常好，新加坡作为东盟的一个重要成员，明年也是东盟的主席国，新加坡在促进中国和东盟之间的区域合作将大有可为。

据张松声介绍，2015年恰逢中国和新加坡建交25周年、新加坡建国50周年，新加坡工商联成员希望和中国有关方面合作，在新加坡办一个大型的“21世纪海上丝绸之路”研讨会，邀请其他东盟国家来参加，促进东盟各国对这一倡议的理解。

（来源：综合整理自南博网）

“21世纪海上丝绸之路”商机项目

中泰基础设施合作成为丝路建设亮点

泰国是中国构建面向“21世纪海上丝绸之路”经济带的出海口和支点国家，经营好中泰经贸关系对“海上丝绸之路”经济带的延伸具有重要的示范意义和传导效用。

目前，两国经贸合作正处于加速发展的关键期，基础设施合作是重要内容之一，中国企业宜抓住有利时机，加大市场开拓力度，丰富合作内容，创新合作方式，使基础设施建设成为两国经贸合作以及“一带一路”战略的着力点。

一、基础设施合作的重点领域

（一）交通建设领域

巴育政府成立以来，为刺激国家经济发展，加大基础设施投入。2014年7月，国家维安委员会批准了2015～2022年交通基础设施战略规划，预计公共和私人总投资近800亿美元。如米轨铁路方面，计划总投资约145亿美元用于新建和修复14条双轨铁路线，以及更新铁路基础设施；高铁方面，目前已确定同中国合作修建廊开至曼谷和玛它普港的标

准轨铁路，全长873公里，设计时速160公里，总投资约150亿美元。

此外，泰国政府还计划投资250亿美元，修建4条高铁；城市轨道交通方面，计划总投资约160亿美元，涉及13条城市轻轨线路；公路方面，计划总投资约50亿美元，用于高速公路、农村道路修复以及与周边国家互联互通项目；港口方面，计划总投资约12亿美元，涉及6个港口的新建扩建以及流域治理项目；机场方面，计划总投资约5亿美元，用于曼谷素旺那普机场改造项目。

（二）电力领域

泰国电力短缺问题严重，已成为制约经济发展，威胁国家能源安全的重要因素。泰国天然气发电占发电总量的67%，近50%的电力依赖进口（包括直接购电、进口发电用天然气和煤炭）。泰国油气资源匮乏，自产天然气将于2020～2030年枯竭，进口天然气将使发电成本大幅上升。

因此，泰国政府高度重视发展新能源项目，将发展新能源列为能源战略首位，泰国能源政策管理委员会日前提高了新能源在整个能源规划中所占的比例，计划到2020年新能源的生产所占全部能源的比例由目前的13%提高到25%，其中风电发电量计划达到1200兆瓦，太阳能2200兆瓦，生物能3630兆瓦，垃圾焚烧发电160兆瓦，沼气发电600兆瓦，水电1608兆瓦。

二、合作的有利条件

（一）社会环境总体稳定

近年来，泰国政府虽几经更迭，但在王室的有效管控下，社会基本没有产生大的震荡，也未对国民经济造成根本性破坏。泰国民众普遍信佛，平和善良，对外来文化包容性强，基本没有排外心理和极端民族情绪，在东南亚国家尤为难能可贵。

（二）经营环境较为宽松

泰国是世界上少数经济发展较好的资源贫瘠国。因此，泰国政府重视改善投资环境，积极寻求农业、工业和服务业的综合协调发展。泰国总理亲自担任投资促进委员会主席，对外商投资给予税收和政策优惠。在世界银行2015年营商环境报告中，泰国位列第26位，在东盟国家中位列第3位。

（三）中泰合作基础扎实

中国与泰国建交40年来，两国政治互信不断增强，两国经贸合作初具规模，人文交流日益密切，“中泰一家亲”深入人心。随着中国经济实力的增强，泰国希望搭上中国发展的顺风车。双方在政府对政府模式（G2G）下开展了铁路建设合作，决定共同修建廊开至曼谷和玛它普的标准轨铁路，这是泰国首条标准轨铁路，对实现区域互联互通具有重要意义。中国企业在电力、米轨改造、水治理和高层建筑等方面也承担了部分项目，双方扩大合作具有一定的基础。

三、需要注意的问题及建议

（一）对政治风险做好预案

2016年泰国将举行大选，未来政局走势尚需进一步观察。根据此前的经验，对企业与前政府签署的合同，新政府有可能不予认可，或取消项目或调整后重新招标，给企业带来较大损失。鉴于基础设施项目多且投资大，建设周期长，因此在泰国局势明朗前，中国企业应制定好市场开拓策略，做好防范风险的预案，避免过多实质性投入，并及时就局势发展征询有关部门的意见。

（二）切实转变经营方式

泰国市场不同于一般的亚非拉市场，具有准高端市场的特点：一是泰国本土资金充裕，中方融资优势不明显；二是泰国本土承包工程企业实力较强，特别是在土建方面具有明显优势；三是劳务政策严格，泰国建筑工人主要来自周边国家，中国劳务无法大规模进入泰国市场；四是有本土保护主义倾向，政府项目基本授予本土企业，外国公司只能与泰国公司合作开展业务。

基于上述特点，中国企业可主动调整经营方式，如在电力等有一定收益保障的项目上，可探讨以投资方式开展合作；在市场选择上，可由施工向设计、咨询等上游产业链拓展，带动中国标准“走出去”，重点跟踪超高层建筑、大型桥梁、隧道等技术含量高、增值空间大的项目，避免与本土企业在低水平竞争；在属地化经营方面，可与本土承包工程企业建立稳定的合作关系，泰国本土企业信息灵通，人脉资源丰富，拿项目能力强，但需要中国企业在技术、资质和资金上提供支持，双方合作互补性强，是中国企业开拓泰国市场的一条重要渠道。

（三）务必确保项目质量和工期

日本和韩国企业在泰国经营多年，泰国社会对日本和韩国的产品认可度高，中国产品仍属于中低档次，长期徘徊在主流市场之外。铁路等项目规模大，影响广泛，是提升中国产品和服务形象的重大机遇，而铁路建设还可能与泰国、日本合作的线路同期施工，届时更会引起各方关注。

因此，中国企业在施工时，应组织精干力量，安全科学管理，严把质量和环保关，按时保质保量完成项目，树立中国企业的良好形象。

（四）共同维护有序的市场竞争局面

随着泰国市场的发展，以及中泰铁路合作的开展，中国企业开拓市场的步伐加快，越来越多的企业开始准备进入该市场。为避免市场开拓阶段形成中国企业间直接竞争的局面，承包商应未雨绸缪，统一作好市场规划和协调工作，引导中国企业有序参与该地区基础设施建设项目，以维护好市场秩序，降低经营风险。

（来源：中华人民共和国驻泰王国大使馆经济商务参赞处．http://th.mofcom.gov.cn/article/zt-dy/201505/20150500961421.shtml.2015－05－05）

从中国石油泰国项目看丝绸之路经济带建设

历史上，中国的丝绸、瓷器、茶叶，经滇越茶马古道等，换来当地的珠宝、香料、药材。中国石油人很早就来到这里，中缅油气管道、亚洲油气运营中心等就是合作的见证。在今天的丝绸之路经济带建设中，石油人勇当主力军，在这里创造出新的业绩。

韩民久是中国石油长城钻探工程公司泰国项目部副经理，也是在泰国石油市场创造了多项“世界第一”的GW80队平台经理。每次休班后返回，韩民久从中国北京乘坐4个半小时飞机到泰国曼谷。GW80队服务的S1油田，在距曼谷北部400公里的彭世洛府。在那里，长城钻探公司GW80队为泰国石油勘探开发有限公司（简称“PTTEP”）提供钻井技术服务。

一、中国“长城”挺立泰国石油市场

中国石油企业“走出去”多年，足迹遍布30多个国家和地区，泰国是中国海外石油合作开发最早的国家之一。20世纪90年代初期，中国石油天然气总公司就在泰国邦亚区块获得石油开发作业权。当时开发的BY1井，如今日产量还能达到50多桶。

对于对外开放的泰国石油服务市场而言，中国石油进入时间不是最早的，但却赢得了PTTEP的认可。其麾下的GW80队也成为中国石油与PTTEP合作的典范。

2004年8月27日，中国石油长城钻探GW80队的50DBS钻机在PTTEP的S1油田开钻第一口井。此后，GW80队在泰国油气工程技术服务市场创造多个“国际第一”：2007年进尺12.3298万米，创世界陆上石油钻井年进尺第一；2007年，完井51口，创同类钻机年完井数量第一；搬家速度0.96天，创50DBS型同类钻机国际第一。在随后的5年，这个队接连创造了国际同类钻井队年进尺、年完井数量、钻机搬家速度三项“世界第一”，连续10年实现安全生产LTI为零，被甲方评价为“管理水平和作业能力比西方公司有过之而无不及”。2010年，甲方基于对GW80队的高度信任，一次性与长城钻探签订了为期5年的超长期服务合同。这在PTTEP是史无前例的。

此时，PTTEP已经成为泰国陆上最大油公司，占据90％市场份额。PTTEP副总裁颂猜表示，“我在泰国石油行业工作了30年，与许多世界知名的钻井公司都合作过。中国石油长城钻探的GW80队是最优秀的队伍！”

中国石油长城钻探在泰国石油市场打响GWDC品牌的同时，也积极参与当地公益活动。11年来，长城钻探对当地佛教、学校、受灾群众热心提供援助，与当地民众建立起良好和睦的关系。目前，中国石油、中国石化、中国海油均与泰国的石油公司进行了多项合作。

二、“石油线路图”描绘能源战略梦想

近30年来，由于矿业开发、石油、天然气的发现及旅游业的振兴，带动了其他产业发展，泰国经济实现质的飞跃，成为“东盟”中经济较发达的国家之一。

然而，泰国仍难摆脱对国外成品油的依赖，80％的石油和40％的天然气需要进口。全球著名能源咨询公司伍德麦肯兹预计，泰国的天然气需求在未来10年里将平均年增5％至7％。由于产量和储量替代增长未能跟上，泰国一直在设法获得长期的能源供应。

虽然没有丰富的油气资源，泰国优越的地理位置却成为有益的补充条件。泰国也一直渴望借此优势，能在亚洲能源战略合作中发挥重要作用。

从东南亚的版图来看，泰国位于中南半岛中部，北部和东北部与老挝相邻，东南部和柬埔寨相接，西部与缅甸为界，南部面对泰国湾，南端与马来西亚相连。

由于处在石油生产和消费市场的“中间”，泰

国政府一直致力于把泰国建成亚洲石油石化产品交易平台。2004年4月20日，在第5届中国石油商贸大会上，泰国国家石油公司（简称“PTT”）石油市场分析与风险管理中心副总裁 Suparb Harnkanitwatana（简称“淑帕”），就向同行推介泰国的“石油路线图”。

淑帕向与会者展现了一个美好的远景战略。这个计划分为两个主要阶段：位于泰国东部海岸，曼谷东南的 Sriacha 石油交易中心和横贯东西、位于克拉地峡上的战略能源陆上桥梁（SELB）。

为建立区域能源交易中心，泰政府已经制订了一揽子配套计划，其中包括 SELB 项目，还有通往柬埔寨、越南等邻国的“东—西公路走廊计划”、连接泰国与中国南部的“3000公里双向铁路系统计划”，以及泰北、东北输油管道建设计划等。

三、双赢互利牵手丝路建设

拥有这样的能源战略梦想，素有“微笑之国”之誉的泰国自然不愿错过“一带一路”建设的历史机遇。

3月28日，中国政府发布了《推动共建丝绸之路经济带和21世纪海上丝绸之路的愿景与行动》，明确提出丝绸之路经济带第三条线路是中国至东南亚、南亚、印度洋。泰国地处于中南半岛中心的战略地位，也是通往湄公河区域和南亚的重要门户。这条路线的建设，无疑为泰国的能源战略梦想插上腾飞的翅膀。

2012年4月，中泰两国建立全面战略合作伙伴关系。这是东盟成员国中第一个与中国建立战略合作伙伴关系的国家。2013年10月，中泰两国发表《中泰关系发展远景规划》，对进一步深化中泰全面战略合作伙伴关系具有里程碑意义。

虽然泰国与中国在地理上并不直接接壤，但并不影响两国贸易和能源领域的合作。

2012年，中国与泰国双边贸易额接近700亿美元。中国是泰国第1大出口目的地、第2大进口来源国和最大旅游客源国，泰国是中国在东盟国家中的第2大贸易伙伴。同时，两国在能源领域的合作也体现了双赢互惠。2014年11月，中国石油管道局首次中标泰国压气站项目。这个压气站于2015年1月开工，总工期28个月，合同额1.88亿美元，业主为泰国国家石油公司。这个工程建成后，将保障万诺伊至港考伊、那空沙旺、那空拉差仕玛等4条管道气量充足，实现沿线居民用上清洁能源的梦想，造福当地，改善环境，获得良好的经济和社会效益。2014年10月13日，中国石油海洋工程股份有限公司发布公告称，其与泰国国家石油公司正式签订缅甸 Zawtika Phase 1B 项目 EPCI（设计、采购、建造和安装）总包合同，合同金额3.67亿美元，是其目前最大的海外 EPCI 总包合同。

2015年正值中泰建交40年，中泰两国高度重视这次纪念活动。可以预知的是，丝绸之路经济带建设，将为两国共赢、互利合作带来新契机。

（来源：中国石油新闻中心. http://news.cnpc.com.cn/system/2015/04/17/001537660.shtml. 2015—04—17）

从中缅管道项目看海上丝路建设

2015年4月上旬，缅甸西部孟加拉湾，“海洋石油981”钻井平台顺利完成海外首口深水井钻井作业，刷新中国深水半潜式钻井平台作业井深纪录。这让人们再次把目光聚焦在南亚与东南亚的交通要冲、中南半岛最大的国家——缅甸。

丝路向南，从云贵高原西出国门，就来到缅甸。以油气产业为纽带，一条“海上丝绸之路”在中缅两国的努力下，逐渐恢复生机与活力。

一、疏通一条战略走廊

缅甸是亚洲富饶之地。二战后，由于遇到种种挫折，其工业发展缓慢，加上长期的国际制裁，经济逐渐趋冷。20世纪80年代末，在联合国认定的“最不发达国家”序列里，缅甸位列其中。

虽然困难重重，但缅甸丰富的自然资源让人们看到希望。其中，石油和天然气尤为突出。2014年，在第2届海洋油气峰会上，缅甸公布的数据显示，石油探明储量为1.6亿桶。根据《BP世界能源统计》的数据，缅甸已探明的天然气储量为7.8万亿立方英尺（约合220.9亿立方米）。

油气资源丰富，但长期的资金短缺、技术落后等制约了油气勘探开发，让这个有着百余年油气开发历史的国家踯躅不前。如何让资源优势转化为经济优势，成为缅甸摆脱经济困境的重要途径。

同时，与缅甸一衣带水的中国，经济列车正高速行驶。而为列车提供补给的油气资源一时捉襟见肘。中国石油和天然气对外依存度一路上行，2014年已分别达到59.5%和32.2%。另外，中国8成以上的进口原油长期依赖马六甲海峡，给中国的能源安全带来隐患。能否有更丰富的油气来源地，开辟更多元的输入路径，不仅涉及中国油气产业布局，而且关乎国家经济命脉。

一边有资源，一边有市场——经济互补，再次为中缅增进胞波情谊提供新的机遇。

2001年，中国石油试水缅甸油气产业，开始参与其油气合作，致力为缅甸油气开发利用提供一体化解决方案，并先后开展了3个深水区块油气勘探项目。14年来，随着缅甸的逐步开放，来自世界各地的石油企业都到这里施展身手。目前，中国已有近10家石油企业参与缅甸油气项目。

在所有项目中，最引人注目的是缅甸建国以来外商投资的最大项目——中缅油气管道项目。

2006年，中缅双方就油气管道合作达成一致意见。2010年6月，中缅油气管道项目开工建设。自此，在中国石油集团的统筹下，油气“双龙”诞生于缅甸西海岸。5年间，“肩并肩地”从西向东穿越若开邦、马圭省、曼德勒省、掸邦，自中国云南瑞丽进入国内，在云贵高原“兵分两路”：年输量2200万吨的“油龙”北上重庆，年输量120亿立方米的“气龙”南下广西。期间，董事长周吉平多次批示，总裁汪东进为天然气管道（境外段）投产下达通气令。

2013年10月，中缅天然气管道干线建成投产。2015年1月30日，中缅原油管道境外段试投产，马德岛港开港投运。

两条管道组成的中缅油气管道，是中国与东盟国家开展互联互通基础设施建设的示范性工程，使双方的经济联系更紧密，对提振区域经济意义重大。

中缅油气管道成为中国四大能源战略通道之一，使中国从中东和非洲进口的部分原油避开马六甲海峡，直接从缅甸西海岸登陆，经管道输送到中国西南，不仅路程缩短约1200公里，而且把中国对海上航道的依赖度降低约1/3，对实现中国能源进口多元化，确保能源安全具有战略意义。

同时，中缅原油管道与广西石化、云南石化千万吨炼油工程“契合”，缓解了中国西南油品紧张局面，保障西部大开发战略深入推进。中缅天然气管道则通过中贵线与西气东输系统连接在一起，“串联”了新疆、长庆和四川的气区，力促中国管道“结网”保供，大幅提升了中国石油的保障能力。

这条战略走廊功在当代、利在千秋。

二、建设一条共赢之路

“一带一路”建设，经济是主角，支撑经济发展的软实力是融合。很多项目管理者认为，中国石油在缅甸10多年来，合作的项目涉及面越来越广、规模越来越大，关键就在于很好地与当地经济社会融合，最终实现互利共赢。

共赢对于中国和缅甸而言，经济发展是根本。

以中缅油气管道项目为例。缅甸副总统吴年吞评价称，这不仅是参与投资的4个国家互惠共赢的项目，而且将提高缅甸的经济、工业化和电气化程度，对缅甸的长期发展具有重要意义。

根据协议，缅甸每年可从中缅油气管道获得200万吨原油，下载20%的输气量，从管道项目获取可观的路权费和过境费。同时，缅甸在30年合同期内将获得丰厚的投资红利。此外，管道项目每年还为缅甸带来管道专业技术培训基金、社会经济援助金和大量税收。

这些油气及资金像“血液”一般注入缅甸的工业系统，改变当地薄弱的工业基础，并延伸到消费终端，提升老百姓的生活品质。例如，在皎漂，以前每千瓦时电的价格高达500缅币。当地电厂用上中缅天然气管道的天然气后，不仅成本下降，民用电的价格降至每千瓦时电35缅币，而且实现了24小时供电。

皎漂市市长吴觉度梭表示，皎漂资源丰富，但要将其转化为产品，要有一定量的电力。以前只能靠柴油发电，一些投资者受不了高昂的电价就走了。如今，有了天然气，我们在建一个以天然气为动力的230千伏发电站，将来皎漂的经济水平一定会大幅提高。

发展经济，拉动当地就业是关键，也是中国石油在缅甸履行社会责任的缩影。

中国寰球六建公司在马德岛首站原油罐区建设中，尽最大努力培养当地工人，改变了他们的生活。拉飘偕就是其中一位。从对石油工程建设一无所知，到成为独立上岗的除锈防腐技术工人，拉飘偕得到了六建员工无私的帮助。如今，他的收入比以前多了1倍，他还介绍兄弟姐妹也加入到项目建设中。他认为现在有了技术，以后也能出岛挣钱了。

为了让本地员工更快地进入角色，东南亚管道公司还联合缅甸仰光大学，以及中国的西南石油大学、北京外国语大学等高校，提高当地员工的语言和专业水平。很快，几十名缅甸员工就成为公司的业务骨干。

这些措施，对缅甸劳工部门而言意义重大。因为他们计划将贫困率从2011年的26%降至2015年的16%。

同时，为了减少对环境的影响，管道施工方管道局、大庆油建、川庆油建等公司，最大限度地缩小作业带宽度。在若开山林区和缅北山地林区，施工企业采取同沟敷设技术，使作业带宽度降至25米，减少森林占用面积92公顷。

在“一带一路”建设中，中缅油气管道犹如一条“经济项链”，串起油气“珍珠”，带动了沿线相关产业发展，加快了中孟印缅经济走廊的形成。《曼谷邮报》曾撰文称，这条管道将使缅甸成为“亚洲的新十字路口”与商贸枢纽。

一条互利共赢之路由此铺开。

三、打造一条国际合作链条

受益于油气产业的缅甸，并不打算放缓脚步。

2014年3月，缅甸对其10个海上油气浅水区块勘探权进行招标，加上之前招标的深水区块，已有约20个海上油气区块对外商开放。这些吸引了包括壳牌、雪佛龙和道达尔等一批国际大石油公司。由此，缅甸新一轮油气大开发拉开序幕。

这还不足以证明缅甸油气“引力十足”。

从数量上看，缅甸目前已开发的17块陆地天然气田中，16块由外国公司经营；20块近海气田中，15块由外国公司经营或勘探。从产业链上看，这些公司的触角已延伸到缅甸油气产业链条的各个环节，遍布上下游。据缅甸中央统计局的数据，截至2013年，在缅甸累计外资投资中，油气产业占40%的比重。

中国油企也及时跟进。2014年11月，中国石油与缅甸能源部签署《关于扩展中缅油气领域合作的谅解备忘录》，加强在缅上中下游业务合作，开展天然气利用及炼厂建设等项目的前期研究，深化在缅油气勘探开发、成品油和化工产品业务的合作。

缅甸越来越开放，更多的国际公司进入缅甸。这意味着，中国石油企业会面对更多的利益主体、更复杂的合作局面。如何更好地整合利用资源、深度合作，共同繁荣“一带一路”，通过与资源国、进口国、国际公司结成利益共同体而建立国际合作链条，或许应该是这些企业努力的方向。

中缅油气管道项目便能印证这一点。这个涉及中国、缅甸、韩国、印度4个国家6个企业的国际项目，已提供了这样一个样本：“四国六方”的合作模式，实现多方共赢格局，并为中国与东南亚地区开展能源合作提供了参照系，奠定了基础。

谈及成功经验，这条管道的运营方东南亚管道公司这样总结：一是密切结合缅甸经济社会发展目标，切实符合缅甸利益和可持续发展要求；二是项目重视合规管理，严格遵守缅甸法律法规，遵循国际惯例，在HSE和本土化用工方面执行高标准；三是与政府、合作伙伴等加强沟通和协商，努力做优秀的企业公民。

此外，多位参与运营国际项目的专家建言，在竞争激烈的国际市场，应该发挥中国石油上下游一体的优势，最好是“一个工程能带出去一批相关企业”，有利于互相协同作战，赢得最大整体效益。

深度融合、互利共赢——可以预见，中缅两国在新丝路的合作中，油气产业将带来一个值得期待的未来。

（来源：《中国石油报》. http://www.zgsyb.com.cn. 2015－04－20）

柬埔寨西港特区：全力打造“一带一路”样板

随着中国“一带一路”伟大战略的实施，给中国企业跨境发展带来了极好机遇。由红豆集团牵头投资管理、多家中柬企业共同建设开发的柬埔寨西哈努克港经济特区，希望把“西港特区”建成“一带一路”的重点样板，使其成为投资环境优越的园区样板，两国政府重视的合作样板，两地人民满意的友谊样板。两国政府领导多次表示，要把西港特区建成生态环境良好的现代化工业新城镇，建成柬埔寨的“深圳特区”，建成中柬友谊之城，为改善当地民生、促进当地经济社会发展作出贡献。

经过8年努力，柬埔寨西港特区的“一城、两港、三中心”工业化新城镇规划，目前已经雏形绽现。“一城”即中柬友谊城：入驻300家企业，吸纳10万产业工人，居住20万人口。“两港”即海港和空港：依托临近西港港口及国际机场的地理优势，加快基础设施建设，发展临港产业，构建竞争力强的产业结构。“三中心”即充分利用“一带一路”大战略机遇，把西港特区建成柬埔寨新经济中心、东南亚新物流中心、大湄公河次区域培训交流中心。

一、打造境外开发园区的样板

柬埔寨西港特区紧邻柬埔寨环境最好的港口——西哈努克港，总体规划面积11.13平方公里。最先是由无锡市的红豆、光明、华泰、益多等4家民营企业联合发起创建，于2006年在商务部首批境外经贸合作区招标中中标。

在开发模式上，西哈努克港经济特区有限公司实现了企业抱团与本土合资联合开发。除红豆集团等4家中国民企外，还吸纳了柬埔寨国际投资开发集团加盟，构筑了两地企业抱团、分工协作的开发格局，较好地防止了以往中国企业在海外“单打独斗、水土不服”的尴尬，形成了优势互补、合作共赢的新模式。

在发展定位上，实行了产业规划与当地国情的深度融合。把中国优势企业迫切走出去的意愿，与柬埔寨经济发展的阶段性需要有效对接，确保特区建设可持续发展。实现产城融合，综合开发，统筹规划，分步实施。近期以劳动密集型的纺织服装、五金机械、轻工家电等为主导产业，逐步发展高新技术产业，创建一个生态环境良好的工业化新城镇。

在项目建设上，特区团队克服热带气候不适、配套条件较差、资金需求巨大、人生地疏等困难，在最大落差为70米的丘陵地带，首期开发了5.28平方公里，实现了“五通一平”，建成了当地最宽的道路、最高的标志性建筑。在综合服务区引入了柬埔寨“一站式”行政服务窗口。

在政策优惠上，柬埔寨政府给予了充分优惠。进区企业投资建厂进口的生产设备、建材、零配件及用于生产的原材料等均全免征进口关税；入区企业可享受6～9年盈利免税；产品出口免征出口税；生产设备、建筑材料免征增值税；服务于出口市场的产业，原材料免征增值税；服务于内销市场的产业，原材料增值税率为10%等。

目前，已有来自中国、日本、法国、美国等地的79家企业争相投资入驻，其中58家已投产运营，从业人数逾万名，初步呈现了一个国际工业园区的雏形。

二、打造两国经济合作的样板

2014年11月APEC会议期间，习近平总书记在会见洪森首相时明确表示，愿意同柬方共同推进互联互通、农业、水电、经济特区、教育、医疗、电信、旅游等领域合作，共同推进丝绸之路经济带和“21世纪海上丝绸之路”建设。洪森首相也希望借助“一带一路”建设，拉动本国基础设施建设和经济发展，参与区域一体化进程，促进地区和平稳定。洪森表示，西港特区已经成为柬埔寨最大的经济特区，要把西港特区建设成为柬埔寨的“深圳”，成为柬埔寨对外开放的窗口。

作为中柬两国间的重要合作项目，西港特区长期以来受到两国领导人及各级政府部门的高度关注。2008年2月23日，洪森首相携夫人亲自为西港特区奠基，正式拉开西港特区建设的序幕；2010年12月13日，在中柬两国总理的见证下，两国政府部门签订了《中华人民共和国政府和柬埔寨王国政府关于西哈努力港经济特区的协定》，奠定了西港特区的法律地位，使西港特区成为首个签订双边政府协定的合作区；2012年6月13日，在柬埔寨友好访问的时任中共中央政治局常委、中央纪委书记贺国强与柬埔寨王国首相洪森会谈结束后，共同为西港特区揭牌。两国政府还先后于2012年12月、2014年1月分别召开西港特区协调委员会会议，建立常态协调机制，及时协调解决西港特区的跨国、跨部门的阶段性问题。

与此同时，相关部门对此项目也以极大热情给予全面支持。国家和江苏省出台相关资金补助政策，缓解了特区建设的资金困难。商务、财政、发改、海关、商检、外事、外汇、金融、税务等部门通过为中方投资主体投资建设西港特区项目的立项审批、物资进出口的检验检疫和通关验放、人员出入境、融资及资金汇兑、投资保障等方面开辟绿色通道，为西港特区提供各项便利政策；各级政府部门通过组织参加各类展会、推介会，帮助西港特区招商引资实现跨越式发展；江苏省、无锡市通过与当地建立友城合作，为西港特区营造优良的运营环境。柬埔寨发展理事会、商业、海关、商检、劳工和西港省政府等相关政府部门，不仅对西港特区采取特事专办、急事快办的便利，并经常到西港特区现场办公，协调解决问题，设立办事窗口，方便入区企业办理。

事实上，在西港特区项目上，两国领导的重视程度，两国政府的配合程度，已成为中柬经济项目合作史上的最好样板。

三、打造两国人民友谊的样板

中柬友谊世代相传，历久弥新。新中国领导人与西哈努克国王建立了牢不可破的深厚友谊，为两国关系长期稳定发展奠定了坚实基础。西港特区的良性发展，较好地造福了当地民众，成为加深两国人民友谊的样板。

西港特区自成立伊始，就坚持把融入当地、造福民众、奉献社会作为立足之本。一方面就是扩大就业，改变当地群众谋生渠道，提高生活水平。特区全部建成后可容纳企业300余家，吸纳就业人口达8万～10万人，约为柬埔寨现有劳动人口的10%，迄今已为当地提供了近10000个就业岗位，在柬埔寨的社会经济发展进程中成效显著、地位突出。另一方面，主动积极参与当地慈善事业。虽然在特区建设期的资金投入较大，但迄今仍先后5次向柬埔寨红十字会累计捐赠16.5万美元，救助当地弱势群体，奉献企业爱心。为改变周边环境，特区公司先后捐助25万多美元，为周边乡村改建学校、修桥铺路、改造寺庙等，得到了当地的广泛称颂。

西港特区在当地的威望不断提高，获得了地方政府的全面合作和支持。从开工初期周边村民懒惰，偷盗猖獗，转变为村民积极务工，自动防范园区内的偷盗行为，主动告发偷盗者，自愿为园区发展出力。2014年5月，西哈努克省省长明确表态，如有人到西港特区非法罢工，将坚决予以阻止。

值得一提的是，西港特区中方员工还自觉利用业余时间为邻近年轻学生义务教授汉语，以帮他们在特区企业谋取到更好的工作。迄今已有300多名年轻学生经过培训而成为企业白领。为使培训系统化、专业化、常态化，西港特区还与无锡商业职业技术学院合作建立了培训中心，先后五期已培训1.2万多人次。既造福了当地民众，也为驻区中国企业招收懂汉语员工带来了方便。

西港特区项目自始至今得到了中柬两国政府及相关部门、企业的支持认同，一路发展顺畅。如今，西港特区项目又赶上了“一带一路”的大战略，一定要紧紧抓住这个大机遇，乘势发展，把西港特区打造成投资环境优越的国际样板园区，成为“21世纪海上丝绸之路”上的灿烂明珠，为中国企业境外园区建设提供示范。

（来源：新华网．http://news.xinhuanet.com/fashion/2015－02/16/c_127502610.htm.2015－02－18）

东盟十国投资环境

文莱投资环境分析

从投资环境来看，文莱的竞争优势也十分明显，其政治稳定，国家富裕，市场化程度高，税收政策优惠，政策透明度较高，同时地理位置较为优越，辐射东盟东部地区，贸易和投资的风险相对较低。近年来，文莱政府陆续推出一系列措施，在努力延伸油气产业链的同时，对政府所属企业和公共事业实行私有化，鼓励创新产业和中小企业发展，加大吸引外资力度。

企业顾问公司维瑞恩联合公司（Vriens & Partners）发表的亚太地区投资环境报告显示，文莱2014年投资环境指数为73.5，排名亚太区第5位。该报告从法规、国际贸易和商业开放度、政治稳定度、税收水平、廉洁度和财务管理等方面评估各经济体投资环境，文莱在法规、政治稳定度、税务和廉洁度等方面获得较高得分。

根据世界经济论坛《2013～2014年全球竞争力报告》显示，文莱竞争力在全球148个经济体中排名第26位，比2012～2013年上升2位。

一、自然资源

文莱油气资源丰富，根据《文莱首相府经济计划发展局统计公报》，文莱已探明原油储量为14亿桶，天然气储量为3900亿立方米。文莱林业资源丰富，全国共有11个森林保护区，面积为2277平方公里，占国土面积的39%，森林覆盖率达70%以上，86%的森林保护区为原始森林。

二、基础设施

1．公路

截至2012年，公路总长3650公里，其中沥青路面2819公里。截至2012年年底，文莱登记车辆共约16万辆，平均每月新增注册车辆约1600辆，平均每千人拥有691辆车，是东南亚地区拥有私车比例最高的国家之一。

2．空运

首都国际机场于1974年建成。国家航空公司为“文莱皇家航空公司”（Royal Brunei Airlines，简称RBA），创建于1974年，现有6架波音767、2架空中客车A320和2架空中客车A319。

每周有多个航班直达东盟、澳大利亚、中东、欧洲、日本、中国（香港和上海）等国家的21个城市。此外，还与其他国家的航空公司开通了代码共享的航线。

3. 铁路

文莱国内目前并未铺设铁路设施。

4. 水运

水运是重要的运输渠道。穆阿拉深水港是主要港口，此外还有斯里巴加湾市港、马来弈港等。另有诗里亚港和卢穆港等，主要供出口石油和液化天然气使用。2012年共有各类注册船只1569艘，但主要为小型客运船只和游艇。文莱海运主要目的地有新加坡、中国香港、吉隆坡和马尼拉等周边码头。2012年共有各类注册船只1569艘，但主要为小型客运船只和游艇。文莱海运主要目的地有新加坡、中国香港、吉隆坡和马尼拉等周边码头。

5. 通信

截至2012年，文莱共拥有移动电话用户约48万人，同比增加超过约4万人，人均移动电话拥有量达到1.2部，电话总数已超过全国人口数。统计显示，文莱48万移动电话用户中，预付费用户约达42万，全国固定电话用户约有8万。文莱互联网普及率在东南亚地区位居前列，互联网用户超过6万。

6. 电力

截至2012年，文莱用电普及率为99.9%，只有少数偏远地区未用上电力。总体而言，目前电力供应可满足需求，但鉴于未来工业用电大增，政府拟在2012～2017年国家发展规划期间斥资改善电供设备，提高电供效益。

三、重点/特色产业

1. 油气产业：文莱是东南亚主要产油国和世界主要液化天然气生产国。石油和天然气的生产和出口是国民经济支柱，分别占国内生产总值的66%和出口收入的93.6%。石油产量在东南亚居第3，天然气产量在世界排名第4。除陆地油田外，文莱现有冠军号（Champion）、西南艾姆巴（South West Amba）、费尔里（Fairly）、费尔里—巴拉姆（Fairly—Baram）（与马来西亚共管）、迈格帕（Magpei）、甘纳特（Gannet）、铁公爵（Iron Duke）7个海上油田。文莱90%的石油和几乎全部商用天然气出自上述7个海上油田。海上油田共有46个钻井台，490多个油井，1300公里海底输油与输气管道。

表1：2006～2012年文莱原油、天然气产量

	单位	2006年	2007年	2008年	2009年	2010年	2011年	2012年
生产								
原油	千桶/日	218	194	175	168	170	166	154
天然气	MMscf/日	1250	1215	1182	1140	1208	1287	1248
出口								
原油	千桶/日	206	173	153	149	155	154	148
天然气	MMBtu/日	1053	996	999	920	935	985	979
价格								
原油	美元/桶	69.59	79.09	100.99	64.54	79.27	116.13	121.63
天然气	美元/MMBtu	5.9577	6.2954	12.93	10.46	11.64	16.50	18.33

（资料来源：文莱首相署经济计划发展局）

文莱政府一方面对油气开采奉行节制政策，另一方面积极勘探新油气区。在文莱获得油气勘探和开采权的外国公司有：荷兰壳牌集团、道达尔公司、壳牌深海（婆罗）公司。据文莱《婆罗洲公报》报道，文莱壳牌石油公司在文莱3个海上区域进行为期6个月的钻探工作，新近完成文莱海上西区总面积3000平方公里的3D地震调查。文莱能源部常秘（副部长）阿兹哈尔也表示，尽管文莱石油勘探生产已近1个世纪，但仍有不少区域待开发，将不断会有新储量被发现。

近年来，文莱石油日产量控制在20万桶以下，是东南亚第3大产油国；天然气日产量在3500万立方米左右，为世界第4大天然气生产国。文莱致力于到2017年将油气产业本地成分从目前的15%提高到25%，到2035年提高到60%。并实现油气行业岗位本地人占据80%，达50000人。

2. 工业：文莱工业基础薄弱，经济结构单一，多年来主要以石油和天然气开采与生产为主。为改变国民经济过度依赖油气资源的局面，文莱政府积极推行经济多元化战略，其中一个重要的方面就是扶持中小企业发展，尤其是制造业在文莱的发展。目前，文莱建立了十几家服装加工厂。建筑业为文莱第二大工业，但因政府投入不足，一直不景气。文莱工业政策是鼓励发展进口替代和出口导向型工

业。目前，文莱已建成10个工业区，大力改善了投资环境。

3. 农业：随着20世纪70年代油气和公共服务业的发展，很多人弃农转业，使传统的农业受到冲击。目前仅种植少量水稻、橡胶、胡椒和椰子、木瓜等热带水果，农业收入在国内生产总值中不到1%。

文莱大力扶持国内以养鸡业为主的家禽饲养业，鸡肉96%自给，鸡蛋已经实现自给。

4. 林业：文莱森林保护区分为5类：保护林、主要保护区、次要保护区、再生林区和森林生产区。文莱限制森林砍伐和原木出口，实行以保护为主旨的森林管理政策。从1997年开始，为推动林业长期发展，保护自然环境，文莱实行"砍一树，种十树"和每年10万立方米限额（价值2700万文莱元以内）的伐木政策（主要满足国内市场需要）。

5. 渔业：文莱有162公里的海岸线，200海里渔业区内有丰富的渔业资源，水域没有污染，又无台风袭击，适宜养殖鱼虾。全国共有50个鱼虾养殖场。

6. 服装制造业：目前，文莱共有17家服装厂，其中从事出口服装加工的共13家，目前各工厂工人总数约2万人，文莱暂无纱厂、织布厂、染色厂（仅有一家工厂拥有染色设备）。文莱服装产品绝大部分直接或经新加坡出口到美国和欧盟，服装出口已经成为文莱继石油、天然气之后的第三大出口货物。随着美国减少了对文莱的服装配额，文莱的服装出口产业已大幅萎缩，但是美国仍然是文莱最大的服装出口额，2012年文莱对美国的服装出口额为6600万美元。

7. 清真产业：作为推动经济多元化战略的重要举措之一，文莱政府近年来积极打造"文莱清真"品牌，并将其作为首个国家清真品牌推向世界。

8. 金融业：由于在2008年全球金融危机中凸现规避金融风险方面的独特优势，伊斯兰金融得到了文莱政府的大力推动。2008年，文莱财政部颁布伊斯兰银行法令和伊斯兰保险法令，以加强对金融系统的监管，并通过各种宣传途径向公众灌输伊斯兰金融投资理念。2011年元旦，文莱苏丹宣布文莱国家金融管理局正式启动，负责执行国家货币政策及监督金融体制运作，任命皇储比拉担任董事局主席，于2012年成立。苏丹还表示文莱将继续维持与新加坡之间货币挂钩的制度。

9. 旅游业：根据文莱政府制定的2012～2016年旅游业发展蓝图，文莱旅游业收入2016年预计将突破3.5亿文莱元，旅游业将成为石油天然气以外新的经济增长点。

四、国内市场

（一）销售总额

按当前价格统计，2013年文莱国内生产总值（GDP）为201.58亿文莱元，下降1.8%，人均GDP为5.04万文莱元。文莱政府暂无关于销售总额的统计数据公布。

（二）生活支出

文莱物价稳定。根据2005年文莱统计局公布的数据，文莱中低收入家庭平均收入分别为4661文莱元和3640文莱元。每户居民平均每月支出2735文莱元，其中70%左右用于以下四项支出：住房、水电及煤气（占32.0%）；交通（占16.5%）；食品饮料（占14.0%）；家具、家用设备及日常房屋维护（占7.5%）。城镇人口的平均支出是乡村人口的1.2倍。近几年没有新数据公布，人们的生活水平没有太大变化。

（三）物价水平

文莱经济计划发展局发布的数据显示，2013年全年消费品价格指数同比增长0.4%。

近年消费者价格指数（CPI）变化情况如下：

表2：文莱消费物价指数

年份	2005	2006	2007	2008	2009	2010	2011	2012	2013
CPI增幅（%）	1.1	0.2	0.3	2.7	1.8	1.1	2	0.5	0.4

（资料来源：文莱首相署统计局）

五、金融环境

近年来，文莱的政治局势稳定，金融环境不断改善，外汇管制宽松，为外国投资营造了良好的环境。

（一）当地货币

文莱货币为文莱元。文莱采用货币发行局制度（Currency Board Arrangement）的汇率政策。

近年来，受美元持续贬值影响，文莱货币对西方主要货币的汇率呈稳定的上升态势。2008年、2009年、2010年、2011年和2012年，文莱元的汇率平均价分别是1美元兑换1.43文莱元、1.46文莱元、1.36文莱元、1.26文莱元和1.22文莱元。美元兑文莱元汇率从2009年年底的1.43下滑至0.82左右，降幅超过43%。根据文莱与新加坡政府的货币互换协议，新加坡元与文莱元等值流通。

人民币与文莱元不可直接兑换。

（二）外汇管理

文莱无外汇限制。银行允许非居民开户和借款。外资企业在当地开立外汇账户须提供公司注册文件及护照复印件等材料。

个人可自由携带现金出入境，不需要申报。

个人及公司外汇可自由汇出，但须在汇出时说明原因。

（三）银行机构

文莱财政部通过下属的财政研究所、货币局和文莱投资局行使中央银行的职能。货币局负责发行钞票。目前货币供应量年增长约20%。银行利息由银行协会设定。

文莱目前有10家商业银行，其中当地主要商业银行是佰都利银行（BAIDURI）、文莱达鲁萨兰伊斯兰银行（IBDB）和伊斯兰发展银行（IDBBB）；外资银行有美国花旗银行（Citibank）、香港汇丰银行（HSBC）、英国渣打银行（Standard & Chartered Bank）、新加坡华联银行（Overseas Union Bank LTD）、大华银行（UOB）和马来亚银行（RHB）。

2006年6月12日，文莱财政部宣布成立伊斯兰金融监管理事会。2007年3月14日，文莱政府正式发行短期伊斯兰债券。2012年元旦，文莱国家金融管理局正式成立，负责执行国家货币政策及监督金融体制运作，相当于文莱央行，皇储比拉担任董事局主席。2014年2月，中国证监会与文莱金融管理局签署了两国证券期货管理合作谅解备忘录。该备忘录是文莱与外国金融与证券管理机构签署的第五份类似文件，标志着文莱金融机构可向中国证监会申请合格境外机构投资者资格并进入中国市场投资。

（四）融资条件

在融资条件方面，新注册外资企业须提供母公司信用情况证明材料。具体融资条件需要和银行协商确定。

（五）信用卡使用

文莱当地信用卡使用比较普遍。中国发行的VISA卡和万事达卡在当地可以使用。目前，中国银联已与文莱佰都里银行合作，开通银联卡客户在佰都里银行ATM机终端提款业务。

六、对外经贸

（一）贸易关系

贸易总量：文莱外贸收入受国际市场原油价格影响较大，2013年文莱进出口贸易总额约为148.6亿美元，同比下降8.9%。其中，出口业务总额为112.9亿美元，同比下降11.8%；进口业务总额为35.7亿美元，同比上涨1.5%。进出口贸易顺差约77.1亿美元，同比下降16.8%。

主要贸易伙伴：出口目的地方面，日本为文莱最大贸易伙伴，占出口总量的39.8%，其他依次为东盟（22.5%）、韩国（16.3%）、印度（7.6%）、澳大利亚（7.3%）。进口来源方面，前五位分别为马来西亚（19.4%）、印度尼西亚（17.6%）、新加坡（16.6%）、中国（11.2%）、美国（8.6%）。中国对文莱出口近年高速增长，2010～2013年间涨幅分别达161.8%、102.5%、68.2%和36.1%，2013年出口额已达17亿美元，家具、建材和机械设备为前三大出口产品。

贸易结构：文莱主要出口商品是原油和天然气，2013年油气出口占同期出口贸易额的96.5%。文莱进口贸易中，主要进口商品为机械及交通设备、工业制成品、食品和化工制品等。

（二）辐射市场

全球贸易协定：文莱于1993年12月9日加入关贸总协定，1995年1月1日成为世界贸易组织（WTO）成员国。

区域贸易协定：文莱于1984年1月7日加入东盟（ASEAN），成为东盟第6个成员国。1996年以来，文莱苏丹出席了历届东盟国家领导人会议。

文莱作为东盟成员国，享有东盟自由贸易区内所有优惠政策。2015年东盟共同体建成后，东盟地区国家间经贸联系将更加紧密。在文莱投资项目生产产品可辐射整个东南亚地区。

2005年4月，文莱以创始国成员身份加入跨太平洋战略经济伙伴协定（TPP），并于2010年主办了第三轮谈判，对谈判态度积极，希望借助参与该协定增加文莱在国际社会的知名度。同时，文莱还积极参与“区域全面经济伙伴关系”（RCEP）建设，并于2013年5月承办了第一轮谈判。

文莱重视与其他伊斯兰国家的合作，近年来大力推动在清真食品、穆斯林用品以及伊斯兰金融领域的发展，“文莱清真”品牌在伊斯兰世界得到认可。

（三）吸收外资

2011年，文莱共计吸收外资15.2亿文莱元，同比增长78.2%。其中，英国资本居首位，其次是荷兰、日本、东盟和美国。投资领域主要在石油勘探和开采、天然气液化工程及发电站建设等方面。据联合国贸发会议发布的2014年《世界投资报告》

显示，2013年，文莱吸收外资流量为9.0亿美元；截至2013年年底，文莱吸收外资存量为142.1亿美元。

在文莱投资的世界著名跨国公司包括壳牌公司、法国道达尔、日本三菱煤气、日本尹藤忠商社等。

（四）中文经贸

中国与文莱于1991年9月30日建交。1993年10月和12月，文中两国先后在对方首都设立使馆，并互派大使。建交以来，两国关系稳步发展，双方高层接触频繁，各领域友好交流与合作不断扩大。

双边贸易：2014年中文贸易额为19.36亿美元，同比增长7.96%，创历史新高。中国自文莱进口以原油为主，近年来随着国际油价的变化，进口额波动较大；中国对文莱出口近年来高速增长，2010～2014年间涨幅分别达161.8%、102.5%、68.2%、36.3%和2.51%，2014年出口额已达17.47亿美元。

表3：近8年中国和文莱贸易统计

（单位：万美元）

年份	进出口额	进口额	出口额	累计比去年同期增减（%）		
				进出口	进口	出口
2007	35,488	11,273	24,216	12.7	13.1	12.5
2008	21,800	8,900	12,800	−39.1	−63.9	15
2009	42,300	28,200	14,000	93.5	217.5	8.4
2010	103,000	65,800	36,800	143.0	133.3	161.8
2011	131,000	56,600	74,400	27.1	−14.0	102.5
2012	161,000	36,000	125,000	22.6	−37.3	68.2
2013	179,357	8980	170377	11.4	−75.9	36
2014	193,600	19000	174,700	7.96	111.37	2.51

（资料来源：中华人民共和国海关）

据中国海关统计，近年来，中国对文莱出口商品主要类别包括：①家具、寝具、灯具、活动房；②电机、电气、音像设备及其零附件；③钢铁制品；④机械器具及零件；⑤钢铁；⑥有机化学品；⑦橡胶及其制品；⑧陶瓷产品；⑨盐、硫黄、土及石料；⑩铝及其制品。

据中国海关统计，近年来，中国从文莱进口商品主要类别包括：①矿物燃料、矿物油及其产品；沥青等；②木浆等纤维状纤维素浆；废纸及纸板；③塑料及其制品；④铜及其制品；⑤家具；寝具等；灯具；活动房；⑥木及木制品；⑦鱼及其他水生无脊椎动物；⑧玩具、游戏或运动用品及其零件；⑨谷物粉、淀粉等或乳的制品；⑩陶瓷产品。

承包劳务：据中国商务部统计，2013年中国企业在文莱新签合同额1738万美元，完成营业额8766万美元；当年派出各类劳务人员235人，2013年年末在文莱劳务人员209人。在建大型工程承包项目包括中交第三航务工程局有限公司承建文莱德里赛—鲁木高速公路，中国水利水电建设股份有限公司承建的乌鲁—都东水坝等。

表4：近7年中国在文莱经济合作统计

（单位：万美元、人）

年份	承包工程		劳务合作	
	合同额	营业额	当年派出人数	年末在外人数
2007	530	530	2	48
2008	66	72		7
2009	529	1954	1	6
2010	14241	3843	147	135
2011	20000	4377	188	233
2012	765	6257	167	291
2013	1738	8766	235	209

（资料来源：中华人民共和国商务部）

双向投资：文莱对华直接投资主要以在文莱金融中心注册的离岸公司在华投资为主，截至2013年12月累计实际对华投资额为25.5亿美元。据中国商务部统计，2013年当年中国对文莱直接投资流量852万美元。截至2013年年末，中国对文莱直接投资存量7212万美元。中国大型民营企业浙江恒逸集团计划未来几年在文莱投资建设炼化厂，一期工程估算43亿美元，将开启中国对文莱投资的新篇章。

表5：中国对文莱直接投资统计

（单位：万美元）

年份	流量	存量
2003	—	13
2004	—	13
2005	150	190
2006	—	190
2007	118	438
2008	182	651
2009	581	1737

续表

年份	流量	存量
2010	1653	4566
2011	2011	6613
2012	99	6635★
2013	852	7212

注："★"表示该国家（地区）2012年年末存量数据中包含对以往历史数据进行调整部分。（资料来源：中华人民共和国商务部）

【来源：改编自商务部国际贸易经济合作研究院、商务部投资促进事务局、中华人民共和国驻文莱达鲁萨兰国大使馆经济商务参赞处共同主编．《2014版对外投资合作国别（地区）指南——文莱》．第11～28页】

柬埔寨投资环境

柬埔寨投资环境的主要优势在于：实行开放的自由市场经济政策，经济活动高度自由化，资源丰富，劳动力成本低和享有普惠制（GSP）待遇等。竞争劣势是：柬埔寨未来经济展望出现不确定因素，气候变化、全球经济再度陷入衰退和外来援助"枯竭"，将对柬埔寨经济和政府财政构成威胁。

据世界经济论坛《2013～2014年全球竞争力报告》显示，柬埔寨在全球148个国家和地区中，排名第88位，比2012～2013年下降3位。

一、自然资源

柬埔寨盛产柚木、铁木、紫檀、黑檀、白卯等高级木材，并有多种竹类。木材储量约11亿多立方米。森林覆盖率61.4%，主要分布在东、北和西部山区。矿藏主要有石油、天然气、金、铁、铝土等。水资源丰富，洞里萨湖为东南亚最大的天然淡水湖，素有"鱼湖"之称。西南沿海多产鱼。

二、基础设施

2004年以来，柬埔寨政府把对基础设施的建设和改善列为"四角战略"的重要任务之一，加快恢复和重建的步伐。目前，以公路和内河运输为主的交通网络已取得很大进步。

1. 公路

公路运输是柬埔寨最主要的运输方式，占客运运输总量的65%，货运运输总量的69%。

截至2013年年底，柬埔寨路网总长度约为55239公里，包括国道5622公里，省级公路6617公里，农村公路约4万公里，无高速公路。

2. 铁路

柬埔寨仅有南北两条铁路线，总长655公里，均为单线米轨。北线从金边至波贝，全长385公里，建于1931年；南线从金边至西哈努克港，全长270公里，建于1960年。由于多年战乱及年久失修，上述两条铁路基本处于瘫痪状态。无客运列车，仅有的一点货运平均时速仅20公里，主要是向金边运输发电机用重油以及水泥和大米，向西哈努克市运输出口用木材和石料。

3. 空运

柬埔寨空运主要为客运，货运不发达。柬埔寨有11个机场，包括金边和暹粒两个国际机场。由于柬埔寨政府执行航空开放政策，近年来，开通柬埔寨航线的航空公司数量稳步增长。金边机场现运营至马来西亚、新加坡、泰国、越南、中国内地、中国香港、中国台湾、韩国等8个国家/地区的航线。

4. 水运

柬埔寨水运分为海运与河运。

西哈努克港是柬埔寨唯一的深水海港，有2个泊位。该港海运线路可抵达美国、欧盟、中国内地、中国香港、印度尼西亚、日本、马来西亚、菲律宾、新加坡、韩国、泰国、越南等国家和地区（多个地区需通过新加坡中转）。

柬埔寨内陆水系主要包括湄公河、洞底萨河和巴萨河，雨季总长度约为1750公里，旱季缩减为580公里。全国有7个主要河运港口，包括金边港、磅湛码头、桔井码头、上汀码头、奈良码头、磅清扬码头和重涅码头。

5. 通信

电话：柬埔寨邮电通信部是柬埔寨电信行业决策和管理部门。全国共有非移动电话公司8家，国际通信服务运营商3家，移动服务运营商7家。

柬埔寨共有2条国际电话端口，国际电话服务费用占邮电通信部收入的85%左右，是政府主要收入来源之一。国际电话成本虽已降低1/4到1/3，但价格仍然偏高。

互联网：经加拿大国际发展研究中心协助，互联网服务于1997年引入柬埔寨，由邮电通信部下设的CamNe公司负责提供互联网接入服务。柬埔寨现有30家网络服务公司，15家网络电话（VOIP）公司。2012年，柬埔寨互联网用户270万。

6. 电力

目前，柬埔寨全国电力供应无法满足本国基本电力需求，依靠从邻国泰国和越南的进口。

三、重点/特色产业

柬埔寨经济产业可简略地划分为三类：农业、工业（主要是纺织服装产业，约占工业总产值的90%）、服务业（主要是旅游业，约占25%）。

1. 农业：农业是柬埔寨国民经济的第一大支柱，具有举足轻重的地位。尽管存在基础设施和技术落后、资金和人才匮乏、土地私有制问题等制约因素，但柬埔寨农业资源丰富、自然条件优越、劳动力充足、市场潜力较大、农业经济效益良好。此外，柬埔寨历届政府都高度重视农业发展，将农业列为优先发展的领域，竭力改善农业生产及其投资环境，充分挖掘潜力，发挥优势，开拓市场。柬埔寨农业发展前景广阔。

2014年，柬埔寨全国稻谷种植面积305.2万公顷，稻谷总产量923.4万吨，同比增长1.7%，除满足国内粮食需求和收割过程中损失外，剩余450万吨可供出口。柬埔寨政府高度重视稻谷生产和大米出口，并提出2015年大米出口百万吨的计划。天然橡胶种植面积35.78万公顷，产量约9.67万吨，同比增长13.4%。

2. 工业：制衣业和建筑业是柬埔寨工业的两大支柱。2012年，柬埔寨充分利用欧盟给予的新普惠制（GSP）和美国、欧盟、日本等28个国家给予的最惠国待遇（MFN）等优惠政策，凭借本国劳工成本低廉的优势，积极吸引外资投入制衣和制鞋业。

2014年，柬埔寨制衣制鞋业产品出口达57.2亿美元，同比增长9.6%，占全年出口总额的71.2%。截至2014年年底，柬埔寨全国有960家制衣厂和制鞋厂，创造约63万个就业岗位。2014年，柬埔寨新批建筑项目1960个，投资额达25.07亿美元，同比下降10%，建筑面积646.02万平方米，同比大幅增长53%。项目主要包括住宅、工厂、商业大楼、酒店和赌场等。

3. 旅游业：柬埔寨是旅游资源十分丰富的国家。首都金边有塔仔山、王宫等名胜古迹；北部暹粒省吴哥王朝遗址群的吴哥窟是世界七大奇观之一；西南部的西哈努克港是著名的海滨休闲胜地。连年战乱的结束和国内政局的逐渐稳定，柬埔寨旅游业得到了恢复并获得较快发展。

2014年，柬埔寨共接待外国游客450.28万人次，同比增长7%。前三大外国游客来源国分别为：越南（90.6万人次）、中国（56万人次）、老挝（46万人次）。2014年，柬埔寨旅游收入达25亿美元，约占GDP的15.4%。

旅游业的发展将继续带动金融、交通运输、酒店、餐饮和服务业等相关产业的发展，成为未来柬埔寨经济的重要支柱和收入来源。

四、国内市场

（一）销售总额

柬埔寨暂无销售总额的统计数据。有关2011年柬埔寨商品市场的需求量如下表：

表1：2011年柬埔寨商品市场需求量

类别	需求量
日用品	约16.5亿美元
高档消费品（包含进口香烟、有色酒、啤酒）	约4.3亿美元
衣物	约6000万美元
建筑材料（包含房地产、企业厂房建设所需材料）	约15亿美元
汽油	150万吨

（资料来源：柬埔寨商业部）

（二）生活支出

据国际货币基金组织柬埔寨发展报告数据显示，2012年柬埔寨全国储蓄总额占国民生产总值的13.9%，政府储蓄总额占1.2%，私人存款总额占12.8%，全国固定投资额占24.0%，私人投资额占16.4%。

（三）物价水平

据国际货币基金组织柬埔寨发展报告数据显示，2012年，柬埔寨全年平均通货膨胀率为4.3%。2013年，柬埔寨国内消费市场价格温和上涨，全年通货膨胀率为3%。总体看，柬埔寨宏观经济形势良好，贸易保持稳定增长，通货膨胀率处于可控状态。

表2：柬埔寨物价水平（市场平均参考价）

品名	单位	2012年	2013年	增幅（%）
1号大米	瑞尔/公斤	3607	3738	3.63%
2号大米	—	2883	2816	−2.32%
绿豆	—	5273	6211	17.79%
大豆	—	3647	4600	26.13%
花生	—	7708	7689	−0.25%
大蒜	—	4949	4583	−7.40%

续表

品名	单位	2012年	2013年	增幅（%）
胡椒	—	37803	35003	−7.41%
牛肉	—	29033	32859	13.18%
猪肉	—	17146	17891	4.35%
鸡肉	—	22877	21786	−4.77%
鸡蛋	10个	4012	4644	15.75%
鸭蛋	瑞尔/公斤	4818	5507	14.30%
棕榈糖	—	3733	4184	12.08%
盐	—	1145	1077	−5.94%
西红柿	—	2645	2562	−3.14%
黄瓜	—	2199	2187	−0.55%
汽油	瑞尔/升	5300	5091	−3.94%
柴油	—	5049	4754	−5.84%

（资料来源：柬埔寨商业部）

五、金融环境

随着政治局势基本稳定，柬埔寨政府采取一些积极措施改善和加强对财政与金融的管理，取得了一定的成效。

（一）当地货币

柬埔寨货币为瑞尔。1993年，柬埔寨政府通过并实施《外汇法》，规定汇率由市场调节。近5年来，汇率基本稳定在4000瑞尔兑1美元。2014年3月31日，瑞尔对美元汇率中间价为3985。

表3：2007～2014年柬埔寨汇率变动情况

年份	瑞尔兑美元平均汇率
2007	4056.2
2008	4129.3
2009	4148.5
2010	4048
2011	4005
2012	4040
2013	4010
2014	4050

（资料来源：亚洲开发银行）

美元被允许在市场上流通。近10多年来，美元成为柬埔寨社会的主要交换媒介，流通量占市场货币流通总量的85%以上。

人民币与瑞尔不可直接兑换，与瑞尔进行结算需以美元搭桥。

（二）外汇管理

根据柬埔寨《外汇法》规定：允许居民自由持有外汇。通过授权银行进行的外汇业务不受管制，但单笔转账金额在1万美元（含）以上的，授权银行应向国家银行报告。

只要在柬埔寨商业主管部门注册的企业均可开立外汇账户。

（三）银行机构

柬埔寨银行体系由国家银行和商业银行构成。

国家银行的主要职能是：建立金融体系的法律框架，维持稳定的价格体系，为制定金融政策提供依据，增加国家资本、承担政府间的财务清算和管理本国货币，管理外汇储备，监督和调控商业银行、专门金融机构等依法运营。

截至2013年年底，柬埔寨共有商业银行34家、专业银行8家、小额贷款机构37家。加华银行、外贸银行等五大商业银行集中了全国商业银行总资产的60%，储蓄存款的70%和提供贷款的70%。2013年柬埔寨成立了第1家人寿保险公司，截至2013年年底，柬埔寨境内共有6家保险公司、3家人寿保险公司和1家小额保险公司。

柬埔寨政府实施的宽松外汇政策，使外资商业银行获得了较快的发展。中国银行、中国工商银行都已在柬埔寨设立分行。

（四）融资条件

柬埔寨商业银行业务范围相对较窄，尽管能够提供海外资本划拨、信用证开立及外汇服务，但是提供不动产抵押、贷款等服务仍很困难，且借款期限较短，利率较高。

目前人民币在柬埔寨不能自由流通，中资企业不能使用人民币在柬埔寨开展跨境贸易和投资合作。

（五）信用卡使用

2007年起，信用卡消费在柬埔寨中上阶层开始兴起。柬埔寨全国共有7家银行发行超过10000张信用卡，主要种类为万事达卡、VISA卡和美国运通卡。但由于本地基础设施和技术限制，信用卡在商业领域使用还非常有限，只能在少数高档酒店、餐厅、大型超市使用信用卡付账。

中国发行的银联卡可在当地大型商场、银行使用。

六、对外经贸

（一）贸易关系

贸易总量：柬埔寨自成为东盟成员国和加入WTO后，经济发展较快，进出口贸易连年增长。2014年，柬埔寨进出口总额181.35亿美元，同比增长14%。其中，出口76.96亿美元，同比增长11.5%；进口104.39亿美元，同比增长15.5%。

主要贸易伙伴：根据柬埔寨商业部统计，柬埔寨主要出口市场为美国、中国香港、德国、英国、加拿大、新加坡、日本、法国、越南和西班牙，主要进口来源地为东盟和东亚国家/地区，且自东盟国家进口增长迅速。

表4：近7年柬埔寨贸易情况统计

（单位：亿美元）

年份	2008年	2009年	2010年	2011年	2012年	2013年	2014年
进出口总额	77.78	93.5	104.72	114.7	136.3	158.8	181.35
出口	33.56	39	43.63	48.7	54.9	69	76.96
进口	44.22	54.5	61.09	66	81.4	90	104.39
进出口差额	—10.66	—15.5	—17.46	—17.3	—26.5	—21	27.92

（资料来源：柬埔寨海关）

贸易结构：柬埔寨工业产业结构近年来无明显变化和改进。2013年，柬埔寨主要出口商品是服装、橡胶、大米和木薯等，服装和鞋类占出口总额的76%，其中成衣49亿美元，占全国出口总额的71%。此外，水产、橡胶及木制品也有少量出口。2013年，柬埔寨主要进口商品为成衣原辅料、燃油、食品、化工、建材、汽车等。

（二）辐射市场

近10多年来，在众多发达国家给予普惠制（GSP）和配额优惠的条件下，柬埔寨积极吸引外商投资，努力扩大对外贸易，成为最不发达国家中第一个出口超过10亿美元的国家。

全球贸易协定：2003年柬埔寨正式成为世界贸易组织（WTO）成员，是该组织成立以来第一个来自最不发达国家的成员。为符合WTO的有关规定，柬埔寨政府一方面积极修改立法，完善司法体系，促使国内市场走向成熟；另一方面加大推行贸易自由化政策的力度，加强国际合作，积极与国际接轨。

区域贸易协定：1999年，柬埔寨加入东盟。根据东盟第31次经济部长会议的决定，柬埔寨、老挝、缅甸、越南4个新成员国将按步骤实现中国—东盟自贸区的降税目标，于2015年以前将进口关税降到零。作为东盟成员国，柬埔寨同样受东盟与其他国家签署的自由贸易协定关税减让的约束。根据中国—东盟自贸区协议，中柬双方于2009年10月1日起正式启动降税程序。中国于2010年1月1日率先对柬埔寨绝大部分产品实现零关税，柬埔寨2011年实行降税，并将于2013年、2015年进一步实施降税安排，最终于2015年对中国90%以上产品实现零关税。

（三）吸收外资

由于柬埔寨社会政治逐步稳定，外国投资者对柬埔寨经济未来发展充满信心和期待。据柬埔寨发展理事会统计，1994～2013年柬埔寨共吸引外国投资260.6亿美元。其中，中国是最大外资来源国，累计投资96.1亿美元，占柬埔寨吸引外资总额的34%。2013年，柬埔寨前三大外资来源国分别是中国大陆（4.36亿美元）、越南（2.42亿美元）和中国香港（1.11亿美元）。中国投资制衣、家具、大米加工等；越南投资橡胶种植等；中国香港投资制衣、制鞋等。

据联合国贸发会议发布的2014年《世界投资报告》显示，2013年柬埔寨吸引外资流量为14亿美元；截至2013年年底，柬埔寨吸引外资存量为94亿美元。

（四）中柬经贸

中柬两国自1958年7月建交以来，双边经贸关系持续发展，尤其是1993年柬埔寨王国政府成立后，两国经贸合作关系得到全面恢复和发展。1996年7月，两国政府签署了《贸易协定》和《投资保护协定》。2004年时任中国国务院副总理吴仪在柬埔寨首相洪森首相访华期间，双方签署25项经贸合作协议；2006年4月时任中国国务院总理温家宝访柬埔寨期间，双方签署11项合作协议；2009年12月时任中国副主席习近平访柬埔寨期间，双方签署14项经贸合作协议。2010年1月1日，中国—东盟自贸区的全面建成，进一步为中柬经贸合作开辟更加宽广和畅通的渠道，提供更多的机会。2010年，中国十一届全国人大常委会委员长吴邦国访柬期间，双方签署16项协议，涉及基础设施建设、水利资源开发利用、通信技术、能源开发等领域，两国深化双边经贸合作大有可为。2012年3月，时任中国主席胡锦涛访柬埔寨期间，双方发表联合声明，一致同意到2017年实现两国贸易额翻一番，达到50亿美元。

1. 双边贸易：近年来，中柬双边贸易呈持续增长态势。据中国海关统计，2014 年，中柬双边贸易额为 37.57 亿美元，同比下降 0.39%。其中，中国对柬埔寨出口 32.75 亿美元，同比下降 3.99%，主要商品包括纺织原辅料、机械设备等；自柬埔寨进口 4.83 亿美元，同比增长 33.54%，主要商品包括木材、针织服装、天然橡胶等。

表 5：近 8 年中国和柬埔寨贸易情况统计

（单位：亿美元）

年份	进出口额	出口额	进口额	累计比去年同期增减（%）		
				进出口	出口	进口
2007	9.33	8.82	0.51	27.3	26.4	45.6
2008	11.33	10.94	0.39	21.3	24.0	—23.8
2009	9.44	9.07	0.37	—16.7	—17.1	—5.2
2010	14.41	13.48	0.94	52.6	48.5	153.6
2011	24.99	23.15	1.84	73.5	71.8	96.8
2012	29.23	27.08	2.15	17	17	16.8
2013	37.72	34.11	3.62	29.1	26	67.9
2014	37.57	32.75	4.83	—0.39	—3.99	33.54

（资料来源：中华人民共和国商务部）

2. 对柬埔寨援助：长期以来，中国向柬埔寨提供了力所能及的援助。援助涉及成套项目、物资项目和农业、教育、体育、警务等领域的经济技术合作项目。这些项目取得了良好的经济和社会效益。

成套项目主要包括政府办公大楼、参议院会议厅和办公楼、国会办公楼、柬埔寨国家 7 号公路、8 号公路、76 号公路、57 号公路、62 号公路、干丹省波雷格丹洞里萨河大桥、波雷达马湄公河大桥、茶胶寺修复、吴哥周萨神殿、金边制药厂、金边市毛泽东大道、100 口饮用水井等。

此外，中国帮助柬埔寨培训了大批经济建设急需人才。截至 2013 年年底，中国通过多边和双边渠道，共为柬埔寨培训了 1230 名经济人才，培训范围涉及外交、金融、商务、工业、农业、交通和卫生等诸多领域，生源囊括了首相府、外交国际合作部、财经部、商业部、工矿能源部、农林渔业部、公共工程运输部、卫生部、国土规划与建设部和国家银行等柬埔寨政府核心部门。

3. 双向投资：目前，柬埔寨企业基本没有对华投资。据中国商务部统计，2013 年当年中国对柬埔寨直接投资流量 4.99 亿美元。截至 2013 年年末，中国对柬埔寨直接投资存量 28.49 亿美元。投资产业主要分布在水电站、电网、通讯、服务业、纺织业、农业、烟草、医药、能源矿产、境外合作区等。主要中国企业有：中国华电集团公司、中国重型机械总公司、中国水电建设集团、中国电力技术进出口公司、中国大唐公司、中海油有限公司、神州石油有限公司、广西有色、广东外建、上海建工、云南建工、江苏红豆集团、柬埔寨光纤通信网络有限公司、华岳集团、华立生态、盾安有限公司、优联发展集团有限公司、宜佳旅游发展有限公司、申洲有限公司、欣兰制衣厂有限公司等。其中，江苏红豆集团在柬埔寨投资的“西哈努克港经济特区”是中国商务部首批境外经贸合作区之一。一期规划面积 5.28 平方公里，预计投资 3.2 亿美元。截至 2014 年 3 月，已有 56 家企业入驻。

表 6：近 5 年中国对柬埔寨直接投资情况

（单位：万美元）

年份	2009 年	2010 年	2011 年	2012	2013 年
金额	21583	46651	56602	55966	48978

（资料来源：中华人民共和国商务部，《对外直接投资统计公报》）

4. 承包劳务：据中华人民共和国商务部统计，截至 2013 年年底，中国在柬埔寨承包工程累计合同额 92.78 亿美元，完成营业额 54.84 亿美元。其中，新签承包工程合同总额 11.09 亿美元，完成营业额 14.31 亿美元；当年派出各类劳务人员 5810 人，年末在柬埔寨劳务人员 7125 人。

中国企业在柬埔寨实施的承包工程涉及柬埔寨社会各领域，对柬埔寨经济建设和发展起了积极的推动和促进作用。截至 2013 年年底，以 BOT 方式参与柬埔寨水电站项目建设取得积极进展，累计合同金额达 25.91 亿美元。目前，已经完成投产和正在进行的项目主要包括基里隆 I 号水电站项目、贡不省甘再水电站项目、基里隆号水电站Ⅲ期扩建工程、戈公省斯登达代水电站、斯登沃代水电站及额勒赛水电站项目等。

表 7：2007～2013 年中国在柬埔寨经济合作情况

（单位：万美元、人）

年份	对外承包工程		对外劳务合作		对外设计咨询	
	合同额	营业额	当年派出人数	年末在外人数	合同额	营业额
2007	53621	15367	1932	5767	1521	243
2008	34015	35977	1944	3026	35	31

续表

年份	对外承包工程		对外劳务合作		对外设计咨询	
	合同额	营业额	当年派出人数	年末在外人数	合同额	营业额
2009	132440	39782	1323	3960		
2010	134365	64818	498	1632		
2011	50467	82530	3473	6247		
2012	295579	117150	5672	6650		
2013	110865	143077	5810	7125		

注：承包工程统计中含设计咨询合作。

（资料来源：中华人民共和国商务部）

【来源：改编自商务部国际贸易经济合作研究院、商务部投资促进事务局、中华人民共和国驻柬埔寨王国大使馆经济商务参赞处共同主编.《2014版对外投资合作国别（地区）指南——柬埔寨》. 第13～26页】

印尼投资环境

近年来，印尼吸引外资持续较快增长，特别是2008年以来，每年保持15%以上增速，并连创历史新高。从投资环境角度看，印尼的竞争优势主要表现在以下方面：政治稳定；自然资源丰富；经济增长前景看好，市场潜力大；地理位置重要，控制着关键的国际海洋交通线；人口众多，有丰富、廉价的劳动力；市场化程度较高，金融市场充分开放。

据世界经济论坛发布的《2013～2014年全球竞争力报告》显示，印度尼西亚的全球竞争力排名位居第38位，比2012～2013年上升12位，一跃成为2006年以来20国集团（G20）中进步最快的经济体。

一、自然资源

印度尼西亚共和国是世界上最大的群岛之国，拥有17500多座大小岛屿，自然资源丰富，有“热带宝岛”之称。盛产棕榈油、橡胶等农林产品，其中棕榈油产量居世界第一，天然橡胶产量居世界第二。主要矿产资源有石油、天然气、锡、铝、镍、铁、铜、锡、金、银、煤等，储量均非常丰富。

二、基础设施

印尼基础设施建设发展相对滞后，是制约印尼经济增长和投资环境改善的一个主要瓶颈。与此同时，加强基础设施建设也是保证印尼经济能够年均增长6%的重要因素。印尼是群岛国家，与邻国直接接壤较少，外界互联互通主要通过海路、航空等方式。

1. 公路

陆路运输比较发达的地区是爪哇、苏门答腊、苏拉威西、巴厘岛等。全国公路网在1989～1993年期间已经形成。印尼公路全长34万公里，但公路质量不高，高速公路建设停滞不前。截至2013年年底，高速公路总路程不到1000公里。

2. 铁路

铁路设施相对落后，仅爪哇和苏门答腊两岛建有铁路。连接苏拉威西岛全岛6省的第一条铁路工程正在紧锣密鼓的筹划之中。印尼全国铁路总长6458公里，窄轨铁路长5961公里，爪哇岛和苏门答腊岛铁路运输比较发达，其中爪哇岛铁路长4684公里，占全国铁路总长的73.6%。

3. 空运

随着经济发展和旅游业兴旺，印尼航空运输日益繁忙。各省、市及偏远的地区均通航，全国有179个航空港，其中达到国际标准的有23个。开有国际航班、国内航班、朝觐航班、先锋航班等。航空公司主要有Garuda航空公司、Merpati航空公司、Lion航空公司、Sriwijaya航空公司。据2008年美国《世界概况》统计，印尼共有机场652个。目前为满足日益增长的航空运输需求，印尼交通运输部计划在2030年之前新建14个机场。

4. 水运

印尼水路运输较发达，水运系统包括岛际运输、传统运输、远洋运输、特别船运。印尼全国有水运航道21579公里，其中苏门答腊5471公里，爪哇/马都拉820公里，加里曼丹10460公里。印尼有各类港口约670个，其中主要港口25个。

5. 通信

印尼3G网络正处于起步阶段并开始运营，印尼5家公司将加大在该基建方面的投入。另外，为保证未来3G网络的顺利建设，印尼固话无线网络将进行频率转移，所有固定无线网络运营商的设备将进行网络调整和扩容以及更新终端用户设备。另外，印尼政府还在推行全国村村通电话工程。

印尼大部分地区都通互联网，但印尼的带宽较小，网速较慢。政府计划在印尼东区兴建全长1.2万公里的光导纤维网，使其拥有3个终端与其他国家连接。

6. 电力

印尼目前电力装机容量仅为约4000万千瓦，用电普及率不到75%，仍有超过四分之一的人口没用上电，电力需求年均增长10%～15%。即使首都雅加达偶尔也会因缺电实施轮流停电。由于目前印尼个人和企业用电比例为7∶3，使企业发展对电力的需求更为迫切。为满足国内日益增长的电力需求，印尼政府决定从2006年到2015年投资413.7亿美元进行电站和电网建设。

三、重点/特色产业

印尼是东盟最大的经济体。农业、工业、服务业均在国民经济中发挥重要作用，其油气产业占GDP的比重约为7.3%；非油类产业占92.27%。2013年，第二产业占GDP比重为46.04%，其中，采矿业占11.44%，制造业占23.59%，电气水供应业占0.83%，建筑业占10.18%。

1. 石油天然气：印尼油气资源丰富，共有66个油气盆地，其中15个盆地生产石油天然气。政府公布的石油储量为97亿桶，折合13.1亿吨，其中核实储量47.4亿桶，折合6.4亿吨。印尼天然气储量176.6万亿标准立方英尺（TCF），折合4.8万亿～5.1万亿立方米。石油勘探开发基本上依靠国外石油公司。

2. 农林渔业：2013年，第一产业农林牧渔业占GDP比重为15.04%。印尼是一个农业大国，全国耕地面积约8000万公顷，从事农业人口约4200万人。印尼自然条件得天独厚，气候湿润多雨，日照充足，农作物生长周期短，主要经济作物有棕榈油、橡胶、咖啡、可可。2012年，印尼棕榈油产量达到2850万吨，成为全球最大的棕榈油生产国。

印尼森林覆盖率为54.25%，达1亿公顷，是世界第三大热带森林国家，全国有3000万人依靠林业维持生计。

作为世界上最大的群岛国家，印尼海岸线8.1万公里，水域面积580万平方公里，包括领海渔业区270万平方公里，专属经济区310万平方公里。渔业资源丰富，海洋鱼类多达7000种，政府估计潜在捕捞量超过800万吨/年，目前已开发的海洋渔业产量占总渔业产量的77.7%，专属经济区的渔业资源还未充分开发。

3. 采矿业：印尼矿产资源丰富，分布广泛。印尼主要的矿产品有铝、镍、铜、金、银、煤等。

4. 工业制造业：印尼的工业化水平相对不高，制造业有30多个不同种类的部门，主要有纺织、电子、木材加工、钢铁、机械、汽车、纸浆、纸张、化工、橡胶加工、皮革、制鞋、食品、饮料等。其中纺织、电子、木材加工、钢铁、机械、汽车是出口创汇的重要门类。

5. 旅游业：印尼旅游资源非常丰富，拥有许多风景秀丽的热带自然景观、丰富多彩的民族文化和历史遗迹，发展旅游业具有得天独厚的条件。从20世纪70年代起，印尼政府大力发展旅游业，目前旅游业日益成为印尼创汇的一个重要行业。2013年赴印尼旅游的国外游客年增长9.4%至860万人次，国外旅游收入共计101亿美元，同比上升11%。

四、国内市场

（一）销售总额

近年来个人消费支出占GDP的比例在60%左右，2013年印尼零售总额增长12%。

（二）生活支出

据印尼中央统计局统计，2012年印尼居民消费支出449.6万亿印尼盾（约合500亿美元），固定资本形成273万亿印尼盾（约合300万亿美元）。印尼人口多，中产阶级比例从2000年占全国人口的20%增至目前的56.5%，印尼已跻身中等收入国家行列，国内消费需求规模较大。

（三）物价水平

虽然印尼经济不发达，但物价水平相对较高，近年来平均通货膨胀率在4%左右。2013年通货膨胀率8.4%。印尼整体的物价水平跟国内差不多，热带水果会便宜一些，不过印尼的工业水平比较低，像钢铁等产品会很贵。

五、金融环境

1997年亚洲金融危机中，印尼银行业受到巨大冲击，印尼盾严重贬值，出现清偿危机，并导致大规模挤兑现象，银行失去社会信誉。为此，根据与国际货币基金组织（IMF）达成的协议，政府对银行体系实行全面的改革。经过整顿，银行效益明显改观。IMF和亚洲开发银行向印尼提供贷款，大大改善了印尼的金融环境。

（一）当地货币

印尼货币为印尼盾，印尼盾可自由兑换。在印尼的金融机构、兑换点，印尼盾可与美元、欧元等主要货币自由兑换。2013年以来，受世界经济不景气的影响，印尼出口额不断下降，而印尼国内需求旺盛，进口大幅上升，导致经常项目逆差扩大，全年印尼盾贬值26%。2013年汇率（全年均价）：1

美元=10500印尼盾；2014年7月9日：1美元=11620印尼盾。

（二）外汇管理

印尼实行相对自由的外汇管理制度。印尼盾可自由兑换，资本可自由转移。印尼货币实行自由浮动汇率政策，印尼银行采取一揽子货币汇率定价法，根据印尼主要贸易伙伴的货币汇率的特别提款权的汇率变化来确定印尼盾的对外比价，每日公布其汇率。

（三）银行机构

中央银行：印尼中央银行是印尼银行（Bank Indonesia），是与内阁各部门平级的独立机构，具有不受其他部门干预，独立行使职能的权力；强调维护金融稳定、加强监督；制定并履行货币政策，维护盾币稳定；管理货币流通和利率，调节和保证支付系统工作顺利进行；通过监管手段健全银行和贷款体系。

商业银行：印尼当地的主要商业银行有：Bank Mandiri，Bank Central Asia，Bank Nasional Indonesia，Bank Rakyat Indonesia，Bank Internasional Indonesia，Bank Danamon。

外资银行：印尼当地外资银行有：汇丰银行、花旗银行、美国运通银行、JP摩根大通银行、荷兰银行、东京三菱银行、德意志银行、渣打银行、盘谷银行以及中国银行和中国工商银行。与中国银行合作较多的当地代理行有汇丰银行、Bank Central Asia。

（四）信用卡使用

印尼信用卡的使用较普遍，中国发行的VISA卡和万事达卡在当地可以使用。中国工商银行印尼分行已经在当地发行VISA卡和万事达卡，中国银行雅加达办事处也已发行借记卡。

六、外贸关系

（一）贸易关系

1. 贸易总量：据印度尼西亚国家统计局统计，2014年，印尼货物进出口额为3544.7亿美元，比2013年同期（下同）下降4.0%。其中，出口1762.9亿美元，下降3.4%；进口1781.8亿美元，下降4.5%。贸易逆差18.9亿美元，下降53.7%。

2. 主要贸易伙伴：从国别（地区）看，2014年印尼对其主要贸易伙伴出口除对新加坡和美国维持有限增长，增幅依次为0.7%和5.3%外，对日本、中国、印度和韩国均出现下降。其中印尼对日本出口的降幅为−14.5%、中国为−22.1%、印度−6.0%、韩国为−7.0%。上述六国合占印尼出口贸易总额的55%；其中以日本所占市场的份额最大，为13.1%、中国为10%、新加坡为9.5%、美国为9.4%、印度为7%、韩国为6%。印尼自中国、新加坡、日本、韩国、马来西亚和泰国的进口额分别占其进口总额的17.2%、14.1%、9.6%，6.7%、6.1%和5.5%，合计为59.1%；增减幅依次为2.6%、−1.6%、−11.8%、2.2%、−18.5%和−8.6%。2014年前六大逆差来源国依次为中国、新加坡、沙特阿拉伯、泰国和尼日利亚，分别为130.2亿美元、83.8亿美元、43.6亿美元、39.5亿美元和26.6亿美元，增减幅依次为79.6%、−5.8%、5.8%、−9%和3.6%。顺差主要来自美国、印度、日本、菲律宾和荷兰，分别为83.6亿美元、83亿美元、61.6亿美元、31.9亿美元、30.8亿美元。

表1：2014年印尼前六位进口国家/地区排名

序号	国别	所占比重（%）	同比增减（%）
1	中国	17.2	2.6
2	新加坡	14.1	−1.6
3	日本	9.6	−11.8
4	韩国	6.7	2.2
5	马来西亚	6.1	−18.5
6	泰国	5.5	−8.6
	合计	59.2	

（资料来源：印尼国家统计局）

表2：2014年印尼前六位出口国家/地区排名

序号	国别	所占比重（%）	同比增减（%）
1	日本	13.1	−14.5
2	中国	10	−22.1
3	新加坡	9.5	0.7
4	美国	9.4	5.3
5	印度	7.0	−6.0
6	韩国	6.0	−7.0
	合计	55.0	

（资料来源：印尼国家统计局）

3. 贸易结构：2014年印尼主要出口商品有矿物燃料、动植物油、机电产品、橡胶及制品、机械设备等。2014年，印尼上述五大类商品的出口额达952.6亿美元，合计占其出口贸易总额的54.1%；其他主要出口商品还有矿砂、运输设备、纸张、纺织品、鞋类制品和木制品等。矿物燃料、机械设备、机电产品、钢材、塑料制品是印度尼西亚进口的五大类商品。2014 年，这五类商品的进口额分别为 439.5 亿美元、258.4 亿美元、172.3 亿美元、83.5 亿美元和 77.9 亿美元，合计占印尼进口总额的 57.9%。同期，印尼除塑料制品进口仍维持少量增长，增幅为 2.0%外，其他四大类商品进口均呈下降态势，按进口金额顺序排列降幅依次为，矿物燃料－3.5%、机械设备－5.3%、机电产品－5.4%、钢材－12.6%。印尼其他主要进口商品还有运输设备、有机化学品、航天器、粮食、肥料、橡胶制品、棉花和无机化学品等。

表 3：2014 年印尼五大类进口商品

序号	商品	进口额（亿美元）	同比增减（%）
1	矿物燃料	439.5	－3.5
2	机械设备	258.4	－5.3
3	机电产品	172.3	－5.4
4	钢材	83.5	－12.6
5	塑料制品	77.9	2.0
合计	占印尼进口总额的 57.9%		

（资料来源：印尼国家统计局）

（二）辐射市场

全球贸易协定：1950 年 2 月 24 日印尼加入《关税与贸易总协定》（GATT），1995 年成为世界贸易组织（WTO）的正式成员。

区域贸易协定：印尼参加或正在商谈的区域贸易协定有：《东盟自由贸易区协定》、《中国—东盟自由贸易区协定》、《共同有效优惠关税》、《印尼—日本经济合作协定》、《印尼—澳大利亚—新西兰自由贸易区协定》。

欧盟普及关税体系：印尼还是欧盟提供关税优惠的受惠国。根据 2012 年 11 月欧盟委员会公布的新的普惠制（GSP）方案，将印尼列为普惠制第二类国家。自 2014 年 1 月 1 日至 2023 年 12 月 31 日，对印尼等 40 个低收入和中低收入国家的进口产品按最惠国税率基础上减少 3.5%。

（三）吸收外资

据联合国贸发会议发布的 2014 年《世界投资报告》显示，2013 年，印度尼西亚吸收外资流量为 184.4 亿美元；截至 2013 年年底，印度尼西亚吸收外资存量为 2303.4 亿美元。

2013 年印尼实际吸引外资约 286 亿美元，同比增长 22.4%，再创历史最高纪录，但与 2012 年外资增长 26.1%相比，增速减弱。按投资国别统计，日本投资 47.1 亿美元，占外资总额的 16.5%，为最大投资国；新加坡和美国投资分别占外资总额的 16.3%和 8.5%，分列第二和第三位；其次为韩国和英国，投资分别占外资总额的 7.7%和 3.8%。

（四）中印尼经贸关系

中国在印尼对外经贸关系中占有比较重要的地位，近年来双边投资贸易合作呈快速上升的趋势。中国—东盟自贸区已于 2010 年 1 月 1 日全面启动，双边贸易投资自由化和便利化程度进一步提高，中国与印尼经贸关系发展面临着历史性机遇。

1. 双边贸易：据中方统计，2014 年中国与印尼双边贸易总额达 635.86 亿美元，同比下降 6.98%，占中国与东盟十国双边贸易总额的 13.2%，是中国在东盟的第 5 大贸易伙伴。其中，中国自印尼进口 245.25 亿美元，同比下降 21.95%；对印尼出口 390.62 亿美元，同比增长 5.77%。

2014 年，印度尼西亚对中国出口最多的商品为矿物燃料、动植物油、杂项化学制品、木浆及纸浆、木材及制品，上述五大类商品的出口额依次为 58.8 亿美元、27.0 亿美元、13.9 亿美元、10.9 亿美元、8.8 亿美元，合计占其对中国出口总额的 67.8%。其他对华出口商品还有矿砂、橡胶及制品、有机化学品、机电产品、塑料制品、铜及制品、可可及制品、水产品等。印尼自中国进口的商品品类繁多，主要有机械设备、机电产品、钢铁制品、钢材、有机化学品。2014 年，印度尼西亚进口的上述五类商品合计为 181.6 亿美元，占印尼自中国进口总额的 59.3%。除上述商品外，印度尼西亚自中国进口的主要商品还有有机化学品、塑料及其制品、无机化学品、肥料、干鲜水果、棉花、铝制品和音响器材制品等。

截至 2014 年 12 月，中国是印尼第 2 大出口市场和第 1 大进口来源地。在印度尼西亚的 10 大类进口商品中，中国出口的机电产品、金属制品、纺织品、家具和瓷器处于较明显的优势地位；但中国出口的化工品、塑料制品、光学仪器和运输设备等仍面临着来自日本、美国、法国、德国、韩国等国家的竞争。

2. 双向投资：据中国商务部统计，2013 年当年中国对印度尼西亚直接投资流量 15.63 亿美元。截至 2013 年年末，中国对印度尼西亚直接投资存量 46.57 亿美元。2013 年，印尼对中国投资项目 31

个，同比下降 31.1%；实际使用金额 1.3 亿美元，同比增长 97.9%。来印尼寻求投资合作的中国企业不断增多，涉及领域日益广泛，大型投资项目不断涌现。

3. 承包劳务：据中国商务部统计，2013 年中国企业在印度尼西亚新签承包工程合同 346 份，新签合同额 67.82 亿美元，完成营业额 47.19 亿美元；当年派出各类劳务人员 8164 人，年末在印度尼西亚劳务人员 10545 人。新签大型工程承包项目包括中兴通讯股份有限公司承建 Indonesia Primasel CDMA2 项目，华为技术有限公司承建印度尼西亚电信，中国华电工程（集团）有限公司承建印尼巴厘岛燃煤电厂项目等。

4. 重要合作项目：中国企业在印尼主要投资和承包的项目有：泗马大桥、加迪格蒂大坝等工程项目，巨港电站、风港电站等一大批电站建设项目，以及巴丹岛岛中石化油储项目、西电变电器生产项目等。

【来源：改编自商务部国际贸易经济合作研究院、商务部投资促进事务局、中华人民共和国驻印度尼西亚共和国大使馆经济商务参赞处共同主编．《2014 版对外投资合作国别（地区）指南——印尼》．第 12～24 页】

老挝投资环境

在世界经济处于缓慢复苏的大背景下，老挝经济高速平稳发展，发展速度在本地区和国际位居前列，宏观经济稳定，通货膨胀只有个位数，本币汇率稳定，贸易与投资持续增长。除了政府采取了比较积极的财政政策外，周边国家，尤其是中国经济的回升、向好，中老贸易、投资合作快速增长，为老挝经济注入了活力。尽管总体上说，目前老挝基础设施较差，但随着其经济的快速发展，基础设施建设将会得到不断改善。

老挝投资潜力巨大。老挝在水电、矿业、农林、加工业等领域投资机会巨大。目前老挝急需获得技术、资金支持，对中国企业而言是很好的机会。老挝拥有丰富的森林、水和矿产等自然资源，入世将使老挝更加重视能源、环境的可持续发展。同时，老挝政府亦致力于简化外资审批程序，以促进外商投资。

2012 年 10 月 26 日，老挝被 WTO 正式接收为第 158 个成员国，这些都是老挝吸引外资不断增长的有利条件。世界银行集团发布的《2014 年营商环境报告》的显示，老挝在全球 189 个经济体的总体排名中商业环境排名 159 位。

一、自然资源

老挝境内自然资源丰富：

1. 矿产资源多未开发。属中国三江成矿带延伸部分，主要矿藏有金、银、铜、铁、钾盐、铝土、铅及锌等。

2. 水电资源丰富。老挝是东南亚地区水能蕴藏量最丰富的国家之一。湄公河水能蕴藏量 60%以上在老挝境内，全国 200 公里以上河流 20 余条，有 60 多个水能丰富的水电站建站点。

3. 农业资源条件良好。老挝土地资源丰富，人口密度为每平方公里 25 人，属热带季风气候，日照时间长，雨水充足，农业开发条件较好。

二、基础设施

老挝是内陆国，基础设施比较落后，近年来政府加大对基础设施的投入，贯通南北的 13 号公路保持通畅，中心城市基础设施有所改善。已修建了 4 座连接泰国的跨湄公河大桥（万象—廊开、沙湾拿吉省—穆达汉府、甘蒙他曲—那空伯侬府、波乔会晒—泰国清孔）。

1. 公路

老挝全国公路里程 43604 公里，其中混凝土路 866 公里，柏油路 6496 公里，碎石路 15324 公里，土路 20919 公里。老挝全国没有高速公路，公路运输占全国运输总量的 79%。

2. 铁路

2014 年，老挝现有铁路 3.5 公里，从首都万象的塔那凉车站通往老泰边境的友谊大桥，由泰国政府投资 1.97 亿泰铢修建，于 2008 年 5 月完工，2009 年 3 月正式通车。

3. 空运

老挝全国有 11 个机场，北部有 8 个小型机场，首都万象机场能起降大飞机，运输量占全国运输总量的 2%。万象瓦岱机场、琅勃拉邦机场和巴色机场为国际机场。有 12 条国际航线：万象—昆明、万象—南宁、万象—广州、万象—曼谷、万象—清迈、万象—河内、万象—胡志明市、万象—金边、万象—暹粒、万象—吉隆坡、万象—新加坡、万象—首尔，客运量为 44 万人次/年，货运量为 2 万吨/年。机场有万象瓦岱机场、琅勃拉邦机场和巴色机场等。

4. 水运

水路运输3000公里，湄公河在老挝境内全长1800多公里，流经13个省（市），沿湄公河有20多个小型码头，运输总量占18%。上湄公河部分航道整治后，旱季能通行150吨级船只，雨季能通行300吨级船只，下湄公河航段从会晒以下仍未畅通。

5. 通信

老挝基本建成全国通信网络，光缆分南北和东西走向全长6000公里。老挝固话容量100万门，移动电话容量300万门，3G网于2008年开始投入使用，目前容量28万门。

6. 电力

老挝水电资源丰富，除自用外还可出口，但少部分村、县尚未通电。2013年全国发电装机容量321.2万千瓦，年发电量136.7亿千瓦时，其中出口110.5亿千瓦时，创汇4.83亿美元。

三、重点/特色产业

1. 水电：老挝全国1兆瓦以上电站有23座，总装机321.2万千瓦，全年发电136.68亿千瓦时。据老挝能源矿产部公布的消息，老挝计划2015年将总功率达2976兆瓦的8座水电站投入运营。

2. 采矿业：老挝计划投资部信息显示，老挝全国获批的矿产类投资项目达到470个，项目特许经营面积36323.64平方公里，总投资额59亿美元。

3. 旅游业：老挝琅勃拉邦市、巴色瓦普寺已被列入世界文化遗产名册，著名景点还有万象塔銮、玉佛寺，占巴塞孔埠瀑布、琅勃拉邦光西瀑布等。革新开放以来，旅游业已成为老挝经济发展的新兴产业。近年来，老挝与超过500家国外旅游公司签署合作协议，开放15个国际旅游口岸，同时采取加大旅游基础设施投入，减少签证费，放宽边境旅游手续等措施，旅游业持续发展。据老挝官方统计，2008～2014年，老挝接待外国游客数分别为160万人次、200万人次、250万人次、270万人次、330万人次、378万人次和416万人次。预计2020年老挝外国游客将达到450万人次。

四、国内市场

（一）销售总额

老挝的生活成本相对较低，普通老挝居民的人均生活成本为每年1000美元。

（二）生活支出

老挝公司员工的平均月工资约为180美元。万象市的人均收入和消费水平几乎为全国平均水平的2倍。

老挝居民的消费支出中，食品、住房和家居的开支占主要部分。以居住面积计算，老挝人均住房面积为20平方米，每平方米住房平均价格150美元，相当于当地人均1个月的工资收入。

（三）物价水平

2012年老挝主要商品全年平均价格如下：

大米：每公斤7247基普（约合0.91美元）；

猪肉：每公斤36069基普（约合4.51美元）；

成品油：汽油每升10790基普（约合1.35美元），柴油每升9699基普（约合1.21美元）；

长途大巴（单程）：

万象—丰沙里160000基普（约合20美元）；

万象—琅勃拉邦80000基普（约合10美元）；

万象—沙湾拿吉65000基普（约合8美元）；

万象—占巴塞100000基普（约合12美元）；

万象—沙耶武里90000基普（约合11美元）。

2012年6月，老挝通货膨胀率下降至3.6%，比5月降低0.2%。这是本财年以来连续第7个月通货膨胀率数值下跌，也是自2009年12月以来30个月通货膨胀率最低的月份。其中，粮食、饮料、交通运输价格受国际油价持续下跌影响下跌，但宾馆、自来水、电力及燃料价格持续上涨。

五、金融环境

老挝金融环境相对宽松，外汇管制逐渐放宽，为外国投资者营造了较好环境。目前，工商银行已在老挝设立分行、富滇银行已成立合资银行、太平洋证券已成立合资证券公司。

（一）当地货币

老挝货币为基普（KIP）。根据老挝外汇管理规定，基普为有条件兑换，鼓励使用本国货币，但在市场上基普、美元及泰铢均能相互兑换及使用。人民币仅在老挝北部中老边境地区兑换及使用。

过去几年，老挝货币兑美元的汇率呈稳定上升的趋势。2005年老挝公布的汇率是10600基普兑换1美元。2012财年，老挝基普对美元升值1.81%，对泰铢贬值0.46%。2014年4月公布的基普兑换美元汇率为8020基普兑换1美元。

（二）外汇管理

根据老挝外汇管理规定，在老挝注册的外国企业可以在老挝银行开设外汇账户，用于进出口结算。外汇进出老挝需要申报。

携带现金如超过10000美元，需要申报并获得同意方可出入境。在老挝工作的外国人，其合法税后收入可全部转出。

（三）银行机构

老挝中央银行即老挝国家银行，是老挝金融管理部门。老挝现有国有商业银行3家，即老挝开发银行、农业发展银行和老挝外贸银行。此外，有1个政策性银行，即老挝政策银行；5个合资银行，即合作开发银行、老越银行、2家老法银行、老泰银行；7个外资银行，即曼谷分行、大众银行、SIAM银行、泰京银行、泰国军人银行、阿由他雅银行、中国工商银行；3个私营银行，即万象商业银行、蓬沙旺银行、建设银行；1个外资银行代表处，即渣打银行代表处。

截至2012年12月底，老挝国内银行与外资银行共有31家。银行系统的总资产相当于GDP的68.8%，存款额相当于GDP的39.9%，信贷额相当于GDP的36.1%。各商业银行努力提供便捷和现代化的金融服务，同时在全国范围内开拓金融服务网络，对老挝经济持续发展、人民脱贫作出了重要贡献。

（四）融资条件

老挝银行资产少，经营方式单一，尚未建立个人信用体系，银行也较弱小，贷款条件及利息较高。

中资银行尚不能使用人民币在老挝开展跨境贸易和投资合作。

（五）信用卡使用

老挝当地信用卡使用尚未普及，但中国发行有银联标志或VISA及万事达卡可以在当地较大商店使用。

六、对外经贸

（一）贸易关系

1. 贸易总量：据老挝工贸部统计，2014年老挝对外贸易进出口总额达81.30亿美元，同比增长11.5%。其中进口额达45.50亿美元，同比增长28.4%；出口额达35.80亿美元，同比下降1.75%。

2. 贸易结构：老挝出口商品主要以矿产品、电力、农产品、手工业产品为主，进口主要是工业品、加工制成品、建材、日用品及食品、家用电。据老挝工贸部统计，2014年老挝的出口商品主要以黄金、红铜等矿产品为主，矿产品的出口额占出口总额的36.4%，同比下降26.3%。同时，老挝国内的基建项目增多，进口所需材料包括用于旅游等服务行业的产品与日常消费商品增多。

3. 主要贸易伙伴：2014年，老挝与东盟其他国家及周边邻国的经贸合作关系不断加深，特别是泰国、中国、越南、日本、韩国等。进口国方面，2014年老挝从泰国的进口额占61.5%、中国占20%、越南占7.9%；出口国方面，老挝的主要出口国仍是周边邻国，特别是对泰国出口占到出口总额的45.5%。

（二）辐射市场

1. 全球贸易协定：老挝于1997年7月提出申请加入WTO，1998年2月被列为观察国，2001年完成外贸备忘录，2013年2月2日正式加入世界贸易组织。

2. 区域贸易协定：1997年7月老挝正式加入东盟，成为东盟新四国之一；目前是中国—东盟自由贸易区成员（10＋1）及大湄公河次区域（GMS）合作成员。

（三）吸收外资

老挝自1988年开放投资以来，项目投资的资金日益增长。据联合国贸发会议发布的2014年《世界投资报告》显示，2013年，老挝吸收外资流量为3亿美元；截至2013年年底，老挝吸收外资存量为27.8亿美元。据老挝统计，截至2013年，老挝累计吸收外国投资金额约183.76亿美元。项目投资主要在矿业、水电、农业、服务业、工业和手工业等。2013财年，老挝共吸引国外投资17.72亿美元。

2013财年，老挝共获得国际援助7.77亿美元，共883个项目，其中无偿援助5.56亿美元，837个项目；贷款2.16亿美元，46个项目，国际援助保持稳定。

（四）中老经贸

1. 贸易：21世纪以来中老贸易保持稳步增长，据中方统计，2014年中国与老挝双边贸易额为36.14亿美元，同比增长31.87%。其中，中国对老挝出口18.43亿美元，同比增长7.13%；中国自老挝进口17.72亿美元，同比激增73.56%。其中，主要出口的商品包括矿产品、农产品和畜牧产品、木制品；主要进口的商品包括电子产品、通信产品、建材、日用品、工业用品、汽车及零配件等。

2. 双向投资：从1988年老挝开始向外国开放投资以来，大批中国企业赴老挝投资兴业，据中国商务部统计，2013年中国对老挝直接投资流量7.81亿美元。截至2013年年末，中国对老挝直接投资存量27.71亿美元。

3. 承包劳务：经过17年的市场开拓和经营，目前，中国水电在老挝已经成功运作了承包项目、EPC+融资项目、投资项目等不同类型项目，进入了水电站、矿产资源开发等多个领域。目前中资企业在老挝投资和承建的水电站占老挝电力总装机容量近一半左右。

据中国商务部统计，2013年中国企业在老挝新签承包工程合同100份，新签合同额29.24亿美元，完成营业额19.69亿美元；当年派出各类劳务人员11516人，年末在老挝劳务人员12576人。新签大型工程承包项目包括中国石油集团工程设计有限责任公司承建老挝—越南成品油管道项目、云南路桥股份有限公司承建老挝甘蒙空港经济区总承包项目、中国长城工业集团有限公司承建老挝通信卫星项目等。

【来源：改编自商务部国际贸易经济合作研究院、商务部投资促进事务局、中华人民共和国驻老挝人民民主共和国大使馆经济商务参赞处共同主编.《2014版对外投资合作国别(地区)指南——老挝》. 第11～17页】

马来西亚投资环境

马来西亚投资环境的竞争优势体现在5个方面：地理位置优越，位于东南亚核心地带，可成为进入东盟市场和前往中东澳新的桥梁；经济基础稳固，经济增长前景较好；原材料产品资源丰富，人力资源素质较高；工资成本较低，除私营领域外，大部分行业目前尚未出台最低工资限制；民族关系比较融洽，3大种族和谐相处，政治动荡风险较低。

根据世界经济论坛《2013～2014年全球竞争力报告》显示，马来西亚竞争力在全球148个经济体中排名第24位，列东盟国家第2位、亚太区域第7位。

一、自然资源

马来西亚的主要农产品有棕榈油、橡胶、可可、木材和胡椒等，是世界第2大棕榈油及相关制品的生产国和最大的出口国、世界第3大天然橡胶生产国和出口国。主要矿产资源有天然气、石油等，是最具价值的出口物资。

二、基础设施

马来西亚的基础设施比较完善，政府向来重视对高速公路、港口、机场、通信网络和电力等基础设施的投资和建设。马来西亚现有的基础设施能较好地为各类投资者服务，同时政府未来的基础建设计划也为外国投资基础建设和开展工程承包提供了契机。

1. 公路

马来西亚高速公路网络比较发达，主要城市中心、港口和重要工业区都有高速公路连接沟通。马来西亚公路总长约为15.7万公里。目前，马来西亚高速公路网络由贯穿南北的大道为中心构成。

2. 铁路

马来西亚铁路长度为2400公里，主要在西马来西亚，且全部实现电气化。铁路南可直通新加坡，北与泰国铁路接轨。马来半岛各主要城市间均有铁路相通。

3. 空运

马来西亚全国共有机场126个，各中心城市及沙巴和沙捞越两州的主要城镇之间都有航空联系。马来西亚现有8个国际机场，即吉隆坡国际机场、槟城国际机场、兰卡威国际机场、亚庇国际机场、古晋国际机场、马六甲国际机场、柔佛士乃国际机场以及瓜拉登嘉楼苏丹马穆德国际机场，这些机场与其他国内航线机场构成了马来西亚空运的主干网络。马来西亚是东南亚重要的空中枢纽之一，2012年空运旅客6970万人次，货物88.9万吨；2013年空运旅客8100万人次，货物89.5万吨。

4. 水运

马来西亚95%的贸易通过海运完成，全国主要港口共有32个，主要国际港口包括巴生港、槟城港、柔佛港、丹域柏勒巴斯港、关丹港、甘马挽港以及民都鲁港等。其中吞吐量最大的有巴生港、槟城港和柔佛港。2013年，马来西亚水运5.06亿吨。

5. 通信

(1) 电话：截至2013年年底，马来西亚固定电话用户数为374.6万，固定电话普及率为32.4%。固定电话运营商是马来西亚电信公司（TM)。马来西亚移动电话网络覆盖全国大部分地区，2013年年底移动电话用户数达到4296万，普及率为143.6%。主要移动电话运营商是Celecom、Maxis以及DiGi。

(2) 互联网：截至2013年年底，马来西亚共有宽带互联网用户637万，宽带普及率为22.6%。其中237万用户利用ADSL、SDSL、光纤或卫星技术等有线网络上网，389万用户通过移动宽带等无线技术上网，19万人通过“一个马来西亚上网本计划”上网。

(3) 邮政：根据马来西亚邮政总局的资料，截至2013年年底，马来西亚约有1059个邮政局，全部完成电脑化运营，包括355个小型邮政所和704个邮政局。此外，马来西亚还设有24小时自动服务终端（POS24），方便居民使用。

6. 电力

马来西亚的电力由公共能源公司（占98%，包括国家能源公司和州立能源公司）和独立的私人发电厂（占2%）提供，2013年发电量约1318.5亿兆瓦时，其中，燃气机组占45.3%、燃煤机组占38.5%、水电机组占10.6%、柴油机组占5.4%、其他约占0.2%。全年装机容量2605.5万千瓦，电力需求峰值1959.9万千瓦，备用余量占33%。

三、重点/特色产业

1. 农业：马来西亚2013年的农业产值为559亿林吉特，同比增长2.1%，占GDP的7.1%；农业出口总值为642亿林吉特，占出口总值的8.9%。马来西亚农产品以经济作物为主，主要有油棕、橡胶、可可、稻米、胡椒、烟草、菠萝、茶叶等。

2. 制造业：制造业是马来西亚国民经济发展的主要动力之一，主要产业部门包括电子、石油、机械、钢铁、化工及汽车制造等行业。2013年，制造业产值为1930亿林吉特，同比增长3.4%，占GDP的24.5%。

3. 服务业：2013年，马来西亚服务业产值为4340亿林吉特，同比增长5.9%，占GDP的55.2%。服务业是马来西亚经济中最大的产业部门，吸收就业人数占马来西亚雇用员工总数的60.3%。其中，旅游业是服务业的重要部门之一。2013年，马来西亚吸引游客2572万人次。

4. 采矿业：2013年，马来西亚采矿业产值638亿林吉特，占GDP的8.1%；采矿业出口总值965亿林吉特，占出口总值的13.4%。马来西亚采矿业以开采石油、天然气为主。2013年，马来西亚日产原油58万桶，出口额达316.4亿林吉特；全年天然气开采量2.7万亿标准立方英尺（约合764.6亿立方米），出口2525.2万吨，主要出口到日本、韩国和中国台湾。

5. 建筑业：2013年，马来西亚建筑业产值294亿林吉特，占GDP的3.7%。

四、国内市场

（一）销售总额

2013年，马来西亚消费总额达5144亿林吉特（按2005年不变价格计算），其中，私人消费总额为4087亿林吉特，公共消费总额为1053亿林吉特。

（二）生活支出

据马来西亚统计局的数据，2009/2010年度，马来西亚每个家庭每月平均总开销约为2190林吉特，其中，食物和软饮料的月平均花费约为444林吉特，烟酒平均48林吉特，服装、鞋类约75林吉特，水电、燃气等495林吉特，家具及房屋维修平均每月89林吉特，医疗费每月平均29林吉特，交通费327林吉特，通讯费124林吉特，文化休闲101林吉特，教育费用31林吉特，在外用餐住宿费用239林吉特，其他花费190林吉特。

（三）物价水平

马来西亚央行数据显示，马来西亚2013年消费者价格指数增长2.1%，符合市场预期。主要带动CPI上涨的领域包括：食品与非酒精饮料类增长3.6%，交通类增长2%，房屋、水电、天然气和其他燃料类增长1.7%。马来西亚城市、郊区和乡村的基本生活品价格水平有一定差别，而且零售店、商场和超级市场的价格也不一致，消费者可根据自身情况选择购买。详细信息可参照马来西亚国内贸易及消费者事务部官方网站的“Price Watch”查阅对比。

表1：吉隆坡市超级市场部分基本生活用品的参考价格
（2014年4月16日）

商品名称	单位	价格（林吉特）	商品名称	单位	价格（林吉特）
鸡肉	公斤	11.49	牛肉	公斤	19.90
香蕉	个	5.50	木瓜	公斤	2.00
西瓜	公斤	3.00	鲳鱼	公斤	12.99
圆白菜	公斤	5.50	姜	公斤	8.50
土豆	公斤	6.90	洋葱	公斤	6.90
本地大米	10公斤	26.00	进口大米	10公斤	103.6
鸡蛋	10只	5.20	橙汁	1升	5.20
食用油	5公斤	16.00	辣椒酱	240克	8.90
牛奶	1升	6.70	面粉	公斤	4.99

（资料来源：中华人民共和国驻马来西亚联邦大使馆经济商务参赞处）

五、金融环境

1997年亚洲金融危机使马来西亚金融体系遭到重创，1998年9月2日，马来西亚政府实施固定汇率制，对外汇流出实施严格管制。随着经济状况的好转，2005年7月21日，政府实施管理下的浮动汇率制，外汇管制措施大幅度放宽，为外国投资营造良好环境。

（一）当地货币

马来西亚货币为林吉特（也称令吉，Ringgit Malaysia）。可到银行及货币兑换所兑换林吉特，马来西亚所有银行都能兑现旅行支票。目前，林吉特不允许海外自由兑换。

人民币与林吉特不可直接兑换。人民币与林吉特进行结算需以美元搭桥。2010年8月19日起，中国外汇管理局开始公布人民币对林吉特汇率中间价。人民币对林吉特汇率中间价采取间接标价法。2014年4月15日，中国外汇管理局公布的人民币：林吉特汇率为100：52.343。自2005年7月以来，林吉特对美元稳定上升，2008年3月一度升至3.1：1，后略有波动和调整。2006年12月29日1美元约合3.52林吉特，2007年12月31日1美元约合3.31林吉特，2008年10月20日1美元约合3.51林吉特，2009年3月6日1美元约合3.74林吉特。近年来林吉特对美元再次出现波动，2014年4月15日，1美元约合3.2545林吉特。

（二）外汇管理

马来西亚外汇管制条例规定，在马来西亚注册的外国企业可以在当地商业银行开设外汇账户，用于国际商业往来支付。外汇进出马来西亚需要核准。外汇汇出马来西亚不需缴纳特别税金。

马来西亚原则上规定外国公民在入境或离境时携带超过1万美元或等值的其他货币，需向海关申报。

在马来西亚工作的外国人，其合法的税后收入可全部转往国外。

（三）银行机构

马来西亚中央银行是国家银行（www.bnm.gov.my），主要负责维持国家货币稳定，管制和监督银行、金融及保险机构，发行国家货币林吉特。

马来西亚当地主要商业银行有：马来银行、土著联昌银行、大众银行、丰隆银行、兴业银行等。

马来西亚当地外资银行主要有：花旗银行、汇丰银行、标准渣打银行、美国银行、德意志银行、华侨银行以及中国银行和中国工商银行在马来西亚设立的分行等。

与中国国内银行合作较多的当地主要银行有：马来银行、丰隆银行、土著联昌银行等。

（四）融资条件

在融资条件方面，当地商业银行根据企业业绩、信用、发展潜力及具体融资项目对内外资企业的融资要求进行审查，以决定是否给予融资或贷款支持。

马来西亚国家央行的资料显示，2013年年底，马来西亚隔夜利率维持在2.99%，基本贷款利率为6.53%，1年定期存款利息为3.15%。

（五）信用卡使用

马来西亚当地信用卡使用较为普遍。中国银联公司所属VISA和万事达卡可在当地使用。

六、外贸关系

（一）贸易关系

1. 贸易总量：马来西亚统计局公布的数据显示，2014年，马来西亚对外贸易总额为4432.1亿美元，其中，出口额为2342.5亿美元，进口额为2089.6亿美元。贸易顺差252.9亿美元，增长13.5%。

2. 主要贸易伙伴：2014年，马来西亚主要贸易伙伴为中国、新加坡、日本、美国和泰国。除对中国、日本和泰国出口有所下降，马来西亚对新加坡、美国和中国香港出口额同比分别增长4.3%、6.8%和14.4%。同期马来西亚对新加坡、中国内地、日本、美国、泰国和中国香港的出口额分别占马来西亚出口总额的14.2%、12%、10.8%、8.4%、5.3%和4.8%，合计占马来西亚出口总额的55.6%。2014年，马来西亚自中国内地、新加坡、日本、美国、泰国和中国台湾的进口额分别占马来西亚进口总额的16.9%、12.6%、8%、7.7%、5.8%和5%，合计为56%；其中马来西亚自日本、美国和泰国的进口出现微小下降，而自中国内地、新加坡和中国台湾的进口保持上升态势，增幅依次为4.7%、2.8%和5.3%。

3. 贸易结构：2014年，马来西亚出口结构呈多元化发展趋势，主要出口商品有机电产品、矿物燃料、机械设备、动植物油和塑料及制品，合计出口总额达1640.7亿美元，占马来西亚出口总额的70.1%。机电产品、矿物燃料、机械设备、塑料及制品、运输设备是马来西亚进口的5大商品，进口额分别为534.3亿美元、351.9亿美元、224.5亿美元、72.6亿美元和65.0亿美元，合计占马来西亚进口总额的59.7%。除机械设备和运输设备进口下降，机电产品、矿物燃料、塑料及制品的进口仍保持增长态势，增幅依次为4.4%、5.5%和14%。

（二）辐射市场

1. 全球贸易协定：马来西亚于1957年加入《关税和贸易总协定》，是世界贸易组织（WTO）的创始成员国。

2. 区域贸易协定：马来西亚是1967年8月东南亚国家联盟的创始成员国，2002年起东盟国家开始启动自由贸易区建设，在区域内部实现贸易零关税。2010年1月1日，中国—东盟自由贸易区全面建成，绝大部分商品降到零关税。

截至2013年，马来西亚已与日本、巴基斯坦、新西兰、印度、智利及澳大利亚签署了双边自由贸易协定（FTA）；与土耳其和欧盟的双边自贸协定还在进行磋商。马来西亚作为东南亚国家联盟（东盟，ASEAN）的成员，已与中国、日本、韩国、印度以及澳新（澳大利亚和新西兰）签署了区域自贸协定。

3. 地理辐射：马来西亚位于东南亚的中心位置，其主要辐射的市场范围是东盟其他国家、中东伊斯兰国家，以及主要的贸易伙伴美国、日本、中国、欧盟、韩国、澳大利亚和印度等。同时，马来西亚棕油、橡胶等资源丰富，电子电器行业比较发达，对上述资源和产品需求较大的市场也在其辐射范围之内。

（三）吸收外资

马来西亚政府鼓励外商在制造业领域的投资，目前外商投资已成为推动马来西亚经济发展的重要因素。2013年，外商在马来西亚制造业领域的投资主要集中在电子电器、基本金属、化学原料及制品、石化产品、食品加工等行业。2013年，经马来西亚国际贸易与工业部（MITI）批准的制造业直接投资总额为521亿林吉特（约合159亿美元），其中，外资为305亿林吉特（约合93亿美元），内资达216亿林吉特（约合66亿美元）。

2013年，马来西亚制造业前10大外资来源地是美国、韩国、新加坡、日本、中国内地、荷兰、德国、英国、中国香港及比利时。

据联合国贸发会议发布的2014年《世界投资报告》显示，2013年，马来西亚吸收外资流量为123.1亿美元；截至2013年年底，马来西亚吸收外资存量为1447.1亿美元。

目前，在马来西亚投资的世界著名跨国企业较多，例如戴尔、英特尔、索尼、松下、三星等。

（四）中马经贸

1. 贸易：马来西亚统计局公布的数据显示，2014年，马来西亚对中国双边货物贸易额为635.3亿美元，同比下降1.4%。其中，马来西亚对中国出口282亿美元，同比下降8.2%，占马来西亚出口总额的12%；马来西亚自中国进口353.3亿美元，增长4.7%，占马来西亚进口总额的16.9%。马方贸易逆差71.3亿美元，增长1.4倍。截至2014年9月底，中国仅次于新加坡为马来西亚第2大出口贸易伙伴和第1大进口来源地。中马双方已确定双边贸易额2017年达到1600亿美元的目标。

2014年，马来西亚对中国出口最多的商品为机电产品、矿物燃料、机械设备、动植物油和橡胶及制品，出口额依次为111.4亿美元、32亿美元、26.8亿美元、24.5亿美元和17.8亿美元，合占马来西亚对中国出口总额的75.4%。马来西亚自中国进口的商品品类繁多，主要有机电产品、机械设备、钢材、光学仪器和铝制品等。2014年，马来西亚进口的上述5类商品合计229.6美元，占马来西亚自中国进口总额的65%。在马来西亚的10大类进口商品中，中国出口的机电产品、金属制品、运输设备、纺织品和家具处于较明显的优势地位。

根据中国海关统计，2014年，中国对马来西亚出口商品主要类别包括：①机电产品；②贱金属及制品；③化工产品；④塑料橡胶；⑤光学、钟表、医疗设备；⑤运输设备；⑦纺织品及原料；⑧矿产品；⑨植物产品；⑩家具、玩具、杂项制品。

根据中国海关统计，2014年中国从马来西亚进口商品主要类别包括：①机电产品；②矿产品；③塑料橡胶；④动植物油脂；⑤贱金属及制品；⑥化工产品；⑦钟表、医疗设备；⑧食品、饮料、烟草；⑨木及制品；⑩纺织品及原料。

2. 双向投资：马来西亚对华投资始于1984年，1996年达到历史最高水平，当年实际投入资金4.6亿美元。据中国商务部统计，2013年马来西亚对华投资2.81亿美元，截至2013年年底，马来西亚对华投资总额66.08亿美元。2013年当年中国对马来西亚直接投资流量6.16亿美元。截至2013年年末，中国对马来西亚直接投资存量16.68亿美元。

3. 承包劳务：据中国商务部统计，2013年中国企业在马来西亚新签承包工程合同80份，新签合同额24.68亿美元，完成营业额25.30亿美元；当年派出各类劳务人员7807人，年末在马来西亚劳务人员10485人。新签大型工程承包项目包括中国水利水电建设股份有限公司承建砂捞越民都鲁萨马拉著 OM 铁项目、中兴通讯股份有限公司承建马来西亚 P1 项目、华为技术有限公司承建马来西亚电信项目等。

4. 重要合作项目：中国在马来西亚投资合作的重点项目有广垦集团橡胶种植项目、华为公司通讯项目以及首钢集团综合钢厂项目等。新签大型项目包括长江三峡技术经济发展有限公司承担的沐若水电站工程建设项目、马中关丹产业园项目和南车株洲电力机车有限公司在马来西亚设立东盟制造中心等。在中国投资开办的比较著名的项目有马来西亚金狮集团投资的百盛（Parkson）商场，马来西亚郭氏兄弟集团在中国投资开办的香格里拉酒店等。

【来源：改编自商务部国际贸易经济合作研究院、商务部投资促进事务局、中华人民共和国驻马来西亚联邦大使馆经济商务参赞处共同主编.《2014 版对外投资合作国别(地区)指南——马来西亚》. 第 13～25 页】

缅甸投资环境

从投资环境吸引力的角度，缅甸的竞争优势有以下 4 个方面：缅甸有丰富的自然资源、人力资源和文化遗产；缅甸有很大的市场潜力，又是联接东南亚和南亚两大市场的重要通道之一；国内政局相对稳定；缅甸政府欢迎外国企业到缅甸来投资，缅甸政府大力支持以资源为基础的外资投资项目、出口项目，以及以出口为导向的劳动密集型项目，允许投资的范围广泛，包括农业、畜牧水产业、林业、矿业、能源、制造业、建筑业、交通运输业和贸易等。

为进一步吸引外资，缅甸于 2012 年 11 月颁布新《外国投资法》，2013 年 1 月颁布缅甸外国投资实施条例。新《外国投资法》宗旨在于：开发资源保障内需，扩大出口；增加就业机会；发展人力资源；发展银行金融业、高级公路、跨国公路、国家电力及能源和现代信息技术等基础设施建设；建设有利于国家整体发展的高等级铁路、航运及航空事业；增强国民的国际竞争力；打造具有国际水准的企业。

世界经济论坛《2013～2014 年全球竞争力报告》显示，缅甸竞争力在全球 148 个经济体中排名第 139 位。

一、自然资源

缅甸矿产资源丰富，目前已探明的主要有石油、天然气、铜、铁、镍、铅、锌、银、铁、金、宝石、玉石等。天然气储量 2.5 万亿立方米，位居世界第 10。探明石油储量 20.2 亿桶，铜储量 9.6 亿吨，铁储量 2.2 亿吨。铅、锌、银、金储量分别为 30 万吨、50 万吨、750 万吨和 100 吨。

缅甸森林资源十分丰富。林木种类有 2300 种，盛产柚木、檀木、鸡翅木、铁力木、花梨木等名贵硬木，其中柚木占世界总储量的 60%，国际市场 75%的柚木产自缅甸。此外，缅甸还有丰富的水力资源。缅甸海岸线漫长，渔业资源丰富。沿海具有经济价值的石斑鱼、鲳鱼、龙虾等约 105 种，年捕捞量达 105 万吨。

二、基础设施

缅甸交通以水运为主，铁路多为窄轨。

1. 公路

近年来，缅甸政府大力修筑公路和铁路，陆路运输有较大发展。缅甸交通和铁道部门数据显示，截至 2013 年年底，缅甸全国公路和主要道路总里程约 93653.7 公里，其中公路里程约 34177.6 公里。

2. 铁路

截至 2013 年年底，缅甸铁路总长约 5762.2 公里，在建约 2862.6 公里，火车站 899 个。

3. 空运

缅甸航空有民用飞机 22 架、民用机场 45 个，国内航线总长 4500 千米，国际航线 4000 千米。主要航空公司有缅甸航空公司、缅甸国际航空公司、曼德勒航空公司、仰光航空公司、甘波扎航空公司、蒲甘航空公司、亚洲之翼航空公司、金色缅甸航空公司等。全国有大小机场 73 个，主要机场有仰光机场、曼德勒机场、内比都机场、黑河机场、蒲甘机场、丹兑机场等。仰光、内比都和曼德勒机场为国际机场。

4. 水运

内河航道约 10271 千米，各种船只 537 艘。伊洛瓦底江是主要通航干线。可供远洋货轮停靠的港口主要有仰光港、勃生港和毛淡棉港，其中仰光港是缅甸最大的海港。

5. 通信

据缅甸邮电通讯部公布的数字，截至 2013 年年底，缅甸全国共有邮局 1379 个、电报局 515 个和电话交换台 922 个。电话交换台中 392 个为自动交换台，296个为人工接线台；在移动通讯方面，缅甸共有移动电话1435250部。在国际通讯方面，缅甸不仅开通了国际卫星电话，而且可以通过亚欧海底光缆2万条线路与33个国家直接连通，并能通过这些国家与世界其他国家进行通话。

目前，中国移动和联通GSM电话可在缅甸使用，但是话费及短信费用很高，中国电信和联通CDMA在缅甸不能漫游。

6. 电力

截至2014年3月，缅甸建成电站总装机容量349.49万千瓦，其中水电266万千瓦，燃气和火电总83.49万千瓦。在建项目58个，总装机容量4575.25万千瓦；计划新建2个电站，总装机容量30.5万千瓦，年发电量15.9亿千瓦时。

三、重点/特色产业

缅甸重点/特色产业的基本情况如下：

1. 工业：2013～2014财年，缅甸工业产值约占国民生产总值的31.8%。主要工业有石油和天然气开采、小型机械制造、纺织、印染、碾米、木材加工、制糖、造纸、化肥和制药等。

2. 农牧渔业：农业为国民经济基础。农业产值占国民生产总值的4成左右。主要农作物有水稻、小麦、玉米、花生、芝麻、棉花、豆类、甘蔗、油棕、烟草和黄麻等。2013～2014年缅甸出口大米119.2万吨，创收4.6亿美元。畜牧渔业以私人经营为主。缅甸政府允许外国公司在划定的海域内捕鱼，向外国渔船征收费用。1990年开始同一些外国公司合资开办鱼虾生产和出口加工企业，水产品出口多个国家和地区。

3. 能源：截至2013年12月底，外国企业在缅甸石油和天然气领域投资115个项目，投资额达143.72亿美元，占外商在缅甸投资的32.46%。目前有16个国家在17个内陆天然气开采区块经营，有15家公司在20个近海天然气区块进行勘探和生产。

4. 采矿业：缅甸矿产资源丰富，现已探明的主要矿藏有铜、铅、锌、银、金、铁、镍、红蓝宝石、玉石等。2012～2013财年，缅甸开采锡精矿886公吨，钨精矿2公吨，钨锡白钨矿601公吨，煤炭47.1万吨，玉石1.9万吨，红宝石85.2万克拉，蓝宝石135.1万克拉，尖晶石51.4万克拉，橄榄石28.6万克拉。2013～2014财年，缅甸开采锡精矿681公吨，钨锡白钨矿620公吨，煤炭38万吨，玉石1.5万吨，红宝石44.3万克拉，蓝宝石114.2万克拉，尖晶石44.6万克拉，橄榄石38.4万克拉。

5. 加工制造业：截至2014年3月，共有647家缅甸本国企业和337家外资企业投资加工制造业。

6. 旅游业：缅甸风景优美，名胜古迹多。主要景点有世界闻名的仰光大金塔、文化古都曼德勒、万塔之城蒲甘、茵莱湖水上村庄以及额布里海滩等。政府大力发展旅游业，积极吸引外资，建设旅游设施。根据缅甸酒店和旅游部统计数据，2013～2014财年赴缅甸游客达到近225万人次，比2012～2013财年的130万增长73.08%，其中游客来源国排名前5位的分别为泰国、中国、日本、韩国和马来西亚。

7. 缅甸大型企业：缅甸大型企业主要有缅甸经济控股公司（Myanmar Economic Holding Limited)。

四、国内市场

（一）销售总额

国际货币基金组织数据显示，2012～2013财年国内销售总额占GDP的24.6%，达110200亿缅元，约合130.7亿美元。

（二）生活支出

国际货币基金组织数据显示，2013～2014财年，缅甸CPI为5.5%，缅甸居民储蓄总额为121413亿缅币，约合126.5亿美元。

（三）物价水平

2013～2014财年，缅甸CPI为5.5%。2014年3月，超市售大米平均价格1000缅元/公斤，约合人民币8元/公斤，猪肉5000缅元/公斤，约合人民币40元/公斤，食用豆油价格约1800缅元/升，约合人民币13元/升，鸡蛋价格一般为1200缅元/12个，平均每个鸡蛋100缅元，约合人民币0.8元/个。

五、金融环境

（一）当地货币

缅甸法定货币为缅元（Kyat)，面额主要有10000、5000、1000、500、200、100、50、20和10。

外汇券：1993年起，外汇券在缅甸流通，缅元对外汇券汇率与缅元对美元汇率基本相同，截至2012年12月31日，缅甸发行流通的外汇券价值3092万美元。2013年3月20日，缅甸联邦议会通过取消外汇券的议案。

汇率：缅甸央行于2012年4月起，采用基于市场情况并加以调控的浮动汇率制，这是缅甸新政府经济改革计划中的重要一环。此次外汇汇率改革，有利于外汇汇率整合、调控及开展国际结算和汇兑业务。

2014年3月31日缅甸外汇市场汇率为：1美元现钞兑换约966.5缅元，1欧元现钞兑换约1300.1缅元。

目前，缅元和人民币尚不能直接结算。

（二）外汇管理

缅甸的外汇管理主要通过缅甸外贸银行由外汇管理员和外汇管理部负责，外汇管理委员会负责分配外汇。缅甸外汇管理规定，未经外汇管理局负责人的许可，任何人在国内不得买卖、借贷、兑换外汇；居住在国外的任何在籍人员不得买卖、借贷、暂时支付、转让、兑换外币。国家规定缅元不得出入国境。但在中缅边境地区，根据贸易部（91）7号令，边境贸易可使用人民币和缅元。

除外汇管制当局特别批准保留外汇的情况外，非贸易外汇收入必须上缴。外汇当局仅对居住在缅甸，与官方业务有关的外国国民给予这种特许。

缅甸尚未完全解除外汇管制，但随着对外开放力度的加大，外汇汇进汇出与前几年相比自由度增加，外国企业可通过大华银行将美金汇进缅甸，中国工商银行也可协助企业与缅甸外贸银行协商，将投资资本金汇入。

根据缅甸外商投资法第39条规定，符合下列条件的外国企业的资金可通过涉外银行按汇率汇往国外：

1. 外资输入人应得的外币；

2. 外资输入人应提取的外币；

3. 从外资输入人年利润中扣除税收及其他费用后的纯收入；

4. 扣除税收及家庭成员生活费用后的外籍职员的收入。

缅甸未规定利润等汇出是否缴税，具体缴税费比例需与缅甸投资管理委员会协商。

从2012年4月开始，外国人在进入缅甸时，可携带不超过1万美元或等值的其他货币而不必向海关申报。

（三）银行机构

缅甸银行机构的相关法律主要有：《缅甸中央银行法》（1990年7月）、《缅甸中央银行法实施细则》（1991年4月）、《缅甸金融机构法》（1990年7月）、《缅甸中央银行金融机构章程》（1992年5月）、《缅甸农业与农村经济发展银行法》（1990年7月）、《储蓄银行业法》（1992年6月）。缅甸已建立以中央银行为中心，以国营专业银行为主体，有多种金融组织并存的金融体系。

1. 缅甸中央银行。缅甸中央银行即国家银行，主要职责是在国内外稳定缅元价值，制定并实施货币政策，是缅甸国内流通货币的唯一发行者，行使缅甸政府的银行职能，作为政府有关经济事务顾问，监督、检查、指导国营和私营金融组织机构的业务工作，管理外汇储备金，以政府的名义参与国际金融事务，代表政府同国际机构进行业务往来。经中央银行批准，可成立国营、国家与私人合营及私营金融组织机构，开展金融活动。

2. 缅甸经济银行。主要职责是接受活期和短期存款，办理储蓄银行存款和发行储蓄单，发放各种贷款，发放退休金，销售汇票及承兑票据。银行分支机构管理缅甸的外汇券（FEC）。缅甸计划今后将缅甸经济银行业务从国内商业银行业务扩展到国际金融服务。

3. 缅甸投资与商业银行。该行始建于1989年，其业务是根据缅甸联邦《外国投资法》、《缅甸公民投资法》为投资筹集资金，为发展私营经济提供必要的国内外银行业务服务。为广泛扩展银行业务，1993年6月在曼德勒开设了缅甸投资与商业银行分行。

4. 缅甸外贸银行。缅甸外贸银行主要经营与外贸业务有关的银行业务。管理外贸中外汇业务和非贸易外汇业务，参与或执行有关外汇收支合同，依据双边贸易协议执行账户清算，经营管理国际国内银行业务，经营的范围有：接受缅元、外币存款；发放担保和未担保贷款；各种债券的发行、接受、贴现、买卖；买卖旅行支票和外币；保险箱业务等。缅甸外贸银行计划今后将逐步从专业银行转变为普通商业银行，第一步是受理个人和公司存款及出口贸易的金融服务。

5. 缅甸农业与农村发展银行。其前身是1953年成立的国家农业银行，1976年更名为缅甸农业银行。根据1990年颁布的《缅甸农业与农村发展银行法》成立的缅甸农业与农村发展银行，其任务是为国内农牧业的发展，为地方经济社会的繁荣进步，每年向农民发放年度、短期和长期贷款。该行在缅甸国内已形成全国性网络，共有14个省邦级分行、164个支行和48个办事处，从1993～1994年度开始实施乡村储蓄动员计划，根据计划向所有农民提供储蓄和贷款服务业务。

6. 缅甸小额贷款公司。根据1990年颁布的

《缅甸金融机构法》，小额贷款业务为适应市场经济政策的需要，增进金融活动效率，于1992年3月从缅甸经济银行分离出来后单独成立的缅甸小额贷款公司（Myanmar Small Loans Enterprise）。

7. 缅甸保险公司。缅甸保险公司是缅甸唯一的一家国营保险机构，其任务是为保护投保者和国内外企业主的社会及经济利益，提供人寿、航空、工程、石油天然气、伤残、旅游等多种保险。缅甸保险公司在全国建有34个分支机构。

缅甸金融业的改革打破了由国家垄断银行业的局面。银行所有制有国营、国家和私人联营、私营与外国经营。截至2012年3月，缅甸已开设了4家国有银行和20家私营银行。缅甸政府允许外国人或外国资本在缅甸建立外资银行或外国银行办事处。目前，共有9个国家的银行在缅甸开设外国银行办事处17家，分别是新加坡4家，日本3家，孟加拉、马来西亚各2家，柬埔寨、泰国、文莱、越南、中国各1家等。上述外国银行办事处的开设，将对缅甸经济、通讯、金融等领域发挥重要作用。

近年缅甸开始允许外国银行设立代表处，目前已有中国工商银行、越南投资与发展银行等30余家外国银行在缅甸设有代表处。

（四）融资条件

缅甸中央银行存款利率10%，其他银行存款利率为8%～13%不等，贷款利率高于13%，缅甸融资条件有限，一般可通过项目抵押融资或者在同业之间拆借。

（五）信用卡使用

缅甸祐玛银行、Kanbawza银行等私人银行曾发行过信用卡，但2003年政府叫停所有信用卡的使用。2012年缅甸重启信用卡业务，但缅甸当地使用信用卡的人数还是很少。VISA，MasterCard等国际信用卡在缅甸的使用场所十分有限，仅在个别高档酒店和珠宝店可以使用。如缅甸Traders Hotel规定可以使用VISA，MasterCard，并向使用者收取4%的费用。从2013年1月1日起，中国银联卡可以在缅甸合作社银行的ATM机上取款，一天可提取3次，每次限额30万缅元（约合2300元人民币），每次取款手续费为5000缅币（约合35元人民币）。目前，除了中国银联支付卡（CUP）以外，万事达信用卡（MasterCard）、维萨信用卡（VISACard）、日本国际信用卡（JBC）3家国际信用卡公司也与缅甸银行签约。

六、对外经贸

（一）对外贸易

缅甸的贸易规模、贸易伙伴和商品结构的基本情况如下：

1. 贸易规模：贸易额：2013～2014财年，缅甸进出口小幅增长，达到249.63亿美元，较2012～2013财年增长36.84%，其中出口112.04亿美元，进口137.59亿美元。

表1：近6年缅甸进出口总额

（单位：亿美元）

年份	2008～2009	2009～2010	2010～2011	2011～2012	2012～2013	2013～2014
进出口总额	113.22	120.38	64.12	181.7	182.42	249.63

（资料来源：缅甸商务部）

2. 贸易伙伴：亚洲国家为缅甸主要贸易伙伴，缅甸外贸总额的90%都是来自与邻国的贸易。根据缅甸中央统计局数据显示，2013～2014财年，缅中贸易额达到70.16亿美元，其中缅甸从中国进口41.05亿美元，对中国出口29.11亿美元，中国已成为缅甸第1大贸易伙伴。位居前5位的贸易伙伴依次为中国（70.16亿美元）、泰国（56.83亿美元）、新加坡（36.04亿美元）、日本（18.09亿美元）和韩国（15.7亿美元）。

表2：近4年缅甸主要贸易伙伴

（单位：百万美元）

国家	财年	进口额	出口额	进出口总额
中国	2010～2011	2168.52	1203.56	3372.08
	2011～2012	2786.84	2214.3	5001.14
	2012～2013	2719.47	2238.07	4957.54
	2013～2014	4105.49	2910.75	7016.24
泰国	2010～2011	709.09	2905.18	3614.27
	2011～2012	691.15	3823.83	4514.98
	2012～2013	696.81	4000.57	4697.38
	2013～2014	1376.99	4306.28	5683.27
新加坡	2010～2011	1645.32	456.99	2102.31
	2011～2012	2516.13	542.75	3058.88
	2012～2013	2535.43	291.35	2826.78
	2013～2014	2910.22	694.03	3604.25

续表

国家	财年	进口额	出口额	进出口总额
日本	2010～2011	256.35	237.43	493.78
	2011～2012	502.17	320.2	822.37
	2012～2013	1091.73	406.49	1498.22
	2013～2014	1296.24	513.25	1809.49
韩国	2010～2011	304.23	148.39	452.62
	2011～2012	451.93	214.82	666.75
	2012～2013	343.21	280.77	623.98
	2013～2014	1217.98	352.92	1570.09
印度尼西亚	2010～2011	275.49	41.11	316.6
	2011～2012	431.82	40.94	472.76
	2012～2013	195.23	31.54	226.77
	2013～2014	438.82	60.04	502.82
马来西亚	2010～2011	145.32	437.8	583.12
	2011～2012	303.41	152.04	455.45
	2012～2013	360.9	97.92	458.82
	2013～2014	839.69	108.87	948.56

（资料来源：中华人民共和国驻缅甸联邦共和国大使馆经济商务参赞处）

3. 商品结构：在过去几十年里，缅甸对外贸易主要用美元、英镑、瑞士法郎、日元以及后来的欧元进行结算。主要出口商品有天然气、大米、玉米、各种豆类、橡胶、矿产品、木材、珍珠、宝石和水产品等，主要进口商品有燃料、工业原料、机械设备、零配件、五金产品和消费品等。

（二）辐射市场

缅甸辐射市场主要为东盟国家，近年来，缅甸与中国、泰国、新加坡、马来西亚、印度尼西亚、越南等国经贸合作稳步发展，与韩国、日本在投资贸易领域逐步扩大。2012 年下半年至今，欧洲国家如英国、德国等也陆续进入缅甸市场，寻求合作机会。

缅甸已通过了美国的普惠制（GSP）审查，不久之后将重新获得美国的普惠制待遇。为了使商品能进入美国市场，缅甸商务部已经在作相关准备。一旦获得该优惠政策，缅甸将有 5000 多种产品可以免税进入美国市场。

缅甸还是欧盟提供关税优惠的受惠国。根据 2012 年 11 月欧盟委员会公布的新的普惠制（GSP）方案，新增缅甸为普惠制第一类国家。自 2014 年 1 月 1 日至 2023 年 12 月 31 日，对缅甸等 49 个最不发达国家的进口产品实行免关税政策。欧盟给予缅甸的关税普惠制待遇从 2013 年 7 月 19 日起开始生效。除武器外，缅甸其他商品可向欧盟国家出口，并享受普惠制（GSP）待遇。

（三）吸引外资

据缅方统计，截至 2014 年 3 月底，共有 33 个国家和地区在 12 个领域投资 685 个项目，总投资额 462.26 亿美元。其中，电力投资 192.84 亿美元，石油和天然气投资 143.72 亿美元，制造业投资 39.99 亿美元，矿业投资 28.62 亿美元，酒店与旅游业投资 17.99 亿美元，农业投资 2.03 亿美元。外国对缅甸投资前五位的分别为：中国（含香港、澳门）（209.27 亿美元）、泰国（100.58 亿美元）、新加坡（44.07 亿美元）、韩国（29.79 亿美元）、英国（31.49 亿美元）。主要投资领域为：电力、石油和天然气、矿产业、制造业和饭店旅游业。2013～2014 财年，缅甸吸收外资流量为 41.07 亿美元；截至 2014 年 3 月底，缅甸吸收外资存量为 462.26 亿美元。

据联合国贸发会议发布的 2014 年《世界投资报告》显示，2013 年，缅甸吸收外资流量为 26.2 亿美元；截至 2013 年年底，缅甸吸收外资存量为 141.7 亿美元。

表 3：外资在缅甸投资情况（截至 2014 年 3 月 31 日）

排序	行业名称	项目数	批准外资额（亿美元）	占比
1	石油天然气	115	143.72	31.09%
2	电力	8	192.84	41.72%
3	矿业	69	28.62	6.19%
4	制造业	337	39.99	8.65%
5	酒店和旅游业	51	17.99	3.89%
6	房地产	23	14.97	3.24%
7	畜牧业和渔业	28	4.19	0.91%
8	交通运输业	20	15.04	3.25%
9	工业	3	1.93	0.42%
10	农业	13	2.03	0.44%
11	建筑业	2	0.38	0.08%
12	其他服务业	16	0.55	0.12%
	总额	685	462.26	100.00%

（资料来源：缅甸投资委员会）

（四）中缅经贸

中国与缅甸贸易、投资和承包劳务的基本情况如下：

1. 双边贸易：2014年中国对缅甸出口93.70亿美元，同比增长27.66%；从缅甸进口156.03亿美元，同比激增455.18%。中国对缅甸主要出口机电产品、成套设备、摩托车配件和化工产品等，从缅甸主要进口珍珠宝石、原木、农产品和矿产品等。据缅甸中央统计局统计，2013/2014财年，中国保持缅甸第1大贸易伙伴。

2. 双向投资：据中国商务部统计，2013年当年中国对缅甸直接投资流量4.75亿美元。截至2013年年末，中国企业对缅甸直接投资存量为35.7亿美元。中国在缅甸投资主要集中在油气开发、油气管道、水电资源开发、矿业资源开发等领域，目前到缅甸考察加工制造业并投资建厂的中资企业逐渐增多。

3. 承包劳务：2013年中国企业在缅甸新签承包工程合同77份，新签合同额9.19亿美元，完成营业额12.61亿美元；当年派出各类劳务人员2875人，年末在缅甸劳务人员9540人。新签大型工程承包项目包括中国核工业第二建设有限公司承建GOLDEN CITY综合体项目、深圳市中深建装饰设计工程有限公司承建中缅天然气管道工程、中国寰球工程公司承建中缅原油罐区工程等。

中国对缅甸纯劳务合作的市场较小，中国在缅甸劳务人员多为承包工程和境外投资所带动的劳务输出，以及中国企业长期派驻缅甸合作企业的管理和技术人员，纯劳务市场近年来逐步萎缩。造成这种情况的主要原因：一是缅甸引进劳工的政策比较严格，雇主只有在优先招聘本国公民而没有合适人选后，才能向缅甸联邦投资委员会申请批准，引进国外劳工；二是缅甸普通工人的工资水平很低，月薪平均不到100美元，此工资水平对中国劳务人员吸引力较小。

4. 主要企业：在缅甸进行投资合作的国内企业主要有：中石油东南亚管道公司（中缅油气管道项目）、中石化（缅甸油气区块勘探项目）、中国电力投资（伊江上游水电开发项目）、大唐（云南）水电联合开发有限公司（太平江一期、育瓦迪水电开发项目）、云南联合电力（瑞丽江一级水电开发项目）、汉能集团（滚弄电站项目）、长江三峡集团（孟东水电项目）、中国水电建设集团（哈吉水电站项目、勐瓦水电站承包工程项目）、中色镍业（达贡山镍矿项目）、北方工业（蒙育瓦铜矿项目）、中国机械进出口总公司（缅甸车头车厢厂承包工程项目）、中工国际（孟邦轮胎厂改造项目、浮法玻璃项目、桥梁项目、承包工程项目）、葛洲坝集团（其培电站、板其公路承包工程项目）等。

【来源：改编自商务部国际贸易经济合作研究院、商务部投资促进事务局、中华人民共和国驻缅甸联邦共和国大使馆经济商务参赞处共同主编.《2014版对外投资合作国别（地区）指南——缅甸》.第19～35页】

菲律宾投资环境

菲律宾位于亚洲大陆的南缘，是商业、贸易的中转站，在泛北部湾经济合作中具有十分重要的战略地位。尽管菲律宾吸收外资的水平还有待提高，但其良好的自然资源环境和日益改善的政府鼓励投资政策，特别是菲律宾目前经济社会形势不断好转，使菲律宾的投资环境得到很大的改善。

竞争优势：菲律宾具有利用外资的环境优势，有丰富的旅游业资源、充足的人才资源、低廉的经营成本、巨大的农业发展潜力、前景广阔的采矿业等。菲律宾具有竞争优势的行业包括旅游业、创意产业（广告、音乐、数字内容）、业务流程外包、农商和基础设施等。菲律宾最大的优势是拥有数量众多、廉价、受过教育、懂英语的劳动力。菲律宾居民识字率达到94.6%，在亚洲地区名列前茅。加之菲律宾劳动成本大大低于发达国家的水平，因而吸引了大量西方公司将业务转移到菲律宾。

竞争劣势：菲律宾政局较为动荡、基础设施有待改善、法制改革进展缓慢。经济发展急需的各项改革常在国会争论不休，旨在吸引私人资金的公私伙伴关系（PPP）项目进展缓慢。严重滞后的基础设施，特别是电力系统，成为潜在的外国投资者关注的主要问题。另外，世界银行研究显示，菲对外国企业在关键领域的投资和股权限制是亚洲最严格的地区之一，这是阻碍菲律宾吸引外资的重要因素。根据研究报告，相较马来西亚、越南、印尼、韩国、中国、日本、泰国和新加坡，菲律宾在允许外国资本在关键行业的合资公司中拥有股份的比例是最低的。

根据世界经济论坛《2013～2014年全球竞争力报告》显示，菲律宾竞争力在全球148个经济体中排名第59位，比2012～2013年上升6位。菲律宾政府提升竞争力的目标定在2016年，菲律宾要在世界经济论坛（WEF）全球148个经济体的年度竞争力排行榜中达到或超过第43位。

一、自然资源

矿藏主要有铜、金、银、铁、铬、镍等20余种。铜蕴藏量约48亿吨、镍10.9亿吨、金1.36亿吨。地热资源丰富，预计有20.9亿桶原油标准的地热能源。巴拉望岛西北部海域初步探测的石油储量约3.5亿桶。森林面积1579万公顷，覆盖率达53%，有乌木、紫檀等名贵木材。渔产资源丰富，鱼类品种达2400多种，金枪鱼资源居世界前列。

二、基础设施

与老东盟成员相比，菲律宾的基础设施比较落后。但近年来，菲律宾对基础设施的投入不断加大，阿基诺总统也将发展基础设施作为一项重要内容纳入了《2011年至2016年菲律宾发展中期规划》。目前，菲律宾的重要基础设施根据《建设、经营和转让法》（即BOT法）来建设。该法律允许私有投资者建设和经营基础设施，在一定时间后再移交菲律宾政府。阿基诺政府执政后，大力提倡通过公私伙伴关系（PPP）项目，吸引私人投资，改善基础设施。

1. 公路

菲律宾公路通行里程约21.6万公里，国家级占15%，省级占13%，市镇级占12%，其余60%为乡村土路，道路密集为0.72公里/平方公里。高速公路总长200多公里。全国共有7440座桥梁。

2. 铁路

铁路总长1200公里，主要集中于吕宋岛，其中可运营的铁路400多公里，其余均需改造升级。

3. 空运

大多数主要航线每天或每周都有多个航班从马尼拉飞往亚洲国家和地区以及美国、欧洲与中东的主要城市。菲律宾共有203个机场，其中8个为国际机场（重要的国际机场位于马尼拉和宿务），85个为国营机场，118个为私营机场，但很多机场设施落后，许多省会机场是土石跑道的简易机场。

4. 水运

菲律宾共有414个主要港口。大多数港口需要扩建和升级，以容纳大吨位轮船和货物。菲律宾的集装箱码头设施完善，能高速有效地处理货运。马尼拉国际集装箱码头是亚洲效率最高的5大码头之一。

5. 通信

菲律宾的通信基础设施发展良好，近年来一直在扩建。国内网络质量高、成本低，共有6个可用平台：固定线路、移动电话、有线电视、无线电视与广播以及VSAT系统。

6. 电力

菲律宾的电力成本高昂，居民用电电价居世界首位，工业用电电价居世界第2位，增加了企业的营运成本。2012年，菲律宾全国发电总装机容量为1616万千瓦。据菲律宾能源部估计，今后20年菲律宾需要新增电力近1700万千瓦，平均年增4.6%，才能确保电力供应。按照菲律宾能源部《2012电力发展规划》，2013年至2016年菲律宾将新增装机容量868兆瓦，政府通过对菲律宾国家电力公司进行私有化改革，发展可再生能源等工作，努力提高发电量。

三、重点/特色行业

1. 农业：2013年农业产值为306亿美元，占GDP的11.24%。主要出口产品为椰子油、香蕉、鱼和虾、糖及糖制品、椰丝、菠萝和菠萝汁、未加工烟草、天然橡胶、椰子粉粕和海藻。

2. 服务外包：2013年菲律宾服务流程外包（BPO）业务收入为133亿美元，同比增长15%，菲律宾7个城市被列入“2013年前100外包投资地”，其中马尼拉排名第2，宿务排名第8位。

3. 旅游业：2013年到访菲律宾的外国游客约为468万人次，比2012年增长9.6%，旅游业收入44亿美元，同比增长15.1%。

4. 制造业：2013年制造业产值为553.7亿美元，同比增长10.5%，占GDP的20.4%。

5. 海外劳工汇款：菲律宾是全球主要劳务输出国之一，在海外工作的劳工有1000多万。2013年菲律宾海外劳工汇款达229.7亿美元，同比增长7.4%，占GDP的近8.4%，是名副其实的劳务输出大国。

6. 交通、通讯及仓储业：2013年交通、通讯及仓储业产值为172亿美元，同比增长5.5%，占GDP的6.3%。

7. 采矿和采石业：2013年采矿和采石业产值为26亿美元，占GDP的0.96%。

四、国内市场

（一）销售总额

2013年，菲律宾家庭最终消费支出总额按现价计算约为1992亿美元，同比增长7.9%。

（二）生活支出

2014年3月，菲律宾CPI较2013年同期上升3.9%。近年来，菲律宾的家庭储蓄率基本保持在18%左右。根据菲律宾国家统计局公布的数据，菲律宾居民的日常用品、个人卫生用品、服装和食品、医疗等基本生活开销占整个消费支出的比例为69%，其中食品支出平均占45%，服装和鞋帽支出占3%。

2013年6月，菲律宾央行调查显示，2013年第2季度仅有约两成的菲律宾家庭拥有储蓄存款。首都大马尼拉区第2季度储蓄存款的居民家庭比例为25.6%，较第1季度35%的比例明显下滑；首都区外第2季度储蓄存款家庭比例为21.9%。

（三）物价水平

菲律宾各地区的物价水平极不平衡，总体物价高于中国。其中蔬菜、温带水果（苹果、梨、葡萄、李子等）价格是中国的3～4倍，日用品、水、电、液化气等价格是中国的2～3倍，宾馆住宿、饭店就餐约为中国的1～2倍，汽车、服装、鞋子等价格与中国相当，房产、海产品、热带水果较中国便宜。

2013年5月，菲律宾首都大马尼拉地区零售商品价格同比上涨3.2%，环比增长3.1%。所有受监测商品中，饮料和烟涨幅最高，同比增长20%；食品价格则下降1.9%。

五、金融环境

（一）当地货币

菲律宾货币为比索，可自由兑换。人民币与比索尚无法进行直接结算。

近年来，比索对美元汇率持续上升，2005年、2006年和2007年的平均汇率分别为55.09∶1、51.31∶1和46.15∶1，其中2007年比索对美元升值近19%，成为当年亚洲表现最佳的货币。但截至2008年12月24日，比索兑美元汇率为47.52∶1，比年初贬值15.3%。2012年，菲律宾比索升值迅速，从年初的43.92∶1升至年终的41.19∶1。2014年9月，美元兑换比索的汇率为1∶44。

（二）外汇管理

1992年开始，菲律宾进行外汇管理制度改革。主要内容是：解除外汇管制，实行浮动汇率；在银行体系之外，可以自由买卖外汇；外汇收入和所得可以出售给授权代理行，也允许在银行体系之外进行交易，还允许在菲律宾国境内外自由存储外币，并且可以自由用于任何目的。

在菲律宾注册的外国企业可以在菲律宾银行开设外汇账户，用于进出口结算。所有进口商品的支付方式均无需中央银行批准，商业银行可以通过下列方式出售外汇用于支付进口：信用证、付款交单、承兑交单、贸易账户和直接汇款。在所有出口商品中，出口商均需向商业银行申领“出口报关单”。对出口可采取如下方式支付：许可的方式、其他许可方式、可兑换的外币。

在菲律宾工作的外国人，其合法税后收入可全部转出。携带现金出入境需要申报，数额规定是1万比索，外汇无限额，1万美元以上需报关。

（三）银行机构

菲律宾中央银行是国家货币管理部门，负责制定和实施国家外汇管理政策。菲律宾的银行系统分为四类：商业银行、储蓄银行、农村银行、政府特设银行。

商业银行是菲律宾银行体系的核心，总资产约占银行业总资产的90%。主要商业银行有：首都银行、BDO银行、菲岛银行、菲律宾国家银行等。截至2013年3月22日，菲律宾有36家商业银行，70家储蓄银行及582家农村和合作银行。截至2012年底，各银行的营业网络增加到9410家，拥有ATM机12225台。2012年上半年，菲律宾银行业的总资产为7.41万亿比索，比2011年同期增长5.54%。从数量上看，外资银行参与菲律宾市场的程度居亚洲新兴市场国家前列，外资银行已成为菲律宾银行体系的重要组成部分。菲律宾当地主要外资银行有：渣打银行、汇丰银行、花旗银行、美洲银行。

菲律宾政府在2013年5月份修订了第10574号共和国法案（即外资参股农村银行法）和1992年的第7353号共和国法案（即农村银行法修正案），允许外国投资者收购或购买农村银行60%的投票权股，解除了20年来阻碍农村银行发展的外资股权限制。

（四）融资条件

在菲律宾注册的外商投资企业进行本地融资没有法律障碍，融资的可能性主要取决于公司资质、项目效益、风险评估等方面的因素。

（五）信用卡使用

中国国内各银行发行的信用卡，只要是Visa或Master卡，都可以在菲律宾的机场、饭店、大型购物中心使用；很多商店也接受使用银联卡。

六、对外经贸

（一）贸易关系

1. 贸易总额：根据菲律宾国家统计局数据，2013 年菲律宾对外贸易额为 1158.1 亿美元，同比增长 1.9%。其中，出口 539.8 亿美元，同比增长 3.8%；进口 618.3 亿美元，同比增长 0.2%。2014 年上半年，菲律宾的对外贸易达 610 亿美元，比 2013 年同期的 572.7 亿美元，增加了 6.79%。

2. 主要贸易伙伴：日本、中国内地、美国、新加坡、韩国、中国台湾、中国香港、泰国、德国和马来西亚是菲律宾的 10 大贸易伙伴。

3. 商品结构：菲律宾主要出口商品为电子产品、服装和服装辅料、木制工艺品和家具、椰子油和精炼铜等；主要进口商品为电子产品、燃油燃料、润滑油及相关产品、运输装备、工业机械和设备、有机和无机化工品。

（二）辐射市场

菲律宾是世贸组织（WTO）、亚太经合组织（APEC）和东盟（ASEAN）成员国，承诺推进区域自由贸易和到 2020 年消除贸易壁垒。迄今为止，菲律宾已同 38 个国家签订了双边经贸协定。2008 年 10 月 8 日，菲律宾批准了《日菲经济伙伴关系协议》；2010 年 10 月 7 日，菲律宾与哈萨克斯坦签订双边《自由贸易协定》和《保护投资协定》；2012 年 7 月 11 日，菲律宾与欧盟签署《伙伴与合作协议》(PCA)。

2013 年 6 月 26 日，菲律宾与泰国签署了新的双边税务条约，双方决定对已沿用 31 年的条约进行修改，使其符合新情况。菲律宾已与 36 个国家签署了税务条约。该条约旨在促进国际贸易和投资，避免双重征税，打击逃税。

2014 年 5 月 23 日，菲律宾与印度尼西亚正式签署海上专属经济区划界协定，规定两国在棉兰老海和西里伯斯海的专属经济区划界。这是菲律宾与外国签署的首个海上划界协定。这份协定不仅有助于两国为保护相关海域丰富海洋资源开展更紧密合作，也将促进两国贸易并提升海上安全。

（三）吸收外资

菲律宾是多边投资担保机构成员，对与外资有关的投资收益汇出不予限制。据联合国贸发会议发布的 2014 年《世界投资报告》显示，2013 年，菲律宾吸收外资流量为 38.6 亿美元；截至 2013 年年底，菲律宾吸收外资存量为 325.5 亿美元。

根据菲律宾中央银行统计，2013 年外资净流入达到 42.25 亿美元，其中，74.7%流向股市，23%购买国债，2%流入比索定期存款，0.3%流向比索计价的债券。这些投资主要来自日本、墨西哥和英属维京群岛，主要流向制造业、水利和文艺娱乐业。

根据菲律宾统计办公室数据，2013 年菲律宾共批准外国投资 64.6 亿美元，主要来自英属维京群岛、美国、日本以及荷兰，主要流向制造业、餐饮食宿以及公共服务业。

在菲律宾投资的著名跨国公司有：宝洁公司、全球解决方案公司（ETEL）、IBM、法国 Teleperformance、德州仪器、雀巢、加德士集团东南亚公司、意大利航空公司、联合快递公司（UPS）和联邦快递公司（FedEx）等。但 2008 年金融危机发生后，英特尔公司关闭了菲律宾生产厂，联邦快递将亚太地区总部移至中国广州市。

（四）中菲经贸

1975 年 6 月 9 日，中菲两国建立正式外交关系之际，签署了第一个政府间贸易协定，之后又签署了双边投资保护协议和避免双重征税协定。2005 年 4 月两国政府签署了《促进贸易和投资合作的谅解备忘录》。2006 年 6 月签署了《关于扩大和深化双边经济贸易合作的框架协定》。

1. 双边贸易：中菲经贸合作发展较快，据中国海关统计，1975 年两国建交时双边贸易额只有 7200 万美元，在过去 10 年中，中菲贸易保持了持续快速增长势头。特别是自 2000 年开始，双边贸易以年均 35%的增长快速发展。2007 年更是创下了 306.2 亿美元的历史新高。受国际金融危机影响，2008 年和 2009 年，双边贸易额分别降至 286 亿美元和 205 亿美元，2010 年双边贸易恢复增长，达到 278 亿美元。2012 年，中菲双边贸易额达到 363.7 亿美元，同比增加 12.8%。其中，中国出口 167.3 亿美元，同比增长 17.4%；中国进口 196.4 亿美元，同比增长 9.2%。2013 年，中菲双边贸易额达到 380.66 亿美元，中国出口 198.35 亿美元，中国进口 182.3 亿美元。2014 年，中菲双边贸易额达到 444.43 亿美元，同比增长 16.75%。

表：2001～2014 年中国—菲律宾贸易统计　（单位：亿美元）

年份	总额	中国出口	中国进口	中方贸易差
2001	35.7（↑13.5%）	16.2（↑10.6%）	19.5（↑16%）	－3.3
2002	52.6（↑47.5%）	20.4（↑26%）	32.2（↑65.4%）	－11.8
2003	94（↑78.7%）	30.9（↑51.5%）	63.1（↑96%）	－32.2
2004	133.3（↑41.8%）	42.7（↑38%）	90.6（↑43.6%）	－47.9
2005	175.6（↑31.7%）	46.9（↑9.8%）	128.7（↑42.1%）	－81.8
2006	234.1（↑33.3%）	57.4（↑22.4%）	176.7（↑37.3%）	－119.3
2007	306.2（↑30.8%）	75（↑30.7%）	231.2（↑30.8%）	－156.2
2008	285.8（↓6.7%）	90.8（↑21.6%）	195.0（↓15.6%）	－104.2
2009	205.3（↓28.2%）	85.9（↓5.4%）	119.5（↓38.7%）	－33.6
2010	277.5（↑35.1%）	115.4（↑34.3%）	162.1（↑35.6%）	－46.7
2011	322.5（↑16.2%）	142.5（↑23.5%）	180.0（↑11.0%）	－37.5
2012	364.48（↑13%）	167.71（↑17.6%）	196.77（↑9.4%）	－29.06
2013	380.66（↑4.66）	198.35（↑18.55）	182.3（↓7.17）	16.05
2014	444.43（↑16.75）	234.59（↑18.27）	209.83（↑15.10）	24.76

（资料来源：中国海关统计）

据中国海关统计，近年来，中国对菲律宾出口商品主要类别包括：①电机、电气、音像设备及其零部件；②机械器具及零件；③钢铁；④矿物燃料、矿物油，沥青，矿蜡；⑤服装；⑥塑料及其制品；⑦钢铁制品；⑧玩具、游戏和运动器材及其零部件；⑨车辆及其零部件，铁道车辆或电车除外；⑩鞋靴、护腿和类似品及其零件。

据中国海关统计，近年来，中国从菲律宾进口商品主要类别包括：①电机、电气、音像设备及其零部件；②机械器具及零件；③矿砂、矿渣及矿灰；④铜及其制品；⑤食用水果及坚果，柑橘类水果或甜瓜果皮；⑥塑料及其制品；⑦光学、照相、医疗或手术器械等；⑧矿物燃料、矿物油，沥青，矿蜡；⑨动物或植物油脂、油料；⑩玻璃及玻璃制品。

2. 双边投资：根据中国商务部统计，2013 年中国对菲律宾直接投资流量 5440 万美元。截至 2013 年年底，中国对菲律宾直接投资存量 6.92 亿美元。中国在菲律宾投资主要涉及矿业、制造业和电力等领域。

3. 承包劳务：据中国商务部统计，2013 年中国企业在菲律宾新签承包工程合同 80 份，新签合同额 10.93 亿美元，完成营业额 12.47 亿美元；当年派出各类劳务人员 637 人，年末在菲律宾劳务人员 899 人。新签大型工程承包项目包括中国能源建设集团东北电力第一工程公司承建菲律宾 PCPC1×135 电站项目、华为技术有限公司承建菲律宾电信、中国瑞林工程技术有限公司承建菲律宾 PASAR 扩建项目等。

在中国驻菲律宾大使馆经商参处登记的中国企业有 90 多家，其中大多是大中型企业的分支机构。主要有中国路桥工程有限责任公司、中国港湾工程有限责任公司、中国水电建设集团国际工程有限公司、中国建筑工程总公司、中技国际招标公司、中机国际招标公司、中国地质工程等经营工程承包的大型企业，也有中兴、华为等电信系统供应商，中国国际航空股份有限公司、中国南方航空股份有限公司、中国远洋集团、中国海运集团等经营海空运输、船舶代理的企业，及中国国家电网公司等。中国企业在菲律宾的机构大多是设立分公司或代表处，以独立法人形式存在的不多。非独立法人的机构在开展业务方面局限性比较大，承接项目、签订合同均要依托母公司进行。按照菲律宾的法律，外资的建设承包商只能做外资项目，对外承包菲律宾本国的工程项目有诸多限制。

【来源：改编自商务部国际贸易经济合作研究院、商务部投资促进事务局、中华人民共和国驻菲律宾共和国大使馆经济商务参赞处共同主编.《2014 版对外投资合作国别（地区）指南——菲律宾》.第 12～20 页】

新加坡投资环境

新加坡是一个岛国，地理位置非常特殊，贸易十分发达，作为一个基本上没有关税的国家，新加坡自由贸易的程度在全球名列前茅。另外，新加坡在投资方面处于世界领先地位。新加坡投资环境的吸引力主要体现在7个方面：地理位置优越、基础设施完善、政治社会稳定、商业网络广泛、融资渠道多样、法律体系健全、政务环境廉洁高效。

投资优势：新加坡的经济竞争优势包括拥有世界级的海陆空交通设施以及良好的宏观经济环境和财政管理。另外，新加坡政府对教育的关注也使得新加坡在高等教育与培训的领域中有所进步。尽管新加坡私人企业界的创新能力越来越强，但仍有进一步提升的空间。

自2006年以来，在世界银行每年一度的《全球营商环境报告》中，新加坡经商环境一直高居全球榜首，被世行称为“世界上最容易做生意的地方”。在达沃斯世界经济论坛公布的《2013～2014年全球竞争力报告》显示，新加坡的竞争力在全球148个经济体中排名维持第2位，仅次于瑞士，与2012～2013年持平。

一、自然资源

新加坡资源比较匮乏，主要工业原料、生活必需品需进口。新加坡的土地极其珍贵，农业用地大部分位于和马来西亚接壤的边境地带。其他重要资源，例如水也很稀缺。

二、基础设施

新加坡基础设施完善，拥有全球最繁忙的集装箱码头、服务最优质的机场、亚洲最广泛的宽频互联网体系和通信网络。

1. 公路

目前，新加坡公路总里程3377公里，公路密度为每平方公里4.74公里，其中高速公路150公里，普通道路2582公里。据统计，新加坡已建成3000公里以城市快速路为主干、普通道路为主线的道路交通网络。

2. 铁路

截至2012年年底，新加坡轨道交通线路总长177.7公里，其中地铁线路（MRT，Mass Rapid Transit）148.9公里，设99个站；轻轨线路（TRT，Light Rail Transit）28.8公里，共设34个站点。

3. 空运

新加坡是亚洲地区重要的航空运输枢纽。新加坡樟宜机场连续多年被评为世界最佳机场。截至2013年年底，共有107家航空公司在樟宜机场提供服务，衔接新加坡与全球60个国家的250个城市。2013年樟宜机场客运量5278万人次，同比增加5.7%；货运量185万吨。

4. 水运

新加坡是世界上最繁忙的港口和亚洲主要转口枢纽之一，还是世界最大燃油供应港口。以新加坡为中心的海运网络由200多条航线组成，连接123个国家的600个港口。新加坡港有4个集装箱处理码头，集装箱船泊位54个，年集装箱处理能力3500万个标准箱，是全球仅次于中国上海的集装箱港口。

5. 通信

（1）电话：截至2013年年底，新加坡固定电话用户197万户，减少0.9%；移动电话用户842万户，增加4.4%。

（2）互联网：截至2013年，新加坡宽带用户（包括移动互联网用户）1065万户，同比增加4.5%。根据“智慧国2015”计划，到2015年，新加坡将采用光纤到户技术，将全岛宽带网速提升到1Gbps，比现有最高网速快10倍，宽带网普及率从目前的52%提升到90%。

（3）邮政：新加坡设有62个邮局和300多台邮政自助机，邮政服务网络遍布全岛各主要区域，国内和国际快捷邮件业务为邮政业务重点。2013年共处理邮件20亿件。

6. 电力

新加坡电力资源供应充足，可满足本国经济和社会发展需要。全国电力装机容量约为10680兆瓦，全部为火电，燃料为石油和天然气。2013年总发电量479.5亿千瓦时，销售电量432.3亿千瓦时。其中，居民用电量占17.1%，制造业用电量占35.8%，其他企业用户用电量占47.1%。

三、重点/特色行业

2014年《财富》世界500强企业名单中，新加坡有两家企业上榜，分别为排名第239的丰益国际（Wilmar International）和排名第459的伟创力（Flextronics International），2013年的营业收入分别为440.85亿美元和261.09亿美元。

1. 电子工业：电子工业是新加坡传统产业之

一，2013年总产值808.6亿新加坡元，占制造业总产值的27.8%；增加值174.7亿新加坡元，占制造业增加值的30.3%；就业人数7.64万，占制造业就业人数的18.4%。主要产品包括：半导体、计算机外部设备、数据存储设备、电信及消费电子产品等。

2. 化学工业：新加坡是世界第三大炼油中心和石油贸易枢纽之一，也是亚洲石油产品定价中心。2013年化学工业总产值971.1亿新加坡元，占制造业总产值的33.4%；增加值为39.8亿新加坡元，占制造业增加值的6.9%；就业人数2.49万，占制造业就业人数的6%。主要产品包括石油、石化产品及特殊化学品。

3. 生物医药：生物医药是新加坡近年重点培育的战略性新兴产业，2013年总产值236.8亿新加坡元，占制造业总产值的8.2%；增加值117.9亿新加坡元，占制造业增加值的20.5%；就业人数1.67万，占制造业就业人数的4%。

4. 交通工程业：2013年总产值321.7亿新加坡元，占制造业总值的11.1%；增加值75亿新加坡元，占制造业增加值的16.9%；就业人数11.14万，占制造业就业人数的26.8%。

5. 精密工程业：2013年总产值331.4亿新加坡元，占制造业总产值的11.4%；增加值为75.1亿新加坡元，占制造业增加值的13%。主要产品包括半导体引线焊接机和球焊机（全球市场占有率为70%）、自动卧式插件机（全球市场占有率为60%）、半导体与工业设备等。

6. 运输仓储业：2013年新加坡运输仓储业增加值243.2亿新加坡元，占GDP的6.6%。全年航空客运量5277.5万人次，航空货运量185万吨；海运货运量5.61亿吨，集装箱吞吐量3258万标箱，海运客运量657.7万人次。

7. 金融保险业：新加坡是区域金融中心和亚洲美元市场中心之一，2013年金融保险业增加值423.48亿新加坡元，占GDP的11.4%。

8. 旅游业：旅游业是新加坡外汇主要来源之一，2013年旅游收入235亿新加坡元，同比增长2%；全年到访旅客1556.78万人次，同比增长7.4%；前5大客源地依次为印度尼西亚、中国、马来西亚、澳大利亚、印度，其中，中国游客227万人次，增长11.6%，占外国游客总数的14.6%。

四、国内市场

（一）销售总额

2013年，新加坡批发零售营业收入15659亿新加坡元，约合12514亿美元，比2012年增长5%，其中零售业营业收入370亿新加坡元，约合296亿美元，比2012年下降4.3%。

（二）生活支出

2013年，新加坡总储蓄金额1652亿新加坡元，折合1320亿美元，同比增长3.5%，储蓄率44.6%，比2012年度下降0.3个百分点。

2013年，新加坡私人消费支出1421.3亿新加坡元，折合1136亿美元，其中各项本国消费支出占比为：住房20.5%、文化娱乐13%、交通11.8%、医疗7.1%、食品饮料6.8%、餐饮服务6.4%、家具设备及房屋维修5.3%、教育3.8%、住宿2.6%、衣着2.4%、通讯2%、烟酒2%、杂项商品和其他服务16%。

（三）物价水平

受住房、交通以及食品价格上涨影响，2013年新加坡消费价格指数上涨2.4%，涨幅比2012年的4.6%大幅回落。2014年3月底，新加坡主要基本生活品平均价格分别为：泰国香米（5公斤装）12.82新加坡元/袋，400克普通白面包1.51新加坡元/袋，猪廋肉13.3新加坡元/公斤，猪五花肉14.91新加坡元/公斤，猪排骨16.46新加坡元/公斤，牛肉21.64新加坡元/公斤，羊肉17.79新加坡元/公斤，鸡肉6.35新加坡元/公斤，全脂鲜奶2.9新加坡元/升，鸡蛋每10粒2新加坡元，食用油（2公斤装）5.66新加坡元/瓶。

五、金融环境

（一）当地货币

新加坡的货币为新加坡元（Singapore Dollar）。

新加坡元为可自由兑换货币。新加坡金融管理局通过将新加坡元的贸易加权汇率维持在一定目标区域内实现货币政策目标。新加坡金融管理局每半年发布一次货币政策报告，报告会在金融管理局网站上公布，网址：www.mas.gov.sg/eco_research/policy_issues/Monetary_Policy_Statements.html。

2007年以来，新加坡元对美元兑换率有小幅波动，总体呈稳步增长趋势。基本数据如下表：

表 1：2007～2013 年新加坡元兑美元汇率变化情况

年度	新加坡元/美元	
	当年平均值	年末值
2007	1.5071	1.4412
2008	1.4148	1.4392
2009	1.4545	1.4034
2010	1.3635	1.2875
2011	1.2579	1.3007
2012	1.2497	1.2231
2013	1.2513	1.2653

（资料来源：新加坡统计局）

2014 年 4 月 30 日美元兑换新加坡元的汇率为 1∶1.2557，欧元兑换新加坡元的汇率为1∶1.7346。

（二）外汇管理

新加坡本国的外汇管理分属三大机构：金融管理局负责固定收入投资和外汇流动性管理，用于干预外汇市场和作为外汇督察机构发行货币；新加坡政府投资公司（GIC）负责外汇储备的长期管理；淡马锡控股利用外汇储备投资国际金融和高科技产业以获取高回报。

新加坡无外汇管制，资金可自由流入流出，企业利润汇出无限制也无特殊税费。但为保护新加坡元，1983 年以后实行新加坡元非国际化政策，主要限制非居民持有新加坡元的规模。包括：银行向非居民提供 500 万新加坡元以上融资，用于新加坡境内的股票、债券、存款、商业投资等，银行需向金管局申请；非居民通过发行股票筹集的新加坡元资金，如用于金管局许可范围外的境内经济活动，必须兑换为外汇并事前通知金管局；如金融机构有理由相信非居民获得新加坡元后可能用于投机新加坡元，银行不应向其提供贷款；对非居民超过 500 万的新加坡元贷款或发行的新加坡元股票及债券，如所融资金不在新加坡境内使用，汇出时必须转换成所需外币或外币掉期等。

个人携带现金出入境有一定限制。根据新加坡政府 2007 年颁布的条例，从 2007 年 11 月 1 日起，旅客出入境新加坡时，如果携带总值超过 3 万新加坡元（或相等币值的外币）与不记名票据（CBNI），必须依照法律规定，如实申报全部数额。对于未如实申报者，最高可被罚款 5 万新加坡元，或被判坐牢不超过 3 年，或两者兼施。所携带的货币与不记名票据也可能被没收。上述不记名票据是指旅行支票或可转让票据。可转让票据即持有人形式、无限制背书、签发给虚构收款人或一经交付即转移持有权的票据，也包括已签署但没写上收款人姓名的可转让票据，可转让票据包括汇票、支票或本票等。（规定详见 www. spf. gov. sg/cbni/）

（三）银行机构

新加坡不设中央银行，金融管理局行使央行职能。

截至 2014 年 4 月，新加坡共有商业银行 124 家，其中本地银行 5 家，外资银行 119 家。新加坡本地主要银行有：星展银行、大华银行、华侨银行。中国的中国银行、工商银行、建设银行、农业银行、交通银行均在新加坡设有分行。其中，中国工商银行新加坡分行和中国银行新加坡分行于 2012 年 10 月获得新加坡金融管理局颁发的特权全面银行牌照。2013 年 2 月，中国人民银行授权工商银行新加坡分行为人民币清算行。

（四）融资条件

外资企业可向新加坡本地银行、外资银行或中资银行、各类金融机构申请融资业务，并由银行或金融机构审核批准。可申请的贷款和融资类型包括短期贷款、汇款融资、应收账款融资、出口融资、分期付款等。申请银行贷款，需提交申请者自身情况、申请者企业概况、营业计划、盈利情况等必要材料。此外，新加坡政府为鼓励外资进入，在研发、贸易、企业扩展等方面制订了系列优惠或奖励措施，如新企业发展计划、企业家投资奖励计划、全球贸易商计划、地区总部奖等。上述计划由新加坡法定机构管理，如企发局、经发局、金融管理局、标准、生产力与创新局等。企业可根据自身条件申请，以获得税收优惠或手续便利等。

（五）信用卡使用

信用卡在新加坡使用十分普遍。截至 2014 年年底，各发卡机构新加坡共发行信用卡 833 万张（其中主卡 688 万张，附属卡 145 万张）。2011 年全年刷卡消费金额 352.33 亿新加坡元。但政府对申办信用卡有比较严格的规定，如 21～55 岁之间的申请人年收入需达到 3 万新加坡元；55 岁以上的申请人年收入需达到 1.5 万新加坡元。根据新加坡金融管理局统计数据显示，截至 2013 年 11 月份，新加坡的信用卡滚动债款达到 53.79 亿新加坡元，创历史最高纪录。

中国银联近年来与新加坡银行的合作发展迅速，通过星展及其他银行的商户网络，中国银联卡刷卡消费业务基本覆盖新加坡的中高端百货商场，并可在绝大多数自动取款机上直接提取新币。

（六）开户及结算

中资企业在新加坡开立银行账户无特殊限制和税费，只需根据开户行要求提供企业相关文件资料即可。一般可开立新加坡元、美元、港币、欧元、澳元等账户。目前新加坡的中国银行、工商银行、星展银行、汇丰银行已推出了人民币业务，可开立人民币账户，人民币可直接结算。

六、对外经贸

（一）贸易关系

1. 贸易总量：据新加坡国际企业发展局统计，2014年新加坡货物进出口额为7760.6亿美元，比2013年（下同）下降0.9%。其中，出口4097.9亿美元，下降0.1%；进口3662.7亿美元，下降1.8%。贸易顺差435.2亿美元，增长16.8%。

2. 贸易结构：分商品看，机电产品、矿产品和化工产品是新加坡的主要出口商品，2014年出口1787.5亿美元、689.4亿美元和380.5亿美元，占新加坡出口总额的43.6%、16.8%和9.3%，化工产品增长2.7%，机电产品和矿产品下降3.6%和2.7%。机电产品中，电机和电气产品出口1248.2亿美元，增长0.7%；机械设备出口539.3亿美元，下降3.8%。机电产品和矿产品是新加坡进口的前两大类商品，2014年进口1393.6亿美元和1148.5亿美元，占新加坡进口总额的38.1%和31.4%，机电产品下降3.0%，矿产品下降2.8%。机电产品中，电机和电气产品进口920.3亿美元，下降2.8%；机械设备进口473.3亿美元，下降3.5%。

3. 主要贸易伙伴：分国别（地区）看，2014年新加坡对中国、马来西亚、中国香港和印度尼西亚的出口额分别占其出口总额的12.6%、12.0%、11.0%和9.4%，其中对马来西亚、中国香港和印尼出口下降1.8%、1.6%和5.4%，对中国出口增长6.4%；自中国、马来西亚、美国和中国台湾的进口额分别占新加坡进口总额的12.1%、10.7%、10.3%和8.2%，增长1.6%、−4.4%、−2.3%和3.5%。2014年新加坡前五大贸易顺差来源地依次是中国香港、印度尼西亚、澳大利亚、马来西亚和越南，顺差额分别为417.9亿美元、195.8亿美元、108.2亿美元、100亿美元和97.1亿美元。贸易逆差主要来自美国、中国台湾省和沙特阿拉伯，2014年逆差额分别为149亿美元、138.7亿美元和133.8亿美元，美国下降1.1%，中国台湾省和沙特阿拉伯增长1.3%和15.1%。

（二）辐射市场

新加坡国内市场规模小，经济外向型程度高，因此，新加坡政府一直积极参与并推动全球贸易自由化进程。

1. 世界贸易协定：新加坡于1973年加入《关税和贸易总协定（GATT）》，是1995年1月1日世界贸易组织（WTO）创建时的正式成员。

2. 区域贸易协定：新加坡是亚太经合组织（APEC）、亚欧会议（ASEM）、东南亚国家联盟（ASEAN）等区域合作组织的成员，也是世界上签订多双边自由贸易协定最多的国家之一。新加坡签订的自贸协定涵盖了18个地区，其中双边自贸协定涉及24个贸易伙伴，包括秘鲁、中国、美国、日本、韩国、澳大利亚、东盟各国、印度、新西兰、巴拿马、约旦、瑞士、列支敦士登、挪威、冰岛、智利、哥斯达黎加、海合会；另外，新加坡与加拿大、墨西哥、巴基斯坦、乌克兰等国家和组织的自贸协定正在积极商谈中。目前，正参与商谈的主要区域协定包括泛太平洋伙伴关系协定（TPP）和全面经济伙伴关系协定（RCEP）。新加坡地理位置适中，以其为中心的7小时飞行圈覆盖亚洲各主要城市，辐射亚洲2亿人口市场。另外，新加坡国际企业发展局在全球20个国家设有3计代表处，协助企业开拓国际市场，扩展商业网络。

（三）吸收外资

吸引外资是新加坡的基本国策。据联合国贸发会议发布的2014年《世界投资报告》显示，2013年，新加坡吸引外资流量为637.7亿美元；截至2013年年底，新加坡吸引外资存量为8376.5亿美元。

新加坡经济发展局公布的数字显示，新加坡2012年吸引的以固定资产投资衡量的合同外资达到160亿新加坡元（约合131亿美元），同比增加17%，增长超过预期。新加坡吸引的外资增加，主要是由于电子、能源和化工等行业投资增加，这些领域的合同投资额达到129亿新加坡元。在新加坡的外资公司在2012年用于包括工资和租金在内的运营投入由前一年的73亿新加坡元减少到62亿新加坡元。

金融保险业、制造业和批发零售业是新加坡吸收外国直接投资的主要行业，在制造业领域，石油化工、生物医药、电子元器件等行业的大型跨国企业均在新加坡有投资项目。

1. 双边贸易：新加坡与中国保持着长期密切的贸易关系。近年来，双边贸易持续稳定增长。据中国海关统计，2014 年中新双边贸易额 796.48 亿美元，其中中方出口 488.46 亿美元，进口 308.02 亿美元，同比分别增加 4.9%、6.5%和 2.5%，新加坡为中国在东盟第 3 大贸易伙伴、第 2 大出口市场和第 3 大进口市场。据新加坡国际企业发展局统计，2014 年新加坡与中国双边贸易额为 958.5 亿美元，增长 4.1%。其中，新加坡对中国出口 514.7 亿美元，增长 6.4%；自中国进口 443.8 亿美元，增长 1.6%。新方贸易顺差 71 亿美元，大幅增长 51.8%。中国为新加坡第 1 大贸易伙伴、第 1 大出口市场和第 1 大进口来源地。

据新方统计，2014 年新加坡对中国出口商品主要包括机电产品、塑料橡胶、化工产品和矿产品等；新加坡从中国进口商品主要为机电产品、机械设备、矿产品和贱金属及制品等。

表 2：2003～2014 年中国和新加坡贸易情况

（单位：亿美元）

年份	进出口额	中国出口	中国进口	累计比去年同期增减（%）		
				进出口	中国出口	中国进口
2003	193.5	88.7	104.8	37.9	27.3	48.8
2004	266.8	126.9	139.9	37.9	43.1	33.5
2005	331.5	166.3	165.2	24.2	31.1	18.0
2006	408.5	231.9	176.7	23.3	39.4	7.0
2007	471.6	296.4	175.2	15.4	27.8	0.9
2008	524.4	323.0	201.4	10.5	7.9	14.9
2009	478.7	300.7	178.0	−8.8	−6.9	−11.8
2010	570.6	323.5	247.1	19.2	7.6	38.8
2011	634.8	355.7	279.2	11.2	10	12.9
2012	692.8	407.5	285.3	8.9	14.9	1.4
2013	759.1	458.6	300.5	9.6	12.6	5.4
2014	796.48	488.46	308.02	4.92	6.50	2.50

（资料来源：中华人民共和国商务部）

2. 双向投资：新加坡与中国双向投资活跃。近年来，中国企业赴新加坡投资呈快速增加趋势，新加坡已成为中资企业开拓国际市场的前沿阵地。据中方统计，2013 年新加坡在华直接投资 731 项，实际投资 72.29 亿美元，分别增长 4.73%和 14.65%，新加坡为中国第 2 大外资来源地，仅次于中国香港。截至 2013 年年底，新加坡累计在华直接投资 20962 项，实际投资额累计 664.9 亿美元，为中国第 5 大外资来源地。新加坡对华投资集中在江苏、上海、广东等东部沿海省市，但对中西部投资增长较快。2011～2013 年，新加坡对华投资制造业占 38.5%，房地产业逐步下降至 31.7%，服务业则快速上升至 29.8%。

据中国商务部统计，2013 年当年中国对新加坡直接投资流量 20.33 亿美元。截至 2013 年年末，中国对新加坡直接投资存量 147.51 亿美元。

目前，在新加坡的中国企业主要有：中远控股（新加坡）有限公司、中国国际航空公司新加坡营业部、中国建筑（南洋）发展有限公司、中国银行股份有限公司新加坡分行、中国航油（新加坡）股份有限公司、南洋五矿实业有限公司、华旗资讯（新加坡）私人有限公司、新加坡中国旅行社等。

目前，新加坡国际企业发展局在中国北京、上海、广州、成都、重庆、武汉、西安、大连、青岛等九个城市设立办事机构，新加坡经济发展局则在上海、北京、广州、成都和武汉设立办事机构，为促进中新双向投资和贸易提供服务。

表 3：中国吸收新加坡直接投资统计

（单位：亿美元）

年份	实际利用外资金额	比重（%）
2003	20.6	3.85
2004	20.1	3.31
2005	27.7	4.46
2006	22.6	3.25
2007	31.8	3.81
2008	44.35	4.80
2009	38.86	4.32
2010	54.28	4.46
2011	60.97	4.54
2012	63.05	4.63
2013	72.29	6.15

（资料来源：中华人民共和国商务部）

3. 承包劳务：据中国商务部统计，2013 年中国企业在新加坡新签承包工程合同 91 份，新签合同额 38.52 亿美元，完成营业额 28.10 亿美元；当年派出各类劳务人员 32797 人，年末在新加坡劳务人员 73914 人。新签大型工程承包项目包括上海隧道工程股份有限公司承建新加坡汤申线 T206 标、中国港湾工程有限责任公司承建新加坡大士新船厂二期、上海振华重工（集团）股份有限公司承建 ZP1585 新加坡钻井平台等。

【来源：改编自商务部国际贸易经济合作研究

院、商务部投资促进事务局、中华人民共和国驻新加坡共和国大使馆经济商务参赞处共同主编.《2014版对外投资合作国别（地区）指南——新加坡》.第13～27页】

泰国投资环境

从投资环境吸引力的角度，泰国的竞争优势有6方面：社会总体较稳定，对华友好；经济增长前景良好；市场潜力较大；地理位置优越，位处东南亚地理中心；工资成本低于发达国家；政策透明度较高，贸易自由化程度较高。

东盟经济共同体（AEC）将在2015年全面建成，届时，东盟各国间的贸易、投资、服务等方面合作的开放力度将进一步放宽。为了迎接AEC，泰国或开放更多保护性行业投资。目前泰国正积极加速跨境交通的构建和基础设施建设的投资，确保连接越南、老挝、泰国以及缅甸四国的东西经济走廊得以健康发展。

根据世界经济论坛《2013～2014年全球竞争力报告》显示，泰国竞争力在全球148个经济体中排名第37位，比2012～2013年上升1位。

一、自然资源

泰国矿藏主要有钾盐、锡、钨、锑、铅、铁、锌、铜、钼、镍、铬、铀等，还有重晶石、宝石、石油、天然气等。其中钾盐储量4367万吨，居世界首位；锡总储量约120万吨，占世界总储量的12%；石油总储量1500万吨；褐煤蕴藏量约20亿吨；天然气蕴藏量约16.5万亿立方英尺（约合0.47万亿立方米）；森林总面积1440万公顷，覆盖率25%。

泰国的橡胶产量也居世界首位，年产达210万吨，占世界总产量的三分之一，90%用于出口。此外，泰国河流湖泊众多，因而盛产多种鱼类，良好的气候条件同样使当地的榴梿、山竹、荔枝等热带水果名扬天下。

二、基础设施

泰国2011年遭受特大水灾后，政府计划投入3500亿泰铢进行灾后重建和基础设施建设，并计划在10年内投入730亿美元，完成高速铁路网络、城市运输系统、全面防洪工程等项目。

1. 公路

泰国的公路交通运输业较发达，公路网覆盖全国城乡各地。泰国全国公路总里程共16万公里。

2. 铁路

泰国铁路系统相对较落后，铁路网里程约4451公里，均为窄轨，覆盖全国47府。

3. 空运

泰国全国共有38个大小机场。其中国际机场有7个。从泰国任何一个省份或地区到曼谷的飞行时间仅1小时左右。曼谷是东南亚地区重要的航空枢纽。国际航线可直飞亚、欧、美及大洋洲的30多个城市。

4. 水运

泰国的水运包括海运和河运。目前泰国已有122个港口码头，包括8个国际深水港。曼谷是最重要的港口，承担全国95%的出口和几乎全部进口商品的吞吐。湄公河和湄南河为泰国两大水路运输干线，内陆水道约4000公里。重要港口包括清盛港（Chiang Saen Port）、清孔港（Chiang Khong Port）等。

5. 电信

2012年，泰国移动通讯服务业增长前景明朗，数据业务使用量激增38%，市场总额约54.7亿美元。全国互联网用户约2400万。目前移动、宽带和固定线路的基础设施已覆盖泰国87%的人口。2012年年底，免费的公共WiFi热点将从1万多个增加至3万个，政府推出的免费WiFi服务已经吸引了近28万用户。从2014年4月1日起，泰国国内6个主要机场的所有区域都能向旅客提供免费的无线LAN服务。

6. 电力

2013年泰国国内发电装机容量为34251兆瓦，外购电力合同量3045兆瓦。天然气发电量占泰国总发电量的65%。其中，自缅甸进口的天然气占到泰国发电用天然气的28%。泰国的民用供电系统为交流电压220伏/50赫兹，工业用电为交流电压380伏/50赫兹，电费采用分时段费率计收。

三、重点/特色行业

1. 农业：泰国是个农业大国，全国人口的69%在农村务农，超过一半的土地是农业用地，农业在经济和社会结构中占据重要地位。2013年泰国农业产值455亿美元。主要农产品包括：稻米、天然橡胶、木薯、玉米、甘蔗、热带水果。2013年，泰国大米出口661万吨，出口金额43.6亿美元；天然橡胶出口343.7万吨，出口金额81.2亿美元；木薯出口581.6万吨，出口金额12.9亿美元。

2. 旅游业：旅游资源丰富，有500多个景点，主要旅游点有曼谷、普吉、帕塔亚、清迈、清莱、华欣、苏梅岛。2013年到访的外国游客达2645万人次，同比增长17.47%。旅游收入约110亿美元，同比增长12.24%。此外，2015年东盟经济共同体建成将使各国游客到东盟贸易投资或旅游休闲更加便利，也将推动泰国旅游业的继续发展。

4. 制造业：2013年泰国制造业产值1290亿美元，占GDP的34.6%。主要制造业门类有汽车装配、电子、塑料、纺织、食品加工、玩具、建材、石油化工等。

5. 建筑业：2013年泰国建筑业产值98.7亿美元，占GDP的2.8%。

6. 汽车工业：2013年泰国汽车产量达250万辆，跻身全球十大汽车生产国。

四、国内市场

（一）销售总额

2012年，泰国居民消费支出总额约合2100.5亿美元。政府消费支出总额约合478亿美元。

（二）生活支出

据泰国统计局数据，泰国家庭月均收入24521泰铢，支出18015泰铢。2013年，泰国居民耐用品消费同比增长31.3%，半耐用品消费同比增长4.8%，食品消费同比增长1.9%，非食品类非耐用品消费同比增长4.7%，服务消费同比下降1.6%。

（三）物价水平

2013年，曼谷基本生活品物价：食用油40泰铢（人民币8元）/升；鸡蛋50泰铢（人民币10元）/10个；大米30～40泰铢（人民币6～8元）/公斤；猪肉180～190泰铢（人民币36—38元）/公斤；去骨鸡肉85～95泰铢（人民币17～19元）/公斤。

五、金融环境

（一）当地货币

泰国货币单位为铢（Baht）。1铢等于100士丁（Satang）。泰铢为可自由兑换货币。2014年3月25日，泰国央行公布的泰铢对美元和欧元的汇率中间价分别为31.79：1和38.21：1，人民币与泰铢的汇率中间价为1：5.02。

近几年来，随着美元疲软，泰铢对美元的汇率呈现稳定升值态势。2005年年底汇率为1美元兑换40.22泰铢，2008年年底为1美元兑换35.0824铢，2009年年底为1美元兑换33.5168铢，2011年年底为1美元兑换31.8319铢，2012年年底进一步降低至1美元兑换30.7775铢，2013年年底为1美元兑换31.7856泰铢，2014年7月25日1美元兑换31.84泰铢，泰铢对美元汇率基本稳定。

（二）外汇管理

泰国外汇管制法规定对所有居民持有的外汇在携带入泰国时没有数量限制，但在带入境后的7天内须出售给或存入泰国的商业银行。对投资者带入泰国的外汇如投资基金、离岸贷款等没有限制，但这些外汇需在收到或进入泰国7天内出售或兑换成泰铢，或存入一家授权银行的外汇账户。

外资公司向其海外总部汇出利润将征收10%的汇款税，汇出款项的公司在汇款7天内须付清税金。

自1991年4月1日起，泰国充分放宽了对外汇交易的管制。

1. 资金进入：(1) 非本国居民：过境的个人通常可以自由携带外汇和可流通的票据；(2) 本国居民：携带入境的外汇和流通票据的数量没有限制。但所有的外汇和票据须在收到或进入泰国7天内存入一家商业银行的外汇账户上；(3) 投资者：对进入泰国的外汇如投资基金、离岸贷款等没有限制，但这些外汇须在收到或存入泰国7天内兑换成泰铢，或存入一家授权银行的外汇账户上。

2. 资金汇出：投资基金、分红和利润以及贷款的偿还和支付利息，在所有适用税务清算之后，可以自由汇出。同样，本票和汇票也可以自由汇出境外。

3. 商业交易中的外汇汇兑：泰国居民的外汇账户对以下情况，允许泰国个人和法人保留外汇——在泰国授权银行开立的账户，存入从国外或从曼谷离岸业务机构借来的外汇。存款人须提交证据，证明在存款日期3个月内，要向国外的个人、授权银行、泰国进出口银行或泰国工业金融公司偿付外汇。但存款人的存款不能超过上述偿付数额。外汇存款票据和银币不能超过2000美元/天。每一个法人所有账户的日到期余额不得超过500万美元，个人不得超过50万美元。

(1) 非本国居民的外汇账户。非本国居民可以在泰国授权银行开立并保留外汇账户。存款需来自海外资金。上述账户的余额可以不受限制地转移。

(2) 非本国居民的银行账户。非本国居民可以在泰国任意一家授权银行开立账户。可以自由提取包括出售境外外汇所得的收入或非本国居民外汇账户上的外汇、其他非本国居民泰铢账户上转移过来的数额、本国居民与非本国居民间偿付债务的款项等。

（3）进口。进口商可为进口支付而自由购买或从自己的外汇账户上提取外汇。进口商无须得到泰国银行的许可，但在进口货物或交易价值超过50万泰铢时则须提交F.T.2表格以及货物提单给客户。

（4）出口。出口可不受任何外汇管制。但出口收入或交易超过50万泰铢以上时须自出口之日120天内收到外汇并交予一家授权银行或在收到外汇7天内将其存入授权银行的外汇账户。

（5）无形交易。在提交支持性文件给授权银行后，非本国居民的汇款可以用于非资本项目，如服务费、利息、红利、利润和税费。居民的旅行支出或教育费用也可自由使用外汇。无形交易的收入须交授权银行或在收到收入7日内存入一家授权银行的外汇账户。

居民可以在泰国内持有或交易黄金珠宝、金币、金条。

（三）银行机构

泰国中央银行（Bank of Thailand），主要负责监管国内的金融体系、维护金融体系的稳定、制订货币及汇率政策、发行货币等。

泰国当地主要商业银行有盘谷银行、开泰银行、暹罗商业银行、大城银行、军人银行、泰京银行等。外资银行主要有花旗银行、汇丰银行、大华银行等。盘谷银行、开泰银行、暹罗商业银行等当地银行与中国国内银行合作较密切。中资银行有中国银行曼谷分行、中国工商银行（泰国）有限公司。

（四）融资条件

在融资方面，外资企业与当地企业原则上享受同等待遇，具体贷款条件由各商业银行根据其对贷款企业及项目的分析及风险控制情况而定，泰国央行对商业银行存贷款利率不做硬性限制。

（五）信用卡使用

泰国当地信用卡使用较普遍，国际通行的Visa卡和Master卡在当地均可使用。目前，中国银行（曼谷）分行和中国工商银行（泰国）有限公司均在当地发行了中泰双币信用卡。中国的银联卡在部分场所可以使用，下一步将普及至大部分消费场所。

六、对外经贸

泰国是WTO的正式成员，与澳大利亚、新西兰、日本、印度、秘鲁等国家有双边优惠贸易安排，并通过东盟与中国、韩国、日本、印度、澳大利亚和新西兰等国签订了自贸区协议。

1. 贸易额：2014年泰国进出口总额4537.4亿美元，同比下降4.4%，其中出口2254.6亿美元，增长0.2%，进口2282.7亿美元，下降8.6%。贸易逆差28.1亿美元，下降88.7%。

2. 贸易伙伴：中国、日本和美国是泰国前3大贸易伙伴，2014年泰国对上述3国分别出口248.3亿美元，217.5亿美元和236.4亿美元，对中国和日本出口下降7.4%和0.6%，对美国出口增长4.6%，3国合计占泰国出口总额的31.2%；自上述3国分别进口385.4亿美元、357.7亿美元和146亿美元，自中国和美国进口增长2.4%和0.1%，自日本进口下降12.8%，中国、日本和美国分别占泰国进口总额的16.9%、15.7%和6.4%。中国香港是泰国最大的贸易顺差来源地，2014年顺差额为112.8亿美元，下降0.7%。此外，对美国的贸易顺差额为90.4亿美元，增长12.9%。泰国贸易逆差主要来自日本和中国，2014年逆差额分别为140.1亿美元和137.1亿美元。

3. 商品结构：机电产品、运输设备和塑料橡胶是泰国的主要出口商品，2014年出口额为688.5亿美元、282.9亿美元和275.5亿美元，其中运输设备和塑料橡胶出口下降0.2%和5.3%，机电产品出口增长4.8%，三类产品合计占泰国出口总额的55.3%。另外，食品饮料出口177.3亿美元，占泰国出口总额的7.9%。机电产品、矿产品和贱金属及制品是泰国的主要进口商品，2014年进口额为678.5亿美元、487亿美元和280.5亿美元，分别下降1.3%、8.1%和3.9%，三类产品合计占泰国进口总额的63.3%。此外，化工产品、运输设备和塑料橡胶等进口179.4亿美元、136.7亿美元和105.2亿美元，占泰国进口总额的7.9%、6%和4.6%。

（二）辐射市场

作为以贸易立国的外向型经济发展国家，泰国与多国签署有自由贸易协定，与各主要经济大国的贸易关系融洽，市场辐射范围较大，尤其是中日韩、东盟、欧美、澳新、印度一带，属于其重点辐射地区。下一步伴随东盟共同体的建成及东盟+3、+6以及亚太地区各项贸易安排的推进，其市场地位有望进一步提升。

（三）吸收外资

近两年，伴随中国—东盟自由贸易区的全面建成及2014年东盟经济共同体的建成，泰国吸收外资重新进入快速增长期。据联合国贸发会议发布的2014年《世界投资报告》显示，2013年，泰国吸收外资流量为129.5亿美元；截至2013年年底，泰国吸收外资存量为1854.6亿美元。

据泰国BOI统计，2013年泰国共接受外商直接投资优惠申请项目1132个，同比减少28.5%；涉及投资额5247.7亿泰铢（约合164亿美元），同比增长19%，主要来源包括日本、中国、欧盟、美国和马来西亚等国家。

（四）中泰经贸

中泰两国政府于1978年签订贸易协定，1985年签订《关于成立中泰经济联合合作委员会协定》和《关于促进保护投资的协定》，1986年签订《关于避免双重征税的协定》，2003年签订《中泰两国政府关于成立贸易、投资和经济合作联合委员会的协定》。

1. 双边贸易：

表：2014年中泰贸易、投资统计

2014年	双边贸易总额	633.6亿美元（同比下降1.7%）
	中国出口	248.3亿美元（同比下降7.4%）
	中国进口	385.4亿美元（同比上涨27%）
中国对泰国投资		截至2013年新增非金融类企业实际投资13.29亿美元
泰国对华投资		截至2013年年底实际投资额39.52亿美元

（资料来源：中华人民共和国商务部）

塑料橡胶和机电产品是泰国对中国出口的两大重要商品，2014年出口额分别为77.7亿美元和55.1亿美元，下降14.3%和3.5%，占泰国对中国出口总额的31.3%和22.2%。植物产品出口30.2亿美元，增长18.2%，占泰国对中国出口总额的12.2%，为泰国对中国出口的第三大类商品。对中国出口的第四和第五大类商品，即化工产品和矿产品等分别出口28.6亿美元、13.7亿美元，下降16.1%和42.3%，两类产品合计占泰国对中国出口总额的17%。

机电产品占泰国自中国进口总额的半壁江山，2014年进口额189.6亿美元，基本与2013年持平，占泰国自中国进口总额的49.2%。贱金属及制品、化工产品、塑料橡胶及纺织品及原料分居进口的第二至第五大类商品，2014年的进口额分别为55.6亿美元、33.5亿美元、18.6亿美元和16.9亿美元，增长13.1%、12.6%、9.8%和1.8%；运输设备进口14.5亿美元，下降28.3%；上述五类商品合计占泰国自中国进口总额的36.1%。在上述产品上，日本、美国、澳大利亚和马来西亚等是中国的主要竞争对手。

据中国海关统计，近年来，中国对泰国出口商品主要类别包括：①电气设备及其零件；②机械设备及零件；③钢材；④光学仪器设备；⑤自动化数据处理设备；⑥有机化学品；⑦塑料及制品；⑧钢铁深加工产品；⑨交通运输设备及配件；⑩家具及家居用品。

据中国海关统计，近年来，中国从泰国进口商品主要类别包括：①自动化数据处理设备；②天然橡胶；③电气设备及零配件；④电子集成电路；⑤塑料及制品；⑥机械设备及零配件；⑦有机化学品；⑧合成橡胶及制品；⑨能源类矿产品；⑩木薯。

2. 双向投资：据中国商务部统计，2013年当年中国对泰国直接投资流量7.55亿美元。截至2013年年末，中国对泰国直接投资存量24.72亿美元。2013年，泰国企业对中国投资流量4.83亿美元，同比增长389.31%；截至2013年年末，泰国企业累计对华直接投资39.52亿美元。

3. 承包劳务：据中国商务部统计，2013年中国企业在泰国新签承包工程合同99份，新签合同额22.79亿美元，完成营业额13.19亿美元；当年派出各类劳务人员1985人，年末在泰国劳务人员2645人。

新签大型工程承包项目包括华为技术有限公司承建泰国电信、中国石油天然气管道局承建泰国那空沙旺项目、中国水电顾问集团中南勘测设计研究院有限公司承建EA太阳能90MWEPC项目等。截至2013年年底，中国企业在泰国工程承包累计签订合同金额为119.24亿美元，完成营业额74.9亿美元。主要涉及电力、轨道交通、太阳能电站、能源管道等。

【来源：改编自商务部国际贸易经济合作研究院、商务部投资促进事务局、中华人民共和国驻泰王国大使馆经济商务参赞处共同主编.《2014版对外投资合作国别（地区）指南——泰国》. 第14～32页】

越南投资环境

越南吸收外资的主要优势：一是劳动力成本相对较低，全国城镇居民人均月收入350万越盾（约合170美元），相当于中国东部地区三分之一，与中国中西部地区相当；二是地理位置优越，海岸线长达3260公里，港口众多，运输便利；三是面向东盟，投资者可利用东盟自由贸易区优惠政策，将产品销往东盟其他国家。

影响外资的不利因素：一是近年来宏观经济不稳定，通胀压力大，投资者遇到资金困难，同时本地区各国也在竞相吸收外资，增加越南引资难度；二是劳动力素质不高，仅30%的劳动力受过技术培训；三是配套工业较落后，生产所需机械设备和原材料大部分依赖进口。

根据世界银行《2014年营商环境报告》显示，越南在全球189个经济体中排名第99位。世界经济论坛（WEF）发布的《2013～2014年全球竞争力报告》显示，在148个经济体中排名第70位，比2012～2013年上升5位。

一、自然资源

越南矿产资源丰富，种类多样。主要有煤、钛、锰、铬、铝、锡，其中煤、铁、铝储量较大。有6845种海洋生物，其中鱼类2000种，蟹300种，贝类300种，虾类75种。森林面积约1000万公顷。

二、基础设施

1. 公路

公路运输为越南主要运输方式，总里程约22万公里，2013年共运送旅客约30亿人次，同比增长5%；运输货物约10亿吨，同比增长6%。

2. 铁路

越南铁路总里程约2600公里，以米轨为主（2160公里，占总长的83.18%），共7条干线，其中河内—胡志明市统一线全长1726公里，经3次提速后全线行程约29小时。2013年越南铁路共运送旅客约1300万人次，同比增长6%；运输货物约700万吨，同比下降1%。根据《至2020年铁路发展规划》，今后越南将重点发展城市铁路交通及连接城内与郊区的铁路运输，首先在河内和胡志明市进行建设。

3. 空运

越南航空业拥有74架飞机，预计2015年，越南民航飞机总数将达到115架，2020年达到165架。越南已开通联接国内20个城市和国外26个城市的70条航线，并在各国设立28个办事处和1000多个代理点。机场建设方面，越南共有17个规模较大的机场，包括河内内排国际机场、胡志明市新山一机场、岘港机场、芹苴机场等4个国际机场。已有45家国际航空公司开通连接越南的55条航线。

4. 水运

（1）内河运输：越南内河运输的货运量与客运量仅次于公路运输，在全国运输业居第二位。现有23个主要的内河装卸码头和若干小码头，年吞吐量约700万吨。主要港口位于胡志明、河内、河北、越池、宁平、和平等省市。船队以5～20吨级到1000～2000吨级的船只为主；牵引力较低，约每马力4～5吨；速度慢，每小时5～8公里。

（2）海洋运输：近年来，越南的海洋运输发展较快。现有海港49个，其中一类港口17个，二类港口23个，三类港口9个。

5. 通信

越南是世界上经济增长最快的地区也是网民速度增长最快的国家。2013年年底，越南移动运营商激活用户数8280万，固网运营商激活用户数1440万。越南全国人口约9000万，固定用户数456.9万，人口普及率约5%，移动注册用户数1.2亿，人口普及率约136%。

6. 电力

2013年，越南发电量及进口电量约1033亿千瓦时，其中水电占45%，火电占23%，燃气占27%，其他占2%，进口中国电量占3%。越南电网已覆盖98.2%的农村。

三、重点/特色行业

1. 农林渔业：2013年，越南农林渔业产值283亿美元，增长3%。其中，全年生产水稻4410万吨，增长34万吨，水产品592万吨，增长3.2%。2013年越南农林水产品出口额为274亿美元，同比增长0.7%。其中，主要农产品出口131亿美元，减少11.9%；水产品出口67亿美元，增长10.1%；林产品出口56.6亿美元，增长15.1%。

2. 工业：2013年，越南工业产值524.2亿美元，增长15%，工业生产指数增5.9%。主要产品包括：煤炭4260万吨，原油1706万吨，天然气97.5亿立方米，水产品605万吨，化肥230万吨，水泥 7945 万吨。

3. 服务业：2013 年，越南服务业增长 6.01%。全年社会商品零售和服务总额 1300 亿美元，增长 12.6%，剔除物价因素实际增长 5.6%。接待国外游客 757 万人次，增长 10.6%，其中中国游客约 190 万人次，增长 33.5%。

4. 汽车工业：全行业现有 12 家外资企业和 100 多家本国企业，其中近 20 家从事整车组装、近 20 家生产汽车车身、60 多家生产汽车零部件。总体而言，越南汽车企业以进口部件进行组装为主，国产化率较低，仅 5%～10%。

5. 电力工业：全国发电装机总容量约 2100 万千瓦，高压电网 1.3 万多公里。其中，500 千伏电网全长 1531 公里，220 千伏电网全长 3839 公里，110 千伏电网全长 7703 公里。每年从中国进口电约 50 亿千瓦时。全国变电站总功率为 2370.9 万千瓦。其中，500 千伏变电站功率为 423.1 万千瓦，220 千伏变电站功率为 847.4 万千瓦，110 千伏变电站功率为 1100.4 万千瓦。

6. 油气工业：据越方统计，2013 年越南原油产量 1706 万吨，天然气 97.5 亿立方米。越南首家炼油厂——容桔炼油厂已于 2010 年 5 月 30 日正式投产，投资总额超过 30 亿美元，年加工原油 650 万吨，将满足越南成品油需求量的 40%。

四、国内市场

（一）销售总额

随着越南经济持续较快发展，人民生活明显改善，国内消费需求不断上升。2013 年，越南社会商品零售和服务总额 1300 亿美元，增长 12.6%，剔除物价因素实际增长 5.6%。

根据越南加入 WTO 的承诺，越南已开放分销服务业，允许外商设立独资企业，从事商品批发、零售、佣金代理等业务，已有 10 余家外资企业在越南投资超市、商业中心等现代零售业态，包括德国的 METRO、法国的 BIGC、韩国的 LOTTE、马来西亚的 PARKSON（百盛）等，主要通过双边渠道在越南加入 WTO 前就已进驻越南市场。

目前，越南农村人口约占总人口的 72%。高档商品消费仅限于少数人群，主要集中在河内和胡志明市。河内市的中高档商品大多来自欧美、日本、韩国和中国，部分商品来自泰国、马来西亚等周边国家。

（二）生活支出

越南居民储蓄率自 1999 年以来持续下降。10 年前，居民储蓄率约为 20%，到 2010 年降至 10%。近年由于通胀压力大，住房、食品和交通已占居民生活总支出的 80%～90%。目前，越南全国城镇居民人均月收入约 170 美元，约相当于中国东部地区的 1/2。

（三）物价水平

2013 年越南居民消费价格指数（CPI）环比增长 0.51%，全年年均 CPI 涨幅 6.6%。截至 2013 年 11 月 30 日，越南大米价格持续下跌，离岸价格货值 26.5 亿美元，到岸价格货值 27.6 亿美元，平均离岸价格为 431 美元/吨，平均价格下跌 14.5 美元/吨。2013 年 4 月，越南市场部分商品价格如下：牛肉 9～10 美元/公斤、鲤鱼 4 美元/公斤、黄瓜 0.8 美元/公斤，鱿鱼 8～9 美元/公斤。

五、金融环境

（一）当地货币

越南货币为越南盾，不可自由兑换。

2013 年 12 月底，美元对越南盾的汇率为：1 美元兑换约 21060 越南盾，1 欧元兑换约 28427 越南盾。最近 3 年越南盾兑美元实行爬行盯住汇率，越南盾兑美元比价年均贬值 1%左右。

人民币与越南盾不可直接兑换。

（二）外汇管理

外汇管理方面，外国投资者可根据越南外汇管理规定，在越南金融机构开设越盾或外汇账户。如需在国外银行开设账户，需经越南国家银行批准。外国投资者可向从事外汇经营的金融机构购买外汇，以满足项目往来交易、资金交易及其他交易的需求。如外汇金融机构不能满足投资者的需要，政府将根据项目情况，解决其外汇平衡问题。越南海关规定，入出境时如携带 5000 美元或其他等值外币、1500 万越南盾以上现金、300 克以上黄金等必须申报，否则超出部分将按越南海关有关规定进行处罚。中国国内团组访越南，如团费交由专人携带，入出境时超出标准部分应申报，或者分散保管，以免被罚没。

（三）银行机构

1. 中央银行：越南国家银行。越南国家银行规定，从 2012 年 12 月 24 日起，将对农业农村、出口、辅助工业、中小型企业、高新科技企业的越南盾贷款年利率由 13%降低为 12%。同时，活期和 1 个月以下定期的存款年利率上限仍保持 2%；1 个月以上至 12 个月以下定期的存款年利率上限由 9%降低为 8%。

此外，根据越南国家银行第2646/Q-D-NHNN号决定，国家银行将其向商业银行提供贷款的再融资年利率由10%降至9%，并将年均贴现率由8%降至7%，银行间隔夜拆借年利率由11%降至10%。

2. 商业银行：越南本土商业银行包括5家国有控股银行（外贸银行、农业与农村发展银行、工商银行、投资发展银行、九龙江房屋发展银行）、34家城市股份商业银行、18家农村股份商业银行、12家金融租赁公司。

3. 外资银行：目前，越南有50家外国银行分行、4家合资银行、5家外国全资子银行、49家外国银行代表处。

4. 中资银行：中国工商银行在河内设立了分行；中国银行、中国建设银行、中国交通银行在胡志明市设立了分行；中国农业银行在河内设立了代表处；国家开发银行在河内设立了工作组。

（四）融资条件

融资方面，外资企业与当地企业享有同等待遇。金融机构根据客户的贷款需求和还款能力及自身的资金能力决定贷款额度。金融机构对于单一客户的融资金融不得超过金融机构注册资本金的15%，集团关联企业不得超过金融机构注册资本金的25%。如对一个客户的贷款总余额超过金融机构自有资金的15%或客户有多种融资的需求则各金融机构按越南国家银行的规定发放银团贷款。

在美元贷款方面，越南有严格限制，规定企业申请的美元贷款必须用于支付商品或劳务进口且有能力用自有外汇收入支付还款。

（五）信用卡使用

越南信用卡的使用逐渐普及。中国金融机构发行的VISA卡、万事达卡、银联卡均可在越南使用。

六、对外经贸

2013年主要大型投资项目包括：日本投资的清化省宜山石油炼化项目增资28亿美元；由中国南方电网公司投资的永新1燃煤电站BOT项目，投资逾20亿美元；新加坡投资的越南三星太原项目，投资额20亿美元；韩国LG海防项目，投资额15亿美元；韩国投资的三星电子工程太原项目，专门生产和组装HDI高密度电子板；俄罗斯公交车工业中心在平定省投资的公交车组装及零配件生产项目，投资额10亿美元；韩国三星北宁项目增资10亿美元。

（一）贸易关系

1. 贸易总量：2013年，越南进出口总额2635亿美元，同比增长15.1%。其中，出口1322亿美元，增长15.4%；进口1313亿美元，增长15.4%。2014年上半年，进出口总额1405亿美元，其中出口709亿美元，增长19.4%；进口696亿美元，增长11%。

2. 贸易结构：越南出口结构逐步改善，出口商品技术含量和附加值较前提高，电子产品和普通机械设备出口比重增加。2013年主要出口商品包括：电话及零部件（215亿美元）、纺织品（179亿美元）、电子产品及零配件（107亿美元）、箱包鞋帽（103亿美元）、原油（72亿美元）、水产品（67亿美元）、机械设备（60亿美元）、木材及木制品（55亿美元）、运输工具和零配件（49亿美元）、大米（30亿美元）、咖啡（27亿美元）。

进口以机械设备、成套设备、工业原辅料和农用物资为主，主要进口商品包括：机械设备及零部件（188亿美元）、电子产品及零配件（177亿美元）、布匹（84亿美元）、电话及零部件（80亿美元）、成品油（70亿美元）、钢材（67亿美元）、塑料及原料（57亿美元）、纺织和制鞋原辅料（38亿美元）、饲料及原料（30亿美元）、化工原料（30亿美元）、普通金属（29亿美元）、化工制品（28亿美元）。

3. 主要贸易伙伴：2013年，越南主要出口市场依次为欧盟（244亿美元）、美国（237亿美元）、东盟（185亿美元）、日本（136亿美元）、中国（131亿美元）；主要进口来源地依次为中国（368亿美元）、东盟（214亿美元）、韩国（208亿美元）、日本（116亿美元）、欧盟（92亿美元）、美国（51亿美元）。

（二）辐射市场

1. 世界贸易组织：越南于2006年11月加入世界贸易组织（WTO），2007年1月开始履行入世承诺，逐步削减关税，开放服务领域，营商环境较之前有所改善。

2. 区域和双边贸易协定：截至2013年年底，越南已参加8个自由贸易区，包括6个区域性自由贸易区和2个双边自由贸易区，即东盟自由贸易区、中国—东盟自由贸易区、东盟—日本自由贸易区、东盟—韩国自由贸易区、东盟—澳大利亚—新西兰自由贸易区、东盟—印度自由贸易区以及越南—日本自由贸易区、越南—智利自由贸易区。同时，越南正在与欧盟、俄白哈关税同盟商谈自由贸易区，正在参加《跨太平洋战略经济伙伴协定》谈判。总体来看，越南参加的自由贸易区主要位于亚洲，合作内容以商品和服务贸易为主。

（三）吸收外资

1. 外资流量：据越南统计，2013年，越南吸收外商直接投资合同金额216亿美元，增长54.5%。其中，吸收新项目1275个，合同金额143亿美元，同比增长70.5%，增资项目472个，增资合同金额73亿美元，实际利用外资115亿美元，同比上升9.9%。2014年上半年，越南吸收外资合同金额69亿美元，下降35.3%。其中，吸收新项目656个，合同金额49亿美元，同比下降6.8%，增资项目219个，增资合同金额20亿美元，实际利用外资58亿美元，同比微增0.9%。

据联合国贸发会议发布的2014年《世界投资报告》显示，2013年，越南吸收外资流量为89亿美元；截至2013年年底，越南吸收外资存量为817亿美元。

2. 外资来源：2014年上半年，越南吸收外资主要来源地依次为：韩国（合同金额15.5亿美元）、中国香港（10.1亿美元）、日本（8.1亿美元）、新加坡（7.3亿美元）、英属维尔京群岛（3.4亿美元），中国企业对越南合同金额为3.14亿美元，排第7位。

3. 接受国际援助：2013年，国际社会承诺向越南提供官方发展援助65亿美元，比2012年减少9亿美元。目前，国际社会共承诺向越南提供官方发展援助约744亿美元，已放款约390亿美元，主要用于基础设施建设、教育培训、医疗卫生、扶贫、环保、促进绿色增长等领域。

（四）中越经贸

近年来，中越经贸关系发展迅速，中国连续10年成为越南第1大贸易伙伴。2014年，越南跃居中国在东盟的第2大贸易伙伴。2011年12月，习近平副主席访越南期间，两国领导人提出到2015年将双边贸易额提高至600亿美元的目标。2011年，两国签署了《中越经贸合作五年发展规划》。2013年，双方签署《中国商务部与越南工贸部农产品贸易领域合作谅解备忘录》。

1. 双边贸易：据中国海关统计，2014年中越双边贸易额为835.16亿美元，同比增长27.54%。其中，中国对越南出口636.11亿美元，增长30.91%；自越南进口199.05亿美元，增长17.86%。越方逆差437.05亿美元，比2013年逆差更大。2014年越中双边贸易额突破800亿美元，中国是越南第1大贸易合作伙伴。

中越贸易呈较强互补性，中方对越南出口以机电产品、成套设备、工业原辅料、半成品和农用物资为主，约占出口总额的85%；自越南进口以农产品和资源性产品为主，约占进口总额的90%，煤炭、天然橡胶、果蔬、水产品和木制品等有较大需求。

据中国海关统计，近年来，中国对越南出口商品主要类别包括：①机械器具及零件；②电机、电气、音像设备及其零附件；③钢铁制品；④针织或钩编的服装及衣着附件；⑤车辆及其零附件，但铁道车辆除外；⑥矿物燃料、矿物油及其产品，沥青等；⑦棉花；⑧钢铁；⑨针织物及钩编织物；⑩肥料。

据中国海关统计，近年来，中国自越南进口商品主要类别包括：①矿物燃料、矿物油及其产品，沥青等；②食用蔬菜、根及块茎；③橡胶及其制品；④机械器具及零件；⑤电机、电气、音像设备及其零附件；⑥棉花；⑦食用水果及坚果，甜瓜等水果的果皮；⑧家具、寝具等，灯具、活动房；⑨木及木制品、木炭；⑩鞋靴、护腿和类似品及其零件。

表：中越双边贸易统计

年份	进出口总额	中方出口	中方进口	差额	增长率（%）		
					进出口	出口	进口
2008	194.6	151.2	43.4	107.8	28.7	27.2	34.4
2009	210.5	163.0	47.5	115.5	8.2	7.8	9.5
2010	300.8	231.0	69.8	161.2	43.0	41.7	47.1
2011	402.1	290.9	111.2	179.8	33.6	25.9	59.2
2012	504.4	342.1	162.3	179.8	25.4	17.6	46
2013	654.82	485.94	168.88	317.06	29.8	42.1	4.1
2014	835.16	636.11	199.05	437.05	27.54	30.91	17.86

（资料来源：中国海关）

2. 双向投资：目前，中方对越南投资尽管总量不大，但增长较快。据中国商务部统计，2013年中国对越南直接投资流量4.81亿美元。截至2013年末，中国对越南直接投资存量21.67亿美元。

目前，中方对越南投资主要集中于加工制造业、房地产和建设行业，在配套工业、高新技术产业和基础设施等越南政府鼓励外资的领域投资不大，尚有较大发展潜力。较大的投资项目包括：铃中出口加工区、龙江工业园、深圳一海防经贸合作区、圣力（越南）特钢有限公司、河内新希麵团有限公司、永新一期火电厂等。据不完全统计，中方对越南投资项目已吸纳当地员工约8万～10万人，占越南外资企业吸纳当地员工总数的5%～7%，一定程度上缓解了当地就业的紧张状况。

3. 承包劳务

据中国商务部统计，2013年中国企业在越南新签承包工程合同175份，新签合同额28.02亿美元，完成营业额35.93亿美元；当年派出各类劳务人员6967人，年末在越南劳务人员13040人。新签大型工程承包项目包括上海宝治集团有限公司承建台塑越南河静钢厂、中铁六局集团有限公司承建河内城市轨道项目、中冶赛迪工程技术股份有限公司承建台塑高炉总承包项目等。

越南是中国在东盟第3大工程承包市场。中方统计，截至2014年4月，中资企业在越南累计签订承包工程合同额302.5亿美元，完成营业额214.8亿美元。中方已累计向越南提供16亿美元优惠出口买方信贷。目前，中方承建的部分大型项目陆续建成投产。其中，锦普热电厂一、二期项目已于2011年9月正式移交越方；金瓯化肥厂已于2012年1月30日建成投产；宁平煤头化肥厂已于2012年3月30日建成投产；新莱氧化铝厂于2012年12月建成投产。“三线一枢”和“荣市—胡志明市”通讯信号改造、河内轻轨二号线、永新二期火电厂等项目进展基本顺利。沿海三期火电厂已于2012年12月开工建设。

【来源：改编自商务部国际贸易经济合作研究院、商务部投资促进事务局、中华人民共和国驻越南社会主义共和国大使馆经济商务参赞处共同主编.《2014版对外投资合作国别(地区)指南——越南》. 第10～23页】

贸易投资论文

“一带一路”框架下东盟市场战略研究

东南亚地区自古以来就是“海上丝绸之路”的重要枢纽。东盟成员都是发展中国家，工业化发展大多较慢，经济结构普遍比较单一，石油、天然气、旅游以及农牧业是主要经济支柱。

东盟国家普遍欢迎中方提出的“21世纪海上丝绸之路”倡议，从个体到整体都对与中国合作抱有积极态度。以印尼为例，印尼近期的总统大选期间，两位候选人都表示要改善落后的海上基础设施，涉及海上互联互通的“21世纪海上丝绸之路”建设倡议就为这一目标带来了很好的发展契机。东盟国家普遍期待中国能够加大对本地区的投资力度，特别是利用自身在基础设施方面的经验与技术，为加强本地区互联互通发挥更大作用，这也是中国提出筹建亚洲基础设施投资银行受到东盟欢迎的原因。

2015年被定为中国—东盟海洋合作年，2016年迎来正式开启对话25周年，2017年又是东盟成立50周年，双方应利用这些重要时点，加强互动，赋予海上丝绸之路建设更多内涵。

以中国水利电力对外公司（简称“中水电公司”）及同类型外经企业为例，探讨在国家的“一带一路”战略以及经济新常态下在东盟的战略布局思路。

一、外经企业在东盟国家经贸合作的历史

中水电公司开拓东盟市场起步于20世纪80年代，丰收于20世纪90年代，突飞猛进于新世纪。从改革开放以前的经援项目，发展到今天承包、总承包和投资类项目，公司实现了转型和跨越式的发展。早在20世纪五六十年代，中水电公司的前身——水电部援外机构就在缅甸等东盟国家开展水电援建业务。1983年正式定名为中国水利电力对外公司后，公司确定以开展国际工程承包为主营业务，成为当时中国水电行业唯一对外窗口。

中国与东盟正式建立对话关系后，中国—东盟经贸合作实现新发展，中水电公司经过十余年的市场开拓，在东盟市场迎来了丰收期，马来西亚槟城供水项目、泰国巴帕南水闸项目、老挝南累克水电站工程、菲律宾邦邦河治理工程等一批在双边经贸关系中具有重要地位的项目相继签约。

进入新世纪，借助中国—东盟博览会搭建的平台和中国—东盟自由贸易区建成的东风，中水电公司在东盟市场迎来了新的发展机遇期，截至2012年年底，已在该地区承揽了30余个承包项目，营业额累计超过10亿美元，内容涵盖水电站、灌溉、防洪疏浚、城市供水、水处理厂、公路、输变电等类型。如今，中水电公司CWE品牌已成为在东盟市场享有广泛知名度的品牌，在马来西亚、泰国、老挝、越南、菲律宾、缅甸、印度尼西亚等东盟国家均建立了驻外机构，不断加大在东盟国家的市场开拓力度。

在东盟各国的大型水电项目常常活跃着中水电人的身影，以老挝和菲律宾市场为例，老挝自1996

年来一直是中水电公司与东盟合作的重点国家，中水电公司在老挝创造了多个“第一”：实施了老挝第一个出口信贷项目——老挝南梦 3 水电站，树立中老合作典范；实施了中国在老挝水电领域的第一个 BOO 丁项目——老挝南立 1—2 水电站，对于推动中老投资合作具有重要意义，同时作为老挝第二大电站，目前已顺利投产发电的南立电站极大地缓解了老挝用电紧张状况；实施了老挝第一个商业买方信贷项目——老挝 230KV 输变电线路和变电站，有力推动老挝电网升级改造进程。此外，中水电公司于 2011 年在老挝开工建设了第二个水电站投资项目——老挝南椰 2 水电站项目。2011 年 10 月 22 日，借助第 8 届中国—东盟博览会平台，老挝南椰 2 水电站项目公司与老挝电力公司签署了《购电协议》。2012 年中水电公司新签老挝南艾河 4，5，6 三级水电站 MOU，将以 EPC 总承包方式开发这 3 个项目。中水电公司于 1996 年进入菲律宾市场，15 年来累计实施项目 13 个。2012 年 9 月竣工的菲律宾大马尼拉供水项目是改善菲律宾大马尼拉地区供水质量的“民生工程”。中水电公司克服了设计变化大、地质条件差、技术含量高、质量要求严等重重困难，比计划提前 8 个月成功实现通水，极大缓解了首都大马尼拉地区十分严峻的供水形势，取得了经济效益和社会效益双丰收。

中国与东盟国家紧密相邻，生活习惯与文化风俗相似，2010 年双方正式建成中国—东盟自贸区，双边经贸关系蓬勃发展，这为中国企业在东盟发展提供了天时、地利、人和的良好条件。中水电公司在东盟市场拓展业务是中国与东盟经贸合作关系不断深化的一个缩影。中水电公司也是双方经贸合作关系不断深化的见证者、推动者和受益者。

二、注重品牌形象和社会责任

作为中国在东盟市场具有重要影响力的企业，中水电公司在业务开拓过程中除了通过打造精品工程证明中国企业的竞争力，还通过积极履行社会责任树立中国企业的良好品牌形象，为消除东盟国家对中国发展的疑虑作出了积极贡献。

中水电公司高度重视工程质量，在项目实施过程中始终秉承责任意识、质量意识、精品意识，成功打造了一批对当地经济发展、民生改善具有重要意义的精品工程。

在积极打造精品的同时，中水电公司在东盟市场多年的探索中，积累了履行社会责任的宝贵经验：以保护环境为前提，以改善当地发展条件为重点，以实现属地化经营为保证，以实现互利共赢为目的。

通过中国—东盟博览会平台签署的老挝南立 1—2 水电站就是以保护环境为前提实施的典型项目。该电站位于老挝万象省的南立河上，当地山清水秀，生态环境良好，对建设过程中的环境保护要求高。中水电公司在开工前多次组织专家对项目建设进行环境评价，形成了厚厚的环评报告，并顺利通过了老挝政府严苛的环评审批程序。在建设过程中，为及时研究解决项目建设可能对当地环境造成的影响，专门成立了环保办公室，并特意聘请老方人员参与，同时积极接受老挝当地环保机构的监督检查。这种严格自律与外部监督的结合使电站的环保工作取得了突出成果，得到老挝各界的好评。老挝政府总理为南立 1—2 水电站建设作出突出贡献的相关人员颁发了劳动者奖章，这是老挝政府首次给外国人颁发该奖章。

中水电公司重视东盟国家当地人才，尊重当地文化风俗，主动融入当地社会。在每个项目的实施过程中，大量招聘当地员工并制定完善的员工福利待遇制度。在每个项目部，中方员工都与当地员工一起欢庆当地的民族节日。在正式设立驻外机构的国家，各机构不断建立完善与当地法律法规相适应的管理制度。属地化经营使中水电公司真正扎根在东盟这片美丽的土地上。中水电公司在海外经营中大量聘用当地人，既圆满完成了项目任务，又带动了当地就业和当地的技术更新。

东盟国家蕴藏着丰富的水资源，水电是一种清洁能源。在全球应对气候变化的大背景下，中国与东盟深化在水电等清洁能源领域的合作应是大势所趋，也将大有作为。中水电公司作为以水电为主业的跨国公司，必将在中国与东盟的这一合作领域扮演更加积极的角色。

三、做好经营方式的转型以及融资工作

当前，传统工程承包领域的发展空间受到多种原因影响被压缩，外资企业应当严控风险、积极谨慎、稳步推进，逐步投资建设水电站（以水电类工程企业为例）。通过转型，可以使产业链条更加齐全，业务类型更加丰富，形成新的利润增长点，持续提升企业价值，企业应当成为本行业投资、建设、运行、管理一体化的大型、先进的国际公司。

传统的施工承包乃至 EPC 总承包业务在维护期结束后就解除了合同责任，而投资业务则是长期行为，从可研到运营期结束公司都需要统一筹划、精

心组织，要综合考虑多方面因素，包括项目经济指标、环保移民、运营规程、电站管理等。投资项目与EPC项目经营模式不一样，工作思路也必然不一样。在公司转型初始，对于如何运作投资项目公司、如何有效整合资源、如何开展环保移民、如何属地化运营等很多问题仍需好好研究，探索解决之道。

在项目融资和融资准备工作中，应当合理利用好当前亚洲基础设施投资银行和“丝路基金”成立的契机，目前大多数项目为“两优”和买方信贷。受项目所在国经济状况和中国对外经济政策的双重影响，项目融资规模和进度不是企业所能掌控的，这无疑更增加了企业发展的不确定性。要积极推动项目融资进展，促进已签约EPC项目，将合同额转化为营业额。

四、加强管控体系建设和风险防范能力

在“一带一路”框架下，外经企业管理思路应以“提高效益、控制风险”为核心，对比国际先进企业，进一步完善全面风险管理和内控体系，注重依法治企，加强精细化管理，从风险管控、品牌建设、科技创新等多角度全方位打造公司核心竞争力，做优做强企业，实现健康可持续发展。

应当加快法律工作体系和法律风险防范体系建设，针对东盟国家外汇资金风险、东盟国家社会安全风险防范制定具体措施并定期评价实施效果，包括进一步加强东盟利率汇率研究和外汇资金管理等。进一步完善人才培养、考核和激励制度，优化薪酬体系，使每一名员工都能拥有事业的舞台，真正分享到改革红利。

另外，全面加强东盟国家项目质量安全环保管理也是必不可少的。坚持安全生产工作“以人为本”，开展有重点、有针对性的安全专项检查，大力实施安全生产管理标准化，持续推进境外安全生产管理体系建设；加大对施工合作方的管理力度，严格执行新修订的安全生产管理协议，进一步强化安全生产责任落实。还应当设置环境保护红线，建绿色项目，做绿色企业。

针对东盟国家的文化、风俗、意识形态和生活习惯等特点，坚持融入当地、互利共赢，将履行社会责任贯穿项目投资及建设始终，努力打造质量一流、本质安全、环境友好的绿色精品工程，进一步提升企业的国际影响力；大力宣传企业精神，不断增强员工的凝聚力和向心力，为国家“一带一路”战略伟大构想特别是“21世纪海上丝绸之路”的创建谱写新篇章。

（来源：张丽敏、刘俊义.《国际工程与劳务》.2015年第4期）

借力跨境电子商务
打造海丝战略枢纽

2013年10月，习近平总书记访问东盟国家时提出，要“建设21世纪海上丝绸之路”，并通过党的十八届三中全会将之上升为国家战略。2014年9月15日，汕头华侨经济文化合作试验区经国务院正式批复同意设立，作为汕头经济特区进一步深化改革开放和建设21世纪海上丝绸之路重要门户的重大举措。外界普遍认为，这是继开埠和设立经济特区后，汕头迎来的第3轮大发展良机。

中国海上丝绸之路有3个重要起源地，分别是南宋的福建泉州港、元明的漳州月港以及清朝中叶的樟林港。樟林港位于汕头，兴于隋唐，盛于明清。汕头曾被恩格斯誉为“远东唯一有一点商业气息的口岸”，是中国第一批对外开放的14个口岸之一，也是人大首批批准建立的4个经济特区之一。

一、百载商埠，新潮涌动

汕头是粤东地区物流、商流、人流、资金流和信息流中心。特区突围，关键在于借助新技术革命浪潮实现弯道超车，而跨境电子商务无疑是一大契机。据有关统计，2013年中国跨境电商进出口交易额超过3万亿元，同比增长高达35%，远高于同期外贸7.6%的增长速度。而这还是受困于目前跨境电子商务信用、支付、结汇、退税、检验、检疫、通关等配套不足的条件，预计政策持顺后将有突飞猛进的发展。习总书记在考察“郑州跨境贸易电商服务试点项目”时，勉励大家要朝着“买全球、卖全球”目标迈进。

发展跨境电商有助于突破地域空间限制，促进资源要素的自由流动，加快产业转型升级，应对经济全球化挑战。汕头试点跨境电子商务有华侨资源为依托，有产业集群为基础，有跨境物流为保障，有电商基因为先导。

（一）华侨资源

有海水处就有华侨，有华侨处就有潮人。1991年邓小平视察上海时曾提及当初在汕头设立经济特区的初衷，“那一年确定4个经济特区，主要是从地理条件考虑的。深圳毗邻香港，珠海靠近澳门，汕

头是因为在东南亚地区潮州人多……”海外潮汕籍侨胞的数量约1000万，大多活跃于东南亚，仅泰国就有500万之众。潮汕人素有“东方犹太人”的美誉，广大潮商凭借超群胆略，在艰苦的环境中建基立业，缔造了蜚声海内外的商业奇迹。《2009全球潮商经济白皮书》这样写道，“东南亚潮商在地区中的实力尤为突出，该地区11个国家的70%资产，掌握在华人手里，而潮人约占其中一半”。潮汕人素来重乡缘、念亲情，按照当地风俗，下南洋的潮汕人大多装一瓶井水，捏一撮乡土，并将带来的水土投入异乡的井里，表达对故里的一种思念。广大海外潮商心系桑梓，支持家乡建设发展。在汕头累计利用的外资中，90%以上来自侨资和港澳台同胞的投资。

（二）产业集群

汕头传统经济形成纺织服装、工艺玩具、化工塑料、食品医药、机械装备、印刷包装、电子信息和音像材料八大支柱产业和十七个产业集群。八大支柱产业有“中国工艺毛衫名城”、“中华毛衫名镇”、“中国针织内衣名镇”、“中国家居服装名镇”、“中国针织名镇”、“中国内衣名镇”、“中国玩具礼品城”、“国家火炬计划智能玩具创意设计与制造产业基地”和“央视动画形象玩具产品指定生产基地”等国字称号。汕头小商品交易市场有“粤东小义乌”之称，具有适应跨境电商特色鲜明品种繁多的个人消费品生产能力。放眼粤东，则还有揭阳的五金、玉器、塑料鞋，潮州的陶瓷、婚纱、五金等。2013年汕头市纺织机械、纺织服装年产值682.9亿元，产品60%以上出口，主要出口美国、欧洲、东盟、日本和阿联酋等50多个国家和地区；澄海玩具年产值超300亿元，产品70%以上出口，遍及全球140多个国家和地区。

（三）物流支撑

B2C跨境电商一般采用空运，而B2B2C则适合海运。汕头是闽南金三角、珠三角和海峡西岸经济带的重要连接点，也是中国南方重要港口。汕头港临近西太平洋国际黄金航道，距中国香港仅187海里、中国台湾高雄仅160海里。汕头港目前正在实施由内海湾向外海深水港转移的重大战略，计划5至8年基本建成13.6平方公里广澳港区，建成10万吨级集装箱码头、10万吨级散货码头及5万吨级石化码头等一批泊位。汕头已于2008年1月18日开通汕头至高雄货运直航。2014年12月，揭阳潮汕机场正式更名为“揭阳潮汕国际机场”，自此迈入国际机场行列，并将加速开通到东南亚的“侨线”，加快融入国家“一带一路”战略布局。2013年以来，广澳港、潮阳港和潮汕机场先后通过世界卫生组织口岸核心能力建设考核验收，汕头口岸获批成为粤东地区首个进境植物种苗指定口岸，潮汕国际机场获批进口冰鲜水产品指定口岸。这都为跨境电商的试行奠定了有利的基础。

（四）电商基因

汕头是中国首批电子商务示范城市，出台了国内首个特区电商立法《汕头经济特区电子商务促进办法》及其《实施细则》。汕头电商园区总规划面积达130万平方米，包括汕头邮政跨境电商产业园。2014年汕头快递业务量位居全国第37位，网商密度居全国23位。全市应用电子商务的企业已突破12万大关，在中等城市中遥遥领先，甚至超过很多大城市。电子商务交易规模连续4年增速超过50%，2011年规模150亿元，2012年规模266亿元，2013年规模超400亿元，2014年规模超600亿元。《2014年中国淘宝村研究报告》显示，汕头有10个淘宝村上榜，在全国近300个地级及以上城市中名列前茅，在广东省内紧随广州之后高居第2。再者，国际海缆是汕头试点跨境电商得天独厚的资源，国际海缆汕头登陆站是中国仅有的3个登陆站之一，目前有亚欧国际海缆、中美国际海缆、亚太二号国际海缆3大国际海缆在汕头登陆互联，构建起四通八达的现代通信网络。

二、抢抓先机，再立潮头

金融危机和技术革命使得当前世界经济发展处于“弯道”上，这是生产要素重组的关键期，是发展水平分化的凸显期，也是后发赶超科学跨越的重要机遇期。电子商务方兴未艾，传统外贸“集装箱”式的大额交易正逐渐被小批量、多批次、快速发货的外贸订单所蚕食，跨境电商的“洼地效应”初步显现。为顺应新兴外贸发展形态，2012年年底，国家发改委和海关总署从30个电子商务示范城市中甄选出宁波、上海、重庆、杭州、郑州5个“跨境贸易电子商务服务”试点城市，对一般进口、保税进口、一般出口和保税出口等模式进行了广泛探索。随后，广州市在2013年10月正式成为第6个试点城市。汕头具有华侨资源、产业集群、跨境物流和电商基因等优势，亦不应错过这一弯道超车的良机。

（一）找准自身定位，打造永不落幕的“中国—东盟博览会”。

瑞士联合银行近期发布报告称，东南亚地区人口密集，低端智能手机的流行与移动网络连接日趋普及，大约相当于2006年到2008年间的中国。当前网络购物仅占东南亚地区全部零售销售额的2%，但如果这一比例上升到5%，这个市场的规模可达到218亿美元，马云在2014年中国—东盟电子商务博览会表示。目前中国与东盟正处于一个最好的时代，东盟是一个巨大的消费市场，有着庞大的中小企业，但没有垄断性的大型企业。因此，通过跨境电商推动中国与东盟的中小企业共同发展是可行的。汕头可充分利用华侨资源，下好先手棋，抢滩爆发式增长前夜的东盟电商市场，以玩具、内衣和毛衫等特色明显、潜力巨大的个人消费品为先导，以点带面，连面成片。

（二）优化发展环境，争当“电子商务示范城市”排头兵。

汕头可学习上海、重庆、杭州、宁波、郑州和广州跨境电子商务服务试点经验，将特区立法权用足用好，协调海关、检验检疫局、国税局、外经贸局、外汇局和人民银行等单位，充分考虑跨境电商的特殊性，着力解决制约跨境电商发展的关键问题和共性问题，量身打造海关监管、退税、检验、外汇收支、统计等一揽子配套政策，完善顶层设计。如汕头检验检疫局2014年在邮局快件监管中心派驻邮检科，积极为汕头申请跨境电商试点鼓与呼，并认真作好跨境电商检验检疫政策研究和开检准备。积极深化检验检疫体制改革，建立电子商务出口企业及其产品备案管理制度，引入负面清单，实施分类管理，推进“清单申报”、“以检疫监管为主”、“集中查验，分批核销”和“加大对第三方检验鉴定结果的采信力度”等便利措施，做到“源头可溯、风险可控、质量可信、责任可究”。在促进贸易便利化的同时，加强国门安全把关，2014年汕头检验检疫局曾先后截获了两个内藏剧毒活体蝎子包裹、一个带病原菌的海淘薰衣草小熊包裹，有效保护国家生物安全和消费者健康。

（三）健全支撑体系，建设“21世纪海上丝绸之路”桥头堡。

一是信用认证体系。科学制定严格的信用认证程序，统一信用评价标准、评价流程和评价等级，引进第三方跨境电商信用认证专业机构，推动政府部门企业信用记录和跨境电商企业信用档案互联互通，便于海关和检验检疫等单位实施差异化监管放行。

二是跨境支付体系。2013年9月，国家外汇管理局公布了支付宝等17家第三方支付机构获得跨境电子支付的试点资格，汕头可引入第三方支付系统，提供通用、安全、便捷的服务。

三是物流配送体系。充分利用现有邮政业务、国际快递业务和海外仓业务等渠道，推进集装箱货物运输交易信息系统、海运电子订舱服务系统和陆路货运交易信息系统建设，着力发展与电子认证、网络交易、在线支付协同运作的物流配送服务。

四是人才保障体系。依托汕头大学、汕头职业技术学院等院校，联合行业协会、企业及培训机构，大力培养跨境电商技术开发和应用人才，形成多元化、多层次的培训教育体系。

（四）激活市场主体，擦亮汕头特区“百载商埠”金字招牌。

以简政放权、财政支持、税收优惠、融资担保和人才培育等措施，优化发展环境，激活企业主体。汕头市已有中国电信“数字企业”云服务平台、广东天盈信息技术有限公司“潮汕网络综合体”电子商务综合平台等项目，致力于为中小企业提供一揽子信息化服务的电子商务。同时，澄海国际玩具商贸物流城、潮阳美莱顺内衣城、粤东物流新城等亦在自主搭建电子商务平台。汕头可考虑在此基础上建设跨境贸易电子商务服务平台，整合商贸基础信息资源，规范电子商务数据标准，搭建数据中心，实现数据共享，提供电子商务通关、物流、数据交换、外贸协同、商务信息、商务信用等综合服务，实现进口货物“分送集报”、出口邮件和快件形成一般贸易报关单以及“无纸化通关”功能。

“南澳1号”、“红头船”，彰显着汕头在“海上丝绸之路”的重要地位，依稀让人想其当年商船辐揍千帆竞发之盛况。古代海上丝绸之路曾是中国联系东西方的交通要道，随着丝路基金的设立和亚洲基础设施投资银行筹建等工作的推进，重焕生机，成为新形势下中国对外开放重要战略布局。汕头应抢抓建设“21世纪海上丝绸之路”的先机，充分发挥汕头华侨经济文化合作试验区的优势，借力跨境电子商务，打造新经济增长极，弯道超车，复兴百载商埠。扬帆力排千重浪，再立潮头领风骚！

（来源：刘中勇.《潮商》.2015年第1期）

在东盟十国开展投资合作的手续及注意事项

在文莱开展投资合作的手续及注意事项

一、在文莱投资注册企业需要办理的手续

（一）设立企业的形式

在文莱可以设立以下几种形式的企业：独资经营企业、合资或合伙经营企业、公司（私人或公共）及外国公司的子公司。

1. 独资与合伙经营企业：可以是个人、当地企业及外国公司的分支机构，具体规定包括：

（1）合作伙伴不超过 20 个；

（2）主管部门批准后，将签发企业名称证书，并征收 30 文莱元；

（3）外国人申请必须事先获得移民局、经济规划和发展局及劳工局的许可。

2. 公司（私人或公共）：可以是以股票或担保或股票及担保承担的有限责任企业，或无限责任企业。具体规定包括：

（1）必须有至少 2 名及不超过 50 名股东；

（2）股东可以是非文莱公民或居民；

（3）股东转让股份的权力有限制，禁止任何公众股票招募；

（4）子公司可以持有其母公司股票；

（5）合伙协议必须填写公司注册人及公司名称，同时提供其他标准表格的企业文件；

（6）主管部门批准后，将签发企业证书，并征收 2 文莱元；

（7）注册费用取决于公司股票资本授权规模；

（8）没有企业最低股本限制。私营企业还有以下要求：①指定当地注册的会计师，②逐年准备资产负债表。

所有企业必须注册名称，名称须经注册师的确认。每个名称征税 5 文莱元。

2011 年 1 月，文莱财政部宣布修改公司法第 138 款关于在文莱注册公司对董事会构成的有关规定，并自 2010 年 12 月 31 日生效。根据新法案，公司董事会构成中，至少两位中的一位（如仅两位董事），或者至少两位（如超过两位董事）必须为本地公民。而修改前法令规定本地公民数量在董事会中须占一半以上。新法案将有利于吸引外国投资。

（二）注册企业的受理机构

在文莱注册企业，需向文莱工业与初级资源部企业登记处申请。

（三）注册企业的主要程序

1. 注册私人有限公司。注册程序如下：

（1）按照指定格式（Form A）向文莱总检察长署的企业注册部门提出申请，审核公司名称是否符合要求；

（2）公司名称获得批准后，30 天内向公司注册处提供公司合作协议、章程、董事名单、情况说明、所有股东及董事的身份证或护照复印件等规定文件。按照公司资本股金比例收取注册费。最低档为资本金不超过 2.5 万文莱元的企业（法定最低注册资本），按 300 文莱元征收注册费；最高档为资本金达到 1.5 亿文莱元的企业，按 3.5 万文莱元征收注册费。

2. 外国公司的子公司。注册没有最低股本要求，须提供以下材料：

（1）有关章程企业等证明文件副本；

（2）董事会名单及详细情况；

（3）主管部门批准后，将签发证书，并征收 25 文莱元。

注册完毕后需保证以下工作顺利开展：

（1）指定在当地注册的会计师；

（2）准备年度财务表、资产负债表及董事会报告；

（3）准备分支机构账目；

（4）每年提交账目报表；

（5）逐年向公司注册处提交申报表。

二、承揽工程项目的程序

1. 获取信息

政府各部门在其公告栏刊登招标公告，并同时在每周的政府公报上刊登。此外，各主要报刊也定期发布招标信息。

2. 招标投标

按照有关规定，政府投资项目一律采用招标方式。大型项目的招标要经过漫长和严密的法律程序；自筹资金承建项目，可通过议标方式进行。

文莱政府工程项目均无预付款，支付方式一般用按工程进度支付，滞后 3 个月左右，因此承包商须垫资承包。政府项目一般不存在工程款拖欠现象。

按惯例，招标项目标的在 500 万文莱元以下的

项目一般会发标给第一标，即最低标；而500万文莱元以上的项目则不一定是第一标中标，还要考虑其他因素。

3. 许可手续

在文莱承包工程的主管部门是发展部。承包商承揽当地工程需要到该部门申请承包建筑工程许可证，并接受该机构对承包工程的审查和项目监督。BEDB（文莱经济发展局）作为文莱推进经济多元化的重要执行机构之一，近年来逐渐在承包工程招标方面发挥重要作用，文莱政府住房、高速公路项目、机场改扩建项目以及摩拉岛大桥等均由该机构组织招标，并负责相关问题的协调工作。

三、企业在文莱报税的相关手续

（一）报税时间

报税时间根据企业最初注册时间每年申报一次，最长逾期不能超过规定时间的3个月。

（二）报税渠道

通过会计师事务所到税务部门上报。

（三）报税手续

文莱税收较少，报税手续比较简单，相关资料可向当地会计师事务所咨询。

（四）报税资料

企业在文莱报税，需要提交申报表和相关税务收支报表。自2012年起，文莱财政部开通网上报税，可登录网站 www. stars. gov. bn 了解相关详细信息。

四、赴文莱的工作准证的办理

（一）主管部门

文莱负责外国人工作许可管理的部门是内务部劳工局。

（二）工作许可制度

外国人赴文莱工作，必须获得当地劳动部门签发的工作许可。

（三）申请程序

在引进劳工的问题上，文莱对外宣称实施的是开放的政策，但为了确保劳工的流入不影响本地人的生活习惯和价值观，实际操作中实行一事一批、个案处理。基本操作程序是：

（1）由需要输入劳务的本地公司将公司经营情况、所需劳务的数量、国别及申请理由上报到劳工局。

（2）由劳工局、移民局等相关部门组成的审查委员会审批后下达劳务输入配额。

（3）申请单位获得配额后须在政府认可的银行开设专门账户，按输入劳务的数量存入相应的劳务保证金（按法规要求，此数额应相当于回到派出国的机票款），东盟国家劳务每人600文莱元，东盟以外国家（包括中国）每人1800文莱元。文莱—中国直航于2010年3月恢复后，每人收取800文莱元。

（4）申请单位获取配额后直接招工或委托招工，招工时应出示的文件包括：劳工局配额批准函、已交纳保证金的证明。

（5）申请单位到移民局申领劳务人员工作签证后，劳务人员到文莱使馆申办签证。

（6）劳务人员抵达文莱后接受文莱卫生部的体检，体检通过后办理为期1年或2年的工作准证。卫生部将疟疾、肺结核、艾滋病、性病、乙肝、羊癫疯、精神病和毒瘾等疾病列为“不适合工作”病症，除疟疾患者外，其他患者均需遣返。

（7）劳工工作准证到期须回国或申请工作准证延期。根据上述流程，从申请到获得配额一般需3个月或更长的时间。

另外，专业人士短期到文莱可以办理有效期3个月（可以延续3次，最长1年）的专业工作签证，由雇佣公司持申请信函和护照、执业证书等到移民局申请，此手续办理较快，但需出具相关职业技能证书和有效公正等证明材料。

建筑公司申请劳工时须出示有关项目的清单，如不能证明项目能超过1年，则只能得到1年的配额，如此后再获得新的项目，则可以申请延续配额有效期。

文莱业主办理保证金的方法：

（1）业主在拿到劳工局的配额通知后即向政府指定的银行存入保证金，项目结束外籍劳工都回国后，政府退还保函，业主可以获得全额退款。这种方法只有在输入人数较少时或政府有强制要求时使用，要占用业主一定数额的资金，而且退还保证金的时间较长。

（2）业主在拿到劳工局的配额通知后即向保险公司按比例交纳少量金额，申请一份担保函，凭此担保函到银行办理银行保函，交给政府抵押用。项目执行完毕外籍劳工都回国后，政府取消银行保函即可。实际上业主并没有付出多少钱就可以拿到一大笔银行保函，不仅节约资金，也减少风险。如果劳务人员出了问题，需要扣除保证金，也由银行负责。

（四）提供资料

提供的资料包括：①雇主或赞助人的申请函；

②工作准证申请表；③签证申请表；④护照复印件或有效旅行文件；⑤雇主的劳工执照；⑥劳工局表格 Form 500。

五、应注意的问题

（一）投资方面

1. 妥善应对本地劳动力短缺问题

文莱劳动力短缺，招募具备合格劳动技能的本地劳工有一定难度。外资企业如果招募本地员工，往往需要开展必要的劳动技能培训；如果引进外籍劳工，则需事先向文莱劳工局申请工作准证。

2. 适应当地政府部门工作效率

文莱政府机构办事耗时较长，且宗教节假日较多。同时，由于机构重叠，项目审批时间较长。

3. 重视宗教影响

文莱为伊斯兰国家，要注意处理好宗教敏感性问题，遵守宗教习俗，如投资食品加工等行业，必须得到宗教部的批准等。

（二）贸易方面

在文莱经商必须熟悉并适应当地特殊的贸易环境和文化背景，采取有效措施拓展业务。要认识到文莱国内市场规模不大，经营商众多，且以华人为主。同时当地支付方式比较规范，对产品品质要求较高。

（三）承包工程方面

在文莱承包工程，要了解工程承包的基本状况。近年来，文莱建筑市场逐渐复苏，工程量逐年上升，建筑企业间的竞争更加激烈，表现在投标价格一降再降，利润空间十分有限。外国公司在普通建筑工程项目上优势不大。

随着文莱经济稳定发展，一些基础建设项目正逐步展开，同时文莱在努力实施经济多元化战略，制订鼓励投资的法规，吸引外国投资者到文莱投资建厂，这为中国企业开拓文莱工程市场提供了机遇。中国承包商可以结合自身优势，积极寻求发展机会。

（四）劳务合作方面

中国在文莱的劳务人员不多，劳务合作规模不大。但也有劳资纠纷事件发生，主要是因为中国劳务人员在来文莱前没有进行咨询，对用工单位不了解，轻信不实广告和虚假信息，从而上当受骗。建议中国派出劳务人员在签署合同及在外期间要懂得用正当合理的渠道维权，对国内外生活与工作环境的较大反差作好充分准备，在纠纷发生时及时与中国驻文莱使馆沟通，采取适当方式解决问题。

（五）其他应注意事项

在文莱办理工作准证规定比较严格，建议中国企业通过当地合作伙伴或聘请当地具有丰富经验的律师协助办理工作准证的相关手续。

（六）防范投资合作风险

在文莱开展投资、贸易、承包工程和劳务合作的过程中，要特别注意事前调查、分析、评估相关风险，事中做好风险规避和管理工作，切实保障自身利益。包括对项目或贸易客户及相关方的资信调查和评估，对投资或承包工程国家的政治风险和商业风险分析和规避，对项目本身实施的可行性分析等。相关企业应积极利用保险、担保、银行等保险金融机构和其他专业风险管理机构的相关业务保障自身利益。包括贸易、投资、承包工程和劳务类信用保险、财产保险、人身安全保险等，银行的保理业务和福费庭业务，各类担保业务（政府担保、商业担保、保函）等。

建议企业在开展对外投资合作过程中使用中国政策性保险机构——中国出口信用保险公司提供的包括政治风险、商业风险在内的信用风险保障产品；也可使用中国进出口银行等政策性银行提供的商业担保服务。

中国出口信用保险公司是由国家出资设立、支持中国对外经济贸易发展与合作、具有独立法人地位的国有政策性保险公司，是中国唯一承办政策性出口信用保险业务的金融机构。公司支持企业对外投资合作的保险产品包括短期出口信用保险、中长期出口信用保险、海外投资保险和融资担保等，对因投资所在国（地区）发生的国有化征收、汇兑限制、战争及政治暴乱、违约等政治风险造成的经济损失提供风险保障。

如果在没有有效风险规避情况下发生了风险损失，也要根据损失情况尽快通过自身或相关手段追偿损失。通过信用保险机构承保的业务，则由信用保险机构定损核赔、补偿风险损失，相关机构协助信用保险机构追偿。

【来源：改编自商务部国际贸易经济合作研究院、商务部投资促进事务局、中华人民共和国驻文莱达鲁萨兰国大使馆经济商务参赞处共同主编.《2014 版对外投资合作国别（地区）指南——文莱》.第 44～49、51～52 页】

在柬埔寨开展投资合作的手续及注意事项

一、在柬埔寨投资注册企业需要办理的手续

任何在柬埔寨从事商业活动的企业都必须进行注册，否则将被以非法从事商业活动罪论处。

（一）设立企业的形式

在柬埔寨进行经济贸易活动环境比较宽松，经商标准比较低，可以个人、合伙、公司等各种商业组织形式注册。

（二）注册企业的受理机构

柬埔寨商业部负责管理“工商登记簿”，企业应在设立前向柬埔寨商业部商业注册局或商业部指定的工商登记处进行注册。

在柬埔寨设立分支机构或代表处的企业也应到商业部商业注册局注册。

在柬埔寨从事投资的企业或个人如需获得投资优惠，还应首先向柬埔寨发展委员会（CDC）提交投资申请，获得有条件注册证书后再进行注册。

（三）注册企业的主要程序

1. 注册申请

企业的一位董事或股东应亲自前往主管部门填写注册登记表，提出申请。柬埔寨商业注册局可为注册者提供公司章程蓝本。注册应提交的文件包括：注册登记申请表、公司章程、文件属实证明、在指定刊物上发布广告的申请、全部董事或股东的身份证或护照复印件和照片、董事无犯罪记录证明、股权分配决定（如有自然人参与）、办公地点以及其他商业部要求的文件。

2. 注册审批

主管部门受理注册申请后，将颁发标有注册号的注册证书。该证书自颁发之日起 1 个月内为临时证书，在此期间，登记员发现申报材料有误的，可提出异议并吊销注册号。注册审批时间视情况而定，一般为 1 周。注册费用视公司的形式和规模而定。

3. 注册时效

注册证书从注册之日起，有效期 3 年。企业应在注册证书到期前 30 天再次申请换发新的证书。若企业延误申请新的证书，则将被视为违法，其原有证书作废，企业必须重新申请注册并缴纳有关费用。

4. 开立银行账户

注册的公司应在柬埔寨境内银行开立 1 个或以上银行账户。

二、承揽工程项目的程序

（一）获取信息

国家项目由各主管部门发布信息；各省及主要城市也发布本地区的项目信息。此外，各主要报刊也定期发布招标信息。

（二）招标投标

柬埔寨国家投资项目或国际组织贷款和援助项目，一律用招标方式。招投标基本程序包括：

1. 准备阶段：设计及其费用估算；向银行提交设计及其费用估算，征求银行意见并获得批准；招标文件准备；向银行提交招标文件，征求意见并获得批准。

2. 资格预选阶段：邀请参加资格预选（在报纸上登广告）；评估委员会对资格预选进行评估；资格预选评估报财政部批准；资格预选评估报银行批准；向承包商通知资格预选结果；确定符合资格预选条件的承包商。

3. 招标及评标阶段：发标；承包商准备投标；开标；评标委员会评标；评标结果和授标建议报财经部批准；评标结果和授标建议报银行批准；签署合同。

4. 选择决选名单阶段：邀请说明取费率；顾问或监理准备说明取费率；向项目执行部提交取费说明；评估委员会对取费说明进行评估；公司决选名单报财经部批准；公司决选名单报银行批准。

5. 方案准备阶段：邀请决选名单中的公司提出方案；决选名单中的公司准备方案；提交方案。

6. 技术和财政评估阶段：评估委员会对技术方案进行评估；技术报财经部批准；技术方案报银行批准；请决选名单中的公司公开财政方案；评估委员会对财政方案进行评估；按技术方案和财政方案综合最高分的授标建议报财经部批准；按技术方案和财政方案综合最高分的授标建议报银行批准；签署合同。

（三）许可手续

在柬埔寨承包工程需要提供公司资质证明、母国出具的对外承包工程权证书、柬埔寨商业部注册证书及银行提供履约保函，还要经过招标资审，且要通过评标并中标。

三、企业在柬埔寨报税的相关手续

（一）报税时间

企业完成商业注册后，需在 1 个月之内到财经部税务司进行税务登记。税务登记后，企业按月报税，于每月 15 日前将税务月报表呈交税务局，并按额缴税。每年初呈交上一年度税务年报表。

（二）报税渠道

企业可自行或通过会计师事务所、律师事务所等中介进行报税。

（三）报税手续

纳税人应按税务主管部门规定的格式、时间和地点向税务主管部门报税。纳税人或其法定代表应在纳税申报表上签字。

（四）报税资料

每月提供税务月报表（企业注册资本、当月营业额、当月利润）、年初提供上一年度税务年报表（企业注册资本、年营业额、年利润）。

四、赴柬埔寨的工作准证的办理

（一）主管部门

柬埔寨劳工部负责外国人工作许可管理。

（二）工作许可制度

外国劳工必须持有劳工部颁发的工作许可证，该工作许可证的有效期为 1 年，可以延期，但延期不得超过居留许可证确定的期限。外国人的工作合同每次期限不超过 2 年。工作合同可以用外文，但应附有一份柬埔寨文。工作合同应明确规定符合劳动法的主要雇佣条件。外国人在合同工作期满后要在柬埔寨继续工作应重新报批。

（三）申请程序

根据劳工法的规定：需要雇佣外国专业技术和管理人员的企业，必须在每年 11 月底前向劳工部申请下一年度雇佣外劳的指标，每个企业所雇佣的外劳不得超过企业职工总数的 10%。未申请年度用工指标，将不被允许雇佣外劳。

（四）提供资料

包括：①雇主预先获得在柬埔寨工作的合法就业证；②雇主的聘用证书；③有效护照；④有效签证；⑤健康证明。

五、应注意的问题

（一）投资方面

1. 准确把握柬埔寨投资政策和法规

企业开展投资活动，首先要做到知法、依法。要全面掌握柬埔寨投资相关的法律法规，准确把握政府在投资保障、投资优惠和限制、外汇、土地使用、商业组织形式等方面的政策。

2. 客观分析对柬埔寨投资的比较优势

在柬埔寨投资的主要优势包括：(1) 实行开放的自由市场经济政策，经济活动高度自由化；(2) 政府是推动外国直接投资的主要动力，投资相关的法律法规以鼓励外国投资为基本思路，外资基本享受与内资相同的待遇；(3) 柬埔寨具有丰富的自然资源，在矿产、水利、农产品、渔业等方面资源较为丰富，这些将为企业提供较多的投资机会。

在柬埔寨投资的主要不利因素包括：水、电、交通、通讯等基础设施条件较为落后，相关成本费用高；与周边的越南、孟加拉等纺织服装竞争对手相比，工人工资水平较高。此外，柬埔寨投资软环境有待改善。主要体现在：1. 政府部门办事花费时间长，工会组织的罢工、示威等活动较为频繁；2. 市场、经营秩序有待提高。柬埔寨无经济法庭，法律、司法对外资的保护力度有待提高；3. 柬埔寨经济发展主要依赖外援和外资。

3. 规避投资风险

企业可采取以下措施规避投资风险：(1) 全面了解信息，提高决策质量。主动联系中国驻柬埔寨经商机构，通过正规渠道取得信息，深入进行国情和市场调研，在作出投资决策前全面了解投资风险，防止决策失误；(2) 保持清醒头脑，凡事务求落实。企业不可听信一面之词，对于一切承诺均应以正式获得政府批件为准。在选择合作伙伴时，也应对其背景和实力先进行考察。

（二）贸易方面

在柬埔寨经商不受国籍限制，但中国企业和人员必须熟悉并适应当地的特殊贸易环境，采取有效措施拓展业务。

1. 熟悉柬埔寨贸易的主要特点

柬埔寨工业生产以两头在外的制衣业为主，因而其进出口贸易带有如下鲜明特点：1. 工业制成品和服装加工原料几乎全靠进口，出口产品绝大部分为服装；2. 外商投资的服装加工企业是外贸增长的主要力量，近年来柬埔寨服装出口占出口总额的比重一直维持在 95% 以上；3. 主要出口市场为美、欧，主要进口来源地为其他东盟和东亚国家，近年柬埔寨自东盟国家进口增长迅速。

2. 了解柬埔寨贸易的优势和制约因素

优势：(1) 柬埔寨于 1999 年加入东盟，在共同有效优惠关税体制下东盟成员国将按步骤实现关税减让目标。2002年11月，中国和东盟签署《中国—东盟全面经济合作框架协议》，2010年年初全面建成中国—东盟自由贸易区，并给予柬埔寨、老挝、缅甸三国的“早期收获”减免税计划，其中，给予柬埔寨418种商品（主要是农、林、牧、渔产品）进口零关税的优惠待遇。此外，东盟与印度、韩国、日本、澳新的自由贸易区建设也在进行中。东盟经济一体化进程和自由贸易区建设，将在很大程度上推动柬埔寨经济和对外贸易的发展；（2）美国、欧盟、日本等28个国家/地区均给予柬埔寨普惠制待遇（GSP）；对于自柬埔寨进口纺织服装产品，美国给予较宽松的配额和减免征收进口关税，欧盟不设限，加拿大给予免征进口关税等优惠措施。

制约因素包括：（1）柬埔寨贸易结构单一，以出口成衣为主并集中于美欧市场，易受国际经济环境特别是美欧经济形势变化的影响。一方面，全球金融危机导致欧美经济衰退，进口减少，影响柬埔寨成衣出口；另一方面，世界粮油价格的上涨导致成衣企业成本大幅增加，盈利减少；（2）柬埔寨成衣出口仍可享受优惠待遇，但今后将面临日趋平等的待遇和自由竞争的挑战。越南等周边国家的劳动力成本和专业技术与柬埔寨相比具有明显的竞争优势。撒哈拉以南非洲国家纺织品服装出口受到美国免配额免关税待遇后，出口增长迅速；（3）柬埔寨制衣业已趋近饱和状态，该行业越来越难以吸引新的投资，导致近年来外商投资制衣业的项目和金额逐年减少。

3. 灵活运用税务规则

柬埔寨目前主要有以下的税种和税率，分别是：所得税9%或20%、增值税10%、营业税2%。柬埔寨对私人投资企业所征收的主要税种和税率分别是：所得税9%、增值税10%、营业税2%。

4. 注重提升产品质量

质量就是信誉，是企业生存的根本。中国企业出口到柬埔寨的产品主要有纺织品及其原材料、机械、电器、食品、汽车配件、建筑材料、医药、烟草及化工产品。中国企业应注重提升出口产品质量，打造良好的国际商誉。

（三）承包工程方面

1. 抓住市场机遇

大力发展基础设施建设成为柬埔寨政府的重要经济目标之一。世界银行和亚洲开发银行每年向柬埔寨提供近亿美元的优惠贷款，主要涉及技术支持、电力、供排水、道路和机场等基础设施建设，卫生、农业、减贫和教育等领域。中国企业应该抓住柬埔寨基础设施建设的机遇，大力开拓柬埔寨工程市场。

2. 选好承包方式

考虑到柬埔寨政府急需大量资金建设基础设施项目，适应国际竞争的需要，中国企业应选择一些具有较好前景的项目，以BOT，BOO等方式进行带资承包，并以此带动中国机电设备、成套设备和劳务出口。

3. 选好承包项目

中国工程承包企业应加紧培养人才，特别是高素质、高技术人才的培养。要充分发挥自身优势，选择专业性较强、技术要求较高的项目，也应努力尝试参与工程咨询性项目的竞争。

4. 进一步开拓市场

中国企业在承担中国政府援助柬埔寨成套项目的同时，应力争树立良好的企业形象，为扎根当地市场打下基础，增加在国际招标中的竞争优势，进一步拓展柬埔寨承包工程市场。

5. 开展良性竞争与合作

中国企业参与竞争和编制报价要坚持以下原则：技术上力所能及、经济上有利可图、执行项目上风险可控。切忌盲目、恶性竞争。企业之间还应进行灵活多样的合作，联合开拓柬埔寨市场，尽量避免孤军奋战或自相残杀。

（四）劳务合作方面

1. 了解中柬劳务合作现状

柬埔寨是中国外派劳务的重要市场之一。除在柬埔寨投资和承包工程带出中国部分劳务人员外，随着柬埔寨制衣业的发展，中国向柬埔寨输出了大量服装加工等技术劳工，主要分布在中、港、台资等数十家制衣厂，大多数劳务人员为服装技工、指导工和熟练操作工。另有部分劳务人员分布在建筑业和服务业。

由于柬埔寨劳务市场秩序有待整顿，加之一些不法商人利用不正当手段或不实劳务项目骗取中国劳工赴柬埔寨的现象时有发生，致使在柬埔寨非法务工的问题较为严重，各类劳务纠纷频繁发生。中国有关部门多次采取措施加强管理，并在媒体上公开发表通告，要求有关企业和劳务人员通过正当、合法途径办理赴柬埔寨务工手续，但此问题仍较为严重。

2. 熟悉劳工政策

柬埔寨政府管理外国劳工的主要依据是1997年颁布的《劳工法》、2002年1月柬埔寨劳工部发布的《关于雇用外国人来柬埔寨就业的申请办法的公告》。

柬埔寨有关劳工政策处在不断发展变化之中，但其原则思路始终是：严格控制外劳输入，积极实施技术人才本地化战略，千方百计地解决其国内劳动力大量过剩的问题，努力寻找国外就业市场。

3. 企业要依法用工

如雇用中国劳工，必须符合中国商务部有关规定，通过正当、合法途径办理赴柬务工手续，禁止非法用工。

企业还需在每年 11 月底前向柬埔寨劳工部申请下一年度雇佣外劳的指标，未申请年度用工指标，将不被允许雇佣外劳。所雇佣的外劳还必须满足《劳工法》规定的所有条件。

4. 积极开拓新领域

面对中国在柬埔寨最大的劳务合作领域——纺织服装业已开始出现萎缩的局面，在继续巩固传统劳务市场的同时，中国输出劳务的重点领域应有所转变，并积极开发旅游业、农业、中文教育和职业培训项目等劳务合作领域。

5. 依法办理相关手续

办理工作许可过程中，首先应认真了解法律法规。总体而言，柬埔寨关于劳工规定是完全参照西方发达国家劳动标准制定的，要求较为严格，且很多规定和中国国内规定差异较大。中国企业到柬埔寨投资合作涉及用工问题时，一定要认真阅读有关法律法规，避免出现劳务问题。

在柬埔寨办理工作许可证和雇佣卡的要求比较多，手续比较复杂。建议中国企业及相关人员聘请当地具有丰富经验的律师或中介机构协助办理相关手续。

（五）其他应注意事项

每年 5 月至 11 月是柬埔寨的雨季，全国普降暴雨，个别地区曾出现过当地居民和外国游客被洪水冲走的情况。因此，中华人民共和国驻柬埔寨王国大使馆提醒在柬埔寨的中国公民随时关注最新动态，注意人身安全。如遇紧急情况，可与中华人民共和国驻柬埔寨王国大使馆领事部联系。

（六）防范投资合作风险

在柬埔寨开展投资、贸易、承包工程和劳务合作的过程中，要特别注意事前调查、分析、评估相关风险，事中做好风险规避和管理工作，切实保障自身利益。包括对项目或贸易客户及相关方的资信调查和评估，对投资或承包工程国家的政治风险和商业风险分析和规避，对项目本身实施的可行性分析等。建议相关企业积极利用保险、担保、银行等保险金融机构和其他专业风险管理机构的相关业务保障自身利益。包括贸易、投资、承包工程和劳务类信用保险、财产保险、人身安全保险等，银行的保理业务和福费庭业务，各类担保业务（政府担保、商业担保、保函）等。

建议企业在开展对外投资合作过程中使用中国政策性保险机构——中国出口信用保险公司提供的包括政治风险、商业风险在内的信用风险保障产品；也可使用中国进出口银行等政策性银行提供的商业担保服务。

中国出口信用保险公司是由国家出资设立、支持中国对外经济贸易发展与合作、具有独立法人地位的国有政策性保险公司，是中国唯一承办政策性出口信用保险业务的金融机构。公司支持企业对外投资合作的保险产品包括短期出口信用保险、中长期出口信用保险、海外投资保险和融资担保等，对因投资所在国（地区）发生的国有化征收、汇兑限制、战争及政治暴乱、违约等政治风险造成的经济损失提供风险保障。

如果在没有有效风险规避情况下发生了风险损失，也要根据损失情况尽快通过自身或相关手段追偿损失。通过信用保险机构承保的业务，则由信用保险机构核定赔损补偿风险损失，相关机构协助信用保险机构追偿。

【来源：改编自商务部国际贸易经济合作研究院、商务部投资促进事务局、中华人民共和国驻柬埔寨王国大使馆经济商务参赞处共同主编．《2014 版对外投资合作国别（地区）指南——柬埔寨》．第 58～61、64～68 页】

在印度尼西亚开展投资合作的手续及注意事项

在印度尼西亚开展投资合作，其相关手续和程序问题可向印度尼西亚投资协调委员会等官方机构咨询，也可向律师、投资顾问、咨询机构和中国驻印度尼西亚使（领）馆经商处（室）等部门咨询。

一、在印度尼西亚投资注册企业需要办理的手续

（一）设立企业的形式

在印度尼西亚，投资设立企业的形式包括有限责任公司和代表处两种。

（二）企业注册的受理机构

设立有限责任公司和代表处均需得到印度尼西亚投资协调委员会（BKPM）批准。外国投资可以在印度尼西亚雅加达由投资协调委员会（BKPM）批准，也可以由其在印度尼西亚各地和驻国外的代表机构批准。但是，外资欲在保税区内投资项目，必须经过各保税区管理机构向投资协调委员会（BKPM）递交投资申请，进而获得投资协调委员会的批准。

（三）企业注册的主要程序

1. 查阅投资目录

投资者在印度尼西亚投资前，首先应查阅《非鼓励投资目录》（DNI），该目录包含了对国外投资者禁止和限制经营的业务范围。

2. 资金投资规程

如在印度尼西亚进行资金投资，投资者必须专门查阅《资金投资技术指南》（PTPPM），该《指南》中的一些章节列明了允许投资的具体经营范围，资金投资的申请和运作行为，必须按有关规定操作。

3. 批准机构和证书

若投资申请得到批准，投资协调委员会（BKPM）主席、印度尼西亚政府海外代表机构首席代表或地区投资协调委员会（BKPMD）主席颁布投资批准证书。

4. 批准时间

从收到申请到颁布投资批准证书全过程，最多只需10个工作日。

5. 登记注册

在颁布投资批准证书后，外国投资公司即可按照有限责任公司的有关条款，以章程公证的形式，到税务等政府部门依法登记注册成立。在印度尼西亚投资注册主要程序如下图：

二、承揽工程项目的程序

（一）获取信息

印度尼西亚的承包工程项目主要分为4类，即国际金融机构援助项目，如世界银行、亚洲开发银行、欧洲复兴开发银行等提供资金的项目；外国资金援助的印度尼西亚政府项目；外国和本国资金投资的政府项目；私人资金项目。前3类项目由印度尼西亚国家计委或公共工程部、能矿部、交通部和国家电力公司等具体实施项目部门对外发布项目招标信息。私人项目则多通过商业关系寻求合作伙伴。以上信息，大多可通过印度尼西亚当地报纸、电视、网络等途径获得。

外国直接投资（PMA）申请程序及其执行准字

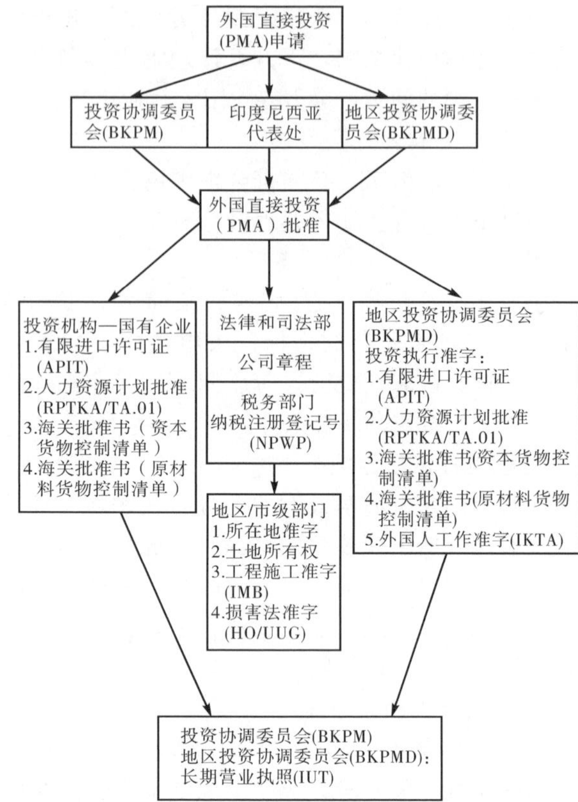

图：外国直接投资（PMA）申请程序及其执行准则

（二）招标投标

根据印度尼西亚国家法律和国际金融组织项目要求规定，由国际金融组织贷款或援助项目，一律采用招标方式；而使用某一特定国家政府贷款项目，一般采用在援助国国籍公司中公开招标形式，但也可通过两国政府协商确定项目实施公司；印度尼西亚政府自筹资金项目的招标形式比较灵活，视情况可进行国际招标或只在印度尼西亚公司中招标；私人项目则由项目业主自行决定议标或招标。

（三）许可手续

在印度尼西亚承包工程的主管部门是公共工程部。中标的外国公司必须在印度尼西亚成立有限责任公司或代表处并取得印度尼西亚公共工程部颁发的承包工程准字，方可与项目业主签约。从事承包工程业务的外国公司，其印度尼西亚合作伙伴必须是具有“A”级资格的印度尼西亚承包商协会或印度尼西亚承包商联合会成员。进行工程咨询业务的公司，印度尼西亚合作伙伴必须是具有“A”级资格的印度尼西亚咨询协会成员。“A”级资格的承包商是指有价值1亿印尼盾的设备，至少有3名工程师，1年至少有10亿印尼盾营业额的工程承包商。

三、企业在印度尼西亚报税的相关手续

（一）报税时间

除根据印度尼西亚政府从1月1日到12月31日财政年度报税外，企业也可使用会计年度报税，企业纳税通过月度分期付款的方式来进行。

（二）报税渠道

企业自行到税务部门报税。

（三）报税手续

纳税年度期间应当由纳税人本人每月缴纳分期支付税款，应纳税额需根据前一纳税年度的《年度所税申报表》到期应付的税款，并且扣除下列所得税：已按规定扣缴的所得税和已征收的所得税；在境外已付或到期应付，并且属于规定的可抵免的所得税。在提交前一年纳税年度《年度所得税申报表》的到期日前，纳税人本人应立即缴纳的分期支付税款的数额，就当等于年度最后月份的分期支付税款的数额。如果在当前纳税年度期间签发了前一纳税年度的税收查定，就应当以有关的税收查定为基础重新计算分期支付税款的数额，并且应当自前一纳税年度的最后月份起生效。

四、赴印度尼西亚的工作准证的办理

（一）主管部门

印度尼西亚负责外国人工作许可管理的是移民局。

（二）工作许可制度

外国人在印度尼西亚工作，必须向印度尼西亚大使馆申请工作签证，以及通过雇主办妥印度尼西亚劳工部工作准证，并在抵达印度尼西亚后规定时间内办理临时居留等相关手续。

（三）申请程序

印度尼西亚雇主向投资协调委员会（BKPM）申请人力资源计划（RPTKA），并向印度尼西亚劳工部申请TA.01推荐表，以TA.01表格推荐为基础，移民局局长将向印度尼西亚驻外代表机构发出指示，允许为有关外国人签发限期居留签证（VITAS）。有关外国人在得到限期居留签证（VITAS）后，便到印度尼西亚相关移民局办理临时居留证（KITAS）和工作准字。

（四）提供资料

护照或旅行证件的有效期必须在18个月以上；1封海外或印度尼西亚担保人的推荐信；由外国投资公司（PMA）或国内投资公司（PMDN）雇用的申请人、作为海外技术援助专家的外国申请人必须附上行业主管部门和人力资源部、投资协调委员会（BKPM）的推荐信和使用外国人的人力资源计划（RPTKA）批准书；入境费（签证费）：限期居留签证每人40美元，限期居留准字每人12.5万印尼盾。

五、应注意的问题

（一）投资方面

1.适应法律环境的复杂性

中国企业到印尼投资首先应该注意法律环境问题，印度尼西亚的法律体系整体比较完整，但也有很多法律规定模糊，可操作性差，且不同的法律之间存在矛盾和冲突。由于法律环境复杂，中国企业到印尼开展投资合作依然要坚持守法经营，密切关注当地法律变动的情况，依法保护权利，履行义务。处理关键法律问题，还要聘请专业律师。

2.作好企业注册的充分准备

在印尼投资设立公司注册手续繁多，审批时间较长；虽然印度尼西亚政府在2007年修订了《投资法》、《公司法》，并完善了相关的配套措施，推行“一站式”审批服务，以促进和吸引外国投资，但执行效果仍不理想；企业注册可以聘请专业律师、公证员、投资顾问等专门人员代为办理，但要注意甄选和审核，防止法律文件及手续出现瑕疵。

3.适当调整优惠政策期望值

为吸引外国投资，印尼政府出台了一些投资鼓励政策，但力度并不大。2007年印度尼西亚《投资法》，明确规定平等对待内外资，中国企业要调整对优惠政策期望值，不要误以为印度尼西亚也会给予外资很多超国民待遇。

4.充分核算税赋成本

印尼的税收体制比较复杂，企业的税收成本比较高。2008年7月，印尼国会通过新的《所得税法》，调低了企业所得税和个人所得税税率，新法从2009年1月1日起执行；印度尼西亚税法对于中小微型企业有税收优惠，还有其他产业税收优惠措施等；中国投资者要认真研究相关法律规定，用足用好优惠政策，降低税赋成本。

5.有效控制工资成本

印尼的工资成本整体而言相对较低，但由于《劳工法》对于劳工保护规定比较苛刻，对于资方比较不利；如果职工离职，要支付离职费或者补偿金，即使工人罢工，只要程序合法，也要支付薪水。中国到印尼投资要了解当地劳工法关于工资和

保护劳工权益的具体规定，精心核算工资成本。

外资企业在印尼面临的障碍主要有：

（1）印尼各地区工人最低工资、工业用电、燃油价格较大幅度上涨，增加企业特别是劳动力密集型企业成本。

（2）资源民族主义和贸易保护主义抬头，少数保守社会团体鼓动政府出台不利于外资的政策。

（3）基础设施滞后问题愈发严重，机场、码头、道路运力严重不足，雅加达和重点城市交通干道常年拥堵，猝不及防的水灾、停水、停电等时有发生。

（4）随着大选临近，有关经济政策带有较强的“民粹”色彩，不利于稳定投资者信心。

（5）近期印尼盾呈再度贬值趋势，可能对已有投资的收益造成汇兑损失。

（二）贸易方面

印度尼西亚市场环境整体比较复杂，风险较高。在印度尼西亚开展贸易活动必须做好充分的市场调研，结合当地特殊的贸易环境，采取有效措施拓展业务，规避风险。

1. 注意合作伙伴和中介问题

在印尼华人数量众多，相同的语言和文化背景，使很多中国企业更愿意通过华人来开展经贸合作，华人中介在其中扮演了重要的角色，起到了很好的促进作用。但由于印尼华人中介良莠不齐，恶意欺诈等损害中国企业利益的行为也时有发生。中国企业要广泛调查，认真研究，慎重选择合作伙伴和中介。

2. 注重提升产品质量

中国产品在印尼占有广泛的市场，品类丰富，价格便宜，富有竞争力，但也存在部分质劣产品问题，对中国产品的整体形象造成一定损害。中国企业应该特别重视产品质量和售后服务，维护中国在印尼市场可持续出口的良好环境。

3. 注意言谈举止

印尼作为中国企业“走出去”重要目的地，已经吸引了越来越多的企业和人员到印尼投资兴业，独立个体的行为也会直接影响到中国企业的整体形象。中国企业和人员应注意言行举止，与人交往要文明礼貌，讲究诚信，守法经营，共同维护企业和国家形象。

（三）承包工程方面

中资企业近年来进入印尼交通、电力、通信市场并逐步站稳了脚跟，占据了相当的市场份额，享有较为广泛的影响力。中资企业应该继续发挥已有优势，开拓印尼基础设施建设市场，并通过印尼市场，逐步拓展东盟承包工程市场。

1. 抓住市场机遇

1997年亚洲金融危机之后，印尼的基础设施建设基本停滞，近年来随着印尼经济逐步恢复，印尼政府加大了对基础设施建设的投入力度，交通、电力、通信等领域的基础设施建设规模日益扩大。

2012～2016年印尼电力建设需要投资334.6万亿印尼盾（约合349亿美元），这些项目投资资金大部分来自外国贷款，包括世界银行、亚洲开发银行、日本国际协力机构和中国的金融机构。此前印尼第一期1000万千瓦电力系列建设项目中，大部分资金来自中国，主要的电站设施、设备和零配件多为中国制造。一方面是由于中方提供的贷款在经济方面附加一定条件，即项目须主要由中国企业承建；另一方面，中国企业承建的项目性价比要优于欧、美、日、韩等企业。

2. 合理控制风险

印尼财力较弱，外汇储备不够充足，资金较为短缺，偿付能力较差。很多大型项目要求带资承包，或者使用外方提供的优惠贷款。对于印度尼西亚政府不提供政府担保或者不动产抵押的项目，应谨慎操作，合理评估和控制风险。

3. 加强经营管理

印尼劳动力市场巨大，劳动力成本较低，但劳动力技能普遍不高，工作作风散漫，工作效率低下，因此，加强施工过程中的科学管理十分重要。

（四）劳务合作方面

中资企业在印尼开展劳务合作，应严格遵守印尼相关法律法规，适应当地环境。

1. 获取工作许可难度大

印尼经济处于稳步复苏期，拥有可持续发展的巨大潜力，对于劳动力特别是高素质劳动力的需求不断增加。但由于印尼对本国劳工保护极为严格，对外国劳工的使用要求非常苛刻，工作签证签发要求很高，除高级管理岗位和高级技术人员之外，本国劳工可以胜任的工作，均不允许使用外国劳工。

2. 非法居留工作问题

因印尼工作签证审批难度大，外国人使用商务签证或者旅游签证在印度尼西亚务工现象普遍存在，印尼有关部门经常采取措施进行打击，非法滞留开展商务的外国人被拘捕或处以刑罚的事件也常有发生。

3. 企业用工成本问题

自2012年11月起，印尼要求所有企业必须遵守2003年颁布的《劳工法》，规定除保洁、保安、司机、矿场服务等少数工种外，不允许企业进行劳务外包，并大幅上调最低工资标准。目前中资企业在印尼开展业务以承包工程为主，对当地劳动力需求较大，该法令增加了中国企业用工成本，进而影响企业整体效益。

（五）其他应注意事项

外籍工作人员签证办理手续较为繁琐，费用较高，通常通过中介办理。主要程序如下：

1. 企业须具备经由印尼劳工部批准的《外籍员工使用计划》，主要包括外派人员数量、职位、组织架构等外派人员仅限于管理职位或当地不能提供的专家，人力资源管理岗位须由当地人员担当。在企业1～3年的外籍员工使用计划获批后，方可开始聘用外籍员工。

2. 在印尼移民局办理临时居留签证（Visa Berdiam Sementara，简称VBS）。

3. 在印尼驻中国使馆领取VBS。

4. 持VBS进入印尼后，须在2周内到以下部门办理有关证件：到印尼移民局办理KITTAS（外籍人员身份证件）和多次出入境准证（如需要）；到印度尼西亚劳工部办理工作准证及其他文件。

5. KITTAS。工作准证和其他文件需每年办延期手续，每半年办理多次出入境准证延期手续（视需要）。另外，企业须按外籍人员数量，每人每个月缴纳100美元作为当地人员培训费。缴纳该费用是办理工作准证的必备条件，培训费交至劳工部，名为“工作技能发展基金”。

（六）防范投资风险防范

在印尼开展投资、贸易、承包工程和劳务合作的过程中，要特别注意事前调查、分析、评估相关风险，事中做好风险规避和管理工作，切实保障自身利益。包括对项目或贸易客户及相关方的资信调查和评估，投资或承包工程国家的政治风险和商业风险分析和规避，对项目本身实施的可行性分析等。相关企业应积极利用保险担保、银行等保险金融机构和其他专业风险管理机构的相关业务保障自身利益。包括贸易、投资、承包工程和劳务类信用保险、财产保险、人身安全保险等，银行的保理业务和福费庭业务，各类担保业务（政府担保、商业担保、保函）等。

建议企业在开展对外投资合作过程中使用中国政策性保险机构——中国出口信用保险公司提供的包括政治风险、商业风险在内的信用风险保障产品；也可使用中国进出口银行等政策性银行提供的商业担保服务。

中国出口信用保险公司是由国家出资设立、支持中国对外经济贸易发展与合作、具有独立法人地位的国有政策性保险公司，是中国唯一承办政策性出口信用保险业务的金融机构。公司支持企业对外投资合作的保险产品包括短期出口信用保险、中长期出口信用保险、海外投资保险和融资担保等，对因投资所在国（地区）发生的国有化征收、汇兑限制、战争及政治暴乱、违约等政治风险造成的经济损失提供风险保障。

如果在没有有效风险规避情况下发生了风险损失，也要根据损失情况尽快通过自身或相关手段追偿损失。通过信用保险机构承保的业务，则由信用保险机构定损核赔、补偿风险损失，相关机构协助信用保险机构追偿。

【来源：改编自商务部国际贸易经济合作研究院、商务部投资促进事务局、中华人民共和国驻印度尼西亚共和国使馆经济商务参赞处共同主编．《2014版对外投资合作国别（地区）指南——印度尼西亚》. 第48～52、54～58页】

在老挝开展投资合作的手续及注意事项

一、在老挝投资注册企业需要办理的手续

（一）设立企业的形式

可以设立私营企业、股份企业和公司3种。

私营企业指的是个人拥有全部所有权，以个人名义开展经营并无限制承担企业一切债务的企业形式。

股份企业指的是两个或两个以上个人在协议的基础上共同出资、共同经营、共负盈亏的企业形式。股份企业分为一般股份企业和有限股份企业两种。一般股份企业指的是股东以相互信任为基础共同经营并无限制共同承担债务的企业形式；有限股份企业指的是对债务负有限责任，即“债务有限股东”的企业形式。

公司指的是以资金入股，各股价值相同，股东按照入股比率来承担公司债务的企业形式。公司分为有限公司（含一人有限公司）和大众公司两种。

有限公司指的是两个或两个以上但不超过 30 个股东持股的公司形式。只有一个人持股的有限公司叫“一人有限公司”；大众公司指的是由至少 9 个股东成立并可以自由转让股份和对外公开销售股份的公司形式。

（二）注册企业的受理机构

企业注册由老挝工业贸易部（或省/直辖市工业贸易厅）企业注册办公室受理。

（三）注册企业的主要程序

1. 向老挝计划投资部及其下属省/直辖市计划投资厅或者老挝工业贸易部及其下属省/直辖市工业贸易厅申请外国投资许可证；

2. 获得外国投资许可证 2 日内向老挝工业贸易部（或省/直辖市工业贸易厅）企业注册办公室递交企业注册申请材料（含：企业注册申请书、企业名称许可证、投资许可证、成立协议、企业章程及授权书等）；

3. 递交申请后 10 个工作日获得批复（如未获批准将有书面说明）。为便于外国投资者到老挝投资，老挝政府在计划投资部投资促进管理局及省/直辖市设立“一站式”服务办公室，受理外国投资并负责办理企业投资、注册的相关手续。

二、承揽工程项目的程序

（一）获取信息

国家筹资的项目由各主管部门发布信息；各省及主要城市也设有市政府基础设施管理部门，负责发布本地区的发展战略与项目信息。一般而言，招标项目均在主要报刊上发布招标信息。

（二）招标投标

老挝国家投资或国际组织贷款和援助项目，多数采用招标方式；自筹资金承建项目或国别援助项目可通过议标方式进行。

（三）许可手续

在老挝承包重大工程项目，一般是通过项目业主向老挝总理府报批，获批后即可签订工程承包协议并进行施工，监理单位可由施工单位推荐并由项目业主最终决定。

三、企业在老挝报税的相关手续

（一）报税时间

报税时间是每年 12 月 31 日前，但利润税按季度缴纳，个人所得税逐月缴纳。

（二）报税渠道

根据老挝法律，企业按规定直接向所在税务登记部门缴纳。

（三）报税手续

根据老挝的法律，企业在老挝的纳税手续由企业自己到所在税务登记部门申报并缴纳。

（四）报税资料

企业在老挝纳税需要提供的相关材料包括：税务报表、发票、外国投资许可证、企业营业执照、企业经营许可证等。

四、赴老挝的工作准证的办理

（一）主管部门

老挝负责外国人工作许可管理的部门是老挝劳动社会和福利部外国工作人员管理司。

（二）工作许可制度

外国人赴老挝工作，必须获得当地劳动部门签发的工作许可，并在老挝驻申请人所在国大使馆或领事馆办理 B2 商务签证。

（三）申请程序

工作许可证由在老挝的雇主（公司或个人）向所在地劳动主管部门提出申请，经审核后，14 个工作日内发放工作许可证。

（四）提供资料

申请工作许可证需携带聘用单位的聘用许可证明；1 张 1 寸照片、含 B2 商务签证的护照和办证费用（120 美元/人/年）。

五、应注意的问题

（一）投资方面

1. 客观评估投资环境

老挝的法律、法规基本齐备，但在执行过程中有时存在有法不依、执法不严的问题，需注意法律风险。老挝社会总体稳定，少有暴力、恐怖事件，但有针对外国投资企业的偷盗、抢劫案件发生，需注意人身、财物安全。老挝人口少、市场小，难以规模化生产制造，大部分物资靠进口，成本相对较高，投资经营中需注意成本调查、核算。老挝基础建设条件欠佳，工业较难配套，物流成本较高，运输时间长，煤炭严重缺乏，水电虽丰富，但电网建设跟不上，全国仍有 1/6 的村不通电。老挝劳动力不足，且素质和技能有待提升，当地雇员一般不愿加班加点，赶时间、工期的项目执行难度较大。

2. 适应法律环境的复杂性

近年来随着老挝对外开放力度加大，各种法律都在修改完善之中，需不断关注最新法律、法规和政策的出台和修订，可聘用律师事务所和政府部门中的资深法律专家作为法律顾问，也可随时登门或电话咨询和请教。还需特别注意两点：1. 在同老挝政府签订投资协议中，老方承诺的优惠政策应有法律作依据，否则在执行中仍可能会出现争议；2. 老挝计划投资部为老方外商投资的统一受理窗口部门，但在实际运作中仍存在内部程序多、时间长的问题，因此需要有耐心并保持沟通，及时提供补充资料和解答有关问题。

3. 全面客观了解老挝的优惠政策

老挝政府公布的外商投资优惠政策对不同行业、不同地区、不同贡献企业有不同的标准，要全面、客观了解优惠政策申报条件、时限等，做好科研调查，规避政策风险。进入经济特区、工业园区的投资企业，虽然可享受保税、免税的政策，但企业要自行解决三通一平等基础设施的建设投入，需要统筹评估利弊关系。

（二）贸易方面

1. 贸易管理规定

老挝贸易管理中不同商品有不同的管理规定，比如：木材贸易中原木、锯材等禁止出口，只有木材制成品才能出口；矿产品贸易中原矿不能出口，必须半加工品以上才能出口；药材贸易中大黄藤需向老挝政府申请配额后方能出口等等。老方进口商品主要按中国—东盟（10＋1）自由贸易区货物贸易协定执行，即除敏感商品外，其余商品在2015年降为零关税，逐年降低。另外，随对老挝援助和投资项目进入老挝的产品在实施期内可享受零关税。

2. 支付条件

由于中老银行之间没有业务往来，因此在双边贸易中一般不开信用证，也不用定金，主要通过现金交易，在现金交易中应注意规避汇率风险和信用风险等。

3. 商品质量和服务

由于老挝和泰国之间的文字、信仰、习俗、气候、地理条件相近，老挝公民容易接受泰国产品，而中国产品要进入老挝开展市场竞争必须了解泰国同类产品的质量、性能、包装等，尤其在商品包装的文字方面以及在稳定供货及售后服务等方面要有竞争性，同时注意商品要适应老挝炎热的气候。

4. 商务礼仪

由于老挝语是特殊语种，中方熟练掌握的人不多，在投资贸易的交流合作中因语言不通或不准确，使很多商机失之交臂，一个好的老挝语翻译很重要。老挝是佛教国家，十分讲究礼仪，尊重当地风俗、礼节、规矩及卫生要求十分重要。

（三）承包工程方面

1. 抓住市场机遇

老挝各种基础建设处于起步阶段，公路、铁路、航空、电站、电网等基础建设项目及城市设施项目正陆续上马，农业、矿业等资源开发项目将逐步增多，工程承包市场潜力较大，应密切跟踪项目。企业应树立企业信誉、打造品牌、从小到大、从分包到总包，逐步延伸项目市场，要注意规避竞争风险、资金风险、市场风险等，建议中国企业在当地设立办事处或公司，准确掌握最新发展动向，实现预期目标。

2. 注意选择不同的经营方式

由于老挝政府资金短缺，项目资金主要来源于国际援助、世界银行、亚洲开发银行贷款及外商投资，政府财政资金主要用于项目配套。项目经营方式有带资承包、出口买方信贷、BOT、资源换资产等，要注意研究各种不同项目类型、不同资金渠道，注意规避支付风险。

3. 认真做好劳动成本核算

老挝劳动力数量和质量总体不能满足需要，中国项目承建商需从国内带出劳务，这涉及在老挝的居住证、就业证、多次往返证等，因证件费用昂贵，企业需认真核算成本。

4. 注意量力而行

随着市场竞争加剧，业主倾向选择有资质、信誉好、有当地业绩的企业作为承包商，因此备齐各种证件，提供有利的竞争条件是必须具备的。企业要客观评价自身实力，量力而行，找好市场切入点，切勿盲目行事。

（四）劳务合作方面

中老两国政府尚未签订劳务合作协议，因此在会计、律师、特种劳务等项目中没有进行劳务合作业务。

（五）其他应注意事项

当地政府对在老挝办理居住证、就业证、多次往返证等有严格的规定，费用昂贵，手续复杂，建议中国企业请当地有经验的律师协助，并要注意这些证件的有效期，需提前办理延期手续，逾期不办将受到罚款、遣返等处理。

（六）防范投资合作风险

在老挝开展投资、贸易、承包工程和劳务合作的过程中，要特别注意事前调查、分析、评估相关风险，事中做好风险规避和管理工作，切实保障自身利益。包括对项目或贸易客户及相关方的资信调查和评估，对项目所在地的政治风险和商业风险分析和规避，对项目本身实施的可行性分析等。建议企业积极利用保险、担保、银行等保险金融机构和其他专业风险管理机构的相关业务保障自身利益。包括贸易、投资、承包工程和劳务类信用保险、财产保险、人身安全保险等，银行的保理业务和福费庭业务，各类担保业务（政府担保、商业担保、保函）等。

建议企业在开展对外投资合作过程中使用中国政策性保险机构——中国出口信用保险公司提供的包括政治风险、商业风险在内的信用风险保障产品；也可使用中国进出口银行等政策性银行提供的商业担保服务。

中国出口信用保险公司是由国家出资设立、支持中国对外经济贸易发展与合作、具有独立法人地位的国有政策性保险公司，是中国唯一承办政策性出口信用保险业务的金融机构。公司支持企业对外投资合作的保险产品包括短期出口信用保险、中长期出口信用保险、海外投资保险和融资担保等，对因投资所在国（地区）发生的国有化征收、汇兑限制、战争及政治暴乱、违约等政治风险造成的经济损失提供风险保障。

如果在没有有效风险规避情况下发生了风险损失，也要根据损失情况尽快通过自身或相关手段追偿损失。通过信用保险机构承保的业务，则由信用保险机构定损核赔、补偿风险损失，相关机构协助信用保险机构追偿。

【来源：改编自商务部国际贸易经济合作研究院、商务部投资促进事务局、中华人民共和国驻老挝人民民主共和国大使馆经济商务参赞处共同主编.《2014版对外投资合作国别（地区）指南——老挝》. 第32～34、36～39页】

在马来西亚开展投资合作的手续及注意事项

在马来西亚办理投资合作相关手续，需向当地律师、专门秘书或代理机构以及相关咨询机构寻求帮助，有关政策事项也可与中国驻当地使馆经商参处/经商室联系。

一、在马来西亚注册企业需要办理的手续

（一）设立企业的形式

在马来西亚，外商投资设立企业的形式主要包括公司代表处（办事处）、分公司、有限责任公司和股份有限公司4种。

（二）注册企业的受理机构

中国企业在马来西亚设立代表处（办事处）、分公司、有限责任公司或股份有限公司，均须到马来西亚公司注册委员会（简称SSM）或通过互联网（www. ssm. com. my）提交申请，进行注册登记。

（三）注册企业的主要程序

1. 注册申请

申请企业填写有关申请表格，向马来西亚公司注册委员会提出申请。

2. 注册审查

公司注册官员审查拟议中的公司名称是否被使用，如未被使用，则该名称为申请者保留3个月。

3. 提交材料

3个月之内，申请者依据不同的企业形式相应地向注册官提供不同的文件，具体需提供的文件清单可咨询专业秘书公司或律师事务所。

4. 批准申请

公司注册官审查申请材料，批准公司注册，并发出同意公司注册文书以及公司代码（主要供缴纳税务使用）。

5. 开设银行账户

公司注册完毕后，可凭有关文件到马来西亚当地银行开设公司银行账号。

二、承揽工程项目的程序

（一）获取信息

马来西亚大型工程项目从可行性研究、设计到最后实施需要较长过程，工程公司应从各种渠道获取工程前期信息，密切跟踪，适时介入。一般而言，政府出资项目由政府主管部门发布信息，私人项目通过主要报刊定期发布招标及项目信息。

（二）招标投标

在马来西亚，由世界银行、亚洲开发银行和其他外来资金参与的项目均按国际标准公开招标。政府财政拨款的工程项目，一般把招标对象限定在拥有“A”级资格的马来西亚本地公司，外国公司需从中分包或合作。私人发展项目招标对象限制较少，但最大的风险是支付保障问题，要慎重选择有实力有信誉的业主。在马来西亚，无论是哪类项目，均存在议标的情况。

（三）许可手续

在马来西亚主管承包工程的政府部门是建筑业发展局（CIDB）。承包商与当地发展商签订承包合

同后，需要向该局申请办理施工许可证，并由其查验承包公司资质和监督审查项目进展情况。一般情况下，承包公司还需申请的许可有机械设备使用许可（机械管理部门）和工人现场驻地和设备材料堆放许可（市政管理部门）。

三、企业在马来西亚报税的相关手续

（一）报税时间

在马来西亚，个人必须于每年4月30日前呈报前一年度的个人税务；企业必须于企业财政年度结束后的7个月内向税务机关报税。

（二）报税渠道

马来西亚企业可以指派内部有专业资格的人员到税务机关报税，也可委托有税务代理执照的会计师向税务机关报税。

（三）报税手续

根据法律规定，在马来西亚报税的基本程序是企业按照成立时领取的报税编号向税务机关索取有关报税表格，填写有关呈报内容，缴纳税款。

（四）报税资料

企业在马来西亚报税需要提供的资料包括：企业报税编号、企业基本资料（股份及董事会构成等），企业银行账户，企业财政年报，派发股息情况以及企业资产损益表等。

根据规定，企业每月须向税务机关缴纳自行估计的税务，到财政年度结束时再统一报税，多缴退还，少缴补足。但是如果少缴的税务超过30%，则要罚款10%。如果个别月份利润增长发生变化，需要单独报告说明。

四、赴马来西亚的工作准证的办理

（一）主管部门

负责具体办理外国人工作准证的管理部门是马来西亚内政部移民局（www. imi. gov. my）。

（二）工作许可制度

外国人赴马来西亚工作，必须获得马来西亚内政部移民部门签发的工作许可，赴马来西亚前事先办理好工作准证。

（三）申请程序

1. 制造业公司外籍管理人员职位。由外资公司向马来西亚投资发展局（MIDA）提出申请，投资发展局根据公司投资额核定名额，再交由其内部“一站式”服务部门统筹审批。外籍管理人员期限一般为5年，期满后可再延长5年。

2. 制造业公司雇佣外籍劳务。由雇主向马来西亚投资发展局提交申请，由其内部“一站式”服务部门统筹处理。

3. 制造业以外其他领域雇佣外籍劳务。由雇主向内政部外籍劳工处提交申请。政府对外籍劳工实行个案批准制度，并附带一定条件。雇主必须在尝试雇用本国公民未果后，才可以考虑雇佣外籍劳工。

马来西亚建筑业外劳工作准证无条件延长5年。该项措施已于2011年4月正式生效，在新措施下，建筑业外劳可无条件申请准证延期5年，不必缴费370令吉接受马来西亚建筑发展局（CIDB）重新评估及考取熟练技术文凭。建筑业外劳上一天安全课程，获取建筑发展局发出的绿卡后，便可投入工作，不管有无经验。外劳准证期限最长10年，现有外劳只要工作期不超过10年，都可申请工作至期限届满。申请手续和以往的既定程序无异，可在各州移民局办理。

（四）提供资料

公司申请信函（申请职位及说明、工作时间、每月工资等）；已缴纳印花税的雇佣合同；公司注册文件；护照原件及复印件、学历证明或技术等级证书复印件及英文翻译件；申请人个人简历；标准护照照片；相关申请表格（一般为Form DP11）。

需要资料及有关费用要求详情请查阅马来西亚内政部移民局官方网站：www. imi. gov. my/eng/perkhidmatan。

办理工作准证过程中应注意：根据马来西亚法律规定，雇主应该亲自向政府提出雇用外籍员工的申请，但由于马来西亚外籍人士办理工作准证手续比较复杂，建议中国企业办理手续前，向当地有经验的人力资源顾问公司咨询，请其提供有关协助。还需注意：最好亲自申请，但必须了解员工情况，熟知程序；合理控制办理准证费用；和移民局官员交涉时注意掌握技巧；委托马来西亚政府认可并批准的中介代理。

五、应注意的问题

（一）投资方面

1. 客观评估投资环境

中国投资者赴马来西亚开展投资合作首先应该客观评估其投资环境，主要注意以下问题：经济规模及产业优势；政府及各界对待外国投资的态度；投资经商的便利化措施；人文、语言及宗教环境；政府部门的执行力及工作效率；经商习惯及民商法律制度；社会治安状况。

2. 适应法律环境的复杂性

马来西亚在独立前，曾经是英国殖民地，因此其法律体系受英国影响很深，成文法与判例法在商业活动中都发挥作用。中国企业到马来西亚投资首先要注意法律环境问题，要严格遵守马来西亚各项法律规定，密切关注当地法律变动情况；聘请当地有经验、易于交流的律师作为法律顾问；处理所有与法律有关的事务，涉及投资经营重大问题和合约谈判及签署，事先一定要听取专业律师的意见。

3. 作好企业注册及申办各类执照的充分准备

在马来西亚投资合作的起步阶段最大的困难是公司注册和申办各类执照。这些执照的申请程序复杂，文件繁多，审批时间较长，需要交涉的事务头绪纷繁。中国企业要对马来西亚关于外国投资注册的相关法律法规有一定了解；聘请专门的秘书公司和专业律师协助处理有关申请事宜；按照要求，提前备齐所需文件，及时履行相关手续。马来西亚各类申请文件及公司文书均须企业法定代表人亲自签名，并加盖公司的正式印章。

4. 适当调整优惠政策的期望值

马来西亚政府虽然制定了多项投资优惠政策和鼓励措施，但是这些政策不能自动获得，企业必须向政府主管部门提出申请，政府根据企业情况酌情给予一定优惠政策。中国企业要详细了解这些优惠政策的内容、申请条件及程序，适当调整对优惠政策的期望值，并在专业人士指导下向政府申请有关优惠政策。

5. 充分核算税赋成本

马来西亚的税收体系比较复杂，缴纳税务专业要求高。中国投资者要认真了解当地税收政策，仔细听取专业会计和税务人员的意见，充分核算税赋成本，尽量选择在能够获得所得税减免的领域或地区投资。

6. 有效控制工资成本

2012 年，马来西亚出台了最低工资标准，西马半岛为 900 马币/月（或 4.33 马币/小时），东马沙巴州、砂捞越州及纳闽岛为 800 马币/月（或 3.85 马币/小时）。企业工薪支出除工资外，还包括雇员公积金（EPF）、社保基金（SCOSO）及保险和年度花红等。中国企业需要了解当地劳动法令关于正常工资和加班工资的具体规定，精心核算工资成本，提高劳动生产效率。

（二）贸易方面

在马来西亚经商必须熟悉和适应当地特殊的贸易环境，采取有效措施拓展业务，规避风险。

1. 适应当地支付条件

马来西亚进口商通常向出口商开立信用证，但部分出口商基于彼此信任或急于成交，未坚持要求进口商开具信用证，可能酿成纠纷，需要注意和警惕。

2. 注重提升产品质量

马来人非常注重商品的质量，认为质量代表着信誉。中国的轻工产品在马来西亚的市场份额较高，中国企业在马来西亚应该注意产品质量和售后服务。

3. 态度鲜明不失礼貌

在商务谈判中，马来西亚人会在寒暄后直接谈及主题，态度鲜明，但不失礼貌和温和。中国企业要熟悉业务，礼貌倾听，把握要点，适时回应，以期达成一致。

4. 着装得体

马来西亚出席商务或社交等正式场合，非常注意着装得体，着西装领带或马来传统服装峇（音“巴”）迪。商业伙伴的形象举止会影响到经营合作的正常进行。

（三）承包工程方面

1. 抓住市场机遇

近年来，马来西亚经济稳定增长，尤其是继第九个五年计划（2006～2010 年）之后，政府于 2011 年开始执行第十个五年计划（2011～2015 年），并陆续推出五个经济发展走廊，国家财政预算拨出大量款项发展大型基础设施项目和民生工程，改善投资环境，缩小地区差距，全面提升国家经济发展水平。目前，马来西亚的重点工程有槟城第二大桥、沙捞越纸浆厂、国家高速宽频网建设及巴贡水电站等项目。企业应该抓住马来西亚新一轮基础建设的机遇，积极开拓马来西亚市场，借助马来西亚天然的地理区位优势和与中东国家的宗教联系，谋划进入其他东盟国家和中东国家市场的长远战略。

2. 选好经营方式

马来西亚推行一些大型政府私营化工程，这类项目往往需要马来西亚政府提供担保，向银行、金融公司或外国机构借款，因此中国企业如果想参与，必须选择有实力、讲信誉的当地公司作为项目合作伙伴，利用其关系和背景，共同实施项目。中国工程企业进入马来西亚承包工程项目，为跟踪项目和实施现场管理，建议在当地注册公司。

3. 因地制宜，实行本地化经营

马来西亚国家外来劳务数量庞大。政府公布数据显示，截至 2010 年年底，外来劳工约有 182 万人，其中从事制造业约67万人、种植业27万人、建筑业24万人、农业23万人、服务业17万人以及女佣约25万人，成本比较便宜，中国工人的竞争优势不明显。中国企业在马来西亚开展承包工程业务的重点是工程设计和项目现场管理，施工人员应因地制宜，雇用外劳，并在部分现场管理岗位聘用当地人员，实行本地化经营。

4. 量力而行

在马来西亚开展工程承包，业主会根据项目情况要求承包商具备一定资质，项目执行需要一定的管理能力、融资能力和人力资源，跟踪谈判项目需要较强的交涉和谈判能力，洽谈项目合约需要较广的人际关系，否则会遭遇很多困难。中国企业刚进入马来西亚时要客观评估自身实力，重视困难，总结以往中国公司的经验教训，量力而行，找好市场切入点，不要盲目行动，贪大求全，一味追求大型或施工难度高的项目，以免为企业带来不必要的经济损失。

5. 马来西亚对外国公司承包当地工程的相关规定

（1）许可制度

外国承包商在马来西亚注册成立建筑工程公司需要得到马来西亚建筑发展局批准，同时还要获得建筑承包等级证书。按照法律规定，外国独资公司不能获得M执照，而没有M执照，公司不能作为总承包商参与政府1000万林吉特以上项目招标。因此外国公司要成为A级公司，必须与当地公司合作，但是当地公司大多以其信誉或A级资质作为参股条件，并不直接出资，他们与外国公司合作的目的是利用外国公司的资金和技术。

（2）禁止领域

马来西亚政府财政拨款项目一般交由当地土著承包商负责，不允许外国工程公司单独担任总承包商，外国公司只能从当地公司中分包工程。

（3）招标方式

马来西亚政府拨款工程项目和私人领域项目一般都实行招标制度，但在融资支持或满足业主其他特别要求的情况下，部分项目也可由承包商与业主议标。

（四）劳务合作方面

截至2012年年底，马来西亚尚未对中国开放普通劳务市场。根据中马两国政府达成的谅解备忘录，马来西亚自2004年开始向中国开放陶瓷、古建筑维护、木器加工以及家具制造四个领域，但是由于马方雇主提供的薪水较低，上述领域劳务合作尚未得到有效履行。此外，马来西亚政府允许其国内紧缺的技术工人和工程师到马来西亚工作，但需要与雇主事先签订用工合同，约定工资及工作时间，并办好工作准证。

1. 外国人在当地工作的规定

马来西亚政府鼓励各类公司培训和使用本地员工，但因其国内劳动力短缺，允许在部分行业雇用外国劳工。这些行业包括建筑业、种植业、服务业（佣人、餐馆工人、清洁工人、货物搬运工人、收容所、洗衣店及岛屿度假胜地工人，以及高尔夫球俱乐部的球童）、制造业。外国人在马来西亚工作必须获得工作许可。

外资公司可雇用外籍员工担任公司管理职务，也可将某些主要职位永久保留给外国人。相关规定如下：外国公司缴足资本在200万美元以上者，可自动获得最多10个外籍员工职位，包括5个关键性职位；经理职位的外籍员工雇用期最长可达10年，非经理人员的可达5年。外国公司缴足资本超过20万美元但少于200万美元者，可自动获得最多5个外籍员工职位，包括至少1个关键性职位；经理职位的外籍员工雇用期最长可达10年，非经理职位的可达5年。

外国公司缴足资本少于20万美元者，外籍职位核定将依据以下原则考虑：缴足资本达到14万美元（约5万林吉特），可考虑给予关键性职位；具备专业资格及实际经验的经理职位可考虑获得10年雇用期，具备专业资格及实际经验的非经理人员可达5年，但是公司必须培训马来西亚国民使其最终能接任该职位；关键性职位及时限的数目依据个案而定。

马来西亚公民拥有的制造业公司，可依要求自动获得所需的技术性外籍职员位置，包括研发职位。马来西亚投资发展局负责制造业公司外籍职位的审批工作。

（1）居住准证

为保证经济发展所需的各类人才配备充足并解决近年来马来西亚人才流失问题，2011年初马来西亚总理府成立了马来西亚人才机构（Talent Corp）专门负责协助外国人才来马来西亚长期工作居留，同时吸引马来西亚本国在海外的人才回流。马来西亚政府人才认定的标准不仅包括高学历的专业人士，也包括经验丰富的技术人员，为此，特别推出了居住准证（Residence Pass）这一机制，以便外籍人才可以在马来西亚更自由的长期工作。居住准证有效期长达十年，且直接登记在个人名下，不受雇主单位限制，配偶及未成年子女享受同等待遇，配偶持居住准证也可参加工作，成年子女父母/岳父母均可获得为期5年的访问/探亲签证，进一步体现出马来西亚政府希望留住人才的决心。

（2）建筑业工作准证

马来西亚外劳工作准证延长5年的措施，已在2011年4月正式生效，在新措施下，建筑业外劳可无条件申请准证延期5年，不必缴费370林吉特接受马来西亚建筑发展局（CIDB）重新评估及考取熟练技术文凭。

2. 外国人在当地工作的风险

（1）签证风险

《中华人民共和国政府和马来西亚政府关于部分互免持外交、公务（官员）护照人员签证的协定》于2011年5月18日生效。协定规定，缔约一方持有效外交或公务（官员）护照公民，因正式访问、度假旅游、探亲或其他缔约另一方主管机关同意之目的，在缔约另一方入境并停留不超过30日，免办签证。中华人民共和国驻马来西亚大使馆提醒在马来西亚和拟赴马来西亚的中国公民密切关注签证动态，以免签证受阻。

（2）交通风险

中华人民共和国驻马来西亚大使馆提醒中国公民提高安全防范意识，冷静面对突发状况，并且应及时向使馆求助。

（五）其他应注意事项

中国企业在马来西亚面临的共同问题是马来西亚未对中国开放普通劳务市场，导致中国工人派出在一定程度上受限，不得不使用相当数量的当地工人和已在马来西亚工作的其他国家外劳，工作效率受到影响，在工期预估等方面与在其他国家有所不同。

随着马来西亚本地企业的成长，中国大型基础设施建设企业尽管仍保持技术优势，但价格优势已大大缩小，往往需要依靠中国对外优惠性质贷款打开大型基础设施建设市场，此类项目跟踪时间长、前期投入大，给企业带来一定负担。

由于马方业主对中国企业了解日益加深，成套设备企业承建项目往往遇到业主公司不断压价，利润空间受挤压，且时有被业主公司利用、形成中国企业自相竞争的情况。

中国房建企业在马来西亚数量较多，一些非传统房建企业为保持企业周转运作而投身房建市场竞争，因房建项目利润薄，部分企业遇到业主拖欠工程款的现象。

（六）防范投资合作风险

在马来西亚开展投资、贸易、承包工程和劳务合作的过程中，要特别注意事前调查、分析、评估相关风险，事中做好风险规避和管理工作，切实保障自身利益。包括对项目或贸易客户及相关方的资信调查和评估，对项目所在地的政治风险和商业风险分析和规避，对项目本身实施的可行性分析等。企业应积极利用保险、担保、银行等保险金融机构和其他专业风险管理机构的相关业务保障自身利益。包括贸易、投资、承包工程和劳务类信用保险、财产保险、人身安全保险等，还有银行的保理业务和福费庭业务，以及政府担保、商业担保、保函等各类担保业务。

建议企业在开展对外投资合作过程中使用中国出口信用保险公司提供的包括政治风险、商业风险在内的信用风险保障产品；也可使用中国进出口银行等政策性银行提供的商业担保服务。

中国出口信用保险公司是由国家出资设立、支持中国对外经济贸易发展与合作、具有独立法人地位的国有政策性保险公司，是中国唯一承办政策性出口信用保险业务的金融机构。公司支持企业对外投资合作的保险产品包括短期出口信用保险、中长期出口信用保险、海外投资保险和融资担保等，对因投资所在国（地区）发生的国有化征收、汇兑限制、战争及政治暴乱、违约等政治风险造成的经济损失提供风险保障。

如果在没有有效风险规避情况下发生了风险损失，也要根据损失情况尽快通过自身或相关手段追偿损失。通过信用保险机构承保的业务，则由信用保险机构定损核赔、补偿风险损失，相关机构协助信用保险机构追偿。

【来源：改编自商务部国际贸易经济合作研究院、商务部投资促进事务局、中华人民共和国驻马来西亚大使馆经济商务参赞处共同主编.《2014版对外投资合作国别（地区）指南——马来西亚》. 第50～53、55～58页】

在缅甸开展投资合作的手续及注意事项

一、在缅甸投资注册企业需要办理的手续

（一）设立企业的形式

根据《缅甸联邦外国投资法》规定，外国企业依据如下投资方式进行投资：

1. 外国企业在委员会许可的领域进行全额投资；

2. 外国企业与国民或相关政府部门、组织进行合资；

3. 根据双方合同进行合作。

（二）注册企业的受理机构

企业注册的受理机构为缅甸投资委员会，缅甸投资委员会由相关经济部门领导组成，自2007年以来，由畜牧水产部长貌貌登准将兼任投资委主席，国家计划与经济发展部副部长都迎佐上校兼任秘书长，商务部长、交通部长、建设部副部长为投资委员会成员。国家计划与经济发展部下属的投资和公司管理局主管公司设立及变更登记、投资建议分析及报批、对投资项目的监督等日常事务。

（三）注册企业的主要程序

1. 根据《缅甸联邦外国投资法》要求，向缅甸投资委员会（MIC）提交申请表（FORMI），申请表应含以下文件：

（1）企业财务状况表（近几年账务审计情况）；

（2）开户银行推荐信；

（3）项目经济可行性报告；

（4）根据合作性质，如果项目属外商独资，则须提供一份拟与主管部门签署的草本合同；如果项目属合资项目，则须提供1份拟与合作公司签署的合同草本。准备必需的协议草案，如：合资协议、租赁协议、独资项目协议（由有关主管部门代表签字）；

（5）若该项目是以有限公司的名义经营的，应提交按《缅甸公司法》起草的《公司备忘录》或《公司章程》；

（6）按《缅甸联邦外国投资法》第10章26款规定提交税务减免申请函。

2. 由投资和公司管理指导委员会（DICA）对所提交项目建议书进行详细研究，并从以下几方面进行审查：

（1）实施项目是否符合被推选条件；

（2）文件是否齐全一致；

（3）经济可行性和项目的商业期限；

（4）技术适用性；

（5）市场状况；

（6）提供就业机会；

（7）项目实施对环境影响。

3. 投资和公司管理指导委员会（DICA）向政府代理公司或投资者及其代表咨询有关技术问题，并将文件提交MIC。

4. 如果所需提交的文件资料齐全，约在2个月内完成报批手续。

二、承揽工程项目的程序

（一）获取信息

一般情况下，缅甸政府各部门及下属司局或直属企业可直接对外发布工程项目招标信息，省级政府亦有部分自筹资金项目对外招标，但市级以下政府对外招标项目数量极少。缅甸主流媒体（缅甸《新光报》、《镜报》等）也会定期发布一些项目招标信息。中国企业一般通过直接联系有关政府部门或通过缅方合作伙伴介绍等方式获取项目信息。

（二）招标投标

缅甸政府规定，承包工程项目原则上采用公开招标的形式，但由政府部门自筹资金且金额在10万美元以上的项目，必须有3家以上的承包商进行投标。通常，发标部门对各投标方的技术细节与价格进行比较，形成授标意见后报请国家采购委员会审批。国家采购委员会一般要与竞标企业再进行一轮价格谈判，之后或维持发标部门的意见，或做出新的授标决定。根据采购委员会的意见，发标部门须上报国家贸易委员会审批，批准后再报内阁批准通过，最后进入实施阶段。

（三）许可手续

按照《商务部关于加强中国驻外使（领）馆经商参处（室）管理对外投资合作工作的指导意见》（商合发［2008］270号）、《对外承包工程项目投（议）标协调办法》以及《对外承包工程项目投（议）表协调办法实施细则》等有关文件规定，中国企业在缅甸承揽工程项目须由驻缅甸经商机构出具推荐函的（详见商合发［2008］270号），须按照有关规定在驻缅甸经商机构对有关项目信息进行备案，并接受经商机构的指导和协调。

三、企业在缅甸报税的相关手续

（一）税收体系和制度

缅甸的财政税收由5个部所属的6个局管理。如下图：

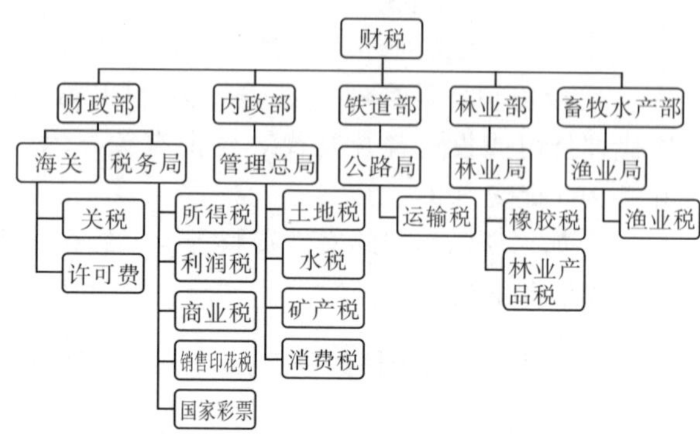

图：缅甸财政和税收管理部门及相关税收表

缅甸财政税收体系包括对国内产品和公共消费征税、对收入和所有权征税、关税、对国有财产使用权征税4个主要项目下的15种税费。以上税收由不同部门管理，其中89%以上的政府各项税收由缅甸国家税务局管理。缅甸纳税实行属地税制，企业每月按照财税部要求纳税。

（一）报税时间和渠道

根据《缅甸税务法》（1992）、《缅甸国内税收实施细则》（1987）规定，企业可以在取得收益之年年底算起3个月内，凭可靠的证明向各省/邦税务人员申请缴纳所得税，纳税人的收入按从当年的4月1日起至次年3月31日止的财政年度来计算。税款一般在下一个年度按照上一个年度的收入进行估算，做出估算后，既可每个月也可每个季度缴纳一次税。

纳税人如果想离开缅甸，必须向移民局提交一份完税证明。

（二）报税手续和资料

中国在缅甸纳税的企业需聘请缅甸当地注册的会计师协助整理账务，中方同意签字后，由该会计师代交缅方税务机关，待税务官核定税款后即通知公司签字交税。目前缅方对纳税管理不严，上税的多少，很大程度上取决于当事人的关系。

四、赴缅甸的工作准证的办理

外国人到缅甸工作，不需要办理工作许可，缅甸未制定外国人在缅甸的工作许可制度。

五、应注意的问题

（一）投资方面

中国投资者到缅甸投资兴业应注意以下事项：

1. 缅甸法规有待完善，政策稳定性不足，给投资者带来许多不确定性。部分外国投资者为避开政策限制，借用缅甸人身份在缅开展投资经营活动。由于此类外国投资不受缅甸法律保护，因合作失败或与合作方利益纠纷而致外国投资者蒙受损失的现象时有发生。中国投资者对此应格外注意。

2. 缅甸基础设施落后。由于缅甸工业发展水平低，交通、通讯等基础设施较为落后，电力供应不足，燃料短缺，给外国投资者带来诸多不利影响。

3. 长期以来，缅甸中央政府和部分少数民族组织之间的关系十分微妙。中国投资者应尽可能避免擅自同缅甸地方政府以及在少数民族控制区进行投资合作，此类合作一旦有意外事件发生，两国政府将难以及时有效介入。

4. 作好企业注册的充分准备。依据《缅甸联邦外资投资法》及《缅甸联邦外国投资法实施细则》的相关规定，办理投资许可证、签署合资协议、注册公司，相关手续如下：

（1）办理投资许可证。外资公司需准备以下材料，按照缅甸《公司法》起草公司章程、备忘录；按照缅甸投资委范本准备项目建议书；准备合同（合资协议）文本，包括资本结构、分成、税收、项目融资、公司管理等内容及其他材料。相关材料准备齐全之后报缅方项目主管部审核——报投资委（MIC）审核——报国家贸易委员会（TC）审核——报内阁审核——内阁批准后由投资委颁发投资许可证。

（2）签署合同（合资协议）。获得投资委颁发的投资许可证后，双方签署合资协议，合资协议具备法律效力。

（3）注册公司。外资公司填写成立公司相关文件经计划与经济发展部下属投资与公司注册局（DICA）审核——由DICA分别征求内政部、财政部、外交部、缅甸联邦总检察署意见——报国家计划与发展部审核——报投资委审核——报贸易委员会审核——报内阁审核——DICA颁发登记执照（公司营业执照）——之后合资协议开始生效。

（二）贸易方面

1. 中国公司应先确认缅方公司是否在缅甸商务部登记注册，具备取得《进口商注册证》或《出口商注册证》的资格（双方签订贸易合同后，缅方才能申请《出口许可证》或《进口许可证》)。进出口许可证未经缅甸商务部批准不得转让。如遇贸易纠纷,须按缅甸现行《仲裁法(1944)》进行解决。

2. 目前缅甸的对外贸易多以美元或欧元通过银行信用证结算,但受美国等西方国家的制裁,缅甸无法直接与中国各银行间开展信用证结算,要通过设在新加坡或中国香港等第三地的公司。因此,对缅甸贸易及结汇均存在风险,需谨慎为之。

中缅两国银行已就中缅边境贸易中以人民币结算问题进行过多次商谈。但从总体看,缅甸银行结算体系、汇率制度等有待进一步完善。

(三)承包工程方面

1. 充分挖掘市场潜力

近年来,缅甸政府努力推行市场导向的经济改革,在坚持继续抓好农业发展的基础上,大力发展基础工业,兴修水利工程,加大交通设施建设投入,合理开采石油矿产资源,经济社会发展有了较大起色,也给承包工程市场带来巨大商机。

近年来,中资企业在缅甸的工程承包合作顺利发展,相继中标并顺利完成电站、桥梁、铁路、工厂、通信设施以及输变电项目等工程建设,在缅甸创出了品牌,赢得了信任。随着西方国家逐步解除对缅甸经济制裁,来自世界各国的企业纷纷进入缅甸市场,中资企业面临更加激烈的竞争。中资企业应利用自身优势,继续挖掘缅甸市场潜力,推动中缅经贸合作向纵深发展。

2. 建立良好合作关系

与缅甸政府部门及有实力、有影响力的企业建立起良好的合作与互信关系,可以帮助企业更加有效地开拓市场,并在项目实施过程中,获得对方的支持与配合,使企业在缅甸承包工程市场上游刃有余。

3. 避免恶性竞争

中资企业在缅甸应严格执行项目备案制度,服从国内有关部门及商会的协调,从大局出发,坚持互利合作,避免恶性竞争,实现中资企业在缅甸承包工程市场上共赢。

4. 造福当地社会

中国企业在缅甸承揽项目,在追求经济利益的同时,应积极回报社会,参与社会公益活动,实施一些利民小工程,施惠于当地社会,同当地人民分享劳动成果,赢得地方支持。实现长期、稳定发展。

5. 充分考虑困难与风险

在缅甸开展承包工程业务面临诸多特殊性和实际困难。缅甸基础设施不健全,国内物资匮乏,工业加工水平较低,缺乏质量管理标准和工业标准等客观因素,使外国承包商在缅甸实施工程项目有可能遇到许多困难和不确定性。缅甸外汇储备短缺,政府对外支付工程款项需经过漫长复杂的审批程序,付款不及时或拖欠现象普遍存在。中资企业需充分考虑收汇风险以及汇率变动风险,减少损失。

(四)劳务合作方面

劳务人员到缅甸务工前应与具有外派劳务资质的正规企业或单位签订外派合同,将派遣时限、工作条件、劳动报酬、违约责任等关键条款见诸文字,保存好证据,一旦出现劳务纠纷可有效维护自身权益。

劳务人员到缅甸工作之前,首先应对缅甸的法律法规、风俗习惯有所了解,做到心中有数。缅甸法律规定对违法犯罪行为处以重罚,劳务人员在缅甸工作务必严格遵守当地法律法规,尊重缅甸人以及缅甸人的风俗习惯,以免因为行为不当给自己带来麻烦。

缅甸处于热带和亚热带地区,卫生防疫条件落后,部分地区疟疾、登革热等疾病盛行。在这些地区工作的人员要具有疾病防范意识,讲究卫生,常备有关药品。

(五)其他应注意事项

1. 金融汇率风险

2012 年 4 月起,缅甸采用基于市场情况并加以调控的浮动汇率制,这有助于在缅甸开展经贸合作企业进行国际结算和汇兑,之前存在的金融汇率风险大大降低。

2. 商业诈骗

以虚假项目信息骗取中资企业赴缅甸考察,有的缅甸企业邀请中资企业以缅甸企业的名义在缅甸开展隐性投资,如双方企业合作期间出现问题,将面临资产无法保全的风险。

3. 安全风险

缅甸北部克钦邦、泰缅边境克耶邦、克伦邦、德林达依省、孟缅和印缅边境实皆省和若开邦存在一定程度战乱方面的安全风险,建议中国企业在缅甸开展业务远离上述区域。

4. 疾病风险

缅甸甲肝病毒携带者较多,北部、南部和西部山区有蚊虫携带疟原虫。企业派员到缅甸前,建议提前注射甲肝疫苗,准备好防治疟疾的药品,来缅甸后,需注意饮食卫生,少吃凉菜,最好饮用瓶装矿泉水。到缅甸进行矿业、水电、油气领域合作的企业要格外重视疟疾防治。

5. 经济政治风险

缅甸新政府上台，一方面加快推动外商到缅甸投资合作，另一方面也对投资方向等方面提出更高要求，缅甸政府鼓励外商企业在缅甸开展无污染、促进就业、增加出口的加工制造业，限制资源开发和存在污染的行业。企业在缅甸开展经贸合作，须严格按照缅甸外商投资法等相关法律法规开展业务，积极履行社会责任，融入当地社会，以期降低经济政治风险。

6. 避险方式

企业在与缅甸开展经贸合作时，建议先与中华人民共和国驻缅甸联邦共和国大使馆经济商务参赞处联系，电话或当面咨询缅甸投资法律、经济环境等相关问题，也可直接与缅甸政府部门联系。如出现商业诈骗等问题，应及时向中华人民共和国驻缅甸联邦共和国大使馆经济商务参赞处报告，中华人民共和国驻缅甸联邦共和国大使馆经济商务参赞处将根据情况提供相应协助。

（六）防范投资合作风险

在缅甸当地开展投资、贸易、承包工程和劳务合作的过程中，要特别注意事前调查、分析、评估相关风险，事中做好风险规避和管理工作，切实保障自身利益。包括对项目或贸易客户及相关方的资信调查和评估，对投资或承包工程国家的政治风险和商业风险分析和规避，对项目本身实施的可行性分析等。建议相关企业积极利用保险、担保、银行等保险金融机构和其他专业风险管理机构的相关业务保障自身利益。包括贸易、投资、承包工程和劳务类信用保险、财产保险、人身安全保险等，银行的保理业务和福费庭业务，各类担保业务（政府担保、商业担保、保函）等。

建议企业在开展对外投资合作过程中使用中国政策性保险机构——中国出口信用保险公司提供的包括政治风险、商业风险在内的信用风险保障产品；也可使用中国进出口银行等政策性银行提供的商业担保服务。

中国出口信用保险公司是由国家出资设立、支持中国对外经济贸易发展与合作、具有独立法人地位的国有政策性保险公司，是中国唯一承办政策性出口信用保险业务的金融机构。公司支持企业对外投资合作的保险产品包括短期出口信用保险、中长期出口信用保险、海外投资保险和融资担保等，对因投资所在国（地区）发生的国有化征收、汇兑限制、战争及政治暴乱、违约等政治风险造成的经济损失提供风险保障。

如果在没有有效风险规避情况下发生了风险损失，也要根据损失情况尽快通过自身或相关手段追偿损失。通过信用保险机构承保的业务，则由信用保险机构定损核赔、补偿风险损失，相关机构协助信用保险机构追偿。

【来源：改编自商务部国际贸易经济合作研究院、商务部投资促进事务局、中华人民共和国驻缅甸联邦共和国大使馆经济商务参赞处共同主编．《2014 版对外投资合作国别（地区）指南——缅甸》．第 60～63、65～68 页】

在菲律宾开展投资合作的手续及注意事项

一、在菲律宾投资注册企业需要办理的手续

（一）设立企业的形式

根据菲律宾《1991 年外国投资法》及其他相关法律，外国人在菲律宾可设立的企业形式包括：

1. 个人独资企业

由个人全部出资、独享收益并承担全部责任的企业形式，须向菲律宾贸工部申请设立。

2. 合伙企业

由两名以上合伙人建立，具有区别于其合伙人的独立人格，可以为有限责任或无限责任，在菲律宾证券交易委员会申请设立，要求每名合伙人至少出资 3000 比索。

3. 公司

根据《公司法典》，由 5～15 名发起人设立，向菲律宾证券交易委员会申请注册，实缴资本至少为 5000 比索。

4. 分公司

外国公司的延伸机构，不是独立法人，可以在菲律宾境内取得收入，注册时须向菲律宾境内汇入 20 万美元资本。

5. 代表处

代表母公司在菲律宾境内从事信息发布、联络、促销、质量控制之类的活动，不在菲律宾境内取得收入，注册时须向菲律宾境内汇入 3 万美元资金。

（二）注册企业的受理机构

1. 证券交易委员会（SEC）负责注册法人企业（5 人以上）和合伙企业（3 人以上）；

2. 贸工部（DTI）负责注册商业名称（有效期5年）和注册独资企业（以个人名义办公司）；

3. 投资署（BOI）负责注册优先投资计划下的享受优惠企业；

4. 菲律宾经济区署（PEZA）、苏比克湾管理署、克拉克发展署、卡加延经济区署、菲弗德克工业署和三宝颜经济区署负责注册其他享受优惠的投资促进代理机构；

5. 菲律宾中央银行（BSP）负责外国投资注册（以资本回收和利润汇出为目的）；

6. 纳税人还应到对其营业所在地有管辖权的BIR地区税务办公室（RDO）注册；

7. 在社会保险系统（SSS）取得雇主社会保险号，在菲律宾健康保险公司（PHIC）取得政府保健保险系统成员资格。

另外，在SEC和DTI注册之后应取得公司所在地的市长批准。在SEC的注册主要包括以下程序：

1. 投资人向SEC递交申请；

2. SEC审核申请；

3. 如果申请批准，投资人支付登记费（相当于实收资本的1/1000），并递交相关文件。SEC审核和评估文件，如果用“快速”流程，时间为1周。如果批准，SEC发给注册证明。

二、承揽工程项目的程序

（一）获取信息

在菲律宾可以通过以下几个途径获取工程招标信息：

1. 菲律宾政府部门或企业业主在当地媒体上发布招标邀请信息；

2. 业主直接邀请；

3. 业主通过中华人民共和国驻菲律宾共和国大使馆经济商务参赞处、中资企业（菲律宾）协会承包分会发布信息。

（二）招标投标

菲律宾政府工程承包项目根据业务性质分属不同部门管理，如公共工程与公路部负责公路及桥梁等项目，交通部负责铁路、机场、港口等项目，农业部灌溉局主管水利灌溉项目等。使用菲律宾政府财政资金的政府项目，只能由本地企业或外资比例不超25%的合资企业承揽。通讯、电力、房地产等行业多为私企经营，对外资承包商一般没有限制。

工程项目招投标一般需要经历以下程序，业主或融资方还会有各自具体的要求：

1. 招标信息发布；

2. 企业报名，递交意向书；

3. 资格预审；

4. 编制发售招标文件；

5. 投标预备会；

6. 投标；

7. 开标、评标、决授标。

（三）许可手续

外资企业在菲律宾承揽工程项目，均须向菲律宾承包商资格评审委员会（PCAB，隶属菲律宾贸工部）申请特别执照。具体步骤根据企业是否在菲律宾注册略有不同。以在证券委员会注册的中资企业为例，需向PCAB递交外国承包商特殊许可申请表、综合信息表、菲律宾证券委员会出具的公司注册证明、公司章程、公司对授权代表的董事会决议、中国政府部门出具的并由所在地的菲律宾使领馆认可的公司资质证明原件及复印件、菲律宾招标企业出具的工程项目是由外国融资的证明、投标邀请函、母公司出具的背对背保证书、自述书、近6月财务审计报告、资产负债表、银行账户、用于运输及建设的机动车注册证及发票、国内收入局出具的证明、工程技术人员有关证明、历史记录（有关完工的大型工程合同、证明文件以及菲律宾使领馆认证文件）等。PCAB要求一个项目一个执照，承包商需每年更新特别执照。

不同行业的项目业主对承包商的资质要求有所不同，有关程序和手续也有差异，但核心是审查承包商（或设备供应商）在财务、技术等各方面的履约能力（或交付能力）。另一方面，公共项目业主和私营项目业主的资质要求也不相同。公共项目业主要求承包商履行的资格认证手续往往比较复杂，私营项目业主则相对简单。以菲律宾公造部主管的路桥项目为例，承包商须先通过公造部资格审查并注册，审核过程中需提供营业执照、税务登记证、SEC登记证、公司章程、财务审计报告、公司业绩等材料。项目招标时，公造部将在投标邀请函中就具体项目提出资质要求。

【投资署（BOT）注册】

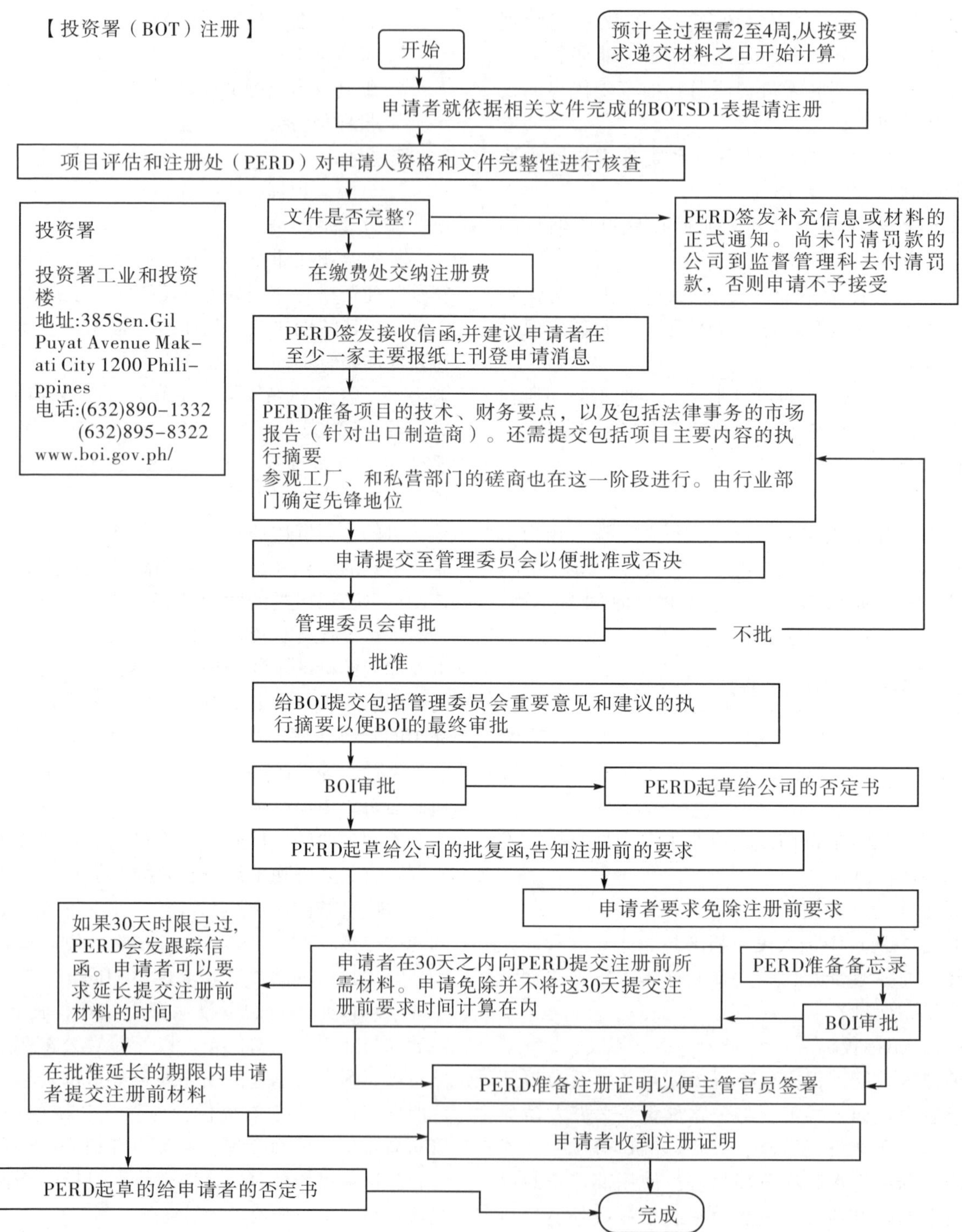

开始
预计全过程需2至4周,从按要求递交材料之日开始计算
申请者就依据相关文件完成的BOTSD1表提请注册
项目评估和注册处（PERD）对申请人资格和文件完整性进行核查
投资署
投资署工业和投资楼
地址:385Sen.Gil Puyat Avenue Makati City 1200 Philippines
电话:(632)890-1332
(632)895-8322
www.boi.gov.ph/
文件是否完整？
PERD签发补充信息或材料的正式通知。尚未付清罚款的公司到监督管理科去付清罚款，否则申请不予接受
在缴费处交纳注册费
PERD签发接收信函,并建议申请者在至少一家主要报纸上刊登申请消息
PERD准备项目的技术、财务要点，以及包括法律事务的市场报告（针对出口制造商）。还需提交包括项目主要内容的执行摘要
参观工厂、和私营部门的磋商也在这一阶段进行。由行业部门确定先锋地位
申请提交至管理委员会以便批准或否决
管理委员会审批
不批
批准
给BOI提交包括管理委员会重要意见和建议的执行摘要以便BOI的最终审批
BOI审批
PERD起草给公司的否定书
PERD起草给公司的批复函,告知注册前的要求
申请者要求免除注册前要求
如果30天时限已过,PERD会发跟踪信函。申请者可以要求延长提交注册前材料的时间
申请者在30天之内向PERD提交注册前所需材料。申请免除并不将这30天提交注册前要求时间计算在内
PERD准备备忘录
BOI审批
在批准延长的期限内申请者提交注册前材料
PERD准备注册证明以便主管官员签署
申请者收到注册证明
PERD起草的给申请者的否定书
完成

【在菲律宾经济区署（PEZA）的注册】

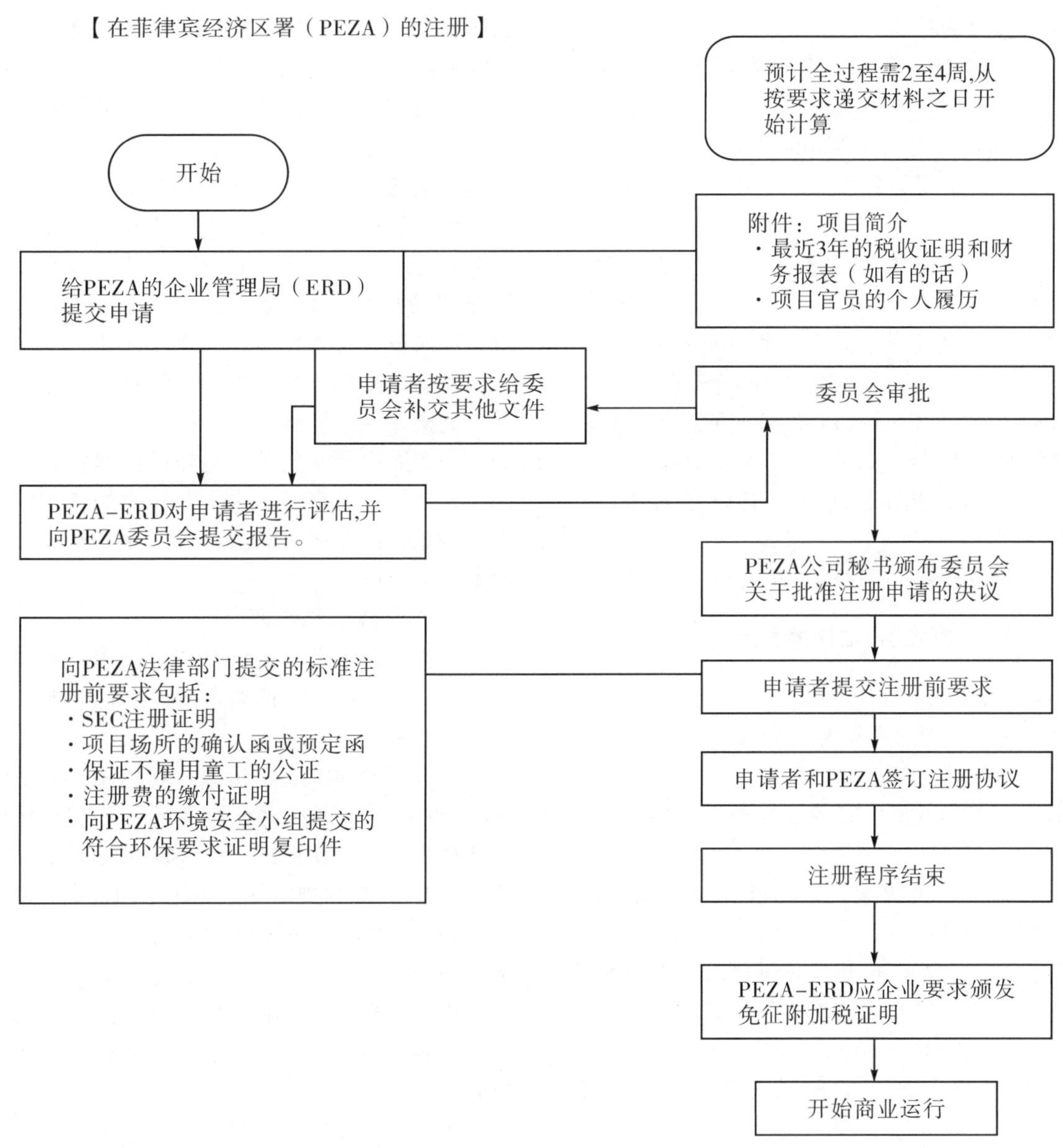

三、企业在菲律宾报税的相关手续

外国投资者在菲律宾注册企业后、开始经营活动前，应到国内税务局（BIR）取得税收证明号（TIN）。具体程序为：携带证券交易委员会颁发的企业登记证明（或在菲律宾经商证明）和市长许可证（或申请市长许可证的文件），前往对其营业所在地有管辖权的 BIR 地区税务办公室（RDO），填写 1903 号 BIR 表格，到 RDO 指定银行缴纳 500 比索的年检费用，向 RDO 支付 15 比索的办证费和 15 比索的印花税，RDO 将签发税务登记证明（2303 号表格）。相关详情可以查询菲律宾国内税务局网站：www. bir. gov. ph/reginfo/regtin. htm。

（一）报税时间

上一年所得税（Income Tax）的报税截止时间是当年的 4 月 15 日。

（二）报税渠道

可通过地区办公室授权代理银行（Authorized Agent Bank，简称 AAB）或收入征集官（Revenue Collection Officer）等报税。

（三）报税手续

1. 填写 3 份 1702 号表格；

2. 如果有收入：到注册地临近的 AAB，提交填好的 1702 号表格及收入相关附件；在没有 AAB 的地区，提交给收入采集官表格和相关材料；从相关地点取回盖章的表格及确认件；

3. 没有收入返还的情况：向注册地的地区收入办公室或税收填报中心提交填写好的 1702 表格及相关附件；从 RDO 或税收填报中心取回盖章和确认的表格。

（四）报税资料

申报所得税时，企业或合伙者需要提交以下资料：

1. 不需交纳预提税（Withholding Tax）的，提交收入证明，并填写 BIR 表 2304（如果满足减免条件）；

2. 税收减免的，填报 BIR 表 2307（如果满足相关条件）；

3. 税收减免备忘录（如果满足相关条件）；

4. 国外税收减免（如果满足相关条件）；

5. 如果税收返还有调整，返还前期返还税收；

6. 账户信息表格（AccountInformation Form，简称 AIF）、独立的注册会计师（CPA）和经审计的财务报告；

7. 上一年税收应返还数额（如果满足相关条件）。

四、赴菲律宾的工作准证的办理

（一）主管部门

菲律宾劳动和就业部、移民局。

（二）工作许可制度

在菲律宾工作或提供服务的外国人可办理下列几种签证：

1.《菲律宾移民法案》第九章（d）规定的协议商人/投资者签证

可签发给进入菲律宾并与其所属国从事贸易活动的外国人。移民局要求最初投资不低于 3 万美元或年贸易额不低于 12 万美元。目前，与菲律宾签订友好、商业和航海条约的国家有美国、德国和日本。

2.《菲律宾移民法案》第九章（g）规定的预定雇员签证

签发给在菲律宾从事技术、管理或保密工作的外国人的正规工作签证。外国人被雇用从事的工作或提供的服务，须是本地菲律宾人或居民不愿或不能胜任的，且其录用应有益于公众利益。此类签证需经移民局理事会批准。

申请此签证需向移民局提交外国人就业许可证（AEP）。一般而言，这类签证的有效期与其 AEP 或雇用合同的有效期中先到期的期限一致。AEP 要在担保公司经过劳动力市场需求测试并提交一份替补培训计划后，由劳动和就业部批准。劳动和就业部要求在外国人监督下至少培训 2 名菲律宾人。

3. 第 47 章（a）（2）规定的特别非移民签证

此类签证可签发给在菲律宾经济区署和投资署注册企业雇用的外国人，以及被临时指派到政府项目工作的外国人。尽管这些外国雇员享有多次进入菲律宾的权利，在菲律宾经济区署注册企业的外国雇员无需在移民局留指纹和注册。但是，他们仍需从劳动和就业部获得 AEP。

4. 行政令第 226 号规定的特别非移民签证

此类签证签发给在投资署注册或在菲律宾的跨国公司地区总部工作的外国人。他们享有多次进入菲律宾的权利，并无需支付费用、在移民局留指纹、注册及从劳动和就业部获得 AEP。

5. 总统令第 1034 号规定的特别非移民签证

此类签证签发给在由菲律宾央行正式授权、作为一个离岸银行业务单位运作的离岸银行工作的外国人。他们也享有多次进入菲律宾的权利，并无需支付费用，或在移民局留指纹、注册及从劳动和就业部获得 AEP。

6. 苏比克工作签证

此类签证签发给苏比克自由港内企业雇用的高级管理人员，以及其他拥有高级技能的外国人。

7. 其他移民政策

打算去菲律宾的外国人，可以不用获得 EO 第 408 号规定的签证作为旅游者入境，或在任何国外的菲律宾领事馆获得第 9 章（a）规定的临时访客签证。第 9 章（a）规定签证可用于因经商、游玩或健康等原因入境，该签证通常最初允许外国人停留 59 天，并可延期至 1 年。

进入菲律宾后，移民局允许外国人将其移民身份从游客/临时访客改为另一个类别的签证，无须离开菲律宾。

当外国人变更移民身份的申请被批准时，变更人必须在菲律宾境内，否则变更无效。如果出现申请人不在菲律宾境内的情况，需要再次提出变更申请。

申请人在菲律宾移民局申请更改移民身份期间，申请人应申请临时工作许可证（Provisional Permit to Work）。

（三）申请程序

主要有以下 2 个步骤：

到菲律宾劳动和就业部（Department of Labor and Employment，简称 DOLE）申办劳工许可证（AEP—Alien Employment Permit）；

到菲律宾移民局（Bureau of Immigration）申办 9G 签证，并办理 I—CARD 身份证。

（四）提供资料

需要提交以下材料：

1. 公司在菲律宾证券交易委员会（SEC）注册

文件；

2. 公司有效营业执照；

3. 公司最近一年的税务报表或近期经过审计的财务报告。新公司提供在税务局的登记证明；

4. 申办人的护照原件；

5. 个人简历；

6. 个人税号；

7. 2 寸照片 8 张，1 寸照片 6 张；

8. 申办人和用人单位的劳动合同。

办理工作签证程序较繁琐，周期较长，外国员工多通过中介或代理办理，需注意甄别中介资质和诚信，比较代理费用。

五、应注意的问题

（一）投资方面

菲律宾对外商投资持欢迎态度，但在股份比例上对外资有较为严格的限制，加之基础设施老化、政局不稳以及恐怖威胁等不利因素制约，菲律宾吸引外资规模不大。近年来，年引进外资额始终徘徊在 20 亿～30 亿美元之间。中国投资者在菲律宾开展投资合作应该注意以下问题：

1. 熟悉菲律宾有关投资的法律法规

菲律宾投资法律对于大多数产品在菲律宾境内销售的外商投资一般有不超过合资公司 40%股份比例的限制，少数行业在股份比例上有一定浮动，出口型产业的外商投资可控股或独资。因此中国企业赴菲律宾投资应充分了解有关投资法律法规，积极参与菲律宾投资署公布的《投资优先计划》中鼓励投资的领域，或根据《菲律宾经济特区法案》申请经济特区企业有关优惠政策。

2. 认真进行实地考察调研

菲律宾岛屿众多，各地在语言文化、宗教信仰、基础设施、安全局势、政策优惠等方面都存在一定差异。赴菲律宾投资一定要进行认真、细致地实地调研，寻找最适宜投资的地区，切忌道听途说，盲目投资。

3. 注意合资对象的选择

菲律宾华人众多，经济实力较强，这是中国企业进入菲律宾的有利条件之一，选好合资对象将起到事半功倍的作用，但“华人骗华人”的情况同样存在。中国企业赴菲律宾投资应慎重选择合作伙伴，充分了解合作方信誉、实力、资质，避免上当受骗。

4. 合理有效利用当地人力资源

菲律宾人口众多，民风比较淳朴，英语普及面广，号称世界第三大英语国家，人力资源相对丰富。但菲律宾民众工作效率偏低，大多不愿带薪加班。如何在尊重当地文化和传统的基础上，充分有效利用当地人力资源，也是企业应积极思考的问题。

（二）贸易方面

近年来中菲两国贸易发展迅速，中国已成为菲律宾第三大贸易伙伴，菲律宾则是中国在东盟的第四大贸易伙伴。随着双边贸易额的增长，贸易纠纷也越来越多，中国企业在与菲律宾商人做生意时应该注意以下几个问题：

1. 选择安全稳妥的付款方式

在与菲律宾商人做生意时，应尽量争取采用跟单信用证（L/C）或付款交单（D/P）方式付款，对于赊账销售应慎之又慎。

2. 重视产品质量

菲律宾商人进口中国商品看重的是低价，但中国企业不应以牺牲产品质量为代价片面追求低价销售，特别是食品、药品等关系到身体健康的特殊商品，企业更应该始终视产品质量为生命。一旦发生恶性事件将对整个企业，乃至中国商品的整体形象造成很大损害。同样，从菲律宾进口商品，特别是矿产品，也应该注意到货质量是否与合同规定相符。

3. 注意船运代理的选择

选择信誉好、实力强的船运代理公司也是做贸易时应积极考虑的重要一环，避免不法货代或船代与不法商人勾结骗取货物。目前中国大型船运公司都在菲律宾设有分公司。

4. 充分享受中国—东盟自由贸易协议带来的关税优惠

中国与东盟国家于 2004 年签署了中国—东盟自由贸易区《货物贸易协议》，2005 年启动了全面降税进程，并已于 2010 年与 6 个东盟成员国（包括菲律宾）取消大部分商品的关税，建成自由贸易区。中国企业在向菲律宾出口商品时，凭检验检疫机构签发的中国—东盟自由贸易区原产地证书就可获得减免关税的优惠待遇。同样从菲律宾进口商品出具当地政府机构签署的原产地证明，也可享受优惠关税待遇。

（三）承包工程方面

1. 抓住承包市场发展机遇

20 世纪 60～70 年代，菲律宾曾一度是亚洲经济比较繁荣的国家。但此后二三十年，由于政治局势不稳定等原因导致经济发展缓慢，基础设施已比较陈旧，不能满足经济发展的需要。阿基诺三世总统上台后，发布了《2011～2016年菲律宾中期发展规划》，强调三大战略为实现包容性增长、创造大量就业与减少贫困。该计划包括5个主题：宏观经济政策、改善财政状况与增强资本募集、促进和平与安全、保护环境与自然资源，以及加强基础设施建设。其中基础设施部分包括：交通、水资源、能源、社会基础设施与通信。中国企业可予以关注，抓住合适的市场机遇，可更多地关注近年来发展比较迅速的私营项目。

2. 选择适当的经营方式

目前菲律宾承包市场项目大致可分为：海外援助项目、菲律宾政府资金项目以及私营项目等3类。中国公司应结合自身实际，根据项目的不同性质，具体问题具体分析，拓宽承揽项目的思维模式，选择适当的经营方式。菲律宾是西方发达国家传统的援助对象国，也是亚洲开发银行总部所在地，近年来对菲律宾援助国也加大了对菲律宾贷款力度，海外贷款资金来源相对充足，项目收款普遍有保障，中国企业可多关注跟踪此类项目。阿基诺总统执政以来，经济发展速度相对加快，国内政府用于基础建设的资金也日益增多，但内资项目一般只允许国内企业参与承包。近年来，房地产、小水电等私营项目数量也不断增多，虽然规模不大，但具有周期短、推进快、效率高的优点，企业可积极跟踪参与。不过不少私营项目需要部分带资承包，还应注意风险控制。

3. 守法规范经营

近年来，中国企业在菲律宾承包工程遇到一些挫折和困难，归根到底是因为对菲律宾国情没有深入了解造成的。中国公司在菲律宾开展承包合作应认真研究当地具体国情，入乡随俗，同时应遵守当地法律，规范经营，避免恶性竞争。

（四）劳务合作方面

菲律宾本身就是世界上重要的劳务输出国之一，海外劳务汇款是菲律宾重要经济支柱。菲律宾对外国人到菲律宾从事普通劳务有严格的限制，只有投资者、高级管理人员、技术人员等经过一系列审批手续后才能或得到工作或居留许可。过去曾发生过中国企业员工不按规定办理手续或违法务工被扣留的事件，因此中国企业不要贪图一时之利，应特别注意遵守菲律宾移民局关于在菲律宾居留和工作的相关规定。

（五）其他应注意事项

菲律宾商业机会较多，但潜在的风险也很大。国际评级机构和西方商会认为，菲律宾的风险因素主要来自政局不稳、社会治安形势不佳、银行呆坏账比例高、汇率风险等方面。因此，在菲律宾开展投资、贸易、承包工程和劳务合作的过程中，要有强烈的风险规避意识，特别注意防范以下风险：

1. 金融汇率风险

经历了1997年东南亚金融危机后，菲律宾金融体系得到一定程度的健全，但受经济规模和结构的制约，菲律宾汇市波动加大。2007年菲律宾比索兑美元升值幅度达19%，成为亚洲表现最强劲的货币，2008年比索却又大幅贬值，一度创下2年来最低纪录。2012年菲律宾比索兑美元稳步升值，但受美国经济复苏和量化宽松政策退出影响，2013年下半年比索兑美元一度创下44.75的记录，成为近两年来的新低。因此中国企业在菲律宾开展经营活动要注意规避汇率风险。

2. 关于政治和商业问题

菲律宾政治和商业问题比较突出，根据“透明国际”组织公布的2012年廉洁指数排名，在175个国家中菲律宾排名第105位。中国企业在菲律宾开展活动应以遵守当地法律为前提，不做违法和授人以柄之事，避免卷入当地政治斗争，成为政治斗争的牺牲品。

3. 商业欺诈

近几年，在双边贸易中商业欺诈案件时有发生，货到T/T付款方式是欺诈的惯用方法。通常，个别菲商第一单信守承诺，及时付款，没有任何推迟和延误，从而获取中国公司的信任，第二单开始违反支付条款的承诺，以各种理由延迟或停止支付货款。因此，在做生意时，无论新老客户，成交量大小，均须严格支付条款，要求以100%T/T预付；或T/T预付部分货款，其余在发货前T/T支付；商签合同时，不要接受远期L/C或货到付款D/A、D/P等付款方式，以防造成损失。此外，从菲律宾进口商品时，要谨防以次充好甚至假劣产品。

4. 防范安全风险和自然灾害

菲律宾棉兰老岛有多个穆斯林武装恐怖组织，吕宋岛北部有菲共游击队（被列为恐怖组织）活动，首都马尼拉时有爆炸、绑架、抢劫、盗窃等刑事案件发生。中国企业应保持与中华人民共和国驻菲律宾共和国大使馆联络和信息沟通，避免夜间在北吕宋山区旅行，在棉兰老岛投资要注意当地安全局势，妥善处理与当地政府、军队、教会以及民众之间的关系，做好应急预案。居住在马尼拉或其他城市时，避免夜间外出到不安全的场所，避免与陌生人攀谈。此外，菲律宾自然灾害频发，应提高对台风、地震、泥石流以及火山等自然灾害的警惕性和防范意识。

5. 遵守不同地区的特殊规定

2013年7月，为维护治安考虑，菲律宾的达沃市通过一项立案，将该市凌晨2点到早晨8点的酒禁提前至凌晨1点开始。根据禁令，达沃市禁止在公园、停车场以及其他公共场所销售和饮用酒精饮品，违者处以3000～5000比索罚款，并处监禁、没收营业执照等处罚。中国公民要注意了解并遵守菲律宾不同地区的各项规定，以免违规行为的发生。

6. 防范投资合作风险

在菲律宾开展投资、贸易、承包工程和劳务合作的过程中，要特别注意事前调查、分析、评估相关风险，做好风险规避和管理工作，切实保障自身利益。包括对项目或贸易客户及相关方的资信调查和评估，对投资或承包工程国家的政治风险和商业风险分析和规避，对项目本身实施的可行性分析等。建议相关企业积极利用保险、担保、银行等保险金融机构和其他专业风险管理机构的相关业务保障自身利益。包括贸易、投资、承包工程和劳务类信用保险、财产保险、人身安全保险等，银行的保理业务和福费庭业务，各类担保业务（政府担保、商业担保、保函）等。

建议企业在开展对外投资合作过程中使用中国政策性保险机构——中国出口信用保险公司提供的包括政治风险、商业风险在内的信用风险保障产品；也可使用中国进出口银行等政策性银行提供的商业担保服务。

中国出口信用保险公司是由国家出资设立、支持中国对外经济贸易发展与合作、具有独立法人地位的国有政策性保险公司，是中国唯一承办政策性出口信用保险业务的金融机构。公司支持企业对外投资合作的保险产品包括短期出口信用保险、中长期出口信用保险、海外投资保险和融资担保等，对因投资所在国（地区）发生的国有化征收、汇兑限制、战争及政治暴乱、违约等政治风险造成的经济损失提供风险保障。

如果在没有有效风险规避情况下发生了风险损失，也要根据损失情况尽快通过自身或相关手段追偿损失。通过信用保险机构承保的业务，则由信用保险机构定损核赔、补偿风险损失，相关机构协助信用保险机构追偿。

【来源：改编自商务部国际贸易经济合作研究院、商务部投资促进事务局、中华人民共和国驻菲律宾共和国大使馆经济商务参赞处共同主编.《2014版对外投资合作国别(地区)指南——菲律宾》. 第49～57、61～65页】

在新加坡开展投资合作的手续及注意事项

在新加坡投资合作办理相关手续，需向新加坡法律事务所、公司秘书事务所或会计师事务所寻求咨询和帮助，具体事项请与中华人民共和国驻新加坡共和国大使馆经济商务参赞处、中资企业（新加坡）协会联系。

一、在新加坡投资注册企业需要办理的手续

按照新加坡《公司法令》的有关规定，注册成立的公司应是一个商业实体。要组建公司，必须按照《公司法令》的规定注册。要组建有限责任合伙公司，必须按照《有限责任合伙法令2005》的规定注册。

在新加坡设立企业的有关规定及程序等可上网查询，网址为：www.business.gov.sg。

（一）设立企业的形式

在新加坡投资设立企业的形式主要有：公司代表处或办事处、分公司、私人有限公司、股份有限公司和有限责任公司。

（二）注册企业的受理机构

会计与企业管理局（ACRA）是《公司法令》、《有限责任合伙法令2005》的执行机构，负责监管新加坡的公司、商业机构、有限责任合伙以及公共会计师。

新加坡国际企业发展局（IE Singapore）负责为制造业、贸易、贸易物流及与贸易有关的服务业注册代表处。

（三）注册企业的主要程序

在新加坡注册不同的企业形式，需到不同的机构申请。

1. 注册公司

可以通过在线商业注册服务（Online Business Licensing Service）注册公司和申请所需的许可证，网址为 licences.business.gov.sg，也可以通过专业事务所或服务事务处代为注册。

2. 注册外国公司或分支机构

需聘请专业人士帮助准备所需文件并在会计与

企业管理局网站 www. acra. gov. sg 通过商业文件系统（Bizfile）申请注册。

3. 注册代表处或办事处

设立银行及保险业的代表处需事先向新加坡金融管理局申请注册，其他行业只需从新加坡国际企业发展局的网站下载注册表格或在 roms. iesingapore. gov. sg 注册。

4. 注意事项

需要注意的事项主要有：

（1）在注册公司之前，需要确定公司商业活动的性质。可通过会计与企业管理局网站 www. acra. gov. sg 的 SSIC Search 在线查找商业活动的相应新加坡标准产业分类（SSIC）代码。

（2）公司在进行某些范围的商业活动前，还需要获得许可证。如公众娱乐、食品商店、广告等。

（3）一家公司可以有一名董事，该董事必须是新加坡公民、新加坡永久居民或者持有就业准证/原则同意书/家属准证。

（4）外国公司必须在新加坡有两位本地代理人代表公司。代理人必须是新加坡公民、新加坡永久居民或者持有就业准证/原则同意书/家属准证。外国人也可作为外国公司在本地的代理人，需向人力部（MOM）工作准证署申请就业准证或原则同意书。

二、承揽工程项目的程序

（一）获取信息

新加坡所有公共工程项目的招标均由各主管部门负责对外公开发布信息，可通过新加坡政府电子政务网站查询项目信息，网站地址 gebiz. gov. sg。私人工程项目由业主通过报纸、网站或邀请投标的方式对外发布信息。

（二）招标投标

新加坡政府工程建设严格实行国际招标制度。建筑承包商只能按照新加坡建设局审定的资质等级所批准的工程类型及范围进行投标，不得跨级、跨范围投标。私人建设项目允许采用公开招标、有限招标、邀标或议标等多种方式。

（三）许可手续

建筑公司完成公司注册程序后，要到新加坡建设局（BCA）申领资质等级，个人公司或合伙制的企业，首次只能申请 C1 和 L1 资质等级。申领到资质等级后，便可开始投标与资质等级相应的工程项目。

三、企业在新加坡报税的相关手续

（一）报税时间

新加坡的所得税（包括个人所得税和企业所得税）的申报为年度申报。个人所得税的申报是每年的 4 月 15 日之前申报上一年度的个人所得税，实行电子申报的纳税人可在 4 月 18 日前完成申报。自 2009 年估税年度起，企业所得税申报的截止日期为每年的 11 月 30 日。

新加坡消费税按季度申报，季度终了后的 1 个月内要完成申报。纳税义务人也可向税务机关申请每 1 个月或每 6 个月申报 1 次。无论是每 1 个月申报还是每 6 个月申报，申报时间均为相关期间结束后的 1 个月内。

（二）报税渠道

新加坡的个人所得税可通过网络或电话进行电子申报（E—filing），也可进行纸质申报（Paper—filing）。通过网络申报个人所得税可登录 www. mytax. iras. gov. sg，网上填写提交申报资料；通过电话申报个人所得税，可拨打 1800－3568322 进行申报。

新加坡企业所得税的申报也分电子申报和纸质申报。电子申报可通过登录 www. mytax. iras. gov. sg，网上填报资料；纸质申报可从税务局网站上下载申报表或致电 1800—356 8622 索取申报表，填好后邮寄到税务机关。新加坡税务局规定，消费税必须通过税务局网站（www. iras. gov. sg）进行电子申报。

（三）报税手续

新加坡个人所得税申报手续为：纳税人在规定时间内进行纳税申报后，税务机关会向纳税人出具缴税通知（Notice of Assessment），纳税人须在接到缴税通知后 1 个月内缴纳税款，否则税务机关会征收罚款。

新加坡的企业所得税申报手续为：纳税人在财年结束后 3 个月内向税务机关报送预估应税收入表（ECI），即便纳税人没有应税收入，也要进行零申报，此为预申报；税务机关在每年 3 月份会向纳税人寄送有编号的申报表 C，纳税人收到申报表后，按照要求填好，通过电子申报或邮寄等方式报送给税务机关；税务机关会对纳税人报送的申报资料进行审核，并向纳税人寄出缴税通知书（Notice of Assessment），纳税人应在收到预估税通知后 1 个月内，通过银行转账等方式缴纳税款，否则税务机关会对欠交的税款征收罚款。企业可向税务局申请分期支付企业所得税。

如果纳税人在4月底未收到税务局寄出的有编号的申报表C，可从税务局网站上下载或致电1800－3568622索取。

个人或企业如果发现预估税通知有不准确之处，应在发出通知之日起30日内向税务局提出异议。

（四）报税资料

个人所得税申报资料为个人所得税纳税申报表（表B或B1），若税务机关对个人申报的数据有疑问，会要求纳税人提交相关支持材料；企业所得税的申报资料为申报表C、审计报告，以及税款计算表和相关支持文件；消费税的报税资料为消费税申报表。此外，纳税人需按照要求保存经营及账目记录、税务发票，以及进出口等相关文件，以备税务机关检查。

四、赴新加坡的工作准证的办理

（一）主管部门

新加坡负责外国人工作许可管理的部门是新加坡人力部（Ministry of manpower）。

（二）工作许可制度

外籍人员在新加坡工作，必须取得合法工作许可。新加坡针对外籍人员的工作许可分为3类：

1. 就业准证

适用于高技术和管理人才，主要针对受过良好教育，拥有较高文凭，在新加坡企业中担任行政、管理、财务等较高职位的外籍人员。就业准证又进一步细分为P1、P2和Q13个等级，其持有人的月薪分别不得低于8000新加坡元、4500新加坡元和3000新加坡元。此外，从2012年12月1日起，新加坡收紧个人化就业准证（Personalised Employment Pass，简称PEP）申请条件，只有就业准证中最高级别的P1准证持有人才能申请PEP，且收入门槛大幅提高4倍以上，达到每月1.2万新加坡元。身在国外、有意申请PEP来新加坡工作的人，在海外的月收入必须达到1.8万新加坡元。现有PEP持有者须在2014年年底前达到调高后的年薪要求。

2. S准证

新加坡政府为弥补国内技术工人不足，从2004年7月1日起，推出S准证以促进引进中等技术水平的外籍劳工。持S准证在新加坡务工的外籍劳工需要满足最低月薪1800新加坡元、拥有大专学历和相关工作经验等条件。2011年7月1日以后，S准证持有人的底薪调高至每月2000新加坡元。

3. 工作准证——适用于技能较低的外籍劳工，月薪低于1800新加坡元。

2012年以来，新加坡不断收紧外籍劳工的各类工作准证：

（1）收紧家属准证：从2012年9月起，取消P1就业准证持有者为其配偶的父母申请新加坡长期探访准证的资格，取消P2就业准证持有者为本人及配偶的父母申请新加坡长期探访准证的资格，就业准证和S准证持有者为其配偶和子女申请新加坡家属准证的月收入门槛由2800新加坡元提高到4000新加坡元。

（2）收紧中国员工准证：从2013年2月4日起，新加坡雇主和劳务中介为中国员工申请或更新S准证及就业准证时，须通过指定网上平台申请文凭认证并向人力部提供认证证明。3个指定的网上认证平台分别是中国全国高等学校学生信息咨询与就业指导中心、中国学位与研究生教育信息网以及证件核对公司Dataflow Group网站。

（3）调高各类工作准证申请与签发费：从2012年4月1日起，就业准证、S准证和工作准证的申请费分别上调到70、60和30新加坡元，3类准证的签发和更新费也分别升至150、80和30新加坡元；第1次补办准证的行政费提高到100新加坡元，第2次补证则增至300新加坡元；其他证件如个人化就业准证、创业入境准证和受训就业准证等的申请、签发和更新费用，也有不同程度上调。另外，外籍员工以往为家属办理直系亲属证和长期探访证时不用支付申请费，只须在申请获得批准后缴纳一笔签发和更新费；但从2012年4月1日起，办理直系亲属证和长期探访证须分别缴纳60和30新加坡元的申请费。

（三）申请程序

雇主或由雇主委托的中介公司可通过互联网向新加坡人力部提出拟聘用外籍人员的工作许可申请，人力部签发相应的工作许可后，外籍人员方可入境工作。

（四）提供资料

如申请就业准证和S准证，需要提交以下资料：

1. 申请表；

2. 学历证明复印件、就业鉴定复印件；

3. 照片1张（3个月以内的证件照）；

4. 申请人旅行证件（如护照）复印件；

5. 雇主的商业注册文件。

如申请工作准证，只需提交申请表，或登录人力部网站提交相应信息，待人力部预核准后，在网站上直接打印预核准信。外籍人员凭预核准信入境新加坡，在完成体检、按指纹等手续后即可获得正式的工作准证。

（五）风险提示

按照新加坡规定，在办理工作许可过程中提交虚假材料属违法行为，劳务人员可能面临坐牢、罚款或两者兼施。即使被中介公司蒙蔽而办理了假文凭的劳务人员，新加坡人力部也会要求劳务人员留在新加坡协助调查，劳务人员通常也会因此而无辜蒙受较大损失。因此，劳务人员切忌心存侥幸，以免造成严重后果。

五、应注意的问题

（一）投资方面

1. 严守法纪

新加坡是法治国家，对各种违法行为均有明确、严厉的处罚。中国企业切记不可弄虚作假、谎报材料，更要杜绝贿赂等犯罪行为。

2. 充分利用优惠政策

新加坡政府对吸引外资有多项优惠政策，特别是在新加坡设立分公司、代表处、地区总部、国际总部，具有不同程度的税收优惠。企业可根据自身条件、发展情况和设定的远景目标，选择适当的投资方式，以争取最大的优惠政策。

3. 符合中国审批条件

到新加坡主板上市，需符合中国有关部门（如发改委、商务部、证监会等）制订的标准条件并经中国主管部门批准。

（二）贸易方面

1. 慎重选择贸易伙伴

在寻找贸易伙伴和贸易机会时，应尽可能通过参加中国与新加坡各种交易会以及实地考察等正式途径接触和了解客户，不要与资信不明或资信不好的客户做生意。进行业务联络的同时，可咨询新加坡工商业联合会、新加坡中华总商会、新加坡中国商会等行业协会组织或委托专业机构对客户进行资本调查。

2. 签订全面有效合同

新加坡法制环境良好，与新加坡商人开展贸易业务一定要签订全面有效的贸易合同，并尽量在合同中规定仲裁等纠纷处理条款，通过法律途径解决贸易纠纷。

（三）承包工程方面

1. 企业重视与支持

中国国内总公司要加大对新加坡子公司的重视和支持，一方面要提高企业资质等级，在注册资金上予以支持；另一方面要将总公司具有竞争优势的技术带到新加坡，为在新加坡的企业配备外语精通、业务熟练的管理干部。

2. 发挥优势

在新加坡承包工程企业要依托国内总公司在隧道、港口、交通等基础设施领域内的施工经验和成熟技术，发挥劳动力成本较低而素质较高的优势，打造一支市场竞争力强、施工技术先进的中资承包工程企业队伍。

3. 加强合作

进一步加强与新加坡本地和跨国大型承包商的合作，学习其先进的管理经验和施工技术，利用其广阔的市场网络和融资渠道，提升企业的市场竞争力，积极开拓第三地市场。

4. 做好劳务管理

新加坡政府规定建筑企业雇佣外籍劳务的额度限制为 1∶7，即每雇用 1 名新加坡公民或永久居民，公司可最多申请雇佣 7 名外籍工人。公司每个月要为所聘用的外籍工人支付外劳税。同时，建筑工人赴新加坡务工，必须先通过建设局组织的技术资格专门考试，目前在北京、南京、杭州、沈阳、济南、郑州和重庆设有考点，考试内容包括木工、抹灰工、钢筋工和电焊工等工程的相关科目。

（四）劳务合作方面

中国外派劳务企业应严格遵守中国外派劳务和对新加坡劳务合作的有关规定，认真办理劳务项目确认、审查以及出境证明等手续，通过制度约束，将劳务合作项目风险降至最低。经营公司应加强对派出人员的技能培训和遵约守诺教育，如实、详细讲解合同条款，不做夸大宣传，并要加强对外派劳务人员的后期管理，及时解决劳务纠纷，避免发生群体性事件。

（五）其他应注意事项

1. 做好充分的调查研究

新加坡社会以华人为主，在语言、传统文化等方面与中国有许多相近之处，双方更容易沟通，这是两国企业开展交流合作的优势条件。但同时也要认识到，新加坡具有自身的鲜明特点，在社会和法律制度、教育体系、人们的思维方式、通用语言、生活习惯等方面与中国有很大不同。因此，在新加坡开展合作要做好充分的调查研究，避免盲目投资。

如可以通过新加坡经济发展局等官方投资促进机构或专业会计师、律师事务所或聘请专业法律和财务顾问，全面了解新加坡相关的法律和制度规定，掌握新方合作伙伴的资信和经营状况，做到心中有数，把握主动。

2. 重合同、守信用

新加坡是法制社会，各项法律法规完善，公民法律意识很强，在商业领域则表现为高度重视并严格依照合同行事。为此，中国企业在与新加坡企业合作或到新加坡投资设立分支机构时，也要充分认识合同的重要性，加强自我保护意识，严格细致地商定合同条款，明确各项权利、义务、免责和救济措施。合同一旦签订，就要按照约定认真履行各项义务，做到重合同、守信用。

（六）防范投资合作风险

在新加坡开展投资、贸易、承包工程和劳务合作的过程中，要特别注意事前调查、分析、评估相关风险，事中做好风险规避和管理工作，切实保障自身利益。包括对项目或贸易客户及相关方的资信调查和评估，对投资或承包工程国家的政治风险和商业风险分析和规避，对项目本身实施的可行性分析等。相关企业应积极利用保险、担保、银行等保险金融机构和其他专业风险管理机构的相关业务保障自身利益。包括贸易、投资、承包工程和劳务类信用保险、财产保险、人身安全保险等，银行的保理业务和福费庭业务，各类担保业务（政府担保、商业担保、保函）等。

建议企业在开展对外投资合作过程中使用中国政策性保险机构——中国出口信用保险公司提供的包括政治风险、商业风险在内的信用风险保障产品；也可使用中国进出口银行等政策性银行提供的商业担保服务。

中国出口信用保险公司是由国家出资设立、支持中国对外经济贸易发展与合作、具有独立法人地位的国有政策性保险公司，是中国唯一承办政策性出口信用保险业务的金融机构。公司支持企业对外投资合作的保险产品包括短期出口信用保险、中长期出口信用保险、海外投资保险和融资担保等，对因投资所在国（地区）发生的国有化征收、汇兑限制、战争及政治暴乱、违约等政治风险造成的经济损失提供风险保障。

如果在没有有效风险规避情况下发生了风险损失，也要根据损失情况尽快通过协商、仲裁、诉讼等方式或根据双边协定的相关条款追偿损失。通过信用保险机构承保的业务，则由信用保险机构定损核赔、补偿风险损失、相关机构协助信用保险机构追偿。

【来源：改编自商务部国际贸易经济合作研究院、商务部投资促进事务局、中华人民共和国驻新加坡共和国大使馆经济商务参赞处共同主编.《2014版对外投资合作国别(地区)指南——新加坡》. 第62～67、71～73页】

在泰国投资合作的手续及注意事项

一、在泰国投资注册企业需要办理的手续

（一）设立企业的形式

在泰国，投资设立企业的形式包括合资/合伙企业（两合公司）、私营有限责任公司、公众有限责任公司、合营/合作企业、外国公司分支机构（分公司）、外国公司代表处、跨国公司地区代表处。

1. 合资/合伙企业

根据责任制的不同，泰国主要分为3种不同的合资/合伙形式：

（1）未注册的普通合资/合伙企业的所有合伙人共同承担法律责任，合资的偿还债务责任没有上限。此类合资/合伙企业不是一个合法的实体，并只作为私人个体来收税。

（2）已注册的普通合资/合伙企业是一个法律实体，在商业注册部进行登记后即拥有一个单独的、清楚的、对所有合伙人相对独立的法人身份。已注册的普通合资/合伙企业作为一个公司实体进行征税。

（3）有限责任合资企业是一个或多个合伙人的个人偿还债务责任以各自的投入金额作为上限，以及一个或多个合伙人对所有债务共同承担连带的法律责任的合伙企业。有限责任合资企业作为公司实体来征税。

2. 私营有限责任公司

泰国的私营有限责任公司与通常所说的公司相似。公司可能完全由外国人拥有。然而，在那些泰国国家政策规定中有所保留和保护的商业行业和领域，外资所占的比例通常不能超过49%。

公司股东的债务偿还责任以其被认可的注册资本份额作为上限。然而，如果在公司的合股备忘录或公司章程条款中有所规定，董事会成员的偿还责任也可能没有上限。依据公司的契约宪章以及法律规定，有限责任公司由其董事会进行管理。

虽然法律对于私营有限责任公司没有设定其最低资本的下限，但要求其注册资本必须能满足公司目标的实现。所有的公司股份都必须得到认购，并且至少25%的认购股份必须付清。可以发放普通和优先两种股份，但所有的股份都要有投票权。泰国法律禁止发放没有票面价值的股票，并且规定股票的票面价值在5泰铢或5泰铢以上才被允许发售。

泰国公司法有一些特点可能不被外国经商者所熟悉。其中就有禁止发售库存股票（债券股票）；并且要求私营有限责任公司的股份持有者在任何时间都不能少于7位。另外，对于无投票权的股份，无论是普通还是优先股，都不允许发售。原始授权资本股份必须要全额认购。

3. 公众有限责任公司

公众有限责任公司的设立程序与设立私营有限责任公司程序很相似。1992年的公众有限责任公司法案中的条款规定，私营有限责任公司可转化为公众有限责任公司。公众有限责任公司与私营有限责任公司最主要的区别在于，私营有限责任公司禁止向公众发售其公司股票。其他区别在下表中列出：

表　私营有限责任公司和公众有限责任公司比较

	私营有限责任公司	公众有限责任公司
作为公司发起者的自然人最低数	3人	15人
最低持股人数	3人	15人
发行计划书的公众认购股份	不允许	允许
发行计划书的公众认购债券	在特殊条款下允许	允许
每百万注册资本的注册费用（泰铢）	5500	2000

（资料来源：中华人民共和国驻泰王国大使馆经济商务参赞处）

4. 合营/合作公司

通常情况下合营/合作公司指的是一定数量的自然人或法人签署联合备忘录/协议来共同运作一项事业。在民法和商法典中还未将其认定为一个法律实体。然而，在税收法典中将合营/合作公司的收入纳入公司税收之下并将其归类为一个独立实体。

5. 外国公司的分支机构/分公司

在外国法律下成立的公司可在泰国设立其分支机构。在泰国，外国分支机构只允许维持与其业务相关的账目往来。然而，预先将机构的收入组成向泰国税务部门进行澄清尤为重要，因为泰国税务部门可能将外国总部机构从泰国国内市场资源直接赚取的利润纳入泰国税收范围之内。

作为批准外国公司分支机构的外资营业执照的条件之一，外资公司必须注入泰国的注册资本最低不能少于300万泰铢。但是，如果内阁法案有特殊规定，这个数目也可有所变化。分支机构存在期限可为无限期，直至其自行解散之日。

6. 外国公司代表处

一个外国法人实体可在泰国设立其代表处来运作有限度的、无利润收入的相关运营活动。这些运营活动的限制如下：

为公司总部开发在本地市场的产品及服务资源，对其总部生产的产品质量及数量进行监控；对其公司总部直接销售给本地分销商和消费者的产品提供相关的、全方位的建议和售后服务；提供和散发其公司总部新产品和服务的信息资料；向公司总部汇报本地业务发展及活动情况；外国公司代表处的最低注册资本与外国公司分支机构一致。

7. 跨国公司地区代表

一个跨国公司可在泰国设立其地区代表处来运作有限度的、无利润收入的相关运营活动。这些运营活动的限制如下：

为本区域内公司相关的业务活动进行联系、合作及监督；为公司相关的分支机构和子公司提供如下服务，包括顾问建议及管理服务、培训及人力资源发展、财务管理、市场监控及促销、产品的研发和发展。

跨国公司地区代表处所有发生的费用均必须来自跨国公司总部。跨国公司地区代表处的最低注册资本与外国公司分支机构一致。

（二）注册企业的受理机构

在泰国注册上述不同的企业形式，特别是设立有限公司等，均需到泰国商业部商业发展厅企业注册处进行申请。

（三）注册企业的主要程序

1. 有限公司注册程序

（1）公司名称登记和核准。在建立一个有限公司之前，首先要将选定的公司名称进行注册登记并通过商业注册厅的审核。登记的公司名称不能与其他公司的名称相似或相同。一些专门的名称不允许登记且必须遵守泰国商业部商业发展厅的公司名称登记准则。批准后的登记公司名称有效注册期为30天，不能延期。

起草一份联合备忘录（公司章程），其内容包括：已批准的公司登记名称、公司的详细注册地址、公司目标和经营范围、公司7个发起者的名字等个人详细资料。股东的股份认购情况以及公司经批准后的注册资本数据。资本信息必须包括股份数量及每股面值，资本可以分期投入，但总额应明确。

法律上没有明确规定最低资本金额，但要求投入资本应能满足业务运作和发展的需要。公司章程的登记费用为注册资本的万分之五，最低下限为500泰铢，最高上限为2.5万泰铢。

(2) 召开法定会议。一旦公司股份架构确定后，在法律和公司宪章的批准下组织全体股东召开法定会议，选举出公司董事会，批准公司发起人的交易和支出，任命审计师。第一次投入的资本不应低于资本总额的25%。

(3) 注册。在法定会议召开后3个月之内，公司董事会必须向商业注册厅提交公司注册申请。注册费用为注册资本的千分之五，最低下限为5000泰铢，最高上限为2.5万泰铢。

(4) 税务登记。在公司正式成立开始营业后60天之内，必须向税收部门申请公司纳税登记卡和企业代码（税号），缴纳所得税。经营者如果年收益超过60万泰铢，必须在其销售额达到60万泰铢之日起30天内申请产品增值附加税（VAT）的登记，成为增值税纳税人。

2. 分支机构、代表处和地区办公室

外国公司如希望通过设立分支机构、代表处和地区办公室在泰国开展业务，必须提交相关的文件资料。这些文件资料必须由其公司总部提供并得到公证部门的公证或泰国在其本地的大使馆或领事部门的证明和批准。

二、承揽工程项目的程序

（一）获取信息

泰国政府项目信息通常通过下列渠道获得：

1. 政府公告。泰国各政府部门都会定期发布各自项目招标公告，投标人可派人到各部门索取投标资料。

2. 政府各部门网站。政府各部门会同时在其各自网站上发布招标信息，投标人可从网站上查找。

3. 报纸公告。某些大型项目，特别是国外资金的大型基础设施项目，主管部门通常会在泰国英文报上发布公告。

4. 邀请投标。某些大型项目，特别是国外资金的大型基础设施项目，主管部门通常会通过商会、大使馆等渠道向各自所在国的承包商发出投标信息。

（二）招标投标

泰国政府项目的招标和投标方式视项目情况而定，通常采用的方式：一是直接投标，通常适用于一般规模项目，有资格的投标人在购买标书后直接进行商务投标；二是“资格预审＋投标”，通常适用于大型项目，尤其是资金来自国外的大型基础设施项目通常采用此方法。投标人须根据标书要求先进行资格预审，通过者方可有资格参加商务投标。资格审查通常分为一般性资审和技术性资审。一般性资审是投标公司背景、以往业绩、财务状况、人员和设备情况等审查。技术性资审要求投标公司必须根据项目的特性提出具体的施工技术方案，甚至设计或设计扩充方案等。超大型项目通常都要进行一般性资审和技术性资审，而某些国内预算项目则可能只要求一般性资审；三是特别招标/议标，国家预算的小项目（通常不超过1亿泰铢）有可能采用议标特别聘雇的方式招标，而国家预算的国外项目如驻外使领馆等也通常采用议标聘雇的方式招标。

泰国所有政府项目在招标前都必须完成预算，确定项目的中间价，上述前两种招标中若项目的中间价大于1亿泰铢，商务投标就必须采用电子竞标（E—Auction）的方式进行。

（三）许可手续

泰国承包公司（泰国法人）可在政府各部门进行资质申请，相关部门会根据申请人的公司情况审批其资质。最高资质为一级，其次为二级、三级等。必须具有各级资质的承包公司方能有资格参加相应的国家预算（非外资）项目的投标，而招标人在招标文件规定（Terms of Reference，TOR）中通常会规定投标人必须具备的资质等级。泰国没有国家统一的资质注册，在不同部门（如内政部、交通部、农合部等）注册的资质只适用于该部门，不能相互替代。但是参加某些大型基础设施项目，特别是建设资金来源为外资的项目投标的外国承包商或投标联营体中的外国承包商不受此规定限制。

近年来，泰国大型政府预算项目普遍要求企业所在国驻泰国的使领馆出具企业资信、资质、业绩和股东列表等文件的公（认）证函，只有经过公（认）证后翻译成泰语并交由泰国外交部再认证方可有资格参与项目投标。

三、企业在泰国报税的相关手续

（一）税收体系和制度

泰国关于税收的根本法律是1938年颁布的《税

法典》，财政部有权修改《税法典》条款，税务厅负责依法实施征税和管理职能。外国公司和外国人与泰国公司和泰国人一样同等纳税。泰国对于所得税申报采取自评估的方法，对于纳税人故意漏税或者伪造虚假信息逃税的行为将处以严厉的惩罚。目前泰国的直接税有3种，分别为个人所得税、企业所得税和石油天然气企业所得税，间接税和其他税种有特别营业税、增值税、预扣所得税、印花税、关税、社会保险税、消费税、房地产税等，泰国并未征收资本利得税、遗产税和赠与税。

泰国的《税务条例》规定了有关所得税的征收细节。概括起来，泰国的所得税可分为公司所得税、增值税（或特定行业营利税）及个人所得税三大类。在此主要介绍公司所得税得的报税相关情况。

泰国财政部是泰国负责财政和税收管理的主管部门，下辖财政政策办公室、总审计长厅、财政厅、海关厅、国货税厅、税务厅、国债管理办公室等8个厅和政府彩票办公室、烟草专卖局、住房银行、泰国进出口银行、扑克牌厂、资产管理公司等16个国有企业。其中负责税收征收管理的主要是税务厅、国货税厅，以及负责关税征收的海关厅。税务厅主要负责征收所得税、增值税、特种行业税以及印花税，国货税厅征收特定商品消费税，海关厅负责进出口关税的征收。地方政府负责财产税以及地方税的征收。

泰国税务厅负责税收征管的最高管理机关，主要征收和管理以下税种：个人所得税、法人所得税、增值税、特别营业税、印花税和石油所得税。税务厅实行厅长负责制，并设4个副厅长。税务厅的组织机构在全国分为两个部分，即中央税收管理和各府税收管理机构。

各府的税收管理包括府税务办公室和曼谷以外的区税务办公室。府以下的税务管理机构由府尹或区行政长官直接管理。

（二）报税时间

公司所得税款征收期以半年为基准，第一次在年度会计期间的前半期，法人应从当年会计年度前半期截止日起2个月内填写报表申报纳税；第二次在当年会计年度后半期终了日起150天内填写报表申报纳税。雇主须从其雇员薪金中扣除个人所得税。除新成立公司外，会计年度一般定为12个月。报税单必须和公司财务报表一并提交给有关部门。

公司纳税人在会计年度的第8个月底前缴付50%的预估年税。纳税人没有按期缴付或者少缴超过25%者，将被罚款，罚款额一般为少缴税款的20%。

个人所得税须在获取收入的第2年的3月底之前进行申报，并缴纳及返还。

（三）报税渠道

泰国政府对于报税方式和渠道无硬性规定。但是，泰国的公司所得税申报比较复杂，计算比较繁琐，因此公司一般都聘请专业的会计师事务所来准备申报材料，帮助企业处理申报工作。

（四）报税手续

企业在申报期限之内自行或委托有资格的会计师填写报税表格，准备所需相关材料，然后呈递至当地（府、县）税务部门，缴纳税金。

（五）报税资料

公司报税所需文件有：填写申报税务表格；经过有资格的审计师确认公司的账簿（收支明细表）、损益表、资产负债表以及其他一些要求出具的相关文件。

四、赴泰国的工作准证的办理

（一）主管部门

泰国劳工部就业厅是外籍人在泰国工作许可的归口管理部门，下属外籍人工作许可证管理局直接管理外籍人在泰国工作许可申请的受理与审批。劳工部会同泰国投资促进委员会、泰国移民局在首都设立境外投资者“一站式服务”窗口，取得当地投资促进优惠政策的企业，其外籍人在申请材料完备的前提下，可在3小时内办妥工作许可证。泰国的外国人就业法规定所有在泰国工作的外国人都必须首先取得工作许可证，如获得泰国投资促进委员会批准的项目，其外籍雇员可在30天内办理申请，并允许其在办理工作证期间工作。申请工作证必须持有非移民签证。

（二）工作许可制度

泰国于2008年2月颁布实施的《外国人工作法》，替代了1978年颁布实施的外国人工作法，将“工作”定义为包括任何涉及体力工作或运用知识的活动，有报酬或没有报酬。外国人在泰国工作必须先获得泰国劳工部颁发的外国人劳动许可证，没有工作许可证的外国人禁止在泰国从事任何形式工作。根据《移民法》规定，临时从事必要和紧急的工作，时间15天或之内的情况除外。申请工作许可的外国人必须是根据《移民法》规定，允许在泰国合法居住或持非移民签证进入泰国，持旅游或过境的签证外国人不允许申请工作证。

1. 豁免

该法规定从事下述职业的外国人可以不必有工作许可证：外交使节团成员；领事团成员；联合国及其特别机构的成员国代表和官员；从国外来为上述人员工作的私人服务人员；执行泰国政府与他国或国际机构协议项下公务的人员；为教育、文化、艺术或体育事业而进入泰国的外国人员；经泰国政府特别批准来泰国履行义务或执行任务的外国人。

2. 特别例外

尽管大多数外国人必须申请工作许可证，而且必须在许可证签发后才可开始工作，《外国人工作法》为下列情况提供了特别的待遇。

（1）紧急和重要的工作

根据《移民法》，对暂时进入泰国执行任何紧急和重要事件而且在泰国停留时间不超过15天的人，可以不必取得工作许可证。但是这些人必须提交由本人签字并由其雇主背书的书面报告，并经移民局局长或其指定的委托人同意。享有此项待遇的外国人可凭任何一种签证进入泰国。所谓“紧急、重要的工作”法律上并没有明确的规定，是否给予工作证的豁免完全由管理机关决定。

（2）投资促进

根据《投资促进法》，试图在泰国得到工作许可的外国人必须在收到投资促进委员会的任职通知后30天内提交工作许可申请。这类人可以在政府处理其申请期间从事经授权的工作。

（三）申请程序

该法要求在泰国工作的外国人必须在开始工作前获得工作许可。该法第8章规定，在开始工作前雇主可代其填写申请表格。但是根据《移民法》，只有当该外国人根据移民法进入泰国后方给予发放工作许可证，而且必须由本人亲自领取。

工作许可开始的有效期限仅仅是根据《移民法》该外国人的非移民签证所允许他在泰国居留的时间。因此工作许可将根据签证的延期和更新而进行更新。对于持有泰国居留证的外国人，工作许可证可每年更新。劳工厅具体负责办理各项事宜，原则上工作许可的初始有效期限为1年。工作许可证必须在其到期以前更新，否则将自动失效。

（四）提供资料

申请工作许可需备齐如下文件：

（1）对于非永久性居留，要有1本非移民签证的有效护照；

（2）对于永久居留，需1本有效护照、居留证以及外国人身份证；

（3）申请人的学历证明和原雇主的推荐信，详细说明该申请人过去的职务、职责、表现、工作地点及期限。如果文件是英文，须附有泰文译文并经泰国大使馆或泰国外交部认证；

（4）近期体检证明；

（5）3张5厘米×6厘米照片；

（6）如申请表非本人填写，须附有符合规定格式的有效的委托书及10泰铢税票；

（7）填写申请表“工作描述”一栏时，须详细说明申请者将从事何工作，该工作涉及何人以及工作中所需何种设备原料等；

（8）根据该法，如果申请的工作须依照一些特别的法律审批发放执照（证件），则还须附有该执照（证件）的复印件1份（如教师证、医生行医证、新闻记者证等）；

（9）如申请人已和泰国人结婚，须提交下列各项文件的原件及复印件：结婚证明、配偶身份证、子女出生证明（如有）、户口登记表以及申请人护照复印件（每页都要）；

（10）如申请的工作不在曼谷，则申请表应在相关府的劳工厅填写，如没有这样的机构，就在该府市政厅填写；

（11）其他需要的证明。

五、应注意的问题

（一）投资方面

1. 客观评估投资环境

总体来讲，泰国拥有较好的投资环境。其地理位置优越，交通便利，是东南亚地区经济、金融中心和航空枢纽，基础设施较为完善。泰国政局虽然不够稳定，但社会秩序和社会治安状况良好。泰国与中国政治外交关系友好，是中国的好邻居、好兄弟、好伙伴。

然而，近几年来，泰国政局持续动荡，各派政治斗争较为激烈，对其投资环境带来一定影响。首先，政局的动荡会影响外国投资者的信心，一些投资者选择观望或停止扩大投资规模；其次，由于政府高层经常变动致使其行政效率较低，投资项目审批程序复杂，周期较长。因此，目前中国企业赴泰开展投资合作须考虑政治风险因素，不少项目特别是大型投资项目审批周期长，手续繁杂，前期投入费用较高，投资者须有心理和财力方面的充分准备。

2. 全面了解投资市场

首先，泰国投资市场的竞争相当激烈。一方面泰国企业自身投资能力比较好，另一方面如剔除政治因素，外资企业对到泰国投资多数看好，在泰国主要投资来自日本、美国、欧盟、韩国、新加坡等国家以及中国台湾、香港地区。有传统优势的产业投资市场几乎均已被先期投资者占领，从市场格局、资金实力和技术水平以及国际投资经验等方面看，中国企业到泰国投资面临的挑战较大。

第二，泰国国情、政治制度和法律体系均与中国不同，办事方式和效率不同，中国企业进入泰国投资前一定要将有关情况全面摸清，作好充分准备后再行投资。

第三，泰国人力资源的使用问题。人力资源成本虽低于欧美日，但高于中国，且组织纪律性、生产效率总体比中国工人低。

第四，环保问题。泰国对于环保的要求较高，社区群众及个别 NGO 组织对于投资项目的影响力较大，有时甚至会产生决定性影响。如何提高技术工艺，满足泰国环保标准，同时妥善处理与周边社区及 NGO 组织的关系是企业在泰国投资必须考虑的重要课题。

3. 注重履行社会责任

在中国深入实施“走出去”战略、不断提高对外开放水平的新形势下，中国驻泰国企业积极履行社会责任具有重要意义。企业在开展跨国经营时，承担更多的社会责任，不但是对企业自身品牌、信誉和社会形象的投资，而且也有利于平衡国家之间、企业之间、企业与社会之间的各种利益关系，并将对企业的经营产生积极影响。驻泰中资企业要本着“互利共赢、共同发展”的原则对外开展业务，热心参与赈灾、济贫、环保、教育、社保、节约资源、劳动保护等各类社会公益活动，融入当地社会，树立中资企业的良好形象，营造与当地社会和谐相处、共同发展的良好氛围。

（二）贸易方面

1. 了解贸易管理体制

泰国贸易管理有关法律法规有《货物进出口控制法》、《关税法》、《出口商品标准法》、《反倾销和反补贴法》、《外商经营企业法》、《直销贸易法》、《外汇管理法》和《商业竞争法》等。泰国负责贸易管理的部门有商业部和财政部海关厅。中国企业与泰国进行贸易活动需了解清楚这些法律法规，了解清楚经营商品是否受限、关税如何、有无技术性贸易壁垒等。建议与泰国投资合作前就有关问题咨询当地律师事务所。

2. 讲究信誉质量

信誉质量是企业的生命线。中国企业对所做商品要有相当细致的了解并对该商品在泰国市场的供求进行细致的调研，在和泰国人进行商品贸易时要讲信誉、重质量并注重售后服务，提升中国商品质量和形象。

3. 做好调查研究

市场调研、资信调查是企业进行贸易活动必须重视的问题之一，也是企业开展贸易活动的重要基础和依据。贸易商品的市场需求、贸易伙伴的资信情况必须要了解清楚才能保证贸易的顺利进行。货物样品和实际发货要样货一致，否则很容易引发贸易纠纷。同时，对一些中介商要小心提防，避免上当受骗。

4. 注重商务礼仪

泰国商界比较注重着装，正式场合特别是访问政府部门一般着深色西装。商界见面时也可着长袖衬衫打领带。在泰国，决策花费时间较长，因此同泰国人做生意要保持耐心。

（三）承包工程方面

1. 了解泰国法律法规，依法经营

中国企业在泰国开展业务时，了解和遵守当地有关法律法规和政策规定，做到依法经营。必要时聘请当地律师，避免陷入一些不必要的法律问题。如泰国对本国企业法人从事建筑业经营实行登记制，对外国人经营建筑业限制较多。建筑业不是泰国鼓励外资投资的行业。泰国《1999 年外籍人经商法》规定，建筑服务业不对外国人开放。外国投资者从事建筑业经营，必须要通过与当地企业设立合资公司，且当地公司控股（股份占 51%以上）。

由于泰国是劳务输出国，对于输入一般工种的外籍劳务严格限制，输入经营管理类人员也有严格限制，一般规定，企业注册资金在 1 亿泰铢以上者，每输入 1 名外国人员需雇用 4 名当地劳工；企业注册资金在 1 亿泰铢以下者，每申请 1 名外籍人员则需雇用 5 名当地劳工。中资企业在泰国开展承包工程业务一定要遵守泰国有关法律法规，做到守法经营。尤其在涉及工作签证和工作准证的问题上应严格按照泰国劳工用工方面的法规办事。近年来，部分企业抱着侥幸心理，使用旅游签、学生签或商务签在泰国境内工作被有关部门罚款、查处甚至遣返的案例频发，不仅影响企业正常经营也给境外中资企业总体信誉和声誉带来负面影响。

2. 实施本土化经营策略

本土化是跨国公司生存发展的重要经营策略，只有实施本土化经营和属地化管理，企业才能更加熟悉当地市场情况，适应市场变化，增强对项目的管控能力，从而降低成本，提高竞争力。在泰国中资承包企业实施本土化经营主要有三方面：一是首先要经营观念本土化。按照国际先进的境外项目经营理念指导和开展经营活动，摒弃在国内从事项目管理固有的惯性思维，借鉴国外同行在泰国经营、适用于本地特点的经营意识指导开展业务。二是运作方式的本土化，学习借鉴优秀的国际承包商和本地公司的先进架构、管理经验和运作方式等，博采众长，兼收并蓄，提高公司在激烈的市场竞争中取胜的本领；三是人才本土化，要依靠和任用本地人才。一方面要提高海外公司中当地经营管理人员的比例，充分发挥他们的作用，使之成为中国公司的中高级管理人员，为公司的生存、发展和壮大发挥重要作用。另一方面要使国内派出的经营管理人员的思维方式、工作方法、管理素质等逐步适应当地市场竞争的要求。

3. 审慎选择好的合作伙伴

好的合作伙伴是项目成功的关键因素。中资企业来泰国开展业务，切不可急于求成，盲目合作。对于一些中介机构或中间人介绍的各类项目不可轻信。尤其是一些所谓特大型项目，很有可能是“雷声大、雨点小”。要设法了解清楚合作方的背景情况，审慎选择那些信誉好、实力强、关系硬、能力高、懂营销、善合作的合作伙伴。应重视全面了解合作伙伴的背景情况，必要时在签署有约束力的合同前向中国驻外使领馆经商机构进行咨询。

4. 要高度重视在泰国经营的安全问题

发展是目的，管理是保障，安全是前提。各企业均应将安全问题放在首位。特别是近年来泰国政局不太平稳，泰国南部地区的恐怖活动时有发生，安全风险因素加大，因此，在泰国开展业务的中资企业必须将安全工作放在首要位置。要制定有效的安全防护措施和紧急事件应急机制，切实维护好企业的人员和财产安全。注意防火、防盗、防骗、防爆炸。同时，采取有效措施切实维护国有资产和信贷资金的安全，加强承包工程项目管理，做好成本核算和资金风险控制，保证承包工程项目的质量。

5. 要注重了解泰国自然条件及社会文化环境

这些因素对承揽项目的影响容易为企业所忽略。如泰国节假日较多，泰国工人经常放假；泰国雨季期间（一般是每年 6 月至 10 月）难以施工，签合同时要考虑工期是否足够；泰国人多数性情温和、注重礼仪，但办事效率相对较低，不少事情拖而不决等。

（四）劳务合作方面

外籍人在泰国工作须及时办理工作许可证。由于劳工许可证不能异地使用，因此外籍人特别是从事建筑业者在申请工作场所时要将总公司、分公司场所分别加以注明。分公司以总公司名义申请时，要在分公司所在地申请。泰国官员不主张外籍人通过中介机构办理外国人工作许可证申请。泰国官方尚没有授权任何中介机构从事代办外籍劳务工作许可业务，建议有关雇主或个人通过合法程序向劳工部申办工作许可，劳工部将提供便利条件。对临时入境提供技术服务的外籍人，如不超过 15 天可免办工作许可。

中泰两国政府间尚未签订任何劳务合作协定，在泰国从事限制从业的工种是严格禁止的，非限制类工种必须申办工作许可。

限制进入泰国从业的有 39 类工种：普通劳工；农、林、牧、渔业（农产管理人员除外）工人；制砖、木匠或其他建筑工种；木雕工；驾驶员（航空器材飞行员、机械师除外）；固定摊贩；市场传销；会计管理；珠宝加工；理发、美容；手工织布；制席；手工造纸；漆器；泰式乐器；乌银镶嵌器；金银器皿制作；泰式嵌石制品；泰式玩具制作；床单、被褥制作；制钵；手工泰丝制品；佛像制作；刀具制作；纸伞、布伞制作；制鞋；制帽；除国际贸易代理外的其他代理；建筑规划设计（专业技术专家除外）；手工艺品制造、设计、估价；首饰设计；泥制品加工；手工卷烟；导游；流动摊贩；泰文打印；手工抽丝；文秘；法律咨询。

（五）其他应注意事项

泰国市场对外开放较早、法律法规相对健全，绝大多数在泰国的中资企业能够做到遵纪守法、规范经营，与当地各方面机构和人建立起比较和谐的社会关系，总体不存在大的风险。但近几年，伴随中国对泰国投资的飞速增长及企业数量的急剧增加，泰国媒体和非政府组织对中国的关注度有所提升，一些夸大渲染甚至不实报道偶有露头，对中资企业和国家形象造成了一定的负面影响。另一方面，中资企业在环保、竞争方式以及扩张速度等方面与当地及其他国家投资企业（尤其是日本企业）偶尔爆发文化和利益冲突。此外中国在当地部分橡胶生产加工企业面临一定的安全威胁。在此情况下，中资企业需心中有数、有的放矢，内部加强经营管理，外部搞好各方面关系，并坚持少说多做、只做不说，低调、务实，实现并保持企业的健康、良性、长远发展。

（六）防范投资合作风险

总体而言，当前泰国经济发展较为平稳，虽有政治动荡，但社会治安状况良好，政府积极鼓励外商投资、实行自由开放的政策取向一直保持不变，人文环境、社会环境和经济环境保持良好。伴随中国经济的持续发展及对外“走出去”战略的大力实施，泰国以其优越的地理位置、优惠的政策举措、良好的设施条件等吸引了越来越多中资企业到泰国投资、发展，但有以下几个问题需要予以关注：一是近几年来泰国政局持续动荡，政府更迭频繁，行政效率较低，大型项目落实较为缓慢；二是泰国法律法规设置虽属健全，但司法实施过程中存在人为因素；三是部分当地人尤其是一些华人华侨提供虚假信息，甚至进行欺诈，给中资企业利益和华人形象造成了巨大损害；四是泰国持续经济复苏带来的能源不足、劳工短缺等现象逐步显现，泰铢升值趋势不减，中资企业发展面临一些困难和障碍。但总体而言，当前泰国经济发展较为平稳，虽有政治动荡，但社会治安状况良好，政府积极鼓励外商投资、实行自由开放的政策取向一直保持不变，人文环境、社会环境、经济环境保持良好。

综合以上情况，中资企业到泰国开展投资、贸易、经济合作，要注意事前调查、分析和评估相关风险，事中做好风险规避和管理工作，切实保障自身利益。

一是要对项目所在地的政治风险和商业风险进行认真调查，对项目实施的可行性进行系统分析，必要时可聘请当地知名律师事务所、会计师事务所进行调研评估，增强项目决策的科学性。二是对项目或客户及相关方的资信进行详细调查和评估，广泛征询中华人民共和国驻泰王国大使馆经济商务参赞处、驻泰国中资企业商会、泰国官方机构如投资促进委员会（BOI）及当地与中资企业联系紧密的大型银行如盘古银行、泰华农民银行等的意见和建议，全面掌握各方面信息，心中有数、有的放矢。三是积极利用保险、信保、银行等金融机构和其他专业风险管理机构的相关业务保障自身利益。四是密切加强与使馆、驻泰国中资企业商会等的沟通与联系，充分利用中资企业公共平台，增强内部凝聚力及外部影响力，并根据行业积极参加当地的行业组织，融入当地社会，维护自身权益。五是通过使用人民币结算、合同约定、套期保值等各种方式，规避汇率风险，保障企业利益。

在泰国开展投资、贸易、承包工程和劳务合作的过程中，要特别注意事前调查、分析、评估相关风险，事中做好风险规避和管理工作，切实保障自身利益。包括对项目或贸易客户及相关方的资信调查和评估，项目所在地的政治风险和商业风险分析和规避，对项目本身实施的可行性分析等。企业应积极利用保险、担保、银行等保险金融机构和其他专业风险管理机构的相关业务保障自身利益。包括贸易、投资、承包工程和劳务类信用保险、财产保险、人身安全保险等，银行的保理业务和福费庭业务，各类担保业务（政府担保、商业担保、保函）等。

建议企业在开展对外投资合作过程中使用中国出口信用保险公司提供的包括政治风险、商业风险在内的信用风险保障产品；也可使用中国进出口银行等政策性银行提供的商业担保服务。同时要充分利用泰国当地丰富而优质的金融资源。

中国出口信用保险公司是由国家出资设立、支持中国对外经济贸易发展与合作、具有独立法人地位的国有政策性保险公司，是中国唯一承办政策性出口信用保险业务的金融机构。公司支持企业对外投资合作的保险产品包括短期出口信用保险、中长期出口信用保险、海外投资保险和融资担保等，对因投资所在国（地区）发生的国有化征收、汇兑限制、战争及政治暴乱、违约等政治风险造成的经济损失提供风险保障。

如果在没有有效风险规避情况下发生了风险损失，要根据损失情况尽快通过自身或相关手段追偿损失。通过信用保险机构承保的业务，则由信用保险机构定损核赔、补偿风险损失。由于泰国当地政策调整、商业欺诈等原因造成损失，要通过各种途径向泰国有关方面积极反映，并向中华人民共和国驻泰王国大使馆经济商务参赞处报告有关情况。

【来源：改编自商务部国际贸易经济合作研究院、商务部投资促进事务局、中华人民共和国驻泰王国大使馆经济商务参赞处共同主编.《2014 版对外投资合作国别(地区)指南——泰国》. 第 59～68、73～78 页】

在越南开展投资合作的手续及注意事项

一、在越南投资注册企业需要办理的手续

（一）设立企业的形式

在越南，投资设立企业的形式包括：贸易公司、有限责任公司、股份公司等。

（二）注册企业的受理机构

越南政府已将几乎所有外资项目审批权下放至省级部门，仅维持对少数行业的审批。其中，计划投资部负责审批跨省的BOT项目；工贸部审批石油和天然气项目；国家银行审批银行等金融机构项目；财政部审批保险项目。对于国家重大项目，由国会决定项目的投资立项和项目标准，政府负责制定项目审批程序和颁发投资许可证。

根据2006年9月22日越南政府第108号议定书，外资项目的审批分为登记和审批两种情况：对于总投资3000亿越南盾（约合1500万美元）以下的项目，外商只需向审批部门提供相关资料进行登记即可，时间约需15天；对于总投资3000亿越南盾以上的项目，审批部门须征求相关部委意见并对项目进行审查，时间约需25天。

（三）注册企业的主要程序

1. 外国独资企业

注册的程序如下：

（1）申请书：成立公司之前，创办者必须向省、中央直辖市人民委员会或相当于公司设立办公地点所在地一级行政单位递交成立公司申请书。

（2）经营登记：公司必须在省、中央直辖市经济仲裁组织或同级的行政单位进行经营登记。

（3）成立公告：根据相关法律法规，在越南投资的外资企业成立后，必须在中央或地方报纸连登3期公告。

2. 代表处

按照越南法律规定，企业只要根据中国法律规定已登记进行合法经营，即可获得在越南成立代表处的许可证。需要注意的是，外国企业在越南成立的分公司不能再设立代表处。

3. 分公司

成立分公司要把材料寄到越南工贸部。企业申请获得成立分公司许可证所需的文件包括：

（1）企业申请成立分公司的申请表（按越南工贸部统一规定的格式）；

（2）营业执照副本；

（3）相关文件须经中国公证机关公证，然后由中国外交部领事局认证，之后由越南驻华使馆、领事馆进行领事认证。这样文件才有法律效力。

二、承揽工程项目的程序

（一）获取信息

越南计划投资部通过报刊、网站等渠道公布全国范围的投标信息。中国企业可订购由计划投资部主办的《投标报》或通过该部网站（请见附录）获取项目招标信息。

（二）招标投标

根据越南《投标法》规定，越南国家投资项目或国际组织贷款项目，一律采用招标方式。大型项目的招标需较长时间的审批。自筹资金项目可通过议标方式进行。

越南对项目审批采取分级管理办法，具体包括：

对于由政府总理审批的项目：总理批准投标计划；批准或委托批准承包商评选结果；批准或委托批准投标过程中产生的相关情况并处理违法行为。对属于国家秘密的项目、为国家利益而紧急实施的项目、涉及能源安全的项目，由总理批准或委托批准投标计划和承包商评选结果。

对于由部长、部级机关领导、中央其他机关领导、中央直属各省市人委会主席审批的项目：由该部门行政首长负责批准投标计划；批准或委托批准招标标书，承包商评选结果。

对于由省以下各级地方政府行政首长审批的项目：由该部门行政首长负责审批授权范围内的招投标内容；对于本部门审批权限范围内的项目，可批准项目招投标计划，批准或授权批准标书、承包商评选结果等。

（三）许可手续

根据越南《投标法》规定，承包商须符合以下条件才可参加投标：一是有所在国职能部门颁发的营业证书；二是有独立经济核算资格；三是财务状况健康。

承包商参加投标，首先要进行资格预审，一般在业主发布招标公告之后、承包商投标之前举行。资格预审的内容包括承包商以往的业绩与信誉、设备与技术状况、人员的技术能力、管理水平和财务状况等。承包商应提供投标意向书、公司章程、公司技术和行政管理的人员名单、公司现有的机械设

备清单、过去5年承揽项目的合同清单等。

预审合格的承包须根据业主的通知到指定的机构购买招标文件，并着手编制标书。标书编制完成后，承包商须在规定时间内送达业主指定的招标机构，参加竞标。承包商接到中标通知后，要在规定的时间内与业主商签承包合同，并递交履约保函。

（四）优惠政策

1. 优惠政策享受对象

越南《投标法》规定，在国际投标中享受政策优惠的对象包括：

（1）根据越南《企业法》（2005年11月颁布）和《投资法》在越南成立和经营的企业。

（2）承包联合体中含有上述规定企业，且其实施的合同价值占合同总价值的50%以上，则该联合体可享受政策优惠。

（3）对于商品供应项目，承包商所供应的商品其国内价值占30%以上，可享受政策优惠。

2. 优惠政策具体实施办法

（1）对于设计咨询项目：享受优惠的承包商，其标书综合分数可增加7.5%。如果该项目为高新技术项目，则承包商的技术分可增加7.5%。

（2）对于建造和安装项目，不在政策优惠享受之列的承包商，若其标书出现错误并进行修改后，其评标价需加上参加投标价格的7.5%。

（3）对于商品采购项目，不在政策优惠享受之列的承包商，其评标价需加上相当于商品进口税费总额的价格。不需缴纳进口税费的商品除外。

3. 进出口管理

越南《投标法》规定，除国家禁止进出口的商品外，承包商可进口或暂进再出用于实施项目的设备物资。对于许可证管理的进口商品或专业商品，承包商获得越南工贸部或有关行业管理部委批准后方可进口。进口手续如下：

（1）进口施工设备：承包商中标后，可在海关直接办理施工设备进口手续。

（2）从国外租借施工设备：在实施项目过程中，承包商可免税从国外租借有关施工设备。项目完成后，承包商需再出口所租借的设备。如果在越南处理租借的施工设备，需按越南关于进口二手设备有关规定办理手续。

（3）承包商可免税暂进口施工设备，项目完成后，需进行再出口；承包商可暂出口施工成套设备中的损耗部件，在国外修复或更换后再进口。可直接在海关办理暂进再出或暂出再进手续。

三、企业在越南报税的相关手续

（一）报税时间

外资企业的计税年度为公历1月1日至12月31日。外资企业可建议越南财政部准予采用其12个月会计年度制，以便于计算和缴纳企业所得税。

（二）报税渠道

企业可以选择向当地税务局自行申报、通过业主代扣或者通过当地会计师事务所代为申报。

企业所得税应税利润，为企业在计税年度中，企业收入总额与支出总额之差额，加上企业其他副业所得的利润后，扣除可转入下一年度的亏损额。外资企业可将经税务机关确认为慈善、人道等目的，向越南组织与个人提供捐助的合理开支，一并计入其总支出。经营过程中，外资企业在向税务机关应税决算后，出现亏损的，可将其亏损额结转人下一年度，该亏损额可从应税收入中扣除，亏损结转期不超过5年。

（三）报税手续

报税手续较简单，企业按规定填写报税单，提供相关文件，缴纳税款后，当地税务局即出具完税证明。

（四）报税资料

企业向当地税务局报税时需要提交的文件包括：税务报表、企业税号文件、报税单等。另外，当地税务局每年不定期抽查企业相关会计凭证和单据是否与上述文件相符。

四、赴越南的工作准证的办理

（一）主管部门

越南负责办理劳动许可证的主管部门是越南劳动伤兵社会部及各省、直辖市的劳动伤兵社会厅。

（二）工作许可制度

在越南工作3个月以上外籍劳务人员须办理由越南省（直辖市）劳动与社会荣军厅颁发的劳动许可证，劳动许可证有效期根据合同期定，但不超过3年，应用工单位的要求，可适当延长期限。

（三）申请程序

1. 居留规定

外国人须申报入境目的、时间及居留地址，入境活动应与申报相符。外国人不得在禁区内居留；外国人在越南公安部所属出入境管理机关办理长期居留手续；越南公安部所属出入境管理机关将为获准在越南居留1年以上的外国人颁发长期居留证。居留证有效期为1～3年。持证人出入境免签证；长期居留越南的外国人须每3年1次定期向越南公安部所属出入境管理机关报告；签证、签证加注、签证变更、居留证及居留许可延期申请将在受理之日起5个工作日内完成。

2. 工作许可

越南企业、机关、组织及个人雇佣外籍劳务人员均须签署劳动合同。劳动合同内容应包括：工种、工作时间、工作场所、休息时间、薪资、合同期限、劳动安全、劳动卫生、劳动保险。劳动合同包括书面合同和口头协议两种。外籍劳动者在获得劳动许可证后，用人单位有责任将劳资双方签署的劳动合同复印件呈交给劳动许可证颁发机关，但外籍劳动者系由外方选派到越南工作除外。

3. 社会保险

工作时间超过3个月和无期限合同，须办理强制性社会保险。劳工因工受伤残，雇主须支付医疗费，如未投保，亦按社会保险条件支付赔偿。

（四）提供资料

1. 就业申请书；

2. 本国职能部门颁发的司法履历，如已在越南6个月以上的，需增加由越南所在地司法厅发的司法履历；

3. 体检表；

4. 大学毕业或以上学历证书、工艺技术证等专门技术证书的复印件。如劳工属于具有传统工艺或管理经验的人才，需有该国职能部门的证明；

5. 3张近1年内照的彩照（3厘米×4厘米，免冠、正面、不戴眼镜）。

所提交的材料须公证，并译成越南文。须有复印件与原件、翻译件与原件相符公证。

五、应注意的问题

（一）投资方面

1. 认真进行调查研究和市场考察，避免盲目投资；

2. 充分了解越南吸收外资的法规政策和投资环境；

3. 尽量以独资方式投资设厂，如与越方以合资方式设厂，应对越方合作伙伴进行深入了解，寻求信誉好的合作伙伴；

4. 加强投资风险防范，按规定办理国内外投资报批许可手续；

5. 选派能力强、素质高、外语好（越语或英语）的业务人员赴越开展工作；

6. 注意处理好与合作方以及当地有关部门的关系，注意内部协调；

7. 遵守越南的法律法规和相关规定，守法经营；

8. 搞好生产经营管理，树立以质取胜的经营理念；

9. 保持与中华人民共和国驻越南社会主义共和国大使馆（经济商务参赞处）的联系，定期向经商参处汇报企业生产经营和管理情况。遇到重大问题要及时向使馆报告；

10. 注意问题。选择项目时，应避免投资技术落后、污染严重等越南政府不鼓励投资的项目；签订投资合同时，要仔细考虑合同条款，明确双方的权利与义务，以防发生纠纷时无据可依；项目投产后，要注意履行企业社会责任，与当地百姓搞好关系。

（二）贸易方面

1. 要坚决贯彻“以质取胜”战略，杜绝假冒伪劣商品。

一些企业忽略质量要求，既影响中国商品在越南市场形象，加深越南消费者对中国商品的偏见，又经常因质量问题引发纠纷，给企业造成经济损失。近年来，越南经济水平迅速提高，对产品质量要求提高很快，中国企业必须严把商品质量关，且重视外观款式，才能适应市场需求，并维护中国商品在越南市场声誉。

2. 要慎重选择合作伙伴，加强风险管理，防止遭受损失。

越南现有国营企业1500多家，私营企业超过20万多家，外资企业1万多家，其中国营企业主要分中央企业和地方企业。越南中央直属国有企业在各行业中占有重要地位，实力相对较强，资金较有保障，与其合作风险相对较小；私营企业数量很多，信誉不一，虽经营方式灵活、决策快，但规模较小，抗风险能力弱，甚至有个别企业在与中国企业合作过程中有恶性欺诈行为，中国企业在合作中应注意甄别，降低风险。

3. 要规范操作，对贸易流程各环节严格把关。

商谈合同应严谨，特别对于质量、运输、交货、结算、争议等条款要认真商谈，仔细审核，避免漏洞。建议采取信用证结算方式，可选择越南外贸银行（Bank For Foreign Trade）、农业与农村发展银行（Bank of Agriculture And Rural Development）、投资发展银行（Bank of Investmentand Development）或工商银行（Industrial Andcommercial Bank of Vietnam）等信誉较好的银行作为开证行，特别应该注意防止对方在信用证条款中加入与国际惯例不符的条款。另外，应严格按合同执行，在商品质量、运输交货、制单等环节务必严谨，防止被钻空子，造成经济损失。

4. 注意事项。

越南企业习惯用电子邮件进行商务交流，一些商业信息容易被黑客利用来骗、盗取货款；越南企业建议选择以边贸方式进口货物时，应该注意提防越南口岸管理部门临时改变检查检验方式导致交易失败的风险；当前越南宏观经济日益困难，越南企业财务也会受到影响。因此，即使是长期合作伙伴也要通过安全的交易方式进行合作。

（三）承包工程方面

1. 要抓住市场机遇

要抓住市场机遇。越南重视基础设施建设，视之为促进经济发展、保障社会民生的关键，提出包括交通、电力、工业、供排水等在内10个重点领域。中国企业经过多年不懈努力，已逐步在越南工程承包市场打开局面，在水电、火电、通信、水泥、冶金、化肥和路桥等领域有较强竞争优势，市场开发潜力较大。

2. 要实行本地化经营

越南劳动力市场巨大，劳动力整体素质在不断提高，成本相对便宜。今后，中国企业在越南开展工程承包业务的重点在工程设计和施工管理上，应多雇佣当地人员，实行本地化经营，不挤占当地就业机会，与当地企业和谐相处，共同发展。

3. 注意事项

越南对外国人在越劳务管理非常严格，中方承包商在签订合同时应综合考虑工人比例、工程进度问题，避免为赶工程非法使用劳工；承包商在实施项目过程中，越方希望向越方传授部分技术，帮助越方提高劳动力技术水平和工业化现代化水平；注意加强对中方劳务人员的安全保障和日常管理，尽量避免与当地百姓发生直接冲突。

（四）劳务合作方面

1. 通过正规中介进行

通过正规中介进行。中越两国地理位置相邻，往来便利，目前一些非法中介以收费较低为诱饵，擅自招收劳务并输往越南，不与劳务人员签署劳动合同，也不协助办理当地劳动许可证，导致劳务纠纷频频发生，给劳务人员造成较大损失。根据商务部、外交部等相关部委规定，只有获得外派劳务人员资格的公司才可对外派出劳务。

2. 在当地办理劳动许可证

在当地办理劳动许可证。越南法律规定，不允许外籍人员持旅游签证在越南务工。在越南工作3个月以上的外籍劳务人员须办理劳动许可证。办理许可证时，需提供省级以上或国家级医院开具的健康证明、所在地派出所出具的无犯罪记录证明、技术能力证明等文件，并经国内公证机关公证、中国外交部和越南驻华使馆认证。整套手续办下来约需2个月时间（含国内公证和认证时间）。

3. 注意问题

在聘用中方劳务人员时，一定要检查其是否合法入境，是否持有合法证件；在给中方工人支付工资时，争取直接交给工人，避免出现工人工资被克扣或者中介恶意欠薪等劳资纠纷事件发生。

（五）其他应注意事项

中国企业在越南开展经贸合作应注意以下风险：

1. 部分工程承包项目工厂周边环境较复杂，偷盗和抢劫事件每有发生，承包企业应建立应急机制，加强防范措施和员工安全教育，设立安全联络员，与当地政府和公安部门保持密切联系，遇事应第一时间向当地公安部门报案并及时报告中国驻越南大使馆，寻找妥善处理办法；

2. 当前越南宏观经济不稳定，通胀压力较大，银行贷款利率较高，企业融资困难，拖欠货款和工程款的现象较多，应采取相应措施，避免人为损失；

3. 当地交通状况复杂，汽车、摩托车多，交通事故频发，应注意交通安全，杜绝酒后驾车；

4. 当前越南社会对中资企业、中国公民存在不友好情绪，在考察市场时要注意避免与越南当地居民发生争吵，避免遭到人身攻击；

5. 越南政府对外汇管理非常严格，赴越南时不要携带过多外币，否则出境时将遇到越南海关等口岸管理部门的严查甚至罚没；

6. 越南工会在为工人争取利益时，与投资企业谈判、博弈中具有较大作用，要注意与越南工会处理好关系。

（六）防范投资合作风险

在越南开展投资、贸易、承包工程和劳务合作的过程中，要特别注意事前调查、分析、评估相关风险，事中做好风险规避和管理工作，切实保障自身利益。包括对项目或贸易客户及相关方的资信调查和评估，对项目所在地的政治风险和商业风险分析和规避，对项目本身实施的可行性分析等。企业积极利用保险、担保、银行等保险金融机构和其他专业风险管理机构的相关业务保障自身利益。包括贸易、投资、承包工程和劳务类信用保险、财产保险、人身安全保险等，银行的保理业务和福费庭业务，各类担保业务（政府担保、商业担保、保函）等。

建议企业在开展对外投资合作过程中使用中国政策性保险机构——中国出口信用保险公司提供的包括政治风险、商业风险在内的信用风险保障产品；也可使用中国进出口银行等政策性银行提供的商业担保服务。

中国出口信用保险公司是由国家出资设立、支持中国对外经济贸易发展与合作、具有独立法人地位的国有政策性保险公司，是中国唯一承办政策性出口信用保险业务的金融机构。公司支持企业对外投资合作的保险产品包括短期出口信用保险、中长期出口信用保险、海外投资保险和融资担保等，对因投资所在国（地区）发生的国有化征收、汇兑限制、战争及政治暴乱、违约等政治风险造成的经济损失提供风险保障。

如果在没有有效风险规避情况下发生了风险损失，也要根据损失情况尽快通过自身或相关手段追偿损失。通过信用保险机构承保的业务，则由信用保险机构定损核赔、补偿风险损失，相关机构协助信用保险机构追偿。

【来源：改编自商务部国际贸易经济合作研究院、商务部投资促进事务局、中华人民共和国驻越南社会主义共和国使馆经济商务参赞处共同主编．《2014版外投资合作国别(地区)指南——越南》．第58～63、66～70页】

行 业 篇

东盟重点市场分析

大数据成为投资东南亚“潜力股”

随着移动网络的普及，手机打车、网上购物等大数据应用悄然走进东南亚国家公民的日常生活。调查数据显示，东南亚地区的活跃移动社交媒体账号达到1.7亿个，数量在东亚和北美之后，位居世界第3。广阔的大数据发展前景，让东南亚成为吸引企业投资的“洼地”。

一、从“纸上谈兵”变成“真枪实战”

近期，马来西亚打车软件公司Grabtaxi把目光投向泰国，该公司的新一轮广告攻势正在曼谷的大街小巷上上演。许多出租车司机座位后都醒目地悬挂着这家公司的广告牌，详细说明乘客如何下载、注册、使用这款打车软件，并提示输入优惠代码还能享受50泰铢（1元人民币约合5.2泰铢）的优惠。

数据科学家、大数据新加坡组织的创始人约翰·伯恩斯分析，东南亚大数据应用发展的步伐虽迟，但是局面正在扭转。在过去一年里，东南亚的许多大数据项目由“纸上谈兵”变成了市场上的“真枪实战”。

2015年4月8日，Grabtaxi公司宣布在新加坡建立首个研发中心，成为东南亚大数据发展的又一例证。该公司计划在接下来的两三年内投入1亿美元，面向全球聘请200名数据科学家和工程师，提升软件质量和用户体验。

大数据马来西亚组织的创始人迪拉特·拉姆达斯表示，新加坡是东南亚地区大数据应用方面最成功的国家。新加坡政府在2014年提出了“智慧国2025”计划，将建设全覆盖的基础设施和操作系统，用于数据收集、连接和分析。

马来西亚紧随其后。根据市场调研机构美国国际数据公司的报告，马来西亚大数据分析市场规模在2015年将达到3600万美元，同比增加28%，并将快速增长。大数据分析的Grabtaxi公司创立于2011年，目前已经覆盖东南亚6个国家中的20座城市，2014年10月该公司已经实现了每秒钟产生两个打车订单的良好业绩。

2015年1月，美国投资银行高盛押宝该区域大数据分析和应用潜力，牵头向新加坡大数据公司Antuit投资5600万美元，帮助这家公司吸纳工程人才、收购竞争对手，在亚洲数据分析市场实现快速增长。

二、产品服务与市场需求形成互动

大数据马来西亚组织2014年的一项调查指出，除了电子信息产业，东南亚的市场服务、技术服务、教育、媒体、金融等领域也对大数据分析和应用表现出浓厚兴趣。拉姆达斯称，这说明该地区既具备提供大数据产品和服务的潜力，也存在相应的消费需求，有助于形成可持续的生态系统。

在超过2.5亿人口的印度尼西亚，政府部门、通讯公司和银行等机构拥有繁杂的数据沉淀，他们正在加快应用大数据开发框架。在泰国和菲律宾两个人口同样庞大的国家，一些组织机构也开始使用大数据分析。

权威社交媒体调查机构“We are social”发布的《2015年全球社交、数字和移动》报告显示，东南亚地区的活跃移动社交媒体账号多达1.7亿个，仅位于东亚和北美之后，位居世界第3。随着社交媒体用户的迅速扩张，东南亚对大数据分析的市场需求也水涨船高。

大数据发展的路程看似很远，其实与许多东南亚人的生活密不可分。被誉为“东南亚亚马逊”的

Lazada就是一个典型的例子。成立刚满3年的Lazada总部位于新加坡，是东南亚地区影响力最大的网购平台，在印度尼西亚、马来西亚、菲律宾、泰国和越南均设有分支机构。该公司首席执行官麦斯米兰·比特纳在2015年3月表示，2014年消费者在Lazada的购物支出超过3.5亿美元，约为2013年的4倍。

三、人才培养和产业建设很关键

伯恩斯认为，人才资源不足是制约东南亚大数据发展的重要因素之一，除新加坡之外，其他东南亚国家还不具备大数据产业发展所需的人才。

马来西亚多媒体发展机构首席执行官雅思敏·艾哈迈德于2015年1月公开透露，马来西亚全国公私部门目前只有80位数据科学家，需要积极地培养专业人才。伯恩斯强调，政府应允许甚至鼓励外国人才加入当地企业，是快速提升产业实力的有效战略。

然而，拉姆达斯认为人才问题在某种程度上被夸大了。基于大数据分析的益百利和Facebook等公司，都在东南亚地区成功建立了发展团队，这说明可以在东南亚地区招聘大数据人才。

另外，一些域外大数据公司也看好东南亚市场前景，纷纷前往该地区开设培训课程。2014年11月，总部位于美国的易安信公司（EMC）首次在泰国开设培训课程，与当地大学和学院合作，希望把泰国打造成为亚太地区数据科学人才的培养中心。

东南亚国家的一些政府也更加重视数据科学人才的培养。2014年8月，新加坡资讯通信发展管理局启动了首个关于数据科学的大规模开放在线课程，以此推动相关人才培养。马来西亚的大学在本科和硕士阶段增设了数据科学相关课程。

马来西亚多媒体发展机构于2015年年初宣布，将建立大数据分析数字政府实验室，与包括通讯与多媒体部、内政部、卫生部和贸易部在内的4个国家部委合作，研究情感分析、犯罪预防、传染病预防和价格监控。

伯恩斯表示，马来西亚政府正在积极投资大数据产业，但要想成功吸引公司和人才聚集，政府还必须对商业政策、种族歧视和外国投资政策等进行改革。拉姆达斯则表示，东南亚人口超过6亿，人口构成极其多元化。随着移动网络和电子商务在该区域的不断壮大，大数据分析将成为企业发展势在必行的战略。

（来源：人民网．http://world.people.com.cn/n/2015/0410/c1002－26822803.html.2015－04－10）

东南亚：下一个“世界工厂”

2015年澳新银行发布的报告预测，未来10～15年，东南亚将赢得“世界工厂”的头衔。业内人士普遍认为，过去几年制造业向东南亚迁移，并不意味着东南亚将取代中国成为下一个“世界工厂”。中国与东南亚国家各具优势，随着全球制造业在亚洲区域的分工日益细化，整个亚洲或将成为“世界工厂”。

一、制造业供应链不断完善

从泰国首都曼谷向东南方向搭乘汽车，经过3个小时便可到达泰国工业重镇罗勇府。泰中罗勇工业园区依托廉差邦深水良港和完善的基础设施，在过去10年集聚了62家中国制造企业。从泰国擅长的汽摩配件产业链和机械电子行业，到中国技术领先的新能源、新材料行业，再到中国传统优势产业钢铁、五金等，中国制造企业走向东南亚颇具规模。

选择“东南飞”的不只是中国制造企业。2015年1月，欧洲第2大畅销家电品牌倍科宣布，在泰国建立其首个东盟生产工厂。该品牌母公司全球首席执行官勒旺·卡克罗格卢表示，该集团的目标是将倍科在欧洲的成功复制到东盟。

随着东盟国家合作的不断深化，区域内的制造业供应链不断完善。2014年11月，日本马自达公司宣布全新的马自达2组装工厂在泰国投入运行，而为了降低成本，零部件的生产是在菲律宾和印度尼西亚完成。

澳新银行于2015年4月底发布的《东盟：下一道地平线》报告称，缅甸、柬埔寨、老挝的廉价劳动力，泰国、越南、印度尼西亚和菲律宾的成本优势，以及新加坡和马来西亚的成熟制造商，交织成一张庞大完整的制造业大网，推动东盟成为亚洲仅次于中国和印度的第3个增长极。

按照东盟的既定目标，东盟经济共同体将于2015年年底建成，届时10个成员国的商品、服务、资本和劳动力将实现自由流动。凭借不断增强的经贸互补性，东盟将释放出更大的吸引力和增长潜力。

报告指出，到2030年，30岁以下的青年人将占到东南亚6.5亿人口的一半以上，其中许多人将成为消费能力强大的新兴中产阶层。澳新银行的经济学家断言，未来10～15年，随着企业迁移至湄公河等廉价劳动力充足的区域，东南亚将成为新的“世界工厂”。

2013年，东南亚国家吸引外国直接投资总量首次超过中国，这一势头在2014年继续保持。根据汤森路透的最新统计，2014年新加坡、印度尼西亚、马来西亚、菲律宾、泰国和越南6国吸收外国直接投资达到创纪录的1280亿美元，超过同期流入中国的1195.6亿美元。

二、提高劳动力素质迫在眉睫

荷兰国际集团亚洲研究业务主管、首席经济学家蒂姆·康登曾公开指出，通过对外直接投资的形式，中国和其他国家的部分制造商将生产能力转移至成本更低的国家，与中国毗邻的东南亚开始受益，制造业飞速地发展。

亚洲开发银行首席经济学家朴东炫表示，东南亚发展制造业的优势和劣势都在于劳动力。东南亚年轻劳动力资源丰富，但是技能和教育水平相对落后，该问题已成为制约区域制造业发展的瓶颈。对于东南亚国家而言，提高劳动力素质、改革职业教育体系迫在眉睫。

据了解，柬埔寨、老挝、缅甸和越南等东南亚国家的劳动力成本最低，因此吸引了许多低附加值的劳动密集型企业，但在区域其他国家，劳动力成本的优势正在减弱。泰国从2013年开始全国执行每日最低工资300泰铢（1泰铢约合0.18元人民币）标准，而泰国劳工团结委员会2015年一直呼吁政府将该标准上调至360泰铢。马来西亚从2013年开始执行的最低工资标准根据地域差异，分为每月900林吉特和800林吉特（1林吉特约合1.72人民币）。菲律宾每日最低工资标准约为10美元。

通信线缆企业富通集团（泰国）总经理魏国庆表示，泰国的工资水平与中国内陆城市的工资水平基本一致。作为一家高新技术企业，富通在泰国开设工厂主要是看重东盟市场的巨大潜力。

泰中罗勇工业园开发有限公司总裁徐根罗称，泰国投资环境宽松，同时身处亚洲腹地，具有较强的市场辐射能力。

东南亚国家在积极采取措施，吸引更多的外国直接投资流向本地制造业。朴东炫指出，该公司一直在大力投资公路、电厂、电信等基础设施领域，对外国投资者也保持欢迎的态度和自由的政策。例如，泰国的汽车制造业取消对外国零部件的进口限制后，嵌入东盟和中国的制造业流水线中，取得了良好发展。

三、具备成为“世界工厂”的潜力

新加坡南洋理工大学经济学教授周孙铭从商业竞争力指标的角度进行了分析。周孙铭教授称，衡量商业竞争力的指标包括单位劳动力成本和单位商业成本，其中单位劳动力成本是指劳动力成本和生产成果的比值，在中国内陆城市这一比值可能依然比东南亚国家低。

周孙铭指出，廉价劳动力作为竞争力因素的时代正在过去，未来机器人将取代大部分劳动者。教育、培训和基础设施等构成未来竞争力的要素，中国审时度势，抓住先机，劳动力素质不断提高，依然掌握着这些优势。

朴东炫认为，东南亚具备成为“世界工厂”的潜力，但前提是必须成功改善商业环境和投资环境。东南亚国家国情各异，需要应对的首要挑战也有所不同。例如，为了提高企业的生产效率，印尼和菲律宾亟须加强基础设施建设，马来西亚和泰国则需要增加人力资源投资，以提高劳动力技能。

中国—东盟商务协会主席高级顾问李键雄提出亚洲整体成为“世界工厂”的概念，制造业岗位确实出现了向东南亚迁移的现象，但这并不意味着东南亚将成为“世界工厂”。亚洲国家的制造业发展阶段不同，全球制造业在该区域分工细化。李键雄认为，不仅是东南亚，整个亚洲都将成为“世界工厂”。

李键雄指出，设在中国的劳动力密集型企业将不可避免地搬迁至成本更低的地方，但与此同时，中国对高附加值产品的需求增加，为了接近消费者和对市场需求作出迅速反应，这类产品的制造商仍然会倾向于留在中国。世界上1/3的人口集中在亚洲，包括印度在内，亚洲的优势非常明显。李键雄相信这一地区的经济融合将更加紧密，岗位和投资的流动将更加频繁。

（来源：人民网．http：//world. people. com. cn/n/2015/0519/c1002－27022323. html. 2015－05－19）

东盟包装消费品市场机遇难求 企业如何把握

东盟是全球增长最快的经济体之一，预计到

2020年，其经济总量有望达到3万亿美元。有关数据显示，该地区未来5年内将新增6000万消费者，这些消费者将首度有能力购买生活必需品以外的其他商品。随着可支配收入的增加，到2017年，该地区还将有4000万消费者步入更高的收入阶层，从而有能力购买高端产品。东盟经济共同体计划于2015年年底投入运行，届时区域内的跨境贸易将更加便利，使其成为更具吸引力的消费市场。

对于当今的消费品企业而言，东盟经济的强劲增长是一个不可多得的巨大机遇。但消费品企业在东盟市场也将面临独特的挑战，例如在广泛、分散的地域内交付产品，以及在变化中赢得消费者的忠诚度。

一、地域分散，交货成本高

东盟市场格局高度分散，既有较富裕消费者聚集的大城市，也有新兴的城镇化地区；同时该市场分销网络的层次多、指导企业进入市场的可靠数据不足、各地文化差异大等问题均为消费品企业有效赢得消费者构成了巨大挑战。

以一线城市购物网络为例，东盟地区的一线城市已形成了零售店与便利店、超市、大型卖场交织的购物网络，但该地区75%的日常用品销售仍来自500万个小型杂货店。此外，该地区主要城市以外的交通基础设施相对薄弱，运输货物需要使用多种交通工具来完成，因此增加了企业的运营难度和成本。

二、需求多变，口碑积累难

东盟市场高度互联的消费者越来越热衷于更换品牌和产品，并在购买全过程中日益依赖数字技术。因此，消费品企业应当跨越传统媒体渠道，提供更加个性化的客户体验，从而吸引并留住消费者。在针对东盟消费者的调查中显示，只有34%的受访者对特定品牌保持忠诚度，这意味着三分之二的消费者会随时更换品牌，购买其竞争对手的产品。此外，70%的受访消费者对企业有更高的期望，而80%表示比以前更加喜欢评价品牌。

三、竞争激烈，资本流动快

以食品饮料行业为例，强劲的本地品牌通常跻身零售市场前5强，并且已经突破其传统市场，强势进入其他国家市场。与此同时，来自国外的跨国企业也正在向东盟地区扩张，使得该地区近几年快消和零售行业的外商投资显著增长，并购活动也更加活跃。其中，来自日本的跨国企业尤为热衷通过并购在该地区扩张。

埃森哲亚太区消费品和服务业董事总经理拉雅·阿加瓦尔指出，为了克服障碍，成功赢取并提升东盟市场消费者的忠诚度，消费品企业必须立即采取措施，锁定消费者需求，确保消费者能轻松买到所需的产品。同时，企业还要建立有效的运营模式，借助本地敏捷性与洞察力的运营方式来平衡区域效率。

如何成为东盟消费者青睐的品牌？业内人士提出以下3点战略建议：

1. 锁定新增、新富消费者的需求快速行动，瞄准趋势，抓住先机与消费者直接对话，回应具体需求，通过数字化渠道接触并吸引消费者；

2. 确保产品供应随叫随到，加强投资合作，与成熟可靠的零售商、分销商和批发商形成网络，覆盖各级市场，优化店内执行能力，利用数据分析预测需求和规划供应；

3. 建立有效的运营模式，采用能力与价值导向的区域运营模式，强化本地敏捷性和数据驱动的市场洞察力，平衡区域效率。

东盟市场蕴含着巨大的机遇，消费品企业的领导者们应视其为一种限时机遇，竭尽全力在市场中赢得一席之地。跨国企业和本地企业都应制定正确的战略，继续加强能力投入，从而提高市场份额，提升客户参与度。要想赢得这场消费者忠诚度的争夺战，企业必须迅速实施清晰的计划，灵活应对该地区高度分散、多样化的地域环境以及瞬息万变的消费者行为。

（来源：中国机械网 .http：//www.jx.cn/xwzx/viewnew.asp？id=99191.2015—04—10）

中医药服务贸易走出去的东盟经验

新加坡、泰国、越南、马来西亚、印度尼西亚和菲律宾是中国在东盟的6大医药出口主要贸易伙伴，占出口总额的96.7%，西药类产品占到中国对东盟医药出口总额的近7成。中国对东盟出口的中药产品是以中药材饮片、保健食品和提取物为主。东盟国家对中医药产品和服务的需求强劲，中国中医药企业也正加快“走出去”步伐，积极开拓东盟市场。

一、中医药服务贸易的三种形式

中医服务贸易“走出去”主要是有跨境支付、

商业存在和自然人流动 3 种服务贸易提供模式。

跨境支付。中医药跨境支付服务贸易提供模式主要集中在中医药教育合作，如北京中医药大学与新加坡南洋理工大学开设中医药教育合作，为来自新加坡及东盟其他国家的学生提供中医药教育服务。

商业存在提供模式。中医药商业存在提供模式主要是开设连锁药店、诊所、中医院、中医药教育机构以及与中医药相关的机构或办事处。以北京同仁堂为代表的中医药企业在东盟开设了一些连锁药店，一些华人开设了中医诊所，一些中医药大学与东盟国家合作开办了教育机构均属此列。

自然人流动提供模式。自然人流动提供模式主要是中医师到东盟国家一些医疗保健机构提供中医服务，一些中医教师到东盟国家提供教学服务、短期培训以及中医药从业者到相关的企业或机构工作等。

二、进入东盟机遇与挑战并存

从医药市场角度看，东盟各国存在诸多不利于中国医药企业开拓的因素。中国医药企业至今仍未能真正进入东盟市场，其中原因之一是企业对东盟市场和中国—东盟自由贸易区政策缺乏深入、系统、全面的了解和判断。中国—东盟自由贸易区的全面建成，助推双边医药贸易，关税将不再是双方医药贸易的主要障碍，主要障碍来自于一些非关税壁垒。

首先，东盟各国均对药品设置了程度不一的准入标准，而且目前尚未形成互认机制，严重阻碍了双边医药贸易的顺利发展。泰国的药品质量标准通常以泰国、美国、英国和国际药典为准，也部分参考日本药典和中国药典；新加坡的药品注册主要是在其药品法的大框架下实施的；在马来西亚，所有生产、进口、销售的药品及化妆品都要登记注册，并对生产商、批发商、进口商实行许可证制度管理；越南对医药行业的监管政策不透明，它虽允许国外厂商设立办事处，直接进口药品，但禁止在国内分销。

在东盟进行药品注册及贸易非一日之功。但值得注意的是，2010 年 4 月份在越南召开的东盟峰会已就东盟统一医药技术标准进行协商，将“东盟通用技术文件”作为制药公司向东盟 10 国提出药品批准申请的唯一格式。标准实现统一后，出口东盟的药品只需通过一个国家的申请认证，就可以在其他东盟国家通行。这是一个趋势和利好因素。

其次，中国医药产品仍难进入当地政府采购、公立医院等主流渠道。个别企业的产品成功进入了东盟一些国家的医疗保险体系，这仅是个个例。其中有市场开拓不力的问题，有当地注册门槛的问题，也有一些政治上的因素，有待各方面一起下大力度，共同推动解决。

第三，部分国家政治环境不稳定，假药盛行、国际药典（IP）制度缺乏、政府管理力度跟不上，成为目前中国企业进入东盟的一大障碍。

有利的方面是，在中药领域，中国—东盟双方产业的互补性突出，合作潜力巨大。如东盟国家丰富的药用植物资源，在一定程度上可缓解国内众多中医药企业因药材成本上涨带来的压力。

三、发展的主要障碍

发展的主要障碍表现为中医药在东盟各国中的法律地位、中医药服务提供者的资质认可和开业权等方面的问题，即表现为国内规制和市场准入 2 个方面政策措施和具体落实问题。

在 2007 年中国与东盟签署的自由贸易区《服务贸易协议》中，第五条“国内规制”的第四款，“为保证有关资格要求和程序、技术标准和许可要求的各项措施不致构成不必要的服务贸易壁垒，各缔约方应按照 GATS 第六条第四款的规定，共同审议有关这些纪律措施的谈判结果，以将这些措施纳入本协议。各缔约方注意到此类纪律应旨在特别保证以下要求：（一）依据客观的和透明的标准，例如提供服务的能力和资格；（二）不得超越为保证服务质量所必需限度的负担；（三）如为许可程序，则这些程序本身不成为对服务提供的限制。”以及第六款，“在已就专业服务作出具体承诺的部门，每一缔约方应规定适当程序，以核验任何其他方专业人员的能力。”

虽然中国与东盟签署了自由贸易区《服务贸易协议》中就“国内规制”和“市场准入”做了原则性指导意见，但对于中医服务贸易在商业存在、自然人流动提供模式方面的具体承诺较少，有承诺的国家的承诺水平也不高，成为制约中医服务贸易在东盟国家进一步发展的主要障碍。比如泰国立法承认中医医疗的合法性，但没有给予中医医疗机构合法地位，目前泰国所谓的“中医医院”，其合法注册的法人是泰医医院，也就是在泰医注册的医院中进行中医医疗服务。

（来源：中国产业调研网．http：//www.cir.cn/R _ NongLinMuYu/2015 — 06/ZhongYiYaoFuWu-

MaoYiZouChuQuDeDongMengJingYan. html. 2015－06－09）

东南亚电力市场投资现状及前景

在“一带一路”战略影响下，全球舆论聚焦中国提出的“加强全方位基础设施与互联互通建设”。而在能源领域，中国已经与相邻的东南亚国家展开了互联互通的尝试。事实上，随着东南亚国家经济崛起、能源缺口扩大，中国与东南亚地区在电力贸易、投资等方面的合作正在提速。

一、现状：布局东南亚水电居多

近年来，电力企业积极实施“走出去”战略，取得了良好的投资回报，积累了宝贵的国际化经验，为国际化经营和海外资源开发打下了基础。目前，新加坡与马来西亚、印度尼西亚与马来西亚、印度尼西亚与菲律宾，以及泰国与老挝等湄公河流域国家之间，已经局部实现了小范围的电力互联互通。

近年来，东南亚国家经济快速增长，电力需求高涨，但由于电力基础设施欠发达，电力供给缺口较大。国际能源署相关研究表明，东南亚地区有超过1/5的人口目前仍缺乏电力供应，到2035年东南亚国家的能源需求将增长80％以上，相当于当前日本的能源消费总量。

东南亚水电资源丰富，但开发水平落后，可用电力与开发资金双短缺，因此这也成了中国企业投资的绝好机会。资金短缺和开发水平落后正成为东南亚水电开发落后的两个主要障碍。

从地理位置上看，东南亚具备良好的送电条件。比如伊洛瓦底江江上游各电站距离中缅边境线平均距离在80公里以内，具备按特高压、大容量直接向中国负荷中心送电的良好条件。

与东南亚国家相比，中国电力企业具有资金的比较优势、先进的开发水平和丰富的经验。近几年来，电力企业积极实施“走出去”战略，取得了良好的投资回报，积累了宝贵的国际化经验，为国际化经营和海外资源开发打下了基础。

事实上，各大电力企业积极“走出去”开发水电还有一个因素，就是国内水电资源基本饱和。因此，电力企业在水电要实现“额外”突破，唯有“走出去”，东南亚则是目前最好的选择。东南亚邻近中国，很多流域是发源于中国，国内企业相对熟悉，开发较为容易。

世界自然基金会和国际可持续发展研究所在2014年发布的一份报告统计，中资企业在东南亚已经或计划融资或参与修建的水电项目有100多个，中国水利水电、大唐集团、国网新源、中国葛洲坝集团公司、中国重型机械总公司等企业均有进入。

二、探究：新能源大有作为

据IMS Research发布的最新报告显示，到2016年东南亚累计光伏安装总量，将达到约5吉瓦，安装量约是2011年的4倍。IMS Research的报告称，东南亚未来5年，每年将以50％的平均速度增长，这种增长潜力预示着该地区将是未来光伏市场的必争之地。面对当下远端市场的紧张局势，企业可以把更多的目光放在身边的东南亚市场，不必舍近求远。

泰国已成为东南亚市场的主要生力军，市场潜力巨大，未来将成为仅次于中国、日本、印度和澳大利亚的亚洲第5大光伏市场。泰国和菲律宾均用进口柴油发电，发电成本较高，因此利用可再生能源太阳能发电，是其不二选择。

印度尼西亚的光伏市场潜力仅次于泰国。印度尼西亚是世界上最大的群岛国家，由上万个岛屿组成，是亚洲唯一的南半球国家。标准的热带雨林气候，常年平均温度在25℃～27℃，四季差异不明显。由于地理条件的影响，印度尼西亚用电人口较少，人们高度依赖柴油机发电，由于日照条件比较好，所以分布式发电对该地区更有利，是可以发掘的潜在太阳能市场。到2016年，印度尼西亚预计将会有1吉瓦的太阳能光伏安装量，未来将占到整个东南亚地区20％的市场份额，是企业未来不可忽视的潜在机会。

除了光伏广阔的潜在市场空间，东南亚还拥有丰富的水电资源，但开发水平落后，可用电力与开发资金双短缺，因此这也成了中国企业投资的绝好机会。资金短缺和开发水平落后目前已成为湄公河次区域水电开发落后的两个主要障碍。早年华能可以顺利接手瑞丽江一级水电站工程，正是由于缅方资金短缺导致项目烂尾，最终由华能联合另外两家中方公司投资29.6亿元与缅甸政府合资建成，具体电量分配方案为中方85％，缅方15％。缅甸政府的收入除15％的电量外，还有20％的水电站利润以及中方上交的各种税费。

三、前景：“一揽子”方案有助于占领市场

2014年12月底，广西电网公司在柬埔寨金边

环网230千伏输变电工程顺利投产送电。这一项目是柬埔寨国家电力公司规划中的项目。业内人士认为，这意味着中国电网技术在东盟国家“落地生根”，同时也意味着中国独立自主的电网技术在发展中国家获得了更加广泛的认同。

经过几十年的发展，中国已经在长远距离超高压送变电基础、水电站建设技术等在全球具有领先地位。

由于地域上近在咫尺，中国与东南亚国家开展电力贸易与合作已经有多年历史。南方电网公司相关统计数据表明，2004年至2014年10年间，南方电网累计向越南送电约300亿千瓦时，2010年至2014年，累计向老挝送电超过5亿千瓦时。

与此同时，日本电力企业也在大力挖掘东南亚国家的电力市场。其优势在于：日本采取官民一体的方式推动电力企业“走向”东南亚国家，积极为包括缅甸、柬埔寨、越南等国家和地区提供日元贷款建设配送电网，相比之下，日本由于长期经济低迷，资金成本相对较低。

在与日资电力企业竞争过程中，中国企业获得东南亚国家的“认同感”尤为重要。2020年中国将与APEC成员国泰国实现联网并开展电力贸易，“中泰联网”将采用特高压直流输电技术，支持中国与东南亚国家之间的跨国电力贸易。

IHS剑桥能源首席清洁能源分析师王静预计，到2030年，缅甸、菲律宾、泰国等国家的电力装机量会达到2013年的2到3倍。

王静分析，在此情况下，中国和东南亚之间存在着巨大的合作机遇。作为区域内的电力大国，中国在煤电、水电、核电、风电、电网传输等方面拥有大量的技术和经验，中国企业可利用这些优势为东南亚各国建设新的发电容量以满足当地的电力需求。

业内人士指出，东南亚国家在能源上与中国具有较强的互补性，电力合作可利用中国在技术、工程、资金及人员方面的优势，促进东南亚国家电源开发、电网互联互通和基础设施建设。而在GMS，可依托大型水电、煤电等主力电源，建立基于互联电网的区域间电力贸易平台。

区域经济发展专家、桂林理工大学博士后曾鹏介绍，中国与东南亚之间的电力交易将带动包括缅甸北部伊洛瓦底江上游流域、萨尔温江中上游流域、湄公河大型水利项目的开发和建设，到2020年，中国与东南亚国家之间电力交换的总体规模预计将达到5000万千瓦。

曾鹏表示，在跨国电力企业的竞争不仅仅是技术、资金、管理能力的竞争，更是一个国家综合实力的竞争。为资源丰富但缺乏资金技术的东南亚国家提供完善的“一揽子”解决方案，才能对东南亚国家市场具备更强的掌控能力。

（来源：南方电网报．http://psd.bjx.com.cn/html/20150515/618953.shtml.2015－05－15）

东南亚电商市场蓄势待发 移动网络催生购物模式转变

2014年瑞银最新发布的一份研究报告指出，东盟地区网络购物占社会消费品零售总额的比例为0.2%，还属于“不成熟的”电商市场。而如果东南亚网络购物占其社会消费品零售总额的比例上升到5%，那么该地区电子商务规模将达到218亿美元。相比而言，目前在中国，电子商务占社会消费品零售总额的比例约为8%。

东南亚经济的快速增长带动了大量中产阶层的出现和巨大的消费需求，随着智能手机和无线移动网络的普及，电商将可能迎来爆发式增长。

一、中产阶层快速壮大，为东南亚提供了强大的消费力基础

价格有吸引力，只是电子商务的优势之一。除此之外，高效便捷、不受时空限制的特点，使其相比传统零售模式具有很强的竞争力。

前任研究报告的起草者、瑞士银行泰国研究和战略主管雷蒙德·马奎尔分析称，东南亚地区的消费者正从传统的零售商平台转向电商网站。该地区的网购渗透率不仅比通常认为的要高，而且由于低成本智能手机和无线移动网络的普及和发展，很快还将有新一轮的爆发式增长。

电子商务被认为是激发零售业消费的机会，如今，这个机会正在东南亚地区浮现。根据知名市场调研公司尼尔森的评估，在印度尼西亚、泰国、马来西亚、菲律宾和新加坡等国，中产阶级正快速壮大，这为东南亚地区提供了很强的消费力基础。此外，该地区的网络覆盖率和网络消费者人数也在持续增长。综合这些因素，将有越来越多的消费者在网络购物上投入更多的时间和金钱。

有分析者将东南亚地区的电商网站按照其营业额作出一项排名，其中，最大的5家电商分别是“爱买网”、“团购在线”、“瑞博”、“拉扎达”和

"扎罗拉"。排名第一的"爱买网"2013年的营业额为1.53亿新加坡元（约合7.65亿元人民币）。

不过，东盟各国在电子商务发展方面极不均衡。据统计，新加坡和马来西亚人口只占东盟所有国家的8%，但是二者的网络销售额却占到整个地区的50%。印度尼西亚作为地区第一人口大国，受制于相对落后的网络基础设施和物流体系，其网络购物占其社会消费品零售总额的比例仅为0.1%。比较而言，新加坡的比例为1%。

根据瑞银研究报告，总体而言，东盟地区网络购物占社会消费品零售总额的比例为0.2%，在当前还属于"不成熟的"电商市场。

不过，基数低从另一个角度看就意味着发展机遇巨大。报告分析，如果东盟地区网络购物占社会消费品零售总额的比例提高到5%，其市场规模将上升至218亿美元；如果这一比例提高到8%，其市场规模将达349亿美元。而在中国和美国，目前电商占零售总额的比例都在8%左右。

马奎尔还将东南亚目前的电商市场状况比作2006年至2008年之间的中国，当时，中国的网络购物渗透率由于宽带的普及翻了一倍，网络购物人数的暴增直接推动了中国电商市场的崛起。

马奎尔估计，目前东南亚地区的使用网络的人数为1.99亿，未来3年内将增长48%至2.94亿，而网络购物渗透率预计将从目前的32%增加到2017年的48%。

二、网络基础设施、支付体系、物流等数个瓶颈有待突破

尽管发展势头良好，但是东盟国家电子商务的发展不会一帆风顺，还有很多问题有待解决。网络基础设施的建设、支付体系的完善、物流服务的提升等都是东盟电商未来需要解决的问题。

以泰国为例，瑞银研究报告指出，仅仅一年半之前，作为东盟第2大经济体，泰国还是世界上3个没有3G的国家之一，其信用卡渗透率仅为5%。在菲律宾，即便是线下刷卡，不仅普及率很低而且常常还要收上一笔额外的刷卡手续费，其应用电子支付的程度就更加有限。

有分析称，马来西亚本地物流仍不完善，主要靠几家大的国际快递公司支撑快递业的发展。

不过，相比以上问题，如何在整个东盟的范围内有效整合一个电子商务的统一市场，是一个更大的难题。

东盟经济共同体按计划在2015年年底前建成，届时东盟将形成统一的市场和生产基地，货物、服务、投资和技术工人将在东盟成员国之间自由流动，资本往来更自由。不过，目前来看，这一目标要顺利实现困难还是很大，很多观察人士认为不太现实。即使东盟经济共同体如期建成，由于各国之间存在经济发展水平、语言文字、民族宗教等方面的差异，电商统一市场的建设仍将任重道远。

三、东南亚地区已成为国内电商海外拓展的重要战略据点

云南苏宁总经理杨万波表示，苏宁昆明物流基地项目同时也将成为苏宁进军东南亚市场的总部后台。2014年6月，在云南昆明，投资达4亿元、可容纳上千人办公的苏宁昆明物流基地一期工程综合楼日前迎来了封顶仪式，标志着苏宁打造东南亚大物流配送网络的战略进入了实际落地阶段。

不仅是苏宁，近年来，阿里巴巴等国内知名电商巨头在东南亚市场都有频繁的商业活动，世界上华侨、华人最多的东南亚地区已成为国内电商海外拓展的重要战略据点。

2012年11月，阿里巴巴在泰国曼谷开设其首家海外电商学校。2013年9月，淘宝网正式入驻新加坡市场，推出"淘宝网东南亚版"，为该地区用户供中英双语产品介绍、海外转运和国际支付三大服务。

东南亚经济的持续高速增长培养了大量中产阶层和巨大消费需求。东南亚是目前继美国、欧盟、中国等地区之后又一个有活力、有潜力的消费市场。

泰国中泰通语言学校的负责人张扬表示，现今中国国内电商市场竞争激烈，但东南亚的电商市场可能会迎来发展商机。经过这些年的运作，中国国内的电商企业已经形成了较为成熟的、经过市场检验的商业模式，加上东南亚地区广泛存在着华人社区，文化也相通，中国国内电商企业应当趁早着手布局东南亚的电商市场。

（来源：中国经济网．http://intl.ce.cn/sjjj/qy/201408/01/t20140801_3269727.shtml.2014－08－01）

东南亚吸引中国加速投资的六大商机

对于全球投资者而言，东南亚凭借其开放的投资环境、宽松的投资政策以及人力成本优势备受关注。与中国山水相连的东南亚正在吸引中国商人不断深挖商机。

中国和东盟于2014年正式同意开始自由贸易区升级版谈判，投资升级自不待言。未来5年，中国预计对外直接投资将超过5000亿美元。作为中国内地对海外投资的最主要目的地之一，东南亚投资至少存在6大商机。

一、东南亚电商市场规模或超218亿美元

瑞士联合银行于2014年发布报告称，东南亚地区的消费者愈发青睐电子商务网站。东南亚地区人口密集，低端智能手机的流行与移动网络连接日趋普及。就目前形势而言，网络购物仅占东南亚地区全部零售销售额的2%，但如果这一比例上升到5%，这个市场的规模可达到218亿美元。

中国电商巨头阿里巴巴于2014年5月宣布投资2.49亿美元入股新加坡邮政，共同构建“国际电商物流平台”，这意味着淘宝天猫上数以亿计的“中国制造”商品，将通过便捷物流进入东南亚，包邮“新马泰”成为可能。此外，日本最大的网络零售商Rakuten也加紧了在东南亚的布局。

二、巨头企业抢滩商旅市场

东南亚以其鲜明的风光文化和地理优势吸引着来自中国的大批游客，但语言不通、沟通不便仍是旅行便捷化的一大障碍，商旅便利化大有可为。2014年6月，中国旅游搜索巨头“去哪儿”网宣布投资东南亚最大的移动打车应用公司Grab Taxi。据了解，Grab Taxi在马来西亚、新加坡等15个城市被广泛应用，覆盖超过2万名出租车司机。同时，中国携程网亦将大力开拓总部位于东南亚的商旅公司客户。携程副总裁、商旅事业部CEO方继勤透露，携程商旅板块也会有收购计划。

三、房地产投资依旧高回报

东南亚地区热带气候，当地居民热情好客，自然条件清洁优渥，以及其丰富的旅游、教育、医疗资源，不续吸引房地产商投资。以泰国为典型的医疗房产成为新的投资趋势。自2004年起，由泰国政府卫生部门牵头，组合医疗服务、健康保健服务、传统草药产业3个领域，力推泰国成为“亚洲健康旅游中心”。领盛投资管理机构预期，亚太区的经济基本面整体上利好房地产市场，2014年大部分市场及物业的租金会呈现温和的增长趋势，新加坡精品酒店的开发仍具吸引力。

四、车企合资深化布局

近年来东南亚经济持续增长，中产阶层人数大幅增加。业内人士预计，2015年，东盟汽车销量有望超过日本，成为世界第5大汽车市场，其中泰国、马来西亚、新加坡3大市场占据东盟8成车市份额。目前中国车企已开始加速对该市场的布局。

中国车企布局东南亚主要通过合资合作方式，与本土大型企业联手。2014年6月，上汽集团泰国工厂正式投入运作。据报道称，马来西亚大型车企宝腾或与中国吉利集团结盟，共同开发中国和东南亚市场。而东风汽车也在加紧布局东南亚。

五、基础设施建设大有可为

中国国务院总理李克强关于高铁外交和中国装备的推介在世界范围走红。高盛公司发布的研究报告认为，2013～2020年东盟4大经济体马来西亚、泰国、印度尼西亚和菲律宾，基础设施投资需求将高达5000亿美元，这将给中国带来难得的投资机会。

快速城市化和城市人口增长将进一步增加对基础设施的需求，尽管东南亚各国城市化水平起点不同，但未来10年，东南亚快速的城市化和城市人口的增长，无疑将带动电力、城市道路、高速公路、铁路、港口、机场、供水和污水处理等关键领域的基础设施需求。

六、“蓝色经济”合作潜力大

2014年亚太经合组织（APEC）贸易部长会议于2014年8月通过《厦门宣言》，呼吁亚太地区就“蓝色经济”开展合作，强烈支持促进成员间互联互通，为物品服务、贸易和投资提供便利。中国国家海洋局副局长陈连增强调，制定“蓝色经济”合作框架，建立区域合作网络。“蓝色经济”被视为推动海洋及海岸带资源和生态系统可持续管理和保护、实现可持续发展的一种有效途径，并强调重视私营部门参与蓝色经济的发展与合作。

（来源：中国新闻网．http://finance.chinanews.com/cj/2014/09—07/6570185.shtml.2014—09—07）

东南亚造船业：风生水起　不容小觑

近年来，国际船舶市场进入深度调整期，需求

不足和产能严重过剩的局面成为常态，而劳动力成本低廉的东南亚国家如菲律宾、越南等，一直把造船业作为本国重点发展的产业之一，不断加大政策扶持力度。专家表示，依托国内政策支持、较低的人力成本以及日本、韩国大型船企的技术和资本输入，东南亚各国造船业的发展潜力正不断提升。

一、现状：初具规模

东南亚国家中，目前造船业发展较快且已具规模的主要是菲律宾和越南，其中菲律宾的年造船完工量已超过欧洲，位居中国、韩国和日本之后。其他国家如印度尼西亚、马来西亚、泰国等，仅建造一些吨位较小的船舶，尚不具规模。克拉克松公司的统计数据显示，截至2015年2月底，菲律宾、越南船企手持新船订单分别为69艘、600万载重吨，60艘、130万载重吨。其中，菲律宾船企手持订单中，主要包括4艘超大型油船、22艘集装箱船、33艘散货船以及8艘液化石油气船。越南船企手持订单中，主要包括20艘油船、6艘散货船和23艘海工船舶。这2个国家船企手持订单总额分别为33亿美元、13亿美元。

东南亚国家船企中，目前规模较大的主要有菲律宾韩进苏比克船厂、菲律宾常石重工宿务船厂和越南现代越新船厂。其中，韩进苏比克船厂是韩国韩进重工在菲律宾苏比克湾投资建设的船厂，一期工程耗资约16亿美元，于2007年11月竣工，占地240万平方米，建有一座长370米、宽100米、深12.5米的船坞。克拉克松公司的统计数据显示，其2014年的造船完工量为19艘、123万载重吨，截至2015年2月底手持新船订单34艘、377.1万载重吨。常石重工宿务船厂是日本常石集团于1994年在菲律宾宿务岛投资建设的一家船厂，与日本本土船厂一样，主要建造散货船。克拉克松公司的统计数据显示，其2014年的造船完工量为20艘、163.1万载重吨，截至2015年2月底手持新船订单33艘、222.4万载重吨。现代越新船厂是韩国现代集团和越南船舶工业集团于1996年合资成立的一家船厂，主要建造散货船，近年来开始涉足油船建造业务。克拉克松公司的统计数据显示，其2014年的造船完工量为8艘、38.7万载重吨，截至2015年2月底手持新船订单21艘、100.3万载重吨。

中国船舶工业经济与市场研究中心产业分析师孙崇波表示，日本和韩国船企在推动东南亚造船业发展方面起到了重要作用，日本和韩国船企不仅在当地投资生产设施，还为船厂提供技术和管理支持，并培养了大批人才。虽然东南亚各国对发展造船业支持力度很大，但因造船业是“综合工业之冠”，对一国的工业基础、配套产业链和人员素质等要求较高，发展起来需要较长时期的投入和积累。同时，日韩船企主要将东南亚的船厂定位为生产基地，大多建造技术含量相对较低的散货船。因此，这些国家的造船业从整体上看还处于发展初期。

二、未来：潜力不小

虽然起步较晚且处于国际船舶市场的深度调整期，但东南亚国家在发展造船业方面依然具有发展潜力，近年来纷纷加大政策支持力度，吸引国外投资，谋求更大的发展。孙崇波表示，劳动力资源丰富和人工成本相对较低，是东南亚国家发展造船业的重要优势，再加上政府的大力支持，其发展前景比较乐观。

东南亚国家中，菲律宾造船业近年来的发展速度最快。尤其在韩进重工的帮助下，该国迅速跻身世界第4大造船国。根据韩进重工的计划，韩进苏比克船厂二期工程将增加一座长550米、宽135米、深13.5米的超大型船坞和岸线长1.7公里的舾装码头，配备两座600吨龙门吊，届时其年造船完工量将达到40艘。未来随着韩进苏比克船厂二期工程的推进，菲律宾的造船能力将持续提升。此外，日本常石造船也计划进一步扩大在东南亚的造船设施投资，有望在菲律宾建设第2家船厂。

越南政府近年来在推动本国造船业发展方面可谓“不遗余力”。通过兼并重组，越南交通运输部于2013年年底成立了由该国政府100%控股的越南船舶工业总公司。2014年11月，越南政府颁布有关批准《造船工业发展行动计划》的决定，将按集中利用现有的基础设施和人力资源的原则，对国内船企进行结构重组，推动造船配套业发展，建立1个研发中心，为设在越南北部、中部和南部的3个造船产业集群服务。据悉，三星重工目前也计划进军越南，在当地投资造船业。

东南亚其他国家中，印度尼西亚、马来西亚、泰国等近年来也纷纷出台措施，推动本国造船业发展。其中，印度尼西亚政府批准成立由外资100%控股的造船企业，并已吸引常石集团到该国投资建设一家新船厂，主要建造近海船舶，以满足国内运输需求。马来西亚和泰国也计划扩大造船规模，提升造船能力。

孙崇波认为，总体来看，虽然发展还面临诸多问题，但东南亚造船业目前已经具备了一定的规模和基础。随着中国、日本和韩国三大造船国家劳动力成本上升，菲律宾、越南等国的优势将进一步凸显。日韩船企近两年纷纷扩大海外造船规模，并将成品油船、超大型集装箱船等产品转移至东南亚船厂建造，也是利用当地的低劳动力成本优势，进一步提高造船盈利水平，改善经营业绩。未来东南亚造船业的增长潜力不容小觑。

（来源：中国船舶网．http://www.chinaship.cn/shipbuilding/2015/0403/3325.html.2015－04－03）

借自由贸易区升级东风
自主品牌东盟逆袭在望

东盟汽车市场从来就不缺少中国企业的身影。然而，遗憾的是，在当地“打拼”数十年之后，中国的自主品牌依旧只是个“跑龙套”的角色，连配角都算不上。随着中国—东盟自由贸易区首轮升级谈判结束，中国—东盟自由贸易区升级版的雏形已经显现。

根据自由贸易区升级版的目标，争取到2015年双方双向贸易额达到5000亿美元，到2020年达到1万亿美元。由于经贸的快速发展，东盟的弱势局面有望改变，同时也将迎来升级考验。

20世纪90年代，中国自主品牌汽车企业已经开始进入东盟市场。如今，几乎所有自主品牌均与东盟国家建立了贸易往来，争抢这块硕大的“蛋糕”。据统计，2013年，仅马来西亚、泰国、印度尼西亚3个东盟国家的汽车市场规模就超过了300万辆，而且每年以5％的速度递增。拥有6亿人口的东盟国家，有望成为全球第5大汽车市场。

一、发展并不理想

然而经过数十年的发展，中国自主品牌汽车企业在东盟市场并未取得预期的效果。在第4届中国—东盟汽车、工程机械及零部件博览会暨“中国—东盟汽车产业合作发展论坛”上，来自泰国的一位经销商直言，对于中国的自主品牌汽车毫无印象。

从东盟各国的汽车市场结构来看，泰国市场90％的市场份额被日系车企占据。同样，在马来西亚市场，中国的自主品牌汽车只占不到1％，且销量呈下滑之势。马来西亚政府代表曾指出，奇瑞汽车是马来西亚市场销量第一的中国汽车品牌，2012年在当地销量为1600辆，而2013年仅为700余辆。

据调查显示，即便在东盟有工厂的中国汽车企业，在当地的规模也普遍较小，年销量基本维持在1000辆以下。据东风柳汽东盟市场负责人介绍，在东盟，不管是乘用车还是商用车，几乎都被日系品牌垄断，日系车在很多国家的市场占有率高达90％。

二、输在起跑线上

“深耕”数十年，却收效甚微。江淮汽车东盟市场负责人表示，日系品牌之所以有能力主导东盟市场，很大程度上由于日系品牌进入的时间早，在当地有较为完善的支撑体系。就产品本身而言，日系品牌在东盟市场投放的产品和中国企业向东盟输出的产品没有太大的差别，并且自主品牌的产品性价比普遍要高于日系品牌。

完备的汽车金融体系是日系品牌在东盟市场的另一个重要筹码。据了解，东盟汽车消费市场的显著特点和金融服务结合紧密，在当地汽车消费中，贷款比例达到70％。所以，日本汽车企业进入东盟市场时，一并引入了其相应的金融服务体系。对于自主品牌而言，即便是在国内市场，汽车金融渗透率仅为16％，带着融资渠道一起“走出去”更加艰难。东风柳汽东盟市场负责人表示，由于自主品牌在海外市场的规模小，中国国内的金融机构不愿意与汽车企业在海外合作。此外，国内、国外政策上的限制较多则是另一个重要原因。

中国汽车技术研究中心汽车技术情报研究所总工程师黄永和认为，东盟国家的汽车零部件工业基础较差，是中国自主品牌在当地发展的重要制约因素。由于东盟国家的零部件产业落后，自主品牌又没有达到能带领配套企业一起走进东盟的实力，所以从当地进口零部件基本不可能，而关税制度上的不合理又进一步加剧了此类问题。

三、借自由贸易区升级东风

黄永和指出，由于原先中国—东盟自由贸易区协定推进不到位，在一定程度上对中国自主品牌汽车企业在东盟国家的发展产生了影响。另外，部分国家没有严格执行自由贸易区协定，该降的关税没降，该开放的产业没有开放，中国自主品牌汽车企业在东盟市场仍然遇到很多贸易壁垒。

然而，随着自由贸易区升级谈判的逐级进行，这些制约自主品牌在东盟发展的瓶颈有望打破。根据打造中国—东盟自由贸易区升级版的要求，中国企业在东盟的投资将从传统加工制造、基础设施向金融服务、电子商务等新兴领域转变。同时，将加快推进境外人民币结算业务，形成互联互通的金融支撑体系，推动通关便利化，形成对外开放的新格局。江淮汽车东盟市场负责人表示，如果中国—东盟自由贸易区升级版的要求能够顺利推进，自主品牌汽车企业在东盟国家的发展将发生质的变化，江淮汽车也可以以低关税引进零部件，也能有完善的汽车金融体系，这样也就具备了和日系品牌抢市场的条件。

同时，黄永和指出，和中国汽车市场一样，东盟国家的汽车市场也进入了平稳增长阶段，大城市逐渐饱和，小城市和农村市场仍有较大的开拓空间。自主品牌汽车企业还应多关注目前经济落后的东盟国家，随着各国贸易的不断深化，这些国家的汽车市场潜力巨大。

（来源：中国青年网 . http://auto. youth. cn/2014/1017/458137. shtml. 2014—10—17）

受益于电商崛起
东南亚物流市场爆发

如果用户在印度尼西亚想寄送一个包裹，首先想到的是JNE快递公司。该快递公司的服务网点遍布各地，随便在家门口就能找到一个。JNE目前是印度尼西亚物流市场的领军人物。JNE在印度尼西亚群岛设有3500家实体店面、7000辆运送摩托车、2000辆厢式货车，并且租用卡车和货船在偏远的小岛之间送货。从物流的角度来看，17000多个小岛组成的印度尼西亚实在是快递产业的“噩梦”。

然而在这个零落分散的群岛国家，JNE成了间接的受益者。促成JNE成功的还有另外三个印度尼西亚社会经济发展的因素：中产阶级的崛起，数字化发展和电商兴起。国家快速增长的GDP创造了新的需求和强大的消费能力。另外，在印度尼西亚有8500万人口使用互联网，其中大多数消费者居住在远离主要城市中心的偏远地区。对于这部分消费者，网上购物不仅仅只是图个方便，而是没有办法中的办法。

正是这些消费者促进了印度尼西亚电商产业的蓬勃发展。根据路透社消息，如今JNE每月派送的电子商务订单平均在400万件左右。由于网上购物呈现明显的上升趋势，平均月派送订单数量还将迎来大幅增长。

一、发展中的机遇

在印度尼西亚所有这些发展都处于循序渐进的状态，因为整个国家的经济发展一直保持稳定。具有敏锐商业头脑的企业家们早就察觉出了发展潜力，牢牢盯着这块市场。

2012年，定居泰国的德国人彼得科皮茨成为泰国火箭网的创业团队中的一员，从此开始了东南亚创业之旅。科皮茨与他人合伙创办了Zalora在泰国的分公司，也就是火箭网的在线时装商店，并担任总经理一职。

凭借丰富的电商经验和雄厚的资本，火箭网决心要在东南亚的电子商务行业开辟一条属于自己的道路——同时在该地区成立多个创业公司，其中就包括印度尼西亚。斯坦福印度尼西亚籍毕业生哈迪卫纳斯被科皮茨聘请，成为Zalora印度尼西亚分公司的合伙创始人兼总经理。

在火箭网登陆这片市场之前，东南亚已经在数字化领域取得了十分瞩目的成就。尤其是在印度尼西亚，博客和在线论坛的发展异常繁荣。当然，互联网也经常被用来做买卖交易。Tokobagus是一个成立于2005年的分类广告网站（现已更名为OLX）。Tokopedia是一家起步于2009年的电子商务市场。还有Berrybenka，类似于Zalora的在线时装商店，成立于2011年。

2012年火箭网初入该市场时，该公司对即将面临的新环境毫无头绪，甚至还动起了重塑市场的念头。要在该市场成立大规模的B2C（企业对消费者的电子商务模式）网站，即Zalora，仅靠当地已有的物流供应商是远远不够的。

科皮茨解释道，Zalora泰国分公司在曼谷和清迈分别组立了自己的配送中心，向各个城市快速高效的派送包裹。另外，公司还不得不接受东南亚人民早已习惯的支付方式——现金到付。总之，公司与物流合作伙伴之间的合作关系十分融洽，在实际配送过程中，Zalora的信息系统也获得了进一步的整合。

二、新一代电子商务推动者

在泰国经历初创Zalora的痛苦之后，科皮茨又发现了新的机会。2013年2月，科皮茨加入了泰国的风头资本公司Ardent，担任公司顾问和投资者，同时还带去了自己的新计划。

Ardent Capital是由Paul、Tom和John Srivorakul三兄弟创立的投资公司。

科皮茨和 Ardent 共同意识到专业的“电商推动”可能会发展成为一种独立的商业模式。于是，就有了 aCommerce，专门提供端对端的服务，尤其是为电商客户提供此类服务。这些服务包括库存和配送、技术、市场以及客户支持。

aCommerce 起步于泰国，并在主要的东南亚城市设立了分店，比如雅加达。

如此新颖的概念，让 aCommerce 在上市后不久就跻身于契尔氏（Kiehl's）和雀巢等大品牌行列，更值得注意的是，aCommerce 完成了东南亚历史上迄今为止规模最大的 A 轮融资。

Zalora 和其他火箭网旗下的公司都是 aCommerce 的客户。在印度尼西亚，Berrybenka 这一类的公司目前已经离不开 aCommerce 提供的端对端服务。根据科皮茨透露，在公司成立 1 年半之后，aCommerce 的员工数已经扩展到 500 名。

三、邮政服务的发展

仓储和派送并不是 aCommerce 的唯一优势，在大多数情况下，公司自身拥有的 50 到 60 辆货车和摩托车完全不够用。如果想要覆盖所有的地区，显然 aCommerce 需要和当地的第三方物流公司（3PL）合作。在印度尼西亚，最后一英里（约 1.6 公里）的配送尤其复杂，但是像 JNE 这类的 3PL 却拥有最大的物流网络。

其他成熟的物流公司也抓住机会。在新加坡，国家邮政服务 SingPost 斥巨资投资 aCommerce 的物流集散中心。通过 ezycommerce，Sing Post 也建立了不少电商客户，向其提供类似于 aCommerce 的服务。此外，Sing Post 还经营着 e-Commerce，另一个东南亚在线零售商的推动者。

传统的第三方物流公司，比如 RPX，联邦快递印度尼西亚子公司目前正在转型中。

过去 RPX 一直服务于企业对企业的电商模式以及国际快递派送。公司总裁 Andry Adiwinarso 表示，企业一直觉得单个零售商带给企业的利润有限。意识到已错失良机，Adiwinarso 决定带领 RPX 进行战略转型。

该公司决定提高对电商客户和个体在线商户需求的关注。Andry Adiwinarso 重新提出了要以国际标准和高可靠性来向这些客户提供物流服务。再加上 RPX 内部整合了信息系统，这就意味着用户可以实时地在网上跟踪他们的包裹，因为每到一个集散点，系统都会录入信息。配送和支付也全部进行了数字化更新。每个 RPX 的送货人员都配备了一个手持设备，可以在完成配送后立刻在客户系统中更新订单详情。而其他当地的第三方物流公司很难提供如此技术成熟的服务。

RPX 预测 2015 年每月将为电商客户平均配送 10 万多个包裹。这个数字距离 JNE 的 400 万还差很远。另外，Zalora、Lazada、Blibli 这些公司都与 RPX 有合作。

四、专业化程度提高

类似于 aCommerce 这样的服务已经逐步深入到迷宫般的印度尼西亚物流市场，为印度尼西亚的电商创业公司提供了即时的合作系统，但是这个系统依然依赖第三方物流公司的协助。科皮茨称，包裹的大小、派送区域、付款方式，以及速度和价格等，都会影响到最后的实际效果。更何况，货到付款还是一个十分棘手的问题。从消费者的角度而言，消费者倾向于货到付款，因为只有收到实物后消费者才会愿意付钱。但这种方式对于商家而言，风险太大。

正因为如此，RPX 亲自挑选企业的派送员负责货到付款的订单。这类责任重大的派送员中 90％都是公司内部职员。这也就解释了 RPX 为什么只在印度尼西亚的 28 个城市提供货到付款服务。

与此同时，aCommerce 也摸索出了一条应对现金支付所带来的风险的道路。该公司的派送员用智能手机拍下整个交易过程，包括买家的房子，然后长传照片作为交易完成的证据。

这些对货到付款专业化和安全化的尝试正是希望建立一个规范化的货到付款形式。随着货到付款的流程越来越规范，人们会逐渐接受这种付款方式，科皮茨表示，在印度尼西亚，70％的交易均以货到付款完成，未来还有上升的趋势。不仅是科皮茨，Adiwinarao 同样也认为在未来 5 年里货到付款会成为印度尼西亚主流的支付方式。

五、从在线到离线

2014 年 8 月，RPX 与遍布印度尼西亚的连锁便利店 Indomaret 达成了战略合作协议。用户可以把包裹放在附近的 Indomaret 连锁店，即使用户在雅加达，其包裹也可以通过 RPX 送到任何地方。Adiwinarao 表示，公司希望借此在全国范围内推行此服务。未来，Adiwinarao 希望在 Indomaret 连锁店里建立取件和支付点。Indomaret 连锁店营业时间长，周末营业对于用户而言，消费十分便捷。

在泰国，Zalora 与 7—11 便利店合作，作为其指定取件点，证明此方法有效可行且十分便捷。在新加坡，Zalora在7—11便利店试行了“取件付款”服务，2013年5月PRX同样试图在印度尼西亚与当地的Indomaret合作推出相似的服务。aCommerce也尝试过与当地便利店建立合作关系，但是科皮茨表示，整体效果不算理想。科皮茨透露，aCommerce正在寻找与加油站的合作，希望在曼谷实现“亚马逊式”的仓储。这些自助式的取件服务可以让客户更加便捷地拿到自己的包裹。

大多数印度尼西亚的新兴电商都把通过实体店面取件、付款和寄件视为制胜王牌。Matahari Mall，印度尼西亚最大金融控股集团Lippo Group投资的电商网站，欲利用其Matahari零售商店的强大网络实现方便快捷的配送服务。

六、市场巩固加强

在印度尼西亚，aCommerce和Matahari Mall两大公司几乎同时起步发展。早前aCommerce宣布将接管Matahari Mall的端到端电商运营，一旦正式接管，aCommerce将成为印度尼西亚最大的电商账户拥有者。

科皮茨表示，该公司已经为接管Matahari Mall建造了大量的仓库，而且已经试运行了系统。科皮茨透露，一切良好可以正式投入使用。

前aCommerce印度尼西亚分公司的共同首席执行官卫纳斯已经正式加入Matahari Mall出任首席执行官。科皮茨将离开泰国总部的集团首席运营官职位，暂时前往印度尼西亚填补卫纳斯离职的空缺，公司未来发展变化实难预测。

而aCommerce在印度尼西亚的竞争对手正在形成。Sing Post和印度尼西亚最大的手机零售商Trikomsel已在筹划建立印度尼西亚的另外一个电商服务公司。与此同时，日本软银间接购买了1.2亿美元的Trikomsel股票。因此，当印度尼西亚的Lazada和Matahari Mall在为谁是印度尼西亚最佳电商争得不可开交时，一批幕后公司如aCommerce，SingPost和Trikomsel正在寻找发展的机会。

（来源：猎云网．http：//www.lieyunwang.com/archives/84168.2015—05—04）

中国卫浴向东盟看齐

如果说关税和反倾销是阻挡在中国企业走出国门路上的壁垒，那么中国—东盟自由贸易区的“零关税”政策，无疑是东盟市场为中国企业敞开大门。通过这扇大门，越来越多的中国出口企业从遇冷的欧美市场转移到东盟市场。其中中国卫浴产品表现突出。

据数据显示，2014年前3个季度，中国对外卫浴前10位出口目的国中，东盟国家占据了半壁江山，占据了中国卫浴出口超1/5的份额。泰国、新加坡、马来西亚、越南等国成为每年中国卫浴出口十大目的国榜单上的常客。从目前出口卫浴的市场份额来看，中国卫浴向东盟市场出口，前景可期。

一、“西市”不亮“东市”亮

从2011年开始，中国的卫浴产品频遭欧美、印度、韩国等市场的反倾销调查，致使中国卫浴行业在当地丧失了不少市场份额。与此同时，全球卫浴产地遍地开花，包括巴西、中东、土耳其、印度、俄罗斯等在内的国家和地区纷纷发展本土卫浴产业，并且生产线都较为先进。2014年1～9月，中国传统卫浴出口市场中的欧洲、南美洲市场出口额大幅下降，同比分别下降了30.81%、26.18%，遭遇寒流。

与之相反的是东盟市场逐年回暖。以2013年中国陶瓷砖出口增速为例，马来西亚增速为121.06%、新加坡为46.93%、泰国为46.12%，表现突出。冷暖之间，东盟市场的确值得中国卫浴企业，甚至是其他企业去关注和研究。

与欧美等发达国家和地区相比，东盟市场实际上具备不少优势。首先就是关税优惠和政策支持。自2010年1月1日起，中国和老东盟成员（文莱、印度尼西亚、马来西亚、菲律宾、新加坡、泰国）超过9成的产品关税降为零，与新东盟成员（柬埔寨、老挝、缅甸和越南）的关税在2015年也将逐步降为零，可极大降低企业出口的成本。随着升级版中国—东盟自由贸易区谈判的启动，更多政策红利将惠及出口东盟的企业。

其次，区位优势明显，交通互联、文化相近，市场潜力大。东盟大多数国家与中国毗邻，甚至山水相连，地缘相亲、人文相近，中国企业能较好地适应东盟的商业环境。在中国与东盟共建“21世纪海上丝绸之路”的大背景下，中国—东盟区域将迎来新一轮交通基础设施的建设高潮，企业淘金东盟之路将更为畅通。

最后是产品竞争力相对大，出口风险较低。中国卫浴产品的生产和研发能力在东盟地区具有一定的竞争力，产品在达到国际标准的基础上，退货的风险较低。

这些优势如同灯盏，在出口贸易市场的黎明中照亮了东盟市场，企业寻着光源可以尝试找到新的发展方向。特别是随着中国—东盟自由贸易区的提档升级，自由贸易区政策红利的进一步释放，中国卫浴有望在东盟市场上赢得更大的市场份额。

二、了解政策　尽享优惠

关税优惠是东盟市场最为显著的优势。然而不仅仅是对中国卫浴企业而言，目前许多企业对如何利用中国—东盟自由贸易区的优惠关税政策仍处于一知半解的状态。大多数企业，特别是中小企业只了解中国与东盟已建立自由贸易区，迎来零关税时代，但是企业出口的产品究竟能否办理 FORM E（中国—东盟自由贸易区优惠原产地证明书），通过办理 FORM E 可享受多少优惠，节约多少成本则概念模糊。

无论是中国卫浴产品还是其他产品，要想出口到东盟国家，并享受零关税待遇，就必须符合下列条件之一：一是产品完全原产于中国；二是来自非中国—东盟自由贸易区成员国的原材料货值占出口产品的货值不超过 60%；三是来自非中国—东盟自由贸易区成员国的原材料经过充分加工后制得的产品。

而满足以上条件之一的出口产品同时应在产品的运输途中，未经过任何非中国—东盟自由贸易区成员国境内，或者途中经过非中国—东盟自由贸易区成员国境内时，不论是否在这些国家转换运输工具或作临时储存（装卸或其他为使产品保持良好状态的处理除外），产品在这些国家须未经任何其他操作。

目前，满足以上条件的卫浴产品可到各地的出入境检验检疫机构申请签发 FORM E。持有该证书的卫浴产品，即能在出口国海关享受自由贸易区的关税减免待遇。

那么通过办理 FORM E 进入东盟市场的卫浴产品可享受多少优惠？卫浴类产品列在《税则》6910 子目项下，包括陶瓷洗涤槽、脸盆、脸盆座、浴缸、坐浴盆、抽水马桶、水箱、小便池及其他产品。卫浴类设备在 2003 年实施的税率为 21%，根据中国—东盟自由贸易区协定的降税模式，卫浴类产品 2005 年至 2009 年实施税率为 10%，2009 年降至 5%，2010 年实现零关税。以泰国为例，2010 年实行零关税之前，卫浴用品（税目 6910 下）的税率达到 30%，同时征收每公斤 3.75 泰铢的从量税。因此办理 FORM E 并用好中国—东盟自由贸易区零关税的优惠政策将极大地降低产品的成本，是中国卫浴企业进一步打开东盟市场的妙方。

不过在中国—东盟自由贸易区的降税清单中，同样的商品在不同的国家，关税税率也不同，降税的幅度和时间表差别很大。因此卫浴出口企业还需掌握降税的有关知识，清楚自身的产品出口到哪些国家可享受关税优惠待遇，知道优惠幅度有多大，才能在外贸谈判中有效利用降税的优惠，切实提高出口效益，进一步站稳东盟的卫浴市场。

三、扎根市场　质量先行

实际上产品要想扎根市场，不重视提升自身质量，树立品牌，单凭政策、物流降低成本，主打价格优势都不是长久的竞争之策。

由于前几年中国部分企业出口卫浴产品主要为消化库存，在质量上没有严格把关，也没有制定品牌战略的意识，导致国际市场对中国卫浴形成“泛滥成灾”、“低价货”的成见。甚至是在卫浴生产技术还相对落后的东盟国家，中国卫浴市场也依旧不在“品质过硬”的行列。

目前，制约中国建筑卫生陶瓷发展的是行业产业结构和出口企业结构。中国卫浴出口数量庞大，但缺乏国际知名品牌，技术含量和附加值较低。多而散的商贸出口企业在国际市场上没有价格话语权，只有靠价格竞争和提高出口数量获利，易遭遇贸易政策限制。因此，提高中国卫浴出口的效益，变追求出口数量为追求出口质量，才是应对反倾销和走向东盟、扎根当地市场的正确措施。

事实上，针对国际反倾销，中国一些有实力、产品质量佳的大企业通过提高自检能力、加大研发力度、整改生产问题、完善企业管理等举措，经历“反倾销”后，无论是出口额、出口量，以及市场占有率都有不同程度的增长。这充分说明中国卫浴产品在质量和竞争力上是可以达到国际行业水平的。加之目前中国与东盟经贸往来活跃，优惠政策叠加，中国卫浴或其他企业若能充分认识到中国—东盟自由贸易区关税优惠政策的重要战略价值，扎实研究东盟市场需求，利用好“近水楼台”等天然优势，中国卫浴企业将可以在东盟这片沃土上迎来出口市场的新一轮曙光。

（来源：中国—东盟传媒网．http://www.china—asean—media.com/_d276748459.htm.2015—01—20）

东盟国别行业专题分析

文　莱

文莱水泥行业概况

随着区域经济一体化的深入，2015 年东盟的 10 个成员国的贸易格局将出现巨大变化，水泥等商品的关税税率将被取消。

众所周知，1992 年 1 月，第 4 次东盟首脑会议正式提出建立中国—东盟自由贸易区，以支持各联盟国的更好发展。2015 年年底，将建成东盟经济共同体，届时东盟国家将消除关税利率以促进商品自由流动。东盟经济共同体设想有以下几个特点：

第一，单一市场和生产基地；

第二，高度竞争经济区；

第三，公平经济开发区；

第四，完全融入全球经济。

东盟 10 个成员国的水泥行业发展普遍活跃，且各有特点。就东南亚地区而言，越南的水泥行业规模最大，全国有 58 个综合水泥厂，水泥产能达到 9140 万吨/年；第 2 大水泥生产国是印度尼西亚，与越南的产能和工厂数量差距较大。目前印度尼西亚有 15 个综合水泥厂，年产能为 6310 万吨；泰国、菲律宾和马来西亚都具有较大的水泥市场，与以上国家相比，新加坡和文莱没有综合水泥厂，但这两个国家的基础设施和房地产建设仍需大量水泥建设。

一、文莱水泥发展背景

历史上，文莱曾是东南亚一个贫穷落后的农业小国，从 20 世纪初发现石油到 20 世纪 60、70 年代的大量开采，文莱的经济结构发生了根本性变化，石油和天然气开采业成为经济的支柱产业，这两个产业为文莱政府带来丰厚的外汇收入，加之国家人口少，文莱经济迅速发展，目前文莱已经发展成富甲一方的国家。

随着文莱经济的发展，文莱大力发展基础设施和民用住宅相关建设，建筑业出现新一轮发展热潮，成为仅次于油气工业的重要产业，文莱对合金钢材、钢铁、陶瓷、化学建材、水泥等建筑材料的需求量水涨船高。但由于工业基础薄弱，文莱的水泥、钢筋等基础建材供不应求，进口不断扩大。

二、文莱水泥工业现状

文莱穆阿拉有一个年产能 550 万吨的粉磨站，这个粉磨站由海德堡水泥（占 70%股份）和文莱 PJ 集团有限公司（占 30%股份）合资成立。该粉磨站利用进口的熟料和石膏生产特种水泥，包括抗硫酸盐的油井水泥。从海德堡水泥获悉，目前该粉磨站生产等级为 62.5N 的普通硅酸盐水泥（OPC）。

据 USGS 资料显示，2011 年文莱国内水泥需求量约为 33 万吨/年，水泥产量为 27.5 万吨，是之前 5 年以来产量最大的年份。

2005 年 2 月，为了稳定国内的水泥价格，确保水泥的持续供应，文莱政府允许进口水泥。当地承包商从外国进口的水泥，价格比在国内生产的便宜。由于政府的自由市场政策，文莱的水泥进口一直呈现上升的趋势，因此文莱水泥市场的竞争较为激烈。由于进口竞争影响，海德堡水泥产能利用率在 50%左右，其市场占有率达到 83%。从中国和泰国进口的水泥较国内生产的水泥价格低，其原因是由于文莱国内只有一家水泥厂，市场竞争力较弱。

三、文莱水泥行业发展展望

IMF 预测，文莱 2015 年与 2016 年 GDP 增速分别为 3%和 3.3%。USGS 表示由于进口竞争较为激烈，因此国内没有新建水泥生产线计划。随着 ASEAN 经济一体化的深入，文莱的建筑业和水泥工业将发生很大变化，进口水泥价格将更加低廉。尽管昂贵的原材料和燃料进口会让海德堡水泥生产成本在进口竞争中处于劣势，但文莱国内的水泥生产商仍能获得极高的利润。

四、中国水泥产品出口文莱的机遇

目前，文莱建筑行业发展持续活跃，给中国建材业开启了拓展文莱市场的良机。中国是世界上最大的建筑材料生产国和消费国。水泥、平板玻璃、建筑卫生陶瓷、石材和墙体材料等产量稳居世界第 1 位。同时，中国建材产品质量不断提高，能源和原材料消耗逐年下降，新型建材不断涌现，产品持续升级换代。

基于中国水泥等建材产品的优势，随着中国—东盟自由贸易区建设进程的加快，建材产品出口到文莱等东盟成本更低，中国建材企业应该抓住零关税机遇，抢滩文莱等东盟国家的建材市场。

（来源：综合整理自《中华建筑报》、云南网）

文莱油气行业未来发展前景堪忧

国际货币基金组织（IMF）《2014 年文莱经济展望报告》中对文莱经济增长潜力保持乐观的态度，并赞扬文莱政府在财政预算中推行的严谨作风。同时 IMF 也认为，在全球能源行业的逐步复苏下，2014 年文莱的国内生产总值（GDP）一改 2013 年经济萎缩的局面。有分析称，文莱的经济复苏不应仅靠油气领域的增长，而应依靠经济多元化的贡献。

IMF 在这份经济展望报告中也指出，文莱在 2013 年面临 1.8%的经济萎缩，主要在于国内的油气工业设施维修保养的时间比预期的长，导致能源行业对经济增长的贡献与 2012 年相比下跌 7.2%。相关的维修工程始于 2012 年，在过去 2 年中对文莱的经济发展造成了冲击。

文莱目前的 GDP 约 2/3 乃来自油气行业，而油气领域更是占据出口总额与政府财政收入的约 90%以上。文莱政府已经注意到了国家过度依赖油气行业的现状，并已在过去数年积极推行多项长期计划，以让国家经济多元化，并提升私人领域对经济发展的贡献。这些都能在文莱苏丹近几年的新年贺词中得到印证。

尽管全球能源行业看似有复苏的迹象，但分析认为，文莱依然需要在国家经济发展多元化的道路上持续地投入更多的资源。毕竟，油气类能源非可再生资源，即便全球能源市场复苏，以文莱目前所拥有的油气资源，仍不足以应对未来 100 年，甚至是 50 年的发展。

表：文莱 2011 年至 2016 年的经济数据与预测

	2011	2012	2013	2014*	2015*	2016*
经济成长（%）	3.4	0.9	−1.8	5.8	3.0	3.4
能源领域增长（%）	3.3	−2.5	−7.2	8.0	0.6	4.3
非能源领域增长（%）	3.5	4.0	2.7	4.1	4.8	2.7
整体财政盈余（%，占 GDP 比重）	28.1	16.8	16.6	20.7	17.2	19.5
扣除油气领域贡献的财政赤字（%，占 GDP 比重）	−22.3	−26.0	−25.1	−24.8	−26.1	−25.3

注释：* 为 IMF 预测数据

（来源：马来安邦按 IMF 资料整理）

因此，文莱政府应该持续推行“亲商”政策的力度，以打造一个能吸引外资的经商环境，推动国家落实转型的目标。同时，配合 2015 年东盟落实经济共同体的倡议，文莱也应该乘势吸引更高质量的外来投资，以便在带动国家经济转型之余，也提升市场的高收入就业机会，创造高技能投资项目等。

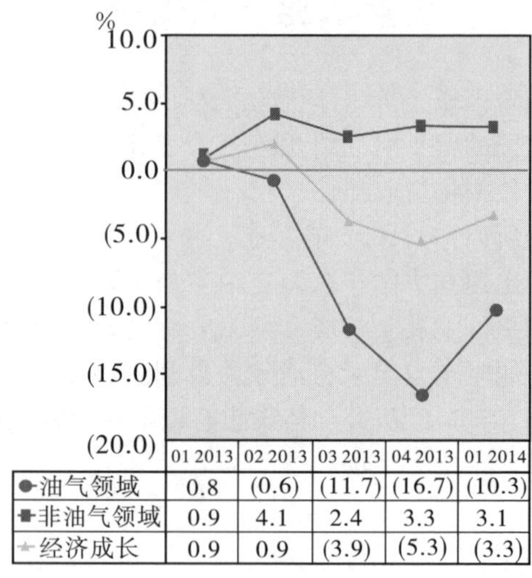

	01 2013	02 2013	03 2013	04 2013	01 2014
●油气领域	0.8	(0.6)	(11.7)	(16.7)	(10.3)
■非油气领域	0.9	4.1	2.4	3.3	3.1
▲经济成长	0.9	0.9	(3.9)	(5.3)	(3.3)

图：文莱过去 5 个季度的经济成长表现

（资料来源：文莱经济策划与发展局）

根据文莱公布的 2014 年首季 GDP 报告，整体经济同比下滑 3.3%，其中油气行业方面也面临 10.3%的负增长。但是非油气领域项目依然维持着 3.1%的增长，这些数据反映出文莱的经济多元化已处于稳健扩张的趋势中。

（来源：综合整理自《中国东盟观察》）

柬埔寨

柬埔寨海藻养殖业商机无限

柬埔寨的海藻养殖业虽然起步较晚，但是发展潜力巨大，前景广阔。21 世纪以来，拓展海洋发展空间，开发海洋生物资源的海洋农业已成为全世界沿海国家重点发展的新兴产业之一。在偌大的海洋经济产业中，海藻养殖产业不仅带来了较高的经济效益，而且有利于改善生态环境。

一、海藻半成品每吨 2500 美元

几年前，柬埔寨西南部沿海的白马省兔子岛的居民看准海藻养殖的商机，就开始从事海藻养殖业，实现“海中淘金”的梦想。

白马省兔子岛上约有 10 户居民养殖海藻，海

藻养殖场的养殖面积有1000平方米，平均每户家庭拥有海藻养殖场面积100平方米。截至目前，该养殖场已经生产海藻半成品10多吨，每吨的售价为1000万瑞尔（约合2500美元）。

西哈努克、国公、贡不和白马是柬埔寨4个沿海省份，这4个省份地理位置优越，适合养殖海藻，但是到目前为止，只有白马省的兔子岛发展海藻养殖业。当地业主章替介绍，海藻养殖产业带来了较高的经济效益，当地居民看好海藻养殖业的前景，并将其列为增加家庭经济收益的新兴产业。

柬埔寨白马省兔子岛临近越南，岛上居民养殖的海藻主要出口至越南。一到采收季节，越南商人便前往兔子岛收购当地居民的海藻。据了解，晒干的海藻半成品一公斤价值1万瑞尔（约合2.5美元）。

二、养殖业成本少　管理简易

当地居民表示，养殖海藻无需投入巨大的资本，也无需大量的时间去管理。

据介绍，养殖海藻一般可以在1个月内采收，海藻养殖面积100平方米，每次可以采收1吨，每吨的售价为1000万瑞尔（约合2500美元）。

海藻主要生长在低潮线以下的浅海区域海洋与陆地交接的地方。据了解，在白马省兔子岛上的海藻养殖基地，居民是利用绳子牵挂海藻，并用空塑料水瓶作标记。海藻挂在绳子上，经过1个月的海里养殖，便可以采收。

当地居民表示，历经1个月的时间，海藻便可以采收，采摘的海藻要经过盐渍或干燥处理，然后进一步深加工。其中，从海中采收的海藻要晒3天太阳，随后再腌7天。腌制期是用塑料薄膜盖住，不能日晒、透风，否则海藻将会变质，并且白色度不够理想。

三、21世纪健康食品

目前，海藻产业在世界范围内迅速发展。随着科技的进步和人们健康意识的增强，海藻作为一种低热量而又有益于健康的新型保健食品正逐渐被越来越多的消费者接受。全世界在海藻研究开发及利用上处于较高水平的国家主要有日本、韩国、美国、中国、挪威、菲律宾等国家，而日本和韩国则是进口和消费海藻食品的大国。

海藻素有“海洋蔬菜”和“长寿菜”之称，具有独特的风味和营养价值，是优质的碱性食品。海藻中富含多种营养成分，如蛋白质、碳水化合物、矿物质、维生素和纤维素等，还含有许多生物活性成分，如海藻酸、甘露醇、海藻多糖、高不饱和脂肪酸等。

由于海藻远离人类居住的陆地，生长在广阔的海洋中，蕴含了大量对人体有营养价值的成分，而且不像陆地蔬菜被施以农药、化肥。因此，海藻被认为是天然的绿色有机食品。

（来源：综合整理自《高棉日报》）

柬埔寨呼叫中心行业悄然崛起

得益于低廉的人工和庞大的外来人口，柬埔寨的呼叫中心行业逐渐兴起，许多小型企业把电话客服外包业务设在柬埔寨。虽然柬埔寨有望成为呼叫中心大国，但电力价格过高，从业人员英语水平较低等因素成为阻碍该行业发展的绊脚石。

World Bridg E Commerce的总裁托马斯·珀科尼表示，企业可随意在某个地区设立呼叫中心的想法不够成熟。该公司在2015年2月收购了金边的一家客服公司——Dynamic Outsourcing Services，并计划在2年内扩招1000名员工。该公司现有员工80人。

一、柬埔寨呼叫中心行业崛起

10年前，印度以发达的呼叫中心行业在全球著称，但在提高劳动薪资后，呼叫中心行业的竞争力在极大的程度上被削弱了。于是，企业便纷纷把目光转向其他国家，如菲律宾。据菲律宾呼叫中心协会统计，现今菲律宾国内的接线员人数超过100万，位居全球第1。目前，菲律宾国内市场已达到饱和，但国外需求仍在上升。

柬埔寨呼叫中心IBS也表示，目前，印度和菲律宾电话客服外包行业的劳动力成本越来越高。除了财力雄厚的大企业外，小企业根本无法承受如此昂贵的薪酬成本。

现今，小公司很难在印度和菲律宾设立客服外包公司，于是东南亚国家成为这个小公司的新目标，而柬埔寨几乎排在这些公司目标名单中的前列。

目前柬埔寨的呼叫中心市场规模是3年前的10倍。尽管全球最大的市场仍然是美国、英国和澳大利亚等英语国家，但来自东南亚国家的需求也在快速增长中。

二、电力成本高昂阻碍投资进程

与印度和菲律宾相比，柬埔寨的人工成本较

低，这是柬埔寨最大的发展优势。据统计，菲律宾客服中心接线员的平均月薪大约为450美元，而柬埔寨接线员每月薪资只有215美元，即使拥有10年资历的老员工每月薪资也只在300美元左右。

此外，柬埔寨的青年劳动力数量庞大，接线员的平均年龄为25岁。Metphone客服外包公司Tele-Care的发言人透露，柬埔寨相当多毕业生经过3年培训即可从事接线员一职。

柬埔寨注重提高网络设施建设，因此网络速度比邻国快。但电力成本却居高不下，亚洲发展银行指出，高昂的电力价格令投资者望而却步。柬埔寨必须克服这个障碍，促进各个行业的发展，不仅只局限于通信业。

三、从业者须提高英语技能

目前，柬埔寨接线员的英语技能欠缺，因此一些公司需聘请一批外籍员工来担任英语客服。例如，World Bridge就为员工进行外语培训，以提高他们的英语水平。然而，柬埔寨很多接线员来自欧洲国家或中国等，这种情况有助于打进欧美和亚洲市场，由此看来，语言并不是阻碍。另外，柬埔寨对海外务工人员的限制也相对宽松，因此呼叫中心行业发展前景将会日渐向好。

（来源：综合整理自柬埔寨天空网）

柬埔寨牛奶市场展现新商机

目前，柬埔寨的人均饮奶量远低于其他国家水平，但牛奶消费正日益增长，牛奶生产商或能从中发现商机。

越南最大的奶制品公司Vinamilk目前于金边城郊建设一座价值2300万越南盾的工厂，有望能成为柬埔寨当地最大的奶制品生产商。该工厂面积达2.7万平方米，将于2015年7月投产使用。工厂期望每年生产1900万升牛奶、6400万瓶酸奶以及8000万罐炼乳。如果柬埔寨的牛奶消费水平与其他亚洲国家的基本一致，Vinamilk亦会考虑为本地市场提供新鲜牛奶。目前，这家越南奶制品巨头已向柬埔寨出口高温灭菌奶和奶粉。但若要保住当地生产商的地位，Vinamilk还需要和现存的出口商竞争，并要引导柬埔寨人民饮用牛奶。

一、奶制品的消费量逐年递增

尽管传统上东南亚国家人民并不常饮用牛奶，但这一地区的奶制品消费正呈高速上升的趋势。荷兰合作银行2013年一项关于东南亚国家牛奶业的报告指出，东南亚国家消费奶制品的增长率远高于世界水平。

有报告称，火热的消费市场支撑着用户对奶制品的需求。消费者正逐渐变得城市化，可支配工资的增长预示着消费者对奶制品需求的增长。另外，消费者也开始接受奶制品有益健康的观念。

荷兰合作银行的奶业分析师同时也是这份报告的作者Michael Harvey称，东南亚地区对奶制品的需求增长非常快，供应已赶不上需求。

虽然柬埔寨民众消费牛奶的时间较晚，但是奶制品行业的增长速度极快，BPC贸易公司是Vinamilk在柬埔寨的经销商及合作伙伴。该公司总经理Manoj Nuchanart表示，越南和泰国对奶制品需求的增长尤其显著。越南和泰国人均每年消费奶制品20公斤，低于欧洲人均每年消费奶制品30～70公斤的水平，但明显高于柬埔寨人均每年消费奶制品5公斤的水平。

二、奶制品市场供应不足

柬埔寨本地的奶制品生产商极少，长期依赖进口满足市场需求。据B2B贸易网Bridgat的数据显示，2013年柬埔寨奶制品进口额为2500万美元。但Vinamilk公司称数额可能更加庞大，因为该公司2013年出口到柬埔寨的奶制品价值达到4000万美元，出口奶制品到柬埔寨的还有泰国、法国、澳大利亚和新西兰等国家。

据Nuchanart分析，由于很多家庭没有冰箱，高温灭菌奶在柬埔寨最受欢迎，因为可以长期保存。市场上销售的奶粉主要为婴儿配方奶粉，因为容易腐坏，所以新鲜的牛奶在柬埔寨销售量较少。

健康意识觉醒的人群增长是促进柬埔寨奶制品消费增长的一大原因，另一大原因是西式快餐连锁店和咖啡店的增多。西式快餐店和咖啡店的产品中含大量的牛奶和奶酪，很多咖啡店消耗牛奶的量和消耗咖啡的量一样多。

Vinamilk认为柬埔寨奶业在未来10～20年间会飞速增长，Vinamilk公司选择现在入驻柬埔寨意在垄断市场。Vinamilk公司计划通过吴哥奶制品有限公司建立一座工厂和一座牛奶场，吴哥奶制品有限公司由Vinamilk与BPC贸易公司合资所有。Vinamilk认为此举将会与牛奶进口商，尤其是从泰国进口牛奶的商家形成良性的竞争。

三、饲养业早期简况

柬埔寨奶牛饲养协会经理Keo Sun表示，早期尝试在柬埔寨建立商业化牛奶产业的公司并没有成功，柬埔寨的牛奶产业仅局限在几十家小型牛奶场。

柬埔寨奶牛饲养协会由瑞士奶业巨头雀巢公司赞助，成立于1998年，成员仅有5个家庭、35头牛。早年，雀巢曾设法为其甜炼乳工厂提供本地供应，但由于供应链、当地奶商走私造成恶性竞争等问题，雀巢于2002年关掉工厂，撤出了柬埔寨。

Keo Sun表示，柬埔寨奶牛饲养协会将牛奶以每公升6000瑞尔（约合1.5美元）的价格销售给顾客，但不能大规模生产以满足市场需求。Keo Sun称，该协会曾尝试和Lucky超市集团签订供应协议，可Lucky超市每天需要500公升鲜奶，在极大的程度上超出了柬埔寨奶牛饲养协会的鲜奶产能。

分析人士称，大规模给超市和餐厅供应牛奶需要的技术十分复杂，因此小型的牛奶场很难实现供应。奶牛需要大量的饮用水、土壤良好的牧场，牛奶场还需要足够的资金以保证饲料源源不断的供应。

亚洲国家的饲养场目前正逐渐地向工业化集中型饲养场转变。这种机械化的饲养线和规模经济能带来更高的产能和效益，然而这种“工业农场”由于对待动物不人道和污染环境等问题饱受批评，还被认为是造成小型独立农场消亡的原因。

四、商业化发展颇具挑战

鉴于小型奶户无法满足牛奶供应需求，吴哥奶制品有限公司目前正在筹建一座大型的牛奶场，场地位置尚未披露。

商业化生产对柬埔寨而言颇具挑战。2014年，柬埔寨一家当地农业集团公司Mong Reththy集团取消了从英国Lordswood农场有限公司进口1000头牛的计划，该项目从2009年便开始筹备，但Mong Reththy集团公司发言人表示，项目的物流问题难度太大，只能暂时搁置。

瑞典HPT奶业公司合作伙伴柬埔寨7NG集团也计划在基里隆国家公园开展一项大型养殖计划，但尚未最终落实。

（来源：柬埔寨天空网.http：//www.cambodiasky.com/news/hyfx/5144.html.2015－04－03）

柬埔寨渔业投资空间大

2014年，在柬埔寨经济中，渔业产值约占柬埔寨GDP的3.5%。柬埔寨政府的目标是在保护环境的同时提高渔业产量。目前柬埔寨有140万人直接或间接从事渔业。渔业产值占了柬埔寨农业生产总值的25%。

据柬埔寨投资委员会的数据显示，从2006年至2012年8月，中国企业在柬埔寨的投资超过82亿美元。在众多的投资产业当中，渔业投资具有巨大的潜力。

柬埔寨有3个省临海，海岸线长约460公里，拥有较好的发展海洋捕捞和海水养殖的条件。目前，柬埔寨政府在保护环境的同时亦提高渔业产量，使得渔业获得较快发展，渔业产值在柬埔寨农业产值中占有举足轻重的地位。

一、资源丰富　投资空间大

洞里萨湖、湄公河、洞里萨河是柬埔寨的天然淡水渔场。洞里萨湖（又称金边湖），长约150公里，宽约30公里，面积约3000平方公里，是中南半岛上最大的湖泊。该湖泊向东与湄公河相通，是世界上著名的天然淡水渔场，也是东南亚最大的淡水渔场，素有“鱼湖”之称。据联合国粮农组织的统计，洞里萨湖淡水渔业资源居世界首位，年产量约23.5万吨，总渔获量居世界第4位。除大部分在国内销售外，洞里萨湖出产的淡水鱼还出口到中国、新加坡和马来西亚等地，而且随着泰国和越南对高价淡水鱼需求的增加，洞里萨湖渔业已成为柬埔寨出口创汇的重要支柱。

据了解，柬埔寨海域有460千米长的海岸线，平均水深不及80米，专属经济区范围与大陆架面相当，是渔业生产力相当高的海区。泰国湾是一个高生产力海洋渔场，渔业资源分为两部分：中上层鱼类和底层鱼类。中上层鱼类主要是沙丁鱼、鲐鱼、鲹、鲲鱼、鲳鱼和小型金枪鱼等经济鱼类，其中沙丁鱼产量最高；底层鱼类主要有金线鱼种、石首鱼科、留鲷科、大眼鲷科、狗母鱼科、鲽形目、蛇鲭科、板鳃亚纲、康吉鳗科。

柬埔寨虽然有着丰富的渔业资源，但其捕捞和渔业加工的技术、设备却相对比较落后，尤其是在远洋渔业方面。据悉，柬埔寨西哈努克、戈公等沿海4省共有1000多艘渔船。其中大部分渔船功率不大，只能在20海里以内捕鱼。最大的渔船也只有30米长，功率约为300马力，只能前往几十海里外的海域。

但从另一方面说明中国到柬埔寨投资渔业具有很大的发展空间。与柬埔寨相比，中国在渔业捕捞和渔业加工方面具有较为先进的技术和设备，中国企业到柬埔寨投资渔业，不仅能与当地合作从事渔业生产和养殖，还可从事海产品加工和出口。

柬埔寨人虽然喜欢吃鲜鱼，但除了日常食用外，还有大量的淡水鱼和少量海水鱼被加工成食品。主要加工类为淡水鱼、海水鱼、虾类、鱿鱼、章鱼等，传统的干制鱼、鱼露等的生产量很大，在当地人的消费中占有重要的地位，成为日常消费的食物。此外，在金边市和西哈努克市还加工优质高价的鱼类食品，主要用来发展出口，出口对象为中国、越南、泰国、新加坡、沙特阿拉伯、日本等国。

二、优惠政策　前景广阔

柬埔寨政府将其境内的河流和湖泊资源视为国家生存的重要资源，特别注重水域资源的保护。为保护水产资源的可持续发展，柬埔寨政府还制定了严格的法律法规。

为保护渔业资源的可持续发展，在政府的协助下，柬埔寨已成立渔业生产合作社 375 个，目前已有 10.19 万户家庭参加了该组织。通过渔业生产合作社的自我管理，有效地遏制了使用非法电击及破坏性网具的捕捞，禁止在休渔期过渡捕捞，保护生态平衡。为促进水产业发展，柬埔寨政府还在亚洲开发银行的资助下，与世界渔业机构合作实施柬埔寨淡水鱼研究和发展项目，并与东南亚水产发展中心合作，帮助柬埔寨培训农村水产养殖人员，其渔业发展孕育着巨大的潜力。

另外，柬埔寨制订了 2019 年鱼类年产量增至 120 万吨的长期计划。如果能实现这个计划，那么柬埔寨每年可以出口 50 万吨鱼类，创汇 10 亿美元。柬埔寨农林渔业部渔业局副局长萨姆诺表示，柬埔寨渔业市场有很大的发展空间，欢迎中国企业投资柬埔寨渔业。

为了吸引外商投资，柬埔寨政府还制定了优惠的政策。1994 年，柬埔寨政府颁布了《投资法》，2003 年又通过《投资法修正法》，其中新的《投资法》对保护外国人赴柬埔寨投资起到了积极作用。根据《投资法》，柬埔寨政府鼓励投资的重点领域包括：农业、工业、创新和高科技产业等。投资优惠政策则包括免征全部或部分关税和赋税。

这些优惠政策的推出，无疑为中国企业走进柬埔寨提供了一个良好的投资平台。尤其是柬埔寨政府对渔业资源的重视和保护，相信这将会是中国投资者到柬埔寨投资的又一个有利的选择。

（来源：综合整理自中国—东盟传媒网）

印度尼西亚

印度尼西亚全民医保刺激医药市场翻番

印度尼西亚是世界第 4 大人口国，2013 年人口约 2.5 亿，当年人均国民收入 9260 美元，2012 年人均医疗支出为 150 美元，总体医疗支出占国民收入的 3%，低于全球标准水平。

但是，从 2014 年起，印度尼西亚开始全面打造其全民医保计划 Jaminan Kesehatan Nasional (JKN)。此计划实施后，预计每年医疗将支出 130 亿～160 亿美元，其医药市场在未来 5 年内有望翻一番，到 2018 年医药产业总值将达到 71 亿美元，增速远远超过全球医药市场增长率。预计未来几年印度尼西亚的医院床位、医疗器械、诊断试剂、药品和医护人员都将有巨大需求。

在东盟国家中，印度尼西亚是中国重要的医药贸易国，2014 年中国出口印度尼西亚医药类产品 9.7 亿美元，稳居东盟国家之首。

一、全民医保计划刺激需求

印度尼西亚医药、医疗器械和私人医院缺口巨大，未来发展可观。

印度尼西亚医疗服务分配不均，农村地区和偏远岛屿医疗条件非常落后。为将更多的公民纳入医疗保险体系范围内，2014 年 1 月，印度尼西亚开始正式打造全民医保计划（JKN）。世界银行预计，印度尼西亚全民医保计划每年将花费 130 亿～160 亿美元，到 2019 年覆盖全国，预计 2.4 亿～2.6 亿的印度尼西亚人口有望纳入全民医保体系。

全民医保计划由印度尼西亚新成立的社会保障管理机构（BPJS）负责实施，计划首阶段将自动涵盖 1.21 亿人口，包括公务员、军人和警察。印度尼西亚政府自 2014 年从国家预算中划拨 19.93 兆印尼盾用于扶持 8640 万贫困人口投保，2014 年已有 1710 家医院和 1.5 万家诊所加入该计划，覆盖所有疾病门类。按照该计划，普通固定收入者每月缴纳个人收入的 1%，雇主为其缴纳 4%；无固定收入者按医疗设施条件不同划分为 3 档标准：一档为每月 59500 印尼盾，二档 42500 印尼盾，三档 25000 印尼盾。在印度尼西亚工作 6 个月以上的外国劳工可申请该项保险，在就近的社会保障管理机构投保，享受与该国公民一样的医保待遇。

印度尼西亚卫生经济学和政策研究中心主席、新医保计划的主要起草者阿斯布拉表示，新医保计划的特点是，将社会保险和社会救助融合在一起，使医疗资源的分配更均匀。随着新医保计划的逐渐展开，印度尼西亚对医疗保健需求将上升，医疗保健支出未来5年将加倍，为该领域创造更多就业和投资机会。

在未来病人数量大幅增长的预期下，印度尼西亚政府宣布，在目前2350家医院的基础上，未来3～4年新建150家公立医院，满足迅速增长的床位需求。但仍满足不了全民医保计划下2019年2.4亿人口的需求量。全民医保计划推出后，印度尼西亚有些区域的患者数量增加2倍。印度尼西亚药物消费占卫生总费用比例接近19%，印度尼西亚医药市场到2019年复合年均增长率预计达13.1%。随着印度尼西亚中产阶层收入的增加，医疗保健支出也在增加，一大批患者会选择私人医院或者诊所，以避免公立医院的排队，因此，医药、医疗器械和私人医院未来需求巨大。

二、药企加大投资扩大产能

与预期相比，仿制药大幅增长，印度尼西亚本土和跨国企业均已开始布局。

在需求大幅增加的背景下，一些印度尼西亚本地公司和跨国公司自2015年开始加大投资，增加产品供给。目前，印度尼西亚国内共有约250家药厂，其中4家为大型国有企业，近90%的非专利药由这4家公司生产。印度尼西亚本国药品生产商如The Darya-Varia group，Konimex，Tempo Scan Pacific等公司占据印度尼西亚75%的非处方药市场份额，未来还将继续巩固，非处方药市场占印度尼西亚医药市场的40%，到2015年年底将超过50%。

印度尼西亚药厂分布比较集中，近80%的药厂位于首都雅加达及爪哇地区，药品生产以片剂、糖浆类、药膏、胶囊等为主。印度尼西亚大部分原料药从国外进口，中国是其原料药的重要来源国。中国海关数据显示，中国2014年出口印度尼西亚西药原料类产品5.7亿美元，占比58.5%。

在未来药品（尤其是仿制药）需求预期大幅增长的背景下，一些印度尼西亚制药公司如PT Kimia Farma和PT Indofarma在2013年已经分别将生产能力提高130%和200%。PT Kimia Farma在印度尼西亚拥有最大的医药销售网络体系，2013年该公司拥有500个销售点，2014年扩大到560个。

一些原本不涉及医院业务的印度尼西亚公司开始投身医院业务领域。比如制药公司PT Kalbe和印度尼西亚最大的医院集团之一——Mitra Kelarga，将于2015年合作建设12家医院；医院集团Siloam group计划到2017年建设40家医院（目前29家已经在进行中），届时将产生1万张病床满足自费病人的需求；国外企业Ramsay Sime Darby也在参与到医院领域。

近年来，跨国公司也加大了对印度尼西亚医疗市场的投资。2012年，默沙东公司在印度尼西亚东爪哇省岩望县Pandaan市兴建了包装厂；2013年，德国仿制药生产企业Fresenius Kabi公司和印度尼西亚PT EthicaIndustriFarmasi公司通过股份合作方式，投资6000万美元在印度尼西亚当地建造工厂生产6种仿制药；2014年，葛兰素史克以4650亿印尼盾（约合4000万美元）的价格收购了其印度尼西亚消费者健康护理子公司Sarasvati Venture Capital剩余的30%股权。

三、中国医械出口的机会与风险

咨询机构BMI预计，2013～2018年，印度尼西亚医疗器械市场将以12.7%的年均复合增长率增长，市场规模将由6.7亿美元上升到12.2亿美元，是全球增长速度最快的15个市场之一。其中，增长最快的将是诊断影像产品，在此期间年均复合增长率将达20.3%。

印度尼西亚97%的医疗器械产品依赖进口，这给包括中国在内的外国出口商提供了巨大空间。具体到中国与印度尼西亚医疗器械贸易，2014年中国对印度尼西亚出口医疗器械类产品1.95亿美元，同比增长8.96%。其中，医院诊断和治疗设备9928万美元，占比50.8%；保健康复用品4222.50万美元，占比21.6%；一次性耗材3268.20万美元，占比16.7%；口腔设备与材料1654万美元，占比8.5%。

表1 2010～2014年中国对印度尼西亚出口医药类产品统计

年度	出口额（亿美元）	出口金额同比（%）	出口金额占比（%）
2010	4.68	30.86	12.28
2011	6.8	45.4	17.85
2012	8	17.68	21.01
2013	8.94	11.77	23.48
2014	9.67	8.1	25.38

印度尼西亚目前急需的医疗器械产品包括：诊断和实验室试剂、临床化学实验室自动化设备、电子诊断设备、X射线装置、超声设备、（艾滋病、结

核和其他传染疾病）快速检测设备、麻醉机、呼吸机、监护仪等重症监护室、生命维持设备。

表2　2011～2014年中国对印度尼西亚医药器械类产品出口情况统计

年度	出口额（亿美元）	同比（%）
2011	0.95	60.3
2012	1.5	57.69
2013	1.79	19.49
2014	1.95	8.96

印度尼西亚卫生部主管医疗器械和家庭保健康复器具的注册，进口医疗器械和保健器具在海关清关之前必须先通过印度尼西亚卫生部的注册，获得注册的时间约为6个月。医疗器械进口商需要向印度尼西亚卫生部提供以下文件：生产者授权证书（由印度尼西亚驻出口国大使馆和公证机构公正）、认可机构发布的自由销售证书、CE或者ISO认证证书、产品信息、产品组装架构/元件/原材料、简易生产流程图、最终产品规格、安全和有效性数据、使用指南（附带印度尼西亚语版）。

中国相关企业和产品进入印度尼西亚拥有5大利好条件和面临3个风险因素。

中国医疗器械企业和产品进入印度尼西亚的有利条件包括：一是中国医疗器械创新能力增强，在高端影像设备、先进治疗与手术室设备、医用耗材等重点领域产品均取得突破性进展；二是随着“一带一路”战略的推进，中国与印度尼西亚的两国经济合作迎来了难得的历史机遇；三是印度尼西亚全民医保计划推进带来医疗机构数量迅速增加，设备需求增大；四是印度尼西亚进口医疗器械要征收0%～5%的关税和10%的增值税，但从2010年起，中国与印度尼西亚的大多产品互免关税，其中包括大部分机械设备；五是印度尼西亚政府启动了电子目录编程系统，通过印度尼西亚国家单窗口数据库（INSW）申请产品注册，该数据库和印度尼西亚海关数据库相连通，简化了外资企业的注册流程。

但是，风险犹存。印度尼西亚医疗器械监管环境不稳定，产品注册过程中会不断有新的变化和要求，比如对标签和成分的要求。当地经销商掌控产品注册，在产品销售和售后服务方面扮演着重要角色，因此在当地找到一个可靠的经销商合作伙伴非常关键，可减少注册中遇到的障碍。

此外，进入印度尼西亚市场要面临跨国公司的竞争。比如GE是印度尼西亚计算机断层扫描仪的第一大品牌，目前GE已在印度尼西亚安装超过4000台该设备。飞利浦也在积极筹备移动助产监控仪在印度尼西亚的大规模推广与扩张，已经在泗水和孟加锡成立新的中心，计划在未来几年内将范围扩展至其他城市。

同时，还要面临早期进入印度尼西亚的印度、韩国、日本、泰国等国和中国台湾地区的产品竞争。

（来源：环球网．http://health.huanqiu.com/healthindustry/2015－05/6491697.html.2015—05—21）

纺机企业：投资印度尼西亚时机是否成熟

毫无疑问，这几年天虹纺织集团带着国产设备在越南大规模、大手笔、高回报的投资，不仅激发了更多纺织企业海外投资的欲望，也坚定了中国纺机企业随纺织产业一起转移的信心。

为了避免“把鸡蛋放在一个篮子里”，投资者并没有全都簇拥到越南，而是将纺织产业转移投资考察的半径扩大到印度尼西亚、孟加拉国、巴基斯坦等国家。

而纺机企业则是频繁地通过展览会推销自身的产品。因此，这几年，“中国制造”的纺机产品已经成为越南、印度尼西亚、孟加拉国、巴基斯坦等国家举办国际纺机展上的常客。在2015印度尼西亚雅加达举办的印度尼西亚国际纺织及服装机械展览会上，有100多家中国企业参展，占整个参展企业的1/3。由此可以看出，中国纺机企业对于印度尼西亚市场的重视程度非同一般。

那么，印度尼西亚纺织业对中国纺机设备是否情有独钟？印度尼西亚纺织产业发展前景如何？中国企业到印度尼西亚投资的机会是否成熟？

一、设备老化效率低下　更新改造空间巨大

印度尼西亚是东盟最大的经济体，其纺织服装、鞋帽制造业产值、出口和就业规模在全国各行业中居领先地位。印度尼西亚纺织产业供应链逐渐完备，化纤、纺纱、织布、染整、成衣制造等一应俱全，是世界十大纺织服装生产国和出口国之一。目前，印度尼西亚纺织业拥有800万～1000万纱锭，解决了3万人的就业问题。

印度尼西亚纺织协会秘书长Hengky Iriawan曾表示，印度尼西亚纺织企业设备普遍落后、老化严

重，机龄20年的占20%，机龄10年的占60%，这导致纺织企业效率低下，产品质量更难达到欧美市场的要求。

在这种情况下，为了鼓励纺织企业技术升级、更新设备，自2007年起，印度尼西亚财政部出台了一项鼓励政策：凡是购置新设备的纺织企业均可获得10%～20%的政府补贴。在政府的鼓励和市场需求的双重驱动下，从2007年到2013年，印度尼西亚纺织行业经历了7年的高速发展，这也给世界各国的机械商和投资者带来了机遇。据了解，印度尼西亚本土的纺机企业只能生产一些简单的纺织机械，大部分纺机设备均来自于中国内地和台湾地区以及日本、德国、意大利、韩国与印度等。

日本、德国及意大利的纺织设备虽然先进，但价格昂贵，大多数印度尼西亚纺织企业承受不起。中国和印度的纺机产品则质优价廉，特别是中国的纺机设备，门类齐全、性价比高，且维护成本低，更容易被印度尼西亚企业接受，目前已成为印度尼西亚纺织机械的进口首选。

统计数据显示，中国对印度尼西亚的纺织机械、器材出口近年来出现了逐年增加的趋势，贸易量也在不断扩大。2010年，中国出口印度尼西亚纺机1.16亿美元，2011年为1.58亿美元，2012年为2.1亿美元，2013年为2.32亿美元。但从2014年开始，印度尼西亚纺织经济下滑，企业新上项目和更新改造步伐放缓。特别是受印尼盾贬值的影响，企业购买新设备明显减少，2014年中国出口印度尼西亚纺机总金额也下降到1.97亿美元。

印尼盾从2013年开始大幅贬值，截至2015年5月15日，印尼盾与美元的汇率是：1印度尼西亚盾=0.0001美元，比2013下跌了约25%。这也就意味着企业购置新设备花的费用要比前2年多付25%。

Hengky Iriawan分析，印度尼西亚2015年纺织整体形势不好。正常情况下，2014年年底会有好转，但是2015年进入第2季度后，纺织形势仍然没有向好的迹象。Hengky Iriawan认为，造成这种局面的原因，一方面是受国际经济总体环境和印尼盾贬值的影响，市场销售能力下降；另一方面，中国低价纺织品的进入对当地纺织产品也带来了巨大冲击。目前，印度尼西亚本国产纺织产品只能拿到国内市场40%的份额。

二、政府扶持力度不大　投资比较优势有限

相比于国内市场的惨淡，印度尼西亚纺织业的出口业绩尚可，2014年纺织服装出口总额达到126亿美元。因此，判断印度尼西亚未来纺织规模是否有增长的空间，不仅要看其国内市场的情况，还要看未来出口潜力有多大。

一位长期做纺机业务的人士认为，如果参照中国人口和纺织规模的比例来推算，中国有14亿人口，拥有1.2亿纱锭。那么，印度尼西亚有2.4亿人口，应该有2000万纱锭，也就是说未来还有1000万锭的增长空间。

当然，此观点未能得到大多数人的认可，因为这是在没有考虑其他因素影响下的理论推算，是否能实现还有许多因素制约，而且中国1.2亿规模的纱锭面向的不只是中国消费者，而是全球市场。但不管怎样，就现阶段的发展趋势来看，大家普遍认同印度尼西亚纺织行业仍有扩大规模的潜力。特别是印尼盾贬值后，许多纺织企业必须将市场目标转向国外，而国外市场对纺织产品品质的要求，将会进一步促使印度尼西亚纺织企业加快更新改造的步伐。

与中国相比，在印度尼西亚投资纺织业具有两大优势：一是人工成本低，印度尼西亚纺织企业比较集中的西爪哇地区，纺织工人的月工资在100～200美元之间，远低于中国；二是原料优势，印度尼西亚纺织企业进口棉花不受限制。也正是这两大优势，让中国投资者把目光聚集到印度尼西亚。但是，从实际情况来看，仅有这两项优势似乎还不足以让投资者下定决心。

与其他东南亚国家相比，首先，印度尼西亚政府对纺织的支持力度不大；其次，印度尼西亚的土地为私有制，所以征地非常困难；第三，印度尼西亚的纺织企业大多数是小企业，银行贷款阻力很大。

江苏纺机协会秘书长王志杰连续2年参加印度尼西亚纺机展，对印度尼西亚的投资环境作了深入的了解，如果印度尼西亚在以上方面有所改变，将会有很多中国企业前往印度尼西亚投资办厂，由此也将带动中国纺机设备的出口。

当然，印度尼西亚投资环境的改变，必须要得到政府的支持和帮助。此前，印度尼西亚纺织协会主席Ade Sudrajat也表示，只有政府干预，才能带动巨大的改变，否则2016年印度尼西亚纺织及成衣业发展依旧停滞不前。

三、展会传递市场信息　汇率波动影响订单

展会是市场的“晴雨表”。于2015年4月底举行的印度尼西亚国际纺织及服装机械展览会，规模

比2014年小。中国参展的纺机企业也普遍反映2015年在展会上获得的订单明显不如2014年多。

分析认为，事实上，印度尼西亚的纺织企业有购置新设备的需求和欲望，但汇率的变化让企业不得不搁置了购买计划。

一些已经有设备出口到印度尼西亚的企业，普遍感觉到从2014年到2015年订单大幅下降，其主要原因是印尼盾贬值。杭州东霖染整机械有限公司和福建晋江聚旺印染机械有限公司此次展出的设备均已经提前销售到印度尼西亚的印染企业。公司负责人均表示，印度尼西亚纺织企业对设备是有需求和购买欲望的，但是印尼盾在这2年内贬值了25%，企业如果在这个时候进口设备，那付出的成本就太高了。

除了资金的问题外，印度尼西亚的下游织布和服装企业，对品质没有特殊的要求，这就导致印度尼西亚的纺织企业尽管有更新改造的欲望，但是没有外在动力，进展缓慢。

江苏凯宫机械有限公司副总经理冯斌在这方面体会颇深。几年来，凯宫公司立志开拓印度尼西亚市场，先后销售了近100台的精梳机。但与印度、越南、巴基斯坦相比，印度尼西亚购买精梳机的纺织企业不多，步伐也比较缓慢。

无锡丝普兰喷气织机制造有限公司表示，在本次展会上展出的高速度、低能耗的SPR700－PT－ET4C－190，正好符合当地企业降低成本、提高产量的需要。公司董事长丁超英介绍，公司目前已经有100台喷气织机在印度尼西亚的纺织企业运转。2015年印度尼西亚纺织经济不景气，企业上新设备能力减弱，但是展会上来的专业观众并不少，参会者对展出设备的技术和性能都进行了详细的咨询和了解。参展商相信随着市场的好转，印度尼西亚纺织企业对更新改造设备的需求量将会增大。

常州市同和纺织机械有限公司董事长崔桂生也持同样的看法。崔桂生表示，印度尼西亚市场将是同和公司一个重要的海外市场。同和公司是第一次参加印度尼西亚的纺机展，其展出的TH578J集聚纺自动落纱机从2014年到现在已经在印度尼西亚销售了10万锭。该设备因高速、高产、高质的特点，符合印度尼西亚企业转型升级的需要，因此备受企业欢迎。

在展会现场也有一些企业当场就接到订单，比如一家当地的印染企业要改造4台TIS的染缸电气控制系统，找到了前来参展的无锡东庆染整设备公司。管理者到企业现场考察后，方才接下订单。签订订单后，双方又约定在中国香港见面，商谈下一步新置设备的计划。

2015年展览会的主题是无纺设备，此次参展的无纺设备企业普遍反映展会效果较为理想，前来展台咨询的用户络绎不绝。常熟市弘毅无纺机械有限公司在展会上达成了十几个意向订单。

四、中国纺机扎根印度尼西亚　售后服务必须跟进

首次参展的企业大多是抱着探路的心态前来参展，这些企业一般不带设备参展，他们只是把展会作为一个信息传播的窗口，以此为契机将自己的产品介绍给印度尼西亚纺织企业，并通过交流收集印度尼西亚纺织企业对设备的需求信息。在参展商看来，展会上虽然鲜有订单收获，但是了解到市场需求，与当地代理商接触，为产品日后进入印度尼西亚市场作好铺垫。

与其他企业不同，本次参展的中国恒天集团在印度尼西亚的市场已经做得相当成熟，并且在当地建立了完善的售后体系。恒天集团在过去的7年当中，向印度尼西亚销售了约300万锭棉纺设备和织造、染整、化纤等设备。目前，恒天集团的棉纺设备约占印度尼西亚市场的40%，是这里的第一大品牌，印度尼西亚的纺织企业给其贴上了物美价廉的标签。当地纺织企业认为，恒天集团的产品性能稳定、性价比高，能满足企业的需求，重要的是能让当地纺企赚钱。

长期负责印度尼西亚市场的中国纺织机械和技术进出口有限公司进出口三部经理曲印洪认为，纺织机械的销售必须与售后服务联系在一起，没有一个完善的售后服务体系，很难让客户相信。恒天集团的设备之所以得到印度尼西亚纺织企业的信赖，最关键的就是良好的售后服务解决了企业的后顾之忧。换言之，恒天集团与印度尼西亚纺织企业间的合作已经树立起了一个双赢的典范。

中国的一些中小纺机企业早已经意识到海外市场售后服务的重要性，但由于企业规模小，很难像恒天集团那么规范，每个企业都在当地建立一个服务中心。于是，无锡丝普兰喷气织机制造有限公司、常州市宏大电气有限公司、无锡新联印染机电有限公司、博路威机械江苏有限公司、江苏省纺织工业（集团）机电进出口有限公司5家企业共同发起成立了苏纺纺机联盟，联合起来共同拓展海外市场，并为用户企业提供配套的服务。在2014年印度尼西亚国际纺织及服装机械展览会上，苏纺纺机联

盟印度尼西亚服务中心正式成立。服务中心在印度尼西亚聘请了专门的售后服务人员，服务于5家企业的客户，同时中心备有主机的各种零部件，当用户企业需要更换零部件时，可第一时间送达。

恒天集团和苏纺联盟的经验均告诉想要开拓印度尼西亚市场的企业：仅仅争取到订单是不够的，如何建立有效的售后服务体系是每一个进入印度尼西亚市场的纺机企业必须要考虑的问题。

（来源：中国—东盟传媒网．http://www.china—asean—media.com/_d276784893.htm.2015—05—20）

促经济　印度尼西亚发力旅游业

2015年4月1日起，多个欧美国家与包括中国、韩国及日本在内的亚洲国家的公民赴印度尼西亚短期旅游可免签证。这是印度尼西亚政府为了抢救印尼盾颓势和缩减财政赤字推出的多项经济改革措施中的一项。

与邻国相比，印度尼西亚的外国游客数量较少，旅游及相关收入情况较为逊色。印度尼西亚政府对振兴旅游业表示充满信心，希望免签政策的落地能够使外国访客人数“在两年内超出”马来西亚和泰国。

一、丰富的旅游资源

中山大学东南亚研究所所长袁丁则表现出了更多的期待。袁丁则表示，东南亚地区独特的海岛风光属于赤道的热带风光，在世界风景排名中靠前。而东南亚国家的文化又最有“味道”，同时保留了对伊斯兰教、佛教、天主教这世界三大宗教的信仰。

袁丁补充说明，东南亚国家大多曾是欧洲国家的殖民地，如印度尼西亚曾是荷兰殖民地，缅甸、马来西亚、新加坡曾是英国殖民地，越南、柬埔寨、老挝曾是法国殖民地，菲律宾先后是西班牙和美国殖民地等。这些国家既保留了传统的建筑风格，又有宗教和被殖民国家的建筑风格，建筑风格非常独特。印度尼西亚最有意义的地方在于曾经被三大宗教王朝统治，并且在地理位置上处于太平洋和印度洋之间，汇集了多种文化和宗教信仰。目前，大部分印度尼西亚人信仰伊斯兰教，但在巴厘岛的人却只信仰印度教。这些极具特色的风光十分值得游览。

刘思敏也认为，印度尼西亚的景色比泰国等国家更丰富多彩，而这些岛屿风光对陆地国家的游客极具吸引力。

二、实行免签政策

为了吸引更多游客，印度尼西亚政府迅速出台政策。此前，印度尼西亚仅允许15个国家免签证，这些国家大部分是东南亚国家。而从2015年4月1日起，这一数字被扩大到45个，中国、日本、韩国、美国、加拿大、墨西哥、新西兰、俄罗斯及中东、非洲一些国家将享有赴印度尼西亚短期旅游免签政策。

值得一提的是，免签政策并不包括澳大利亚。据印度尼西亚统计局的数据显示，2014年在外国游客中澳大利亚游客占比为12%，是继新加坡和马来西亚之后，到访印度尼西亚人数最多的国家。

印度尼西亚旅游部长阿里夫认为，新的免签政策将辅助印度尼西亚吸引超过100万名游客，为旅游业带来10亿美元的额定收益。

印度尼西亚的外国访客远数量不如邻国，根据官方数据，印度尼西亚在2013年招待的外国访客只有880万人。相比之下，马来西亚在同年接待的访客多达2572万人，泰国的访客则有2655万人。

当然，这项政策的目的是获得更高的经济利益。印度尼西亚经济统筹部长达里尔认为，中国、日本、韩国、俄罗斯游客的购置力都在全球前15名，这些游客的到来对于快速提升印度尼西亚外汇储备、缩小印度尼西亚经常账目赤字、坚挺印尼盾币值都大有助益。

事实上，这并非印度尼西亚的首次出台新政。自2015年1月1日起，印度尼西亚免去了来自中国、日本、韩国、俄罗斯和澳大利亚等5国入境者35美元的签证费，希望吸引更多游客，但这一政策几乎毫无效果。

北京旅游学会副秘书长刘思敏坦言，仅免签证费对于吸引游客的作用不大，只能降低成本，最重要的是没有实现便利化的条件，这次发布的免签政策可促进印尼旅游业的发展。

刘思敏分析，印度尼西亚的免签政策足以说明其迫切希望发展旅游业。一般而言，免签和落地签是双向的，但是目前为止并没有看到中国对印度尼西亚实现免签，所以此次免签政策可能是单向性的。

印度尼西亚最负盛名的就是巴厘岛。刘思敏认为，免签证对于促进重复性旅游消费十分有利，“让说走就走的旅行变成可能”，而像巴厘岛这样的度假岛屿，特点就是重复性消费。

三、未来发展规划

尽管印度尼西亚拥有独特而美丽的风景，而中国又是世界第一大出境游客源市场，每年近1亿人次出境旅游，但阿里夫坦言，中国赴印度尼西亚旅游的人数还不到中国出境游人次总量的1%。

刘思敏认为，这主要是近几十年印度尼西亚的多次排华浪潮令中国游客产生了心理阴影，缺乏亲近感。此外，印度尼西亚也并不是最早发展旅游的东南亚国家。提起到东南亚国家旅游，新加坡、马来西亚、泰国在大多数中国游客心中算得上是根深蒂固的旅游路线。这对印度尼西亚拓展游客有一定的影响。

袁丁则认为，印度尼西亚的宣传比邻国的少。此外，出于安全性的考虑，大部分首次出国或者很少出国旅游的中国游客往往不会选择印度尼西亚。

中国强大的购买力令印度尼西亚“眼热”。阿里夫表示，2005年韩国发布对华游客实施过境免签后，5年内游客总数增加64.5%，而近期中国游客在韩国、日本、泰国的消费又让印度尼西亚看到了希望。

刘思敏坦言，与菲律宾不同，印度尼西亚与中国历来在外交上的表现十分友好，印度尼西亚有机会拓展中国游客市场，但是需要更用心地做好宣传和服务工作。

（来源：中国—东盟自由贸易区．http://finance.ifeng.com/a/20140623/12590248_0.shtml.2015—04—03）

老挝

老挝旅游业发展迅速

自1986年改革开放以来，老挝凭借着自身丰富的旅游资源优势，开展多项优惠旅游合作，使老挝迅速成为东盟各国中旅游业发展最快的国家之一。经过几十年的发展，旅游业已成为带动老挝经济发展的新兴产业，旅游收入已成为老挝国家财政收入重要组成部分。

一、老挝旅游业现状

老挝是一个历史悠久的佛教国家，全国共有寺庙2000多座，每个村庄和城市里的每个街区都建有寺院，佛教文化浓厚。老挝拥有丰富的自然和人文景观资源，其南部自然景色丰富，完整保留了未被开发破坏的原貌，其北部传统文化艺术和多彩的民俗风情，吸引世界各国游客纷至沓来。截至2014年年底，老挝共建成旅游景点1916个，其中自然景点从849个增至1093个，文化景点从435个增至541个，历史景点从209个增至282个。

数据显示，2014年老挝吸引外国游客390万人次，比2013年增长3.9%，旅游收入约6亿美元。老挝已经成为国际游客休闲度假的新去处，同时老挝旅游业良好的发展势头也拉动了航空业的发展。据南博网了解，2014年老挝国内航班直飞20447次，载有乘客67.72万人次，比2013年增长43.04%；国际航班直飞16846次，载有乘客81.17万人次，比2013年增长13.87%。

二、老挝重视旅游业发展

老挝经济比较落后，外汇收入来源极少，旅游业成为最重要的外汇收入来源，因此老挝政府非常重视发展旅游业。

老挝有丰富的旅游资源，但尚有许多未开发。为扩大开发自然旅游和文化旅游，用美丽原始的自然风景和各民族的风情文化来吸引外国游客，老挝加大对外开放力度，允许外商投资开发旅游景点。老挝开发旅游业，并要求统一管理，从而使旅游业得到有序地发展，保证旅游和自然环境保护、文化保护的和谐关系，保证旅客的人身安全。

老挝是东南亚唯一的内陆国，没有出海口使老挝饱受交通不便等困扰。为突破困境，便利各国游客赴老挝旅游，老挝建立“陆联国”的战略规划，大力投资基础设施建设，通过互联互通成为连接周边国家的枢纽。据南博网了解，目前，老挝公路网总里程超过45800公里，每年速度增长达4.5%。老挝计划投资近60亿美元升级国内道路基础设施。

据南博网了解，老挝政府举办旅游论坛以及各种大型的旅游活动推介旅游，积极组团参加世界和地区的博览会，特别是过去几年在广西南宁举办的中国—东盟博览会上，老挝政府更是积极参展参会大打旅游牌，推介老挝的旅游产品，还与中国签署了旅游谅解备忘录。目前老挝与超过500家国外旅游公司签署了合作协议，开放11个国际旅游口岸，同时减少签证费，放宽边境旅游手续等，促进了旅游业的持续发展。

三、投资政策优惠

尽管老挝旅游业发展迅速，但资金短缺导致旅游配套设施不够完善。为吸引外商投资，老挝制定了一系列优惠政策。

2010年老挝颁布新版《促进投资法》，鼓励外国投资者以多种投资方式投资老挝交通、运输、饭店、旅游等行业。老挝政府调整了投资政策，简化投资手续，建立了“一站式”投资服务，从信息方面提供服务、投资审批、颁发营业执照或颁发专营权承包许可、给予投资者通报函及提供综合性便利。

根据不同地区的实际情况，老挝政府给予投资优惠政策，在免征或减征利润税的同时，企业还可获得免征最低税的优惠。老挝经济特区、工业区、边境贸易区以及某些特殊经济区等按照各区的专门法律法规执行。

老挝旅游业经过多年发展，已经成为老挝经济发展的重要增长点。经过调整发展，未来老挝旅游业愈加成熟，将会有一个广阔的发展前景。由于老挝政府公布的外商投资优惠政策对不同行业、不同地区、不同贡献的企业有不同的标准，需要企业全面、客观了解优惠政策申报条件、时限等，做好可研性研究和市场调查，才能规避政策风险。

（来源：综合整理自南博网）

老挝房地产市场吸引越来越多中国投资者

老挝地处中南半岛北部内陆，人口约650万，相对中国而言是一个小国，与中国、柬埔寨、越南、缅甸和泰国接壤，老挝首都万象是其主要的城市人口聚居地以及政治经济中心。尽管人口稀少、国内市场狭小，但近年来老挝经济快速增长，招商引资力度大，东盟一体化的愿景佳等优势不断吸引越来越多的外国投资者，使得外商对老挝的投资热度日益加大。

老挝房地产的商业地产、写字楼、住宅公寓等近年来增长较快，其中2011年零售地产新增面积为34000平方米，2010～2012年写字楼新增5200平米，2009～2013年新增公寓数量年均超过150套。

在房地产投资方面，值得注意的是老挝的土地政策。其土地分国有和私有两种，其中国有土地不能进行买卖交易，只能用于租赁；而私人土地由政府发放土地地契，可进行买卖或者租赁。对于外国企业和外国投资者，购买私有土地的条件是外国企业必须投资成立老挝落地公司，外国投资者必须办理移民手续，成为老挝籍公民。而租用土地可与土地所有者协商租赁期限和租金。

中国一直是老挝主要的投资来源地之一。过去，中国在当地的投资主要集中在自然资源开发和基础设施建设。随着老挝人民收入和消费水平的提高，近年来当地中资企业也开始涉足房地产开发。由于目前老挝超过5层的建筑数量还不多，分析预计房地产业未来的发展前景十分广阔。

中工国际是中国房地产企业进军老挝的排头兵。早在2011年4月，中工国际就与万象市政府签约，开发当地第一个大型综合房产项目——东珍南项目。该项目占地25公顷，包括50栋别墅和高档酒店、写字楼、商贸中心、医院以及娱乐健身中心等设施，总投资额约1.8亿美元。其中50栋别墅在2012年亚欧首脑会议举办期间免费提供给老挝政府接待与会国家领导人。2014年11月，中工国际投资的万象新世界广场开盘。该项目于2014年2月动工，占地46000平方米，建筑面积75000平方米，由一期商业街和二期集中购物中心构成。一期项目于2015年4月建设完成，二期项目计划于2016年年初交付使用。万象新世界广场建成后，将成为集风情购物、滨河美食街、百货商场、电影院为一体的大型商业综合体，为老挝人民和外国游客提供一个集购物、餐饮、娱乐休闲为一体，兼具老挝文化风情和国际商业气息的现代化消费场所。

除中工国际外，其他中资企业也纷纷在老挝房地产市场“扎根”。2011年12月，上海万峰房地产有限公司与老挝政府签署《塔銮湖专业经济区开发协议》，并于2012年开工建设。项目占地面积365公顷，总投资约128000亿基普（约合16亿美元），拟在万象塔銮湖地区建成集文化、旅游、休闲、居住为一体的湖滨新城。2014年2月，重庆方德房地产开发有限公司与老挝国防部经济局合作开发的现代化城市综合体项目拉萨翁广场动工。该项目建筑面积15200平方米，包括一栋五星级酒店、一栋甲级写字楼、一栋酒店式公寓和一座现代化购物中心，预计将于2016年3月前完成主体工程。老挝外交部已于2014年8月出台文件，将拉萨翁酒店指定为2016年东盟峰会接待酒店之一。2014年9月，中航国际投资（老挝）有限公司在万象举办了“AVIC Townhouse”联排别墅项目开工仪式。该公司于2014年8月注册成立，合资方为中国航空技术国际工程有限公司和老挝吉达蓬集团。“AVIC Townhouse”联排别墅项目位于万象市北部，距离市中心约3公里，占地9800平米，本期别墅总共53套，2014年10月开工建设，于2015年3月竣工。

专家认为，随着当地经济快速发展和人民生活水平迅速提高，老挝正吸引着越来越多的中国房地产企业前去投资。受老挝行业发展水平所限，目前中资企业对老挝房地产业的投资范围基本集中在首都万象。可以预见，随着老挝中小城镇的崛起，未来当地中资房地产企业将迎来更大的发展机遇。

（来源：综合整理自微袖资讯、中恒远策）

老挝电力行业投资情况简析

老挝是东南亚唯一的内陆国家，北连中国、南毗柬埔寨、东邻越南、西北靠缅甸、西南达泰国。国土面积23.68万平方公里，其中山地和高原占80%，地势北高南低，全境共20余条流程200公里以上的河流，其中发源于中国的湄公河是最大河流，在老挝境内全长1846.8公里，落差484米。老挝境内水电资源蕴藏量为3000万千瓦，其中湄公河蕴藏的电力约为1800万千瓦。

老挝是世界最不发达的42个国家之一，发展水电资源是老挝发展经济，消除贫困，实现工业化、现代化的必由之路。为此，老挝政府提出要将老挝建成“中南半岛蓄电池”的目标。水电需要大规模的投资，老挝一直鼓励私营部门投资开发水电资源，发展水电行业，并通过向周边国家出售电力来增加外汇收入，在促进经济增长和社会进步起到了重要作用。

一、老挝电力现状

据统计，2014财年老挝境内输变电线路全长47242公里，全国共有1000千瓦以上电站25座，总装机容量324.4万千瓦。其中，老挝国家电力公司下属电站有10座，装机容量约39万千瓦，占总装机容量的12.04%；私人投资电站有15座，装机容量285.4万千瓦，占总装机容量的87.96%。此外，老挝有在建电站项目12个，输变电线路项目64个。

2014财年老挝全年发电量为154.69亿千瓦时，发电量比2013年财年增长10.44%，电力出口124.74亿千瓦时（主要出口泰国和柬埔寨），占发电总量的81%，收入约6.1亿美元。

由于老挝的输电线路网络还未实现全国覆盖，因此部分地区仍需要从泰国、越南和中国进口电力。据南博网了解，2014财年，老挝自泰国、越南和中国进口电力共12.94亿千瓦时，支出6722万美元。

在外资的帮助下，老挝在电力出口方面的影响力目前正在提高。随着泰国和越南等“大湄公河圈”的电力需求不断增加，老挝电力出口也将迎来更大的机遇。根据老挝国家电力发展规划的预测，到2020年，老挝从电力出口总额将达3.5亿美元，届时全国98%的居民都能用上电。

二、老挝电力出口及周边国家电力需求

在满足老挝国内电力需求的基础上，老挝大部分电力主要用于出口。

随着泰国工农业的发展，泰国对电力的需求不断增多。为保证能源供应平衡，泰国与东盟各国合作，从电力丰富的地区购买额外电力。据南博网了解，泰国水电进口量约占其用电量的60%，而进口的水电很大一部分是从老挝进口（老挝70%的电力出口泰国）。根据泰国与老挝2008年电力签署的购买协议，自2008～2019年泰国预计从老挝购买7000万千瓦电力。

为保证当地用电量增加的情况下，电力出口创汇收入不受影响，老挝国家政府鼓励国家电力公司利用外资，确保输送的电量至少保持目前水平。

与老挝邻近的东南亚各国电力均较紧缺。随着东盟一体化的形成，东盟地区大规模建设的开展，电力市场发展空间巨大，因此老挝的水能开发，无论现在还是将来，在国内和邻国的经济发展中都占有极其重要的地位。

三、巨大潜力吸引外商投资

据南博网了解，老挝水电资源丰富，并在积极打造自身为电力出口国，巨大的市场潜力获得越来越多的国际投资者青睐，中国等知名企业纷纷将目光投向老挝，并在该国加快电力投资步伐。

因发电站建设费用高昂，开发投资只能依赖外资。为鼓励外国投资，老挝政府继续完善投资相关法律，积极营造良好投资环境。1994年，老挝颁布新修订的外资法，根据该法规定，老挝政府不干涉外资企业事务，允许外资企业汇出所获利润。此外，外商可在老挝建立独资、合资企业，获享五年免税优惠。

在项目经营期内，企业可获得老挝政府提供的税费减免以及法律豁免等优惠，包括免费租用项目建设用地，免除1%的资源税和个人所得税外，全部减免营业税、企业所得税、建安税、关税等，但具体项目的税费优惠需要与老挝政府进行协商、申请。

水电资源开发是外国投资的重点领域之一，吸引中国企业纷纷进入老挝寻找投资商机。2004 年 3 月，中国水利水电建设集团公司与老挝政府代表正式签订老挝南俄 5 水电站项目开发备忘录。老挝南俄 5 水电站是中国水电在老挝投资的第一个 BOT 项目，投资近 2 亿美元，总装机容量 12 万千瓦，于 2008 年 10 月开工建设，2012 年 12 月 2 日投产并进入商业运行期。

2010 年 6 月，南方电网公司全资子公司——南方电网国际公司与老挝政府签署了《老挝南塔河 1 号水电站项目开发协议》，电站坝址位于老挝北部湄公河一级支流南塔河上，总装机容量 16.8 万千瓦，工程静态总投资约 20 亿元人民币。

数据显示，2014 年，老挝吸引内外投资项目 1150 个，总额 33.83 亿美元。其中，电力项目 4 个总额 3.99 亿美元。2014 年老挝电力行业产值较 2013 年同比增长 10.44%。

四、投资需要注意的方面

目前老挝水电站投资模式分为 BOT 或 BOOT 方式和 EDL 方式：10 万千瓦以上的水电站采用 BOT 或 BOOT 方式，以外商投资的形式建设；10 万千瓦以下的水电站采用 EDL 方式，以总承包方式由外商带资建设。

目前，老挝国内电力市场有限，湄公河干流上的大型水电项目输出的电力无法在老挝境内销纳，必须出口输送到泰国、越南等国家，建议企业应当积极、稳步、有序地支持在老挝以出口信贷方式承建水电站项目以及相配套的输变电项目，规避风险。

（来源：综合整理自南博网）

浅谈老挝皮卡车行业

皮卡是个现代词，根据英文名 Pickup Truck 音译过来的。由于目前在中国大陆皮卡归属轻型货车，按照规定满 15 年强制报废，皮卡在中国各大一线城市以及部分二、三线城市中，都受到了和大货车一样的限行待遇。因此在中国，皮卡作为一种小众的车型被边缘化。

皮卡在中国是矛盾的产物，过高的售价让其最大用户群集中在一二线城市。追求个性，懂得皮卡文化的人往往买不起。但是，皮卡在老挝绝对算是大众车型。在汽车工业基础几乎为零，汽车市场起步晚的老挝，皮卡却作为一种主力车型，牢牢占据着老挝市场，甚至已经形成了皮卡文化。众所周知，美国是皮卡的家乡，是皮卡文化的发源地。其结实耐用，功能多样化，在美国的西部大开发中立下过“赫赫战功”。皮卡作为一种客货两用的交通工具，深受美国人民的喜爱，更以其自由奔放的个性，紧密关联着美国的西部情节和农场文化。

在老挝，不管是在首都万象还是在其他省城或是小县城，有经济实力者会优先考虑买一辆皮卡车。绝大多数皮卡车有 2 排座位，车辆配置强调舒适性，既能家用，又能载货，而且均有四驱，底盘扎实，能适应极限路况。老挝地处热带，每年有很长的雨季，经大雨冲刷后，山路泥泞难行，四驱车辆才能行驶。

老挝汽车保有量少，基本无堵车现象。越野爱好者可以随意找到一条无人问津的山路或者一片无人涉足的荒山，开着皮卡探险。

皮卡车从燃油选择上可以分为柴油版和汽油版。柴油版优点是扭力较大、载重爬坡能力强，购买便宜，油钱和油耗也低；缺点是噪音大，速度慢。汽油版的优点是速度快，噪音低；缺点是车价较贵，油耗大，扭力较小。柴油机适合干重活累活，适用于极限越野，对油品的要求不高。在老挝街头行驶的皮卡车，大多是柴油版本。老挝的石油全靠进口，石油品质不高，柴油机皮卡车能适应品质较差的油，也是皮卡能在老挝流行的原因之一。

按照出产地，皮卡可以分为美系和日系 2 大类。美系皮卡普遍动力强劲、高大威猛，但油耗较大。福特 F150 猛禽是美系皮卡的代表，自其上市以来，一直雄踞美国皮卡市场销量榜首的位置。日系皮卡车身较小，油耗较低，比较经济适用。5.7L 坦途是日系皮卡的翘楚，长宽高 5809×2029×1930 毫米的车身尺寸，让坦途成为丰田家用车中尺寸最大的车型。丰田家族另外一款车型，丰田 VIGO 是老挝市场占有率最高的车型，占据老挝皮卡 60%以上的市场份额。

毫无疑问，皮卡车已经成为老挝人民生活中不可或缺的一部分。皮卡车正载着其自由之精神，穿越山河大海，为老挝的发展“开疆拓土”。

（来源：老挝资讯网．http://www.360laos.com/?action－viewnews－itemid－1838．2015－06－17）

马来西亚

马来西亚家具业驶入快车道

马来西亚是全球第8大、东盟第1大家具出口国，家具产品出口到世界160多个国家和地区，在全球木制家具（包括餐厅系列以及软体家具）市场中都占有极大的市场份额。

经过数十年的发展，马来西亚的家具产业已经由最初的小规模产业发展成为了本国主要的产业之一，其中家具产品8成以上供出口。由马来西亚家具同业联合总会和马来西亚家具工业总会联合主办的MIFF是东南亚最大的家具商贸平台，是马来西亚家具走向世界的一个重要窗口。

一、马来西亚家具业驶入快车道

马来西亚的家具业早在1980年就已经步入了飞速发展的快车道，政府采取各种措施和政策以鼓励发展家具业，建设了一批家具村。家具村内的中小型家具公司通过紧密型合作，发挥各自设备和技术的优势，形成了家具专业化的生产。与此同时，马来西亚还积极引进外资，与欧美国家的大公司办合资企业，扩大生产能力，拓宽出口渠道。

在国际家具市场上，马来西亚家具产业在保证质量、技术娴熟以及运输及时性方面都达到了行业的标准，赢得了一定的名气，且以较高的性价比，稳定的管理政策，特别是知识产权对各国家具创新设计的良好保护，赢得了众多商家的青睐。随着最大的家具买家美国市场在金融危机后逐渐复苏，马来西亚2014年第3季度家具出口达59.5亿林吉特，同比增长12%，成为国际家具市场上冉冉升起的新星。

但是在飞速发展的同时，马来西亚家具业也面临着一些问题。在中国—东盟自由贸易区正式建成之前，马来西亚就已经减免了家具成品的关税，但是家具原料及配件的关税却没有降低。换言之，马来西亚的家具业者在没有关税保护的情况下与外国家具业者竞争，而且在使用材料及配件时还需要承担关税。因此在马来西亚国内市场，本地家具业者其实是在一种较为不公平的环境下与外国业者竞争的。

随着国际家具市场的不断开放，发展中国家的家具总产值已经可以媲美发达国家，占据半壁江山，后起之秀如东盟国家中的越南、缅甸等国凭借丰富的森林资源、廉价的劳动力，成为了马来西亚有力的竞争对手。

激烈的国际市场竞争，给马来西亚家具业带来不小的挑战。自中国—东盟自由贸易区正式建成，相关协定生效后，尚未免除关税的其他东盟国家还在考量零关税给其国内、国际市场带来的变动时，早已适应低关税环境的马来西亚家具业则迎来了拓展中国以及区域其他市场、改善国内市场的良好时机。

国际市场风起云涌，国内市场也有发展瓶颈。马来西亚家具业的发展在很大程度上受到以橡胶木锯材为主的原材料的影响，原料短缺、原材料价格上涨是马来西亚家具业发展的困局之一。马来西亚家具的原料主要为本国橡胶木，即将已过采胶期的橡胶树作为家具原料。近年来，由于橡胶木年均采伐量减少和小规模橡胶种植园数量的逐年递减，橡胶木供应量正在逐年减少，橡胶木的价格却随之不断上升。

另一方面，随着马来西亚经济的加速发展，大量农村劳动力进入城市，而家具业由于相对缺乏吸引力的体力劳动环境，招工存在一定的难度，因此劳动力比较短缺，尤其是熟练工的短缺逐渐成为了影响马来西亚家具业发展的又一主要因素。

二、马来西亚家具业或迎新气象

据资料分析，国际家具贸易额的一半以上是在各大经济贸易区之间进行的，欧盟、北美自由贸易区、东盟内部的家具贸易都很活跃。因此，马来西亚家具业要解决目前国内市场发展的瓶颈，可以在区域贸易方面下些功夫，特别是在中国—东盟自由贸易区升级版谈判启动的新契机下，如何在新规则制定前，为本国家具业的进一步发展占得先机，马来西亚需要在产业发展的道路上“马不停蹄”地跟上市场的需求，适应升级版自由贸易区框架下的区域贸易环境。

中国—东盟自由贸易区升级版和区域全面经济伙伴关系等区域自贸谈判有望于2015年年底前完成。升级换代后的自由贸易区意味着区域内货物贸易关税水平进一步降低，覆盖货物的种类范围将不断扩大，投资准入前国民待遇和负面清单将逐步实现。

在此基础上，马来西亚的家具业者可以在自由贸易区内进口家具配件、原料、甚至是家具成品。这不仅可以在一定程度上缓解国内原料的紧张局面，也能丰富产品种类、给商家带来更多的盈利渠道。

马来西亚盛产橡胶木，但其在国际家具市场上的档次比较低，无法与枫木、樱桃木等相比。而木制家具的木材品质决定了产品的价格，因此，在自由贸易区内进口一些高端原木，有利于马来西亚家具业调整产品结构，丰富产品层次，逐渐向中、高端市场迈进。

此外，自由贸易区内进出口贸易的活跃，也让马来西亚家具业者有了成为零售、中转商的可能。一部分马来西亚人开始做起了买卖中国家具产品的生意。这些马来西亚家具厂商从中国采购家具，有的在马来西亚国内销售，有的将其转销到其他国家，还有采购家具配件的，将其再加工组装成成品销售盈利。

但生产商也依然是马来西亚家具业者希望扮演的角色。从家具的材料和人工成本来看，一般这两项会占整个成本的70%～80%，作为劳动密集型产品，廉价的劳动力仍然是家具产业不可替代的优势。因此，马来西亚要想继续在国际家具生产商队伍中名列前茅，可以在自由贸易区内做更多积极的尝试。

升级版自由贸易区将逐步实现的投资前国民待遇，将有利于马来西亚家具业者在自由贸易区内选择劳动力成本较低、具备条件的工厂进行合作，推行“本土化”。并利用现代的营销理念和模式，开设家具连锁销售或者特许经营销售，结合电子商务网络布局，进而站稳新的市场。

在自由贸易区建成之初，马来西亚家具业者就已到中国江苏、浙江、上海等地投资建厂。随着中国劳动力成本的提高，马来西亚家具业者的中国之路也需要相应作出改变：提升设计水平，融合中国、东南亚的民俗元素；提高工艺技术，提供多样化、多规格的产品，都能助力马来西亚家具业再次赢取中国市场。

不过，从长远看，无论是进入东盟其他国家相对滞后的家具市场，推行“本土化”，还是进入品质不断提升的中国市场。中国—东盟自由贸易区升级版的建成，零关税、自由贸易协定的生效，带来的将是更为公平、自由的市场环境。因此，马来西亚的家具业要走入区域，走向世界，重视创新设计、工艺及技术的提升都是重中之重。

（来源：综合整理自中国—东盟传媒网）

马来西亚清真产业备受推崇

目前，全球清真产业发展迅速，穆斯林人口的增加以及对清真产品的需求，使各国对开拓清真市场日益重视。在这一发展热潮中，马来西亚清真产业因其政府的支持、传统清真行业的经验、认证系统、清真产品质量等，受到中东等穆斯林地区的推崇，具有较大的投资合作优势。

一、马来西亚清真产业现状

据马来西亚清真产业发展公司推算，近年来全球清真产业市场规模已达7000亿美元，而全球穆斯林人口消费潜能约为2.3万亿美元。面对这样的趋势，马来西亚目前正积极提高其清真产业全球竞争力。截至目前，经马来西亚认证的清真商品在全球穆斯林市场接受度正迅速攀升。

为强化产业竞争力，马来西亚正积极构建一套完整的清真产业体系，依据该体系建立起产业链条——从原料、制造、包装、物流、零售，以及旅游和医疗，直至消费者。这样的产业链条意味着包括获取、筛选原材料在内的每一个环节都有清真产业发展的机会和挑战。因此，产业链条是一个实现目标的重要过程。然而，到目前为止，马来西亚清真产业依旧侧重在食品类商品的制作与配送。而在制药、医疗、化妆品与伊斯兰金融等附加值较高的产业方面，发展幅度还是较为有限。而从销售份额来看，清真食品加工和清真制药具有最高的销售额。

目前，清真产业有自身的发展路径，从原材料，到生产、储藏/运输，再到消费，形成了不同的生产和经营业态，为投资者和业界参与者提供宽广的选择渠道。这些产业包括：

1. 清真食品业：在清真食品业中，第一层次包括：原材料收获、畜牧养殖、储运、生产加工、清真餐饮、食品包装等；第二层次包括冷链储运、物流和连锁经营、B2B、B2C等；第三层次是至消费者环节、清真产品进口和出口。

2. 成衣和鞋类制造：成衣业主要在清真服装的“优雅”化等方面拓展。马来西亚鞋类制造产业可按照不同州属特性来发展，例如，霹雳州发展时尚女鞋，柔佛州主要生产女装鞋，雪兰莪、吉隆坡发展生产男装鞋及各行业需用鞋等。

3. 化妆品：清真化妆品的发展路径主要为，制造和经营链条上符合马来西亚伊斯兰发展署（JAKIM）认证和马来西亚标准MS 2200：2008要求；准备、生产、制造和贮存链条上需要严禁穆斯林所禁止成分（严禁动物成分、转基因产品、含酒精成分和其他可疑成分）等。在这些标准符合的前提下，发展清真化妆品及个人护理用品。

4. 医疗和医药品：马来西亚的清真医疗设备企业需要获得清真认证，在生产和销售环节的发展领域包括：医用手套、导管、保湿乳液与婴儿用品等。此外，马来西亚在配套产品的制造和研发领域有很大潜力。如制药方面，马来西亚出口药品主要面对中东地区；许多复合胶囊使用的是动物产品胶，因此要确保这些产品得到虔诚穆斯林的信任。在医药产品方面，可结合生活方式和饮食习惯的改变以及生活水平的提高，参考政府和行业专家发布的清真药品指导方针，发展清真制药与保健品业。

5. 零售业：马来西亚零售业的发展路径，既包括传统卖场，如超市、大卖场和大型百货商场，以及便利店，也包括未来的电商或其他的 B2C 平台。

6. 清真货运：清真货运业务的经营业态有很多种，且该领域有极大的发展空间。从清真物流、配销中心、仓储到运输，以及冷链冷藏、集装箱运输等。因此，发展链条上有传统货运和现代物流两大途径，为清真产业提供广阔的经营和拓展空间。

7. 旅游：旅游业的投资者和经营者可在传统旅游、医疗旅游、农业/乡村旅游以及城市活动设计和参与等方面发展。这些活动都可以在清真理念下建立和推进。

二、投资马来西亚清真产业的优势

（一）政策支持

1. 马来西亚对于清真产业的扶持

对于清真产业，马来西亚政府出台了一些特殊的扶植政策。联邦法对于外资在金融保险领域的持股比例有严格的限制，比如在普通商业银行中不能超过 30%；然而外商可 100%持有伊斯兰银行股份。除一般性的优惠政策外，该国所有清真食品生产企业，从符合规定的第一笔资本支出起，5 年内所有符合规定的资本支出均可享受投资税负抵减。马来西亚政府还在 2013 年预算案中提出，为进一步推动清真产业发展，该国的中小企业银行和伊斯兰发展银行联合提供 2 亿林吉特资金用于支持重点清真产品开发及出口。

2. 与清真产业相关的一般性优惠政策

为了促进投资增长，自 2010 年以来马来西亚联邦政府出台了一系列举措，主要有：

（1）税收补贴，包括新兴工业地位、投资税务补贴、再投资补贴和促进资本补贴。获得新兴工业地位称号的企业可享受为期 5 年的所得税部分减免，仅需按收入的 30%征收公司税。获得投资税务补贴的企业，在 5 年内所有符合规定的资本支出的 60%可用于抵冲其法定收入。运营 12 个月以上的企业在扩充产能或升级产品时可享受再投资补贴，其符合规定的资本支出的 60%可抵冲法定收入。在享受了 15 年的再投资补贴之后，继续加大投资的企业可以申请促进资本补贴，为期 3 年。

（2）鼓励生物科技产业发展，支持研发和天使投资。马来西亚规定，生物科技公司可享受特殊优惠，比如 20 年期的公司税减免、协助融资、印花税和不动产收益税减免以及工业建筑津贴等。推动科研成果商业化的企业可全额免缴公司税，为期 10 年；其母公司可享受对其全部投资的等额税务补贴。创业企业的全部投资可用于等额抵冲其应纳税收入。

（3）5 大经济特区。为平衡区域发展，马来西亚近年来陆续推出了 5 大经济特区。凡在这些地区投资的企业，均可申请 5 到 10 年内免缴公司税或 5 年内合格资本支出全额补贴。根据各地区的具体情况，联邦政府确立了不同的重点发展行业：伊斯干达开发区——鼓励投资旅游、物流、教育、医疗、金融咨询及创意产业；北部经济走廊——鼓励投资农业、制造业、旅游、物流、教育和医疗产业；东海岸经济区——鼓励投资旅游、农业、制造业、教育和油气石化产业；沙巴发展走廊——鼓励投资旅游、物流、制造业和农产品加工业；砂捞越再生能源走廊——鼓励投资资源类工业、能源、旅游业、畜牧业和水产养殖业。

（4）马中关丹产业园。在马中关丹产业园内，中国企业可享受以下特殊优惠：①自获得第一笔营业收入起，10 年内企业免缴公司税，或 5 年内合格资本支出全额补贴；②工业园开发、农业及旅游项目免缴印花税；③进口机械设备免缴关税和销售税。根据园区规划，从事清真食品加工及清真消费品生产的中国企业可以考虑前往当地投资。

3. 中马清真产品相互认证服务机构框架协议

2014 年 8 月，宁夏清真食品认证中心与马来西亚巴生港自贸区总运营商、中国—东盟国际物流合作委员会签署了两项合作协议，分别是《中马清真产品相互认证服务机构框架协议》和《清真产品跨境电子商务合作框架协议》。

（二）清真产业认证系统

1. 全球认证系统

作为一个尚处在初期发展阶段的产业，清真产业不仅限于单一产业，而是将符合伊斯兰教义的生活形态标准化的过程。因此，从宏观角度看，清真产业应该是一种产业群，而非单指某项行业。在当前产业发展进程上，高附加值的制造业与服务业正逐渐成为清真产业的发展重点。除了食品加工、制造外，个人护理商品、化妆品、医药以及餐饮行业、旅游、金融、物流等行业正在竞逐快速扩张的清真市场。

然而，清真产业的发展并非简单的达到标准化程序即可。由于伊斯兰各国教法规范不一，对于商品监管的标准以及细节也有所不同，为确保各机构认证商品具有一致标准，清真认证系统由此而出。据悉，当前全球提供清真产业认证的机构共有145个，其中采用的认证系统共有10种。

2. 马来西亚认证系统

目前，被最广泛采纳的清真认证系统有以下4种，其中马来西亚JAKIM是全球清真产业认证项目最广泛、最权威的清真认证机构。截至目前，采用JAKIM系统的认证机构已达到67家，且尚有不少认证机构通过清真产业协会的方式与JAKIM保持合作关系。

为了对清真商品进行规格化管理，JAKIM于1996年正式制定了《马来西亚规格法》，马来西亚由此对国内清真产业建立起规范标准，这种标准被称为“马来西亚规格”（简称MS）。一般而言，“马来西亚规格”主要由MS1480、MS1500、MS1900、MS2200和MS2400规格所组成。

而清真产业发展集团（HDC）是直接隶属于马来西亚政府管理的公司，在中国一般被作为HDC—Halal认证官方机构。2006年9月，在时任总理的巴达维先生对清真产业发展集团的批示下，HDC公司正式成立，并于2008年4月2日正式且全面接管JAKIM的清真认证业务。

马来西亚政府自1982年起就开始在全国大力推行穆斯林食品认证标准（HALAL），作为世界上最主要的穆斯林食（用）品认证中心和穆斯林食（用）品制造中心之一，马来西亚成功制定并获得伊斯兰合作组织（OIC）认可的穆斯林食（用）品国际标准——《清真食品生产、配制、加工和储存的一般准则》。

马来西亚是伊斯兰合作组织的主席国，与许多伊斯兰国家关系密切、交往频繁，并通过这一枢纽，扩大穆斯林食（用）品进入其他国家市场的机会。在马来西亚政府的直接领导与管理下，HDC作为马来西亚清真产业的引导机构，认证业务已从本国走向国际市场，通过该机构所颁发的HALAL证书在世界各国通用，更多的市场需求者正积极寻求与HDC合作。

（三）清真产业园区

1. 清真产业园区简况

纳吉总理上任后随即将推动清真产业视为该国重要经济政策，清真产业园也成为推动该项政策的重要工具。根据HDC公布数据，截至2010年，马来西亚已陆续成立21座清真产业园。根据类型不同，可分为马来西亚清真地位与非马来西亚清真地位的中小企业产业园。

随着认证制度渐趋成熟，HDC对清真产业园的认证也逐渐为伊斯兰国家所认可。在马来西亚清真地位产业园投资的厂商不但能取得HDC对其商品可靠性的背书，对于商品出口到伊斯兰国家也有着极大的便利。

在马来西亚清真地位园区，投资者的优惠包括购买工业园土地，租赁、为投资者准备建设要素和免税。优惠资格是适用于园区运营商、清真物流运营商和产业运营商，他们被包括在4种促进清真活动里，例如肉类和畜牧业、特别加工食品、清真配料、化妆品和个人护理用品。

2. 巴生港国际贸易与清真产业发展中心

马来西亚驻华大使馆公使衔参赞翁忠义表示，巴生港清真产业发展中心获得了马来西亚政府的全面支持。选择落户巴生港的中国公司将享受税收和关税的优惠政策。为了吸引更多的企业，巴生港清真产业发展中心已经吸收了国际银行和融资服务机构、咨询公司、国际接待中心、综合服务中心，并有专业化市场团队帮助公司促进产品在穆斯林世界推广。

马来西亚政府鼓励赴马来西亚投资并为打算进入阿拉伯国家和广大穆斯林世界的中国企业提供了宝贵机会，阿拉伯国家和穆斯林世界对巴生港自贸区也给予积极支持。

清真产业发展中心为中国清真企业开放窗口，在这一中心帮助下，中国清真企业将有一个稳定的转型渠道，不仅帮助中国公司获得全球认可的马来西亚清真资格，而且中企由此获得成千上万采购商和更便宜的国际原材料。目前该中心有8万平方米，是马中国际商业中心的核心地带，许多来自中国内地、台湾、香港和日本、韩国、新加坡的公司已经决定落户该中心。

综上所述，在发展清真产业过程中，从政策制定、清真认证、政府的鼓励措施到清真产业园区建立和发展等，马来西亚已经成为全链条促进清真产业的枢纽。

（来源：综合整理自共识网）

服务业引领马来西亚经济腾飞

2014年4月10日，马来西亚国际贸易及工业部长拿督慕斯塔法表示，马来西亚服务业贡献55%国内生产总值，随着政府对45个服务领域的开放，预计2020年服务业将贡献60%国内生产总值。据统计，2013年马来西亚服务业出口总额1254.7万林吉特，占总出口额的15.4%，同比增长1.1%。

一、产业调整　经济腾飞

20世纪70年代以来，马来西亚经过产业结构调整，其服务业得以迅速发展，占GDP比重从1990年的46.8%提高至2009年的57.6%，产值总额达3002亿林吉特，吸收就业人口占总就业人口的57.3%。同时，服务业也成为马来西亚外贸输出中最富有活力的行业。服务业在国际市场，尤其是中东等国获得了巨大成功。

据世界贸易组织统计，2012年马来西亚成为全球服务业出口30强。截至2008年，马来西亚服务业出口金额为1021亿林吉特，占当年GDP的55%。据马来西亚统计局公布的数据显示，2010年，马来西亚共有66.29万家商业公司，其中从事服务业之公司总计591137家，占总数之89.17%。在产值方面，服务业贡献了3716亿林吉特（约合1172.24亿美元），占总生产值52.52%，聘用368.78万名员工，占总员工数的52.96%，成为马来西亚经济成长的重要贡献来源。

目前，马来西亚正逐步减少对制造业出口的依赖，着力发展服务业。其中，批发与零售、金融保险、教育旅游、房地产与商业服务、通讯、运输与仓储、酒店饭馆业等领域被认为具有优势特色。

二、政策推动　迈向国际

马来西亚政府多年前便开始大力促进经济改革，加速产业结构转型升级，降低传统工业比重，将经济发展重心从制造业转移到服务业，以刺激经济增长。

2003年，马来西亚政府在国家经济展望会议报告中提出要着力发展服务业。通过分析先进国家的经验，马来西亚认识到，必须开始着重服务领域的发展以寻求经济增长。

在一系列国家配套措施的推动下，马来西亚各服务行业出口也得到了长足发展。在这一过程中，马来西亚外贸促进中心成为马来西亚服务业出口的重要平台，其通过在企业培训指导、通过政府补贴的方式提供财政援助，以及组织一系列大型国际化出口活动等方面的促进，使得服务业在外贸出口中的比重逐年增加。截至2011年，服务贸易总额达650亿美元，其中出口330亿美元，超过制造业及其他行业，成为马来西亚经济支柱以及马来西亚外贸新特征。

与此同时，政府的政策进一步放开，加速了服务业发展并走向国际的进程。马来西亚政府进一步松绑外资持股率政策，从2012年起开放17个服务业次领域，允许外资拥有100%股权。17个受惠的服务业次领域包括医院服务、医疗和牙医专科服务、建筑图测、工程、会计和税务、法律服务、物流服务、教育和培训，以及通讯和多媒体服务业。

经过多年的积累，马来西亚服务业如今已呈现不断增长、壮大之趋势，成就了多项标志性项目。许多马来西亚的服务供应商已经充分发展其服务的专业性、能力以及盛载容量，以确保为其国内以及海外市场提供更为齐全、周到的服务项目。目前，马来西亚已位居全球25大出口国之列，为全球逾200多个国家输出其产品及服务，获得了世界范围的认可。其中，商务服务、连锁经营、食品服务、物流运输这4大领域作为马来西亚本国的优势行业发展最快。

有报道称，随着马来西亚政府对45个服务领域的开放，预计到2020年，服务业将贡献60%的国内生产总值。需要注意的是，要达到此目标，服务行业预计将需要投资446亿林吉特，这就需要不断增加外商直接投资的比例。

三、优势行业　独具特色

在贸促中心与服务业展的大力推进下，服务业出口成为马来西亚外贸的新特征，政府也将更加注重服务业在全球的推广。马来西亚认为具有优势的服务业出口行业如下：

一是特许经营业。例如：餐饮、汽车配套行业、服装服饰、教学中心和托儿所、零售店及超市等。马来西亚国内贸易、合作及消费服务部规划，特许经营业对于国民生产总值的贡献率将从2010年的2.2%至2020年提升到9.4%。对于众多马来西亚企业家而言，特许经营业仍是相对较新的行业，但在拥有巨大市场潜力的马来西亚，特许经营业目前正迅猛发展。在发达国家，特许经营行业占零售商业的比值达40%，而在马来西亚国内市场，特许经营业占零售业的比率不足10%，尚未真正起步。

2012 年，总计有 47 个马来西亚特许经营品牌在海外发展业务，在全球 10 个国家分布 108 家特许连锁门店。其中有 74 家门店在中国市场布局和发展，充分显示了中国市场的重要性。越来越多的马来西亚特许经营公司在中国市场寻求合作伙伴、主加盟商或者加盟商，致力于进一步开拓中国市场业务。

二是高等教育和培训服务，包括了以英语或一些独特行业课程。例如：为各国提供国际会计课程、管理课程、英语课程、资讯科技等课程。作为世界第 7 大留学目的国，2012 年马来西亚有约 80000 名留学生，分别来自全世界 150 个国家与地区。其中，来自中国地区的学生有达 8000 余人。2014 年，中国前往马来西亚的留学生达 2 万人次。

三是独特的旅游配套。例如：医疗旅游、体育活动、热带森林或海洋自然景观旅游配套、专业组织的商贸旅游配套等。所谓“医疗旅游”，就是将医疗或健康检查与旅游相结合。2012 年，马来西亚政府已指定近 50 家私立医院和万余张病床参与这一计划。近年来，赴马来西亚进行医疗保健旅游的游客数以年均 15%～20%速度增长。多数国外患者赴马来西亚是进行心脏外科手术、骨科手术、整形手术、牙科手术、试管婴儿手术和健康检查等。2020 年之前，马来西亚力争将外来赴马来西亚医疗的旅客的整体数字增加至 190 万。

四是专业服务。例如：医药保健服务、建筑设计及相关服务等。以建筑设计及相关服务业为例，近年来，马来西亚经济的稳步发展也带动了整个建筑行业的发展。同时，地产项目转包数量增加、基础设施项目档次提高、石油和燃气工业离岸加工厂的建设力度加大等多种因素，也促进了建筑业的繁荣。

五是为跨国公司提供贸易、分销、市场物流等相关服务。

（来源：整理自《经营管理者》杂志、南博网）

马来西亚房地产潜力无限

2014 年，马来西亚房地产市场处于复苏的初期，投资潜力非常巨大。目前，马来西亚是一个中等发达国家，是东南亚地区经济发展非常迅速的国家之一，地理位置优越，具备完善的社会福利体制，拥有优质的教育和丰富的旅游资源。

一、环境得宜　政策支持

近年来，为了振兴房地产市场，马来西亚政府出台了许多刺激政策。首先是放低落户要求，只需将个人 22 万元人民币或家庭 33 元万元人民币折合成林吉特，存入马来西亚境内的任意一家银行，即可在享受存款利息的同时拥有马来西亚的定期居住权，并在当地投资。其次是推出“马来西亚·第二故乡”计划。凡参与“第二故乡”计划者，均可享受在马来西亚购置房屋、在马来西亚定期存款一年以上的利息可以免税、马来西亚境内投资的收入无需在国内重复缴税等权利。再者，降低外国企业入市门槛，吸引中国企业到马来西亚上市。诸如此类的新政策已经推行了 5 年，马来西亚的房地产市场已经迎来了春天，产业在逐渐复苏。

但从 2013 年起马来西亚开始实施收紧房产投资政策，针对海外买家的购房门槛有所提高。比如，外国人在马来西亚购房的最低价格门槛由 50 万林吉特调高至 100 万林吉特；在售 5 年内脱售房屋需缴纳的盈利税增加至 30%，第 6 年开始则为 5%。

目前，这些政策对中国投资者的影响太大，即便最低价格门槛调高至 100 万林吉特，还是有人愿意投资。原因是中国房地产目前发展缓慢，政府各种政策措施打压房地产泡沫，中国的房地产投资渠道逐渐狭窄。但经济持续发展，资产需要保值，于是中国房地产商以及消费者们开始将视野投向国外。投资马来西亚房地产的优势在于，马来西亚房产政策稳定，房子价格跟中国内地、中国香港、新加坡比相对较低。同时，马来西亚的法律公开透明，房产地权、产权明晰，私人物业享有永久的地契和产权。另外，马来西亚地理位置优越，从中国搭乘飞机至马来西亚只需 3 个小时，距新加坡、泰国较近。预计未来 5～10 年，中国在马来西亚的房地产投资会更多。

有业内人士认为，除了高铁所辐射的部分区域或将出现较大幅度的房价涨幅，未来几年马来西亚房地产整体发展将平稳向前。权威房地产研究机构指出，马来西亚房地产在 2013 年全年增长为 5.6%，是亚太地区增幅最强劲的市场之一。受益于城市化、市民年轻化及房贷市场渗透率低等原因，马来西亚未来产业价格上升空间巨大。

二、高铁助推　买家看好

新马高铁项目于 2013 年在新加坡举行的非正式会议后启动，计划于 2020 年建成。全长 300 多公里的新马高铁预料耗资200亿～300亿林吉特（1元人民币约合0.52471林吉特），列车时速可达350至450公里。新马高铁的建成，将使目前来往新加坡和吉隆坡约6小时的车程缩短至大约90分钟。

根据初步规划，高铁将途经伊斯干达、森美兰芙蓉、马六甲爱极乐以及柔佛等地。届时，吉隆坡与新加坡基本上将能实现“一日生活圈”的双城概念。在高铁所辐射的地区中，毗邻新加坡的伊斯干达特区备受瞩目。据了解，伊斯干达成为马来西亚最热的房地产投资地，中国大的地产商在那里都有大的投资项目。

马来西亚林木生集团董事经理拿督林福山表示，新加坡至马来西亚、泰国等地通过高铁更加便捷，飞机容易出现延误，高铁速度快，可拉近东盟跟中国的距离，因此贸易往来也比较方便。

马来西亚房地产研究机构认为，2015年，包括新加坡—马来西亚高铁在内的几大因素为马来西亚房地产带来活力和价值重估。在近期该区域市场发生投机活动之前，马来西亚与新加坡两地产业价格差距700%，一旦高速列车落实，预计将拉低该项差距。马来西亚有望通过高铁计划扭转乾坤，借力快速发展吉隆坡、新山等重点城市，国外投资者看好其投资前景。

三、市场火爆　潜力无限

根据马来西亚政府的规划，到2020年，马来西亚争取进入发展先进国家行列。马来西亚政府正在进行一个雄心勃勃的计划——大吉隆坡计划，包括地铁建设在内的交通、教育、产业配套计划正在实施中，因此，马来西亚房地产市场潜力巨大，从一些房地产产业巨头的动向可以得到印证。2014年新华联不动产股份有限公司拟出资约3亿元人民币在马来西亚柔佛州购买地块。据悉，碧桂园集团于2012年进入马来西亚房地产市场，是第一家进入马来西亚柔佛州新山市进行房地产开发的中国企业。碧桂园在新山市投资打造的“金海湾”项目于2013年8月正式开盘，并取得了总计50亿林吉特（约合15.6亿美元）的销售额，这一数字刷新了马来西亚房地产行业的纪录。

亚洲很多国家地价极其昂贵，超出了许多购买者的承受力之外，只有马来西亚房产一直稳步发展。目前马来西亚房产涨价幅度平稳，这几年房价一直没有被炒房者炒起来，所以，未来的马来西亚房产发展将会有一个很大的升值空间，主要源于2个方面：首先，马来西亚人民对于房产投资领域比较陌生，大部分民众对于投资房产是没有概念的。其次，马来西亚人口较少，但个人所有土地较多，民众可随意建、改房子，所以当地民众认为没有购房必要。目前在马来西亚购买房产者，大部分都是外来人员。从亚洲房产的角度分析，马来西亚房产的膨胀期即将到来，它将会成为一块高地价房产的地方，这就是很多人将会争相投资马来西亚房产最主要的原因。

（来源：整理自中国—东盟传媒网、《第一财经日报》）

缅甸

缅甸服装业迈向“缅甸制造”

据外媒网站称，除了孟加拉国和越南等公认的服装业中心外，投资者加入服装行业的时机已经成熟。缅甸、海地和埃塞俄比亚等国希望重振这个曾经“欣欣向荣”的行业，这些国家甚至将从零开始发展服装业。

近期，缅甸服装制造商协会（Mgma）秘书长表示，缅甸服装业正在塑造“缅甸制造”的新的品牌形象，力求以此向全球推广缅甸生产的服装。

从缅甸代工到缅甸制造，缅甸服装业已经开始露出“跃跃欲试”的发展姿态。

一、缅甸服装未来将“100%缅甸制造”

缅甸Mgma秘书长表示，目前一些标有“缅甸制造”标签的服装只是在缅甸进行缝制而已，这些服装的原料、技术等均来自国外。但经过发展，未来制造这些服装的材料、资金和技术均有可能来自缅甸本土企业。

Mgma指出，缅甸目前享受欧盟的普惠制待遇，近期来自缅甸市场的订单有所增加。东亚、东南亚是缅甸服装出口的重点市场，尤其是日本市场。日本贸易振兴机构支持缅甸服装业加强与日本业者的交流，该机构会定期组织会谈，分享彼此的生产经验，并帮助缅甸服装业提升品牌形象。

目前，缅甸当地的服装生产商承接的业务类型主要是对指定款式的订单进行生产加工，其客户主要来自日本、中国、马来西亚、德国。

二、优势劳工成本低　享受关税优惠

近年来，缅甸由于劳工成本低、劳动力丰富及出口欧美享受关税优惠等便利条件，而逐渐被国际

消费者视作是尚未开发的成衣生产中心与下单采购的目标国。可创造大量外汇和就业机会的纺织服装业被缅甸业界寄予厚望。然而，近期国际业界的一些评论指出，缅甸纺织服装业要成为拉动经济增长的支柱产业，仍需面临一系列挑战。

缅甸作为新兴成衣制造国，拥有的优势包括劳动力成本低、劳动力充足及输欧盟免关税与免配额等，此外日本贸易振兴会与经济工商部提供的技术支援及缅甸国内市场6000万的消费规模也成为支撑产业发展的重要因素。缅甸商工总会主席 Win Aung 表示，欧盟的 GSP 及欧盟与美国接连暂停对缅甸的制裁，这些举动均有助于缅甸的成衣产业的发展。此外，缅甸是东盟10个成员国之一。2015年东盟经济体全面建成时，缅甸也将与其他会员国文莱、柬埔寨、印度尼西亚、马来西亚、老挝、菲律宾、新加坡、越南、泰国共享有6亿人口的消费市场与一致性的关税优惠。

泰国泰华农民研究中心曾经对缅甸纺织业做了一份研究报告，报告指出，缅甸被视为东盟国家中具有发展潜力的新投资目的地。泰华农民研究中心认为，对于寻找生产基地以保持生存的泰国纺织服装企业而言，缅甸是值得投资的国家之一，缅甸的服装制造业蒸蒸日上，原因是包括泰国在内的其他制造业大国需要分散生产风险，而日益重视缅甸投资服装产业。缅甸的主要有利条件是，与同样作为服装生产基地的其他邻国相比，缅甸的劳工工资和生产成本最低。

三、劣势务工环境动荡　配套设施落后

缅甸务工环境动荡和产业配套设施落后等客观因素仍将制约其产业发展。一家英国的企业顾问公司 Maplecroft 在“2013 人权风险总揽”报告中指出，尽管过去1年半以来缅甸经历改革，但在外国投资者眼中缅甸的风险居高不下。一方面，2011年10月缅甸实施的《劳工法》允许工人举行罢工及组织工会，劳工显然意识到改善工资及工作条件的时机已经到来。

另外一方面，即使缅甸制衣工会已成立训练中心及技术学校，但在仰光地区，要找到聘请熟练的成衣厂工人仍然是个难题。成衣厂工人培训成为熟练技工后，有可能会离厂前去泰国边界找更高待遇的工作。

缅甸成衣制造业在全球市场竞争力薄弱的另一原因是，生产力低于越南、柬埔寨及孟加拉国。仰光电力供应局曾经宣布仰光地区的几个工业区实施停电，纺织厂与成衣厂均须自备柴油发电机补充部分电力。据调查，缅甸成衣厂电力总成本约为劳工总成本的30%～40%，最严重的是，厂商的纺织机器设备可能会因为电压不稳定而导致加速折旧。

除了红麻和黄麻外，棉花也是缅甸的主要农作物之一，但由于上游产业配套设施落后，须加大投资以支援快速发展的出口成衣业。业界呼吁，为了有利于纺纱及染浆业吸引投资，工业洗涤设备及配件与包装材料的生产，应制定特定奖励措施或调整进口关税。

（来源：雨果网．http://www.cifnews.com/Article/11611.2014—11—13）

缅甸——全球锡业中的黑天鹅

从2014年起，缅甸逐渐进入到锡行业的大众视野，成为近期影响全球锡业格局的重要因素，并在短短一年的时间内，一跃成为继中国、印度尼西亚之后的全球第3大锡生产国。来自缅甸的锡矿大量进入冶炼厂，被加工成锡锭，成为焊料或者其他产品，进入到人们的生活中。

位于中缅边境的佤邦目前是缅甸锡矿的主产区，历史上曾与中国有千丝万缕的关系。当地的矿业投资和矿产品需求主要来自中国。然而这个地区的锡矿开采历史很短，兴起于2010年，历史上没有任何地质资料记载，目前也没有相关的资源储量数据，因此其发展前景不可预知。缅甸南部的德林达依省和克耶邦在英国殖民时期曾经是重要的锡产地。随着缅甸政局的动荡，锡产业的发展一度衰落。2011年政治改革之后，随着国外投资者的进入，缅甸逐渐兴起小型采矿作业。从地质数据上看，该地区锡资源储量丰富，但是大型开采仍受政治、政策以及基础设施的局限无法开展。

近2年来，加德纳博士几乎每年数次往返于伦敦和仰光，对缅甸矿业和地质构造开展研究。加德纳认为，缅甸是一个具有丰富矿产资源和研究价值的黄金国度。但是，用资源开采来改善当地人民的生活水平，似乎还有很长的路要走。

除了学者的专业度之外，加德纳曾经在商界（加德纳曾就职于摩根大通和美林证券）探索数十年，因此加德纳对于行业的发展也保持着敏锐的嗅觉。

缅甸的锡矿资源丰富，开采历史悠久，也是加德纳的研究范围之一。加德纳表示，目前大众普遍认为缅甸所有的锡均来自南部，南部有很多小型的

手工采矿作业，但是产量总体不大。缅北佤邦锡开采热潮的兴起，对整个锡市场的格局造成了根本性的转变。

加德纳对于缅甸的锡资源潜力印象深刻。缅甸的资源潜力佳，南部的地质条件与马来西亚、泰国一致，具有丰富的锡资源，但缅甸更具优势，缅甸拥有更多的原生矿床，花岗岩资源丰富，如英国曾经重要的锡产地——康沃尔一样，可直接开采。马来西亚和泰国大多是冲积矿床，需要用泵抽吸并收集矿砂方能开采。

加德纳表示，缅甸的锡品质较高，但是矿处理较难。南部的大多数矿山在20世纪60年代关停，但是这些矿山离资源枯竭尚早。缅甸拥有着丰富的铜、黄金和锌资源。2011年之后，西方的初级勘探公司开始进入缅甸。

尽管资源丰富，但是加德纳对于缅甸矿业的发展前景表示担忧，缅甸目前仍存在一定的政治风险，投资者正努力分析当前的形势。

从开采作业到采矿前景，缅甸俨然已经成为行业的焦点，投资者将缅甸作为下一个投资的目标。

国际锡业协会中国区首席代表崔琳表示，缅甸就像全球锡业中的黑天鹅，将会对全球的锡供应造成重要影响。投资者应当努力去探求它的资源潜力和发展前景，让市场对锡行业具有更多稳定的预期。这也是锡行业能够长期可持续发展的保障。

（来源：国际锡业协会.http://www.itri.com.cn/news_detailed.aspx? nid = 2&pid = 12&id = 583.2015—04—10）

缅甸酒店餐饮业发展浅析

随着旅游业发展和国家政策的放开，缅甸的服务业显现出巨大的发展需求。面对蓬勃的市场环境，中国企业能否从中分享利益？

一、巨大的需求缺口

经济的持续增长和旅游业的快速发展令缅甸的酒店业焕发出蓬勃的生机。数据显示，2012～2016年间，缅甸建筑业项目的增长比例高达36%，但是酒店项目增速更快，从酒店品质、级别到设施水平均透露出一个信号：缅甸的酒店业已进入快速发展期。

中国现代国际关系研究院南亚、东南亚及大洋洲研究所孟加拉湾研究室主任宋清润指出，缅甸酒店业的发展主要得益于其旅游业的迅速增长。

缅甸酒店与旅游业管理部公布的统计数据显示，2014年赴缅甸的外国游客突破300万人次，创汇10亿美元以上。外国游客中，70%为东南亚国家游客，其他主要来自英国、德国和中东。事实上，近2年缅甸旅游业才开始有实质性的发展。2012年，赴缅甸的外国旅客仅有100万人次，2013年这一数字超过200万。缅甸被国际权威机构评选为东南亚旅游业增长最快的国家之一。

另一方面，宋清润认为，近几年缅甸酒店业的发展也得益于缅甸政府实施的开放政策。

2011年缅甸新一届政府上台前，缅甸缺乏经济活力。但2011年以后，缅甸政府一方面大力投资酒店业的发展，另一方面努力吸引外资投入，加快基础设施建设，重点发展酒店业，同时放宽进口限制并解除出口税。在过去2年间，缅甸遭遇的国际制裁被逐渐解除，这使得缅甸成为整个亚洲地区甚至世界服务业经济快速发展的焦点。迄今为止已有超过14亿美元的外资注入缅甸的酒店及旅游业。

宋清润指出，一直以来，缅甸的优质酒店较少。过去10年间，除新加坡贸易酒店外，缅甸的四星五星级酒店较少。最近几年，喜来登等知名酒店才建立起来。

此外，缅甸的国际性展会在不断增多，旅游业也不断发展，目前缅甸酒店业仍有巨大的缺口，未能在旅游旺季满足外国游客的住宿需求。因此，缅甸酒店业明显存在供需不平衡。

二、机会与挑战并存

缅甸一直有着“富饶中的贫困”之称。“富饶”源于其极为丰富的自然资源，包括水资源、矿产和石油资源以及储量相当大的玉石、翡翠、宝石等。“贫困”则源于其经济发展和基础设施建设的落后，以及人民生活的贫困。

宋清润认为，目前缅甸酒店业正是发展的好时机。不仅是西方投资者看好这个国土面积位列东南亚第2位的国家，越南也在投资缅甸的酒店业。在仰光的黄金位置，越南投资建设的集购物、酒店、饮食娱乐于一体的商贸中心于2015年竣工。宋清润分析，在缅甸的投资者越来越多，未来赴缅甸旅游的升温会让这一市场更有发展前景。

缅甸酒店与旅游业管理部根据此前的游客量预测，2015年外国游客有望提升至400万～500万人次。目前缅甸政府正在加紧建设开发更多旅游景区和景点，提高酒店数量。

然而，投资缅甸并非简单之事。目前缅甸的酒店业发展还存在一定的困境，一方面是其酒店业激烈的竞争。缅甸酒店与旅游业管理部的数据显示，2014 年，外资在缅甸酒店领域的投资额超 25 亿美元。来自新加坡、越南、泰国、日本、马来西亚、卢森堡、英国、阿联酋等国家和中国香港地区的企业在缅甸共投资了 46 个酒店项目。

另一方面，宋清润认为，缅甸酒店业淡季旺季的区别十分明显，淡季旺季相同级别酒店的住宿价格可能相差 60～70 美元。

另一个问题是，入住率不足导致酒店利润下降。缅甸酒店与旅游业管理部官员透露，由于缅甸各地兴建酒店增多等因素，导致星级酒店入住率明显下滑。为吸引顾客，部分星级酒店将房价下调 30%～40%。统计数据显示，2011 年前缅甸共有酒店 600 家，而到 2015 年 1 月，这一数字增至 1114 家。

另一位业内人士分析，在投资领域方面，缅甸有意识地“疏远”中国。目前日本已经超过中国成为缅甸的最大投资国。政府因素是中国企业投资缅甸最应该权衡的关键因素之一。

（来源：中国—东盟自由贸易区 . http://www.cafta.org.cn/show.php? contentid = 75002.2015—06—05）

缅甸水电发展简况

据《缅甸新光报》报道，缅甸电力部副部长吴莫达特于 2014 年 6 月 18 日在首届联邦议会第 10 次会议上表示，目前缅甸各类电力项目总装机为 436.25 万千瓦，按每年 13%的用电增幅，需要保有 30%的电力储备及有计划新建电力项目。电力项目建设坚持“稳定、廉价、最低程度减少自然和社会环境影响”等 3 项原则并制定了总体规划。

吴莫达特介绍，缅甸当前电力开发主要有 3 种模式：国家开发、私营企业投资开发（BOT）及与外国合资开发（JV/BOT)。国家开发的电力项目总装机为 163.2 万千瓦，主要项目有：上邦朗、瑞丽江、漂、上耶涯、得特、上阶当等。私营投资项目总装机 19.64 万千瓦，主要项目有：上巴鲁桥、南马图、曼瓦等。与外国公司签署 JV 协议的项目主要有：其培、莱扎、滚弄等，总装机 1380 万千瓦。此外，签署 MOA 的项目主要有：乌少、考兰普、依兰、皮佐、哥兰、坎干、浪丁、同心桥、育瓦滴、哈吉、浪帕、曼当、瑞丽江、兰德白、图坚、汉纳、德夸、布朗、波纳客共 19 个，总装机 1697 万千瓦；已经签署 MOU 并正在进行评估的项目主要有：太平江、曼东、景栋、望达宾、西努、景阳、黑古、兰卡、兰德帕等共 9 个项目，总装机 3878 万千瓦；准备签署 MOU 的 JV/BOT 水电项目有 2 个即屯班和兰马里，总装机 29.5 万千瓦；准备签署 MOU 的 BOT 水电项目有 2 个即曼央和兰扣，总装机 9.5 万千瓦；可行并计划实施的项目有 4 个：迪豆、中邦朗、中耶涯、波格塔，总装机 64.6 万千瓦。

其中，滚弄、其培和莱扎的实施，使缅甸每年可获利 3.67 亿美元，可增加 262 万千瓦的装机电量供国内使用。项目建设期最长 7 年，预计 2021～2022 年供电。项目的 EIA/SIA 评估报告由第三方 BANCA 分别落实，相关项目将最低程度减少对自然环境影响并公开透明。

位于萨尔温江的滚弄、浪帕、曼东、育瓦滴、哈吉等 4 个项目正在实施，总装机为 1496 万千瓦；如果能尽早建成萨尔温江滚弄、浪帕，以及兰马河曼当等项目，将为缅甸增加 141.2 万千瓦电量及 1.69 亿美元收入。

开发水电项目及满足用电需求，是提高人民生活水平的重要保障，也是发展水资源经济的重要支撑。缅甸将坚持对自然及社会环境影响最小的原则进一步发展水电项目。此外，缅甸还计划利用先进技术建设供电稳定、建设周期短的燃煤电站项目。

（来源：凤凰网 http://finance.ifeng.com/a/20140623/12590248_0.shtml.2014—06—23）

菲律宾

菲律宾采矿业开发空间巨大

菲律宾位于环太平洋火山带，是世界上矿产储备最丰富的国家之一。根据菲律宾矿业和地质局数据，该国的矿产储备位列全球第 5。其中，黄金储量全球第 3，铜储量全球第 4，镍储量全球第 5，铬铁矿全球第 6。多种矿产资源仍处于未开发状态，具有较高的发展潜力。

一、矿产储备和分布现状

（一）主要金属矿产储量和价值

据菲律宾矿业和地质局统计，2010 年，该国金属矿储备约 145 亿公吨，非金属矿产储备约 676.6 亿公吨。全国 30%的土地（900 万公顷）藏有金属矿产。据菲律宾澳大利亚新西兰商会统计，菲律宾金属矿藏估值达到1387万亿美元。金、镍和铜占总估值的75%，金占比26%，高于铜和镍。

（二）金属矿藏分布和开发情况

据勘测，大部分矿藏位于棉兰老岛和吕宋岛。3种金属中，棉兰老岛占有金储量的70%和铜储量的62%。因为巴拉望属于吕宋群岛，吕宋岛占有53%的镍储备，同时还有大量的锌和铬铁矿。

拥有如此丰富的矿藏资源，菲律宾可以成为全球金属资源市场的最大玩家之一。采矿业可以为国家的经济增长贡献很大力量。但是，菲律宾的矿产开发十分不足。菲律宾参议院经济规划办公室援引MGB的数据撰写报告指出，至少价值8400亿美元的金属矿尚未开发。该数字是2013年菲律宾国内生产总值（GDP）的3倍。未完全开发的矿藏包括金、铜、镍、铬铁、锰、银和铁。截至2014年7月，探明有金属矿物储备的土地，仅有7.9%或71.09万公顷有开采许可。这些矿企中，有些已经关闭，有些尚未开工。

二、采矿业对国民经济的贡献

（一）总增加值（GVA）和国内生产总值（GDP）

与巨大的发展潜力相比，采矿业对菲律宾国民经济的贡献率较低。按照现有价格计算，2010～2013年，平均总增加值为580.52亿比索，仅占GDP的0.58%。金矿开采贡献最多，同期占GDP的0.33%；镍矿第2，贡献率为0.14%；铜矿第3，贡献率为0.09%。

由于国税局将金矿开采的税收提高了7%，金矿的总增加值自2012年起出现大幅下滑，从之前的年平均值453.52亿比索下降到2012年的204.12亿比索。此后，金矿开采的总增加值保持在较低水平，仅为过去的二分之一。

（二）对出口的贡献

金属采矿业对出口的贡献大于对GDP的贡献。2009～2012年，金属矿产占出口总额的平均比重为4.48%，平均出口额为21.44亿美元。3年间，金属矿产出口额增长了46%。其中，铜矿贡献最大，其次是铜精矿、金矿、聚集铁矿砂和铬矿砂。

（三）对就业的贡献

金属采矿业对就业的贡献相对较小。2009年，吸纳就业人数为16.9万，仅占全部3300万劳动力资源的0.5%。2012年吸纳就业人数25.2万，较2009年提高了49%。这与开工项目从23个增加到35个有直接关系。

（四）采矿业收益

采矿业的收益自2009年以来实现了增长。2009年，采矿业上缴的税费达126.96亿比索。2011年上升到222.37亿比索，较2009年提高了75%。收益的增长源于价格提升驱动下的产出增加。2012年，当世界金属价格出现下滑时，税收下降了16%，仅达到186.29亿比索。除价格下降以外，2012年颁布的行政命令79号也使采矿业的未来变得不明朗。此外，政府还通过税收改革，提高政府在采矿活动中的收益。

中央政府收取了大部分采矿业税收。从2009年到2012年，中央政府收取的税收占比为93%，地方政府仅为7%。中央政府收取的税费中，18%是BIR的特许权税，6.5%是环保部和矿业地质局收取的费用和版税等。

三、过去4年采矿业的生产数据

2009～2013年，金属矿产出达到5122.27亿比索。金的产出值最高，达到2515.81亿比索。其他金属矿包括镍矿、铜精矿、镍硫化物、银、铁矿石、锌和铬铁矿。约87%的价值的由前3位的矿物产品，即金矿、镍矿和铜精矿产出。尽管金矿在所有金属矿中产生的价值最高，但2012年，其贡献大幅下滑。2010～2012年间，金矿的产出下降了53.6%。2013年，金价值继续下降，从2012年的327.21亿比索下降到324.41亿比索。这是由于2011年第3季度通过央行对中小矿实施7%的销售税引起的。新税实施后，中小金矿对央行的销售全部停止。其所占份额，约占到2010全年金产量的61.8%。

四、采矿业政策环境分析

（一）许可与协议

一是勘探许可（EPs）。勘探许可由地质矿业局局长或地区办公室主任签发。允许任何有资质的菲律宾公民或菲方控股公司（菲方股份占60%以上）或外资公司（菲方股份少于50%）在规定区域内进行各种矿产的勘探活动，但是并不附带采矿的权力。承包商最低额定股本1000万比索，最低已缴股本250万比索。如经勘探发现矿藏具有矿业开发的经济和技术可行性，持有者可提出矿业项目可行性报告，经批准后，可申请将勘探许可升级为采矿协议和融资或技术援助协议。勘探许可期限为2年，每次延期为2年，整个期限不得超过6年（非金属矿）或8年（金属矿）。2014年至今，共有36个勘探许可，覆盖区域共计14.7万公顷。36个勘探项目中，25个是金矿和铜矿，铁矿砂和镍矿各有7个和3个。

二是矿业生产共享协议（MPSA）。要求承包商应提供必要的融资、技术、管理和人员以完成该协议，菲律宾政府从采矿总产量中分享。所有MPSA必须向矿业局地区办公室提出申请，经矿业局局长或矿业局地区办公室领导批准可以转让。MPSA期限不能超过25年，可以续延，延期不得超过25年。MPSA期满后，由政府或其委托承包商（公共竞标中的最高标价者）经营，MPSA原始承包商有权在偿还所有合理费用后以最高标价继续取得该MPSA。在勘探期间，承包商可以全部或部分放弃合同区域。勘探结束后，必须放弃可研报告以外的面积。最终MPSA区域为：金属矿5000公顷、非金属矿2000公顷。截至目前，菲律宾共有MPSA项目339个，涉及土地60.2万公顷。自2013年起，共有38个金属矿在运营，其中37个为MPSA项目。超过一半在棉兰老区域，大部分是镍矿。

三是融资和技术援助合同（FTAA）。由菲律宾总统签发。允许任何有资质的菲律宾公民或菲方控股公司（菲方股份占60%以上）或外资公司（菲方股份少于50%）大规模勘探、开发和利用矿产资源。承包商最低投资额为5000万美元，最低额定股本400万美元。FTAA授予金、铜、镍、铬、铅和锌等矿，不授予水泥原材、大理石、沙石集料等。合同的条款以及政府股份可以协商，合同期限不能超过25年，可以继延，延期不得超过25年。采矿许可面积：陆地8.1万公顷，海洋32.4万公顷。

另有小型开采权（SSMP）。批准权在省长，这种矿权只能颁发给菲律宾公民，期限为2年可以再续，但不能使用大型机械，每年只限生产5万吨。

（二）采矿业的软硬件限制条件

一是硬件方面。第一，基础设施落后，开发矿藏所需的水、电、路，特别是港口等修建耗资巨大；第二，当地铁路网络建设落后，很多的港口和码头之间只能靠简陋的公路来运行，而且部分码头泊位较小；第三，开矿所用的工程机械设备当地基本没有销售，主要靠进口；第四，矿产的品质检验缺乏统一性，当地矿业公司生产能力强，但缺乏完善的品质管理，导致装船前后矿产品质出现较大差异。

二是软件方面。第一，在签证和工作准证获取，采矿经营许可等合法手续的取得方面，都可能会遇到较大阻力。已有多起因在矿山非法务工被查处、遣返的案例；第二，矿藏的利益相关方较多，上至国会议员，中至省长、市长，下至村长，利益链条长且复杂，任意环节出现失误都可能导致投资失败。菲律宾政治环境多变，企业常因菲方人员变更遇到经营困难；第三，菲律宾部分矿业公司缺少信用度，国内矿业公司购矿过程中，出现不少因支付订金但却无法交货而终止合同，最终无法收回订金的问题；第四，菲籍员工的管理因国别、信仰、工作习惯等差异存在一定困难；第五，菲律宾的华人华侨在经济方面势力较为强大，在海路运输、清关代理、机械进出口等诸多领域都掌握主要资源。如不能与本地华人良好合作，可能会在许多方面遇到阻力。

（三）政策建议

综上所述，未来菲律宾进行采矿活动时，相关企业应提前做好实地调研、政策研究和可行性分析。与正在经营的相关企业、当地政府官员、华人华侨等沟通、联络，深入了解各类矿藏的储量、品质、开采面积、时间等，选取可靠的菲方企业合资合作，获取开矿和经营许可。应全面了解菲律宾采矿业、外商投资、进出口、劳工、环境、税收等各方面的法律法规，适当配备本地法律人士。注意与中资竞争对手和华人华侨的关系处理，避免恶性竞争和打压哄抬价格，从而避免矿产资源价格偏离正常轨道，造成不必要的经济损失。

（来源：综合整理自中华人民共和国商务部网站）

菲律宾电商市场：机遇与挑战并存

在世界上最大型的商场中，菲律宾就拥有3座，其中包括东南亚最大的SM Megamall商场。然而，近年来人们购物的热情逐渐转移到网络商城上，去逛实体商场的次数越来越少。在过去几年中，网上商店如同雨后春笋般遍地生长，为爱购物的菲律宾消费者提供了另一种购物渠道。

目前，菲律宾电商发展遇到了诸多障碍，比如全国信用卡普及率低，支付系统不完善，互联网基础设施不足，民众对线上购物抱着不信任态度等。此外，菲律宾电商还面临着巨大的物流问题，其物流行业缺乏小包裹速递经验，而且其国内岛屿众多，给速递服务带来诸多问题。一些业内人士认为，菲律宾电子商务虽然发展速度不算非常快，但是依然以稳定的步伐前行。

一、菲律宾电商市场面临障碍

菲律宾知名购物网站 Lazada CEO Inanc Balci 称，菲律宾在社交网站领域已经相对成熟，所以让更多菲律宾消费者接纳电子商务并使自身的生活变得更加方便，这只是时间问题。Lazada 公司不仅是菲律宾最成功的购物网站之一，同时也在其他地区获得了巨大的成功。最近连大名鼎鼎的中国小米科技有限公司也通过 Lazada（菲律宾）出售其米 3 智能手机。

菲律宾电商要获得快速发展，必须克服许多障碍。其中一项就是菲律宾的信用卡普及程度依然较低。为了克服这一障碍，Lazada 网站特别推出了货到付款的支付方式。依照这种方式，消费者可以在收到货并查验货物之后再进行付款，这增加了网上购物的可信度，同时也无需输入任何信用卡信息，让消费者免除了信息泄露的担忧。

《网络犯罪法》的出台将很好保护菲律宾电子商务发展，但是菲律互联网基础设施依然不足，同时税收缴纳体系庞杂，不利于电商发展。与此同时，依然有很多消费者担心网上诈骗以及身份信息被盗。“如果我没有得到货物，为什么要付钱给你?”这是菲律宾人最常见的想法，因此有相当一部分人从不上网购物，而只愿意去实体店消费。

很多实体店也有自己的担心。它们在网上投入了大量资源吸引流量，又担心网上的业务跟实体店业务会陷入竞争的局面。

此外，物流更是一个难以解决的问题。如今，菲律宾的大部分物流公司主要从事大批量货物运送服务，而缺乏电子商务的小包裹配送经验。与此同时，菲律宾最大岛屿吕宋岛之外的订单履行问题更是令人头疼。作为岛国的菲律宾，全国各地大大小小的岛屿不计其数，这使订单履行变得异常复杂而困难。如果使用船舶派送包裹，物流速度比较慢，而依赖于航空物流，邮递费则非常昂贵。

二、菲律宾电商市场的机会

ABS—CBN Corporation 传媒集团首席数据官 Donald Lim 认为，很多菲律宾消费者依然处在贫困线上，这意味着贫困线上的人口没有机会使用互联网，基本没有在线购物的机会。虽然菲律宾在电子商务道路上的行进速度缓慢，但是依然步履坚定地往前发展。

有业内人士称，菲律宾人口不断增长，可支配收入也在增加，菲律宾人口接触互联网的机会越来越多。很多菲律宾消费者知晓国外的电商发展情况，因此也希望在国内可享受到相同的在线购物服务。在过去 2 年中，菲律宾在线零售行业发展迅速。不过，菲律宾要真正意义地大规模发展电子商务，最关键的是要解决在线支付系统和物流问题。

Freelancer. com 的区域总裁 ojyC. Azurin 认为，支付系统落后的问题可以采用“货到付款”或者“混合电商交易”的方式来解决。ojy C. Azurin 表示，印度尼西亚的信用卡渗透率也不高，但是这并没有阻碍印度尼西亚电商的持续繁荣。菲律宾的发展情况相似，菲律宾已经为迎接电商的繁荣时代作好准备。

据介绍，所谓“混合电商交易模式”就是买卖双方通过邮件、短信等商讨商品交易的价格等细节，最后在商场一手交钱一手交货地完成交易，实现线上与线下交易的融合。

OLX Philippines Inc. 是菲律宾 10 大电子商务网站之一，其销售和市场部负责人 Me—anne A. Bundalian 称，在打造菲律宾带电商基础设施的同时，应当教育和引导菲律宾人改变网上购物的观念，目前很多用户对网上购物缺乏认识，故而商家得对用户进行引导、教育。

当很多实体店对是否将业务扩张到网上，或者是否扩大网上业务规模感到犹豫不决时，比如 SM Megamall 在内的一些大型零售商开始做出大动作，在电子商务领域“跑马圈地”。目前，大型商场 SM Megamall 主要通过其遍布全国的实体商场来运营业务，正在大力打造其线上零售业务。业内人士称，大型实体商城决定进军电子商务领域时，企业投入了大量的线下既有资源，因此可起到事半功倍的效果。

SM 投资机构的副总裁 Teresita Sy-Coson 表示，SM 公司已经作了某些措施，决定从现在开始的 2 年之内发布一些电商网站并实现完整规模的网上运营业务。SM 的前身是在马尼拉的一家非常小的鞋店，经过多年的扩展，在全国范围内已经有 230 家门店和超级市场。目前公司的商业模式正在转向在线平台，以顺应电子商务发展的大趋势。

目前 SM 拥有一些网站，销售玩具、家用电器甚至是活动的门票。但是 Coson 表示，跟另外一些将尝试要建造的网站相比，这些只不过是小型商业活动而已。

在本土电商纷纷崛起之际，Zalora 和 Lazada 等国际电商在菲律宾的影响日益扩大。此外，eBay 近年在菲律宾推出团购业务，其模式类似于美国团购网站 Groupon。eBay 此举是希望在菲律宾等亚洲发展中国家进行团购业务试探。如今，随着像 SM 这样的大型零售连锁公司不断介入，菲律宾电商的竞争态势将会变得更加激烈。

（来源：综合整理自雨果网）

菲律宾印刷业蓬勃发展

印刷行业在菲律宾经济发展中占据重要地位。2014 年，菲律宾印刷业的产品和服务需求非常大，印刷业保持健康快速的发展。

一、印刷业发展现状

1597 年印刷术传入菲律宾，首先出现在马尼拉岷伦洛地区的华人村落中。

2009 年，菲律宾拥有 5000 多家印刷企业，近 150 万人从事印刷及相关贸易。据统计，在菲律宾 5000 家集团公司里，有 83 家是印刷企业。在排名前 1000 家公司中，有 30 家属于印刷行业和造纸相关行业，为菲律宾创造 218 亿比索的年产值。

截至 2014 年年底，菲律宾共有 3000 家印刷行业企业，规模大小不一，规模小的公司甚至只有 1 个人，如书刊装订或者图文设计；70％的印刷行业企业位于马尼拉都会区，其他散布在全国各地。从企业分类规模上分析，65％的印刷行业企业属于小型企业，32％属于中型企业，其中 3％是大型企业。

目前，菲律宾印刷行业属于劳动密集型产业，有 16 万名工人以此为生，90％是产线工人，余下的则是主管和经理等管理人员。印刷行业中企业的竞争者往往是其他国家的同类产品出口企业，他们能提供一些当地印刷企业在质量或成本上难以匹敌的产品。

和其他行业相类似的是，印刷行业能促进其相关行业的发展。印刷行业对经济的其他部门起着连接纽带作用，如其原材料供应商，例如造纸行业，或者和使用其产品的终端客户，这些行业包括出版行业和广告行业、塑料行业和包装行业，还有水泥、烟草制造行业。

二、印刷业主要消费群体

事实上，对于印刷制品而言，菲律宾是一个净进口国家。在 2000 年，该行业的入超值达到了 1.80 亿美元的峰值。2010 年菲律宾进口超过出口达 2.54 亿美元。

印刷行业的顾客可以分为一般消费者和机构消费者。一般消费者包括家庭、学生、教师、研究人员、各种职业人员和政治参与者。机构购买者包括教育机构、图书馆、消费用品的生产者、银行、保险企业和其他金融机构、旅店和餐厅、广告代理商以及政府。

印刷行业的消费者能通过强行降价、讨价还价，争取更高质量的产品，并因此引起业内同行间的竞争。由于这个行业的产品和服务非常标准化并缺乏差异性，因此消费者对于印刷行业从业者的议价能力相当强。消费者可以轻松挑选一家报价更低的印刷企业，当然，印刷行业这种激烈的竞争使消费者得到了实惠。

三、印刷业主要供应商

与印刷行业联系紧密的行业是纸张、墨水、燃料供应商和印刷设备的供应商。其他一些与行业关联的供应商，比如提供运输、电力、邮政和信息服务的公司，同样也是印刷行业的重要供应商。

对于出版业，报纸、杂志和期刊行业出版而言，41.59％的产值投给了纸张供应商，商业印刷和劳动密集型印刷业占投入的 5.10％，批发和零售占投入的 5.05％，各种化学品供应商占投入 3.65％，在路面运输和路面运输服务方面的投入是 2.13％。

在书刊方面，其最大的供应商是纸张供应商，占投入的 21.12％，商业印刷和劳动密集型印刷占 12.7％，批发和零售投入占 3.79％，各种化学品的制造商占 3.30％，房地产占投入 2.57％。

在商业印刷领域，最大的投入是给纸张供应商的投入，约占 50％的比例，各种化学品制造商占投入 6.63％，批发和零售投入占 3.89％，电力供应商占投入 2％。

绝大多数印刷公司使用传统的印刷机器，一些印刷企业混合使用传统印刷设备和现代印刷设备。至于选择何种设备，取决于该公司使用什么样的印刷技术。

印刷企业使用的印刷机械和设备如下：印刷和装订机器、电脑智能机器、计算机、计算机打印机、扫描仪、电子印前设备、照片复印设备、通信设备及零件、图书装订设备和印后加工设备、艺术图形工具、压合设备、丝网印刷机、标识设备还有其他设备。

菲律宾大量依赖进口印刷设备。2000 年菲律宾进口印刷设备 9643.7 万美元，2010 年进口印刷设备 1.43 亿美元。根据研究人员的调查显示，在菲律宾只有10%的印刷公司能买得起崭新的、最新技术的印刷设备，绝大多数公司则使用改造的或改装的设备来代替。

相比印刷设备供应商而言，当地印刷从业人员的议价能力比较弱。除了能承担直接从国外进口设备费用的大公司以外，绝大多数印刷行业的公司都依赖当地印刷设备经销商来购买设备，包括备件、设备的维护保养和维修。

四、印刷业的主要驱动力

菲律宾印刷工业联合会主席多米纳多·D·布罕认为，驱动印刷行业的主要动力有3个，即经济发展、技术进步和西方发达国家印刷成本的增加。

首先，当地经济发展与印刷业、出版业的健康发展有着极密切的关系，这种情况对于印刷业和出版业发达的国家和地区，如美国、英国、法国、日本、韩国、中国香港和新加坡而言，也是如此。因为对国内市场的强烈依赖，菲律宾的印刷业和出版业随着经济大环境的起伏节奏而变化。

其次，印刷设备的进步和印刷技术的发展使得印刷产品和服务不断创新，能适应顾客不断变化的新要求。新设备和各种新技术的使用，尤其是信息技术的运用，使得印刷行业能减少生产时间，缩短印刷等待时间并大幅度减少浪费，这也为行业内实现高度电脑操作和精益生产的中小企业提供机会，使其能在小批量出版物生产市场上占有一席之地。

第三，西方国家如美国和英国的生产成本极高，使得这些国家的出版商转移到了亚洲的一些国家来满足印刷业发展的需求，这样的机会被中国内地、新加坡、中国台湾、印度尼西亚和马来西亚等很多国家和地区充分利用。

五、印刷业发展局限

（一）缺乏正规管理和技术人员

菲律宾的印刷业和出版业的发展受限于缺乏足够受过正规培训的管理人员和技术人员，以及对于新技术的一些错误投资。

印刷行业的低入行门槛使得印刷公司数量增长过快，大量的从业人员充斥这个松散的行业，加上较高的退出门槛，这就使得同行间的竞争非常激烈，其中很多从业者只能通过不断降价来抢获生意，或是仅维持简单生产。因为国内市场对价格极其敏感，所以很多企业在质量方面作出某种妥协，以便能和提供更低价格、更小规模的企业展开竞争。因此，本国的印刷业者不愿意将资金投入到技术和培训中去，因为担心影响其利润的因素是价格而不是产品质量。

印刷行业不愿意向新技术和人力资源培训方向投资，是造成菲律宾未能像如今的中国内地、新加坡、中国台湾、印度尼西亚，甚至马来西亚（该国很大部分的相关业务是来自于美国、英国和其他西方出版商）等国家和地区充分利用其优势的主要原因。绝大多数从业人员专注于国内市场，其结果是利润率更低。

（二）高昂的运营成本

即便是在菲律宾，印刷行业目前也面临高昂的运营成本问题，这是因为低效的工艺过程，纸张和其他材料的价格较高，其中绝大多数是靠进口。由于他们不能够大幅度涨价，只能忍受利润越来越薄，这又限制了他们升级技术和培训人力资源的能力。

对于提供印前服务的公司而言，发展形势还算明朗。在过去的几年里，相关设计公司和图片设计服务公司数量激增，这应该归因于印前技术的快速发展和计算机硬件成本的极大降低。

如果要评估企业的供货能力和整个行业的总体竞争力，那么对人力资源、资本资源的质量以及产品生产中或提供服务时，技术的使用情况的评估极为重要。

在报纸行业，一直都有很多同时熟练掌握英语和菲律宾语的作者和编辑，还有很多充满创意的人才从事插图、摄影、绘图和设计等工作，这些编辑和作者对几种著名的报刊和杂志作出了很大的贡献。

商业印刷业目前正在受到其管理层和印刷技术人力资源缺乏正规教育和培训的困扰。绝大多数印刷工人没有上过技术学校，这些印刷工人一般只受过高中的教育。这是因为大专和大学没有相关方面的正规课程。因此，整个行业都缺乏技术人才。

对此，企业有两种应对措施，对人员实施岗位培训，或者是从其他同行聘请人才。然而在印前服务环节，并不缺乏熟练的技术人才，如编辑、制图和图形设计。

在技术能力方面，很多报纸和杂志选择更接近最终产品的现代生产方式，摒弃一些传统的（也是低效的）生产步骤。有一些主流报纸和杂志采用互联网在线编辑的方式，这样的结果是读者群更大，广告营收也更多。

（三）缺乏高技术设备

对于商务印刷而言，不足之处是很多公司缺乏高技术设备生产低成本、高质量的产品来和亚洲邻国的同类产品竞争。

很多小企业几乎不购买新设备，而总是改装使用其他国家已经丢弃的设备。但是稍具规模的企业目前已经开始投资新设备，如新的印刷机和印前设备。他们采用最新的扫描技术、数码相机技术、电脑出版、色彩管理、电脑技术、数字直接印刷技术、数码防错技术，电脑直接制版系统等。这些公司生产的产品已经有能力和中国香港、新加坡的同类产品展开竞争。

总体而言，印刷行业的产品和服务的需求巨大，尤其是国外需求。但是菲律宾的企业，由于缺乏高新技术方面的投资和缺乏人力资源方面的培训，没有能够抓住这巨大的市场机会。导致这样现状的原因在于成本的居高不下和过于激烈的同业价格竞争，使得菲律宾企业主认为升级设备和投资人力资源培训的投资回报率不高。

根据Torio报告，菲律宾印刷企业应该致力于提高产量并降低成本来营造一个具备高度竞争力的环境，这些可以通过投资新技术和训练员工并提供更有吸引力的薪水待遇来实现。其他有创新性的解决方案是：将印刷生产的每一个工艺流程标准化，专注于产品和服务，对客户和终端用户实施相关技术的培训，将价值关注点集中到员工和管理这两个层面上。

（来源：综合整理自《印刷经理人》）

菲律宾电力行业发展任重道远

近年来，菲律宾经济增长迅速。2013年，菲律宾GDP增长率达7.2%，2014年达6.1%，仅次于中国，是亚洲发展最快的国家之一。但基础设施建设薄弱、对外资的过度限制以及就业不足等在较大程度上制约了菲律宾的经济增长。这其中，电力供应不足和价格过高也是重要的发展瓶颈之一。

一、菲律宾整体电力供应情况

1987年以前，菲律宾国家电力公司拥有并运营菲律宾的国有发电和输电资产，但其配电和供电系统一直独立于发电和输电系统，配电公司负责运营管理配电系统，供电公司负责电力的购销，均以私营为主。1987年电力行业开始改革，允许私营企业参与发电行业独立电力项目合同。1992年成立了菲律宾能源部，作为能源政策和项目执行的中央协调机构。1993年制定了菲律宾电力部门私有化和重组计划，目的是吸引私人投资。随着《电力产业改革法案》的出台，菲律宾电力工业改革在2001年达到最高峰。EPIRA实施后，发电和输电分开。

随着改革的深入推进，目前承担菲律宾发电任务的主要是私营企业。根据菲律宾能源部统计，2013年，菲律宾装机容量为17325兆瓦，可靠容量为15371兆瓦，其中，NPC承担的仅为1356兆瓦和984兆瓦，仅占总量的8%和6%。NCP和IPP合营的为2885兆瓦和2501兆瓦，分别占比17%和16%。其余的为非NPC部门，承担的容量为13084兆瓦和11887兆瓦，占比高达76%和77%。

电力私有化促进了电力供应水平的提高，但仍不能够解决供应能力不足和价格昂贵的根本问题。美国国际发展署数据显示，菲律宾居民用电成本每千瓦时超过22美分，堪称东南亚电价最高的国家。据悉，菲律宾是东南亚唯一不资助电力公司的国家，既不提供直接补贴也不设定燃料折扣。与此同时，菲律宾的电力供应并不稳定，多数设备建设于20世纪80～90年代，存在服役期长，设备老化的问题。作为第2大岛的棉兰老岛，一直遭受停、断电的困扰。东米萨米斯省首府卡加颜德奥罗市，一度被评为菲律宾最具发展潜力的城市。但该市一到晚上，连基本照明都难以保证。位于北部的巴拉望岛，虽为旅游胜地，但每天从早上6点到下午2点固定时间断电，很大程度上影响了旅游业的发展。菲律宾还是世界上自然灾害最频发的国家之一，每年无数台风过境，经常造成电力中断和设备损失。很多外国投资者表示，高成本、低稳定的电力供应状况，让本就吸引力不足的菲律宾更加没有魅力。很多华人华侨也表示，菲律宾在承接产业转移时，只能选择低电力耗能的产业类型，对高耗能但利润率高的产业只能望而却步。

二、以菲律宾维萨亚地区为例

维萨亚地区位于菲律宾中部，面积较吕宋岛和棉兰老岛小，约56607平方公里，主要有萨马岛、宿务岛、保和岛、莱特岛、班乃岛和内格罗斯岛组成。覆盖维萨亚地区的电网由几部分组成。

（一）维萨亚地区电网构成和基本情况。

维萨亚电网由宿务子网、班乃子网、内格罗斯子网、莱特—萨马子网和保和子网5个子网构成。2013年，维萨亚电网的总装机容量为2447.9兆瓦，可靠容量为2103.3兆瓦。其中，宿务子网容量最大，装机容量和可靠容量分别为974.2兆瓦和867.7兆瓦；其次为莱特—萨马子网，容量分别为

722.7兆瓦和588兆瓦；再者为班乃子网，容量分别为497.5兆瓦和414.3兆瓦；第四为内格罗斯子网，分别为222.6兆瓦和209.7兆瓦；最小的是保和子网，分别为30.9兆瓦和23.7兆瓦。

（二）维萨亚地区发电和供电特点。

除以私营公司为主之外，维萨亚地区发电和供电还呈现以下特征。

一是发电厂规模多为小型。2013年，共有36个发电厂，规模最大的是位于莱特岛的Unified Leyte地热电厂，装机容量为610.2兆瓦，可靠容量为481兆瓦，属于大型发电厂。位于宿务省托雷多市的CEDC煤电厂是规模第2大的发电厂，装机容量和可靠容量皆为246兆瓦，属于中型发电厂。其余多数为小型电厂，规模多在几兆瓦到几十兆瓦之间。

二是使用能源多为不可再生能源。在全部36个发电厂中，依靠煤发电的有5个，依靠柴油发电的有17个，依靠天然气发电的有1个。依靠地热发电的有3个，依靠水力发电的有7个，依靠生物发电的有3个。其中，利用不可再生能源发电的电厂装机容量占全部容量的60.34%，利用可再生能源的仅占39.66%。

三是发展速度缓慢。2011年、2012年和2013年，维萨亚地区发电厂装机容量分别为2402兆瓦、2448兆瓦和2448兆瓦，可靠容量为2037兆瓦、2103兆瓦和2103兆瓦，基本没有变化。

三、政策建议

随着菲律宾经济的发展和人口的增长，对电力需求的不断提高是必然趋势。为满足不断提升的电力需求，扩改建和新建发电设施也是必要的步骤。近期，多家中国国内企业表示了前往菲律宾建设发电厂或提供改扩建方案及成套设备的意愿。在综合分析了维萨亚地区的电力发展情况的基础上，提出如下建议：

一是充分考虑政治风险。菲律宾政治环境复杂。建设发电厂涉及土地、设备进出口、本地劳务、国际劳务派遣、税收、环保等诸多因素。且电厂是长线投资，一次性投入高，收回成本的期限较长。在中菲地缘政治持续不稳定的情况下，存在投资收益无法收回的风险。并且，菲律宾对中国的工作签证和工作准证发放把控十分严格，条件十分苛刻，这将在很大程度上影响中方技术和管理人员的派遣。2015年年初，菲律宾政府宣布，中国技术人员将不会再直接参与菲律宾国内的电力输送工程，在菲律宾的16名技术人员将在签证到期后全部返回中国。这一事件反映出菲律宾政府在电力行业“去中国化”的态度，尤其是国有电网。因此，建议有来菲律宾投资意向的中国企业，做好全面详尽的前期调研，尤其对菲律宾法律法规和地方政治结构、人员等作出全面分析和评估。

二是充分考虑菲律宾的基础设施和自然灾害情况。菲律宾基础设施建设薄弱，偏远地区存在大量未柏油化的土路；码头泊位有限，拥堵是常态。工程建设的材料和设备多需进口。这些都会增加投资开发成本。菲律宾还是个自然灾害多发的国家，仅台风每年就造成大量的经济损失。因此在选址时，要充分考虑上述因素，综合权衡利弊和成本，避免不必要的经济损失。

三是可再生能源发电是未来发展方向。以维萨亚为例，在私营部门在建和待建的发电项目中，多数都为可再生能源项目。在2014年已经开工或投入运营的项目中，额定总容量为586兆瓦。其中，352兆瓦为煤电，其余234兆瓦皆为可再生能源发电，涉及地热、水电、太阳能、风电和生物发电。其中，风能和太阳能首次在维萨亚出现。尽管煤和柴油目前还承担主要的发电任务，但是可以预见，可再生能源的大量开发利用是未来的发展方向。拥有该类技术的中国企业可关注菲律宾的政策和项目动向，选择合适的时机赴菲律宾进行投资。

（来源：综合整理自中华人民共和国商务部网站）

新加坡

新加坡制造业迎风而行

曾经是制造业强国的新加坡如今正面临着严峻挑战，这些挑战不仅来自新兴经济体更为廉价的劳动力，也来自互联网技术对商业模式的颠覆。如何能够在狂风巨浪中前行，且看新加坡制造商总会会长符标雄如何分析。

一、制造业面临艰难的挑战

一直以来，制造业都是新加坡的支柱产业，但近年来，新加坡的电子产业和生物医药业都受到不同程度的冲击。

最新数据显示，新加坡2015年4月的制造业产值同比滑落8.7%，成为自2013年2月以来表现最差的一个月份。虽然其中制药业因季度因素大跌

38%，但整体而言，新加坡制造业仍处在不振的边缘。

符标雄坦言，目前新加坡制造业企业正面临不小的挑战。挑战主要来自如互联网商务模式这种颠覆性技术的迅速崛起，新兴经济体和企业通过重塑各行业的商业模式已经改变了不少领域的“游戏规则”，新加坡制造业要在这一背景下与新兴行业竞争。事实上，新加坡制造业的很多企业并没有接受这些挑战，这些企业继续依靠自己过去的成功经验存活，而这只会令其在竞争中被逐步侵占。

符标雄解释，过去许多公司扮演着“中间人”这一角色，制造业企业通过控制上游厂商和最终用户之间的分销渠道而盈利。然而，随着社交媒体的崛起以及提供专业服务的物流公司的兴盛，上游制造商目前能够直接与客户建立牢固的关系。通过与客户直接交易，这些产品往往能够获得更高的利润率。

与此同时，上游制造业已经开始建立自己的实体服务网络，这些企业希望通过直接为用户提供售前和售后服务从而回收分销渠道的控制权。通过在线渠道，客户可以以更低的价格和更多的选择来享受生产厂家提供的产品和服务。

鉴于此，很多“中间人”已经被边缘化。

此外，符标雄认为，随着新加坡收紧对国外务工人员的限制，以及对比众多新兴经济体更为廉价的劳动力成本，新加坡劳动力成本上升和人力不足的问题也愈发明显，新加坡制造业企业已经没有能力再参与“世界工厂”的竞争。

二、制造业的创新商业模式

然而，挑战也是机遇。

符标雄指出，现在的新加坡正处于经济转型时期，制造业亦将进入一个新的阶段。一些新的趋势如添加式制造、工业机器人和物联网等，都为行业带来新的机会。制造生产活动可以利用如云计算等高新技术提高附加值，制造业正在稳步地从劳动密集型转向依靠知识和生产力驱动来获得发展。

符标雄认为，新加坡政府正在将重点放在发展创新制造业上，新加坡已成为高附加值制造业投资的目的地。中国的新兴制造业及相关企业也正在利用这些新技术和有利条件来获得发展。

为了应对来自新的商业模式的挑战，新加坡创新和生产力研究所应运而生。这是新加坡制造业联合会旗下的一个“卓越中心”，以帮助企业重新界定自己的商业模式，实现企业内部的改革创新、提升效能，并形成新的创收模式。

符标雄认为，这正是商业模式创新（BMI）这一概念能够发挥核心作用之处。新加坡制造业已无法通过削减成本、提高效率等途径形成有效竞争，商业模式创新可以帮助企业增加其产品和服务的附加值。此外，新加坡强大的知识产权保护法为制造业企业实现自主创新，无论是产品、服务抑或系统创新提供了支持环境。

事实上，新加坡制造业对商业模式创新的需求十分迫切。新加坡制造业联合会对新加坡企业进行的一项初步调查显示，92%的新加坡制造业企业表示需要创新并提高生产率以保持企业的竞争力，然而只有6%的企业明确表示能够熟知并应用商业模式创新这一理念。

符标雄介绍，未来一段时期内，新加坡制造商总会旗下的新加坡创新和生产力研究所还会开展关于商业模式创新的专项研究，从而帮助更多的新加坡企业将业务发展到新水平，在区域和全球制造业价值链中定位并建立区位优势。希望今后新加坡制造业能够成为各自行业的创新领导者、“游戏规则”的制定者，而不是追随者。

（来源：新华网 .http://sg.xinhuanet.com/2015—06/04/c_127877139.htm.2015—06—04）

洞悉新加坡外汇行业发展状况

得益于独特的地理位置，新加坡外汇市场发展迅速，外汇交易量位居全球第3，仅次于英国和美国。在新加坡活跃的外汇交易市场中，开展外汇业务的银行、获批准的外资银行和外汇经纪商、机构投资者及新加坡金融监管局是重要的参与者。

据了解，新加坡外汇市场是在70年代初亚洲美元市场形成后，才成为国际外汇市场。资料显示，新加坡地处欧亚非三洲交通要道，时区优越，上午可与中国香港、东京、悉尼进行交易，下午可与伦敦、苏黎世、法兰克福等欧洲市场进行交易，中午还可同中东的巴林进行交易，晚上同纽约进行交易。根据交易需要，一天24小时均能与世界各地区进行外汇买卖。

此外，新加坡外汇市场除了保持现代化通信网络外，还直接同纽约的CHIPS系统和欧洲的环球银行金融电信协会（SWIF）系统连接，货币结算十分方便。

新加坡外汇市场是一个无形市场，大部分交易是通过外汇经纪商交易，并通过外汇经纪商作为链接纽带，把新加坡和世界各金融中心联系起来。

据海外专业调查机构媒体 Investment Trends 针对新加坡外汇及差价合约行业的一份调查显示，在2013年9月至2014年9月的1年时间里，20200个投资者在新加坡外汇市场进行了外汇和差价合约（CFDs）交易。不过，面对诸多不稳定因素，该地区外汇及CFD交易下降了8%。相比2013年同期调查，有17000个投资者进行CFD交易，13000个投资者进行外汇交易。

新加坡以其银行系统和非常先进的银行间及机构外汇业务而闻名，同时，其零售外汇也非常受新加坡投资者的欢迎。美国知名外汇经纪商万达（OANDA）、新加坡辉立期货（PhillipFutures）及英国IG集团占据新加坡外汇和差价合约市场的绝大部分份额。作为技术型金融公司，OANDA在新加坡零售外汇市场中最受欢迎。

据 Investment Trends 的报告显示，OANDA占据18%新加坡外汇市场份额，其次分别是IG集团、CMC Markets和已经被嘉盛集团（Gain Capital）收购的CITYINDEX以及新加坡本地的 Phillip Futures，这5家外汇交易商位居新加坡外汇市场前5名。此外，其他来自全球各地的知名外汇经纪商如：盛宝银行（第7名）、福汇集团（第14名）、Fx Pro（第16名）、Ava Trade（第22名），要想在新加坡外汇市场获取更多市场份额，恐怕还需要付出更多投入和提升服务水平。

另外，该报告还显示，截至2014年年底，新加坡差价合约交易人数下滑趋势得到有效缓解，但是外汇交易者数量却在呈现连续4年减少的趋势。2013年9月至2014年9月之间，新加坡活跃差价合约交易者（1年内至少交易1次）的数量稳定保持在1.7万个。

Investment Trends 的分析师 Irene Guiamatsia 在报告中指出，对于新加坡外汇市场，交易者有理由保持乐观态度。

与此同时，随着智能手机和平板电脑的应用普及，相比英国、澳大利亚、美国及德国等国家和地区，新加坡的投资者更加青睐在移动设备上进行外汇等交易。

据 Investment Trends 调查显示，新加坡的交易者比其他国家的交易者更愿意使用移动设备和平板电脑进行交易，安卓手机成为差价和外汇交易者的首选移动设备，交易者选择外汇经纪商的时候印证了这种情况。在10656个被调查的交易者中，OANDA成为最受欢迎的经纪商。

在受欢迎程度方面，OANDA受欢迎程度为92%，CMC Markets和IG均为86%。高价值客户（交易量前20%的交易者）方面，在高价值差价合约交易者中，IG是排名第1的经纪商，OANDA在高价值的外汇客户中排名第1。

一、新加坡是全球第三大外汇交易中心

新加坡金融服务业的强劲发展令全球金融人士感受至深，新加坡金融服务业在2013年代替日本，成为全球第3大外汇交易中心。据国际清算银行（BIS）2013年9月发表3年一次的调查报告《外汇与衍生工具市场活动》（FX and Derivatives Market Activity）的结果显示，新加坡在2013年4月的日均外汇交易量达到了3830亿美元，并已经超越日本，成为全球第3大外汇交易中心，仅排在伦敦和纽约之后。这也是自1989年有关数据统计以来，新加坡首次进入外汇交易中心的前3位。

2014年夏季，各国央行外汇市场委员会每半年公布一次的数据显示，受淡季外汇市场交投清淡影响，2014年4月全球即期外汇日均交易额平均同比减少约8%，降至4.1万亿美元。从新加坡外汇委员会（SFEMC）数据获悉，2014年4月，新加坡日均外汇交易额为2910亿美元，较2013年10月上涨2.96%。

此外，BIS报告显示，在利率衍生品方面，新加坡的日均成交量在2014年4月份增加了6%，达到370亿美元，在亚洲位居第2，仅次于日本。

外汇交易活动目前越来越集中于少数全球金融中心。BIS在其3年一度的报告中指出，2013年的全球外汇交易大多数是通过5个国家和地区进行的。目前，英国占全球外汇交易市场的41%，美国占19%，而新加坡、日本和中国香港的份额依次是5.7%、5.6%和4.1%。

分析认为，随着亚洲国家经济发展及金融市场开放，亚洲货币在全球外汇市场中占据的分量逐步提高，而新加坡异军突起，强大的软实力、完善的基础设施及天然的地理位置令该国把握住这个机遇，一举成为全球名列前茅的金融重镇。

二、新加坡金融软实力体现

新加坡之所以能够成为全球第3大外汇交易中心，与新加坡强大的软实力分不开。健全的法律体系、稳定的政治以及较高的生活水准，使新加坡成为东南亚地区最重要的金融交易中心。

新加坡金融管理局副局长罗惠燕曾表示，新加

坡作为世界和亚洲主要外汇交易中心的一贯地位，而外汇交易实力的持续增强，则辅助了新加坡资本市场和资产管理活动的发展。这也使得新加坡的金融中心能够更好地为亚洲各地金融机构与企业的投资和风险管理需求提供服务。

据悉，金融服务业是新加坡经济至关重要的组成部分，是附加值最高的服务产业、国家税收的最大来源。目前，新加坡拥有近千家金融机构，金融服务业对新加坡经济和确立亚洲金融中心地位有着较高的贡献率。就全球而言，仅在外汇交易、跨国界贷款、柜面市场衍生交易等 3 项排名较为靠前。

新加坡政府非常重视吸引外国资金投资，积极从管理审批制度、产业政策、税收优惠等方面提供便利，完全开放商业、外贸等市场，推进资本市场发展，对一些金融企业给予税收优惠等。

新加坡在其他方面仍然处于举足轻重的地位。新加坡所在时区位于纽约和伦敦之间，其便利的地理位置使其成为全球第 3 大外汇交易中心。同时，新加坡还是一个主要的石油交易中心，这可能促使其发展成为该地区主要的大宗商品市场。

三、新加坡金融市场监管现况

早前伦敦、纽约，新加坡爆发操控利率及汇率丑闻，很明显给全球银行业带来更多监管压力，各国监管机构纷纷采取措施，收紧金融监管措施，要求对其利率和汇率制定方式进行改革。英国政府最近甚至将金融基准利率操纵行为定性为刑事犯罪。

早在 2012 年上半年，新加坡金融管理局就开始加强对金融衍生品监管。监管重点对象为散户投资者参与交易的、未上市的衍生产品，包括差价合约和杠杆式外汇投资产品。新加坡监管局认为，由于外汇等保证金式交易可能带来的潜在损失杠杆率较大，参与这些产品交易的散户投资者可能面临“相当大的风险”。

当然，这并没有阻止相关金融市场操纵丑闻的发生，自持“大而不倒”金牌的银行业并未“金盆洗手”。2013 年 1 月，在英国伦敦银行同业拆解利率（Libor）操纵丑闻曝光后，新加坡金融监管局通过调查发现该国 16 家银行涉嫌操纵印度卢比、越南盾及马来西亚林吉特等无本金交割远期外汇市场（NDF）的汇率，试图以此来获利。

新加坡的无本金交割远期外汇市场让区域多国央行越来越坐立难安，一些银行界人士通过建立替代的离岸市场就可能破坏其汇率机制，央行极为抵触这些行为。2013 年 6 月，该新加坡金融监管局对 20 家银行的超过 100 名交易员试图操纵指标利率，该机构于 2013 年 6 月 14 日对涉事银行予以谴责和处罚。

2014 年 7 月，新加坡金融管理局宣布将推出监管框架，避免金融指标遭到操纵。一旦立法，在本地操纵新加坡元拆息率（SIBOR）和新加坡元掉期利率（SOR）将触犯证券与期货法令（SFA），将受到刑事和民事制裁。

四、新加坡金融市场与中国人民币的关系

在人民币国际化大潮之下，全球主要经济体逐渐认可和接受人民币，尤其是中国周边的东南亚国家，更是在贸易结算中直接使用人民币。新加坡作为中国在亚洲的重要贸易伙伴，该国率先成为第 1 个人民币离岸清算中心。

2013 年 3 月，新加坡金融管理局与中国人民银行续签中新双边本币互换协议，互换规模由原来的人民币 1500 亿元增至 3000 亿元。2013 年 4 月，中新两国央行签署人民币业务合作签署备忘录，5 月正式启动人民币清算服务，使新加坡成为第 1 个人民币离岸清算中心。

2014 年 10 月 27 日，中国人民银行发布公告称，经中国人民银行授权，中国外汇交易中心宣布在银行间外汇市场开展人民币对新加坡元直接交易。由此，中国与新加坡两国金融与贸易更加紧密联系在一起

新加坡交易所发布公告称，新交所从 2014 年 10 月 20 日起推出人民币、日元和泰铢外汇期货合约交易。新外汇期货合约涉及货币对分别为离岸美元兑人民币、人民币兑美元、美元兑日元和泰铢兑美元。

（来源：中国—东盟自由贸易区 . http://www.cafta. org. cn/show. php? contentid = 73856. 2014—12—24）

新加坡将推展“金禧”旅游

据新加坡《联合早报》报道，配合金禧年，新加坡旅游局将与业者合力投入约 2000 万元，在 2015 年推展新的行销策略，通过机票与酒店促销与 SG50 导览等形式吸引外国旅客到新加坡消费。

新加坡“乌节路步行街之夜”从 2015 年 7 月至 12 月续办，每月的首个星期六晚上，部分路段将关闭为步行街。

新加坡总理公署部长兼内政部及贸工部第二部

长易华仁于2015年4月在常年旅游业大会上宣布这项消息。

易华仁致词时指出，全球经济不明朗，加上区域竞争与新元强劲的因素，旅游业在近期内仍会面对一定的挑战。新加坡2015年前2个月的入境旅客人数比同期少5%。

新加坡旅游局对2015年的旅游业表现也持保守态度，预计入境旅客人数为1510万～1550万人次，与2014年相比，增长率为0%～3%。旅游收益增长率估计为0%～2%，总额从235亿新加坡元增至240亿新加坡元。

易华仁表示，尽管如此，亚太与亚洲旅游市场预计会持续增长，新加坡应抓紧机会，通过创新旅游体验、加大行销力度与提升旅游业者能力3方面来取得增长。

易华仁指出，基于金禧庆祝活动，著名旅游刊物《孤独星球》将新加坡列为2015年的最佳旅游国家，这将是介绍新加坡为有趣地点的好时期。

旅游局与业者将推展金禧行销运动，通过航空与酒店促销配套、独特的零售与餐饮选择来吸引旅客，这需要航空公司、零售业者与旅行社等的支持。

目前，约20家酒店有意支持旅游局，提供“住2晚，第3晚免费”的促销。

一、配合新加坡热卖会推出旅游产品

新加坡旅游局局长杨汉忠致词时表示，金禧行销运动将配合新加坡热卖会在2015年5月推出，针对印度尼西亚、中国、印度、菲律宾、日本、韩国与越南这几个具发展潜能的市场。

旅游局并未透露在这项新运动的拨款，仅表示会与相关业者合力资助。款项用作举办行销活动，设立针对不同市场的网站，将信息发布在网站等。

旅客可参与的活动包括特别设计的SG50导览与步行街之夜等。

乌节路商联会自2014年10月试行6个月的“步行街之夜”计划，每月的首个星期六晚上把ION乌节购物商场到百利宫前方的路段改为步行街，用于举行活动，为乌节路注入活力。曾主办的活动包括集体做瑜伽、露天看电影、举行网球嘉年华以及举办与金禧、圣诞节与体育主题相关的节目。

步行街之夜平均每次吸引5万人参加，约70%的公众对活动给予好评。计划续办后会继续获得旅游局的资助。

乌节路商联会执行董事吴令兴分析，虽然部分商家的生意未因人流更多而有所增加，但配合金禧行销运动，乌节路商联会相信可为访客打造更完善的体验，为商家带来商机。乌节路商联会不断地探讨可行的活动，如配合步行街之夜举办商场活动，吸引人群到商场消费，以及延长商场营业时间。乌节路商联会也考虑为访客提供更自由的空间，打造类似日本银座购物街的体验。

二、新加坡企业可申请津贴用于行销及提升服务

另外，为支持旅游业者创新与提升能力，原有的旅游科技基金将并入业务提升基金，新版的业务提升基金用途将扩大。

企业现可向旅游局申请基金来推展品牌行销与提升服务。中小企业可获得的津贴也将从50%增加至70%。

非中小企业的酒店也能申请基金，利用科技来改善工作，同样可获得70%津贴。

千禧国敦酒店集团发言人雅达表示，改进工作程序需要一段时间才能取得回报率，增加津贴能鼓励业者尽快采取行动，提升工作流程。

（来源：中华人民共和国商务部．http://www.mofcom.gov.cn/article/i/jyjl/j/201504/20150400935735.shtml.2015—04—08）

新加坡农业发展的新动态

过去10年，新加坡的农业用地不断减少，不过得益于农场生产力提升，其农产品的产量反而取得增长。

根据农粮兽医局网站数据，2013年新加坡的农业用地面积是675公顷，与2004年的806公顷相比，减少了16%。不过蔬菜、鸡蛋和鱼这3种主要农产品的产量在这10年里均取得了显著增加。

2004年，新加坡蔬菜产量约为1.72万吨，2013年达到2.18万吨，增幅近27%。2013年新加坡农场共出产4.38亿个鸡蛋，与10年前的3.78亿个相比，增加了16%。新加坡的鱼产量则从2004年的5010吨，增至2013年的5860吨，增幅17%。

农粮兽医局透露，新加坡农产品的产量虽然有限，但是却能同食品来源多样化的策略互补。目前新加坡有50个蔬菜农场、3个鸡蛋农场，以及126个陆地及沿海养鱼场。

遇到供应短缺时，新加坡农场的产品能够提供缓冲，保障其食物供应。农粮局数据显示，2013年

新加坡的绿叶蔬菜产量约占总消耗的12%，鸡蛋和鱼类（包括新鲜和冷冻）产量各占本地消耗的26%和8%。

农场业者指出，由于新加坡土地有限，加上近几年政府收紧外劳政策，导致人力成本上涨，业者唯有想办法通过提升生产力增加产量。

位于双溪登雅路的国华科艺农场从2010年起，展开多个提升生产力的项目，引进自动播种机、有自动浇灌系统的育苗室和自动包装机等。

农场负责人黄国华透露，农场正在考虑从国外引进新的堆肥机器，减少人工需求，加快堆肥速度，也帮农场腾出更多空间。黄国华表示，新加坡土地少，人工费居高不下，按传统方法耕种，不具备成本效益，因此农场需学习外国的先进做法，提高生产力。

国华科艺农场面积约8公顷，是新加坡的大型农场之一，寻找先进设备的工作，主要由年轻工作者负责。黄国华表示，年轻工作者的英文水平较高，亦能通过网络寻找资讯，了解申请政府津贴流程。

为了帮助业者研发耕种和养殖技术，采用新科技提高农场生产力，农粮局在2009年推出粮食基金，至今共拨款3000万新加坡元，已有85个农场从中受惠。农粮局于2014年8月宣布，设立总值6300万新加坡元的农业生产力基金，协助农场提高产量。

天鲜农场在农粮局粮食基金资助下，率先在新加坡推出垂直耕种蔬菜的技术，优化农场土地利用。该农场占地3.65公顷，完全开发后平均每日目标生产10吨叶菜，比传统地面农场的生产力高5倍。

天鲜农场创办人黄顺表示，新加坡土地面积少，要耕种蔬菜则需要地方，耕种土地可以在地面上，亦可向高空发展。现在一些国外业者也对天鲜农场的垂直系统感兴趣，2014年年底系统就会出口到中国海南，天鲜农场也在同其他外国业者洽谈。

克兰芝联华行农场老板何惠宾表示，该农场生产鹌鹑蛋，不算主要农产品，之前克兰芝联华行农场无法申请粮食基金，现今新的农业生产力基金已经向农场开放。除了提高产量，何惠宾希望农粮局帮助农场推广，鼓励消费者购买本地农场的产品。

屹立蔬菜贸易董事经理卓亚池则表示，在成本上升的情况下，农场只能设法提高产量才能继续生存。

卓亚池分析，农场业者面对最大的挑战是无法预料政府何时会收回农业用地。卓亚池表示，提高生产力的设备往往需要高额投资，如果不确定农场能长期运营，很多业者就不愿做任何投资。

（来源：中华人民共和国商务部 http：//www.mofcom.gov.cn/article/i/jyjl/j/201410/20141000769976.shtml.2014－10－23）

新加坡专业服务业概览

一、通往世界的亚洲平台

新加坡独特地融汇东西方文化，并拥有开放、高效的营商环境，与传统的亚洲文化遗产相互辉映，具有促进经济、文化及学术交流的天然优势，也成为连接亚洲与世界的重要通路。

亚洲商业系统和规则发展不一，因此，适合于亚洲市场的商业解决方案需求必将上升。新加坡已抢先一步了解市场的需求，经过努力发展，力争成为提供专业服务的领导者。

新加坡拥有的优势，恰恰可以满足审计、法律、人力资源管理和品牌咨询等专业服务公司的发展需求。新加坡既有良好的商业基础设施、大量的高技能人才，又是研究创新的温床，因此，无论中小型企业还是跨国巨头，均可把新加坡作为开拓亚洲市场的跳板。

新加坡的国际化人力资源丰富，多元化商业环境及值得信赖的法律、政治框架，使之成为专业服务公司开发创新解决方案的理想之地。

二、国际性商业枢纽

新加坡已3次被世界银行《年度营商环境报告》评选为营商环境最佳的国家，来自全世界的多家企业已捷足先登，享受本地优异的经商环境和生活品质。优越的地理位置、与多个地区所签署的双边贸易协议，为企业提供了开拓市场的捷径；强有力的金融系统，为新加坡原有的亲商环境提供了进一步的支持。超过三分之一的全球财富500强企业已在新加坡设立总部，监管其区域发展战略和管理。亚洲新兴的跨国公司也开始以新加坡为跳板，实现进军国际市场的目标。

跨国公司在新加坡进行的一系列高增值活动，如知识产权和品牌资产管理、并购和上市，创造出强烈的专业服务市场需求。

三、强大的人才聚合能力

除了极佳的营商环境，新加坡也是一个安全、充满动感和活力的宜居之地。尽管本地已有受过良好教育和高技能培训的人口构成，新加坡仍积极努力扩充劳动队伍，旨在吸引全球人才来此工作和生活的“联系新加坡”充分印证了这一点。此外，通过环球校园计划，迄今已吸引了8万多名国际学生，许多世界著名院校，如欧洲工商管理学院（INSEAD）、杜克大学（Duke）和麻省理工学院（MIT）也纷纷进驻新加坡。此外，通过举办世界经济论坛、2007年的国际律师协会等国际性活动，也吸引了不少业界专家前来本地进行专业探讨活动。

美国商业环境风险评估公司曾指出，新加坡汇集了世界上最高专业素养的雇员。新加坡对高端人才奉行的开放性政策，便于企业有效地利用全球人才库。

四、创新事业的理想平台

新加坡的文化、产业多元化，在很多方面都可说是亚洲的缩影，从而成为适合亚洲的创新商业解决方案的良好测试地点。建立在本地的4000多间跨国公司总部，更使新加坡成为创新事业腾飞的起点。

自1997年以来，新加坡的知识产权制度一直被政经风险顾问公司评为亚洲最优，可以称得上企业知识产权管理的一站式中心。专业服务公司在这里可以与著名大学合作进行开拓性研发，并转化为实际可行的解决方案。

五、在新加坡的主要公司

世界知名的创意领导中心（Center for Creative Leadership，简称CCL）是一个专注于发展领导力的国际教育机构。2005年，该中心在新加坡设立其全球第5所、亚洲第1所分校，其他4所设于北美和欧洲。创意领导中心在2008年《金融时报》全球高层管理课程调查中排名第8，是其中唯一一个专注于领导力教育和研究的机构。

创意领导中心亚太研究中心共有7名研究人员，是新加坡唯一专门致力于领导能力和领导能力发展的研究机构。该中心的研究项目将有助于产生对领导力的新认识，开发适合亚洲领导力需求的工具和应用方案。

（来源：中国商品网．http://ccn.mofcom.gov.cn/SPBG/show.php?id=15196&ids=2.2014—06—11）

泰国

泰国轮胎产业成外商投资的首选

目前，全球前10强轮胎企业中有7家已在泰国建厂，其中普利司通4家，米其林3家，固特异、住友、横滨、正新和中策各1家。生产轮胎类型覆盖乘用车胎、轻卡胎、卡客车胎、摩托车胎、矿用机械/工程胎等。“到泰国去建厂”成为商业领头者的共同选择。

一、世界地位　经济增速

泰国位于东南亚，20世纪90年代经济发展迅速，跻身成为“亚洲四小虎”之一，是世界新兴国家和世界新兴市场经济体之一。作为东南亚国家联盟（东盟）成员，泰国属于一个充满活力的经济区域，紧邻东亚地区的新工业化经济（包括韩国、中国台湾、中国香港和新加坡）和新型的全球经济实力国家（中国和印度）。随着自由协定的实施，泰国和东盟其他国家、中国、澳大利亚等国之间的贸易持续增长。

受2008年国际金融危机的影响，2009年东盟各国经济增长率均呈现不同程度的下滑，其中出现负增长的国家中就有泰国，实际GDP同比下降2.3%。但是2010年泰国经济出现衰退后的触底回升，实际GDP同比增长7.8%，创下自1996年以来的历史最高水平。但由于泰国国内政治动乱旷日持久，新政府迟迟无法产生，看守政府无实权，预算支用受到限制等种种问题严重拖累了泰国经济发展，泰国经济仍位于低潮。经预测，2015年泰国将保持经济增速4.5%的预测。

二、原料优势　产量提高

泰国从20世纪初开始引进种植橡胶，1995年泰国的天然橡胶产量达到178.6万吨，占世界总产量的31%，已经成为世界最大的天然橡胶生产国和出口国。同时得益于石油和合成橡胶价格的不断上涨以及泰国政府的大力支持，泰国天然橡胶进入快速发展期。数据显示，2013年泰国天然橡胶产量417万吨，较2007年增加111.4万吨，增幅高达36.5%。

泰国作为世界最大的原材料基地，加上低廉的用工成本，吸引世界各地的轮胎厂商纷纷设厂。2014年1月，玲珑轮胎在泰国的首个工厂建成投产，预计年产1000万套半钢子午线轮胎。据悉，泰国、印度尼西亚和马来西亚3国的天然橡胶产量，占全球橡胶总产量的70%以上，而越南、菲律宾、柬埔寨、缅甸、老挝等国的橡胶产业也在不断发展壮大。

天然橡胶种植业是泰国经济的支柱产业之一，汽车业是泰国经济的重要组成部分，目前泰国已是东南亚汽车制造中心和东盟最大的汽车市场。通用、福特、丰田、本田、三菱、宝马等汽车生产商均在罗勇府设厂生产汽车，供应泰国和其他东南亚市场，成为这些知名汽车公司在亚洲的生产基地，因此罗勇府又有“东方底特律”的别称。

三、政策扶持　市场活跃

泰国不仅向外商提供了地处亚洲大陆中部极具吸引力的投资环境，包括良好的基础设施和便捷的交通运输、充足的劳动力、合理的土地租用和厂房建造费用，还提供了与东盟、亚太经合组织以及其他国家建立贸易投资自由化合作的机会。泰国对外商投资有明确奖励优惠政策，值得重视的内容有以下4点：

1. 重申优惠政策投资项目的最低投资额为100万泰铢（不含土地费和流动资金）。

2. 对新投资的项目，取消出口限制条件及限定必须使用泰国国内配件的规定。

3. 允许外商在其投资工业项目中控股和独资经营。

4. 根据目前经济因素，按各区的人均收入和基础设施分为3个投资区。轮胎企业投资建厂较多的罗勇府位于第2区。可享受优惠政策如下：（1）进口税不低于10%的机器给予减免一半进口税；（2）获免缴法人所得税3年，若投资项目设在获优惠政策的工业区可获免缴法人所得税5年。获优惠投资的企业，投资额在1000万泰铢以上（不包括土地费和流动资金）必须在经营后2年内获得ISO9000国际质量标准或其他相等的国际标准。若无法按上述要求办到，将被消减法人所得税免税期1年；（3）获免缴用于生产出口产品所必需的进口原料的进口税1年（期满前可办理续期）。

目前，泰国进出口贸易仍保持活跃，整体社会环境比较稳定。因此泰国政局一旦稳定后，国家将进入相互投资合作的机遇；其次，泰国有着其他国家无法比拟的原料优势，货源供应充足、运输成本低，节省生产成本明显；再者，对屡遭国外反倾销、反补贴及特保等贸易摩擦的中国轮胎市场而言，“走出去”将成为中国轮胎企业规避贸易壁垒的手段之一；最后，泰国汽车发展势头强劲，轮胎需求增长仍将保持增长趋势。整体来看，泰国俨然成为轮胎企业投资建厂的福地，发展潜力巨大。

据了解，如果中国轮胎企业赴泰国投资设厂，泰国南部地区作为最早的天然橡胶产区可为首选，而泰国新兴的东北部或东部地区可作为第二选择。上述两大区域均为泰国天胶主产区，这意味着中国轮胎厂开设加工基地将有利于当地胶农售胶，同时也利于企业有效缩短原材料运输距离，节省成本。

据泰国工业区管理局局长威拉蓬猜蓬介绍，泰国是世界最大的天然橡胶生产国及出口国，同时还是东南亚最大的汽车生产国，而汽车轮胎是泰国国内消费的主要行业，橡胶轮胎的市场前景广阔。

（来源：综合整理自中国橡胶信息贸易网）

泰国LED行业蕴藏拓展空间

随着泰国政府对节能照明的大力推广以及所推出的一些优惠政策，中国LED企业走向泰国市场迎来许多优良的发展契机。中国LED企业能否成功在泰国市场进行拓展，并“生根发芽”，最终结出丰厚的“硕果”，是发展中的一个值得探讨的问题。

一、泰国LED相关政策发展态势

泰国国家电源供应局局长顺猜表示，2014年1月至4月全国用电量与2013年同期相比出现1%的负增长，相比2013年同期的500亿千瓦时，减少约5亿千瓦时。

顺猜局长表示，2014年首季国家经济增长为负增长，国内用电数量也出现相同趋势，期望2014年剩余时间政局问题能得到解决，经济发展得到恢复。同时，电源供应局努力推进在民众中普及使用节电LED灯管，以提高用电效率和达到节省电力的效果，而使用LED灯管可将提高用电效率50%～70%。泰国国家电源供应局拟利用能源保护促进基金来刺激民众更换使用LED灯管，干预LED灯管市场售价，控制在每支灯管120～130泰铢水平。目前已经得到国家节电效率5号标准认证的LED灯管数量约为82万支，再加上政府部门的推动，估计LED灯管的普及使用率会进一步增长，收到节省更多电能的效果。

二、中国企业扎根泰国

（一）走向泰国　路灯先行

2012年3月29日，德豪润达宣布与泰国KAN-

THaWiChiT工程有限公司签署5400多万元人民币的LED路灯的采购合同。与泰国公司的合作被德豪润达视为开拓国际市场特别是东南亚市场的重要成果。据了解，合同金额约占德豪润达2011年度营业收入的1.76%。2012年，泰国LED路灯和照明市场份额约达5亿～10亿美元。该合同销售的路灯产品在获得泰国电力局的认可后，将对德豪润达未来数年的发展带来正面影响。

2013年8月，深圳斯派克公司的LED路灯于泰国乌泰他尼省安装完毕。这个项目是针对泰国一个非常著名的寺庙，名为Prachanokchakkri馆。安装完毕后，客户对这些LED路灯的性能相当满意。此次项目中安装的LED路灯主要是SPL－C115以及部分SPL－M40。灯杆高度分别为8米和6米，吊臂倾斜角为15度，光线均匀性良好，完全满足客户的要求。斯派克表示，这个项目标志着斯派克又一次成功进入泰国市场。斯派克相信严格把控的质量、泰国工业标准协会的批准以及泰国市场的蓬勃发展，都会带给他们更多的合作机会。

（二）扎根泰国市场　LED屏闪亮泰国商厦

深圳市艾比森光电股份有限公司为东南亚最大的双层购物商场——泰国Mega Bangna量身定制的3块立方体、内弧形、天桥造型LED显示幕，为Mega Bangna带来更多时尚、动感的气息，成功将其升级为曼谷商圈乃至全泰国的崭新名片。

泰国Mega Bangna是东南亚最大的双层购物商场，总面积超过40万平方米，有超过800间店铺，分餐饮、时尚、儿童世界、电子科技、家居服饰、健康保健、户外运动、银行及生活潮流用品9个区。目前已进驻的包括东南亚最大的宜家家私旗舰店、HomePro、Robinson等。毫无疑问，Mega Bangna已是泰国乃至东南亚各国消费者心中最具盛名的大型综合商场。

据悉，深圳市艾比森光电股份有限公司在Mega Bangna的LED显示幕专案由户外和室内两组大屏组成。户外组由2块LED显示幕组成，一块采用的是艾比森标准LED显示幕产品A1088，由64个箱体拼成立方体后做倾斜造型固定，立于Mega Bangna入口处，将商场的高档与时尚展示得淋漓尽致，为客户呈上颠覆性的广告效应价值。该屏点亮后成了曼谷的一个景点，人们以在这块够“潮”的立方体造型LED显示幕前摆造型拍照为乐。

另一块是67平方米内弧形LED显示幕，采用的是最高亮度为12000nit的A1688万级高亮LED全彩显示幕。该款产品以“万级高亮、节能省电、极强的稳定性”等特点，成为2012年度销售冠军，广泛应用于全球户外商业显示幕市场。

专案室内组采用的是AI06 LED显示幕产品，将4个箱体设计为天桥造型，安装在商场内人流量较大的奢侈品门店区，用于宣传品牌形象和营造气氛。该大屏横穿于品牌名店上空，宛若一幅“艺术与美”巧妙结合的画卷，带来商业价值的同时也大大提升了品牌的形象。

此外，深圳市艾比森光电股份有限公司于2013年1月还成功点亮了在Siam Center打造的394平方米A1688异型屏。该屏共由6个面组成，画面显示内容可分面独立控制，亦可统一控制，且每个面的边角均采用无缝拼接工艺，从而达到极致炫彩3D效果，亦可实现广告多面化。

Siam Center是曼谷知名的购物商场，进驻的商店从国际一线品牌的衣饰到泰国当地设计师的品牌均有营业。Siam Center与捷运空桥相连，并与Siam Paragon连成一体，目前，Siam Center已成为泰国人或到泰国的游客购物、休闲必到之处，其繁华热闹程度可见一斑。

三、泰国市场不确定性与竞争格局

泰国专业灯光音响乐器展已经成功举办了两届，吸引了来自超过30多个国家、逾200家品牌企业的3600多家参展商，PALME Thailand成为一处云集业内专家的市场平台，从厂商到经销商，从系统集成商到专家学者和技术经理。这些行业内的专业人士不仅有机会沟通交流，建立联系，还可以捕捉行业新闻，了解产品和技术的发展趋势，为将来的产品研发提供参考。值得考虑的是，泰国的政治形势为企业开拓泰国市场增加了许多不确定性和干扰因素。

而在LED照明市场需求方面，国际大厂也在不断加紧向泰国拓展的步伐。2014年5月，GE照明与7－Eleven展开全面合作，对其位于泰国南部的也拉、北大年和那拉提瓦府20家新增门店提供全新LED绿色照明解决方案。在与7－Eleven也拉府分公司的合作下，新的门店全线采用了GE的LED T8室内照明系统。自2013年11月起，7－Eleven的门店已经逐步安装了GE的LED T8灯（12瓦和23瓦）。2014年也拉7－Eleven有限公司继续与GE携手，希望采用GE LED T8来点亮其100家新店。

2015年5月，泰国电力局需求方管理与规划部主任Jirasak Mantharngkul表示，2014年以前，LED照明的在泰国照明行业市场份额仅为5%。

2014年LED市场的增长到14%，2015年预计将增长到30%，2020年LED的市场份额预计将达到70%。根据数据分析，泰国LED照明市场未来5年将呈现蓬勃发展的态势。

（来源：综合整理自九正建材网）

泰国电商发展势头旺

2014年泰国电子商务市场增长良好，预计市场总值增长30%～35%，网购零售总额达150亿泰铢，展望2015年电商市场发展势头更旺。

据悉，泰国网上购物以年均30%～35%的速度增长，目前该产业估值为146亿泰铢。不仅是国内传统零售巨头、中小企业、个体经营者，国外电商还纷纷加入到泰国电商这辆正在高速行驶的列车上。

一、泰国电商市值7440亿泰铢

据国家统计局统计，泰国电商市值7440亿泰铢，主要由3大块组成，其中B2B电商占比79.8%，B2C电商占19.3%，B2G（企业对政府）则为1%。小型企业（不超过5人）占到电商市场的66.8%，中型企业（6～50人）占比26.6%，大型企业（50人以上）占比6.6%。

泰国电子商务协会会长Pawoot Pongvitayapanu分析，2015年，随着电商企业的进入，以及政府对网络宽带扩容和数字技术发展的大力投资，预计增长率将达到35%～40%。

2014年12月，泰国电子商务协会会长Pawoot Pongvitayapanu表示，未来泰国的电商将会继续蓬勃发展。

二、外企进军泰国电商市场

自2013年起，有几家国外购物网站开始在泰国运营。这其中包括世界上最大的电商公司Alibaba.com。2014年，阿里巴巴与泰国第4大银行泰华农民银行联手，支持泰国中小企业进入中国电商市场。

（一）台湾网络家庭携手泰金宝成立新公司

2014年12月，台湾网络家庭宣布与泰金宝合资成立新公司，进军泰国电子商务市场，合资设立的新公司资本额为1亿泰铢，台湾网络家庭持股65%，泰金宝持股35%。

网络家庭董事长詹宏志表示，与泰金宝的合资计划，对网络家庭而言，是拓展海外电子商务的重要里程碑。泰国是东盟第2大经济体，拥有近7000万人口，具有发展电子商务的潜力。

新金宝集团执行长沈轼荣表示，泰金宝自1989年成立以来，至今已在泰国累积有超过25年的经营经验，此次与网络家庭合作进军泰国电子商务市场，泰金宝将整合电子制造业跨国经营和国际市场推广的优势，透过提供泰国当地消费者方便好用的电子商务服务，抢先布局东协自由贸易区。

网络家庭是中国台湾最大的电子商务集团，2005年1月在柜台市场（OTCBB）进行交易，2013年合并营收金额为163亿元，旗下拥有台湾最大企业对消费者（B2C）网站PChome24h购物，以及消费者对消费者（C2C）第1名网站露天拍卖等网路公司。

泰金宝是泰国第1大电子出口厂商，2001年在泰国挂牌上市，2013年合并营收1215亿泰铢，全球员工1.87万人。

（二）泰国时尚电商Wear You Want获A轮融资

2014年8月5日消息，泰国时尚电商Wear You Want获得150万美元A轮融资，新一轮的融资将被用来扩张新兴的泰国市场。这次融资由新加坡风险公司Digital Media Partners和日本电子销售公司OPT SEA领投，新加坡投资机构IMJ Investment Partners以及Wear You Want联合创始人Julien Chalte也参与了投资。

目前，泰国时尚电商Wear You Want主要销售男女装和童装，拥有450多个品牌的将近1.25万件商品。这些品牌大部分是当地的本土品牌，只有少数类似Adidas和Vans的知名品牌。此外，Wear You Want还销售类似Dior这类品牌的化妆品等。

Wear You Want的联合创始人Martin Toft Srensen表示，将在推出其区域市场发展计划，主要集中在东南亚市场，这也是Wear You Want选择亚洲投资商的原因之一。与2014年年初的时候相比，Wear You Want目前正在以翻倍的速度增长，并且计划在2015年达到600万美元的销售额。

Wear You Want于2011年正式成立，是一个电商开放平台，类似Rakuten在泰国的购物平台Tarad。目前Wear You Want每月有150万的独立访客，其在东南亚最大的竞争对手是Zalora，以及正在不断涌现的各大新兴时尚电商。

（三）中国支付宝在泰国落地

2015年4月，中国支付宝与泰国开泰银行和王权集团签订三方合作协议，这标志着支付宝在泰国开展网上收单业务正式启动。

支付宝东南亚地区总监张大勇表示，中国近3亿支付宝客户从此可以在泰国网上商户直接进行消费，每年超过500万名赴泰国的中国游客也将能通过支付宝预订泰国的机票、酒店和各种商品，支付宝提供的安全、快捷、高效支付解决方案，将更好地满足中泰两国居民的支付需求，并为两国双边贸易提供有力支持。

泰国开泰银行总裁伍万通表示，与支付宝签订合作协议，是泰国电子商务发展史上的又一重要进展。支付宝将为泰国电子商务经营商进入中国市场提供更加高效的途径。

此外，泰国的电商也面临着激烈的竞争，阿里巴巴旗下类似于eBay的购物网站Taobao目前正在东南亚强势扩张，将中国制造的廉价商品销售给新加坡和马来西亚的华裔。

三、电商正日益成为国民消费的主流

据泰国商务开发部副部长Whichai Phochanakij介绍，时尚产品和化妆品深受消费者喜爱，每年有40万买家在线购买。电子商务在泰国大受青睐，一些现代商贸供应商如Big C，Tesco和Central通过该渠道销售产品。

2014年，驱动泰国电子商务的上升发展趋势有3个关键因素，分别为覆盖全国各地的高速互联网，智能手机用户稳定增长，以及社交媒体的使用日益普及。研究发现，越来越多的消费者都享受数字化的平台，社交和移动相结合的全球购物体验。消费者的选择主要是基于同行的意见和经验，而不是广告，因为消费者可以在线和离线轻松地进行买卖。尽管实体店仍是消费者旅程的重要组成部分，但线上和线下之间的界限并不分明。

因此，营销人员和电子商务企业主应该采用不同的思考和行动模式，以确保他们可以基于实时数据，通过这样一种独特的方式，快速地展开活动，满足不断变化的客户需求。与此同时，大型零售商也应该把更多的精力投入网上商店。网店可以在移动客户端和网页客户端上一并运行。

此外，新的商家通过主流媒体，如电视、广播和报纸，推广自己的品牌和产品，让自己能够在目标消费者间建立起信任。新的地面数字电视频道将为电子商务企业提供更多的窗口，让企业更好地介绍自己的品牌产品，获得更多的受众支持。而且相比之下，数字电视的广告费用更实惠。

目前，泰国电子商务协会已经针对政府制定了电子商务发展计划，旨在增加泰国和其他国外电商的数量，以更快地发展数字经济。据了解，该协会致力于建立消费者网购的信心。

四、泰国政府大力扶持电商企业

泰国商务部声称，由于智能设备的普及、国外零售商的进入以及政府对数字经济的大力推动，2016年，泰国的电商市值预计将超过1万亿泰铢。

2014年9月，泰国电子商务纲领研究小组列出4个紧要任务发展电子商务，分别为强化中小型企业、发展智能农业、铺设资讯科技基础架构、应对东盟经济一体化所带来的电子商务竞争。分析称，从事电子商务的中小型业者必须获得资金、业务伙伴、商品扩散、物流等方面的扶助。与此同时，政府拟修改法律法规，消除中小型企业发展的障碍，让中小型企业在带动国家经济前进上扮演更活跃的角色。

目前，泰国电商经营商的经营不断改善，预计在政府部门的大力扶持下，从开店创业、市场营销和增加收入等环节加强知识培训后，可以更好地把握国外电商登陆泰国市场的商机，如日本最大的线上商城乐天市场（Rakuten）电商公司把泰国作为重要投资市场。

据了解，泰国邮政公司为适应电商时代的来临也加快调整，满足市场需要和积极参与物流市场竞争。15～20家为电商配送的物流经营商会将继续扩大投资，以抢占市场份额，例如举办促销活动。而来自新加坡物流企业“来势汹汹”，因这些新加坡公司有较全面的区域化市场业务发展战略。

另外，泰国电商协会将加强向经营商提供有关知识和进行沟通，要求遵守法律规定，并提供咨询安排税务处理办法，以形成电商积极纳税的促进机制，或针对合理注册公司的电商经营者提出特别优惠方案。

2015年泰国电商市场竞争趋向激烈，市场总值有望保持增长。与东南亚其他国家相比，泰国电商市场较有优势，包括经营商数量、营销手段、消费者行为偏好以及技术硬体环境等均处于领先。同时，泰国电商市场存在多个有利推动因素，如政府实施数位经济战略，致力于发展基础设施、修改法律和增强经营商潜力。此外，移动通信市场快速发展也为电商市场带来促进作用。初步估计，目前多个网站通过移动通信设备进行交易的比例高达30%～35%，Tarad.com网站则高达50%。由此预测，未来2年内，各网站通过移动渠道的交易比例也将高达 50%，而且支付和物流方面也更加完善，政府和私营部门的服务提供商超过 10 家。

泰国网民人数低于总人口的 50%，因此政府层面通过降价促进民众触网是最有效的推动方法。泰国商业部商业发展厅副厅长威猜表示，政府特别重视发展国内电子商务业务，电商正日益成为消费者和贸易领域的主流，呈跳跃式增长的大好势头。

（来源：综合整理自泰国世界日报、雨果网）

泰国电力行业发展探析

随着社会的发展，能源逐渐成为世界各国关注的焦点。而电力是社会发展中最不可或缺的元素，是最清洁的二次能源。为了满足日益增长的电力需求，目前泰国政府正加大电力行业的发展以确保本国供电能力。

在泰国北部清迈府湄林区，有一个占地 80 多公顷的社区，其照明、制冷、种植和休闲等生产、生活消耗的所有电能均由可再生能源提供，被称为“清迈世界绿色之城”。这个社区是清迈皇家师范大学 4 年前在政府支持下启动的项目，意在打造一种以普遍应用智能科技及可再生资源践行绿色生活方式的社区模式。更重要的是，它也是近年来泰国为破解国家能源严重依赖进口困境做出的众多探索之一。

目前，泰国对电力的需求约为 28500 兆瓦，大部分的用电都是从邻国输进。数据显示，泰国的 GDP 以 5.6%的速度增长，2012 年到 2016 年对电力的需求也将以 6%的速度增长，对电力的需求将从 35600 兆瓦到 2021 年的 44200 兆瓦。

根据泰国能源部颁布的《2008～2022 替代能源发展规划》，2012～2016 年正处于可再生能源发展的中期阶段，重点放在生物燃料等替代能源的技术研发，挖掘其经济效益，另外就是探索绿色城市社区模式。2017～2022 年，政府将在泰国境内推广已经成熟的替代能源技术和社区模式，意欲成为东盟地区生物燃料的发展中心和替代能源技术出口大国。

对于泰国大力发展可再生能源和替代能源的目标，泰国电力机构（EGAT）总裁称目前所面临的机遇与挑战主要是发展电力。2014 年的前 4 个月里，泰国的电力需求呈下降趋势，而另一方面又有许多新的电力项目获得批复。目前，泰国电力行业的走向是怎样的？

一、泰国智能电网发展规划

目前，在泰国能源部制定的新电力发展计划中，能源发展对环境的影响被进一步纳入考虑范围，可以说是为了减少能源发展对环境的影响，比如减少温室气体排放量，从而制定的“绿色电力发展规划”。根据其中的“替代能源发展规划”，可再生能源的发电量将进一步增加。在未来，泰国电力组织会与环境友好型的发展目标相适应，而要达成这一目标，发展智能电网是尤为重要的，因为它能提升整个电力管理系统。

2014 年，泰国对智能电网的发展有 5 个方面的整体规划：

一是对东盟国家电网的改造升级，以此提升泰国电网输电系统的稳定性，建立坚强电网，加强数据集成和控制系统的控制能力，从而在技术和经济两方面都做到高效运行。此外，EGAT 也将大范围安装智能电网自动化系统和数据管理系统，为未来东盟国家电网联网作准备。

二是集成信息通信技术。智能电网的信息和通信系统集成必须要有统一的标准，才能使 EGAT 的电力设备和测量设备与其电网外的信息相连，这就是常说的“互操作性”，同时保证网络安全。未来，数据和信息会成为发展的重点，将被用来提升电网的运行水平。

三是智能运行。ICT 包括智能电子设备自动控制系统，均被应用到 EGAT 的核心业务当中，比如资产管理。

四是实现需求响应。基础设施中通信系统，尤其是连接了电网数据信息的系统能够支持需求预测和需求响应，以此优化整个国家的能源管理。

五是绿色供应组合。在政府政策的要求下，智能电网技术能支持可再生能源的发展，也为未来发展电动汽车技术打下基础。

泰国国家发电局总裁助理 Suthep Chimklai 表示，泰国智能电网的发展，对管理上最大的挑战是要让所有利益相关者都接受并为这项事业作出贡献。其中，最重要的是提高政府、公用事业公司还有民众的认知程度，建立合作机制。

二、“建设大基地，融入大电网”的新模式

目前，泰国已经开始着手光伏发电系统并网事宜。对于可再生能源并网，泰国有何相关政策？目前泰国的“替代能源发展计划”进行了修改，到 2021 年，可再生能源数量将从 9201 兆瓦增加到

13927兆瓦。这个计划是为了大力推广替代能源，并且保证食品和能源安全之间的平衡。“替代能源发展计划”中其他与可再生能源相关的政策也都正在执行。并网取决于输电系统的容量。为此，EGAT提出了一系列输电系统项目以配合可再生能源的发展，解决大规模并网可能带来的问题，维护输电网络的安全。

据泰国国家发电局总裁助理Chimklai介绍，就目前的状况来看，一些地区的输电网容量对可再生能源的接入造成了一定程度的限制，因为输电网原本的设计方案是以最小的成本提升系统安全性，尽可能容纳最多的来自大规模传统电站的电力。建设大规模的可再生能源基地，并将其并网，必须要考虑系统的安全性和稳定性。如果可再生能源发电系统的规模和地址可以确定，那为输电系统找到成本最低的并网方案是可能的。

同时，还必须考虑备用容量，因为诸如光伏、风电等可再生能源不能保证持续性供电，从而会对电能质量产生负面影响。解决不稳定性的问题就需要更大的备用容量，而这可以通过优化传统电站的运行管理和智能电网技术来实现。

在泰国市场，有许多智能电网相关的业务，比如储能、可再生能源发电预测、自动抄表系统等等。目前，泰国面临的问题是可再生能源和电力供应的高峰负荷不一致，而智能电网的许多技术可以解决这个问题，这就是潜力所在。

三、顺应绿色能源的发展趋势

泰国从2013年开始发展风电和生物质能发电。据泰国国家发电局总裁助理Chimklai介绍，根据2012～2021年的“替代能源发展计划”，可再生能源被认为是天然气发电的重要替代品，尤其是太阳能、风能、小型水电、生物能源。另外，如果可再生能源技术的成本下降，并获得更高的民众接受度，就可能发展成泰国发电的主力军。

作为一个农业国家，泰国最主要发展的还是发展太阳能和生物能源。从地理环境看，首都曼谷年均温度大概是24℃，日照时数每年达到1800个小时，泰国中部与东北部的日照时数每年超过1850小时，气候条件是有利于太阳能产业发展的。根据泰国政府2014年9月出台的太阳能发电促进措施，在屋顶安装太阳能电池发电的住宅、工厂及企业会获得补贴，额度为每千瓦时电6.16～6.96泰铢（约合1.3元人民币）。

与此同时，泰国是农业国家，种植业产生了大量的副产品。截至2014年10月，泰国超过80%的食品加工、棕榈油、乙醇加工企业都在使用生物能源。政府也一直给生物能源产业提供补贴，这是泰国的生物能源产业发展如此之快，大大领先于其他东南亚国家的原因。

近年来，泰国经济逐步增长，为保证电力能源供应平衡，泰国一方面加大投资力度大力发展电力项目，另一方面与东盟各国合作，从电力丰富的地区输进电力能源。据调查显示，泰国的用电增长率高于经济成长率，即国内生产总值每成长1%，用电量就提高1.2%，相比之下，日本GDP每增长1%，用电仅增长0.8%。因此为了顺应绿色能源的发展，泰国未来的发展将以太阳能和生物能源为主。

（来源：综合整理自《南方能源观察》）

泰国旅游业如何突破重围

众所周知，泰国经济依赖世界主要经济体市场，如：美国、欧盟、中国、日本及东盟等，外国旅游市场也是泰国创收的另一重要经济来源。2014年出口及旅游业或将成为泰国保持GDP增幅达2%至3%的主力因素。但2013～2014年，除美国经济外，其他经济体发展状况及前景均不甚理想，相当程度上将影响泰国旅游业的发展。

一、2014年首季赴泰国的外国游客简况

2014年首季赴泰国的外国游客659.82万人次，较2013年同期减少40.97万人次，同比降低5.85%。外国游客为泰国带来约3108.48亿泰铢的收入，同比降低4.02%。游客人数低于泰国旅游局此前预期的760万人次。与2013年同期相比，除1月游客人数略升0.06%外，2月和3月分别下降8.15%和9.39%。据了解，马来西亚、日本、德国、英国、美国及印度等主要客源国的游客人数递减程度将进一步扩大。

2014年首季，按地区分析，来自东亚的游客最多，达334.67万人次，占游客总数的50.72%，同比降低12.56%，旅游收入1082.05亿泰铢，同比下降16.28%；其次为欧洲游客225.52万人次，占总数的34.18%，同比升高6.64%，旅游收入达1463.38亿泰铢，同比提高7.90%；排名第三的是美洲地区，游客达33.49万人次，占总数的5.08%，同比微增0.09%，旅游收入为226.03亿泰铢，略升1.03%。

按国别分析，中国游客达96.78万人次，占游客总数的14.67%，同比减少17.77%；俄国游客为70.15万人次，占总数的10.63%，逆势增长18.67%；马来西亚游客为57.64万人次，占总数的8.74%，减幅达15.76%。值得注意的是，老挝游客以33.12万人次跻身第4大客源国，占游客总数的5.02%，较2013年首季大涨39.21%。日本和韩国游客分别为31.92万人次和31.90万人次，同比跌幅分别是22.55%和9.24%。据悉，来自东盟各国的游客达159.08万人次，占游客总数的24.11%，同比略减2.33%。

据泰国旅游商会的调查显示，2014年首季旅游业者信心指数为96，是2013年来首次低于正常值；第2季度旅游业者的信心指数则是98，同样略低于正常值。

二、泰国旅游业面临新挑战

泰国旅游机构指出，目前泰国旅游业正处于一个迅猛发展的阶段，面对的是变化迅速的市场和时局。

首先，中国、印度、俄国等新兴国家经济正以飞跃式发展，这些国家赴泰国的游客人数突飞猛进，令泰国旅游业措手不及。如何让这些市场持续长期、稳健地壮大发展，且更具质量，是泰国旅游业当下面临的首要挑战。

其次，东盟经济共同体（AEC）的成立，将造就另一个巨大的旅游市场。如何在AEC时代成功调整发展方向，变换自身角色，在与其他共同体成员国更为激烈的竞争中保持原有优势，并进一步扩大市场占有率，是另一个重要挑战。

第三，英国、德国、美国、西班牙、意大利、澳大利亚及伊朗等原主要客源国的社会、经济、政治等各方面发生变化，市场出现饱和，是泰国旅游业面对的困难之一，也是另外一个挑战。

三、泰国旅游业目标及发展策略

为应对上述挑战，泰国旅游机构制定了旅游业未来的目标和达到目标的发展策略。

近期泰国旅游业的目标分为两部份，其一，在2015年内，推动国外游客赴泰国旅游的收入达2万亿泰铢；其二，在促进旅游业，包括市场、区域、季节、价值及环保等各个方面的发展上保持平衡，以达到推动旅游业长期发展，持续为国家创收的目的。

泰国旅游及体育部旅游局预计2014年外国游客人数可达到3027万人次，同比增幅13.29%；预计外国游客带来的收入高达1.34万亿泰铢，增幅15.1%。泰国旅游机构则将2014年的目标定为外国游客人数2800万人次，收入1.33万亿泰铢。

在具体实施的策略上，2014年泰国旅游机构还将延续上年“泰式风格，创汇创收”的理念，创新市场营销。着眼于让游客进行知性旅游，提高旅游价值和享受；让游客亲身参与各项活动，给其留下深刻印象，乃至自发为泰国旅游作宣传。过去的发展中，此理念的执行激励了外国合作商，也展现了泰国人的智慧和能力。

所谓“泰国风格”其实就是着重展现泰国的独特文化，尤其在东盟经济共同体成立后，能明显表现出区别于其他东盟国家的特点。只有这样才能让泰国旅游业获得长期稳步发展。

在市场方面以提高旅游所获得的享受感，替代传统上以金钱衡量是否“物有所值”的理念，有助于改变泰国游等同廉价旅游的旧观念，有助于提升游客旅游享受感的活动主要包括“泰国体验”、“泰国生活”及“泰国文化”等。

在经济目标上，泰国旅游机构制定的目标是外国游客的旅游年收入增长13%。最为关注的地区是亚洲，目标增幅为14%。其中以东亚和东盟地区更为显著，预期游客人数可分别扩大9%和6%，收入分别增长16%和12%。对这些市场，泰国旅游业需致力提高游客人数，促进游客消费，作好迎接AEC时代的准备工作。至于欧洲和美洲市场，游客增幅预计将维持在6%左右，收入则分别提高12%和8%。预计欧洲、美洲、中东、非洲等市场趋势相近，游客人数增幅不大。

同时，各类市场的投入更趋均衡，更注重质量，尤其是针对中高层次消费能力和某些专项游客市场。如：蜜月旅行游客消费能力较高，可以在各国市场着力推销；赴泰国进行医疗游的客户则主要来自中东国家；高尔夫游客、保健游客等同样具有高消费的特点，应获得重视。对于此类专项游客，除了加强市场营销力度外，还应提高服务质量，真正迎合游客需求，成功培养游客的忠诚度，而不宜以价格为促销手段。

此外，将游客分流至多个景点，避免游客聚集于几个主要景点；将客户从密集赴泰国的旺季分散至各不同季节；充分利用泰国陆路交通枢纽的优势，把泰国建成东盟经济共同体各成员国中的旅游枢纽。

四、泰国旅游业现阶段困难重重

由于局势原因，2014 年首季外国游客人数和相关收入均出现下降。此外，2014 年 5 月初泰国北部清迈府发生的地震，尽管造成的人员伤亡和财产损失不大，但对旅游业而言仍然是雪上加霜。

目前，泰国旅游机构和旅游商会等已开始制定各种计划挽回市场，重拾游客信心。包括邀请国外媒体、主要合作者来泰国考察；赴外国举办巡回展览、宣传；与国外合作商、航空公司合作推出优惠促销活动，在短期内提高游客人数等。

通过对泰国旅游业分析，了解到过去 10 年来，泰国旅游业遭遇过自然灾害、世界经济危机等多种国内外负面因素，但旅游业者与相关机构坚持不懈地努力，一次次从各种打击中迅速恢复，继续增长，将旅游业在泰国 GDP 中所占比例提升至 10%，展现了泰国旅游业的强大实力。因此，尽管现阶段同样面临各种不利因素的包围，政府相信泰国旅游业依然会在短期内突出重围，持续壮大，展现泰国独有的“泰式”魅力。

（来源：综合整理自中国报告大厅）

越　南

越南正成为全球电子生产中心

据南博网调查显示，2014 年 36%的越南人拥有智能手机，而 2013 年这一数字仅为 20%。这意味着越南手机用户的增长速度非常快。2014 年智能手机比重提高主要取决于其价格快速下滑及廉价智能手机爆发，目前价位在 150 美元以下的智能手机占越南智能手机总销量的 60%。

目前，世界各大电子生产集团纷纷在越南拓展生产规模，越南正逐步成为全球电子生产中心。2014 年，越南手机销售量达 2870 万台，较 2013 年增长 13%，其中智能手机占 41%，高达 1160 万台，比 2013 年增长 57%，估计 2015 年智能手机的销量将超越普通手机。

一、全球知名电子集团扩展越南市场

据悉，越南一直都是微软移动看重的亚洲新兴市场之一，且 Windows Phone 在该市场中逐年保持稳定增长，微软移动的 Lumia 手机目前也已成为越南第 2 大手机品牌，占有 24%的市场份额，大有超越三星称霸越南手机市场的气势。目前，三星手机仍是越南最大的手机销售商，但其在越南手机市场份额已由 2013 年的 54%下降至 2014 年的 26%。

越南 IDC 公司亚洲高级调研经理 Danial Pang 认为大多数微软移动产品都定位中端市场，而苹果与三星则称霸高端市场。

微软集团在正式完成芬兰诺基亚电话公司之后，已公布改变诺基亚的全部生产战略。据越南北宁省人委会指出，微软将关闭或缩小诺基亚设在匈牙利、中国和墨西哥的 4 家智能手机生产线。以上 4 家工厂的 39 条生产线转至诺基亚设于越南北宁的工厂。通过以上战略，北宁省诺基亚工厂将担任微软移动设备生产活动的主力。

2014 年 5 月，微软集团开始转移生产线到北宁省工厂，于 2015 年上半年完成。换言之，越南将成为诺基亚智能手机的主要生产基地。

除了微软集团之外，世界首席触摸屏生产企业胜华科技集团也计划扩展在越南的投资。胜华科技集团目前已有一个资金总额为 12 亿美元的生产项目在越南北江省营运。北江省人委会称，该公司已报告关于在当地的第二期投资计划，资金总额也相当于第一阶段。换言之，胜华科技集团须再投资 10 亿美元在 100 公顷面积上发展第二阶段项目。

香港莱尔德科技有限责任公司首席执行官大卫·洛克伍德在该公司设于北宁省的工厂在 2014 年 6 月的开幕典礼上称，越南已成为全球科技公司的首席生产中心。

截至 2014 年 9 月，三星电子是越南电子生产领域的大投资商，其设于太原和北宁省的两个生产中心投资总额约 70 亿美元。

世界多个电子集团如微软、胜华或乐喜金星等决定在越南扩展投资规模已证明，三星不是唯一一个选择越南作为主要生产基地的电子集团。

励展博览集团专负责东南亚区域工业展览筹办活动的机构副执行长 Duangdej Yuai kwamdee 指出，越南参与全球电子生产链的环节越来越多。在电子工业发展潜能方面，东南亚区域由越南领先，其次是印度尼西亚，第三是泰国。

东盟 IDC 公司的市场研发部经理 Daniel Pang 表示，2014 年第 4 季度屏幕尺寸在 5 寸至 5.5 寸之间的手机销量大增。平板手机在当地的市场占有率虽然较低，由于价格降低，符合网络、游戏玩家需求，因此呈现上升态势。

二、中国成为越南最大手机及零件进口市场

据越南媒体报道，2014 年前 7 个月，越南的手

机及零件进口额达 44.9 亿美元，同比增长 0.77%。

目前，中国仍是越南最大的手机及零件进口市场。2013 年，越南从中国进口手机及零件总额达 56.9 亿美元，同比增长 66.34%；韩国居第 2 位，越南从韩国进口手机及零件总额达 10.2 亿美元，同比下降 19.2%。

此外，2014 年前 7 个月，越南还从日本、英国、美国以及瑞典进口手机及零件。其中，从日本市场的进口增幅最大，同比激增 366.83%。而从瑞典市场的进口下降幅度最大，同比下滑 97.83%。

据越南统计局发布的数据显示，与 2014 年相比，2015 年 1～4 月越南的出口额增加了 8.2%，达到 501 亿美元，其中手机和手机零件的出口收益所占比例最大，占总出口比例的 13.9%，约为 92 亿美元。

三、电子及资通讯业将成为越南重点产业

据越南工商部报告表示，近年来越南电子业发展迅速，从只有几十家企业，到如今已发展到近 500 家。近 3 年来，越南电子行业出口金额不断增长，2011 年约 69.8 亿美元、2012 年达 205 亿美元（其中电脑及零配件出口达 79 亿美元、手机及零配件 126 亿美元）、2013 年达 321 亿美元（其中手机及零配件出口达 215 亿美元、电子和电脑出口达 106 亿美元），电子业成为越南出口最大的产业。截至 2014 年上半年，越南电子业出口额达 162 亿美元。

根据《越南至 2020 年并展望 2030 年的产业总体发展规划》，2020 年电子及资通讯产业比重将占工业架构约 9%～10%，能满足 65%～70%的市场需求；2030 年将占 12%～13%的市场比重，并会满足 75%～80%的市场需求。

据越南工商部重工业司副司长 Truong Thanh Hoai 称，电子及资通讯业已被认定为越南的重点产业，故越南工业的总体发展规划将成为该产业的突破机会。Truong Thanh Hoai 也认为，目前电子及资通信行业发展速度超越周边的国家，有助于加速越南 GDP 增长。

2014 年 7 月，越南工贸部副部长高国兴表示，越南需要提供更好的政策支持，帮助配套工业企业，尤其是电子配套工业企业提高能力。该部准备建立越南国内企业和跨国公司的积极联系，从而使越南企业能够利用更大范围的供应链。该部计划在其网站上宣传越南电子工业，并建立 3 个电子工业促进中心。越南工贸部鼓励越南电子企业扩大产品线，并与经验丰富、有技术理解力的外国投资者加强合作，改进电子零配件的生产。

截至 2014 年 7 月，越南有 500 家电子工业企业。在越南电子工业企业中，外商直接投资企业只占三分之一。外商直接投资占据越南国内市场份额 80%以上，占电子工业出口额 90%以上。

目前，越南拥有近 9000 万人口，其中 70%的人口为 35 岁以下，是一个人口极为年轻化的国家。新科技产品，特别是手机产品广受越南年轻人喜爱。2015 年，越南智能手机用户比例将有望超过 50%，需求量将达到 800 万台。

（来源：综合整理自越南中国商品网、南博网）

越南制鞋业前景看好

2014 年 8 月，越南皮革和制鞋业呈现出积极信号。耐克、阿迪达斯和彪马等国际领先的制鞋企业已将订单从中国和孟加拉国转向越南企业。

越南工贸部副部长杜胜海表示，世界知名鞋业品牌正在扩大在越南的业务、提高产品竞争力，以满足不断增长的产品需求，并降低风险。越南制鞋业应当促进生产和贸易、提高产品竞争力，以满足制造商的需求。据悉，为充分利用即将签署的多项自由贸易协定的优势，外资企业正在越南大力发展制鞋配套工业。

目前，越南是世界十大鞋出口国之一，并且是美国鞋进口的第 2 大来源地。越南工贸部数据显示，2014 年 1～7 月，越南鞋产量为 1.5 亿双，同比增长 19.5%；鞋出口额为 57.5 亿美元，同比增长 22%。其中，2014 年 7 月越南鞋产量为 2190 万双，同比增长 10.4%。

2014 年年底，越南工贸部特别就鞋业发展制定出台了《到 2020 年面向 2025 年越南制鞋业总体发展规划》，提出到 2020 年要把制鞋业打造成国民经济的支柱出口产业，计划到 2020 年，年生产鞋产品数量为 170 亿双，箱包 3 亿个，创造 100 多万个就业机会。越南工贸部称，到 2020 年越南鞋业出口收入可达 245 亿美元。

一、越南鞋业发展现状

从越南官方皮革和箱包协会获悉，据不完全统计，截至 2014 年年底，越南目前有 812 家企业涉及制鞋、箱包等经营领域，其中，制鞋企业 516 家，皮革企业 33 家，箱包生产企业 263 家。

从地区分布看，越南鞋类生产主要分布在越南

3大城市：胡志明市、首都河内和海防市。胡志明当地鞋厂以中高端皮鞋为主，首都河内则是以生产硫化鞋居多，至于海防市则拥有一些较大型的鞋类加工厂。

越南皮革和箱包协会副会长叶成杰表示，作为世界第4大鞋类供应国，制鞋业已成为越南第3大出口产业，仅次于煤炭与橡胶，2014年鞋类出口创汇超过120亿美金，同比增长18%。越南鞋类产品主要出口市场为美国和欧盟，主要出口产品为高级皮鞋和运动鞋。

越南海关总局日前发布的数据显示，2014年越南鞋类出口市场达40个国家和地区，其中最大市场为美国，出口额为33.3亿美元，同比增长26.7%，占越南整个鞋类出口份额的32.2%。此外，越南对比利时、德国、日本等国家的出口额增速均超过20%。

值得注意的是，越南2013年对中国出口鞋类5.05亿美元，同比增长42.2%，出口额总量排在第6位。自2010年中国—东盟自由贸易区全面启动以来，东盟出口到中国的鞋子品牌全部实现零关税，中国鞋企外销订单不仅被越南等东南亚分流走，内销地盘也逐渐被东南亚鞋业“蚕食”。

二、越南鞋业发展短板

（一）生产原料依赖进口

越南鞋业起步较晚，虽然其改革开放始于1986年，但鞋业发展一直停滞不前，物料极度匮乏，直到20世纪末，仍以接加工形式的零散订单为主，整个鞋产业缺乏核心优势，鞋材等相关配套产业仍亟待完善。越南皮革鞋业和箱包协会数据显示，截至2014年年底，越南制鞋业国产化比例仅为55%，而45%的生产原料则需要进口。

据越南媒体报道，越南目前每年都需要从外国进口大部分的用于制鞋的原材料，本地企业只能生产低质量的帆布、鞋底和鞋线。大部分的鞋机生产设备和鞋材皮革等仍以进口为主。其中，仅制鞋用料皮革一项，进口占比就超过7成，在这一定程度上对越南快速发展的鞋业造成不小的挑战。如何解决原材料问题，迎合一体化需求，增加本地化比例，这是越南鞋业发展必须要应对的课题。

（二）技术创新不足

从目前来看，作为全球第4大鞋类生产出口国，越南制鞋业的优势资源为劳动力成本较低。但是从长远发展看，仅凭劳动力优势来“打天下”，显然是不够的。劳动力成本低只是相对而言，随着社会的发展，物价、消费、通胀、货币等多重因素的影响，劳动力的优势将会被稀释掉。

目前，越南制鞋业缺少技术研发能力去设计、建立自己的品牌和生产线。尽管劳动力成本低，但是大部分工人只拥有有限的技术水平，且生产率极低。在未来5年里制鞋业如果不在设计和研究新产品、生产能力和分销等方面加大投资的话，越南制鞋业的发展将会遇到瓶颈。

（三）投资环境不够理想

受政治因素的影响，在一定程度上增加了产业投资的风险性。针对这类事件，中国鞋网国际鞋业研究中心 Mr Losin 认为，越南政治环境的不稳定性，会极大地影响和阻碍外商投资越南的积极性，再加上快速改革所遗留下的长期通胀问题、多年紧张的劳资关系等，都将是越南鞋业现实发展中不得不面对的挑战。

亚洲鞋业协会秘书长李鹏指出，相比东南亚，中国投资环境以及工人素质等更占上风，尽管国内个别工厂也曾出现过停工现象，但主要是公司自身内部管理问题引起，而非政治等外部因素，而且最终都得到解决。

三、越南鞋业发展优势

（一）人力成本低廉

鞋类加工属于传统型劳动密集型产业，人力成本在鞋企成本支出中占比较大，如果能控制好人力成本，将能在极大程度上提高企业参与市场竞争力。中国能成为现今的“世界工厂”，劳动力成本低廉的优势发挥着重要作用。

随后改革开放的深入，人口红利的消退，中国制鞋业工人工资相比10年前，增长了近3.5倍。专家做过对比，在中国大陆东部沿海地区工人月薪为500～600美元，而越南工人月薪约为250美元。廉价的劳动力优势正在为拥有9000万人口的越南开启“世界工厂”助力。

（二）国际环境：GSP优惠关税率

近年来，随着中国制鞋工业的飞速发展和鞋类出口贸易的不断增长，中国的鞋类在欧美市场遭遇了大规模的反倾销，国际贸易壁垒进一步扩大，鞋类在国际市场经常会遭遇反倾销和贸易配额限制等贸易壁垒，而越南在出口美国、欧盟及东盟等地均享有多项优惠政策，是目前受国际贸易限制及反倾销影响较小的国家之一，尤其是出口到美国及欧盟，越南长期以来一直享受鞋类GSP优惠关税率，这也成为越南吸引众多投资者的一个重要原因。

美国鞋类分销和零售商协会 Matt Priest 主席表示，越南出口至美国的产品价值从2001年起是以每年20％～21％的速度增长。业内人士表示2015年在跨太平洋伙伴关系协议（TPP）签署以后，越南出口至美国的鞋类产品增长将更为迅猛。

（三）地理优势资源丰富

越南是世界上发展经济自然条件最好的国家之一，相比东南亚其他国资源丰富而言，越南是一个长条形的国家，矿产资源非常丰富，有着3260公里长的海岸线，为其发展对外经贸提供了天然的地理优势。其次，越南有近三分之一的土地为平原地区，拥有两个三角洲——红河三角洲和湄公河三角洲，都是鱼米之乡，交通十分便利。

（四）政府搭台　政策引导

为了加快改革开放的步伐，越南工贸部于2014年7月出台了《2020年前工业发展指导计划和2030年展望》，目的是促进国内需求，并提高越南工业在全球市场上的竞争力。这份由越南总理批准的计划，将纺织服装与制鞋业纳入越南下一阶段重点发展支柱产业之一。

2014年年底，越南工贸部就鞋业发展制定出台了《到2020年面向2025年越南制鞋业总体发展规划》，从政策扶持、招商引资、内销外贸，政府公关等多个层面出发，提出到2020年要把制鞋业打造成国民经济的支柱出口产业。

综上所述，2014年越南制鞋业发展良好，行业前景被外商看好。未来，越南制鞋业应增加产品附加值，努力促进生产和贸易，提高产品竞争力。同时，越南还需要从自由贸易协定（FTA）和跨太平洋战略经济伙伴关系协定（TPP）中争取优势。

（来源：综合整理自中国鞋网）

越南电信市场的机遇与挑战

越南作为东盟的成员国之一，是东南亚信息产业市场发展中的一个重要力量。电子信息产业代表着国家高科技发展水平，是越南今后的发展方向和目标。在全球信息化发展的今天，越南的电子信息产业存在许多机遇和挑战。

越南电子信息产业起步较其他国家晚，发展初期该产业仅涉及简单的电子产品组装和对外代工，产品也只能满足本国的需求。加入WTO之后，越南电子信息产业逐渐扩大为生产电子零部件和基础性电子信息产品，能够满足国内和国外出口需求，这表明越南整体信息技术水平有了极大提升。然而，越南电子信息产业如何在复杂多变的世界经济格局中立足，还需要抓住所面临的机遇，制定完善的战略规划，不断推动电子信息产业向前发展。

一、越南电子信息产业现状

（一）越南电子信息产业发展现状

1. 代工规模不断扩大

近年来，越南电子信息产业地方网络已经建立，发展比较迅速，但整体来看还未深入全球生产体系之中。原因是越南电子信息产品在全球产业竞争链中仍处于获利低微的价格竞争层次，亟须进行产业升级。越南软件协会统计数据显示，目前越南软件企业已增至700多家，总体营业收入达到3亿美元，虽然同比增长30％，但其中，9000万美元来自出口创汇和14家国外独资企业，占该行业总生产能力的60％。总体来看，除了身为世界工厂的中国内地外，东南亚各国在全球电子代工产业的角色地位日益加重，东南亚地区的总体营业收入由2006年的162亿美元，增长至2011年的249亿美元，年复合成长率达到9.1％。

据越南统计局统计，越南电子信息产业近5年产值增长迅速。截至2012年9月，越南计算机和计算机零件的进出口额分别为93亿美元和54亿美元，分别增加了80.9％和77.3％；手机和手机零件的进出口额分别为35亿美元和54亿美元，增加了93.1％和77.3％。截至2013年3月，越南电子产品计算机和计算机零件的进出口额分别增加了86.7％和49.1％；手机与手机零件的进出口额分别增加了51.5％和89.8％。

2. 加入WTO成为越南电子信息产业发展的重要转折点

在加入WTO之前，越南电子信息产业的发展速度比较缓慢，几乎都是一些低端或基础性的产品，或者是简单的代工产品。为扭转这种状况，越南政府加快了加入WTO的步伐，制定了很多优惠政策，比如进口关税优惠、出口补贴、信用贷款优惠、免租土地税、降低企业所得税等。这些措施使越南电子信息产业得到了极大的发展，出口的主要国家包括：泰国、日本、荷兰、菲律宾和美国，出口产品主要有电子零件、电脑和打印机等。

2007年1月11日，越南正式加入WTO，越南电子信息产业进入快速增长期。同年，电子信息企业的数量新增了100多家，营销额达30亿美元。2008年已经生产出越南品牌的电子产品，历经了从简单组装到独立生产的巨大变化。然而，越南加入世界贸易组织需要对电子信息产业履行削减关税承诺：在加入 WTO 的 3 到 5 年内，实现计算机、手机、录像机、数码相机等 330 种产品全部降至零关税；电视、空调、洗衣机等关税也从 40%～50%降至 38%～40%，在后续 3～5 年内继续降至 25%。

这些条件无疑给外资企业的发展带来许多优惠，在一定程度上加大了对越南本地电子信息企业的冲击，给国内电子信息产业带来不利影响，国内产品与进口产品之间的竞争越来越激烈。一些企业因承受不了来自进口、加速的压力甚至宣布停止生产，比如索尼品牌企业。

但是，从另一个角度分析，在外资企业不断进入越南的同时，也带来了电子信息技术、资本和管理等方面的先进成果。越南电子信息产业与其他发达国家存在巨大差距的同时，也表明了越南电子信息产业能够发挥自身优势为可持续发展带来了机会，也证明了越南电子信息产业由获利低微的价格竞争向自主品牌生产理念转变是完全有可能的。

二、越南电子信息产业面临的四大机遇

从加入 WTO 至今，越南电子信息产业尽管仍处于复杂多变的国内外环境之中，但已呈现出有利的发展条件。

（一）劳动力成本低廉和丰富的自然资源有利于吸引外资注入

越南的劳动力比较丰富，且价格低廉，未使用的土地较多且价格不高，对越南电子信息产业而言，这是一个良好的发展条件，能使越南的电子信息企业利用国家的这一优势来吸引外资。同时，外国的优秀企业逐渐了解到越南是一个很有潜力的市场，这些企业会将自己的产品、资本等转移到这个市场中来。比如三星电子、佳能、摩托罗拉、三洋等早前已向越南投资，在与跨国企业的合作中实现了双赢。

（二）电子信息产业技术创新和研发能力明显提高

在经济全球化的背景下，跨国公司的研发中心逐渐融入越南市场，更重要的是越南一些创新型高技术企业和自主原创技术从局部上实现了行业内的突破与壮大，成为推动越南电子信息产业发展的主导力量。越南具有的劳动力成本低、消费市场大及社会环境稳定等 3 大优势对发达国家转移电子产品制造极具吸引力。除了制造业以外，电子信息产业研发环节也在转移之列，这种趋势总体上有利于推动越南电子信息产业的发展壮大。

（三）丰富的区域文化底蕴和优越的地理位置成为越南电子信息产业持续发展的保障

越南位于国际空运和海运的重要交叉点，具有的地理位置优势有利于越南与世界各国的交流。越南濒临泰国湾、北部湾和南海，毗邻中国、老挝和柬埔寨，加之海岸线长、交通便利，这些都对越南经济发展起着重要的保障作用。另外，越南通过开展地域文化活动，不断促进与相邻国家的人际交往，推动不同人群的文化融合与观念趋同。越南政府、企业家协会、各行业协会及教育机构在推动制度化的学习和交流方面已经形成了一定的基础，受到电子信息产业的欢迎和支持。越南通过建立一系列的科学法规和制度来维护自身信息产品及其经营的信誉环境，也是越南吸引外国投资的一个重要因素。种种有利条件使得越南受到了国内外投资者的青睐。

（四）国内外市场对信息产品需求的持续增加带来了更多机会

根据美国消费电子协会统计，全世界对电子设备和元器件产品的需求持续增长。未来对数字设备、计算机、电信设备，尤其是手机的需求量会迅猛增长。对于起步较晚的越南电子信息产业而言，这是一个良好的发展机会。当前市场中，有许多技术性壁垒，越南电子信息产业很难直接融入其中。要想进入这类市场，越南电子信息产业必须创造“槽”市场（“槽”市场指的是数量不多、价格不高且经常被知名品牌忽略的产品市场），或者“利基”市场，通过这些市场来出口零件、元件、信息产品，以此吸引外资并升级技术，全力开发出潜力市场。

三、越南电子信息产业面临的主要挑战

就越南电子信息产业的发展现状看，要抓住机遇、抓好机遇并不是件易事，对起步较晚和发展程度相对较慢的越南而言无疑是一种挑战。这种挑战包含以下几方面内容。

（一）核心技术突破相对困难

首先，电子信息产业的核心技术变得越来越复杂，技术标准要求越来越高，更新频率也日益加快。越南本土企业几乎没有在电子信息产业尖端技术方面的研发成果，这就迫使越南在核心信息技术上只能依靠引进外国的技术成果来实现突破和跨越。

其次，全球电子信息产业日趋激烈的竞争使越南国内电子信息企业人才遭遇跨国公司的强势抢

夺，国内企业面临人才紧缺的状况，致使自身的研发能力相对较弱。

最后，信息技术创新的产业化面临窘境。信息技术创新产业化本就是电子信息产业的一大难题，加之越南以电信企业为主导的研发格局尚未形成，融资渠道缺乏，电子信息产业相关部门交流沟通不畅，这些都使得本国技术创新产业化难以实现。

（二）中小企业资金有限

作为发展中国家，越南的经济水平整体相对较低，产业基础相对薄弱。对于技术的资金投入不足，越南中小企业常常遭遇土地、劳动力等固定资产富足但资金短缺的困境。而电子信息产业对资本的前期投入要求较高，这就迫使中小电子信息企业必须积极地融资。为此，需要政府出面扶持部分资金和推出优惠政策吸引民间资本的参与，以此来减轻中小企业前期融资压力。但就现状而言，政府部门扶持力度还远远不够，民间资本的参与也十分有限。

（三）电子零件生产水平相对较低且发展缓慢

目前，越南的电子零件生产业大部分处于中下级发展阶段，但国内电子企业对电子零件的需求又很大。

由于加入WTO后，政府对电子零件进口实行50%的低关税甚至零关税的鼓励性政策，不可避免地导致了进口电子零件价格便宜，甚至低于国内同样产品的价格。这导致了对外直接投资企业几乎停止了全部的国内装配业务，直接转向使用零件价格更便宜的进口产品，其直接的结果是对本土电子零件生产企业形成了强烈的冲击。国内电子零件产业水平低下、价格昂贵与进口零件质量优异、价格便宜形成了鲜明的对比，让越南电子零件产业陷入了尴尬的境地。例如佳能公司曾试图采用越南企业自主生产的螺丝来装配打印机，但是他们检验的26家越南电子信息零件产业中没有1家企业符合安装要求，于是佳能公司只好向越南的Fujitsu公司购买零件（该公司是一家FDI企业，100%从海外进口零件和原材料）。在越南，类似的FDI企业，其使用进口零件的数量比使用国产零件的数量高3～4倍。

除此之外，越南电子信息产品的材料、装备等相关产业工艺水平不高，严重影响了电子信息产业的发展。装备和材料业是电子信息产业的重要相关产业，但是越南在这方面与国外先进水平具有较大的差距，大量的进口成为制约本国电子信息制造业发展的瓶颈。

（四）电子信息技术人才缺乏

电子信息产业的发展与其他产业一样要靠人才的支撑。由于越南电子信息产业起步晚，在信息技术人才的培养等方面重视不够，导致了信息技术研发能力不强的后果。虽然近些年来政府支持和鼓励越南的青年人走出国门深造，但依然未形成电子信息产业需要的梯度式人才队伍。这将影响越南电子信息产业的后续发展。

目前，越南电子信息产业的发展还需在政府的主导下，营造良好的发展环境，构建电子信息产业创新网络，发挥外资的正向溢出效应，取得更大的成就。

（来源：综合整理自数字电视中文网）

越南纺织业迅猛发展

2014年，越南纺织服装出口猛增，达245亿美元，创下3年来最大增幅。在全球纺织服装出口国中，2014年越南以19%的增长速度成为出口增长最快的国家。在出口目的地中，越南纺织服装在美国、日本、韩国等重点出口市场站稳脚跟，分别出口85.5亿美元、23.8亿美元和1.96亿美元，在中国、加拿大、俄罗斯等市场继续呈现增长之势。

2015年，越南将与韩国、欧盟以及俄白哈关税同盟等正式签署自由贸易协定（FTA）。签署后，纺织服装产品税率将从平均10%降为零，这将对越南大力进军这些潜力巨大市场起到积极的助推作用。预计FTA将为越南纺织服装出口带来更多增长动力，出口额有望达280亿～285亿美元。

目前，越南共有4000多家纺织服装企业，为250多万名劳动者创造就业机会，对国内生产总值贡献率达10%。越南加入跨太平洋伙伴关系协定（TPP）后，越来越多的国际企业将向越南纺织业抛来橄榄枝。

一、中国企业在越南建厂

目前，中国有多家企业计划在越南建厂，并且已经有部分企业付诸实施。中国天虹纺织集团已在越南广宁省投资建设了2个每年产能50万纱锭的工厂，目前又追加3亿美元投资，在广宁省建立新厂；江苏裕纶纺织集团有限公司已获核发6.8亿美元的纺织和印染工厂投资许可证，将在南定省保明工业园区设厂；在胡志明市，中国台湾薛长兴集团旗下Forever Glorious公司承诺将投资5000万美元执行一个从面料纺织至水下体育专用成衣生产的项目；

专业从事耐克、阿迪达斯、彪马等商标服装生产的中国大陆申洲国际集团旗下 Gain Lucky 公司，承诺将投资 1.4 亿美元用于服装设计与生产。

此外，中国香港 TAL 服装集团计划在越南投资 2 亿美元以扩大在越南的生产规模；中国 Sunrise 有限责任公司等集团也积极寻找在越南的投资机会，旨在充分利用 TPP 生效后的优势。中国香港联泰服装公司、越南 Vinatex 服装股份有限公司和中国三水佳利达纺织染有限公司三方正协商，拟在南定省兴建纺织工业园区。园区总投资约 4 亿美元，占地面积 1500 公顷，已于 2014 年年底开工建设。

二、越南原辅料供应难以自足

越南国内原辅料生产仅能满足纺织行业 30%的生产需求，因此行业贸易顺差难以提高。以面料进口为例，越南服装出口加工业每年需要各种面料 68 亿米，国内产量仅 8 亿米，且以普通面料为主，绝大部分中高档面料严重依赖进口。尽管行业自给率以 3～5 个百分点逐年增长，2012 年已达 49%，但仍远低于印度的 90%和中国的 95%。

据越南纺织协会统计数据显示，2014 年上半年，越南纺织品原辅料进口总额达 77 亿美元，同比增长 20.6%。其中，布料、纺织辅料、棉花、丝的进口总额分别为 46.3 亿美元、15 亿美元、8.29 亿美元和 7.49 亿美元，同比分别增长 17.5%、30.5%、43.7%和 3.5%。

越南棉花纤维协会副会长阮文俊表示，目前越南成衣纺织业发展面临若干困难，将会影响该产业的稳定发展，例如越南于 2013 年计划使用 74 亿平方米布料中，就有 60 亿平方米布料须向国外进口，以致该产业隶属国外代工营运的比重占逾 70%，若越南关注投资发展纺织业原料区时，希望降低依靠国外供应纺织品原副料的比重。

专家认为，依据越南发展纺织业的规划，越南至 2025 年将提升前列生产纤维及布料规模的 2 倍，届时预估该产业可达成 460 亿美元营业额（含出口 400 亿美元纺织品）的计划目标。

三、越蒙合作前景广阔

2014 年 4 月，“越南—蒙古贸易往来”研讨会在越南胡志明市举行，旨在促进越蒙两国贸易关系和纺织服装领域的合作。蒙古国工业和农牧业部轻工业政策协调局副局长桑达格表示，促进蒙古国与胡志明市纺织服装企业的合作和深入加强越蒙贸易关系非常重要。蒙古国希望同越南胡志明市加强合作，大力促进纺织服装业的发展和提升对世界各国市场的出口。

越南纺织服装制衣集团南部办公室副主任 Nguyen Binh An 表示，越南纺织服装业年增长率为 15%～20%，每年生产约 30 亿件纺织品。越南政府的政策促进了越南纺织业的全球一体化发展，并且越来越吸引全球的纺织服装生产商前来投资。在形成纺织供应链方面，包括纺纱、织造、缝纫和染色方面，越南纺织服装业需要与具有强大原料资源的蒙古国加强合作。

越南胡志明市工贸局副局长陈春田表示，胡志明市与蒙古国进行贸易合作，特别是在纺织服装领域的合作前景广阔。胡志明市在劳动力、生产能力和市场等方面具有优势，而蒙古国在原材料方面具有优势。此外，蒙古国的优惠政策将大力吸引外国投资商。当然，两国之间存在语言障碍和地理位置相距较远等问题，对两国的贸易而言具有挑战性，需要两国抓住物流运输与贸易往来的合作机遇，不断地克服障碍，促进两国贸易发展。

据了解，除 TPP 协议外，越南目前也正与相关方商谈自由贸易协定，包括越南—欧盟自由贸易区、越南—韩国自由贸易区、“10+6”自由贸易区（RCEP）等，很多外国公司已开始投入大量资金，以在争夺 FTA 为越南带来的巨大商机竞争中占据有利位置，而纺织服装业也将持续受到世界各国的关注。

专家表示，未来很长一段时间内，越南纺织品出口规模将占东南亚的 50%。预计到 2025 年，世界纺织品销售额达 7020 亿美元，其中东南亚占 16%，约为 1100 亿美元。越南纺织品出口额将达 500 亿美元。

（来源：综合整理自中国蚕丝网、中国行业研究网）

越南汽车工业亟待革新

越南机械协会主席杜有豪指出，机械工程是越南欠发达的汽车产业发展的关键，越南汽车行业正受困于小型经销商过多、复杂零部件产量有限和国产化率低等问题。

目前，越南道路上行驶汽车约 200 万辆。2014 年，越南生产汽车约 12.8 万辆。越南工贸部重工业司表示，2015 年越南预计将生产汽车约 20 万辆。

越南中央政府出台的 2020 年前汽车产业规划，目前正在考虑鼓励企业投资于汽车零部件生产。该规划计划到2020年将越南汽车产量提高到年产22.7万辆，这将为越南国内机械工程行业发展带来很多机会。

一、越南汽车工业发展滞后

目前越南机械行业企业中只有5%～6%从事零部件生产，无法生产高精度、高技术零部件。越南目前在汽车零部件方面只能生产蓄电池、轮胎和电线等价值较低的部分。由于在扩大消费市场和吸引外资方面存在困难，越南汽车制造与装配产业的国产化率只有5%～10%。

目前，越南汽车产业国产化率低的深层次原因来自于市场。首先，由于越南交通基础设施落后、拥堵严重，限制了汽车数量。其次，多种针对汽车的税费限制了汽车产业规模。越南汽车驾驶者要缴纳9种不同的赋税，使越南汽车价格高达其他国家的3倍。过去10年中，越南汽车年产量仅为近10万辆，年销量仅为约12万量，丰田、福特和梅赛德斯等企业目前每年在越南只能组装和销售数千辆汽车，不足以带动机械工程行业发展。

越南的机械工程行业与本地区其他国家相比仍然较弱。越南汽车零部件的国产化率仅为10%，而泰国为40%～50%，中国为60%。越南无汽车制造产业，只能进行汽车组装和生产部分低附加值的零部件。越南冶金行业和汽车设计行业较弱，需要获得各界支持。

目前，越南机械企业的机会看似很大，但实施起来很难。如果不能专注于有优势的产品研究，就难以实现将汽车零部件国产化率提高到40%～50%的目标。

二、越南零部件制造业基础薄弱

由于越南零部件制造产业基础薄弱，许多到越南建厂的日本企业无法直接从越南当地购得生产所需的零部件。在东盟自由贸易区（AFTA）正式启动后，东盟国家之间的税率降至零，在越南的日本企业可能会将工厂迁到泰国。

日本三菱高级研究员Sakurada Yoich称，一旦东盟自由贸易正式启动，各国之间取消关税，肯定会有很多日本企业从越南迁厂至泰国。

该研究员经日本国际合作机构授权，将对越南的主要6个支柱产业展开调查并建立数据库。研究的产业包括农产品机械、食品加工、电子产品、造船、环保能源、汽车及汽车配件等行业。研究将在越南首都河内、胡志明市以及周边的省份展开。

据报道，马自达和福特两大主要汽车生产商将在越南的周边国家投资7亿美元建厂。之所以不选择建厂在越南，主要是因为越南没有供应汽车配件如螺丝、电缆线和塑料的本土企业。据越南商务部报道，大部分零部件都是通过日本、韩国、中国台湾等外资企业供应。

据日本对外贸易机构统计数据显示，日本企业目前只能从越南当地购进28%的生产所需的零部件，在其他国家这一供应比例明显高很多，印尼为43%，泰国为53%，中国为61%。

据悉，越南有210家生产汽车零部件的企业，不过这些企业只能生产较简单的零部件如玻璃、电池和塑料制品。此前韩国三星也曾到越南寻找手机配件供应商，结果发现大部分越南本土零部件厂商不符合要求。

三、越南拟将汽车工业建成重要产业

为了利用汽车产业发展的机会，越南鼓励中小企业生产轮胎等产品，并试图在广南、永福和北宁等省建设本田、丰田和福特汽车厂。第一步是提高在越南国内市场的占有率，然后逐步参与全球产业链。越南还计划扩大国内汽车市场，如果市场规模足够大，企业就有意愿进行投资。

根据加入东盟自由贸易区时所作出的承诺，自2018年起，从东盟各国进口汽车的税率将降至0%。这对越南汽车制造业造成压力。越南汽车工业能否把挑战变成机遇，这是需要政策制定者和企业解答的大问题。

据越南工商部披露，越南汽车工业经过20年建设与发展和10年实现2004～2014年阶段第一个十年规划后，汽车工业基本满足了国内汽车的需求量。汽车生产量已满足国内对客车的80%需求量，和满足市场对货车的60%需求量。辅助工业也初步形成，并为国内汽车制造业提供部分零配件。目前，共有18家外资企业和38家国内企业参加生产、组装汽车，年产量达46万辆。

据越南汽车生产商协会公布的数据，2013年，该协会成员上缴国库达约10亿美元（仅算各种税款），同时为10万名直接劳动者和50万名间接劳动者解决就业问题。

另据评价，该行业尚未真正达到汽车制造业的目标，仅能满足焊接、组装等工序。目前，汽车国产化比率仅达7%～10%（轿车）和35%～40%（轻卡）。与此同时，越南汽车价格仍高于本地区其他国家。

早前越南政府总理批准至2020年越南汽车工业发展规划和2030年展望已明确指出了汽车制造业的总体目标，即是将汽车工业建成国家的重要产业，在最大限度下满足国内市场对卡车、客车和一些专用车型的需求量，力争成为世界汽车工业生产链高价值零部件的供应商，为国家经济增长和带动其他产业发展作出贡献。

（来源：整理自越南中国商品网）

商务资讯篇

东盟重点商务资讯

中国建立5个平台推进与东盟国家间的双边技术转移

为推进中国同东盟国家间的双边技术转移，中国目前已建成5个信息与对接平台，下一步还将开发和运营2个平台，为中国和东盟国家提供信息化服务。

据介绍，这5个平台分别是：中国—东盟技术转移中心官网，中国—东盟技术转移B2B技术对接平台，中国—东盟技术标准信息服务平台，东盟小语种辅助翻译系统，中国—东盟科技资源地理信息系统。

广西壮族自治区科学技术厅副厅长刘建宏表示，中国—东盟技术转移中心官网目前发布4000多条信息，利用B2B技术对接平台为中国和东盟企业发布1000余条项目供需信息，已促成280余项网上对接。

除了已建成的5个平台外，还将开发和运营中国—东盟科技伙伴计划网站、杰出青年科学家来华工作计划管理系统，为中国与东盟国家开展的合作提供系统化、精细化的信息服务。

中国目前已与柬埔寨、缅甸、老挝、泰国、印度尼西亚5个东盟国家建立双边技术转移中心，马来西亚、越南等东盟国家共建事宜正在进一步推进中。技术转移中心的建立旨在推动中国与东盟国家的技术转移和创新合作。

（来源：新华网. http://news. xinhuanet. com/2015—06/11/c_1115581091. htm. 2015—06—11）

面向东盟的跨境电子商务平台通过验收

2015年6月4日，南宁市发改委表示，面向东盟的跨境贸易电子商务服务中心项目日前顺利通过南宁市发改委、南宁市财政局、南宁市商务局以及有关专家的验收，该项目将打造B2C平台，让消费者足不出户轻松网购东盟特色产品。

据了解，面向东盟的跨境贸易电子商务服务中心是南宁市2014年国家电子商务示范城市市级财政资金扶持计划项目，由美丽传说股份有限公司负责建设。该公司在建设期内按要求完成了3000万元投资，建设了呼叫中心客服系统、搭载东盟多国语言的翻译系统、经营分析系统、营销及促销系统、手机客户端等。

项目建成后，客户可通过这个B2C平台把东盟各国的特色、绿色、健康商品引进国内，同时还可通过该平台把中国产品输送到东盟国家。

（来源：《南宁日报》. http://nnrb. nnnews. net/html/2015—06/05/content_155151. htm. 2015—06—05）

中国将与东盟共同开辟“蓝色经济”合作新领域

2015年6月，中国国家海洋局副局长陈连增在参加“2015中国—东盟博览会中外要人高端专访”活动时表示，中国2015年将以“一带一路”建设为契机，以中国—东盟博览会为平台，推动与东盟各国的海洋合作项目，拓展“蓝色经济”合作新领域。

陈连增表示，自2011年实施《南海及其周边海洋国际合作框架计划（2011～2015）》以来，中国与东盟国家在海洋与气候变化、海洋环境保护、海洋生态系统与生物多样性、海洋防灾减灾、区域海洋学研究、海洋政策与管理等多个方面开展了形式多样的合作，建立起机制化合作平台、机构，与周边国家共同实施一批合作项目，开辟发展“蓝色经济”合作新领域，海洋合作成为各方高层共识。

2015年是“中国—东盟海洋合作年”。2015年9月在广西南宁举办的第12届中国—东盟博览会，将以“共建21世纪海上丝绸之路—共创海洋合作美好蓝图”为主题。陈连增称，东博会设置这样的主题，目的是宣示中国“亲、诚、惠、容”的合作理念，以及通过实施“一带一路”建设，实现中国与沿线国家共同发展繁荣的真诚愿望。同时，也提供一个促进合作的平台，使各方能充分地沟通交流，寻找共同感兴趣的合作领域，确定合作项目。

陈连增表示，作为海洋领域新兴的发展理念，“蓝色经济”成为东盟各国发展的热议话题。作为一个平衡环境保护与经济增长、协调人与自然和谐相处的理念，推进“蓝色经济”发展与合作，需要了解各方的需求和关切，为探索发展与合作提供更有利的平台。

近年来，中国在发展海洋经济的同时，强调科学合理开发利用和保护海洋，建设海洋生态文明，加强与周边国家的海洋生态合作。2014年，APEC第4届海洋部长会议在厦门通过了《亚太经合组织第4届海洋部长会议厦门宣言》，进一步凝聚了亚太地区海洋合作共识，努力发展海洋合作新型伙伴关系，针对发展蓝色经济、促进海洋综合管理以及可持续开发利用海洋资源等方面交流分享经验，共同构建“蓝色经济示范区网络”，为地区经济和社会发展服务。

陈连增还透露，2015年中国国家海洋局将继续构建与周边国家的海洋合作伙伴关系，开展海洋与气候观测系统和海洋灾害预报预警合作；开展东南亚海洋生态系统和生物多样性保护合作；推动中国—印度尼西亚海洋与气候联合研究中心、中泰气候与海洋生态系统联合实验室、中马联合海洋研究中心、东亚海洋合作平台，以及中国—东盟海洋合作中心等平台建设，推动海洋环境预测预报、海洋观测技术、海洋环境保护和海洋综合管理等领域的合作。

（来源：新华网. http://news.xinhuanet.com/2015—06/05/c_1115523495.htm.2015—06—05）

云南建设面向东南亚辐射中心
农业科技交流合作前景广阔

习近平总书记在云南考察工作时提出，希望云南主动服务和融入国家发展战略，“闯出”一条跨越式发展的路子来，努力成为民族团结进步示范区、生态文明建设排头兵、面向南亚东南亚辐射中心，“谱写”好中国梦云南篇章。云南省省委第9届10次全会对深入贯彻落实习近平总书记考察云南重要讲话精神，“闯出”跨越式发展路子作出部署。农业及农业科技合作是“一带一路”、孟中印缅经济走廊建设的重要内容，农业“走出去”，汇集国内外资源，加强面向南亚东南亚的农业科技辐射，正当其时。

加强农业科技辐射面临难得的历史机遇

随着“一带一路”、长江经济带等战略的实施，云南由开放末端变为前沿。如何准确把握新时期云南在国家开放战略中的定位，以大开放促进大发展，依托区位优势，更加积极主动地服务和融入国家发展战略，闯出一条具有云南特色的开放发展路子，确保在“十三五”期末与全国同步全面建成小康社会，是摆在云南面前的紧迫任务。深化国际科技合作，发挥地缘优势，利用两个市场、两种资源为科技创新服务，是“十三五”期间构建对外开放新格局，推动国民经济和社会长足发展的首选之举。更为难得的是，中国政府倡导的“一带一路”、亚投行和丝路基金等倡议受到国际社会的广泛关注和认同，南亚、东南亚国家期待与中国开展更加紧密的合作，加强农业科技辐射具有良好的环境。

加强农业科技辐射具备良好的前期基础

“十二五”是中国实施创新驱动战略，推进国际科技合作发展的重要阶段。在此期间，云南省农业科学院及省内相关科研院所、高校创新机制、搭建平台、拓展领域，以引进消化吸收先进技术为目的，强化与发达国家和国际组织的科技交流合作。同时，大力推进与东南亚、南亚、西亚国家的科技合作交流，推动农业科技“走出去”，科技创新及综合发展能力得到大幅度提升。中国—东盟创新中心、中国—南亚技术转移中心等先后落户云南，一大批国际科技合作基地、科技创新中心、技术转移中心以及农业科技示范园区先后建立，云南省农科院倡导成立的“大湄公河次区域农业科技交流合作组”“中国—南亚农业科技交流合作组”“云南农业走出去产业技术创新战略联盟”“云南—东南亚农业培训中心”“东南亚保护性农业协作网”“老挝北方农业科技示范培训中心”“中越保山农业科技示范园”“越中河内农业科技示范园”“中老农业联合研发中心”等跨境合作平台创新合作模式，与南亚、东南亚国家形成稳固的合作关系，在与南亚、东南亚国家农业科技合作中形成优势和特色，确立了主导地位，形成了辐射点。

加强农业科技辐射具有广阔的前景

在国家全面深化改革、扩大开放的新形势下，云南成为“一带一路”、孟中印缅经济走廊、长江经济带等一系列对外开放和区域合作战略交汇叠加之地，面向“三亚”、肩挑“两洋”的云南在“一带一路”建设中具有独特的区位优势，有着农业“走出去”前沿优势。农业科技辐射中心应立足云南，以更加开放的胸怀、更加包容的态度，依托国内，放眼南亚、东南亚，进一步突出低纬高原、边疆农业的优势与特色，以高原特色现代农业发展为统领，充分挖掘高原农业特色优势、比较优势和竞争优势，创新发展思路和模式，创新体制机制，构建高原特色农业外向型经济体系，培育核心竞争力。应以“大湄公河次区域农业科技交流合作组”“中国—南亚农业科技交流合作组”“云南农业走出去产业技术创新战略联盟”、中国—东盟创新中心、中国—南亚技术转移中心等跨境合作平台为基础，统筹国内、国际合作，站在国家高度“谋篇”，立足云南省情“布局”，创新国际科技合作方式、模式，分别针对云南及国内类似地区、南亚、东南亚相关国家和地区，合理布局科技创新、成果转化、支撑保障、人才培养等相关工作，打造面向南亚、东南亚特色优势学科、团队和平台，消化吸收世界科技进步成果，提升自主创新能力和国际竞争力。

（来源：《云南日报》. http://yndaily. yunnan. cn/html/2015－06/03/content _ 970346. htm div＝－1. 2015－06－03）

中国广核集团布局东南亚与东盟能源中心合作

2015 年 6 月 1 日，中国广核集团（以下简称“中广核”）与东盟能源中心签署了关于核电能力建设方面的合作协议，共同推动设立中国—东盟清洁能源能力建设中心。

根据协议，中广核与东盟能源中心将共同为东盟国家开展核电能力建设活动，并推动在中广核设立中国—东盟清洁能源能力建设中心。该协议的签署为中国与东盟国家在核电及其他清洁能源领域深入开展互惠互利的合作奠定基础。

另外，首届“中国—东盟核电能力建设活动”于 2015 年 6 月 1 日在深圳大亚湾核电基地正式拉开序幕。来自国家能源局、东盟 9 个成员国的 20 余位主管核电的政府高级官员出席了开幕式，并参加为期 7 天的培训交流等活动。

据悉，此次活动受国家能源局委托，由中广核与东盟能源中心联合组织实施。中广核副总经理郑东山表示，此前，中广核已经为东南亚地区有关国家组织过多次核电培训、交流。希望通过活动增进相互之间的了解，共同探索在核电等清洁能源领域开展互惠合作的机会与模式。

据介绍，为响应国家“走出去”的号召，落实“一带一路”和打造“中国—东盟自由贸易区升级版”的国家战略，中广核在泰国、越南等国已经设立了办事处，积极推进与东盟各国在核电等能源领域的合作。

近年来，中广核接待东盟各国各界参观考察中广核的核电站累计超过 4000 人次，为东盟各国提供核电技术培训超过 350 人次。中广核还与越南、泰国、印度尼西亚等国政府授权开发核电的企业签署了合作备忘录。

据了解，泰国、印度尼西亚等国已对中广核的自主三代核电技术华龙一号表示出浓厚兴趣。目前，泰国已启动了对华龙一号核电技术的独立评审，2015 年内有望将华龙一号作为可选技术纳入泰国发展核电的“短名单”。同时，泰国也计划大规模派遣工程技术人员到中国，学习、掌握华龙一号的相关技术。

中广核目前已建立了与国际接轨的、专业化的核电生产、工程建设、科技研发、核燃料供应保障体系，形成了风电、水电、太阳能、节能产业等清洁能源产业的布局。截至 2015 年 4 月底，中广核共计 11 台核电机组在运，装机规模 1162 万千瓦，保持国内第 1；在建 14 台机组，装机容量 1662 万千瓦，是全球在建规模最大的核电建造商。

此外，中广核在运风电装机容量 710 万千瓦，在运光伏发电装机容量 70 万千瓦，具备风电、太阳能项目的总承包建设能力，进入国内风电、太阳能行业领先行列。

（来源：《证券时报》. http://epaper. stcn. com/paper/zqsb/html/epaper/index/content_696369. htm. 2015－06－02）

东盟有望成为下一个亚洲“珠三角”制造业中心

渣打银行资深分析师 Kelvin Lau 于 2015 年 6 月表示，中国珠江三角洲（PRD）地带的工资持续上涨，中国工资竞争力优势逐渐减弱，东盟以其较低的工资水平和未来 20 年充裕的劳动力供应能力，有望成为亚洲下一个低成本的制造业中心。

Kelvin Lau 认为，随着制造业从 PRD 向外转移，越南凭借中国近临的地理位置优势将是最大的受益者之一。根据调查，制造业转移后平均成本降低 19%，柬埔寨则更低为 20%。

作为一个整体，东盟制造业能力较强且种类较多，柬埔寨、老挝、缅甸、越南和印度尼西亚拥有低成本工厂，泰国、马来西亚和菲律宾具备混合制造业和电子产品生产能力，新加坡则彰显高附加值的生产能力。

Kelvin Lau 指出，东盟必须进行较好的整合以充分利用好多样化的优势，除了改善基础设施外，制订共同的区域投资监管框架将有助于企业采取泛东盟地区的经营战略。

（来源：中华人民共和国驻牙买加大使馆经济商务参赞处. http://jm. mofcom. gov. cn/article/jmxw/201506/20150601000349. shtml. 2015－06－02）

东盟中产阶层是未来财富主线

随着东盟经济共同体成立的临近，该地区正日益成为全世界的关注焦点，东盟经济共同体的建立必将对世界经济格局产生深远的影响。从财富管理的角度看，投资者应该如何把握这一趋势，值得思考。分析认为，在未来数 10 年里，东盟国家的中产阶层将在全球需求平衡转变过程中扮演日益重要的角色，为这一地区乃至全球开创前所未有的新机遇。

20 世纪 70 年代以来，东南亚地区的经济增长主要依赖出口与制造业。现如今，东盟正逐步成为世界主要的消费中心之一，带动对多种商品和服务的需求，其中就包括金融服务。

东盟国家的总人口约为 6 亿，仅为印度的一半，然而其国内生产总值却大于印度。预计到 2020 年，东盟的国内生产总值年均增长 6%，规模达 4.7 万亿美元。根据国际货币基金组织的预测，到 2020 年，全球中产阶层可能有超过半数来自亚洲，而东盟所占的新增消费额将超过 2 万亿美元。此外，预计东盟半数人口的年龄将在 30 岁以下。

随着购买力逐渐增强，东盟消费者的消费意愿不断增加，对房产、汽车、优质教育、医疗保健以及金融服务和财富管理的需求将会与日俱增。

然而，在东盟这个广阔而多元的地区，消费模式的发展步伐并不均衡。分析预期，发展中市场的消费者会继续使用大部分可支配收入提升生活水平，而成熟市场消费者的可支配收入将更多用于消费和投资。例如，在新加坡、马来西亚和泰国，富裕中产阶层人群的非必需品消费较高；在印度尼西亚和菲律宾，消费则集中在汽车、电器和教育服务，以提高生活质量。虽然越南的信用卡普及率最高，但其新兴中产阶层对奢侈品的追求才刚刚起步。

东盟地区消费者日趋富裕，区内新兴中产阶层不断扩大，迫切需要理财服务以帮助个人和家庭维持、保障和延续财富。随着东盟人口平均年龄的增长，人们还需要新的理财渠道来为退休生活储备、应对医疗保健成本的增加，并在缺乏完善社会保障体系的情况下，为自己安排保险保障。

分析预计，未来 5 年东盟的财富增长速度甚至可能会超过中国，为国际财富和资产管理行业创造机会。

东盟国家的储蓄率约为 30%，为全球最高之一，而其国际储备总额达 8000 亿美元。虽然有些市场的财政资产仍以现金为主（在个别市场集中于单一资产如股票），分析预计东盟的居民最终会建立多元化的资产组合，改变偏重国内资产的投资方式。区域金融一体化和市场自由化将会出现在东盟，这有助于更有效地分散资产风险。东盟金融体系的发展也会使融资更为便利。

可以预见，未来东盟消费者的首要财务目标将会是财富增长和保障，为退休、教育及生活方式而管理财富。因此，个人理财方案的制定需符合这些长期储备的需求，并且具备透明度及公平价值。更重要的是，消费者能够自行或在合格的理财顾问的协助下，获得及时并相关的市场信息，以作出明智的投资决定。

金融机构同样也需要确保其银行和财富管理服务的发展适应新的消费习惯。

未来几年，中产阶层的崛起仍将是东盟经济发展的主线。增长潜力将使这个曾经被忽视的地区，成为备受全球关注的地方。

（来源：《国际金融报》. http://paper. people. com. cn/gjjrb/html/2015 － 06/01/content _ 1571285. htm. 2015－06－01）

中国南通—东盟投资合作恳谈会签署备忘录

为积极推动南通企业参与东盟互联互通和基础设施建设，扩大南通与东盟双向投资合作，2015 年 5 月，由南通市人民政府与中国—东盟商务理事会联合主办的 2015 中国南通—东盟投资合作恳谈会在文峰饭店举行。会上双方签署了《中国—东盟建筑行业合作委员会筹备备忘录》，南通市市委书记丁大卫、市长张国华与东盟理事会执行理事长许宁宁、中国—东盟商务协会主席普斯巴纳丹共同为“中国—东盟建筑行业合作委员会中方秘书处（筹）”揭牌。

丁大卫在致辞中强调，“一带一路”战略的实施，为深化南通与东盟的交流交往带来新的重大机遇。南通将把东盟作为落实“一带一路”战略的重点区域，在贸易、投资、文化、教育、旅游等领域开展全方位合作，竭力为东盟企业来通投资创造一流环境，也大力支持南通企业到东盟投资发展，共享“一带一路”战略红利。

恳谈会上，文莱驻华大使馆大使张慈祥、菲律宾驻华大使馆大使艾尔琳达·巴西里奥、中国—东盟商务协会主席普斯巴纳丹分别致辞，均表达出积极推动和加强南通与东盟交流合作的良好意愿。南通市市长张国华向许宁宁、普斯巴纳丹颁发聘书，聘请两位专家担任南通市政府东盟商务高级顾问。

据了解，目前，中国—东盟商务理事会领头成立了咖啡、建材、物流等 7 个行业合作委员会，其中，建筑行业合作委员会中方秘书处首次落户地级城市。这为南通企业利用东盟经济共同体加快建设的有利契机，着力推进国际产能和装备制造合作，引导优势行业走出去提供了便利条件。

（来源：《江海晚报》. http://epaper.ntrb.com.cn/new/jhwb/html/2015－05/29/content_311776.htm. 2015－05－29）

东南亚可再生能源市场前景可期

泰国提出“2021 年前实现 25％可再生能源使用率”的目标、文莱确定“2035 年可再生能源比重提高到 10％”的任务、多火山的印度尼西亚和菲律宾则纷纷加大地热能开发规模……

显然，东南亚市场“绿色”升温的趋势不可阻挡。对此，彭博行业研究（Bloomberg Intelligence）亚太区资深分析师岳启尧（Joseph Jacobelli）表示赞同，岳启尧认为亚洲特别是东南亚将成为可再生能源领域最具吸引力的市场之一。

岳启尧指出，究其原因为：一是亚洲 GDP 增长和人口规模；二是亚洲装机量和发电量的增长前景；三是电力市场行业巨头不断增强的经济实力。

彭博行业研究表示，全球经济学家普遍预测，未来几年，亚洲主要经济体的 GDP 增速将高于欧美发达国家。整体上看，2015～2017 年，美国 GDP 增长预期低于 3％，欧元区 GDP 增长率将低于 2％，日本低于 1.5％。相比之下，亚洲的一些主要经济体如印度、马来西亚和菲律宾的 GDP 增速将高出 50％之多。

事实上，东南亚地区的人均装机发电量和用电量远低于发达国家或较发达国家水平。国际能源署（IEA）2013 年年底预测，2011～2035 年东南亚地区总发电量的年复合增长率约 4.2％，可再生能源将以 7.1％的速度逐年递增，可再生能源发电占比有望从 2011 年的 2.9％升至 2035 年的 5.4％。

岳启尧分析，推动清洁能源发展的背后有很多因素：为了实现电力多元化发展而避免过度依赖燃气发电、出于提升能源安全的考虑等。另外装机容量也是设备制造商最关心的问题。IEA 预测，2011 年到 2035 年，东南亚地区的可再生能源总发电量年将以每年 10.6％的速度逐年递增，2011 年发电量为 30 亿瓦，而到 2035 年将达到 380 亿瓦。

岳启尧分析，拥有雄厚经济实力的电力公司，也是带动东南亚可再生能源产业“起飞”的关键，因为“融资难”是某些开发商面临的一大挑战。岳启尧强调，衡量一家企业经济实力，一是看该企业的盈利能力，二是看其净负债比率和长期债务与总资产的比率。

前景可期但挑战仍存。岳启尧认为，在东南亚地区，主要传统燃料如天然气和电煤的价格较低，意味着可再生能源如太阳能和风能在这些市场上可能不具备竞争优势。因此，政府对可再生能源项目的支持在中短期都非常关键，这种支持需要至少持续至已经或接近实现“平价上网”。

由于绿色发电成本与传统发电成本之间的“价差”中短期内将一直存在，东南亚市场的另一挑战则是，可再生能源在电力市场放开或改革中所扮演的角色。岳启尧表示，电力市场放开或改革至少有两个主要目的：提高电力企业的效率、降低终端用户的用电成本。

目前，亚洲至少有 6 大电力市场正处于放开或改革的不同阶段，即澳大利亚、中国、日本、新西兰、新加坡和菲律宾，未来亚洲地区其他国家如马来西亚或泰国也可能陆续效仿。岳启尧强调，寻求电力市场放开或改革的国家有必要明确定位可再生能源的作用，因为这些市场至少短期内还不会实现电网平价。

总体而言，虽然东南亚地区可再生能源项目发展存在一些挑战，但结合经济增长、人口规模、可再生能源目标以及当地企业强大的经济实力等综合有利条件，从中长期来看，对可再生能源设备制造商而言，这些地方将是最具吸引力的增长市场。

（来源：《中国能源报》. http://paper. people. com. cn/zgnyb/html/2015－05/18/content_1566803. htm. 2015－05－18）

东盟将在2015年年底宣布成立经济共同体

据《南洋商报》报道，马来西亚2015年担任东盟轮值主席国。马来西亚国际贸易与工业部部长慕斯塔法2015年1月在达沃斯世界经济论坛期间接受法新社访问时表示，2015年年底东盟将自行宣布成为单一市场，即东盟经济共同体（ASEAN Economic Community）。但慕斯塔法同时表示，东盟并未完全整合，2015年只是为未来东盟经济进一步整合做好准备，东盟商品和服务移动将更加自由，但还不能自由流动。

东盟原计划2015年要整合区域经济成立类似欧盟的单一市场，取消关税，并让技术、人员自由流动。慕斯塔法部长表示，2015年年底前，商品和服务移动将更为自由，但不是自由流通。要到2020年，东盟才有望取消非关税障碍，实现人员和技术自由流动。

（来源：中华人民共和国驻马来西亚大使馆经济商务参赞处. http://my. mofcom. gov. cn/article/sqfb/201501/20150100880439. shtml. 2015－01－28）

首届“东盟公私合营伙伴关系网络论坛”举行

2014年12月16～17日，首次“东盟公私合营伙伴关系（PPP）网络论坛”在马尼拉举行。论坛由东盟、欧盟—东盟区域一体化协助机构（ARISE）、菲律宾政府与东盟及东亚经济研究中心（ERIA）联合举办。东盟成员国驻东盟常驻代表和公私合营伙伴关系机构负责人、东盟联络协调委员会（ACCC）成员、世界银行和亚洲开发银行等国际金融组织代表以及驻菲使团代表约70人出席论坛。

论坛主要议题是分享东盟各成员国在公私合营方面的经验，探讨从私营部门融资以促进东盟经济一体化并为跨境基础设施投资提供条件。期间还举行了ERIA编制的《东盟公私合营伙伴关系指导方针》一书的发布仪式。

开幕式上，菲律宾外交部部长助理刘易斯·克鲁斯致欢迎词，缅甸驻东盟常驻代表、ACCC主席闵仑、菲律宾国家经济发展署长阿塞尼奥·巴莱萨坎简短致辞。他们在致辞中表示，论坛的举行在东盟尚属首次，为东盟各国PPP深度交流搭建了平台。本次论坛将重点关注PPP的可持续发展，围绕PPP的可行性以及改进与完善进行阐述，目的是促进东盟各国在PPP方面的联系，共同分享成功经验，规划未来发展。

（来源：中华人民共和国驻菲律宾共和国大使馆经济商务参赞处. http://ph. mofcom. gov. cn/article/jmxw/201412/20141200836921. shtml. 2014－12－17）

中国与东盟制造业合作面临3大挑战

据《南洋商报》报道，大华银行2014年9月调查报告称，东盟各国产业结构独特，新加坡资本与知识密集型产业发达，马来西亚石化、电子电器制造业发展迅速，菲律宾金属矿采开采和冶炼等劳动密集型产业有一定优势，印度尼西亚拥有丰富的木材、石油和天然气资源。中国则有大量的机电、纺织、化工等产品出口到东盟市场。

中国与东盟国家产业合作领域日益广泛，合作潜力巨大，但同时也面临3大挑战：

一是产业结构类似。与中国相比，新加坡、马来西亚等国在机电设备等资本密集型制造业领域具有优势，越南、柬埔寨等国在服装、鞋等劳动密集型制造业领域与中国形成竞争。

二是吸引外资竞争激烈。中国与东盟目前同处于工业化、城镇化快速推进阶段，各国都积极改善投资环境吸引外资，中国与东盟在吸引外商直接投资方面面临激烈竞争。

三是市场规范度较低。随着中国—东盟自由贸易区的建成，东盟已成为中国企业投资热门地。但东盟有关国家市场规范度低、政局不稳等潜在风险，影响中国企业开拓东盟市场。

（来源：中华人民共和国驻马来西亚大使馆经济商务参赞处. http://my. mofcom. gov. cn/article/sqfb/201409/20140900749759. shtml，2014－09－30）

东盟国别商务资讯

文　莱

“文莱—广西经济走廊”务实合作已现雏形

2015年5月12日至14日，广西派出由政府和企业共20多人组成的代表团赴文莱参加“国际食品与生物技术投资大会”，与文莱相关机构分别进行了对口洽谈，并就中国（南宁）—文莱农业产业园、中国（玉林）—文莱中医药健康产业园、文莱海洋养殖和文莱水稻种植合作等4个项目与文方签署合作意向；代表团还分别拜访了文莱工业与初级资源部、交通部和首相署，就进一步推进“文莱—广西经济走廊”建设，特别是推动广西北部湾国际港务集团与文莱摩拉港合作等进行了交流探讨。2015年3月底，广西区党委书记彭清华访文期间就“文莱—广西经济走廊”建设提出了“一港、两园、三种养”的合作建议，广西代表团此次访文活动是双方着手落实上述合作建议的具体体现，“文莱—广西经济走廊”框架下的务实合作已现雏形。

（来源：中华人民共和国驻文莱达鲁萨兰大使馆经济商务参赞处．http://bn.mofcom.gov.cn/article/jmxw/201505/20150500974408.shtml．2015—05—18）

国际食品与生物科技产业投资会议在文莱举行

为与“21世纪海上丝绸之路”对接，促进文莱经济实现多元化，国际食品与生物科技产业投资会议2015年5月12日在文莱首都斯里巴加湾市开幕。

文莱工业和初级资源大臣叶海亚在开幕式上致辞表示，文莱迫切需要实现经济和产品出口多元化。文莱经济当前严重依赖石油和天然气，油气行业占文莱国内生产总值的67%，占政府税收的90%，占出口的96%，但就业仅占5%。

叶海亚表示，文莱政府已经营造出良好的商业环境，其特点是政治稳定、空气清新和低犯罪率。叶海亚强调文莱将继续沿着这条路向前迈进，努力培养创新的商业环境，鼓励研究和开发投资，创造充满活力和可持续发展的经济模式。

2015年5月12日，文莱和中国签署了4个合作意向书。广西壮族自治区人民政府副秘书长魏然在会上发言称，建设文莱—广西经济走廊是文莱经济多元化和“21世纪海上丝绸之路”建设的共同需要。

这次会议的议题包括“现今世界经济现状带来的机遇和挑战”、“文莱—广西经济走廊的发展”、“物流与21世纪海上丝绸之路的重要性”、“中国与东盟国家发展的现状、基建设施以及设立亚洲基础设施投资银行的重要性”等。

大约200名文莱本地及外国投资企业家代表出席开幕式，并参加清真食品行业和医药行业等投资机遇的分组研讨会。

（来源：新华网．http://news.xinhuanet.com/2015—05/12/c_1115262388.htm．2015—05—12）

中国港湾中标文莱大摩拉岛大桥项目

2015年3月30日，文莱经济发展局（BEDB）公告称，中国港湾中标大摩拉岛大桥设计施工总承包项目。该项目包括设计和建造2.7公里四车道跨海大桥、3公里岛上四车道公路和配套电气网络、通信网络、水供应管道网等，工期36个月。大桥建成后将连接文莱陆地和大摩拉岛，现有浙江恒逸集团投巨资在岛上兴建石油炼化厂，BEDB还计划在岛上建设油气产业海上供应基地。

（来源：中华人民共和国驻文莱达鲁萨兰大使馆经济商务参赞处．http://bn.mofcom.gov.cn/article/jmxw/201504/20150400930876.shtml．2015—04—02）

广西南宁规划建设中国—文莱农业产业园

作为中国与东盟交流合作的前沿枢纽城市，广西首府南宁市以文莱—广西经济走廊合作为契机，规划建设中国—文莱农业产业园，搭建中国与东盟农业领域务实合作新平台。

南宁市政府2015年3月30日介绍，中国—文莱农业产业园建设地点位于南宁市西北部西乡塘区双定镇，计划用地2000公顷，以清真食品园、农产品深加工园、科技研发园、农业观光园、生态健康园和公共服务中心为主要建设内容，预计总投资70亿美元。

南宁市西乡塘区投资促进局官员介绍，南宁是中国距离东盟最近的省会城市，又是广西主要产粮区和经济作物基地，被誉为“南菜北运”主要产地和冬季“菜篮子”重要生产基地。西乡塘区是南宁的农业大区，有发展现代农业自然资源丰富、农村土地流转工作效率高和科教支撑产业发展后劲足等优势。中国—文莱农业产业园项目的落户，市场前景佳。

2014年9月17日，广西官方与文莱正式签署《文莱—广西经济走廊合作谅解备忘录》，备忘录中明确写明："中国—文莱农业产业园"落户南宁市，并以园中园形式特别设立"清真食品园"。目前，南宁市正积极开展项目推进工作，已完成产业园区规划设计有关招标工作等。

农业是中国—东盟自由贸易区建设进程中最早受惠的领域。作为农业大省的广西，凭借区位、资源、技术等优势，南下与东盟"联姻结亲"，双方在农业领域的合作交流不断升级，由最初的人员培训，扩展到优良品种推广，跨境动植物疫病防控合作等，由广西农业龙头企业——农垦集团在印度尼西亚建设的"中国—印度尼西亚经贸合作区"获得成功。

广西农业厅介绍，在文莱，由广西企业实施的"中—文合作研发水稻试验示范项目""文莱鸣铭农业产业园"项目初获成功，试种的10个水稻品种平均每公顷干谷产量6.86吨，极大程度上高于其他国家在文莱种植水稻的产量。

（来源：中国新闻网．http://www.chinanews.com/gn/2015/03—30/7169601.shtml.2015—03—30）

文莱大力改善经商环境鼓励企业发展

在世界银行《2015年营商便利指数报告》中，文莱排名从2014年的第59位跌至第101位。该排名在文莱国内引起较大反响，文莱政府出台新措施办法，改善经商环境，鼓励企业发展，以实现经济多元化目标和"2035宏愿"。

2015年1月5日，文莱内政部和工业与初级资源部宣布实施新的营业法规，允许企业先注册公司，再确定业务性质和营业地点。凡不涉及公共安全的小微企业，均可注册获得有效期1年的营业执照，注册成功次日便可开展经营活动，待确定营业性质、内容及地点后，于1年内向注册单位报告。鉴于企业须先在财政部注册登记，再从内政部领取营业执照，内政部在财政部办事大厅设立便民窗口，以方便手续办理。

（来源：中华人民共和国驻文莱达鲁萨兰大使馆经济商务参赞处．http://bn.mofcom.gov.cn/article/jmxw/201501/20150100858149.shtml.2015—01—06）

中国华为成功中标文莱3G网络改造项目

2014年12月，华为文莱公司成功中标文莱Progresif移动通信公司3G网络改造项目，项目交付期约2年，金额1720万文莱元，折合1320万美元。

Progresif是文莱两家移动通信公司之一，通过实施3G网络改造，将大幅提升其网络质量，并为客户提供更丰富的业务种类、更快捷的数据服务和更好的移动用户体验。

（来源：中华人民共和国驻文莱达鲁萨兰大使馆经济商务参赞处．http://bn.mofcom.gov.cn/article/jmxw/201412/20141200842520.shtml.2014—12—22）

文莱摩拉港集装箱码头将于2016年完成扩建

据《文莱时报》报道，文莱摩拉港集装箱码头即将开始扩建。扩建后，该码头将延伸150～200米，吞吐能力由目前的22万标箱提升至33万标箱。

从文莱交通部公布的数据看，在过去5年中，摩拉港集装箱运输增长了31%，2012年作业量最高，为11.66万标箱，2013年降至11.18万标箱。

摩拉港扩建将缩短停航时间，提高运输效率，并有能力停泊较大吨位船只，从而促进文莱与周边和国际市场互联互通。据悉，该项目设计工作已完成，于2014年10月下旬招标，工期1年半，预计2016年完工。

（来源：中华人民共和国驻文莱达鲁萨兰国大使馆经济商务参赞处．http://bn.mofcom.gov.cn/article/jmxw/201409/20140900744014.shtml.2014—09—25）

文莱计划在2035年达到节能减排63%的目标

2014年9月23日，文莱苏丹哈桑纳尔·博尔基亚在出席联合国气候变化峰会时指出，文莱计划在2035年达到节能减排63%的目标。

2013年，文莱已实现13.9%的节能目标。文莱政府将继续减少矿物燃料使用，并制定新的能源关税标准，以促进2035年目标实现。

苏丹指出，目前越来越频繁的极端天气带来巨大生命和财产损失，如果国际社会不能协调一致、果断反应，将严重影响全球安全稳定和繁荣发展。这使得2015年达成全球国际气候协议势在必行。本着"共同但有区别的责任"原则，无论发达或发展中国家，都应承担相应责任和义务。

文莱减排目标与其"2035宏愿"相呼应配合。苏丹认为，"宏愿"首要目标是增进人民福祉，其中，保证人民享有清洁健康的环境尤为重要。目前，文莱国土75%均被森林覆盖，生态体系高度多样化。环境保护一直是文莱国家发展战略中重要部分。

（来源：中华人民共和国驻文莱达鲁萨兰大使馆经济商务参赞处. http://bn.mofcom.gov.cn/article/jmxw/201409/20140900741769.shtml. 2014－09－24）

《文莱—广西经济走廊经贸合作谅解备忘录》在南宁签署

2014年9月17日，《文莱—广西经济走廊经贸合作谅解备忘录》在第11届中国—东盟博览会专场签约仪式上正式签署。文莱工业与初级资源部部长丕显拿督叶海亚和广西壮族自治区主席陈武出席签署仪式。

文莱—广西经济走廊由叶海亚部长于第10届东博会上提议建设，并得到陈武主席积极回应。1年来，双方展开调研和实地考察，确定合作宗旨、目标、领域和形式，提出项目清单，最终于本届东博会上签署谅解备忘录。

文莱—广西经济走廊旨在充分发挥文莱清真产品认证、资金充裕和连通广大穆斯林市场的优势，以及广西自然和劳动力资源丰富，研发、制造、工艺技术先进等优势，在农业、工业、物流、清真食品加工、医疗保健、制药、生物医药、旅游等领域开展全面合作。建设文莱—广西经济走廊不仅有利于双方实现优势互补，共同拓展国际市场，创造长期和可持续增长，同时对打造中国—东盟自由贸易区升级版、共建21世纪海上丝绸之路将起到积极推动作用。

（来源：国际在线. http://gb.cri.cn/42071/2014/09/18/5931s4696265.htm. 2014－09－18）

江苏洋口港首次从文莱进口液化天然气

2014年9月，文莱籍“ABADI”轮装载文莱产液化天然气（LNG）停泊江苏洋口港，这是洋口港首次从世界第2大LNG出口国文莱进口这种清洁高效能源。据悉，该轮装有6.15万吨LNG，货值4695.5万美元，单价763.5美元/吨。

文莱是世界第4大液化天然气生产国，出口量居世界第2位。文莱原来根据与日韩签订的长期合约，出口LNG九成输往日本，其余输往韩国，上述合约2013年到期。自2014年起，有一部分文莱产LNG输往中国，这次“ABADI”轮承运的就是中石油江苏LNG接收站从洋口港接卸转运的首船文莱液化天然气。

据南通检验检疫局统计，2014年1月至8月，洋口港共进口LNG16艘次，重量156.3万吨，货值13.86亿美元，其中11艘次来自世界第一大LNG出口国卡塔尔，重量125.4万吨，占进口总量的80%，货值11.48亿美元，均价915.5美元/吨。中石油江苏LNG接收站将加大从文莱、马来西亚等东南亚国家的LNG现货采购数量，以平抑居高不下的卡塔尔LNG长约合同价格。

（来源：中国江苏网. http://jsnews.jschina.com.cn/system/2014/09/01/021765706.shtml. 2014－09－01）

柬埔寨

中国青岛港与柬埔寨西哈努克港结为友好港

2015年6月1日，青岛港与柬埔寨王国西哈努克港签署正式协议。按照协议规定，双方将以友好港关系开展交流与合作，促进相互之间的贸易与航线，进一步扩大并开展港口开发建设、运营管理及其他领域的合作。

为了充分融入国家“一带一路”战略，青岛港加速国际化布局，先后与缅甸的绞漂港、巴基斯坦的瓜达尔港签署正式友好港协议。西哈努克港是柬埔寨最大海港、唯一的现代化商港和对外贸易门户，港口北部及东北部均为工业区，拥有大型炼油厂。青岛港在前期与之签署友好港关系意向书的基础上，此次正式签署《青岛港集团与西哈努克自治港建立友好港口正式协议》。

按照协议规定，双方将以友好港关系开展交流与合作，促进相互之间的贸易与航线，开展并促进港口开发建设、运营管理、绿色低碳港口、员工培训、流程优化、效率提升及其他领域合作，进一步扩大双方之间的合作。

柬埔寨副首相因蔡利表示，青岛港与西哈努克港两港合作协议的签署以及柬埔寨与青岛在商业方面合作协议的签署，是响应中国政府“一带一路”政策的深化。在这样的合作基础上，两港以及商贸方面的合作往来，会带动旅游、物流等方面的合作和发展，还会推动双边的技术交流、知识交流、信息交流以及经济方面的共同发展，这样的一种合作将会给两个城市和区域带来开路作用。

据悉，柬埔寨是“一带一路”战略中的重要国家，青岛是中国实施“一带一路”战略的重要支点城市和节点城市，青岛港是全球第7大港，通过双方优势互补，将取得合作的最佳成效。

（来源：《青岛财经日报》. http://news.hexun.com/2015—06—02/176377287.html. 2015—06—02）

中资巴戎航空公司开通金边至西港航线

2015年5月，柬埔寨巴戎航空公司开通金边直达西哈努克港往返航线，并将于每周五、周日定期执行。该公司成为柬埔寨目前唯一一家提供金边至西港直达定期航班的航空公司。柬埔寨巴戎航空公司是中航工业集团下属幸福航空控股在柬投资的全资子公司，也是中国在海外投资建立的第一家航空公司。巴戎航空公司执行金边—西港、金边—暹粒航线的飞机为中国国产新舟60客机。

（来源：中华人民共和国驻柬埔寨王国大使馆经济商务参赞处. http://cb.mofcom.gov.cn/article/jmxw/xmpx/201505/20150500960900.shtml. 2015—05—04）

柬埔寨快餐市场竞争激烈

随着柬埔寨城市化的快速发展，新兴中产阶级和年轻的都市人渴望领略西方文化，西式快餐概念开始扎根柬埔寨这个新兴资本市场。目前，大量西式快餐品牌入驻柬埔寨，与原有亚洲快餐品牌展开市场争夺，柬埔寨快餐市场竞争激烈。

披萨工厂是第1家进驻柬埔寨的区域品牌，2014年，Lotteria、Pepper Lunch、Yoshinoya和Bonchon陆续进入了柬埔寨快餐市场。不过相对于西式快餐，亚洲快餐品牌基于西式快餐的概念，却善于迎合东方的口味，在柬埔寨受到很大欢迎。

据南博网了解，购买美国快餐品牌的经营权需花费580万美元，相较获取一家受欢迎的亚洲餐厅的特许经营权昂贵，而且柬埔寨人的饮食更倾向于米饭和汤，而不是蘸着果酱的面包、奶酪，亚洲快餐更具有文化亲和力。与西方的饮食相比，亚洲品牌更能获得柬埔寨人的欢迎。

快餐文化在发展中国家或是正在发展快餐行业的国家占有一定的地位，随着人们生活越来越稳定，将逐渐远离快餐，要求更好的就餐环境。目前柬埔寨的亚洲快餐品牌不断增加高级连锁餐厅，不断改变食品口味迎合当地人，间接提高了麦当劳等美国快餐巨头企业进入柬埔寨市场的壁垒。

（来源：南博网. http://www.caexpo.com/news/asean/jianpuzhai/jmzx_jpz/2015/04/10/3643078.html. 2015—04—10）

东南亚电信集团拟投资4亿美元建柬埔寨最快4G网络

东南亚电信集团（SeaTel）计划在其柬埔寨子公司投资4亿美元，以打造一张全柬最快的4G网络。

《柬埔寨日报》报道，Seatel在柬埔寨已经购买了5500公里的光纤作为骨干网服务于4G VoLTE网络。

2013年，Seatel通过收购以Excell品牌经营的当地运营商GT—Tell进入柬埔寨。

到目前为止，Seatel已经在柬埔寨市场投资了1亿美元，并承诺在未来2～3年内进一步投资4亿美元。

Seatel的4G部署计划分为三个阶段，第一阶段涉及光纤资产收购和总部建设，现已接近尾声。

根据该运营商规划，二期工程始于2015年年初，涉及容量和覆盖率的提升。最后阶段将始于2016年年底。

Seatel并非柬埔寨市场上第一家推出4G的运营商，另外一家当地主流运营商Smart Axiata已经于2014年1月推出了LTE服务。

（来源：中国通信网. http://www.c114.net/news/116/a882179.html. 2015—02—11）

首家汽车配件生产企业入驻柬埔寨西港特区

2015年2月，中国台湾汽车配件生产商英瑞国际公司入驻柬埔寨西港特区，工厂规划设计总建筑面积88000平方米，注册资本2000万美元，预计为当地提供600多个就业岗位。

英瑞公司自1996年开始在中国内地投资，先后在扬州建立3家汽车配件工厂，1000多种产品销往全球各地。此次在西港特区建立的工厂将生产车用散热器、中冷器、冷凝器、油冷器等配件，初期产能为每年250万件，出口东南亚、中东和欧洲市场。公司相关负责人表示，英瑞是在考察了包括越南、柬埔寨在内的多个东南亚国家投资政策、投资环境及管理服务情况等作出的投资决策。

（来源：中华人民共和国驻柬埔寨王国大使馆经济商务参赞处. http://cb.mofcom.gov.cn/article/jmxw/xmpx/201502/20150200893694.shtml. 2015—02—10）

经济特区建设助力柬埔寨发展

柬埔寨是一个自由经济国家，实行开放的自由市场经济政策。柬埔寨的农业、旅游、基础设施建设、自然资源等领域并不发达，巨大的发展潜能为国内外投资者提供了广阔的投资空间。据南博网了解，目前柬埔寨现批准建立的经济特区有33个，这些经济特区为外国投资者提供了平台，同时也助力柬埔寨投资经济的发展。

2005年8月11日，曼哈顿国际股份有限公司（台资企业）投资开发的柬埔寨第一个经济特区——曼哈顿（柴桢）经济特区，在柬越边境的柴桢省境内正式开建，柬埔寨首个经济特区建设进入具体实施阶段。区内实行一站式服务，企业享受5年所得税和设备配件进口免税等优惠政策。

获柬埔寨政府批建的33个经济特区主要分布在金边、西哈努克、贡布、国公、柴桢等省市，其中11个经济特区正在运营，由中柬合作的西哈努克港经济特区是投资规模最大的特区。柬埔寨经济特区内的企业可享受税收、设备和原材料进口、产品出口等方面的一系列特殊优惠，吸引了大批外国企业投资。据南博网了解，2013年，柬埔寨全国经济特区共吸引200家企业投资建厂，投资总额20亿美元。

在东南亚地区，柬埔寨是对外资进入表现最开放的国家，各行各业几乎都允许外资全资投资，所以柬埔寨是当前最适合投资的国家之一。但由于柬埔寨经济发展起步较晚，水、电、交通、通讯等基础设条件较差，经济特区建设将面临一定的困难，柬埔寨政府应健全法制，在法律、司法领域保护外资。

（来源：南博网. http://www.caexpo.com/news/asean/jianpuzhai/jmzx_jpz/2015/01/22/3639296.html. 2015—01—22）

柬埔寨额勒赛下游水电站竣工

中国华电集团公司投资建设的柬埔寨额勒赛下游水电站2015年1月在柬埔寨西南部戈公省举行项目竣工剪彩仪式。

柬埔寨首相洪森、中国驻柬埔寨大使布建国、华电集团公司董事长李庆奎、柬埔寨政府官员及当地群众等数千人共同出席仪式。

洪森表示，柬中两国有着深厚感情，在两国政府和人民携手合作下，柬埔寨电力建设迅速发展，额勒赛下游水电站是柬埔寨已投产的最大的水电项目，为改善柬埔寨人民生活、促进柬埔寨社会经济发展发挥积极作用。

李庆奎表示，额勒赛下游水电站竣工投产，是中国华电国际化发展进程中的里程碑，是中柬两国人民友谊合作的又一标志。

世界银行和亚洲开发银行2014年10月联合发布报告指出，电力短缺仍是柬埔寨吸引外资面临的最严峻挑战之一。柬埔寨官方数据显示，截至2013年年底，全国仅有一半人口可用上电。

据了解，额勒赛项目总装机容量为338兆瓦，由上、下游两个梯级电站组成，其中上游电站装机容量为206兆瓦，下游电站装机容量为132兆瓦，电站总投资约5.8亿美元，于2010年4月1日开工，2013年12月28日全部投产发电。

（来源：新华网 http://world.huanqiu.com/hot/2015—01/5407865.html. 2015—01—14）

柬埔寨和中国签署《旅游产业战略合作协议》

柬埔寨旅游部和中国国旅集团日前签署《旅游产业战略合作协议》，借助双方强强合作，力争2年内吸引100万人次中国游客到柬埔寨旅游。

柬埔寨旅游部长唐坤表示，通过协议，柬埔寨将通过中国国旅的网络吸引更多中国客到柬旅游；而中国国旅也会在柬埔寨主要旅游目的地设立免税店，其中首家免税店设在暹粒，已于2014年12月29日开业。

唐坤介绍，随着中柬两国关系晋升为全面战略合作伙伴关系，中国到柬的投资和游客逐年增多。2013年，柬埔寨接待外国游客421万人次，中国游客达46.3万人次，同比增长38.7%，并成为柬埔寨第2大游客来源国。2014年前10个月，柬埔寨接待外国游客359万人次，中国游客达45万人次，同比增长21%。

（来源：中华人民共和国驻柬埔寨王国大使馆经济商务参赞处. http://cb.mofcom.gov.cn/article/jmxw/xmpx/201501/20150100858619.shtml. 2015—01—06）

中国国旅集团首家海外免税店在吴哥开业

中国国旅集团首家海外免税店——吴哥免税店于2014年12月30日正式对外开业，柬埔寨副首相吉春，旅游部部长唐坤，中国国旅集团董事长王为民，暹粒省省长及各级官员代表、华社代表、中资企业代表参加开业仪式。

王为民在仪式上致辞时表示，中国国旅集团高度重视柬埔寨市场，长期坚持将大量中国游客输送到柬埔寨，推动柬埔寨旅游业务的发展。特别是近两年来，在中柬两国政府的大力支持下，中国国旅集团与柬埔寨旅游部签署战略合作协议，成功将旅游加免税的商务模式导入柬埔寨。吴哥免税店的顺利开业、中国国旅柬埔寨旅游包机的成功首航等一系列合作硕果，都是推动中柬旅游经贸合作发展的重要举措，也是中柬友谊历久弥新的重要结晶。

王为民表示，吴哥免税店一定会拿出良好的业绩，以一流的品牌、一流的商品、一流的服务、一流的环境，为千千万万来吴哥的游客，奉献丰富多彩的旅游购物体验，为柬埔寨旅游业发展做出积极的贡献。

王为民还宣布，中国国旅集团吴哥免税店将捐出首周的一部分总营业额，用于柬埔寨的公益事业。

吉春副首相致辞表示，发觉到柬埔寨旅游业的良好潜力，中国国旅集团投资3000万美元在暹粒和金边开设免税店，抓住了柬埔寨旅游业发展时机。柬埔寨在洪森首相的领导下，政治稳定，经济稳步增长，给予投资者很大的吸引力。

中国国旅集团是一家集旅行服务、免税品经销、旅游综合项目开发与管理、交通运输、电子商务等综合服务内容于一体的国有重点大型企业，业务遍布世界各地。2014年12月30日，宣布开业的吴哥免税店为单体独栋4层购物中心，营业面积4500平方米。

（来源：中国新闻网. http://www.chinanews.com/hr/2014/12—30/6924329.shtml. 2014—12—30）

中国援助柬埔寨最大农业项目在金边签约

由中国政府援助实施的“中柬农业促进中心”项目2014年12月23日在金边签约。这是迄今中国援助柬埔寨最大型的农业项目，该项目计划将中国先进的农业技术推广到柬埔寨，并将培训大量柬农业技术人员。

柬埔寨农林渔业部国务秘书迪速坤、中华人民共和国驻柬埔寨王国大使馆经济商务参赞处参赞宋晓国，以及该项目的执行公司——广西福沃得农业技术国际合作有限公司董事长罗雯文等出席签约仪式。

迪速坤在签约仪式上表示，“中柬农业促进中心”是中国援助柬埔寨最大型的农业项目。该项目不仅给予柬方官员和农民传授理论知识，还进行实践训练，有利于保证柬埔寨农业的可持续发展，同时还有助于为柬埔寨农产品开拓国际市场，特别是中国的市场。

宋晓国称，农业是柬埔寨支柱产业，中国的援助十分重视支持当地农业的发展。目前，中国与柬埔寨农业合作项目还有桔井省的农业大学、百粒的农业试验中心等一系列项目将要实施。

罗雯文介绍，该项目将在柬埔寨进行农作物品种的改良及良种的培育、推广，以及农业栽培管理技术、机械化应用技术、农产品采后处理技术的示范培训与推广。未来3年，将为柬埔寨培训农业技术人员及农户4000人次，农作物示范推广面积约1万公顷，将带动农户采用高效栽培管理技术产量提到25%以上。

（来源：中国新闻网. http://news.xinhuanet.com/food/2014—12/24/c_127330556.htm. 2014—12—23）

中资企业应积极关注柬老越三角发展区开发建设

2014年11月25日，第8届柬埔寨、老挝、越南三角发展区峰会在老挝首都万象举行，柬埔寨首相洪森、老挝总理通邢、越南总理阮晋勇共同出席。会后，3国政府首脑发表了《第8届柬埔寨、老挝和越南关于三角发展区峰会的联合声明》，主要内容包括加强互联互通、经贸交流、投资与贸易合作、联合打击跨国犯罪、恐怖行为和毒品流通、反贩卖人口、加强排雷合作及拟订三角发展区的行动计划蓝图等。

据了解，2004年柬老越三国政府成立旨在推动3国边界交汇省份经济社会发展的三角区开发合作机制，主要包括三国边界交汇的13个省，其中越南5个省、柬埔寨的东北4个省和老挝4个省，总面积14.43万平方公里。该三角区柬埔寨境内，森林资源丰富、土地肥沃，中国企业可积极关注该区域的发展，从中寻找发展商机。

（来源：中华人民共和国驻柬埔寨王国大使馆经济商务参赞处. http://cb.mofcom.gov.cn/article/jmxw/xmpx/201411/20141100812042.shtml. 2014—11—27）

柬埔寨经济连续20年快速增长

世界银行2014年11月发布报告称，柬埔寨的经济20年来年均增长率达7.7%，经济增速排名世界第6。此前世界银行还预测2015年柬埔寨经济增长率7.5%。

柬埔寨政局稳定，政策连续性较强，政府一直致力于改善投资环境，吸引外资，外来投资已经成为柬埔寨经济发展的重要动力。中国是柬埔寨最大的外资来源地，截至2014年9月，中国对柬埔寨投资已达101亿美元，投资领域涵盖农业、能源、制衣、金融、电信、地产、旅游等多个行业。

（来源：中华人民共和国驻柬埔寨王国大使馆经济商务参赞处. http://cb.mofcom.gov.cn/article/jmxw/xmpx/201411/20141100805852.shtml.2014－11－21）

中国将成为柬埔寨大米的最大出口市场

据柬埔寨有关机构的统计数据，柬埔寨大米出口在2014年7月份遭遇20.5%的巨大降幅后，从2014年9月开始快速回升，9月和10月的增幅分别达到20.8%和26.4%。2014年1～10月，柬埔寨大米出口总量已达30.48万公吨（60.96万吨），同比增长3.6%。

柬埔寨出口的大米品种分为香米、普通白米和长粒蒸谷米3大品种。2014年1～10月，香米出口量为14.44万公吨，占总出口量的47.4%，其中茉莉香米为9.95万公吨；普通白米14.23万公吨，占46.7%；长粒蒸谷米1.81万公吨，占5.9%。

2014年1～10月进口柬埔寨大米前5位的国家分别是：法国，5.61万公吨（11.23万吨）；波兰，5.17万公吨；马来西亚2.92万公吨；荷兰，2.78万公吨；中国，2.63万公吨。

值得关注的是，虽然中国是柬埔寨大米出口的新兴市场，但增长幅度惊人。柬埔寨与中国于2010年10月签署了大米进出口的相关协议，2012年初才正式向中国出口大米，但在不到3年的时间内，中国已在57个柬埔寨大米进口国中飙升至第5位。

柬埔寨商业部长孙占托日前表示，柬埔寨和中国已签署相关谅解备忘录，中国2015年将进口10万吨柬埔寨大米，从而有可能超过法国而成为柬埔寨大米的最大出口市场，同时也将促进柬埔寨更快实现出口大米100万吨的目标。

孙占托还透露，除了进口大米外，中国政府原则上同意为柬埔寨提供3亿美元的优惠贷款，帮助柬埔寨建立10座总储量100万吨稻谷、配备烘干设备的新型粮仓。上述粮仓将建在大米的主要产区、重要城市和码头，以形成生产、运输、消费、储藏和出口一条龙的高效大米供给链。

（来源：中国经济网. http://intl.ce.cn/specials/zxgjzh/201411/21/t20141121_3956322.shtml.2014－11－21）

中国银行在柬埔寨开设第3家营业机构

2014年10月8日，中国银行金边奥林匹克支行正式开业，成为继金边分行和五洲支行后中国银行在柬埔寨开设的第3家营业机构。目前，中国银行在柬埔寨资产总额名列柬埔寨35家商业银行的第9位，存款名列第6位，其网上银行、电话银行、ATM系统、短信通服务、人民币业务等均受到客户好评。除中国银行外，中国工商银行也已在金边设立分行。

（来源：中华人民共和国驻柬埔寨王国大使馆经济商务参赞处. http://cb.mofcom.gov.cn/article/jmxw/xmpx/201410/20141000756078.shtml.2014－10－11）

印度尼西亚

印度尼西亚“绿色投资”可享税收优惠

印度尼西亚政府日前确定，包括地热、净水、天然气加工、发光二极管、无害废物处理在内的10个行业投资项目属“绿色投资”，可获得税收优惠。

根据印度尼西亚政府最新颁布实施的2015年第18号政府条例，在特定业务领域或特定地区投资，将获得所得税优惠。

印度尼西亚投资统筹机构主席弗兰基·斯巴拉尼表示，“绿色投资”项目获得税收优惠，有助于国民经济中绿色产业投资份额的提高，印度尼西亚的绿色投资每年若增长20%，其投资总额或将于2019年达到560亿美元。

（来源：《经济日报》. http://paper.ce.cn/jjrb/html/2015－05/12/content_240065.htm.2015－05－12）

印度尼西亚公布未来5年电站建设详细规划

据印度尼西亚安塔拉通讯社报道，印度尼西亚国家电力公司2015年4月16日在雅加达发布新闻公告称，印度尼西亚能源矿产资源部0074.K/21/MEM/2015号部长条令制订了2015年至2024年国家电力发展规划，包括2015年至2019年将建设109座发电量为3658.5万千瓦电站规划，其中74座2590.4万千瓦电站采用独立电商（IPP）方式招标兴建，另外35座1068.1万千瓦电站由印度尼西亚国家电力公司通过国家预算资金和融资等方式筹建。

按区域电站建设电力分布，爪哇至巴厘将建1869.7万千瓦，苏门答腊1009万千瓦，苏拉威西岛347万千瓦，加里曼丹263.5万千瓦，努沙登加拉67万千瓦，马鲁姑27.2万千瓦，巴布亚22万千瓦，其他岛屿和边境地区53.1万千瓦。

上述电站及配套电力基础设施建设所需资金1127万亿印尼盾（约合980亿美元），其中电商企业出资615万亿印尼盾，全部用于电站建设；印度尼西亚国家电力公司出资512万亿印尼盾，其中199万亿盾用于建发电站，其余313万亿印尼盾用于建设升压站和输电线路等设施。公告称，上述电站项目建设计划是假设5年年均经济增长率在6%～7%前提下，为满足年增700万千瓦电力需求而制订的。目前，印度尼西亚全国电力装机总容量约5000万千瓦，2015年至2019年新增装机容量实现后，印度尼西亚的电气化率将从目前的84%增至97%。

（来源：中华人民共和国驻棉兰总领事馆经济商务室. http://medan.mofcom.gov.cn/article/jmxw/201504/20150400946197.shtml.2015—04—19）

印度尼西亚或将对橡胶和咖啡加征出口税

据印度尼西亚《雅加达邮报》报道，印度尼西亚农业部种植司司长纳西尔在与经济协调部高官开会后表示，印度尼西亚将先就棕榈油出口加征出口税，标准为棕榈原油50美元/吨，加工后的棕榈油30美元/吨，当国际市场棕榈原油价格超过750美元/吨时，超出价格部分另加征7.5%～22.5%的税收。印度尼西亚此举旨在解决生物柴油的补贴资金来源。

据估计，棕榈油出口关税加征将为印度尼西亚额外增加至少8.85亿美元的税收收入，按每升4000印尼盾的补贴标准，可满足250万吨生物柴油生产补贴。如棕榈油出口税加征达到预期效果，印度尼西亚将陆续对橡胶和咖啡等产品出口采取类似征税行动。

（来源：中华人民共和国驻泗水总领馆经济商务室. http://surabaya.mofcom.gov.cn/article/jmxw/201504/20150400934576.shtml.2015—04—07）

印度尼西亚放宽减税优惠政策

据印度尼西亚点滴网报道，印度尼西亚经济统筹部长索菲安2015年4月1日在雅加达表示，佐科总统已签署2011年第52号政府条例修订案。该修订案是在2007年第1号有关特定营业领域或特定地区投资所得税优惠措施政府条例基础上的第2次修订，增加了对利润再投资企业、30%以上产品出口企业和造船企业等的减税优惠范围，自5月起投资商可申请相关减税优惠，由投资统筹机构（BKPM）、税务总署和相关技术部委召开三方会议决定是否有资格获得减税，办理时间将由以往的6～12个月缩减至20～50天。据悉，2011年第52号政府条例曾在2007年第1号政府条例基础上进行过修订，增加了包括种植、药品和电子等行业129个投资减免税种类。

（来源：中华人民共和国驻棉兰总领馆经济商务室. http://medan.mofcom.gov.cn/article/jmxw/201504/20150400931551.shtml.2015—04—02）

中国赴印度尼西亚旅游免签证

为吸引更多外国游客，以此增加印度尼西亚外汇储备，缩小印度尼西亚财政赤字、挽救印度尼西亚盾币值，从2015年4月起，中国、韩国及日本等30个亚洲与欧美国家的公民赴印度尼西亚旅游，将享有短期旅游免签证的政策。

旅游业是一个高度竞争的行业。据南博网了解，2013年，马来西亚接待外国游客2572万人次，泰国接待外国游客2655万人次，与之相比的是，印度尼西亚2013年接待外国游客仅880万人次。印度尼西亚若不采取相应措施将很难与其他国家竞争。

中国是世界第1大出境游客源市场，每年近1亿人次出境旅游，赴印度尼西亚旅游的人数不到1%，上升潜力巨大。为此印度尼西亚政府新增30个国家实行赴印度尼西亚旅游免签证措施，其中包括中国，届时赴印度尼西亚旅游免签国家数将增至45个。

此前预计2015年到印度尼西亚旅游的游客有900万人次，印度尼西亚旅游部长阿里夫表示，希望通过实施新签证措施赴印度尼西亚游客能达到1000万人次，为印度尼西亚旅游业带来10亿美元的额外收益。

据南博网了解，印尼盾近期不断贬值，最高贬值幅度已近6%，实施新签证措施是应对印尼盾贬值所出台配套措施的其中一项，印度尼西亚政府希望通过促进旅游，提升印度尼西亚外汇储备，减少印度尼西亚经常账目赤字、稳定印尼盾币值。

（来源：南博网. http://www.caexpo.com/news/asean/yinni/jmzx_yinni/2015/03/19/3641750.html. 2015—03—19）

印度尼西亚未来5年计划投资指标2917亿美元

印度尼西亚国家投资统筹机构主任弗兰克2015年2月宣布，印度尼西亚2010年至2014年期间落实的投资总额约为1632.8万亿印尼盾，而佐科维新政府2015年至2019年期间计划投资指标却高达3500万亿印尼盾（约为2917亿美元），是前5年吸引投资总额的2倍多。

弗兰克表示，投资是经济增长的重要保障，印度尼西亚希望未来5年能吸引3500万亿印尼盾的投资，2015年的指标是519.5万亿印尼盾。2015年的经济增长指标为5.8%，预计2017年经济增长率可达7%。

据投资统筹机构最新资料显示，目前正在审核的建设工程共99项，分布在25个省区，投资总额477万亿印尼盾。目前困扰投资方的主要问题包括征地、许可证和地方政府的配合，国家投资统筹机构已在每个省区成立了促进投资落实工作组，希望能协助地方政府解决相关问题，尽快落实投资建设项目。

此间经济专家认为，印度尼西亚新政府大力吸引投资的战略是正确的，但实际效果还要看印度尼西亚新政府是否能够切实改进招商引资思路和工作作风，创造良好的投资环境。另外，一切经济指标都应该符合实际、切实可行，2015年至2019年5年的投资指标是2010年至2014年5年的2倍多，实现这个指标的难度系数大，除非印度尼西亚政府有更加积极、诱人的招商引资政策和措施，但从目前所了解的情况看，印度尼西亚的招商引资政策不松反紧，前景并不乐观。

（来源：中国经济网. http://intl.ce.cn/specials/zxgjzh/201502/26/t20150226_4654251.shtml. 2015—02—26）

印度尼西亚有望跃居东南亚汽车制造中心

目前，泰国是全球各大车企的生产与出口基地，但受国内经济下降以及政府投资滞后的影响，泰国汽车销量下降。据南博网了解，有业内人士预测，印度尼西亚有望10年内取代泰国东南亚汽车制造中心。

据悉，泰国政治动荡冲击外国汽车制造商的销售，破坏这个东南亚最大汽车生产中心对外国投资者的吸引力，同时受首次购车补贴计划到期影响，2014年泰国的汽车产量为188万辆，与2013年比较产量降低23.49%。

再看印度尼西亚汽车市场，2014年，印度尼西亚汽车产量为130万辆，比2013年比较产量增长了7%，目前印度尼西亚已超过泰国成为东盟地区最大的汽车市场。印度尼西亚政府为推动当地汽车产业发展还吸引通用汽车及其他车企在该国建厂。未来7至10年印度尼西亚的汽讯产量可能会超过泰国。

（来源：南博网. http://www.caexpo.com/news/asean/yinni/jmzx_yinni/2015/02/04/3639995.html. 2015—02—04）

印度尼西亚盐场开发潜力较大

据南博网了解，印度尼西亚盐场开发潜力较大，西努沙登加拉省有8000公顷土地，东努沙登加拉省的古邦和纳格克奥分别有7000公顷和1000公顷，南苏拉威西省有500公顷。

印度尼西亚自实施民营企业盐业增产计划以来，2013年已实现盐业增产，2013年印度尼西亚满足全国食盐需求量的同时，拥有的库存也能够满足2014年上半年非产盐季节国内市场需要，印度尼西亚食盐实现了食盐自给自足。

南博网了解到，印度尼西亚工业用盐需求为205万吨，盐需求以每年10%的速度递增，为此，印度尼西亚海洋渔业部将通过实施两大工程，实现工业用盐自给自足目标，并将初级盐产量提高至每年460万吨。

印度尼西亚海洋渔业部为现有的28000公顷盐场配备土工膜技术，使目前每公顷盐产量由每季度100吨提高到至少140吨。西努沙登加拉省、东努沙登加拉省的古邦和纳格克奥、南苏拉威西省的盐产量均有所提升。此外国有盐业公司在印度尼西亚政府的推动下，每季盐产量将由目前的每公顷100吨提高至120吨。

（来源：南博网. http://www. caexpo. com/news/asean/yinni/jmzx_yinni/2015/01/13/3638660. html. 2015—01—03）

印度尼西亚将兴建100家新型造船厂

据印度尼西亚媒体综合报道，为了实现海洋强国构想，印度尼西亚政府正加快造船业发展步伐，计划在2019年前投资兴建100家新型造船厂。目前，印度尼西亚国内造船企业（包括修船厂和造船厂）的技术能力较低。据印度尼西亚造船协会统计，印度尼西亚国内共有大小船厂（含修船厂）约250家，这些船厂大多只能修理或建造500～1000吨级的货船，只有少数船厂可以修理或建造5000吨以下的货船，而有能力修理5000～10000吨以上货轮的船舶修理厂不到20家，新建船厂也不足10家，仅有一家国有造船厂具备建造5万吨级船舶的能力，修理能力为最大15万载重吨船只。2006年印度尼西亚造船业占全球市场份额的0.17%。2013年印度尼西亚船舶生产能力约90万载重吨，修船能力约1200万载重吨。印度尼西亚70%以上的船用零配件和原料依赖进口，包括各类发动机、大型螺旋桨、船用通信设备及电缆、钢板、玻璃等。

印度尼西亚新政府上任以来，总统佐科·维多多提出了把印度尼西亚建成海洋强国的构想，并敦促相关部门为造船产业制订优惠政策和鼓励措施。2014年12月，印度尼西亚海洋统筹部长英德罗约诺主持召开推动印度尼西亚国内造船业发展协调会并作出6项决定。一是修改2003年38号政府条例，免除造船企业增值税；二是出台财政部长条例，于2015年1月起免除船舶零配件进口税；三是向雇佣超过300个工人、投资额不低于500亿印尼盾（约合417万美元）的造船厂实行税收减免政策；四是向造船厂提供土地租金优惠政策；五是大力发展船舶工程设计中心，提高研发水平，鼓励科技创新；六是制定造船业发展规划，统一布局，合理安排。

（来源：中华人民共和国驻印度尼西亚共和国大使馆经济商务参赞处. http://id. mofcom. gov. cn/article/ziranziyuan/huiyuan/201501/20150100856960. shtml. 2014—12—30）

印度尼西亚未来5年重点推动12项基础设施建设

印度尼西亚《国际日报》报道，印度尼西亚国家发展计划部部长助理德迪2014年12月在出席区域建设统筹协调会议时称，政府从2015年开始5年内落实国家中期建设计划，主要在基础设施领域，共有12项建设项目，包括：建设2650公里普通级公路和1000公里高速公路，维修46770公里公路；兴建15个机场，增加20架运输飞机，在6个地点建立物流运输机场；新建24个港口，增加26艘货轮、500艘民用客船和6艘牲畜运输船；在爪哇、苏门答腊、苏拉威西和加里曼丹建设全长3258公里的铁路网；建60个轮渡码头，增加50艘渡轮；在20个城市建设快速巴士系统；新建49个水库和33个水力发电站，并为约100万公顷农田建立灌溉系统；完善市县区宽带网络；在227个市县区建设污水处理系统，为430个市县区提供污水处理服务；建设5257个公寓楼，为50多万家庭提供住宅；在部分城市建设净水供应系统，使2140万户家庭受惠；增加3500万千瓦电力供应，建设两座大型炼油厂，建立多个液化燃气供应站，为100户普通家庭和60万户渔民提供液化燃气供应。

（来源：中华人民共和国驻棉兰总领事馆经济商务室. http://medan. mofcom. gov. cn/article/jmxw/201412/20141200830840. shtml. 2014—12—12）

印度尼西亚工商会计划
5年内进口500艘中国船只

印度尼西亚工商会副主席迪迪苏万多2014年12月表示，为了支持政府加强海洋经济发展以及提高国内海运物流效率，印度尼西亚工商会正加强与中国有关方面的合作，计划在未来5年内争取中国投资55亿美元，用于从中国进口500艘各类船只。

迪迪苏万多表示，印度尼西亚工商会的这一计划是考虑到国内造船业目前的技术和生产能力尚无法满足庞大的需求，进口船只零部件的进口税又过高，因此利用中国投资贷款从中国进口船只是相对合理的选择。

迪迪苏万多还指出，作为海洋大国，印度尼西亚对各类海轮的需求量相当大，例如3500吨到5000吨的油轮和货轮。一旦上述计划得以实现，那么国内各大港口之间的货运将得到保障，物流成本也可望从目前27%降至15%以下。

（来源：中国经济网. http://intl. ce. cn/specials/zxgjzh/201412/10/t20141210_4090888. shtml. 2014—12—10）

印度尼西亚成为全球最大丁香生产国

目前印度尼西亚每年丁香产量达7.3万吨，成为全球最大丁香生产国。2014年12月东盟丁香香料协会主席布迪曼在印度尼西亚日惹出席东盟香料协会会议后称，印度尼西亚成为全球最大丁香生产国的一个主要原因是，印度尼西亚丁香种植面积达到33.1万公顷，为全球之最。除印度尼西亚外，东盟主要丁香生产国依次是马来西亚、越南、缅甸和菲律宾。

布迪曼表示，丁香是全球最重要的调味品，并用作烹饪香料、糕点原料、医药、保健、美容、糖果和丁香烟等用途。东盟丁香香料协会将与印度尼西亚丁香农民协会、越南加工业协会等东盟现有各丁香香料商协会建立伙伴关系，共同促进丁香业相关群体团结一致，提高东盟丁香业发展效益，确保该行业的可持续发展。印度尼西亚农业部香料司司长阿兹瓦尔·巴卡尔表示，印度尼西亚不仅是全球最大丁香生产国，而且丁香香料质量佳，印度尼西亚政府将继续支持丁香等香料业的发展。

（来源：中华人民共和国驻印度尼西亚共和国大使馆经济商务参赞处. http://id.mofcom.gov.cn/article/whzhch/touzzn/201412/20141200832723.shtml. 2014—12—09）

OPPO公司将投资3000万美元在印度尼西亚设厂

2014年11月，中国欧珀（OPPO）电子工业有限公司驻印度尼西亚代表称，印度尼西亚人口众多且近年来经济发展速度较快，中产阶级人群日益增加，对中等价位的智能手机需求量不断攀升，目前欧珀公司在印度尼西亚市场2014年10月销售20万部智能手机，约占印度尼西亚市场份额的6.5%，市场占有率排名第4，预计2015年月销售量将达到30万部，市场份额为10%。

为满足印度尼西亚广阔的市场需求以及提升OPPO品牌手机的竞争力，公司决定投资3000万美元在印度尼西亚兴建手机组装厂，设计产能为每月50万台，初期将从中国进口零部件进行组装，未来将使用印度尼西亚当地零部件生产手机，以提高本地化成分。

（来源：中华人民共和国驻印度尼西亚共和国大使馆经济商务参赞处. http://id.mofcom.gov.cn/article/ziranziyuan/huiyuan/201411/20141100811125.shtml. 2014—11—26）

印度尼西亚积极扩大原油进口渠道

据《雅加达邮报》报道，印度尼西亚能矿部长苏迪尔曼·赛义德表示，印度尼西亚已与多家外国石油公司协商向印度尼西亚销售原油，并探讨在印度尼西亚兴建更多炼油厂的可能性。最近，安哥拉国家石油公司与印度尼西亚国家石油公司签署了一项向印度尼西亚供应石油和在印度尼西亚建设原油冶炼厂的合作协议。目前伊朗石油公司代表团拜访印度尼西亚能矿部，探讨在印度尼西亚投资和供应原油有关事宜。目前，印度尼西亚也在考虑从俄罗斯进口原油。赛义德称，印度尼西亚努力寻求原油进口渠道多元化，不会只依赖一个原油进口国。

印度尼西亚目前的原油产量为80万桶/天，而其需求量达到160万桶/天。印度尼西亚油气上游管理机构（SKKMigas）表示，2014年年底，印度尼西亚的原油产量将只能达到79.4万桶/天，低于印度尼西亚政府预算设定的2014年81.8万桶/天的目标。

印度尼西亚资源研究所表示，只要国家之间关系稳定，政府与政府之间达成的直接供油协议，有利于为印度尼西亚提供长期稳定的原油供应，希望印度尼西亚政府在原油供应协议上保持透明。

（来源：中华人民共和国驻印度尼西亚共和国大使馆经济商务参赞处. http://id.mofcom.gov.cn/article/ziranziyuan/huiyuan/201411/20141100794603.shtml. 2014—11—10）

印度尼西亚将优先发展三大产业

印度尼西亚计划发展部长安德里诺夫表示，为充分利用投资发展本国经济，印度尼西亚新一届政府将改革官僚体系，简化投资手续，并优先发展海洋经济、能源和农业三大产业。在制定2014～2019年国家中期发展计划中，政府也把重点放在上述领域，海洋经济是佐科政府新经济政策中的重中之重；能源方面将大力削减能源补贴、克服电力短缺问题；而农业领域的主要任务是切实提高粮食生产，力争未来3～4年内实现主要粮食作物自给自足。

安德里诺夫称，官僚作风是经济发展的绊脚石，同时也严重影响了国内外投资者的积极性。佐科总统已指令相关部门简化营业与投资许可程序，希望投资主管部门在投资审批方面进行改革与协调，成立“一站式”服务窗口，投资项目审批期限一般不超过3～6个月。

作为海洋经济战略的重点之一，佐科总统提出“海上高速公路”构想，计划在未来5年中，争取筹措2000亿美元的建设资金，建立贯通东西的全国海运网络，以码头、公路、船舶、铁路公路等基础设施，将全国的主要岛屿及物流重点城市连接起来，实现海陆互联互通，扩大“海上高速公路”的辐射功能，进而促进全国物流发展，并激活地方经济。

（来源：中华人民共和国驻印度尼西亚共和国大使馆经济商务参赞处. http://id. mofcom. gov. cn/article/ziranziyuan/zwnsjg/201411/20141100789358. shtml. 2014－11－06）

印度尼西亚成世界主要投资目的地

据南博网了解，印度尼西亚以其稳定的经济增速和巨大的市场潜力，受到外资青睐，成为世界主要投资目的地。随着新总统佐科·维多多领导下的政府拟实施经济改革，国内外投资者投资印度尼西亚信心倍增。

与亚洲其他新兴经济体相比，印度尼西亚在劳动力方面具有相当强的竞争力。目前印度尼西亚约50%的人口都在29岁以下，人口的年轻化一方面提供了充足的劳动力。另一方面作为世界上第4大人口国，近年来，中产阶层不断扩大，使消费带动经济的效应十分显著。

此外，为吸引外资，印度尼西亚基不断加大对基础设施建设的投入。印度尼西亚政府计划在2020年之前投资530亿美元修建铁路、机场和港口。

印度尼西亚成世界主要投资目的地。印度尼西亚国内汽车消费需求旺盛，近期日本三菱汽车计划投资6亿美元在印度尼西亚兴建多功能汽车工厂。世界最大的电力零部件制造商富士康集团计划在印度尼西亚投资10亿美元。俄罗斯工业投资集团（Vi Holding）拟在印度尼西亚投资15亿美元兴建铝和镍铁冶炼厂。同时，印度尼西亚也是外资在东南亚进行兼并收购业务的主要市场，2013年印度尼西亚兼并收购业务交易额超过20亿美元，创历史新高。

印度尼西亚受外资青睐的同时，未来应加强经济改革，改革官僚制度，提高政府办事效率，创造良好的商业环境，增强印度尼西亚对外资吸引力，推动经济增长。

（来源：南博网. http://www. caexpo. com/news/asean/yinni/jmzx _ yinni/2014/10/27/3633919. html. 2014－10－27）

中国手机企业在印度尼西亚开拓市场

印度尼西亚作为东南亚最大的手机市场，市场规模大，发展迅速，高利润的智能手机市场吸引了众多中国手机企业在印度尼西亚开拓市场。

据南博网了解，印度尼西亚人口结构偏向年轻化、智能手机普及率低、可支配收入高，这些因素都是中国手机企业开拓印度尼西亚市场的原因。最近中国手机酷派紧随联想、华为、小米等进入了印度尼西亚市场。此次在印度尼西亚出售的酷派手机是AndromaxG2型，每台售价100美元。

印度尼西亚国内政局稳定，经济高速稳定增长，人民收入水平稳步提高，手机销量增长迅速，市场潜力巨大，未来印度尼西亚手机市场竞争将更加激烈。

（来源：南博网. http://www. caexpo. com/news/asean/yinni/jmzx_yinni/2014/10/22/3633578. html. 2014－10－22）

印度尼西亚电子商务拥有巨大的发展潜力

随着印度尼西亚经济发展，印度尼西亚智能手机和平板电脑等互联网终端设备的用户数量也逐步增长。一系列因素促进了零售电子商务产品和服务的空前繁荣。印度尼西亚电子商务市场的规模从2012年的不足40亿美元猛增至2013年的80亿美元。

据南博网了解，印度尼西亚电子商务拥有巨大的潜力。目前，印度尼西亚互联网用户约占总人口的三分之二，随着政府对互联网宽带基础设施的投资建设，未来一段时间里，印度尼西亚互联网用户也将迅速增长。

印度尼西亚无疑是电子商务一个潜在市场。印度尼西亚电子商务市场的规模从2012年的40亿美元猛增至2013年的80亿美元。虽然目前印度尼西亚消费者信用卡或银行账户使用率较低，但近年来印度尼西亚在线结算服务开始逐渐普及。

印度尼西亚网民活跃度高，印度尼西亚在世界Twitter账号排名第5位，也是社交媒体Facebook的世界第2大市场。而且，印度尼西亚电子游戏市场快速增长，产值从2009年仅700万美元飙升至2013年1.9亿美元，增长了27.1倍。

随着印度尼西亚政府和私人企业对宽带基础设施的加大投入，以及智能手机和平板电脑等互联网终端设备的广泛使用，未来印度尼西亚人对电子商务的接受度将越来越高。

（来源：南博网. http://www.caexpo.com/news/asean/yinni/jmzx_yinni/2014/10/22/3633605.html. 2014—10—22）

印度尼西亚拟耗资500亿美元兴建史上最大基建项目

2014年10月，印度尼西亚经济统筹部长、国家计划发展部长、公共工程部副部长及雅加达省长在雅加达共同出席了“国家首都滨海综合发展工程”的动工仪式。该工程是由印度尼西亚当选总统佐科·维多多在担任雅加达省长期间极力推动的特大型基础设施工程，计划耗资500亿美元，是今后10年内印度尼西亚最大规模的基建项目。

国家首都滨海综合发展工程主要包括：1. 兴建32公里长的防洪海堤；2. 在沿雅加达省北部海岸的17个岛屿上填海造地；3. 兴建大型蓄水池，保持清洁水源供应；4. 开发住宅区、商业区和环保设施；5. 兴建现代化海港和机场；6. 解决首都海水倒灌和水灾问题。

（来源：中华人民共和国驻印度尼西亚共和国大使馆经济商务参赞处. http://id.mofcom.gov.cn/article/ziranziyuan/huiyuan/201410/20141000770251.shtml. 2014—10—21）

印度尼西亚电力需求旺盛加快发展电力产为迫在眉睫

随着市场开放，印度尼西亚经济持续快速发展，同时在电力方面的需求在不断地上涨。目前印度尼西亚电力需求旺盛，加快发展电力产业，尤其大型电力项目迫在眉睫。

据南博网了解，印度尼西亚是东南亚的缺电大国，全国有2.38亿人口，用电普及率不到60%，电力需求年均增长10%～15%。印度尼西亚电力供应并不稳定，首都雅加达也经常会因缺电实施轮流停电制度。

虽然印度尼西亚水资源非常丰富，但是利用率不高。印度尼西亚可用于发电的水资源占东南亚地区近二分之一，有利于各种规模的水电建设。印度尼西亚水资源最丰富的地区是加里曼丹岛和巴布亚岛，每年产水分别达1.3万亿立方米和1.1万亿立方米，但却因基础设施落后，导致大量水资源浪费。

近年来，印度尼西亚发展迅速并成为中国电力企业开拓的重要海外市场。2006年到2015年，印度尼西亚政府决定投资413.7亿美元进行电站和电网建设，中国企业陆续在印度尼西亚开发水利基础设施建设，获得极大投资良机。

为满足经济增长所带来的电力需求，印度尼西亚需在2022年前每年增加570万千瓦发电能力，至2030年或将需要每年增加1000万千瓦发电能力。依靠印度尼西亚国有电力公司无法满足印度尼西亚日益旺盛的电力需求，印度尼西亚希望获得外资投资电力行业。

（来源：南博网. http://www.caexpo.com/news/asean/yinni/jmzx _ yinni/2014/10/15/3633166. html. 2014—10—15）

印度尼西亚食品加工机械需求旺盛　市场潜力无穷

近年来，印度尼西亚经济持续较快发展，国内消费能力逐年增加。为满足国内市场以及出口市场的需求，印度尼西亚逐渐开始将食品工业由初级加工向精深加工转变。目前，印度尼西亚越来越重视发展食品加工技术，对食品加工机械的需求不断扩大，市场潜力巨大。

据南博网了解，印度尼西亚食品销售逐年增加。印度尼西亚食品加工业的国内外投资不断增加，2014年上半年，印度尼西亚食品加工业国内外投资达29.7万亿印尼盾（约合26亿美元），其中外国投资达20亿美元。美国可口可乐、法国达能以及约20家日本公司计划在印度尼西亚投资。

据南博网了解，印度尼西亚食品加工业的快速发展，扩大了对加工机械设备的需求。印度尼西亚食品机械制很薄弱，机械设备基本上靠进口。而中国在印度尼西亚食品加工机械方面优势非常明显，印度尼西亚食品加工机械代销商几乎为华人经营，外国厂商需通过印度尼西亚代理商销售其产品。而且食品加工机械不像出口机床，需要具备严格的标准规格，其销路和配销方法多有进口商直接出货给加工厂。中国食品加工机械设备出口到印度尼西亚，可以利用印度尼西亚华人的产品销售和服务网络，凭借有力的地理位置和价格定位，开拓当地市场。

（来源：南博网. http://www.caexpo.com/news/asean/yinni/jmzx _ yinni/2014/09/11/3631171. html.

2014—09—11）

老　挝

老挝23个边境口岸配备海关自动化系统

老挝23个边境口岸包括12个国际检查站配备了海关数据自动化系统（ASYCUDA）以促进海关业务和贸易的发展。海关数据自动化系统是海关贸易便利化项目（CTFP）的一部分，目前已进入第2阶段（2013年7月11日～2017年10月31日），由世界银行资助650万美元建成。该项目旨在通过提高海关的运作效率、降低制作进出口税收申报的时间尤其是提高海关官员的务实能力来促进海关业务和贸易的发展。

（来源：老挝资讯网. http://www.360laos.com/action—viewnews—itemid—1458. 2015—05—19）

老挝七五规划5年矿产出口额同比增长3.3倍

据《新万象报》报道，老挝能矿部发布消息称，2010年老挝投资矿产领域进入开采阶段的有41个公司，共65个项目，2015年达到72个公司，共115个项目，共增加了31个公司和50个项目。2006～2010年期间，老挝矿产品出口额约为20多亿美元，2011～2015年期间，老挝矿产品出口额80多亿美元，增长约3.3倍。

近年来，老挝矿业开发推动了老挝经济社会的发展。据能矿部官员介绍，矿业的发展，为老挝创造了1.5万个就业岗位，对维护当地社会稳定，提高人们生活水平起了重要作用。

（来源：中华人民共和国驻老挝人民民主共和国大使馆经济商务参赞处. http://la.mofcom.gov.cn/article/ztdy/201505/20150500973528.shtml. 2015—05—12）

云南支持老挝万象赛色塔开发区建设

进出口银行云南省分行向云南省海外投资有限公司发放了首期4.2亿元本外币贷款，其中外币贷款6000万美元、人民币贷款4938万元。此前，双方达成了总额4.5亿元的本外币境外投资贷款协议，以支持该公司在老挝境内的万象赛色塔综合开发区项目。首期贷款将用于项目（一期）土地一级开发和各项基础设施建设。

老挝赛色塔综合开发区是中老两国合作项目，也是老挝境内唯一中国国家级“境外经贸合作区”，已被中国列为“一带一路”战略规划中优先推进的项目。该项目于2010年达成。开发区是老挝10大经济特区之一，也是目前万象市规模最大的工业园区。2013年，当开发区尚处于前期规划阶段时，进出口银行省分行就已向云南省海外投资有限公司提供了2亿元人民币的境外投资前期费用贷款。

（来源：《云南日报》. http://www.yndaily.com/html/2015/yaowenyunnan_0512/19389.html. 2015—05—12）

云南公司向老挝赠送3.3万套数字电视机顶盒

云南云数传媒公司赠送老挝国家电视台3.3万台数字电视机顶盒仪式2015年5月8日在老挝首都万象举行。

2012年2月，中老双方在北京签署“关于在老挝采用中国地面数字电视传输标准合作建设老挝数字广播电视全国网项目”的谅解备忘录。据参与建设的中国云南云数传媒公司介绍，老挝数字电视项目历经多年建设，截至2015年3月底累计发展用户101075户，受益人群超过50万人，播出了包括中央电视台国际频道和英语新闻频道、新华社亚太台中文频道和英文频道、云南广播电视台卫视频道和国际频道等在内的54套数字电视节目，成为中老合作的成功典范。为了进一步加快推动项目向老挝全国发展，让更多的老挝人民能够看到数字电视，该公司计划向老方捐赠6万套DTMB数字电视机顶盒，首批3.3万套先期到位。

云南广电传媒集团下属云南无线数字电视文化传媒有限公司（即上述“云数传媒公司”）与老挝国家电视台2010年5月在老挝首都万象开播了采用中国DTMB标准传输的地面数字电视，使得老挝成为第一个规模化使用中国DTMB技术标准的海外国家。

（来源：新华网. http://www.360laos.com/action—viewnews—itemid—1356. 2015—05—11）

越南银行资助2亿美元建设老挝交通基础设施

越南投资与发展股份商业银行（BIDV）透露，该银行刚同老挝政府签署总额为1.47亿美元的华潘省交通公路和基础设施建设项目贷款合同。

截至目前，越南投资与发展银行已向老挝提供总额为2亿美元的贷款。

越南投资与发展银行行长、越南老挝投资商协会会长陈北河表示，越南投资与发展银行向老挝提供2.3亿美元贷款是越南履行协助老挝川圹省及华潘省两省协议的承诺的充分体现。

老挝财政部长连·堤乔强调，越南投资与发展银行向老挝各项基础设施建设项目提供贷款不仅为老挝经济发展做出重要贡献，而且还有助于深化越老两国经济合作关系。

据悉，华潘省的交通公路项目贷款合同的总额为2684万美元。越南投资与发展银行向基础设施建设项目提供1.2亿美元贷款。

（来源：南博网. http://www.caexpo.com/news/info/invest/2015/04/15/3643277.html. 2015—04—15）

中国与老挝合建老挝首个大型商业中心开业

由中国云南省海外投资有限公司与老挝吉达蓬集团共同投资建设的“万象中心”商场项目，2015年3月28日在老挝首都万象正式开门营业，这也是老挝目前拥有的首个现代化大型商业中心。

老挝政府副总理宋萨瓦、万象市长辛拉冯、中国驻老挝大使关华兵等出席了“万象中心”商场项目举行的开业庆典。

宋萨瓦在致辞时表示，“万象中心”商场在很大的程度上提升了万象市民的生活品质，使万象城市化和国际化水平进一步提高，也有力助推老挝旅游市场发展。宋萨瓦强调，中资公司在老挝投资兴建的众多项目对促进老挝经济社会发展作出了重要贡献，老方将创造更多有利条件吸引更多中国企业前来投资兴业。

关华兵表示，“万象中心”商场是在两国政府的关心和支持下，由两国企业共同投资建设的，“万象中心”的建成将有助于丰富老挝人民的生活，期望两国经贸合作能继续取得更丰硕成果。

“万象中心”项目中老两国投资方代表在致辞中表示，该项目的建成是中老企业又一次成功的合作，将为老挝直接提供300多个就业岗位，带动各相关行业的发展与提升。

据介绍，“万象中心”商场是“老挝万象国际商业旅游中心项目”的一期工程，是集综合商场、超市、餐饮娱乐、金融机构于一体的综合性商业中心。

（来源：新华网. http://news.xinhuanet.com/2015—03/28/c_1114795148.htm. 2015—03—28）

中国银行万象分行在老挝开业

中国银行万象分行于2015年3月26日在老挝首都万象开业，至此中国四大国有商业银行中已有两家在老挝设立了分行。

老挝中央银行行长宋袍·派西、工业与贸易部副部长松吉、中国驻老挝大使关华兵、中国银行副行长李早航等出席开业仪式。

宋袍在致辞时表示，近年来老挝经济快速发展，银行业作出了重要贡献。由于老挝整体还相对贫穷，尤其是企业发展和基础设施建设还需要大量资金投入，中国银行万象分行的开业将会有助于老挝经济社会进一步发展，并能有力推动中老双边贸易与投资合作。

关华兵在致辞时表示，近年来中老两国经贸合作成果丰硕，为两国关系发展作出积极贡献。据中方统计，中老贸易额2014年达36.14亿美元，同比增长31.87%。中国对老投资、援助、贷款的很多重大项目取得积极进展。中国银行万象分行的开业对进一步推动中老两国金融领域务实合作深入发展具有积极意义。

李早航表示，老挝是东盟的重要成员国之一，万象分行的成立将进一步完善中国银行在东盟地区的网络布局，促进中国与老挝及东盟地区的经贸往来和金融合作。万象分行将以公司金融业务为主，充分利用国内外分行的客户资源和业务优势，大力拓展当地国际结算和贸易融资服务，积极开展跨境人民币业务。

近年来随着中老经贸合作快速增长，中资银行纷纷在老挝设立分支或合资机构，2011年11月中国工商银行万象分行开业，2014年1月中国云南富滇银行与老挝外贸大众银行合资成立的老中银行开业。

（来源：新华网. http://news.xinhuanet.com/2015—03/27/c_127625765.htm. 2015—03—27）

百余名中国民营企业家聚焦老挝投资

110名来自中国各地的民营企业家于2015年3月31日在老挝首都万象出席老中民营经贸论坛，聚焦老挝投资热点，探讨新的投资方向。

论坛由老挝国防部、老挝中资企业拉萨翁开发有限公司联合主办，邀请了中国北京、天津、重庆、广西、广东、山西、云南、江苏等多个省市区的110名企业家，后者经营和从事的领域包括医疗卫生、能源矿产、生态旅游、金融服务、交通建设等，其中不少人是首次到老挝进行商务考察。

老挝国防部副部长占萨门·占雅拉致开幕辞时表示，老挝政治稳定，社会和谐，近年来经济发展迅速，是非常理想的投资目的地。他高度赞扬包括拉萨翁开发有限公司在内的中资企业为老挝的经济社会发展和基础设施建设作出的巨大贡献，期待更多中国企业到老挝投资兴业。

中华人民共和国驻老挝人民民主共和国大使馆经济商务参赞赵文宇在致辞时表示，近年来，中老两国各领域交流与合作全面加强，双方政治上彼此信赖，经济上真诚合作，在多边场合密切配合。随着中老两国经济不断发展，双方经济互补性日益增强，只要双方携手合作，发挥各自优势，合作潜力巨大。希望通过本次论坛，增进中国企业家对老挝的了解，并借此机会促进中老两国经贸合作。

据论坛主办方介绍，老挝拥有丰富的矿产、森林和水电资源，并将成为中国产品、中国投资走向东盟的重要通道，越来越多的中国企业家开始将目光投向老挝，期待了解老挝。

中华人民共和国驻老挝人民民主共和国大使馆提供的资料显示，据中方统计，2014年，中老贸易额达36.14亿美元，比2013年增长31.87%；中国对老挝非金融类投资达9.97亿美元，增长24.1%；对老挝工程承包合同额达36.9亿美元，增长26.2%。

（来源：新华网. http://news.xinhuanet.com/overseas/2015－03/31/c_1114828013.htm. 2015－03－31）

老挝矿业稳居外商投资热门行业之首

目前采矿业在老挝还处于早期开发阶段，因为缺乏投资经验和技术专长，国内开发的矿业项目规模都比较小，矿业出口基本上是一些比较初级的原材料产品。但是老挝重视矿业发展，非常欢迎外国的合作投资，这样可以互利互惠，并促进可持续发展，在过去几年，尽管老挝政府已经意识到资源可持续开发的必要性因而限制了矿产的无序发展，但采矿业仍然是投资的热门行业。据老挝计划与投资部统计，2012年政府批准采矿项目54个，2013年48个，2014年1～10月只批准采矿项目13个。

大部分境外采矿投资者在老挝设立的企业为合资企业，2012年合资企业的投资额为3.1亿美元，国内企业和政府投资额为8700万美元，2013年矿业总投资额为11.8亿美元，其中合资企业投资高达10.7亿美元，国内投资为1.03亿美元。尽管政府已经暂停矿业投资优惠，更侧重出口市场，但是矿山投资仍是投资首选。目前，老挝已经授予外国投资者200多个采矿许可证，涉及石油、天然气、褐煤、金矿以及宝石的勘探开发。在所有的投资者中，中国投资者持有采矿许可的比例最高，达到50个。

（来源：中华人民共和国商务部网站. http://kmtb.mofcom.gov.cn/article/shangwxw/201501/20150100856000.shtml. 2015－01－04）

老挝酒店业投资前景良好

近年来，到老挝旅游的外国游客不断增多，老挝酒店业市场需求在不断扩大。蓬勃发展的旅游业将带动老挝酒店行业的建设投资，酒店行业投资前景良好。

老挝东南亚文化底蕴深厚，旅游资源丰富，近年来成为国际游客度假休闲的新去处，而发展势头良好的老挝旅游业拉动了酒店业的发展。老挝积极开展基础设施建设，计划投资近60亿美元于123个项目以全面升级改造国内公路，建设衔接泰国、柬埔寨、越南和中国等周边国家的陆路运输系统。随着外国游客不断涌入，老挝酒店需求不断扩大，极具发展优势。

据南博网了解，2013年老挝有419家酒店，1788家小型旅馆和度假村，3家五星级酒店集中在首都万象。为适应全球化发展趋势及东盟一体化要求，老挝政府督促国内酒店和度假村改善并提升酒店设施和住宿条件，以吸引更多外国游客前来老挝。此项举措将为外商投资老挝酒店业提供新的发展契机。

（来源：南博网. http://www.caexpo.com/news/asean/laowo/jmzx_lw/2014/12/19/3637405.html. 2014－12－19）

中国与老挝签署援助老挝国家银行卡支付系统项目合同

2014年11月28日，中国国家开发银行副行长、纪委书记周清玉与老挝国家银行副行长宋赛在万象签署援老挝国家银行卡支付系统项目实施合同。老挝政府副总理本邦、国家银行行长宋炮、驻老挝大使馆临时代办梁建军、经商参赞赵文宇等出席上述签字仪式。

援老挝国家银行卡支付系统项目将建设和运营覆盖老挝全境的统一的银行卡跨行信息交换网络，负责老挝境内发行银行卡跨行交易的信息转接和资金清算，实现老挝国内发行的银行卡联网通用。项目于2015年1月正式启动，建设周期1年。

（来源：中华人民共和国驻老挝人民民主共和国大使馆经济商务参赞处. http://la.mofcom.gov.cn/article/jmxw/201412/20141200816856.shtml. 2014－12－02）

老挝将投资近60亿美元升级国内公路

老挝公共工程与运输部日前披露大规模升级国内道路基础设施的一项长期计划，计划投资近60亿美元于123个项目以全面升级改造国内公路。

据当地媒体报道，老挝政府2014年10月召开会议检讨国内道路发展状况及未来规划，公共工程与运输部部长本占在会上发表道路发展长期计划的报告。报告称，目前老挝公路网总里程已超过45800公里，并以每年4.5%速度增长。但老挝的道路交通发展水准落后于其他东盟国家，许多道路建设标准低于东盟地区基准，难以满足东盟一体化的需求。

报告称，老挝公共工程与运输部已制订国家道路发展长期计划，其中包括54个国道项目，总投资额超过40亿美元，69个省道项目，总投资额18亿美元。

报告表示，老挝未来将大力提升道路建设标准，以适应东盟一体化要求，并致力于将老挝从“陆锁国”打造成为“陆联国”，政府将鼓励国营机构与民间资本联合投资以及申请国际援助来完成这一目标。

（来源：《亚太日报》. http://www.apdnews.com/asia/asean/111729.html. 2014－10－06）

中国位居老挝最大外资来源地

2014年9月17日，老挝计划投资部副部长本塔维表示，目前老挝投资领域发展良好，投资金额持续增长，国内外投资项目共计约4500个，金额约250.28亿美元。53个国家在老挝的矿产、电力能源、农业、服务等15个领域开展投资合作，前6大外资来源地分别为中国、越南、泰国、韩国、法国和日本。

2008年，中国成为老挝最大外资来源地，截至目前在老水电、农业、工业、手工业、服务业等14个领域投资项目达755个，金额约为65亿美元。

（来源：中华人民共和国驻老挝人民民主共和国大使馆经济商务参赞处. http://la.mofcom.gov.cn/article/jmxw/201409/20140900739208.shtml. 2014－09－22）

老挝经济开发区蓬勃发展

老挝国民经济走向现代化的标志之一，就是经济开发区建设进入快速发展阶段。自2000年设立经济开发区以来，老挝共批准设立了10个经济开发区，其中有2个经济特区和8个专业经济区，占地13564公顷，共引资近43亿美元。

据老挝有关部门的最新统计，目前，进驻上述10个开发区的国内外投资企业共100多家，其中有中国企业26家，其他国家企业74家，合资企业5家，协议资金42.7亿美元。在相关投资的行业中，服务业占49%、工业占33%、商业占18%。

（来源：中国经济网. http://intl.ce.cn/sjjj/qy/201405/30/t20140530_2898895.shtml. 2014－05－30）

马来西亚

中国继续成为马来西亚最大贸易国

马来西亚国际贸易及工业部长慕斯达法公布，马来西亚2014年的贸易取得了5.9%增长，总贸易额达到1.45兆亿林吉特，2014年贸易顺差831亿林吉特。中国继续成为马来西亚最大贸易国。

慕斯达法在日前主持“2014年度贸工部报告”推介礼时透露，马来西亚2014年5大贸易伙伴国依次分别为中国、新加坡、日本、美国和泰国；中国占总贸易量的14.3%，新加坡13.4%，日本则是9.5%。

根据贸工部数据，马中贸易总额在2014年增长2.2%，达到2079亿林吉特。

慕斯达法表示，东盟之间的贸易对马来西亚的经贸发展愈加重要。一项调查显示，在未来10年内，东盟贸易将会占马来西亚贸易总额的40%。目前则为26.9%。

《2014年贸工部年度报告》认为，2015年马来西亚贸易料将持稳，若主要贸易伙伴国经济放缓或减低需求，2015 年马来西亚贸易出口量将攀上高峰。

（来源：中国新闻网．http://www.chinanews.com/gj/2015/05—01/7247379.shtml．2015—05—01）

马来西亚多元重工将在中国销售莲花汽车

据《南洋商报》报道，马来西亚上市公司多元重工（DRBHCOM）2015 年 4 月宣布和中国金星重工业有限公司（Goldstar）签署联营协议，将在中国销售莲花汽车。多元重工旗下拥有普腾控股（Proton）和莲花集团（Lotus）两大汽车公司，该公司将在中国生产及销售莲花牌轿车、引擎和配件，并提供售后服务，预计 2015 年至 2030 年的投资额将达 60 亿林吉特。

报道指出，中国是全球最大的汽车市场，2014 年中国私人轿车产量和销售量分别达到 1992 万辆和 1970 万辆，庞大的中国市场将让多元重工的长期发展受益。

（来源：中华人民共和国驻马来西亚大使馆经济商务参赞处．http://my.mofcom.gov.cn/article/sqfb/201504/20150400948353.shtml．2015—04—21）

中国与马来西亚续签货币互换协议

马来西亚国家银行 2015 年 4 月 17 日发表公告称，中国人民银行行长周小川与马来西亚国家银行行长洁蒂于 2015 年 4 月 17 日在华盛顿续签货币互换协议，维持 1800 亿人民币或 900 亿林吉特的互换额度，有效期为 3 年。该双边本币互换协议的续签，是两家央行致力于推广两国商家使用本币结算的承诺，将进一步强化马中经济和金融连接，并促进双边贸易和投资活动。

2009 年 1 月，马来西亚与中国香港金管局签署 2000 亿人民币（约合 1169 亿林吉特）货币合约；2009 年 2 月，与中国达成双边互换协议。当时，这项协议规模为 800 亿人民币或 400 亿林吉特，为期 3 年；2012 年两国续签该协议。协议签署后，马来西亚国家银行将被批准在北京设立代表处，使两国可以人民币和林吉特作为双边商贸结算，同时也使以本币作为融资的过程更为顺畅。

（来源：中华人民共和国驻马来西亚大使馆经济商务参赞处．http://my.mofcom.gov.cn/article/sqfb/201504/20150400947205.shtml．2015—04—20）

马来西亚成为区域经济增长最快的国家之一

马来西亚交通部长兼马华公会总会长廖中莱 2015 年 4 月 12 日指出，马来西亚已从农业导向型经济转型为以制造业和服务业为主的经济体，马来西亚成为本区域经济增长最快的国家之一。

廖中莱表示，马来西亚已安稳地度过多次全球经济风暴，作为东盟地区增长表现最强劲的国家之一，这一成绩让马来西亚获得贸易伙伴国和世界其他新兴经济体的肯定。统计数字显示，马来西亚人均国内生产总值，已从 2009 年的 7590 美元增长至 2014 年的 10426 美元，每年平均增长 8.27%。

廖中莱指出，即使全球经济处于不明朗状态，马来西亚在 2014 年的经济增长率仍达 6.0%，成为本区域经济增长最快的国家之一。廖中莱表示，尽管经济持续改善，但近期全球石油价格下跌，将是对马来西亚经济的一大考验。在强势美元的背景下，世界石油价格下跌所引发的传染性恐慌效应，已经导致马来西亚境内大量外来投资资金外流。2015 年第 1 季度，共有 34 亿林吉特的外资组合基金撤离马来西亚股市，而 2014 年外资基金撤离规模则达 69.3 亿林吉特。

（来源：中华人民共和国驻马来西亚大使馆经济商务参赞处．http://my.mofcom.gov.cn/article/sqfb/201504/20150400943379.shtml．2015—04—15）

马来西亚电力生产预计平均每年增长 3.1%

由于各项新型水力、天然气及煤炭发电厂逐步投入运作，马来西亚国内电力生产稳定增长，预计到 2021 年，马来西亚国内电力生产将增加 1.15 兆瓦，平均每年增加 3.1%。

马来西亚能源、绿色科技及水务部部长麦西慕在视察柔佛州丹绒宾 4 号发电站时表示，新型发电厂可以提升供电系统效率，同时使电力供应成本更具竞争力，该部一直在监督电力供应与需求，以便及时评估调整电力发展大蓝图。

麦西慕部长同时表示，马来西亚核电厂计划已延后至 2025 年，目前正在收集民众意见，之后将修订原子能管理法案，寻求国会通过。丹绒宾 4 号发电站耗资 67 亿林吉特，截至 2015 年 3 月完成进度已达 93.34%，落后于计划进度，预计将在 2015 年 9 月完工。

（来源：中华人民共和国驻马来西亚大使馆经济

商务参赞处. http://my.mofcom.gov.cn/article/sqfb/201504/20150400943377.shtml. 2015－04－15)

马来西亚最大银行在云南昆明开设分行

据《金融先锋日报》报道，马来西亚最大的银行马来亚银行即将在云南昆明开设第一家分行，同时也是该银行在中国开设的第4家分行。

马来亚银行主席表示，之所以开设昆明分行，是综合考虑中国市场潜力巨大，中国是全球经济，特别是东盟经济的重要引擎。2013年，中国与东盟贸易额为4440亿美元，马来西亚是东盟第1大贸易伙伴。云南省与缅甸、老挝、越南接壤，是面向南亚和东盟的门户，具有战略地位。

（来源：中华人民共和国驻马来西亚大使馆经济商务参赞处. http://my.mofcom.gov.cn/article/sqfb/201504/20150400937478.shtml. 2015－04－09)

马来西亚将建世界级数据枢纽

据《南洋商报》报道，马来西亚多媒体发展局（MDeC）总执行长雅思敏玛慕于2015年4月宣布，政府将在柔佛士年纳工业区一片占地公顷的土地上建设数据中心，让该工业区变为世界级的数据枢纽，并可让赛城、士年纳及新加坡的通讯发展形成铁三角，一起“冲出”东盟。

士年纳区是依斯干达特区5个旗舰发展区之一，该数据中心将是马来西亚继赛城数据中心后的第2个大型数据枢纽开发计划。截至目前，赛城数据中心共有26家本地数据企业投资，预料新推出的士年纳数据枢纽将掀起市场投资营运的热潮。

根据马来西亚投资发展局（MIDA）的资料，2011年数据中心吸引投资额为154亿林吉特，2014年则创下2359亿林吉特的成绩，提供160万个就业机会，发展前景值得期待。

（来源：中华人民共和国驻马来西亚大使馆经济商务参赞处. http://my.mofcom.gov.cn/article/sqfb/201504/20150400937484.shtml. 2015－04－09)

马来西亚推出4项税务津贴吸引外资

马来西亚投资发展局（MIDA）2015年4月宣布4项新的税务津贴，主要内容包括：

给予在未开发地区或领域的税务津贴，最高优惠可免15年所得税或10年合格资本开销免税；工业区管理津贴，最高可享有5年法定收入免税；提升工业自动化的资本津贴，部分行业可获得首400万林吉特200％的加速资本津贴；建立主要枢纽的税务津贴，根据公司层次，前5年可获得5～10％的公司税免除。前3项津贴从4月6日起生效，第4项津贴从5月1日起开始。

马来西亚贸工部部长穆斯塔法表示，上述税务津贴，尤其是为在马来西亚建立主要枢纽的跨国公司所提供的津贴，对加强马来西亚区域竞争力及国际运营基础、迎接全球离岸外包活动的增加意义重大。

穆斯塔法表示，在过去的8年间，政府针对5个经济走廊的发展，批准了3498个项目，分别吸引国内投资990.9亿林吉特和海外投资1656.5亿林吉特，创造了38.1万个就业机会。相信这些津贴和税率优惠可以提升企业竞争力，吸引更多外资入驻马来西亚。

（来源：中华人民共和国驻马来西亚大使馆经济商务参赞处. http://my.mofcom.gov.cn/article/sqfb/201504/20150400935741.shtml. 2015－04－08)

马来西亚拟兴建东南亚最大批发中心

据《东方日报》《光华日报》报道，马来西亚金务大（GAMUDA）置地私人有限公司和GM巴生私人有限公司将在雪兰莪州巴生Bandar Botanic，联手发展巴生GM批发城计划，其目标是打造东南亚最大批发中心，鼓励国内外小企业创业，来自东盟、中国、阿拉伯、孟加拉、印度及巴基斯坦的批发商总数将占25％。

批发城董事经理林成国指出，项目建成后将容纳5000家批发商，创造2万个就业机会，未来10年总营业额将高达100亿林吉特。GM批发城B座将于2016年第4季度开放营业，届时将由2500多家批发商进驻。此外批发城还将兴建国际会展中心，力争将巴生发展成重要贸易枢纽。

（来源：中华人民共和国驻马来西亚大使馆经济商务参赞处. http://my.mofcom.gov.cn/article/sqfb/201504/20150400933650.shtml. 2015－04－06)

马来西亚政府成立服务委员会发展服务业

《南洋商报》报道，马来西亚政府成立了一个由12名内阁部长及政府机构主管组成的服务委员会，负责整合物流贸易，扩大服务业，以达到服务业在2020年占国内生产总值比重58%的目标。

据报道，马来西亚2014年服务业占国内生产总值比重为55%，创造800万个就业机会，占总就业人数的62%，2020年若要达到上述目标，服务业每年的增长率要达6.7%。

马来西亚总理纳吉布2015年3月主持了“物流与贸易便捷化计划”推介活动，该计划旨在提升经济增长及刺激出口，涵盖5项策略及21个行动，预计到2020年创造14.6万个就业机会。

纳吉布表示，物流业是贸易与供应链的重要组成部分，马来西亚位置优越，交通完善，马来西亚将加速推行“物流与贸易便捷化计划”，推动马来西亚成为区域物流枢纽。

（来源：中华人民共和国驻马来西亚大使馆经济商务参赞处. http://my.mofcom.gov.cn/article/sqfb/201503/20150300912359.shtml. 2015—03—17）

中国银行获授权担任吉隆坡人民币业务清算行

路透社网站2015年1月5日报道，中国人民银行网站宣布，将授权中国银行（马来西亚）有限公司担任吉隆坡人民币业务清算行。这是2014年11月份中国人民银行与马来西亚央行签署相关备忘录的后续工作。根据备忘录，中马双方将充分协商与合作，做好相关业务监督管理、资讯交换、持续评估及政策完善工作，发展人民币结算安排。中国政府近期加快推动人民币在国际贸易与投资中使用的步伐，以实现人民币国际化，并已和多地央行签署人民币结算安排协议，设立人民币结算行。

中国银行（马来西亚）有限公司表示，该行成为指定清算银行后，将认真履行两国政府赋予的职责，提高结算效率，不断完善人民币产品体系，为两国企业和金融机构跨境人民币交易提供更加便捷高效的服务，进一步促进中马两国贸易、投资自由化与便利化。

中国与马来西亚双边贸易持续扩大，在过去20年中每年增长20%，并在2013年突破1000亿美元大关。据环球银行金融电信协会（SWIFT）数据，2014年上半年，马来西亚人民币结算额达到1.15万亿人民币，比2013年激增104.5%。

（来源：中华人民共和国驻马来西亚大使馆经济商务参赞处. http://my.mofcom.gov.cn/article/sqfb/201501/20150100858712.shtml. 2015—01—06）

中国机器人将走进马来西亚

2014年12月12日，参加北京文博会的海内外政府代表和企业集中签约12个项目，涉及金额70亿元人民币。其中，马来西亚大学和民间商贸组织与紫光优蓝机器人公司签约，公司将提供技术和生产，把其自主研发的爱乐优U03智能家用物联网机器人项目推广到马来西亚的学校教育、家庭幼教、老人看护和家庭服务等不同领域。项目涉及资金1亿元人民币。

（来源：中华人民共和国驻马来西亚大使馆经济商务参赞处. http://my.mofcom.gov.cn/article/sqfb/201412/20141200835020.shtml. 2014—12—16）

马来西亚计划设立中国商品仓储中心　推动电商物流发展

马来西亚华人公会下属马青总团计划2016年推动“库存马来西亚，销售东南亚”计划，拟在马来西亚免税区设立仓储中心，存放中国商品，以此缩短东南亚电子商务消费者取货时间，增强马来西亚在东南亚电商物流产业中的地位。

据报道，马青总团目前已计划在马泰边境免税区设立仓储中心，中国商家可选择在此开设仓库或与本地商家合作，预先存储中国产品，待消费者下单后分送商品，预计将大大缩短东南亚消费者收货时间，不少中国公司已对此表示兴趣。

（来源：中华人民共和国驻马来西亚大使馆经济商务参赞处. http://my.mofcom.gov.cn/article/sqfb/201412/20141200826050.shtml. 2014—12—09）

马来西亚提供贷款利息津贴助中小企业发展

据《东方日报》报道，马来西亚总理纳吉布在全国中小企业发展理事会第17次会议后的新闻发布会上宣布，中小企业大蓝图下的“中小企业投资伙伴计划”，政府将为符合资格的中小企业提供高达2%的贷款利息津贴。

在中小企业大蓝图下，政府共制定了6项高效益计划，即综合商业机构注册与执照计划、技术商业化平台计划、中小企业投资伙伴计划、迈向出口计划、催化剂计划和兼容性革新计划。在计划实施的前5年里，政府将提供3.75亿林吉特启动基金，其中2.5亿林吉特来自中小企业银行，1.25亿林吉特来自私人投资者。目前，各项计划正处于不同的执行阶段。

纳吉布同时宣布为中小企业大蓝图设立监督及评估系统，以监督高效益计划的进度。为达到蓝图设定的目标，即在2020年前中小企业贡献41%的全国GDP、25%的出口率以及62%的就业机会，马来西亚政府将成立促进出口理事会，以跨机构合作的方式刺激出口。

（来源：中华人民共和国驻马来西亚大使馆经济商务参赞处．http://my.mofcom.gov.cn/article/sqfb/201412/20141200820539.shtml．2014－12－04）

马来西亚经商环境全球排名第18位

世界银行最新公布的《2015年经商环境报告》显示，马来西亚位居第18位，较2014年上升2名。马来西亚在5个项目评估中有所提升，包括开办企业所需天数、获得建筑许可证的程序、电力成本、产业注册天数、破产处理效率等，上述成绩表明马来西亚政府及经济转型计划，取得了一定效果。

在全球189个经济体中，新加坡连续多年排名第1，进入前10名的其他国家或地区依次为：新西兰、中国香港、丹麦、韩国、挪威、美国、英国、芬兰和澳大利亚。东盟10国的排名依次为：新加坡、马来西亚、泰国、越南、菲律宾、文莱、印度尼西亚、柬埔寨、老挝以及缅甸。

（来源：中华人民共和国驻马来西亚大使馆经济商务参赞处．http://my.mofcom.gov.cn/article/sqfb/201410/20141000779670.shtml．2014－10－31）

中国南车公司获马来西亚30列轻轨车辆订单

中国铁路车辆制造商中国南车株机公司于2014年10月21日与马来西亚企业签署协议，将为吉隆坡地区安邦线提供30列轻轨列车，其中9列将在马来西亚本地生产。列车采用3节固定编组形式，最高设计时速80公里。

自2010年以来，中国南车株机公司先后获得马来西亚38列6节编组动车组、20列安邦延长线轻轨车辆、10列增购动车组、30列安邦线轻轨车辆合同，并签下为期2年的维保合约。

为有效提升马来西亚轨道交通装备制造水平，2013年4月，该公司投资4亿林吉特建设南车马来西亚轨道交通装备制造基地，开展轨道交通车辆的焊接、组装、实验、大修和翻新等业务。项目一期工程于2014年年底完工，产能为每年新造列车150辆和大修100辆。

（来源：中华人民共和国驻马来西亚大使馆经济商务参赞处．http://my.mofcom.gov.cn/article/sqfb/201410/20141000770537.shtml．2014－10－23）

马来西亚企业与同济大学签署橡胶垫制造谅解备忘录

据《南洋商报》报道，2014年9月马来西亚Doshin橡胶产品公司与同济大学轨道交通研究院签署谅解备忘录，设计、制造与推销浮动轨道橡胶垫。

其中，Doshin将根据同济大学轨道交通研究院提供的设计，制造橡胶垫；同济大学轨道交通研究院则向中国城市轨道交通项目推广Doshin制造的其他相关产品。

据悉，该谅解备忘录于2014年9月16日开始生效，为期2年。

（来源：中华人民共和国驻马来西亚大使馆经济商务参赞处 http://my.mofcom.gov.cn/article/sqfb/201409/20140900740869.shtml．2014－09－23）

马来西亚将加大对信息通信技术产业的投资力度

据《新海峡时报》报道，马来西亚总理纳吉布于2014年9月表示，信息通信技术产业是国家发展的重要组成部分，也是促进经济增长的强大动力，有利于推动该国加速向高收入国家迈进，政府将继续加大对该产业的投资力度。

纳吉布表示，高速宽带（HSBB）服务对发展转型至关重要，2014年马来西亚HSBB普及率为67.1%，比2009年的31.7%有了大幅提高，政府将致力在2015年年底将HSBB普及率提高至75%。

（来源：中华人民共和国驻马来西亚大使馆经济商务参赞处．http://my.mofcom.gov.cn/article/sqfb/201409/20140900733296.shtml．2014－09－17）

缅　甸

缅甸将使用6.7亿美元世界银行贷款改善电力系统

据《缅甸商业日报》报道，缅甸全国电力规划预算中，将纳入一项总额6.7亿美元的世界银行贷款。

据缅甸电力部消息，在2015～2019五年规划中，缅甸计划建设输电线，向150万无电家庭输送电力。为此，缅甸政府将需要使用6.7亿美元贷款，用于建设完整的输变电系统。

截至目前，世界银行已向缅甸提供4亿美元贷款，用于改善缅甸电力供应。

缅甸电力部副部长表示，缅甸水电资源丰富，伊洛瓦底江、钦敦江等主要河流水电蕴藏量约10万兆瓦，但由于环保等问题需要进一步论证，水电规划的实施周期较长。

据统计，缅甸发电总量已从2011～2012财年的3413兆瓦增加到目前的4714兆瓦。

（来源：南博网. http://www.caexpo.com/news/asean/miandian/jmzx_md/2015/05/08/3644668.html. 2015—05—08）

缅甸计划建设1.6万公顷现代化机械农场

据《缅甸商业日报》报道，缅甸农业与灌溉部副部长吴翁丹表示，政府计划在2015～2016财年建设1.6万公顷现代化机械农场。其中，1821公顷使用缅甸政府资金，1.23万公顷使用印度贷款，1618公顷使用农业发展国际基金。

2016～2017财年，印度还将向缅甸提供贷款用于8255公顷现代化机械农场建设，农业发展国际基金也将为2016～2017财年的1618公顷、2017～2018财年的809公顷现代化机械农场建设提供贷款支持。

自2011～2012财年到2014～2015财年，缅甸中央政府使用自有资金完成了1.31万公顷农场的现代化机械改造，各省邦政府也于同期完成510公顷英亩农场的现代化机械改造。

农业占缅甸国民生产总值的30%，但由于农业生产技术落后，生产效率较低。

（来源：南博网. http://www.caexpo.com/news/asean/miandian/jmzx_md/2015/05/07/3644530.html. 2015—05—07）

东盟国家在缅甸投资3年激增近500倍

2010年至2013年的3年间，东盟国家在缅甸的投资有了飞跃式的成长，投资额增加近500倍。

2010年，东盟国家在缅甸的投资总额仅为255万美元；2011年略有增加，达到846万美元；2012年增至1.51亿美元；2013年则快速增长，跃升至11亿美元。

2013年在缅甸投资的国家和地区中，东盟国家的投资额占外国总投资额的45%，其中，中国大陆在缅甸的投资达到7.9亿美元；欧盟的投资额约为2.96亿美元；中国香港的投资额约为2.7亿美元；日本的投资额约为3600万美元；南韩的投资额约为2980万美元。

据缅甸投资与公司局统计，截至2014年10月底，外国在缅甸投资总额共计500亿美元，其中来自东盟国家的投资达到198亿美元，占总投资的39.6%。

（来源：南博网. http://www.caexpo.com/news/asean/miandian/jmzx_md/2015/05/06/3644489.html. 2015—05—06）

缅甸饲料需求量在逐年增加

缅甸《耶德纳榜日报》报道，随着养殖业规模的扩大，缅甸国内饲料需求量也在逐年增加。预计到2017年，鸡、猪养殖业所需的饲料量就将在目前的基础上增加25%。据缅甸养殖业协会的统计，2014年鸡、猪两项养殖业的饲料需求量是184万吨，预计2015年将达212万吨，增加15%，2016年增加20%至254万吨，到2017年则将达到317万吨，增加25%。

（来源：南博网 http://www.caexpo.com/news/asean/miandian/jmzx_md/2015/05/06/3644476.html. 2015—05—06）

缅甸与中国签署购买铁路机车车头协议

缅甸《全球新光报》报道，据缅甸铁道部消息，缅甸铁道部与中国机械进出口集团有限公司2015年4月30日在内比都签署价值1100万美元的铁路机车车头购买协议。缅甸现有的377个机车车头中，200多个已超期服役。据悉，第1批3台机车车头将于2015年12月份运抵缅甸，其他车头将在2016年运抵缅甸，这些机车车头主要将用于缅山区铁路的运输。

（来源：中华人民共和国驻缅甸联邦共和国大使馆经济商务参赞处. http://mm.mofcom.gov.cn/article/jmxw/201505/20150500959617.shtml. 2015—05—04）

Visa国际在缅甸开设代表处

据缅甸《7日新闻》报道，为了推动缅甸Visa卡的使用，Visa国际于2015年4月1日在缅甸设立代表处。Visa于2012年开始进入缅甸，伴随着缅甸通讯业的发展，2014年Visa借记卡和Visa信用卡的使用量增长了3倍。目前缅甸可以进行电子结算的商家有1800多家，有ATM取款机1150台。从2012年至2014年，外国人在缅甸通过ATM机取款额达1.6亿美元。

Visa国际目前通过8家缅甸本地银行发行Visa卡，还与5家本地银行合作发行国际旅行支付卡，此类卡可以使用美元、新加坡元和缅元支付。Visa缅甸办事处的负责人表示，随着经济的快速发展，缅甸需要便捷的支付方式，Visa将利用其支付系统在缅甸进一步开展移动支付和电子交易业务。

（来源：南博网. http://www.caexpo.com/news/asean/miandian/jmzx_md/2015/04/07/3642812.html. 2015－04－07）

缅甸咖啡批量出口中国

《缅甸新光报》报道，据缅甸掸邦南部咖啡协会会长吴温昂透露，掸邦南部涯安地区生产的咖啡豆于2015年3月向中国出口100吨，计划4月初试销日本20吨去壳咖啡。

据悉，掸邦南部涯安地区共有125个村庄，咖啡种植面积2428多公顷。以前由于种植和加工技术落后加之质量不高等因素导致销路不畅。2013年当地成立咖啡协会后，进行了技术改良和添置了加工设备，使咖啡产量和质量大幅提升，2013～2014财年咖啡产量为495吨，2014～2015财年为660吨，并开始承接国外大宗订单。随着当地咖啡畅销国外，同时也提高了当地农民的生活水平。

（来源：南博网 http://www.caexpo.com/news/asean/miandian/jmzx_md/2015/04/07/3642810.html. 2015－04－07）

缅甸成衣出口额逐年增加

据缅甸《耶德纳榜日报》报道，由于缅甸成衣制造按国际标准进行生产，出口量在持续增长。据统计，2012年成衣出口额7亿美元，2013年增加到12亿美元，2014年则达到13亿美元。缅甸成衣业协会负责人对此称，2015年成衣出口额将超过15亿美元，到2016年则有望达到20亿美元。

据悉，已有包括中国、日本、韩国、中国台湾及欧盟部分成员国在内的28个国家和地区投资缅甸成衣制造业，运转生产的成衣厂家超过300家，提供约25万个就业岗位。

（来源：南博网. http://www.caexpo.com/news/asean/miandian/jmzx_md/2015/04/02/3642586.html. 2015－04－02）

缅甸纺织业投资前景广阔

据南博网了解，缅甸劳工充足，工人工资低廉，引起了诸多国际纺织业的投资兴趣，尤其是亚洲国家近年来在缅甸投资不断增加。

缅甸纺织业发展迄今已有200多年历史，拥有丰富的天然资源及低廉充沛的劳动力，在历经2年多的政治经济改革后，与美国、欧盟等国家关系正常化，再加上与周边越南、柬埔寨产地的配合，展现巨大的发展潜力。随着中国服装生产成本越来越高，越来越多的国家都对缅甸表现出极大的热情，欲将纺织服装产业向东南亚等国转移，以抢滩之势投资缅甸纺织业。

据南博网了解，截至目前，来自中国、中国台湾、马来西亚、德国、日本、韩国等20多个国家和地区的企业在缅甸纺织领域进行投资，经营的纺织厂约有300家。挪威也正准备投资1000多万美元在缅甸发展纺织业。

但缅甸纺织服装业要成为推动经济增长的支柱产业，仍需面临一系列挑战。缅甸纺织业缺少熟练技工，不少工人跑到泰国边界的工厂去找更高待遇的工作。此外，产业配套设施落后，电力供应不足等问题亟待解决。

（来源：南博网. http://www.caexpo.com/news/asean/miandian/jmzx_md/2015/02/13/3640565.html. 2015－02－13）

缅甸仰光至中国上海开通物流服务

据《缅甸环球新光报》报道，丹麦穆勒亚洲航运公司将开通新的仰光—上海物流服务。

穆勒亚洲航运公司与丹麦马士基航运公司属同一集团，为世界最大的船运公司之一。该公司开通此条直接物流运输服务线路，以此抓住中缅两国贸易快速发展的机遇。

据报道，穆勒亚洲航运公司第1批335.28米集装箱货轮已于2015年1月27日离开上海，于2015年2月9日抵达仰光。

穆勒亚洲航运公司执行总裁表示，新的货运航线的开通使上海至仰光的货运航行时间从18天缩短到13天，而缅甸透明的贸易政策是吸引其来缅投资的原因。

2014年5月，马士基航运公司已在仰光开设代表处。

（来源：南博网. http://www.caexpo.com/news/asean/miandian/jmzx_md/2015/02/13/3640519.html. 2015—02—13）

缅甸将设立旅游业发展银行

据《缅甸商业日报》报道，缅甸旅游协会消息，缅甸将于2015年年内在仰光、曼德勒和内比都设立缅甸旅游业发展银行，以促进本国旅游业发展。

缅甸旅游协会副会长表示，旅游业发展银行的设立已得到缅甸中央银行的批准。该协会已从2014年下半年开始募集资金并出售股份。银行正式运营后，将为酒店和旅游业提供金融服务，帮助他们拓展国际业务。

据缅甸酒店与旅游部统计，2013年缅甸旅游业收入9.26亿美元，2014年收入11.4亿美元。2014年，缅甸吸引游客305万人次，同比增长50%。

（来源：南博网. http://www.caexpo.com/news/asean/miandian/jmzx_md/2015/02/06/3640219.html. 2015—02—06）

缅甸将利用外国贷款推动房地产发展

据缅甸《七日日报》报道，缅甸建设与房地产发展银行常务董事吴温佐透露，该行将从4家外国银行贷款，转贷给国内购房者。这4家银行包括新加坡的华侨银行和大华银行，印度的印度联合银行，马来西亚的马来亚银行。上述人士表示，从外国银行贷款利率低、期限长，目前还在物色其他银行和金融机构进行合作。

上述银行于2014年由缅甸建筑行业企业家、城乡和住房发展局合作成立。目前该行只向那些购买政府开发的住房项目、有稳定收入且月薪在30～50万缅元的业主提供贷款，利率为13%。该银行的贷款将极大缓解那些资金周转困难的建筑商的压力，但部分建筑商希望能降低利率。

（来源：南博网. http://www.caexpo.com/news/asean/miandian/jmzx_md/2015/02/05/3640099.html. 2015—02—05）

世界银行将协助缅甸发展水电

据缅甸《今日民主》报道，世界银行表示，将协助缅甸发展水电项目，降低水电项目对自然和人文环境的破坏程度，充分发掘缅甸水电资源，以推动缅甸经济和社会发展。

国际金融集团的一位负责人表示，电力发展是缅甸消除贫困、提高民众生活水平的基本要件，水电是缅甸未来能源结构的重要部分，如果进行科学系统的开发，水电是一种更清洁更廉价的可靠能源，水电将成为缅甸消除贫困、实现长期发展的重要动能。

目前缅甸只有30%的家庭得到电力供应，属于世界上供电率最低的国家之一，但其蕴藏的发电量达10万兆瓦，是目前发电量的30倍。

（来源：南博网. http://www.caexpo.com/news/asean/miandian/jmzx_md/2015/01/26/3639446.html. 2015—01—26）

中国与缅甸即将开通货轮直航

据缅甸《七日日报》报道，中国海运集团（中海运）的货轮于2015年2月份开通对缅甸的直航。中国海运集团缅甸办事处的负责人对此表示，从上海首航缅甸的货轮于2015年2月8日抵达仰光“缅甸工业港口”。

据悉，从中国上海直航仰光的中海运轮船，沿途将经停越南、新加坡和马来西亚等国的主要海港。中海运目前已开通了抵达亚洲、欧洲、美国、南非和地中海地区的航运业务。另据中海运消息，直航缅甸的是载重量为1.1万吨的4艘货轮，每周将有一艘执行航运任务。

（来源：中华人民共和国驻曼德勒总领事馆经济商务室. http://mandalay.mofcom.gov.cn/article/jmxw/201501/20150100874025.shtml. 2015—01—21）

缅甸橡胶获准自由出口

缅甸盛产天然橡胶，并鼓励将本国橡胶进行加工，将半成品出口到他国。但缅甸橡胶半成品品质较差，外国采购商偏爱未经加工的生橡胶。据南博网了解，受国际橡胶价格波动，缅甸橡胶价格下滑，为促进橡胶出口，缅甸商务部日前已批准橡胶自由出口。

据南博网了解，目前缅甸橡胶种植面积达 60 万公顷，产量将超过 17 万吨。过去缅甸限制生橡胶出口旨在将加工工作机会留在缅甸国内。但由于加工水平不高，达到 RSS－1 级别的产品较少，加之受国际橡胶价格波动的影响，缅甸橡胶的价格通常每吨要比国际市场低 300 美元～400 美元。

从 2014 年 1 月开始，出口橡胶的关税上升到 2%。现今缅甸商务部从 2015 年开始批准橡胶自由出口，这将在一定程度上促进缅甸橡胶业的出口。同时，为阻止天然橡胶价格继续下跌，泰国、印度尼西亚以及马来西亚支持的行业集团将邀请柬埔寨、老挝、缅甸以及越南参加 2015 年 2 月召开的会议，未来将推出更多措施来支撑橡胶价格。

（来源：南博网. http://www. caexpo. com/news/asean/miandian/jmzx_md/2015/01/16/3638912. html. 2015－01－16）

缅甸中小企业有望获得无抵押贷款

缅甸中小企业发展银行（SMIDB）主席丹吞博士 2015 年 1 月 6 日表示，经与缅甸财政部协调，将针对已注册的中小企业推出无抵押贷款项目，贷款数额最高可达 1000 万缅元（约合 9770 美元）。丹吞同时称，借款人必须是缅甸保险公司（Myanma Insurance）2014 年推出的信用担保保险（Credit Guarantee Insurance）投保人。

据悉，此类保险按年收取贷款额一定比例的保费，并在发生债务违约时承担最多 60%的损失。据报道，统计数据显示缅甸目前有注册中小企业 12.62 万家，占企业总数的 99.4%，而其中绝大部分缺少融资渠道。丹吞还表示，如银行能从国际组织等渠道获得低息贷款，则有望降低目前 8.5%的贷款利率，日本国际协力机构、越南投资发展银行和新加坡一金融机构均将对此提供资金支持。

（来源：中华人民共和国驻曼德勒总领事馆经济商务室. http://mandalay. mofcom. gov. cn/article/jmxw/201501/20150100859895. shtml. 2015－01－07）

缅甸首个证券交易协议签署

据《缅甸环球新光报》报道，缅甸财政部与两家日本公司签署协议，正式建立仰光证券交易所。该协议是缅甸签署的首个证券交易协议。

证券交易公司为缅日合资公司，缅甸经济银行占股 51%，日方两家公司共占股 49%。

缅甸财政部长在签字仪式上表示，证券交易所的建立将促进缅甸经济发展，在仰光证券交易所上市的企业能够对长期投资进行融资，普通人可以对上市公司的股票进行买卖。

仰光证券交易所坐落于仰光市中心苏雷塔的联邦银行旧址。该证券交易所建立后，安全与交易委员会将发放保险公司、代理商、经纪人和顾问相关牌照。

（来源：南博网. http://www. caexpo. com/news/asean/miandian/jmzx_md/2014/12/26/3637781. html. 2014－12－26）

缅甸将核发 4 类证券业牌照

缅甸《十一周刊》网站报道，缅甸财政部副部长貌貌登博士表示，监管机构将根据证券市场从业者的职能不同分别核发 4 类执照，分别是证券承销商（underwriter）、证券交易商（dealer）、证券经纪商（broker）和顾问（consultant）。貌貌登博士还表示，监管机构将从 2015 年 1 月起接受上述执照申请。报道称，缅甸首家证券交易所——仰光证券交易所预计 2015 年 10 月开业。

（来源：中华人民共和国驻曼德勒总领事馆经济商务室. http://mandalay. mofcom. gov. cn/article/jmxw/201412/20141200839645. shtml. 2014－12－19）

缅甸铁路运输系统将继续推动私营化

据《七日日报》报道，缅甸铁道部部长吴丹泰表示，缅甸铁路运输系统已经向 2 家公司开放了两个路段的经营权，今后还将继续向私营企业开放其他路段，私营企业如有感兴趣的路段，可以与铁道部协商合作。

缅甸铁路公司在不久前向两家私营企业移交了蒲甘—皎班当和曼德勒—密支那两条线路的经营权。目前铁路公司已经开始招募新的私人合作者，有 11 家公司递交了兴趣函，2015 年 1 月正式招标。据业内人士透露，投资铁路运输的企业在短期内获利的可能性不大。

（来源：南博网. http://www. caexpo. com/news/asean/miandian/jmzx_md/2014/12/10/3636737. html.

2014—12—10）

缅甸：亚洲企业投资新热点

南博网了解到，缅甸自然资源丰富，人口众多，以及与中国、印度和东南亚多国接壤的战略性地理位置，使越来越多的亚洲企业投资缅甸，缅甸已成为亚企投资的新热点。

缅甸的化石能源和水电资源储藏量丰富，目前缅甸国内有两三成人用不上电，电力供应也不稳定。当地的通信行业也是近几年才迅速发展，仰光和内比都的无线通信网络已经进入3G时代，但网络很不稳定。缅甸市场的商机前景无限。

开放和变革中的缅甸投资潜力巨大，迅速成长的中产阶级对周边国家的吸引力也在不断增强。《大华银行亚洲企业报告2014》显示，有1/4的亚洲企业正寻求投资缅甸。日本将向缅甸提供总额达260亿日元的日元贷款用于改善缅甸的配电网、建设港湾和面向中小企业贷款。新加坡本土企业Asiatech Energy在缅甸孟邦建立蒸汽联合循环发电厂。该发电厂建成之后，发电量足够为缅甸160万户居民供电。

目前赴缅投资企业相当大一部分来自东南亚以及其他亚洲国家，这些投资是可以让缅甸人民和企业受益的战略性和长期性投资。2014年10月，有9家国际银行在缅甸获得外资银行牌照，大华银行就是其中之一。该牌照使大华银行能够在帮助其对缅甸感兴趣的客户过程中发挥更积极的作用。

基础设施仍是缅甸经济的薄弱环节，但随着东盟经济一体化的建成以及缅甸在基础设施建设和互联互通方面的提升，区域内贸易的崛起将为投资缅甸创造机会。

（来源：南博网．http://www.caexpo.com/news/asean/miandian/jmzx_md/2014/11/21/3635526.html. 2014—11—21）

中国海油工程获签缅甸3.67亿美元合同

中国国有企业海油工程公司与泰国国家石油管理局签订了缅甸Zawtika Phase 1B EPCI油气区块项目合同，并经过了当地政府的批准。该项目位于缅甸仰光南部约300公里的海域，平均作业水深150米。合同包括4座井口平台的设计、建造和海上安装业务以及4条海底管线铺设等业务。根据合同约定，该项目已于2014年5月收到中标通知书后开工，计划2016年4月完工。

（来源：南博网．http://www.caexpo.com/news/asean/miandian/jmzx_md/2014/10/24/3633776.html. 2014—10—24）

中国与缅甸技术转移合作关系正式确立

2014年9月，广西科技厅有关负责人代表中国—东盟技术转移中心与缅甸技术研究院签署了中文、缅甸语、英语三语的共建中国—缅甸（缅甸—中国）技术转移中心合作协议。协议的签订标志着中缅技术转移合作关系正式确立，相关国际合作与交流得以进一步加深。

作为中缅技术转移中心的首项工作，缅甸已于2014年9月召集缅甸工业园区相关企业和管理人员举办培训会，介绍中缅技术转移中心运作与合作模式，积极引入企业参与到中缅技术转移合作与交流中。中国—东盟技术转移中心将支持举办面向缅甸的技术培训，并将充分利用中缅技术转移平台开展技术转移服务工作。

（来源：广西新闻网．http://www.gxnews.com.cn/staticpages/20140920/newgx541cc823－11204095.shtml. 2014—09—20）

菲律宾

菲律宾推出农业发展计划

据《马尼拉公报》报道，“亚洲成长伙伴关系”2015年4月在雅加达成立，该计划目标是通过提高农业生产率、可持续发展和盈利能力，到2020年前帮助1000万东盟国家小农户的收入提高至少20%。作为参与国，为呼应该计划，菲律宾农业部启动了“农业可持续发展伙伴计划（PPSA）”。PPSA设立了国家秘书处以及委员会，制定发展计划，协调如政府、公司、社会团体和农民等各方力量，支持现有或新创的涉农公司，共同推动小农户发展。PPSA首要的发展领域有：咖啡、木薯、玉米、椰子和渔业。

（来源：中华人民共和国驻菲律宾共和国大使馆经济商务参赞处．http://ph.mofcom.gov.cn/article/jmxw/201504/20150400958986.shtml. 2015—04—30）

菲律宾造船业发展前景乐观

近年来，受益于政府的扶持，以及外资企业的技术与资金帮助，菲律宾造船业发展迅速，成为中国、韩国、日本之后的世界第 4 大造船国，未来菲律宾造船业发展前景乐观。

据南博网了解，菲律宾鼓励投资造船业，促进船舶行业的发展。1989 年，菲律宾政府开放大宗原材料进口，造船企业可通过优惠的价格获得优质的进口原料。位于经济开发区的出口导向船厂可豁免公司所得税。2004 年，菲律宾政府颁布法令，造船企业进口设备、机械、备件、救生和导航设备、钢板及其他金属板材等免征增值税。此外，简化造船企业海关手续，停征 4 至 6 年的注册项目收入税，为造船企业制定人力资源规划。据南博网了解，在菲律宾，造船业不属于对外国所有权限制的项目，外国投资者可以 100%拥有他们在菲律宾的造船厂。

造船业是菲律宾扩大出口和促进经济增长的朝阳产业，面临众多机遇。据南博网了解，日本常石造船和韩国韩进是菲律宾两家主要造船厂。

日本常石造船在菲律宾宿雾岛的造船厂占地 147 万平方米，雇用员工 1.3 万名，2015 年预计生产 20 艘散货船，约占集团总产量 40%，是常石在海外的主要生产基地。韩国韩进重工的菲律宾苏比克船厂是菲律宾最大规模造船厂，该造船厂有近 2.6 万人的本土人工作岗位，手持订单量为 39 艘，总值约为 26 亿美元。

菲律宾政府十分重视造船业的发展，丰富的劳动力资源以及区位优势凸显菲律宾造船业商机，外国造船企业日本常石造船、韩国韩进的进入推动了菲律宾造船业快速发展，南博网分析，以目前的发展趋势，造船业发展前景乐观。

（来源：南博网. http://www.caexpo.com/news/asean/feilvbin/jmzx _ flb/2015/04/09/3642975. html. 2015－04－09）

菲律宾希望更多外国投资进入矿业

菲律宾是个天然矿产资源丰富的国家，在世界矿产资源储量中占有重要的地位。据南博网了解，矿业推动菲律宾经济每年以 6%的速度增长，是国家支柱产业，为继续发展矿业，菲律宾希望更多外国投资进入矿业。为此，菲律宾政府出台了各项优惠政策，调整监管体制。

据南博网了解，菲律宾本地经济水平落后，贫困问题普遍存在，发展矿业可以为当地居民提供就业机会，减少贫困。此外，菲律宾政府还可从矿产中获得的收入从而发展建设基础设施，促进经济增长。

菲律宾金矿、铜矿、镍矿、锰矿等矿产储量价值 1.4 万亿美元。许多投资者目前正在等待菲律宾国会批准的第 79 号总统令为矿业公司提供一站式审批流程，缩短投资者申请时间。另外，投资者要求地方政府对采矿合同更加透明，希望菲律宾政府对外国投资者给予相应的法律保证。

此外，菲律宾计划通过立法保证许可证被真正用于开采，解决众多外国矿业公司顾虑，吸引外资进驻菲律宾矿业，进一步提高菲律宾矿业在本国的经济价值。

（来源：南博网. http://www.caexpo.com/news/asean/feilvbin/jmzx _ flb/2015/04/08/3642897. html. 2015－04－08）

菲律宾加强运输设施建设计划打造汽车制造中心

为方便菲律宾汽车出口，打造汽车生产中心，菲律宾正在计划加强道路等运输设施的建设，目前菲律宾总统阿基诺表示，将大幅提高港口、道路和机场等配套设施的财政预算，从而吸引更多外商直接投资。

据南博网了解，由于低利率环境和中产阶级迅速发展，菲律宾汽车销量实现增长。2014 年，菲律宾汽车总销量达 23.47 万辆，同比增长 29.2%，增速在东盟十国中居第 3 位。2015 年，菲律宾汽车销售目标为 27.2 万辆，增长目标为 16%。

南博网分析，省油的多功能轿车成为菲律宾汽车市场的宠儿，日本的丰田、三菱掌握占据菲律宾汽车市场的大份额，其中，丰田汽车占比 45%，三菱汽车占比 21%。为继续发展汽车产业，菲律宾科技部正在计划投入 2.7 亿比索修建电子产品发展中心，旨在降低芯片产品成本（最高达 50%）。菲律宾总统阿基诺将签署文件通过“汽车复苏综合战略项目”（Comprehensive Automotive Resurgence Strategy program，简称 CARS），希望能根据泰国的成功模式，建设起菲律宾的汽车产业。

为支持车企未来的投资以及工厂扩产，菲律宾政府还实行补贴激励，但车企在菲律宾的汽车产量须达到一定数量才能获得这一补贴，具体的数量目前并未透露。

（来源：南博网. http://www.caexpo.com/news/asean/feilvbin/jmzx_flb/2015/03/12/3641340. html. 2015－03－12）

菲律宾成为全球最大呼叫服务提供国

2014年，菲律宾取代印度成为最大的呼叫服务提供国。菲律宾呼叫协会简称（CCAP）统计，2014年呼叫中心收入为117亿美元，就业人数达68.6万。2015年收入将达到135亿美元，就业人数达79万人，预计增长态势持续到2016年。对于菲律宾呼叫服务行业而言，目前美国是最大服务市场，澳大利亚和新西兰市场增长迅速。呼叫中心业务包括客户服务、技术支持、金融和卫生保健等。

（来源：中华人民共和国驻菲律宾共和国大使馆经济商务参赞处. http://ph.mofcom.gov.cn/article/jmxw/201501/20150100875479.shtml.2015—01—22）

三菱汽车公司看好菲律宾市场

据菲律宾《每日问询者报》报道，三菱汽车菲律宾公司总裁柴田2015年1月表示，三菱公司有信心继续保持汽车销售的强劲增长态势，预计2015年汽车销售量将增长24%，2014年销售量为50085辆，2015年将增加到62000辆。届时，三菱公司在菲律宾汽车市场（年销售量31万辆）的份额将提高到20%。此外，三菱公司还计划推出100万比索的投资计划用于扩大汽车制造产业。此项投资计划如实施，菲律宾将成为三菱公司在东盟的第3大制造基地。

（来源：中华人民共和国驻宿务总领馆经济商务室. http://cebu.mofcom.gov.cn/article/jmxw/201501/20150100868590.shtml.2015—01—16）

菲律宾居“最适宜经商国家”排行榜第82位

据《菲律宾星报》报道，根据福布斯“2014最适宜经商国家（地区）排行榜”数据，菲律宾在146个国家（地区）中位居第82位，比2013年提升了8位。该排名根据各国贸易自由度、金融自由度、产权保护、创新能力、科技发展、办事效率、投资保护、腐败情况、个人自由、税负和证券市场表现等11项指标评出。与2014年相比，菲律宾共有8项指标评分提升。进步最大的是市场表现一项，由2013年的第63位跃居第13位，提高了50个位次；但同时，投资保护一项由2013年的103位跌至124位。福布斯指出，由于金融系统相对稳定及对出口依赖程度较低，菲律宾经济抵御住了世界经济下行的风险，但长期挑战仍然存在。挑战来源包括政府治理和司法系统改革、基础设施建设、可预知监管以及经商便利度、吸引高质量投资等。

目前，最适宜经商国家（地区）前10位依次是：丹麦、中国香港、新西兰、爱尔兰、瑞典、加拿大、挪威、新加坡、瑞士和芬兰。

（来源：中华人民共和国驻菲律宾共和国大使馆经济商务参赞处. http://ph.mofcom.gov.cn/article/jmxw/201501/20150100859892.shtml.2015—01—07）

菲律宾大力发展玉米产业

2014年11月，菲律宾农业部通过“菲律宾玉米发展行动”下发了22亿比索来推动玉米生产。一半以上的资金用于购置农业机械和收割后设备，来提高玉米的产量和质量。据统计，菲律宾2014年的玉米产量是780万吨，绝大多数收割后的玉米是自然晾晒，仅有10%由烘干设备来烘干。督促农民采用良好农业操作（GAP）技术，在选种、耕作、收获和储存等各个阶段按照GAP技术标准生产。鼓励选用常规、杂交和转基因等各种玉米种子。此外农业部还着力提高农民营销方面的技能。

（来源：中华人民共和国驻菲律宾共和国大使馆经济商务参赞处. http://ph.mofcom.gov.cn/article/jmxw/201411/20141100811803.shtml.2014—11—27）

菲律宾挖掘可再生能源 东南亚最大风电厂并网发电

据《菲律宾星报》报道，随着菲律宾东南亚最大的风力发电厂的完工，菲律宾放弃化石燃料而挖掘有巨大潜力的可再生能源获得了巨大的进步。

隶属于菲律宾能源开发公司的EDC Burgos风电公司2014年11月5日称其150兆瓦的风电项目在北伊罗戈省布尔戈斯获得成功。

菲律宾能源开发公司总裁兼首席运营官Richard Tantoco表示，虽然可再生能源还要走很长的路才能够满足该国日益增长的能源需求，但风电场的发展迈出了重大的一步。

根据菲律宾能源部的指导方针，调试成功意味着该可再生能源项目“目前物理连接到电网”，并“提供电力给输电系统”。

据菲律宾能源开发公司数据显示，布尔戈斯风电项目将提供370千兆瓦时的电力给大约200万个家庭。

（来源：新华网.. http://news.xinhuanet.com/

yzyd/energy/20141113/c_1113234141. htm. 2014—11—13）

菲律宾倡导大力发展乳业

据《商业镜报》报道，菲律宾农业部乳制品管理局（NDA）号召农民充分利用目前市场需求和供给的巨大差距，加大乳制品生产。

与前几年相比较，菲律宾乳品生产状况已有所改善，越来越多的农民对乳制品生产感兴趣。据农业部统计局统计，2013年菲律宾产奶牲畜存栏数是39069头，同比增长了6.9％。其中奶牛存栏数增长9.2％、奶水牛和奶山羊分别增长了4.38％和3.8％。

2014年上半年畜牧业占农业贡献率的15.39％，总收益达1189.2亿比索，同比增长6.33％。鲜奶在数量和价值上增长稳健，鲜奶产量达到9910公吨，总收益3.07亿比索，分别增长3.23％和5.61％。目前菲律宾乳制品的自给率仅为1％，NDA计划到2016年将自给率提高到2％。

（来源：南博网. http://www.caexpo.com/news/asean/feilvbin/jmzx_flb/2014/11/05/3634502.html. 2014—11—05）

可口可乐公司增加在菲律宾的投资

据菲律宾《每日问询者报》报道，菲律宾可口可乐FEMSA公司将追加在菲投资超5亿美元，用于扩建位于Canlubang的制造工厂，升级现有工厂设施，开拓全国市场，在米沙鄢群岛和棉兰老岛建立配送中心。

截至2014年11月，可口可乐FEMSA公司在菲律宾总投资额已达12亿美元。其中，2013年1月，FEMSA公司投资6.88亿美元收购可口可乐菲律宾瓶装公司51％的股份，另外6亿美元用于提高其在Canlubang等地的2个新PET线设备产能安装、收购南达沃制造设备、重建遭台风“海燕”破坏的塔克洛班工厂等。

可口可乐FEMSA亚洲分部企业事务总监胡安·多明格斯表示，自2013年1月起，该投资已产生约2000个就业机会。新追加的额外投资预计在2015年年底前再创1000个新职位。

（来源：南博网. http://www.caexpo.com/news/asean/feilvbin/jmzx_flb/2014/11/05/3634468.html. 2014—11—05）

中国产品将推动菲律宾手机市场的销量

2014年10月22日，根据市场研究公司GfK所获得的数据显示，菲律宾是东南亚智能手机与平板手机增速第4的市场，仅次于印度尼西亚、越南以及泰国。菲律宾2013年销售了智能手机673.67万个，较2012年（552.7万）增长了22％。平板手机销售量也达到15万个，增长50％，2014年智能手机销售量得到持续增长。

GfK表示，越来越多的本地区发展中国家非一线城市的消费者正在从基本型手机向智能手机转换，因此推动了智能手机市场蓬勃发展。印度尼西亚、越南、泰国近年智能手机市场表现良好，税收和销售量增长都在30％以上。GfK认为，中国产的智能手机由于其明显的价格优势在本地区包括菲律宾、泰国和新加坡的手机市场受到欢迎。

（来源：中华人民共和国驻菲律宾共和国大使馆经济商务参赞处. http://ph.mofcom.gov.cn/article/jmxw/201410/20141000769615.shtml. 2014—10—22）

菲律宾经济增长带动奢侈品消费

据南博网了解，随着菲律宾经济蓬勃增长，富裕起来的菲律宾人开始增加对奢侈品的需求，包括汽车在内的奢侈品销量大幅攀升。据菲律宾汽车制造商协会（CAMPI）表示，已将原定的2014年车企销量目标由23万辆调高到25万辆。

数据显示，2009～2013年间菲律宾平均经济增长率到达6.3％，2013年，菲律宾经济同比增长7.2％，在东南亚各国中独占鳌头。菲律宾人均国内生产总值从2009年的1832美元增长到2012年的2587美元。2013年，菲律宾经济增速跃居亚洲第2，仅次于中国。

菲律宾多数居民拥有稳定的工作，女性参加劳动的比例也在增高，整体经济发展稳中有进，势头良好。随着生活水平不断提高，他们有能力享受奢侈品，这是菲律宾奢侈品消费不断增加的主要原因。

（来源：南博网. http://www.caexpo.com/news/asean/feilvbin/jmzx_flb/2014/07/30/3628232.html. 2014—07—30）

菲律宾允许外资银行全面进入菲律宾国内市场

据《菲律宾星报》网报道，菲律宾中央银行于

2014年7月称，允许外资银行全面进入菲律宾的新法律，将加强菲律宾国内银行的竞争力并促进投资增长。

菲律宾央行行长 Amando M. Tetangco 表示，菲律宾银行体系进一步开放对外资银行带来了许多经济好处，国内银行市场可利用的外国直接投资的增长使财政资源增加；国内银行市场亦可促进技术转让；使人力资源技能获得提高。

Amando M. Tetangco 分析，允许外资银行全面进入菲律宾将有助于进一步巩固银行体系，使菲律宾的银行面对“东盟银行合作框架”（ABIF）时能更好地做好定位。该开放系统预计也将在菲律宾制造业等领域吸引更多外国直接投资，而菲律宾银行体系进一步开放将创造更多的就业机会和提高产量。

菲律宾总统府2014年7月20日宣布签署生效新法律 RA10641，即“允许外资银行全面进入菲律宾的法案”。

Amando M. Tetangco 强调，银行体系的自由化是资本和金融市场发展改革议程的一部分，该项改革旨在创建一个高效的工作环境，让储户和资金用户的需求可以得到解决，同时使菲律宾的金融市场更加稳定。

RA10641法允许外资银行全资持有菲律宾当地贷款机构或完全拥有一家新的银行附属机构，修改了以前只允许外资银行最多持有菲律宾当地银行60%的有投票权的股票的规定。

（来源：《中国日报》. http://world. chinadaily. com. cn/2014—07/22/content_17893024. htm. 2014—07—22）

中国与菲律宾可再生能源合作项目签署用地协议

据《菲律宾星报》报道，苏比克湾市政当局2014年7月发布消息称，为在苏比克建造一个20兆瓦太阳能和50兆瓦风能的可再生能源发电项目，该局主席加西亚与 Jobin SQM 公司总裁陈南希签署了一项800公顷土地租赁协议。该项目在2011年阿基诺总统访问中国时正式提出，当时由菲律宾 Jobin 公司与中水电国际工程公司（HIECL）签署了一项合作协议，由中水电负责项目的技术部分，包括工程建设和设备采购。据称，Jobin 公司将为此项目投资2亿美元，并希望项目在2016年投入商业运营。

（来源：中华人民共和国驻菲律宾共和国经济商务参赞处. http://ph. mofcom. gov. cn/article/jmxw/201407/20140700650031. shtml. 2014—07—03）

菲律宾保护渔业初显成效

过度和非法捕鱼等因素，导致菲律宾水域的鹦鹉鱼、苏眉鱼和鞍带石斑鱼等鱼类正在渐渐消失甚至已经灭绝。为保护渔业资源，维护生态平衡，菲律宾通过并生效“共和国10654号法案”，对“1998年菲律宾渔业法”进行修改和完善。菲律宾积极预防、阻止和消除三非（非法、非通报、非管制）捕鱼等，有效打击了非法捕鱼，保护了海洋和水产资源，促进菲律宾渔业的可持续发展。

此外2014年10月，菲律宾与越南协同合作，建立热线，共同打击公海的“三非”捕捞活动。

日前，欧盟肯定了菲律宾的积极行动，认为菲律宾积极有效地打击了过度和非法捕鱼等行为，决定解除对菲律宾的渔业警告。

据南博网了解，菲律宾若不积极阻止、监管非法捕鱼活动，将被欧盟列入“非法捕鱼国”黑名单，欧盟成员国不再进口菲律宾任何鱼类产品，同时欧盟捕鱼船只禁止出现在菲律宾水域。

（来源：南博网. http://www. caexpo. com/news/asean/feilvbin/jmzx _ flb/2015/04/24/3643867. html. 2015—04—24）

新加坡

新加坡成为亚洲最佳商业城市

据新加坡《联合早报》报道，新加坡超越日本成为亚洲最佳商业城市，在全球则高居第3位。

这是国际房地产咨询公司仲量联行（JLL）根据各种指标进行商业城市排名的结果。

这份报告分析了全球超过200个受认可的城市表现研究，显示新加坡在其中6个最重要的指标超越东京。新加坡在高等教育、流动性、科学、宽带网络和科技等方面领先亚洲各地。

新加坡在这个全球城市排名，仅在纽约和伦敦之后，而且新加坡是全球最亲商的城市。报告也指出，新加坡在外来专业人士和游客之中，已开始摆脱其缺乏活力的旧形象。

仲量联行新加坡与东南亚董事经理傅司克（Chris Fossick）表示，这项调查肯定了新加坡具备作为企业设立亚太总部所需的基础设施。新加坡超越东京的事实，显示新加坡经济的开放，能够采纳环球最佳方法，有效率和有效用地在新加坡落实及结合。

世界15个最佳商业城市当中，有5个是在亚太区，7个在欧洲，3个在北美洲。虽然世界最佳前几名相对稳定，较后的城市排名变动大，孟买和首尔是2010年以来改善最大的2个亚洲城市。

仲量联行文告指出，这份报告是至今最全面的城市表现研究，所分析的数据涵盖商业及金融、经济增长、生活素质、城市品牌、声誉以及影响力。

商业城市报告及仲量联行城市研究中心主席格雷格·克拉克（Greg Clark）表示，各城市吸引投资、管理增长及提供优良生活素质的能力，将决定城市的特性。克拉克表示，整体上基准和指标能够帮助人们实际深入了解城市。

这份报告6大指标中表现最全面的5个亚太城市依序是：新加坡、中国香港、东京、首尔及悉尼。

（来源：中华人民共和国驻新加坡共和国大使馆经济商务参赞处. http://sg.mofcom.gov.cn/article/zhengt/201505/20150500979818.shtml. 2015—05—21）

阿里巴巴携手新加坡邮政发展物流业务

东南亚地区经济快速发展带动了大量中产阶层的出现和巨大的消费需求，随着智能手机和网络的普及，东南亚电商将迎来爆发式增长。阿里巴巴与新邮政签署了一份谅解备忘录，共同发展国际电子商务物流业务。

据南博网了解，阿里巴巴正设法拓展东南亚电商业务，电商业务要面对的主要难题是物流，因为它们必须准时、安全地把消费者在网站上购买的物品送达。新邮政能够为国际化品牌提供包括本地化建站、数字营销、客户服务、仓储快递、客服等在内的一站式电商服务。阿里巴巴与新邮政合作，借助新邮政的能力和资源，打入东南亚市场。

根据阿里巴巴和新邮政签署的谅解备忘录，阿里通过“阿里巴巴商家送货计划”为东南亚商家提供物流和咨询服务。在Alibaba.com注册的新加坡会员使用新邮政Speedpost速递服务可享有优惠。在Alibaba.com注册的泰国和马来西亚会员在使用Ezyparcel服务时也可享有优惠。此外，新邮政的专家还会为会员提供物流和咨询服务。

在新邮政的帮助下，阿里巴巴顺利在东南亚和亚太市场拓展业务。在阿里巴巴的帮助之下，新邮政将能够开辟国际市场，带来新的收入来源，互利共赢。

（来源：南博网. http://www.caexpo.com/news/asean/xinjiapo/jmzx_xjp/2015/05/20/3645364.html. 2015—05—20）

新加坡与中国签订备忘录
促进商标注册合作

新加坡与中国于2015年5月18日签订备忘录，该备忘录促进两国在商标注册上的合作。

中方由中国国家工商行政管理总局代表。管理总局副局长刘玉亭表示，按照备忘录，中国与新加坡将互相交换商标注册信息，以及探讨人员培训事宜。

代表新加坡的知识产权局（IPOS）局长陈一山分析，这份备忘录加强了两国商标与品牌之间的联系，协助中国企业在新加坡乃至亚细安地区扩充营业，也让新加坡企业以及在新加坡的跨国企业的商标与品牌更容易进入中国市场。

中国将与新加坡分享当地企业在中国国内注册商标的情况。两国将交换的信息还包括：彼此如何处理商标纠纷，以及商标相关法律上的变更等。

新加坡很多中小企业均涉足中国市场，但这些中小企业的商标或专业技术均有被盗用的情况，因此考虑进军中国的中小企业不敢贸然投资。

专利并不属于刘玉亭的管辖范围，但就他所管的商标事宜而言，陈一山表示，近年来在中国的商标纠纷已“大大减少”。在中国注册商标的多数属中小企业，若遇到商标纠纷，可通过中国国家工商行政管理总局或司法机构解决纠纷，所有纠纷都将依法处理。

陈一山称，中国非常重视商标权，商标法也可加快商标的审查。

除了互相交换信息之外，新加坡与中国也有意举办培训活动，所涉及范围包括商标审查、商标异议与解决纠纷诉讼。

双方也将促进两国知识产权官员与专家之间的交流、一同举办研讨会，以及教育两国的知识产权所有人如何保护商标与维护商标权。

根据知识产权局提供的资料，从2013年以来，中国是全世界商标注册申请最多的国家，每年的商标注册申请有180万件。

新加坡目前正领导亚细安知识产权合作工作小组，协助加快与简化区域内的商标合作，包括让亚细安成员国更容易获取商标数据。

2014年，新加坡与中国的双边贸易额增加11%至1152亿元。新加坡2014年在中国投资总额为73亿美元（约93亿新加坡元），是中国最大的外资来源。中国则是新加坡最大的贸易伙伴。

（来源：中华人民共和国驻新加坡共和国大使馆经济商务参赞处. http://sg.mofcom.gov.cn/article/zhengt/201505/20150500976159.shtml. 2015－05－19）

新加坡与上海将加强服务业合作

新加坡和上海向来保持密切的合作关系，2014年的双边经贸比前年同期增加5.6%至128亿美元（170亿新加坡元）；新加坡在上海的实际投资额同比也增长78.1%，达到22亿美元。

在上海市长杨雄首次到访新加坡期间，新加坡和上海两地的机构和商家于2015年5月签署了四项协议，进一步加强双方在服务业的合作。

其中，新加坡国际企业发展局与上海市商务委员会签订协议，将携手促进服务业发展，以及探讨在贸易、金融、保险、教育、环境服务和智慧城市开发的合作。

新加坡企业方面，莱佛士医疗集团、伊顿国际教育集团和新加坡真实东方传媒也分别与上海企业签署协议。

根据这些协议，莱佛士医疗集团将在上海前滩设立一家有400个床位的国际综合医院，伊顿国际教育集团将在上海设立第3所国际学前教育中心，而新加坡真实东方传媒则将在本区域分销上海“第一财经”的内容。

莱佛士医疗集团和上海陆家嘴集团已组成合资公司，在浦东新区发展上海前滩国际医院项目。该地点是浦东逐渐成形的商业中心，位于前滩中心地带以及上海浦东国际机场和虹桥国际机场之间。

莱佛士医疗集团执行主席吕俊旸表示，中国是有吸引力的市场，对具有国际水准的全面医疗保健服务的需求不断增长。

伊顿国际教育集团将在上海万科商务中心设立国际学前教育中心，课程将强调在年幼阶段开发学童的思考能力、信心和品格。

伊顿国际教育集团董事长胡锦珠受访时表示，上海是重要的发展地区，集团对于能够在万科商务中心设立中心感到荣幸。新中心面积2322.58平方米，将应付200个介于18个月至6岁学童的学习需要。该中心定于2016年9月开幕。

企发局表示将协助新加坡公司掌握上海服务领域的机会。上海是中国首个自贸区，为行政和商业改革尤其是受管制的服务领域，提供了一个实验场所。2015年5月签署的协议标示着新加坡和上海共同努力，推进医疗保健、教育和媒体服务方面的发展。

分析人士指出，上海与新加坡科技创新的合作潜力巨大。新加坡制定了“智慧国家2025”计划蓝图，上海也正在向具有全球影响力的科技创新中心进军。上海愿与新加坡一起深入开展多层次、多领域的务实合作，为两座城市提供更加强大的发展动力。

新加坡贸工部兼国家发展部高级政务部长李奕贤指出，目前新加坡和中国正探讨新中自由贸易的升级版，上海自贸区的建设和发展，以及上海的科技创新中心建设计划，都将为新加坡和上海的合作拓展更大空间。

中国（上海）自由贸易试验区在2013年9月底挂牌。企发局在2014年年初跟自贸区管委会签订战略合作框架协议，共同推动在自由贸易区的合作，促成新加坡NCS集团为自贸区管委会提供电子政务咨询服务。此外，新加坡三大银行和商品厂商也已进驻自贸区。

（来源：中华人民共和国驻新加坡共和国大使馆经济商务参赞处. http://sg.mofcom.gov.cn/article/zhengt/201505/20150500971743.shtml. 2015－05－14）

中国四川省与新加坡签署8项合作协议

新加坡—四川贸易与投资委员会第16次会议于2015年4月20日在新加坡举行，中国四川省与新加坡签署了8项涉及消费、基础设施和物流等领域的谅解备忘录。

四川省副省长、新加坡—四川贸易与投资委员会川方主席甘霖在会上表示，“一带一路”战略和“长江经济带”战略的实施为四川这个内陆省份带来了前所未有的发展机遇，四川希望以此为契机增强自身发展能力及对中国西部地区的辐射力和带动力。四川省将加强与新加坡的合作，充分发挥双方优势，助推“一带一路”建设。

甘霖分析，四川的企业在内部管理、市场经营和国际化程度方面存在不足，但这恰恰是新加坡企业的优势，如果能够通过并购、股权合作等方式把四川和新加坡的企业联合起来，并利用成都良好的营商环境和四川广阔的市场空间，不仅四川的经济发展能够受益，新加坡也可以在“境外”实现产业升级，这将给新加坡的经济结构、分配结构、用工结构带来一系列良性变化。

新加坡文化、社区及青年部部长兼通讯及新闻部第二部长及新加坡－四川贸易和投资委员会新方主席黄循财在会上表示，现代服务业、现代生活、现代制造业一直是双方合作的方向。新加坡企业将继续密切关注四川的发展，并且提供创新的理念和方针参与四川省经济发展。

黄循财强调，自2010年启动以来，新加坡—四川创新科技园是新加坡—四川贸易与投资委员会持续关注的大型平台项目，新加坡政府将携手四川省政府，一如既往地支持新川创新科技园的发展。四川是中国西部综合交通及物流枢纽，尤其是直达欧洲的蓉欧快铁及近期即将启动建设的成都第二机场项目，都与“一带一路”战略相吻合，这将成为双方合作的载体。

新加坡航空物流领域的产业在规划建设、运营管理、货物运输等方面都有丰富的经验，希望能够参与四川航空物流的建设和发展。

会议期间，新加坡交易所与成都市金融工作办公室签署了合作协议，这将为四川企业在新加坡上市提供便利。新加坡食品厂商联合会分别与新希望集团有限公司、四川省投资促进服务中心签署了协议。

（来源：新华网. http://www.gx.xinhuanet.com/newscenter/dm/2015－04/22/c_1115052404.htm. 2015－04－22）

新加坡掀起网购热潮

随着网上购物的流行，新加坡越来越多的零售商涉足电子商务市场，据南博网了解，近年来新加坡网购销量年比增加三四成，新加坡掀起网购热潮。

通过网站订购商品对消费者而言非常方便，货品齐全，无需排队付钱。

据南博网了解，2014年5月，中国电商巨头阿里巴巴投资3.13亿新加坡元认购新加坡邮政10.35%的股份，同时双方签署战略合作备忘录，建立“国际电商物流平台”，完善的物流服务将为新加坡网购提供更好的支持。

2002年，新加坡平价超市推出平价购物网站，自2014年9月起，超市推出“点击提货”的服务，顾客上网订购物品，注明自己方便到超市取货的时段，这样一来能免去排队付款的麻烦，也不必待在家等货物送上门。

据南博网了解，新加坡是东南亚最大的电商市场之一，未来几年，预计销售将呈现两位数的增长。

（来源：南博网. http://www.caexpo.com/news/asean/xinjiapo/jmzx_xjp/2015/02/09/3640313.html. 2015－02－09）

中国香港与新加坡签署备忘录
加强医疗卫生合作

中华人民共和国香港特别行政区政府食物及卫生局局长高永文于2014年12月3日与到访的新加坡卫生部部长颜金勇会面，就公共医疗卫生事宜交换意见，并签署备忘录促进双方合作。

高永文在会晤中向颜金勇介绍中国香港在医疗卫生方面的政策，以及食物及卫生局的工作。双方官员还就医疗融资事宜交流了意见。根据备忘录，双方将促进两地政府在卫生事务上的合作和短期人员交流，让卫生人员能互相学习并加强沟通。

高永文表示，中国香港和新加坡在医疗卫生方面一直互相交流，而新加坡的有关政策和措施也有值得中国香港借鉴的地方。希望双方能继续加强合作，交流经验，这有助中国香港制订更切合社会需要的医疗卫生措施。

（来源：新华网. http://sg.xinhuanet.com/2014－12/04/c_127275528.htm. 2014－12－04）

新加坡积极改革　发展电子商务

随着信息技术发展和因特网普及，电子商务作为最新形式的交易手段正逐步渗透全球各个行业。据南博网了解，未来传统零售业将侧重网络经营模式，为此，新加坡必须加紧改革脚步，发展电子商务。

在电子商务领域，新加坡落后周边国家。而随着网络购物的兴起，零售业的价格战日益加剧，租金上扬、人手不足等问题也影响传统零售业者，新加坡商家开始借助网上销售渠道来节省成本。

据南博网了解，到2014年年底，全球预计有近30亿的网络用户，其中智能手机用户约占三分之一。高速互联网覆盖全国，智能手机用户不断增长，越来越多的消费者享受全球购物体验。

但经济的快速发展，到2020年，亚洲中产阶级人数将从由目前的5亿人剧增至17亿人。中产阶层的不断增多，必将带来强劲的消费需求，加之亚洲高速互联网的全面覆盖，智能手机用户不断增长，未来如此庞大的消费市场，只有将业务拓展到网络平台，才能在电子商务的崛起中找到商机。新加坡企业必须做好准备，抓住良机。

未来，亚洲乃至全球新兴的中产阶级拥有强劲的购买力，他们对产品的需求将成为一股主要推动力，促进新加坡改革步伐，进一步发展电子商务。

（来源：南博网. http://www.caexpo.com/news/asean/xinjiapo/jmzx_xjp/2014/12/03/3636291.html. 2014—12—03）

新加坡发展离岸人民币中心潜力巨大

近年来新加坡与中国在金融领域合作不断加深。新加坡作为离岸人民币中心潜力巨大，推动了人民币国际化进程，促进中新贸易投资中人民币的使用，有利于加强中国与新加坡的经贸合作。

资金跨境流动与财富跨境配置带来的金融需求，对新加坡发展人民币离岸业务提出要求。据南博网了解，自2013年5月新加坡启动人民币清算业务以来，新加坡的人民币存款额超过2000亿元，增速达到70%；人民币的贷款额超过3000亿元，增速达25%以上。新加坡已成为大中华区以外最大的离岸人民币清算中心。

随着中国贸易与跨境投资持续高速增长，新加坡发挥其“跳板”作用，众多家中国企业在新加坡落地生根，建立区域性总部，以新加坡为“起点”扩展他们在东南亚的业务。境外企业用人民币结算，而新加坡的人民币离岸平台将可以发挥巨大潜力，为中国和其他地区的实体经济服务。据南博网了解，目前新加坡的人民币贸易融资额（中国香港以外）已经占总量的60%。

新加坡作为区域金融中心，未来要努力扩大人民币业务范围。随着离岸市场人民币产品体系丰富和完善，促进人民币的国际化发展“增值”的同时，将为企业进行汇率风险对冲提供有效的工具，市场增长潜能巨大。

（来源：南博网. http://www.caexpo.com/news/asean/xinjiapo/jmzx_xjp/2014/12/02/3636177.html. 2014—12—02）

新加坡是管理亚洲供应链的绝佳地点

2030年亚洲中产阶层预计增长至约30亿，达到目前约5亿人口的6倍。这为企业带来无穷商机，也对物流业者形成重要机遇和挑战。新加坡在供应链领域具备优势，是业者管理亚洲供应链的绝佳地点。

新加坡总理公署部长兼内政部及贸工部第二部长易华仁2014年11月20日在非盈利团体亚洲供应链年度奖项的颁奖晚宴上讲话时，强调新加坡具备良好的条件帮助企业打造和管理供应链。

易华仁表示，新加坡与全球各国有广泛连接、商业环境鼓励创新、具备良好的供应链管理人才，并且能提供多元化的供应链咨询和支援服务，让企业能够在新加坡打造和管理良好供应链，并应对各种潜在的复杂挑战。

新加坡在今年获世界银行评为亚洲最佳物流中心，更是对新加坡在供应链领域实力的认可。易华仁表示，这也是为何大型跨国企业如联合利华（Unilever）和飞凌科技（Infineon）等，都决定将其供应链管理业务安置在新加坡。

亚洲供应链的年度奖项创办于2002年，旨在表彰供应链领域的杰出企业和个人，2014年是第13届。新加坡今年的表现亮眼，新加坡港务集团和樟宜机场集团分别获颁“年度亚洲集装箱港奖”和“年度亚洲空运港奖”，击败来自中国香港、中国上海、韩国等地的同行。2014年的奖项也首设“年度供应链女性奖”，由惠普亚太区供应链副总裁李秀明获得。

（来源：中华人民共和国驻新加坡共和国大使馆经济商务参赞处. http://sg.mofcom.gov.cn/article/zhengt/201411/20141100804972.shtml. 2014—11—21）

新加坡成农饲料原料主要生产国

据《联合早报》报道，新加坡虽不是农业大国，但将从2014年11月起升格为农饲料人造添加原料主要生产国之一。在新加坡制造的农饲料原料将运往许多其他亚洲地区，如中国和印度尼西亚等。

德国特殊化学品公司赢创工业（Evonik）在亚洲的首个蛋氨酸（Methionine，也称甲硫氨酸）霸型级工厂2014年11月4日天在新加坡裕廊岛开业，开幕典礼由新加坡副总理兼财政部长尚达曼主持。

这家耗资超过5亿欧元（约8亿新加坡元）兴建的工厂，是该公司迄今最大的一项化工投资，也是它在全球规模最大的蛋氨酸工厂。

蛋氨酸是一种人体必需的氨基酸，即蛋白质组成部分，也为牲畜、家禽和食鱼提供均衡营养。掺入蛋氨酸的农饲料主要用于饲养猪只和家禽，能补充大豆等天然饲料原料无法提供的养分。

与大豆相比，人造蛋氨酸在生产过程中所需的耕地、水源等天然资源更少，因此制造成本较低，被业者视为碳排放量低且更环保的饲料添加原料。

赢创工业是这种原料的主要制造商之一，在全球占有约40%的市场比重，在美国和欧洲的4个工厂每年可生产43万公吨蛋氨酸。

新加坡的新厂今后将每年生产15万公吨蛋氨酸，占公司全球产量约25%。这意味新加坡出产的蛋氨酸份额，可占高达全球市场的10%。

尚达曼在致辞时表示，这项新投资不仅将扩大新加坡特殊化工业的价值链，也让新加坡加入蛋白质价值链之中。

此外，该工厂使用来自裕廊岛供应商的原材料，这类整合将有助提高新加坡的竞争力。新厂也将为当地增添200个工作岗位。

根据中国吉林省人民政府官方网站上的业界报告，蛋氨酸在饲料配方中的占比约为0.2%，全球蛋氨酸产能目前每年达100万吨，主要生产国包括法国、美国、德国、比利时及日本。

预计到2018年，中国将成为蛋氨酸的最大消费国，每年的全球蛋氨酸需求将超过17万吨。

畜牧业企业诺伟司国际（Novus International）预测，随着世界人口增长、气候变化造成天然饲料更难耕种且价格攀升，全球蛋氨酸市场将以每年2%的速度增长。

赢创工业健康及营养业务总裁拜斯特（Reiner Beste）博士表示，亚洲中产阶级家庭崛起，以及更多亚洲民众移居至城市，已使亚洲人的饮食习惯逐渐改变，肉类消费大量增加。

这也是公司致力发展其亚洲业务的主要原因。拜斯特表示，新加坡是亚洲的物流枢纽，把工厂设在当地，产品运至其主要市场所需的时间，要比从欧美快两三个星期。

拜斯特也表示，新工厂投入运作后，第一批蛋氨酸已运抵顾客手中。工厂目前的产能还未达到最高水平，产能在60%左右，未来将逐渐提高产能。

公司主席恩泽尔（Klaus Engel）博士则表示，赢创工业在新加坡有长期的发展计划，在裕廊岛预留了足够的土地和空间，可投入其他项目。

（来源：中华人民共和国驻新加坡共和国大使馆经济商务参赞处. http://sg.mofcom.gov.cn/article/zhengt/201411/20141100785224.shtml. 2014－11－05）

中国成为新加坡第一大贸易伙伴

据南博网了解，自2013年起，中国超过马来西亚，成为新加坡最大贸易伙伴国。中新两国是互邻友好合作伙伴，两国经贸合作持续发展，2013年双边贸易额达914.3亿美元，2012年增长11%，占新加坡贸易总额的11.8%。

中国继续为新加坡第一大贸易伙伴。中国海关显示，2014年1～9月，中国与新加坡双边货物进出口额为572.77亿美元，同比增加3.2%。其中，中国对新加坡出口344.26亿美元，增长4.3%；自新加坡进口228.51亿美元，增长1.7%；顺差115.75亿美元。两国经贸联系进一步紧密。

中新经济互补性强，合作潜力大。中国有着广阔的市场发展空间，而新加坡作为东南亚的商务、金融和交通中心，可以与中方分享在现代服务业、金融以及交通物流等领域的经验。随着中新两国合作的不断深入，两国各领域务实合作将走得更稳、更深、更实。

（来源：南博网. http://www.caexpo.com/news/asean/xinjiapo/jmzx_xjp/2014/11/04/3634436.html. 2014－11－04）

中国青岛与新加坡开展多领域合作

据南博网了解，青岛与新加坡关系密切，经贸往来频繁，有着良好的合作基础与前景。2014年10月，为切实推进双方在高端技术研发、人才培训教育、交通旅游、海洋科技等多领域的合作，新加坡贸易及工业部政务部长张思乐先生率团一行50多人访问青岛，与青岛市市长张新起就相关问题进行会晤座谈，并共同出席了“新加坡－青岛城市发展全域合作”启动仪式、项目签约仪式和论坛等系列活动。

据悉，青岛是中国首个向新加坡提出将双方合作提升至“城市发展全面合作”理念的城市。这是继本新加坡青岛工商中心落地之后，青岛与新加坡合作推进的又一关键点。

2014年10月23日，《新加坡—青岛城市发展全域合作框架协议》正式发布。新加坡—青岛城市发展全域合作以青岛西海岸经济新区和青岛财富管理金融综合改革试验区两个国家级经济区获批为契机，通过“政企合作”的模式（PPP）开展基础设施、金融服务、节能环保、物流体系、智慧城市、商业和生活服务等领域的全面合作，包括7个重点项目：青岛机场与新加坡樟宜机场合作项目，中新水科技园项目，青岛钢铁集团与新加坡叶水福集团现代物流园项目，中国铁建股份有限公司与新加坡地铁公司合作项目，新加坡管理学院在青岛西海岸新区合作办学项目，中新海洋科学岛项目，以及叶水福物流园项目。

“新加坡—青岛城市发展全面合作框架”的提出，创新提升了传统的园区合作模式，将全面促进青岛与新加坡在重点领域的双向投资、贸易合作、技术交流，也为今后青岛与世界知名的国际中心城市开展更高层次、更广领域的商务合作做出了有益的探索。

（来源：南博网. http://www.caexpo.com/news/asean/xinjiapo/jmzx_xjp/2014/10/27/3633882.html. 2014—10—27）

新加坡当选全球最佳旅行国家

2014年10月，世界最大的私人旅游指南《孤独星球》评选出2015年全球10大最佳旅行国家，新加坡荣登榜首。这也是新加坡10年来第一次上榜，理由是新加坡是世界上拥有最多元文化的国家之一，各种本土美食也令人印象深刻。不过该旅游指南也指出，烟霾问题和地铁故障频发是新加坡的软肋。除此之外，新加坡2014年取代东京，成为全球生活费最昂贵的城市。

（来源：新华网新加坡频道 http://sg.xinhuanet.com/2014—10/23/c_127130112.htm. 2014—10—23）

新加坡银行助力广西企业投资东盟

人民币的国际化步伐在加快，这给广西企业投资东盟带来了新的机遇。新加坡作为东盟的重要成员，在推动人民币国际化中起着重要的作用，助力广西企业投资东盟。

据南博网了解，新加坡是目前仅次于中国香港的第2大人民币离岸中心。作为中资企业接触东盟国家的金融枢纽，新加坡离岸市场人民币存款规模已达2000亿人民币。目前，广西企业在投资东盟上存在融资方面的困难，其原因在于每个东盟国家的具体情况不一样。解决这些困难有个可行的方法，就是可以把新加坡作为一个跳板，因为新加坡是个较为国际化的金融城市，可以让国内的客商包括广西企业更容易融资和适应环境。

新加坡是境外较大的人民币结算中心，推动人民币的国际化。不管是人民币还是外币业务，不管在资本市场还是信贷市场，新加坡银行都处在领先地位，可以用这些优势和经验为不同的银行业务量身定制一些产品，使双方交易更好地规避风险，强化双方的金融合作，实现共赢。

（来源：南博网. http://www.caexpo.com/news/asean/xinjiapo/jmzx_xjp/2014/10/20/3633429.html. 2014—10—20）

新加坡近600家企业入驻上海自由贸易区

上海自由贸易试验区成立至今新加坡企业已从之前的观望转变为务实的参与。截至2014年9月18日，上海自贸区内的新加坡企业接近600家，其中6成从事贸易，4成与服务业有关，运营跨越金融、物流、食品、医疗保健以及贸易等领域。

中国（上海）自由贸易试验区2013年9月挂牌以后，区内首家面向公众的商品直销中心——上海外高桥进口商品直销中心（简称DIG）吸引了不少眼球，由新加坡厂商供应的一盒300克的冷冻猫山王榴梿肉，零售价为143元人民币（约合30新加坡元），比区外179元（人民币，下同）的零售价格便宜了20%。新加坡荣勃商贸自2014年5月进驻DIG后，旗下“榴梿旺返”品牌还供应榴梿冰冻卷、麻糬等榴梿甜品单品，目前每月销售额约两三万元。

诸如DIG、“跨境通”等新兴的实体和电子商贸平台，过去1年借助自由贸易区在仓储、物流等方面的优势，为新加坡中小食品厂商带来商机。DIG于2013年12月开业，以超市的形式售卖生鲜食品、牛奶、零食、红酒、生活用品、化妆品等，以不收取进店费为主要卖点。

荣勃商贸营运及销售总监韩富俊接受《联合早报》访问时指出，DIG不收取条码费等额外费用，降低了食品的零售价，确实能吸引自由贸易区内外的消费者。目前，DIG已在浦东外高桥、龙阳广场和洋山设点。韩富俊认为，DIG开在不同地点，经销商和厂商不能用同个策略供应产品，还得摸索消费群的购买喜好作进一步判断。

深圳汇山宏达工贸代理的其中3个新加坡品牌也已进驻DIG。该公司上海区销售经理宋继臣表示，中国进口食品市场尚有很多潜力，新加坡食品品牌除了寻找合适的销售通路，还要教育当地的消费者，为何价格比中国境内生产的同类产品来得高。

为了让新加坡中小食品厂商抱团到中国发展，新加坡食品厂商联合会2013年12月在上海自由贸易区注册益食（上海）国际贸易公司，在新加坡国际企业发展局的协助下打造“食尚新加坡”品牌。

据了解，除了冷冻榴梿肉以外，骆驼牌坚果和金祥麟咖啡这两家会员厂商的产品也已进驻DIG。大华酱油酱料、有你福（Unisoy）有机豆奶麦片等五个品牌的20多个单品正准备上架。

“益食”总经理蒋仲乐表示，DIG销售的是一般贸易进口、有卫生证书和中文标签的产品，价格比上海普通超市便宜10%至15%。由于食品安全意识提升，中国消费者对进口食品的需求强劲，食品厂家的销售有望随着DIG开设更多门店，进一步提高。目前，新方正筹划在DIG开设“食尚新加坡”产品专柜，计划增加宣传力度以常年吸引消费者。

至于被中国消费者统称为官方海淘平台的“跨境通”，从2013年12月底运行以来，已和40多个商家合作，其中包括亚马逊和网上超市1号店，主打母婴用品、进口食品、家具服饰等。

上海自由贸易区海关和出入境检验检疫创新了B2C（business to consumer，企业到消费者）模式，使到海外包裹可直接送达消费者手上，而不像之前仅局限于企业客户。新措施有效促进了国外市场与国内消费市场直接对接。“跨境通”国际贸易执行副总裁颜静表示，“跨境通”上的产品属于境外物权，商品进入自由贸易区之前采取事前备案，有来源地证明等资料后，在通关放行上有一定便利，一旦出现情况，后台有一套机制可查验，这比一些民间的海淘渠道要正规，消费者也可在监管部门“心中有数”的情况下，放心购买。

“益食”蒋仲乐表示，通过“跨境通”这个新的贸易方式平台，过去一般在正常贸易下需要特殊进口许可的保健品、奶制品以及燕窝饮品等产品，现在可通过备案的方式进口；备案时间约为2个月，这对新加坡企业而言，增加了一个打入中国市场的渠道。

自贸区管委会上个月公布，截至2014年9月15日，自由贸易区内新增企业12266家，超过半数是贸易和物流企业；新增企业中外资有1677家，占13.7%。

截至2014年9月18日，自由贸易区内新设的新加坡企业达到87家，以航运、物流和专业服务为主。倘若加上之前已在上海自由贸易区划定范围内注册的企业，新加坡企业的总数接近600家，其中6成从事贸易，4成与服务业有关。

早前，新加坡企发局还与上海外高桥国际贸易运营中心、自贸区管委会签署合作谅解备忘录，以此增强新加坡企业对自由贸易区的了解，协助新加坡企业在区内注册公司、开展业务，促进双边贸易投资、新中金融合作、企业管理监管等。

新加坡企发局中国司华东区副司长王俐恩表示，上海是中国的经济金融中心，新加坡企业如果能在上海打响品牌，或者测试新概念并得到成功，将有助于新加坡企业在中国其他地方的发展。

当然，新加坡企业进驻自由贸易区之前，考虑的因素诸多。王俐恩认为，对于已经在上海落地的企业而言，他们把自由贸易区当做业务辅助，借此探讨是否可利用自由贸易区享受其他税务优惠或市场准入空间，以降低运营成本及开展新的业务。

2014年6月，自由贸易区推出2014版负面清单。王俐恩建议新加坡企业多关注新版的负面清单，并留意自由贸易区海关、税务系统等推出的无纸化申报服务，这些新举措将节省企业的时间和成本。

除了金融、物流和贸易领域，新加坡的医疗保健、保险，以及增值电信服务（电邮、网上数据处理、交易处理等）业者，对自由贸易区的兴趣也日益加大。

2014年7月，德国阿特蒙集团（Artemed）、银山资本与上海外高桥集团下属的外高桥保税区三联发展、外高桥医疗保健中心共同签订涉及合作模式等事宜的战略框架协议，阿特蒙医院落户自由贸易区。

中共上海市委常委、副市长兼自由贸易区管委会主任艾宝俊指出，自由贸易区至今为止的一些改革实践获得外企认可；他们经过考察与评估后，决定进驻自由贸易区。

受访的新加坡和其他外企负责人表示，上海自由贸易区施行注册资金认缴制，没有最低注册资金的要求，取消外商批准证书等，使得公司注册便利；开设自贸账户（FT账户）降低了融资成本，且海关、检验检疫施行的先进关、后报关方式，正在加速通关速度。

FIAT摩派汽车零配件贸易零件和售后服务供应链总监李颖称，公司2011年因为业务策略调整，从新加坡搬迁到自由贸易区域办公，运营成本节省了三四成，海关先进关、后报关的创新，为公司前后节省了三四天的报关时间，且中国对汽车的强劲需求，使得公司业务获得每年30%至40%的增长。

李颖表示，目前公司业务中有七八成是供应中国经销商，以前得从美国先进口到新加坡，再转到上海，现在直接进入上海自由贸易区，一方面能迎合绝大部分中国客户的需要，同时也能满足其他亚太区客户的需求。自由贸易区海关改革之后，从上海出口到新加坡的零部件不再需要纸质申报，而是在网上申报即可，对企业来说，在执行层面可提前做好准备。

中国允许外资在7个省市设立独资医疗中心，为新加坡的医疗服务业者带来新风。中国媒体日前称，新加坡莱佛士医疗集团将与上海陆家嘴集团合作，在毗邻自由贸易区洋山保税港区的临港新城，运营莱佛士国际医学检测中心。

临港新城虽不在上海自由贸易区的现有物理范围界定之内，但它衔接自由贸易区其他三块区域和洋山保税港区，是自由贸易区溢出效应最直接的受惠区域。据了解，上述合作将推出度假式贵宾体检项目，服务对象不局限于上海居民，而是华东区约5000万中产阶层人口，以及莱佛士医疗集团的全球企业客户，尤其是港澳台企业客户。检测中心预计在2年之后完工。

上海陆家嘴集团日前向中国媒体透露，将在临港新城打造一处城市综合体旗舰项目，总规模约45万平方米，总投资近80亿元人民币，将以金融交易广场、国际会议中心、莱佛士医学中心为核心，配有酒店、特色美食购物中心和高端住宅等。

房地产业内人士认为，上海当局有意借助自由贸易区，再次发展临港新城，在现有的滴水湖周边，加入其他大型旅游项目，并和2015年年底开园的迪斯尼乐园形成联动，把临港再造成文化休闲综合旅游度假区。

有关人士认为，消费娱乐之余再加入一对一的身体检测，获得饮食方面的专业指导，这种新型疗养式会议，是未来注重健康保养人群的生活趋势。

据了解，国际医学检测中心大楼大致位于滴水湖的西北面，在这里设立医疗机构的行政批复可比区外来得快，医学仪器进口、报税等方面也可节省约两三成投资成本。

上海财经大学自由贸易区研究院秘书长、国际经贸系副主任陈波指出，客观评价上海自由贸易区成果，得从它是改革起点和试验田这两个作用，评判其综合成果。按照改革起点的标准来衡量，可以说上海自由贸易区有些改革是第一个改，但未必要等到它成熟了才来推广；而试验田的意义在于可拿出去到中国其他省市复制和推广。陈波认为，企业注册由审批制改为备案制，是以前年年喊（但）没做成，上海自由贸易区“一夜之间”做到的一个大变化。据陈波介绍，以前注册一家企业，须花3个月的时间跑至少14个政府部门，才能拿到营业执照；现在是平均3～5个工作日，这是自由贸易区最快的一项改革，也是让外企开始真正关注自由贸易区的一大原因。

再比如，中国政府给予上海自由贸易区服务业有序开放很大的自由度，允许外商独资在自由贸易区内开办诊所，服务对象是全中国各地的病人，之后中国其他地方也进行试点，说明上海自由贸易区是进行了一项起点性改革，正好验证自由贸易区的改革不是呆板不变的。陈波指出，改革其实是要革政府的命，需要突破原先的官僚作风和利益格局，自由贸易区就率先打破一些利益集团对改革的阻挠。陈波也认同，自由贸易区的金融改革（金改）至今仍是短板，当局希望在风险可控的范围内进行金改，并为实体经济服务，促进贸易便利化，但如果金改的速度慢，反而会成为实体经济发展的绊脚石。

其次，自由贸易区的法制化建设与负面清单也是关联课题。陈波表示，当自由贸易区说要内外资平起平坐的时候，也要关注内资中的国有企业和民营企业，是否做到了一视同仁。负面清单说明，举凡法律没规定不能做的，外商可按照国民准入待遇投资。不过“什么才是国民待遇”，学界认为文件没详细说明清楚，是以民营企业作为标准，还是国有企业待遇作为标杆，这有待进一步澄清。

陈波表示，中国国内有不少企业认为，中国对待外企时，较多还是采取优惠吸引外资的政策，大多数情况下，外企的待遇比国民待遇要高。无论内资、外资，国企还是民企，最终政府需行政中立、企业间要公平竞争。

（来源：中华人民共和国驻新加坡共和国大使馆经济商务参赞处. http://sg.mofcom.gov.cn/article/fuhua/tzdongtai/201410/20141000768457.shtml. 2014—10—19）

新加坡74%企业有意拓展亚洲市场

目前新加坡面临生产成本和人力短缺的双重挑战，加上市场规模有限，74%的新加坡企业表示有计划在亚洲拓展海外市场。

根据《大华银行亚洲企业调查2014》报告，新加坡企业有意进军海外市场，首要原因是为了增加销售额，其次是为了追求多样化的产品服务以及控制成本。新加坡经济的放缓，以及国内法规的因素，也是让企业瞄准海外市场的因素。

在各行业中，石油与天然气和物流业者对拓展海外市场兴趣最浓厚，分别有89%和87%的受访业者表示有意走出国门。人力密集的服务业和建筑业受到国内人力成本上扬的困扰，分别有78%和77%的业者计划在海外发展业务。8%的制造业者计划在海外设立业务。

新加坡企业的首选海外市场不出意料的是中产阶级迅速崛起的中国和马来西亚，其次是印度尼西亚、菲律宾、越南和缅甸。印度尼西亚是新加坡建筑业、制造业和服务业的首选海外市场。马来西亚则吸引了贸易和船运公司。地域庞大的中国市场对物流业者而言充满了吸引力。20%的新加坡企业计划进军缅甸市场，由于当地缺乏基础建设，吸引了新加坡公共事业领域的企业，其次为船运业者。

大华银行集团董事总经理兼集团机构银行服务部主管陈文发表示，如果企业的服务和产品能迎合亚洲中产阶级不断增长的需求，企业将可以通过这一优势建立可持续的区域业务。亚洲市场之间的紧密联系和连接性日益增强，能让企业充分把握随之而来的商机。

在选择目标海外市场时，新加坡企业最关注的是当地市场的客户需求（24%），这个因素远远超过了语言文化的相似程度（13%）、拥有当地人脉（12%）和稳定的政治或经济环境（11%）。

鼓励企业进军某些市场的政府津贴、贸易或行业协会的推荐对企业的影响不大，只有7%和5%的企业表示这是推动他们进军海外的因素。

新加坡企业面临的最大挑战是成本上涨（23%），其次是人力短缺（16%）和顾客需求的缺乏（16%）；融资困难（11%）和政策或繁文缛节（11%）也是困扰企业的另外两个因素。

面对生产力增长滞缓的挑战，加上政府推行经济重组，新加坡企业纷纷投资提升生产力，这方面的投资占总商业投资的一半以上，这包括投资发展人才人力、改善质量控制和系统、机械和设备，以及资讯科技。

大华银行调查共访问了中国内地和香港、印度尼西亚、马来西亚、新加坡和泰国的1024家企业，其中新加坡企业共有152家，企业的年营业额不超过2亿元。

（来源：中华人民共和国驻新加坡共和国大使馆经济商务参赞处. http://sg.mofcom.gov.cn/article/fuhua/tzdongtai/201410/20141000768455.shtml. 2014－10－16）

新加坡成中国企业海外投资首选地

新加坡政治稳定，法制健全，最为重要的是与中国在文化和传统方面的密切关系，使其成为中国企业海外投资的首选。

大华银行2014年10月发布的亚洲企业调查结果显示，新加坡成为中国企业海外投资的首选。此次调查于2014年首季进行，共涉及1024家亚洲企业，其中24.4%为运营3年以上，且全年营业额不超过10亿元人民币的中国企业。在受访的中国企业中，近4成制定了在国内外市场投资和拓展的双重策略。在决定海外投资目的地时，中国企业在考虑劳动成本、消费需求和离中国的远近等常见因素外，关系或“社交网络”也往往是关键的决定因素。

新加坡社会安定，华人数量众多，语言沟通方便，与中国关系密切，这是中国企业考虑进入新加坡的重要因素之一。

新加坡不仅拥有优良的地理位置，与别的东盟国家相比，新加坡在政治和法制环境方面，具有明显的优势。同时新加坡也是国际上最亲善的国家之一，拥有较为先进的科技，是区域性经济中枢，经济辐射范围广泛。此外，新加坡正在打造的人民币离岸中心也成为吸引中国客商的因素之一。

调查显示，中国企业海外投资拓展面临融资挑战。35%的受访者表示取得融资的方法、获得融资的资格以及了解融资的条款和条件也是他们的主要考虑因素。98%的受访者首选银行作为他们获得融资的方式。

（来源：南博网. http://www.caexpo.com/news/asean/xinjiapo/jmzx_xjp/2014/10/09/3632621.html. 2014－10－09）

新加坡大力支持小微企业发展

近年来，新加坡政府积极推动经济转型，为小微企业发展提供各种支持，帮助小微企业进行创新和提高生产力。

据南博网了解，新加坡企业总数超过15万，其中1500家为大型企业、3万家中小企业、微型企业多达12万。为帮助小微企业发展，新加坡标准、生产力与创新局（简称标新局）提出ICU和PIC计划。

ICU计划是将原本的针对企业的创新券计划（IVS）更名为创新与能力券计划（ICV），将对创新的支持从技术领域扩展至生产率、人力资源和财务管理等领域。微企业可申请价值5000新加坡元的赠券，用于购买参与计划的服务供应商所提供的顾问咨询服务或解决方案。为避免财政资源浪费，标新局规定，企业在购买解决方案时必须详细说明方案将有助于企业提高营业收入、让工作更为流畅以及提升生产力和人力效率，或者有助于降低营运成本、减少浪费或优化空间使用。

生产力及创新优惠计划（PIC）于2010年推出，为期5年。政府最近表示，将该计划延长至2018年，涉及金额30亿新加坡元，并同时推出升级版PIC+计划。在该计划下，企业可针对首40万新加坡元（约合200万元人民币）合格开支享有400%的估税额回扣或者高达60%的现金津贴。不过，申请现金津贴计划的企业必须在新加坡营业，且必须雇佣至少3名新加坡籍员工或永久居民，并为他们缴纳公积金。对享受税额回扣的开支项目也有明确规定。

手续方面，新加坡政府为小微企业相关优惠政策审批大开直通车。多数申请可直接登录网站完成，而且不同的资助项目还可相互衔接，力求让小微企业用最简洁的程序获得最多优惠。

税收方面，针对雇员在10人以下，年营业额不足100万新加坡元的微型企业，新加坡政府为其日常运营或者设备更新提供高达10万新加坡元的贷款支持。贷款利率最低为5.5%，年限最高4年。为避免欺瞒行为，标新局规定，违规企业将被处以高达4倍非法获得资金的罚款，并需要额外缴纳最高5万新加坡元的罚款或面临最高5年的牢狱。

海外市场方面，新加坡企业在进入海外市场的时候，政府有遍布全球的网络提供各方面指导，更有1000万新加坡元补贴资金，主要补贴往返机票、人员薪水、场地租金以及商业开支等。新加坡在中国建立了苏州工业园、天津生态城以及南京生态科技岛等合作项目，新加坡国内的企业进入在中国的新加坡政府园区内，可享受人员、租金以及费用等方面补贴。

（来源：南博网. http://www.caexpo.com/news/asean/xinjiapo/jmzx _ xjp/2014/10/09/3632623.html. 2014—10—09）

新加坡邮政推出3D打印服务

新加坡邮政（以下简称新邮政）位于新达城的分局于2014年10月开张，并向公众推出3D打印服务。

新达城分局表示，公众可以在分局利用扫描器制作3D的个人肖像玩偶，也可以购买三维打印的项坠、手镯等纪念品。这项服务是分局与当地一家3D打印公司合作推行的试验计划，收费为19.99～459新加坡元（约合96～2200元人民币）。

新邮政表示，这项业务是为了使公司“与新加坡人与时俱进”。新邮政认为，顾客的需求在改变，而这项服务是新邮政在未来开展创新服务的试验平台。

除了进行3D打印，新达城分局也创新地采用开放式的设计及自助服务，例如，公众可以通过平板电脑浏览邮票收藏，并在邮局外利用自动密码机收取包裹等。新邮政表示，如果3D打印服务在消费者中反响积极，也将考虑与其他行业合作，推出更多新颖的服务。

（来源：新华网. http://news.xinhuanet.com/world/2014—10/03/c_1112709662.htm. 2014—10—03）

新加坡基础设施投资在全球最具吸引力

国际咨询公司凯迪思依据经商便利度、税率、人均国内生产总值、政府政策、现有基础设施品质和是否容易获得贷款等因素分析了41个国家和地区，当中以新加坡的基础设施投资项目对全球投资者最具吸引力。

据南博网了解，相对于其他国家，新加坡政治稳定，投资风险很低，虽然新加坡的通货膨胀率并不是最低的，但新加坡具有非常好的联系网络，并且为投资者提供有效的保障。此外，新加坡吸引基础设施投资的最主要因素在于，新加坡是一个贸易发达的国家，致力于人力资本的投资、创新，拥有一个愿意与国际伙伴合作并制定长期战略目标的政府。

经济基础设施对于社会成长和经济增长至关重要，各地政府都了解到要取得经济增长，必须争取在基础设施上的投资。新加坡这个成熟的经济体，许多基础设施已经达到世界级水准，因此对投资者来说，投资机会来自于采用更创新的方法来维护、管理现有基础设施，以及商业地产。

不过，新加坡需要避免成熟经济体过度进行管制的风险，并应专注于创新以维持其吸引力。

（来源：南博网. http://www.caexpo.com/news/asean/xinjiapo/jmzx_xjp/2014/09/25/3632168.html. 2014—09—25）

工商银行与新加坡中资企业协会发行联名信用卡

2014年9月5日，为庆祝新加坡中资企业协会成立15周年，中国工商银行新加坡分行与新加坡中资企业协会、银联国际东南亚代表处2014年9月5日在新加坡携手推出“中国工商银行—中资企业（新加坡）协会联名信用卡”。

此次为工商银行新加坡分行与中资企业协会首次合作发行银联联名信用卡，也是新加坡第1张有人民币账户的联名信用卡。该卡主要突出人民币业务及往来中新的特色，持卡人在中国境内使用可以节省货币兑换成本，并通过工商银行的个人网银使用关联自动还款、实时查询余额、享受机票优惠以及新加坡樟宜机场贵宾服务等优惠服务。

中资企业（新加坡）协会于1999年正式成立，目前有会员400多家。

（来源：新华网. http://news.xinhuanet.com/world/2014—09/06/c_126961032.htm. 2014—09—06）

新加坡成亚洲最大跨境房地产投资者

根据国际房地产服务和投资公司2014年9月发布的报告显示，新加坡2014年上半年跨境房地产投资总额与2013年同期相比增加了40%，达到162亿美元，已经超越中国，成为亚洲最大的跨境房地产投资者。

由于境内房地产投资收益率被挤压，同时缺乏适合投资的资产，新加坡的投资者继续把眼光放到全球投资市场，投资表现愈来愈抢眼，目前在亚洲的跨境投资总额占到了29%，超越中国的23%。

据了解，2014年上半年的跨境房地产投资63%以上是投资于办公大厦，25%投资于酒店，7%投资于零售商场，3%投资于工业领域，其余的2%则投资于其他用途的房地产开发。

新加坡在2013年曾经是跨境房地产投资的5大热门地之一，而2014年上半年则跌出了前5。但当地分析师仍旧看好新加坡的办公楼市场，认为今后1～2年，新加坡的办公楼面租金将上扬近20%。

（来源：中国经济网. http://intl.ce.cn/specials/zxgjzh/201409/03/t20140903_3475339.shtml. 2014—09—03）

泰　国

泰国鼓励企业生产电动汽车

泰国政府和汽车生产商正积极推动泰国电动汽车的发展。

泰国汽车机构主席逸猜表示，电动汽车或EVs将成为国家汽车产业的新方向。泰国政府和所有利益相关者于2015年6月20日召开会议，讨论电动汽车的发展计划。逸猜2015年6月在由UBM Asia和投资促进委员会联合举办的泰国汽车产业的下一个10年研讨会上表示，政府也对这一汽车新趋势充满热情。政府欢迎来自汽车制造商、汽配制造商和工业、科学和能源部门官员提出的建议和意见，届时政府将其整理纳入电动车未来发展规划中。

工业部长察咖蒙表示，投资促进委员会将最终为汽车制造商提供特别优惠政策，以促进本地电动汽车的生产。投资促进委员会已经为投资电动汽车和混合动力汽车生产的汽配制造商提供了一系列的优惠特权。

据逸猜透露，政府已经同意投资50亿泰铢建立拖延已久的汽车测试中心。自然资源和环境部通过工业部请求使用差春骚府萨南猜坎县相关土地建立汽车测试中心的要求。该地块由森林产业组织（FIO）拥有。政府下一步计划是雇佣外国公司设计世界级测试中心。

泰国汽车产业协会主席塔纳瓦表示，区域测试中心将标志着泰国汽车产业进入新的时代，因为它将帮助本地汽车制造商节约向其他国家运送汽车样品进行测试的成本。更重要的是，新的测试中心将支持所有汽配制造商使用新技术和创新方式进行生产，进而有助于升级国家汽车产业。

塔纳瓦补充表示，因为汽车符合全球标准，新测试中心将会吸引新的外国直接投资，而且还能提高出口竞争力。

（来源：中华人民共和国驻泰王国大使馆经济商务参赞处. http://th. mofcom. gov. cn/article/jmxw/201505/20150500973900. shtml. 2015—05—16）

泰国化妆品意欲进军中国市场

泰国地理位置优越，拥有相当多的珍贵药材，植被。泰国通过提炼国内多种草药和植物，加工生产出含天然提取物成分的化妆品，安全有效，价格优惠且效果佳。据南博网了解，中国是泰国的重要市场，泰国化妆品积极进军中国市场。

中国是世界人口大国，数量庞大的人口基数下蕴藏着旺盛的消费需求。2014 年中国化妆品年销售额达到 2000 亿元人民币，成为仅次于美国的全球第 2 大化妆品消费国，约占全球化妆品市场的 8.8%。预计未来中国化妆品市场将会继续呈现火爆发展的态势，高端化妆品品牌增长率有望达到 23%。

据南博网了解，中国是泰国化妆品重要出口市场。泰国化妆品出口，东盟市场占首位，中国是第 2 大化妆品进口国家，日本市场从第 2 位下滑到第 3，排在中国之后。

化妆品市场发展初期，中国处于国际中低层次消费水平，国际品牌化妆品在中国市场占有率不高。随着中国经济发展，女性对化妆品的要求不断提高，高档化妆品开始进入中国市场。泰国化妆品富含草药以及草本植物，自然护肤，倍受中国消费者欢迎。此外，泰剧在中国上映也是推动泰国化妆品成为中国消费者喜爱的原因之一。

目前化妆品市场呈现良性发展趋势，泰国化妆品在形象、功能、气味等方面具有优势，未来泰国可以继续利用本国草药等天然原材料，改进生产技艺，挖掘化妆品的附加价值，打造泰国化妆品品牌，相信未来中国市场的泰国化妆品进口量将继续增长。

（来源：南博网. http://www. caexpo. com/news/asean/taiguo/jmzx_tg/2015/05/13/3644830. html. 2015—05—13）

中国华为瞄准泰国市场

经过多年的成长，华为已成为全球第 3 大智能手机品牌。据南博网了解，2014 年华为消费者业务销售收入 122 亿美元，同比增长 30%。智能手机出货量超过 7500 万部，同比增长 45%。2015 年东盟经济共同体（AEC）即将建成，为提高销量，华为瞄准泰国市场。

东南亚地区经济正不断发展，消费者购买力上升，逐渐成为各大手机商争抢的新兴市场。东南亚地区是华为智能手机海外业务迅速增长的主要市场之一。仅 2014 年，华为智能手机出货量在该区域就增长了 200%。2015 年东盟经济共同体成立，届时，区域内经济将会吸引新的外商投资，华为看到了扩展产品出口额的新契机。

鉴于泰国庞大的互联网用户规模以及重度移动数据使用量，华为认为泰国是东盟地区最重要的市场，可能成为其区域 ICT 枢纽。华为此前披露，计划斥资 1 亿美元提高在东南亚的品牌知名度，其中包括 1000 万美元用于提高它在泰国市场的影响力。

华为方面预计 2015 年泰国智能手机销售额将增至 7500 万美元，拉动东南亚收入增长，实现 2015 年在东南亚（SEA）总收入增长 25%的目标。

（来源：南博网. http://www. caexpo. com/news/asean/taiguo/jmzx_tg/2015/05/11/3644711. html. 2015—05—11）

泰国社交网络发展助推网络广告增长

现今刷屏、分享、查阅手机各种社交运用称为泰国国人生活的一部分。每月仅需支付 550 泰铢即可拥有无限的网络流量，不限时间地点周围的所有人都在低头注视着手中的智能设备。

2015 年 3 月，泰国网络用户已经突破 3500 万，约占全国 6500 万总人口量的 54%。如此多的网络用户，主要得益于智能手机的普及率，目前泰国估计使用在智能手机上的电话号码在 9700 万号，为泰国总人口数的 150%。

由于信息技术的进步，泰国公民使用社交网络的人数已经增至 3400 万人，同比增长 47%，其中通过智能手机上网的用户从 2014 年 1 月到 2015 年 1 月为止，已经高达 3000 万。

截至 2015 年 3 月，使用 Facebook 的用户超过 3400 万，约占全国总人口数的 54%，年比增长 34.6%，排名全球第 9 位，东盟第 3 位。东盟前两位分别是印尼 7400 万用户，菲律宾 4400 万用户。而曼谷是 Facebook 使用最多的城市，约为 2000 万，而曼谷市约有 1000 万人口。

Twitter注册账户仅有450万人，日均发文660万条，图片分享运用注册账户200万个，同比增长22%，而Line注册账户位3300万个。

移动网络的发展和社交网络市场和用户的不断壮大，吸引了各大商家和品牌注意力，商家纷纷通过各大社交媒体建立自己的官方账号，增强与用户和客户的即时互动。这也为网络广告产业带来了巨大机会，2015年网络广告产业预计产值约为81亿泰铢，较2014年增长33%。

对于泰国超千亿泰铢的广告产业而言，网络广告产业目前仅占8%，而中国和韩国该产业比重已经分别高达33%和38%。由数据分析，该产业未来增长空间巨大。

（来源：中华人民共和国驻泰王国大使馆经济商务参赞处. http://th. mofcom. gov. cn/article/jmxw/201505/20150500967017. shtml. 2015－05－10）

泰国稳居最大食用米出口国位置

泰国仍稳坐全球最大食用米出口国的宝座，2015年1至4月的大米出口量超过260万吨，增加5.2%。

泰国大米出口商协会透露，国际大米商协会报告全球首5大重要大米出口国的贸易情况，泰国大米出口量达263万吨，同比增加5.2%，继续蝉联全球第1大米出口国的殊荣；印度以258.6万泰铢的大米出口量排名第2位，年比攀升38.6%；第3位是巴基斯坦的156.5万吨，同比提高28.49%；第4位是越南的145.4万吨，同比降低0.34%；第5位是美国的93.1万吨，同比减少1.33%。

另一方面，国际大米商协会的报告还指出泰国2014年的大米出口量共计1096万吨，年比攀升55%，稳坐全球最大食米出口国的宝座；其次是印度2014年大米出口量达1081万吨、越南大米出口量约668.7万泰铢。

（来源：南博网. http://www. caexpo. com/news/info/export/2015/05/07/3644561. html. 2015－05－07）

泰国旅游业发展成绩显著

泰国家旅游及体育部长戈甘对过去泰国旅游业取得的成绩表示满意，表示将继续推动泰国风情主题旅游计划。2014年10月至2015年3月，游客人数增长达14.88%，旅游收入超过7000亿泰铢，戈甘有信心完成2015年的目标，即完成2.2万亿泰铢的旅游收入。

戈甘部长透露，在过去加强促进国家旅游工作中，以泰国风情为主题的旅游计划推进顺利，在国内12个府治重点开拓泰国风情旅游路线，受到国内外游客的欢迎。本财年首6个月，即2014年10月至2015年3月止，入境外国游客人数累计达1533.7人次，同比增长14.88%带来旅游收入合计达7593.65亿泰铢，同比增长17.27%，国内多个地区旅游业复苏良好，有信心全年可完成旅游总收入2.2万亿泰铢、游客总人数2880万的目标。

中央审计厅长玛纳则指出，国家旅游厅的预算经费开支速度缓慢，截至2015年4月10日，只支用了总预算28.1亿泰铢中的6.6574亿泰铢，占23.63%，投资项经费总额为143亿泰铢中仅支用了13.5亿泰铢，占0.11%。中央审计厅了解后发现国家旅游厅支用经费缓慢的原因是外府地区没有下属机构分支支持工作，和对国内旅游地区没有直接的管辖和支配权限，相关的开支使用与实施须与各地旅游地区的主管部门进行沟通和协调。

（来源：南博网. http://www. caexpo. com/news/info/industry/2015/05/07/3644559. html. 2015－05－07）

泰国尚泰酒店海外业务比重将增至35%

泰国尚泰酒店与度假村公司高管2015年4月表示，公司未来5年规划是将海外业务比重扩大至约35%，将向亚洲、中东、欧洲和美国等地发展。

该公司执行总裁提拉育·吉拉提瓦透露，公司目前在缅甸仰光洽谈合建绿色酒店项目，与缅甸开发商获得共识后将动工建造，3～4年后项目竣工。

提拉育表示，公司将于2015年内在国内外新开9家酒店，大部分通过租约承包运营。公司已于2015年年初在甲米府开张的新酒店，头期住房一共80间。另外，公司规划于未来5年每年获取10～15份酒店运营合同，年营收预计持续大幅增长，2014年收入达到85亿泰铢，同比增长0.7%，2015年有望获得两位数的增长率。

提拉育还表示，由于卢布贬值，导致旗下沿海岸酒店及度假村的俄罗斯游客减少，但中国游客相对增加，旗下酒店入住率从80%增至100%。

为了更好地发展旅游业，泰国旅游工业应放弃廉价为推销点，并转变为以传统文化及迷人风景丰富为吸引游客的招牌。

（来源：中华人民共和国驻泰王国大使馆经济商

务参赞处. http://th. mofcom. gov. cn/article/jmxw/201504/20150400956007. shtml. 2015—04—29)

泰国最大免税店向中国人首开免税品网购

泰国开泰银行、支付宝和王权集团2015年4月27日举行签约仪式，联合推出免税商品网购服务。

2015年4月28日起，中国近9亿支付宝用户即可在泰国最大的免税商店——王权集团的官方网站上直接消费。

通过三方的合作，中国游客在赴泰国旅游之前，即可在王权集团官方网站上通过支付宝预订免税商品，在泰国行程即将结束离境回国时，在机场提货柜台领取商品。没有赴泰国旅游的中国消费者，也可在中国国内通过王权集团网站选购非免税商品，王权集团可通过快递送货上门。

据王权集团董事长威猜·诗瓦塔纳巴帕介绍，王权集团是泰国最大的免税商店经营商，在泰国各大机场和旅游城市拥有多家大型免税商店。中国游客是王权免税商店的主要客户群体，2014年占据销售总额的54%。此次三方合作，不仅让中国游客节省旅途中的购物时间，还有更多机会通过互联网跨境进行商品选择。

支付宝东南亚地区总监张大勇表示，此次三方合作标志着开泰银行携手支付宝在泰国开展网上收单业务正式启动。除了网购外，每年超过500万赴泰国的中国游客也将能在出行前使用支付宝预订泰国的机票和酒店等。

开泰银行董事长伍万通表示，泰国正在着力调整经济结构，加快向数字经济转型，电子商务市场即将迎来大发展。此次中国与泰国三大行业巨头的合作融合了开泰银行的金融及非金融服务能力、支付宝的在线支付专长和王权集团作为游客首选购物目的地优势，将为中国游客和消费者创造无缝链接的在线购物体验。

（来源：新华网. http://news. xinhuanet. com/world/2015—04/27/c_1115107555. htm. 2015—04—27）

泰国天然气公交车采购投标启动

泰国大众运输（公交）机构2015年4月称，已经启动第一期489辆天然气公交车（NGV）采购投标程序。交通部为此次招标拨款17.48亿泰铢。目前符合要求的竞标的公司有两家，一家是孔敬塔威公司与CHO公司合资的JVCC公司，另一家则是贝世琳集团有限公司。目前JVCC公司报价最低。

消息称现在还不能公开竞标价，目前小组委员会还未公布报价结果，所以还未确定哪一方初步中标，接下来泰国大众运输（公交）机构还将就10年内公交车维修费用进行商讨。

前1～5年维修费用已经包含在公交车采购价格内，亦是公交车质量保险，如发生意外事故则不属于保险范围之内。第6～10年时间，公民建议适量增加维修费用。合约签订后，在此后的90天内合作公司须将公交车逐步交付给泰国大众运输机构。交付公交车后，大众运输机构将连续试运行3天方能确定通过。

此次泰国大众运输机构天然气公交采购，CHO公司因报价最低而最有机会中标。

（来源：中华人民共和国驻泰王国大使馆经济商务参赞处. http://th. mofcom. gov. cn/article/jmxw/201504/20150400953291. shtml. 2015—04—27）

泰国“大企业扶助小企业”项目启动

泰国商业部国际贸易促进厅长喃塔旺透露，商业部长察猜上将2015年4月27日邀请卜蜂、协成昌、洛士利、尚泰公司共同主持“大企业扶助小企业项目”开幕仪式。此项目是商业部与大企业联合举办，旨在扶助中小企进军外国市场的项目。

厅方已挑选参加项目的SME，初步要援助销往外国的商品包括榴梿干、塑料产品、儿童衣服、皮包、银饰、珠宝、时装，主要销往东盟、中国及欧洲国家。

喃塔旺称，大企业将助小企业向外国推销商品。在推行方面，依照商业部的政策，将分为10组进行。

10组工业包括农业及食品、电器及电子器具、汽车及零件、纺织、珠宝及首饰、建筑材料、保健及化妆品、附加品等。

（来源：中华人民共和国驻泰王国大使馆经济商务参赞处. http://th. mofcom. gov. cn/article/jmxw/201504/20150400953284. shtml. 2015—04—27）

泰国拟设塑料工业村

泰国塑料机构主任坚萨透露有关在边境经济特别区成立塑料工业村的事称，塑料工业村设于来兴及沙缴府，塑料机构将负责设计工业村的模型，建立适合塑料工业村的基本构架，但要先等泰国工业村机构安排地点。

中小企业（SME）及大宗企业对此计划十分关注，若能在特别区设工厂，产品要销往缅甸及柬埔寨十分便利。

这些国家的塑料增长率每年超过10%，目前泰塑料商品占缅甸、柬埔寨市场70%～80%。

2015年泰国塑料出口料能增长5%，价值2800亿泰铢，比2014年增长2%～3%。因出口汽车减少，塑料制的汽车零件也随着减少。

目前，泰国出口的塑料品包括装东西的产品占50%，其次是电器及电子仪器占13%，建筑业用的塑料产品占12%，摩托车用的产品占7%～8%。

国内销售额将增长2%～3%，价值3000亿泰铢，进口2000亿泰铢，大部分是高科技的塑料，包括医疗用具。

（来源：中华人民共和国驻泰王国大使馆经济商务参赞处. http://th. mofcom. gov. cn/article/jmxw/201504/20150400951895. shtml. 2015—04—27）

泰国智能手机用户未来4年有望达100%

尼尔森（泰国）公司称，泰国智能手机用户有望在未来4年达到100%，重塑手机市场，改变消费者行为。美国研究公司最近对1081名受访者进行调查发现，智能手机用户市场占有率已经从2014年的49%上升至58%。如此高的市场占有率意味着人均拥有一部智能手机的梦想不再遥远。

尼尔森（泰国）电信与科技产业实践部总监育瓦迪表示，大部分16至34岁的消费者均使用智能手机，而35岁以上的用户约有42%的用户使用智能手机。

智能手机用户的数量依赖于购买力。育瓦迪表示，智能手机已成为泰国人生活的一部分。

据统计，泰国人每天花在智能手机上的时间将近4个小时，其中用于沟通（94分钟）、软件程序（62分钟）、娱乐（54分钟）、网页浏览（14分钟）以及设备管理（8分钟）。

育瓦迪分析，众多智能手机用户为手机商务创造了机会。截至2015年3月31日，使用手机应用软件办理银行和金融业务已经从2014年第1季度的8%提升至31%，而通过移动手机购物的用户也从11%增长至23%。

有意思的是，智能手机用户在广告内容具有吸引力的时候接受这种形式的手机广告。手机电视也成为十分火爆的频道，其次是应用软件、手机网络和在线游戏。

育瓦迪分析，调查结果显示，消费者的生活方式正在发生变化，生活越来越数字化，商业从业者应采取措施应对消费者行为改变的现象。

尼尔森公司（泰国、越南、缅甸区）总经理素莱指出，受数字化行为推动的市场中，媒体行业和消费方式是改变最大的领域。

（来源：中华人民共和国驻泰王国大使馆经济商务参赞处. http://th. mofcom. gov. cn/article/jmxw/201504/20150400952364. shtml. 2015—04—25）

泰国批准“纳米金融”微型贷款业务

泰国财政部已于2015年4月22日批准向经营商颁发“纳米金融”微型贷款业务经营许可证，标志着泰国经济和金融体系迎来一个新型的金融业务时代。由于“纳米金融”微型贷款业务的发放条件比其他类型的贷款更加灵活，以及制定了保护消费者权益的规定，究其目的可发现泰国政府的意图是为依赖体系外资金或无法获得金融体系资金的民众提供额外的资金渠道选择。

然而，值得注意的是由于开业初始阶段面临着高业务风险，因此经营商将采取开拓现有客户群、限定总体贷款额度、设定可承受的风险上限如控制不良贷款水平等战略。综上所述，开泰研究中心认为“纳米金融”微型贷款业务在推出的首年内对新增的泰国家庭债务额的影响将是有限的。

下一阶段应关注的议题是，在面临着更为严格的新债务催收法规和整体贷款组合质量监管的挑战下，经营商将如何合理整合各种业务经营模式以向新客户群开拓贷款业务。同时，泰国官方未来可能考虑制定其他补充规定，特别是当出现必要的信号时，如规定客户向多家“纳米金融”微型贷款业务经营商申请的贷款总额度等，或将成为监管该类贷款质量的措施之一。

（来源：中华人民共和国驻泰王国大使馆经济商务参赞处. http://th. mofcom. gov. cn/article/jmxw/201504/20150400952361. shtml. 2015—04—25）

泰国大力扶持边境贸易

泰国大力扶持边境贸易，以刺激经济发展、缩小贫富差距。据南博网了解，泰国商业部的目标是要在2015年将边境贸易额从目前的9000亿泰铢增长至15000亿泰铢。

泰国政府通过促进边境贸易及经济区域发展，推动国家经济成长。近年来，泰国大力推动边境地区特别经济区域建设，如清莱、夜硕、莫达限等边境地区的特别经济园区建设、缅甸土瓦深水港口经济区和东海岸经济区等。

目前泰国批发—零售业者数量众多，很多人在泰国和周边国家边境购买土地或住宅，在边境范围开店，这使邻国业者在泰国边境就能进行采购，节约了很大的物流成本。

据南博网了解，泰国商品物美价廉，泰国政府提出的发展泰国与周边国家边境贸易政策，推动生产商品前往边境进行销售。此外还将在泰国边境设立医院、物流、旅游等各类型服务机构，连接国内经济特区和邻国重要城市。

（来源：南博网. http://www.caexpo.com/news/asean/taiguo/jmzx_tg/2015/04/21/3643672.html.2015—04—21）

泰国曼谷将建商业中心和公园

泰国财政部现计划在曼谷玛卡森（Makkasan）地区开发一块由泰国铁路机构（SRT）拥有的土地，建设商业中心和公园以缓解公众的反对。副财长逸素海表示，这块占地面积1960公顷的土地将被开发用于商业目的和社会目的。

泰国铁路机构最近同意把玛卡森地块出租给财政部一段时间，从而抵消部分欠款。112公顷的土地上包括一个大面积的沼泽，以及有待开发的78.4公顷空地。此外，该地块还包括玛卡森站、机场快线、泰国铁路机构医院、工作人员住宅小区以及维修单位的总公司。

财政部将与泰国铁路机构会面，共同评估用于计算租赁费用的土地价值。交通部长巴真早前表示该地块的一部分应该预留出来开发新的公园、博物馆、体育锻炼场所和自行车道。

财库厅厅长察克里分析，泰国铁路机构的债务为1100亿泰铢，其中800亿泰铢为亏损，300亿泰铢为贸易债务。另外约500亿泰铢的亏损是由于前政府的政策造成，其余的则是因泰国铁路机构运营产生的。察克里还表示，如玛卡森地块的租金不足以抵消500亿泰铢的债务，泰国铁路机构将考虑出租曼谷地区包括湄南河边在内的其他地块。

（来源：中华人民共和国驻泰王国大使馆经济商务参赞处. http://th.mofcom.gov.cn/article/jmxw/201504/20150400939053.shtml.2015—04—10）

泰国长途客运公司布局东盟经济共同体

据南博网了解，泰国著名长途客运公司那空猜冷巴公司（NCA）是泰国高端长途客运服务提供商，在投资约5亿泰铢，开通曼谷至坤敬、邬隆他尼、廊开和清迈等主要府治的豪华大巴线后，该客运公司未来将继续拓展曼谷到与周边国家接壤城市的线路，为东盟经济共同体（AEC）建成而提前布局。

2015年年底，AEC将全面建成，东盟地区的劳工、产品以及人才流通将更加自由。泰国作为东盟国家的中心，连接其他国家的枢纽，AEC形成后泰国以及友邻各国的人员流动将愈加频繁，泰国公共客运业作为连接各地城市，实现人员、产品流通的纽带，将进入最为关键的转型期。

泰国NCA豪华大巴长途客运服务已在坤敬、邬隆他尼、廊开和清迈等主要府治运行。根据其制定的战略规划，将尽力拓展曼谷到与周边国家接壤城市的线路，特别是政府大力支持发展的边境特区城市，已确定开庭的新线路包括曼谷到帕府、难府以及喃邦府，并寻找开辟前往南部城市路线的机会。计划如果落实，未来NCA的线路将覆盖东、南、北以及东北的整个泰国长途客运线路。

NCA从多年前计划面向东盟邻国增加线路方面，但国外行车的执照问题使项目迟迟没有进展。目前，NCA计划与东盟国家的长途客运运营商合作，采取在国内段使用NCA客车，国外段使用国外公司的客车的办法，采用通票制，乘客不需要再另行购票。

泰国竞争加剧，经济也未完全恢复，为实现增长，NCA调整战略，增加清迈、坤敬、邬隆等府车次，部分盈利能力不高的线路则减少车次，货物运输方面发展稳定，2015年全年业绩有望增长5%，达到18亿泰铢。

（来源：南博网. http://www.caexpo.com/news/asean/taiguo/jmzx_tg/2015/03/23/3641858.html.2015—03—23）

越 南

越南腰果行业快速发展

腰果仁大味美、营养丰富，是名贵的干果和高级菜肴，也是越南重要的经济农作物，为农民创造更多就业机会和提高收入水平。据南博网了解，越南腰果行业快速发展，是世界上最大的腰果出口国之一。

据南博网数据显示，2014年越南腰果出口额首次突破20亿美元大关，连续9年成为世界最大腰果仁出口国。2014年，越南出口腰果仁30万吨，创汇20亿美元。加上腰果壳油和深加工产品等附加产品，出口总额达到22亿美元。2015年前5个月，越南出口腰果11.7万吨，同比增长14.4%。出口额达8.28亿美元，同比增长27.3%。美国、中国和荷兰是越南腰果前3大出口市场，出口占比分别为30%、25%、20%。

虽然越南腰果出口不断增长，但腰果原料仍需要从国外进口。数据显示，2015年前4月，越南进口腰果原料逾23万吨，同比激增223%，进口额为3.1亿美元，激增277%。越南腰果加工业订单不断，但目前越南腰果采收季已近尾声，原料供不应求，需从印度尼西亚、柬埔寨等主产国进口。

为了促进腰果行业可持续发展，越南应制定相应政策，建立稳定的原料供应基地，采用科学技术提高生产质量和效率等。

（来源：南博网. http://www.caexpo.com/news/asean/yuenan/jmzx/2015/06/03/3646133.html. 2015—06—03）

越南在中国设立首个贸易促进办事机构

据越南之声网站报道，越南工贸部于2015年5月28日下午在中国重庆市举行“越南贸易促进局重庆贸易促进办公室”揭牌仪式。越南工贸部副部长阮锦绣和重庆市副市长陈禄平出席揭牌仪式并致词。

报道称，阮锦绣表示，在过去的几年里，世界经济受金融危机影响发展缓慢，但越中两国贸易快速稳定发展，2014年双边贸易额达587亿美元，比2013年增长17%，中国仍然是越南最大的贸易伙伴。

报道称，该贸易促进办公室是根据中越两国签署的《关于相互设立贸易促进机构的协定》有关要求，经有关部门批准，并于近期完成相关手续而正式设立的，将担负起协助越南企业寻求中国西南部的合作伙伴、扩大越南商品对华出口、为中国企业赴越南投资提供咨询等多项重要职能，必将为越中两国贸易发展发挥强有力的促进作用。

（来源：中华人民共和国驻越南社会主义共和国大使馆经济商务参赞处．http://vn.mofcom.gov.cn/article/jmxw/201505/20150500991737.shtml. 2015—05—29）

韩国三星电子公司投资14亿美元在胡志明市建厂

三星公司在越南胡志明市投资建设的家用电器工厂2015年5月19日在胡志明市高新区正式破土动工。该工厂投资金额14亿美元，占地面积70公顷，预期2016年第2季度竣工投产。

竣工后的起步阶段，三星胡志明市家电厂将研发SUHD电视、智能电视、LED电视等高新电视产品。三星称，该工厂将成为三星电视产品全球供应链的重要一环，继续巩固三星全球最大电视机供应商的地位。

三星电子公司于1995年1月开始对越南投资，如今三星在越南投资总额已达112亿美元，成为越南最大外国投资商。

早前，三星在越南北宁省和太原（Thai Nguyen）投资75亿美元建造两家手机组装工厂。这两家工厂业绩良好，2014年出口总额达263亿美元，占越南全国出口总值的17.5%，创造10万就业岗位。

另外，三星拟在越南展开大规模投资计划，大力投资能源、造船、机场等项目，若能实现该计划，三星在越南投资总额或扩至200亿美元。

（来源：南博网. http://www.caexpo.com/news/info/invest/2015/05/28/3645756.html. 2015—05—28）

越南跻身全球最便宜的10处旅游目的地名单

据越南《人民军队报》报道，越南以一日游的消费仅为10美元同柬埔寨、泰国等国家跻身《赫芬顿邮报》（The Huffington Post）近期公布的全球最便宜的10处旅游目的地排行榜中。

近期著名的个人财政与银行网站Gobankingrates评选一日游的消费仅为10美元的旅游目的地，这些目的地将成为游客今后前往旅游的最佳之选。从下龙湾至胡志明市，游客将有机会欣赏美不胜收的海滩，参观博物馆及品尝低价的美食。

Booking Guru. org 网站创始人洛基·霍兰（RockyHoran）劝告赴越南旅游的游客最好体验当地人民的生活来节省支出。游客不要前往著名的度假村或专门服务外国人的地方，最好照着当地人民的生活习惯消费。洛基·霍兰建议，选择公共汽车作为参观的交通工具，寻找由私人管理的住房来休息，因为由私人管理的住房一般1晚的租价为5美元左右。

（来源：南博网. http://www.caexpo.com/news/asean/yuenan/jmzx/2015/05/28/3645733.html. 2015—05—28）

越南水泥行业仍有较大发展空间

越南《投资报》报道，2014年，越南水泥销量逾7000万吨，同比增长15%。其中，内销5098万吨，外销1950万吨。

《国际水泥杂志》报告称，目前越南水泥行业存在几个薄弱点，一是水泥产量低，生产成本高，税息折旧及摊销前利润（EBITDA）较低，仅为15%～20%，低于本地区其他国家的25%～30%；二是燃料费用高，替代燃料有限；三是与中国和泰国相比，越南水泥厂折旧率大；四是金融杠杆高；五是缺乏长期的出口规划。

报道称，到2030年，越南基础设施建设需投资2200亿美元，其中，建筑投资约1270亿美元。因此，未来5年，越南拟完成大量交通项目，对水泥行业的发展有极大的帮助。预计未来5年，越南水泥内销量约5300万吨，外销2000万吨。

（来源：中华人民共和国驻胡志明市总领事馆经济商务室. http://hochiminh.mofcom.gov.cn/article/jmxw/201505/20150500977739.shtml. 2015—05—20）

越南将于2016年发放4G牌照

2015年5月，越南政府通过了一项电信行业总体发展规划，决定2015年内允许运营商开始推广4G技术。越南信息与通信部副部长黎南胜表示，该部将有可能于2016年发放4G牌照。黎南胜称，4G牌照发放工作将首先从一些大城市开始，如河内、胡志明、岘港等，这些城市网络服务需求大，用户支付能力强。

据悉，信息通信部2011年批准了5家公司开展4G试点，包括FPT（越南软件公司）、VNPT（越南邮政通信集团）、Viettel（越南军用电子电信公司）、CMC（越南计算机传媒集团）和VTC（越南多媒体传媒总公司）。报道称，越南的主要电信服务供应商目前均已做好推广4G服务的准备。

（来源：中华人民共和国驻越南社会主义共和国大使馆经济商务参赞处. http://vn.mofcom.gov.cn/article/jmxw/201505/20150500970771.shtml. 2015—05—13）

越南5个国际港口提供“一站式服务”

2015年年底东盟经济共同体（AEC）全面建成，东盟成员国之间的贸易和市场限制将大大减少，为进一步促进贸易便利化，提升区域贸易功能，越南海关总局在5个省市的国际港口提供“一站式服务”。

据南博网了解，从2015年5月6日起，越南广宁、海防、岘港、胡志明市和巴地头顿等5个省市的国际港口正式展开“国家一站式服务”，物流服务企业在越南国家一站式服务官网上（https://http://www.vnsw.gov.vn）进行船运手续申报（包括进出港、在途货船货运、运输信息等），越南海关总局各属下单位安排干部人员协助企业开展手续申报。

目前，越南海关总局已与交通运输部连接；工贸部处于完善连接过程中。2015年6月，越南农业与农村发展部、资源环境部和卫生部等将完善行政手续连接。自2016年起，完善其他部门行业的进出口货物和转口货物。

南博网分析，通过一站式服务，进一步简化手续，清关时间从21天减少至14天（出口）和13天（进口），成本降低10%～20%，为企业减少30%通关时间，促进区域跨境贸易发展，越南企业更好地对外贸易，在国际贸易市场特别是东盟市场上形成优势。

（来源：南博网. http://www.caexpo.com/news/asean/yuenan/jmzx/2015/05/08/3644607.html. 2015—05—08）

越南注重推动手机应用程序与数字内容服务发展

据越通社报道，专家评价随着智能手机的快速普及和手机应用程序与数字内容服务的迅速发展，越南手机游戏市场发展潜力巨大。2015年手机游戏市场的营业总值将达6740万美元，预计今后几年该产业将呈现蓬勃发展的态势。

由荷兰市场调研公司Newzoo同脸谱（Facebook）、微软（Microsoft）、美国艺电公司（EA）以及百度公司于2014年配合对东南亚各国家手机游戏市场展开研究的结果显示，若手机游戏市场的年均增长率保持在87.7%，2014年越南移动游戏市场的营业收入将达3650万美元，与2013年相比增加2250万美元，预计到2016年和2017年该数字将分别增加至1.06亿美元和1.61亿美元。

另一方面，与应用程序相比，越南手机应用程序开发公司更注重发展移动游戏。越南应用程序商店内的游戏总数达1万个，而应用程序数量仅为2000个。

虽然应用程序数量有限，但消费者对国内开发公司研发的应用程序的使用率较为乐观，苹果iOS、谷歌Android、微软Windows Phone应用商店的应用程序收到消费者的好评，应用下载量多。

Appota.com网站对越南2014年应用市场作出报告结果显示，在移动应用程序营销方式中，手机游戏是给企业带来最多利润的应用程序，其营收额占到了越南应用程序总营收额的60%。手机应用程序中的内置广告带来27%的利润，而应用程序的下载量带来了13%利润。

2014年，越南移动游戏营收额达2.1亿美元，同比增长75%。然而，据专家预测，移动游戏增速将放缓，2017年的营收额将达4.1亿美元。

（来源：南博网. http://www.caexpo.com/news/asean/yuenan/jmzx/2015/05/04/3644329.html. 2015—05—04）

越南大力提高咖啡附加值

据越通社报道，越南是世界第2大咖啡豆生产及出口国。目前，越南咖啡已出口到世界近100个国家和地区。

越南农业与农村发展部农林水产和盐业贸易加工局副局长武成都表示，越南农业与农村发展部已制定了2015～2020年阶段越南咖啡加工系统发展规划及2030年愿景，力争实现提高咖啡附加值的目标。

据此，越南将大力扩大咖啡出口。从2015年至2020年，集中更新咖啡加工生产线，以提高咖啡质量、满足食品安全标准，同时加大对邦美蜀咖啡品牌的宣传推介力度，着力塑造和推广越南咖啡品牌，进一步树立起越南咖啡产品在世界咖啡市场上的品牌形象。

越南咖啡行业已提出2015年工业规模上的咖啡豆加工占咖啡豆加工总数的40%，2020年和2030年工业规模上的加工咖啡豆比率分别达70%和80%以上。2020年，咖啡成品出口额年均达38亿至42亿美元，至2030年咖啡成品出口额年均达45亿美元的目标。

（来源：南博网. http://www.caexpo.com/news/asean/yuenan/jmzx/2015/05/04/3644312.html. 2015—05—04）

越南手工艺品出口增长

越南手工艺品行业的发展有着悠久的历史，手工艺品久负盛名。南博网了解到，近年来，受中国和日本工人薪资提高影响，大量手工艺品的出口订单从中国、日本转向越南，越南手工艺品出口增长，前景备受看好。

据南博网了解，越南地处东南亚，红木资源丰富，生产成本较低，手工艺品价格相对偏低，具有一定的市场竞争力。此外，越南手工艺品雕刻手法精致，样式齐全，拥有其他亚洲国家所没有的优势，深受消费者的欢迎。2015年第1季度，越南手工艺品出口额约为5.8亿美元，同比增长10%。

为了继续保持越南手工艺品出口市场的增长趋势，越南需要解决目前产业发展面临的一些问题。据南博网了解，老挝、柬埔寨当地劳动力低廉，不少外企在当地投资生产手工艺品，给越南手工艺品市场带来压力。对此，越南提高其国际竞争力是关键。

目前，越南的手工艺品有9成是按订单生产，根据客户的要求贴牌出口。而符合ISO、SA800、BSCI和Fair Trade等国际标准的越南企业不到5%，落后于泰国、印度尼西亚等国家。据南博网分析，越南应重视培养优秀的手工艺师，创新产品外观，生产出售具有特色的产品，树立起品牌。

（来源：南博网. http://www.caexpo.com/news/asean/yuenan/jmzx/2015/04/28/3644159.html. 2015—04—28）

越南将拟定政策鼓励太阳能源产业投资

越南副总理黄中海要求工商部早日完成发展太阳能源法律架构及鼓励发展机制的计划草案，提报总理审核，其中包括发展太阳能源规划图案、投资计划规模（含家庭户投资）、有无连接国家电源网计划、享受投资优惠措施等，这些措施属于越南政府核准发展国家能源策略，以确保民众能使用多元化、高品质的能源。

据越南专家看法，由于越南靠近赤道，越南中南部地区每天每平方米面积可生产约4～5度电力。国际咨询家评估，若越南投资设置使用CHP科技容量为50兆瓦的太阳能电厂，平均每年可生产6000万至1亿度电，如使用solar PV科技容量为1兆瓦的太阳能电厂，则预估每年可提供120万度电。目前越南尚未有效开发太阳能。主要原因为：投资太阳能发电成本偏高，政府尚未拟定奖励发展开发太阳能政策以及制定购买太阳能电价，影响业者投资发展意愿。

（来源：越南中国商品网．http://www.vccn.com/info/ aid=108941.2015—04—23）

越南边境人民币兑换业生意火爆交易额达数10万

数年来，在越南广宁省芒街边界地区外币兑换集市已经聚集了100多个兑换点，人民币兑换业发展火爆。

芒街是越南北方靠近中国的一个小城，属越南广宁省，北与中国广西东兴市接壤。当地人表示，小额货币交换的客户数量少，主要是到中国游玩的游客。

越南国家外汇管理司负责人表示，由于边境贸易交易结算数额小的特殊性，所以主要通过现金外汇结算，因此除了通过银行结算外，边界的居民被允许设立外汇兑换柜台以便进行人民币兑换。然而，这些兑换点必须得到越南国家银行省级支行的许可证，必须具有最少5000万越南盾（约合1.5万元人民币）现金。

越南国家外汇管理司评价，这些人民币兑换点，为边境地区的贸易活动提供很多帮助。然而，也存在一些不足之处，如现金交易规模相对大，从事兑换的个人从事不合法的结算活动等，这些对边境地区的银行产生不良影响。因此，数年以来，越南国家银行要求边境各省各支行停止向这样的外汇兑换点发放许可证。

（来源：中国日报网．http://world.chinadaily.com.cn/2015—04/22/content_20506556.htm.2015—04—22）

越南下调汽油、柴油等进口优惠税率

越南财政部于2015年4月13日已作出关于调整一些成品油进口优惠税率的第48/2015/TT—BTC号通知。

据此，汽油、煤油进口优惠税率由35%下调至20%，柴油、重质燃料油进口优惠税率分别由35%下调至20%和25%，航空燃油进口优惠税率由25%下调至10%。该通知自2015年4月14日起生效。

财政部称，自2015年5月1日起，对一些成品油的环保税进行调整。据此，汽油、航空燃油每升由1000越南盾上调至3000越南盾；柴油每升由500越南盾上调至1500越南盾；重质燃料油每升由300越南盾上调至900越南盾。煤油保持每升300越南盾的水平。

此外，为了鼓励国内生物燃料生产和配制活动，财政部还对E5、E10生物汽油，B5、B10生物柴油进口优惠税率进行调整，其税率与汽油、矿物油的税率相同，为20%。

（来源：南博网．http://www.caexpo.com/news/asean/yuenan/jmzx/2015/04/16/3643387.html.2015—04—16）

中越跨境经济合作区建设提速

目前，中越两国正在积极推进的中国东兴—越南芒街跨境经济合作区。

东兴市是中国与东盟唯一海陆相连的边境口岸城市，地处中国—东盟自由贸易区、泛北部湾、泛珠三角等多区域合作的结合部，也是中国新一轮西部大开发国家确立的3个沿边重点开发开放试验区之一。

根据此前中国商务部和越南工贸部共同签署的《关于建设跨境经济合作区谅解备忘录》，中越两国在东兴和芒街各规划10平方公里设立跨境经济合作区，实行统一规划，分期建设，共同管理，实现区域内人员、车辆、货物的自由流通。

上述跨境经济合作区的东兴园区是广西东兴重点开发开放试验区的核心园区，重点发展加工制造、跨境贸易、跨境旅游、国际金融、跨境物流等5大产业。

期间政府人员表示，目前，中国东兴—越南芒街跨境经济合作区东兴园区各项建设正在有序推进，一批重点基础设施项目进度显著。预计到2015年年底，可全面建成整个跨境合作区的主骨架和主道路。

作为跨境经济合作区的重要配套园区之一，东兴边贸中心两年来互市贸易成交额272亿元人民币，已成为中国面向东盟最大的国家级边贸中心。

值得关注的是，对促进中越两国互联互通、加快东兴国家重点开发开放试验区和中越（东兴—芒街）跨境经济合作区建设具有标杆意义的中越北仑河二桥，至2015年4月1日已完成总投资约45%。中越北仑河二桥于2014年4月1日开工建设，预计2017年建成通车后，将与现有的中越北仑河大桥实现客货分流。

东兴市政府人员表示，中方已与越方初步建立跨境经济合作区工作会晤机制，越方园区基础设施建设目前也正在加快推进。当局将通过加大先行先试力度，不断深化跨境经济合作区管理体制、贸易投资便利化等重点领域改革，进一步探索更为深入、广泛的对越合作举措。

越南共产党中央委员会总书记阮富仲2015年4月访问中国，中越双方领导人达成共识：尽快协商并确定跨境经济合作区建设共同总体方案，切实推进基础设施互联互通项目。这或将在很大程度上解决了此前中越跨境合作区推进缓慢的问题。

（来源：中国新闻网. http://www. chinanews. com/cj/2015/04—11/7200590. shtml. 2015—04—11）

越南智能手机市场需求强烈

近年来，东盟地区智能手机发展火热，其中越南智能手机市场需求强烈，成为东盟国家中智能手机用户增长率最快的国家。

据南博网了解，越南智能手机销量不断飙升。2013年，越南智能手机销售量约达700万台。2014年，越南市场上销售智能手机1160万部，占越南手机总销售额的41%，销量同比增长了57%。据预测，2015年越南智能手机销量将进一步提高。

与印度尼西亚、马来西亚、泰国、菲律宾等东盟国家相比，越南人口约为9000万，其中70%是年轻用户，年轻用户大部分乐于消费，喜欢新科技产品，特别是手机。这是越南智能手机销量快速增长主要因素。

越南正在迅速成为东南亚乃至亚洲的一个重要市场，越南本土手机相对匮乏，缺乏一定创新性，要进入越南智能手机市场，关键在于产品创新和过硬的质量。

（来源：南博网. http://www. caexpo. com/news/asean/yuenan/jmzx/2015/04/08/3642900. html. 2015—04—08）

中国香港是越南巨大潜力市场

据南博网了解，2014年，中国香港与越南双边贸易额为140亿美元。其中越南对中国香港出口54亿美元，同比增长8.2%，越南自中国香港进口额86亿美元，同比增长14%。中国香港是越南的一个巨大潜力市场。

香港地理位置优越，拥有自由的经济体制，是越南商品进军中国大陆市场乃至世界市场的最好跳板。据南博网了解，2014年约2000家越南企业参加在中国香港举行的各种博览会寻找产品资源而不是进行产品销售。为了促进对中国香港以及中国大陆市场的出口，越南企业应更积极地参与中国香港的贸易展览会，寻找销售合作伙伴和行业协会，向中国乃至世界推销自己的产品。

目前，越南出口中国香港的主要商品包括通讯和半导设备、电子阀和鞋类。南博网建议越南当地企业应制定长远的发展计划，进一步研究中国香港以及中国大陆市场，了解中国的进出口规定，提高技术水平，增强竞争力，促使出口产品多样化。

（来源：南博网. http://www. caexpo. com/news/asean/yuenan/jmzx/2015/04/07/3642756. html. 2015—04—07）

越南拟10年内吸引外资50亿美元投资通信电子技术

越南总理2015年3月已批准实施越南通信技术至2020年及2025年远景发展目标纲要。

报道称，按照上述发展目标预测，至2020年，越南通信技术及服务软件行业至少每年增长15%以上，越南将重点吸引国外资金投资这一领域，未来5～10年，仅在通信电子硬件建设方面将吸引外资50亿美元，把通信技术行业建设成为发展速度快、营业收入高、出口量大的经济领域。

（来源：中华人民共和国驻越南社会主义共和国大使馆经济商务参赞处. http://vn. mofcom. gov. cn/article/jmxw/201503/20150300928998. shtml. 2015—03—31）

越南牛肉需求持续增长

越南人民超爱吃牛肉，南博网观察，随着越南经济快速发展和人民生活的不断改善，越南牛肉方面的消费不断上升。未来越南牛肉需求将持续增长。

随着越南政府的大力支持，越南畜牧业进入较快发展时期，不过由于越南国内牛肉需求旺盛，牛肉价格也偏贵，通常高于周边国家10%～15%。与此同时，越南牛肉进口贸易活跃，导致外国牛肉特别是澳大利亚牛肉产品大量涌入，造成对越南国内牛肉市场的冲击。

据南博网了解，2012年越南进口澳大利亚3500头牛，而2013年激增至76.8万头牛。澳大利亚产的牛一般每头重500公斤～700公斤，出肉率60%～65%，越南国产牛每头重200公斤～250公斤，出肉率仅50%。澳大利亚牛肉包含进口税等相关费用，价格每公斤约6万越南盾（约合2.8美元），越南国产牛肉价格每公斤高于7万越南盾（约合3.3美元）。

澳大利亚牛肉价格低于越南国产牛肉，外国牛肉在质量上很有竞争力，得到越南消费者的喜爱。

越南牛肉需求的增长及国内竞争力不足造就了畜牧业的投资潜力。越南畜牧业需引进外资，发展育种、养牛、加工等行业。

（来源：南博网. http://www.caexpo.com/news/asean/yuenan/jmzx/2015/03/20/3641754.html. 2015—03—20）

越南电商市场潜力巨大

据南博网观察，随着越南中产阶级的扩大以及越南政府不断地提高互联网的普及率，越南网上消费呈现不断上升的趋势，推动线上交易的增加，以惊人的发展速度展现越南电子商务巨大的市场潜力。

中产阶级的发展及消费习惯的改变是推动越南电子商务飞速发展的因素之一。据南博网了解，越南人口约9000万，有39%使用网络，其中的58%趋向于网购。从家用电器到书本等，只需按照步骤操作，即可通过网络购买产品。购物网站给越南消费者提供更多产品选择，价格和成本也更便宜。

越南电子商务平台不断扩展。据南博网了解，目前越南已登记的电商网站超过350个，实际运营的网站不止这个数目。2014年，越南B2C电商销售额为30亿美元，占零售贸易总额的2.12%。其中，外国网站销售额占越南网络销售额的59%，与2013年相比增长44%。

不过，越南目前正面临信任的危机，这影响了越南电商的发展。据南博网了解，有81%的越南网络消费者担心收到的商品与网上描述不符；51%的越南网络消费者担心购买的商品在运输过程中受损，这造成网络支付虽然越来越容易，越南网络支付比例较低，越南网络消费者64%采取货到付款方式购物。

尽管在基础设施、支付和配送等方面存在一些问题，但越南电商市场的潜力巨大，电商市场不断受到外国投资者的青睐。据悉，阿里巴巴、Lazada、Sendo、eBay、Thegioididong纷纷涌入越南市场。

（来源：南博网. http://www.caexpo.com/news/asean/yuenan/jmzx/2015/03/12/3641344.html. 2015—03—12）

越南房地产正持续复苏并增长良好

据南博网了解，越南正迅速融入国际经济，随着越南政府新颁行许多房地产机制、政策，越南房地产将成为外国投资者眼中充满吸引力的投资领域，越南房地产正持续复苏并增长良好。

数据显示，截至2014年11月，外商在越南新注册房地产项目32个，总投资额为173.3亿美元。房地产领域引进外商投资不断增加。

随着越南签署《跨太平洋伙伴关系协定》（TPP）及其他自由贸易协定，以及《住房法修正案》和《房地产经营法修正案》允许投资者、商人、外国组织购买和拥有住房，为外国投资者投资越南房地产市场创造便利条件。

（来源：南博网. http://www.caexpo.com/news/asean/yuenan/jmzx/2015/03/04/3640924.html. 2015—03—04）

中越边境广西爱店公路口岸获准对外开放

据南博网了解，为促进中越边境贸易发展，提升广西口岸开放水平，2015年2月，国务院批准中越边境广西爱店公路口岸对外开放。

广西爱店公路口岸位于广西崇左市宁明县爱店镇，中越边境1223号界碑处。广西爱店公路口岸是连接越南及东盟各国与中国西南各省区两大市场的中转站和集散地，口岸的经贸往来对当地经济社会发展产生了重大而积极的影响。

据南博网了解，2014年，爱店口岸进出口货运量为49.2万吨，边贸交易总额为118.15亿元人民币，同比增长19.45%。出入境人员约4.5万人次，出入境交通工具达 6.56 万辆。

据南博网了解，为充分发挥爱店公路口岸具有的优势，促进经济增长，爱店公路口岸性质由公路二类口岸升格为一类口岸，成为双边性常年开放公路客货运输口岸，可以设立边防检查和海关、出入境检验检疫机构。进一步深化了中国西南省区与越南及东盟各国的经贸合作，提升沿边开放开发水平。

目前爱店口岸已发展成为中越边境规模最大、品种最多的中药材集散市场和农副产品、海产品加工基地。未来随着爱店口岸通关一体化建设，边民互市贸易将更加便利，预计 2015 年外贸进出口总额将增长 18%以上。

（来源：南博网. http://www.caexpo.com/news/asean/yuenan/jmzx/2015/02/12/3640454.html. 2015—02—12）

越南食品和饮料行业发展潜力巨大

近年来，越南食品和饮料市场需求量增长迅速，吸引了不少外国投资者涌入这一块商机盛地。随着生活水平得到提高，高涨的国内消费将推动越南食品和饮料市场的快速成长。

越南是一个以农业国家，拥有丰富的农业产品和热带水果，这些农产品其出口产品中占有极大的比重。随着越南农产品出口份额扩大，越南加工工业急需投资和发展，以满足日益增长的国内外食品和饮料需求。

目前越南将经济发展重点放在食品和饮料加工业上，越南鼓励利用本地资源进行各种农副产品深加工，从而提高产品附加值。

随着越南农产品出口份额的扩大，越南加工工业特别是包装印刷业急需投资和发展，以满足日益增长的国内外食品及食品加工业的发展需求。

越南食品、饮料市场进口需求量增长迅速，在短短时间内已吸引了不少外国企业开拓这一市场，据南博网了解，目前越南有 130 多家当地以及外国的饮料制造商，其中包括可口可乐、百事可乐、IBC、新协发、Interfood、红牛、雀巢、Chuong-Duong、CLK 与永好。

外国企业投资越南食品和饮料行业，根据越南地区独有特色及消费者群体的品位专门研发推出越南地区独有的产品，并深受越南消费者的喜爱。

据南博网了解，2011～2020 年越南消费支出预计年均增长 8%。2012～2017 年越南食品和饮料行业预计年均增长超过 9.4%。越南是中国产品进入东盟市场的桥头堡和最重要渠道，越南消费者对中国食品、饮料等产品有很强的认知度，相信中国企业开拓越南市场，将取得了良好的业绩。

（来源：南博网. http://www.caexpo.com/news/asean/yuenan/jmzx/2015/02/05/3640112.html. 2015—02—05）

越南的奶品市场颇具发展潜力

奶品富含营养，深受广大消费者的喜爱。如今，越南人均奶品产量和使用量低于亚洲多数国家，随着该国经济的不断发展，高涨的国内消费将推动越南奶品市场快速成长。目前越南强劲的奶品企业较少，奶品市场释放出巨大的投资商机，外国企业纷纷涌入这个新兴市场。

炎热的天气，落后的农业技术水平，给越南本地奶品企业带来了较大的困难，却给跨国企业带来了机会。现在外国企业已经为争夺越南市场展开合作，Nona Group 所属 Anova Milk 股份公司经过调研，正式与爱尔兰 Kerry 集团合资，产品已从 2015 年 3 月起进口越南。

据南博网了解，目前越南奶品行业的控管不严，外国企业此时向奶品行业注资将掌握更多盈利良机。外国企业注资将制定明确的投资战略，越南国内企业应制定好发展战略，把握发展时机，届时优质产品、先进技术将提高越南奶品行业的质量。

目前，越南奶品行业拥有无限投资空间和商机，不过外国投资者也需要注意在该国投资的常见问题。越南法律缺乏执行，执法的要求和过程充满不确定性。

（来源：南博网. http://www.caexpo.com/news/asean/yuenan/jmzx/2015/01/15/3638908.html. 2015—01—15）

越南汽车制造业有望持续增长

2014 年，越南摩托车销售市场不景气，但越南汽车国内销售量、进口车销量猛增。2014 年越南汽车销售数量达到 15.78 万辆，与 2013 年相比增长 43%，进口车销量增长 83%。南博网分析，未来越南汽车制造业有望持续增长。

南博网认为，2015 年越南经济复苏，受益于低利率和通货膨胀的影响，越南车市需求不断增长，同时政府推出各种刺激消费政策，因此汽车制造业有望持续增长。

不过东盟《货物贸易协议》将于2018年全面实施，伴随着东盟地区各成员国间进口关税取消，越南本土车企将面临国外车企的竞争压力。

（来源：南博网. http://www. caexpo. com/news/asean/yuenan/jmzx/2015/01/15/3638904. html. 2015—01—15）

越南为纺织品出口大国

南博网观察，近年来越南纺织业保持快速发展势头，特别是纺织品出口。全球对纺织品的需求不断增加，同时随着2015年越南与韩国、欧盟、俄白哈关税同盟间的自由贸易协定及跨太平洋伙伴关系协议的签署，越南纺织品行业将获得更多的机遇与机会，并有望发展成纺织品出口大国。

数据显示，2014年越南纺织品出口额达245亿美元，同比增长19%。其中，服装出口额达210亿美元以上，同比增长17%，纺纱出口额达21亿美元以上。

据南博网了解，越南拥有低廉的劳动力，是服装等劳动密集型产业的生产基地。越南纺织产品在质量、设计、交货时间等方面把握准确，产品具有本地特色，越南推出众多名牌纺织品，拥有较高的竞争力。同时得益于越南加入国际自由贸易条约，许多国际采购商将采购订单转移到越南，越南出口美国、欧盟的纺织品迅速增长。

但与此同时，越南纺织品出口也面临着一些问题，如纺织业原材料大部分依赖进口，假冒伪劣商品混迹市场。目前越南纺织业计划在2015～2016年期间投资约9万亿越南盾（约合4.2115亿美元）建立原材料生产基地，提高纺织原料自给率。同时积极开展生产投资活动，拓展销售渠道，在世界范围内打响了品牌，击退假冒伪劣商品。在越南政府的有效扶持下，2015年越南纺织业出口额将实现280亿美元～285亿美元的目标。

（来源：南博网. http://www. caexpo. com/news/asean/yuenan/jmzx/2015/01/12/3638550. html. 2015—01—12）

越南蔬菜水果出口前景广阔

据南博网了解，2014年越南蔬菜水果出口前景广阔，出口总额达14.7亿美元，同比增长近40%，其中水果占90%。

目前，越南全国水果种植面积约78万公顷，年产量约750万吨；蔬菜种植面积约83.5万公顷，年产量约145万吨。据南博网了解，2014年12月越南蔬菜水果出口金额约达到1.2亿美元，使2014年蔬菜水果出口总金额达到14.7亿美元，与2013年10.73亿美元相比，有大幅度增长。

2014年，越南与许多国家的蔬菜水果出口谈判取得了成功，越南将龙眼、荔枝等农产品出口到美国、新西兰、日本、韩国等高端市场，并受到上述市场的高度评价。与此同时，中国、东盟各国、加拿大、欧盟、中东、东欧等市场已对越南蔬菜水果敞开大门。

对于一些潜在市场，越南正努力为蔬菜水果产品消除植物检疫要求的技术壁垒。2015年，越南植物保护局继续协助各地方和企业扩大对美国市场出口龙眼和荔枝，对日本出口杧果，对新西兰出口火龙果、荔枝和杧果等。

（来源：南博网. http://www. caexpo. com/news/asean/yuenan/jmzx/2015/01/04/3638076. html. 2015—01—04）

政策法规篇

东盟十国对外国投资合作的法规和政策

文莱对外国投资合作的法规和政策

一、对外贸易的法规和政策规定

1. 贸易主管部门

文莱贸易政策的制定和实施主要由文莱工业与初级资源部负责，财政部、经济发展理事会等其他有关部门参与。

文莱工业与初级资源部主要职责是：鼓励和支持当地企业及外国投资者开展商品生产和服务，保障国家食品安全和就业，推动经济持续、多元化发展。该部下辖5个执行局：农业局、森林局、渔业局、工业发展局和旅游局。

2. 贸易法规体系

文莱与贸易相关的主要法律包括《海关法》、《消费法》以及一系列涉及食品安全和清真要求的法规。2001年和2006年分别颁布《证券法》和《银行法》。具体包括：

表1 截至2007年与贸易相关的主要法规

法规名称	主要内容
《海关法及相关规定》(2006)	有关海关法规定包括特别关税、关税返还、对违反规定的处罚等
《进口商品估价规定》(2001)	根据世贸规则明确海关估价
①《东盟通用特别关税条例》(2005) ②《中国—东盟全面经济合作框架协议下东盟—中国早期收获计划商品关税条例》(2005) ③《中国—东盟全面经济合作框架协议下海关货物贸易协议》(2006)	实施有关东盟贸易协议
《公司法》(1957)	公司注册法规等
《证券法》(2001)	政府间金融往来、为经营商及有关个人在管理和交易证券方面提供建议
《银行法》(2006)	银行执照
《投资促进法》(2001)	投资领域
《清真肉类法》	规范清真肉类产品的进口和市场供应
《商标法》(2000)	商标
《公共卫生(食品)条例》(2001) 《公共卫生(食品)法》(2002)	食品安全

(资料来源：文莱工业与初级资源部)

3. 贸易管理的相关规定

文莱实行自由贸易政策，除少数商品受许可证、配额等限制外，其余商品均放开经营。

【进口管理】出于环境、健康、安全和宗教方面的考虑，文莱海关对少数商品实行进口许可管理。

植物、农作物和牲畜须由农业局签发进口许可证（植物不能带土），军火由皇家警察局发证，印刷品由皇家警察局、宗教部和内务部发证，木材由森林局发证，大米、食糖、盐由信息技术和国家仓库发证，二手车由皇家海关发证，电话装置、无线电设备由通讯局发证，药品由卫生部发证，鲜、冷冻的鸡肉和牛肉由宗教部、卫生部和农业局发证。除以上有关部门发放进口许可证外，机动车、农产品、药品及与药品相关的产品进口还须提供相关的原产地证书和检验证明。

没有商业价值的样品可免税进口，对于有商业价值的样品进口，需交抵押金，如果样品在3个月内出境，可退还抵押金。对某些商品实行临时禁止进口，如水泥、锌皮瓦片等。

禁止进口商品包括：鸦片、海洛因、吗啡、淫秽品、印有钞票式样的印刷品、烟花爆竹（从2008年起允许指定经营商进口）等。

酒精饮料进口受到严格限制。

【出口限制】除了对石油天然气出口控制外，对动物、植物、木材、大米、食糖、食盐、文物、军火等少数物品实行出口许可证管理，其他商品出口管制较少。

4. 进出口商品检验检疫

文莱公共卫生（食品）条例规定所有食品，无论是进口产品还是本地产品，都要安全可靠，具有良好品质，符合伊斯兰教清真食品的要求，尤其对肉类的进口实行严格的清真检验。对于某些动植物产品，如牛肉、家禽，需提交卫生检疫证书。进口食用油不能有异味、不含任何矿物油，动物脂肪需来自在屠宰时身体健康的牲畜并适合人类食用，动物脂肪和食用油须是单一形式，不能将两种或多种脂肪和食用油混合。脂肪和食用油的包装标签上不得有“多不饱和的”字眼或相似字眼。非食用的动物脂肪须出具消毒证明。进口活动物必须有兽医证明。

大豆奶应是从优质大豆中提取的液体食品，可包括糖、无害的植物物质，除了允许的稳定剂、氧化剂和化学防腐剂外，不得含有其他的物质，并且其蛋白质含量不少于2%等。

此外，该条例对食品添加剂、包装以及肉类产品、渔类产品、调味品、动物脂肪和油、奶产品、冰淇淋、糖与干果、水果、茶、咖啡、无酒饮料、香料、粮食等，都规定了相应的技术标准。对食品的生产日期、保质期、食品容器及农药最大残留量、稳定剂、氧化剂、防腐剂等都有明确的规定。

5. 海关管理规章制度

【管理制度】2006年新《海关条例》对特别关税、关税返还、处罚方式等做了规定。

【关税税率】对东盟成员国产品的关税税率大部分在0%～5%之间。对食品类及大部分建筑材料和工业机械免征进口税，电器类商品及香水、化妆品、地毯、珠宝、水晶灯、丝绸、运动器材等征5%的进口税，汽车征收20%的进口税（目前已改为同等税率的消费税），烟和酒精饮料有特别税率。

自2010年中国—东盟自由贸易区正式启动以来，文莱对中国商品关税逐年下降，部分非敏感产品关税在2012年已降至0%，一般敏感产品关税已降至20%以下。

文莱总体关税税率很低，对极少商品如香烟等商品的进口关税略高于对东盟成员国的关税。

二、对外国投资的市场准入的规定

1. 投资主管部门

文莱主管国内投资和外国投资的政府部门为工业与初级资源部和经济发展理事会。

2. 投资行业的规定

文莱对外来投资实行准入限制。

【禁止的行业】包括武器、毒品及与伊斯兰教义相悖的行业等。

【限制的行业】林业不对外资开放。

【鼓励的行业】包括化工、制药、制铝、建筑材料及金融业等行业。

2001年新的投资促进法将部分产业纳入先锋行业，投资享受税收优惠，以吸引外来投资。

3. 投资方式的规定

文莱对大部分行业外资企业投资没有明确的本地股份占比规定，仅要求公司董事成员其中1人须为当地居民。外资在文莱投资可成立私人有限公司、公众公司或办事处，但文莱本地工程一般仅向本地私人有限公司发放。

外资并购文莱企业的案例极少，具体操作时应向有关主管部门充分咨询过户手续及审批期限，必要时可寻求中国驻文莱达鲁萨兰国大使馆经济商务参赞处协助。

三、文莱关于企业税收的规定

1. 税收体系和制度

文莱无个人所得税，也无出口税、销售税、工资税和生产税。文莱的税种较少。在投资者创业和发展阶段，文莱提供比其他国家更为优惠的条件。

2. 主要税赋和税率

【企业税】企业须对以下收入纳税：（1）各项经济活动中获取的利润；（2）从未在文莱纳税的公司中获得的分红；（3）利息和补贴；（4）版税、奖金和其他财产收入。

为促进国内经济发展及投资意愿，文莱苏丹陛下准许企业税调至18.5%。文莱首相署第二财政部长丕显拿督哈芝阿都拉曼在第10届国会的第3天会议中表示，这些新企业税率将从2015年开始生效。

文莱无资本收益税。但如果征税官确定其中部分收入来自普通贸易，则按正常收入征税。

独资和合伙经营商行无需缴纳所得税，在文莱注册的公司有义务对其从文莱或境外所获得的收入缴纳所得税。非本地注册公司只需对其在文莱获得的收入纳税。

有限公司所得税征税率自2007年起连年小幅下调，目前降至20%。

外国税收免除的相关规定：(1) 文莱和英国签订了避免双重税务协定，所得税可以按比例免除，课税扣除只针对本地公司；(2) 英联邦国家提供内部互免优惠，但优惠额不能超过文莱税率的一半，此优惠提供给本地及非本地注册公司；(3) 2004年9月，中国与文莱签署了《避免双重征税和防止偷漏税协定》。

【印花税】根据文莱相关法律，印花税主要征收范围包括抵押、房屋租赁、转让。其中，抵押每500文莱元征税1文莱元，房屋租赁（年租金）每250文莱元征税1文莱元，转让每250文莱元征税1文莱元。

【石油税】1963年修改后的所得税法为石油生产征税特别立法。对扣除王室分成、政府分成及各项成本后的石油净收入按照55%征收石油税。

【代扣所得税】非本地公司的债券、贷款等的利息收入按20%比例交纳所得税。

【进口税】工业用的食品和其他产品免缴进口税。电器产品、木材、照相设备和耗材、家具、汽车及零部件的进口税率为20%，化妆品和香水进口税率为30%。2010年1月，中国—东盟自由贸易区正式建成，文莱作为6个老东盟成员之一，对中国90%以上约7000种产品实行了零关税。

2014年5月，文莱政府为了鼓励大家远离烟害，将实施严禁卷烟广告、促销及赞助并大幅上调卷烟进口税等措施。文莱政府同时下令，卷烟盒的50%到75%的面积必须印上“吸烟危害健康”的警示图文。另外，学校方圆1公里以内的所有商店，都不准卖烟。

目前，文莱的禁烟区已经扩大到机场、水陆出入境大厅、公共交通运输站、公交车士站、出租车站、卖场和市场等。

四、文莱对外国投资的优惠

1. 优惠政策框架

文莱政府于1975年颁布《投资促进法》，2001年在该法基础上颁布新的投资促进法令，延长了对部分鼓励投资产业的税收优惠期。

2. 行业鼓励政策

根据投资促进法，在以下产业投资享受税收优惠：

(1) 先锋产业，即有限责任公司达到以下要求：①符合公众的利益；②该产业文莱未达到饱和程度；③具有良好的发展前景，产品应具有该产业的领先性，可以获得先锋产业资格证书，并享受以下优惠：免收所得税；免30%的公司税；免公司进口机器、设备、零部件、配件及建筑构件的进口税；免原材料进口税；为生产先锋产品而进口的原材料免征进口税；可以结转亏损和津贴。先锋产品包括：航空食品、搅拌混凝土、制药、铝材板、轧钢设备、化工、造船、纸巾、纺织品、听装、瓶装和其他包装食品、家具、玻璃、陶瓷、胶合板、塑料及合成材料、肥料和杀虫剂、玩具、工业用气体、金属板材、工业电气设备、供水设备、宰杀、加工清真食品、废品处理工业、非金属矿产品的制造。

表2 先锋产业的免税期

（从生产日开始计算）

注册资本金额	免税期
50万～250万文莱元	5年
250万文莱元以上	8年
高科技园区内	11年
免税期延长	每次3年，总共不超过11年
（高新区）免税期延长	每次5年，总共不超过20年

（资料来源：文莱经济发展局）

(2) 先锋服务公司，即符合公众利益，并从事以下经营活动的公司：涉及实验、顾问和研发的工程技术服务；计算机信息服务和其他相关服务；工业设计的开发和生产；休闲和娱乐的服务；出版；教育产业；医疗服务；有关农业技术的服务；有关提供仓储设备的服务；组织展览和会议的服务；金融服务；商业顾问、管理和职业服务；风险资本基金业务；物流运作和管理；运作管理私人博物馆；部长指定的其他服务和业务，可享受免所得税以及可结转亏损和补贴待遇。免税期8年，可延长，但不超过11年。

3. 特殊经济区政策

文莱政府在国内共划出10个工业区以吸引外国投资。其中双溪岭工业区为最主要的工业区，规划面积283公顷，主要用于油、气下游和高科技产业。在该区最大的外来投资项目是日本投资的甲醇厂项目，总投资6亿美元，设计产能85万吨，2010年5月第1批产品出口中国。

表3 文莱十个工业区

编号	工业区名称	规划面积（公顷）	主要用途
1	Serasa	83	制造业及服务
2	Kampong Salar	40	家具、仓储及冷藏
3	Lambak Kanan（East）	74	高科技产业
4	Lambak Kanan（West）	45	食品加工
5	Beribi I&II	47	制造业及服务
6	Serambangun	40	制造业及服务
7	Sungai Liang（双溪岭工业区）	283	石油下游产业、高科技
8	Sungai Bera	50	制造业及服务
9	Pekan Belait	38	制造业及服务
10	Batu Apoi	5	制造业及服务

（资料来源：文莱工业与初级资源部）

文莱目前并未特别设置经济开发区，仅有工业园区，暂无中国企业入驻。

五、与投资合作相关的主要法律法规

与投资相关的法律包括《合同法》、《土地法》以及《投资促进法》。

文莱工业与初级资源部负责有关投资合作政策的制订和实施，查询网址：www. brubeimipr. gov. bn。

（来源：南博网. http://www. caexpo. com/news/asean/wenlai/zcfx _ wl/fghj/2015/07/15/3648297. html. 2015—07—15）

柬埔寨对外国投资合作的法规和政策

一、对外贸易的法规和政策规定

1. 贸易主管部门

柬埔寨商业部为柬埔寨贸易主管部门。

2. 贸易法规体系

柬埔寨与贸易相关的法律法规主要包括《进出口商品关税管理法》、《关于制衣行业原产地证书、商业发票、出口许可证核发的规定》、《关于商业公司贸易行为的规定》、《关于实施装运前检验服务的规定》、《加入世界贸易组织法》、《关于风险管理的次法令》、《关于成立海关与税收署风险管理办公室的规定》等。

3. 贸易管理的相关规定

商业部负责出口审批和免税进口核准手续。在多数情况下，进口货物无需许可证。但部分产品需要获得相关政府部门特别出口授权或许可后方可出口。柬埔寨主要的贸易伙伴为美国、欧盟、中国、韩国、泰国、越南、马来西亚和加拿大。

2013年12月，柬埔寨商业部和财经部联合发表《公报》，将改善柬埔寨出口程序，解决柬埔寨产品出口复杂手续问题，旨在减轻出口商负担和提供方便，以达到扩大出口的目标。根据柬埔寨商业部长孙占托和财经部长翁本莫尼洛签发的联合公报决定即日开始改善出口商交付的服务费、协调柬埔寨出口程序等。公报指出，有意从柬埔寨出口产品的公司或出口商未规定向商业部或相关单位申请《一般原产地证明书（CO文件）》，可减少商家不必要的开支，助商家省下更多的时间。公报表示，出口公司和出口商必须在产品出口的30天之内缴纳应上缴的费用，且要在规定的地点缴纳，否则出口公司将被处罚，或者被暂时取消出口权利。

【作为最不发达国家享受的出口优惠】作为最不发达国家，欧盟、美国、日本等28个国家和地区给予柬埔寨普惠制待遇。美国给予柬埔寨较宽松的配额和进口关税，欧盟在“除军火外所有商品倡议”下，给予柬埔寨除军火外几乎所有产品零关税的待遇。

自2014年5月1日起，柬埔寨免除大米出口手续费，以鼓励大米出口。目前，柬埔寨大米出口须缴纳6万瑞尔/集装箱（约合15美元）的手续费，约合22美元/吨，而邻国越南的大米出口手续费仅为15美元/吨。

【出口商品当地含量及原产地原则】柬埔寨目前无当地含量要求，即不限制使用进口原材料、零部件（对健康、环境或社会有害的原材料、零部件除外）。

在柬埔寨，出口商应重视普惠制的原产地规则要求。普惠制下出口至美国的产品，原产地规则对当地含量的最低要求为35%（符合条件的东盟成员国，即柬埔寨、泰国、印尼和菲律宾，在原产地规则要求中视为同一国家）。在“除军火外所有商品倡议”下，原产地规则要求出口产品至少有40%的含量出自出口国。

2013年柬埔寨政府取消出口商品须有柬埔寨原产地证的政策，若进口国没有要求，出口商不必向商业部申请。柬埔寨财经部长温本莫尼洛和商业部孙占托日前联合签发一项通令，宣布调整商品出口程序，以方便出口。目前，美国和日本已不再要求柬埔寨国出口商提供原产地证，但欧盟国家仍需要。

【出口优惠、限制】根据《投资法》、《修正法》，由柬埔寨投资委员会批准的出口型合格投资项目可享受免税期或特别折旧。其出口产品增值税享受退税或贷记出口产品的原材料。

禁止或严格限制出口的产品包括文物、麻醉品和有毒物质、原木、贵重金属和宝石、武器等，2013年年初，柬埔寨政府明令禁止红木的贸易和流通。半成品或成品木材制品、橡胶、生皮或熟皮、鱼类（生鲜、冷冻或切片）及动物活体需缴纳10%的出口税。

2014年4月，柬埔寨农林渔业部制定新政策，将全面停止出口活牛，旨在保证柬国粮食安全，从而促进牲畜生产业迅速发展。柬埔寨农业对国家生产总值贡献了27.5%，其中牲畜业占了14.1%，反映出柬埔寨牲畜产业对提高农民生活水平起到积极促进作用。

服装出口须向商业部缴纳管理费。普惠制下服装出口至美国或欧盟的，须获得出口许可证。

目前，美国、欧盟、日本等28个国家和地区给予柬埔寨普惠制待遇。对于柬埔寨的服装纺织产品，美国给予较宽松的配额和减免增收进口关税、欧盟不设限、加拿大给予免征进口关税等。这些优惠的措施推出，无疑是为中国企业走进柬埔寨提供一个良好的投资平台。据调查，在柬埔寨的200余家纺织服装企业中，80%以上来自中国（含中国香港、中国澳门、中国台湾）。

【免税进口】根据《投资法》、《修正法》，由柬埔寨投资委员会批准的出口型合格投资项目可免税进口生产设备、建筑材料、原材料和生产投入附件。为取得生产用原材料免税进口批件，进口公司应每年向柬埔寨投资委员会申报拟进口材料的数量和价值。

4. 进出口商品检验检疫

柬埔寨财经部海关与关税署、商业部进出口检验与反欺诈局联合负责进出口商品检验。检验地点为工厂或进出口港口。目前，柬埔寨全部进出口货物均接受检验，政府正计划逐年降低检验比率。价值5000美元或以上的进口货物，在出口国进行装运前检验。检验报告和其他装船前检验文件将被递交柬埔寨海关，货物抵达柬埔寨后，货主凭检验单据到海关缴纳税款并提出货物。

5. 海关管理规章制度

【管理制度】柬埔寨政府近年来不断改进海关管理制度，致力于实现简洁、高效、透明和可预测的海关管理。

2006年，柬埔寨起草完成并通过《关于通过风险管理实施贸易便利化的次法令》，准备实施基于贸易商档案数据的风险管理系统，即通过利用电脑系统分析贸易商档案数据、商品或原产地进行海关监管。为此，柬埔寨政府还采用了计算机化海关清关综合系统——自动海关数据系统。

此外，为简化海关程序，柬埔寨政府决定推行使用“海关一站式服务系统”，并计划在西哈努克港安装自动海关数据系统终端。柬埔寨政府希望借此减轻贸易活动的行政负担，并减少腐败滋生的机会。

【关税税率】除天然橡胶、宝石、半成品或成品木材、海产品、沙石等5类产品外，一般出口货物无需缴纳关税。

所有货物在进入柬埔寨时均应缴纳进口税，投资法或其他特殊法规规定享受免税待遇的除外。进口关税主要由4种汇率组成：7%、15%、35%和50%。部分进口产品税率见下表：

表1 柬埔寨主要商品的税率

货物类别	关税	特别税	增值税
布类	35%	—	10%
服装	35%	—	10%
童装、运动装	7%	—	10%
窗帘、床罩	7%	—	10%
伞	7%	—	10%

续表

货物类别	关税	特别税	增值税
卷烟	50%	10%	10%
啤酒	35%	10%	10%
葡萄酒、烈酒类	35%	33.33%	10%
饮料	35%	10%	10%
罐头	35%	—	10%
水果	7%	—	10%
茶叶	7%	—	10%
肉类（鲜、冻）	35%	—	10%
鱼类	15%	—	10%
药品	—	—	10%
学生文具	—	—	10%
玩具类	7%	—	10%
游戏机类	50%	—	10%
古董、艺术品	—	—	10%
家电类	15%	—	10%
125cc以下摩托车	15%	5%	10%
125cc及以上摩托车	15%	45%	10%
贵金属（金、银）	30%	—	10%
钻石	50%	—	10%
农具	—	—	10%
其他五金制品	15%	—	10%
塑料制品	7%	—	10%
发电机	15%	—	10%
纸类	7%	—	10%
水泥	7%	—	10%
钢铁	7%	—	10%
玻璃	7%	—	10%
铝材	7%	—	10%
化肥	—	—	10%
汽油、柴油	30%	—	10%
机油、润滑油	30%	—	10%

（资料来源：柬埔寨海关）

在东盟自由贸易协定的共同有效关税体制下，从东盟其他国家成员国进口、满足原产地规则规定的产品可享受较低的关税税率。按照整体关税减让时间表规定，到2010年，除少数特例商品外，柬埔寨关税税率降至0%～5%。

二、对外国投资的市场准入的规定

柬埔寨商业部于2013年11月25日在金边召开"商业部和私营企业协商"相关会议，主要改善柬埔寨投资环境进行相关讨论。商业部部长孙占托会上表示，目前，柬埔寨商业部已同相关部门合作，开始对《贸易一体化研究文件》进一步研究和更新，并制定许多目标，包括促进更多农产品出口、实施纺织品出口多元化和提高附加值、在旅游业促进出口服务、制定贸易透明度制度、实施区域和世界贸易和运输便利化、加强政府、生产商与出口商之间的合作等。

1. 投资主管部门

柬埔寨发展理事会是唯一负责重建、发展和投资监管事务的一站式服务机构，由柬埔寨重建和发展委员会和柬埔寨投资委员会组成。该机构负责对全部重建、发展工作和投资项目活动进行评估和决策，批准投资人注册申请的合格投资项目，并颁发最终注册证书。

但对于下列条件的投资项目，需提交内阁办公厅批准：（1）投资额超过5000万美元；（2）涉及政治敏感问题；（3）矿产及自然资源的勘探与开发；（4）可能对环境产生不利影响；（5）基础设施项目，包括BOT、BOOT、BOO和BLT项目；（6）长期开发战略。

2. 投资行业的规定

柬埔寨政府视外国直接投资为经济发展的主要动力。柬埔寨无专门的外商投资法，对外资与内资基本给予同等待遇，其政策主要体现在《投资法》（本法于1994年8月4日柬埔寨王国第一届国会特别会议通过，1997年、1999年两度修订）及其《修正法》（2003年2月3日柬埔寨王国第二届国会通过）等相关法律规定中。

柬埔寨国会审议通过《柬埔寨—越南投资促进和保护协定》修正补充协定书，意味着该协定正式生效。这项修正法案是在2011年由两国领导达成签署，旨在促进双方未来投资合作活动和打造新法理基础。

【鼓励投资的领域】《投资法》12条规定，柬埔寨政府鼓励投资的重点领域包括：创新和高科技产业；创造就业机会；出口导向型；旅游业；农工业及加工业；基础设施及能源；各省及农村发展；环境保护；在依法设立的特别开发区投资。投资优惠包括免征全部或部分关税和赋税。

【限制投资的领域】《投资法修正法实施细则》

（2005年9月27日颁布）列出了禁止柬埔寨和外籍实体从事的投资活动，包括：神经及麻醉物质生产及加工；使用国际规则或世界卫生组织禁止使用、影响公众健康及环境的化学物质生产有毒化学品、农药、杀虫剂及其他产品；使用外国进口废料加工发电；森林法禁止的森林开发业务；法律禁止的其他投资活动。

此外，该细则还列出了“不享受投资优惠的投资活动”和“可享受免缴关税，但不享受免缴利润税的特定投资活动”。

【对外国公民的限制】《投资法》对土地所有权和使用作出规定：(1) 用于投资活动的土地，其所有权须由柬埔寨籍自然人、或柬埔寨籍自然人或法人直接持有51%以上股份的法人所有；(2) 允许投资人以特许、无限期长期租赁和可续期短期租赁等方式使用土地。投资人有权拥有地上不动产和私人财产，并以之作为抵押品。

3. 投资方式的规定

【外国直接投资】在柬埔寨进行投资活动比较宽松，不受国籍限制（土地法有关土地产权的规定除外）。除禁止或限制外国人介入的领域外，外国投资人可以个人、合伙、公司等商业组织形式在商业部注册并取得相关营业许可，即可自由实施投资项目。但拟享受投资优惠的项目，需向柬埔寨发展理事会申请投资注册并获得最终注册证书后方可实施。获投资许可的投资项目称为“合格投资项目”。

【合资企业】合格投资项目可以合资企业形式设立。合资企业可由柬埔寨实体、柬埔寨及外籍实体或外籍实体组成。柬埔寨王国政府机构亦可作为合资方。股东国籍或持股比例不受限制，但合资企业拥有或拟拥有柬埔寨王国土地或土地权益的除外。在此情况下，非柬埔寨籍实体的自然人或法人合计最高持股比例不得超过49%。

【合格投资项目合并】两个或以上投资人，或投资人与其他自然人或法人约定合并组成新实体，且新实体拟实施投资人合格投资项目，并享受合格投资项目最终注册证书规定投资优惠及投资保障的，新实体需向投资委员会书面申请注册为投资人，并申请将合格投资项目最终注册证书转让新实体。

【收购合格投资项目】投资人或其他自然人或法人收购合格投资项目所有权，且拟享受合格投资项目最终注册证书规定投资优惠及投资保障的，应向投资委员会提出收购申请，将合格投资项目最终注册证书转让新实体。收购人为未注册自然人或法人的，需先申请注册为投资人。

投资人股份转让造成受让方取得投资人控制权的，投资人须向投资委员会提出转让申请，并提供受让人名称和地址。

4. 特别经济区政策

2005年12月，《关于特别经济区设立和管理的148号次法令》颁布，特别经济区体制在柬埔寨开始施行。柬埔寨发展理事会下设的柬埔寨特别经济区委员会是负责特别经济区开发、管理和监督的一站式服务机构，特别经济区管委会是在特别经济区现场执行一站式服务机制的国家行政管理单位，由柬埔寨特别经济区委员会设立，并在各特别经济区常驻。至2008年年底，斯登豪、曼哈顿、柴柴、欧宁、金边和西哈努克等6个特别经济区已获政府正式批准，另有5家也已取得特别经济区委员会许可。

特别经济区次法令规定特别经济区委员会应向全部特别经济区提供优惠政策。《投资法》修正法规定，位于特别经济区的合格投资项目有权享受与其他合格投资项目相同的法定优惠政策和待遇。经济区开发商和区内投资企业可享受的优惠投资政策见表4。

表2 特别经济区享受的优惠政策

受益人	优惠政策
经济区开发商	1. 利润税免税期最长可达9年；2. 经济区内基础设施建设使用的设备和建材进口免征进口税和其他赋税；3. 经济区开发商可根据《土地法》取得国家土地特许，在边境地区或独立区域没立特别经济区，并将土地租赁给投资企业。
区内投资企业	1. 与其他合格投资项目同等享受关税和税收优惠；2. 出口国外市场的产品，免征增值税；进入国内市场的产品，应根据数量缴纳相应增值税。
全体	1. 经济区开发商、投资人或外籍雇员有权将税后投资收入和工资转账至境外银行；2. 外国人非歧视性待遇、不实行国有化政策、不设定价格。

（资料来源：柬埔寨发展理事会）

迄今为止，柬埔寨政府正式批准25个经济特区，获批的经济特区主要分布在国公省、西哈努克省、柴帧省、卜迭棉芷省、茶胶省、干拉省、贡布省、磅湛省和金边市。其中，西哈努克省经济特区数量最多，包括中国江苏红豆集团与柬埔寨国际投资开发集团合资建立的西哈努克港经济特区。

西哈努克港经济特区是中国商务部首批中标的境外经贸合作区之一，也是首批获商务部财政部验收确认的6个境外合作区之一，该合作区在中柬两国政府首脑的直接关注下，以及各级政府领导的关心支持下，建设进展顺利，目前已吸引服装、摩托车等类入区企业56家。

三、柬埔寨关于企业税收的规定

1. 税收体系和制度

柬埔寨实行全国统一的税收制度，并采取属地税制。1997年颁布的《税法》和2003年颁布的《税法修正法》为柬埔寨税收制度提供法律依据。

2013年12月，柬埔寨新一届政府严格执行各种税收制度，不仅海关人员实价征收入口税，中小型企业也须“接招”。柬埔寨财经部税务总局提醒，有义务纳税的中小型企业在达成产品或服务交易后，必须开出账单和税务发票。同时，违规的企业将被勒令暂停营业、罚款或面临法律制裁。税务总局将以税收法第78、133和136条，对付违规企业，包括勒令暂停营业，或罚款高达1000万瑞尔（约合2500美元）、判处1年徒刑。

2. 主要税赋和税率

现行赋税体系包括的主要税种是：利润税、最低税、预扣税、工资税、增值税、财产转移税、土地闲置税、专利税、进口税、出口税、特种税等。柬埔寨对私人投资企业所征收的主要税种和税率分别是：利润税9%、增值税10%、营业税2%。

【利润税】利润税应税对象是居民纳税人来源于柬埔寨或国外的收入，及非居民纳税人来源于柬埔寨的收入。税额按照纳税人公司类型、业务类型、营业水平来确定使用实际税制、简化税制或预估税制计算。除0%和9%的投资优惠税率外，一般税率为20%，自然资源和油气资源类税率为30%。

【最低税】最低税是与利润税不同的独立税种，采用实际税制的纳税人应缴纳最低税，合格投资项目除外。最低税税率为年营业额的1%，包含除增值税外的全部赋税，应于年度利润清算时缴纳。利润税达到年度营业额1%以上的，纳税人仅需缴纳利润税。

【预扣税】居民纳税人以现金或实物方式支付居民的，按适用于未预扣税前支付金额的一定税率预扣，并缴纳税款。税率有15%、10%、6%和4%四种。从业居民纳税人向非居民纳税人支付利息、专利费、租金、提供管理或服务的报酬、红利等款项的，应按支付金额的14%预扣，并缴纳税款。

【工资税】工资税是对履行工作职责获得工资按月征收的赋税。柬埔寨居民源于境内及境外的工资，及非居民源于柬埔寨境内的工资应缴纳工资税，由雇主根据以下分段累进税率表预扣。

表3 柬埔寨工资税税率

月应税工资（瑞尔）	税率（%）
0～500000	0
500001～1250000	5
1250001～8500000	10
8500001～12500000	15
12500000以上	20

（资料来源：柬埔寨发展理事会）

【增值税】增值税按照应税供应品应税价值的10%税率征收。应税供应品包括：柬埔寨纳税人提供的商品或服务；纳税人划拨自用品；以低于成本价格赠予或提供的商品或服务；进口至柬埔寨的商品。对于出口至柬埔寨境外的货物，或在柬埔寨境外提供的服务，不征收增值税。

【其他税赋】柬埔寨其他税种及税率如下表所示：

表4 柬埔寨其他税种及其税率

税种	税率
针对特定商品或服务征收的特种税	10%
国内及国际航空机票	3%
国内及国际电信	20%
饮料烟草、娱乐、大型车辆、排气量125cc以上摩托	10%
石油产品、排气量2000cc以上汽车	30%
财产转移税不动产和某些类型车辆的所有权转让	转让价值的4%
土地闲置税（超过1200平方米以上的部分征收）	评估价值的2%
专利税（企业年度注册时缴纳）	300美元
房屋土地租赁税	租金的10%

（资料来源：柬埔寨发展理事会）

四、柬埔寨对外国投资的优惠

1. 优惠政策框架

柬埔寨政府给予外资与内资基本同等的待遇，《投资法》（1994年8月4日柬埔寨王国第一届国会特别会议通过）及其《修正法》（1997年、1999年两度修订）为外国投资提供了保障和相对优惠的税收、土地租赁政策。此外，外国投资同样可享受美国、欧盟、日本等28个国家/地区给予柬埔寨的普惠制待遇。

【投资保障】柬埔寨政府对投资者提供的投资保障包括：（1）对外资与内资基本给予同等待遇，所有的投资者，不分国籍和种族，在法律面前一律平等；（2）柬埔寨政府不实行损害投资者财产的国有化政策；（3）已获批准的投资项目，柬埔寨政府不对其产品价格和服务价格进行管制；（4）不实行外汇管制，允许投资者从银行系统购买外汇转往国外，用以清算其与投资活动有关的财政债务。

【投资优惠】经柬埔寨发展理事会批准的合格投资项目可获得的投资优惠包括：（1）免征投资生产企业的生产设备、建筑材料、零配件和原材料等的进口关税；（2）企业投资后可享受3～8年的免税期（经济特区最长可达9年），免税期后按税法缴纳税率为9%的利润税；（3）利润用于再投资，免征利润税；分配红利不征税；（4）产品出口，免征出口税。

2. 行业鼓励政策

柬埔寨行业鼓励政策主要体现在农业和旅游业两个方面。

【农业】在吸引外商投资农业上，柬埔寨政府依据《投资法》对开发种植1000公顷以上的稻谷、500公顷以上的经济作物、50公顷以上的蔬菜种植项目；对畜牧业存栏在1000头以上、饲养100头以上的乳牛项目、饲养家禽10000只以上项目；占地5公顷以上的淡水养殖、占地10公顷以上的海水养殖项目均给予支持和优惠待遇。主要鼓励措施是：（1）项目在实施后，从第一次获得盈利的年份算起，可免征盈利税的时间最长为8年。如连续亏损则被准许免征税。如果投资者将其盈利用于再投资，可免征其盈利税；（2）政府只征收纯盈利税，税率为9%；（3）分配投资盈利，不管是转移到国外，还是在柬埔寨国内分配，均不征税；（4）对投资项目需进口的建筑材料、生产资料、各种物资、半成品、原材料及所需零配件，均可获得100%免征其关税及其他赋税，但该项目必须是产品的80%供出口的投资项目。

【旅游业】自首届柬埔寨王国政府提出优先发展旅游业的战略以来，柬埔寨旅游业的经济功能受到了充分重视，为旅游业的产业化发展奠定了良好基础。10多年来，旅游业成为柬埔寨国民经济的主要增长点和支柱产业。目前全国大多数省市都把发展旅游业作为首要工作之一，将旅游产业定位于“优先发展行业”、“支柱产业”、“特色产业”来加快发展。

五、与投资合作相关的主要法律法规

《投资法》制约所有柬埔寨人和外国人在柬埔寨境内的投资活动，对投资主管部门、投资程序、投资保障、鼓励政策、土地所有权及其使用、劳动力使用、纠纷解决等作出明确的规定。

《投资法修正法》是对《投资法》的补充和修正。在投资申请、投资项目购进与合并、合资经营、税收、土地所有权及其使用、劳动力、惩罚等方面给出相关定义，并作出明确规定。

《关于柬埔寨发展理事会组织与运作法令》规定了柬埔寨投资主管部门——柬埔寨发展理事会的组织结构、职权任务和运作方式。

《关于特别经济区设立和管理的第148号法令》规定了建立经济特区的法律程序，经济特区的管理框架与任务、对经济特区的鼓励措施、对出口加工生产区的特别措施、劳动力管理与使用、职业培训、侵权与纠纷的解决。

《商业管理与商业注册法》对商业公司的成立、组织、运作、解散、转让和变更作出了规定，对公司的类型进行了划分。

《商业合同法》规定了所有类型合同的成立、履行、解释和执行，也进一步详细地描述了某些类型的合同，比如销售合同、租赁合同、借贷合同、个人财产抵押和担保。

（来源：南博网. http://www.caexpo.com/news/asean/jianpuzhai/zcfx_jpz/fghj/2015/07/15/3648292.html. 2015—07—15）

印度尼西亚对外国投资合作的法规和政策

一、对外贸易的法规和政策规定

1. 贸易主管部门

印度尼西亚主管贸易的政府部门是贸易部，其职能包括制定外贸政策，参与外贸法规的制定，划分进出口产品管理类别，进口许可证的申请管理，指定进口商和分派配额等事务。

2. 贸易法规体系

印度尼西亚与贸易有关的法律主要包括《贸易法》、《海关法》、《建立世界贸易组织法》、《产业法》等。与贸易相关的其他法律还涉及《国库法》、《禁止垄断行为》和《不正当贸易竞争法》等。

3. 贸易管理的相关规定

除少数商品受许可证、配额等限制外，大部分商品均放开经营。2007年年底，印尼贸易部宣布了进出口单一窗口制度，极大简化了管理程序。

【进口管理】印尼政府在实施进口管理时，主要采用配额和许可证两种形式。适用配额管理的主要是酒精饮料及包含酒精的直接原材料，其进口配额只发放给经批准的国内企业。适用许可证管理的产品包括工业用盐、乙烯和丙烯、爆炸物、机动车、废物废品、危险物品，获得上述产品进口许可的企业只能将其用于自己的生产。其中，氟氯化碳、溴化甲烷、危险物品、酒精饮料及包含酒精的直接原材料、工业用盐、乙烯和丙烯、爆炸物及其直接原材料、废物废品、旧衣服等9类进口产品主要适用自动许可管理；丁香、纺织品、钢铁、合成润滑油、糖类、农用手工工具等6类产品主要适用非自动许可管理。为方便进口，印尼贸易部在2009年大力推行网上办理进口许可证，目前大部分工作已经完成，办理进口许可证过程变得更加简便，原本手工办理许可证需要5～10天时间，利用网上全国一站式服务只需8小时。

【进口许可制度】2010年，印尼开始实施新的进口许可制度，将现有的许可证分为两种，即一般进口许可证和制造商进口许可证。一般进口许可证主要是针对为第三方进口的进口商，制造商进口许可证主要是针对进口供自已使用或者在生产过程中使用的进口商。2010年8月，印尼财政部颁布了《有关汽车在自由贸易区和自由港进口和出口规则的财政部长条例》。根据该条例规定，机动车辆属于动产，为了监督和保障国家权益，拥有上述汽车必须向相关的主管机构注册。自由贸易区和自由港是在印尼共和国司法辖区内而与海关辖区分开的特定区域，因此得以豁免征收进口税、增值税、奢侈品销售税和税费。为了对汽车在自由贸易区和自由港的进口和出口进行监督，防止滥用免税优惠，有必要制定汽车进出口的法定义务，除了向海关申报，也必须申请由海关办事处发出的出入证明书。已获得自由贸易区营业机构发给营业执照的企业家可以从区外进口汽车。

据报道，进口的牛心和牛肝在印尼国内市场销售，已对饲养农造成负面影响，为此，2014年第2季度，印尼贸易部不再发出牛内脏进口许可证。

【出口限制】出口货物必须持有商业企业注册号/商业企业准字或由技术部根据有关法律签发的商业许可，以及企业注册证。出口货物分为4类：受管制的出口货物、受监视的出口货物、严禁出口的货物和免检出口货物。受管制的出口货物包括咖啡、藤、林业产品、钻石和棒状铅。受监视的出口货物包括奶牛与水牛、鳄鱼皮（蓝湿皮）、野生动植物、拿破仑幼鱼、拿破仑鱼、棕榈仁、石油与天然气、纯金/银、钢/铁废料（特指源自巴淡岛的）、不锈钢、铜、黄铜和铝废料。严禁出口的货物包括幼鱼与金龙鱼等，未加工藤以及原料来自天然森林未加工藤的半成品，圆木头，列车铁轨或木轨以及锯木，天然砂、海砂，水泥土、上层土（包括表面土），白铅矿石及其化合物、粉，含有砷、金属或其化合物以及主要含有白铅的残留物，宝石（除钻石），未加工符合质量标准的橡胶、原皮，受国家保护野生动植物，铁制品废料（源自巴淡岛的除外）和古董。除以上受管制、监视和严禁的出口货物外，其余均属免检的出口货物。

据报道，印尼宣布2014年1月12日起禁止出口一切原矿，把矿石精炼限制在印尼国内，以提高矿产品出口附加值。目前，印尼是全球第1大镍出口国。

4. 进出口检验检疫的相关规定

【卫生与植物卫生措施】印尼所有进口食品必须注册，进口商必须向印尼药品食品管理局申请注册号，并由其进行检测。检测过程繁琐且费用昂贵，每项检测费用从5万印尼盾（约合6美元）到250万印尼盾（约合300美元）之间，每一件产品的检测费用在100万印尼盾（约合120美元）到1000万印尼盾（约合1200美元）之间。此外，印尼药品食品管理局在测试过程中要求提供极其详细的产品配料和加工工艺情况说明，这可能涉及商业秘密。这些规定加重了出口商的负担。

2007年起，印尼针对新鲜球茎蔬菜采取更为严格的检验检疫措施和技术要求，以提高印尼新鲜植物产品的国际竞争力。植物产品进口检验检疫要求重点对以球莲形式进口的新鲜蔬菜的检验检疫和技术两方面提出要求。在检验检疫方面，该规定扩大了证书要求范围，除了须具备与2005年法规相同的原产国权威机构签发的证书外，经转运的产品还须被提供转运国授权的证书。在技术要求方面，该规定加严了原产国无虫害地区的调查及对植物性检疫虫害进行风险分析。上述规定在一定程度上提高了中国植物产品的出口门槛。

【国家标准】2009年以来，印尼政府开始在食品、饮料、渔业等诸多行业强制推行国家标准。印尼贸易部出台新规定，要求包括进口产品在内的所有产品必须附有印尼文说明。印尼海洋渔业部规定要求81种渔业产品必须符合印尼国家标准，甚至将捕鱼工具、渔产加工程序及微生物学测试程序等也列入印尼国家标准。

印尼工业部等政府部门在2011年对电线、电子、汽车零部件、家电、五金建材、玩具等几十种产品强制推行国家标准。印尼贸易部出台新规，要求包括进口产品在内的所有产品必须附有印尼文说明。

5. 海关管理的相关规定

【管理制度】印尼关税制度的基本法律是1973年颁布的《海关法》。现行的进口关税税率由印尼财政部于1988年制定。自1988年起，财政部每年以部长令的方式发布一揽子“放松工业和经济管制”计划，其中包括对进口关税税率的调整。印尼进口产品的关税分为一般关税和优惠关税两种。印尼关税制度的执行机构是财政部下属的关税总局。为促进进出口贸易，改善投资环境，印尼财政部关税局于2009年宣布，决定在部分港口推行和提供每周7日每日24小时的海关和港口服务。

【关税税率】根据世界贸易组织统计，印尼2009年简单平均约束关税继续维持在37.1%，简单平均最惠国适用关税税率为6.8%，其中农产品为8.4%，非农产品为6.6%，基本与2008年持平。印尼对汽车、钢铁以及部分化学产品不征收关税，并将大多数的关税约束在40%左右。根据印尼《2009～2012年协定关税表》，到2012年年底，印尼将对绝大多数的中国进口产品实行零关税。2010年，印尼将草药、化妆品和节能灯列为特种进口品，到目前为止，已有41种产品被列在该清单内。根据规定，这些产品只能通过印尼国内5个码头进口，即棉兰的勿佬湾、雅加达的丹绒普禄、三宝垄的丹绒额玛斯、泗水的丹绒贝拉克及锡江的苏加诺哈塔码头。其中，巴布亚的查雅布拉码头为只能进口食品和饮料的码头。同时，提高4种香烟关税，将4种香烟关税平均提高6%，这4种烟草产品为机器卷丁香烟、机器卷白烟、手卷丁香烟/白烟和滤嘴手卷丁香烟/白烟。

根据《中国—东盟全面经济合作框架协议货物贸易协议》，中国和印尼逐步削减货物贸易关税水平。中国—东盟自由贸易区在2010年年初建成后，中国和印尼90%以上的进出口产品实现零关税。

【贸易限制政策】2012年以来，印尼贸易部、工业部、农业部等相继发布了一系列限制进出口贸易的政策规定值得关注。(1) 出口限制。印尼政府2012年5月施行关于提炼和加工原矿石活动而提高矿产品出口值的能源矿务部长第7号条例，对65种矿产品出口加征20%出口税并实行了其他限制措施，并再次明确在2014年禁止原矿出口，鼓励外国投资者在印尼投资设立冶炼加工厂。(2) 进口禁令。2012年5月，印尼政府颁布了2012年第30号关于进一步规范蔬果进口的条例，通过进口许可证的方式限制新鲜蔬菜水果进口。6月初开始对进口新鲜瓜果蔬菜采取贸易保护措施，将进口上述产品的8个航空港和海运港口缩减至4个，并对出口商增设限制。(3) 技术性贸易壁垒。印尼政府对于更多种类的产品规定需符合印尼强制性国家标准的要求，2012年印尼相继发布了关于婴幼儿纺织服装及玩具的标准草案，并要求相关产品应符合SNI标准的要求，且生产商需持有SNI标志，否则不能进入印尼市场。由于印尼SNI认证流程复杂，所需资料繁多，且认证周期较长，对贸易带来不必要的障碍。

二、对外国投资的市场准入的规定

1. 投资主管部门

印尼主管国内投资和外国投资的政府部门分别是：投资协调委员会、财政部、能矿部。其职责分工是：印尼投资协调委员会负责促进外商投资，管理工业及服务部门的投资活动，但不包括金融服务部门；印尼财政部负责管理金融服务部门的投资活动，包括银行和保险部门；印尼能矿部负责批准能源项目，而与矿业有关的项目则由能矿部的下属机构负责。

2. 投资行业的规定

【鼓励、限制、禁止投资的领域】根据2007年第25号《投资法》，国内外投资者可自由投资任何营业部门，除非已为法令所限制与禁止。法令限制与禁止投资的部门包括生产武器、火药、爆炸工具与战争设备的部门。另外，根据该法规定，基于健康、道德、文化、环境、国家安全和其他国家利益的标准，政府可依据总统令对国内与国外投资者规定禁止行业。相关禁止行业或有条件开放行业的标准及必要条件，均由总统令确定。

2007年7月4日，印尼颁布第25号《投资法》的衍生规定，即《2007年关于有条件的封闭式和开放式投资行业的标准与条件的第76号总统决定》和《2007年关于有条件的封闭式和开放式行业名单的第77号总统决定》。根据这两个决定，25个行业被宣布为禁止投资行业，仅能由政府从事经营。禁止投资的行业包括：毒品种植交易业、受保护鱼类捕捞业、以珊瑚或珊瑚礁制造建筑材料，含酒精饮料工业、水银氯碱业、污染环境的化学工业、生化武器工业，机动车型号和定期检验、海运通讯或支持设施、舰载交通通信系统、空中导航服务、无线电与卫星轨道电波指挥系统、地磅站，公立博物馆、历史文化遗产和古迹、纪念碑以及赌博业。

印尼政府官员在雅加达表示，为了给国内企业一个更好参与竞争的机会，印尼日前出台了旨在限制外国投资本国石油工业的钻井、维修和施工的新规。作为对外国投资规则实施大整顿的一部分，印尼政府相继出台了一系列民族主义政策，印尼总统苏西洛在雅加达称这些民族主义政策是一种吸引海外投资者的方法。

此外，外国投资者可投资绝大部分营业部门。依照印尼《投资法》的规定，外国直接投资可以设立独资企业，但须参照《禁止类、限制类投资产业目录》规定，属于没有被该《目录》禁止或限制外资持股比例的行业。外国投资者也可在规定范围内与印尼的个人、公司成立合资企业，还可通过公开市场操作，购买上市公司的股票，但受到投资法律关于对外资开放行业相关规定的限制。

上述《目录》还对某些领域的外资准入限制条件进行了调整，主要变动如下：

(1) 除非法律另有规定，如果外资只是把在印尼的相同业务经营拓展到印尼境内其他地区，政府不再要求外资事先设立新的企业或申请新的许可；

(2) 通过在印尼资本市场实现的非直接投资或资产组合投资，可不受《禁止类、限制类投资产业目录》中有关规定的约束；

(3) 对在同一业务领域的兼并、收购和合并行为，存续公司受有关外资股权限制规定的约束；

(4) 合资公司因业务发展，需要增加股权投资。如印尼合作方无力增资，外方有优先增资权。如企业增资后，外方所持有的股权超过法规允许的最高比例，外方需通过以下方式，在2年内将所持有的股权降至法规允许的最高比例范围内：

①向印尼合作方出售超出上限的股份；

②通过印尼境内资本市场出售超出上限的股份；

③由合资公司回购超出上限的股份。

(5) 为促进相关行业发展，印尼政府放宽外资进入以下领域的条件：

①以特别许可证形式允许外资进入过去不对外开放的糖精工业部门；

②在建筑公共工程行业，外资股权比例最高限制由55%提高到67%；

③开放外资进入文化旅游领域中的电影服务业（包括影片工作室、影片处理实验室、配音设备、电影洗印和复制）。外资股权比例最高不超过49%；

④外资在医院服务、专科诊所、临床试验室的股权比例限制由65%提高到67%。对外资的经营地点不再限制，允许外资在印尼境内开展经营业务；

⑤电力行业。允许外国企业通过合作方式参与开发0.1万千瓦和1万千瓦的发电项目；对1万千瓦以上的发电项目，外资股权比例不得超过95%；

(6) 为保持新法令的一致性，向印尼投资者提供更多的投资机会，印尼政府对外资在以下行业领域的股权比例进行了调整：

①根据2009年第41号关于保护农业用地可持续利用的法令，主要粮食作物（玉米、大豆、花生、绿豆、大米、木薯和红薯等）种植面积超过25公顷的，外资股权比例最高不能超过49%；

②语言信息通讯领域。根据2009年第38号关于邮政的法令，从事邮递业必须获得特殊许可，且外资股权比例最高不能超过49%；电讯基站建设、运营和管理等，须100%由内资控股。

此外，《禁止类、限制类投资产业目录》附件中，增加新的条款，进一步放宽对东盟其他成员国投资者在印尼投资的股权限制和地域限制。如在海运货物装卸服务领域，东盟成员国投资者被允许最高持股比例60%，而东盟以外国家投资者只被允许最高持股比例49%。

【2009年调整的外资政策】

(1) 2009年年初，印尼颁布新的《矿产和煤炭法》。根据该法，外国公司不再被禁止申请和持有矿业许可权，这是印尼矿业领域利用外资政策的重大突破。但新法规定，已在印尼获得矿产经营准字和矿产经营协议的已生产的企业，需建设矿产冶炼加工厂，而按照原有工作合同生产的企业，最迟在新法实施后5年内建立上述冶炼厂。按照新法规定，企业面临采矿期被缩短，采矿面积也被缩小的局面。在企业缴纳正常的所得税和矿产税之外，新法还增加了一项税率为10%的附加税，中央和地方政府分别得到4%和6%。印尼能矿部颁布的相关实施细则规定，对优先使用本土公司提供的矿业服务、外资公司向当地政府或企业转让股权等问题作出具体规定。

(2) 2009年以来，印尼的外资政策调整还包括：根据2009年通过的新电力法，印尼向私营企业开放电力投资领域。政府拟修改《非鼓励投资目录》，放宽医疗、教育、物流、电信等行业的外资准入。与此同时，印尼对外资进入某些领域做出了限制，具体如下：

①限制外企在基建工程投资。印尼国家计委称，将限制外国企业在政府基础设施工程的投资，以保护国内企业市场份额。外资企业只被允许参加基础设施部门建筑价值在1000亿印尼盾以上，其他部门采购和服务价值在200亿印尼盾以上的投标。此外，外资企业只许参加合同价值在100亿印尼盾以上的服务咨询投标。

②限制外国投资者拥有农用地股权。印尼农业部表示，将限制外国投资者对与食品有关的土地如稻田的所有权，其拥有的股份比例不得超过49%。

【2010年调整的外资政策】

(1) 2010年，印尼政府采购须使用国货。为更好地扶植国内工业发展，印尼政府拟修改有关条例，规定今后凡政府单位采购价值超过50亿印尼盾（约合56万美元），必须使用本国的物资与服务。

(2) 出台绿色建筑法令。印尼于2010年实施首个绿色建筑标准法令，意在发展低碳建筑来提高能源利用效率。该法令以大城市的酒店、办公楼和公寓等碳排放量较大的建筑为对象，设定符合绿色建筑标准的9项条件，包括环保材料、低碳燃料、水和废物管理以及室内空气质量等。法令要求，绿色建筑所使用的材料应来源于当地且具有绿色证书，该证书由印尼环境部指定的独立机构出具。

(3) 强力推行投资审批一站式服务制度。印尼政府颁布多部门联合签发的条例，强制要求地方各级政府推行投资审批一站式综合服务，要求全部省市县在2010年实施投资审批一站式综合服务以及网上办理许可证等制度，以提高投资效率。对于能提供良好投资服务的地方政府，中央政府将予以奖励；对不实施或实施不力的地方政府将予以惩罚，如减少财政资金分配等。

(4) 使商业银行合理增加信贷以支持实体经济发展。印尼央行颁布新规，要求商业银行将存贷款比例（即发放贷款占存款的比率）控制在78%至100%之间，而存贷款比例低于78%或高于100%的商业银行将增缴额外的存款准备金。此外，印尼央行还要求商业银行公布贷款的基础利率。长期以来，印尼商业银行惜贷现象较为普遍，贷款利率居高不下，印尼央行此举意在鼓励商业银行增加放贷，并防范过度放贷的风险。

(5) 印尼政府在2010年取消了大宗商品出口信用证限制，允许外国游客在印尼购物可获10%的退税，并与巴新、中国香港签订避免双重征税协定。

【2011年调整的外资政策】

(1) 2011年印尼政府表示将进一步加大政策扶持力度，通过资金奖励和提供辅助设备，吸引投资者发展经济特区基础设施建设。目前各经济特区的基础设施还不能达到投资者要求，交通运输、能源、电力、劳工、原料、市场、投资等方面的手续办理程序和规定尚未完备，这使得吸引投资者的进程十分缓慢。从2005年到2010年14个经济特区只吸收到27.5兆盾投资额，占全国投资总额的3.14%。目前只有东加里曼丹（11兆盾）、南加里曼丹（3兆盾）北苏拉威西（3兆盾）3个经济特区吸收了较大的投资额。根据147号政府条例，对上述14个经济特区投资可享受5年内减免所得税30%的优惠。

(2) 出台税收的鼓励措施，主要有：

①外企自用机械设备、零配件及辅助设备等资本物资免征进口关税和费用；

②外企2年自用生产原材料免征进口关税和费用；

③生产出口产品的原材料可退还进口关税；

④位于印尼东部的外企，65%产品出口，雇用外籍人员不受限制；

⑤外企用于研究开发、奖学金、教育和培训以及废物处理的开支可列入成本并从毛收入中提扣；

⑥对政府鼓励的重点领域，可提供8～10年亏损结转或提高设备及建筑物折旧率；

⑦在印尼东部地区投资，土地和建筑物税在8年内减半征收；

⑧在开创性行业的投资，企业所得税可由政府承担10～12年；

⑨政府对保税区和设在全国15个地区的综合开发区的外国投资另外给予一些优惠待遇。

（3）印尼政府暂停颁发矿业经营许可证。2011年不再颁发或延长矿业经营许可证，政府先对有问题的8000个矿业经营许可证进行审计。

（4）印尼国会通过新《园艺业法》。新《园艺业法》规定外国投资最多只能占到30%，并且必须把资金存放在印尼国内的银行。该限制是针对新投资者，对于新法颁布前的老投资者，则给以4年的时间来出让股份。该限制措施是为了防止大型园艺企业被外资所控制，因为目前多数大型的园艺企业如种子公司为外资所控制。新园艺法有4个重要组成方面，即地域规定、制种规定、贸易规定和行销规定。地域规定将由各地方长官来决定。在制种方面，政府将放开让小型制种公司来销售其产品，不需要证书。

【2012年调整的外资政策】

（1）自2011年12月1日起，在印尼的投资者可以申请免税优惠，相关的执行准则已经出台。刚刚签署的执行准则中规定，凡有意申请免税优惠的投资者，必须把总投资额10%资金存放在印尼国民银行。投资者可以向印尼工业部或投资协调署提出免税优惠申请。

（2）2012年9月，印尼出台了新的投资批准制度，以提高投资便利化水平和进一步改善投资服务。印尼投资协调署将出台包括网上交易服务在内的一系列新型投资服务，方便投资者查询申请投资许可的步骤和进度，并加强对投资资金的统计和监管。

【2013年调整的外资政策】

（1）印尼政府将于2013年推出供工程用途的外国贷款限额。在2013～2015年间的最高贷款限额介于60～61亿美元之间。通过该措施，促进印尼政府对外国贷款加大选择性，提高外国贷款质量，同时确保降低外债比例，实现外债占国家GDP 22%的目标，保证国家财政状况良好。此外，该措施也将成为印尼国家计划部制定使用外国贷款或外国赠款计划的参照。印尼国家计划部强调，外国贷款必须用于从事生产性的工程。

（2）为更好吸引投资，印尼政府将对各地方政府办理外资企业营业执照特别是办理投资许可证程序进行全面评估和改进，并将发布法令，要求从2014年起，营业执照办理时间从现在的17天缩短为10天。

（3）印尼央行颁布新规，要求印尼国内银行贷款总额的20%以上必须贷给中小微型企业。

（4）2013年年初，印尼政府进一步修改投资负面清单，或放宽酒类饮料投资禁令，减少外商投资限制，以吸引更多外商投资。

3. 投资方式的规定

【合资企业】根据2007年第25号《投资法》及相关规定，在规定范围内，外国投资者可与印尼的个人、公司成立合资企业。

【独资企业】依照印尼《投资法》的规定，外国直接投资可以设立独资企业，但须参照《非鼓励投资目录》规定，属于没有被该《目录》禁止或限制外资持股比例的行业。

【外资并购】外国投资者可以通过公开市场操作，购买上市公司的股票，但受到投资法律关于对外资开放行业相关规定的限制。印尼市场中多数律师事务所和咨询公司提供此项服务。

【有关案例】中国工商银行并购印尼Halim银行。自2005年4月起，工商银行就与印尼当地银行接触，探讨并购合作的可能性，但当时市场上几桩外资银行收购印尼本地银行的案例溢价都比较高，如何确定一个让双方都能接受的并购价格是一个严峻的挑战。工商银行根据既定的收购策略，着眼于未来的长远发展，牢牢把握谈判的主动，最终以合理的价格和适当的投资支付方式获取了在金融资源和市场机会丰富的印尼市场的全牌照经营资格。工商银行与Halim银行股东于2006年12月30日顺利签署了股权买卖协议，用约2200万美元成功收购Halim银行90%的股份，成为中资银行成功收购境外银行的范例。经过5年多的发展，工银印尼已成为印尼市场中资产规模最大的中资金融机构。2010～2012年，工银印尼连续3年荣誉入选印尼《投资家》评出的印尼境内最佳50家银行；2010年7月，荣获印尼银行业协会颁发的2010年度印尼银行业最佳表现奖；2012年1月，荣获印尼知名杂志《SHENGYI》颁发的“2011年最佳中国品牌”奖；2012年4月，荣获《商业评论》杂志评选的“2012年印尼企业风险管理奖”。

三、印度尼西亚关于企业税收的规定

1. 税收体系和制度

印尼实行中央和地方两级课税制度，税收立法权和征收权主要集中在中央。现行的主要税种有：公司所得税、个人所得税、增值税、奢侈品销售税、土地和建筑物税、离境税、印花税、娱乐税、电台与电视税、道路税、机动车税、自行车税、广告税、外国人税和发展税等。

2. 主要税赋和税率

【所得税】2008 年 7 月 17 日印尼国会通过了新《所得税法》，个人所得税最高税率从 35%降为 30%，分为 4 档：①5000 万印尼盾以下，税率 5%；②5000 万印尼盾至 2.5 亿印尼盾，税率 15%；③2.5 亿印尼盾至 5 亿印尼盾，税率 25%；④5 亿印尼盾以上的收入者，税率 30%。

企业所得税率：2009 年为过渡期税率 28%，2010 年后降为 25%。印尼对中、小、微型企业还有鼓励措施，减免 50%的所得税。为减轻中小企业税务负担，2013 年印尼税务总署向现有的约 100 万家印尼中小企业推行 1%税率，即按销售额的 1%征税。

【增值税】一般情况下，对进口、生产和服务等征收 10%的增值税。

【印花税】是对一些合同及其他文件的签署征收 3000 印尼盾或 6000 印尼盾的象征性税收。

四、印尼对外国投资的优惠

1. 优惠政策框架

【旅游业优惠】东盟旅游部长会议（东盟旅游论坛）于 1999 年 1 月在新加坡举行，各国一致同意对外资投资旅游业提供以下优惠：

（1）兴建观光旅馆、休闲中心、高尔夫球场可免税，外资可持有 100%股权；

（2）旅游设施进口手续简化并免征关税；

（3）印尼考虑将旅游土地使用年限延长为 70 年（目前为 30 年），使旅游业成为吸引外资的火车头。印尼投资部考虑像泰国一样成立投资单一窗口，帮助外商办理各项繁杂事务；投资部还将授权印尼驻外使领馆办理外商投资申请前的协调、咨询事务，以使外商能在入境 10 天内完成所有行政手续。

【制造业优惠】1998 年 12 月，东盟各国首脑峰会在越南河内召开，这次会议发表了包括《河内宣言》、《河内行动计划》、《东南亚自由贸易区》及《共同优惠税率计划》在内的《大胆措施方案》。在该方案中，印尼对外商的优惠措施有：所有制造业均允许外资拥有 100%股权（包括经审核的批发零售业）。外商可拥有已登记注册的新银行的 100%股权。1 亿美元以下的投资案，审核时间将在 10 天内完成。

【税收优惠】（1）1999 年 1 月，印尼政府第 7 号总统令，公布了恢复鼓励投资的“免税期”政策。对纺织、化工、钢铁、机床、汽车零件等 22 个行业的新设企业给予 3 到 5 年的所得税免征。如投资项目雇用工人超过 2000 人，或有合作社 20%以上的股份，或投资额不少于 2 亿美元，则增加 1 年优惠。对于已超过 30%的规模进行扩大再生产的项目，减免其资本货物以及 2 年生产所需材料的进口关税。对于某些行业或一些被视为国家优先出口项目和有利于边远地区开发的项目，政府将提供一些税收优惠。上述行业及项目将由总统令具体决定。对出口加工企业减免其进口原料的关税和增值税及奢侈品销售税。对位于保税区的工业企业，政府还有其他的鼓励措施。

（2）根据印尼《有关所规定的企业或所规定的地区之投资方面所得税优惠的第 1 号政府条例》，印尼政府对有限公司和合作社形式的新投资或扩充投资提供所得税优惠。提供的所得税优惠包括：

①企业所得税税率为 30%（根据新《所得税法》，2010 年以后为 25%），可以在 6 年之内付清，即每年支付 5%；

②加速偿还和折旧；

③在分红利时，外资企业所缴纳的所得税税率是 10%，或者根据现行的有关避免双重征税协议，采用较低的税率缴税；

④给予 5 年以上的亏损补偿期，但最多不超过 10 年。

上述所得税优惠，由财政部长颁发，并且每年给予评估。

据报道，随着印尼政府在税收宽免规则修订中，把企业获得损失赔偿的条件放宽计划的落实，工商业者获得税收减免奖励将更便利。财政部财政政策处执行主任安丁指出，不把利润汇回海外而进行再投资的外资企业，可以得到 5 年以上的损失赔偿。此外，至少 30%产品输出国外的企业也可以获得免税期限的延长。

赔偿损失是税收宽免规则的奖励形式之一。在企业获得盈利后，5 年中的损失将成为减免所得税的数额。其他的奖励形式是从投资额中减去 30%净收入，每年减少 5%，在 6 年内全部付清。

2. 行业鼓励政策

【行业优惠】自 2007 年 1 月 1 日起，印尼政府对 6 种战略物资豁免增值税，即原装或拆散属机器和工厂工具的资本物资（不包括零部件），禽畜鱼饲料或制造饲料的原材料，农产品，农业、林业、畜牧业和渔业的苗或种子，通过水管疏导的饮用水，以及电力（供家庭用户 6600 瓦以上者例外）。

2007 年 2 月，为吸引外商进入印尼，与当地企业合作从事鱼类加工业，印尼政府准备采取多项税收措施，具体包括免除国内加工鱼产品的出口税，减轻渔业加工机械进口税，减免收入税及增值税，在综合经济开发区和东部地区投资的企业还可获得土地建设税减免优惠。2009 年，印尼政府进一步明确对工业发展用机器、货物和原料免征进口税。2010 年，对部分行业的投资给予财政奖励或税收优惠。印尼政府将对至少 10 个营业部门提供财政奖励以支持其发展，即食品饮料业、纺织业、电子行业、交通运输业、通讯信息产业、基础金属与机器工业、石化工业、农畜产品加工业、林业和海洋产品加工业、创意产业。此外，印尼政府还拟对环保型企业、大型投资项目、在落后地区投资的基建项目，以及具有较多附加值、提供广泛就业机会和运用先进科技的工业部门提供税收减免等优惠。2011 年以来，推出财政奖励政策，大力支持资本和劳动力密集型产业的发展。针对包括原金属、炼油、天然气、有机基础化学、可再生能源和电信设备等 5 个工业部门，投资规模在 1 万亿印尼盾（约合 1.17 亿美元）以上的，免除其开始商业运行后 5～10 年的税款，对已投资印尼但经营尚不足 1 年的企业也可以享受到此项优惠税收政策。同时对符合印尼产业导向和优先发展领域的 120 个产业和地区提供相应的税收优惠。

【投资便利】印尼中央与地方政府实行投资审批一站式服务。实行一站式服务之后，每个部门都派代表到投资统筹机构办事处，以便加快办理审批手续。依据《投资法》第 30 条第 7 款，需要中央政府审批的投资领域包括对环保有高破坏风险的天然资源投资，跨省级地区的投资，与国防战略和国家安全有关的投资。

3. 地区鼓励政策

印尼为了平衡地区发展，按照总体规划部署和各地区自然禀赋、经济水平、人口状况等特点，将重点发展“6 大经济走廊”，即爪哇走廊—工业与服务业中心、苏门答腊走廊—能源储备、自然资源生产与处理中心、加里曼丹走廊—矿业和能源储备生产与加工中心、苏拉威西走廊—农业、种植业、渔业、油气与矿业生产与加工中心、巴厘—努沙登加拉走廊—旅游和食品加工中心、巴布亚—马鲁古群岛走廊—自然资源开发中心。

印尼政府将按照规划出台政策和措施，对在上述地区发挥比较优势的产业提供税务补贴等优惠政策，优先鼓励发展当地规划产业。除爪哇岛等地区外，未来几年印尼的发展重点，将是包括巴布亚和马鲁古等在内的东部地区，将进一步出台向投资当地的企业提供税务补贴等优惠政策。

4、特殊经济区域的规定

目前印尼正在计划建设特殊经济区域。2009 年，印尼通过了经济特区新法律。根据该法，印尼在 2010～2014 年间建立 5 个经济特区。在特别经济区开展业务的公司，可以享受税收（包括增值税、销售税及进口税等）、土地使用等方面的优惠政策。政府将简化投资人申请设立公司或申办其他事项的手续。

对于经济特区，印尼期望能引进更多的先行性企业，行业涵盖物流、工业、技术、旅游、能源、出口加工等。投资企业可享受 5 到 10 年的免税期。经济特区都将提供开放和灵活的特殊政策，拥有进入国际市场的能力（近海港或空港），位于第 1 资源地区，欢迎个人和私人资本采用多样化的合作模式进行投资。

五、与投资合作相关的主要法律法规

主要法律有：《投资法》、《公司法》、《所得税法》、《劳动法》、《知识产权法》、《破产法》、《贸易法》、《海关法》等。

综合印尼《雅加达邮报》等媒体 2013 年 12 月 26 日报道，印尼官方投资统筹机构主任西雷加尔向媒体公布了最新投资负面清单修订情况。

第 1 类为对外资更加开放领域，陆路交通客站和车辆常规检验部门的外资可持股比例从零放宽至 49％，为此次放宽幅度最大的两个行业；其它两个行业为制药业和金融风险投资业，外资可持股比例分别从原来的 75％和 80％调整至 85％。广告业外资可持股比例亦从零放宽至 49％，但仅限东盟国家。

第 2 类为新设定的外资可持股领域，固定通讯、多媒体综合网络电信、多媒体服务供应商的外资可持股比例分别为 65％、65％和 49％。

第 3 类为公私合营的基础设施项目领域，其中机场、港口和陆路交通客站（含铁路）的经营管理外资可持股权分别为 49％、95％和 49％，供水 95％，收费公路 95％，10 兆瓦以下发电厂 49％，10 兆瓦以上的 100％，输电和配电分别为 100％。

此外，此次修订负面清单还收紧了几个外资可

持股比例领域，如货物分销业和仓储业从100%缩减至33%。农业领域外资可持股比例因须与2010年颁布的园艺法规定相配套，从95%缩减至30%。

印尼经济统筹部长哈达表示，政府采取上述措施主要是应对全球经济放缓及投资增长动力不足，维持经济增长。修订后的投资负面清单需呈报总统批准，择日生效。印尼修订投资负面清单自2010年以来着手进行，因照应本国民族保护主义情绪而几经搁置。反对者呼吁政府保护本国战略性产业，防止外资涌入并掌控。

2014年2月11日，印尼国会通过了印尼第一部综合性的《贸易法》，旨在通过限制进出口，从而保护本国产业及市场，以增强印尼国产商品的国际竞争力。《贸易法》通过后，引起印尼国内外、各领域争论，印尼政府认为该法通过保护国内市场提高印尼国产商品的竞争力，印尼各界均有获益。但当地有关专家也表示担忧，认为政府获得了更多的授权，可以干预几乎所有的贸易领域，影响市场正常运转。同时，《贸易法》具体实施细则和是否违反世界贸易组织有关规定等问题也成为各方关注的焦点。

（来源：南博网. http://www.caexpo.com/news/asean/yinni/zcfx _ yinni/fghj/2015/07/15/3648299.html. 2015—07—15）

老挝对外国投资合作的法规和政策

一、对外贸易的法规和政策规定

1. 贸易主管部门

老挝贸易主管部门为老挝工业与贸易部，下设省市工业与贸易厅、县工业与贸易办公室，主要职责是制定、实施有关法律法规，发展与各国、各地区及世界经济贸易的联系与合作，管理进出口、边贸及过境贸易，管理市场、商品及价格，对商会或经济咨询机构进行指导以及企业与产品原产地证明管理等。

2. 贸易管理法律体系

老挝与贸易相关的主要法律有《投资促进管理法》、《关税法》、《企业法》、《进出口管理令》、《进口关税统一与税率制度商品目录条例》等。

3. 贸易管理的相关规定

老挝所有经济实体享有经营对外经济贸易的同等权利，除少数商品受禁止和许可证限制外，其余商品均可进出口。

【禁止进口商品】枪支、弹药、战争用武器及车辆；鸦片、大麻；危险性杀虫剂；不良性游戏；淫秽刊物等5类商品禁止进口。

【禁止出口商品】枪支、弹药、战争用武器及车辆；鸦片、大麻；法律禁止出口的动物及其制品；原木、锯材、自然林出产的沉香木；自然采摘的石斛花和龙血树；藤条；硝石；古董、佛像、古代圣物等9类商品禁止出口。

【进口许可证管理商品】活动物、鱼、水生物；食用肉及其制品；奶制品；稻谷、大米；食用粮食、蔬菜及其制品；饮料、酒、醋；养殖饲料；水泥及其制品；燃油；天然气；损害臭氧层化学物品及其制品；生物化学制品；药品及医疗器械；化肥；部分化妆品；杀虫剂、毒鼠药、细菌；锯材；原木及树苗；书籍、课本；未加工宝石；银块、金条；钢材；车辆及其配件（自行车及手扶犁田机除外）；游戏机；爆炸物等25类商品进口需许可证。

【出口许可证管理商品】活动物（含鱼及水生物）；稻谷、大米；虫胶、树脂、林产品；矿产品；木及其制品；未加工宝石；金条、银块等7类商品出口需许可证。

4. 进出口商品检验检疫

老挝对各类动植物产品的进口有检疫要求，要求对进口产品的特征及进口商的相关信息进行检查。

【动物检疫】根据老挝动物检疫规定，活动物、鲜冻肉及肉罐头等进口商须向农林部动物检疫司申请动物检疫许可证。商品入境时由驻口岸的动物检疫员查验产地国签发的动物检疫证和老挝农林部签发的检疫许可证。

【植物检疫】老挝农林部负责植物检疫工作。进口植物及其产品须在老挝的边境口岸接受驻口岸检查员检查，并出示产品原产国有关机构签发的植物检疫证。

5. 海关管理的相关规定

【管理制度】老挝政府于1994年12月颁布实施《统一制度和进口关税商品目录条令》，2005年5月颁布实施《关税法》及2001年10月颁布实施《商品进出口管理法令》等法律法规，对海关管理作了系列规定。其中《关税法》对进出口商品限制、禁止种类、报关、纳税、仓储、提货、出关、关税文件管理及报关复核等作了相关规定。

【关税税率】老挝关税分自主关税、协定关税、优惠关税、减让关税和零关税等5种不同的税率。

详情可参看《统一制度和进口关税商品目录条令》及有关关税调整通知等文件。

【报关流程】货物进入仓库→过磅→做仓库临时报关单→打货物临时报关单→报海关审核→报海关领导签字→打税单上税→海关检验货物→付仓库费→海关作记录、进关。

【报关所需材料】老挝计划投资部批文、企业投资许可证、企业申请报告、企业营业执照（复印件）、企业税务登记（复印件）和货物老挝文清单（含数量、价格、重量、规格等）。

二、对外国投资的市场准入的规定

1. 投资主管部门

工贸部、计划投资部、政府办公厅分别对老挝投资的一般投资、特许经营投资和经济特区投资负责。

2. 投资行业的规定

除危及国家稳定，严重影响环境、人民身体健康和民族文化的行业和领域外，老挝政府鼓励外国公司及个人对各行业各领域投资。

3. 投资方式的规定

外国投资者可以按照“协议联合经营”、与老挝投资者成立“混合企业”和“外国独资企业”等3种方式到老挝投资。“协议联合经营”是指老挝投资法人与外方在不成立新法人的基础上联合经营。

“混合企业”是指由外国投资者和老挝投资者依照老挝法律成立、注册并共同经营、共同拥有所有权的企业。外国投资者所持股份不得低于注册资金的30%。

“外国独资企业”是指由外国投资者独立在老挝成立的企业，形式可以是新法人或者分公司。

目前，矿产、水电行业为外资在老挝主要投资领域。资金来源地主要为周边国家。越南、泰国、中国为老挝前3大投资国。

4. 特殊经济区域的规定

2011年年底，老挝政府颁布《2011年至2020年在老挝开发经济特区和专业经济区战略规划》，规划到2015年建立14个经济特区和专业经济区。即：万象市的东坡喜专区、会山专区、塔銮湖专区、赛萨坛专区；占巴色省的西潘敦专区、巴松菠萝芬高原专区、万道专区；甘蒙省的甘蒙黄金城专区；沙耶武里省的南横口岸专区；波里坎赛省的万坎开发区；华潘省的浓康专区；沙湾拿吉省的老堡边境贸易区；川圹省的石缸平原专区和波乔省的湄公河大桥桥头专区等。目前，老挝政府批准7个经济特区和专业经济区，其中万象市的挪通贸易工业园区和甘蒙省的普乔经济专区2个经济特区已开始开发建设，中国企业投资的塔銮湖专业经济区也已开工建设。

三、老挝关于企业税收的规定

1. 税收体系和制度

目前老挝实行全国统一的税收制度，外国企业和个人与老挝本国的企业和个人一样同等纳税。老挝共有6个税种，其中间接税含营业税和消费税2种，直接税含利润税、最低税、所得税、手续和服务费等4种。经老挝国会通过，2009年1月1日起实行增值税税制改革。

2. 主要税赋和税率

【营业税】指个人、法人或者机构在老挝境内进行商品买卖和服务时必须按比例缴纳营业税（部分免税商品除外），缴纳比例一般为5%和10%，但出口商品免交营业税。

【消费税】老挝政府规定：燃油、酒（含酒精）类、软饮料、香烟、化妆品、烟花和扑克牌、车辆、机动船只、电器、游戏机（台）、娱乐场所服务、电信服务、彩票和博彩业服务等15类商品和服务项目必须缴纳消费税，具体税率从10%～110%不等。

【所得税】老挝政府规定：薪金、劳务费、动产和不动产所得、知识产权、专利、商标所得等必须缴纳所得税，具体税率以30万基普为起征点，30万～150万基普为5%、150万～400万基普为10%、400万～800万基普为15%、800万～1500万基普为20%、1500万基普以上为25%。外国人按总收入的10%计征。

【利润税】按可收税利润（6000万基普以上）的35%计征。

【红利税】公司股东年终分红时须缴纳红利税，税率10%。

【最低税】生产单位每年须缴纳最低税，即年度收入的0.25%计征。

【增值税】消费者在购买产品同时需额外支付产品进项价格10%的增值税。

四、老挝对外国投资的优惠

1. 优惠政策框架

老挝对外国投资给予税收、制度、措施、提供信息服务及便利方面的优惠政策。

2. 行业鼓励政策

老挝鼓励外国投资的行业有：（1）出口商品生产；（2）农林、农林加工和手工业；（3）加工、使用先进工艺和技术、研究科学和发展、生态环境和生物保护；（4）人力资源开发、劳动者素质提高、医疗保健；（5）基础设施建设；（6）重要工业用原料及设备生产；（7）旅游及过境服务。

税收优惠政策方面：（1）进口用于在老挝国内销售的原材料、半成品和成品可享受减征或免征进口关税、消费税和营业税。即：进口经有关部门证明并批准的原材料可免征进口关税和营业税；进口老挝国内有但数量不足的半成品5年内可按最高正常税率减半征收进口关税和营业税；进口经有关部门证明并批准的老挝国内有但数量不足或质量不达标的配件可按照东盟统一关税目录中的税率征收配件关税及消费税。（2）进口的原材料、半成品和成品在加工后销往国外的，可享受免征进口和出口的关税、消费税和营业税。（3）经老挝计划投资部批准进口的设备、机器配件可免征进口关税、消费税和营业税。（4）经老挝计划投资部或相关部门批准进口的老挝国内没有或有但不达标的固定资产可免征第一次进口关税、消费税和营业税。（5）经老挝计划投资部或相关部门批准进口的车辆（如载重车、推土机、货车、35座以上客车及某些专业车辆等）可免征进口关税、消费税和营业税。

3. 地区鼓励政策

老挝政府根据不同地区的实际情况给予投资优惠政策：（1）一类地区，指没有经济基础设施的山区、高原和平原。免征7年利润税，7年后按10%征收利润税。（2）二类地区，指有部分经济基础设施的山区、高原和平原。免征5年利润税，之后3年按7.5%征收利润税，再之后按15%征收利润税。（3）三类地区，指有经济基础设施的山区、高原和平原。免征2年利润税，之后2年按10%征收利润税，再之后按20%征收利润税，免征利润税时间按企业开始投资经营之日起算，如果是林木种植项目，从企业获得利润之日起算。

此外，企业还可以获得以下4项优惠：（1）在免征或减征利润税期间，企业还可以获得免征最低税的优惠；（2）利润用于拓展获批业务者，将获得免征年度利润税；（3）对直接用于生产车辆配件、设备，老挝国内没有或不足的原材料，用于加工出口的半成品等进口可免征进口关税和赋税；（4）出口产品免征关税。

五、与投资合作相关的主要法律法规

2010年3月，老挝国家主席签署第75号主席令，正式颁布实施老挝新版《投资促进法》。新版《投资促进法》由原来的《国内投资促进管理法》和《外国投资股促进管理法》合并而成，并对其中8处作了修订和完善，如：投资方式、投资类型、审批程序、一站式投资服务、投资指导目录、优惠政策、专门经济区开发投资以及中央与地方管理职能划分等内容。

《民法》规定了老挝的自然人之间、法人之间以及自然人与法人之间的财产关系，为私有财产提供保护。

《企业法》规定了企业成立、组织、运作、解散、转让和变更，划分企业类型，规范企业章程。

《矿产法》（1997年5月实施，后进行修订）对矿产资源的所有权、保护和开发、环境保护、矿山经营者权益和当地居民权益和保护等做出的规定。

据老挝《万象时报》报道，为缓解国内通货膨胀压力，老挝政府将取消部分短缺物资和设备的进口关税。老挝政府发布的1份政府报告中提出，老挝将把部分国内无法提供的生产原料和机械设备的进口关税从10%降至0%，以提高其国内的商品生产能力。

老挝财政部负责人表示，政府期望通过取消部分短缺原材料及机械设备的进口关税来推动国内商品生产，并促进对老挝商品特别是食品生产领域的投资，提升本土商品生产和加工能力，满足国内市场供应及出口需求，以降低贸易逆差并缓解通货膨胀压力。

老挝政府同时表示，已指定有关机构进行研究，以确保在遵守世贸组织和东盟自由贸易区各项规定的基础下实施这一举措。

（来源：南博网．http://www.caexpo.com/news/asean/laowo/zcfx_lw/fghj_lw/2015/07/15/3648293.html.2015—07—15）

马来西亚对外国投资合作的法规和政策

一、马来西亚对外贸易的法规和政策规定

1. 贸易主管部门

马来西亚主管对外贸易的政府部门是国际贸易和工业部，主要职责是：负责制定投资、工业发展及外贸等有关政策；拟定工业发展战略；促进多双边贸易合作；规划和协调中小企业发展；促进和提

升私人企业界和土著的管理和经营能力。

2. 贸易法规体系

马来西亚主要对外贸易法律有《海关法》、《海关进口管制条例》、《海关出口管制条例》、《海关估价规定》、《植物检疫法》、《保护植物新品种法》、《反补贴和反倾销法》、《反补贴和反倾销实施条例》、《2006年保障措施法》、《外汇管理法令》等。

3. 贸易管理的相关规定

马来西亚实行自由开放的对外贸易政策，部分商品的进出口会受到许可证或其他方面的限制。

【进口管理】1998年马来西亚海关禁止进口令规定了4类不同级别的限制进口。第1类是14种禁止进口品，包括含有冰片、附子成分的中成药，45种植物药以及13种动物及矿物质药。第2类是需要许可证的进口产品，主要涉及卫生、检验检疫、安全、环境保护等领域。包括禽类和牛肉（还必须符合清真认证）、蛋、大米、糖、水泥熟料、烟花、录音录像带、爆炸物、木材、安全头盔、钻石、碾米机、彩色复印机、一些电信设备、武器、军火以及糖精。目前大约有27%的税目产品需要进口许可证。第3类是临时进口限制品，包括牛奶、咖啡、谷类粉、部分电线电缆以及部分钢铁产品。第4类是符合一定特别条件后方可进口的产品，包括动物、动物产品、植物及植物产品、香烟、土壤、动物肥料、防弹背心、电子设备、安全带及仿制武器。

为了保护敏感产业或战略产业，马来西亚对部分商品实施非自动进口许可管理，主要涉及建筑设备、农业、矿业和机动车辆部门。如所有重型建筑设备进口须经国际贸易和工业部批准，且只有在马来西亚当地企业无法生产的情况下方可进口。

马来西亚海关负责发放进口许可证，国际贸易及工业部及其他部门负责进口许可证的日常管理工作。

马来西亚官方公报称，马来西亚从2014年1月1日起对海关编码7227栏目下所有进口合金线材要求取得许可证。

【出口管理】马来西亚规定，除以色列外，大部分商品可以自由出口至任何国家。但是，部分商品需获得政府部门的出口许可，其中包括：短缺物品、敏感或战略性或危险性产品，以及受国家公约控制或禁止进出口的野生保护物种。此外，马来西亚《1988年海关令（禁止出口）》规定了对3类商品的出口管理措施：第1类为绝对禁止出口，包括禁止出口海龟蛋和藤条；禁止向海地出口石油、石油产品和武器及相关产品。第2类为需要出口许可证方可出口；第3类为需要视情况出口。大多数第2和第3类商品为初级产品，如牲畜及其产品、谷类、矿物/有害废弃物。第3类还包括武器、军火及古董等。

国际贸易与工业部及国内贸易与消费者事务部负责大部分商品出口许可证的管理。

据报道，为了稳定市场供应，马来西亚渔业促进局向渔获出口商发出禁令，2014年1月3日至3月1日，禁止马来西亚出口特定渔产到新加坡，被禁出口的鱼类包括甘望鱼、色拉鱼，以及农历新年年菜常用的白鲳、明虾等。

马来西亚柔佛州农业与农基工业委员会主席依斯迈证实这项禁令。依斯迈表示，渔业局是在接获佳节期间，渔获供应有可能减少导致供不应求的信息后，决定发出此一禁令，以平衡马来西亚市场供需。渔获出口运输业者辜大华受询时也证实此事，并指有关禁令一出，运输业者形同必须停业2个月。

4. 进出口商品检验检疫

马来西亚要求所有肉类、加工肉制品、禽肉、蛋和蛋制品必须来自经马来西亚农业部兽医服务局检验和批准的工厂，所有进口产品必须获得兽医服务局颁发的进口许可证。

所有肉类、加工肉制品、禽肉、蛋和蛋制品必须通过回教中心的清真认证，牛、羊、家禽的屠宰场以及肉蛋加工设备必须获得马来西亚穆斯林发展部的检验和批准。

5. 海关管理规章制度

【管理制度】马来西亚关税有两种归类系统：一种用于东盟内部贸易，税则号为6位数字；另一种用于与其他国家贸易。国际贸易及工业部下属关税特别顾问委员会负责对关税进行评审，每年在政府预算中公布。

【关税水平】马来西亚关税99.3%是从价税，0.7%是从量税、混合税和选择关税。世界贸易组织《2012世界研究》公布数据显示，2010年，马来西亚最惠国关税简单平均关税税率约6.5%，农产品最惠国平均简单关税10.8%，非农产品该税率为5.8%。

二、对外国投资的市场准入的规定

1. 投资主管部门

马来西亚主管工业领域投资的政府部门是贸工部下属的马来西亚投资发展局，主要职责是：制定工业发展规划；促进制造业和服务业领域的国内外投资；审批工业执照、外籍员工职位以及企业税务优惠；协助企业落实和执行投资项目。

马来西亚其他行业投资由马来西亚首相府经济计划署及有关政府部门负责，EPU负责审批涉及外资与土著持股比例变化的投资申请，而政府部门则负责其业务有关事宜的审批。

2. 投资行业的规定

【限制的行业】外商投资下述行业会在股权方面受到严格限制：金融、保险、法律服务、电信、直销及分销等。一般外资持股比例不能超过30%或50%。

【新开放领域】2009年4月，马来西亚政府为了进一步吸引外资，刺激本国经济发展，开放了8个服务业领域的27个分支行业，允许外商独资，不设股权限制，包括：

（1）计算机相关服务领域：电脑硬件咨询服务；软件应用服务（包括软件系统咨询服务、系统分析服务、系统设计服务、电脑程序服务、系统维护服务）；资料处理服务（包括资料输入服务、资料处理与制表服务、共享服务等）；数据库服务；电脑维修服务；其他（包括资料准备、训练、资料修复、内容开发等服务）；

（2）保健与社会服务领域：兽医服务；老人院及残疾中心提供的服务；孤儿院服务；育儿服务（包括残疾儿童中心提供的服务）；为残疾人士提供的职业培训服务；

（3）旅游服务领域：主题公园；会展中心（超过5000个座位）；旅行社（仅限国内旅游部分）；酒店与餐馆（仅限四星级及五星级酒店）；食品服务（仅限四星级及五星级酒店）；饮品（仅限四星级及五星级酒店）；

（4）运输服务领域：C级交通运输（私营运输执照——仅限自用货物运输）；

（5）体育及休闲服务领域：体育服务（体育赛事承办与促销）；

（6）商业服务领域：区域分销中心；国际采购中心；科学检验与分析服务（包括成分与纯度化验分析服务、固体物检验分析服务、机械与电子系统检验分析服务、科技监督服务等）；管理咨询服务[包括常规服务、金融（商业税收除外）、市场、人力资源、产品与公关服务等]；

（7）租赁服务领域：船只租赁（不包括沿海及岸外贸易）；国际货轮租赁（光船租赁）；

（8）运输救援服务领域：海事机构服务、船只救护服务。

马来西亚服务业发展理事会是分支领域开放的监管单位，负责审查服务业限制领域发展的有关规定，监督和协调各部门相关工作。

【鼓励的行业】马来西亚政府鼓励外国投资进入其出口导向型的生产企业和高科技领域。

马来西亚比较适合外国投资的产业包括：农业生产、农产品加工、林业、橡胶制品、棕油产品、石油化工、医药、木材、纸浆制品、纺织、非金属矿物制品、钢铁业、有色金属、机械设备及零部件、交通设备及部件、电子电器、专业医学、科学测量仪器制造、相机及光学产品、塑料制品、酒店与旅游业、影视制作以及一些制造业相关的服务业等。

据报道，马来西亚将放宽目前对国外汽车制造商生产小型汽车的限制措施，以期在投资方面与竞争对手泰国抗衡。

马来西亚汽车制造商协会首席执行官M. Mandani Sahari表示，马来西亚希望外国投资为其带来先进技术，并通过个性化的政策吸引投资商。基于此前政策，国外汽车制造商只允许制造大型汽车。目前，新政策允许制造小型汽车，此举不仅能提高国内汽车制造商的国际竞争力，同时吸引更多的外国投资商。同时，新政策的出台恰逢泰国处于政局不稳定时期，这也为马来西亚提供了良好的外部环境。

3. 投资方式的规定

【直接投资】外商可直接在马来西亚投资设立各类企业，开展业务。直接投资包括现金投入、设备入股、技术合作以及特许权等。

【跨国并购】马来西亚允许外资收购本地注册企业股份，并购当地企业。一般而言，在制造业、采矿业、超级多媒体地位公司、伊斯兰银行等领域，外资可获得100%股份；同时，马来西亚政府还先后撤销了27个服务业和上市公司30%的股权赔额限制，进一步开放了服务业和金融业。

【股权收购】马来西亚股票市场向外国投资者开放，允许外国企业或投资者收购本地企业上市，2009年，马来西亚首相纳吉布宣布取消外资公司在马来西亚上市必须分配30%土著股权的限制，变为规定的25%公众认购的股份中，要求有50%分配给土著，即强制分配给土著的股份实际只有12.5%；此外，拥有多媒体超级走廊地位、生物科技公司地位以及主要在海外运营的公司可不受土著股权须占公众股份50%的限制。纳吉布同时废除外资委员会的审批权，拟在马来西亚上市的外资公司直接将申请递交给马来西亚证券委员会。

4. 特殊经济区域的规定

【依斯干达经济特区】自 2006 年起，马来西亚政府在其最南端、与新加坡仅一条海峡之隔的柔佛州，新开辟出首个经济特区——依斯干达经济特区。特区面积为 2217 平方公里，相当于 2.5 个新加坡的国土面积。依斯干达经济特区优惠政策框架包括以下几个方面：

（1）公司所得税减免。符合条件的企业，以及战略性投资项目，经核准后可免缴 5～10 年的企业所得税，或在 5 年内减免 70％的法定收入所得税；

（2）投资税赋减免。符合条件的企业和项目，其用于固定资产投资额的 60％可在 5 年内抵消其应缴纳所得税的 70％，或其合格资本支出的 60％可在 5 年内从其所得税中扣除；

（3）再投资税赋减免。对于符合条件的企业，其再投资额的 60％可抵消其应缴纳所得税的 70％，优惠期限 15 年或更长；

（4）进口税、销售税和国产税减免；

（5）在依斯干达经济特区投资创意行业、教育、物流、财务咨询和顾问、旅游以及医疗保健等 6 大服务领域的公司，将不受马来西亚新经济政策的约束，30％的股份不必保留给当地居民，不受外资条例约束，能够自由在全球集资，可以在经济特区内无限制的聘请国外员工，并享有免缴公司税及预扣所得税的优惠，为期 10 年。

依斯干达经济特区的投资领域主要集中在工业和制造业。

【中马钦州产业园区与马中关丹产业园】中马钦州产业园区与马中关丹产业园是首个中国政府支持的以姊妹工业园形式开展双边经贸合作的项目。2012 年 4 月 1 日，中马钦州产业园区正式开园；2013 年 2 月 5 日，马中关丹产业园举行了盛大的启动仪式，标志着“两国双园”模式的全面启动，将进一步推进双边各领域全方位合作。作为中国—东盟经贸合作的示范项目，“中马钦州产业园”与“马中关丹产业园”这两个姊妹园区可有效利用中马双方的资源、资金、技术和市场等互补优势，提升区域发展水平，促进中国与东盟国家间的互联互通。

（1）中马钦州产业园区

基本规划：园区毗邻钦州保税港区和国家级钦州港经济技术开发区，园区规划面积 55 平方公里，计划分三期实施开发建设：一期为包含居住、产业、商业及行政办公用地的综合区，面积为 15.11 平方公里；二期为生活性服务中心、产业区和居住区，面积 18.1 平方公里；三期为智慧生态区及产业区，面积 22.2 平方公里。

开发模式：园区开发由中马双方牵头企业在华成立中马钦州产业园区投资合作有限公司，作为园区开发主体，由中方控股 51％，马方占股 49％，共同从事土地开发和园区基础设施建设。

产业指引：园区采取产业与新城融合发展、产业链与服务链共同打造的模式，合理布局工业与服务业。重点发展 3 类产业：一是综合制造业，包括汽车零配件加工、船舶零配件、工程与港口机械装备、食品加工、生物技术等产业；二是信息技术产业，包括电子信息产业、信息和通讯技术产业、云计算数据中心等；三是现代服务业，包括金融、大宗商品交易、现代物流仓储、教育服务等生产性服务业和服务配套、房地产等生活性服务业。

（2）马中关丹产业园

基本规划：产业园位于彭亨州关丹市格宾工业区内，面积 1500 英亩（约 6.07 平方公里），距离关丹港仅 5 公里，关丹市区 25 公里，关丹机场 40 公里，距离吉隆坡 250 公里，地理位置优越，交通便利。关丹港距离钦州港 1104 海里，航行仅需 3～4 天，到中国其他港口也只需 4～8 天时开发模式：由中马双方牵头企业在马成立合资公司作为产业园开发主体，由马方占股 51％，中方占股 49％，共同从事土地开发和基础设施建设以及后期招商工作。

产业指引：10 大重点产业包括：塑料及金属行业设备、汽车零部件、纤维水泥板、不锈钢产品、食品加工、碳纤维、电子电器、信息通讯、消费类商品以及可再生能源。

优惠政策：目前，马方对产业园提出的优惠政策主要分为财政优惠和非财政优惠两类。其中，财政优惠包括：①自第一笔合法收入起 10 年内 100％免缴所得税，或享受 5 年合格资本支出全额补贴；②工业园开发、农业及旅游项目免缴印花税；③机械设备免缴进口税及销售税。非财政优惠包括：①地价优惠；②工业园基础设施相对成熟；③外籍员工政策相对灵活；④人力资源丰富。

马来西亚《星报》报道，马来西亚政府同意在柔佛州依斯干达特区内，划分出 3 个类似位于努沙再也美迪尼的新附属特区。

据悉，马来西亚首相兼财长纳吉布已经批准设立这 3 个附属特区。这项建议由柔州政府和依斯干达特区发展局在 2013 年年底的会议上提出。这 3 个附属特区可能分布在依斯干达发展特区的东门开发区、西门开发区，以及士乃—古来增长走廊，以进行不同的经济活动，如油气、教育、旅游、保健和航空。这将有助于加速依斯干达特区的发展，以便在2025年迈入国际城市行列。

另消息称，尽管面对全球经济增长不明朗的局面，但纳吉对该特区自2006年发展以来所取得的成就表示满意，进而批准设立附属特区。

三、马来西亚关于企业税收的规定

1. 税收体系和制度

马来西亚联邦政府和各州政府实行分税制。联邦财政部统一管理全国税务，负责制定税收政策，由其下属的内陆关税局（征收直接税）和皇家关税局（征收间接税）负责实施。直接税包括所得税和石油税等；间接税包括国产税、关税和进出口税、销售税、服务税和印花税等。各州政府征收土地税、矿产税、森林税、执照税、娱乐税和酒店税、门牌税等。外国公司和外国公民与马来西亚企业和公民一样同等纳税。

马来西亚首相兼财长纳吉布在2014年度财政预算案宣布，从2015年4月1日起实施6%消费税，取代现有的销售税和服务税。纳吉指出，水供、每月家电首200个单位，以及基本民生食品如白米、糖、盐、面粉、食油等将不征消费税。政府服务如护照、执照、卫生服务和教育，以及运输服务如巴士、火车、轻快铁、渡轮及大道收费均不征收消费税。

2. 主要税赋和税率

【公司税】自2009纳税年度起，马来西亚的公司税为25%。但对实收资本低于250万林吉特的公司，第1个50万林吉特收入的税率为20%，以后收入的税率为25%。

【石油所得税】税率为38%，征收对象为与马来西亚国家石油公司或马来西亚—泰国联合发展机构签署石油行业相关协议的纳税个体。

【个人所得税】2010年起，对于年收入不超过26501林吉特的本国公民，个人所得税为1%～26%，外国公民的税率固定为26%。采用0%～27%的累进税率，并可获得减免，2013年起征点为5000林吉特。

【预扣税】非居民公司或个人应缴纳预扣税，特殊所得（动产的使用、技术服务、提供厂房及机械安装服务等）为10%；利息为15%。依照合同获得承包费用：承包商缴纳10%、雇员缴纳3%；佣金、保证金、中介费等10%。

【销售税】根据《1975年服务税法》规定，对所有在马来西亚制造的产品和进口商品征税，平均税率为10%，税率范围为5%～10%。

【服务税】根据《1975年服务税法》规定，服务税的征收对象包括律师、工程师、建筑师、问卷调查人员以及顾问等在内的专业人员，广告公司、私人医院及宾馆酒店等公司所提供的服务，税率为6%。

【进口税】大多数进口货物需缴纳进口税，税率分从价税和特定税，近几年马来西亚已取消了多种原料、机械与零部件的进口税。马来西亚与东盟国家之间实行特惠关税，工业产品的进口税为0～5%之间；与日本实行双边自由贸易协定框架下的进口税；与中国和韩国实行中国—东盟自由贸易区以及韩国—东盟自由贸易区的区域自由贸易协定框架下的进口税；与澳大利亚签订自由贸易协定，根据协定，马来西亚将减免自澳大利亚进口商品97%以上的关税。

【出口税】马来西亚对包括原油、原木、锯材和原棕油等在内的资源性产品出口征收出口税。

2013年1月1日起，马来西亚根据市场价格把毛棕榈油出口关税由23%削减至4.5%～8.5%，以帮助精炼商抢回市场份额。

【国内税】根据《1975年服务税法》规定，本地制造的一些特定产品，包括香烟、酒类、扑克、麻将、汽车、四驱车和摩托车等，须缴纳国产税。

四、马来西亚对外国投资的优惠

1. 优惠政策框架

马来西亚投资政策以《1986年促进投资法》、《1967年所得税法》、《1967年关税法》、《1972年销售税法》、《1976年国内税法》以及《1990年自由区法》等为法律基础，这些法律涵盖了对制造业、农业、旅游业等领域投资活动的批准程序和各种鼓励与促进措施。

2010年，马来西亚联邦政府出台了一系列新的举措，以促进投资增长。包括设立国家投资委员会，由马来西亚贸工部长和首相府绩效管理实施署长作为联席主席，委员由马来西亚财政部、首相府经济计划署、央行、绩效管理实施署、贸工部、投资发展局、统计局的官员组成，负责实时审批投资项目；将投资主管机构马来西亚投资发展局（原名工业发展局）企业化，授予更多权限，以提高该机构施政灵活性，吸引更多投资；修订了《促进行动及产品列表》（即鼓励外商投资产业目录）；关注5大经济发展走廊吸引投资情况，强化各走廊发展局的职能。

鼓励政策和优惠措施主要是以税务减免的形式出现的，分为直接税激励和间接税激励两种。直接税激励是指对一定时期内的所得税进行部分或全部减免；间接税激励则以免除进口税、销售税或国内税的形式出现。

（1）新兴工业地位：获得新兴工业地位称号的企业可享受为期5年的所得税部分减免，仅需就其法定收入的30%征收所得税。

（2）投资税务补贴：获得投资税务补贴的企业，可享受为期5年合格资本支出60%的投资税务补贴。该补贴可用于冲抵其纳税年法定收入的70%，其余30%按规定纳税，未用完的补贴可转至下1年使用，直至用完为止。享受新兴工业地位或投资税务补贴的资格是以企业具备的某方面优势为基础的，包括较高的产品附加值、先进的技术水平以及产业关联等。符合这些条件的投资被称为“促进行动”或“促进产品”。马来西亚政府专门制订了有关制造业的《促进行动及产品列表》。除制造业外，两项鼓励政策均可适用于其他行业申请，如农业、旅游业及制造业相关的服务业。

（3）再投资补贴：再投资补贴主要适用于制造业与农业。运营12个月以上的制造类企业因扩充产能需要，进行生产设备现代化或产品多样化升级改造的开销，可申请再投资补贴。合格资本支出额60%的补贴可用于冲抵其纳税年法定收入的70%，其余30%按规定纳税。

（4）加速资本补贴：使用了15年的再投资补贴后，再投资在“促进产品”的企业可申请加速资本补贴，为期3年，第1年享受合格资本支出40%的初期补贴，之后2年均为20%。除制造业外，加速资本补贴还适用于其他行业申请，如农业、环境管理及信息通信技术等。

（5）农业补贴：马来西亚的农业企业与合作社/社团除了农业《促进行动及产品列表》外，也可申请新兴工业地位或投资税务补贴的优惠。《1967年所得税法》规定，投资者在土地开垦、农作物种植、农用道路开辟及农用建筑等项目的支出均可申请资本补贴和建筑补贴。考虑到农业投资计划开始到农产品加工的自然时间间隔，大型综合农业投资项目在农产品加工或制造过程中的资本支出还可单独享受为期5年的投资税务补贴。

（6）多媒体超级走廊地位：马来西亚政府于1996年推出了信息通信技术计划，即多媒体超级走廊，目标是成为全球信息通信产业中心。经多媒体发展机构核准的信息通讯企业可在新兴工业地位的基础上，享受免缴全额所得税或合格资本支出全额补贴（首轮有效期为5年），同时在外资股权比例及聘请外籍技术员工上不受限制。

（7）运营总部地位、国际采购中心地位和区域分销中心地位。为进一步加强马来西亚在国际上的区域地位，经核准的运营总部、区域分销中心和国际采购中心除了100%外资股权不受限制以外，还可享受为期10年免缴全额所得税等其他优惠。

2. 行业鼓励政策

【清真食品加工及认证】凡生产清真食品的公司，自符合规定的第一笔资本支出之日起5年内所发生符合规定资本支出的100%可享受投资税赋抵减。

【多媒体超级走廊公司】为了成为全球信息与通信技术产业的中心，马来西亚政府于1996年创建了信息与通信技术计划，即多媒体超级走廊。所有取得多媒体超级走廊地位的公司都可享受马来西亚政府提供的一系列财税、金融鼓励政策及保障，主要包括：提供世界级的硬体及资讯基础设施；无限制地聘请国内外知识型雇员；公司所有权自由化；长达10年的税收豁免政策或5年的财税津贴等。

【鼓励发展生物科技】马来西亚《2007年财政预算报告》宣布了一系列新举措，鼓励在生物科技领域的投资，推动生物科技的发展。投资鼓励政策包括：第一，生物科技公司从首年盈利开始，免交10年所得税；第二，从第11年开始缴纳20%的所得税，优惠期仍为10年；第三，在生物科技领域进行投资的个人和公司，将减去与其原始资本投资相等的税收，并获得前期的融资支持；第四，生物科技公司在进行兼并或收购时，可免征印花税，并免交5年的不动产收益税；第五，用于生物科技研究的建筑物可获得有关的工业建筑物津贴。

马来西亚2013年政府预算案特别提出几个行业领域的鼓励政策：

（1）国家关键经济领域：2013年拨款30亿林吉特用于国家关键经济领域内的“切入点计划”。其中，15亿林吉特用于棕榈油、橡胶以及其他高价值作物等农业项目；5亿林吉特用于巴生河美化工程；为改善供水与污水处理系统，额外增加3亿林吉特用于供水管道改造更新。

（2）国内投资：为进一步推动内资发展，拨款10亿林吉特设立国内投资策略基金，由投资发展局监管；此外，收购外国公司或小型内资服务类企业合并为大型企业均可享受额外税务优惠。

(3) 中小企业：为进一步推动中小企业发展，拨款10亿林吉特设立中小企业基金，由中小企业银行监管，提供融资支持。

(4) 清真产业：为进一步推动清真产业发展，中小企业银行与伊斯兰发展银行联合提供2亿林吉特资金用于支持重点清真产品开发及出口。

(5) 油气产业：①为鼓励私营领域参与油气行业投资，土地购置及公私合作项目可享受为期10年免交全额所得税、预扣税及印花税；②投资炼油项目可享受为期10年投资税务全额补贴。

(6) 研发：①进行研发成果商业化的企业可享受为期10年免缴全额所得税；②其母公司可享受对其全部投资的等额税务补贴；

(7) 天使投资：对创业企业的全部投资可用于等额充抵其应纳税收。

3、地区鼓励政策

【5大经济特区】近年来，马来西亚政府鼓励外资政策力度逐步加大，为平衡区域发展，陆续推出5大经济发展走廊，基本涵盖了西马半岛大部分区域以及东马的2个州，凡投资该地区的公司，均可申请5～10年免缴所得税，或5年内合格资本支出全额补贴。根据具体区域实际情况，联邦政府制定了不同的重点发展行业：

伊斯干达开发区：位于马来半岛南端柔佛州，占地面积约2200平方公里，重点推动服务业成为经济发展的关键动力。鼓励投资行业包括：旅游服务、教育服务、医疗保健、物流运输、创意产业及金融咨询服务等。

北部经济走廊：涵盖了马来半岛北部玻璃市州、吉打州、槟州及霹雳州北部区域，占地面积约1.8万平方公里，重点鼓励投资行业包括农业、制造业、旅游及保健、教育及人力资本和社会发展等。

东海岸经济区：包括东海岸吉兰丹州、登加楼州、彭亨州及柔佛州的丰盛港地区，占地面积约6.7万平方公里，重点鼓励投资行业包括旅游业、油气及石化产业、制造业、农业和教育等。2012年最受关注的项目是中马两国合作开发的马中关丹产业园区。2013年2月，中国政协主席贾庆林与马来西亚总理纳吉布共同出席了园区启动仪式。

沙巴发展走廊：涵盖了东马沙巴州大部分地区，占地面积约7.4万平方公里，重点鼓励投资行业包括旅游业、物流业、农业及制造业等。

砂捞越再生能源走廊：位于东马砂捞越州西北部，占地面积约7.1万平方公里，砂州拥有丰富的能源资源，重点鼓励投资行业包括油气产品、铝业、玻璃、旅游业、棕油、木材、畜牧业、水产养殖、船舶工程和钢铁业等。

自2006年推行经济走廊计划以来，5大经济走廊已吸引投资264.5亿林吉特，创造了13.2万个工作机会。其中伊斯干达发展区吸引投资额最高，达83.4亿林吉特，创造了5.6万个工作机会；北部经济走廊吸引投资68.9亿林吉特，创造了2.6万个工作机会；东海岸经济区吸引投资51.4亿林吉特，创造了2.7万个工作机会；沙巴发展走廊吸引投资54.2亿林吉特，创造了1万个工作机会；砂捞越再生能源走廊吸引投资额8.3亿林吉特，创造了1.3万个工作机会。

马来西亚总理府副部长迪瓦马尼表示，经济走廊计划不仅通过投资发展使该区人民受益，还通过开展人力资源培训提升当地居民的经济生活水平。

【“大吉隆坡”计划】马来西亚“大吉隆坡”计划全线启动。大吉隆坡/巴生河谷地区：经济转型计划中提出的国家关键经济领域之一，位于吉隆坡一巴生河谷流域，涵盖了吉隆坡附近10个城市，占地面积约2800平方公里。概念参考了大伦敦和大多伦多地区，计划从基础设施、人民收入和居住环境3个方面着手，将吉隆坡打造成为世界前20大适合居住的国际大都市之一。

五、与投资合作相关的主要法律法规

《合同法》规定了合同的订立、撤销、履行、代理等内容，是马来西亚民商法律的基础。

《公司法》对公司登记成立、股份债券、抵押登记、公司管理、股份公司、公司账目与审计以及公司清盘作出了详细规定，还明确了投资公司、外国公司的概念。

《工业协调法》规定了从事制造业的公司，如果投资超过250万林吉特，或其全职雇员超过75人，必须向马来西亚贸工部申请工业执照。工业执照需每年申请更新。

《投资促进法》是马来西亚工业投资促进方面最重要的法律，投资优惠措施以直接或间接税赋减免形式出现，直接税激励指对一定时期内所得税进行部分或全部减免，间接税激励则以免除进口税、销售税或消费税的形式出现。

《劳资关系法》调整资方、劳工和工会之间的关系，预防与解决劳资争端。

在马来西亚办理投资合作相关手续，需向当地律师、专门秘书或代理机构以及相关咨询机构寻求帮助，有关政策事项也可与中国驻当地使馆经济商务参赞处/经商室联系。

2014年1月21日，马来西亚公布修订海关法2013（禁止进口）一览表4第Ⅱ部分被修订，通过在第9项之后插入建筑材料。这些材料的进口必须附带由建筑业发展局（最高行政官或其代表颁发的）批准证明或豁免信。

（来源：南博网. http://www.caexpo.com/news/asean/malaixiya/zcfx_mlxy/fghj_mlxy/2015/07/15/3648294.html. 2015—07—15）

缅甸对外国投资合作的法规和政策

一、对外贸易的法规和政策规定

1. 贸易主管部门

缅甸贸易主管部门为缅甸商务部，负责办理批准颁发进出口营业执照、签发进出口许可证，管理举办国内外展览会、办理边境贸易许可、研究缅甸对外经济贸易问题、制定和颁布各种法令法规等。下设贸易司和边贸司，边贸司在各边境口岸设有边境贸易办公室，负责办理边境贸易各种事务。缅甸私商从事对外贸易须通过进出口贸易注册办公室领取营业执照，申领进出口许可证，在国家政策许可范围内自由从事对外贸易活动。

2. 贸易法规体系

现行与贸易管理相关的法律和规定有：《缅甸联邦进出口贸易（临时）管理法》（1947年）、《缅甸联邦贸易部关于进出口商必须遵守和了解的有关规定》（1989年）、《缅甸联邦关于边境贸易的规定》（1991年）、《缅甸联邦进出口贸易实施细则》（1992年）、《缅甸联邦进出口贸易修正法》（1992年）等。

3. 贸易管理的相关规定

1988年以来，缅甸政府实行市场经济，允许私人从事对外贸易，对外贸易实行许可证管理制度。1989年3月31日，缅甸政府颁布《国营企业法》，宣布实行市场经济，并逐步对外开放。缅甸政府放宽了对外贸的限制，允许外商投资，农民可自由经营农产品，私人可经营进出口贸易，并开放了同邻国的边境贸易。

自2006年以来，在中缅边境地区出口的木材及矿产品贸易，需获得缅甸商务部、林业部木材公司出具的证明及中华人民共和国驻缅甸联邦大使馆经济商务参赞处的证明。

缅甸自2014年4月1日起停止原木出口，木材必须经加工后方可出口。2012～2016年，缅甸将逐年递减15%的柚木和20%的硬木采伐量，并分别减少75%和22%勃固山脉的柚木和硬木采伐量。

2014年4月，缅甸商务部宣布废除出口许可证取消罚金。

缅甸农业灌溉部农药管理局表示，缅甸国内市场上销售的进口化肥、杀虫剂等农业化学制剂必须使用缅文标注，并且应当向相关管理部门进行注册登记，否则将被列入黑名单。

缅甸商务部表示，自2015年1月1日起，所有汽车进口商须在车辆发运前申请进口许可。

2015年3月23日，缅甸商务部通知缅甸工商联，随着外国人进入缅甸增多及根据市场需要，各经营商可以从国外合法进口各类红酒。经营商在申请进口许可证时，需事先与国外供货商签订合同及向相关部门申办酒类销售执照，红酒销售时需每瓶粘贴完税标志。

缅甸商务部将于2015年7月宣布对鲜花、豆类、水果、咖啡豆、胡椒、玉米、药品、畜牧水产与农村发展部允许出口的鱼类、服装、高价值水产品以及传统食品的出口将无需再申请出口许可证。同时还将取消化工产业及其相关物资、医用手术器械（需持卫生部证明）教学用具、油墨、相关化妆品的物资、轮胎配件、丝绸等商品的进口许可申请。早前，缅甸商务部2013年对318种商品取消了进出口许可证要求。

2015年6月1日缅甸《十一新闻》报道，缅甸海关总署将对葡萄酒进口商分别征收30%的关税和50%的商业税。据悉，缅甸商务部是根据当前入境外国人较多以及国内市场需求的实际，批准进口外国葡萄酒，但进口渠道仅限于空港和海港。

4. 进出口商品检验检疫

缅甸进出口检验检疫工作由农业部主管。《缅甸植物检疫对外投资合作国别（地区）指南法》（1993年）规定禁止有害生物通过各种方法进入缅甸；切实有效抵制有害生物；对准备运往国外的植物、植物产品，必要时给予消毒、灭菌处理，并发给植物检疫证书。无论是从国外进口的货物，还是旅客自己携带的物品入境时，都必须接受缅甸农业服务公司的检查、检疫。

《缅甸植物细菌防疫法》（1993年）规定任何公

民，未取得进口许可证的，不可从国外进口植物、植物产品、细菌、有益生物和土壤。必要时对即将运往国外的植物或植物产品进行杀虫和灭菌工作，并颁发无菌证书。根据接收国的需要，规定进行检验的方法。

《缅甸联邦对从事进出口贸易的最新规定》对进出口需要申报进行植物检疫的商品作了详细规定。

5. 海关管理规章制度

《缅甸海关进出口程序》（1991 年）对禁止进出口的物品作了详细规定，《缅甸海关计征制度及通关程序》对进出口关税、通关程序作了详细规定。与海关管理相关的法规还有：《海洋关税法》（1978 年）、《陆地海关法》（1924 年）、《关税法》（1953 年）、《国家治安建设委员会 1989 年第 4 号令》、《商业税法》（1990 年）、《进出口管制暂行条例》（1947 年）、《外汇管制法》（1974 年）。

目前，中国海关与缅甸海关正在推动输华产品零关税事宜。若此项协议达成，缅甸 95%的输华产品将会享受零关税待遇。

二、对外国投资的市场准入的规定

1. 投资主管部门

缅甸投资委是主管投资的部门。其主要职能是：根据《缅甸联邦外国投资法》和《缅甸联邦公民投资法》的规定，投资委对申报项目的资信情况、项目核算、工业技术等进行审批、核准并颁发项目许可证，在项目实施过程中提供必要的帮助、监督和指导，同时也受理许可证协定时限的延长、缩短或变更的申请等。

缅甸投资委员会由相关经济部门领导组成，自 2007 年以来，由畜牧水产部长貌登准将兼任投资委主席，国家计划与经济发展部副部长都迎佐上校兼任秘书长，商务部长、交通部长、建设部副部长为投资委员会成员。缅甸国家计划与经济发展部下属的投资和公司管理局主管公司设立及变更登记、投资建议分析及报批、对投资项目的监督等日常事务。

为提高外商在缅甸投资注册效率，缅甸于 2013 年 4 月 10 日在仰光开设国内外投资注册等业务的一站式窗口，地址位于仰光岩更镇区帝莎路 1 号。窗口单位有计划发展部、商务部、税收部门、缅甸央行、海关、移民局、劳工部、工业部、投资与公司管理局、投资委等，为获准的国内外企业提供注册、延期及其他服务。

2. 投资行业的规定

缅甸新外商投资法明确将依据以下原则审批外商投资项目：

（1）弥补国家发展规划不足及因国家及国民财力、技术无力实施的项目。

（2）增加就业机会。

（3）扩大出口。

（4）替代进口物资的制造业。

（5）需要大量投资的制造业。

（6）获取高技术及发展技术型产业。

（7）需要巨额投资的制造业及服务业。

（8）低能耗项目。

（9）发展地方经济。

（10）开发新能源及生物能源项目。

（11）发展现代工业。

（12）保护环境。

（13）有助于信息技术产业。

（14）不影响国家主权及人民安全。

（15）培养国民知识技能。

（16）发展国际水准的银行及金融业。

（17）国家及国民需要的现代服务业项目。

（18）保障能源及资源的短期和长期内需。

【限制或禁止的项目】以下项目为限制或禁止外商在缅甸投资的项目：

（1）影响民族传统及习俗的项目。

（2）影响民众健康的项目。

（3）影响破坏自然环境及生态链的项目。

（4）输入有害有毒废弃物的项目。

（5）国际公约限制的、生产或使用有害化学品的项目。

（6）投资法细则规定的仅国民从事的制造业及服务业。

（7）输入国外不成熟或未经授权使用的技术、药品及用具的项目。

（8）细则规定的仅国民从事的农业及种植业项目。

（9）细则规定的仅国民从事的畜牧业项目。

（10）细则规定的仅国民从事的海洋捕鱼项目。

（11）除联邦政府批准的经济区外，国界线缅方一侧 10 英里内的外国投资项目。

此外，缅甸政府不允许外国企业从事玉石、宝石相关矿业开采项目。投资项目需获联邦政府同意，并经投资管理委员会批准。

3. 投资方式的规定

【投资方式】根据《新外国投资法》规定，外国企业在缅甸投资方式有独资、与缅甸国民或相关政府部门或组织进行合作、根据双方合同进行合作。1988 年外商投资法规定在所有的合资公司里，外商至少要占到本公司 35%以上的股份，新投资法并未予以规定。酒店以及房地产项目可以采取 BOT（建造、运营和转让）方式，而自然资源的开发和开采则可以采用 PSC（产品分成合同）方式。

新外商投资法规定：外国公司向外国公民或缅甸公民全部转让出售股份，需事先征得委员会许可并交回原有许可并按规定对股权转让注册。外国公司向外国公民或缅甸公民出让部分股份，需重新获得委员会许可并对股份转让登记。

因缅甸金融市场并不完善，尚无正规的证券交易市场，外商无法通过并购上市的方式进行外商投资。

【外商投资的最低标准】1988 年外商投资法规定外商投资的最低金额是：生产制造业为 50 万美元，服务业为 30 万美元，投资可以是货物也可以是现金的形式。新外商投资法对此并未予以具体规定，投资最低金额仍参照生产制造业 50 万美元，服务业 30 万美元的标准，具体由投资委根据投资项目行业和规模来确定。

【土地利用】根据现行的缅甸土地法，任何外国的个人和公司不得拥有土地，但可以长期租用土地用于其投资活动。

目前中国企业在缅甸投资主要注册独资或合资公司，投资领域主要集中在油气资源勘探开发、水电、矿业以及加工制造业等领域，投资项目主要采用 BOT 或产品分成合同的方式运营。

4. 特殊经济区域的规定

缅甸规划建设的经济特区主要有缅甸南部德林达依省的土瓦经济特区、缅甸西部若开邦的皎漂经济开发区以及仰光南部迪洛瓦工业区。但目前上述经济开发区仅处于规划阶段，尚未开工建设实施。目前，缅甸尚无保税区。

缅甸政府于 2011 年 1 月 27 日颁布了《经济特区法》，于 2011 年 3 月颁布了《土瓦经济特区法》。为吸引外来投资，于 2014 年 1 月 23 日修订出台了新的《缅甸经济特区法》。

土瓦经济特区内划分为 9 个区域，分别是：高技术工业区、信息通讯区、出口产品生产区、港口区、后勤运输区、科技研发区、服务区、二级贸易区、政府临时指定的区域。缅甸国家和平与发展委员会颁布第 2011/17 号法律《土瓦经济特区法》。该法共分 12 章 58 条。投资人在该特区内可从事的行业有：（1）原料加工、机械化深加工、仓储、运输、服务；（2）投资项目所需的原材料、包装材料、机器零配件、机械用油可以从国内外进口；（3）进出口贸易；（4）生产的产品除药品和食品以外，其他未达到质量标准但还可以使用的产品，如果符合特区管委会的规定的可以在国内市场销售；（5）经特区管委会批准，投资者和国外服务商可以在特区内设办事处。

此外，在特区可以开展的行业还有：建深水港、钢铁厂、化肥厂、原油炼油厂、油气厂、火电厂、天然气发电厂等工业项目；在特区还可以开展服务业、修建从项目所在地通往边境地区的公路、铁路，修建输变电线路、铺设油气管道，建立包括住宅、旅游景点和度假设施在内的基础设施以及经管委会批准的不违反现行法律的其他经济项目。

该专项特区法比《缅甸经济特区法》的个别规定更加明确，如第 36 条规定在特区内开展的项目要向政府或指定组织缴纳土地租赁费、土地使用保险费等。

《缅甸新光报》报道，仰光市政府官员宣布，根据日本国际协力机构近期在大仰光地区开展的城市发展战略调查结果，仰光将在约 1.46 万公顷的土地上建设第二中央经济区。

三、缅甸关于企业税收的规定

1. 税收体系和制度

缅甸的财政税收由 5 个部所属的 6 个局管理。如下图：

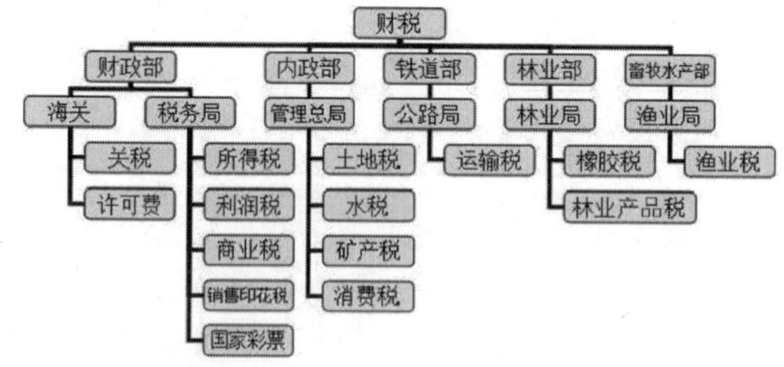

图　缅甸财政和税收管理部门及相关税收表

缅甸财政税收体系包括对国内产品和公共消费征税、对收入和所有权征税、关税、对国有财产使用权征税 4 个主要项目下的 15 种税费。以上税收由不同部门管理，其中缅甸国家税务局管理占政府各项税收 89%以上。

2. 主要税赋和税率

缅甸政府与外资直接相关的税收法律共有 5 部，即《缅甸联邦外国投资法》（1988）、《所得税法》(1974)、《商业税法》(1990)、《关税法》(1992)、《仰光市政发展法》(1990),对外资进入缅甸都做了相应规定,相关内容详见姜永仁等主编的《缅甸联邦经济法律法规汇编(1988～2001年)》。

缅甸主要赋税和税率的基本情况如下:

【所得税】缅甸《所得税法》于1974年颁布,个人、企业、公司及其他团体产生的源于缅甸的所得都要缴税,非缅甸居民只对在缅甸的所得赋税。所得税主要包括企业所得税、个人所得税和资产获得税。

表1 缅甸所得税税率一览表

项目	纳税人	税率
1	公司	30%
2	外资企业	30%
3	外国组织从事国家项目的	30%
4	从事国际项目的外国人	20%
5	非本地人来自国外的收入	10%
6	当地外国人收入	15%
7	当地资产所得	10%
8	非当地外国人资产所得	40%
9	工资	3%～30%,收入超过500001缅元按30%
10	个人非公开所得	5%～35%,超过20000001缅元按35%
11	非本地外国人	35%或以上的税率
12	合作性社团	3%～30%,收入超过500001缅元按30%
13	国有企业	30%

(资料来源:缅甸财税部国税局)

【利润税】1976年利润税法颁布,税基是私人公司和自营者的收入、利润、资本所得,所得税法没有征收项目的适用于该法。当选择两种税赋之一时,公民必须提供相关证明给当地财税部门。税率从3%～50%之间。

【商业税】1990年制定了《商业税法》,代替了原来的货物和服务税法,适用于所有部门,是在产品生产和销售过程中征收的税赋,既适用国内产品也适用进口产品。

表2 缅甸商业税税率一览表

项目类号	商品表	税率
1	72	免税
2	58	5%
3	134	10%
4	91	20%
5	55	25%
6	19(特殊商品)	30%～200%
7	10种服务	5%～30%

(资料来源:缅甸财税部国税局)

【印花税】1935年颁布了《印花税条例》,印花税包括确定(根据法院收费条例)和非确定(根据缅甸印花税条例)的印花税。

【彩票税】昂巴勒国家彩票是唯一的官方彩票,1938年设立,至1989年3月每2个月开1次,国家彩票委员会是发行彩票并且征税的唯一合法组织。至2005年11月,一等奖奖金达到5000万缅元,60%销售所得用于奖金,40%用于彩票税,以上前两项是直接税,后两项是间接税。

【关税】新的《关税法》共4章,将商品按统一代码分成6062个税目。

表3 缅甸关税税率表

第一章	进口税	由24个税率组成,税率范围为0%～40%
第二章	特许税	免税或最高税率为10%
第三章	出口税	一般出口税不计税,但以下商品计税:大米及其制品,按每公吨100缅元计征;豆类及其他作物、油籽饼、生皮和皮,税率为5%;竹,税率为5%
第四章	边境出口税	0%～15%

(资料来源:缅甸财税部国税局)

据《妙瓦底日报》,据缅甸珠宝成品综合检查处负责人表示,从2013年12月开始,翡翠税按其重量和质地进行征收,以平抑翡翠价格的炒作。具体税收征缴办法如下:玉镯类(每个):A级5000缅元或6美元;B级3000缅元或3.5美元;C级500缅元或0.6美元;D级300缅元或0.35美元。玉片类(每公斤):A级20000缅元或25美元;B级10000缅元或12美元;C级和D级2000缅元或2.5美元。毛料切面类(每克):A级200缅元或

0.235美元；B级100缅元或0.118美元。其它的玉珠和雕刻类均按公斤征缴税收。

四、缅甸对外国投资的优惠

1. 优惠政策框架

《外国投资法》提供了很多激励和担保措施。按照《外国投资法》批准的企业将享受5年免税期，其中包括企业开始商业运营的当年。如果企业申请，而且投资委认为项目符合国家利益，也可将免税期延长。此外，投资委也可能批准以下一项或几项减免措施：

（1）制造业及服务业从开始经济运行第1年起连续5年免所得税。并视项目情况延长减免期限。

（2）项目利润作为专项资金在1年内用于追加该项目投资的，减免所得税。

（3）项目设备、建筑物及其他资本的折旧，按规定折旧率计算后从利润中扣除。

（4）对出口产品减免50%所得税。

（5）外国公民缴纳所得税税率享受缅甸国民待遇。

（6）在境内从事项目有关的研发费用，从利润中扣除。

（7）项目享受5年减免所得税后，如果连续2年出现亏损，则从亏损年起连续后3年减免所得税。

（8）项目建设期间必要的进口设备、配件及其他物资减免关税、国内税或两项并减。

（9）项目竣工后头3年进口的生产用原材料减免关税或国内税或两项并减。

（10）经投资委员会同意，对投资期限内扩大投资规模所必须的进口设备、零配件及其他物资减免关税或国内税或两项并减。

（11）对出口产品减免贸易税。

联邦政府保证在项目合同期限内包括延期期限内，对依法成立的企业不会实施国有化政策。如没有充足的理由，政府保证不会在许可期限内搁置项目。政府保证外资投资人在合同期满后，可以使用最初投资的货币币种提取收益。

2. 行业鼓励政策

缅甸政府鼓励外商企业投资能够促进当地就业、增加出口、无污染的加工制造型企业。对于符合外商投资领域的加工制造，外商企业可向政府或缅甸私营企业、个人租赁土地，在签订土地租赁协议后，直接去缅甸投资管理委员会（MIC）申请注册外资公司。一般情况下，在填报资料提交后2周，MIC可给外商企业颁发外资企业注册执照。

外商投资鼓励政策需根据《外国投资法》中相关规定来制定。

据悉，缅甸《知识产权法》草案最终稿正在走法律审查程序。缅甸政府起草的这部《知识产权法》草案是由世界知识产权组织协助的，目前已形成了12稿，草案涵盖版权、工业设计、商标和专利等领域，并规定了违法可能引致的民事和刑事责任。

3. 地区鼓励政策

据2014年5月缅甸《Eleven Daily News》报道，缅甸中央银行副行长、迪拉瓦经济特区管委会主席吴萨昂透露，缅甸经济特区法实施细则已起草完毕，目前正在与缅甸税务部门探讨具体细节。根据该细则，经济特区内的国内外投资者可享受最多免除7年收入税的优惠政策，而投资建设特区的企业则可享受最多免除8年收入税的优惠。2014年1月23日，缅甸总统签署了《缅甸经济特区法》，该法成为2014年颁布的第一部法律。目前缅甸有皎漂、土瓦、迪拉瓦等3个经济特区。

五、与投资合作相关的主要法律法规

缅甸与投资合作相关的主要法律有：《缅甸联邦外国投资法》（2012年11月颁布）、《缅甸联邦外国投资法实施细则》（2013年1月颁布）、《缅甸联邦外国投资委员会1989年第一号令》、《缅甸联邦贸易部关于国内外合资企业的规定》、《外国对缅甸联邦投资程序及优惠政策》、《缅甸联邦公民投资法》、《缅甸联邦公民投资法实施细则》、《缅甸允许私人投资的经济项目》等。

据《缅甸新光报》报道，缅甸中央银行副行长2014年3月17日在议会上表示，央行正计划出台《外汇管理法实施细则》。细则规定，持有交易许可证的私营银行将可以经营吸收居民外汇存款、自缅甸国内和国际金融市场进行外汇融资以及在缅甸国内发放外汇贷款等业务。

据缅甸《Weeky Eleven》报道，为了维护公平的市场秩序，防止个人或组织通过垄断、投机等不正当手段损害公众利益，缅甸从2014年5月11日起通过官方媒体向公众公布《竞争法草案》。该草案规定，企业以控制价格为目的，在提供产品和服务时，或进行贸易时规定某些限制，或者直接、间接向其他经营者强加某些条款，破坏市场公平者，将处以3年以下有期徒刑或300万缅元以下罚款，情节严重的同时处以徒刑和罚款。经营者以恐吓或暴力等非法手段限制其他消费者、经营者或合作者从事相关行业的，最高可处以5年有期徒刑或700万缅元罚款。该草案还规定了禁止经营者以非法途径进口商品并低于市价销售这些商品。

（来源：南博网. http://www.caexpo.com/news/asean/miandian/zcfx_md/fghj_md/2015/07/15/3648295.html. 2015—07—15）

菲律宾对外国投资合作的法规和政策

一、对外贸易的法规和政策规定

1. 贸易主管部门

贸易工业部是菲律宾的外贸政策制定及管理部门，成立于1898年6月，其前身为菲律宾商务部。

【主要职能】制定综合的工业发展战略和进出口政策；创造有利于产业发展和投资的环境；促进竞争和公平贸易；负责双边和多边投资贸易合作的谈判；支持中小企业的发展，保护消费者权益。

【日常事务】定期进行回顾和评估国家出口状况、问题和前景；确定影响出口发展的主要问题；监督有关部门制定和实施质量控制，保证出口商品的质量管理；向国会建议有利于出口发展的立法；组织和参加国际贸易展览会；为国内外进出口商提供信息服务；整理进出口贸易数据库；对本国的消费者和贸易商进行培训；审批各种贸易商会成立的申请；审批外资企业在菲律宾投资设厂；颁发进出口许可证。

贸易工业部下设的产品标准化局主要负责产品技术标准和法规的管理和实施；进口服务署主要负责特定产品进口法规的实施以及发起和指导反倾销、反补贴及保障措施的初步调查。

菲律宾关税委员会主要负责关税政策的制定，包括关税的减让、变更、退还，负责反倾销和反补贴的公众听证会和磋商以及保障措施的调查工作。

菲律宾财政部下设的关税局主要负责关税法律的具体实施和进出口关税、进口产品增值税及其他附加税的征收。

其他贸易管理机关还有：海关总署、国家经济发展署、中央银行、环境管理署、卫生部、技术转让署、食品和医药品局、危险药品局、渔业和水产资源局、国家肉类检疫委员会、计划工业局、能源管理署和服装纺织品出口局等。

2. 贸易法规体系

菲律宾是世界贸易组织和亚太经合组织成员，也是东南亚国家联盟的成员国，实行多边的、自由的、外向型的贸易政策，同时对国内幼稚产业进行适当保护。菲律宾政府对其贸易政策不断进行调整，并出台了一系列出口鼓励措施。

菲律宾管理进出口贸易相关法律主要包括：《海关法》、《出口发展法》、《反倾销法》、《反补贴法》、《保障措施法》等。

3. 贸易管理的相关规定

据菲律宾《马尼拉公报》报道，2015年年底，东盟将建成单一市场，根据东盟商品贸易协定原产地规则，东盟成员国间将实现货物自由流通，出口商自行申报货物，不再需要提供原产地证书。2012年8月29日印尼、老挝和菲律宾签署谅解备忘录，3个国家间试点“自行申报”制度，2012年12月12日菲律宾签署法令，开始执行这项制度。凡是从事对东盟国家出口业务1年以上，了解原产地规则，受过相关培训的制造商或生产商可以从海关取得“自行申报”资质。进口业务可以在菲律宾境内的所有港口办理。

【进口商品管理】菲律宾对进口商品分为3类：自由进口商品；限制进口商品；禁止进口商品。

禁止进口商品包括：枪支弹药；不道德的印刷品、底片、电影、相片、艺术品；用于违法堕胎的物品及宣传广告：用于赌博的装备及用具；含金、银或其他贵重金属或合金制成的物品；假冒劣质的食品或药品；鸦片或其他麻醉品及其合成品；合成盐或成品盐；鸦片吸管及配件；有关菲律宾法律禁止进口的物品及配件。

限制进口产品必须经过菲律宾政府机构如农业部、食品药品局核发的进口许可证方能进口，主要涉及汽车、拖拉机、小汽车、柴油机、汽油机、摩托车、耐用消费品、新闻出版和印刷设备、水泥、与健康及公共安全有关的产品等130多种，约占进口商品的4%。

自由进口商品，是指除了上述禁止进口商品和限制进口商品以外的商品。

【出口商品管理】菲律宾政府对出口贸易采取鼓励政策，主要包括简化进口手续并免征出口附加税，进口商品再出口可享受增值税退税、外汇资助和使用出口加工区的低成本设施等。部分矿产品、动植物产品、海产品和农产品需要获得批准后方可出口。

4. 进出口商品检验检疫

菲律宾是《关税与贸易总协定》东京回合中《技术贸易壁垒协议》的签约国。该技术协议要求在采用标准程序和建立争端解决审议程序时公开，目的是确保政府机构遵守这些规定。菲律宾产品质量局是负责产品质量标准的机构，它通过质量管理认证的手段来促进产品质量的提高，对进口商品粘贴合格标志来管理进口商品。适用的标准是ISO9000和ISO14000。

【工业品】有28种产品要在当地进行产品标准检验，包括：照明用品、电线电缆、卫生洁具、家用电器、轮胎和水泥等。至于其他产品，海关通常接受产品质量证明或原产国标准证明。产品生产者应依据本国或普遍国际标准进行生产，其产品上要附有产品标准质量标志。

菲律宾环境和自然资源部于2013年12月23日宣布发布第2013—24号行政命令“铅和铅化合物化学品管理指令”以限制以下产品中的铅和铅化合物：1. 化妆品；2. 食品接触包装；3. 燃料添加剂；4. 建筑、装饰和家用产品的涂料；5. 工业用涂料；6. 文具；7. 玩具；8. 水管。该指令将适用于进口商、分销商、制造商、工业用户、回收和废品服务的提供方（输送者、处理者和处置者），在名为《Malaya》的报纸上公布的15日后，且国家行政登记办公室确认收到1份文件后，于2014年1月18日开始生效。

【民生、健康、安全和财产的商品】菲律宾贸工部要求出具产品标准许可和产品标准局的证明。这些产品包括：医用氧气、消费品、电器和防火设备、建筑材料等。非公制的度量衡用品、仪器、仪表的进口由产品标准局事先发放许可。

【环保的要求和规定】菲律宾环境和自然资源部主要负责实施政府的环境保护政策。进口商须符合环保的要求和规定。

【食品健康和安全规定】食品方面，如成分、添加剂、非酒精饮料及混合物、糖果类、咖啡、茶、点心、乳制品、蔬菜、水果、肉类等必须符合食品法典委员会和世界动物卫生组织制定的标准；新鲜、冷冻鱼类产品必须取得菲律宾农业部1999年颁布的《195号行政法规》中规定的国际健康证和卫生植物检疫证；如果进口来自有害虫区的蔬菜和水果，则应具有消毒证明；化妆品、医药在生产时必须取得生产许可证，并提供国际认证机构的临床试验报告。对于危险品的进口，必须依照菲律宾卫生部标准添加标签、销售和扩散。规定中的危险品包括刺激物和腐蚀性、易燃和放射性物质。

【植物及植物产品】目前，植物及植物产品如要进入菲律宾市场须办理如下检疫手续：出口商将发票和箱单传给菲律宾进口商，进口商凭出口商的发票和箱单向菲律宾农业部农作物局植物检疫处申请进口许可证，该证会注明每种产品离岸前的要求；进口商将该证交给出口商，出口商提请出口国检疫部门对产品进行离岸检疫并出具检疫证明；出口商将检疫证明和其他运输单据一起以适当渠道转交菲律宾进口商；在货物到达菲律宾港口后，进口商提供给菲律宾检疫部门进口许可证和出口国的检疫证明；菲律宾检疫部门根据进口许可证和检疫证明进行复验，合格后方可入关。

【动物、动物产品及其副产品】菲律宾农业部动物产业局是负责动物、动物产品及其副产品进出口检疫的政府部门。动物产业局对不同动物的进出口有不同的进出口程序和检疫规定。

5. 海关管理规章制度

菲律宾进出口关税的主要法律是《菲律宾关税与海关法》，进口关税税率由菲律宾关税委员会确定公布，出口关税的税率由海关总署确定，并由海关通过有授权的菲律宾中央银行征收。

菲律宾对大部分进口产品征收从价关税，但对酒精饮料、烟花爆竹、烟草制品、手表、矿物燃料、卡通、糖精、扑克等产品征收从量关税。根据《税收法》，海关对汽车、烟草、汽油、酒精以及其他非必要商品征收进口消费税。进口产品还应向菲律宾海关当局缴纳12%的增值税，征税基础为海关估价价值加上所征关税和消费税。

菲律宾还对进口货物征收印花税，该税一般用于提货单、接货单、汇票，其他交易单、保险单、抵押契据、委托书及其他文件。从2010年1月1日起，中国与包括菲律宾在内的东盟6个老成员国之间，共有7000多种，即超过90%的产品实行零关税。中国对东盟平均关税从9.8%降到0.1%，东盟6个老成员国对中国的平均关税从12.8%降到0.6%。

除了货物贸易之外，双方服务部门的开放水平也有进一步的提升，投资政策和环境得到法律制度的保障，更加稳定和透明。随着中国与东盟之间基本实现自由贸易，资金、资源、技术和人才等生产要素的流动效率会显著提高，双方之间经济一体化程度将会达到前所未有的水平。

2014年3月，菲律宾国内税务署发布新的进口物资入境申办指南，目的是加强关税和其他税费征管。按照新规，所有进口物资的入关电子申报都将通过海关总署的“国家单一窗口系统”进行。所有进口商或报关公司必须在税务署进行税务登记，个人申请者必须向税务署提交所得税完税证明以及经审计的财务报表，否则进口申请将不被受理。海关在有关材料提交完备无误后的下1个工作日内决定是否批准进口。菲律宾政府估计，由于走私每年损失税收约2千亿比索至4千亿比索。

【进口关税】菲律宾关税与海关法将应税进口商品分为21类，进口关税税率一般为3%～30%。

表1　进口关税税率

税率	项目
3%	国内缺乏或不能生产的原材料，如天然石墨、粘土、金属矿砂、精矿、煤炭等矿产品及无机化学品等。
10%	国内能生产的原材料，如大理石、石油、棉花及制品等。
20%	零配件如小五金工具、各种方式切割的木材、汽车、摩托车零配件等。
30%	制成品如部分农产品、各类服装、烟酒、汽车、摩托车整车等。

（资料来源：菲律宾海关署）

另外，菲律宾对部分农产品实行关税与配额并用的措施，对配额内的产品征收正常关税，对配额外的商品则征收高关税。如活动物及其产品、新鲜蔬菜等。

【出口关税】菲律宾对以下出口商品征收关税，且关税税率均为20%：圆木、木材、饰面用薄板和胶合板；金属矿砂及其精矿、金、矿渣水泥、硅酸盐水泥；船用燃料油、石油沥青；银；未加工的ABACA（一种产纤维的植物，产于菲律宾）；香蕉、椰子及椰子产品、菠萝及其成品；糖及糖制品；烟草；小虾和对虾。

目前菲律宾镍矿出口方面，部分未通过当地环境监测部门鉴定认证的矿企出口关税为7%，而其他通过认证的矿企将缴纳2%的出口关税，未来菲律宾镍矿出口关税有望在后期提高。

【出口退税】《菲律宾关税和海关法》规定：用于从事对外贸易或沿海贸易的船舶推进器燃料油，可退还不超过99%的已征关税或给予税收抵免；用进口原材料生产或制造的产品（包括包装、标签等）出口时，对所用原材料进口时征收的关税将予以退还或给予税收抵免；财政部根据海关总署的建议可发布允许对本法规定的商品实行部分退税的法规规章。退税将由海关总署在收到一份正确、完整的文件后60天内支付。

二、对外国投资的市场准入的规定

1. 投资主管部门

贸工部是负责投资政策实施和协调、促进投资便利化的主要职能部门。贸工部下设的投资署、经济特区管理委员会负责投资政策包括外资政策的实施和管理。此外，菲律宾在苏比克、克拉克等地设立了自由港区或经济特区，并成立了相应的政府机构进行管理。

2. 投资行业的规定

菲律宾政府每两年更新一次限制外资项目清单。部分领域外国公民权益不得超过25%，绝大多数领域外国公民权益不得超过40%。

菲律宾政府将所有投资领域分为3类，即优先投资领域、限制投资领域和禁止投资领域。对于优先投资领域，菲律宾政府每年制定一个《投资优先计划》，列出政府鼓励投资的领域和可以享受的优惠条件，引导内外资向国家指定行业投资。优惠条件包括减免所得税、免除进口设备及零部件的进口关税、免除进口码头税、免除出口税费等财政优惠，以及无限制使用托运设备、简化进出口通关程序等非财政优惠。

2013年，菲律宾政府制定的《投资优先计划》中鼓励投资的领域包括：出口产业、农业、农业企业、渔业、创意产业、知识型服务产业、造船业、住宅建设、能源行业、基础设施、绿色产业、汽车行业、旅游业、战略性投资活动、公私合营项目、防灾减灾产品、灾后重建项目与研发活动等。此外，菲律宾林业法、矿业法、书籍或教材印刷出版法、解除对石油下游产业管制法、生态固体废物管理法、清洁水法、残疾人权利宪章、可再生能源法与旅游法等法律也规定了对有关投资的优惠措施。对于在棉兰老岛穆斯林自治区投资的企业，《投资优先计划》中专门规定了可享受优惠措施的投资领域。

2013年菲律宾《投资优先计划》较之2012年仅有一些微小调整，主要将铁路和收费公路整合进了公私合作伙伴关系项目中，移除了传教区和离网地区电站项目，也不再列入宿务、马尼拉和长滩等地区的旅游设施项目。

3. 投资方式的规定

对于绝大多数公司，菲律宾公民须拥有至少60%的股份以及表决权，不少于60%的董事会成员是菲律宾公民。如公司不能满足上述关于菲律宾公民所占比例的要求，则必须满足以下条件：(1) 经投资署批准，属于先进项目，菲律宾公民无法承担，且至少70%的产品用于出口；(2) 从注册之日起30年内，必须成为菲律宾本国企业，但是产品100%出口的公司无须满足该要求；(3) 公司涉及的先进项目领域不属于宪法或其他法律规定应由菲律宾公民所有或控制的领域。

菲律宾关于并购等商业行为有一系列法律法规，其中《公司法》对并购的手续和流程进行了相关规定，《反垄断和限制贸易的合并法》(Republic Act 3247) 明确了由于并购等行为造成的垄断或贸易阻碍的情形及相关处罚措施。

如无法律明文禁止，外资企业可按菲律宾国内企业收并购流程并购菲律宾企业，具体做法如下：首先由双方董事会各自通过并购方案，并至少在专门召开的股东或成员大会两周前提交方案。股东大会上，2/3以上股权票或2/3以上成员票赞成即为方案通过，并购方案如需修改，亦须在股东大会上获得相同比例的赞成票。方案获股东大会通过后，合并双方总裁或副总裁在注明合并方案、投票情况的合并书上签字，由董事会秘书或秘书助理认证后，提交至证券交易委员会 (SEC) 批准 (如合并涉及银行、银行业金融机构、信托公司、保险公司、公用事业、教育机构或其他由特别法律规范的特别行业，需先由相关政府机构出具推荐函)。SEC认定并购行为不与《公司法》或其他相关法律抵触后，出具并购许可，并购行为自此生效。在菲律宾，律师事务所或会计师事务所均可咨询并购事宜。

4. 特殊经济区域的规定

菲律宾目前共有各类经济区239个，分为以下几类：

【工业园区】工业园区指为工业发展所设立的专门区域，拥有一定的基础设施，如道路、供水、排水系统、厂房和住宅。

【出口加工区】出口加工区是区域内企业主要为出口导向型的工业园区。出口加工区的优惠政策包括进口设备、原材料和零部件的税收和关税减免等。

【自由贸易区】自由贸易区设在交通枢纽附近，如海港或空港周边。进口的货物可以免交进口关税，并在此进行卸货、分类、重新包装等。但如果这些货物进入非自由贸易区，仍需缴纳关税。

【旅游经济区】旅游经济区指专门为旅游业发展而设立的经济特区，区域适合建立旅游休闲设施，比如体育休闲中心、宾馆、文化和会议设施、餐饮中心等以及相应的基础设施。

【IT园区或建筑】IT园区或建筑指专门为IT项目或服务设立的区域。IT园区可以是一片区域或一栋建筑，其整体或部分将具备为IT企业提供相应设施和服务的条件。

根据经济特区内的企业从事不同性质的活动，可享受的优惠政策有：

(1) 进口固定设备、原材料、零部件、良种牲畜和基因材料等免除关税；

(2) 传统项目4年免所得税，先锋项目6年免所得税；

(3) 免所得税后的收入，仅需根据5%的税率纳税，以此替代其他各项国家和地方税收；

(4) 扣除进口替代品课税；

(5) 免除码头费用、出口税和进口费；

(6) 减免国内固定设备、良种牲畜和基因材料的课税；

(7) 可征税收入中额外减去人工费用；

(8) 托运设备的非限制使用；

(9) 外国投资者和家庭的永久居留权；

(10) 雇用外国公民；

(11) 可不经菲律宾央行审批汇出收入；

(12) 免除地方营业税；

(13) 如果已交纳5%综合所得税，外企在菲律宾分支机构免纳利润汇回税。

三、菲律宾关于企业税收的规定

1. 税收体系和制度

菲律宾税收的基本法是《国家内部收入法》，1997年税收改革法案 (RA No. 8424)，及2005年11月1日开始实施的9337号修正案 (RA No. 9337)。主要税种有：公司所得税、个人所得税、增值税、消费税和关税。

2. 主要税赋和税率

【所得税】国内公司以菲律宾国内外所有净收入为基础纳税；常驻外国公司 (180天以上) 就菲律宾境内取得的净收入纳税；非常驻外国公司则就菲律宾境内的总收入纳税。

现行的公司所得税税率为应纳税金额的30%。

如果公司应纳税收入为零或负数，或最低公司所得税超过其普通公司应纳所得税，则自该公司第4个年度起可按2%的最低公司所得税征收。专营教育机构和非盈利性医院按应纳税收入净额的10%征收。

表2　各商业类别的比例税率

商业类别	比例税率
在菲律宾营业的人寿保险公司	所收保费总额的5%
水和气的公用事业单位、广播和/或电视公司。	总收入的2%
年收入不超过1000万比索	总收入的3%
本地普通递送	总收入的3%
经营运送和车库	根据经营场所和使用的运输工具的不同，征收税率不同。
从菲律宾用电话、电报和其他通信设备服务进行的海外调度、信息或会议传输	总收入的10%
银行和非银行金融机构	1. 借贷活动产生的利息、佣金、折扣和金融租赁收入，以票据形式且不超过5年的，征收5%，超过5年征收1%。 2. 分红、股权和补助的净收入0%。 3. 版权等专有权，不动产或私人财产出租，交换得来的利润—7%。 4. 纳税年度内外汇贸易净盈余、债券、衍生产品及其他类似的金融工具—7%。
在证券交易所名单中并在证券交易所交易的股票的销售	0.5%
其他非增值税登记的业务	总销售或总收入的3%，不超过150万比索。

（资料来源：菲律宾国内税务局）

居民、非常驻居民、常驻外国人、非常驻外国人在菲律宾从事商业和贸易按5%到32%的超额累进税率征收个人所得税。在菲律宾不从事商业和贸易的外国人，一律按25%的税率对其收益进行征收（如利息、投资收益）。

【增值税】根据9337号修正案规定，增值税率从2006年2月1日起提高到12%。部分交易免征增值税。免征增值税的交易主要包括：农产品；水产品；种子；种苗；鱼苗；饲料；认证的私人教育机构提供的教育服务；由个人提供的服务；在合作发展署登记的农业合作社对其会员的销售；直接用于农业投入的进口机械和设备包括零部件等；销售、进口或出租船舱、货舱和飞机，包括发动机、设备和零部件等。

【消费税】消费税主要征收对象为在菲律宾生产、制造的用于国内销售或消费以及其他目的的特定商品（如烟、酒、机动车等）。消费税也适用于部分应缴纳增值税和关税的进口商品。2013年1月1日起，菲律宾政府开始加征烟草“罪恶税”，这是菲律宾15年来首次对烟草消费税进行调整，菲律宾烟草价格上涨近1倍。

【比例税】比例税的主要征税对象为免征增值税的个人和实体，如从事国内或国际客运交通或娱乐业的，将按总收入征收比例税（营业税）。

【印花税】印花税征税范围包括文件、契约、证券、贷款协议，还有接收、签署、销售转移责任、权力或资产等的证明。征收对象为制作者、签字人、接收者或转移者。

卷烟制造商日烟国际菲律宾公司支持政府的印花税项目。该公司指出，此项目将减少逃税行为和卷烟非法贸易，并且要求拥有为期3个月的合理过渡期。

【关税】进入菲律宾的商品一般都要缴纳关税。根据关税和海关代码中商品的分类确定申请的税率。特殊商品进口可以免税，如进入海关免税仓库的商品，进口商及其代理应从商品进口之日起，保留进口商品记录3年。这期间海关署有权对进口商代理商的记录进行事后审核，以确认是否符合海关条例及评估和是否少付关税。

【房产税】按房产价值的2%计征。

【利息税】按利息收入的20%计征。

【环境税】一次性缴纳，1万比索。

【地方税】地方政府法规定，地方政府有权在其管辖范围内对某些特殊行为或商业行为征税，法律规定免税的除外。地方政府也有权每年对不动产征税，如土地、建筑物、机械和其他改造，还有对不动产的销售、捐赠、易货或其他任何形式的转移进行征税。然而，地方政府无权征收所得税、关税、印花税、财产税、礼品税。

四、菲律宾对外国投资的优惠

1. 优惠政策框架

(1) 免所得税。

新注册的优先项目企业将免除6年的所得税，传统企业免交4年所得税。扩建和升级改造项目免税期为3年，如项目位于欠发达地区，免税期为6年。

新注册企业如满足下列其中一个条件，还将多享有1年免税奖励：①本地生产的原材料至少占总原材料的50%；②进口和本地生产的固定设备，其价值与工人的比例不超过每人1万美元；③营业前3年，年外汇存款或收入达到50万美元以上。

(2) 可征税收入中减去人工费用。

(3) 减免用于制造、加工或生产出口商品的原材料的赋税。

(4) 可征税收入中减去必要和主要的基建费用。

(5) 进口设备的相关材料和零部件减免关税。

(6) 减免码头费用以及出口关税。

(7) 自投资署注册日起免除4～6年地方营业税。

【非财政优惠措施】具体的优惠措施包括：

(1) 简化海关手续。

(2) 托运设备的非限制使用：托运到菲律宾的设备贴上可出口的标签。

(3) 进入保税工厂系统。

(4) 雇佣外国公民：外国公民可在注册企业从事管理、技术和咨询岗位5年时间，经投资署批准，期限还可延长。总裁、总经理、财务主管或者与之相当的职位可居留更长时间。

2. 行业鼓励政策

菲律宾投资署每年制定一部“投资优先计划”，规定政府优先发展的项目领域，该计划经总统批准后发布。该计划详情可以查询菲律宾投资署网站：www.boi.gov.ph，需要注意的是，这些领域中有一些是限制或禁止外国投资的领域。

【经济特区鼓励政策】菲律宾经济区主要由PEZA所辖的96个各类经济区和独立经营的菲弗德克工业区、苏比克、卡加延、三宝颜、克拉克自由港等组成。这些经济特区的优惠政策包括：

(1) 企业可获得4年所得税免缴期，最长可延至8年。所得税免缴期结束后，可选择缴纳5%的“毛收入税”(GROSS INCOME TAX)，以代替所有国家（中央）和地方税，其中3%上缴中央政府，2%上缴地方财政；

(2) 进口资本货物（设备）、散件、配件、原材料、种畜或繁殖用基因物质，免征进口关税及其他税费。同类物品如在菲律宾国内采购，可享受税收信贷（TAX CREDIT），即先按规定缴纳各项税费，待产品出口后再返还（包括进口关税部分的折算征收、返还）；

(3) 经批准，允许企业生产产品的30%在菲律宾国内销售，但须根据国内税法纳税；

(4) 免缴码头税费和出口税费；

(5) 给予初始投资在15万美元以上的投资者及其配偶和未成年子女（21岁以下）在经济区内永久居留的身份，此类人员可以自由出入经济区，而不需向其他部门另行申请；

(6) 简化进出口程序；

(7) 允许聘用外籍雇员，为外国经理人员和技术人员办理2年的可延续工作签证，但外籍雇员数量不能超过企业总雇员的5%；

(8) 企业用于员工技术培训和提高管理能力的费用的一半可以从上缴中央政府3%税收中扣除；

此外，是否给予E.O.226规定的其他优惠待遇，由PEZA自行决定。

3. 地区鼓励政策

菲律宾将棉兰老岛地区专门列入投资优先计划。2011年投资优先计划第4章为《棉兰老岛自治区特别清单》，规定该地区以下产业享受优惠政策：出口行业（包括出口商和供应商）、农业、农业企业、渔业、基础工业（包括药业、纺织业、无机和有机肥、矿业勘探和开发以及水泥制造业等）、消费品生产、基础设施及水电供给、工业服务业、工程工业、物流、旅游业、卫生和教育行业以及穆斯林产业。

此外，根据2011年投资优先计划，菲律宾对在阿布拉省、阿巴耀省、伊富高省、卡林噶省和高山省等19个欠发达省的郊区从事主要必需基础设施建设的企业，以及在高山省、朗布隆省、保和省、东内格罗斯省和北三宝颜省等30个极贫困省的乡村经营的企业给予鼓励。

五、与投资合作相关的主要法律法规

菲律宾有数个涉及投资的重要法律，目前有关方面正在推动将所有促进投资的法律合并成一部法律，进一步规范各部门出台财政或非财政激励政策。

《1987年综合投资法典》共和国第226号法令，共和国第7918号法令对其进行了修正。该法典为国内外企业提供一系列国家优先发展领域的综合激励措施。企业需参与“投资优先计划”所列的领域且享受这些优惠措施。如果企业未参与列入“投资优先计划”的领域，在满足以下任一条件后也能享受这些优惠措施：

（1）50%以上的产品出口（菲律宾公民所有的企业）；

（2）70%以上的产品出口（外商持股40%以上的企业）。

《1991年外国投资法》共和国第7042号法令，共和国第8179号法令对其进行了修正。外国公司被允许在菲律宾从事未列入《外国投资限制清单》的行业。在《外国投资限制清单》中列举了禁止和限制外国投资的领域，主要包括两部分：

清单A为宪法或其他法律规定禁止和限制外国投资的领域；

清单B为外商所有权受法律限制的领域，包括与国防、执法、公众卫生、道德、保护中小企业等相关的领域。

《1995年经济特区法案》共和国第7916号法令，共和国第8748号法令对其进行了修正。该法案于1995年通过，旨在通过发展经济特区促进经济增长。菲律宾经济特区署负责该法的实施和给予经济特区内的合格企业优惠政策。经济特区分为工业园区、出口加工区、自由贸易区、旅游经济区、IT园区、农业经济区等各类经济园区。

每个经济特区都朝着政府干预最小化、独立自由区域的目标发展。经济特区不需政府提供特别帮助，自我管理经济、金融、工业及旅游发展，同时与周边区域建立起相应的联系。

《1992年基地转型及发展法案》共和国第7227号法令。根据该法案成立了基地转型发展委员会、苏比克湾管理署以及苏比克经济特区和自由港区。在苏比克经济特区和自由港区注册的企业将享受各种投资优惠，包括一流的商业、居住和旅游设施。

《地区总部、地区生产总部和地区仓储中心相关法案》共和国第8756号法令。该法案明确了关于在菲律宾设立跨国公司地区总部、地区生产总部和地区仓储中心的规定和指南。地区总部是指跨国公司在菲律宾设立、但并不从菲律宾获取收入的分支机构。地区生产总部指跨国公司在菲律宾设立、可以通过提供服务而获取收入的分支机构。

《投资者租赁法案》共和国第7652号法令。该法案允许外国投资者在菲律宾租用商业用地最长不超过75年（过去规定为50年）。根据该法，任何到菲律宾投资的外国投资者在遵守菲律宾法律和下列条件的情况下，可租赁私人土地：（1）土地租赁合同期限为50年，仅可一次性延长25年；（2）租赁的土地仅做投资用途；（3）租赁合同应符合《综合土地改革法》和《地方政府法案》。

《1994年出口发展法案》共和国第7844号法令。该法案向出口商提供优惠政策，鼓励增加在出口方面的投入，包括：（1）设立出口发展委员会；（2）鼓励私营部门参与出口推介活动，包括建立世界水准的菲律宾贸易中心；（3）设立私营部门为主导的融资中心，直接为促进出口服务；（4）为出口商提供财政激励政策。

《出口发展法案》在相关政府部门如投资署和菲律宾经济区管委会给予优惠政策的同时，还给予其他的优惠政策。

《BOT法》共和国第7718号法令。明确了私营企业参与一般由政府负责的基础设施建设和有关服务的政策和规定。

2012年5月9日，菲律宾众院以46票对14票通过了调整后的“罪恶税”案。这是菲律宾15年以来首次对烟草消费税进行修订，根据调整后的“罪恶税”案，净售价低于11.5比索的香烟将在法案实行后第一年被征12比索的消费税，第二年以后涨为22比索；高于11.5比索的香烟则要在第一年被征28.3比索，并在第二年后加征为30比索。酒类方面，净售价低于90比索的蒸馏类酒精饮品将被征收20比索的消费税，90比索～150比索的征80比索，150比索以上的则将征320比索。目前，菲香烟的消费税率为2.72比索～28.30比索；酒类为42比索～317比索，于2014年降至统一的150比索。

2012年12月20日报道，菲律宾总统阿基诺签署烟酒消费税改革法案。阿基诺称，新烟酒税改革法增加的税收将投入兴建诊所和医院，菲律宾政府拟将所增收入中的15%分配给烟草种植者，85%分配给保健事业。菲律宾国税局宣布，新的课税制度已于2013年1月1日生效。

（来源：南博网. http://www.caexpo.com/news/asean/feilvbin/zcfx_flb/fghj_flb/2015/07/15/3648291.html. 2015—07—15）

新加坡对外国投资合作的法规和政策

一、对外贸易的法规和政策规定

1. 贸易主管部门

新加坡国际企业发展局（简称“企发局”），是隶属于新加坡贸易工业部的法定机构，是新加坡对外贸易主管部门，其前身是成立于1983年的新加坡贸易发展局（简称“贸发局”）。企发局下设贸易促进部，并分设商务合作伙伴策划署和出口促进署，主要职责是宣传新加坡作为国际企业都会的形象以及提升以新加坡为基地公司的出口能力。

2. 贸易法规体系

新加坡与贸易相关的主要法律有《商品对外贸易法》、《进出口管理办法》、《商品服务税法》、《竞争法》、《海关法》、《商务争端法》、《自由贸易区法》、《商船运输法》、《禁止化学武器法》、《战略物资管制法》等。

3. 贸易管理的相关规定

【开展进出口和转运业务的基本条件】（1）必须在新加坡组建一家公司并向会计与企业管理局注册（查询网址：http：//www. licences. business. gov. sg，通过在线商业注册服务注册公司）。（2）注册公司后，需向新加坡关税局免费申请中央注册号码。中央注册号码将允许通过贸易网系统提交进出口和转运准证申请。

贸易交换网系统是新加坡全国范围内的贸易电子信息交换系统，能让公共和私营部门在此平台上交换电子贸易数据和信息。一般情况下，在新加坡开展进出口或转运业务必须在贸易交换网上获得相关业务准证。

【货物的进口】货物进口到新加坡前，进口商需通过贸易交换网向新加坡关税局提交准证申请。如符合有关规定，新加坡关税局将签发新加坡进口证书和交货确认书给进口商，以保证货物真正进口到新加坡，没有被转移或出口到被禁止的目的地。一般情况下，所有进口货物都要缴纳消费税。如果进口货物是受管制的货物，必须向相关主管部门提交准证申请并获得批准。

表1　新加坡进口管制物品及主管机构一览表

项目	主管机构
投币式或盘片操作游戏机，包括弹球桌、射击游戏机和影像放映游戏机	公共娱乐执照组（PELU）
动物、禽类及其产品	农粮与兽医局（AVA）
武器与爆炸物	武器与爆炸物执照署（A&E）
石棉制品	污化管制处（PCD）
具防攻击功能的衣物，包括防弹背心	武器与爆炸物执照署（A&E）
电池（普通），碱性、炭锌和汞氧化物	污化管制处（PCD）
预录的盒式磁盘、卡式磁带、音频光盘	媒体发展管理局（MDA）
化学品：毒性及危险性化学品、有毒及易制度化学品、杀虫剂	污化管制处（PCD）国家机构、化学武器公约（NA，CWC）污化管制处（PCD）
香口胶、香口胶（牙科用）、香口胶（药用）	违禁品，新加坡关税局（Singapore Customs）、化妆品控制单位（CCU）、管制支援单位（RSU）
氟氯碳化合物（CFCs）	污化管制处（PCD）
打火机（气枪或左轮手枪形状）	违禁品，武器与爆炸物执照署（A&E）
化妆品与美容产品（除了由RSU管制的皮肤与面部药性美容液或膏以外）	化妆品控制单位（CCU）
柴油或汽油	污化管制处（PCD）
来自黎巴嫩未经加工的钻石； 未经加工的钻石（KPCS）	违禁品，新加坡关税局（Singapore Customs）； 新加坡关税局（Singapore Customs）
胶卷，影片/录像/激光光盘	媒体发展管理局（MDA）
爆竹	违禁品，武器与爆炸物执照署（A&E）
鱼类与渔业产品	农粮与兽医局（AVA）
易燃物质	新加坡民防部队（SCDF）
食品（不包括新鲜或冷冻蔬菜及水果）	农粮与兽医局（AVA）

续表

项目	主管机构
水果（新鲜或冷藏）	农粮与兽医局（AVA）
水果机/吃角子老虎机	新加坡警察部队执照署（SPF）
人参	农粮与兽医局（AVA）
唱片	媒体发展管理局（MDA）
手铐	武器与爆炸物执照署（A&E）
哈龙（Halons）	污化管制处（PCD）
染发剂与护发品（毒性或无毒性）	管制支援单位（RSU）、化妆品控制单位（CCU）
头盔（工业安全型或钢质）	职业安全健康处（OS-HD）、武器与爆炸物执照署（A&E）
人类病原体	生物安全组（BSB）
工业安全项目（安全带、安全挽具、救生绳索、安全绳、救生网）	职业安全健康处（OSHD）
放射性器材	放射防护中心（CRP）
任何媒介的录制与翻录器材（CD、CD－ROM、VCD、DVD、DVD－ROM）	新加坡关税局（Singapore Customs）
动物与禽类的肉与肉制品	农粮与兽医局（AVA）
药物、药剂、药制品	管制支援单位（RSU）
兽医用药剂	农粮与兽医局（AVA）
奶粉以及马来半岛、沙巴、沙捞越生产的新鲜、去脂、巴氏杀毒牛奶	农粮与兽医局（AVA）
硝化纤维素	武器与爆炸物执照署（A&E）
有机肥料	农粮与兽医局（AVA）
石油	新加坡民防部队（SCDF）
带泥土或不带泥土的植物、花及种子	农粮与兽医局（AVA）
罂粟种子（kaskas）	中央肃毒局（CNB）
易制毒化学品	中央肃毒局（CNB）
出版物	媒体发展管理局（MDA）
放射性物质	放射防护中心（CRP）

续表

项目	主管机构
犀牛角及处理后该产品的废料和粉末	违禁品，农粮与兽医局（AVA）
米（不包括米糠）	新加坡国际企业发展局（IE Singapore）
阴离子表面活性剂	污化管制处（PCD）
餐桌用品与厨房器皿（陶瓷、晶质玻璃）	农粮与兽医局（AVA）
磁带（预录）	媒体发展管理局（MDA）
通信设备	新加坡资讯通信发展管理局（IDA）
木材与木料	农粮与兽医局（AVA）
玩具手枪、气枪、左轮手枪	武器与爆炸物执照署（A&E）
玩具对讲机	新加坡资讯通信发展管理局（IDA）
蔬菜（新鲜、冷藏）	农粮与兽医局（AVA）
废铅酸电池及任何废铅、镉或汞制电池	污化管制处（PCD）
部分从朝鲜进口或转口的货物	违禁品，新加坡关税局（Singapore Customs）
部分从伊朗进口或转口的货物	违禁品，新加坡关税局（Singapore Customs）

（资料来源：新加坡海关）

【货物的出口】非受管制货物通过海运或空运出口，必须在出口之后3天内，通过贸易交换网提交准证申请。受管制货物，或非受管制货物通过公路和铁路出口的，需要在出口之前通过贸易交换网提交准证申请。另外出口受管制货物必须事先取得相关主管机构的批准或许可。

表2　新加坡出口管制物品及主管机构一览表

项目	主管机构
动物	农粮与兽医局（AVA）
武器与爆炸物	武器与爆炸物执照署（A&E） 新加坡关税局（Singapore Customs）

续表

项目	主管机构
具防攻击功能的衣物，包括防弹背心	武器与爆炸物执照署（A&E） 新加坡关税局（Singapore Customs）
化学品：有毒及易制度化学品、杀虫剂	国家机构、化学武器公约（NA，CWC） 新加坡关税局（Singapore Customs） 污化管制处（PCD）
氟氯碳化合物（CFCs）	污化管制处（PCD）
未经加工的钻石	新加坡关税局（Singapore Customs）
鱼类与渔业产品	农粮与兽医局（AVA）
人参	农粮与兽医局（AVA）
手铐	武器与爆炸物执照署（A&E）
哈龙（Halons）	污化管制处（PCD）
钢质头盔	武器与爆炸物执照署（A&E）
放射性器材	放射防护中心（CRP） 新加坡关税局（Singapore Customs）
肉类与肉类制品	农粮与兽医局（AVA）
军事设备、其他军用品	新加坡关税局（Singapore Customs）
易制毒化学品	中央肃毒局（CNB） 新加坡关税局（Singapore Customs）
放射性物质	放射防护中心（CRP） 新加坡关税局（Singapore Customs）
犀牛角及处理后该产品的废料和粉末	违禁品，农粮与兽医局（AVA）
米（不包括米糠）	新加坡国际企业发展局（IE Singapore）
橡胶	新加坡国际企业发展局（IE Singapore）
出口欧盟或美国的新加坡生产的纺织品和服装	新加坡关税局（Singapore Customs）
木材与木料	农粮与兽医局（AVA）
玩具手枪、气枪、左轮手枪	武器与爆炸物执照署（A&E）
废铅酸电池及任何废铅、镉或汞制电池	污化管制处（PCD）

续表

项目	主管机构
出口到阿富汗、科特迪瓦、刚果民主共和国、伊拉克、利比里亚、卢旺达、塞拉利昂、索马里、苏丹的各类武器和相关物品及零件	违禁品，新加坡关税局（Singapore Customs）
出口或转口到朝鲜的坦克、装甲车、大口径炮、战斗机、战斗直升机、军舰、导弹或导弹系统及设备零件；任何与核项目、弹道飞弹等联合国列名项目相关的材料、设备、技术等；奢侈品	违禁品，新加坡关税局（Singapore Customs）

（资料来源：新加坡海关）

【货物的转运】所有从一个自由贸易区转运至另一个自由贸易区的货物，或在同一个自由贸易区内转运受主管部门管制的货物，必须事先通过贸易交换网取得有效的转运准证才能将货物装载到运输工具上。

4. 进出口商品检验检疫

新加坡对进口商品检验检疫的标准和程序十分严格。负责进口食品、动植物检验检疫的部门是农粮兽医局（Agri-Food and Veterinary Authority，简称 AVA），负责进口药品、化妆品等商品检验的部门是卫生科学局（Health science Authority，简称 HAS）。

【农产品和食品检验】农产品和食品的进口商须向 AVA 申请执照，只有获得 AVA 进口执照的贸易商才能在新加坡从事农产品和食品进口业务。AVA 有完整的一套食品安全计划，对肉、鱼、新鲜水果和蔬菜、蛋、加工食品等商品的进口来源、包装运输、检验程序、检验标准有不同的要求和详尽的规定（查询网址：http//www. Ava. gov. sg）。

【动物检疫】只有获得 AVA 执照的进口商才可以在新加坡从事商业用途的动物进口。每次进口动物须向 AVA 申请许可，并提前获得海关清关许可。所有进口动物需符合 AVA 的兽医标准（查询网址：http//www. ava. gov. sg）。

【植物检疫】进口植物及植物产品须出示原产国有关机构签发的植物检疫证书并获得 AVA 的进口许可。所有进口植物及植物产品必须符合 AVA 规定的健康标准，除另有规定外，植物及植物产品进口后必须接受 AVA 检查。受 CITES 保护的濒临绝种植物，必须备有 CITES 的许可证方可进口。

【药品、化妆品检验】根据《药品法》、《有毒物质法》、《滥用药物法令》，新加坡所有从事药品进口、批发、零售以及出口的经营者须向HSA取得相关许可方可开展业务。进口药品和化妆品前，须向HSA如实申报其成分、疗效等相关信息，获得批准后方可进口。HSA对进口相关产品进行抽检，一旦与申报不符，即取消其经营相关产品的资格。

5. 海关管理规章制度

新加坡《海关法》规定，进口商品分为应税货物和非应税货物，应税货物包括石油、酒类、烟类和机动车辆等4大类商品，非应税货物为上述4大类商品之外的所有商品。应税货物和非应税货物进口到新加坡都要征收7%消费税，应税货物除征收消费税外，还需征收国内货物税和关税。

2008年10月在中国和新加坡签署的自由贸易协议中，新加坡对从中国进口的应税货物税率给予了优惠安排。

表3 新加坡应纳税商品及关税/国内货物税一览表

商品名称	国内货物税
酒类商品	每公升48～70新加坡元
烟草类商品	每千克181～352新加坡元
石油类商品	每十升3.7～7.1新加坡元
机动车	20%
带引擎的摩托车、自行车	12%

（资料来源：新加坡海关）

二、对外国投资的市场准入的规定

1. 投资主管部门

新加坡负责投资的主管部门是经济发展局(EDB，简称“经发局”)，成立于1961年，是隶属新加坡贸工部的法定机构，也是专门负责吸引外资的机构，具体制订和实施各种吸引外资的优惠政策并提供高效的行政服务。其远景目标是将新加坡打造成为具有强烈吸引力的全球商业与投资枢纽中心。

2. 投资行业的规定

新加坡对外资准入政策宽松，除国防相关行业及个别特殊行业外，对外资的运作基本没有限制。此外，新加坡政府还制定了特许国际贸易计划、商业总部奖励、营业总部奖励、跨国营业总部奖励等多项计划以鼓励外资进入。

根据新加坡政府公布的2010年长期战略发展计划，电子、石油化工、生命科学、工程、物流等9个部门被列为奖励投资领域。

3. 投资方式的规定

外资进入新加坡无方式限制。除金融、保险、证券等特殊领域需向主管部门报备外，绝大多数产业领域对外资的股权比例等无限制性措施。

新加坡对于外资在新加坡开展并购总体上无特殊限制。普通私人有限公司收购兼并活动中需要遵守公司法及公司章程的相关规定，对于上市企业在收购兼并过程中，必须符合“Securities and Futures Act，Company Act and Merge and Take over Code”的相关规定（详见新加坡金管局网站）。对收购兼并的目标，需要由第三方独立的机构进行公允值评估，作为收购或者兼并的依据，同时在兼并收购过程中，也需要遵守合同法等其他相关法律法规的要求。新加坡有竞争法，以确保企业在运营、经营中公平竞争。关于收购兼并的主要手续及操作流程，并没有固定的格式与要求，建议企业在进行收购兼并之前，委托当地具有一定影响力和公信度的会计师事务所、律师事务所及相关的行业机构，例如环保部门等就收购兼并目标的财务、法律、行业合规性等进行尽职调查，矿业及资源类的企业应对矿业、资源的储量、拥有权、开采权等进行相应调查。

4. 特殊经济区域的规定

【商业园和特殊工业园】新加坡境内的商业园和特殊工业园有：

（1）商业园：国际商业园、樟宜商业园、资讯园。

（2）特殊工业园：①石油化学：裕廊岛；②先进显示器工业园：淡滨尼；③生物医学：大士生物医药园、生物科技园；④物流：樟宜机场物流园、裕廊岛化工物流园；⑤食品：麦波申、大士。

（3）科技企业家园：裕廊东的企业家园、新加坡科学园的iAxil、红山—新达城科技企业家中心、菜市科技园。

新加坡是城市国家，实行全国统一的税收制度，对外资也实行国民待遇，上述园区内无特殊税收优惠政策，各个园区主要根据区内产业发展的特点而建，区内相关产业的配套基础设施比较完备，可发挥产业集群效应。

【海外工业区】新加坡临近的主要海外工业区有：

（1）印尼巴淡岛、民丹岛工业区

巴淡岛工业区：该园区距新加坡20公里，仅1

小时船程。土地面积1570平方公里，总人口99.1万。现有外资企业894家。

民丹岛工业区：该园区距新加坡50公里，70分钟船程。土地面积1866平方公里，总人口约50万。现有外资企业23家。

巴淡岛和民丹岛工业园区都具有完备的基础设施和较低的制造成本，工人最低月工资约118美元。主要适合电子加工业、服装鞋帽、玩具等轻工业以及钢铁、钻油等重工业，还可发展贸易、旅游和转运。属于自由贸易区，无进口税，无销售税与奢侈品税，免增值税；可享有东盟特惠关税，享有与52个国家签署的避免双重征税协议优惠，与33个国家达成普惠制协议，允许100%海外控股，无外汇管制。

(2) 马来西亚伊斯干达开发区

马来西亚政府于2006年11月推出伊斯干达开发区（Iskandar Development Region，简称IDR），它是马来西亚目前着力打造的境内最庞大的发展计划。马来西亚政府计划将IDR打造成马来西亚半岛南部最发达的地区，以及居住、娱乐、环境和商业完美融合的国际化大都市。

IDR位于马来半岛南部的柔佛州，包括南柔佛的新山、哥打丁宜和笨珍等数个地区，占地2217平方公里。IDR陆海空交通方便，与新加坡隔柔佛海峡相望，距离亚洲的主要大城市（如班加罗尔、迪拜、中国香港、首尔、中国上海、台北、东京）仅6～8小时飞行航程。从IDR通过公路到吉隆坡仅3个小时车程，距新加坡樟宜国际机场仅55分钟车程。IDR人口约135万，人均GDP约1.48万美元。目前新加坡是该地区最大的外资来源地，一些经济学家将IDR与新加坡的关系喻为深圳之于香港。

目前依斯干达开发区的经济支柱为制造业和服务业。根据马来西亚国库有限公司拟订的全面发展计划，除继续加强电子电器、石油化工与油脂化工、食品与农业加工、物流及相关服务业和旅游业5大领域外，依斯干达开发区还将把医疗保健、教育、金融以及信息产业定为新的增长领域。依斯干达开发区的重点规划项目包括物流枢纽、国际教育中心、医疗中心、金融中心等。

马来西亚鼓励投资的优惠措施主要包括公司所得税和投资税赋减免、进口税及销售税减免等。

由于新加坡土地资源有限，生产成本较高，新加坡政府鼓励企业赴上述临近的海外工业区投资。企业如在上述园区投资设厂，可将区域总部、管理中心、研发中心、营销中心等设立在新加坡，既可降低生产成本，也可充分利用新加坡在物流、金融、税收、知识产权保护等各方面的优势条件。

三、新加坡关于企业税收的规定

1. 税收体系和制度

新加坡以属地原则征税。任何人（包括公司和个人）在新加坡发生或来源于新加坡的收入，或在新加坡收到或视为在新加坡收到的收入，都属于新加坡的应税收入，需要在新加坡纳税。换言之，即使是来源于新加坡之外的收入，只要是在新加坡收到，就需要在新加坡纳税；相应的，如果收入来源于新加坡境外，并且不是在新加坡收到或视为收到，则不需在新加坡纳税。

新加坡为城市国家，全国实行统一的税收制度。任何公司和个人（包括外国公司和个人）只要根据上述属地原则取得新加坡应税收入的，就需在新加坡纳税。

2. 主要税赋和税率

新加坡现行主要税种有：企业所得税、个人所得税、消费税、不动产税、印花税、车船税等。此外，还有对引进外国劳工的新加坡公司征收的劳工税。新加坡之前还有遗产税，新加坡政府在2008年2月15日之后取消了该税。

【企业所得税】新加坡对内外资企业实行统一的企业所得税政策。新加坡税法规定，企业所得税的纳税义务人包括按照新加坡法律在新加坡注册成立的企业、在新加坡注册的外国公司（如外国公司在新加坡的分公司），以及不在新加坡成立但按照新加坡属地原则有来源于新加坡应税收入的外国公司（合伙企业和个人独资企业除外）。新加坡根据公司的控制和管理职能是否在新加坡，对纳税人分为居民公司和非居民公司两类。居民公司是指公司的控制和管理职能在新加坡的公司。换言之，只要公司的控制和管理职能在新加坡，无论公司是否按照新加坡的法律在新加坡注册，其即为新加坡居民公司。反之，若公司的控制和管理职能不在新加坡，即使是按照新加坡法律在新加坡注册的公司，在税务上也为非居民公司。

自2008年估税年度起（即在2008年度缴纳2007财年的所得税时），企业所得税税率为18%，自2010年估税年度起所得税税率调为17%，并且所有企业可以享受前30万新加坡元应税所得的部分免税待遇：一般企业前1万新加坡元所得免征75%，后29万新加坡元所得免征50%；符合条件的起步企业前10万新加坡元所得全部免税，后20

万新加坡元所得免征50%。

【个人所得税】纳税人分为居民个人和非居民个人两类。居民个人包括：新加坡公民、新加坡永久公民，以及在一个纳税年度中，在新加坡居留或者工作183天以上（含183天）的外籍个人（公司董事除外）；非居民个人是指在一个纳税年度内，在新加坡居留或者工作少于183天的外籍个人。

一般情况下，居民个人和非居民个人都要就其在新加坡取得的所有收入纳税。自2004年1月1日之后，纳税人在新加坡取得的海外收入不再纳税，但通过合伙企业取得的海外收入除外。因为合伙企业不是一个法律实体，合伙企业本身不需缴纳企业所得税，但每个合伙人需要纳税。如果合伙人是个人，则需按照个人适用的所得税税率缴纳个人所得税；如果合伙人是公司，则需按照公司适用的所得税税率缴纳企业所得税。

居民个人的应纳税所得额为收入总额扣除费用、捐赠和税务减免后的所得。适用税率为0%～20%的超额累进税率。

非居民个人的应纳税所得税额为收入总额扣除费用和捐赠后的所得，非居民个人不适用税务减免。非居民个人的受雇所得适用15%税率和居民个人所得税税率两者间较高者。

表4 居民个人所得税税率表

年应纳税所得额	税率（%）	应纳税额
首20000新加坡元 后10000新加坡元	0% 3.5%	0 200
首30000新加坡元 后10000新加坡元	— 3.5%	200 350
首40000新加坡元 后40000新加坡元	— 7.0%	550 2800
首80000新加坡元 后40000新加坡元	— 11.5%	3350 4600
首120000新加坡元 后40000新加坡元	— 15%	7950 6000
首160000新加坡元 后40000新加坡元	— 17%	13950 6800
首200000新加坡元 后120000新加坡元	— 18%	20750 21600
首320000新加坡元 320000新加坡元以上	— 20%	42350

注：此税率表为2012年度税率。董事费、咨询费和其他所得，适用20%的税率。

（资料来源：新加坡税务局）

【消费税】即货物和劳务税，是对进口货物和所有在新加坡提供货物和劳务服务征收的一种税，相当于一些国家的增值税，税负由最终的消费者负担。从事提供货物和劳务服务且年营业额在100万新加坡元以上的纳税人，应进行消费税的纳税登记。进行了消费税登记的纳税人，其消费税应纳税额为销项税额减去购进货物或服务支付的进项税额后的差额。

自2007年7月1日之后，消费税的税率为7%。住宅财产的销售和出租以及大部分金融服务可免征消费税。出口货物和服务的消费税税率为零。

【不动产税】这是对所有不动产如房子、建筑物和土地征收的一种税。所有的不动产所有人都应为所拥有的不动产缴纳不动产税。不动产税按年缴纳，每年1月份缴纳全年的不动产税，纳税基数为不动产的年值。不动产的年值是根据不动产的年租金收入估计的，估计的租金收入不包括出租的家具、装置和服务费。不动产出租、自用或空置适用同样的基数。新加坡税务局每年会对不动产的年值进行审阅，以确定是否需要修改。如果不动产的年值发生变化，税务局会通知纳税人。目前不动产税的税率为10%。居住在自有住宅里的个人适用减免税率，自2011年1月1日起实施的减免税率如下：

表5 房地产税税率（业主自用的住宅产业税税率）

年租金收入	税率（%）	应纳税额
首6000新加坡元 后59000新加坡元	0% 4%	0 2360
首65000新加坡元 65000新加坡元以上	— 6%	2360

（资料来源：新加坡税务局）

【印花税】这是对不动产有关的书面文件征收得一种税。与不动产有关的文件包括不动产得买卖、交换、抵押、信托、出租等；与股份有关的文件包括股份的派发、转让、赠予、信托、抵押等。在新加坡境内签署的文件，应在文件签署之日起14日内缴纳印花税；在新加坡境外签署的文件，应在新加坡收到文件的30日内缴纳印花税。不同的文件使用的税率不同。印花税支付根据文件中得条款确定，如果文件对此未加以明确，则根据下表确定纳税人。

表6　印花税纳税义务人确定原则

文件种类	纳税义务人
债券、债券契约或证书正本、副本	承租人、出租人
财产转让	受让人
财产出租正本、副本	承租人、出租人
抵押	抵押人或债务人
分割	财产分割参与方

（资料来源：新加坡税务局）

四、新加坡对外国投资的优惠

1. 优惠政策框架

新加坡优惠政策的主要依据是《公司所得税法案》和《经济扩展案》以及每年政府财政预算案涉及的一些优惠政策。

新加坡采取的优惠政策主要是为了鼓励投资、出口，增加就业机会，鼓励研发和高新技术产品的生产以及使整个生产经营活动更具有活力。如对涉及特殊产业和服务（如高技术、高附加值产业）、大型跨国公司、研发机构、区域总部、国际船运以及出口企业等，给予一定期限的减、免税优惠或资金扶持等。政府推出的各项优惠政策，外资企业基本上可以和本土企业一样能享受到这种福利。

【主要优惠政策】新加坡经济发展局为鼓励、引导企业投资先进制造业和高端服务业、提升企业劳动生产力，推出了先锋计划、投资加计扣除计划、业务扩展奖励计划、金融与资金管理中心税收优惠、特许权使用费奖励计划、批准的外国贷款计划、收购知识产权的资产减值税计划、研发费用分摊的资产减值税计划等税收优惠措施，以及企业研究奖励计划和新技能资助计划等财政补贴措施。

新加坡国际企业发展局为支持企业开展国际贸易活动、打造环球都市，推出了环球贸易商计划。

新加坡标新局为扶持中小企业发展、鼓励创新、提升企业劳动生产力，推出了天使投资者税收减免计划、天使基金、孵化器开发计划、标新局起步公司发展计划、技术企业商业化计划、企业家创业行动计划、企业实习计划、管理人才奖学金、高级管理计划，业务咨询计划，人力资源套餐，知识产权管理计划、创意代金券计划、技术创新计划、品牌套餐、企业标准化计划、生产力综合管理计划、本地企业融资计划、微型贷款计划等财税优惠措施。

此外，为了实施新加坡经济战略委员会2010年提出的未来10年7大经济发展战略，围绕提高劳动生产力、提升企业能力和打造环球都市这3大战略目标，新加坡政府出台了一系列优惠措施，比如，推出了生产力及创新优惠计划、培训资助计划和特别红利计划，设立了国家生产力基金，强化了就业人息补助计划，通过税收减免鼓励企业并购重组和土地集约化经营，并将于近期组建项目融资机构支持企业国际化经营。

有关政府优惠政策的详细情况可通过新加坡企业通网站（www. enterpriseone. gov. sg）查询。

2. 行业鼓励政策

【先锋企业奖励】享有先锋企业（包括制造业和服务业）称号的公司，自生产之日起，其从事先锋活动取得的所得可享受免征5～10年所得税的优惠待遇。先锋企业由新加坡政府部门界定。通常情况下，从事目前新加坡还未大规模开展而且经济发展需要的生产或服务的企业，或从事良好发展前景的生产或服务的企业可以申请“先锋企业”资格。

【发展和扩展奖励】从政府规定之日起，一定基数以上的公司所得可享受最低为5%的公司所得税率，为期10年，最长可延长到20年。此项政策主要是为鼓励企业不断增加在高新技术和高附加值领域的投资并提升其设备和营运水平。曾享受过先锋企业奖励的企业以及其他符合条件的企业均可申请享受此项优惠。

【服务出口企业奖励】从政府规定之日起，向非新加坡居民或在新加坡没有常设机构的公司或个人提供与海外项目有关的符合条件的服务的公司，其符合条件的服务收入的90%可享受10年的免征所得税待遇，最长可延长到20年。

【区域/国际总部计划】将区域总部（RHQ）或国际总部（IHQ）设在新加坡的跨国公司，可适用较低的企业所得税税率。区域总部为15%，期限为3～5年；国际总部为10%或更低，期限为5～20年。此项政策主要是为鼓励跨国公司将区域或国际总部设立在新加坡。具体的优惠政策企业可与新加坡企业发展局（EBD）进行商谈，企业发展局可根据公司规模和对新加坡贡献为企业量身定做优惠配套。

【国际船运企业优惠】拥有或运营新加坡船只或外国船只的国际航运公司，可以申请10年免征企业所得税的优惠，最长期限可延长到30年。申请企业应具备以下条件：属于新加坡居民公司；拥有并运营一定规模的船队；在新加坡的运营成本每年超过400万新加坡元；至少10%的船队（或至少一只船）在新加坡注册。此类优惠项目由新加坡海运管理局（MPA）负责评估。

【金融和财务中心奖励】此项政策是为鼓励跨国企业在新加坡设立金融和财务中心（FTC），从事财务、融资和其他金融服务业务而制定。金融和财务中心从事符合条件的活动取得的收入可申请享受10%的企业所得税优惠税率，为期10年，最长可延长到20年。

【研发业务优惠】为鼓励企业加大研发力度，新加坡政府规定，自2009估税年度起，企业在新加坡发生的研发费用可享受150%的扣除，并对从事研发业务的企业每年给予一定金额的研发资金补助。

【国际贸易商优惠】为鼓励全球贸易商在新加坡开展国际贸易业务，对政府批准的全球贸易商给予5～10年的企业所得税优惠，税率减低为5%或10%。此项优惠项目由新加坡国际企业发展局（IES）负责评估。

此外，新加坡还对部分金融业务、海外保险业务、风险投资、海事企业等行业给予一定的所得税优惠或资金扶持。

五、与投资合作相关的主要法律法规

与在新加坡投资合作相关的法律主要有：企业注册法、公司法、合伙企业法、合同法、国内货物买卖法、进出口管理法、竞争法等。具体内容可参阅以下网站：www. singaporelaw. sg。

据设在国家质检总局的中国WTO/SPS国家通报咨询中心消息：新加坡拟2014年2月批准新加坡农食兽医局（AVA）修订马匹进口兽医条件的通报。修订内容涉及新加坡马匹永久及临时进口相关协议：（1）出口前3个月马匹所在国未报道发生亨德拉病毒（Hendra virus）感染病例。（2）出口前3个月马匹所在国报道发生过亨德拉病毒感染。如未接种疫苗，则马匹必须在出口前在兽医监督下经过连续21天的检疫期，并通过出口前14天内的酶联免疫吸附检测结果显示，亨德拉病毒感染试验呈阴性反应；如接种了疫苗（必须采用最新疫苗，必须以预防接种证明及疫苗接种数据库登记的形式提交疫苗接种证明），马匹必须在出口前在兽医监督下接受连续21天的检疫，且在出口前的21天连续检疫期间，不得查出任何亨德拉病毒感染的临床症状。

2014年2月14日，新加坡公布2014年的食品法规修正草案。

新加坡农食兽医管理局已经审议了食品法规，并且提议对含有植物甾醇、植物甾醇酯、植物甾烷醇和植物甾烷醇酯的食品上必须声明的强制性声明做出补充的修订。

目前，要求含有植物甾醇，植物甾醇酯，植物甾烷醇和植物甾烷醇酯的食品在其产品标签上带有下列强制性声明：

①该产品是一种专供想要降低其血液中胆固醇水平的人的特殊用途食品；

②服用降胆固醇药物治疗的患者只应当在医生的监督下食用该产品；

③该产品可能不适合作为孕妇和哺乳期妇女，以及5岁以下儿童的营养；

④该产品应当作为均衡及多元化饮食的一部分，其中包括经常食用水果和蔬菜，以便有助于维持胡萝卜素水平；

⑤应当避免每天食用超过3克的添加植物甾醇或植物甾烷醇；以及建议该食品每次（称为一份餐）食用量（以克或毫升）和建议每天食用餐数的声明，以及每一份餐植物甾醇或植物甾烷醇量的声明。

新加坡提议修订上述强制性声明如下：

①该产品可能不适合作为孕妇和哺乳期妇女，以及5岁以下儿童的营养；

该产品应当用作均衡饮食的一部分；

②建议每天食用2～3克的植物甾醇/植物甾烷醇；

③每一份餐包含的植物甾醇，植物甾醇酯（按植物甾醇计算），植物甾烷醇或植物甾烷醇酯（按植物甾烷醇计算）量的声明。

（来源：南博网. http://www. caexpo. com/news/asean/xinjiapo/zcfx_ xjp/fghj_ xjp/2015/07/15/3648298. html. 2015—07—15）

泰国对外国投资合作的法规和政策

一、对外贸易的法规和政策规定

1. 贸易主管部门

泰国主管贸易的政府部门是商业部，其主要职责分为两部分，对内负责促进企业发展、推动国内商品贸易和服务贸易发展、监管商品价格、维护消费者权益和保护知识产权等；对外负责参与WTO

和各类多、双边贸易谈判、推动促进国际贸易良性发展等。泰国商业部主管对外业务的部门有贸易谈判厅、国际贸易促进厅和对外贸易厅等，主管国内业务的部门有商业发展厅、国内贸易厅、知识产权厅等。

2. 贸易法规体系

泰国与贸易相关的主要法律有1960年《出口商品促进法》、1979年《出口和进口商品法》、1973年《部分商品出口管理条例》、1979年《出口商品标准法》、1999年《反倾销和反补贴法》、2000年《海关法》和2007年《进口激增保障措施法》等。

3. 贸易管理的相关规定

【进口管理】泰国对多数商品实行自由进口政策，任何开具信用证的进口商均可从事进口业务。泰国仅对部分产品实施禁止进口、关税配额和进口许可证等管理措施。禁止进口产品主要涉及公共安全和健康、国家安全等的产品，如摩托车旧发动机、博彩设备等；关税配额产品包括桂圆等24种农产品，如大米、糖、椰肉、大蒜、玉米饲料、棕榈油、椰子油、龙眼、茶叶、大豆和豆饼等，但关税配额措施不适用于从东盟成员国的进口；进口许可分为自动进口许可和非自动进口许可，非自动进口许可产品包括关税配额产品和加工品，如鱼肉、生丝、旧柴油发动机等。自动进口许可产品包括部分服装、凹版打印机和彩色复印机。泰国商业部负责制定受进口许可管理的产品清单。

综合泰国媒体2014年3月10日消息，泰国国家食品与农产品标准管理办事处副秘书长披讪表示，该办事处准备好将花生标准部令草案提交给内阁研究，以作为全国花生的标准，2015年预计可颁布实施，该草案可作为花生进口的检测标准。

【出口管理】泰国除通过出口登记、许可证、配额、出口税、出口禁令或其他限制措施加以控制的产品外，大部分产品可以自由出口，受出口管制的产品目前有45种，其中征收出口税的有大米、皮毛皮革、柚木与其他木材、橡胶、钢渣或铁渣、动物皮革等。

据报道，泰国外贸司设立了泰国出口香米新标准，旨在提高泰国香米在国际市场上的价值。根据这一新标准，泰国最佳出口香米至少需含有98%的茉莉香米，旧标准为92%。

【贸易壁垒】泰国对WTO成员方的平均实施关税是11.2%。

(1) 关税高峰。泰国现对大量的进口产品征收超过30%的关税，包括农产品、汽车和汽车零部件、酒精饮料、纤维和一些电子产品。如丝织品、羊毛织物、棉纺织品及其他一些纤维织物的进口关税多为60%，摩托车及一些特殊用途车的进口关税达到或超过80%、大米52%、奶制品216%。

(2) 关税升级。泰国对绝大多数工业原材料和必需品，如医疗设备征收零关税；对有选择的一些原材料、电子零配件以及用于国际运输的交通工具征收1%的关税；一些化工原料，如氯化铵、氯化钙、氯化镁等氯化物的关税也仅为1%；对初级产品和资本货物大部分征收5%的关税；对中间产品一般征收10%的关税；对成品一般征收20%的关税；对需要保护的特殊产品征收30%的关税。

(3) 关税配额。根据WTO《农业协定》，泰国对24种农产品实行关税配额管理，分别是桂圆、椰肉、牛奶、土豆、洋葱、大蒜、椰子、咖啡、茶、干辣椒、玉米、大米、大豆、洋葱籽、豆油、椰子油、速溶咖啡、土烟丝、生丝等。这些产品在配额内实行低关税，在配额外实行高关税，如大蒜进口配额仅64.6吨，配额内关税为27%，配额外关税高达57%。

(4) 进口限制。泰国规定42种产品需要进口许可，包括原材料、石油、工业原料、纺织品、医药品及农产品。泰国禁止进口二手摩托车及其零件和游戏机。产品进口必须满足规定的要求，如缴纳特别费用、需要原产地证明等。进口食品、医药产品、矿产品、武器弹药、艺术品，需要相关部长的特别许可。泰国要求在食品进口登记中提供关于食品生产工艺及组成成分的详细产品经营信息。泰国卫生部食品药品管理局规定所有食品、药品及部分医疗设备的进口均须符合进口许可证的管理。食品进口许可证每3年换一次，每次均需要重新认证，文件送达食品药品管理局后还需重新收费、药品进口许可证每年更换一次，同样需要缴纳有关费用。

(5) 技术性贸易壁垒。泰国对10个领域的60种产品实行强制性认证，包括农产品、建筑原料、消费品、电子设备及附件、PVC管、医疗设备、LPG气体容器、表层涂料及交通工具等。泰国卫生部食品药品管理局规定，所有进口食品、药品及部分医疗设备要符合标准、检测、标签和认证要求。进口上述产品必须附有泰文说明产品名称、重量或容量、生产和失效日期的标签，并经泰国卫生部食品药品管理局批准。

(6) 政府采购。泰国不是WTO《政府采购协定》的签署国。在政府采购招标中，泰国对外国投标企业设置一系列限制，使外国企业无法投标或难以中标。如泰国常在招标文件中规定非泰国产品不得参与投标；政府采购部门对投标资格的规定不确定，有权在任何时候接受或拒绝部分或所有投标，甚至可以在招标过程中修改技术要求；投标者对招标结论没有申诉权利等。根据2000年5月泰国颁布的《对销贸易法》，对金额超过3亿泰铢的政府采购合同，外国中标企业须易货回购价值不低于合同金额50%的泰国产品，该规定大大提高了外国中标企业的经营成本。

4. 进出口检验检疫

泰国负责商品质量监督、检验和标准认证的管理部门主要是卫生部下属的食品与药品监督管理局(Food and Drug Administration，简称FDA)及农业合作部下属的国家农业食品和食品标准局（National Bureau of Agriculture Commodity and Food Standards，简称ACFS)。

FDA行使职责依据的国内法规和国际协议主要有：泰国1967年《药品法》、1975年《精神类物质法》、1979年《食品法》、1979年《麻醉品法》、1988年《医疗器械法》、1990年《防止滥用挥发性物质法》、1992年《化妆品法》、1992年《危险物质法》和1971年《关于精神类物质的国际公约》、1988年联合国《关于反对非法买卖麻醉品和精神类物质的协定》等。FDA根据相关法律法规对商品的市场准入进行控制，审核发放各类商品相应的卫生证明、GMP证明、HACCP证明和自由销售证明等。进口商必须申请进口许可证后才能进口食品，指定的食品储藏室必须经FDA检验后方能使用，进口许可证要每3年更新1次；对于特别控制的食品，进口商必须到FDA注册，获得批准方能进口。

ACFS的主要职责是制定初级农产品、食品和加工农产品的标准，发放许可证明，对有关产品的认证机构及企业进行认证等。此外，ACFS还协助和参与技术问题、非关税措施及国际标准等方面的对外谈判，其主要工作目标是发展泰国农产品和食品标准体系使其适应国际标准，以扩大泰国农产品和食品的出口额。ACFS自成立以来，共制定公布了22项植物食品标准、10项动物产品标准、3项鱼类食品标准和20项其他标准。

5. 海关管理规章制度

《海关法》是泰国实施海关管理的根本法律制度。目前，泰国海关进出口商品代码和关税管理体系是根据1987年修订的海关关税法令制定的。泰国政府根据管理需要会对商品代码分类和海关关税进行不定期调整，有关法令和公告可在泰国海关厅网站上查询，网址为 www. gtf. customs. go. th/igtf/en/main. frame. jsp。

在泰国，大部分进口商品都需要缴纳两部分税，一是海关关税，二是增值税。关税计税方法一般为按价计税，也有部分商品按照特定单位税率的方式征税。一般情况下，进口商品关税额计算公式为商品到岸价乘以该项商品的进口税率，绝大部分商品的进口关税在0%～80%之间；增值税的计算公式为进口商品缴纳关税和消费税（部分商品需缴纳）后的总价值乘以7%。

表1　泰国主要进口商品的关税税率

商品名称	HS编码	一般关税税率
原油	2709	25%
集成电路	8542	35%
打字机等办公机器的零部件	8473	40%
摩托车零部件	8708	60%
光盘、磁带、记忆卡等未录制内容的固体媒体存储介质（胶卷除外）	8523	60%
成品油	2710	税号27101211～27101220税率为2.91泰铢/升，其余部分以30%的税率按价计税
天然气和其他气体燃料	2711	采用特定单位税率0.001泰铢/千克
未加工的精铜和铜合金	7403	6%
自动数据处理设备	8471	40%
未加工的金、金粉	7108	35%

（资料来源：中华人民共和国商务部）

泰国新财政部常务次长廊山上任初始，便对政府税收结构进行大调整。廊山表示是时候进行税收重大调整的时机了，多个税收调整计划已经研究多时，需要认真贯彻执行了。特别是绿茶类应该恢复收取10%的消费税。之前政府一直都在大力扶持鼓励农产品，相信通过重新起征绿茶10%的消费税，国货税厅每年可新增几十亿泰铢税收收入。

泰国给予东盟成员国和与其签订多双边贸易协定的国家地区不同程度的关税减让，具体商品的关税税率和减让情况均可以通过HS税号或商品名称在海关网站上查询，网址为 www. igtf. customs. go. th。

二、对外国投资的市场准入的规定

1. 投资主管部门

泰国主管投资促进的部门是投资促进委员会，负责根据1977年颁布的《投资促进法》及1991年第2次修正和2001年第3次修正的版本制定投资政策。投资促进委员会办公厅隶属于泰国工业部的国家厅级单位，负责审核和批准享受泰国投资优惠政策的项目、提供投资咨询和服务等。

2. 投资行业的规定

根据《外籍人经商法》（1999）有关规定，泰国限制外国人投资的行业有以下3类：

（1）因特殊理由禁止外国人投资的业务：报业、广播电台、电视台；种稻、旱地种植、果园种植；牧业；林业、原木加工；在泰国领海、泰国经济特区的捕鱼；泰国药材炮制；涉及泰国古董或具有历史价值之文物的经营和拍卖；佛像、钵盂制作或铸造；土地交易等。

（2）涉及国家安全稳定或对艺术文化、风俗习惯、民间手工业、自然资源、生态环境造成不良影响的投资业务，须经商业部长根据内阁的决定批准后外国投资者方可从事的行业：①涉及国家安全稳定的投资业务，包括生产、销售、修理枪械、子弹、火药、爆炸物及其有关配件，武器、军用船、飞机、车辆，一切占用设备的机件设备或有关配件；国内陆上、水上、空中等运输业，包括国内航空业。②对艺术文化、风俗习惯、民间手工业、自然资料、生态环境造成不良影响的投资业务，包括泰国传统工艺品的古董、艺术品买卖，木雕制造，养蚕、泰丝生产、泰绸织造、泰绸花纹印制，泰国民族乐器制造，金器、银器、乌银镶嵌器、镶石金器、漆器制造，涉及泰国传统工艺的盘器、碗器、陶器制造。③对自然资源、生态环境造成不良影响的投资业务，包括蔗糖生产，海盐、矿盐生产，石盐生产，采矿业、石头爆破或碎石加工，家具、木材加工等。

（3）本国公民对外国人未具竞争能力的投资业务，须经商业部商业注册厅长根据外籍人经商营业委员会决定批准后可以从事的行业：碾米业、米粉和其他植物粉加工；水产养殖业；营造林木的开发与经营；胶合板、饰面板、刨木板、硬木板制造；石灰生产；会计、法律、建筑、工程服务业；工程建设，但不包含：①外国人投入的最低资本在5亿泰铢以上的公共基本设施建设、运用新型机械设备、特种技术和专业管理的公共设施、交通设施建设。②部级法规规定的其他工程建设；中介或代理业务，但不包含：①证券交易中介或代理、农产品期货交易、有价证券买卖业务，②为联营企业的生产、服务需要提供买卖、采购、寻求服务的中介或代理业务，③为外国人投入最低资本1亿泰铢以上的、行销国内产品或进口产品的国际贸易企业提供买卖、采购、推销、寻求国内外市场的中介或代理业务；拍卖业，但不包含：①国际性拍卖业，其拍卖标的物不涉及具有泰国传统工艺、考古或历史价值的古董、古物、艺术品之拍卖；②部级法规规定的其他拍卖；法律未有明文禁止涉及地方特产或农产品的国际贸易；最低资本总额低于1亿泰铢的百货零售业、最低资本少于2500万泰铢的商店；最低资本少于100万泰铢的商品批发业；宣传广告业；旅店业，不含旅店管理；旅游业；餐饮业；植物新品种开发和品种改良；除部级法规规定的服务业以外的其他服务业。

外国公民需经商业部长根据内阁决议批准外，还需满足以下两个条件方可从事上述第2类规定的行业：一是泰籍人或按照本法规定的非外国法人所持的股份不少于外国法人公司资本的40%（除非有适当原因，商业部长根据内阁的批准可以放宽上述持股比例，但最低不得低于25%）；二是泰国人所占的董事职位不少于2/5。

对上述属于外商经营企业法所规定的须得到允许方可进行投资的2、3类行业，外国人在泰国开始商业经营的最低投资额不得少于300万泰铢，其他行业最低不少于200万泰铢。最低投资额对在泰国注册的法人而言是指注册资本，对未在泰国注册的外国投资者或法人而言是指来泰经商所汇人的外汇。如果外国人属于《投资促进法》、《工业园管理条例》或其他有关法律规定可享受投资优惠或得到经营许可的投资者，则可以从事第2、3类中规定的某些行业。

根据泰国投资促进法的有关规定，在泰国获得投资优惠的企业，投资额在1000泰铢以上（不包括土地费和流动资金），须获得ISO 9000国际质量标准或其他相等的国际标准的认证。具体审批标准如下：①投资额不超过5亿泰铢（不包括土地费和流动资金）的项目，产品增加值必须不低于销售收入的20%，但电子产品及其配件、农产品加工和投资促进委员会特别批准的项目除外；新投资项目的负债与注册资本之比不得超过3∶1；投资项目必须使用先进生产技术和新机械设备，若需使用旧机器，其效率必须获得权威机构的验证，并获得投资促进委员会的准许；必须有足够的环境保护措施，对环境有不良影响的项目，投资促进委员会将着重审核其工厂设立地点及其污染处理方法。②投资额在5亿泰铢以上（不包括土地费和流动资金）的项目，除按上述规定执行，尚需按投资促进委员会的规定提交项目可行性报告。

以下行业的泰国籍投资者的持股比例不得低于51%：农业、畜牧业、渔业、勘探与采矿业和1999年颁布的《外籍人经商法》附录第一类行业中的服务行业。

2006年1月9日，泰国政府内阁会议原则通过了泰国商业部提交的《外籍人经商法》修正草案，决定送交法制委员会对某些条款作进一步修改。该修正草案的要点共有3项：第一，对于“外国法人”的定义，在原先规定外国人持股比例超过50%即视为外国法人外，还规定即使外国人持股比例没有超过50%，但外国人投票权比例超过50%，也被视为“外国法人”；第二，修改处罚规定，增加对未获批准擅自经营限制外商经营的业务的外资企业或由泰国人代理持股的外资企业的处罚金额；第三，调整《外籍人经商法》附件中的第三类行业目录（即泰资企业尚缺乏能力与外资企业竞争的行业，外资企业须获得外国人经商委员会的批准并由商业部商业发展厅签发许可证后方可经营该类行业），已有其他专门法律规范的行业（如旅游业、金融业、证券业等）将不酬人第三类行业。

对于不符合上述规定的现有外资企业，《外籍人经商法》修正草案给予修正的宽限期对于未获批准或使用泰国人代理持股经营第一类行业（因特殊理由禁止外国人经营的行业，如报纸、广播电台、电视台、土地交易等）和第二类行业（涉及与国家安全和文化艺术有关的行业，如武器、文物和艺术品等）的外商投资企业，必须在90天内向商业部报告，并在1年内修正；对于外国人持股不超过50%但拥有超过一半投票权的外商投资企业，必须在1年内通知商业部并在2年内将投票权降低在50%以下。对于属于第三类行业的外商投资企业，必须分别在90天及1年之内向商业部报告其外国人持股地位及其拥有投票权的比例，然后便可继续经营，而不需减少外国人持股和拥有投票权的比例，因为这类行业与国家安全无关，而且不属于禁止外国人经营的行业。对于在《外籍人经商法》修正案通过后成立的企业，必须按照新的法律规定执行。

3. 投资方式的规定

【股权投资】外籍人在泰国开展投资经营活动的方式可分为以下2类：一是按照泰国法律在泰国注册为某种法人实体，具体形式有合伙企业、有限公司和大众有限公司等；二是成立合资公司，通常指一些自然人或法人根据协议为从事某项商业活动而组建的实体，根据泰国《民商法典》，合资公司不是法人实体，但是根据《税法典》，合资公司在缴纳企业所得税时被视为单一实体。

【上市】泰国法律规定，只有公众有限公司才有资格申请登记加入证券交易市场。根据1992年颁布的《公众有限公司法》的有关规定，有限公司可以转为公众有限公司。泰国没有关于外资公司在泰国上市的特殊限制，在泰国注册成立的公众有限公司，只要符合泰国证券交易委员会和股票交易所的有关规定，即可申请上市。

【收购】泰国没有关于跨国并购的专门法律法规，规范收购行为的法律法规包括《民商法典》、《大众有限公司法》和1992年颁布的《证券交易法》。收购行为通常有全资并购、股票收购和资产收购等3种方式。收购私人有限公司，须符合《民商法典》有关规定。而收购上市公司，必须符合《证券交易法》和泰国证券交易委员会的有关规定。

泰国没有专门针对外资并购安全审查及国有企业投资并购方面的法律规定，外来投资者只要不违反泰国《外籍人经商法》对于外籍人禁止或限制投资的有关规定，即可按《民商法典》、《大众有限公司法》和《证券交易法》有关规定在泰国开展投资并购。

4. 特殊经济区域的规定

泰国工业部下设有工业园管理局（Industrial Estate Authority of Thailand，简称IEAT)，负责发展工业园区和科技园区等工业地产。2007年，IEAT第4次修改《工业园机构条例》，以提高工业园内投资者的竞争能力。

根据《工业园机构条例》，泰国的工业园分为2类：一般工业区和自由经营区（原出口加工区）。在一般工业区投资的外国投资者，不必向BOI提交申请，就可以获得工业园内的土地所有权和引进外国技术人员、专家来泰国工作的权利。此外，IEAT还向工业园内的投资者提供便利设施和一条龙服务，如运输服务、仓库、培训中心和医疗服务等。在自由经营区的投资者，还可以享有更多的优惠政策，如无条件向国外出口产品，享受更大的进口物件和原材料便利，除BOI鼓励投资政策提供的优惠条件外，还可以享受更多的税务优惠。

根据IEAT统计，目前泰国共在14个府建立了各类工业园46个，其中IEAT独立开发的工业园11个，IEAT与合作者联合开发的工业园35个。泰国各工业园的优惠政策与BOI的地区鼓励政策基本保持一致，根据所处的府分别享受当地最高的投资优惠（包括税收、土地、人员引进及进口机械设备或原材料免税等诸多方面优惠），各入园企业无需特别申请即可享受BOI的投资优惠政策。上述46个工业园的地理位置、基本信息、产业方向、设施状况、优惠政策等请见工业园管理局网站（http://www.ieat.go.th）。

目前，有2家中资企业与泰国当地企业合作分别参与了2个工业园的开发（均采用“园中园”形式）：

（1）泰中罗勇工业园，位于泰国安美德城市工业园内，目前已有40多家中资企业入驻。有关详细信息请见www.sinothaizone.com/index.asp。

（2）泰国湖南工业园，位于泰国甲民武里工业园内，目前刚开发不久，已有多家中资企业入驻。另有大量中资企业入驻泰国不同的工业园。

三、泰国关于企业税收的规定

1. 税收体系和制度

泰国关于税收的根本法律是1938年颁布的《税法典》，财政部有权修改《税法典》条款，税务厅负责依法实施征税和管理职能。外国公司和外国人与泰国公司和泰国人一样同等纳税。泰国对于所得税申报采取自评估的方法，对于纳税人故意漏税或者伪造虚假信息逃税的行为将处以严厉的惩罚。目前泰国的直接税有3种，分别为个人所得税、企业所得税和石油天然气企业所得税，间接税和其他税种有特别营业税、增值税、预扣所得税、印花税、关税、社会保险税、消费税、房地产税等，泰国并未征收资本利得税、遗产税和赠与税。

2. 主要税赋和税率

【企业所得税】在泰国具有法人资格的公司都须依法纳税，纳税比例为净利润的30%，每半年缴纳1次。基金、联合会和协会等则缴纳净收入的2%～10%，国际运输公司和航空业的税收则为净收入的3%。未注册的外国公司或未在泰国注册的公司只需按在泰国的收入纳税。正常的业务开销和贬值补贴，按5%～100%不等的比例从净利润中扣除。对外国贷款的利息支付不用征收公司的所得税。企业间所得的红利免征50%的税。对于拥有其他公司的股权和在泰国证券交易所上市的公司，所得红利全部免税，但要求持股人在接受红利之前或之后至少持股3个月以上。企业研发成本可以作双倍扣除，职业培训成本可以作1.5倍扣除。注册资本低于500万泰铢的小公司，净利润低于100万泰铢的，按20%计算缴纳所得税；净利润在100万～300万泰铢的，按25%计算缴纳。在泰国证交所登记的公司净利润低于3亿泰铢的，按25%计算缴纳。设在曼谷的国际金融机构和区域经营总部按合法收入利润的10%计算缴纳。国外来泰投资的公司如果注册为泰国公司，可以享受多种税收优惠。

【个人所得税】个人所得税纳税年度为公历年度。泰国居民或非居民在泰国取得的合法收入或在泰国的资产，均须缴纳个人所得税。税基为所有应税收入减去相关费用后的余额，按从5%到37%的五级超额累进税率征收。按照泰国有关税法，部分个人所得可以在税前根据相关标准进行扣除，如租赁收入可根据财产出租的类别，扣除10%～30%不等；专业收费中的医疗收入可扣除60%，其他30%，著作权收入、雇佣或服务收入可扣除40%，承包人收入可扣除70%。

【增值税】泰国增值税率的普通税率为7%。任何年营业额超过120万泰铢的个人或单位，只要在泰国销售应税货物或提供应税劳务，都应在泰国缴纳增值税。进口商无论是否在泰国登记，都应缴纳增值税，由海关厅在货物进口时代征。免征增值税的情况包括年营业额不足120万泰铢的小企业；销售或进口未加工的农产品、牲畜以及农用原料，如化肥、种子及化学品等；销售或进口报纸、杂志及教科书；审计、法律服务、健康服务及其他专业服务；文化及宗教服务；实行零税率的货物或应税劳务包括出口货物、泰国提供的但用于国外的劳务、国际运输航空器或船舶、援外项目项下政府机构或国企提供的货物或劳务、向联合国机构或外交机构提供的货物或劳务、保税库或出口加工区之间提供货物或劳务。当每个月的进项税大于销项税时，纳税人可以申请退税，在下个月可返还现金或抵税。对零税率货物来说，纳税人总是享受退税待遇。与招待费有关的进项税不得抵扣，但可在计算企业所得税时作为可扣除费用。

泰国财政部有上调增值税1%的构想，从现时的7%增至8%，这将促使官方收入立即提高500亿泰铢，但是政府担心此举会影响商品价格上扬，进而加大民众的生活负担。如果经济有所好转，财政部将考虑调整增值税。增值税率每提高1%，将刺激政府收入增加超过500亿泰铢。如果上调增值税率，政府收入将得到大幅提高。

【特别营业税】征收特别营业税的行业有银行业、金融业及相关业务、寿险、典当业和经纪业、房地产及其他皇家法案规定的业务。其中，银行业、金融及相关业务为利息、折旧、服务费、外汇利润收入的3%，寿险为利息、服务费及其他费用收入的2.5%，典当业经纪业为利息、费用及销售过期财物收入的2.5%，房地产业为收入总额的3%，回购协议为售价和回购价差额的3%，代理业务为所收利息、折扣、服务费收入的3%。同时在征收特别营业税的基础上还会加收10%的地方税。

四、泰国对外国投资的优惠

2015年1月1日，经泰国投资促进委员会通过最新的投资政策正式生效。泰国素来以其廉价劳动力和高产能制造业吸引投资，如今已发展成为中等以上收入国家；泰国面临着越来越激烈的来自周边落后国家的廉价劳动力竞争。因此，泰国需要采取战略调整促进其经济发展，调整的最终目的是要通过以生产增值产品而不是出口原材料、以提升研发水平而不是廉价劳动力为基础的知识经济来促进经济增长。

新政策符合“泰国国家经济和社会发展计划”的要求。其目的是要鼓励泰国内外的投资，以促进其国家竞争力，避免所谓的“中等收入陷阱”；并借此迈向可持续发展的未来。

1. 优惠政策框架

泰国投资促进委员会（BOI）向投资者提供两种形式的优惠政策：一是税务上的优惠权益，主要包括免缴或减免法人所得税及红利税、免缴或减免机器进口税、减免必需的原材料进口税、免缴出口产品所需要的原材料进口税等；二是非税务上的优惠权益，主要包括允许引进专家技术人员、允许获得土地所有权、允许汇出外汇以及其他保障和保护措施等。

非税务优惠适用于所有获BOI批准的项目，税务优惠则根据项目所在地和所属行业等不同情况享受相应的优惠。一般而言，位于受到特别鼓励投资区域的项目、生产出口型的项目或者属于泰国政府鼓励支持产业范畴内的项目均可在更大的程度上获得优惠。

此外，为鼓励外商投资，BOI还放宽对外商持股比例的限制，对于工业企业投资，无论工厂设在何处，允许外商持大部分或全部股份，如果有适当理由，BOI可规定外商在某些受鼓励的行业持股比例的限额。

2. 行业鼓励政策

BOI将鼓励投资的行业分为7大类：农业及农产品加工业，矿业、陶瓷及基础金属工业，轻工业，金属产品，机械设备和运输设备制造业，电子与电器工业，化工产品，造纸及塑胶，服务业及公用事业。

每个大类下还细分为许多小类，BOI对一些重点鼓励投资的行业都规定了特别的优惠条件，其中，农产品加工业、人才及科技发展业、公共事业、基础设施、环境保护等属于特别重视的项目。

3. 地区鼓励政策

BOI根据全国77个府的收入和基础设施等经济发展因素，将其划分为3级投资区域：

第一区，分别是曼谷、北榄、龙仔厝、巴吞他尼、暖武里和佛统。

第二区，分别是夜功、叻巫、北碧、素攀、大城、红统、北标、坤西育、北柳、春武里、罗勇和普吉。

第三区，为其他府。

五、与投资合作相关的主要法律法规

1. 《民商法典》，明确了自然人、团体和法人之间的民事关系，对法人的设立、组织、经营、变更等行为作出了规定。

2. 《外籍人经商法》，规定外籍人在泰国经商行为的根本法律。

3. 《税法典》，规定泰国税种、税率和计算方式等税务相关问题的根本法律。

4. 《投资促进法》（以及历次修改公告），明确了外商在泰国投资可以享受的各项优惠权益。

5. 《劳动保护法》，明确了雇主和雇员的权利及义务。

6. 《外籍人工作法》，规定外籍人在泰国工作的根本法律。

7. 《海关法》，规定了商品进出泰国关境的原则和方式，明确了进出口经营者和海关管理机构的权利义务等。

据泰国《中华日报》2013年12月26日消息，根据泰国看守内阁会议通过的财政部的提案，同意修改个人所得税征税标准。征税标准从原来的5级，调整为7级。而新的7级税率标准分别为：1级：净收入不超过30万泰铢，缴税5%；2级：净收入高于30万泰铢，但不超过50万泰铢，缴税10%；3级：净收入高于50万泰铢，但不超过75

万泰铢，缴税15%；4级：净收入高于75万泰铢，但不超过100万泰铢，缴税20%；5级：净收入高于100万泰铢，但不超过200万泰铢，缴税25%；6级：净收入高于200万泰铢，但不超过400万泰铢，缴税30%；7级：净收入超过400万泰铢，缴税35%。其中最高税率也从37%调降至35%。收入不超过15万泰铢者仍将获得免交个税的政策。

（来源：南博网. http://www.caexpo.com/news/asean/taiguo/zcfx_tg/zchj_tg/2015/07/15/3648296.html. 2015—07—15）

越南对外国投资合作的法规和政策

一、对外贸易的法规和政策规定

1. 贸易主管部门

越南主管贸易的部门是工贸部，设有36个司局和研究院，负责全国工业生产（包括机械、冶金、电力、能源、油气、矿产及食品、日用消费品等行业生产）、国内贸易、对外贸易、WTO事务、中国—东盟自由贸易区谈判等。

2. 贸易法规体系

越南主要贸易法律法规包括：《民法》（2005年）、《贸易法》（第12/2006/ND－CP号函）、《电子交易法》（2005年）、《海关法》（2001年）、《进出口税法》、《知识产权法》（2005年）、《信息技术法》、《反倾销法》（2004年10月1日起实施）、《反补贴法》（2005年1月1日起实施）、《企业法》（2005年）、《会计法》、《统计法》等。

3. 贸易管理的相关规定

【进口管理】根据加入WTO的承诺，越南逐步取消进口配额限制，基本按照市场原则管理。禁止进口的商品主要包括：武器、弹药、毒品、有毒化学品、军事技术设备、麻醉剂、部分儿童玩具、颓废和反动的文化品、爆竹、烟草制品、二手消费品、右舵驾驶机动车、二手物资、低于30马力的二手内燃机、含有石棉的产品和材料、各类专用密码及各种密码软件等。

根据2012年11月12日越南政府相关部门制定的编号为95/2012/ND－CP议定，制定2014年调整食糖、盐类、家禽蛋类进口关税原则相关规定。

【出口管理】关于出口，越南主要采取出口禁令、出口关税、数量限制等措施进行管理。禁止出口的商品主要包括：武器、弹药、爆炸物和军事装备器材、毒品、有毒化学品、古玩、伐自国内天然林的圆木、锯材、来源为国内天然林的木材、木炭、野生动物和珍稀动物、用于保护国家秘密的专用密码和密码软件等。越南科学技术部2012年9月份颁布关于进口中国机械设备的新规定。规定称，暂停进口中国2255家企业淘汰的18个领域的落后技术和设备。包括钢铁、合金、炼煤、铜、铅、锌、电解铝、冶炼、化纤、水泥、平板玻璃、造纸、酒及酒精、味精、熟皮、柠檬酸印染等生产行业二手设备。从2012年9月15日起，越南海关总局只允许经由科学技术部确认不属于暂停进口范围的中国产二手设备通关。

据《越南经济时报》2014年1月7日报道，越南工贸部第34/2013/TT－BCT号通知称，自2014年2月5日起，禁止越南外资企业出口石油或其他原油。此外，通知规定越南外资企业不可进口各类雪茄、香烟；烟草或烟草制品。报道称，该通知还禁止外资企业进行部分产品的分销，主要包括：大米、蔗糖、甜菜糖、原油及加工品、药品、炸药、书籍杂志、珠宝首饰等。

4. 进出口商品检验检疫

越南进出口商品检验检疫工作根据不同商品种类由不同部门负责，食品和药品检验由卫生部负责，动植物和其他农产品检验由农业与农村发展部负责，具体规定可在网上查询。

5. 海关管理规章制度

【管理制度】越南现行关税制度包括4种税率：普通税率、最惠国税率、东盟自由贸易区税率及中国—东盟自由贸易区框架下特别优惠税率。普通税率比最惠国税率高50%，适用于未与越南建立正常贸易关系国家的进口产品。原产于中国的商品享受最惠国税率，其中属于越南海关税则1～8章的商品适用于“早期收获”税率，即零关税。根据中国—东盟自由贸易区货物贸易协议，从2011年开始，越南将对从中国进口的商品每2年削减1次进口关税。到2015年，除少量敏感产品外，将对95%以上的商品征收零关税。

【关税税率】根据越南财政部官网声明，越南部分商品进口税率见下表：

表1　越南部分商品进口税表

商品名称	关税税率	商品名称	关税税率
香烟原料	30%	纺织原料	5%～12%
皮革原料	0%～10%	成衣	5%～20%

续表

商品名称	关税税率	商品名称	关税税率
皮革制品	0%～28%	鞋	5%～32%
木材原料	0%～5%	玻璃	0%～40%
纸浆	0%	钢材	0%～32%
纸张	5%～25%	发动机	0%～38%
农机	5%～15%	汽车（5座）	78%

（资料来源：越南海关）

据报道，越南海关总局表示，对于汽车零配件的分类及关税计算政策已在2006年4月15日启用至2011年12月31日为止。从2012年1月1日开始，对于汽车零配件的分类以及关税计算按第九十八章，9821组规定进口关税税率将为0%～74%。

据越南工业与贸易部下属单位市场竞争管理局透露，越南政府将对包括精致大豆与棕榈油在内的进口植物油按照4%的税率征收“食用油保障税”。

二、对外国投资的市场准入的规定

1. 投资主管部门

越南主管投资的政府部门是计划投资部，设有26个司局和研究院，主要负责对全国“计划和投资”的管理，为制定全国经济社会发展规划和经济管理政策提供综合参考，负责管理国内外投资，负责管理工业区和出口加工区建设，牵头管理对官方发展援助的使用，负责管理部分项目的招投标等。

2. 投资行业的规定

【禁止投资项目】

（1）危害国防、国家安全和公共利益的项目；

（2）危害越南文化历史遗迹、道德和风俗的项目；

（3）危害人民身体健康、破坏资源和环境的项目；

（4）处理从国外输入越南的有毒废弃物、生产有毒化学品或使用国际条约禁用毒素的项目。

【限制投资项目】

（1）对国防、国家安全、社会秩序有影响的项目；

（2）财政、金融项目；

（3）影响大众健康的项目；

（4）文化、通信、报纸、出版等项目；

（5）娱乐项目；

（6）房地产项目；

（7）自然资源的考察、寻找、勘探、开采及生态环境项目；

（8）教育和培训项目；

（9）法律规定的其他项目。

【特别鼓励投资项目】

（1）新材料、新能源的生产；高科技产品的生产；生物技术；信息技术；机械制造；配套工业，具体包括：

①复合材料、轻型建材、珍稀材料。

②高级钢材、合金、特种金属、钢坯。

③太阳能、风能、生物燃气、地热及海潮等新型能源应用。

④医疗分析设备生产、医学遗注技术应用、整形设备、残疾人专用车辆及设备生产。

⑤应用先进技术和生态技术生产药物达国际GMP标准、抗生素原材料生产。

⑥计算机、通信设备、电信、互联网及重点通信技术产品生产。

⑦半导体和高科技电子配件生产、软件及数码通信素材生产；软件服务、通信技术研究及通信技术人才培养。

⑧精密机械设备生产制造；工业生产安全监控及检测设备生产；工业机器人开发。

（2）种植、养殖及加工农林水产；制盐；培育新的植物和畜禽种子包括：

①植护林。

②荒地、沼泽区域种养农林水产。

③远洋捕捞作业。

④物种、树种及家禽种苗培养且经济价值高。

⑤盐业生产、开发及精炼。

（3）应用高科技、现代技术；保护生态环境；高科技研发与培育：

①在越南未投入使用的新技术和高工艺；生态技术应用。

②污染处理及环境保护；环保处理、观测及分析设备生产。

③污水、废气及固体排放物处理及回收再利用。

④研究、发展和培育新工艺。

（4）使用5000人以上劳动密集型产业。

（5）工业区、出口加工区、高新技术区、经济区及由政府总理批准重要项目的基础设施建设。

（6）发展教育、培训、医疗、体育和民族文化事业的项目：

①投资建设戒毒、戒烟中心。

②投资成立疫病防御中心。

③投资建设老年中心、集中救助中心、残疾人看护中心及孤儿院。

④投资建设现代化教育培训中心和体育场所。

（7）发展民间传统手工业；

（8）其他需鼓励的生产和服务项目：25%以上的纯利润用于研究与发展。

3. 投资方式的规定

根据越南《投资法》，外国投资者可选择投资领域、投资形式、筹集资金方式、投资地点和规模、投资伙伴及投资项目活动期限。外国投资者可登记注册经营一个或多个行业；根据法律规定成立企业；自主决定已登记注册的投资经营活动。

【直接投资】直接投资方式包括：外商独资企业；成立与当地投资商合资的企业；按BOO、BOT、BTO和BT合同方式进行投资；通过购买股份或融资方式参与投资活动管理；通过合并、并购当地企业的方式投资；其他直接投资方式。

【间接投资】间接投资方式包括：购买股份、股票、债券和其他有价证券；通过证券投资基金进行投资；通过其他中介金融机构进行投资；通过对当地企业和个人的股份、股票、债券和其他有价证券进行买卖的方式投资。间接投资的手续根据《证券法》和其他相关法律的规定办理。

【外资并购】越南正在对隶属于70多家集团和总公司的1600多家国企进行改革，包括银行、航空、通信、造船、汽车、电力、水泥、交通等重要行业。鼓励外商参与，允许外商购买股份和参与管理，仅保留554家与国防、安全等有关的国有全资企业。外商可通过购买上市企业的股票，或购买股份制企业的股权等方式进行并购。

三、越南关于企业税收的规定

1. 税收体系和制度

越南实行属地税法，已建立以所得税和增值税为核心的全国统一税收体系。根据越南《投资法》规定，外国投资企业和越南内资企业都采用统一税收标准，对于不同领域的项目实施不同的税率和减免期限。如特别鼓励投资项目所得税率为10%，减免期限为4～15年；鼓励投资项目所得税率为15%，减免期限为2～10年；所有优惠税率最长不超过15年，过优惠期后按普通税率征税；普通投资项目所得税率为25%，减免期限为2年。

2. 主要税赋和税率

越南是以间接税为主的国家，现行税制中的主要税种是：公司所得税、个人所得税、增值税、特别销售税、社会保障税、健康保险、进出口税、生产特许权使用费、财产税和预提税。

越南国会修法对特别消费税拟立草案，自2015年7月起，拟对碳酸饮料、投票游戏、以及通过发短信来投注的博彩等加征收特别消费税。碳酸饮料将征收10%的税率、投票游戏和发短信来投注的博彩要征收至30%、酒精量超过20%以上的烈酒税率将从目前50%调至65%、酒精含量小于20%的一般酒品，税率亦将调高至35%。啤酒税率将调升至60%，香烟、雪茄及其他烟草制品将从65%调至75%。

【企业所得税】

（1）纳税人：企业所得税的纳税人分为居民企业和非居民企业。企业所得税法对常设机构作了规定。外商在越南投资必须得到有关当局批准且取得营业执照，而取得企业所得税纳税人身份是获得批准的手续之一。居民纳税人身份与外汇管制和税收协定相关。

（2）征税对象、税率：居民企业应当就其来源于全世界的经营所得纳税，非居民企业仅就来源于越南的经营所得纳税。

目前，外商投资企业、国内企业、外国企业的分支机构以及不受《外国投资法》管辖的外国承包商适用标准的企业所得税，税率为25%。建设—经营—移交（BOT）企业的标准税率为10%。

国内外石油、天然气企业的标准税率为50%，优惠税率最低为32%。

符合政府规定条件（见税收鼓励政策）的外资企业和国内企业，优惠税率为20%、15%和10%。

（3）应纳所得税额计算存货估价。对于存货估价，目前没有专门规定。存货的税务处理采用会计处理方法，遵循《越南会计标准》。

资本获益。资本投入所得利润应按规定缴纳所得税。根据资产属性，某些销售收入应缴纳增值税。外国投资者转让在越南注册公司的权益所获得的利润，应按照25%的税率纳税。

折旧的扣除。从2004年1月1日起，税收折旧应与会计折旧区别对待。在计算企业所得税时，超过规定折旧率的部分不能扣除所得税。对各类资产（包括无形资产）规定最长和最短使用年限。一般采用直线折旧法计算，在特殊情况下也可采用双倍余额递减折旧法和生产折旧法进行计算。

【个人所得税】

（1）纳税人：越南个人所得税纳税人分为居民纳税人和非居民纳税人。外国人1年中在越南居住和工作的时间满183天，则为居民纳税人，按累进税率纳税；在越南居住和工作的时间不满183天，则为非居民纳税人，按单一税率纳税。

（2）征税对象、税率：居民纳税人应当就来源于全世界的所得纳税。非居民外国人仅就来源于越南的所得纳税，第1年适用25%的税率，以后的年度适用居民外国人的税率。与越南签订了避免双重征税协定的国家的居民个人纳税人，如果是越南的非居民纳税人并符合一定条件，则可以免缴个人所得税。

【其他主要税种】

（1）增值税：是对商品和服务的增值金额征税。在越南设立的内资和外资盈利性机构都应当缴纳增值税。自2004年1月1日起，根据商品和服务种类，增值税适用5%和10%（标准税率）2种税率。加工制造业产品出口和劳务出口，免征增值税。进口环节增值税优惠政策自2004年1月1日起取消。

据《西贡经济时报》2014年1月23日报道，越南财政部日前公布第385/BTC－CST号关于减免增值税的通知。根据通知，种植、养殖、水产养殖和捕鱼等行业未经加工或初加工的产品将免征增值税。

（2）印花税：对各种性质企业每年必收的费用，以企业注册资金为依据。注册资金在100亿越南盾以上征收300万越南盾；50亿～100亿越南盾征收200万越南盾；20亿～50亿越南盾征收150万越南盾；20亿越南盾以下征收100万越南盾。新成立企业在上半年完成税务登记并获得税号将按全年征收印花税，下半年获得按50%缴纳。

四、越南对外国投资的优惠

1. 优惠政策框架

2006年7月1日，越南出台新的《投资法》，对国内和外商投资实行统一管理，取消先行实施的《外国投资法》的诸多限制，进一步开放市场。取消的限制包括：要求优先购买、使用国内商品和服务，或必须购买国内某一生产厂家的产品和服务；要求商品或服务出口必须达到一定比例；限制出口商品和服务的种类、数量和价值；要求商品进口数量和价值与商品出口数量和价值相当或必须通过自身出口来平衡进口所需外汇；要求商品生产要达到一定的国产化比例；要求研发工作要达到一定水平或价值；要求在国内外某具体地点提供商品及服务；要求总部设在某具体地点等。

《越南经济时报》2013年12月23日报道，越南政府公布了关于对农业、农村领域投资企业的一系列优惠政策。优惠政策主要包括：对于特别优惠的投资项目，政府免收土地使用费；对于优惠投资的项目，减免70%的土地使用费；对于鼓励投资的项目，减免50%的土地使用费。

报道称，对于投资禽畜集中养殖项目，越南财政拟对每个项目资助30亿～50亿越南盾（约合14万～23万美元），用于基础设施建设。对海产品养殖投资项目，越南拟对每个项目资助100立方米的网箱水域面积。

2. 行业鼓励政策

越南鼓励外商直接投资发展高新技术产业，尤其是鼓励到高新技术开发区投资建厂。

根据规定，入驻高新技术园区的企业应符合以下条件：高科技产品的销售额占营业收入的70%以上；生产技术需达到先进程度；产品可以出口或替代同类进口产品；产品质量达到ISO 9000标准；人均产值达4万美元以上等。为加快人才培养，越南还规定：至少40%的企业员工拥有高等学历，并在国外研究机构或现代化生产一线受过业务培训；100%的中层干部和工人应得到业务和技术培训，其中至少5%的员工需经过国外现代生产线操作培训；科研经费的支出不得低于年营业收入的2%；对于法定资金超过1000万美元的项目，科研和培训经费至少每年20万美元，人均营业收入需达到7万美元（法定资金超过3000万美元，员工超过1000人的企业除外）等。

越南对该类投资项目提供以下政策优惠：

（1）外商投资高新技术产业，可长期适用10%的企业所得税税率（园区外高科技项目为15%，一般性生产项目为20%～25%），并从盈利之时起，享受4年免税和随后9年减半征税的优惠政策。

（2）在高新技术企业工作的越南籍员工与外籍员工在缴纳个人所得税方面适用同等纳税标准。

（3）外国投资者和越南国内投资者适用统一租地价格；投资者可以土地使用权价值及与该土地使用面积相关联的财产作抵押，依法向在越南经营的金融机构贷款；对高新技术研发和高科技人才培训项目，可根据政府规定免缴土地使用租金。

（4）在出入境和居留方面，外籍员工及其家属可申请签发与其工作期限相等的多次入境签证；越南政府依据有关法律规定为外籍员工在居留、租房购房等方面提供便利条件。

（5）高新技术项目：投资者根据其他投资优惠政策法规文件的规定享受最高的优惠政策待遇。

3. 特殊经济区域的政策

【特殊经济区域】越南政府首相的72/2013/QD一TTg号决定规定对于关口经济区域的财政政策、机制从2014年1月15日起生效，其中，对于关口经济区有很多税务优惠。

具体为，对于在关口经济区域活动企业的企业所得税优惠根据企业所得税及其他指引实行文件实现。

越南公民和外国公民直接在关口经济区域工作、生产经营，在关口经济区域有工作收入、生产经营收入，属于根据个人所得税法规定的个人所得税承担对象，得到扣除应缴税款的50%。

决定对于关口经济区域的增值税、出口税、进口税也有很多优惠。

五、与投资合作相关的主要法律法规

《民法》规定越南的自然人之间、法人之间以及自然人与法人之间的财产关系，为私有财产提供保护。《投资法》规定外商在越南投资的项目审批、权利、义务、税收、政策优惠等。

《海关法》规定商品进出越南的原则和方式，以及海关机构和进行商品外贸活动的人的权利和义务等。

《竞争法》、《企业法》、《证券法》、《企业所得税法》对企业并购及外国投资者股权比例、外国投资税收优惠有明确规定。

越南《增值税法》若干修订补充法自2014年4月1日起生效。社会住房增收5%税率（已于2013年7月生效），根据越南国会常务委员会的解释，低中收入对象对住房需求很大，所以采用5%税率创造条件让种中低收入者有机会接近社会住房。

据《越南新闻》报道，2014年4月12日，越南国会经济委员会召开会议，征求关于《投资法》修订的意见。与会代表同意修改现行《投资法》，改进审批程序，提高投资监管效率。越南计划投资部副部长阮志勇在会上指出，新修订的《投资法》将对注册资本较大的项目进行严格管理。越南国会经济委员会副主席梅春雄表示，修订后的《投资法》将促进国内外企业在越南投资，还能够管理实际投资和投资经纪活动。

2014年4月21日，越南国会常务委员会一致同意，为贯彻《宪法》精神，尤其是处理好政府、市场与企业之间的关系，启动越南《企业法》（2005）修订工作尤为必要。国会常委会当日审议的修正案（草案）包含10章220条，比现有版本增加了40条。修订的内容主要集中在当前进行的企业改革尤其是国企股份化进程方面，同时增加了激励企业采取符合国际惯例、顺应经济一体化的现代企业管理方式等内容，最终落脚点则是处理好政府、市场与企业之间的关系。

据《越南经济时报》报道，越南国会日前以多数赞成票通过了《公共投资法》和《建筑法》修正案。《公共投资法》是一部新法。包含6章和108条款，自2015年1月1日起生效。法律内容包括：管理和使用公共投资资金；管理公共投资项目；规定参与公共投资的单位、组织和个人的权利、义务和责任。修正后的《建筑法》补充了30条款。新条款强化了政府管理部门在投资建设中的职能，确保项目按照规划进行，同时增加了投资项目的审查和质量管理机制。

（来源：南博网. http://www.caexpo.com/news/asean/yuenan/zcfx/fghj/2015/07/15/3648300.html. 2015—07—15）

企业案例篇

企业案例

广东中烟融入柬埔寨20年 勇拼实干创佳绩

到柬埔寨旅游，稍加留意当地的卷烟市场，你会发现其高档卷烟中也有一款名为"吴哥"的畅销烟。不为人知的是，"吴哥（金）"这款被当地消费者视为"国烟"的柬埔寨地产烟，是广东中烟工业有限责任公司柬埔寨威尼顿（集团）公司（以下简称"威尼顿公司"）生产的高端卷烟产品。

"吴哥"卷烟在柬埔寨卷烟市场落地生根，已经做到"入乡随俗"，那么，当前柬埔寨卷烟市场发展状况如何？卷烟品牌如何适应当地卷烟市场？

外烟主导市场

历史上的柬埔寨曾饱受外国殖民侵略。近90年时间里，柬埔寨一直处于外国殖民统治之下。如今，柬埔寨在很多地方还留有殖民痕迹。

同样，柬埔寨的卷烟市场也深受外商影响。自20世纪50年代当地开始生产经营烟草制品以来，在很长一段时间内，英美烟草柬埔寨公司一直是柬埔寨卷烟市场具有统治地位的烟草商，市场占有率近50%。

在1975年红色高棉时代开始之前，英美烟草离开柬埔寨，约20年后，英美烟草于1996年重返柬埔寨。当时，英美烟草柬埔寨公司与新加坡联合烟草有限公司及一位当地商人共同建立了一家合资企业，重新建立了其在柬埔寨的"根据地"，试图继续主导柬埔寨的卷烟市场。由于常年战乱，柬埔寨的卷烟工业基础较为薄弱，烟草制品均是自由生产经营，处于完全竞争的市场环境，既没有实行烟草专卖制度，也没有专职的卷烟市场监管机构。

一位熟悉柬埔寨卷烟市场的威尼顿公司工作人员介绍，柬埔寨的卷烟零售店超过20万个，遍布全国各省各地区的角落，仅首都金边就有2万多个。业态上以杂货店和便利店居多，在大城市也有商城、超市、机场免税店等，还存在不少流动销售类型的卷烟零售店。

近年来，柬埔寨卷烟市场虽仍由外烟主导，但英美烟草柬埔寨公司"一支独大"的情况已一去不复返。目前，柬埔寨本地的卷烟制造商主要有广东中烟威尼顿公司、英美烟草柬埔寨公司、柬埔寨Rock国际烟草有限公司、法属烟草公司阿达迪斯公司旗下的Huotraco有限公司等。

据不完全统计，目前柬埔寨卷烟市场各种档次卷烟产品的总容量在25万到27万箱之间，其中包括1.8万到2万箱的手卷烟。由于经济水平低、贫富悬殊大，柬埔寨的卷烟消费总体结构仍然偏低，多数集中于每包0.5美元（1美元约合4000瑞尔）以下。

据了解，柬埔寨的地产卷烟约占市场销售的90%，进口卷烟销量约占10%。曾担任威尼顿公司总经理苏克表示，目前，威尼顿公司的市场份额约占40%，英美烟草柬埔寨公司约占35%，其他一些合资烟草企业和本地烟厂占据剩余份额。

据苏志纯介绍，柬埔寨的低档卷烟主要由威尼顿公司的"金宝"和"皇冠"、英美烟草柬埔寨公司的"民族"和"解放"等品牌主导；威尼顿公司的"利是"和英美烟草柬埔寨公司的"鹦鹉"品牌则占据了经济型卷烟绝大部分市场份额。中档烟方面，阿达迪斯公司旗下的'FINE'品牌如今一枝独秀；高档烟方面，威尼顿公司出品的'吴哥'品牌、国际品牌'555'和'万宝路'普遍受到当地消费者的欢迎。"吴哥"的市场口碑正在变得越来越好。

根据威尼顿公司提供的数据显示，柬埔寨市场低档卷烟（每包1000瑞尔以下）约占33%，经济型卷烟（中等偏低档，每包1001～2000瑞尔）约占35%，中档卷烟（每包2001～3000瑞尔）约占26%，高档卷烟（每包3001瑞尔以上）约占6%。

威尼顿后来居上

1993年7月，经过缜密分析研判后，广东中烟工业有限责任公司与柬埔寨亚细安国际有限公司共同组建了威尼顿公司。

成立之初，威尼顿公司为了尽快实现产品从生产向消费的转化，遵循“建立省区代理，调控货源市场，统一批发价格”原则，依托批发市场的烟草批发商，逐步建立起了覆盖柬埔寨全国的销售网络。

同时，威尼顿公司没有简单“复制”国内产品，而是根据当地市场特点和消费习惯，实施品牌本土化发展战略。其中，与柬埔寨文化紧密相关的“吴哥”牌卷烟是威尼顿公司最为成功的一个产品。

利用吴哥窟在柬埔寨的独特地位，威尼顿公司定位高端的“吴哥”品牌凝聚了柬埔寨人民的感情，品牌形象符合柬埔寨消费者潜在需求，更填补了柬埔寨高档地产卷烟的空白，成功占领了当地卷烟消费市场。

凭借适销对路的产品、完善的销售网络、先进的技术管理、良好的售后服务，威尼顿公司在市场竞争中迅速发展壮大，旗下品牌在柬埔寨变得家喻户晓。苏志纯称，仅用了不到4年时间，威尼顿市场占有率从0%发展至30%。

据悉，威尼顿集团的产品涵盖高、中、低三个档次，包括吴哥、椰树、利是、双喜、皇冠、金宝等柬埔寨卷烟品牌。其中，“吴哥”被誉为柬埔寨国烟，“利是”已成为最畅销的本土卷烟品牌。

如今，历经20余年的快速增长，威尼顿公司已发展成为柬埔寨当地最成功的中资企业和较大的卷烟生产企业之一，所属品牌结构档次趋于完善合理，在完全竞争下的市场占有率稳定在40%，“吴哥（金）”更是稳居柬埔寨“国烟”地位。

树立先锋旗帜

目前，威尼顿公司已发展成柬埔寨境内最大的卷烟企业，主打品牌在完全自由竞争、品牌众多的柬埔寨市场落地生根，成为中国烟草实施“走出去”战略的一个亮点。

值得一提的是，为更好地适应柬埔寨卷烟市场的新形势和新变化，广东中烟决定对威尼顿公司进行易地技术改造。技改后新的卷烟工厂年生产卷烟能力将达到15万箱，目前该技改项目正在如火如荼地实施之中。技改完成后，广东中烟在柬埔寨的市场影响力将得到进一步提升。广东中烟投资管理部部长李伟庆认为，总结借鉴威尼顿公司在柬埔寨的市场开拓经验，有助于中国烟草更好地“走出去”，在拓展国际市场方面不断走向深入。

威尼顿公司目前拥有员工近800人，其中95%为柬埔寨当地员工。威尼顿集团有限公司新工厂位于柬埔寨国家4号公路，距离金边约28.5公里处（北侧），占地面积18.5万平方米。新工厂于2012年2月21日奠基，如今已经建设成为一座规模宏大、设计独特、规划合理、设备先进的现代化卷烟工厂，其单班年产能力达到75亿支，主要生产管理指标达到国际先进水平。技改项目的竣工标志着威尼顿集团有限公司的建设和发展树立了一个新的阶段。

中国烟草公司张本甫总经理表示，威尼顿集团有限公司技改项目是中国烟草境外重点工程项目，投资总额巨大，建设规模庞大，工程项目众多。建成的新工厂已成为东南亚领先、国际一流的现代化卷烟厂，标志着中国烟草“走出去”的战略率先取得了成效。

当前，随着中国“一带一路”战略的推进，柬埔寨经济社会的快速发展，中国与柬埔寨合作的日益深化，给中国烟草国际化发展带来了新的机遇。威尼顿集团有限公司作为中国烟草走出去的马前卒，以其20多年的成功经验，已发展成为中国烟草在东南亚的桥头堡。

对于企业而言，“走出国门”将会面临很多挑战。威尼顿公司从自身实际出发创新发展途径的做法，说明一个道理：市场是起始点，也是最终目标。扎实的市场基础和稳健的工作基础，是不断拓展国际市场的两大利器。

威尼顿在不断发展壮大企业自身的同时，也为柬埔寨当地经济的繁荣发展作出重要贡献，实现互利共赢。未来，威尼顿集团有限公司将以更完备的功能设施，更丰富的生产管理经验，更先进的市场开拓理念，率先与国际接轨，成为中国烟草在境外的一面旗帜。

（来源：综合整理自《华商日报》、《中国烟草》）

绿地集团200亿马来西亚造城 大牌房企出海加码

2015年，绿地集团将其海外业务布局，扩展到马来西亚。专家预测，未来中国房企仍将加码“出海”。

2014年2月28日，绿地集团就马来西亚新山市两个地产项目签署合作备忘录，计划投资额近200亿元人民币。其中一个项目，成为迄今为止中国企业在马来西亚投资的最大规模房地产单体项目。

这是绿地集团首次进军马来西亚房地产市场。此次签约的两个项目，分布在马来西亚新山市的东区和西区，沿柔佛海峡，与新加坡隔海相望。两个项目总占地面积约57.3公顷，规划建筑面积约230万平方米，规划建设大型住宅社区、中高端服务式公寓、酒店及配套商业。有媒体称，这两个项目将建设住宅、酒店式公寓和酒店。绿地集团表示，项目预计在6个月内正式开工建设。

绿地首进马来西亚

相比欧美及澳大利亚，东南亚国家房地产市场具有独特的吸引力。绿地集团董事长、总裁张玉良分析，一方面，相比欧美国家的高端地产项目，东南亚房地产价格相对便宜；另一方面，东南亚地区华人占比较高，语言饮食文化相似。马来西亚拥有庞大的华人社区，以及吸引国外买家的有利政策，已成为新兴投资目的地。

投资马来西亚项目，将进一步提升绿地在亚洲市场的影响力、号召力，绿地公司将致力于把新山项目打造成为市场新标杆。张玉良表示，首次进入马来西亚市场，绿地就加大投资力度，主要基于4个方面考虑：

一是马来西亚经济总体发展稳健，近10年来GDP保持稳健快速增长，已成为亚洲发展速度最快的国家之一。房地产市场近年来处于持续上升通道，在建的新马高铁未来将连通新加坡与马来西亚，必将为马来西亚房地产带来活力和价值重估，马来西亚有望借力快速发展吉隆坡、新山等重点城市，投资前景广为投资者看好。

二是区域规划愿景明确，有庞大需求支撑。新山市所在的柔佛州自2006年启动兴建“依斯干达开发区”，计划总投入3830亿林吉特（1元人民币约合0.533林吉特），在依斯干达打造5个旗舰发展区（绿地项目属于新山市中心旗舰区），计划至2025年，将依斯干达打造成居住、娱乐和商业完美融合的国际化大都市，把依斯干达区人口从现有的180万增至300万，包括主题乐园、国际学校等基础设施目前正在投建。

三是城市区位优越。新山位于马来半岛最南端，是柔佛州的首府、马来西亚3座主要城市之一。新山和新加坡之间仅隔一条狭长的柔佛海峡，被视为新加坡面对马来西亚市场的腹地，目前已建成两座桥连接两地。马来西亚政府意图以“深圳一香港”的概念，将新山打造成国内第2大城市。

四是移民及投资政策成熟。马来西亚政府推出并不断完善“第二家园”计划，鼓励外籍人士在马来西亚长时间居住及投资。截至2013年，该项计划以其申请条件和要求简单的优势，共吸引了120个国家的2万多人到马来西亚定居。

此外，马来西亚宜人的气候环境、多元文化的融合、对接欧美的教育资源，均有极大吸引力。

除了绿地集团，目前碧桂园和富力地产均已在马来西亚拓展业务。

绿地集团目标：世界级开发商

自2012年起，绿地集团便积极踏上海外发展的征程。2014年，绿地集团新增100亿人民币海外投资，目标销售收入200亿人民币，海外投资额累计1000亿人民币，最终形成了“4洲10国100城”的全球战略布局。截至2014年3月，加上马来西亚项目，绿地集团的海外投资版图已扩大至“4洲9国13城”。

2014年，绿地集团全球扩张道路上“喜报频频”，成为中国最大海外投资房企。2014年3月，绿地成功收购澳大利亚悉尼市两幅地块；2014年7月，绿地再与澳大利亚商业运营龙头企业皇冠集团携手，投资开发澳大利亚昆士兰州布里斯班皇后码头项目，打造世界级旅游新兴目的地。至此，绿地凭借雄厚的海外资金及开发实力，海外资产国家布局最广阔，海外资产配置最优质，成为中国最大的，最具实力的海外投资房企。

2014年9月20日，作为布局世界、征服亚澳欧美四大洲10国100城，中国最大的一站式海外置业平台—绿地集团海外销售中心盛大揭幕。绿地集团海外置业中心成立，标志着全球资产管理开始进入绿地时代，中国最大的海外置业品牌，将致力于为中国海外置业者提供一站式的海外置业全方位指南，选择最优质保值的海外资产，并提供完善的移民，留学、养老、医疗、贷款贷房一体化服务，实现中国家庭资产的全球化配置安全，为更多的中国人海外资产配置保驾护航。

海外市场置业需求呈快速上升态势。张玉良表示，随着中国新一轮全面深化改革的推进，绿地将更加注重统筹国际国内两个大局，利用国际国内两种资源来谋划自身发展。绿地的目标是成为具有世界级规模和竞争力的全球综合性地产开发运营企业。

中国房企“出海”加码

2014 年 2 月 26 日，万科进军纽约动工建造曼哈顿地标项目、碧桂园斥 7300 万澳元到澳洲买地进军澳大利亚住宅市场。

目前，中国已然成为海外房地产投资市场的一支生力军。

数据显示，2013 年中国海外房地产投资交易额已突破 50 亿美元，刷新了 2012 年 40 亿美元的纪录，上层乃至中产群体正逐渐成为海外购房主力军。

除了海外置业需求，国内不少大型地产商近两年纷纷加快出海的另一考量，可能是分散风险。

业内人士判断，2014 年中国的房地产市场增速会较 2013 年大幅下降，包括成交量和成交价格的增速。

同策咨询研究部总监张宏伟认为，中国房企加码“出海”力度，原因有三：首先，部分大型房企的全国化布局基本完成，从战略布局角度需要国际化，业务上逐步实现海外与国内的“二八原则”；其二，布局海外的企业前期实验性投资获得预期收益，尝到布局海外投资的甜头，获得初步成功，因此继续加大海外市场布局的力度。其三，市场潜在需求庞大，仍然有比较大的市场操作空间。

张宏伟表示，从中国房企投资海外项目来看，多为旅游地产项目，而锁定的客户多为国内客户，企业也可借此整合产业链。品牌房企“出海”投资的趋势在 2014 年将更加火爆，预计品牌房企出海将有更大的动作，或许龙头房企会直接通过并购、合作等方式大范围布局海外房地产市场。

（来源：综合整理自《东方早报》）

中国华为挺进东盟市场
十余年成绩斐然

分析人士称，华为一直是中国企业中的异数，行事低调，而成绩却很显眼。经过这么多年的发展，华为一直保持着一股强劲的发展势头。

一、华为挺进东盟十余年

1987 年华为在中国深圳成立，2010 年作为内地唯一的民营 IT 企业进入《财富》全球 500 强，成为中国电子百强之首，被 Fast Company 评为 2010 年最具创新力公司全球前 5 名。2011 年，华为开始尝试以更开放的姿态面对媒体，华为高管集体开微博，增加透明度，连续 3 年发布社会责任报告。

人口众多的东盟地区，一直以来都是华为重要的海外市场。华为进入东盟市场已有十多年，和印尼、新加坡、马来西亚、泰国等运营商、政府宽带项目都有广泛的合作。以印尼为例，2000 年，华为印尼公司在印度尼西亚正式成立，宣告华为建立起了在东盟的首个前沿基地，在此之后，华为公司积极与印尼政府、商家合作，拓宽自己的行销范围，在印尼创造了骄人的业绩。如今，印尼 10 家领先运营商中，有 9 家由华为提供服务。据悉，华为在印尼以及泰国的年销售额，分别飙升到了 2012 年的 16 亿美元以及 10 亿美元，跻身印尼和泰国纳税最多的外企行列，成为中国企业在东盟国家发展壮大的成功案例。

华为在海外的成功离不开本土化的经营策略，华为东南亚总裁杨蜀表示，华为相信本土化的经营是华为在海外成功的基础，所以华为在东盟地区坚定地推行企业本土化。据悉，在 2012 年华为在东盟区域的本地合作伙伴已经超过了 1000 多家，本地采购金额 10 亿美元，间接就业人数超过了 3 万人，东盟地区的本地员工达到了 800 名，占全部员工总数的 80%以上。走出国门的华为不仅为自己创造了经济效益，也解决了当地人的就业问题，推动了当地经济的发展。华为的本土化经营策略，使它成功融入当地社会，成为当地行业领跑者。

除了聘任大量本地雇员，华为印尼公司还积极开展与印尼本地企业的合作。从市场份额看，每年新增采购数额中，仅电信设备一项，华为就占当地市场 40%以上。东盟国家众多的人口，市场潜力巨大，使得中国企业开始考虑进一步深化合作。据统计，随着智能移动设备销量的不断上升，目前，在东南亚国家至少一半以上通过智能手机上网，是全球通信和互联网业务增长最快的市场之一。华为公司看准时机，与印尼、新加坡、泰国、马来西亚、缅甸等国家的公司签署战略协议，由后者在该国代为经销华为企业商务产品，拓展当地市场；借助当地企业完善的分销网络和零售策略，华为迅速占领当地通信业务及无线互联网业务。

二、未来华为持续主攻泰国市场

中国华为技术集团为挖掘企业发展前景，着手锁定企业PC网络服务和智能手机市场。

泰国华为技术有限公司（分公司）董事总经理陈瑞称，预计未来3到5年之内，华为企业PC网络运营和智能手机业务收入增长将赶超泰国本地各大电信网络运营商。陈瑞认为，虽然2014年度上半年泰国因政治危机处在经济全面崩溃边缘，但华为集团作为中国在泰国投资企业已长达10年，其品牌知名度于泰国各大电信部门和消费群体皆有不小的影响力。

中国华为集团海外通信分公司主管斯威夫特称，泰国华为已新推出第5代企业互联网。华为互联网数据传输的灵活程度使企业可更加有效地管理其计算机网络系统。与此同时，华为融合有线和无线网络服务，通过每小时数据传输配置统计和每月新业务服务部署不断提高其互联网数据传输灵活度。与侧重稳定技术及稳定连通性的传统企业计算机网络不同，华为旨在通过其网络数据监控不断提高服务质量，专注服务用户体验。华为企业网络系统的主服务器采用最新技术芯片，通过软件编程，为用户集中数据管理。

该网络系统同时可用于校园网、广域网和数据统计中心。华为集团于去年推出该新型局域网络系统，目前全球范围内有184个商业机构采用华为新型数据集中式处理网络。

泰国华为董事宋丹萍表示，华为2014年侧重于大学教育、金融服务、广播媒体、运输和大型企业的局域互联网开发。同时华为亦瞄准军政府下令普及基础教育智能教室项目商机，将与军政府及当地PC生产商合作，为智能教室开发新型局域互联网项目。

三、华为对东盟国家的回馈

杨蜀认为，在海外的长期发展过程中，企业的管理者深刻地意识到华为不单要做一个长期共同发展的全球化企业，更要做一个合格的企业社会公民，所以华为非常注重企业的社会责任。包括在当地的救灾捐赠、长期的人才培训、合作伙伴的培养、一些专业论坛方面都发挥了积极的作用。

在华为“落地”的国家，华为不仅在设立研发中心，还与当地大学进行科技合作，通过提供奖学金，或是为优秀学生提供带薪实习的机会等措施，吸纳优秀大学生成为公司的储备人才，不仅实现了本土化经营，还成功提高了华为在当地的知名度。许多在华为实习过的当地大学生均表示，华为的工作环境、工作氛围良好，在华为公司实习，不取可以将学到的理论知识付诸实践，并且掌握最尖端的新技术。

东盟于2015年将建成经济共同体，届时不管是东盟各国间的交通运输还是通讯信息等方面的往来都会更加密切。杨蜀表示，华为希望在东盟共同体经济一体化过程中在通信、信息共享方面，能够做出更大的贡献。所以未来会在通信、信息共享方面做主体的规划。东盟各国电信的发展各有特点，但总体来说中国在电信方面的发展对这些国家均有借鉴作用，华为作为一个总部在中国的全球化的公司，可以把中国在电信方面的经验和东盟进行很好的交流和共享。

（来源：综合整理自中国—东盟传媒网）

广汽传祺签约柬埔寨经销商
进军东南亚市场

广汽乘用车公司总经理吴松称。2014年8月，广汽乘用车和柬埔寨经销商签署战略合作协议。这是继2014年成功进军科威特、迪拜等中东汽车市场后，广汽传祺又一次海外市场的发力之举。

战略规划着眼东盟

2014年1月，广汽传祺发布了“有谋有动，整体布局，稳步发展，重点突破”的全球化战略，将围绕各大洲重点市场为据点，辐射周边区域市场，完成18个国家的网点布局，并通过3个阶段，逐步推进品牌国际化进程。而第1阶段，广汽传祺分别在中东、南美、东南亚及中国周边区域布局市场。

中国—东盟自由贸易区拥有19亿人口、近6万亿美元GDP、4.5万亿美元贸易总额，是全球汽车业的重要增长地区。由于其汽车工业尚不发达，以及地缘和双边关系等因素，从而给中国汽车出口业带来较大的发展空间，该汽车市场对中国汽车品牌无疑具有吸引力。

广汽传祺既重视本土市场，更积极拓展海外市场。广汽传祺未来要辐射东南亚市场，柬埔寨是一个良好的开端。吴松表示，柬埔寨实行自由市场经济，迄今为止没有建立汽车工业，对汽车进口也没有准入限制。近年来由于政治趋于稳定，经济不断发展，加上消费者对于汽车有着较强的购买欲望，柬埔寨汽车市场正处于新兴发展期。伴随着东盟一体化速度加快，以及中柬两国关系进一步加强，广汽传祺进入这个重要区域市场契机已到。

最新的信息是，广汽传祺将以“4S＋S”渠道模式布局柬埔寨市场，金边的传祺4S店业已落成，广汽传祺旗下GS5、GA5、GA3即将亮相金边。

目前，广汽传祺已批量出口中东、南美和非洲等区域市场，柬埔寨是广汽传祺在东南亚地区的海外首发市场，此次成功签约柬埔寨经销商也是广汽传祺在全球化发展规划上极具战略意义的开拓之举。未来，广汽传祺国际化进程的第2阶段是开拓欧美市场；第3阶段将全面推进品牌国际化发展，打造世界知名品牌。

品牌国际影响力逐渐提升

广汽传祺创始之初就以同级合资车为竞争对手，通过持续正向研发，目前已经接连获得多项专业认可。在国际权威机构J. D. Power发布的《2013中国新车质量报告（IQS）》显示，广汽传祺以97分，远超行业平均119分的成绩，荣登中国品牌榜首，并且高于众多国际品牌。

传祺的高品质有口皆碑。无论在哪个市场，在同级车型中，广汽传祺不惧怕任何对手。对于传祺“白刃战”能力，吴松信心满满。当前柬埔寨汽车市场主要车型总体以日系车为主，广汽传祺上述3款车型，均为其强劲竞争对手，其中主力车型GS5，在2013年成功进入月销万辆俱乐部，成为首个跻身该行列的中国中高端SUV。

海外市场　捷报频传

继销量“三年跳”后，广汽传祺2014年上半年国内市场同比逆势增长50%。而在海外市场，在已运营半年多的科威特区域，广汽传祺初战告捷，终端销量以月度环比100%的速度增长，2014年7月终端销售更是突破70辆，市场表现持续走强。2014年广汽传祺与迪拜经销商加尔加什集团达成的战略合作，也加强了对中东地区的布局，并实现中国汽车品牌在海外中高端市场的重要突破。

值得注意的是，广汽传祺于2014年8月推出针对年轻家庭的GA3S视界，而更偏向越野性能SUV车型GS5S，以及开启乘用车全新运动轿跑时代的GA6，在2014年下半年亮相。这几款新车上市，无疑将进一步丰富传祺产品家族产品谱系，同时也有助于广汽传祺扩大销量。

（来源：太平洋汽车网. http://www.pcauto.com.cn/qcbj/492/4922139.html. 2014—08—08）

中国能建集团扬帆出海深耕东盟市场

目前，中国与东盟在电力和能源领域优势互补，合作规模不断扩大，中国大型电力企业纷纷进军东盟电力市场，投资建设电源和电网的进度不断加快。近几年，中国能源建设集团有限公司（简称“中国能建”）积极寻找与东盟的合作良机，不断拓展东盟市场。

中国能源建设集团有限公司成立于2011年9月，是由国务院国有资产监督管理委员会直接管理的特大型能源建设集团，由中国葛洲坝集团公司、中国电力工程顾问集团公司和国家电网公司、中国南方电网有限责任公司所属15个省的电力勘察设计、施工和修造企业组成。据悉，中国能建是集电力和能源规划咨询、勘测设计、工程承包、装备制造、投资运营等于一体的完整业务链的特大型骨干企业，是中国和世界能源建设的主力军。

十年盛会　交流合作寻商机

中国能源建设集团有限公司（简称“中国能建”）积极参与第11届中国—东盟博览会、中国—东盟商务与投资峰会（简称“两会”），副总经理兰春杰率队出席了开幕式、中国—东盟电力合作与发展论坛等相关活动，寻找与东盟的新商机。同时，中国能建旗下企业积极参与本届“两会”，设置了专门展位，以统一的品牌形象、详实的业绩展示、多载体的宣传方式，全面推介中国能建的实力和品牌。

2014年9月30日，中国—东盟博览会组委会特别致信感谢中国能建对“两会”活动的支持，称赞中国能建发挥能源产业发展优势，扩大与东盟经贸合作，通过绿色能源产业架起了中国与东盟深入合作沟通的桥梁。

潮平岸阔　电力市场竞风流

2014年，电力和能源仍是中国和东盟合作的重要领域之一，也是中国能建在东盟持续深耕的传统主业。

近年来东盟经济发展迅猛，但是电力能源供应不足，装机分布不平衡，电气化率严重偏低，电网建设落后，加强电力建设迫在眉睫。

早在20世纪中期，中国能建旗下企业便已进入东盟参与电力和能源建设。中国能建EPC总承包了中国企业在越南投资规模最大的电力项目——越南2×600兆瓦永兴燃煤电厂一期项目，承建了中国和越南单笔经贸金额最大的合作项目2×300兆瓦海防电厂、柬埔寨最大的水电项目3×82兆瓦达岱河水电站、印度尼西亚最大的燃煤电站660兆瓦阿迪帕拉电站、缅甸装机容量最大的水电站4×197.5兆瓦耶涯水电站等东盟地区重点能源项目。

此外，中国能建在东盟参与了大湄公河次区域电力发展规划、缅北输电规划、缅甸孟东水电站输电系统设计、缅甸密松电站—中国云南境内500千伏送出工程等一系列电网规划设计。2014年8月，中国能建与中国南方电网有限责任公司签署战略合作框架协议，为进一步开发东盟电网建设市场打下坚实基础。

随着中国—东盟自由贸易区经济的健康发展，东盟国家对电力的需求和绿色发展都提出了越来越高的要求。据了解，中国能建一直秉承绿色、环保、低碳、安全的发展理念。凭借在东盟的丰富电力能源建设经验，以及高端咨询、规划研究业务和电力工程建设的品牌优势，中国能建集团将继续深耕东盟电力和能源市场。

风正帆悬　海上丝路驶巨舰

2013年10月，习近平主席访问东盟国家时提出了建设“21世纪海上丝绸之路”、携手建设中国—东盟命运共同体等合作倡议，为中国—东盟关系发展进一步指明了方向。

东盟地处海上丝绸之路的十字路口和必经之地，是海上新丝路战略的首要发展目标。推进基础设施互联互通是建设“21世纪海上丝绸之路”的重要内容，为此，东盟各国制定了互联互通发展蓝图，加快铁路、港口及航空港建设。中国积极推进与东盟之间的铁路联通，努力建成中国—东盟高铁。近年来，中国政府建立了总规模100亿美元的中国—东盟投资合作基金，为东盟国家基础设施建设提供信贷支持，鼓励中国企业“走出去”参与东盟建设。

迎着共建“21世纪海上丝绸之路”的春风，凭借集电力和能源规划咨询、勘测设计、工程承包、装备制造、投资运营等于一体的完整产业链优势，中国能建在立足传统电力市场的同时，抓紧进入东盟公路、铁路、房建、市政、设备供货、贸易、投融资等领域，推进国际业务的多元化发展。积极承建老挝赛格灌溉工程、缅甸板其公路、柬埔寨塔克姆水塔等项目，参与老挝拉龙河流域水电项目、印尼哈希尔砂锡矿合作开发项目、越南海阳火电开发项目等投资项目。

东盟是中国能建的重点国际市场区域，目前，中国能建旗下有50多家企业在东盟开展业务，并设置了40多个驻外分支机构，中国能建已在东盟市场扎稳根基。“中国能建将发挥全产业链优势，加快市场布局，在东盟市场实现全面推广。中国能建国际业务部副主任曾庆波表示，中国能建沿着“21世纪海上新丝绸之路”，扬帆出海，持续“走出去”，切实履行“世界能源，中国能建”的组织使命，努力建设具有国际竞争力的工程公司。

（来源：中国储能网.http://www.escn.com.cn/news/show—183912.html.2014—10—16）

莞企泰国创办“东盟卫视”传播东莞正能量

作为全球第一家且是唯一一家服务于东盟10国的华语电视台，东盟卫视由东莞民营企业新文传媒集团开办，目前其信号覆盖东盟全境，辐射亚洲、北美及欧洲数十个国家和地区，基本覆盖整个东半球，落地入户数超过2000万户。

新文传媒集团副总裁、东盟卫视台长何江表示，东盟卫视既是了解华人世界龙腾四海的窗口，也是传播中国、传播东莞正能量的一个阵地，更是推动“21世纪海上丝绸之路”经贸、文化往来的新平台。这样一个载体，在东南亚发挥其无形的影响力。

扎根泰国服务东盟

在进入泰国之前，新文传媒集团在东莞有10多年的沉淀，覆盖了东莞多类媒体的广告业务。东盟卫视台长何江称，作为传媒集团，新文集团上上下下一直梦想有个自己的、真正的传媒载体。目前，新文集团将目光锁定到国外，拥有华人市场的东盟成为试水首选。

2010年，新文集团租赁了由泰国华人总商会投资的tcctv2频道20年的经营使用权。新文集团与泰国中央中文电视台（tcctv）携手开辟tcctv—2，开始进军国际华文传媒。开播一段时间后，反响良好，新文集团因此筹划独立的电视台。2012 年年初，东盟卫视（mgtv）正式开播，成为全球第 1 家且是唯一一家服务于东盟 10 国的华语电视台。

作为外国资本，要想取得电视台媒体落地牌照并不轻松。何江介绍。2011 年 11 月，新文传媒集团向泰国政府捐献高级矿泉水以及救灾现金，共计约 50 万人民币，集团董事长黄创基受到时任泰国总理英拉的接见。

何江表示，这一善举给当局留下了好印象因此，新文传媒顺利获得泰国政府批准注册。这也说明只要中国企业走出去时对当地友好互助，不是单纯地只想着赚钱，也是很容易被接纳、被尊重的。

此前，泰国政治局势一度不稳定。不少外国投资媒体都在一轮严格资质审核中遭受厄运，“原先泰国 200 多家电视台只有 100 来家通过审核”。而东盟卫视期间短暂停播后又重新复播，正式进入泰国最大有线电视运营商 psi 电视频道播出序列，收视率不降反增。何江表示，这也证明该台真正扎根东盟了。

传播东莞好声音

何江分析，东盟卫视已经成为东盟之间以及东盟与中国的纽带。目前，东盟卫视已经在泰国、马来西亚、新加坡等东盟 10 国的数千家高档酒店以及高端社区实现落地，落地入户数超过 2000 万户，其信号更是基本覆盖整个东半球。

由于东家总部位于东莞，东盟卫视也免费承担起向东盟宣传东莞、传播东莞文化的重任。此前，mgtv 曾长期每天滚动播放 12 次东莞市旅游局、市政府制作的宣传片，而这次海博会宣传推介，东盟卫视也不遗余力。总体而言，新文传媒目前面向华人市场，下一步可能开辟英文频道，进一步增加受众面。”

“无限商机”整合者

海上丝路，经贸往来从来都是首要功能。作为新丝路的文化传播使者，新文集团也赋予了东盟卫视强烈的商务平台色彩。

何江称，东盟各国的华商，本身就是财富的代名词，他们嗅觉非常敏锐、故事非常传奇，新文传媒有固定的栏目对这些企业家进行高端访谈，深度挖掘东盟一体化背后的商机。也因此积累了大量的商界资源来做文章。

每年，东盟卫视均会组织泰国中小企业协会以及东南亚的华人华侨经贸社团到广东省考察，东莞市则是必不可少的一站。例如，一家泰国商人在考察了东莞营商环境后，就在东莞松山湖投资新建了一家动漫手游公司，将泰国在影视手游方面强大的后期制作技术带到了东莞。据介绍，2014 年“海博会”东盟卫视也发动了数个参展商，并组织东盟大量的华人，作为观展嘉宾和专业采购商。

此外，何江计划借助电视台开发东盟各国的旅游资源，作为公司新的盈利点。据介绍，新文集团已为东盟卫视投资近 1 亿元，而目前电视台广告收入并不能支撑起投入成本，公司收支平衡预计要到 2015 年才能实现。

解决收支平衡办法就是依靠旅游业，通过新文传媒记者的走访宣传可以在东盟以及国内打开名气，而当地政府也希望拉到一些投资商，新文传媒也正好有这样的企业资源。何江称，目前，这样的资源开发正在探路之中，小规模的商务旅游、私人定制旅游均充满着无限商机。

（来源：东莞日报. http://news.sun0769.com/dg/headnews/201410/t20141027_4585455.shtml. 2014—10—27）

长城开发首个海外生产基地落户东盟

2014 年 11 月 20 日，开发科技马来西亚有限公司（以下简称“开发马来”）正式开业，这标志着中国电子信息产业集团所属长城开发海外产业布局的成功落地。开发马来于 2014 年 1 月 28 日注册成立，是长城开发在海外建立的第一个生产基地，也是长城开发在境外继开发中国香港后建立的第二家全资子公司。

作为长城开发“走出去”的重要布局，开发马来主要承接磁存储及医疗业务的生产工作。长城开发两个重要的海外客户希捷、ResMed 的亚太总部均位于新加坡，开发马来的设立紧贴客户，节约物流成本的同时，提高了工作效率。目前，长城开发已取代竞争对手，成为希捷硬盘 PCBA 产品仅有的两家供应商之一，双方将展开更加深入广泛的合作。

目前，长城开发的马来西亚工厂已投产，主要产品有 PCBA 板卡和医疗产品。公司透露，该公司医疗器械主要在深圳彩田工业区进行研发生产，未来会将大部分生产转向马来西亚生产基地，研发仍将留在彩田工业区。

据悉，长城开发主营开发生产经营计算机软

件、硬件系统及其外部设备、通信设备、电子设备、仪表类电子产品及其零部件、元器件、接插件和原材料。

硬盘制造是传统的劳动密集型产业，东南亚地区人工、租金成本相对较低，在跨国大企业纷纷选择马来西亚、越南设厂后，长城开发等向东南亚投资的内资企业也逐渐增多。

时隔7年马来西亚设厂

2013年10月，长城开发公告称，为进一步扩展与希捷的战略合作伙伴关系，公司将在马来西亚柔佛洲设立马来西亚全资子公司（公司名称待定，以下简称马来西亚新公司），注册资本8500万元人民币，首期投资8487.42万元人民币。公司将获得希捷小批量新产品生产服务和大批量PCBA（硬盘板卡）业务的生产服务，同时获得其企业级硬盘ESGPCBA新业务的生产服务。

公告显示，马来西亚新公司主营业务是电子产品的生产和销售等。长城开发将以现金和自有设备出资，首期建成投产后，设计年产能2039万片PCBA，预计2014年1月开始进行生产线建设和认证，2014年3月开始量产。由于希捷是长城开发的战略合作伙伴，马来西亚新公司的设立，将有利于公司更近距离服务客户，同时提高效率降低成本。

希捷早在2006年便在马来西亚设立了工厂，长城开发为何选择此时才来设厂。对此，长城开发证券事务代表处一位工作人员表示，希捷当时向长城开发提出过相关要求，但长城开发全资子公司苏州长城开发科技有限公司（以下简称“开发苏州”）刚好于2006年开始投产，主要业务也是为希捷生产PCBA产品。开发苏州产品走向成熟之后，长城开发才考虑到马来西亚设厂。

该工作人员表示，在马来西亚新公司投产后，将会主要降低物流和通关的成本，公司目前也在跟当地政府争取税收和人才引进方面的优惠政策。至于可降低成本的规模，公司有过估算。

看好企业级硬盘市场

由于目前整个PC行业市场不景气，全球PC出货量下滑，与之紧密相关的硬盘业务也受影响，不少投资者质疑长城开发设立马来西亚新公司的价值。对此，有关工作人员表示，新公司设立后，将进一步释放产能以及开展企业级硬盘的业务。

艾媒咨询CEO张毅认为，PC市场增长乏力，产品快速更新换代的时代已经过去，但是当前云存储发展非常快，企业级硬盘需求量相当大，而企业级硬盘比传统硬盘毛利率要高。

中投顾问高级研究员贺在华表示，电脑行业结构调整的步伐日益加快，企业两极分化的态势非常明显，硬件和软件设施的更新换代也大幅提速。尽管电脑行业整体增速较前两年有小幅萎缩，但笔记本电脑、平板电脑的产销量仍保持稳定增长的态势，从而带动硬盘市场整体企稳。同时，互联网对传统产业的冲击日益加剧，企业级硬盘的需求逐渐爆发，信息存储量、安全性、提取速度等各项核心指标的要求也有所提高。

长城开发上述工作人员表示，马来西亚新公司的设立也为公司现有其他业务在海外生产提供了平台，例如智能电表产品未来可能也会在当地生产。由于公司绝大部分产品用于出口，马来西亚新公司未来将成为公司的海外生产平台，起到辐射海外的作用。

贺在华称，向东南亚转移是传统制造业所呈现的重大趋势，会有更多企业加入到“东南飞”的潮流中。

（来源：综合整理自《每日经济新闻》）

去哪儿网跟投东南亚打车应用GrabTaxi

2014年6月3日，去哪儿网宣布，去哪儿网参与投资了东南亚最大的移动打车应用之一的GrabTaxi。对GrabTaxi的投资是去哪儿上市后的首个海外投资案，公司期望通过此次交易完善其在东南亚地区的旅游一体化服务。

此次是GrabTaxi的B轮融资，总金额1500万美元，领投方纪源资本（GGV Capital）亦为去哪儿公司的早期投资人。GrabTaxi称，短期内不会进入中国市场。

GrabTaxi总部位于新加坡，目前已进入菲律宾、泰国、越南、新加坡、马来西亚、印尼等东南亚国家的15个城市，覆盖超过20000名出租车司机。GrabTaxi称，其在移动设备上的App下载总量已经超过了120万次，超过25万名用户每月至少使用GrabTaxi预订出租车一次。该公司预计，到2015年底，其运营地区的每两名司机中将有一名为GrabTaxi服务。

据一位旅游业内人士介绍，打车是当前东南亚最火的手机应用之一，市场存在很大需求，新加坡全国人口近540万，但出租车只有2.8万辆，发展空间很大。此外，由于新加坡是全球拥有私家车成本最高的国家之一，因此大部人的日常出行要依赖出租车和公共交通工具。与此同时，在马尼拉和吉隆坡等东南亚城市，交通高峰期打车同样也是件难事。

手机打车软件在中国广泛推广，市场中的主要竞争者为腾讯投资的滴滴打车以及阿里巴巴投资的快的打车；美国地区的手机打车软件霸主有Uber，在欧洲，则是HAILO势力最大。GrabTaxi在东南亚地区的竞争对手包括Uber、EasyTaxi、TaxiMonger及MoobiTaxi等。GrabTaxi的创始人Anthony Tan表示，短时间内不会进入中国市场，东南亚市场的人口约有6亿，如果能做到体量最大，就有相当于半个中国市场的用户。

此次是GrabTaxi的B轮融资，总金额1500万美元，领投方纪源资本作为财务投资人，去哪儿网则作为战略投资人参与跟投。

交易完成后，纪源资本的管理合伙人符绩勋将加入GrabTaxi的董事会，也是去哪儿网的董事会成员。符绩勋被认为是去哪儿与GrabTaxi的撮合者，值得一提的是，与百度公司关系深厚的符绩勋，也曾帮助过去哪儿网在上市前获得百度公司的战略投资。此外，符绩勋早年曾任职于新加坡国家科技局，负责投放风险基金，对本土科技的公司十分了解，而GrabTaxi正是一家新加坡公司。

另有消息称，纪源资本曾对滴滴打车表现出兴趣，但最终失之交臂。

符绩勋于2014年6月3日认为，GrabTaxi和滴滴打车将分别主导东南亚和中国市场。

据去哪儿网方面透露，公司于2014年1月开始与GrabTaxi进行实质接触。对于去哪儿网而言，更希望中国游客进入东南亚后，能够在当地继续使用自己的无线端。此前，去哪儿网首席执行官庄辰超曾表示，去哪儿网看到很多消费者是在海外打开手机客户端，用户有服务的需求，去哪儿网却完全不能提供。所以，去哪儿网很关注国际上可能的投资和收购项目。中国商务部提供的资料显示，中国人热衷东南亚游。2012年赴东盟的中国游客达732万人次，较10年前增长了2.6倍。若按2012年中国出境旅游人次计算，在3年内倍数增长意味着到了2016年，赴东南亚国家度假的中国游客将增加到逾1400万人次。

（来源：东方早报网．http://www.dfdaily.com/html/113/2014/6/4/1157345.shtml.2014—06—04）

企业访谈

华电工程走进印度尼西亚：稳中求进高于“大干快上”

对加速海外拓展的中国电力企业而言，印度尼西亚不啻为一朵“带刺的玫瑰”：市场前景诱人，风险也不容小觑。如何在饱览“色香”的同时规避“棘刺”，成为中资企业进军印尼市场面临的重要难题。

对此，在印尼市场多有斩获的国有发电公司——中国华电工程（集团）有限公司海外分公司总经理蒋方帅日前表示，印尼电力市场机遇与挑战并存，要积极开拓，审慎开展，建设高质量高效益的精品工程。

“机遇与挑战并存”

近年来，印尼经济发展开始驶入“快车道”。印尼能矿部长杰洛·吉瓦克坦言，该国经济持续快速发展，对电力的需求与日俱增，现有电站却无法满足蓬勃增长的需求，并且印尼需要通过加快电力建设消耗国内相对过剩的煤炭。

印尼提速电力建设，让包括华电工程在内的中资企业看到了商机。“印尼市场潜力巨大。”蒋方帅给记者算了一笔账：截至2013年，印尼总人口数超过2.38亿，总装机容量44,661兆瓦，人均装机容量仅0.19千瓦，而中国人均装机容量接近1千瓦，发达国家例如美国的人均装机容量则超过3.7千瓦，由此可见印尼电力市场发展空间广阔。

在印尼电力市场的角逐中，杰洛·吉瓦克认为中国企业“具备更大的综合优势”。蒋方帅提到，经过长期的发展，目前中国电力企业的装备制造水平已经接近欧美等发达国家，经营和管理水平不断提升，资金实力也相对雄厚，并且建设成本相对较低，较欧美、日韩企业具有较为明显的优势。

印尼市场潜力巨大，同样也存在风险，蒋方帅提醒，做好风险的识别和防控工作至关重要。蒋方帅表示，中资企业海外业务发展主要面临政治、社会、法律、商务、技术5类风险。防范5类风险，华电工程始终重视保持和国家驻外机构的紧密联系，建立与当地政府、移民局、劳动局等有关单位的友好关系，深入研究项目所在国的法律法规、技术标准，培养具有国际商务经验的专业队伍。

“做一个立一个”

华电工程积极开拓印尼市场，审慎开展工作，“做一个立一个”，自2004年开始陆续签订并完成了印尼印度拉玛火电、阿萨汉水电、拉法基火电、巴淡火电等多个项目，其中阿萨汉项目由于出色的项目管理水平、过硬的工程质量和良好的盈利能力，被原国务院总理温家宝誉为中国工程企业走向国际市场的“名片”。

华电工程投资建设的巴淡2×65千瓦燃煤电站项目是一个亮点。该项目2011年3月开工，20个月后投入商业运营，整个项目的施工质量、进度、安全管控等得到了印尼方的充分肯定和高度赞扬，项目按时保质保量竣工充分展现了华电工程过硬的技术实力和管理水平，并被印尼国家电网公司认定为其系统内“建设最快”的项目。

据介绍，该项目运行至今生产形势良好，经济效益可观。2014年上半年，该燃煤电站累计发电超过3.3亿千瓦时，超出预计约17.5%。目前，该项目供电量在当地电网中占比高达三分之一。

实实在在的利好

巴淡项目给印尼民众带来了实实在在的利好。一方面，该燃煤电站改变了当地全部由燃油和燃气电厂供电的状况，大幅降低了电网的购电成本，缓解了巴淡地区的供电紧张局势，增强了该区域对工业投资者的吸引力；另一方面，项目建设过程中大量使用当地工人、材料、机械，修建清真寺、捐助当地学校、节假日慰问当地百姓，为当地经济和百姓带来了很多实惠。

巴淡项目是华电集团实施“走出去”战略在海外投资建设的第一个火电项目，也是华电工程的第一个海外投资项目，对华电集团实施“走出去”战略有着重要的战略意义。该项目的成功实施：首先体现了华电集团“走出去”的整体战略，带动了集团公司多部门、多单位产品及服务走向海外，体现了华电集团的整体优势；同时积累了海外投资的丰富经验，培养了一批国际化人才，为海外业务的进一步发展打下了坚实的基础；最后扩大了华电品牌乃至中资企业品牌在东南亚的影响力，为中国工程企业走向国际市场树立了良好形象。

除已建成投产的巴淡2×65千瓦燃煤电站外，华电工程正在投资建设巴厘岛一期燃煤电站项目，据介绍，该项目位于巴厘岛北部，总投资6.3亿美元，总装机容量3×142兆瓦。项目建成投产后有望成为中国工程企业走向国际市场的又一张“名片”。

（来源：中国新闻网．http://www.chinanews.com/cj/2014/07－14/6384825.shtml.2014－07－14）

华为马来西亚分部：民营科技巨头布局“海丝”战略

华为（马来西亚）技术有限公司（以下简称“华为”）首席执行官王辉分析，马来西亚的市场机会多，华为未来将在马来西亚南部兴建数据托管中心和物流中心。华为希望在“海上丝绸之路”建设中拓展更大发展空间。

作为一家由员工持股的民营高科技巨头，华为将南太平洋地区总部基地设在马来西亚首都吉隆坡。它对马来西亚市场格外“青睐”，深耕于此13年，目前员工总数为1900人，其中75%为本地员工。

在马来西亚华为品牌变得越来越有影响力。”王辉称，华为已成为包括马来西亚电信（TM）、Celcom、Maxis、DiGi等主流运营商的合作伙伴，实现了固定网络、无线网络、专业服务、移动终端等全系列产品的规模应用。

中马两国关系向来友好，马来西亚政府提出“Digital Malaysia”计划，目标是2020年前ICT行业在GNI（国民总收入）中占17%，ICT基础设施市场潜力大。王辉分析，加上当地政府对海外直接投资持积极鼓励态度，为华为在马来西亚的长期可持续性发展打下坚实基础。

据王辉介绍，2013年，华为在马来西亚本地采购达到8000万美元，采购规模将继续增长。2014年，华为在马来西亚地标性建筑国油双子塔（KLCC）新设第3家旗舰店，并计划在马来西亚全国设立1000个销售点。

当前，中国正同包括马来西亚在内的各方携手推动“21世纪海上丝绸之路”建设，打造中国—东盟合作“钻石十年”。王辉透露，华为总部已成立一个“项目组”，希望积极参与到海上丝绸之路建设中。

王辉表示，2013年10月4日，在中国国家主席习近平和马来西亚首相纳吉的见证下，华为与马来西亚国库控股签署合作意向协议，拟在马来西亚依斯干达经济特区投资建立占地9万平方英尺、世界领先的华为区域数据托管和物流中心。这两个中心后续的规模，类似于一个云服务的平台，可以覆盖到全球。

此外，华为与马来西亚多媒体发展机构签订备忘录，联合拓展马来西亚中小学的数字教育计划。华为已在马来西亚赛城设立全球培训中心，每年培训超过2万名工程师。

未来3～5年，华为仍然会获得很多的发展机会。王辉认为，马来西亚与新加坡两国首脑同意兴建的隆新高铁（吉隆坡至新加坡高速铁路）计划，作为科技企业华为也希望参与其中。

2014年是中马两国建交40周年，两国间的贸易关系不断升级。中国已连续数年成为马来西亚最大贸易伙伴，马来西亚也已连续多年成为中国在东盟第1大贸易伙伴。2013年中马两国贸易额首次突破千亿美元关口。

实际上，不仅仅是华为，马来西亚正成为越来越多中国企业“走出去”的热门投资地：中国南车在马来西亚设立首个东盟制造中心；中国港湾公司承建的槟城第二大桥顺利通车；中国著名导演张艺谋打造的“印象”系列大型实景演出项目首次走出国门，走进马六甲；结成姐妹园区的中马钦州工业园和马中关丹产业园，开创了两国投资合作的新纪元。

马来西亚支持中国所提议的“21世纪海上丝绸之路”。马来西亚国际贸易与工业部部长穆斯塔法·穆罕默德表示，马来西亚在生物技术、通信技术、交通、可再生能源等领域，房地产行业特别是高端酒店业，均希望吸引更多来自中国的投资。

（来源：中国新闻网. http://www.chinanews.com/sh/2014/07—25/6424409.shtml. 2014—07—25）

中国百年老厂助力柬埔寨基建工程

——专访华新水泥（柬埔寨）有限公司江运伏厂长

从柬埔寨首都金边沿三号国道驱车3小时来到贡布省——这个柬埔寨南方边陲的沿海省份。

这片占地42公顷的施工工地正是中国华新水泥股份有限公司在柬埔寨的在建项目。这个项目在柬埔寨称为华新水泥（柬埔寨）有限公司，2012年11月18日，在中国总理温家宝和柬埔寨首相洪森的见证下，该公司与中国银行金边分行签署了《贷款协议》，项目于2012年12月7日正式动工。

据了解，中国华新水泥股份有限公司（以下简称“华新水泥”）创建于1907年，是中国历史最悠久的水泥生产企业之一，是中国著名的建筑水泥供应商。截至2012年，华新水泥在中国国内和海外已经拥有100多家分公司。

由于基础设施建设日益增长的需求和房地产业的兴起，柬埔寨对水泥的需求量也在不断的增加，2012年数据显示，当年柬埔寨国内对水泥的需求增至350万吨。但是目前柬埔寨仅有一家新型干法水泥厂，于2008年投产，年产水泥96万吨。缺口的200多万吨靠从泰国和越南进口水泥填补。

据江运伏厂长介绍，柬埔寨水泥市场的现状是：越南水泥标准低，不如泰国水泥质量好。但泰国水泥质量好却价格高。江运伏厂长对华新水泥的优势有着自己的见解，江运伏厂长表示，华新水泥有百年历史，质量可以与泰国媲美。华新水泥在努力降低成本。中国国内那么激烈的竞争，华新水泥都可以立足并且发展。所以，对华新水泥打入柬埔寨，非常有信心。

据了解，华新水泥除了少数管理层是中国人之外，柬埔寨人工人。江运伏表示，华新水泥能在国内和海外发展一直都是秉承着企业本土化的原则，对当地员工进行培训，不仅培养他们的工作技能，更培养他们工厂主人翁的意识。目前的技术工人，需要培训3～5年是，10年之后这个厂的工人就更多的是当地人了。截至2013年12月底，工厂已经招聘柬埔寨当地员工100多人，目前有92人送到中国去培训，已经2个多月了。希望10年之后华新水泥实现本土化。

华新水泥在贡布省的出现，带动了周边地区一批配套产业的连带发展。江运伏举例称，比如工人吃饭带动餐饮业，物资进出会带动装卸、物流行业等。江运伏厂长介绍，除了工人之外，还要招60多个装卸工人，因为工厂每年有150万吨的装卸量、物流量，柬埔寨对运输车有规定，车辆限重不超过30吨，所以，工厂1年需要5万辆车。现在华新水泥已经招了214个当地的工人，另外还有一些合同队伍，涉及装卸与物流，在当地带动300～400个人就业肯定没问题。此外，每年还要拨出20万美金用于柬埔寨的慈善事业。

历经战乱的柬埔寨目前仍然是世界上最不发达的国家之一，但是这个东方文明古国正在大踏步地迎头赶上。新建的道路、桥梁、水利设施、房屋在这个国家比比皆是。江运伏厂长认为，华新水泥在柬埔寨必将大有可为。

（来源：国际在线. http://gb.cri.cn/42071/2014/07/01/6891s4597979.htm. 2014—07—01）

中铁首次承建海外综合性地铁工程：走出去 站稳立住

2014年9月28日上午，蒙文菊在马来西亚首都吉隆坡国家博物馆表示，中铁的TBM目前的速度是每分钟30～80毫米，依照这样的速度不到1个月即能打通。

TBM，意为土压平衡盾构。曹文菊是中国中铁51号盾构的司机，在相反的方向还有一台中国中铁50号盾构也在同时掘进。

这是中国中铁自主设计、自主制造的盾构第一次跨出国门参与海外工程施工。该工程是中铁国际集团马来西亚公司承包的合同总额为8.98亿林吉特（约合人民币18亿元）的马来西亚MRT项目(即马来西亚捷运线)。这是中国中铁承建的第一个海外城市地铁工程，也是中国中铁第一次承建海外的集工程设计、采购和工程建造总承包的综合性地铁工程。

据当地媒体介绍，MRT是大吉隆坡经济改革最重要的内容之一。它将建立一个集成的城市大众捷运系统，其轻轨交通网络将穿行连接多达120万居民的居民区、经济中心、商业中心和郊区等领域，促使吉隆坡跻身大都市和世界宜居城市。

依靠自己的技术力量发展，获得MRT地下工程A标段工程。站在盾构机上，中铁国际集团马来西亚公司总监杨东友称。

有消息称，关于MRT一期工程，马来西亚政府原计划向欧洲公司采购10台盾构。中铁国际集团马来西亚公司董事长蔡泽民得知信息后，向业主推介中国中铁装备公司生产的土压平衡盾构，强调价格和性能均优于同类型的欧洲公司。蔡泽民还以中国中铁在城市地铁施工的成功经验为依据，说服业主和总承包商购买了两台中国中铁装备公司生产的盾构，实现了通过项目开发带动设备出口的目标。

中国中铁新闻中心主任曹艳春介绍，这是第一家在英标体系EPC合同条件下承担设计工作的中国承包商。第一次通过控制网测量技术打破了欧美公司在马来西亚工程监测行业的垄断。第一次系统运用大项产品清单形成项目全过程责任管理。目前，已完成进度57%，成本、安全、风险等各方面都处于良好的状态。

MRT项目是中铁国际集团马来西亚公司坚守马来西亚市场多年的结果。中铁不仅走出去了，而且站得稳，立住了。中国中铁董事长李长进对MRT项目作出良好的评价。

MRT项目开工以来，无论是环保还是施工安全等措施，在当地获得了良好口碑，给当地人留下良好印象，宣传了中国企业的文化和实力。中铁经常举办一些小型活动，邀请附近居民前来观看，了解情况，加强信任。中铁国际集团马来西亚公司总经理孙航介绍。公司1/5的员工是当地人，这很好地带动了当地的就业。

中国驻马来西亚大使黄惠康表示，2014年是中马建交40周年，感谢中国中铁的劳动者们为MRT项目所做的贡献。

（来源：人民网. http://finance.people.com.cn/n/2014/1004/c1004－25777003.html. 2014－10－04）

浙商闯东盟：走出去就要学会扎下根

“春江水暖鸭先知”，东盟市场的无限商机引来了众多掘金者，这其中就包括敢为天下先的浙商。他们积极活跃在世界各地，通过艰苦创业不断强大，赢得了良好的口碑，“浙商”已渐渐成为具有创新精神，敢于开拓的企业家的代名词。从个体到群体，从分散到集中，从游走到扎根，从贸易到实业，这都是他们在东盟市场中的变迁轨迹。

风云际会正当时

近年来，在东盟这个新兴的大市场中处处闪现浙商的身影，这直接促进了东盟与中国的贸易升温，尤其是浙江省。目前东盟已是浙江省第3大贸易伙伴和第1大进口来源地。据杭州海关统计，2014年浙江省对东盟进出口贸易总额为2039.1亿元，同比增长3.2%。

位居浙江出口产品前列的轻纺、机电产品大部分以零关税进入东盟市场，零关税对于浙江外贸企业拓展市场将起到积极作用。浙江国际经济贸易研究中心主任张汉东表示，浙江在纺织服装、日用塑料制品、五金机电等产品上具有优势，而东盟的矿产品、原木、天然橡胶等特色产品对浙江也很有吸引力，双方贸易的互补性形成了极大的市场空间。

正因为东盟市场有着如此巨大潜力，早已让商业“嗅觉灵敏”的浙商做出了行动，大批浙商开办的企业走出国门。2006年浙江华立集团把“走出去”的首站选在泰国。2013年浙江海亮集团在越南设立了分公司，海亮公司代表表示，项目所在的越南正处于经济改革深化阶段，具有土地、劳动力等方面优势，当地也推出优惠的税收政策，赴越南开展境外投资，有利于该公司享受各项相关优惠政策。

生产基地顺应市场的转移势在必行，而东盟是个新兴优选地。与此同时，对新兴市场逐年增加的投资额也预示着下个经济热点在东盟。宁波市慈溪进出口公司越南化纤项目负责人仇智慧为这项大投资做了诠释，慈溪已着手做好越南化纤工厂的扩产，进一步挖掘东盟市场潜力。

扎根在东盟

有分析称，浙江商人的成功，重要一点在于其务实的作风和不断追求卓越的处世哲学，更有人把务实创新与顽强进取，视为浙商的精神根基。

即使处于远在异国他乡的开拓早期，许多商人从做边贸起步，逐步进入东盟国家市场。虽然现在有许多中国企业也都涌进这个新兴市场，但投资失利的例子也屡见不鲜。面对可能到来的考验之时，扮演什么角色和怎样扮演好角色，一个企业要如何成功地立住脚，融入当地社会大环境中，显然“心”比“金”更重要。浙商在东盟开辟了一个又一个市场，积累了数以亿计的财富，与此同时也为当地创造了大量的税收和就业机会。

中国浙江企业不但提供了舒适的工作环境，并且还会不遗余力地培养当地工作，让当地人在技能在得到发挥的同时也得到了提高，当地工人薪酬从每月的100美元涨至350美元。在浙江海亮（越南）铜业有限公司工作的越南工人黎明威表示。

（在柬埔寨西哈努克经济特区设立热电项目的浙江宁波热电股份有限公司项目负责人表示。）柬埔寨水资源丰富，农业发展落后，工业还需完善。这对投资者开发新的增长点非常有利，同时还要把自我发展与当地政治、经济、民生的发展所需结合起来。从柬埔寨经济发展的长远规划着手。

性价比高的“浙江制造”在东盟市场前景光明，但浙企在东盟“掘金”时一定要有长远眼光。中国—东盟商务理事会中方常务秘书长许宁宁告诫浙企，要想在东盟市场站住脚、扎下根，一定要不断提高产品品质，打响自己的品牌，千万不能低价竞争，损坏整个“浙江制造”的牌子。

惠而好我　携手同行

中国—东盟自由贸易区登上历史舞台以来，东盟市场再次吸引了众人眼光，贸易领域陡然海阔天空。如今中国正以更加开放的姿态向世界敞开，敢为天下先的浙商已陆续走出国门。

泰国曼谷街头人来人往，呈现一片繁荣景象。过不了多久，一座即将崛起的大型商城将给这里的商贸氛围更添一笔。这个由浙江义乌的中国宏建集团投资30万美元兴建，有着300个摊位、占地7000平方米的综合市场将成为浙江产品的又一集中展示地。服装、日用百货、工艺品等浙江传统特色产品，将源源不断地由此输往东盟各地。浙江的义乌中国小商品城、绍兴中国轻纺城、永康中国五金城等专业商品市场丰富的货源，也为东盟市场的繁荣添加了活力。

中国—东盟自由贸易区蕴含着巨大的商机。广西浙江商会副会长陈文胜分析，中国和东盟6个老成员国即文莱、菲律宾、印尼、马来西亚、泰国和新加坡之间，将有超过90%、7000多种产品实行零关税。这样一来，市场的开放更有利于企业的发展壮大。对进口企业来说，能进口到更加适合自己、价格更低廉的原材料和机器设备；对出口企业来说，税率的降低可以显著降低出口成本。

2012年1月，中国—东盟中心与浙江省义乌市政府达成了战略合作共识，在进口商品馆设立“东盟产品展销中心”，开启了义乌与东盟之间贸易的新局面。目前，义乌国际商贸城五区进口商品馆已引进来自泰国、越南等8个东盟国家的近千种产品。越南进口产品馆的老板施新雨告诉记者，东盟国家以农业为支柱产业，食品加工产品丰富，受到中国消费者的青睐。

2013年10月，中国国家主席习近平出访问了东盟国家，掀开了《携手建设中国—东盟命运共同体》新篇章。近年来，中国与东盟的关系日益密切，对走出国门的浙江企业来讲，未来东盟国家会成为更为重要的发展落脚点。

（来源：中国—东盟传媒网．http://www.china—asean—media.com/_d276501868.htm．2014—02—14）

探访泰国罗勇工业园：徐根罗的“鸡蛋篮子梦”

泰国东部海岸地区的罗勇工业园区，道路宽阔，厂房整洁。

从2000年被外派泰国用20万美元建立电表制造工厂，到2004年开始创建泰中罗勇工业园，罗勇工业园区总裁徐根罗，“鸡蛋”可以放在不同的篮子里，而罗勇工业园愿意做一个筑造“篮子”的人，帮助中国企业家们安放“鸡蛋”，并孵出更多的“鸡蛋红利”。

徐根罗是泰中罗勇工业园开发有限公司的总裁，徐根罗作为中国商务部具体指导的首批中国境外经济贸易合作区，罗勇工业园将凭借优越的区位和交通优势、完善的基础设施、优惠的政策以及“一站式”中文服务，成为中国企业赴泰国投资兴业的最佳选择。

泰中罗勇工业园位于泰国罗勇府博拉当地区的331号高速公路旁，靠近首都曼谷和廉差邦深水港，由中国华立集团和泰国Amata（安美德）集团合作开发——前者是一家成立于1970年，现今正致力于往国际化发展的综合集团；后者则是泰国最大的工业地产开发商。

从2007年1月开始招商至今的7年时间里，徐根罗带领他的团队将泰中罗勇工业园打造成中国境外运营最好的工业园区之一，“首批中国境外经济贸易合作区共有19家，徐根罗介绍，从招商数量、质量以及园区的开发成熟度上来说，罗勇工业区是最好的境外经济合作区。

根据规划，泰中罗勇工业园区总共占地12平方公里：第一期1.5平方公里，从2005年到2010年已经招商完毕；第二期是2.5平方公里，目前待招商的余下不到15%；第三期是8平方公里，还在规划当中。

徐根罗表示园区建设，旨在帮助中国企业在泰国建立加工和出口基地，促进产品原产地的多元化。同时，形成中国企业在泰国的投资氛围和集聚效应，加强横向合作，控制投资风险，争取更大的投资优惠。

作为东盟创始成员国之一的泰国在东南亚处于重要战略位置，市场能量巨大，其完善的基础设施、宽松的投资环境、较好的市场辐射能力，以及相对稳定的政治社会，对各国的投资者颇具吸引力。

泰国目前已经很多国家签订自由贸易协议，经济便利程度在东南亚靠前，当他人职业素质优良，民风淳朴。随着中泰两国双边经济政治的不断巩固发展，一些放眼全球、走出国门的中国企业利用泰国作为“跳板”辐射出去的信心将持续增强。”

泰中罗勇工业园目前入园企业有58家，投产的企业有37家，其中包括多家中国500强企业和知名上市企业。一些项目技术甚至填补了泰国工业的空白。

徐根罗介绍园区的产业定位在汽车、摩托车配件，还有机械能源、电子电气、建材五金等产业链上。罗勇工业园区欢迎具有全球战略目光的中国企业前往泰国来投资，发展泰国市场以及东南亚市场。

作为成功案例，一家原本在泰国并没有市场的光纤生产企业——富通，进驻泰中罗勇工业园后，现在几乎占据了泰国100%的市场，并利用泰国辐射到世界，把周围的国家市场都拉动了起来。

中国的企业选择泰中罗勇工业园，均有一定的动因和动力。徐根罗介绍，这些企业选择泰中罗勇工业园区的原因大概有3种情况：

1. 规避中国和欧美国家的贸易壁垒和摩擦，促进中国产品的原产地多元化。这个因素大概占泰中罗勇工业园入园企业比例3成左右。

2. 中国的企业家们看重泰国的资源，尤其是强大的农业资源。橡胶、水果、大米、海洋及矿产资源都是泰国的强项。泰中罗勇工业园最大的一个项目——杭州中策橡胶就是看中了泰国丰富的橡胶资源。

3. 中国企业的国际化需要，通过泰国这个东南亚中心平台，利用东盟自贸区，或者东盟一体化这个优势，辐射东南亚乃至全球市场。

泰国有拥有良好的制度保障系统，保证企业的投资安全以及可持续发展。徐根罗表示，罗勇工业园会淋漓尽致地发挥平台作用，把中国的产品和企业引出来，利用中国的技术优势来填补泰国市场。

（来源：中国新闻网. http://www.chinanews.com/gj/2014/07－06/6355189.shtml.2014－07－06）

经商实务篇

中国公民赴东盟十国签证

文莱签证办理指南

一、签证规定

目前，约30个国家的人民可以免签证入境文莱。文莱当局为这些国家的人民提供一次入境14天至90天不等的居留期，其中美国公民每次入境文莱可以享有长达90天的居留期；比利时、加拿大、丹麦、法国、印尼、意大利、日本、立陶宛、卢森堡、马尔代夫、荷兰、挪威、秘鲁、菲律宾、波兰、西班牙、瑞典、瑞士、越南及泰国等国公民每次入境文莱可以享有长达14天的居留期；澳大利亚、英国、德国、马来西亚、新西兰、阿曼、爱尔兰、新加坡、韩国及阿联酋等国家的公民每次入境文莱可以享有长达30天居留期。

另外，柬埔寨、伊朗、老挝、缅甸及越南5个国家的外交官享有免签证入境文莱的优待。伊朗外交官每次入境可以享有长达30天的居留期。柬埔寨、老挝、缅甸及越南4国外交官每次入境享有长达14天的居留期。

中国香港特区护照持有人可免签证前往文莱旅游，最长可逗留14天。中国澳门特区身份证明局于2012年3月13日证实，特区政府已接获文莱驻香港总领事馆的通知，特区护照持有人可免签证进入文莱逗留最多14日。

据悉，除了以色列公民，所有过境文莱的外国人民都可获得政府签发过境签证。文莱政府为外国旅客提供过境签证，旨在鼓励他们利用过境之便到文莱作短暂观光，但文莱移民局有权拒绝签发过境签证予携款不足的外国旅客。凡欲申请过境签证的外国旅客，须先向负责官员提呈前往其他国家的机票，并证明自己携带充足款项应付入境文莱的开销。

二、签证类型

（一）文莱旅游签证

文莱旅游签证颁发给赴文莱旅游的申请人，包括观光旅游及医疗治病等。申请人必须能证明其意图只是临时进入文莱，目的仅为旅游。申请人还必须证明有充足的资金支付在文莱停留期间的费用，并证明其在祖国有牢固的社会、经济和其他方面的联系以迫使其在文莱短期、合法访问后如期返回。签证所需的材料如下：

1. 相片2寸近照5张；
2. 有效期9个月以上的护照原件；
3. 申请人的身份证正反复印件1份；
4. 申请人个人资料，内容包括：婚姻状况、家庭住址、联系电话等；
5. 有效期：6个月，最多停留14天；
6. 预计工作日35天；
7. 收客范围：全国各省因私护照持有人。

（二）落地签证

落地签证主要针对来不及事先办妥签证的中国公民，可申办落地签证，具体手续为：由文莱担保人向文莱政府移民局申请批准函，将批准函原件邮寄或传真给拟赴文莱的中国公民，中国公民抵达文莱国际机场后凭该批准函原件或传真件、护照和回程机票在移民局机场柜台办理落地签证，签证费20文莱元。

目前文莱对中国旅游团组实行72小时落地签证，由当地旅行社与国内旅行社联手办理，并事前一周得到文莱移民局的批准。文莱旅游局对外表示只要拥有第三国旅游签证（或第三国离开的机票），移民局会给予72小时落地签证权，可以享受不用签证在文莱待72小时。比如拥有一个马来西亚签证，从马来西亚飞往文莱，那么中国公民不需要签证可以直接进入文莱。

（三）商务签证

文莱商务签证是文莱每年签发得最多的签证，主要签发对象是想进入文莱进行短期商务活动的外国人士签发的入境签证。由于文莱商务签证需事先向移民局申请并认证，而且要求提交的材料也比较严格，因此出国人士在办理文莱商务签证时，签证材料齐全并符合要求是关键。文莱商务签证所需的材料如下：

1. 护照。护照有效期在6个月以上的因私护照原件；持换发护照者，请提供所有旧护照原件。

2. 照片。近6个月内拍摄的两寸白底彩色近照2张；照片尺寸35毫米×45毫米（护照照片大小）。

3. 签证申请表。在中国签证资讯网下载签证个人资料表，并完整填写。

4. 身份证。身份证正反面复印件。

5. 营业执照。中方公司的营业执照正副本复印件（须加盖公司公章）。

6. 单位派遣信。派遣信需以申请人所在单位正规抬头纸打印，加盖单位公章，由负责人签名。单位抬头纸以及派遣信的具体内容请查看派遣信模版。

7. 其他必备资料。已出票的电子客票行程单。

8. 文莱邀请方应提交的材料。文莱邀请人发出的邀请信（必须写明具体停留时间及出访目的和地址等）原件及复印件各1份。

（四）个人访问签证

中国公民申请文莱的个人访问签证所需的材料如下：

签证有效期1个月；

最多停留时间14天；

所需材料护照及照片2张，含一晚酒店；

护照签发地规定及价格全国地区；

预计7个工作日（不含快递及邮寄时间），价格2800元/人；

签证通过率近100％。

三、申请文莱签证须知

1. 入境日期起算，6个月以上有效期之护照正本（护照影本1份）；

2. 2寸照片1张；

3. 过境观光签证申请表格1张；

4. 身份证影印本1份；

5. 进出文莱国际段航班机票影本；

6. 10人以上，需附团体名单1份。

四、个人办理文莱签证的注意事项

签证申请表格每一栏均需填正确资料，若无者请填NIL；星期一至四早上9点至中午12点收件，下午2点至5点领件，工作天为4天（即今天早上送，4天后下午领），每次入境文莱至多可停14天，可在当地办加签延期，至多两次；持中国台湾地区护照者，皆须申请签证方得进出文莱。

持以下护照者免签证可免签停留14天：印尼、泰国、菲律宾、韩国、日本、法国、瑞士、荷兰、比利时、卢森堡、列支敦士登、瑞典、丹麦、挪威、西班牙、马尔代夫、加拿大、阿曼、秘鲁。

可免签停留30天：马来西亚、新加坡、英国、德国、新西兰。

可免签停留90天：美国。

持澳洲护照可申请落地观光签证，至多停留14天。

（来源：综合整理自南博网）

柬埔寨签证办理指南

一、签证规定

中国公民赴柬埔寨须事先到柬埔寨驻华使、领馆办理签证。目前，柬埔寨在上海、广州、重庆、昆明、南宁和香港地区设有总领事馆。柬埔寨驻华使、领馆一般只发旅游、商务签证，有效期3个月，停留期1个月。自2006年9月14日起，中柬两国互免持外交和公务护照人员签证。持商务签证（E签证）入境后可通过当地旅行社向柬埔寨移民局申请半年或1年的长期居留签证。持旅游签证（T签证）入境后不能改变签证种类。入境须填写入、出境卡和海关申报单。入境卡由口岸存留，出境卡交旅客保存，待出境时查验。中国公民自第三国赴柬埔寨，可在柬埔寨国际口岸办理落地签证。

据中国澳门特区政府身份证明局于2011年3月29日发布的消息称，中国澳门特区护照持有人可取得落地签证入境柬埔寨王国境内。自2012年12月27日起，泰国与柬埔寨单一签证协议生效，包括中国在内的35个国家和地区的公民可以凭单一签证进入泰柬两国。

根据单一签证协议，这35个国家和地区的公民向泰国和柬埔寨任意一国获得签证，便可在两国各逗留60天。除中国外，享受这项政策的国家和地区还包括美国、日本、中国香港、英国、澳大利亚等。

自2013年6月1日起，中华人民共和国香港特别行政区政府同意让持有“公务护照”或者“外交护照”的柬埔寨公民免签证出入中国香港，逗留时间最多为14天。

2013年12月中旬，柬埔寨与缅甸两国政府签署互免签证协议，双方公民可无需签证在对方国家停留至多14天。

自2014年3月27日起，柬埔寨允许持普通护照的中国公民在抵达其入境口岸时，办理落地签证。

二、签证类型

（一）商务签证

所需材料：签证申请表1份、有效期6个月以上的护照原件、照片2张、身份证复印件1份。

有效期：签发日起3个月有效，逗留期30天。

服务费（含签证费）：500元（含护照回邮费）。

办理时间：1个工作日（不含邮寄时间）。

受理范围：全国各地。

备注：如需加急服务，签证服务费590元（含签证费、护照回邮费用）。

（二）旅游签证

所需材料：签证申请表1份、有效期6个月以上的护照原件、照片2张、身份证复印件1份。

有效期：签发日起3个月有效，逗留期30天。

服务费（含签证费）：420元（含护照回邮费）。

办理时间：1个工作日（不含邮寄时间）。

受理范围：全国各地。

备注：如需加急服务，签证服务费590元（含签证费、护照回邮费用）。

（三）劳工签证

所需材料：签证申请表1份；有效期6个月以上的护照原件；两寸照片2张；身份证复印件1份。

有效期：签发日起3个月有效，逗留期30天。

服务费（含签证费）：560元（含护照回邮费）。

办理时间：1个工作日（不含邮寄时间）。

受理范围：全国各地。

备注：如需加急服务，签证服务费590元（含签证费、护照回邮费）。

（四）一年多次往返

所需材料：签证申请表1份；有效期6个月以上的护照原件；2寸照片2张；身份证复印件1份。

有效期：签发日起1年有效，逗留期1年。

服务费：电话咨询（021－51015850）。

办理时间：6天（不包括邮寄时间）。

受理范围：全国各地。

三、签证延期

所需材料及要求：提供护照原件及1张彩色近照，必须商务入境才可办理；身份证复印件1份。

1个月单次入境：660元；

3个月单次入境：850元；

6个月多次往返：1370元；

1年多次往返：2010元。

办理时间：14天（不含邮寄时间）。

受理范围：全国各地。

四、柬泰一体签（ACMECS）

所需材料：签证申请表1份；有效期6个月以上的护照原件；两寸照片2张；身份证复印件一份。

有效期：签发日起3个月有效，每个国家逗留期30天。

服务费（含签证费）：650元（含护照回邮费）。

办理时间：3天（不含邮寄时间）。

受理范围：全国各地。

备注：如需加急服务，另收250元加急费（不适用于中国台湾地区护照）。

（来源：综合整理自柬埔寨王国驻上海总领事馆）

印度尼西亚签证办理指南

一、签证规定

2013年，印尼争取吸引中国游客超过100万人。为吸引中国游客，印尼对中国公民实行“落地签”，可以停留30天。为了更加方便中国游客赴印尼旅游，印尼与航空公司合作，将“落地签”搬到飞机上完成。

印尼对包括中国在内的62个国家实施落地签证服务。即旅客可以直接在印尼国际机场办理签证。南宁每周有两趟航班飞往雅加达，印尼鹰航最新聘用的中国空姐也将在中国飞雅加达航班上为旅客服务。自2010年11月12日起，中国政府和印尼政府修订互免签证协定，将“持外交或公务护照人员入境、停留、过境对方国免签14天”修改为“30天”。中国公民持普通和因公普通护照前往印尼可办理落地签证的规定不变。

印尼于2012年3月15日正式在上海开设领事馆。从2013年5月4日起，印尼鹰航在上海推出其在全球范围内的“机上签证”服务，乘客无需排队，便可在飞机航程中完成签证手续，落地后即可快速过关。

自2014年1月28日起，中国公民持有有效期6个月以上的因私普通护照及往返机票或前往第三国机票，均可在印尼指定的机场或口岸办理落地签，停留期为30天，并可在当地延期一次，再延长停留30天。

二、签证类型

（一）商务签证

印尼商务签证是印尼每年签发得最多的签证，主要签发对象是想进入印尼进行短期商务活动的外国人士签发的入境签证。由于印尼商务签证需事先向移民局申请并认证，而且要求提交的材料也比较严格，因此出国人士在办理印尼商务签证时，签证材料齐全并符合要求是关键。印尼商务签证介绍如下：

签证种类：B；

签证有效期：90天；

签证停留期：30天及60天；

工作日：4天（注：印尼国家针对中国公民可能遇到的紧急签证的情况，特开设加急业务，可以1个工作日出签）；

所需材料：护照正本、2张2寸彩色照片、身份证正反面复印件、在职证明信英文版。

（二）旅游签证

签证种类：B；

签证有效期：90天；

签证停留期：30天及60天；

工作日：4天（注：印尼国家针对中国公民可能遇到的紧急签证的情况，特开设加急业务，可以1个工作日出签）；

所需材料：护照正本、2张2寸彩色照片、身份证正反面复印件、在职证明信英文版。

（三）多次往返签证

签证种类：B；

签证有效期：360天；

签证停留期：60天；

工作日：4天（注：印尼国家针对中国公民可能遇到的紧急签证的情况，特开设加急业务，可以1个工作日出签）；

所需材料：护照正本、2张2寸彩色照片、身份证正反面复印件、在职证明信英文版。

（四）工作签证

签证种类：Z；

签证有效期：360天；

签证停留期：360天；

工作日：4天（注：印尼国家针对中国公民可能遇到的紧急签证的情况，特开设加急业务，可以1个工作日出签）；

所需材料：护照正本、2张2寸彩色照片、身份证正反面复印件、在职证明信英文版。

（五）过境签证

签证种类：B；

签证有效期：90天；

签证停留期：7天；

工作日：4天（注：印尼国家针对中国公民可能遇到的紧急签证的情况，特开设加急业务，可以1个工作日出签）；

所需材料：护照正本、2张2寸彩色照片、身份证正反面复印件、在职证明信英文版。

（六）落地签证

此签证适用于从第三国入境或者中国赴印尼旅游的团体。落地签证签发给前往印尼旅游，进行社会文化访问、商业访问、办理政事的外国人或某地区居民。落地签证由边防检查局出入境处的移民官员签发。落地签证的有效期不超过30天，除非因某种原因而得到移民专员许可延长，但不许转变为其他种类的移民许可。移民官员有权拒绝和/或取消外国人的落地签证。

详细说明：第三国入境是指从新加坡旅游后进入印尼旅游，不可以持白本护照直接前往印尼办理落地签证。印尼国家针对中国公民可能遇到的紧急签证的情况，特开设加急业务，可以1个工作日出签。

三、注意事项

1. 雅加达转机：需事先在国内办好印尼签证；

2. 马来西亚转机：推荐国内办好印尼签证然后在马来西亚申请过境签，过境停留时间5天；

3. 新加坡转机：如果不在新加坡停留，可直接到巴厘岛申请落地签；

如果停留，需在国内办好新加坡签证，然后到巴厘岛办理落地签；或者搭乘新加坡的2小时大巴游新加坡，交上护照，无需签证，即可体验2小时新加坡的市容；

4. 国内办理印尼签证所需材料和费用：护照

(有效期至少6个月)、2张照片(2寸白底彩照),完整的申请表、身份证复印件(正反面)、中方单位营业执照或组织机构代码证复印件(需盖公章)、中方单位准假信;

5. 中国台湾护照申请,还需提供台胞证原件。(来源:综合整理自南博网)

老挝签证办理指南

一、签证规定

老挝签证共分为过境签证、旅游签证、劳务签证、探亲访友和商务签证等。旅游签证即到老挝旅游的外国人,申请签证可到老挝驻华大使馆(北京)或老挝驻昆明总领事馆申请。一般情况下可以获得一份为期30天的单式签证(签证期满可到老挝移民局申请延期),该签证可以再延长15天时间。根据协议,中国公民赴老挝,持外交、公务、因公普通护照者免办商务签证。打算进行市场调研的商务人员,应先申请一份单式签证,接着再申办一张为期3个月的商业签证(也叫多式签证)。该签证可以再延长3个月。一旦外国投资者的工厂建成和动工,外商则可获得一份6个月到1年的签证。另外老挝《外资法实施细则》规定,如果外商需要与"老挝外资管理委员会"磋商有关事务,则他们可以获得一份为期3个月的多式签证,该签证可以再延长3个月期限。留居老挝处理投资事务的外商和外国雇员,可以获得为期1年的签证,这种签证还可以再延长1年时间,直到工作结束。驻老挝的外国代表,必须向老挝内务部或居留地的省或地区的安全保卫部门,申请一份居住证。

过境签证停留期为7天。获取签证进入老挝后,必须按所申请的签证种类从事相应的活动,否则将被视为非法活动并予以处罚。老挝海关限定每人携带5000美元现金或同等币值现钞出境,超出5000美元的须得到老挝外汇管理局的许可,否则将视情节轻重处以50%的罚款或全部没收。

中国澳门特区护照持有人可取得落地签证入境老挝逗留最多30日。申请落地签证的护照有效期需不少于6个月,申请人须带备2张近照,在抵达老挝时向各国际口岸管理部门提出申请。

从边检机关获悉,自2012年3月起,老挝已修改相关出入境政策。根据原有规定,外国公民获旅游签证入境老挝后,可在老挝申请改签劳务或定居签证等,但2011年老挝废止了该项政策。根据现有规定,在老挝的外国公民如需申请更改其他签证,必须出境另行申请或到原签证颁发机关重新申请办理。

2013年春节前,中国公安部公布了45个国家(地区)对持普通护照的中国公民实施免签、落地签证政策,目前南宁边检已经落实政策。从南宁机场出境无需签证,持白本护照,只需出具有效的护照和订好座位的联程客票即可放行。最轻松实现落地签的国家有泰国、印尼、老挝、缅甸等东盟4国。

二、签证类型

(一)商务签证

签证种类:NI—B2;

签证有效期:90天;

签证停留期:30天及60天;

工作日:4天,老挝国家针对中国公民可能遇到的紧急情况,特开设加急业务,可以1个工作日出签;

所需材料:护照正本、2寸彩照4张、身份证正反面复印件、签证申请书原件、1份老挝商业组织或公司邀请书,并注明邀请人、被邀请人及目的。

(二)旅游签证

签证种类:T—B3;

签证有效期:60天;

签证停留期:30天;

工作日:3天,老挝国家针对中国公民可能遇到的紧急情况,特开设加急业务,可以1个工作日出签;

所需材料:护照正本、护照用照片2张(签证申请表填写2张,用英文大写填写)、身份证正反面复印件、护照首页复印件。

(三)落地旅游签

自2002年3月起,中国公民可以在云南磨憨(BOTEN)口岸申请落地签证。

所须材料:有效期大于6个月的护照原件、1张护照照片、签证申请表1份(可以通过传真索取后复印)。

办理时间:3个工作日;

签证逗留期限:30天;

费用:20美元。

注意:签证政策随时都可能改变,应以当时使领馆或入境口岸的要求为准。此外中国边检不允许中国公民无签证出境,即使可以向前往国申请落地签证。中国公安部于2014年发布新政策,中国边检已放行老挝落地签，即使是白本护照也可以（即没有有效签证的护照）。空港只需出示护照和前往机票即可出境；陆路方面，云南磨憨边防站确认放行老挝落地签。

（四）一年多次往返签证

代码：(212)；

签证种类：B；

签证有效期：360 天；

签证停留期：60 天；

工作日：4 天，老挝国家针对中国公民可能遇到的紧急情况，特开设加急业务，可以 1 个工作日出签；

所需材料：护照正本、照片 2 张 2 寸彩色、身份证正反面复印件。

（五）劳务签证

签证种类：LA－B2。

关于引进劳务及工作签证的管理规定：

1. 外籍劳务入老挝后，需到外交部领事司办理多次往返签证；到社会福利劳动部或省市社会福利劳动厅办理工作证；到公安部出入境管理局办理暂住证。

2. 外籍劳务在老挝工作期限为 2 年，可再延期 2 年，期满后必须在 15 日内返回本国，并在 2 年后方可再次申请入老挝务工。

（六）探亲访友签证

签证种类：LA－B3。

二、申办老挝签证的程序

办理老挝签证，无论采取哪一种方式，委托代办还是自己直接办理，一般需要经过下列几个程序：

（一）递交半年有效的护照。

（二）填写并递交签证申请表格。签证不同，表格也不同，多数要用外文填写、同时缴付本人照片。

（三）同前往国驻华大使馆或领事馆官员会见。有的国家规定，凡移民申请者必须面谈后才能决定；也有的国家规定，申请非移民签证也必须面谈。

（四）大使馆或者领事馆将填妥的各种签证申请表格和必要的证明材料，呈报国内主管部属门审查批准。有少数国家的使领馆有权直接发给签证，但仍须转报国内备案。

（五）前往国家的主管部门进行必要的审核后，将审批意见通知驻华使领馆。如果同意，即发给签证。如果拒绝，也会通知申请者。

（六）缴纳签证费用。一般而言，递交签证申请的时候就要先缴纳费用，也有个别国家签证申请成功的时候才收取费用。一般而言，移民签证费用略高，非移民签证费用略低。也有一些国家和地区的签证免费。

（来源：综合整理自南博网、老挝人民民主共和国驻昆明总领事馆）

马来西亚签证办理指南

一、签证规定

马来西亚签证是马来西亚为维护本国主权、尊严、安全和利益而采取的一项措施。马来西亚签证是马来西亚实施出入本国国境管理的一项重要手段。任何一个国家的公民如果希望到马来西亚旅行、定居、商贸、留学等，除必须拥有本人的有效护照或旅行证件外，另一个条件就是必须获得前往国家的签证。

中国公民赴马来西亚应在境外办妥签证，未事先办好签证的散客如果途经泰国或新加坡入境马来西亚可以申请口岸签证。从中国来访的旅行团可以申办口岸团体签证，前提是马来西亚接待的旅行社必须是经马来西亚移民总局授权并已经备案的机构。经第三国抵达彭亨州刁曼岛的旅客，如能出示有效回程机票可以申请落地签证。

自 2011 年 5 月 18 日起，中国与马来西亚公民，凡持有效外交护照、公务护照和官员护照的人员，且入境目的为正式访问、度假旅游、探亲和其他缔约一方主管机关同意之目的等的人员，在对方国家入境并停留不超过 30 天，可免办签证。

自 2012 年开始，马来西亚移民局为外籍太太推出 10 年居留证。2012 年 4 月，中国人到马来西亚签证一站式服务中心在中国部分主要城市如北京、上海设立，这个以合资方式运作的一站式服务中心将协助欲赴马来西亚旅游的中国游客更快捷地获得签证。

2013 年 6 月 13 日，马来西亚首相兼财政部长纳吉布宣布放宽现有签证措施，日后符合资格的外国投资者，可获得长达 5 年的多次往返签证。

2014 年 1 月 13 日，马来西亚内政部指出，只有从新加坡或泰国机场入境马来西亚的中国和印度游客，才能获得落地签证，并于 2014 年 1 月份生效，配合从2014年4月1日开始推动的2014马来西亚旅游年。经由边界线或陆路方式从新加坡或泰国进入马来西亚的游客，将无法获得落地签证。马来西亚境内可办理落地签的口岸有吉隆坡国际机场、吉隆坡国际机场廉航终站、槟城国际机场、新山士乃国际机场、沙巴州亚庇国际机场和沙捞越州古晋国际机场。

二、签证类型

马来西亚签证种类主要分为：

（一）普通签证

发给以旅游、探亲访友和商务活动为目的的中国公民。有效期3个月、停留期30天。普通签证不能延期，除非因健康原因、航班问题而不能及时回国，可凭有关医院和航空公司出具证明信函到移民局延期签证。

（二）工作和学生签证

在马来西亚工作或学习需由马来西亚公司或学校首先向移民局申请，获准后，由马来西亚移民局通知申请人所在地区的使领馆颁发普通签证。有关人员来马来西亚后，再到移民厅换成相应种类的长期签证。就读马来西亚大学的，长期签证通常由学校到移民局总部申请；就读高中及以下学校的，由自己向所在州的移民厅申请办理。

（三）探亲签证

来马来西亚探亲最长可停留6个月。一般由在马来西亚工作、学习、居住的亲属事先向马来西亚移民局申请，亦可持普通签证到马来西亚后再更换探亲签证。申请此类签证要求提供的文件较多，如亲属关系证明，在马来西亚工作、学习及收入证明等。

三、马来西亚签证材料

1. 护照正本，有效期半年以上；
2. 照片2张2寸彩色白底；
3. 身份证复印件；
4. 商务签证还需要提供邀请函。

四、申办途径

中国公民申办马来西亚签证大致有三种途径：

（一）本人直接向马来西亚驻华大使馆或领事馆申请办理；

（二）委托中国旅行社的签证处申请办理（一般只限旅游签证）；

（三）由外国亲友直接向该国移民局申请签证。

以上三种方式的采用要视情况而定。如本人熟悉情况，大使馆又受理个人申请的，可以由本人直接向马来西亚驻华大使馆、领事馆申请签证。

马来西亚驻华领事馆负责办理其领区范围内人员申请前往他们国家的签证。因此，申办签证的人士，应事先了解前往马来西亚驻华大使馆、领事馆及管辖地区。

五、出入境注意事项

（一）临时来马来西亚人员须携带至少500林吉特现金

马来西亚移民厅对中国游客（散客）尤其是30岁以下妇女入境要求尤其严格，如在短期内来往马来西亚多次，当事人会被原机遣返。马来西亚移民局有权拒绝有犯罪记录、无经济能力及谎报来马来西亚的外国人入境。

（二）出入境检查

入境免税物品有：200支香烟，1升酒，总价值不超过200林吉特的化妆品、香水，每件限价为25林吉特的纪念品或礼物。本国货币入境不得超过1000林吉特。

外国人可携带任何货币入境，外国人出境时可将任何货币带出，只要在入境时向海关和税务部门申请。根据马来西亚海关政策，外国人可将自己的日常生活物品带入马来西亚，数量和品种没有限制，只要海关认定这些物品是日常生活必需品即可。

禁止入境的物品：有色情内容的出版物与雕刻品、短剑、收音机、彩色复印机、爆竹、《古兰经》印刷品、毒品等，录像带须经检查合格后才能放行。

出境：外国人携带本国货币出境不得超过5000林吉特；外国货币出境不得超过入境时的申报数额。

（来源：综合整理自中国新闻网、南博网）

缅甸签证办理指南

一、签证规定

所有到访者均必须持带有签证的有效护照，凡持因公普通护照和因私护照来缅甸都须办理有效签证。目前，中国公民进入缅甸，持外交、公务护照者可免办签证。中国公民可前往北京的缅甸驻中国大使馆或驻昆明、南宁、香港总领馆申办缅甸签证。目前中国云南省已经与缅甸在旅游方面实现了互免签证，旅游者可以到当地的旅行社办理通行证。目前缅甸较常用的签证种类为旅游签证和商务签证。

从中缅边境陆路进入缅甸可持地方政府边境通行证，但活动范围有限。根据当地规定，外国人出入缅甸一般遵循“飞机来，飞机走；陆路来，陆路走”的原则，例如，乘飞机来仰光的中国公民不允许从中缅边境陆路回国。由边境口岸入境，出境必须是同一口岸。以非法途径入境，护照上无入境记录者无法正常出境。

根据缅甸政府规定，外国人在缅甸长期经商若需办理签证延期，首先要办理劳动卡。办理劳动卡需要以一个当地合法注册登记的公司雇员身份到缅甸劳动部办理，须提供相片并缴费。

往返签证有多次往返签证和一次往返签证。多次往返签证有效期一般为3个月、半年或1年。一次往返签证有效期一般为1个月。

在缅甸注册的外资合资公司董事可申请6个月或1年有效期的多次往返签证。一般外国经商人员可申请3个月有效期的多次往返签证。多次往返签证不分有效期长短，收费均为180美元。一次性往返签证收费54美元。

缅甸早已出台对中国公民开放落地签证的利好政策，另从2012年6月份开始，除对中国公民开放落地签证的仰光国际机场外，缅甸曼德勒国际机场也从2012年11月1日起开放办理落地签证。

自2013年8月起，缅甸移民和人口部准许外国游客从梯客—彭纳伦、大其力—湄赛、妙瓦底—湄索、高东—拉廊等4个缅泰边境口岸入境，从这些国际口岸入境的签证分为6种，即旅游签证、商业性签证、入境签证、过境签证、外交签证和多次入境签证。持护照入境的任何外国游客可以到缅甸旅游地区（限制地区除外）游览。

二、签证类型

（一）商务签证

目前，外国人赴缅甸工作，须持有效护照及商务签证进入缅甸。办理商务签证需要缅甸政府有关部门或企业出具的邀请函。中国公民可在缅甸驻华使馆以及缅甸驻昆明总领馆办理商务签证。凡持商务签证在缅甸长期经商者，须办理以下手续：

1. 劳动卡

根据缅甸政府规定，外国人在缅甸长期经商若需办理签证延期，首先要办理劳动卡。办理劳动卡需要以一个当地合法注册登记的公司雇员身份到缅甸劳动部办理劳动卡，须提供相片并缴费。

2. 办理签证延期、逗留许可

办理劳动卡后，办理签证延期及逗留许可同样要当地合法注册登记公司出具证明，到中华人民共和国商务部办理手续，然后再到缅甸移民局办理签证延期及逗留许可，一般一次可延期3个月至1年。签证逾期每日罚款3美元，也须提供相片并缴费。

3. 办理外侨登记证

凡到缅甸居住时间超过3个月者，均需提前到缅甸移民局办理外侨登记证，须提供相片并缴费。超期未办者将被罚款。凡到缅甸1个月内申请办理外侨证的外籍经商者，只需缴纳9美元，超过1个月再办理须缴18美元。

4. 离境表

凡到缅甸居住超过1个月者，离境前须到缅甸移民局办理离境表。长时间居住者，须向缅甸移民局交回外侨登记证，并领取2张离境表，其中一张离开时交给缅甸机场移民局，另一张下一次来缅甸时，再到缅甸移民局换回原有的外侨登记证。来到缅甸1个月内换证须缴6美元，超过1个月须缴12美元。

（二）旅游签证

根据缅甸规定，从边境口岸入境，需持护照并办签证，并由旅游公司带领方可在缅甸旅行。

1. 目前缅甸较常使用的签证种类为旅游签证和商务签证，其中旅游签证停留期限一般为28天，不可延期，只能在规定的地区旅游；商务签证停留期限一般为70天，可否延期由缅甸移民部门视情况而定。在缅甸注册的中资公司人员可通过其缅方合作伙伴协助办理居留延期手续，或由中国驻缅甸大使馆经商处出具证明协助办理延期；另有探亲签证，停留期限28天，最多可延期至70天。签证期满逾期滞留者，每超一日罚款3美元，超过90天，每日罚款5美元。

2. 从中缅边境陆路进入缅甸可持边境通行证，但活动范围有限。

3. 在缅甸停留超过3个月须办理外侨证，有效期分1个月、3个月和1年。

（三）个人旅游签证

持中国各省因私护照者均可申请缅甸个人旅游签证，签证可停留天数为28天，有效期为90天。

（四）落地签证

自2012年6月1日起，缅甸对27国及地区人员开放仰光机场落地签证，后期还将在曼德勒机场和内比都机场实行。目前开放的落地签证种类为商务（含工作）签证、入境许可及过境签证3种，暂不包括旅游。27国及地区为东盟9国及澳大利亚、中国、丹麦、法国、德国、印度、意大利、日本、韩国、朝鲜、新西兰、挪威、西班牙、瑞典、瑞士、英国和美国等。

缅甸当局实施落地签证，细则规定如下：

1. 任何国家的公民，只要持有合法的普通护照和符合有关规定，就会批发落地签证；

2. 申请落地签证者的护照有效日期从到达之日起最少要有6个月期限；

3. 对申请旅游落地签证者征收30美元，允许居留28天，但不能延期；

4. 对持有商务护照的申请者征收40美元，批准居留70天，而且可以延期；

5. 对持有探亲护照（社交旅游）的申请者征收40美元，允许居留28天，可以延期；

6. 对申请过境签证者征收18美元，允许逗留24小时；

7. 申请者须持有往返机票；

8. 申请者必须投宿在有合法执照的宾馆、汽车宾馆、旅店，必须填写详细地址；

9. 在亲戚朋友家或在工厂等地方居住的申请者必须写明主人的地址；

10. 须备有6个月内拍摄的2张照片（4厘米×6厘米）；

11. 申请者必须严格遵守包括缅甸移民法律在内的所有现行法律；

12. 在护照内附带有7岁以下的子女获免费批准。持有个别护照的7岁以下的子女也免缴签证费；

13. 个人来旅游者最少持有300美元现金。携带家眷旅游者最少持有600美元现金；

14. 居留和观光者必须遵守缅甸现行签证条款中的规定；

15. 不能前往受限地区旅游，接待者有责任让外国旅客明白哪些地方是受限地区；

16. 接待旅客投宿的宾馆、汽车宾馆、客栈、旅店、住家、办公室等，必须向有关镇区移民局报告旅客的相关资料；

17. 落地签证申请表可以从航空公司或从网络上提前获取后申请。

这一落地签政策不适用于准备从中缅陆地口岸入境缅甸的中国公民，此类人员仍需去缅甸驻中国使领馆事先办妥签证。根据中缅双方原先的互免签证的协议，持外交、公务（官员）护照的中国公民仍无需签证入境缅甸。

三、签证需提交材料

（一）商务签证所需材料

1. 护照须有6个月以上的有效期，申请签证前，持照人须在护照上签名；

2. 近期半年内彩色照片4张；

3. 缅甸公司邀请函原件（须有邀请人姓名和电话号码）；

4. 照会或公函上应注明访问目的和停留时间；

5. 缅甸公司有效期内营业执照复印件；

6. 填写3份申请表；

7. 填写3份《签证申请表》和1份《到达报告表》，经申请人签字后，同邀请函一起交到缅甸总领事馆。

（二）旅游签证所需资料

1. 填写2份申请表；

2. 提供3张申请人近期彩色照片（3.5厘米×4.5厘米）；

3. 有签证页的有效护照（护照有效期需长于6个月）；

4. 1份《到达报告表》；

5. 填写2份《签证申请表》和1份《到达报告表》，经申请人签字后交到缅甸总领事馆；

6. 旅游签证自签证之日起算，有效期为6个月。停留期自入境之日起算，可停留4周。

（三）个人旅游签证所需材料

1. 有效期为6个月以上的护照原件（指回国后还有6个月以上的有效期），护照末页必须由持证人亲笔用蓝、黑色水笔或圆珠笔签名；

2. 护照内应至少有2页完整的空白签证页，不包含备注页；

3. 近2年拍摄的两寸白底光面彩照2张（3.5厘米×4.5厘米）；

4. 在职人员还须提供公司空白抬头公文纸2张并加盖公章（在公文纸中注明仅限缅甸签证使用）；

5. 申请人长期居留地址、身高及申请人父亲的姓名。

四、落地签证所需材料

必要条件：

1. 2份签证申请表；

2. 缅甸有关部级介绍信；

3. 2张申请人近期彩色照片（35毫米×45毫米）；

4. 有空白签证页的有效护照；

5. 1张登陆卡。

以下人员有资格申请落地签证：

1. 居住在距离缅甸使领馆很远的地方不便申请签证者；

2. 居住在没有设立缅甸使领馆的国家的公民；

3. 对于持已过期的正常签证，但过期时间不超过7天者。

（来源：综合整理自中华人民共和国外交部、中华人民共和国驻缅甸联邦共和国大使馆经济商务参赞处、新华网、南博网）

菲律宾签证办理指南

一、签证规定

根据非方新的规定，凡由菲律宾政府授权的旅行社接待的到菲律宾团体中国游客（至少3人），可在菲律宾任何国际入境口岸申办落地签证，在菲律宾停留期最长不超过14天；菲律宾政府授权的旅行社接待的到菲律宾中国个体游客也可享受以上政策。持中国香港特区护照、BNO护照、中国澳门特区护照或澳葡护照到菲律宾者，7天之内免签。持中国台湾护照、中国香港DI（Document of Identity）、CI（Certificates of Identity）或旅行证到菲律宾者，应申请菲方签证。此外，团体中国游客落地签证费有所降低，3人至19人团减为每人25美元，20人以上团（含20人）减为每人15美元。

另外，任期不超过6个月（含6个月）的中国记者，应在到菲律宾前申请临时访问签证（9A签证），到菲律宾后移民局将为其颁发特别工作许可（Special Working Permits）。该许可有效期为3个月，并可再延期3个月。

到菲律宾工作任期超过6个月的中国记者有两种选择：一是到菲律宾前，由其在菲律宾工作单位协助，向菲律宾劳工部申请外国人就业许可（Alien Employment Permit），并凭该许可向菲律宾移民局申请工作签证（9G签证）。如申请获批，由菲律宾外交部通知菲律宾驻华使领馆为申请人颁发签证。二是到菲律宾前申请临时访问签证（9A签证），到任后依照有关规定向菲律宾移民局申请更换为工作签证（9G签证）。

目前，新签证政策对参加旅游部认可的旅行社组织的旅游团的中国游客，将给予30天免签证逗留，拥有美国、日本、澳洲、加拿大、申根、新加坡或英国签证的印度人给予14天免签证逗留，将166个国家和地区21天免签证逗留期延长至30天。

2013年6月19日，菲律宾移民局宣布推出“长期停留旅游签证续签”政策，希望在菲律宾多作停留的外国游客，可向菲律宾移民局申请办理6个月的长期停留旅游签证续签。

2014年1月，菲律宾移民局长签署备忘录，并通知菲华商联总会呼吁外侨若签证有效期即将届满，须亲往移民局办理延期手续，以便能在菲律宾继续逗留。若是签证有效期已逾期，则应亲往移民局补办手续。移民局规定，外国游客到菲律宾旅游，可在本地逗留至签证有效期届满为止。若要延期可到移民局办理延期手续，但不能超过2年，若超过2年应前往移民局补办手续并自动离境，移民局长可按情况考虑是否不将其列入黑名单。外籍游客若是在本地逾期居留超过12个月，一旦被发现或被抓扣，将在15天内被遣派出境，并被列入黑名单，同时也将被罚款。

二、签证类型

（一）旅游签证

1. 所需材料

护照或旅行证件，有效期至少6个月以上，不包括允许在菲律宾的停留时间（复印护照资料页）。

签证申请表：持中国大陆护照需提交2份申请表，并贴上照片；持中国台湾和其他国籍护照需提交1份申请表，并贴上照片。

工作单位出具的在职证明或介绍信，用英文书写（退休人士请提供退休证）。

至少通过如下文件之一证明证实经济能力，但领馆官员会要求申请人提供更多证明：

（1）房产证明；

（2）银行存款证明；

（3）有效的国际信用卡（复印件）；

（4）授权的菲律宾旅行社的书面担保书（如果通过授权的中国旅行社申请），保证当事人能按时离开菲律宾；

（5）未成年人提供出生证明（16周岁及以下）；

（6）不与父母同行的未成年人，需申请WEG。

确认的往返或前往他地机票（复印件）。

领馆官员可能会要求申请人提供更多证明材料。

中华人民共和国公民和台湾人签证费为167.5元人民币。其他国籍201～268元人民币。

2. 手续

申请人必须亲自或通过经授权的旅行社递交申请；

办理和签发签证不超过3个工作日；

一个工作日加急办理加收167.5元人民币，两个工作日加急办理加收100.5元人民币；在签证申请表上写明警告严厉禁止毒品走私和禁止外国游客从事零售买卖。

可在菲律宾的停留时间：7～30天。

（二）商务签证

1. 所需材料

护照或旅行证件，有效期至少6个月以上，不包括允许在菲律宾的停留时间（复印护照资料页）。

签证申请表：持中国大陆护照需提交2份申请表，并贴上照片；持中国台湾和其他国籍护照需提交1份申请表，并贴上照片。

（1）工作单位出具的在职证明或介绍信原件，用英文书写（退休人士请提供退休证）；

（2）经公证的菲律宾公民或正规菲律宾公司出具的保证当事人能按时离开菲律宾的书面担保函公证件原件；

（3）授权的菲律宾旅行社的书面担保书（如果通过授权的中国旅行社申请），保证当事人能按时离开菲律宾；

（4）确认的往返或前往他地机票（复印件）。

（5）中华人民共和国公民签证费为167.5元人民币，其他国籍为201～268元人民币。

2. 手续

申请人必须亲自或通过经授权的旅行社递交申请；

办理和签发签证不超过3个工作日；

一个工作日加急办理加收167.5元人民币，两个工作日加急办理加收100.5元人民币；在签证申请表上写明警告严厉禁止毒品走私和禁止外国游客从事零售买卖。

可在菲律宾的停留时间：59天。

（三）过境签证

1. 所需材料

签证申请表：中国大陆护照2份，并贴上照片；持中国台湾和其他国籍护照需提交1份申请表，并贴上照片。

有效的护照，有效期至少6个月以上，不包括允许在菲律宾的停留时间。

确认的前往别国机票和赴该国的有效签证。

通过如下证明证实经济能力，但领馆官员会要求申请人提供更多证明：

（1）工作单位出具的在职证明或介绍信，用英文书写；

（2）个人财产证明；

（3）授权的中国旅行社的保证书；

（4）银行存款证明；

（5）有效的国际信用卡（复印件）；

（6）菲律宾公民或有声望的菲律宾公司经过公证的担保书原件。

确认的往返或前往他地机票（复印件）。

签证费为134元人民币。

2. 个人办理手续

申请人必须亲自或通过经认可的旅行社递交申请；

办理和签发签证不超过3个工作日；

一个工作日加急办理加收167.5元人民币，两个工作日加急办理加收100.5元人民币。

3. 过境签证旅行社办理手续

旅行社必须在过境者到达菲律宾前的48小时之内，书面通知菲律宾移民局递交其身份、护照号码、旅行安排和其他相关的移民资料，并在48小时内向菲律宾移民局递交过境签证书面申请和担保书。

每位过境者支付1000比索服务费到菲律宾移民局（BI）账户，其地址是Magallanes Drive，Intramuros，Manila。

旅行社出示1000比索服务费的正式发票后，菲律宾移民局通过菲律宾移民控制处（IRD）处长把过境抵达通知（TAN）发布给指定入境口岸的所有移民官。过境抵达通知上有每位到达的过境者名字和信息，指示移民官将过境抵达通知上的每位过境者作为非移民允许入境，限制停留时间为3天。同时菲律宾移民局身份卡会发给每位过境抵达通知上的过境者。

（四）海员/机务人员签证

1. 所需材料

海员证和护照，有效期至少6个月以上，不包括允许在菲律宾的停留时间（复印海员证和护照资料页）。

（1）工作单位出具的在职证明或介绍信用英文书写；

（2）菲律宾公民或有声望的菲律宾公司经过公证的担保书原件；

(3) 填写好并附上照片的签证申请表;

(4) 确认的往返或前往他地机票。

签证费为 134 元人民币。

2. 手续

办理和签发签证不超过 3 个工作日;

一个工作日加急办理加收 167.5 元人民币，两个工作日加急办理加收 100.5 元人民币;

在签证申请表上写明警告严厉禁止毒品走私和禁止外国游客从事零售买卖。

(五) 临时访问签证：旅行团

1. 所需材料

护照或旅行证件，有效期至少 6 个月以上，不包括允许在菲律宾的停留时间;

填写好的旅行团签证申请表，以及旅行团每位成员护照资料页复印件 (1 份原件两份复印件；原件递交菲律宾移民局，使领馆存档复印件一套，旅行社保存另一套复印件);

菲律宾旅行社的担保书;

旅行团成员不满 20 人，签证费为 167.5 元人民币/人；旅行团成员满 20 人及以上，签证费为 100.5 元人民币/人。

2. 手续

办理和签发签证不超过 3 个工作日，菲律宾使领馆有权根据工作量决定是否提前发放签证;

不收取加急费 (不适用于菲律宾驻香港领事馆);

申请表背面将贴上签证，旅行团每位成员的护照上会有如下格式的印章:

Joining Group Tour 参加旅行团;

With Persons 同位游客;

Under Visa No. 签证号;

Organized by: Name of Agency 组织者：旅行社名称。

每个旅行团只用 1 个签证号，旅行团每位成员护照上是这个签证号后加一个连续的数字后缀。

在签证申请表上写明警告严厉禁止毒品走私和禁止外国游客从事零售买卖。

(六) 留学签证

1. 所需材料

2 份填写好并附上 2 张照片的签证申请表。

(1) 有效中国护照或旅行证明文件，有效期需超过在菲律宾停留时间至少 6 个月以上;

(2) 短笺/介绍信;

(3) 菲律宾高等教育委员会发的录取通知书;

(4) 菲律宾的大学/学院的录取通知书;

(5) 体检报告 (包括实验室和 X 光片结果);

(6) 警察无犯罪纪录证明 (复印件);

(7) 被鉴定的中学和大学毕业证书拷贝;

(8) 被鉴定的学校成绩记录的拷贝;

(9) 财务支持证明;

(10) 介绍人/在菲律宾的联系人的目录和机票拷贝。

签证费为 2500 元人民币。

2. 手续

外国学生可直接与授权可以接受外国留学生的菲律宾的学校联系并顺从学校制度性条件要求，包括递交下列文件:

4 份签有外国学生的英文和他本国文字的签名的本人履历，并盖上他的个人印章，如果有的话。附上 2 厘米×2 厘米的照片并押上左右大拇指印。照片必须是近期拍照的并且背景是白色的。

外国学生的国家或居住地的菲律宾外交办事处和有领事权的办事处的鉴定的学生成绩表；足够财政支持的证明，资金用于住宿、生活，学校费用和其他的临时费用。

如果学生满足学校要求，学校则发给他录取通知书并向外交部递交上诉文件包括上列的文件的复印件，以及高等教育委员会签发的接纳留学生资格证明。如果某一课程因缺乏设施则入学将受到限制。这些文件和在信中提到的学生签发留学生签证的附信应由学校指定的联络官员亲自递交给外交部。附信应是签有学校注册主任签名和盖有学校公章的学校正式信笺。

外交部在确认这些文件完全无误之后，批准给学生的国家或居住地的菲律宾外交办事处或有领事权的办事处，在根据外交部的规则判定学生的身份和资格之后，签发留学生签证。学生请求在学生国家或居住国之外签发签证将不予以理睬。

外交办事处书面通知学生收到的文件并邀请学生携带自己收到的录取通知书出面到领事馆接受审查并顺从领事条件。

领事馆的外交办事处要求学生到指定的医生进行全身身体健康检查，按规定的表格 (FA Form No. 11) 的健康检查证明和实验室结果和标准胸部 X 光片将直接递交给领事馆。

留学生也应递交其国家的居住地的警察当局发的无犯罪纪录的证明文件。

到菲律宾之后，留学生应立即到接受学校报到，而学校也应帮助学生到移民局领取必要的外国人注册证和留学生临时居住证。

三、签证照片注意事项

1. 照片规格：申请人最近6个月内拍摄的2寸彩色白底正面照片2张；

2. 人像大小：脸部占据整张相片面积的70%～80%；

3. 照片表面：无墨迹、折痕、污迹、油渍、指印或粘胶印；

4. 人像衣着：衣着整齐；

5. 照片画质：色彩呈现自然肤色，光源均匀且不能有阴影或闪光反射在脸部；

6. 佩戴眼镜：相片人像不得佩戴眼镜或墨镜，阻止辨识人貌。视障者除外；

7. 头巾佩戴：不得佩戴头巾，人貌五官尤其眼部须清楚呈现。宗教因素除外；

8. 头部装饰：相片中人像不得佩戴头帽或其他装备；

9. 隐形眼镜：人像不得佩戴有色隐形眼镜；

10. 签证申请表格含下列照片均一律退件：

（1）人像眼部呈现红色；

（2）相片含污迹；

（3）脸部占据相片面积太大或太小；

（4）非白色背景；

（5）画质不清晰；

（6）眼睛不正视相机镜头拍摄，视障者除外。

（来源：综合整理自中华人民共和国驻菲律宾共和国大使馆经济商务参赞处、菲律宾驻沪总领事馆）

新加坡签证办理指南

一、签证规定

新加坡签证是主权机关在国或外国公民所持的护照或其他旅行证件上的签注、盖印，以表示允许其出入本国国境或者经过国境手续，也可以说是颁发给他们的一项签注式的证明。新加坡签证可向新加坡移民局申请，也可向新加坡驻中国大使馆（或领事馆）申请。新加坡驻华使领馆包括驻北京大使馆、驻上海总领馆、驻厦门总领馆（及厦门总领馆驻广州领事办公室）和驻香港总领馆。

《中华人民共和国政府和新加坡共和国政府关于外交、公务和公务普通护照持有者互免签证的协定》已于2011年2月18日在新加坡签署。双方已完成本国法律程序并确认上述协定自2011年4月17日起生效。协定规定，持有效外交、公务和公务普通护照的中国公民和持有效外交、公务护照的新加坡公民，入境缔约另一方如不超过30日，免办签证。

上述中国、新加坡两国公民如欲进入缔约另一方国境并停留超过30日，或以工作、学习或任何营利活动为目的，应根据缔约另一方主管部门的有关规定在抵达缔约另一方国境前申办签证或有关通行证。

按进入新加坡的时间长短，新加坡的签证分为短期签证（如：旅游签证、探亲访友签证和商务签证等）和长期签证（如：长期旅游证、学生准证和就业准证等）。前者在新加坡停留时间短（4～30天），后者停留时间较长（3个月到1年不等）。

从2012年起，新加坡特别引入了结婚移民签证，为新加坡公民的合格外籍配偶提供更长期的居留权，同时还享受保健和就业权益。据悉，该签证申请条件为婚生子女中至少有一人为新加坡公民。对于没有婚生子女申请成为新加坡公民的，将考察其他因素，如婚姻的长短、担保人支持家庭的财力以及担保人和申请人的良好品行等。

从天津出入境边防检查站获悉，自2013年10月14日起，新加坡移民局为申请新加坡签证的中国旅游团颁发电子团体签证，取代原先的贴纸团体签证。中国公民赴新加坡旅游须由旅行社组团，并由旅行社领队带队，凭有效护照、电子团体签证打印件、旅游团队名单表办理出境手续，无需再持新加坡团体签证原件。

二、签证类型

申请签证必须提供以下材料：

护照：有效期应在6个月以上（从入境日期开始计算），并至少有一张空白签证页。同时提交护照照片页复印件。

Form 14A 签证申请表格（原件）：一份用英文填写完整，并有申请者亲笔签名的申请表格。申请表格可在网上下载（http://www.mfa.gov.sg/shanghai）。

彩色照片：2张（一张贴在表格上，另一张供扫描用）。照片应符合下列要求：

两寸、彩色、白底的3个月内的近照。

正面免冠（如按特殊宗教或风俗要求戴帽或配饰，帽子或配饰不得掩盖申请者面部特征）；

中国身份证：原件及复印件（注：申请商务签

证者，只需复印件）；

签证费（概不退还）：人民币153元（请自备零钱）。

签证申请者必须本人亲自来新加坡驻华大使馆递交申请，以下情况除外：

若申请人未满16周岁，可由其父母代办，但必须出具能证明其关系的出生公证书或户口本和父母身份证（原件及复印件）。

如申请人已退休或60周岁以上，可委托他人办理，但需提供本人退休证原件、复印件及委托书（注明被委托人的姓名和身份证号码）。被委托人必须携带自己身份证原件并提交复印件。

如申请人由在华的新加坡公民或新加坡永久居民作介绍，介绍人（必须21周岁以上）需亲自来新加坡驻华大使馆递交申请，并提供填好的V39A表格原件（介绍信）及其新加坡身份证或护照的原件及复印件。

申请商务签证者，需提供如下材料：

（一）旅游签证

在职证明：申请人若为在职员工，必须提供由就职公司出具的在职证明信原件一份。证明信中需注明公司同意其休假，并详细注明申请者在该公司任职时间、职务及工资。在职证明信必须列有公司及有关联系人的地址、电话和传真号码。信函必须加盖公章。

申请人若无工作，则必须提供证明其个人经济状况的文件，如银行存款证明、房产证等（原件及复印件）。银行存款证明的金额没有具体要求，但银行签发日期必须是签证申请递交日期的两个星期内。此证明应能够如实的反映经济能力。

户口簿：申请者户口簿（全本、每页：原件及复印件）。如为集体户口，可在警察局办理户籍证明，并提供原件及复印件。

（二）商务签证

委托书：如本人不能亲自来使馆申请签证，需出具委托书，委托书要注明被委托人的姓名及身份证号码（中英文均可）。被委托人必须携带自己身份证原件并提交复印件。即使是同一个人被委托，请在申请及领取签证时各递交一张委托书。

新加坡公司商业注册简况打印件：由新加坡会计与企业管理局（http://www.acra.gov.sg）出具的新加坡公司最新商业注册简况打印件一份，该简况的打印日期距递交日期不得超过6个月。由新加坡政府机构、大学邀请或出席在新加坡召开的展览会、大型会议等的申请者，无需出具V39A表格和新加坡公司商业注册简况。申请者只需递交该机构或组织签发给申请者的邀请函原件。邀请函上必须要有该机构或组织邀请人的签名和申请者的名字。

V39A表格原件（介绍信）：由新加坡注册公司代表人用英文填写完整的原件一份。信上必须注明新加坡公司的地址、电话、传真号码、公司章和公司代表人的新加坡身份证号码与签名。

（三）入境签证

入境签证仅适用于以下申请者：

1. 已获得新加坡移民与国民登记局批准新加坡永久居民通知书的人士。

2. 原则上已获新加坡移民与国民登记局或新加坡人力部批准即将发给各类准证的人士。如工作许可证、受雇准证、学生准证、长期社交访问准证、职业人士访问准证。

3. 已获新加坡移民与国民登记局批准并被通知在新加坡驻北京大使馆领取签证的人士。

申请入境签证须提供以下材料，必要时新加坡驻华使馆有权要求申请人提供其他材料：

1. 申请者护照有效期至少6个月（从出国之日起开始计算），并至少有1张空白签证页。

2. 一份用英文填写的14表格（表格第1、2页每一项都需填写，第3页必须由申请者本人签字并注明申请日期），申请者须附2张2寸彩色近照，请将一张彩照粘贴在14表格上而另一张彩照供扫描。照片必须符合下列要求：

最近3个月内的近照，照片尺寸为35毫米（宽）、45毫米（长）、无白边；正面免冠（按特殊宗教或风俗要求戴帽或配饰者，帽子和配饰不得遮盖申请者面部特征）。面部尺寸为25毫米（宽）、35毫米（长）、白色背景。

3. 申请者须提供新加坡移民与国民登记局或新加坡人力部批准函的复印件。

4. 签证费为每人102元人民币。

5. 签证办理过程为2个工作日。

6. 签证地点：北京市朝阳区建国门外秀水北街1号，邮编：100600。

（四）留学签证

新加坡留学“入境签证”与“学生准证”，包括所有希望在新加坡进行全日制学习的留学生都必须向移民与关卡局（ICA）申请学生准证及签证（若适用）。需要签证才能入境的申请者，请确保至少在开课日期2个月以前向ICA申请学生准证。

“入境签证”是申请人第一次入境新加坡时由新加坡移民厅签发的签证（俗称“白卡”）。抵达新加坡后工作人员会为申请者安排到新加坡移民厅领取“学生准证”。这个“学生准证”是多次往返的长期居留证。凭这个学生准证，申请者可以在新加坡留学期间自由出入新加坡并且不需要另外的签证。

新加坡留学申请条件：

1. 申请者首先必须被一所合法的新加坡学校录取才能开始全日制课程的学习。

2. 申请者须有足够的资金来支付学费与生活费用，并提交相关证明文件。

3. 申请学生准证必须有一位当地担保人。当地担保人必须是年满21岁的新加坡公民或永久居民或者是申请者所报读的学校。

学生准证的申请必须在课程开始日期之前的2～6个月之间递交。

三、申请签证步骤

1. 申请者护照有效期至少6个月（从出国日期开始计算）并至少有一张空白签证页。

两份用英文填写的14表格（表格第1、2页每一项都要填写，第3页必须由申请者本人签字并注明申请日期）。每份申请表须附1张护照尺寸的彩色照片（共2张）。

申请者公司出具的同意其休假并说明申请者在该公司任职时间、职务及工资的信函。信函所用信笺需注明公司的名称、地址、电话号码及传真号码。信笺需加盖公章。

2. 2寸彩色近照粘贴在14表格上，照片必须符合下列要求：

4个月内的近照，照片尺寸为35毫米（宽），45毫米（长），无白边；正面免冠（按特殊宗教或风俗要求戴帽或配饰者，帽子和配饰不得遮盖申请者面部特征）。面部尺寸为25毫米（宽），35毫米（长）；白色背景。

3. 观光签证自签发之日起5周内有效。签证持有人可在5周之内多次进出新加坡。由新加坡移民和关卡局官员决定每次停留天数，最多不超过30天。

签证办理过程为3个工作日。

申请人如没有工作，需提供相关文件以证明其有足够的资金（例如：本人存折或存款证明原件及复印件）。

如申请人由在华的新加坡公民或新加坡永久居民作担保，则无需按上第3、4条规定办理。但需担保人亲自到使馆递交申请，并提供填好的V39A表格及担保人身份证复印件。

注：签证是否出签由新加坡领事馆为准，任何单位及个人无权利认可签证是否通过。

四、担保金交纳须知

被要求交纳担保金的申请者将在其递交申请表的第2个工作日，由新加坡驻华使馆通知其办理交纳手续。

申请者需领取一份四联的进账单（送款单上须填写本人姓名、存款日期、身份证号码及联系电话），到中国银行总行一层16～18号柜台存入担保金5100元人民币后，持经中国银行盖章的进账单首联和第三联（回单和收账通知）和填写完整并有申请者亲自签名的担保函到新加坡驻华使馆再次办理签证。上述手续办理完毕后于第2个工作日领取签证。

观光签证到期后，不可继续在新加坡停留；不可在新加坡谋求长期居留；不可打工（有偿或无偿）、经商或参与其他专业活动及不利于新加坡安全的活动；不可吸毒、走私或贩卖毒品。违反上述规定者将被没收担保金5100元人民币。

五、担保金退款须知

进入新加坡时，入境者应主动出示护照及旅游签证卡。在离境时新加坡边防检查站官员会收回签证卡并在护照上加盖出境章。如签证卡未被收回，入境者应主动交给边防检查站官员。

担保金只有在新加坡驻华使馆收到新加坡移民与关卡局的通知后方能退还。申请者在离开新加坡后1个月可打电话咨询，得到确认后可预约领取担保金的时间。领取担保金的时间为每月的5～25日。

在指定时间到新加坡驻华使馆领取现金支票，再到中国银行总行一层19～24号柜台兑现。

若申请者不能亲自办理担保金退还手续，申请者可出具委托书，并附上被委托人身份证复印件。被委托人凭委托书、申请者护照复印件及担保金收据到新加坡驻华使馆办理手续。

若申请者在签证有效期内未前往新加坡，申请者本人需持护照、签证卡、收据及本人写的解释信到新加坡驻华使馆，经确认后方能预约时间领取担保金。

若收据遗失，申请者必须提交公安局丢失证明或相关公证书予以证明。

若未交回签证卡或新加坡驻华使馆未得到新加坡移民与关卡局退款授权，申请人将担保金收据，护照首页及有入境、离境章的签证页复印，一起送交到新加坡驻华使馆。新加坡驻华大使馆在接到退款申请后致函新加坡移民与关卡局查询，时间2个月以上。

六、注意事项

1. 从2009年8月1日起，赴新加坡签证申请的递交与领取时间更改如下：

材料递交：周一至周五上午9：00至11：00

领取签证：周一至周五下午4：00至4：30

2. 申请表格可从 http://www.Ica.gov.sg 下载。

3. 申请材料原件在签证窗口审核后会立即返还给申请者。

4. 未填好的表格、材料不齐或不符合要求的有可能导致拒签或推迟受理。

5. 签证申请是否被批准及批准的有效期限都由签证官根据申请者个别情况决定。

6. 申请者应在签证批准后再购买机票。

7. 签证的签发日期一般是签证的申请日，签证一旦被签发，有效期将不再变更。申请者不应过早递交申请材料。若签证已过期，申请者需重新递交申请材料。申请者在领取签证时，应仔细核对签发日期及签证有效期。建议申请者在出国前1至2周递交申请。

8. 签证持有者不一定可以入境新加坡。签证持有人须符合入境规定方可准许入境，如持有有效护照、足够的资金和往返机票。新加坡移民与关卡局官员有权决定其是否可入境。

9. 新加坡移民与关卡局官员在签证持有者入境时决定其停留天数。申请者应留意护照的入境章和批准的停留期限。

（来源：综合整理自新加坡共和国驻上海总领事馆经济商务室、南博网）

泰国签证办理指南

一、签证规定

泰国签证是泰国在本国或外国公民所持的护照或其他旅行证件上的签注、盖印，以表示允许其出入泰国国境或者经过国境的手续，也可以说是颁发给他们的一项签注式的证明，是进入泰国的通行证件之一。

目前，泰国允许中国公民办理落地签证，但是该政策有一定限制。泰王国驻上海总领事馆通知：自2012年11月1日起，泰王国驻上海总领事馆签证处办理各类型签证所需工作时间将由一个工作日调整为三个工作日（如周一送签，周四出签）。

泰国与柬埔寨单一签证协议自2012年12月27日开始生效，包括中国在内的35个国家和地区的公民可以凭单一签证进入泰柬两国。根据单一签证协议，这35个国家和地区的公民向泰国和柬埔寨任意一国获得签证，便可在两国各逗留60天。除中国外，享受这项政策的国家和地区还包括美国、日本、中国香港、英国、澳大利亚等。

2013年8月28日，泰缅在来兴府的美索口岸、拉农府的阁颂口岸、清莱府美赛口岸正式实施护照及签证通关制度，无需手续费，泰国及外国游客可在以上任何一个口岸持护照及有效签证入境，并可以在原口岸或其他口岸出境，取代以往使用的通关临时证明。

自2014年起，中国赴泰国旅游的“落地签”项目开通，游客乘飞机抵达泰国的机场后，直接在机场办理旅游签证，只需要准备1张照片和1000泰铢（约200元人民币）即可，凭借这个签证可在泰国逗留最多15天，但非旅游签证和需要多次往返的情况并不在此范围内，需要在出国前申请好。

2014年12月1日，泰国驻青岛总领事馆正式开馆，即日起中国公民在青岛可以直接办理赴泰国签证手续，办理签证仅需3个工作日。

二、签证类型

（一）商务签证

凡赴泰国为联系业务、出席会议、参加培训和进行学术交流不超过90天者，需办理此类签证。申请者需递交如下材料：

1. 护照原件（须有6个月以上的有效期，末页须签名）；

2. 2寸白底免冠彩照3张；

3. 申请表2份；

4. 中方营业执照及副本的复印件，国际健康证明（有效期为1年）及劳动部门出具的合法证明（表明允许你出国工作）；

5. 中方派遣函（须有公司地址、电话、传真、商务访问目的、批准准假证明、停留时间，按期返回中国的保证，申请人姓名、性别、护照号码、出生年月、职务、月薪、身份证号码），须用加盖公章的并有负责人签名的公司抬头信笺打印；

6. 邀请方公司发的邀请函（须有逗留时间、逗留目的、行程安排及标明境外费用由哪一方提供）及泰国外交部发到泰国驻华使馆的批文。

（二）过境签证

凡目的地是第三国仅从泰国过境者，或者从第三国经泰国返回中国者需办此类签证。在申请过境签证时，需递交如下材料：

1. 有效期6个月以上的护照及复印件；

2. 3份用英文填写完整的旅游签证申请表；

3. 3张6个月内拍的两寸彩色免冠照片；

4. 连程机票复印件和确认的连程机票包含票号；

5. 第三国有效签证或旅行证及复印件；

6. 对于参加体育比赛的运动员需提供说明运动员到泰国参加体育比赛的邀请函。

签证费：180元。

提交以上材料后在2个工作日内可获得过境签证。

签证有效期：90天

可在泰国停留不超过30天。

特别提示：过境签必须事先在泰国驻中国各领使馆办理，不能在泰国境内当场办理。

（三）二次入境签证

旅游签证为单次入境，如果需要中途离开泰国再返回，可以在离境前办理二次入境签证（Re-entry）。只需填写一张申请表、附一张白底2寸照片即可。在机场办理二次签证是在换好登机牌之后、进入海关之前。陆路出境是在办理离境手续之前。

签证费：1000泰铢。

（四）旅游签证

凡赴泰国旅游，访友需办理此类签证，先填写旅游签证申请表一式一份，申请表必须本人签名，半年内2寸彩色照片一张，申请者本人国内工作单位或街道办事处的英文担保信原件（内容包括：申请者姓名；赴泰国目的；在泰国停留期；该信必须担保申请者按期返回中国，使用印有该单位抬头的信纸打印，并附有该单位的地址及电话，此信还必须加盖单位公章、负责人签字及签字人的姓名和职务），出示确认往返时间的出入泰国的机票（含机票票号），并递交该票的复印件一份，护照和护照复印件一份。（小孩未满16周岁需提供中英文出生证或者中英文的关系公证书原件及复印件），需要的材料如下：

1. 签证申请表（附白底2寸近照一张）；

2. 往返票务及复印件；

3. 半年以上有效期本人护照及第一页复印件；

4. 申请者本人单位或街道办事处的英文担保信原件（内容包括申请者姓名、赴泰国目的、停留时间，此信还必须加盖单位公章及经办人签字）；

签证费：230元。通过旅行社代办280元。

提交以上材料后在3个工作日内可获得有效期3个月，在泰国停留不超过60天的个人旅游签证。

（五）落地签证

中国游客在前往泰国可以在到达后，在机场落地签专柜办理落地签证。

1. 填写一张申请表，并签字；

2. 一张白底2寸照片；

3. 出示入境和出境的票务；

4. 半年以上有效期本人护照和护照复印件一份。

签证费：1000泰铢（快速通道申请费用为1200泰铢）。

提交以上材料后可当场获得在泰国停留不超过15天的落地签证。

友情提示：如果护照上没有其他任何国家的有效签证，中国海关可能会不允许离境。

三、泰国出境及安检注意事项

凭借中国香港特别行政区、中国澳门特别行政区颁发的护照，可以免签进入泰国，停留期不超过30天。中国台湾颁发的护照，必须办理签证，停留期15天。

1. 出境流程：办理登机牌和行李托运手续——持护照和登机牌到出境处办理出境手续（盖边检章）——进行出境安检——进入候机厅。

2. 国际航班须提前90分钟到达机场。如果对机场不熟悉，或者还要办理托运，须提前2个小时。

3. 安检：随身携带的行李中，不得有超过150毫升的液体。关于液体标准，每个机场标准略有不同。

4. 不得随身携带尖锐物品，如瑞士军刀。若需携带，请务必托运。

备注：以上所有签证须本人申请，申请需2个工作日，护照有效期在半年以上。

（来源：综合整理自泰王国驻上海总领事馆经济商务室、南博网）

越南签证办理指南

一、签证规定

中国公民赴越南，持外交、公务与因公普通护照免签证。持因私护照须向越南驻华大使馆申请签证。在越南持有国家合作与投资委员会发给的投资许可证或经营许可证的外国人，则可获多次同入境有效签证，期限自 3 个月至 1 年，依在越南的工作性质而定。

赴越南旅游，须持具有组团出境游资质的旅行社出具的团体名单表，该表有省级旅游行政主管部门加盖的出境专用章，并有领队带队方可整团出境，前往目的地国办理落地签证，个人游无法享受办理落地签证的优惠政策。

自 2014 年 3 月 10 日起，外国游客入境越南富国岛 30 天免签的政策生效。

中国公安部出入境管理局于 2014 年 1 月底公布的《关于更新对持普通护照中国公民实施免签落地签政策国家（地区）名单的通知》中，其中老挝、泰国、越南在列。该政策的发布标志着公民可以持“白本护照”前往老挝、泰国、越南，这三个东南亚旅游热门国家单方面允许符合条件的持普通护照的中国公民抵达入境口岸时办理落地签证。

从 2013 年 1 月 1 日起，越南已经上调外国人和海外定居的越南人的签证费和居留证费用。其中，一次的，签证费上调至 45 美元（目前为 25 美元）。多次的，签证将分为三类，即 1 个月多次的，为 65 美元；6 个月以下多次的，为 95 美元；6 个月以上多次的，为 135 美元。因护照过期更换后的改签费将从 10 美元上调至 15 美元，居留证调整为 15 美元。

二、签证类型

（一）商务签证

代码：(211)；

签证种类：B；

签证有效期：90 天；

签证停留期：30 天及 60 天；

工作日：4 天（注：越南国家针对中国公民可能遇到的紧急情况，特开设加急业务，可以一个工作日出签）；

所需材料：护照正本、照片 2 张 2 寸彩色、身份证正反面复印件、在职证明信英文版。

（二）旅游签证

代码：(211)；

签证种类：B；

签证有效期：90 天；

签证停留期：30 天及 60 天；

工作日：4 天（注：越南国家针对中国公民可能遇到的紧急情况，特开设加急业务，可以 1 个工作日出签）；

所需材料：护照正本、照片 2 张 2 寸彩色、身份证正反面复印件、在职证明信英文版。

另外，办理越南个人旅游签证需要提供 6 个月以上有效期的护照，护照最后一页须签名（中文姓名且不能用铅笔），护照至少 2 张连续空白页（不含备注页），持换发护照者，需同时提供所有旧护照原件，半年内拍摄的 2 寸白底或者蓝底免冠彩照两张，以及真实完整的个人资料。

（三）一年多次往返签证

代码：(212)；

签证种类：B；

签证有效期：360 天；

签证停留期：60 天；

工作日：4 天（注：越南国家针对中国公民可能遇到的紧急情况，特开设加急业务，可以 1 个工作日出签）；

所需材料：护照正本、照片 2 张 2 寸彩色、身份证正反面复印件、在职证明信英文版。

（四）工作年签证

代码：(312)；

签证种类：Z；

签证有效期：360 天；

签证停留期：360 天；

工作日：4 天（注：越南国家针对中国公民可能遇到的紧急情况，特开设加急业务，可以 1 个工作日出签）；

所需材料：护照正本、照片 2 张 2 寸彩色、身份证正反面复印件、在职证明信英文版。

（五）过境签证

代码：(111)；

签证种类：B；

签证有效期：90 天；

签证停留期：7 天；

工作日：4 天（注：越南国家针对中国公民可能遇到的紧急情况，特开设加急业务，可以一个工作日出签）；

所需材料：护照正本、照片 2 张 2 寸彩色、身份证正反面复印件、在职证明信英文版。

（六）落地签证

此签证适用于从第三国入境或者中国赴越南旅游的团体。

详细说明：第三国入境是指从新加坡旅游后进入越南旅游，不可以持白本护照直接前往越南落地签证。

越南国家针对中国公民可能遇到的紧急情况，特开设加急业务，可以 1 个工作日出签。

三、办理流程

中国公民前往越南必须获得越南签证，可亲自到越南驻中国领事馆办理，办理流程如下：

1. 准备所需材料；
2. 到最近的领事馆交材料；
3. 领取护照（签证）。

因亲自到领事馆办理所需手续相对繁琐，越来越多的游客更倾向于找有签证资质的签证机构办理，如旅行社。有出境资质的国际旅行社或出境组团社都可以办理出国签证，手续也相对简单，只需提供护照正本及小二寸蓝底或白底彩照片 2 张，3 个工作日即可出签。

四、注意事项

暂住越南的外国人的签证若需要延期，应由本人或越南主管机关向所在地出入境管理处或管理局书面申请，附上护照和越南常住证。

如签证期满，而暂住期限未满，签证无需延期。如签证和暂住也已期满，需要再住的公民只需办理暂住延期。暂住证可以延期，每次不超过 12 个月。

入境越南的外国人向越南口岸公安站出示护照或代护照证件和出入境证后，立即获发暂住证。在越南口岸签发的暂住证有效期与入境许可证有效期相适应，自签发之日起不超过 12 个月。

商务签证可通过越南的某个贸易公司提出申请，旅游签证则可在驻任何国家的越南大使馆或泰国和越南各旅行社办理签证（越南已授权国外旅游机构代办赴越南旅游签证业务）。

用传真办理签证，须提供申请人的姓名、出生日期、地点、籍贯、家庭地址、职业、护照号码、逗留时间和入境地点。越南河内发出的签证可允许在越南境内活动，越南胡志明市发出的签证则只允许在胡志明市内活动。

（来源：综合整理自中华人民共和国外交部网、南博网）

东盟十国商标指南

文莱商标申请指南

一、文莱商标法

（一）文莱商标法简介

商标法（第 98 章）。

（二）商标的定义

商标是指可识别的、能够图示的，并能将自己的商品或服务与他人的商品或服务区分开的标志。

（三）商标的申请标准

1. 在文莱，可注册的商标必须是新颖独特的（注：没有相同或会引起混淆的类似或近似商标在同一类商品中被申请）；

2. 形状、颜色和包装方面都是可以注册的，也有关于驰名商标保护的规定；

3. 文莱也接受服务商标的注册。文莱也提供多元分类、个别分类和综合分类的申请。

（四）成员资格

1. 不适用于《巴黎公约》；

2. 不适用于《马德里协定》。

（五）优先法则

文莱是使用优先制国家，该国的商标分类是根据国际分类法。

（六）期限与续展

在旧法律下，商标注册后的有效日期为 7 年，更新可沿用至 14 年。在新法律下，于 2000 年 6 月 1 日或以后更新的商标有效期为 10 年；在 2000 年 6 月 1 日以前更新的商标则继续享有 14 年的有效期。

二、文莱商标申请程序

（一）申请

每一份商标注册申请书须呈交文莱商标局。

（二）审查

确认申请表已递交以后，该商标局会翻查申请记录，接着进入审定通知程序。申请者将会被告知并给予回复的机会。

（三）登宪公告

通过审查的商标将会在商标局的宪报上公布。

（四）异议

第三方可在登宪公告为期 3 个月内提出抗议。

（五）注册

如注册申请顺利通过，该商标将被核准，其详细资料将被记入注册纪录册。此外，文莱商标局会在商标周刊中公布有关的注册公告，并向申请人发出注册证明书。注册日期会追溯至提交申请当日，换言之，作为注册商标拥有人的权利，应由提交申请当日起计。

三、文莱商标申请所需的文件

（一）商标注册申请书。

（二）商标注册委托书。

（三）一份清晰的商标打印图样。

（四）申请人资格证明资料

1. 以公司名义申请，附企业营业执照副本；

2. 以个人名义申请，附身份证或护照副本。

（五）列出寻求注册的商品或服务，须严格按照《尼斯协定》分类表指出商品或服务类别。

（六）如商标由颜色或颜色组合构成，须附明确描述。

（七）非英语字体、字形商标的音译及翻译（须认证）。

（八）如申请享有《巴黎公约》优先权，一份核证相关优先权符合证明（如非英语证件，须附认证英译本）。

四、文莱商标代理须提交的申请文件

（一）基本注册申请文件

文件	备注	提交时限
委托书及申请者声明	须签署	在申请日
英语音译非英语字体、字形商标	须认证	递交注册申请书后2个月内

（二）申请《巴黎公约》优先权附加文件

文件	备注	提交时限
优先权符合证件	一份基本申请证明副本（非英语文件须附英译本）	递交申请后2个月内

（三）商标转让申请或更换名字、地址申请文件

文件	备注	提交时限
副本： 商标转让契约	须公证	注册有效期内无限时
更换名字申请书	须认证	
更换地址申请书	须认证	

（四）提出抗议或反抗议申请文件（注：提出抗议申请须在该商标公告3个月内提交）

文件	备注	提交时限
列国注册证明书副本	无须核准	在申请日
商标市场存在证明副本，如广告、宣传册子等	无须核准；尽可能多的且尽早提交。	在申请日

五、文莱商标申请所需的费用

项目	官费与服务费（美元）
检索	204
注册	624
公告费+证书费	452
共计	1280

以上不包括优先权费、续展费和任何可能产生的费用。

（来源：综合整理自南博网）

柬埔寨商标申请指南

一、柬埔寨商标法

（一）柬埔寨商标法简介

关于商标，商品名称及不正当竞争（商标法）行为的法律。

（二）商标的定义

“标记”是指能够区分商品（商标）或企业服务（服务商标）的任何明显的迹象。“商品名”是指名称和/或标识识别和区分的企业。

（三）商标申请的标准

以下商标不能有效注册：误导公众；公用标志；商品或服务的特征，如性质、质量或数量等；商品的形状或组成部分；违反道德、秩序、习惯或法律；未经所有人的同意；与已经注册的商标相同或相似等。

（四）成员资格

1. 适用于《巴黎公约》；

2. 不适用于《马德里协定》。

柬埔寨于1998年成为《巴黎公约》的成员国，

借此，所有公约国家的申请可在柬埔寨得到同等的优先权日的待遇。优先权的申请必须在一个公约国家首次申请6个月内提出。

（五）优先法则

柬埔寨是注册优先制国家，凭商标的原始凭证认定权利人。

（六）期限与续展

商标权的期限10年，期满可以续展，每次10年。

二、柬埔寨商标申请程序

（一）申请

每一份商标注册申请书须呈交柬埔寨商标局，须附指定的委任书，商标模式，服务及商品例表，第一次注册号码、日期、国家及申请日。

（二）实质审查

该商标局将在该商标公告后进行为期6个月的实质审查。

（三）注册

注册所需时至少2个月，有效期从申请日起生效。

三、柬埔寨商标申请所需的文件

（一）商标注册申请书。

（二）商标注册委托书。

（三）15份清晰商标打印图样。

（四）列出寻求注册的商品或服务，须严格按照《尼斯协定》分类表指出商品或服务类别。

（五）申请人资格证明资料

1. 以公司名义申请，附企业营业执照副本；

2. 以个人名义申请，附身份证或护照副本。

（六）非英语字体、字形商标的音译及翻译（须认证）。

四、柬埔寨商标代理须提交的申请文件

（一）基本注册申请文件

文件	备注	提交时限
委托书	须签署、须公证人监证	副本与注册申请书同时递交，正本于1个月内补交
商标图样	附最大8厘米×8厘米商标样本	与注册申请书同时递交

（二）申请《巴黎公约》优先权附加文件

文件	备注	提交时限
优先权符合证件	须公证人监证	副本与申请同时递交、正本于1个月内补交

（三）商标转让申请或更换名字、地址申请文件

文件	备注	提交时限
（一）商标转让申请 1. 委托书 2. 商标注册证书正本 3. 商标转让契约正本	须签署、须公证人监证 须转让人及受让人签署	与申请同时递交
（二）名字或地址转换 1. 委托书 2. 拥有者名字或地址转换声明书（注明新名字或地址） 3. 商标注册证书正本	须公证人监证 须公证人监证	与申请同时递交

（四）提出抗议或反抗议申请文件（注：提出抗议申请须在该商标公告3个月内提交）

文件	备注	提交时限
委托书	须签署、公证人监证	与抗议申请同时递交
商标使用宣证书	须公证人监证或认证	与抗议申请同时递交
商标在柬埔寨市场存在证明，如提单、广告、宣传册子、包装、相片等		与抗议申请同时递交

五、柬埔寨商标申请所需的费用

项目	官费与服务费（美元）
检索	280
注册	505
公告费＋证书费	290
共计	1075

以上不包括优先权费、续展费和任何可能产生的费用。

（来源：综合整理自南博网）

印度尼西亚商标申请指南

一、印度尼西亚商标法

（一）印度尼西亚商标法简介

印度尼西亚共和国2001年第15号关于商标的法律。

（二）商标的定义

商标是用于表示具有使用的符号和其商品或服务的权利的人之间的连接的目的的标志。

（三）商标申请的标准

任何标识、数字、文字、名称、标签、字母或上述的组合均可构成商标。

商标要独特或者能区别于其他的商品或服务。

包含以下元素之一的商标均不得注册：

1. 违反现行法律、道德、宗教、礼仪和公共秩序；

2. 无区别因素；

3. 已是公共财产。

（四）成员资格

1. 适用于《巴黎公约》；

2. 不适用于《马德里协定》。

印度尼西亚于1950年成为《巴黎公约》的成员国，借此，所有公约国家的申请可在印度尼西亚得到同等的优先权日的待遇。优先权的申请必须在一个公约国家首次申请6个月内提出。

（五）优先法则

印度尼西亚是注册优先制国家，凭商标的原始凭证认定权利人。

（六）期限与续展

商标权的期限10年，期满可以续展，每次10年。

二、印度尼西亚商标申请程序

（一）申请

向印度尼西亚商标局呈交商标注册申请书。

（二）审查

在提呈上述文件给予商业标志单位后，有关单位将依据法定程序给予审查，有关申请者将拥有2个月的时间对有关的商标申请文件作出修正。一旦所有的申请文件符合所有的法定需求，该单位将会发出申请日期。此外，在该单位发出申请日期后，属第三方独立机构在9个月内将进行审查。

（三）公告

有关单位会将所有的商标申请发布在官方商标公告上，为期3个月，通过最长10天期限的审查阶段。

（四）异议

若有人对有关商标申请提出抗议，必须提出反对有关商标注册的有利文件，包括申请商标注册与他人先取得的合法权利商标相冲突，存有共同点或存有违反法令的嫌疑，一旦呈交反对信件后，反方必须在2个月内提呈有关有利反抗议的文件。该单位将会就有关的商标申请重新作出审查，所需时间约2个月。

（五）注册

一旦完成所有的程序，这包括反方反对的案件调查完结后发出注册证书。有关申请注册程序需费时至少12个月至18个月，生效期从其申请日期开始生效，有效保护期为10年。

三、印度尼西亚商标申请所需文件

（一）商标注册申请书；

（二）商标注册委托书（印尼文，无须英译本）；

（三）20份清晰商标打印图样；

（四）列出寻求注册的商品或服务，须严格按照《尼斯协定》分类表指出商品或服务类别；

（五）申请人资格证明资料：

1. 以公司名义申请，附企业营业执照副本；

2. 以个人名义申请，附身份证或护照副本。

（六）如商标由颜色或颜色组合构成，须附明确描述；

（七）非英语字体、字形商标的音译及翻译（须认证）。

四、印度尼西亚商标代理须提交的申请文件

（一）基本注册申请文件

文件	备注	提交时限
委托书	须签署	与注册申请书同时递交
申请者声明书	须签署	与注册申请书同时递交
商标的详细解说或图样	须指明商标构成颜色（如黑白、颜色，或颜色组合），附9厘米×9厘米样本	与注册申请书同时递交

（二）申请《巴黎公约》优先权附加文件

文件	备注	提交时限
优先权符合证件	一份基本申请证明副本（非英语文件须附英译本）	优先权有效日期起7个月内

（三）商标转让申请或更换名字、地址申请文件

文件	备注	提交时限
副本：		注册有效期内无限时
1. 商标转让契约；	须有公证人监证，后由印尼领事馆核证	
2. 委托书；	须签署	
3. 商标使用声明书	须签署	

（四）提出抗议或反抗议申请文件（注：提出抗议申请须在该商标公告3个月内提交）

文件	备注	提交时限
列国注册证明书副本	无须核准	与提出抗议或反抗议申请书呈交
委托书	须签署	与提出抗议或反抗议申请书呈交
商标市场存在证明，如广告、宣传册、荣誉颁发证明书等	无须核准	与提出抗议或反抗议申请书呈交

五、印度尼西亚商标申请所需的费用

项目	官费与服务费（美元）
检索	185
注册（限10项商品或服务，超过需另注册）	410
公告费＋证书费	215
共计	810

以上不包括优先权费、续展费和任何可能产生的费用。

（来源：综合整理自南博网）

老挝商标申请指南

一、老挝商标法

（一）老挝商标法简介

老挝总理的商标法令第06/PM（1995）。

（二）商标的定义

标记包括单词、字母、数字、图形或照片、徽章以及上述要素的组合等。

（三）商标申请的标准

为了保护商标，必须满足下列任一条件：

1. 它必须是独特的；
2. 它不能通用；
3. 它不能与以前的或现有的商标近似；
4. 它不能是一个地理名称或姓氏；
5. 它不能带有欺骗性质或容易引起混淆；
6. 它不能是恶意中伤或带有攻击性；
7. 它不能直接引用商品/服务的特点或性质。

（四）成员资格

1. 适用于《巴黎公约》；
2. 不适用于《马德里协定》。

老挝于1998年成为《巴黎公约》的成员国，借此，所有公约国家的申请可在老挝得到同等的优先权日的待遇。优先权的申请必须在一个公约国家首次申请6个月内提出。

（五）优先法则

越南是“注册优先制”国家，依据商标在该国的注册纪录确定权利人。

（六）期限与续展

商标权的期限10年，期满可以续展，每次10年。

二、老挝商标申请程序

（一）申请

向老挝商标局呈交一份商标注册申请书，须附指定的委任书，商标模式，服务及商品例表，第一次注册号码、日期、国家及申请日。

（二）实质审查

该商标局将在该商标公告后进行为期6个月的实质审查。

（三）注册

注册所需时至少2个月，有效期从申请日起生效。

三、老挝商标申请所需文件

（一）商标注册申请书；

（二）商标注册委托书；

（三）20份清晰商标打印图样；

（四）列出寻求注册的商品或服务，须严格按照《尼斯协定》分类表指出商品或服务类别；

（五）申请人资格证明资料

1. 以公司名义申请，附企业营业执照副本；

2. 以个人名义申请，附身份证或护照副本。

（六）非英语字体、字形商标的音译及翻译（须认证）。

四、老挝商标代理所须提交的申请文件

（一）基本注册申请文件

文件	备注	提交时限
委托书	须签署、须公证人监证	副本与注册申请书同时递交，正本于1个月内补交
商标图样	附最大8厘米×8厘米商标样本	与注册申请书同时递交

（二）申请《巴黎公约》优先权附加文件

文件	备注	提交时限
优先权符合证件	须公证人监证	副本与申请同时递交、正本于1个月内补交

（三）商标转让申请或更换名字、地址申请文件

文件	备注	提交时限
（一）商标转让申请 1. 委托书； 2. 商标注册证书正本； 3. 商标转让契约正本	须签署、须公证人监证 须转让人及受让人签署	与申请同时递交
（二）名字或地址转换 1. 委托书； 2. 拥有者名字或地址转换声明书正本（注明新名字或地址）； 3. 商标注册证书正本	须公证人监证 须公证人监证	与申请同时递交

（四）提出抗议或反抗议申请文件（注：提出抗议申请须在该商标公告3个月内提交）

文件	备注	提交时限
委托书	须签署、公证人监证	与抗议申请同时递交
法定宣誓书	须公证人监证或认证	与抗议申请同时递交
商标使用宣证书	须公证人监证或认证	与抗议申请同时递交

五、老挝商标申请所需的费用

项目	官费与服务费（美元）
检索	290
注册	530
公告费＋证书费	290
共计	1110

以上不包括优先权费、续展费和任何可能产生的费用。

（来源：综合整理自南博网）

马来西亚商标申请指南

一、马来西亚商标法

（一）马来西亚商标法简介

1976年商标法（法案175），1997年商标法（章程），1994年商标法（修订版）和2000年商标法（修订版）。

（二）商标的定义

商标是用于表示具有使用的符号和其商品或服务的权利的人之间的连接的目的的标志。标志包括文字、标识、标签、名称、字母、数字或上述的组合。

（三）商标申请的标准

为了保护商标，必须满足下列任一条件：

1. 用专门或特定的方式代表个人、公司或企业的名称；

2. 注册申请人的签名；

3. 一个新创字；

4. 一个没有任何直接引用商品或服务的特性或品质，不是普通意义上的词；

5. 地理名称或姓氏；

6. 任何其他鲜明的标志。

（四）成员资格

1. 适用于《巴黎公约》；

2. 不适用于《马德里协定》。

马来西亚于1989年成为《巴黎公约》的成员国，借此，所有公约国家的申请可在马来西亚得到同等的优先权日的待遇。优先权的申请必须在一个公约国家首次申请6个月内提出。

（五）优先法则

马来西亚是使用优先制国家，凭商标的原始凭证认定权利人。

（六）期限与续展

自申请日算起，注册商标的有效期为10年。注册商标有效期满后，需要继续使用的，应当在期满前3个月内申请续展注册，每次续展注册的有效期为10年。

二、马来西亚商标申请程序

（一）申请

马来西亚商标局呈交一份商标注册申请书。

（二）审查

确认申请表已递交以后，该商标局会翻查商标记录，以确定在相同或类似的商品或服务，是否有其他商户已经注册或申请注册相同或类似的商标；同时，查核有关商标是否符合商标法律法规的注册规定，进而可能对有关商标提出异议。如有异议，申请人将有机会在限定时间内提出反异议答复。

如审核通过，申请程序将进入下一阶段（登宪公告阶段）。

（三）登宪公告

该商标局核准申请后，便会在商标周刊上公告，为期2个月，如无人提出抗议该商标就可成功注册。

（四）异议

任何人可在登宪公告为期2个月内提出抗议。申请人将可以对该抗议进行答辩。

（五）注册

如注册申请顺利通过，该商标将被核准，其详细资料将被记入注册纪录册。此外，马来西亚商标局会在商标周刊中公布有关的注册公告，并向申请人发出注册证明书。注册日期会追溯至提交申请当日，换言之，作为注册商标拥有人的权利，应由提交申请当日起计。

三、马来西亚商标申请所需的文件

（一）商标注册申请书（TM 5）。

（二）商标注册委托书（TM 1）。

（三）清晰商标图样：

1. 如黑白商标，1份清晰打印图样；

2. 如颜色或颜色组合商标，15份清晰打印图样。

（四）列出寻求注册的商品或服务，须严格按照《尼斯协定》分类表指出商品或服务类别。

（五）申请人资格证明资料：

1. 以公司名义申请，附企业营业执照复印件；

2. 以个人名义申请，附身份证或护照副本；

（六）一份声明商标拥有权的宣誓书。如本地签署，由宣誓人监誓；如外地签署，由公证人监誓。

（七）非英语字体、字形商标的音译及翻译（须认证）。

（八）如申请享有《巴黎公约》优先权，一份核证相关优先权符合证明（如非英语证件，须附认证英译本）。

四、马来西亚商标代理须提交的申请文件

（一）基本注册申请文件

文件	备注	提交时限
法定宣誓书	须公证人监证	自申请日2个月内
英译非英语字体、字形商标	须认证	自申请日2个月内

（二）申请《巴黎公约》优先权附加文件

文件	备注	提交时限
优先权符合证件	一份基本申请证明副本（非英语文件须附英译本）	递交申请后2个月内

（三）商标转让申请或更换名字、地址申请文件

文件	备注	提交时限
副本：		注册有效期内无限时
1. 商标转让契约	须有公证人监证	
2. 更换名字申请书	须认证	
3. 更换地址申请书	须认证	

（四）提出抗议或反抗议申请文件（注：提出抗议申请须在该商标公告2个月内提交）

文件	备注	提交时限
列国注册证明书副本	无须核准	在申请日
商标市场存在证明，如广告、宣传册、荣誉颁发证明书等	无须核准	在申请日

五、马来西亚商标申请所需费用

项目	官费与服务费（美元）
检索（每小时）	277
注册	480
公告费＋证书费	540
共计	1297

以上不包括优先权费、续展费和任何可能产生的费用。

（来源：综合整理自南博网）

缅甸商标申请指南

一、缅甸商标法

（一）缅甸商标法简介

商标在缅甸是属于普通法概念上的保护，没有针对注册的法律体系，但商标注册可以在《注册法》第18（F）章获得。打击假冒行为适用刑法第478，打击侵权行为可以根据特定救济法第54条和缅甸商品商标法令。

（二）商标的定义

商标是“代表特定的人生产的产品或商品的标志”，民法没有对商标具体含义和构成要件的阐述，但一般认为，商标应当具有显着性。一个商标应当含有一个或多个具有创造性的词语，也可以是针对某些特定的产品进行注册。缅甸的法律中，没有任何对颜色组合注册的限制。

缅甸商标采用使用主义，注册纯粹是为抵制他人仿冒之依据。因此，曾经使用过的特有品牌或标签是否构成商标并不重要，因为制造商可以通过使用，受到法律的保护，这是普通法在打击假冒行为方面的特有优势，而在其它建立了商标注册制度的国家往往需要通过反不正当竞争法来实现。缅甸商标专用权自商标首次使用日起，至商标专用权人允许他人使用该商标止。

（三）商标申请的标准

在缅甸，目前还没有商标法。但缅甸刑法第478规定，“对特定的人制造或生产的物品的标记的使用被称为商标。商标必须是独特的，有别于其他人的商品的商标所有权。”

（四）成员资格

1. 不适用于《巴黎公约》；

2. 不适用于《马德里协定》。

（五）申请资格

申请人必须是该商标的所有人，通过注册或使用，或者两者结合的方式获得商标所有权。外国申请人必须在他想申报商标的公司任命一个商标律师。

（六）优先法则

缅甸不是使用优先制国家。

（七）期限和续展

在缅甸，法律没有颁布一项商标注册的有效期。根据惯例，商标注册的续展每3年进行一次，通常由以下方式之一完成：

1. 通过声明的方式进行重新注册；

2. 通过当地报纸或刊物的方式进行重新公布；

3. 通过重新注册、重新公布二者结合的方式。

二、缅甸商标申请程序

（一）商标所有权声明

向缅甸注册局发布所有权声明的形式进行注册。申请者可就出具此声明而获得注册。

（二）登记

在授权律师呈提交呈报业者文件后，当地执法局将有关的呈报业者申请注册登记于契约及保证登记录上，当局将发布临时的注册号码给予申请者，而真正的批准程序则需时2至3个星期。

（三）审查

该商标局会就呈报文件进行长达6至8个月的审查。

（四）公告

业者有权力在获得注册批准后，选择是否公告在当地报纸，这是为了避免有关的商标受侵犯。

（五）完成注册

商标注册有效期从申请日生效。

三、缅甸商标申请所需的文件

（一）商标注册申请书；

（二）商标注册委托书；

（三）5份清晰商标打印图样；

（四）列出寻求注册的商品或服务，须严格按照《尼斯协定》分类表指出商品或服务类别。

（五）申请人资格证明资料：

1. 以公司名义申请，附企业营业执照副本；

2. 以个人名义申请，附身份证或护照副本。

（六）非英语字体、字形商标的音译及翻译（须认证）。

四、缅甸商标代理须提交的申请文件

（一）基本注册申请文件

文件	备注	提交时限
商标所有权声明书	须签署、须公证人监证及缅甸领事馆核证	该声明起效的4个月内
委托书	须签署、公证人监证、再由缅甸领事馆核证	该声明起效的4个月内

（二）优先权申请

缅甸尚未加入《巴黎公约》或《马德里公约》，因此申请者不能在缅甸申请优先权。

（三）商标转让申请或更换名字、地址申请文件

文件	备注	提交时限
（一）商标转让申请 1. 转让人委托书 2. 受让人委托书 3. 商标转让契约副本	须签署、须公证人监证 须签署、须公证人监证 须转让人及受让人签署、公证人监证、再由缅甸领事馆核证	该声明起效的4个月内
（二）名字或地址转换 1. 委托书； 2. 拥有者名字或地址转换声明书（注明新名字或地址）； 3. 商标注册证书正本	须公证人监证 须公证人监证	该声明起效的4个月内

（四）提出抗议或反抗议申请文件

与其他国家不同，缅甸不采用第三方反对制。如任何一方对有关商标的注册不满，可向法庭提出控诉。此外，商标拥有者不可阻止相同或近似商标在不同类别的商品或服务使用。

五、缅甸商标申请所需费用

项目	官费与服务费（美元）
检索	250
注册	400
在《缅甸时报》上公告，每栏/厘米	320
在《十一周刊》上公告，每英寸/栏330美元	
在《缅甸今日商业期刊》上公告，每栏/厘米310美元	
共计	970

以上不包括优先权费、续展费和任何可能产生的费用。

（来源：综合整理自南博网）

菲律宾商标申请指南

一、菲律宾商标法

（一）菲律宾商标法简介

菲律宾知识产权法典（共和国8293号法案）。

（二）商标的构成要素

单词、字母、数字、图形或照片、徽章、颜色或者颜色组合、商品的容器或外包装的形状（不能仅是为了获得某种功能的形状），以及上述要素的组合等。若申请彩色商标则必须确切指明色彩。

（三）商标的申请标准

以下商标不能注册：误导公众；公用标志；商品或服务的特征，如性质、质量或数量等；商品的形状或组成部分；违反道德、秩序、习惯或法律；未经所有人的同意，与已经注册的商标相同或相似等。

（四）成员资格

1. 适用于《巴黎公约》；

2. 适用于《马德里协定》。

菲律宾于1965年成为《巴黎公约》的成员国，借此，所有公约国家的申请可在菲律宾得到同等的优先权日的待遇。优先权的申请必须在一个公约国家首次申请12个月内提出。

（五）优先法则

菲律宾是使用优先制国家，凭商标的原始凭证认定权利人。

（六）期限与续展

1. 使用期限

自申请日算起，注册商标的有效期为10年。注册商标有效期满后，需要继续使用的，应当在期满前6个月内申请续展注册，每次续展注册的有效期为10年。

2. 使用规定

连续5年未使用，将丧失商标专用权。相关事项：1998年修订的新商标法则规定申请人必须于提出申请3年内提交实际使用宣誓书及证明，否则商标局将会撤销此件申请案。

3. 对注册商标撤销的规定

商标注册期间在5年之内；或者是在任何注册期间，此注册商标变成缺乏显着性；申请人放弃专用权；商标注册以不正当方式取得商标名称使消费者对于商品之产地或服务（服务标章）产生误认；在3年期间无正当事由不使用该商标。

二、菲律宾商标申请程序

（一）申请

向菲律宾商标局呈交商标注册申请书。

（二）审查

审查期限为提呈日期后的12至18个月内。菲律宾商标局在收到商标注册申请后，便会对商标申请进行形式审查和实质审查，以确定所提交的申请文件是否备齐，申请商标是否具备显著性，是否违反商标法有关禁用条款的规定以及是否与他人在先申请或注册的商标相同或类似。如果经审查申请不符合注册规定，商标申请将被驳回。如果申请人对商标局做出的裁定不服，可向菲律宾上诉法院提出上诉。若审查员对于申请人所提交的申请文件内容有异议，可要求申请人提交证明文件以证明文件的正确性。审查员也可要求申请人删除某些指定商品，但以不损害申请人的利益为前提。

（三）公告

有关当局将在申请期后12至24个月内公告有关的申请及发出允许通知，申请者必须在获得有关允许通知后的2个月内，缴纳申请注册费用。之后有关当局会将有关申请刊登在公报上，以接受有关方面的异议。

（四）异议

在该异议期内，任何人可以对该商标申请提出抗议。申请人可以对该异议进行答辩。异议方必须在公报刊登的30天内提出异议，并提呈有利的文件。审查官将对抗议结果作出裁定。

（五）发出申请批准通知

若在公报刊登期间并未接获申请的反对，有关当局将会在发出允许通知后的3个月内批准有关申请。

（六）注册

申请者必须在接获批准通知后的两个月内缴付注册费，商标局会在5至7个月内发出注册证书，注册时间共须时为18至24个月。

三、菲律宾商标申请所需的文件

（一）商标注册申请书；

（二）商标注册委托书；

（三）一份清晰的商标打印图样；

（四）列出寻求注册的商品或服务，须严格按照《尼斯协定》分类表指出商品或服务类别。

（五）申请人资格证明资料

1. 以公司名义申请，附企业营业执照副本；

2. 以个人名义申请，附身份证或护照副本。

（六）如商标由颜色或颜色组合构成，须附明确描述。

（七）非英语字体、字形商标的音译及翻译（须认证）；

四、菲律宾商标代理须提交的申请文件

（一）基本注册申请文件

文件	备注	提交时限
委托书	须签署	与注册申请书同时递交或递交申请后的2个月内
商标的详细解说或图样	须2厘米×3厘米，显示商标图样颜色	在申请日

（二）申请《巴黎公约》优先权附加文件

文件	备注	提交时限
优先权申请书	副本、须认证（非英语文件须附英译本）	呈交申请后3个月内
优先权注册证件	副本、须认证（非英语文件须附英译本）	如已呈文件足够证明基本申优条件，但未能呈交外国或本国注册证件，在职审查官可暂时予以申优批准及搁置该证件的提交要求。申请人必须在12个月内补交有关证件

（三）商标转让申请或更换名字、地址申请文件

文件	备注	提交时限
商标转让契约副本	须核证	提交申请当日

（四）提出抗议或反抗议申请文件（注：提出抗议申请须在该商标公告3个月内提交）

文件	备注	提交时限
提出抗议通知		受抗议商标公告的30天内
延展提交核实反对动议书	可申请3次延展	每次延展30天
委托书	须公证人监证，再由菲律宾领事馆核证	与核实反对动议书呈交
非挑院行诉声明书	须公证人监证，再由菲律宾领事馆核证	与核实反对动议书呈交
抗议方宣证书	须公证人监证，再由菲律宾领事馆核证。 此宣证书须含抗议方公司资料、商标来历（如开始使用日期等）、该商标的列国注册或待审申请、该商标在国外的注册证明、相关国际业绩（包括在菲律宾）、有关国际广告及推销的开销（包括在菲律宾）。	与核实反对动议书呈交
分销商宣证书	只须公证人监证。 此宣证书可含有关其销售、广告推销、组织、生意伙伴或所有使用该商标的产品资料。	与核实反对动议书呈交

五、菲律宾商标申请所需的费用

项目	官费与服务费（美元）
检索	160
注册	425
公告费	271
证书费	352
共计	1208

以上不包括优先权费、续展费和任何可能产生的费用。

（来源：综合整理自南博网）

新加坡商标申请指南

一、新加坡商标法

（一）新加坡商标法简介

商标法（2005年修订版）（第332章），商标规则及商标（国际注册）规则。

（二）商标构成要素

单词、字母、数字、图形或照片、徽章、颜色或者颜色组合、商品的容器或外包装的形状（不能仅是为了获得某种功能的形状），以及上述要素的组合等。新加坡也接受非视觉性商标如声音、味道、嗅味商标。

（三）商标申请的标准

一个注册商标必须具有新颖性，能够区别于其他近似或同类的商品或服务。描述性商标，标记“共同的贸易”，带有违反公共政策、带有欺骗性或与之前的商标近似标记的商标都是不被允许注册的。

（四）成员资格

1. 适用于《巴黎公约》；

2. 适用于《马德里协定》。

新加坡于1995年成为《巴黎公约》的成员国，借此，所有公约国家的申请可在新加坡得到同等的优先权日的待遇。优先权的申请必须在一个公约国家首次申请6个月内提出。

（五）优先法则

新加坡是使用优先制国家，凭商标的原始凭证认定权利人。

（六）期限与续展

自申请日算起，注册商标的有效期为10年。注册商标有效期满后，需要继续使用的，应当在期满前6个月内申请续展注册，每次续展注册的有效期为10年。

二、新加坡商标申请程序

（一）申请

向新加坡商标局呈交商标注册申请书。

（二）审查

新加坡知识产权局收到注册商标申请后将进行审查，确保不会与之前的注册商标出现相同之处。

知识产权署受理申请后，会对该项申请进行初审，如果符合商标条例规定的标准，又没有与以前申请个案重复或类同，该项申请就会进入公告阶段。

（三）公告

有关商标申请会公布在商标公告上，反方在公告后2个月内可提出抗议。在公告期间，如果没有遭到他人反对，拿到证书的概率会很高。

（四）异议

在该公告期间，任何人可以对该商标申请提出抗议。申请人可以对该抗议进行答辩。

（五）注册

若异议不成立或并没有任何一方提出抗议，有关商标将核准注册，新加坡知识产权局将会发出注册证书。

三、新加坡商标申请所需文件

（一）商标注册申请书（TM 4）。

（二）商标注册委托书（TM 1）。

（三）清晰商标图样

1. 黑白商标，一份清晰打印图样；

2. 颜色或颜色组合商标，一份JPEG格式图样。

（四）列出寻求注册的商品或服务，须严格按照《尼斯协定》分类表指出商品或服务类别。

（五）申请人资格证明资料：

1. 以公司名义申请，附企业营业执照复印件；

2. 以个人名义申请，附身份证或护照副本。

（六）非英语字体、字形商标的音译及翻译（须认证）。

四、新加坡商标代理须提交的申请文件

（一）基本注册申请文件

文件	备注	提交申请时间
商标的详细解说或图样	认证英译非英语字体、字形商标（自由）	递交注册申请书（TM4）后2个月内

（二）申请《巴黎公约》优先权附加文件

文件	备注	提交申请时间
优先权符合证件	一份基本申请证明副本（非英语文件须附认证英译本）	递交申请后2个月内

（三）商标转让申请或更换名字、地址申请文件

文件	备注	提交申请时间
副本：		注册有效期内无限时
1. 商标转让契约		
2. 更换名字申请书	认证	
3. 更换地址申请书	认证	

（四）提出抗议或反抗议申请文件（注：提出抗议申请须在该商标公告2个月内提交）

文件	备注	提交申请时间
列国注册证明书副本	无须核准	与提出抗议或反抗议申请书呈交
商标市场存在证明，如广告、宣传册子、荣誉颁发证明书等	无须核准	与提出抗议或反抗议申请书呈交

五、新加坡商标申请所需的费用

项目	官费与服务费（美元）
检索	275
注册	875
公告费＋证书费	375
共计	1525

以上不包括优先权费、续展费和任何可能产生的费用。

（来源：综合整理自南博网）

泰国商标申请指南

一、泰国商标法

（一）泰国商标法简介

泰国商标法颁布于1991年，最近一次修订是2000年，修订后商标法于2000年6月起实施。

泰国是WTO成员，于1989年加入WIPO。

（二）商标的构成要素

泰国商标法对商标注册和商标保护进行了规定，并将商标定义为用于说明商品所属的符号，包括立体商标和颜色商标。

（三）商标申请的标准

含有下列要素的商标不可以注册：

1. 一个显着标志，其中包括一个人的名字，根据其普通含义，法人或商品名以特殊的方式表示的一个名字是不是一个姓。

2. 标记不包括或由以下因素构成：泰国王室或官方的印章、标志、旗帜、装饰等；泰国王室的名称、签字、缩写以及朝代名称；泰王国国王、王后和其他皇室成员及其继承人的肖像，以及其名称、签字、标志等；外国的、国际组织的、外国首脑的、外国官方的旗帜和标志；外国的和国际组织的各种产品质量保证标志，或者外国或国际组织的名称、首字母缩写等，除非得到该外国和国际组织的授权；各国的官方标志、国际红十字标志等；违反社会秩序、社会道德和公共利益的商标；受有关法律保护的地理名称，以及其他为商标法和商标条例所禁止作为商标使用的要素。

3. 申请注册的商标与他人在相同或不同类别在先注册的商标近似，并足以造成公众对产品来源的混淆或误认。

（四）成员资格

1. 适用于《巴黎公约》；

2. 不适用于《马德里协定》。

泰国于2008年成为《巴黎公约》的成员国，借此，所有公约国家的申请可在泰国得到同等的优先权日的待遇。优先权的申请必须在一个公约国家首次申请6个月内提出。

（五）优先法则

泰国是使用优先制国家，凭商标的原始凭证认定权利人。

（六）期限与续展

自申请日算起，注册商标的有效期为10年。注册商标有效期满后，需要继续使用的，应当在期满前3个月内申请续展注册，每次续展注册的有效期为10年。

二、泰国商标申请程序

（一）申请

有关的申请必须由业者或者其代理（泰国拥有固定商业住址）提出申请。

（二）审查

泰国商标局在受到商标注册申请后的3～4个月内会对商标申请进行形式审查和实质审查，以确定申请商标是否违反商标法有关禁用条款的额规定以及是否同他人在相同或类似商品上在先申请或注册的商标相同或相近。该审查须时6至8个月。

（三）公告

该商标局会将所有受批申请发布在官方商标公告上，为期6个月，再进行90天的公告程序。

（四）异议

在公布期90天后，若没有人提出异议，有关商标将被批准注册。

（五）注册

申请者在获得通知书后的30天内必须交付注册费用，商标注册共需时12至18个月。

三、泰国商标申请所需文件

（一）商标注册申请书。

（二）商标注册委托书。

（三）13份清晰打印图样。

（四）列出寻求注册的商品或服务，须严格按照《尼斯协定》分类表指出商品或服务于类别。

（五）申请人资格证明资料：

1. 以公司名义申请，附企业营业执照副本；

2. 以个人名义申请，附身份证或护照副本。

3. 非英语字体、字形商标的音译及翻译（须认证）。

4. 如商标由颜色或颜色组合构成，须附明确描述。

四、泰国商标代理须提交的申请文件

（一）基本注册申请文件

文件	备注	提交时限
委托书	须签署、公证人监证	与注册申请书同时递交或递交申请后的60天内
商标的详细解说或图样	附5厘米×5厘米商标样本（JPEG格式）	与注册申请书同时递交

（二）申请《巴黎公约》优先权附加文件

文件	备注	提交时限
优先权符合证件	一份基本申请证明副本（非英语文件须附英译本	递交申请当日或递交后60天内
声明书信		递交申请当日或递交后60天内

（三）商标转让申请

文件	备注	提交时限
商标转让契约正本	须有公证人监证	递交申请当日或递交后60天内
受让人委托书	须签署、公证人监证	

（四）商业注册地址转换

文件	备注	提交时限
显示新地址的委托书	须公证人监证	递交申请当日或递交后60天内

（五）商标拥有者名字转换

文件	备注	提交时限
注明拥有者新名的委托书	须公证人监证	递交申请当日或递交后60天内
公司注册处或相关部门名字转换的发出证书正本	须公证人监证	递交申请当日或递交后60天内

（六）提出抗议或反抗议申请文件（注：提出抗议申请须在该商标公告3个月内提交）

文件	备注	提交时限
委托书	须公证人监证	递交抗议申请当日或递交后60天内
商标市场存在证明，如广告、宣传册子、荣誉颁发证明书等		递交抗议申请当日或递交后60天内

五、泰国商标申请所需费用

项目	官费与服务费（美元）
检索	170
注册	350＋17/美元每项商品或服务
公告费＋证书费	280＋10美元每项商品或服务

以上不包括优先权费、续展费和任何可能产生的费用。

（来源：综合整理自南博网）

越南商标申请指南

一、越南商标法

（一）越南商标法简介

法令第54/2000/ND—CP。

（二）商标的构成要素

单词、字母、数字、图形或照片、徽章、颜色或者颜色组合、商品的容器或外包装的形状（不能仅是为了获得某种功能的形状），以及上述要素的组合等。

（三）商标申请的标准

一个商标必须满足下列条件，才能提出保护要求。

1. 它必须是独特的；
2. 它不能通用；
3. 它不能与以前的或现有的商标近似或相同；
4. 它不能是一个地理名称或姓氏；
5. 它不能带有欺骗性质或容易造成混淆；
6. 它不能是恶意中伤或带有攻击性；
7. 它不能直接引用商品/服务的特点或性质。

（四）成员资格

1. 适用于《巴黎公约》；
2. 适用于《马德里协定》。

越南于1949年成为《巴黎公约》的成员国，借此，所有公约国家的申请可在越南得到同等的优先权日的待遇。优先权的申请必须在一个公约国家首次申请6个月内提出。

（五）优先法则

越南是注册优先制国家，凭商标的原始凭证认定权利人。

（六）期限与续展

自申请日算起，注册商标的有效期为10年。注册商标有效期满后，需要继续使用的，应当在期满前6

个月申请续展注册，每次续展注册的有效期为10年。

二、越南商标申请程序

（一）申请

每一份商标注册申请书须呈交越南商标局。

（二）形式审查

进行约3个月的形式审查。申请者可要求针对有关的申请文件作出纠正，期限是申请纠正日期后的2个月内。

（三）公告

在通过形式审查后，有关商标申请会公布在宪报上。

（四）实质审查

实质审查有关商标将在公告后进行，为期6个月。

（五）注册

若完成所有的步骤，有关申请注册商标将核准注册，注册过程时间需至少12个月，并从申请日开始生效。

三、越南商标申请所需文件

申请人须向商标局呈交以下文件及资料，以完成申请手续：

（一）商标注册申请书。

（二）商标注册委托书。

（三）12份清晰商标打印图样。

（四）列出寻求注册的商品或服务，须严格按照《尼斯协定》分类表指出商品或服务类别。

（五）申请人资格证明材料：

1. 以公司名义申请，附企业营业执照副本；

2. 以个人名义申请，附身份证或护照副本。

（六）如商标由颜色或颜色组合构成，须附明确描述。

（七）非英语字体、字形商标的音译及翻译（须认证）。

四、越南申请商标代理须提交的文件

（一）基本注册申请文件

文件	备注	提交时限
委托书	须签署	副本与注册申请书同时递交，正本于1个月内补交
商标的详细解说或图样	附最大8厘米×8厘米商标样本	在申请日

（二）申请《巴黎公约》优先权附加文件

文件	备注	提交时限
优先权符合证件	须认证	副本与申请同时递交，正本于1个月内补交

（三）商标转让申请或更换名字、地址申请文件

文件	备注	提交时限
委托书	须签署	在申请日
商标注册证书正本		在申请日
两份商标转让契约正本	须转让人及受让人签署	在申请日
申请人名字或地址转换声明书（注明新名字或地址）	须公证人监证、须认证	在申请日

（四）提出抗议或反抗议申请文件（注：提出抗议申请须在该商标公告3个月内提交）

文件	备注	提交时限
委托书	须签署	在申请日
商标在越南市场存在证明，如广告、宣传册、包装等		在申请日
如该商标拥有高知名度，可提供该商标在国外的注册证书、荣誉颁发证明书、该商标商业活动量、客户群、营业额等资料		在申请日

五、越南商标申请所需费用

项目	官费与服务费（美元）
检索	210
注册（限10项商品或服务，超过需另注册）	332
附加费（第6项商品或服务起每项增收）14.4美元	
公告费+证书费	293
共计	835

以上不包括优先权费、续展费和任何可能产生的费用。

（来源：综合整理自南博网）

东盟十国专利指南

文莱专利指南

一、文莱专利简介

2012年1月1日，2011年专利法令和2012年专利法则正式生效。2011年文莱的专利法令取代了之前新加坡、马来西亚、英国和欧洲专利局的重新登记专利体系（指定英国），并建立了一个独立的专利体系。

（一）法律

2011年专利法令和2012年专利法则。

（二）获得专利标准

专利获得保护须满足以下标准：

1. 新颖性；

2. 具有独创性；

3. 具备工业用途。

（三）实用新型

不适用于文莱。

（四）成员资格

1. 适用于《巴黎公约》；

2. 适用于《专利合作条约》。

国际申请日2012年7月24日或之后的任何PCT申请可指定文莱（国家代码—BN）。

（五）优先法则

巴黎公约优先权适用于文莱。

（六）期限与续展

在该法令下，授予专利权的期限为自申请日起20年。全年费用须就第5年起支付。

二、文莱专利申请程序

（一）专利申请

每名申请人需提交一份申请，在12个月的优先权的日期内提交给专利主管部门。

（二）初步审查

对申请表进行形式上的审查，以确保其符合法定的要求。

（三）公示

该申请将在提交申请日18个月后公示。

（四）审查

文莱专利审查有两条路径：1. 本地检索和审查请求。申请人可要求自优先权日起36个月内进行本地检索和审查。2. 修改审查请求。申请人可自优先权日起54个月内提出修改审查的请求。如果允许通过，申请人需提交有关国外申请程序的描述性信息，并附上补充审查回应表。申请人可以自收到拒绝通知的2个月内，对不良的、负面的以及补充的审查报告作出回应。

（五）注册

收到检索和审查报告后，该申请人须评估是否需要继续获得一份专利的授权及维持该专利。如申请人认为需要，之后他将提交一份授权请求。一经授权后，就会发布授权证书。该授权书的内容和日期将在《专利杂志》上给予发表。

三、文莱专利申请所需的文件

在文莱提交专利申请，需提供如下的信息或文件：

（一）国家直接申请

1. 对授予专利的申请：

（1）申请人名称和地址；

（2）发明人的名称和地址；

（3）一份详细说明，包括说明书、权利要求和必要的图表；

（4）如已获得申请优先权，需注明在哪国获得以及申请的具体情况。

2. 专利代理人委托。

3. 需陈述并解释申请人如何有权获得发明者的专利，通常借助于委托或雇佣关系。

4. 并无硬性要求发明者向申请人提交正式委托书。

（二）PCT国家阶段申请

1. 专利授予请求；

2. 一份英语PCT申请副本（即PCT/RO/101申请表）；

3. PCT申请的详情（与世界知识产权目录相匹配）；

4. 一份最初提交的PCT说明文件副本（英译）；

5. 一份在国际阶段提交的修正文件副本（英译）；

6. 一份由申请人签署的代理人委任表；

7. 需陈述并解释申请人如何有权获得发明者的专利，通常借助于委托或雇佣关系。

四、文莱专利代理须提交的申请文件

（一）基本要求

文件	提交时间	备注
专利说明书、权利要求和英文摘要	在申请日	并无需要法律认证
图表	在申请日	（如果有的话）

（二）国家直接申请的附加文件

文件	提交时间	备注
优先权文件	自申请日起2个月内	基本专利申请的认证副本
代理人委任表(PF41)	自申请日起2个月内	

（三）在文莱PCT专利申请进入国家阶段所需的附加文件

文件	提交时间
基于国际初步检索报告（第一章）的专利性国际初步报告	在申请日
基于国际初步审查报告（第二章）的专利性国际初步报告	在申请日

五、文莱专利申请所需的费用

项目	官费与服务费（美元）
申请	860
优先权要求	320
审查要求（指定信息提交请求）	482
证书费（权利要求附加费：权利要求超出25项，每项增收17美元）	640
共计	2302

以上不包括年费、翻译费、答辩费及任何可能产生的费用。

（来源：综合整理自南博网）

柬埔寨专利指南

一、柬埔寨专利简介

在柬埔寨，专利保护通过一种方式获得，即直接提交国家申请的方式。

（一）法律

Prakash第706号专利，实用新型和外观设计。

（二）获得专利标准

发明要获得专利需符合以下条件：

1. 新颖性；

2. 具有独创性；

3. 具备工业用途

以下不能获取专利：

1. 发现、科学理论和数学方法；

2. 经商的计划、规章及方法，纯粹为精神领域服务的智力活动或游戏娱乐；

3. 对人或动物进行手术、治疗及诊断的方法。这一规定不适用于任何使用这些方法的产品；

4.《柬埔寨法》第136条规定的医药产品；

5. 除微生物以外的动植物，以及生物过程中的动植物的生产；

6. 植物种类。

（三）实用新型

柬埔寨专利制度授予实用新型证书。实用新型必须符合新颖性和工业应用性的标准（但不包括发明在内），实用新型证书在提交申请日后的第7年年末到期，且不可续期。

（四）成员资格

1. 适用于《巴黎公约》；

2. 不适用于《专利合作条约》。

柬埔寨于1998年成为《巴黎公约》的成员国，借此，所有公约国家的申请可在柬埔寨得到同等的优先权日的待遇。优先权的申请必须在一个公约国家首次申请12个月内提出。

（五）优先法则

“第一申请”是柬埔寨确定专利优先权的规则。

（六）期限

在柬埔寨，专利保护期为自正式提交申请日起20年。每年须支付维持专利权的年费。

二、柬埔寨专利申请程序

一经完成提交的文件材料，注册程序通常可在大约1至2年的时间内完成。

三、柬埔寨专利申请所需的文件

在柬埔寨直接提交专利申请，需提供如下的信息或文件：

1. 申请表：

（1）申请人的姓名、地址及国籍；

（2）发明人的姓名、地址和国籍；

（3）如申请人是发明者，该申请需附信说明；

（4）国际专利分类；

（5）一份详细说明，包括说明书、权利要求、摘要和必要的图表；

（6）如已获得申请优先权，需注明在哪国获得以及申请的具体情况。

2. 专利代理人委任。

3. 要求发明者向申请人提交正式委托书。

四、柬埔寨专利代理须提交的申请文件

（一）基本要求

文件	提交时间	备注
专利说明书、权利要求和英文摘要	在申请日	并无需要法律认证
图表	在申请日	（如果有的话）

（二）附加文件

文件	提交时间	备注
优先权文件	在申请日	认证副本
营业执照（如申请人为法人实体）	在申请日	认证副本
委托书	申请日或自申请之日起2个月内	经公证
转让协议	申请日或自申请之日起3个月内	经公证

五、柬埔寨专利申请所需的费用

续表

项目	官费与服务费（美元）
申请 一权利要求附加费 （如权利要求超出10项，每项增收26美元）	440
优先权要求	120
审查要求	590
公告费	300
授权费	530
证书费	290
共计	2270

以上不包括年费、翻译费、答辩费及任何可能产生的费用。

（来源：综合整理自南博网）

印度尼西亚专利指南

一、印度尼西亚专利简介

在印度尼西亚，专利保护可以通过两种方式获得：一种是PCT（专利合作条约）专利申请进入国家阶段的方式，一种是直接提交国家申请的方式。

（一）法律

印度尼西亚2001年14号关于专利的共和国法。

（二）获得专利标准

发明如符合以下标准可获得专利权：

1. 新颖性；

2. 具有独创性；

3. 具备工业用途。

（三）实用新型

印度尼西亚有两种专利，即专利和简单专利（实用新型）。简单专利被授予10年期限，自简单专利证书签发之日起开始计算。

（四）成员资格

1. 适用于《巴黎公约》；

2. 适用于《专利合作条约》。

印度尼西亚于1950年成为《巴黎公约》的成员国，借此，所有公约国家的申请可在印度尼西亚得到同等的优先权日的待遇。优先权的申请必须在一个公约国家首次申请12个月内提出。

印度尼西亚亦于1997年成为专利合作条约（PCT）的成员。如已进行国际申请，申请人可从该国际申请进入印度尼西亚国家阶段之日或从最早的优先权日起（如要求优先权）的30个月内，提交申请或实施。

（五）优先法则

“第一申请”是印度尼西亚确定专利优先权的

规则。

（六）期限

已注册的专利有效期为20年，而简单专利的有效期为10年。

二、印度尼西亚专利申请程序

（一）专利申请

每名申请人需在12个月优先权的日期内提交一份申请。

（二）公示

在提交申请日18个月内公示专利申请。

（三）异议

该专利申请公示期为6个月，在此期间相关方可提出异议。在审查阶段，会考虑到有关异议的陈述和反陈述。

（四）实质审查

必须在申请日后的36个月内提交审查请求，否则会导致申请自动退回。另外，简单专利仅对新颖性进行审查。

（五）注册

在申请日后的36个月内。专利局有义务批准或者拒绝一项专利申请。完成正常手续后，专利局将发放专利证书并在专利注册上列出相关发明。

三、印度尼西亚专利申请所需的文件

在印度尼西亚提交专利申请，需提供如下的信息或文件：

（一）国家直接申请

1. 对授予专利的申请：

（1）申请人名称和地址；

（2）发明人的名称和地址；

（3）一份详细说明，包括说明书、权利要求和必要的图表；

（4）如已获得申请优先权，需注明在哪国获得以及申请的具体情况。

2. 专利代理人委托。

3. 要求发明者向申请人提交正式委托书。

（二）PCT国家阶段申请

1. 一份英语PCT申请副本（即PCT/RO/101申请表）；

2. PCT申请的详情（与世界知识产权目录相匹配）；

3. 最初提交的PCT说明文件；

4. 专利性国际初步报告；

5. 一份在国际阶段提交的修正文件副本（用英文书写）；

6. 委托书；

7. 要求发明者向申请人提交正式委托书。

四、印度尼西亚专利代理须提交的申请文件

（一）基本要求

文件	提交时间	备注
专利说明书、权利要求和英文摘要	在申请日	被译为印尼语
图表	自申请日起1个月内	（如果有的话）

（二）国家直接申请的附加文件

文件	提交时间	备注
优先权文件	自优先权日起16个月（不得延期）	经认证的引文翻译
委托书	自申请日起1个月	并无需要法律认证
发明委任书（如申请人并非发明人）	自申请日起1个月	并无需要法律认证

（三）PCT专利申请进入国家阶段所需的附加文件

文件	提交时间
表格PCT/IB/306或经公证的变更认证副本	自专利申请日起2个月
最初提交的PCT文件	自专利申请日起1个月
表格PCT/RO/101	自专利申请日起1个月
表格PCT/IB/332	自专利申请日起1个月
表格PCT/IPEA/401	自专利申请日起1个月
表格PCT/IPEA/408	自专利申请日起1个月
表格PCT/IPEA/416	自专利申请日起1个月
在国际阶段提交申请的修正文件	在申请期内至实质审查请求生效

五、印度尼西亚专利申请所需的费用

项目	官费与服务费（美元）
申请	395
——权利要求附加费（权利要求超出10项，每项增收20美元）	
优先权要求	75
审查要求	670
证书费	430
共计	1570

以上不包括年费、翻译费、答辩费及任何可能产生的费用。

（来源：综合整理自南博网）

老挝专利指南

一、老挝专利简介

在老挝，专利保护可以通过两种方式获得：一种是PCT（专利合作条约）专利申请进入国家阶段的方式，一种是直接提交国家申请的方式。

（一）法律

专利、小专利和外观设计专利第01/PM号法令。

（二）获得专利标准

专利获得保护必须符合以下条件：

1. 新颖性；

2. 具有独创性；

3. 具备工业用途。

以下不能获取专利：

1. 发现、科学理论和数学方法；

2. 经商的计划、规章及方法，主要为精神领域服务的智力活动或游戏娱乐；

3. 对人或动物进行手术、治疗及诊断的方法；

4. 本法第136条提供的药物用品；

5. 动植物种类，或生物过程中动植物的生产；

6. 植物种类。

（三）小专利

老挝专利制度规定授予小专利（实用新型）。小专利必须符合新颖性和工业应用性的标准（但不包括发明在内）。在老挝，小专利有效期为自正式提交申请日起10年。如每年支付专利年费，可有一次2年的延期。专利最长保护期限为12年。

（四）成员资格

1. 适用于《巴黎公约》；

2. 适用于《专利合作条约》。

老挝于1998年成为《巴黎公约》的成员国，借此，所有公约国家的申请可在老挝得到同等的优先权日的待遇。优先权的申请必须在一个公约国家首次申请12个月内提出。

老挝亦于2006年成为专利合作条约（PCT）的成员。如已进行国际申请，申请人可从该国际申请进入老挝国家阶段之日或从最早的优先权日起（如要求优先权）的30个月内，提交申请或实施。

（五）优先法则

“第一申请”是老挝确定专利优先权的规则。

（六）期限

专利保护期为自正式提交申请日起20年，每年须支付专利年费。

二、老挝专利申请程序

（一）每名申请人需提交一份申请，在12个月的优先权的日期内提交给专利主管部门。

（二）从提交申请到授权日约为50个月（对专利而言）和12个月（对小专利而言）。

三、老挝专利申请所需的文件

在老挝提交专利申请，需提供如下的信息或文件：

（一）国家直接申请

1. 申请表：

（1）申请人的名称、地址和国籍；

（2）发明人的名称、地址和国籍；

（3）发明专利和小发明专利的标题；

（4）如已获得申请优先权，需注明在哪国获得，申请号及原国外申请提交日期。

2. 专利代理人委任。

3. 发明人需向申请人提交委任报告书。

（二）PCT国家阶段的专利申请

1. 一份英语PCT申请副本（即PCT/RO/101申请表）；

2. PCT申请详情（与世界知识产权组织目录相匹配）；

3. 一份最初提交的PCT说明文件副本（用英文书写）；

4. 一份在国际阶段提交的修正文件副本（用英

文书写）；

5. 一份由申请人签署的代理人委任表；

6. 如申请人并非发明者，需陈述并解释申请人如何有权获得发明者的专利，通常借助于委托或雇佣关系。

四、老挝专利代理须提交的申请文件

（一）基本要求

文件	提交时间	备注
专利说明书，包括说明书、权利要求、摘要	在申请日	两个副本
图表	在申请日	两个副本（如需要）

（二）国家直接申请的附加文件

文件	提交时间	备注
认证的优先权文件	提交申请后2个月内	可在自国外申请初次提交申请日起的12个月内提出公约国优先权
由外国专利审查员或有关国际组织提供的发明检索报告	在申请日	—
委托书	在申请日	经认证
转让协议	在申请日	经认证

（三）PCT专利申请进入国家阶段所需的附加文件

文件	提交申请时间
PCT专利申请详情	在申请日
国际初步审查报告	在申请日
国际检索报告	在申请日
更改记录告知	在申请日
国际阶段提交申请的修正文件	在申请日

五、老挝专利申请所需的费用

项目	官费与服务费（美元）
申请 —权利要求附加费 （如权利要求超出10项，每项增收21美元）	615
优先权要求	350
审查要求	416
证书费	455
共计	1836

以上不包括年费、翻译费、答辩费及任何可能产生的费用。

（来源：综合整理自南博网）

马来西亚专利申请指南

一、马来西亚专利简介

在马来西亚，专利保护可以通过两种方式获得：一种是PCT（专利合作条约）专利申请进入国家阶段的方式，一种是直接提交国家申请的方式。

（一）法律

《1983年专利法》（第291法令）。

（二）获得专利标准

专利获得必须符合以下条件：

1. 新颖性；

2. 具有独创性；

3. 具备工业用途

以下不能获取专利：

1. 发明如包含以下内容，则不可获得专利权：

2. 发现、科学理论和数学方法；

3. 动植物种类，或生物过程中动植物的生产；

4. 经商的计划、规章及方法，及主要为精神领域服务的智力活动；

5. 对人或动物进行手术、治疗及诊断的方法。

（三）实用新型

马来西亚专利制度授予实用新型证书。实用新型必须符合新颖性和工业应用性的标准（但不包括发明在内）。实用新型证书可以只有一个对权利的声明，须符合马来西亚的商业和工业应用，并享有和专利相同的保护期限。

（四）成员资格

1. 适用于《巴黎公约》；

2. 适用于《专利合作条约》。

马来西亚于1989年成为《巴黎公约》的成员国，借此，所有公约国家的申请可在马来西亚得到同等的优先权日的待遇。优先权的申请必须在一个公约国家首次申请12个月内提出。

马来西亚亦于2006年成为专利合作条约（PCT）的成员。如已进行国际申请，申请人可从该国际申请进入马来西亚国家阶段之日或从最早的优先权日起（如要求优先权）的30个月内，提交申请或实施。

（五）优先法则

并没有规定要求提交关于优先权申请的证明（审查员特别要求除外）。“第一申请”是马来西亚确定专利优先权的规则。

（六）期限

在2001年8月1日之前申请的专利，保护期为自授予日起15年，或自申请日起20年，以两者中最晚的日期为准。在2001年8月1日及以后申请的专利，该期限为自申请日（对于直接提交国家申请）和国际申请日（对于专利合作条约国家阶段申请）起20年。

二、马来西亚专利申请程序

（一）提交专利申请

每名申请人需提交一份申请，在12个月的优先权日内提交给专利主管部门。

（二）公示

专利申请及其组成部分在自申请日起公示18个月后生效。一旦公示，该专利申请将享有临时保护，申请人有权对未经授权使用该发明主张赔偿。

（三）实质审查

申请人须提交实质性审查文件。对于马来西亚非PCT的专利申请，在自专利提交申请日起18个月内提交（在2011年2月15日前提交的申请需要24个月）；对于进入马来西亚国家PCT的专利申请，自国际申请日起48个月内提交。专利主管部门会把该申请交付审查员。之后，审查员将依照法律进行审查并提供报告，如申请人对报告有异议或修改，审查员将视情况决定是否进行重新审查，最终交付报告给主管当局继续申请程序。

（四）注册

专利一经注册，其有效期为20年。期限内将受到保护，并需每年缴纳专利年费。

三、马来西亚专利申请所需的文件

在马来西亚提交专利申请，需提供如下的信息或文件：

（一）国家直接申请

1. 对授予专利的申请（PF1）：

（1）申请人名称和地址；

（2）发明人的名称和地址；

（3）一份详细说明，包括说明书、权利要求和必要的图表；

（4）如已获得申请优先权，需注明在哪国获得以及申请的具体情况。

2. 专利代理人委托（PF17）。

3. 如申请人并非发明者，需陈述并解释申请人如何有权获得发明者的专利，通常借助于委托或雇佣关系。

4. 并无硬性要求发明者向申请人提交正式委托书。

（二）PCT国家阶段的专利申请

1. 2A表格；

2. 一份英语PCT申请副本（即PCT/RO/101申请表）；

3. PCT申请的详情（与世界知识产权目录相匹配）；

4. 一份最初提交的PCT说明文件副本（用英文书写）；

5. 一份在国际阶段提交的修正文件副本（用英文书写）；

6. 一份由申请人签署的代理人委任表；

7. 如申请人并非发明者，需陈述并解释申请人如何有权获得发明者的专利，通常借助于委托或雇佣关系。

四、马来西亚专利代理须提交的申请文件

（一）基本要求

文件	提交时间	备注
专利说明书、权利要求书和摘要	在申请日	无需要法律认证
图表	在申请日	如果有的话

（二）国家直接申请的附加文件

文件	提交时间	备注
优先权文件	审查员提出要求2个月内	基本专利申请的认证副本
代理人委任表（PF10）	审查员提出要求2个月内	

（三）PCT专利申请进入国家阶段所需的附加文件

文件	提交时间
基于国际初步检索报告（第一章）的专利性国际初步报告	在申请日
基于国际初步审查报告（第二章）的专利性国际初步报告	在申请日

五、马来西亚专利申请所需的费用

项目	官费与服务费（美元）
申请 —权利要求附加费 （如权利要求超出10项，每项增收7美元）	540
优先权要求	110
审查要求	740
证书费	320
共计	1710

以上不包括年费、翻译费、答辩费及任何可能产生的费用。

（来源：综合整理自南博网）

缅甸专利申请指南

一、缅甸专利简介

（一）法律

《缅甸专利和设计法》于1995年颁发，但从未生效，后来该法废除。1946年的《专利和外观设计（紧急规定）法（紧急法令）》仍然在缅甸法典中，虽已被废除，但其主要目的是适用于《1911年印度专利和外观设计法》。印度法从未被列入缅甸法典中，故在缅甸实际上没有专利和外观设计法。与此同时，司法部受政府委托已草拟了新的符合知识产权协议的《专利和外观设计法》。事实上，缅甸是世界贸易组织、东盟的成员国，至少在2001年已加入世界知识产权组织。在过渡期内，专利/外观设计可根据《注册法》第18（f）章进行注册。

（二）获得专利标准

专利获得保护必须符合以下条件：

1. 新颖性；

2. 具有独创性；

3. 具备工业用途。

以下不可获得专利权：

1. 发现、科学理论和数学方法；

2. 动植物种类，或生物过程中动植物的生产；

3. 经商的计划、规章及方法，及主要为精神领域服务的智力活动。

（三）实用专利

不适用于缅甸。

（四）成员资格

1. 适用于《世界贸易组织》；

2. 不适用于《巴黎公约》；

3. 不适用于《专利合作条约》。

（五）优先法则

优先权请求尚未能在缅甸注册制度中获得。

（六）期限与续展

在缅甸，法律没有颁布一项专利注册的有效期。根据惯例，专利注册的续展每3年进行一次，通常由以下方式之一完成：

1. 通过声明的方式进行重新注册；

2. 通过当地报纸或刊物的方式进行重新公布；

3. 通过重新注册、重新公布二者结合的方式。

二、缅甸专利申请程序

（一）申请声明

专利持有人须提交一份声明，包含陈述注册协议和保证的相关事实。

（二）注册

提交声明，即对专利给予注册。

（三）公布

在指定的地方报纸上公布告知，以避免可能的侵权的假冒行为。

（四）保护

没有对专利本身的保护程序

三、缅甸专利申请所需的文件

在缅甸直接提交专利申请，需提供如下的信息或文件：

1. 申请表：

（1）申请人的姓名、地址及国籍；

（2）发明人的名称、地址和国籍；

（3）一份详细说明，包括说明书、权利要求和必要的图表；

（4）如已获得申请优先权，需注明在哪国获得以及申请的具体情况。

2. 专利代理人委托。

3. 如申请人并非发明者，需陈述并解释申请人如何有权获得发明者的专利，通常借助于委托或雇佣关系。

4. 并无硬性要求发明者向申请人提交正式委托书。

四、缅甸专利代理须提交的申请文件

（一）基本要求

文件	提交时间	备注
专利所有权的声明	在申请日	署名并经公证。如已在其他国家注册（即美国专利申请号），其注册号、国家及发明背景的详细资料须附于声明中。

（二）国家直接申请的附加文件

文件	提交时间	备注
委托书	在申请日	署名并经公证。公证人的署名和印章须由相关国家缅甸大使馆进行证实

五、缅甸专利申请所需的费用

项目	官费与服务费（美元）
申请	450
证书费	200
共计	650

以上不包括年费、翻译费、答辩费及任何可能产生的费用。

（来源：综合整理自南博网）

菲律宾专利指南

一、菲律宾专利简介

在菲律宾，专利保护可以通过两种方式获得：一种是PCT（专利合作条约）专利申请进入国家阶段的方式，一种是直接提交国家申请的方式。

（一）法律

菲律宾知识产权法（第8293号共和国法）

（二）获得专利标准

在人类活动的任何领域，凡涉及新颖性、独创性和工业用途的技术解决方案都可申请专利。这可能是或可能涉及产品、方法或对上述任何事项的改善。

以下发明如包含以下内容，则不可获得专利权：

1. 发现、科学理论和数学方法；

2. 计划、规则和主要为精神领域服务的智力活动，游戏娱乐或业务开展及计算机程序；

3. 对人或动物进行手术、治疗及诊断的方法。这一规定不适用于产品和构成；

4. 动植物种类，或生物过程中动植物的生产。这一规定不适用于微生物和非生物和微生物过程。

5. 在对动植物种类提供特殊保护及对社区知识产权保障制度方面，本条款不得妨碍国会颁布法律；

6. 审美创造力；

7. 任何违反公共秩序或道德的事物。

（三）实用新型

实用新型可在菲律宾注册。实用新型必须符合新颖性和工业用途的标准（但不包括发明在内）。这一条款7年来一直没有更改。

（四）成员资格

1. 适用于《巴黎公约》；

2. 适用于《专利合作条约》。

菲律宾于1965年成为《巴黎公约》的成员国，借此，所有公约国家的申请可在菲律宾得到同等的优先权日的待遇。优先权的申请必须在一个公约国家首次申请12个月内提出。

菲律宾亦于2001年成为专利合作条约（PCT）的成员。如已进行国际申请，申请人可从该国际申请进入菲律宾国家阶段之日或从最早的优先权日起（如要求优先权）的30个月内，提交申请或实施。

（五）优先法则

“发明优先”是由菲律宾确定专利优先权的规则。

（六）期限与续展

专利申请一经注册，有效期为自专利申请日起20年。

二、菲律宾专利申请程序

（一）专利申请

每名申请人需在12个月的优先权日期内向菲律宾知识产权局提交一份申请。

（二）审查

在提交申请后，将对申请进行审查，该申请人随后会收到一份检索报告。

（三）公示

该专利申请会在自申请日起18个月内给予公示。自公示日起6个月内，须提供实质审查请求。一经完成实质审查后，将会授予专利特许证。该发明将连同其他相关资料初次公示。

（四）异议

邀请第三方在规定的专利申请公示期内对申请提出异议。

（五）注册

最终完成对异议的处理后，将发放注册证书，并须缴纳相关费用。注册期限最少可有2～3周时间。该注册自专利申请日起生效。

三、菲律宾专利申请所需的文件

在菲律宾提交专利申请，需提供如下的信息或文件：

（一）直接提交国家申请

对授予专利的申请：

（1）申请人的姓名、国籍和地址；

（2）发明人的姓名、国籍和地址；

（3）一份详细说明，包括说明书、权利要求和必要的图表；

（4）如已获得申请优先权，需注明在哪国获得以及申请的具体情况。

（二）专利代理人委任。

（三）如申请人并非发明者，需陈述并解释申请人如何有权获得发明者的专利，通常借助于委任或雇用关系。

（四）并无硬性要求发明者向申请人提交正式委托书。

（五）PCT国家阶段的专利申请

1. 一份英语PCT申请副本（即PCT/RO/101申请表）；

2. PCT申请的详情（与世界知识产权组织目录相匹配）；

3. 一份最初提交的PCT文件副本（用英文书写）；

4. 一份在国际阶段提交的修正文件副本（用英文书写）；

5. 一份由申请人签署的代理人委任表；

6. 如申请人并非发明者，需陈述并解释申请人如何有权获得发明者的专利，通常借助于委任或雇用关系。

四、菲律宾专利代理须提交的申请文件

（一）基本要求

文件	提交时间	备注
专利说明书、权利要求和英文摘要	在申请日	并无需要法律认证
图表	在申请日	（如果有的话）

＊注解：

（1）图表必须由申请人或其律师或代理人签署；

（2）图表的纸张必须选用优质板纸或质地柔韧、牢固、白色平滑、不反光、耐用；

（3）图表必须使用光刻钢笔，易于复制；截面图无阴影和线条；

（4）图表截面图上须注明虚线；

（5）标题的间隙在右，签名在左；图片需紧凑，置于轮廓线内；

（6）图表必须符合实用新型或工业设计的要求，数字应按顺序编号。

（二）巴黎公约专利申请的附加文件

文件	提交时间	备注
优先权文件	在申请日，或自申请日起6个月	基本专利申请的认证副本
委托书	在申请日，或自申请日起2个月	需署名；不需要公证书

（三）PCT 专利申请进入国家阶段所需的附加文件

文件	提交时间
国际申请英文翻译（如果提交申请的语言并非英语）	在申请日
一份国际检索报告副本（表PCT/ISA/210）	在申请日，或自申请日起2个月
一份意见书或优先权文件副本（表格 PCT/IB/304）	在申请日，或自申请日起2个月
PCT 申请的详情（与世界知识产权组织目录相匹配）	在申请日
国际初步审查报告；国际检索报告（第二章）	在申请日或审查时间内
更改记录告知：(a) 发明者；(b) 名字；(c) 申请人	在申请日
一份最初提交的 PCT 文件副本（用英文书写）	在申请日
一份在国际阶段提交的修正文件副本（用英文书写）	在申请日

五、菲律宾专利所需费用

项目	官费与服务费（美元）
申请 一权利要求附加费 (如权利要求超出 5 项，每项增收 8 美元)	546
优先权要求	128
审查要求	353
公告费	270
证书费	290
共计	1587

以上不包括年费、翻译费、答辩费及任何可能产生的费用。

（来源：综合整理自南博网）

新加坡专利申请指南

一、新加坡专利简介

在新加坡，专利保护可以通过两种方式获得：一种是 PCT（专利合作条约）专利申请进入国家阶段的方式，一种是直接提交国家申请的方式。

（一）法律

新加坡的专利保护须遵守《专利法》（第 221 章）。

（二）获得专利标准

发明如符合以下标准可获得专利权：

1. 新颖性；
2. 具有独创性；
3. 具备工业用途。

（三）实用创新

不适用于新加坡。

（四）成员资格

1. 适用于《巴黎公约》；
2. 适用于《专利合作条约》。

新加坡于 1995 年成为《巴黎公约》的成员国，借此，所有公约国家的申请可在新加坡得到同等的优先权日的待遇。优先权的申请必须在一个公约国家首次申请 12 个月内提出。

新加坡亦于 1995 年成为专利合作条约（PCT）的成员。如已进行国际申请，申请人可从该国际申请进入新加坡国家阶段之日或从最早的优先权日起（如要求优先权）的 30 个月内，提交申请或实施。

（五）优先法则

“第一申请”是新加坡确定专利优先权的规则。

（六）期限

专利期限为自提交申请日起 20 年，需支付专利年费。

二、新加坡专利申请程序

（一）申请

每名申请人需提交一份申请，在 12 个月的优先权的日期提交给专利主管部门。

（二）公示

该申请将在提交申请日 18 个月后公示。

（三）审查

新加坡专利审查有两条路径：1. 本地检索和审查请求。申请人可要求自优先权日起 36 个月内进行本地检索和审查。2. 修改审查请求。申请人可自优先权日起 54 个月内提出修改审查的请求。如果允许通过，申请人需提交有关国外申请程序的描述性信息，并附上补充审查回应表。申请人可以自收到拒绝通知的 2 个月内，对不良的、负面的以及补充的审查报告作出回应。

（四）注册

收到检索和审查报告后，该申请人须评估是否需要继续获得一份专利的授权及维持该专利。如申请人认为需要，可在 2 个月内提交一份授权请求。一经授权后，就会发布授权证书。该授权书的内容和日期将在《专利杂志》上给予发表。

三、新加坡专利申请所需文件

在新加坡提交专利申请，需提供如下的信息或文件：

（一）国家直接申请

1. 对授予专利的申请［PF1（2014）］：

（1）申请人名称和地址；

（2）发明人的名称和地址；

（3）一份详细说明，包括说明书、权利要求和必要的图表；

（4）如已获得申请优先权，需注明在哪国获得以及申请的具体情况。

2. 专利代理人委托（PF41）。

3. 需陈述并解释申请人如何有权获得发明者的专利，通常借助于委托或雇佣关系（PF8）。

4. 并无硬性要求发明者向申请人提交正式委托书。

（二）PCT 国家阶段申请

1. 表 37；

2. 一份英语 PCT 申请副本（即 PCT/RO/101 申请表）；

3. PCT 申请的详情（与世界知识产权目录相匹配）；

4. 一份最初提交的 PCT 说明文件副本（用英文书写）；

5. 一份在国际阶段提交的修正文件副本（用英文书写）；

6. 一份由申请人签署的代理人委任表；

7. 需陈述并解释申请人如何有权获得发明者的专利，通常借助于委托或雇佣关系。

四、新加坡专利代理须提交的申请文件

（一）基本要求

文件	提交时间	备注
专利说明书、权利要求和英文摘要	在申请日	并无需要法律认证
图表	在申请日	如有

（二）国家直接申请的附加文件

文件	提交时间	备注
优先权文件	自申请日 2 个月内	基本专利申请的认证副本
代理人委任表（PF41）	自申请日 2 个月内	

（三）PCT 专利申请进入国家阶段所需的附加文件

文件	提交时间
基于国际初步检索报告（第一章）的专利性国际初步报告	在申请日
基于国际初步审查报告（第二章）的专利性国际初步报告	在申请日

五、新加坡专利申请所需费用

项目	官费与服务费（美元）
申请（直接提交国家） ——PCT 进入国家阶段 880 美元	850
优先权要求	290
审查要求（补充审查） ——请求本地检索和审查 2954 美元	360
证书费 ——权利要求附加费：（权利要求超出 25 项，每项增收 17 美元）	636
共计	2136

以上不包括年费、翻译费、答辩费及任何可能产生的费用。

（来源：综合整理自南博网）

泰国专利指南

一、泰国专利简介

在泰国，专利保护通过一种方式获得，即直接提交国家申请的方式。

（一）法律

《专利法》B. E. 2522。

（二）获得专利标准

发明要获得专利需符合以下条件：

1. 新颖性；

2. 具有独创性；

3. 具备工业用途。

（三）实用创新

泰国拥有专利和“小专利”（实用新型专利）。小专利授予具有新颖性和工业用途的“发明”，但缺少独创性。

（四）成员资格

1. 适用于《巴黎公约》；

2. 适用于《专利合作条约》。

泰国于2008年成为《巴黎公约》的成员国，借此，所有公约国家的申请可在泰国得到同等的优先权日的待遇。优先权的申请必须在一个公约国家首次申请12个月内提出。

（五）优先法则

“第一申请”是泰国确定专利优先权的规则。

（六）期限

专利保护期为20年，小专利为6年，而设计专利保护期限为10年。

二、泰国专利申请程序

（一）提交专利申请

每名申请人需提交一份申请，在12个月的优先权的日期内提交给专利主管部门。

（二）初步审查

对申请表进行形式上的审查，以确保其符合法定的需求。申请人需要在90天内提供附加文件材料。

（三）公示

如完成审查及发明的申请专利，则该申请将被公示。

（四）异议

相关方需在公示90日内提交异议。

（五）注册

如没有异议，审查员也没有发现专利或产品设计专利中的问题，则审查员将责令申请人缴纳相关费用。支付费用后，专利主管部门将授予专利注册证书。

三、泰国直接专利申请所需的文件

在泰国直接提交专利申请，需提供如下的信息或文件：

1. 对授予专利的申请

（1）申请人名称和地址；

（2）发明人的名称和地址；

（3）一份详细说明，包括说明书、权利要求和必要的图表；

（4）如已获得申请优先权，需注明在哪国获得以及申请的具体情况（包括序列号和申请日）。

2. 专利代理人委托。

3. 要求发明人向申请人提交正式委托书。

四、泰国专利代理须提交的申请文件

（一）基本要求

文件	提交时间	备注
说明书、权利要求、摘要	在申请日	—
泰语译文的（说明书，权利要求，摘要）	自申请日起3个月内	—
图表	在申请日	（如有有的话）

（二）国家直接的附加文件

文件	提交时间	备注
优先权文件	自优先权日16个月内或公示前	需要各个专利局的认证副本
委托书	在申请日	正式署名并公证
转让协议（如申请人不是发明人或设计师）	在申请日	发明人、设计师和申请人的署名及原件；不需要公证书
申请人权利声明（如申请人是发明人或设计师）	在申请日	发明人、设计师和申请人的署名及原件；不需要公证书

（三）可选文件

文件	提交时间	备注
国外审查报告，与主要专利局的专利一致的授权专利	在请求实质审查日或审查期间任何时间	意见书可加快审查进程

五、泰国专利申请所需的费用

项目	官费与服务费（美元）
申请	517
优先权要求	190
审查要求	360
公告费	360
证书费	177
共计	1604

以上不包括年费、翻译费、答辩费及任何可能产生的费用。

（来源：综合整理自南博网）

越南专利指南

一、越南专利简介

在越南，专利保护可以通过两种方式获得：一种是PCT（专利合作条约）专利申请进入国家阶段的方式，一种是直接提交国家申请的方式。当前，越南的专利规则有以下3种类型：

1. 发明专利；
2. 实用专利；
3. 外观设计专利。

（一）法律

《知识产权法》50/2005。

（二）获得专利标准

发明专利申请保护须满足以下标准

1. 新颖性；
2. 具有独创性；
3. 具备工业用途。

以下不能获取专利：

1. 动植物种类；
2. 对人体进行预防，诊断或治疗疾病的方法；
3. 动植物；
4. 集成电路和计算机程序的布图设计。

（三）实用专利

实用专利受到实用专利权的保护。实用专利不需具有发明专利的独创性。

（四）成员资格

1. 适用于《巴黎公约》；
2. 适用于《专利合作条约》。

越南于1949年成为《巴黎公约》的成员国，借此，所有公约国家的申请可在越南得到同等的优先权日的待遇。优先权的申请必须在一个公约国家首次申请12个月内提出。

越南亦于2006年成为专利合作条约（PCT）的成员。如已进行国际申请，申请人可从该国际申请进入越南国家阶段之日或从最早的优先权日起（如要求优先权）的31个月内，提交申请或实施。

（五）优先法则

“第一申请”是越南确定专利优先权的规则。

（六）期限

发明专利一经注册，其有效期为自正当提交申请日起20年；实用专利有效期为10年。

二、越南专利申请程序

（一）提交专利申请

每名申请人需提交一份申请，在12个月的优先权的日期内提交专利主管部门。

（二）审查

正式审查在提交申请日起的1个月内开展。对专利申请修正的反馈需在自申请日起2个月内完成。

（三）公示

国家申请在自优先权日起的19个月内公布；PCT专利申请自受理之日起2个月内公布。

（四）实质审查：

实质审查请求须在自优先权日起42个月内完成，实质审查的期限为自提交请求书起12个月。

（五）注册

注册期限时间最少21个月，该专利注册生效日期从申请日计。

三、越南专利申请所需的文件

在越南提交专利申请，需提供如下的信息或文件：

（一）国家直接申请

1. 对授予专利的申请：

(1) 申请人姓名、地址及国籍；

（2）发明人姓名、地址和国籍；

（3）发明专利及实用专利的标题；

（4）如已获得申请优先权，需注明在哪国获得，申请号及原国外申请的提交申请日。

2. 专利代理人委托。

3. 要求发明者向申请人提交正式委托书。

（二）PCT 国家阶段的专利申请

1. 一份英语 PCT 申请副本（即 PCT/RO/101 申请表）；

2. PCT 申请的详情（与世界知识产权目录相匹配）；

3. 一个副本作为最初提交（或翻译成英文厘规范）；

4. 一份在国际阶段提交的修正文件副本（用英文书写）；

5. 一份由申请人签署的代理人委任表；

6. 如申请人并非发明者，需陈述并解释申请人如何有权获得发明者的专利，通常借助于委托或雇佣关系。

四、越南专利代理须提交的申请文件

（一）基本要求

文件	提交时间	备注
专利说明书、权利要求和英文摘要	在申请日	译为越南语的专利说明书和权利要求，也需提交摘要
图表	在申请日	图表也需在提交时译为越南语

（二）国家直接申请的附加文件

文件	提交时间	备注
优先权文件	自申请日起 3 个月内	认证副本
委托书	自申请日起 1 个月内	
转让协议		经公证

（三）PCT 专利申请进入国家阶段所需文件

文件	提交申请时间	备注
PCT 申请表副本	在申请日或之后	
PCT 专利申请详情	在申请日	
国际初步审查报告	在申请日	根据越南专利法及法规，在提交申请审查时需向 NOIP 提交越南语的国际初步审查报告
更改记录告知	在申请日	
国际检索报告	在申请日	
最初提交的 PCT 文件	在申请日	需提交 PCT 越南语文件
在国际阶段提交申请的修正文件	在申请日	需提交越南语的修正意见
委托书	自优先权日起 34 个月	经公证

五、越南专利申请所需的费用

项目	官费与服务费（美元）
申请 ——独立权利要求附加费（独立权利要求超出 1 项，每项增收 92 美元） ——超页附加费（说明书超出 5 页，每页增收 4 美元）	309
优先权要求	103
审查要求	307
——独立权利要求附加费（独立权利要求超出 1 项，每项增收 107 美元）	
证书费	313
——独立权利要求附加费（独立权利要求超出 1 项，每项增收 88 美元）	
共计	1032

以上不包括年费、翻译费、答辩费及任何可能产生的费用。

（来源：综合整理自南博网）

东盟十国工业品外观设计指南

文莱工业品外观设计指南

一、文莱工业品外观设计简介

（一）法律

1999年（工业品外观设计）紧急令，其生效日期为2000年5月1日。自2012年10月1日起，文莱的工业品外观设计注册局已从律政署转移至专利注册局（PRO）。

（二）定义

工业品外观设计是指通过工业生产的方法应用于产品上的形状或构造以及图案或修饰的特征。这种特征极具吸引力，并能通过眼睛来识别。但以下情况不包含在内：

1. 建筑施工方法或原则；

2. 产品的形状或构成特征；

3. 只取决于产品自身的功能；

4. 依赖于另一种产品的外观，其中设计者有意使其构成一个不可分割的组成部分。

（三）标准

符合以下条件才可申请设计专利：

1. 外观设计必须具备新颖性，即在此之前没有被公布过；

2. 产品的外观必须具备物质形态；

3. 公布或使用该设计不得违反公共秩序或道德；

（四）优先法则

优先权申请须在巴黎公约国、世界贸易组织成员国或权利继承人处自申请日起的6个月内完成，须遵从相关的规定和法规。

（五）期限与续展

注册外观设计有效期为自申请日5年。之后，可续展至15年，但要缴纳相关的续展费用。

二、文莱工业品外观设计申请程序

（一）申请

每份外观设计申请均需向注册部门提交。

（二）审查

注册主管部门告之注册申请日期，并着手对该申请进行正式审查。如若发现可疑之处，则该申请人会在规定时间内告知整改。

（三）注册

如通过正式审查，则该申请即可执行。根据第27条法令，注册部门将收取相关设计申请费用。

三、文莱工业品外观设计申请所需的文件

在文莱提交工业品外观设计申请，需提供如下的信息或文件：

（一）请求外观设计专利需提供：

1. 申请人的姓名和地址；

2. 申请人不是设计者本人的，需提供申请人对该设计的权利说明；

3. 文莱国的受理文件地址；

4. 如不是罗马字母文字，需提供申请名字的音译；

5. 对产品或应用于外观设计的产品进行说明；

6. 根据洛迦诺公约中规定的类和子类，对产品分类或对应用于外观设计的产品进行说明。

（二）6组设计物的附加展示。

四、文莱工业品外观设计代理须提交的申请文件

文件	提交时间	备注
图片/照片	在申请日	大小不得超过160毫米×160毫米，最低不得小于30毫米。

注：凡任何文件不是英语的，都需提供英文译本，并经注册部门核实通过。对此并不需要进行公证，这也同样适用于其他声明文件。

五、文莱工业品外观设计申请所需的费用

项目	官费与服务费（美元）
申请（非成套设计）	790
——额外申请，每件收取700美元	
申请（成套设计）	960
——额外申请，每件收取790美元	

以上不包括年费及任何可能产生的费用。

（来源：综合整理自南博网）

柬埔寨工业品外观设计指南

一、柬埔寨工业品外观设计简介

(一) 法律

关于专利、实用新型和外观设计的第 706 号 Prakas 法。

(二) 定义

外观设计是指以形状、线条、维度、色彩或任意组合的产品的外观。

(三) 标准

申请外观设计标准如下:

1. 新颖性;
2. 独具创造性;
3. 应用于工业用途。

(四) 优先法则

优先权申请须在最早的申请日算起的 6 个月内完成。

(五) 期限

有效期自官方提交申请日起 5 年,此后,每 5 年续展一次,最长可续展至 15 年。

二、柬埔寨工业品外观设计申请程序

获得外观设计专利的时间为自官方申请日起 12 个月左右。

三、柬埔寨工业品外观设计申请要求

在柬埔寨提交工业品外观设计申请,需提供如下的信息或文件:

(一) 申请表

1. 申请人的姓名和地址。
2. 外观设计说明,包括:

(1) 应用于外观设计的产品的名称;

(2) 应用于外观设计的产品使用的领域;

(3) 说明外观设计的显着特征。

3. 如设计者本人并非申请人,则需对申请人注册外观设计的权利给予说明。

(二) 委托书。

(三) 6 组设计物展示(图片或照片)。

(四) 优先权文件和对该文件的合格的英文译本(如有必要)。

四、柬埔寨工业品外观设计代理须提交的申请文件

(一) 基本文件

文件	提交时间	备注
委托书	在申请日	
申请人署名并经公证人公证		
转让协议	在申请日	(如果可能) 申请人署名并经公证人公证
图片/照片	在申请日	7 个角度(前、后、左、右、顶部、底部和远景)的正投影图或照片(白色背景和灰度图像)。典型尺寸应不小于 90 毫米×120 毫米,不大于 210 毫米×297 毫米。

(二) 获得公约优先权的附加文件

文件	提交时间	备注
优先权文件	在申请日	经核实的

五、柬埔寨工业品外观设计申请所需的费用

项目	官费与服务费(美元)
申请	740
优先权要求	95
公告费	220
证书费	360
共计	1415

以上不包括年费及任何可能产生的费用。

(来源:综合整理自南博网)

印度尼西亚工业品外观设计指南

一、印度尼西亚工业品外观设计简介

(一) 法律

2000 年第 31 号法律。

(二) 定义

外观设计是指用于工业品和手工艺品等产品的

生产且富有美感、具有二维或三维形状的外形、结构、线条、色彩或上述组合。

（三）标准

具有美学特征和新颖性特点的设计是工业品外观设计保护的对象。

（四）优先法则

一件外观设计申请须在其优先权日起的6个月内提交。

（五）期限与续展

外观设计保护期限为自申请日起10年，且不能续展。

二、印度尼西亚工业品外观设计申请程序

（一）申请

外观设计申请均须向印尼专利局提交。如该申请不完善，将给予3个月的整改，否则将被视为撤回。提交申请后会颁布申请号和申请日期。

（二）公布

自申请日起3个月内对申请进行公布。根据要求，申请可延长至12个月的最长期限。

（三）异议

相关方在申请公布期内可提出异议。反对的陈述需在收到通知书后的3个月内进行提交。

（四）实质审查

只有存在异议的情况下才会进行实质审查。反对意见和反陈述会在审查中给予考虑。在申请公布期结束后的6个月内来决定申请注册是否成功。

（五）注册

审查结束后的30天内将颁发注册证书。

三、印度尼西亚工业品外观设计申请所需的文件

在印尼提交工业品外观设计申请，需提供如下的信息或文件：

（一）申请表

1. 申请人的姓名和地址；

2. 设计说明；

3. 如已获得申请优先权，需注明在哪国获得以及申请的具体情况；

4. 设计者的姓名和地址。

（二）委托书。

（三）该设计的展示。

（四）优先权文件和对该文件的合格的英文译本（如有必要）。

四、印度尼西亚工业品外观设计代理须提交的申请文件

（一）基本文件

文件	提交时间	备注
委托书	在申请日	需签署
设计持有人的声明	在申请日	需签署
设计说明	在申请日	（被译为英语）
实物样品（如有的话/可能的话）	在申请日	如果实物太大，可携带图纸或从各个角度拍摄的照片作为样品的替代物。
图片	在申请日	（软盘或CD－ROM）A4纸张

（二）获得公约优先权的附加文件

文件	提交时间	备注
优先权文件	自申请日起2个月内	（被译为英语）

五、印度尼西亚工业品外观设计申请所需费用

项目	官费与服务费（美元）
申请	420
优先权要求	75
证书费	215
共计	710

以上不包括年费及任何可能产生的费用。

（来源：综合整理自南博网）

老挝工业品外观设计指南

一、老挝工业品外观设计简介

（一）法律

关于专利、小专利和工业品外观设计的第01/PM号法令。

（二）定义

外观设计是指以形状、线条、维度、色彩或任意组合的产品的外观。

（三）标准

申请外观设计标准如下：

1. 新颖性；

2. 独具创造性；

3. 应用于工业用途。

（四）优先法则

优先权申请须在最早的申请日算起的 6 个月内完成。

（五）期限

有效期为自官方提交申请日起 5 年，此后，每 5 年续展一次，最长可续展至 15 年。

二、老挝工业品外观设计申请程序

获得外观设计专利的时间为自官方申请日起 12 个月左右。

三、老挝工业品外观设计申请要求

在老挝提交工业品外观设计申请，需提供如下的信息或文件：

（一）申请表

1. 申请人的姓名和地址；

2. 外观设计说明，包括：

（1）应用于外观设计的产品的名称；

（2）应用于外观设计的产品使用的领域；

（3）说明外观设计的显著特征。

3. 如设计者本人并非申请人，则需对申请人注册外观设计的权利给予说明。

（二）委托书。

（三）6 组设计物展示（图片或照片）。

（四）优先权文件和对该文件的合格的英文译本（如有必要）。

四、老挝工业品外观设计申请所需的文件

（一）基本文件

文件	提交时间	备注
委托书	在申请日	申请人署名并经公证人公证
转让协议	在申请日	（如果可能）申请人署名并经公证人公证
图片/照片	在申请日	7 个角度（前、后、左、右、顶部、底部和远景）的正投影图或照片（白色背景和灰度图像）。典型尺寸应不小于 90 毫米×120 毫米，不大于 210 毫米×297 毫米。

（二）获得公约优先权的附加文件

文件	提交时间	备注
优先权文件	在申请日	经核实的

五、老挝工业品外观设计申请所需的费用

项目	官费与服务费（美元）
申请	670
优先权要求	225
审查费（每个设计）	395
证书费	515
共计	1805

以上不包括年费及任何可能产生的费用。

（来源：综合整理自南博网）

马来西亚工业品外观设计指南

一、马来西亚工业品外观设计简介

（一）法律

马来西亚的工业品外观设计受 1996 年《工业品外观设计法》的保护。该法于 1999 年 9 月 1 日开始实施。在此之前，马来西亚的工业品外观设计都需通过在英国提交注册才可受到保护。

（二）定义

工业品外观设计是指通过工业生产的方法应用于产品上的形状或构造以及图案或修饰的特征。

（三）标准

设计须具备形状或构造以及图案或修饰的特征，这些特征须具备新颖性和吸引力，并只能单凭眼睛进行评断。

关于新颖性，马来西亚工业品外观设计法具有该地区的新颖性标准，即就同一产品或任何其他产品而言，该设计不能在优先权日前或马来西亚申请注册之日前在马来西亚的任何地方向公众公开。申请人仍需在已注册的设计申请中附上一份“新颖性声明”。

以下不包括在马来西亚工业品外观设计注册领域之内：

1. 建筑施工方法或原则；

2. 形状或构造的特征；

3. 依赖于另一种产品外观的形状或构造的特征，其中设计者有意使其构成一个不可分割的组成部分；

4. 产品外观无关紧要的设计。从这个意义上来讲，美学的标准通常对于使用那些产品的人而言并不认为是重要的。

（四）优先法则

优先权申请须从最早的提交申请日起的 6 个月内办理。

（五）期限与续展

自提交申请之日起，马来西亚工业区外观设计的第一个注册期为 5 年，可续展，每次续展有效期为 5 年，可续展 4 次。

二、马来西亚工业品外观设计申请程序

（一）申请

设计申请均需向马来西亚工业品外观设计注册局提交。

（二）审查

经主管部门审查，所有申请需符合自提交申请日起 6 个月内的正式要求。无需对该申请进行调查或实质审查。然而，在实践过程中会有异议问题出现。此时，主管部门会决定申请人是否需对该申请作出修正或修改。

（三）公开

证书一经颁发，主管部门就会在官方公报上给予公开。包含注册登记通知书、注册人的详细资料及其他相关信息。

（四）注册

主管部门会将该设计的详情备案，并给申请人颁发注册证书。注册的外观设计有效保护期为 5 年。如再次缴纳续展费用可延续至 10 年注册期。

三、马来西亚工业品外观设计申请所需的文件

在马来西亚提交工业品外观设计申请，需提供如下的信息或文件：

（一）工业品外观设计表格

1. 申请人的姓名、地址和国籍；

2. 产品名称和新颖性陈述及优先权申请详情，即国家和提交申请日期；

3. 工业品外观设计国际分类及优先权申请序列号；

4. 设计者的姓名和地址；

5. 关于申请人如何获取设计者专利权的信息（通常通过转让权，雇佣关系或其他协议）。

（二）由申请人签署的代理人的委任表格（工业品外观设计表格 10）。

（三）6 组设计物展示（图片或照片）。

（四）优先权文件和对该文件的合格的英文译本（如有必要）。

四、马来西亚工业品外观设计代理须提交的申请文件

（一）基本文件

文件	提交时间	备注
代理人委任表（工业品外观设计表格 10）	在申请日	不需要法律认证或公证
设计说明	在申请日	被译为英语
图片/照片	在申请日	

（二）获得公约优先权的附加文件

文件	提交时间	备注
优先权文件	自申请日起 2 个月内	被译为英语

五、马来西亚工业品外观设计申请所需的费用

项目	官费与服务费（美元）
申请及授权 ——公开（每个图）70 美元 ——超出 1 项设计，每项增收 580 美元 ——绘图 110 美元	670
共计	670

以上不包括年费及任何可能产生的费用。

（来源：综合整理自南博网）

缅甸工业品外观设计指南

一、缅甸工业品外观设计简介

（一）法律

《缅甸专利和设计法》于 1995 年颁发，但从未生效。后来该法废除。1946 年的《专利和外观设计

（紧急规定）法（紧急法令）》仍然在缅甸法典中，虽已被废除，但其主要目的是适用于《1911年印度专利和外观设计法》。印度法从未被列入缅甸法典中，因此在缅甸实际上没有专利和外观设计法。

与此同时，司法部受政府委托已草拟了新的符合知识产权协议的《专利和外观设计法》。事实上，缅甸是世界贸易组织、东盟的成员国，至少在2001年已加入世界知识产权组织。在过渡期内，专利/外观设计可根据《注册法》第18（f）章进行注册。

（二）成员资格

1. 适用于《世界贸易组织》；

2. 不适用于《巴黎公约》；

3. 不适用于《专利合作条约》（PCT）。

（三）优先法则

优先权申请尚不能在缅甸注册制度中获得。

（四）期限和续展

在缅甸，法律没有颁布一项专利注册的有效期。根据惯例，专利注册的续展每3年进行一次，通常由以下方式之一完成：

1. 通过声明的方式进行重新注册；

2. 通过当地报纸或刊物的方式进行重新公布；

3. 通过重新注册、重新公布二者结合的方式。

二、缅甸工业品外观设计申请程序

（一）申请声明

外观设计持有人须提交一份声明，包含陈述注册协议和保证的相关事实。

（二）注册

提交声明，即可对设计专利给予注册。

（三）公布

在指定的地方报纸上公布告知，以避免可能的侵权和假冒行为。

（四）保护

没有对设计专利本身的保护程序。

三、缅甸工业品外观设计申请所需的文件

在缅甸提交工业品外观设计申请，需提供如下的信息或文件：

（一）申请表：

1. 申请人姓名、地址及国籍；

2. 发明人姓名、地址及国籍；

3. 一份详细说明，包括说明书、权利要求和必要的图表；

4. 如已获得申请优先权，需注明在哪国获得以及申请的具体情况。

（二）专利代理人委任。

（三）如申请人并非发明者，需陈述并解释申请人如何有权获得发明者的专利，通常借助于委托或雇佣关系。

（四）并无硬性要求，发明者向申请人提交正式委托书。

四、缅甸工业品外观设计代理须提交的申请文件

（一）基本文件

文件	提交时间	备注
设计专利所有权的声明	在申请日	署名并经公证如已在其他国家注册（即美国专利申请号），其注册号、国家及发明背景的详细资料须附于声明中。

（二）公约设计专利申请的附加文件

文件	提交时间	备注
委托书	在申请日	署名并经公证。公证人的署名和印章须由相关国家缅甸大使馆进行证实。

五、缅甸工业品外观设计申请所需的费用

项目	官费与服务费（美元）
申请及授权	450
证书费	200
共计	650

以上不包括年费及任何可能产生的费用。

（来源：综合整理自南博网）

菲律宾工业品外观设计指南

一、菲律宾工业品外观设计简介

（一）法律

菲律宾知识产权法典（第8293号共和国法）。

（二）定义

外观设计是指用于工业品和手工艺品的生产、具有特殊的外观和图案，具有三维形状的线条或色彩的组合，或与线条、色彩无关的组合。

（三）标准

工业品外观设计的保护标准：即新颖性和独创性。外观设计本质上是由技术因素或功用性来决定的。任何违反公共秩序、公共卫生或道德的设计将不会受到保护。

（四）优先法则

优先权申请须在从相应国家最早的申请日算起的6个月内完成。

（五）期限与续展

有效期限为自申请日起5年，可续展，每次续展有效期为5年，可续展2次。

二、菲律宾工业品外观设计申请程序

（一）申请

外观设计申请均须向菲律宾知识产权局提交。

（二）审查

在发布提交申请日期后将办理正式的审查手续，以确保该申请是否符合相关程序。

（三）异议

如在正式审查中发现设计申请有需要修改或不足之处，那么负责人会通知该申请人，而申请人须在给定期限内对此进行更正。

（四）注册

设计申请符合章程就会颁发注册证书，并在设计杂志上给予发布。一经发布，则该设计可被公众查阅。

三、菲律宾工业品外观设计申请所需的文件

在菲律宾提交工业品外观设计申请，需提供如下的信息或文件：

（一）外观设计注册申请

1. 申请人信息；

2. 指出该设计应用到手工艺品生产商所生产的物品的种类；

3. 设计者信息；

4. 根据菲律宾知识产权保护法规定，申请人不是设计者本人的，需对该外观设计注册的权利来源发表声明。

（二）申请人签署的委托书。

（三）一组设计展示（图画、照片或其他适当的形式）。

（四）优先权文件和对该文件的合格的英文译本。

四、菲律宾工业品外观设计代理须提交的申请文件

（一）基本文件

文件	提交时间	备注
委托书	在申请日	需签名，无需公证。 被译为英语（如有必要）。
设计说明	在申请日	说明应包含如下内容： 标题： 1. 简要描述对图画的不同意见；2. 对设计的特征描述；3. 要求说明。被译为英语（如有必要）。
图画	申请日	对该设计全貌的不同意见，其中应包含申请人或代理人的签名。被译为英语（如有必要）。
转让协议	a. 在对该设计申请正式审查期间； b. 在外观设计注册申请期间。	（如果可能）经公证。被译为英语（如有必要）。

（二）获得公约优先权的附加文件

文件	提交申请时间	备注
优先权文件	自提交申请日起6个月内	被译为英语（如有必要）。

五、菲律宾工业品外观设计申请所需的费用

项目	官费与服务费（美元）
申请 ——附加费（设计超过1个，每个增收40美元）	489
优先权要求	120
公告费	270
证书费	290
共计	1169

以上不包括年费及任何可能产生的费用。

（来源：综合整理自南博网）

新加坡工业品外观设计指南

一、新加坡工业品外观设计简介

（一）法律

注册工业品外观设计法（第266章）。

（二）定义

工业品外观设计是指通过工业生产的方法应用于产品上的形状或构造以及图案或修饰的特征。是日常所见的物品的外观。物品即指应用于外观设计中任何事物。

（三）标准

注册的工业品外观设计主要用于保护工业用途上的产品外观设计。外观设计可以是两维或三维，并能应用到日常用品中。在一般情况下，如要获得注册，设计需满足两个主要标准。

新颖性：即该设计不曾在新加坡或其他地方注册，或在第一次提交申请日前，未曾在世界其他国家公布。因此，外观设计持有人需谨慎行事，不应向任何人透露，除非已经提交了设计注册申请。

工业过程：申请注册的外观设计必须符合工业生产过程。即生产出或意欲生产出超过50份的该设计产品作为出售或出租之用。

根据新加坡的注册外观设计法律，下列不能被注册：

1. 违背公共政策或道德的设计；

2. 计算机程序或集成电路的布图设计；

3. 适用于某些产品的设计：雕塑作品（而不是把用于或打算使用的铸模作为模子，或是工业生产过程大批量生产的图案）；装饰墙牌，奖章和纪念章，以及主要具有文学性或艺术性质的印刷品（包括书籍封套、挂历、证书、优惠券、服装制作图案、贺卡、标签、传单、地图、规划图、扑克牌、明信片、邮票、商业广告、贸易表单和名片、转印图案及类似品）；

4. 建筑施工的方法或原则；

5. 具有多功能的设计；

6. 依赖于另一种产品的外观，其中设计者有意使其构成一个不可分割的组成部分，或使该产品与另一个产品相关联，以使每个都发挥其功效。

（四）优先法则

新加坡工业品外观设计注册制度采取“第一申请”的原则，换言之，第一个提交设计申请的人通常会比其他人有优先权。

（五）期限与续展

已注册的工业品外观设计初始有效期限为5年。此后，根据注册人缴纳的续展费用，每5年续展一次，最长期限为15年。

二、新加坡工业品外观设计申请程序

（一）申请

设计申请均须提交到新加坡知识产权局。

（二）审查

在发布提交申请日期后将办理正式的审查手续，以确保该申请是否符合相关程序。

（三）异议

如在正式审查中发现设计申请有需要修改或不足之处，那么负责人会通知该申请人，而申请人须在给定期限内对此进行更正。

（四）注册

设计申请符合章程就会颁发注册证书，并在设计杂志上给予发布。一经发布，则该设计可被公众查阅。

三、新加坡工业品外观设计申请所需文件

在新加坡提交工业品外观设计申请，需提供如下的信息或文件：

（一）表格D5

1. 申请人的姓名、地址和国籍；

2. 产品名称和新颖性陈述及优先权申请详情，即国家和提交申请日期；

3. 工业品外观设计国际分类及优先权申请序列号；

4. 设计者的姓名和地址；

5. 关于申请人如何获取设计者专利权的信息（通常通过转让权、雇佣关系或其他协议）。

（二）由申请人签署的代理人的委任表格（表格D2）。

（三）6组设计物展示（图片或照片）。

（四）优先权文件和对该文件的合格的英文译本（如有必要）。

四、新加坡工业品外观设计代理须提交的申请文件

（一）基本要求

文件	提交时间	备注
代理人委任表（工业品外观设计表格2）	在申请日	不需要法律认证或公证

续表

文件	提交时间	备注
设计说明	在申请日	被译为英语
图片/照片	在申请日	

（二）获得公约优先权的附加文件

文件	提交时间	备注
优先权文件	自申请日起2个月内	被译为英语

五、新加坡工业品外观设计申请所需费用

项目	官费与服务费（美元）
申请	760
证书费	350
共计	1110

以上不包括年费及任何可能产生的费用。

（来源：综合整理自南博网）

泰国工业品外观设计指南

一、泰国工业品外观设计简介

（一）法律

泰国专利法 B. E. 2522。

（二）定义

外观设计是指用于工业品和手工艺品的生产、具有特殊的外观和图案，具有线条或色彩的组合形式。

（三）标准

用于工业品和手工艺品的新的外观设计专利需基于本法案。

以下外观设计不符合规定：

1. 某外观设计在本国已广为知晓或已被他人使用的；

2. 某外观设计在本国或他国已经公布的；

3. 根据法案第65条和第28条款而公布的外观设计；

4. 与上述规定（1）、（2）、（3）条描述的外观设计相似的模仿设计。

（四）优先法则

一件外观设计申请须在其优先权日起的6个月内提交。

（五）期限与续展

在泰国，注册外观设计有限期限为自提交设计申请日起10年。年费须从第5年开始支付，一直交付到第10年。

二、泰国工业品外观设计申请程序

（一）申请

需提交外观设计申请。

（二）初审

外观设计初审需遵从有关法律。

（三）公布

初审完成并符合授予专利的权利将在官方公报上给予公布。

（四）异议

公布期90天内，如无相关异议，将进行实质性审查。

（五）实质审查

外观设计注册无需请求实质审查。

（六）注册

缴纳发布费用后将颁布注册证书。

三、泰国工业品外观设计申请所需的文件

在泰国提交工业品外观设计申请，需提供如下的信息或文件：

（一）申请表格

1. 申请人的姓名和地址；

2. 设计者的姓名和地址（如不是该申请人）；

3. 如已获得申请优先权，须注明在哪国获得以及申请的具体情况；

4. 申请人不是设计者本人的，需提供转让协议书一份。

（二）委托书。

（三）图片。

（四）优先权文件和对该文件的合格的英文译本（如有必要）。

四、泰国工业品外观设计代理须提交的申请文件

（一）基本要求

文件	提交时间	备注
委托书	在申请日	申请人署名并经公证人公证
转让协议	在申请日	（如有可能）申请人署名并经公证人公证

续表

文件	提交时间	备注
图片/照片	在申请日	7个角度（前、后、左、右、顶部、底部、远景）的正投影图或照片（白色背景和灰度图像）。

（二）获得公约优先权的附加文件

文件	备注	提交申请时间
优先权文件	经证实	自提交申请日起2个月内

五、泰国工业品外观设计申请所需的费用

项目	官费与服务费（美元）
申请	508
优先权要求	192
审查要求	358
公开费	360
证书费	317
共计	1735

以上不包括年费及任何可能产生的费用。

（来源：综合整理自南博网）

越南工业品外观设计指南

一、越南工业品外观设计简介

（一）法律

知识产权法50/2005；第44/2002/PL－BUTVQH10号法令；第103/2006/ND－CP号法令；第105/2006/ND－CP号法令；第106/2006/ND－CP号法令；第01/2007/TT－BKHCN号通告。

（二）定义

外观设计是指以形状、线条、色彩或任意组合的产品的外观。

（三）标准

外观设计保护需符合下列条件：

1. 新颖性；
2. 创造性；
3. 应用于工业用途。

（四）优先法则

为了获得《巴黎公约》的优先权，越南的外观设计申请须在自最早的优先权日起的6个月内进行提交。

（五）期限与续展

根据越南知识产权的法律和法规，工业品外观设计专利有效期为自申请日起5年，可续展两次，每5年时间续展一次。

二、越南工业品外观设计申请程序

（一）申请

外观设计专利申请需向越南国家知识产权局（NOIP）提交。

（二）审查

在提交申请日起的1个月内对该申请进行审查。2个月内对该申请回复修改意见。

（三）公布

在受理申请之日起的2个月内对该申请专利进行公布。

（四）实质审查

实质审查期限是自专利公布之日起6个月。

（五）注册

外观设计专利从申请到批准授予的时间可能会有所不同，一般是9到11个月的时间。注册有效期从申请之日起算起。

三、越南工业品外观设计申请所需的文件

在越南提交工业品外观设计申请，需提供如下的信息或文件：

（一）申请表

1. 申请人的姓名、地址和国籍；
2. 发明人的姓名、地址和国籍；
3. 对外观设计和要求保护的描述说明；
4. 根据越南知识产权法律和法规，需提交外观设计申请的证明文件，诸如转让协议，雇佣协议或继承文件。然而在实践中，如申请人是一家公司或是不同于优先权申请的，则不要求向越南国家知识产权局（NOIP）提交此类文件。

（二）委托书。

（三）6组设计物展示（图片或照片）。

（四）优先权文件和对该文件的合格的英文译本。

四、越南工业品外观设计代理须提交的申请文件

（一）基本文件

文件	提交申请时间	备注
委托书	自提交申请日起1个月内	经署名 不需要法律认证或公证 英文译本（如果可能）
图片/照片	如原件已在自申请之日起的1个月内提交，则需提供图片和图纸的传真副本。	对其前、后、左、右、顶部、底部和远景的展示
设计说明及保护要求	在申请日	英文译本（如果可能）

（二）获得公约优先权的附加文件

文件	提交申请时间	备注
优先权文件	如该优先权文件的核证副本已在自申请日起的3个月内提交，则提交优先权申请数据即可。	经证实的英文译本（如果可能）

五、越南工业品外观设计申请所需的费用

项目	官费与服务费（美元）
申请及审查 ——附加设计，每项增收172美元 ——附加绘图/照片，每个图/照片增收36美元	335
优先权要求	98
证书费 ——附加绘图/照片，每个图/照片增收56美元	313
共计	746

以上不包括年费及任何可能产生的费用。

（来源：综合整理自南博网）

区域合作篇

中国—东盟自由贸易区

概述

中国—东盟自由贸易区（China—ASEAN Free Trade Area，简称 CAFTA）于 2010 年 1 月 1 日正式建成，是中国与东盟 10 国组建的自由贸易区，即“10+1”。中国—东盟自由贸易区是中国对外商谈的第一个自由贸易区，也是东盟作为整体对外商谈的第一个自由贸易区。建成后的中国—东盟自由贸易区覆盖 1300 万平方公里，惠及 19 亿人口，是世界上拥有消费者最多和覆盖面积最大的自由贸易区，也是发展中国家间最大的自由贸易区，被称为继欧盟、北美自由贸易区之后的未来世界第 3 大经济体。

东南亚国家联盟，简称东盟，正式成立于 1967 年 8 月，由文莱达鲁萨兰国、柬埔寨王国、印度尼西亚共和国、老挝人民民主共和国、马来西亚联邦、缅甸联邦共和国、菲律宾共和国、新加坡共和国、泰王国和越南社会主义共和国组成。

20 世纪 90 年代以来，中国与东盟的经济联系日益紧密，双边贸易持续攀升。2000 年，中国与东盟双边贸易额达到 395 亿美元。东盟在中国的商品贸易市场份额提高到 8.3%，成为中国的第 5 大贸易伙伴；中国在东盟的对外贸易市场份额提高到 3.9%，成为东盟的第 6 大贸易伙伴。建立中国—东盟自由贸易区的设想于 2000 年在新加坡召开的中国与东盟领导人会议期间提出。领导人会晤期间，针对东盟方面关注中国加入 WTO 对东盟的影响，时任中国国务院总理朱镕基提议就中国与东盟之间建立自由贸易区的可行性进行研究。随即成立的中国—东盟经济合作专家组经过研究，向各国领导人提出了建立中国—东盟紧密经济伙伴关系的建议，其中包括建立中国—东盟自由贸易区，该建议被多方领导人采纳。

中国—东盟自由贸易区是中国与东盟共同协议构建的所有货物贸易取消关税和非关税壁垒、实现涵盖众多部门的服务贸易自由化、建立开放和竞争的投资机制、便利和促进中国与东盟相互投资的贸易区，即指在中国与东盟 10 国之间构建的自由贸易区。

中国—东盟自由贸易区计划始于 1992 年，原计划用 15 年时间完成。中国—东盟自由贸易区的建设是通过落实“共同有效优惠关税”计划（CEPT）来进行的。1994 年，东盟决定把 CEPT 完成的时间由 15 年缩短为 10 年，即从 2008 年提前到 2003 年，规定被列入“暂时排除项目单”的商品 2000 年到期失效，并使 CEPT 扩展到未加工的农产品。1998 年东盟决定把实施 CEPT 的时间再提前一年，即到 2002 年，6 个老成员国（即文莱、印度尼西亚、马来西亚、菲律宾、新加坡和泰国）承诺到 2000 年把 85%的 CEPT 关税降到 0%～5%，2000 年把 CEPT 关税比例提高到 90%，2002 年提高到 100%。新成员中，越南到 2003 年，老挝和缅甸到 2005 年实现目标。建立中国—东盟自由贸易区的时间表一再提前，开放的项目一再扩大。此外，东盟还制定了“东盟投资区”建设计划，规定东盟老成员到 2003 年，新成员到 2010 年完成计划目标。中国—东盟自由贸易区的建设既包括关税减让，也包括非关税削减。为了扫除削减非关税障碍，东盟制定了《流转商品便利化框架协议》、《相互承认安排框架协议》等。

中国和东盟之间存在很强的互补性，同时也存在一些竞争性很强的产品，因此，在如何安排敏感产品的开放，如何保护弱势产品，即如何达到双方互利双赢的问题上，还有不少难题需要解决。尤其是近几年来，东盟因受金融危机的影响，经济陷入困境，经济增长放慢，外资流入减少，使新竞争性产品能力的形成缓慢。即使在金融危机的影响下，中国经济仍能继续保持增长，外资继续大量流入，形成了许多新的具有竞争力的产品，因此中国与东盟之间出现了新的竞争不平衡的局面，东盟对中国竞争的担忧由此增加。但最终东盟还是同意与中国建立自由贸易区，其根本原因在于东盟不仅看到了竞争压力的一面，同时也看到了机会的一面。一个拥有13亿人口、经济持续发展的大市场，对东盟而言意义是非常重大的。

中国和东盟建立自由贸易区有利于东亚合作进程，将成为加快东亚一体化的一个有利因素。从积极的方面来看，可以设想它可能起到3个方面的效应：一是中国和东盟先行在一个大的范围内建成自由贸易区，把其他国家吸引进来；二是激励其他国家采取更积极的态度加快与东盟建立自由贸易区的步伐；三是推动整个东亚地区自由贸易区建设的进度，从而激励东亚领导人及早对“东亚合作展望小组”关于建立东亚自由贸易区的建议作出决定，提出规划并开始落实。

提 出

2000年9月，在新加坡举行的第4次东盟与中国（10+1）领导人会议上，时任中国国务院总理朱镕基提出建立中国—东盟自由贸易区的建议得到东盟有关领导人的积极响应。2001年11月，在文莱举行的东盟首脑会议期间，中国和10个东盟成员国宣布在未来10年内建成中国—东盟自由贸易区的目标。2002年11月4日，第6次东盟与中国领导人会议在柬埔寨首都金边举行。时任中国国务院总理朱镕基和东盟10国领导人签署了《中国—东盟全面经济合作框架协议》，宣布2010年建成中国—东盟自由贸易区，启动中国—东盟自由贸易区的建设进程。2013年10月，在第16次中国—东盟领导人会议上，李克强总理提出的五项倡议中，打造升级版的“中国—东盟自由贸易区”这一倡议，得到了东盟各领导人的积极响应。

2014年，中国—东盟自贸区升级版建设启动。2014年8月中国与东盟达成共识，2014年9月开始了第一轮升级版谈判。升级版建设意味着双方将更大、更高水平的开放市场，密切经济合作，力争双方贸易额2020年达到1万亿美元。中国—东盟自由贸易区升级版建设是中国—东盟经贸合作新发展的重要内容。

目 标

第一，用10年的时间完成所有关税和非关税的削减，消除中国与东盟双方之间存在的关税及非关税壁垒；第二，建立一个综合框架，包含市场一体化等一系列措施，如投资促进、贸易便利化及投资规则与标准。

重要性

建立中国—东盟自由贸易区是中国和东盟合作进程中历史性的一步。它充分反映了双方领导人加强双边睦邻友好关系的良好愿望，也体现了中国和东盟之间不断加强的经济联系，是中国与东盟关系发展的新里程碑。

中国—东盟自由贸易区的建成，创造了一个拥有19亿消费者、近6万亿美元国内生产总值、4.5万亿美元贸易总量的经济区。按人口算，其是世界上最大的自由贸易区；从经济规模上看，其是仅次于欧盟和北美自由贸易区的全球第3大自由贸易区，是发展中国家组成的最大的自由贸易区。

内容框架

由于中国和东盟成员国经济发展水平差距巨大，所处的经济发展阶段各不相同，合作的目标和承受的能力也不尽相同，加上实行的社会制度有所差异，必须要综合考虑各国的实际情况，才能兼顾各成员国的利益。因此，中国—东盟自由贸易区关税减让的时间表安排是一个复杂的过程。此外，中国—东盟自由贸易区合作的领域不仅限于货物贸易自由化，还将扩大到其他领域。中国—东盟自由贸易区的内容可大致概括为以下几方面：

第一，中国—东盟自由贸易区目前存在两个关税时间表：一是中国加入WTO后，关税将按WTO的规则逐渐降低，而在2007年之前，东盟7个成员国（新加坡、马来西亚、印尼、菲律宾、文莱、泰国和缅甸）是WTO成员国，中国与东盟WTO成员国于2003年7月1日实行WTO最惠国关税率。《中国—东盟全面经济合作框架协议》规定中国与非WTO东盟成员国也于2003年7月1日实施WTO最惠国关税率；二是根据《中国—东盟全面经济合作框架协议》的规定，2010年中国和原东盟6国建立自由贸易区，而与东盟新成员国建成的时间是2015年。

中国—东盟自由贸易区的货物贸易关税减让分为正常类和敏感类。

正常类：经各方同意各自实施的最惠国关税税率依照特定的减让表和税率逐步削减或取消。对于中国与原东盟6国，实施期从2005年1月1日到2010年；对于东盟新成员国，实施期从2005年1月1日到2015年。

敏感类：一方根据自身安排纳入敏感类的产品，应依照相互同意的最终税率和最终时间削减或取消，而敏感产品的数量应在各缔约方相互同意的基础上设定一个上限。

由于各成员国经济发展情况不同，中国与东盟各国有不同的关税减让时间表。泰国率先提出与中国进行果蔬零关税贸易，双方已同意于2003年10月1日起将双方的果蔬关税减至0%。越南也提出提前享受果蔬的零关税待遇。同样，其他东盟国家也会根据本国与中国经济的发展情况提出不同的关税减让方案。

第二，早期收获。中国—东盟自由贸易区的关税减让还根据双方的具体情况，分行业制定减税时间表。《中国—东盟全面经济合作框架协议》对中国—东盟自由贸易区的“早期收获”作了规定，产品范围包括活动物、肉及食用杂碎、鱼、乳品、其他动物产品、活树、食用蔬菜、食用水果及坚果。关税减让时间在2004年年初开始下调农产品的关税，并于2006年取消全部农产品关税。

第三，逐步取消非关税壁垒（措施），简化和协调关税程序，但仍保留各自对非成员国的贸易保护政策。非关税壁垒（措施）包括但不限于对任何产品的进口或者对任何产品的出口或出口销售采取的数量限制或禁止，缺乏科学依据的动植物卫生检疫措施以及技术性贸易壁垒。

第四，实施有效的贸易便捷化措施，包括但不限于简化海关程序和制定相互认证安排。

第五，逐步实现涵盖众多部门的服务贸易自由化。

第六，中国—东盟自由贸易区对东盟新成员国给予特殊和差别待遇及灵活性。2001年，中国宣布向老挝、柬埔寨和缅甸提供特殊优惠关税待遇，给予非WTO东盟成员国享受WTO最惠国关税税率，以增加从这些国家的商品进口量。2002年11月，中国还宣布免除老挝、柬埔寨、缅甸等国家的全部或部分债务。为推进建立中国—东盟自由贸易区，双方已经落实一些具体的合作项目，如中方出资500万美元资助湄公河通航问题，中方愿以援助的方式承建昆明—曼谷公路中老挝境内三分之一的路段。中方对建设泛亚铁路继续持积极的态度，表示只要东盟最后确定选线方案，中方将尽快启动境内相关线路的修建或改造。

第七，建立中国—东盟自由贸易区，除了货物贸易自由化外，中国与东盟的合作还扩大到金融、旅游、投资、农业、人力资源开发、中小企业、产业合作、知识产权、环境保护、林业及其产品、能源及次区域开发等领域。在2001年东盟和中国“10＋1”首脑会议上，双方领导人确定了中国与东盟在新世纪重点加强5个领域的合作：农业、信息及通信技术、人力资源开发、投资和湄公河流域开发。

农业合作。农业在中国与东盟国家中均占有十分重要的地位，双方在农业技术、农作物品种、农产品加工、农产品市场等方面存在十分明显的互补性。双方除了签署《中国与东盟农业中长期合作谅解备忘录》之外，在农业方面的技术培训与合作也开展顺利。

金融合作。1997年东南亚金融危机后，中国与东盟有关国家签订了《清迈倡议》。2001年12月和2002年3月、6月，中国分别同泰国、日本、韩国签署了双边货币互换协议，而与其他东盟国家也就双边货币互换协议的问题开始进行接触。2010年10月29日，中国—东盟银行联合体在第13次中国—东盟（10＋1）领导人会议期间正式成立。目前东盟10国已在中国设立30多家银行机构，中资金融机构在东盟国家也设立了11家分支机构。中国已经与印尼、老挝、新加坡、越南、泰国等5国签署了监管合作备忘录。东盟国家还是中国境内公司境外上市的区域之一，已有4家公司在新加坡上市。

投资合作。加强双方投资领域的合作，创造透明、自由和竞争的投资机制，提供投资保护，便利和促进中国—东盟自由贸易区的投资。

信息技术合作。中国积极支持并参加“电子东盟”的建设，加大对东盟人员信息技术的培训力度，积极参加东盟国家信息通讯基础设施的建设。中国与东盟签署《中国与东盟信息产业中长期合作谅解备忘录》。中方经举办多期培训班，为东盟培训信息技术方面的人才。

人力资源开发合作。自宣布加强中国与东盟在人力资源开发方面的合作以来，中方向中国—东盟合作基金出资500万美元，举办了通信技术与管理、人员交流、地震学、社会保障、农药管理、商务信息网、农业技术、交通管理技术、艾滋病实验室、媒体等研讨会和培训班，效果良好。

旅游合作。中国和东盟都积极发展旅游业。目前，东盟10国均已成为中国公民出国旅游目的地国。中国还与泰国、新加坡、菲律宾、越南、缅甸等东盟国家分别签署了政府旅游合作协定或旅游合作谅解备忘录。在2011年第10次东盟与中日韩旅游部长会议上，东盟10国旅游部长签署了《2011年至2015年东盟旅游发展战略计划》，旨在把中日韩作为东盟重要的旅游市场，将东盟地区打造成世界一流的旅游目的地。

非传统安全领域的合作。中国与东盟除了加强以经济为重点的合作外，还拓展非传统安全领域的合作，如打击跨国犯罪、禁毒、防治艾滋病、环境保护、打击恐怖主义等。中国已与缅甸、泰国、越南、柬埔寨、老挝和联合国禁毒署共同建立了六国七方禁毒合作机制，与东盟签署了《东盟和中国禁毒合作行动计划》，与缅甸、老挝、泰国举行了4国禁毒合作部长会议，在禁毒技术和人员培训、替代种植等方面，中国给予了东盟北部国家大力支持。在打击跨国犯罪方面，中国提出中国与东盟可重点建立高效的情报交流机制，并加强执法人员的交流和培训。2002年5月，中方在东盟地区论坛上提交了《关于加强非传统安全领域合作的中方立场文件》。2002年11月，在柬埔寨金边召开的东盟与中国“10+1”首脑会议上，双方将反对恐怖主义与地区安全纳入中国与东盟合作议题。

2003年上半年，面对SARS的挑战，中国与东盟国家加强了合作。双方于2003年4月26日在马来西亚吉隆坡召开的东盟和中国、日本、韩国“10+3”卫生部长会议及2003年4月29日在泰国曼谷召开的东盟和中国首脑特别会议上，分别发表了《东盟与中、日、韩卫生部长会议关于SARS的联合声明》和《中华人民共和国与东盟国家领导人特别会议联合声明》，双方决定就防治SARS和重振地区经济与信心方面进一步加强合作。SARS的挑战使中国—东盟自由贸易区的合作进一步扩大到医疗卫生以及应对突发事件等领域。

第2届东盟与中国（10+1）和第5届东盟与中日韩（10+3）打击跨国犯罪部长级会议于2011年10月12日在印尼巴厘岛举行。印尼副总统布迪约诺出席会议开幕式。中国公安部副部长陈智敏率团参加会议。第2届东盟与中国（10+1）打击跨国犯罪部长级会议肯定了双方合作打击跨国犯罪取得的成果。自2009年11月续签修订后的《非传统安全领域合作谅解备忘录》以来，双方互信不断加深，打击跨国犯罪合作更加深入，各领域务实合作取得了新的进展。中国代表团在会上提出的增进人员往来和业务团组互访、推进执法能力建设领域合作、加强打击跨国犯罪务实合作、共同打击电信诈骗犯罪等倡议，受到东盟国家一致欢迎。会议审议通过了《关于落实〈中华人民共和国政府与东南亚国家联盟非传统安全领域合作谅解备忘录〉的行动计划》，并发表了《联合声明》。

第八，中国—东盟自由贸易区的标准将以东盟自由贸易区为基础，与WTO倡导的贸易自由化宗旨和目标相一致（如便利和促进对与贸易有关的知识产权进行有效和充分的保护）。另外，它在市场上的开放程度比WTO更进一步。

此外，中国—东盟自由贸易区的谈判内容还包括原产地原则，配额外税率的处理，补贴、反补贴措施及反倾销措施的各项规定等。

发展进程

1997年12月，中国和东盟领导人在首次东盟—中国领导人非正式会议上确定了建立睦邻互信伙伴关系的方针。为扩大双方的经贸交往，1999年，时任中国国务院总理朱镕基在菲律宾马尼拉召开的第3次中国—东盟领导人会议上提出，中国愿加强与东盟自由贸易区的联系，这一提议得到东盟国家的积极回应。2000年11月，时任中国国务院总理朱镕基在新加坡举行的第4次中国—东盟领导人会议上首次提出建立中国—东盟自由贸易区的构想，并建议在中国—东盟经济贸易合作联合委员会框架下成立中国—东盟经济合作专家组，就中国与东盟建立自由贸易关系的可行性进行研究。

2001年3月，中国—东盟经济合作专家组在中国—东盟经济贸易合作联合委员会框架下正式成立。专家组围绕中国加入世界贸易组织的影响及中国与东盟建立自由贸易关系两个议题进行了充分研究后，建议中国和东盟用10年时间建立自由贸易区。这一建议获得中国—东盟高官会和经济部长会议的认可，于2001年11月在文莱举行的第5次中国—东盟领导人会议上正式宣布。

2002年11月，第6次中国—东盟领导人会议在柬埔寨首都金边举行，时任中国国务院总理朱镕基和东盟10国领导人签署了《中国—东盟全面经济合作框架协议》，决定到2010年建成中国—东盟自由贸易区。这标志着中国—东盟建立自由贸易区的进程正式启动。

1995～2002年，中国与东盟双边贸易额年均增长15%。

2003年，中国与东盟双边贸易额创下历史性的782亿美元，比2002年增长42.9%。

2004年1月1日，中国—东盟自由贸易区实施“早期收获计划”，下调农产品关税。到2006年，约600项农产品的关税降为零。

2004年10月30日，第10次东盟首脑会议举行，在中国国务院总理温家宝和东盟10国领导人的见证下，中国与东盟签署了《中国—东盟全面经济合作框架协议货物贸易协议》，时任中国商务部部长薄熙来与东盟 10 国经济部长共同签署了《中国—东盟全面经济合作框架协议争端解决机制》。这标志着中国—东盟建设自由贸易区进程的全面启动进入实质性执行阶段。东盟在协议中承认了中国的市场经济地位。

2005 年 4 月，时任中国国家主席胡锦涛在访问文莱、印尼和菲律宾时提出，到 2010 年，中国和东盟双边贸易额将达到 2000 亿美元。

2005 年 7 月 20 日，中国—东盟自由贸易区《中国—东盟全面经济合作框架协议货物贸易协议》降税计划开始实施，中国和东盟的 7000 种产品在大幅降低关税、免除配额以及其他市场准入条件进一步改善的情况下，更加顺畅地进入对方市场，这有助于东盟国家的产品扩大对中国市场出口，也有助于中国企业以更低成本从东盟进口原材料、零部件和设备。

自 2005 年 7 月中国—东盟自由贸易区《中国—东盟全面经济合作框架协议货物贸易协议》实施以来，中国对东盟各国已减免了 5375 种产品的关税，平均税率从 9.9%降到 5.8%。同时，东盟各国对中国的平均关税也有不同程度的降低。

2006 年，中国与东盟贸易额达 1608.4 亿美元，同比增长 23.4%。其中中国进口 895.3 亿美元，增长 19.4%；出口 713.1 亿美元，增长 28.8%。

2007 年 1 月 14 日，中国与东盟 10 国签署了中国—东盟自由贸易区《中国—东盟全面经济合作框架协议服务贸易协议》。这是中国—东盟经贸合作领域取得的又一重大成果，标志着中国—东盟自由贸易区建设向前迈出关键的一步。

2007 年 7 月 1 日，中国—东盟自由贸易区《中国—东盟全面经济合作框架协议服务贸易协议》开始正式实施。

2007 年 1～7 月，中国与东盟双边贸易额达 1097.7 亿美元，同比增长 27.5%。其中中国进口 587.7 亿美元，增长 22.4%；出口 510 亿美元，增长 34%。

2007 年 11 月 20 日，中国国务院总理温家宝在新加坡出席第 11 次中国与东盟领导人会议，并与东盟各国领导人一同出席了《中国—东盟关于加强卫生和植物卫生合作谅解备忘录》的签字仪式。

截至 2008 年 8 月，双边贸易额已提前 3 年突破 2000 亿美元，约 7000 种税目商品开始实施全面降税。双方签署了《服务贸易协议》，60 多个服务部门相互作出了高于 WTO 水平的市场开放承诺，中国—东盟自由贸易区投资谈判取得了积极进展。

2008 年，中国自东盟进口受惠货物 61 亿美元，企业优惠税款 32 亿人民币。同时，中国企业申领了 18.4 万份中国—东盟自由贸易区优惠原产地证书，向东盟出口受惠货物 51 亿美元。随着中国—东盟自由贸易区宣传力度加大和税率进一步降低，双方企业将享受到更多的优惠。

2009 年 8 月 15 日，第八次中国—东盟经贸部长会议在泰国曼谷举行，中华人民共和国商务部部长陈德铭与东盟 10 国的经贸部长共同签署了中国—东盟自由贸由区《投资协议》。《投资协议》的签署标志着双方成功地完成了中国—东盟自由贸易区协议的主要谈判，中国—东盟自由贸易区将如期在 2010 年全面建成。

2010 年 1 月 1 日，按照《中国—东盟全面经济合作框架协议》的时间框架，中国—东盟自由贸易区全面启动。这标志着由中国和东盟 10 国组成近 6 万亿美元国民生产总值、4.5 万亿美元贸易额的区域开始步入零关税时代。

2010 年 1 月 7 日至 8 日，中国—东盟自由贸易区论坛在广西南宁举行。中国与东盟签署 18 个项目，签约金额 48.96 亿美元。项目涉及通信技术、电力、农业等行业。此外还举行了钦州保税港区、南宁保税物流中心揭牌仪式，既为中国—东盟自由贸易区建成献礼，也为中国—东盟自由贸易区下一步发展提供动力、夯实基础。

2010 年 3 月 24 日，《清迈倡议》多边化协议正式生效，总规模为 1200 亿美元的区域外汇储备库和 7 亿美元的区域投资信用担保基金也相继建成。中国与东盟国家之间的财金合作已经取得了政府间投资合作基金以及信贷、跨境贸易人民币结算试点、金融领域人才交流培养等多项可持续性成果。

2010 年 10 月 19 至 24 日，第 7 届中国—东盟博览会和中国—东盟商务与投资峰会在广西南宁举行。第 7 届东博会以“自贸区与新机遇”为主题。在延续了往届嘉宾规格高、展位逐年增多等情况的同时，第 7 届东博会和峰会更为务实，在多个领域取得了实效性的收获。

2010 年 10 月 29 日，在第 13 次中国与东盟领导人会议上通过了《落实中国—东盟面向和平与繁荣的战略伙伴关系联合宣言的第二个五年行动计划》。在这一《行动计划》规划了从 2011 年至 2015 年双方合作的主要内容，对中国—东盟自由贸易区深化合作具有重要意义。中国国务院总理温家宝在东盟领导人会议上提出中国与东盟贸易额力争 2015 年达 5000 亿美元的目标。

2010年10月29日，中国与东盟签署了《〈中国—东盟全面经济合作框架协议货物贸易协议〉第二议定书》，双方企业可更方便地使用自由贸易区优惠政策，从自由贸易区中得到更多利益。

2011年1月，中国—东盟外长会议在云南昆明举行。此次会议是首次在华举行中国—东盟外长会，对进一步推进包括互联互通在内中国—东盟战略合作，提升双方关系水平具有重要意义。会前，中国与东盟国家外长及高官共同出席了中国—东盟友好交流年启动仪式。

2011年8月，时任中国国务院总理温家宝与东盟轮值主席国印度尼西亚总统苏西洛互致贺电，热烈庆祝中国—东盟建立对话关系20周年。12日，第10次中国—东盟"10＋1"经贸部长会议在印尼万鸦老举行，来自中国和东盟10国的经贸部长参会。会议一致同意将中国—东盟贸易谈判委员会改名为中国—东盟自由贸易区联合委员会。会议发表联合新闻声明，表示期待第8届中国—东盟博览会10月份在南宁举办。

2011年，中国与东盟双边贸易额达3628.5亿美元，同比增长23.9%。其中，出口1700.8亿美元，同比增长23.1%；进口1927.7亿美元，同比增长24.6%；对东盟贸易逆差226.9亿美元，扩大37.1%。

2012年是《中国—东盟全面经济合作框架协议》10周年，2002年中国和东盟10国共同签署的《中国—东盟全面经济合作框架协议》，总体确定了中国—东盟自由贸易区包括货物贸易、服务贸易、投资和经济合作等在内的基本架构，是中国—东盟自由贸易区的纲领性文件。

2012年8月20日，第3届中国—东盟行业合作昆明会议在中国昆明市召开。参会者围绕"中国—东盟：打造优势互补产业链"的主题，共同商议加强行业合作，以促进中国—东盟自由贸易区内各国经济增长。会议达成《昆明共识》。中国国际贸易促进会昆明市支会与菲律宾菲华联谊总会、菲律宾橡胶行业协会、缅甸水稻产商协会、泰国食品加工者协会、新加坡食品厂商联合会分别签署了《合作备忘录》。中国—东盟商务理事会与东盟国家有关商（协）会签署《合作备忘录》。

2012年9月21日，第9届中国—东盟博览会、中国—东盟商务与投资峰会暨2012中国—东盟自由贸易区论坛在中国广西南宁举行，三大盛会同期举行，意义重大。期间，举办了系列政商高端对接活动以及系列会议论坛活动，取得丰硕成果。9月22日，东博会期间，作为中国与东盟双边产品的展示交易平台和商贸物流基地的中国—东盟商品交易中心在广西南宁举行落成仪式。中国—东盟自由贸易区向一个新的阶段发展。

2012年中国与东盟贸易总额高达4000.9亿美元，较2011年增长了10.2%，高于中国对外贸易6.2%的增幅。其中，中国向东盟出口增长了20.1%，中国从东盟进口仅增长了1.6%。中方贸易顺差84.51亿美元，而2011年中方贸易逆差达226.88亿美元。

2012年中国与东盟双方人员往来达1500万人次，是10年前的4倍。中国赴东盟游客730万人次，比2010年前增长2.6倍，中国已成为东盟第2大游客来源地。中国与东盟每周往来航班达1000多架次，超过中日和中韩。

2013年3月13日，中国—东盟自由贸易区联合委员会第3次会议在浙江义乌召开，此次会议主要讨论如何尽快的解决中国与东盟之间的贸易壁垒，进一步扩大两地之间的经贸合作。会议包括全会及下设经济合作、原产地规则、海关手续和贸易便利化等工作组会议。主要内容包括审议自贸协议执行情况，研究进一步推动贸易自由化和便利化的措施等。此次会议在义乌举行，将为义乌展示其强大的贸易、流通、展示能力提供了良好契机，对进一步加强义乌与东盟各国的经贸交流合作有重大意义。

2013年9月3日，第10届中国—东盟博览会、中国—东盟商务与投资峰会在中国广西南宁开幕。第10届东博会是在中国—东盟合作迈向更高水平的新起点上举办的一次盛会，中国国务院总理李克强在开幕大会上发表主旨演讲时指出，中国与东盟有能力在取得"黄金十年"的基础上，进一步打造"钻石十年"。开幕式上，来自中国与东盟的11国青年代表按下手印，共同发起成立"中国—东盟青年联谊会"。中国和东盟各国科技部长共同为"中国—东盟技术转移中心"揭牌。来自中国和东盟港口城市的代表共同发起设立"中国—东盟港口城市合作网络"。中国和东盟企业家、商协会代表共同发起成立"中国—东盟企业家联合会"。

2013年10月9日，第16次中国—东盟领导人会议在文莱斯里巴加湾举行，会议发表了《纪念中国—东盟建立战略伙伴关系10周年联合声明》。声明重申，中国继续支持东盟共同体建设、东盟互联互通、东盟团结和东盟在演变中的区域架构中发挥主导作用的重要性；赞赏中国在东盟对话伙伴中率先加入《东南亚友好合作条约》，率先与东盟建立战略伙伴关系，率先与东盟建成自由贸易区。

2014 年 7 月，中国香港作为单独关税区与东盟启动自由贸易区谈判。“区域全面经济伙伴关系”（RCEP）谈判稳步推进，进入实质性磋商阶段。各方迄今已举行 5 轮谈判和 2 次经贸部长会议，成立了 7 个工作组。第 6 轮谈判于 2014 年 12 月在印度举行。

2014 年 8 月 26 日，第 13 次中国—东盟经贸部长会议发表联合新闻公报宣布，中国和东盟同意开始中国—东盟自由贸易区升级版谈判。第 13 次中国—东盟经贸部长会议于 26 日在缅甸内比都举行。中国商务部部长高虎城致辞表示，2014 年是中国—东盟战略伙伴关系建立第二个 10 年的开局年，伴随中国—东盟自由贸易区建设进程不断加快，中国与东盟的经贸合作已成为中国—东盟整体关系的一大亮点。

2014 年 9 月 16 日，第 11 届中国—东盟博览会和中国—东盟商务与投资峰会在广西南宁举行。国务院副总理张高丽出席开幕大会，倡导中国和东盟携手共建“21 世纪海上丝绸之路”，并提出深化政治互信、提高中国—东盟自由贸易区质量和水平、加强互联互通建设、开展海上合作、推进次区域合作、增进人文交流等 6 项具体倡议。东博会和峰会及其系列活动，受到中国、东盟及各有关方重视。“两会”在促进中国与东盟贸易、投资、互联互通、跨境电商等领域合作中发挥了积极作用。

2014 年 11 月 13 日，第 17 次中国—东盟（10＋1）领导人会议在缅甸内比都举行。东盟 10 国领导人参会。中国国务院总理李克强与缅甸总统吴登盛共同主持会议，与会各方就进一步拓展中国—东盟合作进行深入讨论，达成广泛共识。

（来源：综合整理自人民网、广西日报、中国新闻网、中华人民共和国中央人民政府网）

大湄公河次区域合作

背景

大湄公河次区域经济合作（Great Mekong Subregion Cooperation，简称 GMS）是由亚洲开发银行于 1992 年根据银行成立时制定的宗旨和其章程中关于促进银行发展中国家成员间合作的授权，并为贯彻银行于 1991 年通过的中期发展框架性计划，经与湄公河沿岸中国、柬埔寨、老挝、泰国、缅甸、越南等 6 国进行一系列磋商后发起的项目。1991 年至 1995 年间，亚洲开发银行根据上述 6 国政府的要求，进行了两次较大规模的大湄公河次区域经济合作可行性研究（称为“可行性研究第一阶段”和“可行性研究第二阶段”）。这两次研究得到了中国、柬埔寨、老挝、泰国、缅甸、越南等 6 国政府的全力支持和配合。最后框架性报告得出大湄公河次区域经济合作是大势所趋、人心所向的结论，这为 6 国彼此间的合作奠定了坚实的基础。

大湄公河次区域的范围以及依据：亚洲开发银行把促进亚太地区发展中国家之间的合作定名为区域经济合作，为此在亚太区域经济合作框架下的中国、柬埔寨、老挝、泰国、缅甸、越南之间的合作定名为次区域经济合作。除中国、柬埔寨、老挝、泰国、缅甸、越南之外，中国主要指的是中国云南省。大湄公河次区域的界定有以下 8 个方面的理由：

一、共同拥有湄公河。湄公河在 6 国的经济生活中占有重要地位。6 国都需要在湄公河开发利用方面加强合作；

二、6 国除泰国外均属转型经济；

三、6 国均推进对外开放；

四、6 国均是资源富集地区，在合理使用低廉劳动力来进行开发方面，各国相互间有巨大的互补关系；

五、6 国边贸日趋繁荣；

六、基础设施极为落后，其中中国云南省和老挝无出海口；

七、6 国发展资金极度匮乏；

八、6 国文化背景极为相似。

大湄公河次区域经济合作部长级会议：大湄公河次区域经济合作项目启动后，为保证相关的投融资计划与亚洲开发银行按成员国组成董事会决定重大投融资事项的体制相衔接，并讨论和决定大湄公河次区域经济合作的重大问题的实施，大湄公河次区域经济合作部长级会议应运而生。

2013 年 12 月 10 日至 11 日，大湄公河次区域（GMS）经济合作第 19 次部长级会议在老挝首都万象举

行。财政部副部长史耀斌率由外交部、发改委、财政部等组成的中国代表团出席会议。

地理态势

大湄公河次区域涉及澜沧江—湄公河流域内的中国、缅甸、老挝、泰国、柬埔寨、越南等国，面积达256.86万平方公里，总人口约3.2亿，连接着中国和东南亚地区，地理位置十分重要。

贯穿大湄公河次区域的澜沧江—湄公河是亚洲一条重要的国际河流，中国境内段称为澜沧江，中国境外段称为湄公河。澜沧江—湄公河发源于中国青藏高原唐古拉山，自北向南流经中国青海、西藏、云南3省区和缅甸、老挝、泰国、柬埔寨、越南5国，于越南胡志明市附近注入南中国海，全长4880公里。

大湄公河次区域涵盖了多种气候类型，又兼具多种地理特征，蕴藏着丰富的水资源、生物资源和矿产资源，经济潜能和开发前景巨大。大湄公河次区域内居住着多个民族，建筑、风情、服饰、宗教习俗各不相同。大湄公河次区域各国还拥有不少名胜古迹，包括中国的丽江古城、缅甸的仰光大金塔、老挝的琅勃拉邦古都、柬埔寨的吴哥窟、泰国的大王宫和越南的下龙湾等。

大湄公河次区域拥有丰富的生物资源、农业资源、水能资源、矿产资源、土地资源、人力资源、人文资源和旅游资源，区位优势特别明显，在资源和市场方面具有较强的互补性，有着巨大的贸易和投资机会，具有极大的发展潜力。另外，大湄公河次区域腹地涉及东南亚和南亚的许多国家和地区，拥有大约20亿人口，是当今世界经济最具活力的地区之一，也是世界重要的战略物资补给地，有望成为21世纪世界和亚洲巨大的新兴市场。

合作目标

加强经济联系，消除贫困，促进发展。

主要机制

亚洲开发银行大湄公河次区域合作（Great Mekong Subregion Cooperation，简称GMS）。亚洲开发银行大湄公河次区域合作项目自1992年起开始实施，经过初期规划、项目选择，目前已进入项目实施阶段。亚洲开发银行大湄公河次区域合作范围包括湄公河流域的老挝、缅甸、柬埔寨、泰国、越南5国和中国云南省，涉及7个合作领域，即交通、能源、电讯、环境、旅游、人力资源开发以及贸易与投资。该合作机制分为两个层次：其一是部长级会议，自1992年起每年1次；其二是司局级高官会议和各领域的论坛（交通、能源、电讯）和工作组会议（环境、旅游、贸易与投资），每年分别举行会议，并向部长级会议报告。

亚洲开发银行大湄公河次区域合作是湄公河开发3个国际合作机制中起步较早并取得实质性进展的机制。自1992年起至2005年，亚洲开发银行为湄公河流域国家的基础设施建设累计提供贷款7.7亿美元，帮助融资2.3亿美元，已经在运输和能源领域完成了9个项目。截至2001年，亚洲开发银行共向大湄公河次区域开发项目提供32个累计2500万美元的技术援助项目。亚洲开发银行除向湄公河开发项目提供技术援助外，还利用自身的影响力呼吁西方发达国家尤其是私人投资者为这些备选项目提供融资。湄公河沿岸各国政府也十分重视亚洲开发银行大湄公河次区域合作项目。目前亚洲开发银行大湄公河次区域合作的重点是加强大湄公河次区域的基础设施建设和有关贸易投资政策等软环境建设。

东盟—湄公河流域开发合作（ASEAN—Mekong Basin Development Cooperation，简称AMBDC)。东盟—湄公河流域开发合作于1996年6月在马来西亚首都吉隆坡举行首次部长级会议。根据会议通过的框架协定，部长级会议每年至少举行一次。两次部长级会议期间由成员国选派司局级官员举行指导委员会会议，为部长级会议做准备并提供政策建议。同时确定基础设施建设、投资贸易、农业、矿产资源开发、工业及中小企业发展、旅游、人力资源开发和科学技术等8大合作领域。东盟—湄公河流域开发合作第1次部长级会议确定由东盟7国加湄公河沿岸国——老挝、缅甸、柬埔寨和中国为该合作机制的核心国。随着老挝、缅甸和柬埔寨3国相继加入东盟，日本和韩国也应邀加入东盟—湄公河流域开发合作。从此，东盟—湄公河流域开发合作组织的核心实际上衍变成东盟10国加中国、日本、韩国3国的区域合作格局。

东盟—湄公河流域开发合作第1次部长级会议结束后不久，便因亚洲金融危机的影响中断，从1997年起至1999年连续3年没有举行。直到2000年，随着亚洲各国逐渐摆脱金融危机的阴影，第2届东盟—湄公河流域开发合作部长级会议才于2000年7月初在越南首都河内召开，会议根据日本和韩国政府的申请，讨论了吸收日韩为东盟—湄公河流域开发合作核心成员的问题。东盟—湄公河流域开发合作第3届部长会议于2001年10月8～9日在泰国清莱举行。此后，东盟—湄公河流域开发合作的主席国在各核心成员之间轮任。

湄公河委员会（Mekong River Commission，简称 MRC）。新湄公河委员会是在 1957 年成立的湄公河下游调查协调委员会（老湄公河委员会）的基础上产生的。1995 年 4 月，湄公河下游泰国、老挝、柬埔寨和越南 4 国在泰国清莱签署了《湄公河流域可持续发展合作协定》，承认“湄公河流域和相关的自然资源及环境是沿岸所有国家争取经济发展和社会富足以及提高本国人民生活水平的具有巨大价值的自然资产。”此后 4 个国家决定在湄公河流域共同开发和管理一切领域，包括河流资源、河上航运、洪水控制、渔业、农业、发电及环境保护等所有可能产生跨越国界影响的领域。

依照协定，建立的新湄公河委员会（Mekong River Commission）取代原来的湄公河临时委员会。新湄公河委员会的职责范围并不限于调查和协调湄公河下游水资源的综合开发，而是根据可持续发展思想，强调对整个湄公河的水资源和相关资源以及全流域的综合开发制订计划并实施管理。新湄公河委员会由理事会、联合委员会和秘书处 3 个常设机构组成。理事会由每个成员国各派一名级别不低于司长级的官员组成，每年至少举行 2 次会议。秘书处负责为联合委员会和理事会提供技术和行政服务，其工作在首席执行官（CEO）的领导下进行，而首席执行官的任免则由理事会决定。湄公河委员会各成员国还分别成立了负责本国的湄公河开发和协调任务的机构。新湄公河委员会自成立之日起，就邀请上游的两个国家即中国和缅甸加入该组织，并于 1996 年开始与两国定期举行对话会，迄今已举行 6 次对话会。

领导人会议

2014 年 12 月 20 日，中国国务院总理李克强在曼谷出席大湄公河次区域经济合作第 5 次领导人会议开幕式。这是与会领导人在开幕式上集体合影。出席会议的领导人有中国国务院总理李克强、柬埔寨首相洪森、缅甸总统吴登盛、越南总理阮晋勇、老挝总理通邢、泰国总理巴育。

2002 年 11 月 3 日，大湄公河次区域经济合作首次领导人会议在柬埔寨金边举行。时任中国国务院总理朱镕基出席会议并就加强次区域合作的重要性等问题作了主旨发言。会议批准了《次区域发展未来十年战略框架》，并决定其后每 3 年在成员国轮流举办一次领导人会议。会后，有关国家签署了《大湄公河次区域便利运输协定》谅解备忘录、《大湄公河次区域便利运输协定》中方加入书和《大湄公河次区域政府间电力贸易协定》。

2005 年 7 月 4 日至 5 日，大湄公河次区域经济合作第 2 次领导人会议在中国云南省昆明举行，时任中国国务院总理温家宝主持会议并在会议开幕式上发表了讲话。会议围绕“加强伙伴关系，实现共同繁荣”的主题进行深入讨论并达成广泛共识，确立了以“相互尊重、平等协商、注重实效、循序渐进”为主要内容的合作指导原则，并发表了《昆明宣言》。此外，与会 6 国领导人还签署了便利客货运输、动物疫病防控、信息高速公路建设和电力贸易等多项合作文件，同时批准了贸易投资便利化行动框架和生物多样性保护走廊建设等多项合作倡议。

2008 年 3 月 30 日至 31 日，大湄公河次区域经济合作第 3 次领导人会议在老挝万象举行，6 国领导人围绕“加强联系性、提升竞争力”的主题，就加强基础设施互联互通，贸易运输便利化，构建伙伴关系、促进经贸投资，开发人力资源、增强竞争力，可持续的环境管理，次区域合作与发展伙伴关系等方面的合作构想交换意见。时任中国国务院总理温家宝在会上就加强次区域合作的问题阐述了中方的倡议主张。与会各国领导人签署了《领导人宣言》，指出了大湄公河次区域经济合作面临的机遇与挑战以及未来行动的方向，提出 2008～2012 年大湄公河次区域经济合作发展行动计划。与会领导人还签署了《实施次区域跨国电力贸易路线图谅解备忘录》以及《经济走廊可持续与均衡发展谅解备忘录》等一系列合作文件。

2011 年 12 月 20 日至 21 日，大湄公河次区域经济合作第 4 次领导人会议在缅甸内比都举行，中国国务委员戴秉国出席会议并讲话，就进一步加强次区域合作提出了 5 点建议。本次会议主题为“超越 2012：建立新 10 年大湄公河次区域经济合作战略发展伙伴关系”，6 国领导人就继续深化次区域国家在交通、能源、电信、环境、农业、投资等 9 大重点领域的合作深入交换意见，并签署了涉及农业、环境保护、信息高速路建设等多个领域相关文件和协议，通过了《大湄公河次区域经济合作第 4 次领导人会议联合宣言》、《内比都宣言》和《大湄公河次区域经济合作新十年战略框架》。与会领导人接受了GMS部长递交的成果文件，听取了GMS工商论坛商业和投资会议的情况回报，并出席了3个合作备忘录的签字仪式。

2014年12月19日至20日，大湄公河次区域经济合作（GMS）第5次领导人会议在泰国首都曼谷召开。本次会议主题为“致力于大湄公河次区域的包容性和可持续发展”。另外，会议发表了联合宣言。联合宣言再次强调于2011年在缅甸内比都举行的大湄公河次区域经济合作第4次领导人会议所通过的《大湄公河次区域经济合作新十年（2012～2022）战略框架》定向和目标。本次会议主题为“致力于大湄公河次区域的包容性和可持续发展。”会议通过了2014～2018年区域投资框架执行计划，为次区域进一步加强互联互通描绘出蓝图。

会上，各位领导承诺，成功地展开各项优先投资项目和所达成的合作协议，实现GMS居民的利益。联合宣言回顾了GMS近年来取得的结果。虽然全球和地区还面临不少挑战，但从2011年大湄公河次区域经济合作第4次领导人会议以来，GMS合作机制在交通运输基础设施建设、能源、信息技术与传媒等领域的可持续合作取得了令人瞩目的成就。

目前，各国领导人应建设一个合作基础，旨在解决大湄公河次区域新兴挑战。各国领导人深信，大湄公河次区域经济合作机制各成员之间的合作将为本地区居民带来巨大利益。各国领导人一致同意，大湄公河次区域经济合作（GMS）第6次领导人会议将于2017年在越南举行。

进展

最近20年来，大湄公河次区域已经成为世界和东亚一体化发展速度最快的地区之一，年平均经济增长速度超过6%，在基础设施建设和经贸领域均取得显著的突破和进展。

GMS经济走廊的发展分为3个阶段：交通走廊建设阶段、物流走廊建设阶段、经济走廊建设阶段。2007年，沿南北、东西、南部走廊城市间的铁路、公路、水运等基础设施建设已初具规模，交通状况得到明显改善。

大湄公河次区域经济合作以项目为主导，根据区域内成员的实际需要提供资金和技术支持。2008年3月21日，合作重点项目之一的昆明—曼谷公路（昆曼公路）中国路段全线贯通。作为连接东南亚、南亚国家的4条陆路通道之一，昆曼公路对于完善区域路网结构、优化地区投资环境、促进区域经济交流及推动各国经济社会全面发展都具有重要意义。

自合作机制启动以来，大湄公河次区域各国围绕基础设施建设、跨境贸易与投资、私营部门参与、人力资源开发、环境保护和自然资源可持续利用5大战略重点加强合作，取得了显著成果。

截至2007年年底，在次区域经济合作框架内，在交通、能源、电信、环境、农业、人力资源开发、旅游、贸易便利化与投资9大领域共开展180个合作项目，其中投资项目达34个，总投资达98.7亿美元；技术援助项目146个，涉及资金1.66亿美元。

大湄公河次区域其他各国都是中国的友好邻邦，与中国的友谊源远流长。中国历来重视参与大湄公河次区域经济合作，不断推进与次区域各国间的睦邻友好关系。2010年是澜沧江—湄公河国际航道正式通航10周年。10年来，澜沧江—湄公河国际航道已经成为中国连接东南亚各国的国际黄金水道，在建设中国—东盟自由贸易区、加强大湄公河次区域经济合作、促进中国、老挝、缅甸、泰国4国间经贸文化交流中发挥着不可替代的作用。

截至2009年，中国通过澜沧江—湄公河国际航道完成累计运输量达300万吨以上，有效带动了中国、老挝、缅甸、泰国4国的农业、轻工、运输、造船、商贸、宾馆服务等行业的协调发展。同时，澜沧江—湄公河国际航道也为中国与东盟国家建立跨国旅游经济区奠定了基础。澜沧江—湄公河对接了中国西南及泰国金三角、老挝琅勃拉邦等国际旅游热点，中国景洪—泰国清盛、老挝琅勃拉邦旅游班轮开通后，进一步改变了澜沧江—湄公河沿岸区域的国际旅游格局，多条富有吸引力的国际旅游特色线路也在规划之中。

2010年，中国—东盟自由贸易区的政策逐步实施到位，澜沧江—湄公河国际航道迎来新一轮的发展机遇。预计到2015年，中国澜沧江—湄公河国际货运量可达到150万吨，客运量可达到20万人次以上，其在区域经济合作中将发挥更大的作用。

广西壮族自治区是中国参与大湄公河次区域经济合作的主要省区。近年来，广西利用身处多个中国—东盟次区域合作交汇点的区位优势，依靠中国—东盟博览会的平台，与大湄公河次区域经济合作各国就共同推进交通设施建设，加强贸易投资便利化和产业合作，推进跨境经济合作区节点建设等方面展开合作。

2010年4月6日，大湄公河次区域核心环境项目——中越跨境生物廊道建设一期增资项目启动会在广西南宁召开。项目从2010年2月1日开始到2011年12月31日结束，实施地点为广西靖西邦亮自然保护区及附近方圆200平方公里的区域。该项目由亚洲开发银行提供建设资金，围绕5个部分展开。该项目的顺利实施，对加强次区域生物多样性保护、减贫、提高环境管理水平等起到重要推动作用。

为推动大湄公河次区域经济合作的深入开展，2009年9月17日，第2届大湄公河次区域（GMS）经济走廊论坛在柬埔寨首都金边举行。论坛的主题是“大湄公河次区域经济走廊：走向一体化、和谐与繁荣次区域的通道”，论坛主要就加强区域内国家跨境合作和加快经济走廊建设等发展战略进行了探讨。论坛结束后，柬埔寨与泰国签署了《跨境运输协议》，允许对方每天有40辆货车直接进入本国，并将根据需要增加数量，这是本届论坛取得的重要成果之一。此后，跨境运输的障碍将逐步消除。

2009年11月15日，由中国科技部政策法规司和国家发改委地区经济司共同主办的“大湄公河次区域发展高层论坛”在云南省昆明市举行。

论坛研讨主题包括“次区域经济合作的战略构想”、“次区域产业经济技术合作”、“次区域经贸合作与科技支撑”等诸多涉及大湄公河次区域未来发展与合作的重要论题。对加强中国同周边国家的国际交流与合作、探索发展中国家进行经济合作的模式与相关机制、促进中国经济社会的协调发展、推动西南东盟一体化发展、提高中国在大湄公河次区域合作水平等方面均将发挥积极作用。此次，“大湄公河次区域发展高层论坛”全面总结了大湄公河次区域合作的历程、成效与经验，系统分析了新时期大湄公河合作与开发面临的新问题、新挑战，深入探讨中国在战略与策略层面上针对未来大湄公河次区域合作的方式、机制和政策。2009年6月19日，大湄公河次区域经济合作（GMS）第15次部长级会议在泰国举行，来自中国、缅甸、泰国、柬埔寨、越南、老挝的部长级官员以及亚洲开发银行和国际组织的代表参加了会议。各国部长在会议上签署了扩大现有跨境能源贸易的路线图，除电力以外，次区域各国还将寻求水能、石油、天然气以及煤等多种能源的跨境整合。

2010年4月5日，首届湄公河委员会峰会在泰国华欣举行，会议发表了《湄公河委员会华欣宣言》，委员国承诺要致力于建设“一个经济繁荣、社会公正和环境良好的湄公河流域”。时任泰国总理阿披实在会上宣读了《华欣宣言》。这一宣言以“满足需要，保持平衡，面向湄公河流域的可持续开发”为主题，指出湄公河委员会的任务是促进和协调水资源以及相关资源的管理和可持续发展，谋求各国的共同利益和人民福利。中国、缅甸作为两个对话伙伴参加了峰会。

2010年6月8日，大湄公河次区域（GMS）商务理事会在云南昆明成立，并将设立GMS合作基金，帮助那些有意愿进入GMS国家发展的广大中小企业解决资金困难。该机构将定期编写GMS商务咨询报告，聘请相关专家编写有关GMS各国政策、法律、投资环境、投资项目的权威咨询报告，分析GMS国家各领域的贸易与投资状况、合作商机，并向理事会成员提供。该机构由GMS国家和地区前行政首长、GMS国家工商界领袖及精英代表、GMS国家有代表性的企业、有关专家和学者组成。

2010年6月9日，大湄公河次区域（GMS）经济走廊活动周在此间落下帷幕，时任云南省商务厅副厅长李极明表示，本次活动周取得了包括中国—东盟自由贸易区商务门户网站投入运营、正式签署中越跨境经济合作区框架协议等5大成果，这对推动大湄公河次区域经济合作具有重大意义。

2010年8月20日，在越南河内举行的大湄公河次区域经济合作第16次部长级会议上，6国一致通过了大湄公河次区域铁路衔接计划。预计到2020年，大湄公河次区域6国将实现铁路网络的连通，该计划被视为开发并实现泛亚铁路系统的第一步。

2010年12月2日至3日，亚洲开发银行及湄公河次区域6国交通部门官员、专家齐聚广西南宁，举行大湄公河次区域交通论坛第14次会议，共同探讨区域交通合作的美好前景。出席论坛的嘉宾有中国交通运输部、亚洲开发银行和大湄公河次区域国家交通部门的代表。此次论坛的议题是：大湄公河次区域下一步交通通联。论坛审议并检查大湄公河次区域《万象行动计划（2008～2012年）》交通项目，讨论大湄公河次区域交通发展重点项目，审议《大湄公河次区域铁路战略规划》及其行动计划。

2011年5月18日，大湄公河次区域蓝皮书《大湄公河次区域合作发展报告（2010～2011）》在云南昆明正式发布。蓝皮书预测，到2015年，中国与GMS国家的贸易总额有望超过1500亿美元。

2011年6月7日，在中国云南省昆明市召开的大湄公河次区域合作（GMS）商务理事会第2次会议上，来自中国、越南、柬埔寨、老挝、缅甸和泰国的代表一致通过了旨在深化区内各国企业间合作的《大湄公河次区域商务理事会昆明共识》。与会各国代表呼吁工商界继续加强在GMS框架和中国—东盟自由贸易区框架内的合作，加快GMS经济走廊交通基础设施的互联互通；推动交通走廊向经济走廊转化，推动贸易投资政策和市场准入政策的互联互通，促进GMS贸易投资便利化，推进贸易结算便利化；加强GMS主要行业之间的密切联系，鼓励成立区域性的行业合作委员会。

2011年7月28日，为期1天的第3届大湄公河次区域环境部长会议在金边举行，与会者呼吁加强合作，保护环境，确保区域社会经济可持续发展。柬埔寨首相洪森、中国、泰国、缅甸、老挝和越南6个大湄公河次区域成员国的环境部长或代表先后在会上发言。与会部长和代表对保护生物多样性走廊倡议第一阶段计划（2006～2011年）的实施成果给予高度评价，同意继续实施保护生物多样性走廊倡议的第二阶段计划（2012～2016年）。会议发表的《部长联合声明》高度评价保护生物多样性走廊倡议第一阶段计划的实施和亚行及发展伙伴对该项目的支持，鼓励在大湄公河次区域国家发展“绿色、全面、平衡的经济”，希望亚行和发展伙伴继续支持次区域国家为实施环保计划、应对气候变化和减贫所作出的努力。

2011年8月4日，大湄公河次区域（GMS）经济合作第17次部长级会议在柬埔寨首都金边举行。中国财政部副部长张少春率中国政府代表团出席会议。来自中国、缅甸、老挝、泰国、柬埔寨、越南的部长级官员以及亚洲开发银行（亚行）和国际组织的代表出席了会议。会议期间，各国部长回顾了自第16次部长会以来GMS合作取得的进展，审议了GMS第4次领导人会议的成果文件准备进展，其中包括GMS新十年（2012～2022年）战略框架、旅游合作战略、信息高速公路谅解备忘录、核心环境项目二期框架文件和行动计划、设立GMS铁路协调办公室行动计划及交通与贸易便利化成果文件，并就新十年战略框架的实施进行了深入讨论。会后发表了《部长联合声明》。

2011年12月20日，大湄公河次区域经济合作（GMS）第4次领导人会议在缅甸内比都举行，中国国务委员戴秉国出席会议并讲话。缅甸总统吴登盛、柬埔寨首相洪森、老挝总理通邢、泰国总理英拉、越南总理阮晋勇和亚洲开发银行行长黑田东彦出席会议。会议通过了《内比都宣言》和《大湄公河次区域经济合作新十年战略框架》。与会领导人接受了GMS部长递交的成果文件，听取了GMS工商论坛商业和投资会议的情况汇报，并出席了3个合作备忘录的签字仪式。

2012年3月27日，亚太区域合作会议在昆明举行，有关大湄公河次区域发展的议题成为焦点。与会各国代表就“展优先道路运输”、“建立GMS商业论坛”等具体问题发表了各自看法。GMS成员国在会上倡议，希望建立GMS商业论坛，促进区域内多层次、多性质的部门参与合作讨论，尤其为私营部门提供机会。

2012年6月7日，GMS商务理事会第3次会议在昆明召开，主题为“分享合作成果、创新发展空间”。来自柬埔寨、老挝、缅甸、泰国、越南以及中国的工商界代表共计220人与会，各方代表一致审议并通过了《大湄公河次区域商务理事会—昆明共识》。

2012年7月4日，由云南大学大湄公河次区域研究中心、社会科学文献出版社联合主办的大湄公河次区域蓝皮书《大湄公河次区域合作发展报告2012》在北京发布。该报告梳理了2011～2012年度大湄公河次区域合作、发展面临的重点、热点，分析了未来次区域合作的发展趋势，指出大湄公河次区域合作历经20年进入“新磨合期”，亟需加强政治互信与安全合作，从单纯的经济合作向全方位拓展。

2012年12月11日至12日，大湄公河次区域（GMS）经济合作第18次部长级会议在广西南宁举行，以“新起点，新发展：巩固20年合作成果，提升未来合作水平”为主题。时任中国财政部部长谢旭人率中国代表团出席并主持会议。来自GMS其他5个成员国的部长级政府官员，亚洲开发银行副行长史蒂芬·格罗夫，联合国亚太经济与社会理事会、国际移民组织等国际组织及有关域内外国家的代表出席了会议。会议通过了部长联合声明，签署了《关于成立区域电力协调中心的政府间谅解备忘录》，决定成立大湄公河次区域铁路联盟，并承诺加快建立次区域知识平台，推动交通走廊向经济走廊转变，开启了该机制迈向新十年的大幕。会议批准了《大湄公河次区域人力资源战略框架及行动计划（2013～2017年）》，审议通过了《实施降低大湄公河次区域地区流动人口感染艾滋病风险备忘录的行动计划》以及交通与贸易便利化的相关成果文件。

2013年3月21日，“2013大湄公河次区域城市旅游高官会”在越南胡志明市举行，老挝、缅甸、柬埔寨和越南4国及相关城市旅游官员参加。会议集中就未来稳健合作联合发展地区旅游的措施进行了交流和探讨。拟于2013年8月21日至25日联合开展日本市场旅游促进计划；组织举办旨在落实2012年第1届大湄公河次区域旅游城市市长会议共同声明的大湄公河次区域卖方研讨会的计划；讨论并提出由胡志明市主办的于2013年9月11日至12日召开的2013年第2届大湄公河次区域城市市长会议的新的合作内容。

2013年5月13日，由老挝、泰国、越南和缅甸4国参加的关于东西经济走廊的副外长会议在老挝举行。会议旨在促进东西经济走廊发展，并就以下问题达成共识：鼓励东西经济走廊各国在2014年GMS首脑会议前完成GMS CBTA协定议定书和附件的批准程序；建议各国政府加强合作，并优先进行经济走廊沿线公路和服务设施的维护和升级；建议ADB帮助东西经济走廊各国制订走廊招商引资战略，并举行政府与企业及相关利益伙伴的对话，以便讨论关于将走廊与区域生产和供应链相结合的发展定向。

2013年6月5日，中国与柬埔寨、缅甸、老挝、越南和泰国6国政府新闻主管部门官员，在云南省昆明市共同启动首届“中国与大湄公河次区域五国媒体互访”活动。中国国务院新闻办公室副主王国庆在启动仪式上表示，在过去的20多年，中国、老挝、柬埔寨、缅甸、越南、泰国6国新闻媒体在增进次区域各国和各国人民之间的了解、理解，推动区域和国与国之间合作方面发挥了不可替代的重要作用，作出了积极的贡献。次区域合作需要进一步加强，次区域各国媒体的作用也需要进一步增强。2012年中国国务院新闻办公室倡议中国与大湄公河次区域5国媒体开展定期互访，得到了次区域5国的积极响应。

2013年6月5日，大湄公河次区域（GMS）运输商协会能力建设研讨会在昆明召开，来自老挝、缅甸、泰国、越南、印度和中国、联合国亚太经社会、亚洲开发银行的130多位政府官员、专家学者、商会负责人和物流运输企业代表围绕深化GMS经济合作，充分发挥GSM运输商协会的功能和作用，提升其运行效率，加强其能力建设等议题进行探讨。研讨会采取主旨演讲、互动式讲座、提问和发言等形式，与会代表们就GMS运输商协会——GMS合作中的新角色，GMS运输商协会行动计划，GMS运输商协会支撑体系建设等议题交流信息，分享经验，探讨构建次区域物流民间合作平台、加强区域内互联互通、实现区域内物流运输便利化等共同关注的事宜。同时研讨次区域各国政府对物流和运输便利化发展方面的对策措施及政策建议，以及如何发挥该地区国际组织的作用，积极争取国际组织对大湄公河次区域运输商协会提供支持和帮助等问题。

2013年6月18日，第31次大湄公河次区域国家旅游工作组会议在广西桂林召开。来自湄公河旅游协调办公室、亚洲开发银行，以及柬埔寨、老挝、缅甸、泰国、越南、中国等6国国家旅游部门的官员，大湄公河次区域6国旅游院校、旅游行业等代表，以及多家国内外新闻媒体的记者聚首本次会议。这次会议将就巨大经济潜力和保护中国游客及区域安全进行讨论。同时就大量中国游客涌入大湄公河次区域国家对本地区的经济、社会以及环境等方面带来的影响进行讨论。另外，有关人士还要报告大湄公河次区域旅游部门优先战略项目的执行情况、大湄公河次区域国家项目的最新进展情况等。

2013年7月30日，以“大湄公河次区域合作——青年的期望与责任”为主题的第9届大湄公河次区域（GMS）青年友好交流活动在云南红河哈尼族彝族自治州启动。在为期3天的友好交流活动中，来自中国、泰国、缅甸、越南、老挝和柬埔寨的60多名青年将在红河州感受多姿多彩的中国少数民族文化、参观最近入选世界文化遗产的哈尼梯田、品尝哈尼长街宴，并在活动中展开深入交流。

2013年8月22日，由云南大学大湄公河次区域研究中心和社会科学文献出版社联合主办的“2013年《大湄公河次区域蓝皮书》发布会”在北京举行。与会专家分析和展望了2012～2013年大湄公河次区域合作的热点问题和发展趋势，对新形势下中国进一步推动次区域合作深入发展提出了对策和建议，并正式发布了2011年大湄公河次区域蓝皮书《大湄公河次区域合作发展报告（2012～2013）》。2013年11月22日，在亚洲开发银行（亚行）的支持和协调下，大湄公河次区域（GMS）国家便利运输联合委员会（联委会）第4次会议在缅甸首都内比都举行。GMS 6国（中国、柬埔寨、老挝、缅甸、泰国、越南）交通运输主管部门的领导分别率团与会。亚行和GMS发展伙伴的高级代表也出席了会议。中国代表团由交通运输部总规划师戴东昌任团长，成员来自交通运输部、公安部、海关总署、质检总局和中国道路运输协会等中国便利运输委员会部分成员单位。会议回顾了自2010年联委会第3次会议以来，GMS各国在交通基础设施互联互通和跨境运输便利化方面取得的工作进展，通过了《联委会未来3年（2013～2016）运输和贸易便利化蓝图规划》并发表了《联委会第4次会议联合声明》。会议敦促各有关方继续加快GMS 6国政府间《便利货物及人员跨境运输协定》（《便运协定》）附件和议定书的批准；推动成员国之间商签和实施《便运协定》的双边或三边合作文件；继续依据市场需求增加运输行车许可证配额；开展完善口岸“单一窗口”和“一站式”检查并扩大应用范围；确定推行海关过境制度的瓶颈并研究对策；加强各边境主管机关能力建设；鼓励私营部门和运输协会的积极参与（包括在联委会项下成立担保机构分委会）等。2013年12月10日至11日，大湄公河次区域（GMS）经济合作第19次部长级会议在老挝万象举行。来自老挝、柬埔寨、中国、缅甸、泰国、越南等大湄公河次区域（GMS）经济合作的6个成员国，亚洲开发银行，有关国际组织及域内外双边援助机构的代表出席了会议。财政部副部长史耀斌率由外交部、发改委、财政部等组成的中国代表团出席。本次会议的主题为“做好新一代GMS合作规划，推动次区域快速发展”。会议审议通过了区域投资框架合作项目规划，为落实GMS2012～2022年战略框架提供了有力的平台；签署了成立GMS铁路联盟备忘录，目的旨在为推动次区域内铁路互联互通，促进铁路基础设施资源的优化配置提供制度性安排。此外，会议还就如何进一步推动区域合作和一体化及区域投资框架合作项目的有效实施等议题进行了讨论。

如今，建成超过20周年的大湄公河次区域合作已经成为亚洲区域经济合作机制及南南合作的一个成功范例。中国将结合《大湄公河次区域经济合作新十年战略框架（2012～2022年)》和《交通与贸易便利化行动计划》的实施，与GMS有关国家及亚行一道，全力推动经济走廊建设。

2014年6月7日，第6届GMS经济走廊活动周暨GMS商务理事会第5次会议在昆明开幕，来自大湄公河次区域各国政府官员、金融机构、工商界代表共话区域金融领域的开放与合作。本次活动周主题为“务实合作、惠及民生”，关注点更多地投向金融、物流、会展等务实合作的领域。活动周期间，将举办GMS金融高峰论坛、GMS行业合作委员会会议、中老跨境经济合作区建设协商会议，以及中国—南亚国际金融开放合作BCIM（孟中印缅区域）交易所论坛等系列活动。据悉，自2009年6月“GMS经济走廊活动周”创办以来，在中国商务部、亚洲开发银行及GMS各国政府和工商界的大力支持和帮助下，活动周已经成为中国昆明进出口商品交易会的重要品牌活动之一，成为云南参与GMS经济合作的重要平台。

2014年6月9日至12日，“第33次大湄公河次区域（GMS）旅游工作组会议暨2014大湄公河旅游论坛”在缅甸曼德勒召开。此次工作组会议审议通过了第32次旅游工作组会议纪要，重点讨论了实施GMS旅游发展战略的下一步工作计划以及各国牵头项目的实施进展情况，同时通过面试考核选定了下一任湄公河旅游协调办公室执行主任。会上，亚太旅游协会建议延伸此前金三角地区铁人三项国际比赛精神，拟于2016年在GMS地区举办一项由300人参加的国际边境旅游活动，采用越野、游艇等多元化方式串联区域内主要的自然和文化遗产旅游点，以强化区域旅游品牌，推进区域产品营销。建议得到与会代表的积极反响和热烈讨论，具体实施方案待亚太旅游协会修改完善后再征求各相关国家和机构的意见。

2014年9月26日，云南大学大湄公河次区域研究中心和社会科学文献出版社联合发布2014年大湄公河次区域蓝皮书——《大湄公河次区域合作发展报告（2014)》。蓝皮书建言，中国要将大湄公河次区域（GMS）合作作为“中国—东盟命运共同体”建设的重要依托，打造大湄公河次区域合作升级版，发挥好GMS在“中国—东盟命运共同体”建设中的高地作用。蓝皮书指出，大湄公河次区域国家是当前中国实践“亲、诚、惠、容”周边外交新理念的重要对象，中国要将GMS合作作为“亲、诚、惠、容”周边外交新理念的实验田。中国要坚持互利共赢的原则，通过变“国之交为民之亲”、以诚相待、为次区域合作提供更多的公共产品，将自身的发展惠及次区域其他国家、包容大湄公河次区域国家的多样性等理念推动GMS合作向纵深发展。蓝皮书还认为，中国要认真研究GMS合作与中国—东盟自由贸易区、孟中印缅经济走廊及“一带一路”建设的相互关系和战略结合点，遵循开放包容、相互促进的原则，充分利用已有的基础条件和合作机制，实现相关战略规划的相互衔接和最优化配置，助推更大范围、更高层次的跨区域合作。

2014年12月21日，第10届大湄公河次区域青年友好交流活动主题论坛在广西南宁举行。来自柬埔寨、老挝、缅甸、泰国、越南和中国等大湄公河次区域6国的青年代表在论坛上表示，希望以共建“21世纪海上丝绸之路”为载体，进一步增进相互间的了解互信，推动各领域的交流与合作。论坛上，大湄公河次区域6国青年代表共同按下按钮，开启大湄公河次区域青年合作新起点，表达了大湄公河次区域青年共建“21世纪海上丝绸之路”的良好愿望。大湄公河次区域青年友好交流活动于2001年由中华全国青年联合会发起，中华全国青年联合会与泰国社会发展与人类保障部合作举办。

国际关注

在国际政治多极化、世界经济全球化和区域化迅速发展的推动下，澜沧江—湄公河次区域国际合作成为亚太地区经济、贸易及投资的新热点。自亚洲开发银行倡导大湄公河次区域合作以来，西方发达国家以及东盟对该地区合作都高度重视，纷纷参与到该区域合作中来。日本一直是湄公河开发的重要捐助国。2009年11月16日，由日本和湄公河地区5个国家的领导人参加的首次“日本—湄公河地区各国首脑会议”在东京举行。会议通过了《东京宣言》，旨在加强日本与湄公河地区国家之间的合作。日本把湄公河地区作为外援重点，继续扩充对该地区整体，特别是柬埔寨、老挝、越南3国的政府开发援助。2009年始的3年内共向该地区提供5000亿日元（1美元约合90日元）以上的政府开发援助；从2010年开始启动相关项目推进环保领域合作；扩大双方人民特别是青少年交流；规定每3年在日本召开一次首脑会议等。此外，会议还通过了双方合作行动计划，涵盖基础设施和地区性经济制度建设、地区稳定合作及文化遗产保护等。

美国也积极关注湄公河的发展。2009年7月23日，时任美国国务卿希拉里·克林顿与湄公河下游的泰国、越南、老挝和柬埔寨等4国外长在普吉举行外长会议，与会5国外长们就加强在河流灾害预防等领域的合作达成共识。决定各国成立一个专门工作小组，对有关情况进行研究并将成果提交给美国，以便共享灾害预防方面的专业建议和意见。同时还决定将“美湄会议”定为东盟与对话伙伴外长会议期间举行的年度会议。

欧洲及其他西方国家大部分是通过官方的开发援助和直接投资、捐助开发和研究等方式参与澜沧江—湄公河的开发合作。如澳大利亚、新西兰、瑞典等国积极参与湄公河开发，以官方开发援助和人力资源开发为主。英国、法国等国在多极化的推动下，重点的投资、捐助和合作主要集中在原旧殖民地国家。欧盟及其他欧洲国家以亚欧首脑会议为契机，对湄公河开发也有一定兴趣，已在“共同合作湄公河开发计划”方面达成共识，表示积极支持开发合作。

东盟近年来也越来越重视湄公河流域开发合作。1995年，第5次东盟首脑会确定东盟走向21世纪的战略发展目标，决定加快东盟经济政治一体化的进程，并将“东盟自由贸易区”计划从2008年提前到2003年实现。为实现10国“大东盟”计划，东盟积极地介入湄公河开发计划，考虑到东盟的几个新盟员是该地区经济较不发达的国家，经济、社会、政治、法律制度及历史文化背景与原东盟成员国之间有较大差异和距离，还考虑到这一地区与中国的密切关系，于1996年6月在吉隆坡召开东盟—湄公河流域开发合作第1次部长级会议上，通过《东盟—湄公河流域开发合作基本框架》，以提高湄公河流域国家的经济水平，加速将湄公河沿岸国如老挝、缅甸和柬埔寨纳入东盟的轨道。同时，也将“东盟—湄公河流域开发合作”作为东盟与中国经济合作关系的重要组成部分。

“湄公河铁路”修建计划于2010年8月20日在越南首都河内举行的大湄公河次区域经济合作部长级会议上获得通过，将由亚洲开发银行出资，亚洲开发银行负责人认为该铁路网将于2020年成为现实。而另一条早在20世纪90年代中期开始构思，是连接中国云南和东盟诸国的铁路大通道，在经历了十几年的冷热沉浮后重新上路。如果“湄公河铁路网”构建成功，将成为“泛亚铁路”3条选线的重要组成部分。2010年，中国出资完成了柬埔寨境内巴登—斯诺尔缺失段可行性研究工作；2011年出资完成了老挝境内万象—磨憨缺失段、缅甸境内木姐—腊戍缺失段可行性研究工作。2012年12月的大湄公河次区域（GMS）经济合作第18次部长级会议决定成立GMS铁路联盟，协调域内铁路干线对接。在中越边境公路交通双边协定下，2012年中越双方开通了昆明至海防客货运、南宁至河内客货运以及深圳至河内货运等5条国际运输铁路。

（来源：综合整理自中国新闻网、新华网、广西新闻网、云南网）

2014 年泛北部湾经济合作论坛

时间

2014 年 5 月 15 日

宗旨

本届论坛继续秉承共建中国—东盟新增长极的宗旨，围绕“21 世纪海上丝绸之路”的战略构想、重点领域和实现路径进行深入探讨，研究如何推动泛北部湾经济合作进一步成为“21 世纪海上丝绸之路”的先行项目，务实推动港口互联互通、临港产业、金融、陆路跨境、人文等领域的合作，以期在政策沟通、道路联通、贸易畅通、货币畅通、货币流通和民心相通等方面探寻有效的途径。利好海上丝绸之路概念股、东盟北部湾概念股、丝绸之路概念股。

主题

携手推进泛北合作，共建海上丝绸之路

主要议题

议题一：“21 世纪海上丝绸之路”的战略构想、重点领域和实现路径；

议题二：泛北智库峰会——泛北合作与“21 世纪海上丝绸之路”；

议题三：金融创新，共建泛北产业和基础设施投资金融体系；

议题四：港口合作与泛北区域物流网络建设；

议题五：从贸易到相互投资：泛北产业跨境投资的模式创新；

议题六：泛北文化传播的合作与创新。

组织机构

主办单位：

中国国家发展和改革委员会

中国交通运输部

中国商务部

中国人民银行

中国海关总署

中国国家旅游局

中国国务院发展研究中心

人民日报社

中国国家开发银行

广西壮族自治区人民政府

海南省人民政府

广东省人民政府

泰国商务部

特点

中国—东盟战略合作关系已从“黄金十年”迈向“钻石十年”，在经济全球化深入发展的背景下，泛北部湾区域合作也面临新的形势和新的机遇，需要挖掘新的增长动力。以“携手推进泛北合作，共建海上丝绸之路”为主题的第 8 届泛北部湾经济合作论坛在广西南宁开幕。来自中国和东盟各国政要、专家学者和企业家等 500 多名与会人员围绕“携手共建 21 世纪海上丝绸之路”这一主题进行了研讨。

本届论坛以中国与东盟从贸易到相互投资、泛北部湾产业跨境投资的模式创新为重点讨论内容。会议围绕“21 世纪海上丝绸之路”的构想、重点领域和实现途径进行探讨，研究如何推动现有的泛北部湾经济合作进一步成为“21 世纪海上丝绸之路”的先行项目，务实推动港口的互联互通、临港产业、金融陆地跨境、人文产业等领域深化合作。努力构建面向东盟的互联互通海陆大通道，重点建设海运、高速公路、高速铁路、航空、光纤“五张网”；打造海上丝绸之路产业合作带，参与和推进泛北部湾产业集群建设，鼓励企业相互投资，努力构建国际产业分工合作新格局；打造海上丝绸之路现代商贸物流基地，共同完善商贸基础设施，进一步畅通区域商品流通渠道；加快建设沿边金融综合改革试验区，积极探索实现人民币资本项目可兑换的多种途径，建立与海上丝绸之路建设相适应的开放型现代金融体系；打造海上丝绸之路友好城市和人文交流圈，夯实广西与东盟合作的社会基础，共同开启“21 世纪海上丝绸之路”的新辉煌。

论坛成果

2014 年 5 月 15 日，在第 8 届泛北部湾经济合作论坛闭幕酒会上，智库峰会专家莫哈默依沙发布了《泛北智库关于携手共建“21 世纪海上丝绸之路”的共同倡议》。

来自泛北部湾地区的综合开发研究院（中国·深圳）、新加坡国立大学东亚研究所、马来西亚战略与领导研究所、马来西亚战略与国际研究所、菲律宾发展研究院、泰国发展研究院等机构的著名专家学者围绕着“连接·共荣：开创伙伴关系新纪元”这一主题，就泛北部湾经济合作与海上丝绸之路建设及区域合作机制的优化与整合进行了研讨，达成了以下共识并发出倡议：

赞赏和欢迎中国国家主席习近平关于共建“21世纪海上丝绸之路”的倡议，这是在经济全球化不断深化背景下的一个伟大构想，必将增进互信、凝聚共识，开创中国—东盟伙伴关系新纪元，为沿线各国人民带来新的福祉。泛北部湾经济合作主要致力于中国—东盟海上合作，与“21世纪海上丝绸之路”建设有着共同的目标，应当成为“21世纪海上丝绸之路”的先行项目和重要平台，中国广西在推动泛北部湾经济合作中发挥了重要作用。携手共建“21世纪海上丝绸之路”，需要政府、企业、金融界等各方面、各层次的推动和参与，更加需要各国智库机构的积极探索和多维度深入研究，形成有针对性、可操作性的方案，为政企各界提供决策参考。基于此，专家倡议发挥智库机构在各国的积极作用，促进政府间的政策沟通和务实合作，共同推进“21世纪海上丝绸之路”建设，为实现区域繁荣创造条件；倡议携手建立“泛北智库联盟”，联合对区域内的战略性、长期性发展与合作问题开展研究探讨，为开创伙伴关系新纪元发挥积极作用。

（来源：综合整理自新华网、广西新闻网、人民网、中新网）

活 动 篇

中国—东盟博览会

概 况

东博会是由中国国务院总理温家宝倡议，由中国和东盟10国经贸主管部门及东盟秘书处共同主办，广西壮族自治区人民政府承办的国家级、国际性经贸交流盛会，每年在广西南宁举办。东博会以“促进中国—东盟自由贸易区建设、共享合作与发展机遇”为宗旨，涵盖商品贸易、投资合作和服务贸易3大内容，是中国与东盟扩大商贸合作的新平台。

截至目前，东博会已成功举办了11届，为推动中国与东盟经贸关系的发展发挥了重要作用。

2005年，东博会被评为“中国十大知名品牌展会”，东博会常设机构——中国—东盟博览会秘书处荣获“中国会展业特别贡献奖”。

2006年，东博会荣获“2006年中国十大最具影响力的政府主导型展会”称号。

2007年，东博会获得“2007年中国十大最具影响力的国家级品牌展会”称号。

2008年，东博会在第6届中国会展节事财富论坛上被评为“2008年度十大会展”。

2009年，东博会在第7届中国会展高峰论坛上被评为“2009年度十大国家级品牌展会”。

2010年，东博会荣获“新世纪十年·中国会展杰出典范奖”和“新世纪十年·中国十大品牌展会”奖，中国—东盟博览会秘书处秘书长郑军健被评为“新世纪十年影响中国会展业60人”。

2011年，东博会在广州会展经济论坛、中国会展经济年度研讨会上荣获“2011年中国十佳品牌展会”。

2012年，东博会在中国会展产业论坛荣获“2011～2012年度中国十大品牌展览会”；在中国会展业年度研讨会上荣获“2012中国会展业年度十佳品牌展会项目”；在中国会展行业年会上荣获“2012年度中国十大影响力展览会”。

2013年，东博会在南京中国会展产业论坛荣获2012年度“十大影响力会展”荣誉称号；在中国会展业年度研讨会上荣获“2013年度中国十佳品牌展会项目”。

2014年，东博会在中国会展业年度研讨会上荣获“2014年度中国十佳品牌会展项目”。中国—东盟博览会林木展荣获国家林业局、中国农林水利工会全国委员会颁发的“2014年中国林业产业突出贡献奖”。

第12届东博会将于2015年9月18～21日在广西南宁举办。

东博会是目前中国境内唯一由多国政府共同主办且长期在一地举办的展会。

东博会以展览为中心，同时开展多领域多层次的交流活动，搭建了中国与东盟交流合作的平台。

会徽

凝 聚

作者的设计灵感源自“10＋1”概念。

11条彩带分别代表着美丽的中国和旖旎的东盟10国。

合作的平台凝聚人心、汇聚人气。中国与东盟10国的朋友相聚在广西南宁，以东博会为平台，通过广泛深入的交流与合作，实现优势互补、共同发展的美好愿望。

凝聚产生力量。东博会将是国际盛会，中国人民带着美好的期盼与憧憬，与东盟各国朋友携手并肩，抒写梦想，挥洒欢乐，分享荣耀！

绽　放

美丽的花瓣，像无数双欢迎的手臂。这不仅体现了中华民族好客的传统，也表达了广西各族人民待客的诚意。

盛开的朱槿，标志着东博会这个盛大聚会的开放与包容，寓意发展空间永无止境。

同时，作者巧妙地运用了现代艺术手法，将南宁的市花朱槿与广西标志性建筑——南宁国际会展中心有机地结合起来，传递出东博会举办地的信息，表达了广西5475万（截至2014年末，广西统计局数据）人民作为十几亿中国人的代表，向世界敞开博大的胸怀！

繁　荣

繁花似锦。11片花瓣间铺满了光荣与梦想，预示着中国与东盟10国人民互利合作、共享繁荣美好的未来。

作者将中国传统的书法绘画艺术与现代设计手法相融合。缤纷的色调、流畅的线条，演绎着一个区域的活力、变革与发展，弹奏出这片热土的激越情怀。

东盟10国中多数国家毗邻海洋，东博会举办地——广西亦具沿海优势。因此，会徽以蓝色为主色调，意在体现东博会将奏响和平进步的人类赞歌，弘扬“10＋1”各国人民的民族智慧。

会　歌

东博会会歌——《相聚到永久》。

东博会会歌《相聚到永久》综合性强，兼具传统与时尚感，易于传唱。歌名和歌词内容切合东博会主题，尤其是“相聚”和“永久”，既概括了东博会的内容、特点，又表达了人们友谊、合作、发展、繁荣的美好愿望。

会歌歌词：

再大的城市也装不下
双眼的眺望　梦想的宽广
共同的梦想才能拥有
不熄的信念和力量
再高的山峰不能阻挡
坚强的拥抱　超越的渴望
广阔的天空才能书写
腾飞的希望和辉煌
相聚到永久
风雨并肩走
共患难　我们手牵手
永远是朋友
相聚到永久
风雨并肩走
看东方我们同声唱
我们永远是朋友

吉祥物

东博会吉祥物——“合合”。

吉祥物“合合”以独产于广西的珍稀动物白头叶猴为创作原型。“合合”形象活泼、可爱，富有人情味，构思新颖，用笔灵动洗练，用色单纯明快。“合合”寓意合作、融合，反映了中国—东盟博览会“合作与发展”的宗旨。“合合”又是“和平、和气”之“和”的谐音，体现了中国与东盟建立和平与繁荣的战略合作伙伴关系的内涵。它不仅具备中国文化和广西的特色文化底蕴，同时兼容东盟国家等不同的文化背景，充分体现了中国—东盟博览会的主题。

缘　起

2003年10月8日，中国国务院总理温家宝在第7次中国与东盟“10＋1”领导人会议上倡议，从2004年起每年在中国广西南宁举办东博会，同期举办中国—东盟商务与投资峰会。这一倡议得到了东盟各国领导人的积极响应，并写入了会后发表的主席声明。

背　景

纵观世界经济的发展形势，区域经济一体化与经济全球化已成为当今世界经济发展的两大潮流。中国同东盟领导人审时度势，高瞻远瞩地作出了建立中国—东盟自由贸易区的重大战略决策。

2002年11月，在柬埔寨金边召开的第6次中国—东盟“10＋1”领导人会议上，中国与东盟领导人签署了《中国—东盟全面经济合作框架协议》，共同启动了中国—东盟自由贸易区的建设进程。

根据《中国—东盟全面经济合作框架协议》，2004年1月1日，中国—东盟自由贸易区的先期成果“早期收获计划”开始实施。

2004年11月，中国和东盟签署了《中国—东盟全面经济合作框架协议货物贸易协议》和《中国

—东盟全面经济合作框架协议争端解决机制协议》，标志着中国—东盟自由贸易区建设进入了全面启动的实施阶段。

2005年7月，《中国—东盟全面经济合作框架协议货物贸易协议》实施，中国与东盟开始对7000种商品相互降税。自2007年起，又进行了第二阶段降税，中国降低了5375种产品的关税，对东盟的平均关税由8.1%下降为5.8%。东盟各国对中国的平均关税也有不同程度的降低。《协议》承诺，到2010年，中国—东盟自由贸易区正式建成，中国和东盟老成员国的绝大多数产品关税降为零。中国与东盟4个新成员国（柬埔寨、老挝、缅甸、越南）则在2015年将双方绝大多数产品的关税降为零。

2007年7月，中国—东盟自由贸易区《中国—东盟全面经济合作框架协议服务贸易协议》实施，标志着中国—东盟自由贸易区的建设向前迈出了关键的一步，为如期全面建成自贸区奠定了更为坚实的基础。

2010年1月1日，中国—东盟自由贸易区正式全面启动。自贸区建成后，东盟和中国的贸易占到世界贸易的13%，成为一个涵盖11个国家、19亿人口、GDP达6万亿美元的巨大经济体，是目前世界人口最多的自贸区，也是发展中国家间最大的自贸区。

2012年，中国—东盟关系进入第3个10年，是中国与东盟友好合作关系全面深入发展的一年，是《中国—东盟全面经济合作框架协议》签订10周年。

2013年是中国—东盟建立战略伙伴关系10周年，也被国际社会称为“黄金十年”。2013年10月9日，李克强总理在第16次中国—东盟领导人会议上，对中国与东盟未来的“钻石十年”提出了“2+7”合作框架。

2014年是中国与东盟国家打造中国—东盟自由贸易区“升级版”和建设“海上丝绸之路”的关键一年，双方加强经济合作，提升合作水平，不断打造互利合作新亮点，共同应对挑战，实现共赢发展。

中国—东盟博览会以中国—东盟自由贸易区为依托。自由贸易区建设的成果为东博会持续发展提供了内在的市场动力。同时，东博会为企业分享自贸区建设成果，进一步开拓市场提供了难得的好平台。

定位

东博会以“促进中国—东盟自由贸易区建设，共享合作与发展机遇”为宗旨，围绕《中国—东盟全面经济合作框架协议》以双向互利为原则，以自由贸易区内的经贸合作为重点，面向全球开放，为各国商家共同发展提供新的机遇。

内容

商品贸易、投资合作、服务贸易、高层论坛、文化交流。

特色

1. 进口与出口相结合。以进口为特色，强调对东盟市场开放，成为东盟商品进入中国的桥梁。

2. 投资与引资相结合。以中国企业“走出去”为特色，成为中国企业投资东盟的平台。

3. 商品贸易与服务贸易相结合。以旅游服务和中小企业技术创新成果转让为切入点，培育中国与东盟经贸合作的新增长点。

4. 展会结合，相得益彰。中国—东盟商务与投资峰会和中国—东盟博览会同期举办，二者有机结合，相互促进。“两会”期间，既有实实在在的经贸活动，又有政府、企业、专家学者的相互对话与交流。

5. 经贸盛会与外交舞台。东博会既是一次经贸盛会，又是一次多边国际活动，充分体现了中国与东盟睦邻友好、建立面向和平与繁荣的战略合作伙伴关系的宗旨和意图，务实地推动了中国与东盟国家区域经济合作的深入发展。

6. 经贸活动与文化交流相结合。东博会期间同时举办“风情东南亚”晚会、“南宁国际民歌艺术节”开幕晚会、“中华情”晚会、高尔夫名人赛、“网球之友”名人赛、时装节、美食节等，五彩纷呈的文化体育活动穿插其间。

组织机构

主办单位：
中华人民共和国商务部
文莱工业和初级资源部
柬埔寨商业部
印度尼西亚贸易部
老挝工业贸易部
马来西亚国际贸易和工业部
缅甸商务部
菲律宾贸易和工业部
新加坡贸易和工业部
泰国商业部
越南工业贸易部
东盟秘书处

承办单位：
广西壮族自治区人民政府

支持单位：
世界贸易组织
联合国国际贸易中心
香港贸易发展局

国内外支持商协会：
文莱斯市中华总商会
文莱—中国友好协会
柬埔寨总商会
柬埔寨成衣厂商协会
柬埔寨中国商会
柬埔寨中国港澳侨商总会
印尼工商会馆中国委员会
印尼中华总商会
印尼—中国经济社会与文化合作协会
老挝国家工商会
马来西亚—中国总商会
马来西亚制造商联合会
马来西亚中华总商会
马来西亚—中国友好协会
缅甸工商联合会
缅甸工业协会
缅甸农产品食品加工出口协会
缅甸林木产品协会
缅甸豆类协会
缅甸渔业协会
菲律宾华商联总会
新加坡工商联合总会
新加坡制造商总会
新加坡中小企业商会
新加坡中华总商会
新加坡中国商会
泰国中华总商会
泰国工业院
泰中商务委员会
泰国工商总会
越南工商会
中国纺织品进出口商会
中国轻工工艺进出口商会
中国五矿化工进出口商会
中国食品土畜进出口商会
中国机电产品进出口商会
中国医药保健品进出口商会
中国对外承包工程商会
中国食品和包装机械工业协会
中国电力企业联合会
中国机械工程学会
香港中华总商会

常设机构

中国—东盟博览会秘书处

主要负责：

中国—东盟博览会的总体规划和重大活动的组织实施；

统筹和组织实施中国—东盟博览会境内外招商招展，展会的展区规划、现场管理与服务；

展馆租赁、展位经营、广告赞助以及中国—东盟博览会专有品牌资源的管理和经营；

中国—东盟博览会的整体形象设计和宣传推介工作等。

中国—东盟博览会秘书处内设综合协调部、研究发展部、招商招展部、展览管理部、对外联络部、宣传推介部、会议接待部、经营开发部、人力资源部、财务会计部等10个职能部门。

历届出席领导

第1届·2004年11月3～6日
中共中央政治局委员、国务院副总理吴仪
中国全国政协副主席李兆焯
中国全国政协副主席黄孟复
柬埔寨首相洪森
老挝总理本扬
缅甸总理梭温
泰国副总理披尼
越南副总理范家谦
柬埔寨国务大臣兼商业部长占蒲拉西
东盟秘书长王景荣

第2届·2005年10月19～22日
中共中央政治局常委、国家副主席曾庆红
柬埔寨首相洪森
缅甸总理梭温
老挝国家副主席朱马里
泰国第一副总理颂奇
越南常务副总理阮晋勇
柬埔寨国务大臣兼商业部长占蒲拉西
东盟秘书长王景荣

第3届·2006年10月31～11月3日
中共中央政治局常委、国务院总理温家宝
中国全国人大常委会副委员长顾秀莲
中国全国政协副主席李兆焯
东盟轮值主席国菲律宾总统阿罗约
文莱苏丹哈桑纳尔
柬埔寨首相洪森
印度尼西亚总统苏西洛·班邦·尤多约诺
老挝总理波松·布帕万
马来西亚总理阿卜杜拉·巴达维
缅甸总理梭温
新加坡总理李显龙
泰国总理素拉育
越南总理阮晋勇
柬埔寨副首相贺南洪
老挝副总理通伦·西苏里
柬埔寨国务外长兼商业部长占蒲拉西
东盟秘书长王景荣

第4届·2007年10月28～31日
中共中央政治局委员、国务院副总理曾培炎
文莱王储穆赫塔迪·比拉
柬埔寨首相洪森
老挝总理波松·布帕万
越南总理阮晋勇
柬埔寨国务大臣兼商业部长占蒲拉西
东盟秘书长王景荣
世界银行副行长乔伊·普曼菲

第5届·2008年10月22～25日
中共中央政治局常委、国务院副总理王岐山
中国全国人大常委会副委员长顾秀莲
中国全国政协副主席李兆焯
柬埔寨首相洪森
缅甸总理吴登盛
老挝国家副主席本扬
菲律宾众议长普罗斯培·诺格拉雷斯
柬埔寨副首相贺南洪
越南副总理黄忠海
文莱公主玛斯娜
柬埔寨国务大臣兼商业部长占蒲拉西
东盟秘书长素林
联合国贸发会议秘书长素帕猜

第6届·2009年10月20～24日
中共中央政治局常委、国务院副总理李克强
老挝总理波松·布帕万
菲律宾众议长普罗斯培·诺格拉雷斯
缅甸国家和平与发展委员会第一秘书长吴丁昂敏乌
越南常务副总理阮生雄
柬埔寨国务大臣兼商业部长占蒲拉西
东盟秘书长素林
联合国贸发会议副秘书长佩特科·德拉加诺夫

第7届·2010年10月20～24日
中共中央政治局常委、全国政协主席贾庆林
印度尼西亚副总统布迪约诺
老挝副总理阿桑·劳里
越南副总理张永仲
柬埔寨国务大臣兼商业部长占蒲拉西
联合国工发组织执行总干事隋罡

第8届·2011年10月21～26日
中共中央政治局常委、国务院总理温家宝
马来西亚总理纳吉布·敦·拉扎克
柬埔寨首相洪森
缅甸副总统吴丁昂敏乌
老挝副总理宋沙瓦·凌沙瓦
泰国副总理吉迪拉·纳拉农
越南副总理阮春福
柬埔寨国务大臣兼商业部长占蒲拉西
东盟秘书长素林

第9届·2012年9月21～25日
中共中央政治局常委、国家副主席习近平
中国全国政协副主席万钢
缅甸总统吴登盛
老挝总理通邢·塔马冯
越南总理阮晋勇
马来西亚副总理穆希丁
泰国副总理吉迪拉·纳拉农
柬埔寨国务大臣兼商业部长占蒲拉西
联合国贸发会议秘书长素帕猜
东盟副秘书长林康宪

第10届·2013年9月3～6日
中共中央政治局常委、国务院总理李克强
中国国务委员兼国务院秘书长杨晶

中国全国政协副主席万钢
缅甸总统吴登盛
柬埔寨首相洪森
老挝总理通邢·塔马冯
泰国总理英拉
越南总理阮晋勇
新加坡副总理张志贤
泰国副总理兼外长素拉蓬·多威差猜恭
泰国副总理兼商务部部长尼瓦塔隆·汶顺派汕
老挝党中央书记处书记苏甘·马哈腊
柬埔寨国务大臣兼商业外长占蒲拉西
东盟秘书长黎良明

第 11 届·2014 年 9 月 16～19 日
中共中央政治局常委、国务院副总理张高丽
中国最高人民法院院长周强
新加坡总理李显龙
柬埔寨首相洪森
老挝国家副主席本扬
缅甸副总统吴年吞
泰国副总理兼外交部长塔萨纳
越南副总理兼外交部长范平明
东盟副秘书长年林
世界贸易组织总干事易小准

主 题

东博会从第 4 届开始，每届选择一个重点合作领域作为主题，以推动中国—东盟合作的更快发展。第 4 届东博会的主题为：港口合作；第 5 届东博会的主题为：信息通信合作；第 6 届东博会的主题为：海关和商界合作；第 7 届东博会的主题定为：自贸区与新机遇；第 8 届东博会的主题为：环保合作；第 9 届东博会的主题为：科技合作；第 10 届东博会的主题为：区域合作发展——新机遇、新动力、新阶段；第 11 届东博会的主题为：共建 21 世纪“海上丝绸”之路；第 12 届东博会的主题为：共建 21 世纪海上丝绸之路——共创海洋合作美好蓝图。

第 11 届中国—东盟博览会

第 11 届东博会吸引国内外企业踊跃参会，参展参会企业及客商人数稳步增长，贸易成交额和经济合作项目签约额逐年提高，东盟国家参展参会积极性不断增强，展会专业性明显提升，取得了显著的经贸成效。

成 果

项目	第 1 届	第 2 届	第 3 届	第 4 届	第 5 届	第 6 届	第 7 届	第 8 届	第 9 届	第 10 届	第 11 届	合计
总展位数(个)	2506	3300	3350	3400	3400	4000	4600	4700	4600	4600	4600	43056
东盟展位数(个)	626	696 (+11.2%)	837 (+20.3%)	1126 (+35%)	1154	1168 (+11%)	1178	1161 (+2.7%)	1264	1294	1223	11727
东盟展位占比	25%	21% (−4%)	25% (+2%)	33% (+10%)	35%	29.2%	25.6%	25.7%	28.3%	28.1%	26.59%	平均 27.49%
参展企业总数(家)	1505	2000	2000	1908	2100	2450	2200	2300	2280	2300	2330	23373
其中：东盟企业数(家)	275	330 (+20%)	356 (+7.9%)	667 (+87.4%)	670	1168	647	—	—	—	—	—
参展参会客商人数(人)	18000	25000 (+38.9%)	30000	33480	36538	48619	49125	50600	52000	55000	55700	454062
境外采购商人数(人)	4000	6,000 (+50%)	7000 (+16.7%)	7500 (+6.3%)	7650 (+2%)	8262 (+8%)	—	—	—	—	—	—

续表

项目	第1届	第2届	第3届	第4届	第5届	第6届	第7届	第8届	第9届	第10届	第11届	合计
贸易成交（亿美元）	10.8	11.5（+6.5%）	12.7（+10.4%）	14.2（+12.1%）	15.97（+12.18%）	16.54（+3.8%）	17.12（+3.5%）	18.07（+5.6%）	18.78（+3.93%）	19.1	8.7	163.48
国际合作项目签约额（亿美元）	49.68	52.9（+6.5%）	58.5（+10.6%）	61.54（+5.3%）	63.64（+3.41%）	64.4（+1.19%）	66.9（3.88%）	74.2（+10.86%）	82.04（+10.57%）	90.56	98.23	762.59
国内合作项目签约额（亿元）	485.4	501.8（+3.4%）	553.7（+10.3%）	582.14（+5.1%）	612.01（+5.13%）	618.45（+1.05%）	674.46（+9%）	731.1（+8.39%）	802.12（+9.71%）	900.79	994.9	7456.87

述评

2014 年是中国—东盟战略伙伴关系新 10 年的开端，是 21 世纪海上丝绸之路建设的开局之年，作为为中国—东盟自由贸易区服务的第 11 届东博会、商务与投资峰会面临新任务，采取了新举措，取得了新成果，为新 10 年的发展奠定基础、开好局。2014 年 9 月 19 日下午，中国—东盟博览会、中国—东盟商务与投资峰会组委会举行新闻发布会，宣布第 11 届中国—东盟博览会、中国—东盟商务与投资峰会胜利闭幕。本届东博会和商务与投资峰会以共建 21 世纪海上丝绸之路为主题，紧紧围绕促进中国与东盟“政策沟通、设施联通、贸易畅通、资金融通、民心相通”设置展览内容，安排经贸洽谈，举办友好交流、投资促进和人文交流活动，推动中国—东盟合作迈向更高水平。

一、各国政要高规格出席，围绕“共建 21 世纪海上丝绸之路”主题达成广泛共识，推动中国—东盟合作迈向更高水平

中国和东盟共有 8 位国家领导人出席本次盛会。分别是：中共中央政治局常委、国务院副总理张高丽、中国最高人民法院院长周强、新加坡总理李显龙、柬埔寨首相洪森、老挝国家副主席本扬、缅甸副总统年吞、泰国副总理兼外交部长塔纳萨、越南副总理兼外交部长范平明。此外，文莱工业和初级资源部部长叶海亚、印度尼西亚贸易部副部长巴尤·克利斯纳穆迪、马来西亚贸工部副部长李志亮、菲律宾贸工部副部长诺拉·特拉多、东盟副秘书长年林，以及澳大利亚驻东盟大使蒙·梅里菲尔德、世贸组织副总干事易小准、联合国国际贸易中心代表，以及双方信息网络、科技、环保等部门的部长级官员也出席本次盛会。出席本次盛会的部长级贵宾 266 位，其中东盟及区域外 110 位。

会期举办了一系列高层友好交流活动，促进“政策沟通”。中国国务院副总理张高丽与东盟国家领导人分别举行了 6 场会见，与会领导人、各国代表团团长、东盟副秘书长分别巡视了东博会展馆，共同出席了开幕大会，中国和东盟国家领导人在开幕大会发表了演讲。主题国新加坡举办了丰富多彩的主题国活动，包括中新两国领导人共同出席主题国开馆仪式、新加坡领导人与中国企业 CEO 圆桌对话会等。

各国领导人高度评价中国—东盟友好合作成果及东博会在其中发挥的重要作用，认为“共建 21 世纪海上丝绸之路”的倡议恰逢其时，将为双方发展创造更多的利益共同点和经济增长点，为双方战略伙伴关系增加新的契合点，东盟各国愿与中方加强合作，积极参与“海上丝绸之路”建设。这些共识反映了在中国—东盟迎来战略伙伴关系第 2 个 10 年的新起点上，双方继续坚持睦邻友好，加强团结互助，通过东博会和商务与投资峰会深化互利合作，构建中国—东盟命运共同体的坚强决心。

中国国务院副总理张高丽指出，共建 21 世纪海上丝绸之路是一个传承历史、面向未来、顺应时代潮流，符合中国—东盟共同发展愿望的重大战略构想，为中国—东盟关系发展进一步指明了方向。

新加坡总理李显龙表示，很高兴看到东博会的规模日益扩大，新加坡完全赞同推进 21 世纪“海上丝绸之路”。2014 年东博会以此为主题是个非常及时的倡议，可以促进中国与东盟之间实现更好的互联互通。其他东盟国家领导也给予高度评价。

开幕大会以“经纬交织，丝路融通”为主题，形象地体现了东博会像一把穿针引线的“信任之梭”，把中国与东盟各国紧紧交织在一起，编织出 21 世纪“海上丝绸之路”——一条共同发展、共同繁荣的合作共赢之路，一条增进理解信任、加强人文交流的和平友谊之路。

二、延伸了展会价值链，促进经贸实效显著提升，为打造东博会升级版奠定了坚实基础

本次盛会根据中国—东盟自由贸易区升级版和 21 世纪“海上丝绸之路”建设的需要，创新展会模式，

推动贸易便利化，扩大投资自由和服务业开放，促进互联互通，深化人文交流，延伸展会价值链，经贸成效显著提高，多领域合作取得了新成效。

一是组展规模和质量进一步提高，推动贸易便利化。参展企业 2330 家，总展位数 4600 个，其中东盟和区域外企业展位数 1259 个，在南宁会展中心，外国展位数比例达 42%，在中国大型展会中最高。参展参会客商 5.7 万人，采购商团组超过 80 个，比上届增长 14%。会期举办了一系列贸易配对活动，贸易成交更加活跃。东盟的食品、农产品等对中国出口成交的订单增多，中国的电子电器、建材家居等产品受到东盟采购商的欢迎，现场成交踊跃，促进“贸易畅通”。

二是完善了投资促进机制，推动投资自由和服务业开放。会期举办了投资合作圆桌会、产业园区招商大会、中国驻东盟使领馆经商参赞与企业交流会等活动，在推动中国企业投资东盟、促进双向投资等方面取得新进展，投资合作项目比往届增多，特别是达成了港口合作、互联互通、跨境电商、产业合作等一批“海上丝绸之路”建设的重点项目。产业园区招商大会推介了 18 个东盟园区及中马钦州产业园区、东兴国家重点开发开放试验区。中国北斗办公室与泰国、中马钦州产业园分别签署了备忘录、意向书。老挝签署了水电、水果等合作项目。

服务贸易方面，举办了“魅力之城”展示、跨境旅游推介会等活动。新加坡、澳大利亚分别与中方签署了旅游、教育培训等合作协议。新加坡星展银行等一批知名金融机构参展，银企对接更加紧密，相关银行在金融论坛发布了跨境人民币指数、成立跨境人民币业务中心，促进“货币流通”。

三是延伸了展会价值链，拓展合作领域。东博会要提高经贸实效，在服务自贸区升级版和“海上丝绸之路”建设中形成新的展会模会。从本届东博会开始，更加注重把贸易投资与相关联的领域，包括信息、技术、海关、检验检疫、过境运输、国际结算、出口信保、产业合作等链接起来，从而使东博会的商品交易和投资合作的基本功能进一步延伸到更多的相关领域，拓宽展会的综合服务功能，使企业在东博会这一个屋顶下获得系统化服务并实现增值，促进产业落地。为此，会期围绕网络空间、大法官、跨境电商、跨境金融、产业园区、中新经济走廊、互联互通、科技、环保、工商、人文等，举办了系列会议和论坛，增强了东博会的综合服务功能。

大法官论坛就营造双边良好贸易投资法治环境达成共识，通过了《南宁声明》。网络空间论坛就加强网络治理、促进网络经济发展、建设中国—东盟信息港达成共识。电商峰会签署了马来西亚榴莲、越南特产等电商销售合作项目，以及菲律宾农产品入驻“阿里巴巴南宁产业带”战略合作项目。新加坡与广西启动了合作建设港口码头、开通海运班轮航线的项目。广西钦州港分别与马来西亚关丹港、柬埔寨西哈努克港缔结了国际姐妹港关系。中国（南宁）—新加坡经济走廊城市市长圆桌会、智库论坛围绕经济走廊建设发表了《会议共识》、《南宁共识》。

商务与投资峰会举办了一系列面向东盟商界的对话交流活动，推动各国商界就“海上丝绸之路”建设达成更多共识。东博会期间还举办了共建“海上丝绸之路”摄影展、“海上丝绸之路”文化旅游论坛、南宁民歌艺术节等人文交流活动，增进了解和友谊。

以上成果体现了展会价值链的延伸所带来的成效，为形成新的展会模式、打造东博会升级版奠定了良好基础，促进了“设施联通”、“民心相通”。

四是创新推出特邀贵宾国，拓展合作区域。本届东博会不仅服务中国—东盟 10+1 合作，而且面向 RCEP 合作。澳大利亚担任特邀贵宾国，举办了国家推介会。本届东博会吸引了更多的澳大利亚、韩国、日本、印度、新西兰等 RCEP 国家企业参会，会期举办了中国中小企业面向 RCEP 国家市场推介会、企业家交流会、韩国专场经贸活动等，为企业创造了更多商机。世贸组织派出代表团参会，联合国国际贸易中心作为东博会支持单位，这些推动中国和东盟进一步融入全球经济合作。

三、创新服务，提高办会水平

本届东博会采取一系列创新举措，提高保障和服务水平。

一是严格做好埃博拉出血热、登革热等疫情防控工作。同时，针对强台风“海鸥”开展了预警、展馆防风防雨防漏电等措施，制定了应急预案，保障了展会的顺利进行和参展参会人员的生命和财产安全。

二是率先在老挝、缅甸两国商品展区试行实施《“双证”管理操作办法》，展商持东博会秘书处出具的展位确认书和两国东博会共办部门或商协会颁发的会员认证证明，确保参展商的资质。

三是首次在现场设立特殊展品检测点，聘请专业机构到现场提供展品质量检测服务。

四是组织“打假”部门，加大打击假冒伪劣商品力度，展览秩序井然。

五是与安保部门建立协调机制，采取灵活措施，在确保安全的前提下，为参展参会客商提供更多的便利。

六是务求实效，节俭办会。本次东博会精简了一些仪式性的活动，着重实质性活动的策划安排。同时，按绿色环保的国际展会发展趋势，2014 年注意做好环保、节约工作，如所有的证件采取回收再利用的办法，提高利用率。

此外，完善东博会 APP 手机客户端等新服务渠道，提高了客户服务、物流代理、展馆保洁、宾馆、餐饮、直航包机、机场服务、外币兑换、翻译、志愿者等环节的软硬件服务水平，使参展参会的各方享受到更便捷优质的服务。

四、各方高度关注，展会影响力进一步提升

各国主流媒体和专业媒体高度关注本届东博会。有来自 15 个国家 198 家媒体 1541 名记者到会采访，发稿量持续增多。据不完全统计，截至 2014 年 9 月 19 日上午，中外媒体累计发稿 6400 多篇，制作网络专题 20 多个，中国中央电视台等媒体对开幕大会等进行了现场直播，进一步提升了本次盛会的影响力。

（来源：中国—东盟博览会官方网站. http://www.caexpo.org/gb/zhuanti/hg//th/2014—09—19）

中国—东盟商务与投资峰会

概　况

背景

2003 年 10 月 8 日，中国国务院总理温家宝在第 7 次中国与东盟（10+1）领导人会议上倡议，从 2004 年起每年举办一次中国—东盟商务与投资峰会。

这一倡议，作为中国推动中国—东盟自由贸易区建设的一项实际行动。得到了东盟国家领导人的积极响应，并写入会后发表的主席声明。

中国—东盟商务与投资峰会与中国—东盟博览会同期举办，已成功举办 11 届。

会徽

11 道彩色弧线的组合，仿佛一双充满力量的翅膀，象征着中国与东盟 10 国的诚挚协作，共谋发展；仿佛两张充满希望的风帆，象征着中国与东盟各国在商务与投资峰会这一东风的强劲助推下，迎接着新的机遇与挑战；它又像天边绚丽夺目的彩虹，昭示了饱含激情的澎湃商机与热力四射的光明前景。

宗旨

中国—东盟商务与投资峰会以推动中国与东盟国家全面经济合作与中国—东盟自由贸易区建设为目标，为中国和东盟 10 国的政府官员、企业界和学术界人士建立起宣传经贸政策与推介合作项目、开展多向互动与信息交流的合作平台，为各国采购商、生产商和投资商提供更多的商业机会，向各国政府表达商界意愿，促进政策制定与经贸合作，推动中国与东盟经济合作的全面发展。

组织机构

主办机构：

中华人民共和国商务部

中国国际贸易促进委员会

中国广西壮族自治区人民政府

协办机构：

东盟工商会

中国—东盟商务理事会

东盟十国国家工商会

承办机构：

中国—东盟商务与投资峰会秘书处

常设机构：

名称：中国—东盟商务与投资峰会秘书处

地址：中国广西南宁市白云路 6 号

邮编：530022

网址：http：//www.cabiforum.org

邮箱：cabi@cabiforum.org

境内联系电话：0771—2801173 2809149

传真：0771—2809149

境外联系电话：86—771—2800607 2618812

传真：86—771—2800607

历届概况

	时间	主题	出席领导
第1届	2004年11月3～4日	促进互利合作 谋求共同发展	中国国务院副总理吴仪、柬埔寨首相洪森、老挝总理本扬、缅甸总理梭温、泰国副总理披尼、越南国家副总理范家谦、东盟秘书长王景荣
第2届	2005年10月19～20日	中国与东盟国家市场的开放及开发	缅甸总理梭温、老挝国家副主席朱马里、泰国第一副总理颂奇、越南常务副总理阮晋勇、中国商务部部长薄熙来、中国贸促会会长万季飞、广西壮族自治区党委书记曹伯纯、广西壮族自治区主席陆兵、东盟秘书处秘书长王景荣等
第3届	2006年10月31～11月3日	共同的需要，共同的未来	中国国务院总理温家宝、菲律宾总统阿罗约、文莱苏丹哈桑纳尔、柬埔寨首相洪森、印度尼西亚总统苏西洛、老挝总理波松、马来西亚总理巴达维、缅甸总理梭温、新加坡总理李显龙、泰国总理素拉育、越南总理阮晋勇
第4届	2007年10月28～31日	创新合作——加快提升区域增长力	中国国务院副总理曾培炎、文莱王储穆赫塔迪·比拉、柬埔寨首相洪森、老挝总理波松、越南总理阮晋勇和东盟秘书长王景荣
第5届	2008年10月22～25日	广阔的视野，积极的行动	中国国务院副总理王岐山、柬埔寨首相洪森、缅甸总理吴登盛、老挝国家副主席本扬、菲律宾众议长普罗斯培·诺格拉雷斯、越南副总理黄忠海、联合国贸发会议秘书长素帕猜
第6届	2009年10月22～24日	中国—东盟自由贸易区与东盟一体化：合作共进	中国国务院副总理李克强、老挝总理波松、菲律宾众议长普罗斯培·诺格拉雷斯、缅甸和平与发展委员会第一秘书长丁昂敏吴、越南常务副总理阮生雄、东盟秘书处秘书长素林等
第7届	2010年10月19～24日	中国—东盟自由贸易区与区域经贸合作的展望	中共中央政治局常委、全国政协主席贾庆林，印度尼西亚副总统布迪约诺，老挝副总理阿桑·劳里，越南副总理张永仲等
第8届	2011年10月21～22日	深化区域合作，实现共同繁荣	中共中央政治局常委、国务院总理温家宝，马来西亚总理纳吉布，柬埔寨首相洪森，缅甸副总统吴丁昂敏乌，老挝副总理宋萨瓦，泰国副总理吉迪拉，越南副总理阮春福等
第9届	2012年9月21～25日	互联互通，携手共赢	中国国家副主席习近平、缅甸总统吴登盛、老挝总理通邢、越南总理阮晋勇、马来西亚副总理穆希丁、泰国副总理吉迪拉、柬埔寨国务兼商业外长占蒲拉西、文莱工业与初级资源部部长叶海亚、菲律宾总统特使内政部长罗哈斯、新加坡贸工部兼国家发展部高级政务部长李奕贤、印度尼西亚贸易部出口总司总司长古司马迪、东盟副秘书长林康宪等
第10届	2013年9月3～6日	推进互联互通，深化行业合作	中国国务院总理李克强、缅甸总统吴登盛、柬埔寨首相洪森、老挝总理通邢、泰国总理英拉、越南总理阮晋勇、新加坡副总理张志贤、菲律宾贸易和工业部长多明戈、文莱工业和初级资源部部长叶海亚、马来西亚贸易和工业部长穆斯塔法、印度尼西亚贸易部长总司长古斯马迪、东盟秘书长黎良明、中国商务部国际贸易谈判代表兼副部长钟山、中国国际贸易促进委员会会长万季飞、广西壮族自治区党委书记彭清华

第11届中国—东盟商务与投资峰会

时 间

2014年9月16～19日

主 题

本届中国—东盟商务与投资峰会的主题是：共建21世纪海上丝绸之路。中国—东盟商务与投资峰会从本届起将突出“共建21世纪海上丝绸之路”主题，围绕中国—东盟自由贸易区升级版建设，推动贸易便利化，扩大投资自由和服务业开放，促进互联互通，深化人文交流，延伸展会价值链。

出席领导

中国国务院副总理张高丽、新加坡总理李显龙，以及柬埔寨首相洪森、老挝国家副主席本杨·沃拉吉、缅甸副总统吴年吞、越南副总理兼外交部长范平明、泰国副总理兼外交部长塔纳萨、中国和东盟各国政商界的代表参加了开幕式并分别发表了演讲。

成就回眸

2014年9月16～19日，第11届中国—东盟商务与投资峰会在广西南宁隆重举行，并取得圆满成功。2014年是中国与东盟国家打造中国—东盟自由贸易区“升级版”和建设“海上丝绸之路”的关键一年，双方加强经济合作，提升合作水平，不断打造互利合作新亮点，共同应对挑战，实现共赢发展。

本届峰会以共建21世纪“海上丝绸之路”为主题，举办了包括开幕大会、新加坡共和国总理李显龙与中国企业CEO圆桌对话会、中国—东盟商事法律服务合作研讨会、中国—东盟商界领袖论坛、第11届中国—马来西亚联合商务理事会会议、中国与柬埔寨、老挝和缅甸贸易发展研讨会、中国贸促会—大华银行促进企业海外投资联盟之夜、中国贸促会与新加坡工商联合总会《谅解备忘录》签署仪式、商务午餐会、马来西亚有关政府官员以及企业代表考察中马钦州产业园、钦州保税港区并与钦州市座谈等10场重要活动；安排双边、多边会见20场；邀请了来自中国、东盟和其他各国有关政府部门、驻外使领馆、国家工商会、金融机构、工商界人士、世界250强企业等1571名代表参会，其中外方代表687人，中方代表884人；推动了经贸合作项目20.5亿美元，领域包括能源、金融、通讯、基础设施、制造业。

一、亮点纷呈

第11届中国—东盟商务与投资峰会围绕“共建21世纪海上丝绸之路”，举办13场高层论坛。其中，中国—东盟网络空间论坛将围绕网络经济发展与国际合作、网络安全、网络治理、互联网基础建设等内容进行深入探讨，为打造21世纪海上丝绸之路的新门户和新枢纽提供重要的交流合作平台。中国—东盟大法官论坛将进一步增进中国与东盟司法界的合作交流，营造良好的投资与贸易法治环境，更好地为中国—东盟合作提供法律保障。中国—东盟电商峰会将围绕“跨境电商”、“数字互联网城市”、“互联网经济趋势”3大主题，为全球企业参与中国—东盟电商项目和服务合作搭建平台。科技、环保、金融、工商等论坛内容更有针对性，促进“道路联通”、“货币流通”，使全方位合作更加深入。

第11届中国—东盟商务与投资峰会围绕“海上丝绸之路”建设的互联互通、产业合作、海上合作、金融合作等重点领域，举办系列投资促进活动。包括：产业园区招商大会、投资合作圆桌会、商务参赞与企业家交流会、中新北海产业园共建活动、金融支持中国企业投资东盟活动、投融资对接会、东盟10国和中国省区市推介会等。这些活动内容更务实，将为参会企业提供大量有价值的信息和商机，也将有力推动中国—东盟之间的投资合作。

第11届中国—东盟商务与投资峰会主题鲜明。在本届峰会上，中国和东盟国家部长、政府高官、商协会和工商界代表、国际组织代表、专家学者将围绕“共建21世纪海上丝绸之路”主题展开深入的交流和探讨，会期还举办与东盟商界的系列交流活动。包括：中国—东盟商界领袖论坛，中马联合商务理事会会议，中国贸促会与新加坡工商联合总会《谅解备忘录》签署仪式，中国—东盟商事法律服务合作研讨会，中国与柬埔寨、老挝和缅甸贸易发展研讨会，中国—新加坡企业家交流会等，以推动各国商界汇聚更多共识，在共建海上丝绸之路建设中实现共赢。第11届中国—东盟商务与投资峰会安排了以下重要活动：

一是中国与东盟国家领导人高度重视此次峰会。峰会开幕大会是每年峰会最重要的活动，国家领导人的主旨演讲为中国和东盟的合作尤其是经贸合作定调和指明方向。2014年峰会继续邀请中国和东盟的国家领导人出席并发表演讲，对中国—东盟共建21世纪海上丝绸之路的经贸合作提出希望。

二是新加坡国家领导人与中国企业CEO圆桌对话会。活动邀请新加坡国家领导人、中国企业CEO及其新方合作伙伴，围绕“深化中新经贸合作，实现共同发展”的主题开展对话。自2009年第6届峰会以来，峰会连续成功举办了5次东盟国家领导人与中国企业CEO圆桌对话会，成功推动互利互惠的合作。

三是举办中国—东盟商事法律服务合作研讨会。随着双方经贸关系的深入发展，企业间经贸纠纷也逐渐增加。为营造良好的商务环境，帮助企业防范和降低风险，2014年首次在峰会框架下举办中国—东盟商事法律服务合作研讨会，以“共同应对挑战，实现共同发展”为主题，促进中国和东盟工商界在法律服务领域的交流，推动中国—东盟商事法律服务合作机制的建立。

四是与联合国国际贸易中心共同举办中国与柬埔寨、老挝和缅甸贸易发展研讨会，加强双方的贸易往来与互利合作，特别是促进上述国家对中国的出口，平衡贸易发展。此外，会议还探讨双方相关领域的投资，推动经济发展。

五是举办中国—东盟商界领袖论坛，邀请中国—东盟政界、工商界人士出席，围绕“共建21世纪海上丝绸之路”的主题交换意见，并签署相关协议或备忘录，逐步将商界领袖论坛打造成在峰会框架下中国和东盟经贸成果发布的平台。

六是举办第11届中国—马来西亚商务理事会会议。本次会议以“深化合作，促进中马经贸关系发展”为主题，将通过企业间的对话、交流与洽谈和考察中马钦州产业园区等活动，探讨未来中马经贸合作的方向和重点。

七是举办中国—新加坡商务理事会成立仪式。中国贸促会与新加坡工商联合总会就加强中新两国商协会之间的交流与合作进行了探讨和磋商，初步决定双方将在第11届峰会期间签署相关文件，成立中国—新加坡商务理事会，为推进深化中新务实合作建立制度安排。

八是与新加坡大华银行合作举办中国—新加坡银企联谊会。企业的发展离不开金融机构的支持，加强与企业的合作为金融机构的发展壮大提供了可能。联谊会将围绕投资合作项目进行交流，推动企业与银行之间的交流与合作。

二、成效显著

在迈入“钻石十年”的新起点上，中国与东盟向世人宣告将共同建设21世纪海上丝绸之路、携手打造中国—东盟命运共同体。

（一）谋合作：经贸实效显著提升

过去10年，是中国与东盟友好合作关系发展最快的10年，也是中国与东盟经济社会发展最好的“黄金十年”。2004年到2013年，双边贸易额从1059亿美元增至4436亿美元，翻了两番多，双向投资额累计超过1200亿美元。目前，中国已成为东盟第一大贸易伙伴，东盟成为中国第三大贸易伙伴。

深化经贸投资合作是中国—东盟共同繁荣必经之路。本届中国—东盟博览会和商务与投资峰会采取一系列创新举措，举办了投资合作圆桌会、产业园区招商大会、中国驻东盟使领馆经商参赞与企业交流会等活动，投资合作项目比往届增多，特别是达成了港口合作、互联互通、跨境电商等一批海上丝绸之路建设的重点项目。印尼咖啡集团已连续5年参展中国—东盟博览会，集团总裁胡塔马·苏加帝表示，与以往不同，此次参展他寻找到涉及电子商务方面的合作伙伴。

本届中国—东盟商务与投资峰会还积极拓展合作区域，不仅服务中国—东盟“10＋1”合作，而且面向RCEP（区域全面经济伙伴关系）开展合作。

（二）促沟通：共建“新海丝”成共识

本届商务与投资峰会继续发挥“政策沟通”平台作用，促进了各国领导人之间的政治互信和友好交流。会议期间举办了一系列高层友好交流活动。

2013年10月，中国国家主席习近平访问东盟国家时提出建设21世纪海上丝绸之路、携手建设中国—东盟命运共同体等合作倡议。各国领导人高度评价中国—东盟友好合作成果及中国—东盟博览会、中国—东盟商务与投资峰会发挥的重要作用，认为共建21世纪海上丝绸之路的倡议恰逢其时，将为双方发展创造更多的利益共同点和经济增长点，为双方战略伙伴关系增加新的契合点。东盟各国表示愿与中方加强合作，积极参与21世纪“海上丝绸之路”建设。

世界贸易组织副总干事易小准表示，本届博览会与商务投资峰会以共建21世纪海上丝绸之路为主题，加强了充满活力的本区域与世界的贸易投资联系。这是一项伟大的创举，也是世界贸易组织在全球层面需要推进的事业。

在中国—东盟迎来战略伙伴关系第2个10年的新起点上，这些共识反映了双方继续坚持睦邻友好，加强团结互助，通过东博会和商务与投资峰会坚定互利合作，构建中国—东盟命运共同体的决心。第13次中国—东盟经贸部长会议联合新闻公报宣布，中国和东盟同意开始中国—东盟自由贸易区升级版谈判。

（三）话发展："合作巨轮"再次起航

2000多年前，从广西合浦等地始发，贯穿东南亚、连接亚非欧的"海上丝绸之路"，把中国精美的瓷器、丝绸、茶叶连同璀璨的华夏文明传播到世界各地，拉开了中华民族与东南亚人民友好交往的历史序幕。历史证明，海上丝绸之路是连接中国与东盟各国的一条共同发展、共同繁荣的合作共赢之路，也是一条增进理解信任、加强人文交流的和平友谊之路。

2014年是中国和东盟战略伙伴关系第2个10年的开局之年，中国和东盟关系正站在新的历史起点上。建设中国—东盟命运共同体、共建21世纪海上丝绸之路正当其时、顺应时势。本次盛会紧紧围绕促进中国与东盟"政策沟通、贸易畅通、道路连通、货币流通、民心相通"设置展览内容，推动中国—东盟合作迈向更高水平。

产业园区招商大会推介了18个东盟园区及中马钦州产业园区、东兴国家重点开发开放试验区。中国北斗办公室与泰国、中马钦州产业园分别签署了备忘录、意向书。老挝签署了水电、水果等合作项目。新加坡与广西启动了合作建设港口码头、开通海运班轮航线的项目；广西钦州港与马来西亚关丹港、柬埔寨西哈努克港缔结国际姐妹港，促进"道路联通"。服务贸易方面，举办了"魅力之城"展示、跨境旅游推介会等活动。新加坡、澳大利亚分别与中方签署了旅游、教育培训等合作协议。

中国—东盟商务理事会执行理事长许宁宁表示，构建21世纪海上丝绸之路不仅有利于中国与东盟各国的经济增长，有利于推动区域经济一体化进程，还有利于区域外与东盟经济关系比较密切的国家的经济发展。

回眸过去，中国—东盟博览会和商务与投资峰会不仅成为中国与东盟国家每年一度的盛会，也吸引了国际组织和区域外国家的目光，常办常新、硕果累累，助力中国—东盟互惠共赢。展望未来，中国—东盟将通过共建21世纪海上丝绸之路，携手打造命运相关、责任共担、利益共享的命运共同体，以开放的姿态从区域走向全球、走向世界，续写新的辉煌。

第11届东博会的圆满成功举办离不开中国、东盟各方的大力支持，各部门的大力配合和峰会全体人员的努力。希望大家总结经验，再接再厉，延伸和扩大峰会的实效，为打造中国－东盟合作"钻石十年"，推动广西经济发展与繁荣做出贡献。

（来源：综合整理自中国—东盟博览会官方网站、人民网、中国经济网）

会议论坛

2014首届中国—东盟电商峰会

2014年9月16日下午，首届中国—东盟电子商务峰会在南宁召开，亚马逊全球副总裁薛小林、阿里巴巴集团副总裁高红冰、京东集团副总裁张建设、艾瑞咨询集团CEO等电商界"大咖"出席，与中国和东盟各方官员、专家学者等，一同围绕"跨境电商"、"数字互联网城市"、"互联网新经济趋势"3大主题共商电子商务发展大计。据悉，广西将借助"南宁渠道"等优势，力促中国与东盟各国的点上合作。

一、马云：与广西壮族自治区领导共同促成峰会

中国—东盟电子商务峰会举办的当日，会场座无虚席。广西壮族自治区副主席张晓钦介绍，经广西壮族自治区党委书记彭清华与阿里巴巴集团主席马云的共同商谈促成了本次峰会的召开，马云虽未能亲自出席，但也通过一段视频向峰会的召开表示热烈祝贺。

马云在视频中谈到，中国—东盟电子商务峰会的召开意义重大，东盟各国应迅速采用新技术、新思想，力促本国中小企业发展。

马云直言，这是一个世界的机会，是一个时代的机会，这也是东盟各国给自己国家年轻人巨大的机会。

正如马云所言，15年前，谁也没想到在中国会诞生如此大的电子商务生态系统；15年前，谁也没想到成千上万的小企业现今会团结起来，用新技术改变命运；15年前，更没人想到，一个偏远地区的企业能够将自己的产品远销国外。只要大家共同努力，15年后，东盟各国的商品能够跨国、无边境贸易。

国内外知名领军电商和互联网企业出席峰会并发表演讲，出席企业涵盖传统企业、电子商务企业、跨境电商企业、物流企业、投资企业、支付企业等与互联网电商息息相关的产业链企业。国外企业方面，有新加坡、马来西亚、泰国、印度尼西亚、越南等东盟国家优秀企业家代表，也有亚马逊、沃尔玛等500强和知名跨国公司。

二、广西：打造中国—东盟国际电子商务中心

电子商务的兴起推动了中国电子商品、中国制造与全球价值链的融合。2013年中国电子商务交易规模已突破10万亿元人民币，其中跨境电商的交易额约3.1万亿元人民币。广西作为中国与东盟合作的战略高地和前沿窗口，将把信息经济作为全区经济发展的重要支撑，努力打造中国—东盟国际电子商务中心。

张晓钦表示，广西将丰富多领域合作机制与平台，借助“南宁渠道”为跨境电商营造良好的沟通、交流和信息共享软环境。据了解，目前通过中国—东盟博览会、中国—东盟商务与投资峰会、泛北部湾经济合作论坛等重要平台形成了中国东盟合作的“南宁渠道”，广西电子商务正在此背景下，呈现出蓬勃的发展势头：2013年，全区电子商务交易额达1266亿元人民币，同比增长56%。

同时，广西正在加紧建设出海、出边国际大通道，构建便捷的跨境物流配送体系，为网购提供更加便利的物流基础条件。

广西是中国唯一与东盟陆海相连的省区，将依托得天独厚的区位优势将发展中的东盟跨境电商作为主攻方向，加快沿边金融改革先行先试，为跨境支付和结算提供良好条件。

（来源：中国网．http://finance.china.com.cn/news/special/2014dmblh/20140917/2681115.shtml．2014－09－17）

2014首届中国—东盟工商论坛

2014年9月17日，首届中国—东盟工商论坛在中国广西南宁开幕。会议旨在深入探讨中国与东盟加强市场准入合作，进一步推动双方投资便利化和贸易自由化。

中国国家工商行政管理总局副局长刘俊臣在论坛上发表主旨演讲，并提出深化中国和东盟市场准入合作的五点倡议。

一是深化市场准入合作，继续为双方企业登记注册提供支持，为双边贸易和企业投资提供便利；二是深化市场监管合作，加强多边和双边司法交流与合作，建立健全信息沟通渠道和机制，探索建立执法协作联动机制，加强竞争政策的交流，努力促进各自市场主体公平竞争、有序竞争；三是深化消费维权合作；四是深化商标知识产权保护合作；五是深化人才培养合作，积极探讨开展人员互访和在职培训的可能性。

刘俊臣表示，希望中国与东盟以此次论坛为契机，拓展合作领域，提升合作水平，努力建立公平、公正、开放、透明的市场规则，为打造中国—东盟自由贸易区升级版作出贡献。

中国广西壮族自治区主席陈武在会上致辞时表示，此次论坛建立了政界、商界、学界在工商领域的高层对话平台，探讨在市场主体准入、市场监管、消费维权、商标保护等方面推动中国与东盟工商界全面深化交流合作，对于建设中国—东盟命运共同体、共建21世纪海上丝绸之路、打造中国—东盟自由贸易区升级版都具有十分重要的意义。

陈武建议，建立中国—东盟工商合作常设组织；建立中国—东盟民间商会和产业联盟组织；开展中国—东盟工商合作重大问题研究。中国与东盟各国商事法律法规有较多差异，建议组织双方的专家学者，就中国—东盟工商合作的法律、政策等重大问题开展研究。

印度尼西亚贸易部副部长Bayu Krisnamurthi在发言时表示，东盟正在和中国进行自由贸易区升级版的谈判。印尼欢迎中国和东盟领导人提出的到2015年双边贸易额达到5000亿美元的目标，他同时建议，中国和东盟双方要加强双方的市场准入合作，提升贸易便利化。

泰国商务部副部长Apiradi Tantraporn在发言时表示，公司的注册在贸易便利化方面是一个重要领域，作为贸易和投资的第一步，中国和东盟非常有必要在这一领域加强交流。

（来源：中国—东盟博览会官方网站．http://www.caexpo.org/index.html．2014－09－19）

2014 首届中国—东盟网络空间论坛

2014年9月19日，首届中国—东盟网络空间论坛在广西南宁闭幕。与会代表普遍认为，网络空间合作正成为中国和东盟合作新领域，各国应在保证网络安全的前提下，积极开展网络基础设施、以跨境电子商务为主要代表的互联网经济、网络规则制定方面的合作，共同打造中国—东盟信息港。

一、中国—东盟网络合作基础深厚前景广阔

中央网络安全和信息化领导小组办公室主任、国家互联网信息办公室主任鲁炜在此次论坛主旨演讲中表示，开启中国—东盟合作与发展的新篇章，关键要实现网络的互联和信息的互通。

东盟代表提出，在东盟共同体的建设中，信息共同体是重要内容，它离不开与中国的合作。老挝邮政通信信息部副部长科马西斯在论坛上表示，中国与东盟山水相连，网络的互通缩小了彼此距离。科马西斯希望中国能够加强与东盟在信息与通信技术方面的合作，使东盟缩小同世界先进水平的差距。

印度尼西亚通讯与信息技术部部长专家助理哈里加迪表示，2015～2019年，国际电信联盟支持印度尼西亚电子政务、电子教育、电子物流等相关计划的实施，互联网对印度尼西亚经济的贡献在未来5年将达到国内生产总值的2.5%以上。哈里加迪希望中国能够积极加入印度尼西亚网络经济的建设中。

中国外交部网络事务协调员傅聪在论坛上强调，在互联网合作方面，中国坚持共同繁荣、互利共赢的合作目标，把对发展中国家的援助弥合数字鸿沟摆在重要位置。双方在政治、经济社会各领域持续发展的同时，网络正成为中国和东盟国家合作的新增长点。中国和东盟国家近年来网络经济蓬勃发展，域内网络发展理念相近，具有广阔的发展机遇和合作前景。不断深化中国东盟网络合作，符合双方的共同利益。

二、求同存异寻求网络安全共识

在此次网络空间论坛中，互联网基础设施建设与弥合数字鸿沟、网络经济发展与国际合作、网络空间安全与网络治理、网络信息技术在防灾减灾领域的应用这四个议题被充分讨论。其中，达成网络安全议题合作框架，被一些与会代表提及。

鲁炜表示，中国与东盟进行网络合作时既要加快发展，也要确保安全。没有安全，发展越快，可能造成的危害越大；没有发展，安全就没有保障，甚至会丧失已有的安全。互联网发展的目的是给人类带来福祉而不是危害，中国与东盟双方应当共同维护网络安全，不能让其成为攻击的利器、犯罪的温床，更不能成为实施恐怖主义活动的工具。

东盟部分国家已经在网络安全方面积累了一些经验。哈里加迪介绍，印度尼西亚2008年公布网络法，同时成立了域名管理协会，对公民合法使用网络做出具体规定。

柬埔寨邮政通信部国务秘书占梅达强调，网络不能成为损害人权、法制、政府管制和经济发展的工具。2015年中国和东盟信息通信技术总体规划将出台，在这个总体规划的指导下，共同推动中国和东盟各国在信息和通信技术方面的合作。

北京大学新媒研究院院长谢新洲教授提出，中国和东盟的网络空间合作处于起步阶段。网络信息共享的前提是信息能够有序流动、发挥作用、发挥积极作用。谢新洲认为，国际网络互联合作是一个重要趋势，需要坐而论道，更需要出台一套有可操作性的方案，在保证网络安全的前提下深化合作。

中国工业和信息化部总工程师张峰在闭幕词中表示，中方愿意与东盟各国在关键基础设施的保护、个人隐私的保护、网络空间国际规则等方面加强交流并开展务实合作，共同打造和平的合作空间。

三、加快3个领域合作 推动“信息港”早日建成

鲁炜提出，中方真诚希望与东盟携起手来深化网络空间合作，共同打造中国—东盟信息港，加快推动网络互联、信息互通，用信息引领市场，用信息赢得商机，用信息深化合作，用信息驱动发展，使中国—东盟信息港成为建设21世纪“海上丝绸

之路”的信息枢纽，成为建设中国—东盟命运共同体的重要平台。

张峰等人呼吁，中国和东盟应在3方面加强合作：

首先，网络基础设施。鲁炜表示，中方愿与东盟加强合作，加快区域网络设施、通信设施建设步伐，构建通信光缆网，提升带宽水平，优化网络基础资源配置，大力推动4G、公共WIFI等普及，共享网络普及最佳实践经验。亚洲基础设施投资银行正在积极筹建中，中方愿将信息基础设施作为重点投资领域之一。

其次，网络经济。中国现有400万家网站、6亿多网民，有4家中国网络企业进入世界前10强，2013年电子商务交易额超过10万亿元，而且还在以30%的速度增长。

谢新洲表示，制定游戏的主体应该是政府和东盟各个国家，真正的行动主体是企业和网民。新浪微博常务副总经理曹增辉称，微博已逐渐成为海外企业连接、拓展中国市场的桥梁，新浪微博愿意在打通中国—东盟信息港上发挥更多作用，在电子商务领域有所突破。阿里巴巴集团副总裁高红冰在论坛上表示，阿里巴巴愿与东盟开展跨境电子商务合作，共建电子商务经济体。

第三，促进新一代信息技术的开发和开展应用。继续大力推动新一代信息通信技术的开发和推广，加快推动其在工业、农业，以及金融、物流、教育、医疗、社保等领域的创新。加速互联网与传统行业的跨界融合，形成新的经济增长点。充分发挥信息通信技术在推动经济社会可持续发展，提高社会管理水平，拉动消费，改善民生等方面的重要支撑作用。

（来源：中国财经网. http://tech.china.com.cn/internet/special/dmwllt/20140919/142334.shtml. 2014—09—19）

2014中国—东盟电力合作与发展论坛

由中国电力企业联合会、中国电力发展促进会和中国—东盟博览会秘书处共同主办，中国广核集团有限公司协办的“2014中国—东盟电力合作与发展论坛”于2014年9月16日在广西南宁隆重召开。作为中国—东盟博览会的主要活动之一，本次论坛得到了国家能源局、广西壮族自治区人民政府、中国东盟商务理事会、中国—东盟商务协会，以及国家电网公司、南方电网公司、华能集团公司、大唐集团公司、华电集团公司、国电集团公司、中电投集团公司、中核工业集团公司、神华集团公司、长江三峡集团公司、中广核集团公司、中核建设集团公司、中电建集团公司、中能建集团公司、特变电工股份公司、香港中电集团公司、中节能集团公司、远东电缆公司，还有中国电力企业联合会和中国电力发展促进会等各理事单位的大力支持，并吸引了来自15个国家和地区近200名电力行业管理精英和行业代表参加。

东盟国家都有着丰富的能源资源，同时，东南亚各国的政府和相关行业正在努力紧跟全球清洁能源发展的新趋势，对电力的绿色发展提出了越来越高的要求。中国电力工业在新能源的开发与可再生能源利用方面积累了一定的技术与经验，取得了一定的成果，中国与东盟国家开展新能源及可再生能源合作的空间巨大，时机利好。第16次中国—东盟领导人会议提出制订的“中国—东盟新能源与可再生能源合作行动计划”，已经成为中国和东盟电力合作领域新的关注点。李克强总理也指出，双方均需抓住中国和东盟合作迈向“钻石十年”的重大机遇，加快中国—东盟能源互联互通。

本届论坛以“发展清洁电力，建设智慧家园”为主题，从核能发电、清洁能源发电以及智能电网等领域的发展趋势和实际应用技术等方面展开交流讨论，加强中国和东盟各国在清洁能源领域的深度对话与合作；并就各国在电力相关领域的规划前景、投资需求、产业政策、项目对接等方面进行对话与交流。

广西壮族自治区人民政府副主席陈刚、中国电力企业联合会专职副理事长、中国电力发展促进会会长魏昭峰、中国—东盟商务理事会执行理事长许宁宁分别为大会致词。国家能源局国际司司长邹逸桥、中国—东盟商务协会主席纳丹、中国电力国际有限公司董事长李小琳、特变电工股份有限公司总经理吴微、中国广核集团公司总经理助理胡文泉分别就中国和东盟电力合作发表主旨演讲。

南方电网科研院许爱东、中国广核集团有限公司金军、中核能源科技有限公司陈景、中国电力发展促进会核能分会田力、中国环境保护公司邹桂金、特变电工新能源公司兰洋、神华国华广投（北海）发电公司李树田、北京国电通网络技术有限公司耿亮等专家代表围绕核电技术现状与前景、分布式能源与微电网、核电小堆技术研究、高温气冷堆的现状与发展前景、新核能观、垃圾发电技术发展现状及展望、太阳能光伏发电技术发展前景、清洁煤炭利用、智能电网和能源互联网等领域发表精彩演讲。

论坛专门设立了东盟各国拟在建项目发布环节，方便与会代表进行经贸洽谈和商务对接。

与本届论坛同期举办的中国—东盟博览会电力工业展和新能源展，共有90多家电力企业参展，是对当前中国与东盟电力技术与设备的全面展示，为中国和东盟各国电力同行们提供一个交流合作的平台，使大家及时了解当前电力工业的新技术、新产品，同时也为各国电力企业决策者和专业技术人员提供了一个更深层次的平台。为促进中国和东盟各国电力工业的合作与发展，也为东盟各国电力企业开拓市场，获取供求信息，研发新技术和新产品，提供很好的契机。

本次中国—东盟电力合作与发展论坛圆满成功，为中国与东盟国家的电力合作搭建了良好的沟通与交流平台。论坛充实紧凑的安排，丰富多彩的内容，新颖独特的形式获得了与会代表的认可和欢迎。来自各国的代表均表达了加强中国与东盟之间、东盟国家之间电力合作的愿望，中国—东盟电力合作必将迎来广阔的明天。

（来源：中国电力网. http://www. chinapower. com. cn/newsarticle/1219/new1219535. asp. 2014－09－17）

2014中国—东盟环境合作论坛

2014年9月17～18日，由中国环境保护部与广西壮族自治区人民政府、东盟秘书处联合主办的“2014年中国—东盟环境合作论坛”在广西南宁举办。论坛以“可持续发展的国家战略和区域合作：新挑战和新机遇”为主题，对中国—东盟环境保护合作展开探讨，充分反映了中国与东盟各国加强环境合作，共同谋求区域可持续发展的良好愿望。来自东盟各国和东盟秘书处的高级官员，联合国环境规划署、亚洲开发银行等国际合作代表，以及中国环保部、广西、香港和澳门特别行政区的有关官员、学者和企业界代表近200人应邀出席了论坛。

国家环境保护部副部长李干杰在主旨演讲中指出，当前亚太经济保持良好发展势头，成为世界经济复苏和可持续增长的重要推动力量。同时，国际金融危机的深层次影响仍然存在，气候变化、生态退化、资源危机、重大自然灾害等全球性挑战日益突出，全球经济与环境治理任重道远。在这种背景下，加强中国与东盟的环境合作是中国与东盟各国自身发展的需要，也是对全球可持续发展的积极贡献。

李干杰指出，中国的生态文明建设是开放、包容的。中国和东盟，一个是最大的发展中国家，一个是最大的发展中区域组织，面临着区域经济发展绿色转型的共同挑战与机遇，决定了中国与东盟之间的合作是推动区域可持续发展的关键力量。近10年来，特别是2010年中国—东盟环境保护合作中心成立以来，中国与东盟的环境合作迎来了新的发展契机。双方通过了环境合作战略，制定了二期合作行动计划，重点推进了生物多样性和生态保护、环保产业与技术交流、环境管理能力建设、联合研究等领域的合作，启动和实施了中国—东盟绿色使者计划，制定了中国—东盟环境技术产业合作框架。双方的成功合作，探索了卓有成效的区域环境合作和“南南环境合作”的新模式。

为进一步深化中国—东盟的环境合作，实现区域绿色发展，李干杰提出三点合作建议：第一，共建海上绿色丝绸之路，打造区域环境合作共同体；第二，加强政策交流与能力建设，构建多层次、宽领域的合作平台与网络；第三，积极开展环境技术与产业合作，为区域绿色发展注入新动力。

广西壮族自治区副主席唐仁健在致辞中表示，中国与东盟都处在发展转型的关键时期，在应对可持续发展方面有着共同的机遇和挑战。广西作为中国面向东盟开放合作的重要门户，希望并愿意与区域内各方积极探索和推进可持续发展的中国—东盟区域合作新模式。唐仁健对今后中国与东盟的环境合作提出几点建议：第一、积极打造中国—东盟绿色发展合作示范区。重点开展循环低碳经济、生态农业、生态旅游、环保产业、绿色贸易等领域的交流与合作，推进区域发展绿色转型，实现优势互补、互利共赢。第二、加快建设中国—东盟海洋环境合作试验区。深化海洋环保与科研合作，加强海洋和岛屿环境管理合作，共同开展海洋环境监测、海洋资源开发、海洋生态系统保护、海洋环境应急，共同构建海洋生态环境安全屏障。第三、务实推进《中国—东盟环境保护合作战略》。在高层政策对话、生物多样性和生态保护、环境可持续城市建设等方面，积极参与中国—东盟环境保护合作，实现环境可持续性发展。

与会代表认为，可持续发展战略已成为国际共识，加强国际和区域环境合作是实现可持续发展的重要手段。在推动生态文明与绿色转型的过程中，中国和东盟各国在污水治理、大气污染控制、重金属污染防治以及海洋开发、新能源开发等方面有很大的合作空间。双方应携手应对环境挑战，抓住发展机遇，通过推动节能环保产业的发展，搭建环保技术与产业交流平台，鼓励中国与东盟地方政府和企业界共同参与，推进中国—东盟环保产业合作，在探索可持续发展的进程中促进区域绿色合作。

中国—东盟环境合作论坛是中国与东盟成员国在环境领域开展对话、促进交流、推动务实合作的重要平台。自2011年启动以来，已连续3年分别在广西南宁、北京和广西桂林成功举办。2014年环境论坛是中国—东盟合作“钻石十年”开局之年系列活动和第11届中国—东盟博览会重要活动内容之一，东盟国家派出了高级别代表团参加论坛。本届论坛还设立有3个分论坛，分别围绕“生态文明与绿色转型的制度创新”、“环境可持续城市建设伙伴关系”和“环境保护技术研发与应用合作”3个主题，从国家、城市、企业等3个不同层次、不同角度开展中国—东盟环境保护合作探讨。

（来源：人民网. http://world. people. com. cn/n/2014/0917/c1002－25681222. html. 2014－09－17）

2014中国—东盟矿业合作论坛

五月的南宁，繁花似锦。2014年5月9日，以“建设绿色矿山，促进矿业可持续发展”为主题的2014中国—东盟矿业合作论坛暨推介展示会在南宁国际会展中心开幕。广西壮族自治区主席陈武，国土资源部副部长汪民，老挝能源矿产部副部长斯纳瓦·苏帕努冯，马来西亚自然资源与环境部副秘书长默罕默德·安里·默罕默德·诺尔，缅甸矿业部副部长吴丹吞分别在开幕式上致辞，广西壮族自治区副主席陈刚主持开幕式。

陈武首先对前来参加本届矿业论坛的领导和嘉宾表示感谢。陈武表示，2010年以来，在各方共同努力下，中国—东盟矿业合作论坛连续在南宁举办，取得了丰硕的成果。一是共同达成了《中国—东盟矿业合作论坛南宁宣言》、《中国—东盟矿业高官会议纪要》、《中国—东盟矿业合作论坛秘书处联络官会议纪要》等重要的共识和合作成果，为深化国际区域矿业合作奠定了坚实的基础。二是几年来共有1606家企业参展参会，推介洽谈项目566个，总签约金额达到480多亿人民币，矿业合作的规模不断扩大，促进了互利共赢和共同发展。三是中国—东盟矿业合作论坛已经成为全方位、多层次、宽领域的矿业合作的重要平台，推动中国—东盟矿业合作，从最初的企业间的合作扩大到企业与政府，政府与政府之间的合作，从最初的基础地质、产品展示、矿业投资、项目推介等领域，拓展到信息共享、人才培训、技术交流等新的领域，论坛的平台效应不断提升，区域影响力不断扩大。

陈武分析，当前广西正面临着开创中国—东盟合作新的“钻石十年”，参与21世纪“海上丝绸之路”建设，打造中国西南、中南地区开放发展的新的战略支点和建设沿边开放重点实验区等重大的历史机遇。广西愿意与东盟各方携手共进，进一步增进相互的了解与友谊，务实推进包括矿业在内的全方位多领域的交流合作，充分发挥广西在中国—东盟开放合作新门户、新枢纽的作用。

汪民在致辞中表示，4 年来，中国—东盟矿业合作论坛秉持开放合作精神，充分利用自贸区政策机遇，全面打造中国—东盟矿业对话交流投资合作平台，为推动中国—东盟矿业的互利合作和共赢发展作出了积极的贡献。本届论坛的主题是“建设绿色矿山，促进矿业可持续发展”，我们将坚持深化改革开放，加强找矿与资源节约，推动矿业绿色发展，全面提升矿业对经济发展的支撑能力。一是深化改革开放，增强矿业发展的动力与活力。通过精简优化矿产资源管理和投资审批程序，健全完善行业服务体系，促进矿业投资便利化。二是开源与节流并举，立足国内，提升资源保障能力。三是发展绿色矿业，统筹资源开发，环境保护与民生改善。我们坚持把生态文明建设放在突出位置，努力建设“美丽中国”。

汪民指出，实现矿业持续健康发展是大家面临的共同任务，中国和东盟矿业界应当坚定信心、立足当前、谋划长远、增进共识、互惠共赢，深化推进中国和东盟矿业领域全方位的务实合作。汪民提出三点建议，在大会上与东盟各界嘉宾交流。第一，着力提升矿业的合作水平。中国和东盟矿业界应充分利用中国—东盟自由贸易区升级版，21 世纪“海上丝绸之路”建设等重大的战略机遇，积极探索和推动建立矿产资源领域长期经贸合作关系，鼓励支持双方企业开展矿业的合资合作，探索实施促进双边矿业贸易和投资便利化措施，不断加大双边矿业投资和经贸合作力度。第二，建成完善矿业合作平台。深入推动落实中国国土资源部和东盟各国矿业主管部门之间的合作协议，加强高层互访，业务往来，充分利用中国国际矿业大会、中国—东盟矿业合作论坛等重要平台，推动开展矿业项目推介洽谈、对接，促进实质性的项目合作。第三，深入开展绿色矿业交流合作。双方应积极开展关于绿色矿山建设的有关政策、管理、标准等方面合作，加强经验交流与共享，深入开展节能减排、综合利用、环境治理等领域技术项目合作，促进绿色矿业技术推广和应用，推动开展绿色矿业领域能力建设和人才培养合作。

出席当天开幕式的还有东盟各国代表团和矿业商协组织等的负责人，中国政府部门有关部门和部分省市自治区的负责人，有关国家外交使节，国际和区域组织的代表，中国和东盟企业界知名人士以及有关专家学者共 500 余人。

论坛开幕式前，国土资源部副部长汪民，广西壮族自治区副主席陈刚及东盟国家嘉宾对中国—东盟矿业合作图片展、矿物珠宝展等展馆进行了巡馆。

（来源：广西国土资源厅. http://www.gxdlr.gov.cn/Newscentre/NewsShow.aspx NewsId＝33936. 2014—05—09）

第 9 届中国—东盟文化论坛开幕主题为国际性艺术节

第 9 届中国—东盟文化论坛 2014 年 9 月 15～16 日在广西南宁举行，本届论坛以“国际性艺术节的管理与实践”为主题，来自中国和东盟 10 国的代表围绕这一主题展开讨论。据悉，本届论坛还将整理发布《中国和东盟主要国际性艺术节名录》，为中国与东盟各成员国之间国际性艺术节提供信息共享。

2014 年是中国—东盟合作“钻石十年”、共建 21 世纪海上丝绸之路的开局之年，也是首个中国—东盟文化交流年。中国文化部部长助理刘玉珠表示，本届论坛以国际性艺术节为主题，目的是为了让中国和东盟各国之间更好地了解彼此，共享举办国际性艺术节的信息资源，交流举办国际性艺术节的经验，使各自的艺术节越办越好。

刘玉珠表示，国际性艺术节是增进友谊、加深了解，促进国与国、区域乃至国际文化交流的重要载体，通过举办国际性艺术节，可以让各国不同风格的文化艺术相互交流、交融，增强对别国优秀文化的认同感，促进本国文化的多元性，同时，可以提升本国民族文化内涵，彰显民族文化特征，丰富群众文化生活。

新加坡总理公署兼文化、社区及青年部政务部长陈振泉表示，正是基于这些国际艺术节的举办，使得新加坡与中国及东盟其他国家在文化方面的联系变得更加紧密，如文化遗产保护和一些新兴文化产业的合作等。

广西与东盟国家山水相连，是中国唯一与东盟既有陆地接壤又有海上通道的省区，在中国与东盟合作中具有重要的战略地位和作用。广西壮族自治区副主席李康表示，进入21世纪以来，广西的文化发展和艺术创作更注重民族性、现代性和国际化相融合，创造了一大批优秀的艺术品牌和文化节庆品牌。如南宁国际民歌艺术节，如今已成为集文化、经贸、旅游为一体的盛典，是中国面向东盟国家最具影响力的艺术节品牌之一。

（来源：新华网. http://www.gx.xinhuanet.com/newscenter/2014－09/15/c_1112485719.htm. 2014－09－15）

第4届中国—东盟物流合作论坛

第4届中国—东盟物流合作论坛于2014年9月18日在中国广西隆重召开。本届论坛由中国广西壮族自治区人民政府、中国物流与采购联合会、大湄公河次区域运输商协会联合主办，以“海上丝绸之路物流共促发展”为主题。

论坛分为主论坛、分论坛、特别推荐城市考察三部分。其中分论坛分别为：北部湾城市群商贸中心玉林专题研讨会、桂台冷链合作洽谈会。论坛云集来自东盟国家、中国港澳台地区及广西区内外各省市的物流专家学者及企业家600多人，出席嘉宾的有：中国物流与采购联合会副会长戴定一、中国—东盟商务理事会中方常务副秘书长许宁宁、国务院发展研究中心研究员暨国家物流中长期发展规划参会者魏际刚、泰国国立那黎宣大学物流与供应链学院副院长 Witiya Pittungnapoo、台湾国际物流暨供应链协会理事长叶建明等。会后专家共同探讨了中国—东盟海陆空物流大通道的构建、打造立体集疏运体系、以物流推动“一路一带”战略的实施等问题。

中国—东盟物流合作论坛目前已成功举办3届，为中国—东盟国家领导人、政府官员、工商领袖和专家学者搭建起高层对话、互动交流的平台，是中国—东盟博览会品牌论坛之一。

一、推进海上丝绸之路物流通道建设成共识

中国物流与采购学会副会长戴定一指出，随着“21世纪海上丝绸之路”战略的实施，中国广西作为中国—东盟合作的桥头堡必然会成为该战略的一个核心区域，中国—东盟双方物流合作的巨大发展空间，迫切需要推进海上通道建设。

中国广西玉林市作为广西与东盟合作的腹地城市。广西玉林市市长苏海棠在论坛上介绍，近年来的考古成果已经确证，中国广西合浦港是海上丝绸之路最早的始发港之一。而广西玉林的母亲河——南流江，就是在合浦港注入北部湾。南流江，古称合浦水，是合浦北上的水道，是陆上丝绸之路和海上丝绸之路的重要连接点，广西玉林地区凭借着南流江这条沟通海洋与内陆最便利的交通运输通道，成为海上丝绸之路的重要枢纽。广西玉林民营经济发达，被誉为“广西温州”，随着中国广西加速成为中国西南、中南地区面向东盟、走向世界的国际大通道和“海上丝绸之路”的主要节点和重要平台，玉林市作为广西第4大经济体，将成为中国—东盟物流合作的重要枢纽。

中国广西玉林将通过以下措施，积极参与“21世纪海上丝绸之路”建设，推进中国—东盟物流合作共赢，重振“岭南都会”新辉煌。一是畅通大通道；二是培育大产业；三是构建大物流；四是搭建大平台；五是推进大合作。

二、丝绸之路经济带发展方向及步骤

国家商务部流通业发展司副司长王德生指出，中国—东盟物流合作应在以下方向：一是跨境电子商务物流的合作；二是物流标准化的制定；三是物流标准化的应用。

国务院发展研究中心研究员魏际刚指出，丝绸之路经济带的发展应分三步走，一是推动投资贸易便利化，深化国家与地区分工；二是建立中国与中亚自贸区，促进非洲和拉美合作机制；三是实现贸易、金融、物流一体化，共同繁荣。

中国广西物流与采购联合会会长戴毅表示，丝绸经济带的发展，物流是核心的支撑，中国—东盟物流合作要从政府间的合作向产业合作，企业合作的方向发展，只有将合作落实到具体的行业协会、

企业之间，区域物流才能形成一体化发展。

三、专家为海上丝绸之路物流合作出谋划策

广西壮族自治区发改委副主任李彦平认为，“21世纪海上丝绸之路”为广西经济和物流产业带来了巨大的发展机遇，中国广西应积极主动融入，首先在规划层面上要突出广西在海上丝绸之路的先天优势，在政策上给予产业发展有力的支撑，为经济带的发展和物流产业的发展营造良好的发展氛围。

泰国国立那黎宣大学物流与供应链学院副院长Witiya Pittungnapoo称，海上丝绸之路经济带的发展要注重节点城市的规划和发展，以节点城市为点，以主要交通通道为线，结成区域网络化物流服务。

台湾国际物流暨供应链协会理事长叶建明提出，加强两岸冷链物流的合作，引入中国台湾先进的技术和管理模式，与广西冷链物流企业形成战略合作，是提升区域物流服务和商贸服务的关键点。

（来源：中国—东盟博览会官方网站．http://www.caexpo.org/htm/2014/wzsc－0910/204836.html/2014－09－10）

第4届中国—东盟国际口腔医学交流与合作论坛

第4届中国—东盟国际口腔医学交流与合作论坛2014年10月27日在广西南宁开幕。作为中国—东盟博览会的系列论坛之一，本届论坛对制约东盟区域口腔医学发展的相关因素以及对策进行了深入探讨。

论坛由中国国家卫生和计划生育委员会、广西壮族自治区人民政府主办。来自中国、东盟、欧美国家的卫生行政管理部门官员，牙学会以及口腔医学院校的著名专家学者等参会，嘉宾包括世界牙科联盟主席黄殿春、柬埔寨卫生部国务秘书锡尔·克鲁伊、老挝人民民主共和国卫生部副部长索默克·金沙达、缅甸卫生部副部长吴温明、原老挝人民民主共和国卫生部部长本梅·达拉洛等。

中国国家卫生和计划生育委员会国际合作司副司长李明柱在论坛开幕式上致辞称，中国政府高度重视口腔卫生工作，积极加强口腔疾病防治网络和队伍建设，开展群众性口腔健康促进工作，口腔卫生服务需求潜力巨大。李明柱希望东盟各国、海内外口腔医学界专家以论坛为平台，积极探索和推动中国和东盟国家之间医学领域合作机制建设，不断丰富和拓展中国—东盟全面合作关系。

老挝卫生部副部长索默克·金沙达称，中国—东盟国际口腔医学交流与合作论坛为中国与东盟国家提供良好的平台，促进各国在口腔医学教学、学术交流、专业培训、医疗设备贸易等方面开展合作。2015年东盟国家将建立东盟经济共同体，在医疗合作包括口腔卫生工作合作方面，东盟各国都面临机遇和挑战。老挝希望加强与中国及东盟各国的对话与合作，加强互信互助，推动口腔卫生事业不断发展。

论坛组委会主席、广西医科大学副校长、广西医科大学口腔医学院院长周诺介绍，本届论坛共安排高峰论坛、第2届微生态学及微生物生物膜国际研讨会、现代口腔医学国际研讨会、口腔医疗器械展等近10场活动。与前3届相比，本届论坛新增设“中国—东盟国际口腔医学优秀青年学生论坛”，为中国—东盟各国青年之间搭建友谊与互信的桥梁。

本届论坛举办当天，中国—东盟口腔医学青年交流活动基地暨广西医科大学东盟国际口腔医学院建设启动仪式在南宁五象新区举行。与会嘉宾以及中国—东盟口腔医学青年代表共同种上“合作之树”，并浇灌采自中国—东盟各地的“友谊之水”，祝愿中国—东盟友谊万古长青。

（来源：中国新闻网．http://finance.chinanews.com/jk/2014/10－27/6721047.shtml.2014－10－27）

第2届中国—东盟技术转移与创新合作大会

2014年9月14日至19日，由科技部和广西壮族自治区人民政府共同主办的“第2届中国—东盟技术转移与创新合作大会”在广西南宁召开。作为

中国—东盟技术转移中心的年度标志性活动，本次大会以“创新·合作·发展”为主题，包括高层合作论坛及产业技术合作需求推介会、中国—东盟科技创新政策研讨会、中国与东盟农业科技论坛、第11届中国—东盟博览会先进技术展、中国—东盟北斗技术转移研讨会、中国—东盟技术对接洽谈会、考察中国—马来西亚钦州产业园区等多项活动，参会代表来自中国各省市以及东盟各国，总人数超过800人。中国科技部副部长曹健林以及柬埔寨、老挝、缅甸、泰国等东盟国家科技主管部门官员出席高层论坛并发表主旨演讲。广西壮族自治区人民政府黄日波副主席出席大会并致辞。

论坛开始前，中国与柬埔寨、老挝、缅甸、泰国等各国科技主管部门、广西壮族自治区人民政府相关领导共同见证了合作项目签约，以及中国—东盟移动互联网产业联盟揭牌。签约项目共15个，包括共建中泰技术转移中心、中老技术转移中心、共建东南亚移动支付快速通道、共建北斗及地球空间产业示范基地、卫星导航合作、中泰科普合作、农作物科研合作基地建设等。

会上，曹健林介绍了中国科技发展的最新进展以及中国—东盟科技伙伴计划实施进展情况，就共建双边国家联合实验室、中国—东盟技术转移中心建设、中国—东盟遥感卫星数据共享与服务平台建设、东盟国家杰出青年科学家来华工作计划等进行了阶段性总结。曹健林指出，科技伙伴计划坚持平等互利、需求导向、能力建设和广泛参与的原则，通过开展双边和多边合作，共享科技发展经验，有助于增强区域内各国科技实力，得到中国和东盟各国领导人的高度关注。科技伙伴计划有关工作被列入2013年10月中国与东盟成员国领导人共同发表的《纪念中国—东盟建立战略伙伴关系10周年联合声明》。曹健林副部长还介绍了中国科技部围绕落实该联合声明，将推进的科技伙伴计划下阶段重点工作：一是继续大力推进联合实验室、技术转移中心、遥感卫星数据共享与服务平台以及东盟国家青年科学家来华工作等现已启动的合作；二是积极开展科技创新政策交流与合作，为此中国科技部将成立中国—东盟科技创新政策研究中心，并与各国科技政策研究机构共同构建协作网络，分享各国在科技规划与战略、科技发展规划、科技园区与孵化器建设、创新创业支持政策等方面的经验；三是加快构建中国—东盟农业科技协作网。为中国与东盟各国农业科研机构、农业大学、农业企业和农业协会搭建交流与合作平台；四是大力推进中国—东盟新能源与可再生能源行动计划实施，致力于提升各国开发利用新能源与可再生能源的技术水平，推动各国新能源产业发展、能源结构转变和升级，共同应对气候变化和能源挑战。

柬埔寨工业与手工业部副国务秘书 Tung Ciny、老挝科技部副部长 Sakhone Chaleunvong、缅甸科技部副部长 Ba Shwe、泰国地理信息与空间技术发展署署长 Anond Snidvongs 等东盟国家科技主管部门官员在主旨演讲中也结合本国科技发展情况和重点工作，提出了对与中国开展技术转移与创新合作的建议。此外，柬埔寨工业与手工业部副局长 Sok Chea，老挝科技部技术创新司司长 Soumana Choulamany，缅甸科技部科技研究院处长 Phyu Phyu Win，泰国工业联合会可再生能源产业分会副会长 Suwat Kamolpanus，印尼工商会馆会长 Utamakajo，缅甸可再生能源协会中央执行委员会成员 U Win Kyaing 等中外企业和机构代表进行了产业技术推介，受到参会代表的普遍关注。

泰国国家科技发展署、泰国宋卡王子大学科学园商业孵化中心、中铁工程装备集团有限公司、武汉光谷北斗控股集团有限公司、深圳海王集团等120多家企业、机构，共130多个合作项目参加先进技术展。参加对接洽谈的企业和机构达到215家，其中包括泰国科技部、泰国能源部、缅甸可再生能源协会、马来西亚生物质工业联合会、越南啤酒协会、新加坡宇东集团、绿宇（上海）信息科技有限公司、佑景天（北京）国际水环境研究中心有限公司等一批国内外知名企业机构。围绕现代农业、新能源、生物医药、电子信息、节能环保等5大领域，组织开展4个专场对接会，对接项目数达220多项。

（来源：中华人民共和国科学技术部. http://www.most.gov.cn/kjbgz/201409/t20140929_115984.htm. 2014—09—30）

2014 中国—东盟大法官论坛

2014年9月17日，为期两天的中国—东盟大法官论坛在广西南宁落下帷幕，与会各方共同通过《南宁声明》并圆满完成各项议程，中华人民共和国首席大法官、最高人民法院院长周强出席闭幕式并致辞。

经过与会各方反复磋商，中国—东盟大法官论坛通过了《南宁声明》。《声明》指出，在世界多极化、经济全球化深入发展，文化多样化、社会信息化持续推进，中国与东盟战略伙伴关系不断稳固、双方共同利益不断扩大的背景下，加强本区域内的司法交流与合作，共同构建互惠双赢的法治环境，有助于保障中国—东盟自由贸易区升级版建设，增强双边政治互信，维护本地区的持久和平、稳定与发展。《声明》提出，中国、东盟各国最高法院之间的司法交流与合作，应坚持开放包容、互利共赢、协商一致的区域合作理念，并恪守《东南亚友好合作条约》原则，《联合国宪章》宗旨和原则，中国与东盟签署的协议、谅解备忘录等各类合作文件，以及其他相关的国际法、条约和公约。《声明》强调，中国、东盟各国最高法院有必要通过深化司法改革，促进本国司法制度的自我完善和发展，为建立自由、便利、透明及竞争的投资体制提供法律支撑，致力于为自由贸易区建设创造自由平等、公平正义的法治环境。《声明》还在法官教育培训领域开展广泛的交流与合作、建立健全诉讼与非诉讼相衔接的矛盾纠纷解决机制、成员国边境地区法院开展合作和继续探索建立本区域司法交流与合作的长效机制等方面提出了目标、措施和愿景。

周强在致辞中表示，中国—东盟大法官论坛是在中国与东盟各国合作交流不断深化的背景下，举办的一次高层次司法论坛。来自中国和东盟各国的最高法院院长、首席大法官和大法官齐聚南宁，就共同关注的问题进行了深入的探讨和磋商，达成了广泛的共识，论坛必将对发展区域乃至国际司法合作发挥积极的促进作用。

周强表示，本次论坛积极务实、成果丰硕，增进了友谊、扩大了共识。与会代表围绕“司法改革与投资环境完善”、“法官教育培训与自贸区发展”、“多元纠纷解决机制与区域经济繁荣”等议题，进行广泛深入的交流和磋商，形成了联合声明，这对于增进相互了解、深化司法协助、加强务实合作、维护地区和平稳定，具有十分重要的意义，必将为中国—东盟战略伙伴关系的发展增添新的内容、注入新的活力。

周强表示，与会代表在发言、讨论过程中，各抒己见，求同存异，相互切磋，相互启发，进一步加强了沟通，增进了理解，加深了感情和友谊。与会代表崇高的敬业精神、深厚的法学素养，为论坛增添了光彩。

周强表示，中国—东盟大法官论坛的成功举办，标志着中国与东盟各国的司法领域合作进入新的历史阶段。盛会即将结束，新的一页已经展开。周强深信，司法是维护本地区持久和平与共同繁荣的有力手段，也是增进友谊、加强合作的重要桥梁。

广西壮族自治区主席陈武致辞称，本次论坛时间虽短，但与会代表准备充分、积极参与，论坛主题鲜明、探讨深入，嘉宾发言高屋建瓴、富有建设性，达到了交流思想、增进了解、加深友谊、扩大共识的目的。陈武认为，论坛有三个显著特点：一是层次高、规模大，是中国—东盟司法界、法官界的一次盛会；二是主题突出，研讨深入，对促进中国—东盟自由贸易区的健康发展必将产生积极的推动作用；三是形式新颖，成果丰富，必将对深化各国司法界以及法官之间的合作交流和友谊产生重大而深远的影响。

文莱最高法院首席大法官达图·基弗拉维·凯弗里、柬埔寨内阁办公厅法律委员会副主席苏·蒙里昂、老挝最高人民法院院长坎潘·西提丹帕、马来西亚马来亚首席法官坦·斯里·达图·塞瑞·祖克弗里·宾·阿麦德·马肯努丁、新加坡最高法院首席大法官梅达顺、泰国大理院副院长维拉蓬·汤苏万在闭幕式上致辞。他们向本次论坛的组织者表示感谢，祝贺中国最高人民法院成功主办了本次论坛。他们表示，通过对司法和法律进行研讨和磋商，对修改相关法律规则，加强司法合作，改善司法环境，促进外商投资，促进跨国贸易，对促进区域经济的繁荣发展具有重要意义。他们认为，论坛研讨了ADR等新的纠纷解决方法，研讨了司法教育、司法培训、司法技术，对当事人的合法权益得到司法保护，及时实现正义具有重要作用。他们强调，通过论坛分享了法治和司法的经验，在司法合作、司法改革、跨国贸易、司法管辖等诸多方面经过磋商形成了共识。他们建议，建立长效合作机制，不断努力，为促进区域和平、稳定、发展作出贡献。

中华人民共和国最高人民法院常务副院长沈德咏主持闭幕式。中华人民共和国最高人民法院副院长贺荣，广西壮族自治区党委常委、政法委书记温卡华，广西壮族自治区检察院检察长崔智友，广东省高级人民法院院长郑鄂，广西壮族自治区高级人民法院院长罗殿龙，海南省高级人民法院院长董治良，云南高级人民法院院长张学群出席闭幕式。最高人民法院有关部门负责人参加了闭幕式。

（来源：中国法院网. http://www.chinacourt.org/article/detail/2014/09/id/1445926.shtml. 2014－09－18）

大 事 记

2014 年 7～12 月

7 月

1 日　俄罗斯外交部长拉夫罗夫在莫斯科会见东盟秘书长黎良明。拉夫罗夫表示，东盟为设立东盟地区论坛、东盟防长扩大会议等亚太地区重要合作机制扮演了主要角色，俄罗斯主张与亚太地区所有组织进行合作。

1 日　由越南西宁投资建设股份公司施工建设的越柬新南—门寨大桥（又称友谊大桥）进入桥面铺装阶段。预计，越柬新南—门寨大桥将于 7 月底竣工并投入使用，为促进越南西宁省同柬埔寨波罗省和磅湛省贸易交流和推动边境地区经济、社会发展以及改善人民生活条件等作出贡献。

1 日　柬埔寨外交大臣贺南洪会见泰国外交部常务秘书兼外交部代部长西哈萨克，双方就移民劳工合作问题交换了意见。此外，双方还一致同意加强两国贸易和边界安全的合作。

1 日～4 日　首届中泰移动游戏与移动应用对接洽谈会在泰国曼谷举办。此次对接洽谈会由中国—东盟技术转移中心（CATTC）与泰国国家科学技术开发署（NSTDA）共同主办，主要邀请了来自 Thumbsup、Asiasoft、Garena 等 14 家重要泰国移动互联网企业的行业专家向中国企业分享泰国移动游戏与移动应用的发展经验。

2 日　由中国国家汉办驻泰国代表处与泰国教育部联合举办的第 7 届“汉语桥”世界中学生中文比赛泰国区决赛，在泰国首都曼谷落下帷幕，来自泰国各地共 17 名选手参加比赛。

2 日　首届中泰移动游戏与移动应用对接洽谈会在泰国首都曼谷召开，来自两国 110 多家移动网际网路领域企业的代表出席了会议，共同探讨中泰移动游戏与移动应用产业发展趋势，寻找双方合作良机。

10 日　由中国—东盟商务理事会主办的“2014 年上半年东盟形势分析会”在北京召开。中国前外交官、国内专家学者以及来自新加坡、马来西亚的外交官等近 20 人与会。与会者认为，2014 年上半年，东盟地区政治、经济形势总体平稳，东盟发展的机遇与挑战并存，10 国共同关切及推进东盟共同体建设。

7 月 11 日～7 月 12 日　东盟 10 国政府代表和中国香港政府代表在中国香港举行首轮自由贸易协定谈判。中国香港商务及经济发展局局长苏锦梁表示，东盟是中国香港的重要贸易伙伴，中国香港与东盟缔结自贸协定将促进双方经济发展，同时进一步加强中国香港作为区域贸易枢纽，以至东盟与内地贸易及投资桥梁的角色。

21 日　武汉开通至东盟 4 国（泰国、柬埔寨、越南、老挝）试验航线。这不仅是响应“21 世纪海上丝绸之路”的国家战略，深化中西部地区参与国际航运的竞争与合作，夯实武汉建设国家中心城市航运基础的重要举措，也是继 2013 年成功推出“泸州—武汉—台湾快班”的航线服务品牌后，武汉新港管委会携手武汉中远国际货运有限公司参与国际航运竞争与合作的又一力作。

22 日　第 11 届中国—东盟博览会、中国—东盟商务与投资峰会新闻发布会在国务院新闻办公室举行。中国商务部、广西壮族自治区政府、中国贸促会有关领导分别介绍了中国—东盟经贸合作情况及第 11 届中国—东盟博览会、商务与投资峰会亮点和筹备进展情况。

31 日　中国—东盟商务理事会在京发布了第 5 批中国—东盟双向推荐知名品牌目录。国内专家学者以及来自老挝、马来西亚、缅甸的外交官等近 20 人与会。与会者认为均表示双向推荐知名品牌有利于促进双方消费者对对方品牌的认知，拓展本国企业在对方市场的贸易空间，有利于提升区域企业在国际市场上的竞争力。

8月

4日 马来西亚商机推介会在北京举行，本次会议旨在协助中国企业了解马来西亚商机，促进双方互利合作。

6日 中国广东汕头经贸在曼谷泰国华人青商会举行揭牌仪式。揭牌仪式前，广东汕头市政府与泰国华人青商会签署了《合作设立汕头驻泰国经贸联络处协议书》。

7日 世界银行批准对越南提供5亿美元贷款，以提高越南经济发展关键区域的电力输送能力、效率和可靠性，包括大河内区、大胡志明市区、湄公河三角洲和中部地区。

8日 中国外交部部长王毅在缅甸首都内比都出席东亚合作系列外长会期间会见马来西亚外长阿尼法。王毅表示，2014年是中马建交40周年，双方共同举办了系列庆祝活动。中方愿意与马方认真落实两国领导人达成的重要共识，使中马关系继续在中国与东盟国家关系中发挥示范和引领作用。双方要保持高层交往的良好势头，提升经贸合作水平，推动旅游、教育和文化交流。

8日～10日 东亚合作系列外长会在缅甸首都内比都举行。为期3天的系列外长会讨论政治、安全和发展问题，以及与会各方共同关心的地区和国际问题。中国与东盟的合作成为会议各方关注的焦点，中国坚定支持东盟2015年建成共同体。

19日 银联国际宣布携手印度尼西亚金光银行，首次由当地银行发行银联卡，此举丰富了当地银行卡产品，为印度尼西亚民众的出行提供了更多的支付选择。

20日 马来西亚最大华人商会——马来西亚中华总商会（中总）总会长林国璋在吉隆坡出席该会成立68周年庆典活动时表示，中总将继续努力工作，推动中马经贸实现更大辉煌。

25日 第116届中国进出口商品交易会（广交会）推介说明会在吉隆坡举行，马来西亚企业界和商会代表近百人出席推介会。

26日 第13次中国—东盟经贸部长会议在缅甸内比都发表联合新闻公报宣布，中国和东盟同意开始中国一东盟自由贸易区升级版谈判。

9月

1日 主题为“彩色交响曲—美妙的中国与东盟”的第6届“我的中国与东盟”多媒体艺术展在中国贵阳开幕。

2日 由中国—东盟中心、东南亚教育部长组织高等教育与发展区域中心（SEAMEO RIHED）、卓越大学联盟联合主办，贵州理工学院承办的“2014中国—东盟高校校长国际合作研讨会”在贵阳国际生态会议中心举行，卓越大学联盟9所国内顶尖工科大学与东盟8所高校达成《联合声明》，构建“中国—东盟工科大学联盟”。

5日 “2014老挝—中国（广西）交易会”暨“2014中国广西（老挝）商品博览会”开幕式在老挝首都万象举行。交易会的举行，将进一步搭建平台、推动双边合作，进一步拓展和深化广西与老挝经贸合作交流，实现互利共赢和共同发展。

9月8日～11日 由中国商务部主办的第18届中国国际投资贸易洽谈会在厦门隆重召开。本次投洽会将紧扣国际资本流动新趋势和全球产业发展新动向，围绕展览展示、论坛研讨、项目洽谈三大主题开展高端权威的活动。

15日 中国—东盟博览会、中国—东盟商务与投资峰会组委会在广西南宁举行新闻吹风会，邀请中国商务部办公厅副巡视员、新闻办副主任胡锁锦向参会的中外记者介绍第11届中国—东盟博览会、中国—东盟商务与投资峰会有关情况。

16日 第11届中国—东盟博览会、中国—东盟商务与投资峰会开幕大会在广西南宁隆重举行。展会以“21世纪海上丝绸之路”为主题，在重点合作领域积极推动先行项目，促进“政策沟通、设施联通、贸易畅通、资金融通、民心相通”，得到中国和东盟各国乃至区域外国家的高度重视和关注。

16日～19日 第11届中国—东盟博览会轻工展在南宁华南城盛大举办，并于9月17日举行开幕仪式。展示包括国际商品、珠宝首饰、工艺礼品和时尚产品在内的多国优质产品，为各国专业客商提供更多商机，进一步促进东盟国家与中国在轻工业领域的交流合作。

18日 首届中国—东盟网络空间论坛在广西南宁荔园山庄国际会议中心开幕。本届论坛是国家互联网信息办公室和广西壮族自治区人民政府在中国—东盟博览会期间举办的首届网络空间论坛，旨在增进中国与东盟在网络安全和信息化领域的交流与合作。

19日　中国—东盟博览会、中国—东盟商务与投资峰会组委会举行新闻发布会，宣布第11届中国—东盟博览会、中国—东盟商务与投资峰会胜利闭幕。

23日　第32届东盟能源部长会议在老挝万象开幕。来自东盟各国的能源部长以及中国、日本、韩国等国代表团参加了本次会议。老挝能源与矿产部部长苏里冯·达拉冯表示，本届东盟能源部长会议将讨论东盟能源共同宣言，并将讨论建立东盟能源网络体系的倡议。

25日～28日　第11届中国—东盟博览会林产品与木制品展在广西南宁国际会展中心举办。

25日　中国国家主席习近平在钓鱼台国宾馆会见柬埔寨国王西哈莫尼和太后莫尼列。习近平指出，柬埔寨王室为中柬关系发展作出了历史性贡献。西哈努克太皇同中国几代领导人共同缔造和培育了中柬友谊，成为中柬友好的永恒象征。

10月

6日　中国第12届全国政协副主席马飚在南宁分别会见前来出席第45届世界体操锦标赛的缅甸副总统赛茂康、柬埔寨副首相兼内阁办公厅大臣索安。

7日　马来西亚总理纳吉布在吉隆坡会见国务委员杨洁篪。纳吉布表示，马方高度重视习近平主席提出的建设“21世纪海上丝绸之路”和成立亚洲基础设施投资银行的倡议，将积极参与配合，拓宽和深化两国各领域合作。

24日　中国同包括马来西亚在内的20个国家在北京签署了筹建亚洲基础设施投资银行（简称“亚投行”）备忘录，马来西亚成为亚投行创始成员国之一。当日，中国国家主席习近平在人民大会堂会见出席备忘录签署仪式的各国代表并发表讲话。习近平表示，亚投行将加快促进本地区基础设施互联互通，推动区域经济合作，为亚洲经济发展注入新动力。

28日　中国国务委员杨洁篪以及中央军事委员会副主席范长龙在北京分别会见新加坡副总理兼国家安全统筹部长及内政部长张志贤，双方肯定此访对进一步推动新中关系的重要意义，并对2015年新中建交25周年时两国元首互访表示期待。

11月

5日　中国驻马来西亚使馆在吉隆坡举办以“中国经历”为主题的援外培训学员招待会。黄惠康大使、马来西亚总理府部长魏家祥、国际贸易与工业部副部长李志亮、马中友好协会秘书长陈凯希等出席，赴华参加过培训的学员，马来西亚总理府、贸工部、外交部高级官员和使馆外交官等共约200人参加。

8日　中国国家主席习近平在人民大会堂会见老挝国家主席朱马里。习近平指出，中老两国志同道合，是好邻居、好朋友、好同志、好伙伴。

10日　马来西亚总理纳吉布在北京出席APEC领导人非正式会议，中国国家主席习近平、国务院总理李克强分别会见纳吉布总理。当日，中国人民银行与马来西亚国家银行签署了在吉隆坡建立人民币清算安排的合作备忘录。吉隆坡人民币清算安排的建立将有利于中马企业和金融机构使用人民币进行跨境交易，促进贸易和投资便利化。

25日～26日　为期2天的“同摄风华·共影东盟”东盟文化周2014暨影视合拍与旅游论坛在北京举行，中国与东盟国家签署了3部新电影的推介及合作意向书。与会官员和业内资深人士一致认为，中国和东盟应在影视文化方面加强合作，早日实现双赢的目标。

28日～30日　中国企业家俱乐部代表团访问新加坡，与新加坡政商学界人士展开深入交流，探讨潜在投资与合作机会。

30日　马来西亚副总理穆希丁对中国进行为期6天的正式访问。

12月

4日　马来西亚亚洲策略与领导力研究所和中国贸促会在重庆共同主办以“平衡增长，共享繁荣”为主题的第6届世界华人经济论坛。马来西亚副总理穆希丁和中国国家副主席李源潮共同出席并致辞。

13日　由新华社亚太总分社主办的首届东盟发展论坛在中国香港举行。来自东盟10国的政府官员、专家学者和工商界人士，中国香港工商界代表以及中国内地的有关专家学者等出席论坛。

29日　由中国—东盟商务理事会主办的中国—东盟经贸合作2014年度形势分析会在北京召开。会议回顾了2014年中国—东盟经贸合作形势的特点，并展望2015年中国—东盟经贸合作前景。

2015年1～6月

1月

15日 中国驻老挝大使关华兵在万象拜会老挝新任司法部长本格·桑宋萨。关华兵大使祝贺本格部长履新并表示中国大使馆愿继续发挥积极作用，进一步密切两国司法部门友好往来，推动中老友好事业在新时期取得更大发展。

9日 越南前副外长黎良明接替东盟前秘书长素林·披素旺正式就任东盟秘书长，任期5年。交接仪式在印度尼西亚首都雅加达东盟秘书处举行。

17日～21日 广西壮族自治区政府副主席张晓钦率团访问马来西亚推动中马“两国双园”建设，访问团参加系列活动，并与合作企业进行深入洽谈，进一步提升园区合作水平，积极推动“两国双园”互动。

20日 中马“两国双园”联合合作理事会第2次会议在吉隆坡召开，研究讨论了园区发展的关键性问题和当前面临的重点任务。

2月

5日 中国—东盟商务理事会、东盟北京委员会在北京向20家中国及东盟企业分别颁发“2014中国走进东盟成功企业”和“2014东盟走进中国成功企业”奖项。

11日 广西自治区政府主席陈武在广西深化高等教育综合改革工作会议上表示，广西将改革创新高校开放合作机制，加快高等教育国际化步伐，加强面向东盟的国家级教育培训中心和人才培养基地建设，建立“双向互通”中国—东盟人才培养体系，争取中国—东盟联合大学落户广西。

23日 中国外交部部长王毅在纽约会见马来西亚外交部部长阿尼法。阿尼法表示，马方支持并将积极参与海上丝绸之路建设，愿为促进东盟—中国务实合作发挥积极作用，维护东盟—中国关系良好发展的大局。

28日 第21届东盟经济部长非正式会议在马来西亚吉兰丹州首府哥打巴鲁市开幕，就东盟经济共同体建设的相关问题展开讨论。

3月

3日 泰国外交部东盟司司长贾克里特·斯利瓦里率团访问中国—东盟中心，与中心代理秘书长、综合协调部主任黄英、贸易投资部主任李元、教育文化旅游部主任荣叔男、新闻公关部主任乐达·普马举行会见。

8日 “广西中国东盟当代艺术中心揭牌暨中国—东盟书画展开幕”仪式在南宁举行。东盟各国驻南宁总领事、外交官、中国—东盟博览会秘书处官员、艺术家、企业商家等各界人士500多人参加了活动。

16日 第12届中国—东盟博览会高官会在广西南宁召开，来自中国和东盟10国的东博会共办方高官共商第12届东博会筹备大计。

17日 泰国佛丕府光中公学校董事会主席许镇宽率领考察团、老挝寮都公学董事长林俊雄率领来自老挝寮都公学、百细华侨公学的华文教育考察团来到广西华侨学校，商讨新形势下加强双方华文教育的合作与交流。

19～21日 第19届东盟财长会议（AFMM－19）暨第11届东盟央行行长会议（ACGM－11）在马来西亚首都吉隆坡国际会议中心召开。东盟十国代表团及东盟秘书处代表一同出席。

20日 广西壮族自治区环保厅召开推进“一带一路”环境保护国际合作建设研讨会，研讨未来广西参与东盟环境保护合作内容，并以此为契机寻找借助东盟平台促进环保国际合作的新机遇。

26日～29日 博鳌亚洲论坛2015年年会在中国海南省博鳌召开。年会的主题是“亚洲新未来：迈向命运共同体”。中国国家主席习近平和各国领导人出席开幕式。

27日 “中国—东盟工科大学联盟”第一届工作会议、秘书处揭牌仪式暨“中国—东盟海上丝绸之路文化节”在天津大学隆重举行。

28日 中国公布了《推动共建丝绸之路经济带和21世纪海上丝绸之路的愿景与行动》（《愿景与行动》），“一带一路”有了纲领性文件。

31日 老中民营经贸论坛在老挝首都万象开幕，110名来自中国各地的民营企业家出席，聚焦老挝投资热点，探讨新的投资方向。

4月

2日～4日 2015中国—东盟博览会泰国展在泰国首都曼谷举办。这是已连续成功举办11届的东博会首次走出中国到东盟国家办展，是东博会服务东盟国家参与“一带一路”建设的创新之举，彰显了泰国在中国与东盟国家合作中的重要作用。

3日 由广西民族大学东盟学院主办的“东盟形势及中国—东盟关系研讨会”在该校西校区举行，来自北京大学、厦门大学、云南大学、中国现代国际关系研究院、广西社科院及该校的近50名东盟研究权威专家就2014年东盟10国的政治、经济、外交形势进行了分析，并全面探讨了中国与东盟各国关系的总体发展态势，以及在当前国际形势下中国将以何种形式处理中国—东盟关系。

6日 “中国广西投资商机、沿边金融综合改革暨中国—东盟博览会推介会”在韩国举行，此次推介会主题为“活力广西　商机无限”。推介会同期举办了广西沿边金融改革专题分会场会议，并举行了广西与韩国经贸和金融项目签约仪式。

8日 中共中央政治局常委、国务院总理李克强在人民大会堂会见来华进行正式访问的越共中央总书记阮富仲。

8日 中共中央政治局常委、国务院副总理张高丽在人民大会堂会见了来华出席第5届“中新领导力论坛”的新加坡副总理张志贤。

10日 第16次中国—东盟联合合作委员会会议在位于印度尼西亚首都雅加达的东盟秘书处举行。双方回顾了上一阶段各领域合作，明确了下一阶段合作的重点。

10日 第5届中国—新加坡领导力论坛在江西井冈山举办，本次论坛以密切联系群众、凝聚社会共识为主题。中共中央政治局委员、中央组织部部长赵乐际，新加坡副总理张志贤出席论坛开幕式并分别致辞。

11日 由广西中国—东盟文化研究会主办的“一带一路”与广西发展座谈会在南宁举行，相关专家围绕“一带一路”建设与广西发展这一主题进行探讨交流。

14日 中国银行在马来西亚布城香格里拉酒店举行吉隆坡人民币清算行启动仪式。中国银行行长陈四清表示，中国银行将充分发挥国际化、多元化和专业化优势，以及吉隆坡人民币清算行在东南亚地区的作用，全力支持吉隆坡金融中心建设，积极帮助马来西亚提升在东盟的经济影响力和金融竞争力，使其在东盟地区的快速发展中扮演更加重要的角色。

15日 来自中国各地的知名电商企业会聚中越边境最大口岸城市凭祥市，参加以“跨境合作、开放共赢”为主题的“中国电商凭祥边关行”活动，共同探寻跨境电商市场新商机。

15日 广西壮族自治区主席陈武在南宁会见新加坡国际港务集团总裁陈聪敏一行。陈聪敏表示，新加坡国际港务集团高度重视广西市场，将继续加强与广西北部湾国际港务集团的合作，扎实推进项目合作沟通和协调，推动双方合作走向深入，促进互利双赢。

15日 亚洲航空集团与银联国际联合举行新闻发布会，宣布双方达成战略合作协议，并在上海新闻发布会举行了协议的签字仪式。合作协议将在受理、发卡等业务领域全面深化合作，实现亚航所有网站、航班及旗下连锁酒店受理银联卡，全面提升用卡体验。另据报道，双方战略合作项目包括，银联卡持卡人使用银联卡以人民币在线支付亚航机票，未来还可用银联卡支付其他货币。

16日 老挝驻南宁总领事馆举办老挝传统新年庆祝活动，老挝驻南宁总领事馆总领事习彭·班忠帕妮表示，“一带一路”建设将给东盟国家的经济发展带来极大的推动。

16日 中国国家发改委相关负责人举办的专题吹风会上表示，“一带一路”建设面向所有国家开放，无论是沿线国家还是域外国家，均可通过参与共建为本国和区域经济的繁荣发展做出贡献。

17日 中国人民银行行长周小川与马来西亚国家银行行长洁蒂在华盛顿续签货币互换协议，维持1800亿人民币或900亿林吉特的互换额度，有效期为3年。

17日 中国钦州保税港区进口肉类指定口岸通过国家质检总局组织的专家考核组验收。通过国家正式验收后，钦州保税港进口肉类指定口岸将成为东盟与中国西南地区进口肉类食品集散地，进入开放运营新阶段。

18日 一场以吸引中国公民到马来西亚旅游、投资、安家置业的恳谈会在厦门开幕。马来西亚驻广州总领事馆投资领事鲁立山表示，中国“一带一路”战略是大趋势，符合马来西亚的利益与需求，鲁立山希望借此把中国的巨大商机带到马来西亚。

19日 中国—东盟科技合作与技术转移深圳论坛在深圳市国际会展中心成功举行，本次论坛由中国—东盟技术转移中心与深圳市海外经济文化促进会联合主办。论坛以共建“21世纪海上丝绸之路”为主题，旨在为中国尤其是珠三角区域企业、机构搭建与东盟企业、机构沟通交流的平台，通过建立中国与东盟科技交流及技术转移的合作，有效推动产业升级及外向型经济发展。

19～21日 世界经济论坛（WEF）第24届东亚峰会将于在雅加达举行。本届论坛组委会向全球政商界1000多名贵宾发出了邀请，将就国际贸易、食品安全、能源可持续供给、金融融合、战略类基建、跨境投资和东盟经济共同体建设进程等议题展开深入讨论。

21日 中国纺织行业与东盟有关国家商务官员对话会在北京召开，中国—东盟商务协会联合主席许宁宁表示，中国—东盟共建、共商、共享21世纪海上丝绸之路，贸易畅通是重点建设内容。中国—东盟纺织行业互补性强，合作潜力大。

21日 2015中国浙江－马来西亚投资贸易洽谈会在马来西亚首都吉隆坡举行，来自中马两国政商界代表200多人出席活动，共同探讨浙江与马来西亚面临的新商机。

21日～24日 中国国家主席习近平访问印度尼西亚，并出席亚非领导人会议和万隆会议60周年纪念活动。

22日 中国—东盟商务协会联合主席许宁宁在北京主持中国机械行业与东盟有关国家商务官员对话会表示，中国推动的共建21世纪海上丝绸之路建设，将中国与东盟的经济合作带入新阶段，越来越多的中国机械企业看好21世纪海上丝绸之路的新商机。

22日 中国轻工行业与东盟有关国家商务官员对话会在北京召开。会议主题为“21世纪海上丝绸之路建设中双方轻工行业合作”。

23日 “第2届中国—东盟（海上丝绸之路）商务论坛”在北京举行，现场对六大版块的数十个意向合作项目进行了对接。

24日 中国银行新加坡分行与天津分行、天津自贸试验区天津港东疆片区管委会签署三方战略合作协议。根据协议，新加坡分行将向自贸区内企业提供最多100亿元人民币的资金支持。签约会上，新加坡分行同时与天津铁建大桥工程局集团有限公司、天津汽车模具股份有限公司、中国水电建设集团港行建设有限公司三家企业签订了共1.7亿元人民币的跨境借款协议。

24日～26日 中国广西壮族自治区与越南高平、谅山、广宁、河江省联合工作委员会第七次会议在越南河江省河江市举行。凭祥市与越南同登—谅山口岸经济区管理委员会共同签署了《关于建立凭祥（中国）—同登（越南）跨境经济合作区定期会晤机制的备忘录》。

24日～28日 第26届东盟峰会及系列会议在马来西亚举行。东盟按计划将在2015年年底建成共同体，并将制订2015年之后的发展愿景。2015年东盟峰会的主题为“我们的人民，我们的共同体，我们的愿景”。

26日 缅甸总统吴登盛在吉隆坡会见了中国香港特别行政区行政长官梁振英。双方就推动中国香港在缅甸中、小型经济产业、基础设施投资和旅游业的合作，以及两地间航空运输等事宜进行了交流。

27日 泰国开泰银行、支付宝和王权集团举行签约仪式，联合推出免税商品网购服务，2015年4月28日起，中国近9亿支付宝用户可在泰国最大免税商店——王权集团官方网站上直接消费。

27日 中国国家知识产权局局长申长雨在北京会见了来访的马来西亚国内贸易、合作和消费者事务部部长哈桑·马利克一行。申长雨表示，在中国—东盟框架下，中马双方已就人员培训、信息技术、传统医药数据库等方面广泛开展了合作，国家知识产权局愿意进一步与马来西亚加强在知识产权各领域的双边合作，希望双方尽快签署两局框架性合作协议，共同推进中马两国知识产权合作不断深入发展。会谈后，中马两局签署了《中华人民共和国国家知识产权局与马来西亚知识产权局数据交换协议》。

28日 东亚投资研讨会在南宁召开。围绕“共建21世纪海上丝绸之路—加强投资合作，促进共同发展”这一主题，14位来自东盟、韩国、澳大利亚以及中国的政府官员及商协会代表进行了主题发言。

28日 柬埔寨工业和手工业部部长占比塞在扶持中小型企业研讨会上表示，柬埔寨全国中小型企业必须努力提升与东盟其他国家间的竞争力。

29日 中国—东盟中心贸易投资部在北京举办了中国—东盟贸易投资合作研讨会。会议由中心贸易投资部副主任穆唯赛主持，李元主任致欢迎词。中国商务部国际合作司王江宁一秘、外资司路兰平处长作了“中国—东盟自由贸易区升级版”以及“中国的外资政策”的讲座。研讨会上，嘉宾们还就中国与东盟贸易和投资合作的相关议题进行了热烈的对话和讨论。

5月

1日　广西钦州保税港区火车站投入使用，实现全面开通运营。火车站的开通运营，结束了钦州保税港区不通火车的历史，开辟了钦州保税港区铁路运输的新时代。

4日　中国国务院总理李克强在中南海紫光阁会见马来西亚陆路公共交通委员会主席赛·哈密德。李克强表示，当前中马关系发展良好，务实合作成果丰硕。2015年马来西亚担任东盟轮值主席国，中方愿同马方进一步加强沟通与协调，共同维护地区和平稳定，将两国关系与合作提升到新水平。

6日　缅甸总统吴登盛在内比都会见了由云南省委副书记、省政府省长陈豪率领的云南省政府代表团一行。吴登盛对陈豪率团到访缅甸表示欢迎。吴登盛表示，缅中自古以来就是“共饮一江水”的友好邻邦，有着传统的“胞波”情谊，双方在和平共处五项原则基础上，已经发展成为全面战略合作伙伴关系。

6日　中国国务院总理李克强在中南海紫光阁会见马来西亚上议长阿布·扎哈。李克强表示，中马是好朋友和好伙伴。中国政府高度重视发展同马来西亚的友好合作关系，愿同马方加强政府、议会、政党、民间等交往，深化各领域务实合作，共同致力于维护地区和平、稳定与发展，实现互利共赢。

7日　广西壮族自治区主席陈武在雅加达分别会见印度尼西亚副总统尤素夫·卡拉、经济统筹部长索菲安·贾里尔。陈武表示，希望双方以中国—东盟博览会为平台，认真落实两国领导人达成的重要共识，携手共建21世纪海上丝绸之路和中国—东盟自由贸易区升级版，深化经贸、投资、产业园区、互联互通、旅游等领域合作。作为东博会承办方，广西诚邀印度尼西亚领导人率团出席第12届中国—东盟博览会并访问广西，广西将全力做好服务工作。

8日　2015中国—东盟博览会旅游展合作伙伴签约仪式在桂林桂山华星酒店举行。旅游展主办方分别与21家合作伙伴签订了合作协议，合作方将共同宣传和推广旅游展，实现资源共享，合作双赢。

8日　天然橡胶生产国协会（ANRPC）部长级特别会议在马来西亚首都吉隆坡举行，就保持天然橡胶价格长期稳定，促进该协会中成员国的合作以及加强协会在未来的角色等系列措施展开讨论。

8日～10日　东博会在印度尼西亚首都雅加达举办商品展销会。这是继泰国展之后，东博会走出国门举办展销活动，巡展东盟的第二站。东博会印度尼西亚展以务实推动“21世纪海上丝绸之路”建设，为中国和印度尼西亚深化经贸合作搭建更为广阔的平台。

9日　“2015华中中国通识论坛”在新加坡举行。新加坡贸工部兼国家发展部高级政务部长、通商中国董事李奕贤，中国驻新加坡大使馆教育参赞郁云峰以及政商领域的嘉宾和400名修读双文化课程的中学生出席论坛。

11日　2015东盟10+3“了解中国”培训项目开班仪式在北京外国语大学举行。北京外国语大学副校长闫国华出席并发表讲话。多位外交部、教育部、中国—东盟中心官员及东盟10+3项目教师和学生参加开班仪式。

11日　缅甸总统吴登盛在内比都会见了中华人民共和国国务委员、国务院秘书长杨晶率领的代表团。双方就巩固发展两国友谊，推动在工业、能源领域的投资、皎漂经济特区建设、连接“21世纪海上丝绸之路”前景及亚投行的合作等相关事宜进行了坦诚友好的会谈。

12日　第12届中国—东盟商务与投资峰会联络官会议在北京召开。会议通报了第12届峰会的活动建议并征求东盟国家的意见。

12日　中国驻马来西亚大使馆经济商务参赞吴政平出席“广东21世纪海上丝绸之路国际博览会马来西亚推介会”并致辞。广东省政府副秘书长刘晓捷、广东省商务厅副厅长吴军、马来西亚国际贸易与工业部副秘书长希斯瓦妮、马中总商会会长黄汉良等出席开幕式。

12日～14日　上海市市长杨雄率领上海市政府代表团应邀访问了新加坡。杨雄表示，新加坡在金融、贸易、科技创新和城市管理方面的领先经验，值得上海在实施创新驱动发展战略中学习借鉴。上海愿在共建“一带一路”框架下，促进互利共赢，为中新两国友好关系发展作出更大贡献。

5月13日　中国—东盟跨境传染病监测与应对研讨会在南宁举行，来自中国与东盟各国的检验检疫官员、传染病防控专家齐聚一堂，深入交流应对传染病等突发公共卫生事件的经验。

14日～15日　第13届东盟地区论坛反恐与打

击跨国犯罪会间会在广西南宁举行。

15 日　第 2 届中国（重庆）东盟家具博览会暨木材及木制品采购订货会在铠恩国际家具名都开幕。来自东盟 10 国和尼泊尔、肯尼亚、坦桑尼亚等国的 100 多家客商，中国内地及港澳台的 3000 多家知名厂商将携 10 多万套家具亮相。

17 日　马来西亚巴生港自贸区国际贸易与清真产业中心与云南省南涧县红云核桃加工销售有限公司在南涧县签署合作协议，红云核桃正式入驻巴生港自贸区。

17～19 日　亚洲合作对话（ACD）共建“一带一路”合作论坛暨亚洲工商大会在福建省福州市召开。本届大会以“推进“一带一路”建设，提升亚洲务实合作水平”为主题。

18 日　“一带一路”清真国际贸易合作发展峰会暨中国—马来西亚清真认证战略合作协议签署仪式在北京举行。中国清真产业有望借此机会成立清真产业大联盟，“撬动”万亿元国际清真市场，加速中国企业“走出去”步伐。

18 日　中国—东盟检验检测认证高技术服务集聚区暨 6 个东盟检测认证中心建设座谈会在南宁召开，标志着落实中国—东盟检验检测认证高技术服务集聚区战略发展规划迈出了重要的一步。

20 日　越南农业与农村发展部在河内与中国农业部签署农业合作备忘录。该备忘录将推动两国农业领域的合作，具体包括：农业研究、技术、贸易和动植物品种的培育、追踪和疾病防控；农业机械设备的生产；农产品加工、专家交流和信息互通。

20 日　2015 年东盟论坛在新加坡举行。论坛主题为“东盟一体化的发展与机遇”，聚焦东盟经济共同体的建设及一体化对经济所带来的影响，并探讨企业如何抓住东盟成员国发展的机遇及优势，建立有效的区域发展战略。

21 日　广西壮族自治区党委书记、自治区人大常委会主任彭清华在南宁会见柬埔寨副首相兼外交国际合作部大臣贺南洪一行。彭清华表示，在建设“一带一路”的大背景下，广西作为“一带一路”重要节点的独特优势进一步凸显，希望双方进一步加强农业、经贸、旅游、航空、人文、教育等各领域交流合作，共享发展机遇和成果。广西诚挚邀请洪森首相出席 2015 年第 12 届东博会。

21 日　由中国商务部主办、中国—东盟博览会秘书处承办的 2015 中国—东盟经贸关系研修班在广西南宁开班。本次研修班积极服务“一带一路”建设，招生范围及领域进一步扩大，学员来自柬埔寨、缅甸、越南、斯里兰卡等东盟及其他“一带一路”沿线国家。

22 日　中国—东盟中心邀请北京大学国际关系学院教授翟崑博士到中心作了题为“东盟共同体建设和中国—东盟合作新机遇”的讲座。讲座中，翟崑介绍了东盟共同体建设和中国—东盟合作的发展历程、中国—东盟构筑“钻石十年”所面临的机遇和挑战，并就中国—东盟今后加强合作提出了建议。

22 日　以“汇聚电商力量，助力产业升级”为主题的 2015 年首届广西网货节暨农产品 O2O 交易会在广西东盟商贸城开幕。本届交易会由广西壮族自治区商务厅、自治区党员干部现代远程教育管理办公室、钦州市人民政府联合主办。

22 日　桂林市举办 2015 中国—东盟博览会旅游展接待工作培训会，对桂林市各旅游展接待单位 130 多名负责人进行集中培训。

22 日～28 日　第 19 届西洽会暨丝博会于在西安开幕，会期一周。本次会议以“共建丝路合作平台，推进区域开放发展”为主题，重点围绕“一带一路”特色所展开。

22 日～24 日　为庆祝中泰建交 40 周年，“走访东方海上丝绸之路”活动在泰国东部举行。活动由中国驻泰国大使馆与泰中文化促进委员会共同举办，中国驻泰王国大使宁赋魁参加。

23 日～24 日　亚太经合组织（APEC）第 21 届贸易部长会议在菲律宾长滩举行，商务部副部长王受文和中国驻世贸组织大使俞建华出席。会议就支持多边贸易体制、加强区域经济一体化及中小企业参与全球市场等议题进行了讨论，并发表了《贸易部长会议主席声明》、《APEC 贸易部长关于支持多边贸易体制的单独声明》和《中小企业全球化长滩行动纲领》。

26 日　中国—东盟中心新任秘书长杨秀萍抵达中国—东盟中心秘书处履新，受到中国—东盟中心全体工作人员热情迎接。2015 年 5 月 22 日中国外交部的照会宣布，经中国—东盟中心联合理事会讨论决定，由杨秀萍担任中心秘书长，自 2015 年 5 月 21 日起，任期 3 年。

26 日　2015 首届中国—东盟微电影大赛在南宁正式启动。本届大赛以“梦想点亮生活，合作成就梦想”为主题，由广西壮族自治区新闻出版广电局、北京市新闻出版广电局、国家海洋局宣传教育中心联合主办，广西电视台和优酷网承办。

26 日　中国—东盟博览会秘书处、马来西亚对外贸易发展局在南宁举办马来西亚专场圆桌会，为中国与马来西亚燕窝产业合作牵线搭桥。30家马来西亚燕窝企业，以及20多家广西食品进出口商、燕窝批发商、经销商就行业发展和市场开发等问题进行了面对面的交流。

27日 中国新任驻东南亚国家联盟使团团长徐步大使抵达印度尼西亚首都雅加达履新，接替刚刚卸任的中国首任常驻东盟大使杨秀萍。徐步表示，2015年是中国和东盟建立战略伙伴关系12周年。12年来，中国与东盟友好合作持续稳定发展，双方关系正站在新的历史起点上，已经步入交流更广、内涵更深、合作更紧的崭新阶段。在这样的时刻担任中国驻东盟大使，深感使命光荣，责任重大。

27日 亚欧互联互通产业对话会在重庆举行。中共中央政治局常委、国务院副总理张高丽出席开幕式并发表主旨演讲。

27～28日 中国海关总署在西安举办“‘一带一路’海关高层论坛”。中国海关总署署长于广洲作了“互联互通　共建共赢　携手开创海关国际合作新时代”的主旨发言。

28日 中国银行（泰国）股份有限公司在廉差邦球场举办了罗勇地区“走出去”中资企业客户答谢会，共邀请了60多家中资企业代表参加，中国驻泰王国大使馆经济商务参赞张佩东女士也应邀出席。

28日 以“聚焦一带一路，展示江海风采”为主题的2015中国南通江海国际博览会开幕。包括东盟前副秘书长、东盟国家驻华使节、中国—东盟商务理事会等高官在内的50多名“海上丝路”风云人物会后专门聚会一处，共商双向对接事宜。其间，中国—东盟商务理事会与南通市政府签订《中国—东盟建筑行业合作委员会筹备备忘录》。

28日 越南工贸部于在中国重庆市举行“越南贸易促进局重庆贸易促进办公室”揭牌仪式。越南工贸部副部长阮锦绣和重庆市副市长陈禄平出席揭牌仪式并致词。

29日 为期4天的2015中国—东盟博览会文化展在广西南宁国际会展中心开幕。本届文化展举办了系列精彩文化活动，为双方更好地发挥文化产业的资源优势、促进交流合作搭建有效平台，推动双方文化上相互借鉴、交融，加深人民之间的相互了解和友谊。

29日 广西壮族自治区新闻出版广电局在广西南宁举办了第3届中国—东盟出版博览会暨2015广西广播影视展。此次展览以“丝路书香　魅力传媒”为主题，主要展示新闻出版广播影视业改革发展的新成就、中国与东盟新闻出版广电交流合作的新成果，是2015中国—东盟文化展的重要组成部分。

29日 中国和东盟国家旅游部代表举行见面会，进一步推动和加强中国与东盟各国旅游部门之间的沟通，促进中国与东盟国家之间的旅游交流与合作。

29日 老挝首都万象市的副市长啊怒帕·度那龙到重庆推介投资贸易，期待中国企业到老挝投资。重庆也有意向南到东盟地区投资贸易，认为以老挝为代表的东盟地区具有颇多商业机会。

29日～31日 中国国家旅游局、广西壮族自治区人民政府共同主办的2015中国—东盟博览会旅游展在广西桂林举办。2015中国—东盟博览会旅游展以“21世纪海上丝绸之路旅游合作与发展”为主题，打造中国与东盟旅游合作交流的国际性知名展会，搭建具有区域特色、面向全球开放的旅游合作平台，通过旅游合作强化中国与东盟经贸投资对接，服务中国—东盟自贸区升级版和21世纪“海上丝绸之路”建设，促进民心相通。

29～30日 在广西参加中国—东盟博览会旅游展期间，杨秀萍秘书长同文莱驻华大使张慈祥共同出席相关活动，并就中心工作进行深入交流。

30日 由中国文化部主办、山东省文化厅与曼谷中国文化中心联合承办的“2015泰国·中国山东文化年”在曼谷正式拉开帷幕。

31日 在印度尼西亚巴厘岛，来自中国、印度尼西亚、泰国等11个东南亚国家的民间代表共同发布倡议书，提议建设中国—东盟非政府合作交流网，并以切实行动支持中国与东南亚各国共建“一带一路”。“一带一路”这一“系统工程”在东南亚地区找到了落脚点。

6月

1日 中国青岛港与柬埔寨王国西哈努克港签署正式协议。按照协议规定，双方将以友好港关系开展交流与合作，促进相互之间的贸易与航线，进一步扩大并开展港口开发建设、运营管理及其他领域的合作。

1日～7日 首届“中国—东盟核电能力建设活动”在深圳大亚湾核电基地举行。来自国家能源局、东盟9个成员国的20余位主管核电的政府高级官员出席开幕式，并参加为期7天的培训交流等活动。

2日 “中国—马来西亚友谊公园”在马来西亚行政首都普特拉贾亚市举行开园仪式，来自两国各领域的近百名友好人士出席庆祝活动。

2日 由中国商务部主办、广西国际博览事务局承办的2015年东盟国家经贸记者研修班在南宁开班。老挝、马来西亚、越南、吉尔吉斯斯坦、斯里兰卡等东盟及其他“一带一路”沿线国家共计25名经贸记者参加了研修班。

2日～8日 第4届中国—东盟音乐周在南宁举行。来自20多个国家的知名音乐人和一流演出团体带来高水平的演出，打造一场国际性的音乐艺术盛会。

3日 2015年泰国曼谷国际新能源展在曼谷国际贸易展览中心（BITEC）盛大开幕。特变电工西安电气科技有限公司携核心自主研发产品参展亮相，受到格外关注。

3日～4日 第21次中国—东盟高官磋商在北京钓鱼台国宾馆举行，外交部副部长刘振民与会，东盟10国的外交官员均出席了会议。双方就如何进一步推动中国与东盟的战略伙伴关系进行了广泛全面的交流。

4日 印度尼西亚金融服务管理局主席穆利亚曼与中国银监会副主席周慕冰代表双边监管层签署了中印度尼西亚银行业监管合作谅解备忘录。通过签署合作备忘录，双边监管层将加强信息共享和合作监管。

4日 老挝驻华大使宋迪·本库在会见中国—东盟中心秘书长杨秀萍时祝贺杨秀萍秘书长履新，对中心成立以来为推动中国—东盟务实合作所做工作表示肯定，期待中心在杨秘书长领导下取得更大发展。

8日 中国东盟法律合作（北京）中心成立揭牌仪式在北京京师律师事务所举行。北京中心的成立，将为在东南亚发展的华商群体，中商企业在东南亚的法律服务建一条“高速路”。

8日 文莱能源部部长亚斯敏在第4届东盟首席信息官论坛上发表讲话，称文政府高度重视信息通信技术发展，并将推出“2015～2020数字政府”战略。

8日 中国人寿（海外）股份有限公司（国寿海外）宣布，旗下中国人寿保险（新加坡）有限公司（人寿新加坡公司）正式开幕，公司经营范围以寿险为主，将通过银行及经纪商分销渠道，为客户提供全套的金融保险和投资理财解决方案。

8日～12日 由中国民航局国际司委托，航科院运输研究所承办的中国—东盟民航安全管理培训班在北京举行。来自新加坡、马来西亚、柬埔寨、印度尼西亚、缅甸等东盟国家的民航相关管理人员参加了此次培训。此次中国—东盟民航安全管理培训班，为中国与东盟国家在民用航空安全领域的交流与合作搭建了平台，增进了相互间了解与沟通，为中国与东盟国家民航深入的合作与发展起到了积极的促进作用。

9日 东盟地区论坛安全政策会议在马来西亚沙捞越州首府古晋举行，中国人民解放军总参谋长助理马宜明中将率团出席。

9日 东盟与中日韩（10＋3）高官会在马来西亚古晋举行，来自中国、日本、韩国和东盟10国的高官参加，外交部副部长刘振民率团出席。会议重点研究落实第17次10＋3领导人会议成果，就10＋3合作及共同关心的国际地区问题交换意见，并为2015年10＋3领导人会和外长会做准备。

9日 东亚峰会（EAS）高官会在马来西亚古晋举行，来自东盟10国、中国、日本、韩国、印度、澳大利亚、新西兰、美国和俄罗斯的高官参加，外交部副部长刘振民率团出席。会议重点研究落实第九届东亚峰会成果，讨论峰会发展情况，就共同关心的国际地区问题交换意见，并为2015年第10届东亚峰会和第五届东亚峰会外长会做准备。

9日 马来西亚驻华大使扎伊努丁在会见中国—东盟中心秘书长杨秀萍时表示，杨秀萍秘书长作为资深外交官经验丰富，深入了解中国—东盟关系，相信在杨秘书长领导下，中国—东盟中心将推动中国—东盟务实合作不断取得新成绩。

10日 广西北部湾国际港务集团携手新加坡PSA国际港务集团（PSA）、新加坡太平船务（私人）有限公司（PIL），在南宁市签署钦州港合资经营合同，成立广西北部湾国际集装箱码头有限公司。

10日 东盟地区论坛（ARF）高官会在马来西亚古晋举行，来自东盟10国、中国、日本、韩国、俄罗斯、美国、欧盟等27个论坛成员的高官和代表出席会议。此次会议主要是为2015年下半年举行的东盟地区论坛外长会做准备。各方讨论了东盟地区论坛未来发展方向，回顾总结东盟地区论坛框架下相关合作项目进展情况，审议相关成员提出的新一年度合作倡议，并就地区国际形势交换意见。

10日 广西壮族自治区人民政府就中国—东盟技术转移中心建设情况举行新闻发布会，宣布第3

届中国—东盟技术转移与创新合作大会于2015年9月18日～21日在南宁举办，届时将策划设计5大活动。

10日～11日 博鳌亚洲论坛能源、资源与可持续发展会议在马来西亚首都吉隆坡举行。会议主题为《"一带一路"建设与亚洲能源资源合作》。博鳌亚洲论坛副理事长、中方首席代表曾培炎出席论坛并发表主旨演讲，会议聚焦"一带一路"建设与亚洲能源资源合作，分析世界能源资源新形势、新格局，探讨本地区未来合作新思路，提出建立亚洲能源资源伙伴关系的倡议。

10～11日 经中国海关总署批准，东博会举办地南宁海关关长李文健率代表团赴越南谅山市和与中国广西边境相接的越南谅山、广宁、高平三省海关局成功举行第2次边境会谈，就进一步推进中越边境海关行政互助与协作、口岸管理、跨境缉私合作等事项达成了切实可行的合作事项，为中国广西进一步参与"一带一路"建设加强与越南通关执法协作提供有力支持。

11日 中国中共中央总书记、国家主席习近平在北京人民大会堂会见由主席昂山素季率领的缅甸全国民主联盟代表团。习近平指出，中缅是亲密友好的邻居。建交65年来，中缅传统友谊历经风雨从未改变，各领域务实合作成果丰富，成为休戚与共的利益共同体和命运共同体。这是两国历代领导人和两国人民共同努力的结果，需倍加珍惜。

11日 泰王国驻华大使醍乐堃·倪勇在哈尔滨出席"泰国投资环境及最新投资政策2015"推介会，在会后回答记者提问时，醍乐堃·倪勇表示，中泰两国双轨铁路项目将于2015年年底正式奠基，该项目的顺利进行标志着中国铁路的整体"出口"标准已成为世界各国学习的"范本"。

11日 缅甸驻华使馆和中国—缅甸友好协会联合在京召开缅甸投资环境暨中缅文化产业说明会。缅甸驻华大使吴帝林翁表示，缅甸尚有很多投资机会，欢迎中企在农业、渔业、基础设施等领域进行投资。吴帝林翁同时表示，中国投资缅甸具有天然的地理优势。

11日～12日 第13届东盟华商会在昆明召开。本届东盟华商会由中国国务院侨务办公室和云南省政府共同主办，以"聚集一带一路、合作共赢"为主题。来自海外42个国家和地区的750余名侨领、华商和华裔专业人士汇聚于此，以"侨"为桥，共商合作。

12日 第3届中国—南亚博览会暨第23届中国昆明进出口商品交易会隆重开幕。老挝总理通邢·塔玛冯出席开幕式。

12日～21日 应马来西亚客家公会联合会、柬埔寨客属会馆、泰国客家总会邀请，广东省梅州市政协副主席张光明率市侨联、市海联会及有关县负责人赴马来西亚、柬埔寨、泰国进行为期10天的访问，拜会当地侨团和侨领，考察当地侨情，收集侨史资料，开展联情联谊活动。

13日 越共中央委员、军委委员、边防部队司令武仲越（中将）率越南边防机关代表团一行97人到广西师范大学育才校区越南纪念馆进行参观。广西师范大学校长梁宏、越南学校纪念馆负责人与中国公安部边防管理局局长武冬立少将（正军职）陪同参观。

13日 由广西金融工程学会、龙光集团、广西财经学院联合主办的"2015泛北部湾金融合作论坛暨企业财经智库服务平台发布会"在南宁市会展中心锦宴剧院盛大开启。各嘉宾从不同的行业角度，对在"一带一路"战略背景下，如何加强泛北部湾金融合作，为企业搭建更好的金融服务平台，以及新常态下泛北部湾的投资商机等热门话题进行了深入探讨。

13日 中国农业银行泛亚业务中心在昆明挂牌。中国农业银行泛亚业务中心将在沿边金融开放改革中继续发挥主流银行作用，为增进中国与南亚、东南亚国家的经贸往来、人文交流做出更大的贡献。

15日～22日 由中国中医药管理局亚洲区域合作专项资金支持、中国—东盟传统医药交流合作中心举办的广西—东盟药用植物资源保护与生产培训班在广西举行。来自老挝、柬埔寨、缅甸等东盟国家从事药用资源管理和研究的人员在广西进行了7天的学习与交流，促进双方资源和技术的优势互补及传统医药资源的共享。

16日 由马来西亚中国工商银行主办的"海丝之路·工行相伴"中国—马来西亚海上丝绸之路研讨会在吉隆坡举行。中马两国的近百位政商界代表出席活动，共同研讨"一带一路"带来的新商机。

16日 广西壮族自治区政府在南宁召开广西边境重点口岸延长通关时间新闻发布会。会上通报，从2015年7月1日起，中越友谊关—友谊、东兴—芒街口岸将延长通关时间。此举将使中越边境重点口岸通关便利化水平得到提高，客货通关时间也更为灵活充裕。

16日～17日 由广西大学主办、中国—东盟区域发展协同创新中心承办的“中国—东盟区域发展论坛·2015：‘一带一路’与中国—东盟命运共同体目标学术研讨会”在广西大学中国—东盟研究院全息数据研究与资讯中心举行，与会专家学者就“一带一路”与中国—东盟命运共同体等进行了深入研讨。

16～17 日 中国--东盟中心秘书长杨秀萍先后拜会缅甸、新加坡和泰国驻华大使，就进一步加强中心同东盟国家驻华使馆交流、共同推进中国—东盟务实合作交换了意见。

16～17 日 “2015 新加坡国际水周技术与创新峰会”在新加坡举行。本次峰会的主题为“共创革新水务科技发展蓝图”，来自世界 35 个国家的 300 多位水务机构组织领导、工业用水用户、投资者及供应商围绕发展可持续水务科技展开讨论。

17 日 中国驻泰国大使宁赋魁在使馆会见泰中记协主席猜瓦先生及理事会成员，并就中泰关系、两国务实合作、“一带一路”建设、中国—东盟关系及合理利用湄公河水资源等议题接受中泰媒体联合采访。

18 日 新任中国驻东南亚国家联盟使团团长徐步大使在雅加达向东盟秘书长黎良明正式递交任命书。

18 日 中国（江西）—新加坡经贸合作洽谈会在新加坡香格里拉大酒店举行。洽谈会上，中华总商会与江西省商务厅签署了战略合作备忘录。双方将在业界交流、信息共享、企业咨询和国际拓展四个领域加强合作，发挥各自优势，推动新加坡企业在江西省的经贸发展，协助江西企业开拓国际市场。

18 日 国务院总理李克强在人民大会堂会见来华共同主持中越双边合作指导委员会第八次会议的越南副总理兼外交部长范平明。

18 日～19 日 推进中央企业参与“一带一路”建设暨国际产能和装备制造合作工作会议在北京召开，中共中央政治局常委、国务院总理李克强作出重要批示。

18 日～19 日 由环球网、中国人民大学重阳金融研究院、义乌市人民政府举办的丝绸之路经济带城市国际论坛在义乌举办。论坛主题为“贸易畅通、共建繁荣”。新加坡驻上海总领事王首毅出席并演讲。

18 日～25 日 四川在泰国曼谷、孔敬和呵叻举办“泰国四川周”活动，本次活动以庆祝中泰建交 40 周年为主题，将举办“锦绣四川”图片展、大型文艺晚会、旅游推介会等活动。

22 日 缅甸总统吴登盛在内比都会见越南总理阮晋勇，双方就促进银行业、能源、贸易投资、东盟国家和平与安全、农业、职业培训等 12 个领域的合作交换了意见。并表示将共同努力实现双边贸易额突破 5 亿美元的目标。

22 日 柬埔寨、老挝、缅甸和越南四国政府领导人在内比都举行第 7 届柬老缅越四国峰会。峰会强调要加强合作，促进贸易投资。

22 日 中国驻孔敬总领馆正式启用，孔敬位于泰国东北部中心，总领馆的设立将更加便利泰中两国的交流。在当天的启用仪式上，中国驻孔敬总领事李名刚为孔敬华侨学校董事会主席洪泽荣颁发了孔敬总领馆的第一张签证。

22 日 四川省旅游局和省人民政府外事侨务办公室在泰国孔敬府联合举办四川旅游推介会，吸引当地政要等上百人参会。

23 日 中国国家主席习近平应约同印度尼西亚总统佐科通电话。习近平强调，中国和印度尼西亚是真诚相待的好朋友、好伙伴。中方建设“21 世纪海上丝绸之路”构想同印度尼西亚打造“全球海洋支点”规划高度契合。中印双方一致同意，双方要加快发展战略对接，尽快确定经贸合作优先项目，实现互利共赢。

23 日 中国—东盟中心在北京举办新任秘书长杨秀萍到任招待会。中国外交部副部长刘振民、东盟轮值主席国马来西亚驻华大使拿督再努丁·叶海亚、杨秀萍秘书长在招待会上分别致辞。杨秀萍表示，近年来，中国—东盟关系实现跨越式发展，携手打造“黄金十年”，并跨入“钻石十年”的新阶段。

23 日 由中国侨联、四川省侨联主办、马来西亚沙巴马中联谊协会承办的欢庆中马建交 41 周年联谊会在沙巴州首府哥打基纳巴卢举行。中国驻哥打基纳巴卢总领馆总领事陈佩洁在致辞中表示，中马友好关系历经 41 年健康持续发展，在政治、经济、文化等各领域的交流与合作日益密切，并且展现出蓬勃旺盛的势头。

24 日 全球首家海上丝绸之路（海上丝路）孔子学院在泰国博仁大学正式成立，中国国家汉办主任许琳、泰国教育部副部长素拉且·猜翁和中国驻泰大使宁赋魁等中泰各界代表 600 多人出席了揭牌仪式。海上丝路孔子学院的成立，旨在更好地发展和提升泰国作为海上丝路枢纽的汉语教育水准，为促进泰中两国各领域交流服务。

24日 中国驻东盟大使徐步会见中国—东盟关系协调国泰国常驻东盟代表查巴拉大使（Chombhala Chareonying），双方重点就中国—东盟合作等交换看法。

24日 2015“泰国商品节”开幕式在成都举行。泰国商务部国际贸易促进司代表李惠兰女士、泰王国驻成都总领事郭梅特先生、四川省外事侨务委员会秦琳女士、成都伊藤洋华堂副总经理国见和美先生等嘉宾参加了剪彩仪式，共同拉开了第8届泰国商品节的序幕。

24日 中国银行新加坡分行成功发行5亿新加坡元（约合23.1亿元人民币）的无担保高级债券，该笔债券作为中国银行“一带一路”债券的组成部分，募集资金将主要用于支持“一带一路”项目建设。

24日 由国务院新闻办、中国—东盟中心共同主办，中国外文局・中国报道杂志社承办的“中国—东盟共建21世纪海上丝绸之路”中外媒体联合采访活动启动仪式在北京举行。在为期10天的行程里，采访团将分别在北京、福建、广东等地进行实地采访，深入采访报道“21世纪海上丝绸之路”的别样魅力及亮点。

25日 中国香港特区政府投资推广署与泰国投资促进委员会在港签署谅解备忘录，以促进两地在投资推广交流及良好守则的合作关系。

25日 南宁跨境贸易电子商务综合服务平台启动暨中国—东盟（南宁）跨境电子商务产业园揭牌仪式在南宁保税物流中心举行，这是南宁市跨境贸易电子商务服务试点工作重要的里程碑。

25日 中国社会科学院“一带一路”研究成果与专题数据库发布会在北京举行，并发布《“一带一路”建设与东盟地区的自由贸易区安排》，指出区域基础设施一体化将成为未来中国—东盟共建命运共同体的物质基础、政策框架和制度保障，而“一带一路”则将为中国与东盟合作“钻石十年”赋予新的内涵，奠定新的基础。

26日 “中国—柬埔寨合作的机遇与挑战”座谈会在金边举行，中柬两国高官及专家学者们就“一带一路”战略对中柬关系带来的机遇和挑战进行探讨。

27日 由泰国中华总商会、泰国潮州会馆、中国驻泰王国大使馆联合主办的泰华各界隆重庆祝泰中建交40周年大会在曼谷蒙通他尼国际会议中心举行。

29日 由中国银行和马来西亚中华总商会联合举办的中国—东盟中小企业跨境投资与贸易洽谈会暨马中“一带一路”经济大会在吉隆坡举行。本场洽谈会企业对接的领域包括服装服饰、食品工业、橡胶及原产业产品、木材家具、电子电器和建筑材料6大类。共有来自中国、马来西亚、泰国和新加坡等国家的200多家中小型企业参加。

6月30日 “中国—东盟汉语言文化教育基地”在天津国际汉语学院揭牌，基地致力于推进中国和东盟国家间教育文化合作与交流。

数据统计篇

2014年1～12月中国对东盟国家进出口贸易统计

金额单位：亿美元

	进出口		出口		进口		贸易差额	
	金额	同比	金额	同比	金额	同比	当年	上年同期
东盟	4801.25	8.23%	2717.92	11.36%	2083.32	4.41%	635.20	445.30
文莱	19.36	7.96%	17.47	2.51%	1.90	111.37%	15.57	16.14
缅甸	249.73	146.03%	93.70	27.66%	156.03	455.18%	−62.33	45.29
柬埔寨	37.57	−0.39%	32.75	−3.99%	4.83	33.54%	27.92	30.49
印度尼西亚	635.86	−6.98%	390.62	5.77%	245.25	−21.95%	145.37	55.10
老挝	36.14	31.87%	18.43	7.13%	17.72	73.56%	0.71	7.00
马来西亚	1019.75	−3.87%	462.79	0.75%	556.97	−7.39%	−94.18	−142.10
菲律宾	444.43	16.75%	234.59	18.27%	209.83	15.10%	24.76	16.05
新加坡	796.48	4.92%	488.46	6.50%	308.02	2.50%	180.45	158.14
泰国	726.75	1.98%	343.02	4.78%	383.73	−0.39%	−40.72	−57.85
越南	835.16	27.54%	636.11	30.91%	199.05	17.86%	437.05	317.03

注：占总值比中的“同比”为同比增减点数

（来源：中华人民共和国商务部亚洲司. http://yzs.mofcom.gov.cn/article/g/date/201501/20150100884111.shtml. 2015—01—30）

2014年1～12月中国省份对东盟国家进出口贸易统计

金额单位：美元

中国省份	进出口	出口	进口
北京市	7,429,483,587	3,189,388,261	4,240,095,326
天津市	15,391,996,600	7,946,170,873	7,445,825,727
河北省	9,473,654,790	8,484,407,021	989,247,769
山西省	1,324,148,182	741,268,924	582,879,258
内蒙古自治区	1,244,234,374	1,149,189,811	95,044,563
辽宁省	13,203,061,592	10,048,662,187	3,154,399,405
吉林省	1,144,590,757	810,204,745	334,386,012

续表

中国省份	进出口	出口	进口
黑龙江省	900,401,343	830,615,298	69,786,045
上海市	51,795,766,911	21,474,184,872	30,321,582,039
江苏省	63,938,156,922	35,122,196,112	28,815,960,810
浙江省	32,750,028,650	23,441,873,344	9,308,155,306
安徽省	4,456,473,848	2,902,015,640	1,554,458,208
福建省	21,387,451,905	13,063,646,890	8,323,805,015
江西省	4,655,838,348	3,877,081,321	778,757,027
山东省	32,910,356,362	16,505,943,082	16,404,413,280
河南省	6,098,321,305	3,583,882,867	2,514,438,438
湖北省	4,978,590,658	3,296,606,357	1,681,984,301
湖南省	3,252,700,547	2,456,758,250	795,942,297
广东省	152,161,475,393	88,021,392,732	64,140,082,661
广西壮族自治区	7,856,928,497	4,672,381,939	3,184,546,558
海南省	3,005,448,710	1,300,401,705	1,705,047,005
重庆市	15,166,225,764	4,225,621,626	10,940,604,138
四川省	9,212,247,139	4,885,679,531	4,326,567,608
贵州省	965,017,406	794,426,699	170,590,707
云南省	11,209,729,260	6,067,312,526	5,142,416,734
西藏自治区	12,133,354	7,430,453	4,702,901
陕西省	2,279,571,803	1,400,285,159	879,286,644
甘肃省	827,504,936	607,660,903	219,844,033
青海省	97,548,187	52,447,474	45,100,713
宁夏回族自治区	505,807,504	422,953,453	82,854,051
新疆维吾尔族自治区	492,908,584	439,150,259	53,758,325

注：以上数据仅为中国进出口东盟国家的货物统计。

（数据来源：海关总署——海关统计资讯网 www.hgtj.cn）

中国对文莱进出口商品构成表（2014 年）

单位：美元

名称	2014 年出口	2014 年进口
总值	1,746,539,360.00	189,818,920.00
第一类　活动物；动物产品	2,735,151.00	230,792.00
第 1 章　活动物	—	—
第 2 章　肉及食用杂碎	844,448.00	—
第 3 章　鱼及其他水生无脊椎动物	1,748,771.00	230,792.00
第 4 章　乳；蛋；蜂蜜；其他食用动物产品	141,932.00	—
第 5 章　其他动物产品	—	—

续表

名称	2014 年出口	2014 年进口
第二类　植物产品	4,866,618.00	—
第 6 章　活植物；茎、根；插花、簇叶	144,855.00	—
第 7 章　食用蔬菜、根及块茎	2,345,569.00	—
第 8 章　食用水果及坚果；甜瓜等水果的果皮	651,126.00	—
第 9 章　咖啡、茶、马黛茶及调味香料	1,721,708.00	—
第 10 章　谷物	—	—
第 11 章　制粉工业产品；麦芽；淀粉等；面筋	—	—
第 12 章　油籽；子仁；工业或药用植物；饲料	—	—
第 13 章　虫胶；树胶、树脂及其他植物液、汁	3,360.00	—
第 14 章　编结用植物材料；其他植物产品	—	—
第三类　动、植物油、脂及其分解产品；精致的食用油脂；动、植物蜡	281,362.00	—
第 15 章　动、植物油、脂、蜡；精制食用油脂	281,362.00	—
第四类　食品；饮料、酒及醋；烟草、烟草及烟草代用品的制品	3,887,261.00	1,217.00
第 16 章　肉、鱼及其他水生无脊椎动物的制品	1,138,405.00	—
第 17 章　糖及糖食	149,618.00	—
第 18 章　可可及可可制品	20,386.00	—
第 19 章　谷物粉、淀粉等或乳的制品；糕饼	268,529.00	290.00
第 20 章　蔬菜、水果等或植物其他部分的制品	1,623,901.00	927.00
第 21 章　杂项食品	478,005.00	—
第 22 章　饮料、酒及醋	13,114.00	—
第 23 章　食品工业的残渣及废料；配制的饲料	195,303.00	—
第 24 章　烟草、烟草及烟草代用品的制品	—	—
第五类　矿产品	6,337,316.00	141,476,498.00
第 25 章　盐；硫磺；土及石料；石灰及水泥等	5,475,539.00	—
第 26 章　矿砂、矿渣及矿灰	—	—
第 27 章　矿物燃料、矿物油及其产品；沥青等	861,777.00	141,476,498.00
第六类　化学工业及其相关工业的产品	10,619,924.00	43,791,241.00
第 28 章　无机化学品；贵金属等的化合物	4,439,200.00	—
第 29 章　有机化学品	739,012.00	43,791,241.00
第 30 章　药品	145,945.00	—
第 31 章　肥料	18,570.00	—
第 32 章　鞣料；着色料；涂料；油灰；墨水等	311,230.00	—
第 33 章　精油及香膏，芳香料制品，化妆盥洗品	1,249,071.00	—
第 34 章　洗涤剂、润滑剂、人造蜡、塑型膏等	2,110,190.00	—
第 35 章　蛋白类物质；改性淀粉；胶；酶	167,379.00	—
第 36 章　炸药；烟火；引火品；易燃材料制品	664,207.00	—

续表

名称	2014年出口	2014年进口
第37章　照相及电影用品	11,798.00	—
第38章　杂项化学产品	763,322.00	—
第七类　塑料及其制品；橡胶及其制品	91,637,788.00	11,986.00
第39章　塑料及其制品	73,588,070.00	11,986.00
第40章　橡胶及其制品	18,049,718.00	—
第八类　生皮、皮革、毛皮及其制品；鞍具及挽具；旅行用品、手提包及类似品；动物肠线（蚕胶丝除外）制品	73,979,854.00	—
第41章　生皮（毛皮除外）及皮革	167,935.00	—
第42章　皮革制品；旅行箱包；动物肠线制品	73,806,119.00	—
第43章　毛皮、人造毛皮及其制品	5,800.00	—
第九类　木及木制品；木炭；软木及软木制品；稻草、秸秆、针茅或其他编结材料制品；篮筐及柳条编结品	4,404,420.00	90,398.00
第44章　木及木制品；木炭	4,054,689.00	90,398.00
第45章　软木及软木制品	—	—
第46章　编结材料制品；篮筐及柳条编结品	349,731.00	—
第十类　木浆及其他纤维状纤维素浆；回收（废碎）纸或纸板；纸、纸板及其制品	27,325,435.00	2,300,600.00
第47章　木浆等纤维状纤维素浆；废纸及纸板	—	2,300,150.00
第48章　纸及纸板；纸浆、纸或纸板制品	25,588,313.00	450.00
第49章　印刷品；手稿、打字稿及设计图纸	1,737,122.00	—
第十一类　纺织原料及纺织制品	219,748,888.00	2,706.00
第50章　蚕丝	245,673.00	—
第51章　羊毛等动物毛；马毛纱线及其机织物	12,548.00	—
第52章　棉花	3,274,709.00	—
第53章　其他植物纤维；纸纱线及其机织物	810.00	—
第54章　化学纤维长丝	6,290,816.00	—
第55章　化学纤维短纤	1,710,504.00	—
第56章　絮胎、毡呢及无纺织物；线绳制品等	2,287,145.00	—
第57章　地毯及纺织材料的其他铺地制品	2,341,470.00	—
第58章　特种机织物；簇绒织物；刺绣品等	2,818,277.00	—
第59章　浸渍、涂布、包覆或层压的纺织物；工业用纺织制品	5,535,165.00	—
第60章　针织物及钩编织物	11,320,783.00	—
第61章　针织或钩编的服装及衣着附件	145,406,659.00	2,586.00
第62章　非针织或非钩编的服装及衣着附件	26,650,010.00	—
第63章　其他纺织制品；成套物品；旧纺织品	11,854,319.00	120.00

续表

名称	2014 年出口	2014 年进口
第十二类　鞋、帽、伞、杖、鞭及其零件；已加工的羽毛及其制品；人造花；人发制品	150,123,677.00	—
第 64 章　鞋靴、护腿和类似品及其零件	140,450,507.00	—
第 65 章　帽类及其零件	1,712,968.00	—
第 66 章　伞、手杖、鞭子、马鞭及其零件	1,379,197.00	—
第 67 章　加工羽毛及制品；人造花；人发制品	6,581,005.00	—
第十三类　石料、石膏、水泥、石棉、云母及类似材料的制品；陶瓷产品；玻璃及其制品	93,677,020.00	1,866,222.00
第 68 章　矿物材料的制品	14,620,759.00	1,866,222.00
第 69 章　陶瓷产品	60,659,094.00	—
第 70 章　玻璃及其制品	18,397,167.00	—
第十四类　天然或养殖珍珠、宝石或半宝石、贵金属、包贵金属及其制品；仿首饰；硬币	901,055.00	—
第 71 章　珠宝、贵金属及制品；仿首饰；硬币	901,055.00	—
第十五类　贱金属及其制品	172,992,330.00	35,898.00
第 72 章　钢铁	37,390,992.00	—
第 73 章　钢铁制品	65,937,227.00	4,348.00
第 74 章　铜及其制品	567,986.00	—
第 75 章　镍及其制品	1,170.00	—
第 76 章　铝及其制品	8,954,918.00	31,550.00
第 77 章	—	—
第 78 章　铅及其制品	3,318.00	—
第 79 章　锌及其制品	498,682.00	—
第 80 章　锡及其制品	9,404.00	—
第 81 章　其他贱金属、金属陶瓷及其制品	6,947.00	—
第 82 章　贱金属器具、利口器、餐具及零件	11,673,118.00	—
第 83 章　贱金属杂项制品	47,948,568.00	—
第十六类　机器、机械器具、电气设备及其零件；录音机及放声机、电视图像、声音的录制和重放设备及其零件、附件	199,136,936.00	8,403.00
第 84 章　核反应堆、锅炉、机械器具及零件	67,208,954.00	892.00
第 85 章　电机、电气、音像设备及其零附件	131,927,982.00	7,511.00
第十七类　车辆、航空器、船舶及有关运输设备	108,048,777.00	—
第 86 章　铁道车辆；轨道装置；信号设备	1,000,132.00	—
第 87 章　车辆及其零附件，但铁道车辆除外	23,985,003.00	—
第 88 章　航空器、航天器及其零件	128.00	—
第 89 章　船舶及浮动结构体	83,063,514.00	—

续表

名称	2014 年出口	2014 年进口
第十八类　光学、照相、电影、计量、检验、医疗或外科用仪器及设备、精密仪器及设备；钟表；乐器；上述物品的零件、附件	30,651,328.00	2,959.00
第 90 章　光学、照相、医疗等设备及零附件	10,688,495.00	2,959.00
第 91 章　钟表及其零件	17,655,323.00	—
第 92 章　乐器及其零件、附件	2,307,510.00	—
第十九类　武器、弹药及其零件、附件	18,005.00	—
第 93 章　武器、弹药及其零件、附件	18,005.00	—
第二十类　杂项制品	544,939,084.00	—
第 94 章　家具；寝具等；灯具；活动房	515,593,233.00	—
第 95 章　玩具、游戏或运动用品及其零附件	16,790,627.00	—
第 96 章　杂项制品	12,555,224.00	—
第二十一类　艺术品、收藏品及古物	227,131.00	—
第 97 章　艺术品、收藏品及古物	227,131.00	—
第二十二类　特殊交易品及未分类商品	—	—
第 98 章　特殊交易品及未分类商品	—	—

（数据来源：海关总署——海关统计资讯网 www.hgtj.cn）

中国对柬埔寨进出口商品构成表（2014 年）

单位：美元

名称	2014 年出口	2014 年进口
总值	3,274,394,406.00	482,768,206.00
第一类　活动物；动物产品	1,674,187.00	3,851,748.00
第 1 章　活动物	—	128.00
第 2 章　肉及食用杂碎	596,076.00	—
第 3 章　鱼及其他水生无脊椎动物	9,600.00	3,851,620.00
第 4 章　乳；蛋；蜂蜜；其他食用动物产品	—	—
第 5 章　其他动物产品	1,068,511.00	—
第二类　植物产品	20,176,518.00	36,247,751.00
第 6 章　活植物；茎、根；插花、簇叶	—	—
第 7 章　食用蔬菜、根及块茎	3,309,606.00	25,635,433.00
第 8 章　食用水果及坚果；甜瓜等水果的果皮	1,556,114.00	459,834.00
第 9 章　咖啡、茶、马黛茶及调味香料	53,306.00	—
第 10 章　谷物	—	31,645,058.00
第 11 章　制粉工业产品；麦芽；淀粉等；面筋	15,200,867.00	4,040,152.00
第 12 章　油籽；子仁；工业或药用植物；饲料	56,625.00	102,707.00
第 13 章　虫胶；树胶、树脂及其他植物液、汁	—	—

续表

名称	2014 年出口	2014 年进口
第 14 章　编结用植物材料；其他植物产品	—	—
第三类　动、植物油、脂及其分解产品；精致的食用油脂；动、植物蜡	28,476.00	280.00
第 15 章　动、植物油、脂、蜡；精制食用油脂	28,476.00	280.00
第四类　食品；饮料、酒及醋；烟草、烟草及烟草代用品的制品	33,891,661.00	4,261,660.00
第 16 章　肉、鱼及其他水生无脊椎动物的制品	—	—
第 17 章　糖及糖食	447,149.00	897,654.00
第 18 章　可可及可可制品	—	567,620.00
第 19 章　谷物粉、淀粉等或乳的制品；糕饼	910,195.00	—
第 20 章　蔬菜、水果等或植物其他部分的制品	4,923,974.00	13,617.00
第 21 章　杂项食品	1,258,545.00	2,391.00
第 22 章　饮料、酒及醋	6,060,216.00	85,846.00
第 23 章　食品工业的残渣及废料；配制的饲料	7,403,589.00	1,930,444.00
第 24 章　烟草、烟草及烟草代用品的制品	12,887,993.00	764,088.00
第五类　矿产品	26,189,443.00	25,771.00
第 25 章　盐；硫磺；土及石料；石灰及水泥等	857,946.00	25,771.00
第 26 章　矿砂、矿渣及矿灰	7,144.00	—
第 27 章　矿物燃料、矿物油及其产品；沥青等	25,324,353.00	—
第六类　化学工业及其相关工业的产品	59,816,670.00	99,723.00
第 28 章　无机化学品；贵金属等的化合物	2,436,154.00	866.00
第 29 章　有机化学品	9,373,996.00	—
第 30 章　药品	10,905,642.00	—
第 31 章　肥料	6,546,701.00	1,840.00
第 32 章　鞣料；着色料；涂料；油灰；墨水等	4,359,608.00	17,450.00
第 33 章　精油及香膏，芳香料制品，化妆盥洗品	4,657,922.00	8,521.00
第 34 章　洗涤剂、润滑剂、人造蜡、塑型膏等	3,394,269.00	50.00
第 35 章　蛋白类物质；改性淀粉；胶；酶	3,499,690.00	8,055.00
第 36 章　炸药；烟火；引火品；易燃材料制品	—	—
第 37 章　照相及电影用品	1,648,438.00	—
第 38 章　杂项化学产品	12,994,250.00	62,941.00
第七类　塑料及其制品；橡胶及其制品	86,535,039.00	36,701,238.00
第 39 章　塑料及其制品	62,026,018.00	5,630,924.00
第 40 章　橡胶及其制品	24,509,021.00	31,070,314.00
第八类　生皮、皮革、毛皮及其制品；鞍具及挽具；旅行用品、手提包及类似品；动物肠线（蚕胶丝除外）制品	12,897,122.00	2,341,985.00
第 41 章　生皮（毛皮除外）及皮革	3,350,687.00	72,974.00

续表

名称	2014年出口	2014年进口
第42章　皮革制品；旅行箱包；动物肠线制品	9,337,802.00	2,269,011.00
第43章　毛皮、人造毛皮及其制品	208,633.00	—
第九类　木及木制品；木炭；软木及软木制品；稻草、秸秆、针茅或其他编结材料制品；篮筐及柳条编结品	6,456,603.00	140,264,145.00
第44章　木及木制品；木炭	6,398,638.00	140,262,861.00
第45章　软木及软木制品	—	—
第46章　编结材料制品；篮筐及柳条编结品	57,965.00	1,284.00
第十类　木浆及其他纤维状纤维素浆；回收（废碎）纸或纸板；纸、纸板及其制品	38,786,376.00	104,473.00
第47章　木浆等纤维状纤维素浆；废纸及纸板	—	—
第48章　纸及纸板；纸浆、纸或纸板制品	35,577,326.00	74,075.00
第49章　印刷品；手稿、打字稿及设计图纸	3,209,050.00	30,398.00
第十一类　纺织原料及纺织制品	1,954,638,727.00	157,956,790.00
第50章　蚕丝	1,218,785.00	310.00
第51章　羊毛等动物毛；马毛纱线及其机织物	72,207,730.00	5,481.00
第52章　棉花	386,667,926.00	442,511.00
第53章　其他植物纤维；纸纱线及其机织物	13,384,910.00	—
第54章　化学纤维长丝	87,194,651.00	302,175.00
第55章　化学纤维短纤	131,308,486.00	50,821.00
第56章　絮胎、毡呢及无纺织物；线绳制品等	25,644,460.00	39,924.00
第57章　地毯及纺织材料的其他铺地制品	899,890.00	—
第58章　特种机织物；簇绒织物；刺绣品等	79,295,896.00	68,634.00
第59章　浸渍、涂布、包覆或层压的纺织物；工业用纺织制品	40,356,633.00	2,061,817.00
第60章　针织物及钩编织物	991,567,873.00	555,809.00
第61章　针织或钩编的服装及衣着附件	103,505,216.00	108,841,380.00
第62章　非针织或非钩编的服装及衣着附件	11,013,140.00	33,450,681.00
第63章　其他纺织制品；成套物品；旧纺织品	10,373,131.00	12,137,247.00
第十二类　鞋、帽、伞、杖、鞭及其零件；已加工的羽毛及其制品；人造花；人发制品	51,255,099.00	16,020,674.00
第64章　鞋靴、护腿和类似品及其零件	43,562,633.00	15,594,340.00
第65章　帽类及其零件	2,104,957.00	53,742.00
第66章　伞、手杖、鞭子、马鞭及其零件	5,075,403.00	371,536.00
第67章　加工羽毛及制品；人造花；人发制品	512,106.00	1,056.00
第十三类　石料、石膏、水泥、石棉、云母及类似材料的制品；陶瓷产品；玻璃及其制品	117,884,039.00	40,100.00
第68章　矿物材料的制品	12,422,337.00	39,266.00

续表

名称	2014 年出口	2014 年进口
第 69 章　陶瓷产品	94,307,210.00	—
第 70 章　玻璃及其制品	11,154,492.00	834.00
第十四类　天然或养殖珍珠、宝石或半宝石、贵金属、包贵金属及其制品；仿首饰；硬币	1,002,856.00	400,612.00
第 71 章　珠宝、贵金属及制品；仿首饰；硬币	1,002,856.00	400,612.00
第十五类　贱金属及其制品	140,420,868.00	589,770.00
第 72 章　钢铁	35,459,334.00	198.00
第 73 章　钢铁制品	59,513,776.00	18,160.00
第 74 章　铜及其制品	1,692,992.00	—
第 75 章　镍及其制品	23,667.00	—
第 76 章　铝及其制品	9,977,560.00	564,408.00
第 77 章	—	—
第 78 章　铅及其制品	729.00	—
第 79 章　锌及其制品	122,000.00	—
第 80 章　锡及其制品	7,335.00	—
第 81 章　其他贱金属、金属陶瓷及其制品	912,336.00	—
第 82 章　贱金属器具、利口器、餐具及零件	5,701,735.00	859.00
第 83 章　贱金属杂项制品	27,009,404.00	6,145.00
第十六类　机器、机械器具、电气设备及其零件；录音机及放声机、电视图像、声音的录制和重放设备及其零件、附件	493,480,144.00	31,867,725.00
第 84 章　核反应堆、锅炉、机械器具及零件	290,598,891.00	61,968.00
第 85 章　电机、电气、音像设备及其零附件	202,881,253.00	31,805,757.00
第十七类　车辆、航空器、船舶及有关运输设备	139,882,107.00	1,854,128.00
第 86 章　铁道车辆；轨道装置；信号设备	2,921,536.00	—
第 87 章　车辆及其零附件，但铁道车辆除外	103,051,811.00	1,854,128.00
第 88 章　航空器、航天器及其零件	19,355,722.00	—
第 89 章　船舶及浮动结构体	14,553,038.00	—
第十八类　光学、照相、电影、计量、检验、医疗或外科用仪器及设备、精密仪器及设备；钟表；乐器；上述物品的零件、附件	16,777,297.00	22,935,021.00
第 90 章　光学、照相、医疗等设备及零附件	15,911,737.00	22,908,251.00
第 91 章　钟表及其零件	807,742.00	26,639.00
第 92 章　乐器及其零件、附件	57,818.00	131.00
第十九类　武器、弹药及其零件、附件	—	—
第 93 章　武器、弹药及其零件、附件	—	—
第二十类　杂项制品	72,582,390.00	1,569,179.00
第 94 章　家具；寝具等；灯具；活动房	32,611,834.00	1,380,149.00

续表

名称	2014 年出口	2014 年进口
第 95 章　玩具、游戏或运动用品及其零附件	4,998,145.00	72,471.00
第 96 章　杂项制品	34,972,411.00	116,559.00
第二十一类　艺术品、收藏品及古物	18,784.00	—
第 97 章　艺术品、收藏品及古物	18,784.00	—
第二十二类　特殊交易品及未分类商品	—	—
第 98 章　特殊交易品及未分类商品	—	—

（数据来源：海关总署——海关统计资讯网 www.hgtj.cn）

中国对印度尼西亚进出口商品构成表（2014 年）

单位：美元

名称	2014 年出口	2014 年进口
总值	39,062,784,565.00	24,506,298,864.00
第一类　活动物；动物产品	152,220,134.00	230,430,028.00
第 1 章　活动物	74,455.00	679,584.00
第 2 章　肉及食用杂碎	—	—
第 3 章　鱼及其他水生无脊椎动物	133,085,453.00	220,802,172.00
第 4 章　乳；蛋；蜂蜜；其他食用动物产品	161,584.00	—
第 5 章　其他动物产品	18,898,642.00	8,948,272.00
第二类　植物产品	836,552,406.00	359,695,444.00
第 6 章　活植物；茎、根；插花、簇叶	340,741.00	167,420.00
第 7 章　食用蔬菜、根及块茎	392,928,058.00	29,340,418.00
第 8 章　食用水果及坚果；甜瓜等水果的果皮	366,436,309.00	58,468,256.00
第 9 章　咖啡、茶、马黛茶及调味香料	8,055,161.00	33,224,630.00
第 10 章　谷物	6,397,011.00	—
第 11 章　制粉工业产品；麦芽；淀粉等；面筋	16,885,841.00	5,029,977.00
第 12 章　油籽；子仁；工业或药用植物；饲料	8,891,731.00	203,717,132.00
第 13 章　虫胶；树胶、树脂及其他植物液、汁	36,440,512.00	6,947,973.00
第 14 章　编结用植物材料；其他植物产品	177,042.00	22,799,638.00
第三类　动、植物油、脂及其分解产品；精致的食用油脂；动、植物蜡	12,909,291.00	2,978,555,725.00
第 15 章　动、植物油、脂、蜡；精制食用油脂	12,909,291.00	2,978,555,725.00
第四类　食品；饮料、酒及醋；烟草、烟草及烟草代用品的制品	805,986,455.00	317,901,814.00
第 16 章　肉、鱼及其他水生无脊椎动物的制品	37,153,570.00	1,126,580.00
第 17 章　糖及糖食	106,193,036.00	2,594,878.00
第 18 章　可可及可可制品	10,101,626.00	68,231,771.00
第 19 章　谷物粉、淀粉等或乳的制品；糕饼	13,241,324.00	104,986,822.00

续表

名称	2014 年出口	2014 年进口
第 20 章　蔬菜、水果等或植物其他部分的制品	92,967,311.00	6,413,529.00
第 21 章　杂项食品	115,033,573.00	36,495,510.00
第 22 章　饮料、酒及醋	2,102,766.00	563,110.00
第 23 章　食品工业的残渣及废料；配制的饲料	164,874,604.00	88,246,718.00
第 24 章　烟草、烟草及烟草代用品的制品	264,318,645.00	9,242,896.00
第五类　矿产品	2,301,176,875.00	10,414,976,656.00
第 25 章　盐；硫磺；土及石料；石灰及水泥等	108,564,409.00	22,815,185.00
第 26 章　矿砂、矿渣及矿灰	6,298,359.00	2,017,737,979.00
第 27 章　矿物燃料、矿物油及其产品；沥青等	2,186,314,107.00	8,374,423,492.00
第六类　化学工业及其相关工业的产品	3,481,918,491.00	2,561,943,914.00
第 28 章　无机化学品；贵金属等的化合物	496,348,350.00	49,956,483.00
第 29 章　有机化学品	1,084,941,385.00	836,687,986.00
第 30 章　药品	61,426,926.00	1,844,336.00
第 31 章　肥料	342,611,083.00	1,241,719.00
第 32 章　鞣料；着色料；涂料；油灰；墨水等	467,382,216.00	42,090,485.00
第 33 章　精油及香膏，芳香料制品，化妆盥洗品	209,785,777.00	12,436,871.00
第 34 章　洗涤剂、润滑剂、人造蜡、塑型膏等	95,793,523.00	87,289,803.00
第 35 章　蛋白类物质；改性淀粉；胶；酶	96,787,943.00	803,089.00
第 36 章　炸药；烟火；引火品；易燃材料制品	55,177,221.00	—
第 37 章　照相及电影用品	46,701,052.00	—
第 38 章　杂项化学产品	524,963,015.00	1,529,593,142.00
第七类　塑料及其制品；橡胶及其制品	1,740,334,688.00	1,373,999,302.00
第 39 章　塑料及其制品	1,409,305,582.00	362,974,177.00
第 40 章　橡胶及其制品	331,029,106.00	1,011,025,125.00
第八类　生皮、皮革、毛皮及其制品；鞍具及挽具；旅行用品、手提包及类似品；动物肠线（蚕胶丝除外）制品	354,596,176.00	49,575,963.00
第 41 章　生皮（毛皮除外）及皮革	43,006,748.00	37,976,884.00
第 42 章　皮革制品；旅行箱包；动物肠线制品	303,590,115.00	11,569,467.00
第 43 章　毛皮、人造毛皮及其制品	7,999,313.00	29,612.00
第九类　木及木制品；木炭；软木及软木制品；稻草、秸秆、针茅或其他编结材料制品；篮筐及柳条编结品	146,667,616.00	1,073,840,635.00
第 44 章　木及木制品；木炭	143,340,461.00	1,072,684,032.00
第 45 章　软木及软木制品	156,835.00	—
第 46 章　编结材料制品；篮筐及柳条编结品	3,170,320.00	1,156,603.00
第十类　木浆及其他纤维状纤维素浆；回收（废碎）纸或纸板；纸、纸板及其制品	336,513,269.00	1,368,884,752.00

续表

名称	2014 年出口	2014 年进口
第 47 章　木浆等纤维状纤维素浆；废纸及纸板	8,291,960.00	1,242,618,986.00
第 48 章　纸及纸板；纸浆、纸或纸板制品	301,782,199.00	125,578,934.00
第 49 章　印刷品；手稿、打字稿及设计图纸	26,438,110.00	686,832.00
第十一类　纺织原料及纺织制品	4,756,566,424.00	734,854,156.00
第 50 章　蚕丝	21,388,446.00	5,852.00
第 51 章　羊毛等动物毛；马毛纱线及其机织物	73,187,960.00	88,527.00
第 52 章　棉花	651,962,750.00	325,579,895.00
第 53 章　其他植物纤维；纸纱线及其机织物	31,491,277.00	12,070,456.00
第 54 章　化学纤维长丝	769,562,470.00	35,433,386.00
第 55 章　化学纤维短纤	503,989,930.00	117,479,401.00
第 56 章　絮胎、毡呢及无纺织物；线绳制品等	120,567,965.00	12,055,345.00
第 57 章　地毯及纺织材料的其他铺地制品	42,037,433.00	576,638.00
第 58 章　特种机织物；簇绒织物；刺绣品等	155,573,367.00	2,434,652.00
第 59 章　浸渍、涂布、包覆或层压的纺织物；工业用纺织制品	392,446,712.00	10,935,120.00
第 60 章　针织物及钩编织物	616,948,459.00	4,794,661.00
第 61 章　针织或钩编的服装及衣着附件	331,735,614.00	78,988,433.00
第 62 章　非针织或非钩编的服装及衣着附件	786,025,594.00	116,046,721.00
第 63 章　其他纺织制品；成套物品；旧纺织品	259,648,447.00	18,365,069.00
第十二类　鞋、帽、伞、杖、鞭及其零件；已加工的羽毛及其制品；人造花；人发制品	752,282,302.00	281,037,875.00
第 64 章　鞋靴、护腿和类似品及其零件	586,313,593.00	274,508,038.00
第 65 章　帽类及其零件	33,676,084.00	156,622.00
第 66 章　伞、手杖、鞭子、马鞭及其零件	94,438,459.00	2,538.00
第 67 章　加工羽毛及制品；人造花；人发制品	37,854,166.00	6,370,677.00
第十三类　石料、石膏、水泥、石棉、云母及类似材料的制品；陶瓷产品；玻璃及其制品	1,118,523,499.00	18,409,127.00
第 68 章　矿物材料的制品	228,122,805.00	6,286,730.00
第 69 章　陶瓷产品	613,394,315.00	4,339,791.00
第 70 章　玻璃及其制品	277,006,379.00	7,782,606.00
第十四类　天然或养殖珍珠、宝石或半宝石、贵金属、包贵金属及其制品；仿首饰；硬币	25,288,130.00	1,430,436.00
第 71 章　珠宝、贵金属及制品；仿首饰；硬币	25,288,130.00	1,430,436.00
第十五类　贱金属及其制品	4,867,803,446.00	708,157,673.00
第 72 章　钢铁	1,768,082,693.00	27,330,306.00
第 73 章　钢铁制品	1,571,843,448.00	17,464,503.00
第 74 章　铜及其制品	223,197,354.00	346,937,744.00
第 75 章　镍及其制品	1,497,249.00	185,451,477.00

续表

名称	2014 年出口	2014 年进口
第 76 章　铝及其制品	571,677,948.00	28,057,794.00
第 77 章	—	—
第 78 章　铅及其制品	20,472,064.00	3,250,847.00
第 79 章　锌及其制品	19,029,102.00	7,275.00
第 80 章　锡及其制品	491,436.00	95,699,692.00
第 81 章　其他贱金属、金属陶瓷及其制品	24,045,148.00	74,806.00
第 82 章　贱金属器具、利口器、餐具及零件	212,152,707.00	2,287,886.00
第 83 章　贱金属杂项制品	455,314,297.00	1,595,313.00
第十六类　机器、机械器具、电气设备及其零件；录音机及放声机、电视图像、声音的录制和重放设备及其零件、附件	12,709,054,830.00	1,556,520,341.00
第 84 章　核反应堆、锅炉、机械器具及零件	6,555,409,144.00	376,249,971.00
第 85 章　电机、电气、音像设备及其零附件	6,153,645,686.00	1,180,270,370.00
第十七类　车辆、航空器、船舶及有关运输设备	1,491,723,824.00	193,160,529.00
第 86 章　铁道车辆；轨道装置；信号设备	97,178,810.00	—
第 87 章　车辆及其零附件，但铁道车辆除外	1,065,577,008.00	193,149,932.00
第 88 章　航空器、航天器及其零件	2,877,655.00	9,797.00
第 89 章　船舶及浮动结构体	326,090,351.00	800.00
第十八类　光学、照相、电影、计量、检验、医疗或外科用仪器及设备、精密仪器及设备；钟表；乐器；上述物品的零件、附件	1,117,039,720.00	175,213,258.00
第 90 章　光学、照相、医疗等设备及零附件	959,090,124.00	95,871,159.00
第 91 章　钟表及其零件	92,230,828.00	1,611,776.00
第 92 章　乐器及其零件、附件	65,718,768.00	77,730,323.00
第十九类　武器、弹药及其零件、附件	44,325.00	—
第 93 章　武器、弹药及其零件、附件	44,325.00	—
第二十类　杂项制品	2,049,893,857.00	107,354,193.00
第 94 章　家具；寝具等；灯具；活动房	1,470,797,808.00	66,358,346.00
第 95 章　玩具、游戏或运动用品及其零附件	256,587,905.00	29,287,052.00
第 96 章　杂项制品	322,508,144.00	11,708,795.00
第二十一类　艺术品、收藏品及古物	5,530,187.00	91,539.00
第 97 章　艺术品、收藏品及古物	5,530,187.00	91,539.00
第二十二类　特殊交易品及未分类商品	158,620.00	265,504.00
第 98 章　特殊交易品及未分类商品	158,620.00	265,504.00

（数据来源：海关总署——海关统计资讯网 www.hgtj.cn）

中国对老挝进出口商品构成表（2014 年）

单位：美元

名称	2014 年出口	2014 年进口
总值	1,842,942,027.00	1,771,251,935.00
第一类　活动物；动物产品	813.00	892,000.00
第 1 章　活动物	380.00	892,000.00
第 2 章　肉及食用杂碎	—	—
第 3 章　鱼及其他水生无脊椎动物	433.00	—
第 4 章　乳；蛋；蜂蜜；其他食用动物产品	—	—
第 5 章　其他动物产品	—	—
第二类　植物产品	2,169,916.00	73,461,485.00
第 6 章　活植物；茎、根；插花、簇叶	1,594.00	248,282.00
第 7 章　食用蔬菜、根及块茎	225,954.00	837,623.00
第 8 章　食用水果及坚果；甜瓜等水果的果皮	1,310,263.00	—
第 9 章　咖啡、茶、马黛茶及调味香料	—	1,340,620.00
第 10 章　谷物	461,944.00	43,968,180.00
第 11 章　制粉工业产品；麦芽；淀粉等；面筋	25,161.00	6,863,291.00
第 12 章　油籽；子仁；工业或药用植物；饲料	—	18,498,443.00
第 13 章　虫胶；树胶、树脂及其他植物液、汁	145,000.00	1,516,161.00
第 14 章　编结用植物材料；其他植物产品	—	188,885.00
第三类　动、植物油、脂及其分解产品；精致的食用油脂；动、植物蜡	—	—
第 15 章　动、植物油、脂、蜡；精制食用油脂	—	—
第四类　食品；饮料、酒及醋；烟草、烟草及烟草代用品的制品	17,617,014.00	1,809,303.00
第 16 章　肉、鱼及其他水生无脊椎动物的制品	—	—
第 17 章　糖及糖食	22,165.00	—
第 18 章　可可及可可制品	—	5,936.00
第 19 章　谷物粉、淀粉等或乳的制品；糕饼	17,164.00	—
第 20 章　蔬菜、水果等或植物其他部分的制品	—	50,440.00
第 21 章　杂项食品	—	500,900.00
第 22 章　饮料、酒及醋	2,209,131.00	846,597.00
第 23 章　食品工业的残渣及废料；配制的饲料	—	405,430.00
第 24 章　烟草、烟草及烟草代用品的制品	15,368,554.00	—
第五类　矿产品	26,436,349.00	451,155,940.00
第 25 章　盐；硫磺；土及石料；石灰及水泥等	7,577,795.00	157,667.00
第 26 章　矿砂、矿渣及矿灰	293,251.00	450,418,269.00
第 27 章　矿物燃料、矿物油及其产品；沥青等	18,565,303.00	580,004.00

续表

名称	2014 年出口	2014 年进口
第六类　化学工业及其相关工业的产品	51,816,062.00	27,420,729.00
第 28 章　无机化学品；贵金属等的化合物	1,606,230.00	200,000.00
第 29 章　有机化学品	1,414,220.00	—
第 30 章　药品	1,223,898.00	—
第 31 章　肥料	30,920,338.00	27,220,729.00
第 32 章　鞣料；着色料；涂料；油灰；墨水等	2,094,246.00	—
第 33 章　精油及香膏，芳香料制品，化妆盥洗品	1,184,447.00	—
第 34 章　洗涤剂、润滑剂、人造蜡、塑型膏等	1,425,843.00	—
第 35 章　蛋白类物质；改性淀粉；胶；酶	475,803.00	—
第 36 章　炸药；烟火；引火品；易燃材料制品	1,494,144.00	—
第 37 章　照相及电影用品	35,242.00	—
第 38 章　杂项化学产品	9,941,651.00	—
第七类　塑料及其制品；橡胶及其制品	33,522,465.00	79,669,039.00
第 39 章　塑料及其制品	18,868,655.00	1,230,398.00
第 40 章　橡胶及其制品	14,653,810.00	78,438,641.00
第八类　生皮、皮革、毛皮及其制品；鞍具及挽具；旅行用品、手提包及类似品；动物肠线（蚕胶丝除外）制品	632,607.00	29,476.00
第 41 章　生皮（毛皮除外）及皮革	—	—
第 42 章　皮革制品；旅行箱包；动物肠线制品	632,607.00	29,476.00
第 43 章　毛皮、人造毛皮及其制品	—	—
第九类　木及木制品；木炭；软木及软木制品；稻草、秸秆、针茅或其他编结材料制品；篮筐及柳条编结品	562,322.00	1,040,896,719.00
第 44 章　木及木制品；木炭	560,827.00	1,040,896,719.00
第 45 章　软木及软木制品	—	—
第 46 章　编结材料制品；篮筐及柳条编结品	1,495.00	—
第十类　木浆及其他纤维状纤维素浆；回收（废碎）纸或纸板；纸、纸板及其制品	9,670,401.00	1,113.00
第 47 章　木浆等纤维状纤维素浆；废纸及纸板	—	—
第 48 章　纸及纸板；纸浆、纸或纸板制品	9,351,864.00	—
第 49 章　印刷品；手稿、打字稿及设计图纸	318,537.00	1,113.00
第十一类　纺织原料及纺织制品	16,643,724.00	887,376.00
第 50 章　蚕丝	—	—
第 51 章　羊毛等动物毛；马毛纱线及其机织物	314,540.00	—
第 52 章　棉花	926,267.00	393.00
第 53 章　其他植物纤维；纸纱线及其机织物	41,430.00	—
第 54 章　化学纤维长丝	577,229.00	4,474.00

续表

名称	2014 年出口	2014 年进口
第 55 章　化学纤维短纤	4,531,830.00	16,753.00
第 56 章　絮胎、毡呢及无纺织物；线绳制品等	2,570,253.00	—
第 57 章　地毯及纺织材料的其他铺地制品	692,437.00	—
第 58 章　特种机织物；簇绒织物；刺绣品等	287,350.00	11.00
第 59 章　浸渍、涂布、包覆或层压的纺织物；工业用纺织制品	664,042.00	7,418.00
第 60 章　针织物及钩编织物	2,016,603.00	—
第 61 章　针织或钩编的服装及衣着附件	885,198.00	601,758.00
第 62 章　非针织或非钩编的服装及衣着附件	665,011.00	252,026.00
第 63 章　其他纺织制品；成套物品；旧纺织品	2,471,534.00	4,543.00
第十二类　鞋、帽、伞、杖、鞭及其零件；已加工的羽毛及其制品；人造花；人发制品	12,619,850.00	26,811.00
第 64 章　鞋靴、护腿和类似品及其零件	707,130.00	26,708.00
第 65 章　帽类及其零件	104,825.00	—
第 66 章　伞、手杖、鞭子、马鞭及其零件	45,609.00	103.00
第 67 章　加工羽毛及制品；人造花；人发制品	11,762,286.00	—
第十三类　石料、石膏、水泥、石棉、云母及类似材料的制品；陶瓷产品；玻璃及其制品	14,446,164.00	—
第 68 章　矿物材料的制品	9,193,735.00	—
第 69 章　陶瓷产品	3,725,683.00	—
第 70 章　玻璃及其制品	1,526,746.00	—
第十四类　天然或养殖珍珠、宝石或半宝石、贵金属、包贵金属及其制品；仿首饰；硬币	31,123.00	—
第 71 章　珠宝、贵金属及制品；仿首饰；硬币	31,123.00	—
第十五类　贱金属及其制品	172,175,608.00	87,718,219.00
第 72 章　钢铁	24,905,591.00	—
第 73 章　钢铁制品	129,181,644.00	—
第 74 章　铜及其制品	1,926,875.00	85,078,083.00
第 75 章　镍及其制品	148.00	—
第 76 章　铝及其制品	11,418,577.00	—
第 77 章	—	—
第 78 章　铅及其制品	107.00	—
第 79 章　锌及其制品	57,159.00	—
第 80 章　锡及其制品	—	—
第 81 章　其他贱金属、金属陶瓷及其制品	1,134,264.00	2,640,050.00
第 82 章　贱金属器具、利口器、餐具及零件	819,277.00	—
第 83 章　贱金属杂项制品	2,731,966.00	86.00

续表

名称	2014 年出口	2014 年进口
第十六类　机器、机械器具、电气设备及其零件；录音机及放声机、电视图像、声音的录制和重放设备及其零件、附件	1,302,636,475.00	1,125,351.00
第 84 章　核反应堆、锅炉、机械器具及零件	486,196,696.00	303.00
第 85 章　电机、电气、音像设备及其零附件	816,439,779.00	1,125,048.00
第十七类　车辆、航空器、船舶及有关运输设备	160,662,633.00	1,148.00
第 86 章　铁道车辆；轨道装置；信号设备	235,924.00	—
第 87 章　车辆及其零附件，但铁道车辆除外	158,356,736.00	1,148.00
第 88 章　航空器、航天器及其零件	340,299.00	—
第 89 章　船舶及浮动结构体	1,729,674.00	—
第十八类　光学、照相、电影、计量、检验、医疗或外科用仪器及设备、精密仪器及设备；钟表；乐器；上述物品的零件、附件	7,661,610.00	197,493.00
第 90 章　光学、照相、医疗等设备及零附件	7,552,353.00	197,493.00
第 91 章　钟表及其零件	48,227.00	—
第 92 章　乐器及其零件、附件	61,030.00	—
第十九类　武器、弹药及其零件、附件	35,000.00	—
第 93 章　武器、弹药及其零件、附件	35,000.00	—
第二十类　杂项制品	13,601,891.00	5,959,733.00
第 94 章　家具；寝具等；灯具；活动房	12,015,402.00	5,959,711.00
第 95 章　玩具、游戏或运动用品及其零附件	437,812.00	—
第 96 章　杂项制品	1,148,677.00	22.00
第二十一类　艺术品、收藏品及古物	—	—
第 97 章　艺术品、收藏品及古物	—	—
第二十二类　特殊交易品及未分类商品	—	—
第 98 章　特殊交易品及未分类商品	—	—

（数据来源：海关总署——海关统计资讯网 www.hgtj.cn）

中国对马来西亚进出口商品构成表（2014 年）

单位：美元

名称	2014 年出口	2014 年进口
总值	46,277,720,765.00	55,694,352,894.00
第一类　活动物；动物产品	743,351,902.00	37,487,399.00
第 1 章　活动物	27,410.00	4,318.00
第 2 章　肉及食用杂碎	76,123,723.00	—
第 3 章　鱼及其他水生无脊椎动物	644,042,908.00	26,083,850.00
第 4 章　乳；蛋；蜂蜜；其他食用动物产品	14,446,833.00	10,696,811.00
第 5 章　其他动物产品	8,711,028.00	702,420.00

续表

名称	2014 年出口	2014 年进口
第二类　植物产品	1,151,033,981.00	138,400,992.00
第 6 章　活植物；茎、根；插花、簇叶	5,255,874.00	247,742.00
第 7 章　食用蔬菜、根及块茎	586,697,366.00	171,966.00
第 8 章　食用水果及坚果；甜瓜等水果的果皮	318,863,842.00	22,854,895.00
第 9 章　咖啡、茶、马黛茶及调味香料	106,781,931.00	36,825,826.00
第 10 章　谷物	304,919.00	59.00
第 11 章　制粉工业产品；麦芽；淀粉等；面筋	3,938,232.00	595,395.00
第 12 章　油籽；子仁；工业或药用植物；饲料	109,104,882.00	1,362,190.00
第 13 章　虫胶；树胶、树脂及其他植物液、汁	17,709,797.00	2,037,002.00
第 14 章　编结用植物材料；其他植物产品	2,377,138.00	74,305,917.00
第三类　动、植物油、脂及其分解产品；精致的食用油脂；动、植物蜡	16,688,964.00	2,673,428,772.00
第 15 章　动、植物油、脂、蜡；精制食用油脂	16,688,964.00	2,673,428,772.00
第四类　食品；饮料、酒及醋；烟草、烟草及烟草代用品的制品	782,437,658.00	486,895,634.00
第 16 章　肉、鱼及其他水生无脊椎动物的制品	204,471,776.00	1,495,965.00
第 17 章　糖及糖食	64,860,216.00	26,193,818.00
第 18 章　可可及可可制品	16,369,206.00	108,385,773.00
第 19 章　谷物粉、淀粉等或乳的制品；糕饼	42,365,440.00	153,282,977.00
第 20 章　蔬菜、水果等或植物其他部分的制品	230,074,229.00	6,360,360.00
第 21 章　杂项食品	86,917,729.00	124,333,985.00
第 22 章　饮料、酒及醋	34,080,443.00	19,870,945.00
第 23 章　食品工业的残渣及废料；配制的饲料	85,253,375.00	36,555,260.00
第 24 章　烟草、烟草及烟草代用品的制品	18,045,244.00	10,416,551.00
第五类　矿产品	688,682,730.00	6,998,613,531.00
第 25 章　盐；硫磺；土及石料；石灰及水泥等	89,897,319.00	4,785,839.00
第 26 章　矿砂、矿渣及矿灰	3,577,023.00	1,011,483,083.00
第 27 章　矿物燃料、矿物油及其产品；沥青等	595,208,388.00	5,982,344,609.00
第六类　化学工业及其相关工业的产品	2,534,341,321.00	1,983,120,045.00
第 28 章　无机化学品；贵金属等的化合物	469,450,782.00	61,806,750.00
第 29 章　有机化学品	660,764,144.00	1,112,639,664.00
第 30 章　药品	104,332,147.00	322,145.00
第 31 章　肥料	225,451,743.00	594,360.00
第 32 章　鞣料；着色料；涂料；油灰；墨水等	165,294,088.00	73,386,636.00
第 33 章　精油及香膏，芳香料制品，化妆盥洗品	139,763,588.00	2,007,079.00
第 34 章　洗涤剂、润滑剂、人造蜡、塑型膏等	115,576,279.00	143,542,163.00
第 35 章　蛋白类物质；改性淀粉；胶；酶	76,132,767.00	17,477,001.00
第 36 章　炸药；烟火；引火品；易燃材料制品	4,301,982.00	—

续表

名称	2014年出口	2014年进口
第37章　照相及电影用品	26,136,054.00	5,739,671.00
第38章　杂项化学产品	547,137,747.00	565,604,576.00
第七类　塑料及其制品；橡胶及其制品	2,054,084,318.00	3,611,448,983.00
第39章　塑料及其制品	1,683,202,110.00	1,599,855,633.00
第40章　橡胶及其制品	370,882,208.00	2,011,593,350.00
第八类　生皮、皮革、毛皮及其制品；鞍具及挽具；旅行用品、手提包及类似品；动物肠线（蚕胶丝除外）制品	662,883,565.00	22,693,322.00
第41章　生皮（毛皮除外）及皮革	8,530,374.00	1,981,178.00
第42章　皮革制品；旅行箱包；动物肠线制品	654,006,721.00	1,500,704.00
第43章　毛皮、人造毛皮及其制品	346,470.00	19,211,440.00
第九类　木及木制品；木炭；软木及软木制品；稻草、秸秆、针茅或其他编结材料制品；篮筐及柳条编结品	185,668,531.00	361,155,147.00
第44章　木及木制品；木炭	164,108,288.00	361,153,148.00
第45章　软木及软木制品	113,084.00	—
第46章　编结材料制品；篮筐及柳条编结品	21,447,159.00	1,999.00
第十类　木浆及其他纤维状纤维素浆；回收（废碎）纸或纸板；纸、纸板及其制品	582,417,207.00	36,305,490.00
第47章　木浆等纤维状纤维素浆；废纸及纸板	403,591.00	2,362,546.00
第48章　纸及纸板；纸浆、纸或纸板制品	539,053,493.00	19,583,376.00
第49章　印刷品；手稿、打字稿及设计图纸	42,960,123.00	14,359,568.00
第十一类　纺织原料及纺织制品	4,582,916,499.00	185,738,263.00
第50章　蚕丝	37,018,317.00	—
第51章　羊毛等动物毛；马毛纱线及其机织物	4,811,043.00	18,096,460.00
第52章　棉花	328,207,071.00	65,490,807.00
第53章　其他植物纤维；纸纱线及其机织物	1,092,822.00	4,151,135.00
第54章　化学纤维长丝	379,307,282.00	19,051,307.00
第55章　化学纤维短纤	117,025,318.00	21,042,849.00
第56章　絮胎、毡呢及无纺织物；线绳制品等	110,846,121.00	18,155,016.00
第57章　地毯及纺织材料的其他铺地制品	121,929,509.00	218,540.00
第58章　特种机织物；簇绒织物；刺绣品等	88,568,997.00	410,177.00
第59章　浸渍、涂布、包覆或层压的纺织物；工业用纺织制品	162,069,408.00	6,884,237.00
第60章　针织物及钩编织物	147,017,384.00	3,604,892.00
第61章　针织或钩编的服装及衣着附件	1,259,429,139.00	17,200,134.00
第62章　非针织或非钩编的服装及衣着附件	1,369,473,341.00	7,334,497.00
第63章　其他纺织制品；成套物品；旧纺织品	456,120,747.00	4,098,212.00

续表

名称	2014 年出口	2014 年进口
第十二类　鞋、帽、伞、杖、鞭及其零件；已加工的羽毛及其制品；人造花；人发制品	1,390,742,108.00	3,117,611.00
第 64 章　鞋靴、护腿和类似品及其零件	1,236,819,571.00	293,298.00
第 65 章　帽类及其零件	48,121,754.00	633,354.00
第 66 章　伞、手杖、鞭子、马鞭及其零件	46,521,077.00	1,110.00
第 67 章　加工羽毛及制品；人造花；人发制品	59,279,706.00	2,189,849.00
第十三类　石料、石膏、水泥、石棉、云母及类似材料的制品；陶瓷产品；玻璃及其制品	1,734,640,057.00	125,086,619.00
第 68 章　矿物材料的制品	294,329,863.00	10,039,619.00
第 69 章　陶瓷产品	1,004,236,310.00	18,479,207.00
第 70 章　玻璃及其制品	436,073,884.00	96,567,793.00
第十四类　天然或养殖珍珠、宝石或半宝石、贵金属、包贵金属及其制品；仿首饰；硬币	26,637,957.00	45,339,846.00
第 71 章　珠宝、贵金属及制品；仿首饰；硬币	26,637,957.00	45,339,846.00
第十五类　贱金属及其制品	6,439,338,668.00	1,477,897,196.00
第 72 章　钢铁	1,485,149,536.00	73,681,551.00
第 73 章　钢铁制品	1,352,908,756.00	107,512,394.00
第 74 章　铜及其制品	400,407,630.00	850,044,366.00
第 75 章　镍及其制品	579,534,590.00	973,012.00
第 76 章　铝及其制品	1,664,676,085.00	387,056,175.00
第 77 章	—	—
第 78 章　铅及其制品	7,256,595.00	1,275,876.00
第 79 章　锌及其制品	135,763,971.00	244,434.00
第 80 章　锡及其制品	2,501,767.00	24,820,337.00
第 81 章　其他贱金属、金属陶瓷及其制品	12,549,495.00	1,505,072.00
第 82 章　贱金属器具、利口器、餐具及零件	239,275,241.00	6,220,540.00
第 83 章　贱金属杂项制品	559,315,002.00	24,563,439.00
第十六类　机器、机械器具、电气设备及其零件；录音机及放声机、电视图像、声音的录制和重放设备及其零件、附件	14,270,417,942.00	35,997,283,971.00
第 84 章　核反应堆、锅炉、机械器具及零件	4,960,102,487.00	3,825,427,261.00
第 85 章　电机、电气、音像设备及其零附件	9,310,315,455.00	32,171,856,710.00
第十七类　车辆、航空器、船舶及有关运输设备	1,896,823,775.00	—
第 86 章　铁道车辆；轨道装置；信号设备	97,703,100.00	991,160.00
第 87 章　车辆及其零附件，但铁道车辆除外	1,190,021,227.00	220,482,406.00
第 88 章　航空器、航天器及其零件	2,065,958.00	7,217,180.00
第 89 章　船舶及浮动结构体	607,033,490.00	16,599.00
第十八类　光学、照相、电影、计量、检验、医疗或外科用仪器及设备、精密仪器及设备；钟表；乐器；上述物品的零件、附件	2,502,021,320.00	1,195,110,440.00

续表

名称	2014 年出口	2014 年进口
第 90 章　光学、照相、医疗等设备及零附件	2,385,425,314.00	1,181,473,537.00
第 91 章　钟表及其零件	88,687,190.00	11,945,611.00
第 92 章　乐器及其零件、附件	27,908,816.00	1,691,292.00
第十九类　武器、弹药及其零件、附件	52,956.00	8,100.00
第 93 章　武器、弹药及其零件、附件	52,956.00	8,100.00
第二十类　杂项制品	4,024,499,312.00	85,903,795.00
第 94 章　家具；寝具等；灯具；活动房	3,268,179,678.00	42,585,358.00
第 95 章　玩具、游戏或运动用品及其零附件	458,839,053.00	20,124,631.00
第 96 章　杂项制品	297,480,581.00	23,193,806.00
第二十一类　艺术品、收藏品及古物	7,862,182.00	35,998.00
第 97 章　艺术品、收藏品及古物	7,862,182.00	35,998.00
第二十二类　特殊交易品及未分类商品	177,812.00	574,395.00
第 98 章　特殊交易品及未分类商品	177,812.00	574,395.00

（数据来源：海关总署——海关统计资讯网 www.hgtj.cn）

中国对缅甸进出口商品构成表（2014 年）

单位：美元

名称	2014 年出口	2014 年进口
总值	9,369,900,285.00	15,603,305,791.00
第一类　活动物；动物产品	11,180,394.00	51,815,070.00
第 1 章　活动物	100.00	—
第 2 章　肉及食用杂碎	—	—
第 3 章　鱼及其他水生无脊椎动物	645,741.00	51,732,434.00
第 4 章　乳；蛋；蜂蜜；其他食用动物产品	3,747,491.00	—
第 5 章　其他动物产品	6,787,062.00	82,636.00
第二类　植物产品	272,561,175.00	120,908,073.00
第 6 章　活植物；茎、根；插花、簇叶	132,235,381.00	10,293.00
第 7 章　食用蔬菜、根及块茎	11,300,642.00	17,092,330.00
第 8 章　食用水果及坚果；甜瓜等水果的果皮	86,480,221.00	20,475,068.00
第 9 章　咖啡、茶、马黛茶及调味香料	14,441,493.00	701,951.00
第 10 章　谷物	120,351.00	14,681,608.00
第 11 章　制粉工业产品；麦芽；淀粉等；面筋	15,063,117.00	80,691.00
第 12 章　油籽；子仁；工业或药用植物；饲料	12,378,304.00	66,646,944.00
第 13 章　虫胶；树胶、树脂及其他植物液、汁	541,666.00	—
第 14 章　编结用植物材料；其他植物产品	—	1,219,188.00
第三类　动、植物油、脂及其分解产品；精致的食用油脂；动、植物蜡	61,405.00	267,862.00

续表

名称	2014 年出口	2014 年进口
第 15 章 动、植物油、脂、蜡；精制食用油脂	61,405.00	267,862.00
第四类 食品；饮料、酒及醋；烟草、烟草及烟草代用品的制品	126,178,788.00	5,747,196.00
第 16 章 肉、鱼及其他水生无脊椎动物的制品	—	—
第 17 章 糖及糖食	6,169,732.00	2,013,635.00
第 18 章 可可及可可制品	89,981.00	—
第 19 章 谷物粉、淀粉等或乳的制品；糕饼	12,005,618.00	152,970.00
第 20 章 蔬菜、水果等或植物其他部分的制品	8,820,405.00	1,175.00
第 21 章 杂项食品	39,951,954.00	—
第 22 章 饮料、酒及醋	37,152,407.00	84,152.00
第 23 章 食品工业的残渣及废料；配制的饲料	2,554,843.00	3,495,264.00
第 24 章 烟草、烟草及烟草代用品的制品	19,433,848.00	—
第五类 矿产品	310,346,335.00	1,945,719,567.00
第 25 章 盐；硫磺；土及石料；石灰及水泥等	19,675,903.00	13,359,679.00
第 26 章 矿砂、矿渣及矿灰	320,548.00	561,634,061.00
第 27 章 矿物燃料、矿物油及其产品；沥青等	290,349,884.00	1,370,725,827.00
第六类 化学工业及其相关工业的产品	322,126,337.00	6,937,492.00
第 28 章 无机化学品；贵金属等的化合物	27,762,708.00	2,045,065.00
第 29 章 有机化学品	81,714,894.00	—
第 30 章 药品	47,860,661.00	—
第 31 章 肥料	66,179,590.00	—
第 32 章 鞣料；着色料；涂料；油灰；墨水等	7,111,941.00	61,859.00
第 33 章 精油及香膏，芳香料制品，化妆盥洗品	5,757,487.00	10,983.00
第 34 章 洗涤剂、润滑剂、人造蜡、塑型膏等	18,208,468.00	—
第 35 章 蛋白类物质；改性淀粉；胶；酶	7,777,598.00	—
第 36 章 炸药；烟火；引火品；易燃材料制品	12,993,576.00	—
第 37 章 照相及电影用品	6,541,177.00	—
第 38 章 杂项化学产品	40,218,237.00	4,819,585.00
第七类 塑料及其制品；橡胶及其制品	316,017,009.00	88,800,923.00
第 39 章 塑料及其制品	214,096,257.00	2,491,275.00
第 40 章 橡胶及其制品	101,920,752.00	86,309,648.00
第八类 生皮、皮革、毛皮及其制品；鞍具及挽具；旅行用品、手提包及类似品；动物肠线（蚕胶丝除外）制品	37,186,576.00	592,270.00
第 41 章 生皮（毛皮除外）及皮革	3,288,317.00	18,307.00
第 42 章 皮革制品；旅行箱包；动物肠线制品	15,787,209.00	519,461.00
第 43 章 毛皮、人造毛皮及其制品	18,111,050.00	54,502.00
第九类 木及木制品；木炭；软木及软木制品；稻草、秸秆、针茅或其他编结材料制品；篮筐及柳条编结品	26,012,159.00	677,351,742.00

续表

名称	2014 年出口	2014 年进口
第 44 章　木及木制品；木炭	20,047,758.00	677,254,031.00
第 45 章　软木及软木制品	6,258.00	—
第 46 章　编结材料制品；篮筐及柳条编结品	5,958,143.00	97,711.00
第十类　木浆及其他纤维状纤维素浆；回收（废碎）纸或纸板；纸、纸板及其制品	59,027,648.00	794,838.00
第 47 章　木浆等纤维状纤维素浆；废纸及纸板	246,645.00	761,009.00
第 48 章　纸及纸板；纸浆、纸或纸板制品	54,250,118.00	2,929.00
第 49 章　印刷品；手稿、打字稿及设计图纸	4,530,885.00	30,900.00
第十一类　纺织原料及纺织制品	1,044,146,168.00	36,590,198.00
第 50 章　蚕丝	6,341,329.00	—
第 51 章　羊毛等动物毛；马毛纱线及其机织物	17,781,138.00	—
第 52 章　棉花	158,931,134.00	29,099.00
第 53 章　其他植物纤维；纸纱线及其机织物	9,530,744.00	—
第 54 章　化学纤维长丝	99,231,942.00	27,550.00
第 55 章　化学纤维短纤	298,857,431.00	7.00
第 56 章　絮胎、毡呢及无纺织物；线绳制品等	35,174,521.00	893.00
第 57 章　地毯及纺织材料的其他铺地制品	11,686,661.00	—
第 58 章　特种机织物；簇绒织物；刺绣品等	41,306,138.00	1,165,399.00
第 59 章　浸渍、涂布、包覆或层压的纺织物；工业用纺织制品	46,971,887.00	289.00
第 60 章　针织物及钩编织物	122,175,984.00	1,216.00
第 61 章　针织或钩编的服装及衣着附件	41,978,992.00	2,277,255.00
第 62 章　非针织或非钩编的服装及衣着附件	11,056,754.00	32,200,797.00
第 63 章　其他纺织制品；成套物品；旧纺织品	143,121,513.00	887,693.00
第十二类　鞋、帽、伞、杖、鞭及其零件；已加工的羽毛及其制品；人造花；人发制品	60,189,078.00	2,178,750.00
第 64 章　鞋靴、护腿和类似品及其零件	37,177,709.00	956,584.00
第 65 章　帽类及其零件	3,230,971.00	—
第 66 章　伞、手杖、鞭子、马鞭及其零件	14,004,989.00	500.00
第 67 章　加工羽毛及制品；人造花；人发制品	5,775,409.00	1,221,666.00
第十三类　石料、石膏、水泥、石棉、云母及类似材料的制品；陶瓷产品；玻璃及其制品	154,413,152.00	927,572.00
第 68 章　矿物材料的制品	28,001,203.00	922,008.00
第 69 章　陶瓷产品	90,169,001.00	—
第 70 章　玻璃及其制品	36,242,948.00	5,564.00
第十四类　天然或养殖珍珠、宝石或半宝石、贵金属、包贵金属及其制品；仿首饰；硬币	1,140,882,409.00	12,282,089,811.00
第 71 章　珠宝、贵金属及制品；仿首饰；硬币	1,140,882,409.00	12,282,089,811.00

续表

名称	2014年出口	2014年进口
第十五类　贱金属及其制品	1,518,597,769.00	345,895,730.00
第72章　钢铁	981,605,758.00	296,485,235.00
第73章　钢铁制品	367,932,907.00	653.00
第74章　铜及其制品	3,955,378.00	49,329,492.00
第75章　镍及其制品	—	—
第76章　铝及其制品	115,430,330.00	—
第77章	—	—
第78章　铅及其制品	88,426.00	—
第79章　锌及其制品	896,217.00	—
第80章　锡及其制品	6,786.00	—
第81章　其他贱金属、金属陶瓷及其制品	473,441.00	—
第82章　贱金属器具、利口器、餐具及零件	12,954,445.00	—
第83章　贱金属杂项制品	35,254,081.00	80,350.00
第十六类　机器、机械器具、电气设备及其零件；录音机及放声机、电视图像、声音的录制和重放设备及其零件、附件	2,652,754,904.00	25,047,448.00
第84章　核反应堆、锅炉、机械器具及零件	1,012,384,868.00	2,957,395.00
第85章　电机、电气、音像设备及其零附件	1,640,370,036.00	22,090,053.00
第十七类　车辆、航空器、船舶及有关运输设备	1,007,538,709.00	—
第86章　铁道车辆；轨道装置；信号设备	2,436,142.00	—
第87章　车辆及其零附件，但铁道车辆除外	965,756,610.00	—
第88章　航空器、航天器及其零件	908,813.00	—
第89章　船舶及浮动结构体	38,437,144.00	—
第十八类　光学、照相、电影、计量、检验、医疗或外科用仪器及设备、精密仪器及设备；钟表；乐器；上述物品的零件、附件	97,683,945.00	10,769,225.00
第90章　光学、照相、医疗等设备及零附件	82,294,879.00	10,769,225.00
第91章　钟表及其零件	15,004,952.00	—
第92章　乐器及其零件、附件	384,114.00	—
第十九类　武器、弹药及其零件、附件	50,393.00	—
第93章　武器、弹药及其零件、附件	50,393.00	—
第二十类　杂项制品	212,890,532.00	318,001.00
第94章　家具；寝具等；灯具；活动房	143,219,733.00	315,084.00
第95章　玩具、游戏或运动用品及其零附件	14,313,369.00	500.00
第96章　杂项制品	55,357,430.00	2,417.00
第二十一类　艺术品、收藏品及古物	55,400.00	8,023.00
第97章　艺术品、收藏品及古物	55,400.00	8,023.00
第二十二类　特殊交易品及未分类商品	—	546,000.00
第98章　特殊交易品及未分类商品	—	546,000.00

（数据来源：海关总署——海关统计资讯网 www.hgtj.cn）

中国对菲律宾进出口商品构成表（2014 年）

单位：美元

名称	2014 年出口	2014 年进口
总值	23,459,159,941.00	20,982,647,452.00
第一类　活动物；动物产品	376,850,781.00	35,909,207.00
第 1 章　活动物	850.00	613,021.00
第 2 章　肉及食用杂碎	—	
第 3 章　鱼及其他水生无脊椎动物	373,415,683.00	33,931,133.00
第 4 章　乳；蛋；蜂蜜；其他食用动物产品	1,511,262.00	7,077.00
第 5 章　其他动物产品	1,922,986.00	1,357,976.00
第二类　植物产品	349,760,851.00	633,447,280.00
第 6 章　活植物；茎、根；插花、簇叶	1,966,749.00	9,211.00
第 7 章　食用蔬菜、根及块茎	83,322,183.00	7,650.00
第 8 章　食用水果及坚果；甜瓜等水果的果皮	182,162,241.00	622,083,601.00
第 9 章　咖啡、茶、马黛茶及调味香料	21,435,532.00	—
第 10 章　谷物	7,669,201.00	3,313.00
第 11 章　制粉工业产品；麦芽；淀粉等；面筋	21,687,150.00	14,323.00
第 12 章　油籽；子仁；工业或药用植物；饲料	8,098,005.00	4,359,671.00
第 13 章　虫胶；树胶、树脂及其他植物液、汁	23,407,093.00	3,476,521.00
第 14 章　编结用植物材料；其他植物产品	12,697.00	3,492,990.00
第三类　动、植物油、脂及其分解产品；精致的食用油脂；动、植物蜡	2,232,482.00	18,874,732.00
第 15 章　动、植物油、脂、蜡；精制食用油脂	2,232,482.00	18,874,732.00
第四类　食品；饮料、酒及醋；烟草、烟草及烟草代用品的制品	700,350,454.00	67,453,077.00
第 16 章　肉、鱼及其他水生无脊椎动物的制品	81,015,806.00	264,821.00
第 17 章　糖及糖食	220,856,522.00	799,206.00
第 18 章　可可及可可制品	29,585,492.00	151,214.00
第 19 章　谷物粉、淀粉等或乳的制品；糕饼	30,349,445.00	7,655,483.00
第 20 章　蔬菜、水果等或植物其他部分的制品	109,929,710.00	34,337,741.00
第 21 章　杂项食品	143,659,247.00	4,489,394.00
第 22 章　饮料、酒及醋	8,351,047.00	1,779,912.00
第 23 章　食品工业的残渣及废料；配制的饲料	25,011,223.00	17,944,815.00
第 24 章　烟草、烟草及烟草代用品的制品	51,591,962.00	30,491.00
第五类　矿产品	1,260,150,552.00	3,794,434,924.00
第 25 章　盐；硫磺；土及石料；石灰及水泥等	24,175,303.00	4,716,775.00
第 26 章　矿砂、矿渣及矿灰	3,540,869.00	3,275,976,730.00
第 27 章　矿物燃料、矿物油及其产品；沥青等	1,232,434,380.00	513,741,419.00

续表

名称	2014 年出口	2014 年进口
第六类　化学工业及其相关工业的产品	1,535,585,994.00	137,671,275.00
第 28 章　无机化学品；贵金属等的化合物	186,833,918.00	22,040,175.00
第 29 章　有机化学品	250,969,516.00	63,215,706.00
第 30 章　药品	69,511,222.00	395.00
第 31 章　肥料	323,641,118.00	840,000.00
第 32 章　鞣料；着色料；涂料；油灰；墨水等	78,508,902.00	361,950.00
第 33 章　精油及香膏，芳香料制品，化妆盥洗品	58,675,543.00	2,127,664.00
第 34 章　洗涤剂、润滑剂、人造蜡、塑型膏等	56,992,529.00	9,352,887.00
第 35 章　蛋白类物质；改性淀粉；胶；酶	67,461,794.00	1,013,007.00
第 36 章　炸药；烟火；引火品；易燃材料制品	8,036,712.00	—
第 37 章　照相及电影用品	20,737,399.00	88.00
第 38 章　杂项化学产品	414,218,532.00	38,719,403.00
第七类　塑料及其制品；橡胶及其制品	1,130,200,052.00	321,738,424.00
第 39 章　塑料及其制品	888,644,419.00	302,831,845.00
第 40 章　橡胶及其制品	241,555,633.00	18,906,579.00
第八类　生皮、皮革、毛皮及其制品；鞍具及挽具；旅行用品、手提包及类似品；动物肠线（蚕胶丝除外）制品	143,374,649.00	19,517,906.00
第 41 章　生皮（毛皮除外）及皮革	3,302,034.00	2,144,485.00
第 42 章　皮革制品；旅行箱包；动物肠线制品	139,723,956.00	17,232,317.00
第 43 章　毛皮、人造毛皮及其制品	348,659.00	141,104.00
第九类　木及木制品；木炭；软木及软木制品；稻草、秸秆、针茅或其他编结材料制品；篮筐及柳条编结品	325,020,792.00	111,199,486.00
第 44 章　木及木制品；木炭	323,220,849.00	110,945,444.00
第 45 章　软木及软木制品	96,894.00	150,130.00
第 46 章　编结材料制品；篮筐及柳条编结品	1,703,049.00	103,912.00
第十类　木浆及其他纤维状纤维素浆；回收（废碎）纸或纸板；纸、纸板及其制品	269,187,256.00	14,492,455.00
第 47 章　木浆等纤维状纤维素浆；废纸及纸板	516,444.00	13,997,732.00
第 48 章　纸及纸板；纸浆、纸或纸板制品	256,262,102.00	387,231.00
第 49 章　印刷品；手稿、打字稿及设计图纸	12,408,710.00	107,492.00
第十一类　纺织原料及纺织制品	2,819,931,146.00	89,940,412.00
第 50 章　蚕丝	1,898,677.00	484.00
第 51 章　羊毛等动物毛；马毛纱线及其机织物	13,950,858.00	2,732.00
第 52 章　棉花	455,446,425.00	224,588.00
第 53 章　其他植物纤维；纸纱线及其机织物	9,293,966.00	12,017,600.00
第 54 章　化学纤维长丝	307,793,463.00	37,390,292.00

续表

名称	2014 年出口	2014 年进口
第 55 章　化学纤维短纤	140,390,345.00	260,121.00
第 56 章　絮胎、毡呢及无纺织物；线绳制品等	81,771,574.00	124,636.00
第 57 章　地毯及纺织材料的其他铺地制品	14,729,176.00	57,275.00
第 58 章　特种机织物；簇绒织物；刺绣品等	170,026,380.00	10,488,620.00
第 59 章　浸渍、涂布、包覆或层压的纺织物；工业用纺织制品	149,437,289.00	5,127.00
第 60 章　针织物及钩编织物	203,263,445.00	56,088.00
第 61 章　针织或钩编的服装及衣着附件	654,392,834.00	13,186,698.00
第 62 章　非针织或非钩编的服装及衣着附件	334,675,254.00	13,754,904.00
第 63 章　其他纺织制品；成套物品；旧纺织品	282,861,461.00	2,371,247.00
第十二类　鞋、帽、伞、杖、鞭及其零件；已加工的羽毛及其制品；人造花；人发制品	805,896,711.00	411,390.00
第 64 章　鞋靴、护腿和类似品及其零件	587,935,516.00	75,033.00
第 65 章　帽类及其零件	18,945,220.00	335,957.00
第 66 章　伞、手杖、鞭子、马鞭及其零件	186,759,398.00	8.00
第 67 章　加工羽毛及制品；人造花；人发制品	12,256,577.00	392.00
第十三类　石料、石膏、水泥、石棉、云母及类似材料的制品；陶瓷产品；玻璃及其制品	657,987,147.00	21,513,916.00
第 68 章　矿物材料的制品	77,108,893.00	1,252,598.00
第 69 章　陶瓷产品	377,271,856.00	98,128.00
第 70 章　玻璃及其制品	203,606,398.00	20,163,190.00
第十四类　天然或养殖珍珠、宝石或半宝石、贵金属、包贵金属及其制品；仿首饰；硬币	11,131,237.00	1,417,741.00
第 71 章　珠宝、贵金属及制品；仿首饰；硬币	11,131,237.00	1,417,741.00
第十五类　贱金属及其制品	3,948,758,745.00	796,345,335.00
第 72 章　钢铁	2,573,022,567.00	749,364.00
第 73 章　钢铁制品	729,952,712.00	5,927,338.00
第 74 章　铜及其制品	88,391,888.00	756,794,917.00
第 75 章　镍及其制品	2,153,710.00	57,502.00
第 76 章　铝及其制品	280,288,000.00	21,443,785.00
第 77 章	—	—
第 78 章　铅及其制品	4,754.00	1,022,993.00
第 79 章　锌及其制品	1,639,365.00	
第 80 章　锡及其制品	195,819.00	276,289.00
第 81 章　其他贱金属、金属陶瓷及其制品	7,250,208.00	—
第 82 章　贱金属器具、利口器、餐具及零件	105,843,749.00	8,710,382.00
第 83 章　贱金属杂项制品	160,015,973.00	276,289.00

续表

名称	2014 年出口	2014 年进口
第十六类 机器、机械器具、电气设备及其零件；录音机及放声机、电视图像、声音的录制和重放设备及其零件、附件	6,206,390,028.00	14,384,986,930.00
第 84 章 核反应堆、锅炉、机械器具及零件	2,471,611,726.00	5,023,285,414.00
第 85 章 电机、电气、音像设备及其零附件	3,734,778,302.00	9,361,701,516.00
第十七类 车辆、航空器、船舶及有关运输设备	1,012,143,652.00	—
第 86 章 铁道车辆；轨道装置；信号设备	6,128,734.00	—
第 87 章 车辆及其零附件，但铁道车辆除外	894,391,189.00	55,747,219.00
第 88 章 航空器、航天器及其零件	8,011,708.00	11,306.00
第 89 章 船舶及浮动结构体	103,612,021.00	—
第十八类 光学、照相、电影、计量、检验、医疗或外科用仪器及设备、精密仪器及设备；钟表；乐器；上述物品的零件、附件	437,128,003.00	406,129,386.00
第 90 章 光学、照相、医疗等设备及零附件	410,572,187.00	402,210,805.00
第 91 章 钟表及其零件	14,323,619.00	3,827,216.00
第 92 章 乐器及其零件、附件	12,232,197.00	91,365.00
第十九类 武器、弹药及其零件、附件	74,720.00	—
第 93 章 武器、弹药及其零件、附件	74,720.00	—
第二十类 杂项制品	1,463,570,951.00	69,211,311.00
第 94 章 家具；寝具等；灯具；活动房	463,365,208.00	11,907,457.00
第 95 章 玩具、游戏或运动用品及其零附件	727,203,219.00	53,268,685.00
第 96 章 杂项制品	273,002,524.00	4,035,169.00
第二十一类 艺术品、收藏品及古物	1,244,652.00	228,162.00
第 97 章 艺术品、收藏品及古物	1,244,652.00	228,162.00
第二十二类 特殊交易品及未分类商品	2,189,086.00	1,965,578.00
第 98 章 特殊交易品及未分类商品	2,189,086.00	1,965,578.00

（数据来源：海关总署——海关统计资讯网 www.hgtj.cn）

中国对新加坡进出口商品构成表（2014 年）

单位：美元

名称	2014 年出口	2014 年进口
总值	48,841,184,884.00	30,800,140,500.00
第一类 活动物；动物产品	190,867,809.00	16,082,091.00
第 1 章 活动物	162,545.00	235,183.00
第 2 章 肉及食用杂碎	10,286,377.00	—
第 3 章 鱼及其他水生无脊椎动物	161,762,482.00	3,893,988.00
第 4 章 乳；蛋；蜂蜜；其他食用动物产品	14,973,305.00	11,625,361.00
第 5 章 其他动物产品	3,683,100.00	327,559.00

续表

名称	2014 年出口	2014 年进口
第二类　植物产品	270,158,042.00	8,617,778.00
第 6 章　活植物；茎、根；插花、簇叶	8,514,381.00	602.00
第 7 章　食用蔬菜、根及块茎	112,441,898.00	—
第 8 章　食用水果及坚果；甜瓜等水果的果皮	59,667,195.00	83,137.00
第 9 章　咖啡、茶、马黛茶及调味香料	22,986,093.00	4,343,926.00
第 10 章　谷物	850,736.00	—
第 11 章　制粉工业产品；麦芽；淀粉等；面筋	22,341,281.00	3,533.00
第 12 章　油籽；子仁；工业或药用植物；饲料	31,642,044.00	—
第 13 章　虫胶；树胶、树脂及其他植物液、汁	10,885,093.00	3,390,422.00
第 14 章　编结用植物材料；其他植物产品	829,321.00	796,158.00
第三类　动、植物油、脂及其分解产品；精致的食用油脂；动、植物蜡	20,042,705.00	6,202,052.00
第 15 章　动、植物油、脂、蜡；精制食用油脂	20,042,705.00	6,202,052.00
第四类　食品；饮料、酒及醋；烟草、烟草及烟草代用品的制品	4,466,546,515.00	392,589,022.00
第 16 章　肉、鱼及其他水生无脊椎动物的制品	156,243,308.00	281,430.00
第 17 章　糖及糖食	25,797,242.00	2,568,559.00
第 18 章　可可及可可制品	11,927,354.00	47,825,892.00
第 19 章　谷物粉、淀粉等或乳的制品；糕饼	24,360,383.00	214,985,507.00
第 20 章　蔬菜、水果等或植物其他部分的制品	40,297,180.00	876,236.00
第 21 章　杂项食品	50,268,964.00	35,663,224.00
第 22 章　饮料、酒及醋	109,122,195.00	1,012,709.00
第 23 章　食品工业的残渣及废料；配制的饲料	8,146,478.00	10,512,719.00
第 24 章　烟草、烟草及烟草代用品的制品	42,697,128.00	78,862,746.00
第五类　矿产品	4,002,692,404.00	4,748,143,503.00
第 25 章　盐；硫磺；土及石料；石灰及水泥等	49,656,395.00	334,998.00
第 26 章　矿砂、矿渣及矿灰	2,041,112.00	893,353.00
第 27 章　矿物燃料、矿物油及其产品；沥青等	3,945,988,776.00	4,746,915,152.00
第六类　化学工业及其相关工业的产品	1,805,514,331.00	4,435,570,708.00
第 28 章　无机化学品；贵金属等的化合物	114,186,057.00	8,898,879.00
第 29 章　有机化学品	1,002,445,482.00	3,199,718,319.00
第 30 章　药品	66,216,783.00	11,016,367.00
第 31 章　肥料	8,176,983.00	—
第 32 章　鞣料；着色料；涂料；油灰；墨水等	115,374,895.00	99,285,002.00
第 33 章　精油及香膏，芳香料制品，化妆盥洗品	136,575,280.00	55,880,165.00
第 34 章　洗涤剂、润滑剂、人造蜡、塑型膏等	93,196,678.00	116,220,174.00
第 35 章　蛋白类物质；改性淀粉；胶；酶	34,604,012.00	29,718,157.00
第 36 章　炸药；烟火；引火品；易燃材料制品	1,398,621.00	5,888,179.00

续表

名称	2014 年出口	2014 年进口
第 37 章　照相及电影用品	45,378,326.00	1,645,864.00
第 38 章　杂项化学产品	187,961,214.00	907,299,602.00
第七类　塑料及其制品；橡胶及其制品	1,286,391,973.00	4,479,260,678.00
第 39 章　塑料及其制品	1,088,319,721.00	4,211,931,093.00
第 40 章　橡胶及其制品	198,072,252.00	267,329,585.00
第八类　生皮、皮革、毛皮及其制品；鞍具及挽具；旅行用品、手提包及类似品；动物肠线（蚕胶丝除外）制品	610,585,478.00	9,963,416.00
第 41 章　生皮（毛皮除外）及皮革	3,399,992.00	8,748,220.00
第 42 章　皮革制品；旅行箱包；动物肠线制品	606,831,321.00	1,215,196.00
第 43 章　毛皮、人造毛皮及其制品	354,165.00	—
第九类　木及木制品；木炭；软木及软木制品；稻草、秸秆、针茅或其他编结材料制品；篮筐及柳条编结品	239,802,734.00	1,551,365.00
第 44 章　木及木制品；木炭	222,992,212.00	1,548,078.00
第 45 章　软木及软木制品	274,834.00	3,287.00
第 46 章　编结材料制品；篮筐及柳条编结品	17,535,688.00	—
第十类　木浆及其他纤维状纤维素浆；回收（废碎）纸或纸板；纸、纸板及其制品	512,043,522.00	491,931,654.00
第 47 章　木浆等纤维状纤维素浆；废纸及纸板	40.00	1,610,064.00
第 48 章　纸及纸板；纸浆、纸或纸板制品	469,104,472.00	10,496,797.00
第 49 章　印刷品；手稿、打字稿及设计图纸	42,939,010.00	479,824,793.00
第十一类　纺织原料及纺织制品	2,211,471,821.00	41,867,443.00
第 50 章　蚕丝	16,417,782.00	7,081.00
第 51 章　羊毛等动物毛；马毛纱线及其机织物	5,285,361.00	37,201.00
第 52 章　棉花	58,249,718.00	345,750.00
第 53 章　其他植物纤维；纸纱线及其机织物	2,118,842.00	14,730.00
第 54 章　化学纤维长丝	71,161,295.00	25,465,674.00
第 55 章　化学纤维短纤	43,313,461.00	640,959.00
第 56 章　絮胎、毡呢及无纺织物；线绳制品等	50,180,238.00	2,436,063.00
第 57 章　地毯及纺织材料的其他铺地制品	48,330,207.00	8,200.00
第 58 章　特种机织物；簇绒织物；刺绣品等	24,118,165.00	634,541.00
第 59 章　浸渍、涂布、包覆或层压的纺织物；工业用纺织制品	45,395,349.00	1,810,280.00
第 60 章　针织物及钩编织物	61,418,649.00	36,464.00
第 61 章　针织或钩编的服装及衣着附件	891,071,373.00	152,086.00
第 62 章　非针织或非钩编的服装及衣着附件	622,004,408.00	150,185.00
第 63 章　其他纺织制品；成套物品；旧纺织品	272,406,973.00	10,128,229.00

续表

名称	2014 年出口	2014 年进口
第十二类　鞋、帽、伞、杖、鞭及其零件；已加工的羽毛及其制品；人造花；人发制品	791,525,932.00	45,349.00
第 64 章　鞋靴、护腿和类似品及其零件	678,416,169.00	22,198.00
第 65 章　帽类及其零件	29,305,032.00	13,940.00
第 66 章　伞、手杖、鞭子、马鞭及其零件	22,065,607.00	7,504.00
第 67 章　加工羽毛及制品；人造花；人发制品	61,739,124.00	1,707.00
第十三类　石料、石膏、水泥、石棉、云母及类似材料的制品；陶瓷产品；玻璃及其制品	1,455,915,490.00	57,412,643.00
第 68 章　矿物材料的制品	220,856,256.00	9,201,768.00
第 69 章　陶瓷产品	923,168,317.00	13,763,861.00
第 70 章　玻璃及其制品	311,890,917.00	34,447,014.00
第十四类　天然或养殖珍珠、宝石或半宝石、贵金属、包贵金属及其制品；仿首饰；硬币	123,640,324.00	27,418,651.00
第 71 章　珠宝、贵金属及制品；仿首饰；硬币	123,640,324.00	27,418,651.00
第十五类　贱金属及其制品	4,505,875,850.00	751,300,381.00
第 72 章　钢铁	1,564,122,140.00	32,235,891.00
第 73 章　钢铁制品	1,556,189,659.00	588,843,198.00
第 74 章　铜及其制品	86,342,408.00	76,170,561.00
第 75 章　镍及其制品	155,813,186.00	1,867,914.00
第 76 章　铝及其制品	440,341,912.00	17,094,764.00
第 77 章	—	—
第 78 章　铅及其制品	153,424.00	35,342.00
第 79 章　锌及其制品	23,966,652.00	1,019,230.00
第 80 章　锡及其制品	21,165,921.00	8,995,238.00
第 81 章　其他贱金属、金属陶瓷及其制品	16,382,082.00	765,142.00
第 82 章　贱金属器具、利口器、餐具及零件	223,356,836.00	9,086,025.00
第 83 章　贱金属杂项制品	418,041,630.00	15,187,076.00
第十六类　机器、机械器具、电气设备及其零件；录音机及放声机、电视图像、声音的录制和重放设备及其零件、附件	20,006,847,042.00	13,169,832,127.00
第 84 章　核反应堆、锅炉、机械器具及零件	8,510,483,608.00	4,177,006,581.00
第 85 章　电机、电气、音像设备及其零附件	11,496,363,434.00	8,992,825,546.00
第十七类　车辆、航空器、船舶及有关运输设备	5,191,272,715.00	337,358,334.00
第 86 章　铁道车辆；轨道装置；信号设备	484,291,720.00	4,740.00
第 87 章　车辆及其零附件，但铁道车辆除外	316,053,571.00	43,226,920.00
第 88 章　航空器、航天器及其零件	37,707,089.00	12,868,961.00
第 89 章　船舶及浮动结构体	4,353,220,335.00	281,257,713.00

续表

名称	2014 年出口	2014 年进口
第十八类　光学、照相、电影、计量、检验、医疗或外科用仪器及设备、精密仪器及设备；钟表；乐器；上述物品的零件、附件	1,024,598,617.00	1,537,843,840.00
第 90 章　光学、照相、医疗等设备及零附件	945,554,010.00	1,389,515,355.00
第 91 章　钟表及其零件	53,372,272.00	148,255,971.00
第 92 章　乐器及其零件、附件	25,672,335.00	72,514.00
第十九类　武器、弹药及其零件、附件	54,077.00	—
第 93 章　武器、弹药及其零件、附件	54,077.00	—
第二十类　杂项制品	3,978,796,312.00	6,947,417.00
第 94 章　家具；寝具等；灯具；活动房	3,036,399,280.00	5,398,137.00
第 95 章　玩具、游戏或运动用品及其零附件	785,313,989.00	773,943.00
第 96 章　杂项制品	157,083,043.00	775,337.00
第二十一类　艺术品、收藏品及古物	10,260,976.00	1,353,360.00
第 97 章　艺术品、收藏品及古物	10,260,976.00	1,353,360.00
第二十二类　特殊交易品及未分类商品	138,972,619.00	278,848,688.00
第 98 章　特殊交易品及未分类商品	138,972,619.00	278,848,688.00

（数据来源：海关总署——海关统计资讯网 www.hgtj.cn）

中国对泰国进出口商品构成表（2014 年）

单位：美元

名称	2014 年出口	2014 年进口
总值	34,302,049,660.00	38,372,372,759.00
第一类　活动物；动物产品	818,458,230.00	179,765,193.00
第 1 章　活动物	77,295.00	693,530.00
第 2 章　肉及食用杂碎	348,784.00	44,848.00
第 3 章　鱼及其他水生无脊椎动物	687,371,494.00	171,308,814.00
第 4 章　乳；蛋；蜂蜜；其他食用动物产品	16,782,505.00	2,738,072.00
第 5 章　其他动物产品	113,878,152.00	4,979,929.00
第二类　植物产品	1,318,456,464.00	4,078,603,854.00
第 6 章　活植物；茎、根；插花、簇叶	8,064,685.00	12,791,834.00
第 7 章　食用蔬菜、根及块茎	489,405,192.00	1,718,394,096.00
第 8 章　食用水果及坚果；甜瓜等水果的果皮	643,713,166.00	1,104,928,502.00
第 9 章　咖啡、茶、马黛茶及调味香料	29,424,113.00	1,632,589.00
第 10 章　谷物	854,842.00	484,897,101.00
第 11 章　制粉工业产品；麦芽；淀粉等；面筋	51,935,619.00	726,603,022.00
第 12 章　油籽；子仁；工业或药用植物；饲料	61,223,773.00	26,814,998.00
第 13 章　虫胶；树胶、树脂及其他植物液、汁	33,387,708.00	583,479.00

续表

名称	2014 年出口	2014 年进口
第 14 章　编结用植物材料；其他植物产品	447,366.00	1,958,233.00
第三类　动、植物油、脂及其分解产品；精致的食用油脂；动、植物蜡	12,514,441.00	26,478,701.00
第 15 章　动、植物油、脂、蜡；精制食用油脂	12,514,441.00	26,478,701.00
第四类　食品；饮料、酒及醋；烟草、烟草及烟草代用品的制品	616,276,732.00	564,059,130.00
第 16 章　肉、鱼及其他水生无脊椎动物的制品	170,187,367.00	31,057,414.00
第 17 章　糖及糖食	57,581,813.00	220,857,521.00
第 18 章　可可及可可制品	15,332,825.00	2,276,857.00
第 19 章　谷物粉、淀粉等或乳的制品；糕饼	32,619,624.00	27,511,496.00
第 20 章　蔬菜、水果等或植物其他部分的制品	204,469,283.00	49,524,165.00
第 21 章　杂项食品	83,224,850.00	99,016,611.00
第 22 章　饮料、酒及醋	3,296,477.00	28,837,192.00
第 23 章　食品工业的残渣及废料；配制的饲料	46,841,006.00	104,977,874.00
第 24 章　烟草、烟草及烟草代用品的制品	2,723,487.00	—
第五类　矿产品	310,429,875.00	1,480,992,721.00
第 25 章　盐；硫磺；土及石料；石灰及水泥等	104,984,881.00	9,749,059.00
第 26 章　矿砂、矿渣及矿灰	27,051,317.00	81,781,360.00
第 27 章　矿物燃料、矿物油及其产品；沥青等	178,393,677.00	1,389,462,302.00
第六类　化学工业及其相关工业的产品	3,302,132,190.00	3,054,930,485.00
第 28 章　无机化学品；贵金属等的化合物	687,188,236.00	30,269,818.00
第 29 章　有机化学品	959,129,898.00	2,424,711,084.00
第 30 章　药品	131,570,691.00	8,441,682.00
第 31 章　肥料	240,025,696.00	119,868.00
第 32 章　鞣料；着色料；涂料；油灰；墨水等	242,951,414.00	77,329,652.00
第 33 章　精油及香膏，芳香料制品，化妆盥洗品	134,344,364.00	81,218,590.00
第 34 章　洗涤剂、润滑剂、人造蜡、塑型膏等	122,406,740.00	57,453,934.00
第 35 章　蛋白类物质；改性淀粉；胶；酶	90,843,213.00	167,505,611.00
第 36 章　炸药；烟火；引火品；易燃材料制品	29,643,289.00	26,292,477.00
第 37 章　照相及电影用品	46,618,077.00	2,039,406.00
第 38 章　杂项化学产品	617,410,572.00	179,548,363.00
第七类　塑料及其制品；橡胶及其制品	1,584,817,097.00	8,962,812,494.00
第 39 章　塑料及其制品	1,303,900,466.00	3,854,384,067.00
第 40 章　橡胶及其制品	280,916,631.00	5,108,428,427.00
第八类　生皮、皮革、毛皮及其制品；鞍具及挽具；旅行用品、手提包及类似品；动物肠线（蚕胶丝除外）制品	340,508,899.00	235,102,288.00
第 41 章　生皮（毛皮除外）及皮革	10,830,606.00	216,766,049.00

续表

名称	2014 年出口	2014 年进口
第 42 章　皮革制品；旅行箱包；动物肠线制品	328,818,336.00	18,300,143.00
第 43 章　毛皮、人造毛皮及其制品	859,957.00	36,096.00
第九类　木及木制品；木炭；软木及软木制品；稻草、秸秆、针茅或其他编结材料制品；篮筐及柳条编结品	197,266,241.00	1,227,228,585.00
第 44 章　木及木制品；木炭	176,811,761.00	1,227,081,335.00
第 45 章　软木及软木制品	102,511.00	39.00
第 46 章　编结材料制品；篮筐及柳条编结品	20,351,969.00	147,211.00
第十类　木浆及其他纤维状纤维素浆；回收（废碎）纸或纸板；纸、纸板及其制品	368,465,692.00	190,479,015.00
第 47 章　木浆等纤维状纤维素浆；废纸及纸板	12,144,858.00	108,597,541.00
第 48 章　纸及纸板；纸浆、纸或纸板制品	338,655,622.00	79,086,603.00
第 49 章　印刷品；手稿、打字稿及设计图纸	17,665,212.00	2,794,871.00
第十一类　纺织原料及纺织制品	2,536,513,513.00	615,918,317.00
第 50 章　蚕丝	5,378,469.00	738,868.00
第 51 章　羊毛等动物毛；马毛纱线及其机织物	44,040,740.00	2,560,264.00
第 52 章　棉花	246,627,884.00	122,667,052.00
第 53 章　其他植物纤维；纸纱线及其机织物	9,735,394.00	19,336,838.00
第 54 章　化学纤维长丝	375,229,591.00	149,027,641.00
第 55 章　化学纤维短纤	196,481,822.00	93,484,147.00
第 56 章　絮胎、毡呢及无纺织物；线绳制品等	100,713,881.00	55,054,743.00
第 57 章　地毯及纺织材料的其他铺地制品	50,049,596.00	2,379,463.00
第 58 章　特种机织物；簇绒织物；刺绣品等	52,732,364.00	15,665,218.00
第 59 章　浸渍、涂布、包覆或层压的纺织物；工业用纺织制品	263,723,459.00	15,739,510.00
第 60 章　针织物及钩编织物	171,454,441.00	25,553,771.00
第 61 章　针织或钩编的服装及衣着附件	343,506,675.00	65,476,606.00
第 62 章　非针织或非钩编的服装及衣着附件	239,441,559.00	37,864,020.00
第 63 章　其他纺织制品；成套物品；旧纺织品	437,397,638.00	10,370,176.00
第十二类　鞋、帽、伞、杖、鞭及其零件；已加工的羽毛及其制品；人造花；人发制品	514,035,679.00	37,965,111.00
第 64 章　鞋靴、护腿和类似品及其零件	350,895,297.00	35,678,408.00
第 65 章　帽类及其零件	22,017,231.00	1,897,766.00
第 66 章　伞、手杖、鞭子、马鞭及其零件	116,184,524.00	6,598.00
第 67 章　加工羽毛及制品；人造花；人发制品	24,938,627.00	382,339.00
第十三类　石料、石膏、水泥、石棉、云母及类似材料的制品；陶瓷产品；玻璃及其制品	985,069,774.00	184,931,152.00
第 68 章　矿物材料的制品	234,472,322.00	11,193,948.00

续表

名称	2014 年出口	2014 年进口
第 69 章　陶瓷产品	452,130,922.00	33,775,880.00
第 70 章　玻璃及其制品	298,466,530.00	139,961,324.00
第十四类　天然或养殖珍珠、宝石或半宝石、贵金属、包贵金属及其制品；仿首饰；硬币	95,913,050.00	918,946,310.00
第 71 章　珠宝、贵金属及制品；仿首饰；硬币	95,913,050.00	918,946,310.00
第十五类　贱金属及其制品	4,608,435,137.00	418,217,171.00
第 72 章　钢铁	2,074,333,173.00	26,547,833.00
第 73 章　钢铁制品	1,193,042,024.00	138,615,538.00
第 74 章　铜及其制品	370,591,390.00	154,561,482.00
第 75 章　镍及其制品	6,565,487.00	3,752.00
第 76 章　铝及其制品	479,465,277.00	50,069,784.00
第 77 章	—	—
第 78 章　铅及其制品	12,601,325.00	5,745.00
第 79 章　锌及其制品	10,139,557.00	2,867,625.00
第 80 章　锡及其制品	601,792.00	15,795,073.00
第 81 章　其他贱金属、金属陶瓷及其制品	15,651,613.00	4,248,001.00
第 82 章　贱金属器具、利口器、餐具及零件	207,825,450.00	8,975,619.00
第 83 章　贱金属杂项制品	237,618,049.00	16,526,726.00
第十六类　机器、机械器具、电气设备及其零件；录音机及放声机、电视图像、声音的录制和重放设备及其零件、附件	12,644,629,233.00	14,428,812,100.00
第 84 章　核反应堆、锅炉、机械器具及零件	6,266,132,020.00	7,102,512,394.00
第 85 章　电机、电气、音像设备及其零附件	6,378,497,213.00	7,326,295,706.00
第十七类　车辆、航空器、船舶及有关运输设备	1,410,957,873.00	197,354,963.00
第 86 章　铁道车辆；轨道装置；信号设备	51,786,520.00	5,178.00
第 87 章　车辆及其零附件，但铁道车辆除外	1,029,698,148.00	193,432,447.00
第 88 章　航空器、航天器及其零件	7,519,426.00	35,913.00
第 89 章　船舶及浮动结构体	321,953,779.00	3,881,425.00
第十八类　光学、照相、电影、计量、检验、医疗或外科用仪器及设备、精密仪器及设备；钟表；乐器；上述物品的零件、附件	1,191,048,865.00	1,221,936,873.00
第 90 章　光学、照相、医疗等设备及零附件	1,142,060,707.00	1,129,536,304.000
第 91 章　钟表及其零件	30,775,863.00	91,796,477.000
第 92 章　乐器及其零件、附件	18,212,295.00	604,092.000
第十九类　武器、弹药及其零件、附件	96,702.00	—
第 93 章　武器、弹药及其零件、附件	96,702.00	—
第二十类　杂项制品	1,444,076,654.00	143,577,335.00
第 94 章　家具；寝具等；灯具；活动房	1,070,838,408.00	69,790,388.00

续表

名称	2014 年出口	2014 年进口
第 95 章　玩具、游戏或运动用品及其零附件	168,743,916.00	43,303,773.00
第 96 章　杂项制品	204,494,330.00	30,483,174.00
第二十一类　艺术品、收藏品及古物	931,143.00	204,236,141.00
第 97 章　艺术品、收藏品及古物	931,143.00	204,236,141.00
第二十二类　特殊交易品及未分类商品	1,016,176.00	24,820.00
第 98 章　特殊交易品及未分类商品	1,016,176.00	24,820.00

（数据来源：海关总署——海关统计资讯网 www.hgtj.cn）

中国对越南进出口商品构成表（2014 年）

单位：美元

名称	2014 年出口	2014 年进口
总值	63,646,783,167.00	19,905,888,917.00
第一类　活动物；动物产品	244,418,440.00	90,759,454.00
第 1 章　活动物	500.00	659,948.00
第 2 章　肉及食用杂碎	—	—
第 3 章　鱼及其他水生无脊椎动物	81,367,068.00	89,636,156.00
第 4 章　乳；蛋；蜂蜜；其他食用动物产品	803,802.00	—
第 5 章　其他动物产品	162,247,070.00	463,350.00
第二类　植物产品	2,108,347,158.00	1,967,017,204.00
第 6 章　活植物；茎、根；插花、簇叶	12,137,444.00	1,826,973.00
第 7 章　食用蔬菜、根及块茎	1,258,962,345.00	341,879,972.00
第 8 章　食用水果及坚果；甜瓜等水果的果皮	553,902,843.00	763,150,492.00
第 9 章　咖啡、茶、马黛茶及调味香料	37,622,047.00	101,605,418.00
第 10 章　谷物	26,486,139.00	626,201,250.00
第 11 章　制粉工业产品；麦芽；淀粉等；面筋	45,244,738.00	125,612,110.00
第 12 章　油籽；子仁；工业或药用植物；饲料	166,157,819.00	3,245,544.00
第 13 章　虫胶；树胶、树脂及其他植物液、汁	7,807,483.00	2,231,126.00
第 14 章　编结用植物材料；其他植物产品	26,300.00	1,264,319.00
第三类　动、植物油、脂及其分解产品；精致的食用油脂；动、植物蜡	5,988,262.00	22,099,068.00
第 15 章　动、植物油、脂、蜡；精制食用油脂	5,988,262.00	22,099,068.00
第四类　食品；饮料、酒及醋；烟草、烟草及烟草代用品的制品	562,878,036.00	145,268,807.00
第 16 章　肉、鱼及其他水生无脊椎动物的制品	10,311,327.00	1,492,228.00
第 17 章　糖及糖食	54,195,132.00	1,600,882.00
第 18 章　可可及可可制品	2,638,123.00	630,706.00
第 19 章　谷物粉、淀粉等或乳的制品；糕饼	8,832,433.00	14,030,082.00

续表

名称	2014 年出口	2014 年进口
第 20 章　蔬菜、水果等或植物其他部分的制品	133,390,179.00	14,841,752.00
第 21 章　杂项食品	55,697,707.00	17,135,991.00
第 22 章　饮料、酒及醋	18,374,328.00	781,667.00
第 23 章　食品工业的残渣及废料；配制的饲料	261,716,559.00	94,550,859.00
第 24 章　烟草、烟草及烟草代用品的制品	17,722,248.00	204,640.00
第五类　矿产品	2,505,171,623.00	2,018,540,360.00
第 25 章　盐；硫磺；土及石料；石灰及水泥等	42,964,308.00	38,473,800
第 26 章　矿砂、矿渣及矿灰	10,008,115.00	301,754,512
第 27 章　矿物燃料、矿物油及其产品；沥青等	2,452,199,200.00	1,678,312,048
第六类　化学工业及其相关工业的产品	2,862,572,921.00	314,964,252.00
第 28 章　无机化学品；贵金属等的化合物	373,408,828.00	191,801,840.00
第 29 章　有机化学品	920,342,949.00	15,018,838.00
第 30 章　药品	66,856,238.00	418,745.00
第 31 章　肥料	508,513,500.00	7,333,449.00
第 32 章　鞣料；着色料；涂料；油灰；墨水等	295,164,360.00	2,930,360.00
第 33 章　精油及香膏，芳香料制品，化妆盥洗品	37,019,473.00	512,600.00
第 34 章　洗涤剂、润滑剂、人造蜡、塑型膏等	69,620,821.00	5,960,908.00
第 35 章　蛋白类物质；改性淀粉；胶；酶	119,599,587.00	12,127,468.00
第 36 章　炸药；烟火；引火品；易燃材料制品	3,257,345.00	—
第 37 章　照相及电影用品	39,918,847.00	162,349.00
第 38 章　杂项化学产品	428,870,973.00	78,697,695.00
第七类　塑料及其制品；橡胶及其制品	1,757,233,328.00	867,131,937.00
第 39 章　塑料及其制品	1,439,580,297.00	321,464,478.00
第 40 章　橡胶及其制品	317,653,031.00	545,667,459.00
第八类　生皮、皮革、毛皮及其制品；鞍具及挽具；旅行用品、手提包及类似品；动物肠线（蚕胶丝除外）制品	452,665,190.00	310,200,745.00
第 41 章　生皮（毛皮除外）及皮革	64,566,509.00	171,571,209.00
第 42 章　皮革制品；旅行箱包；动物肠线制品	132,433,077.00	115,461,312.00
第 43 章　毛皮、人造毛皮及其制品	255,665,604.00	23,168,224.00
第九类　木及木制品；木炭；软木及软木制品；稻草、秸秆、针茅或其他编结材料制品；篮筐及柳条编结品	238,022,681.00	1,059,752,314.00
第 44 章　木及木制品；木炭	216,453,815.00	1,056,340,397.00
第 45 章　软木及软木制品	189,478.00	—
第 46 章　编结材料制品；篮筐及柳条编结品	21,379,388.00	3,411,917.00
第十类　木浆及其他纤维状纤维素浆；回收（废碎）纸或纸板；纸、纸板及其制品	568,914,861.00	26,574,066.00

续表

名称	2014 年出口	2014 年进口
第 47 章　木浆等纤维状纤维素浆；废纸及纸板	45,867.00	13,821,014.00
第 48 章　纸及纸板；纸浆、纸或纸板制品	530,941,415.00	12,204,581.00
第 49 章　印刷品；手稿、打字稿及设计图纸	37,927,579.00	548,471.00
第十一类　纺织原料及纺织制品	15,771,440,743.00	2,157,139,883.00
第 50 章　蚕丝	52,216,535.00	1,715,530.00
第 51 章　羊毛等动物毛；马毛纱线及其机织物	168,877,399.00	63,165.00
第 52 章　棉花	2,380,626,740.00	1,281,743,769.00
第 53 章　其他植物纤维；纸纱线及其机织物	54,217,808.00	42,986,659.00
第 54 章　化学纤维长丝	1,180,482,589.00	116,285,693.00
第 55 章　化学纤维短纤	2,260,271,273.00	50,622,839.00
第 56 章　絮胎、毡呢及无纺织物；线绳制品等	322,519,147.00	9,855,682.00
第 57 章　地毯及纺织材料的其他铺地制品	58,481,947.00	15,967.00
第 58 章　特种机织物；簇绒织物；刺绣品等	329,022,451.00	4,264,899.00
第 59 章　浸渍、涂布、包覆或层压的纺织物；工业用纺织制品	628,382,848.00	29,522,110.00
第 60 章　针织物及钩编织物	1,808,159,243.00	29,446,864.00
第 61 章　针织或钩编的服装及衣着附件	3,620,535,243.00	242,050,986.00
第 62 章　非针织或非钩编的服装及衣着附件	2,581,771,360.00	311,878,367.00
第 63 章　其他纺织制品；成套物品；旧纺织品	325,876,160.00	36,687,353.00
第十二类　鞋、帽、伞、杖、鞭及其零件；已加工的羽毛及其制品；人造花；人发制品	795,076,930.00	672,414,057.00
第 64 章　鞋靴、护腿和类似品及其零件	678,826,968.00	669,374,377.00
第 65 章　帽类及其零件	42,115,776.00	1,985,652.00
第 66 章　伞、手杖、鞭子、马鞭及其零件	21,337,529.00	618,182.00
第 67 章　加工羽毛及制品；人造花；人发制品	52,796,657.00	435,846.00
第十三类　石料、石膏、水泥、石棉、云母及类似材料的制品；陶瓷产品；玻璃及其制品	1,613,506,417.00	100,515,511.00
第 68 章　矿物材料的制品	466,499,576.00	1,647,279.00
第 69 章　陶瓷产品	850,447,347.00	5,715,049.00
第 70 章　玻璃及其制品	296,559,494.00	93,153,183.00
第十四类　天然或养殖珍珠、宝石或半宝石、贵金属、包贵金属及其制品；仿首饰；硬币	54,900,364.00	4,313,565.00
第 71 章　珠宝、贵金属及制品；仿首饰；硬币	54,900,364.00	4,313,565.00
第十五类　贱金属及其制品	8,626,779,633.00	122,821,524.00
第 72 章　钢铁	3,789,667,818.00	12,891,281.00
第 73 章　钢铁制品	1,408,459,484.00	49,136,688.00
第 74 章　铜及其制品	250,586,550.00	16,026,385.00
第 75 章　镍及其制品	3,126,138.00	58,915.00

续表

名称	2014 年出口	2014 年进口
第 76 章　铝及其制品	1,357,525,958.00	14,091,178.00
第 77 章	—	—
第 78 章　铅及其制品	49,852,254.00	9,111,854.00
第 79 章　锌及其制品	8,719,827.00	7,253.00
第 80 章　锡及其制品	257,004.00	—
第 81 章　其他贱金属、金属陶瓷及其制品	5,135,209.00	559,258.00
第 82 章　贱金属器具、利口器、餐具及零件	882,702,018.00	12,805,300.00
第 83 章　贱金属杂项制品	870,747,373.00	8,133,412.00
第十六类　机器、机械器具、电气设备及其零件；录音机及放声机、电视图像、声音的录制和重放设备及其零件、附件	19,838,085,988.00	9,372,886,682.00
第 84 章　核反应堆、锅炉、机械器具及零件	7,775,243,083.00	1,114,538,589.00
第 85 章　电机、电气、音像设备及其零附件	12,062,842,905.00	8,258,348,093.00
第十七类　车辆、航空器、船舶及有关运输设备	2,543,479,050.00	116,590,711.00
第 86 章　铁道车辆；轨道装置；信号设备	46,966,089.00	—
第 87 章　车辆及其零附件，但铁道车辆除外	1,880,075,176.00	114,629,395.00
第 88 章　航空器、航天器及其零件	206,443,777.00	1,733.00
第 89 章　船舶及浮动结构体	409,994,008.00	1,959,583.00
第十八类　光学、照相、电影、计量、检验、医疗或外科用仪器及设备、精密仪器及设备；钟表；乐器；上述物品的零件、附件	1,782,388,341.00	287,941,136.00
第 90 章　光学、照相、医疗等设备及零附件	1,746,150,554.00	282,279,637.00
第 91 章　钟表及其零件	29,447,615.00	5,334,117.00
第 92 章　乐器及其零件、附件	6,790,172.00	327,382.00
第十九类　武器、弹药及其零件、附件	2,896.00	—
第 93 章　武器、弹药及其零件、附件	2,896.00	—
第二十类　杂项制品	1,313,898,873.00	248,953,117.00
第 94 章　家具；寝具等；灯具；活动房	659,091,561.00	208,158,881.00
第 95 章　玩具、游戏或运动用品及其零附件	121,357,196.00	28,878,773.00
第 96 章　杂项制品	533,450,116.00	11,915,463.00
第二十一类　艺术品、收藏品及古物	371,190.00	4,524.00
第 97 章　艺术品、收藏品及古物	371,190.00	4,524.00
第二十二类　特殊交易品及未分类商品	640,242.00	—
第 98 章　特殊交易品及未分类商品	640,242.00	—

（数据来源：海关总署——海关统计资讯网 www.hgtj.cn）

马来西亚对外贸易年度和月度表

金额单位：百万美元

时间	总额	同比%	出口	同比%	进口	同比%	差额	同比%
2001 年	162,068	−10.1	88,202	−10.1	73,866	−10.1	14,336	−10.4
2002 年	173,241	6.9	93,370	5.9	79,870	8.1	13,500	−5.8
2003 年	180,205	4.0	100,113	7.2	80,093	0.3	20,020	48.3
2004 年	231,154	28.3	125,857	25.7	105,297	31.5	20,560	2.7
2005 年	255,606	10.6	140,979	12.0	114,626	8.9	26,353	28.2
2006 年	292,068	14.3	160,845	14.1	131,223	14.5	29,622	12.4
2007 年	323,376	10.7	176,311	9.6	147,065	12.1	29,245	−1.3
2008 年	356,844	10.3	199,759	13.3	157,086	6.8	42,673	45.9
2009 年	281,434	−21.1	157,527	−21.1	123,907	−21.1	33,621	−21.2
2010 年	363,788	29.3	198,941	26.3	164,847	33.0	34,094	1.4
2011 年	415,020	14.1	227,192	14.3	187,828	14.0	39,364	15.5
2012 年	424,431	2.3	227,617	0.3	196,814	4.9	30,803	−17.3
2013 年	434,514	2.4	228,395	−8.3	206,119	4.9	22,276	−27.7
2014 年	443,215	2.0	234,251	2.6	208,964	1.4	25,287	13.5
其中：1 月	36,816	1.1	19,370	3.3	17,446	−1.3	1,924	79.0
2 月	32,473	4.0	17,815	5.2	14,658	2.6	3,157	19.0
3 月	36,705	−0.9	19,805	2.6	16,900	−4.8	2,905	85.2
4 月	38,027	4.8	20,357	11.2	17,670	−1.7	2,687	687.9
5 月	38,398	6.6	20,073	8.6	18,325	4.5	1,748	83.4
6 月	36,782	5.9	19,029	5.4	17,753	6.4	1,276	−7.0
7 月	37,286	0.3	19,215	1.0	18,071	0.3	1,144	27.7
8 月	39,004	7.7	20,110	4.8	18,894	3.1	1,216	7.7
9 月	37,201	2.5	20,050	3.0	17,151	2.1	2,899	8.7
10 月	39,464	−0.6	19,908	−5.9	19,556	5.4	352	−86.4
11 月	34,772	−3.2	19,049	−2.2	15,723	−4.3	3,326	9.5
12 月	36,286	−3.3	19,470	−3.8	16,816	−2.7	2,654	−10.1

（来源：中华人民共和国商务部亚洲司. http://countryreport.mofcom.gov.cn/record/view.asp news_id=43279.2015—04—13）

马来西亚对主要贸易伙伴出口额（2014 年）

金额单位：百万美元

国家和地区	金额	同比%	占比%
总值	234,251	2.6	100.0
新加坡	33,292	4.3	14.2
中国	28,204	−8.2	12.0
日本	25,270	−0.2	10.8

续表

国家和地区	金额	同比%	占比%
美国	19,690	6.8	8.4
泰国	12,315	−2.8	5.3
中国香港	11,326	14.4	4.8
澳大利亚	10,094	9.3	4.3
印度	9,768	19.5	4.2
印度尼西亚	9,718	−7.5	4.2
韩国	8,557	3.2	3.7
中国台湾	7,612	14.3	3.3
荷兰	7,160	9.0	3.1
德国	5,463	4.3	2.3
越南	4,379	3.6	1.9
菲律宾	3,689	24.4	1.6

（来源：中华人民共和国商务部亚洲司. http：//countryreport. mofcom. gov. cn/record/view. asp news _ id=43280. 2015—04—13）

马来西亚自主要贸易伙伴进口额（2014 年）

金额单位：百万美元

国家和地区	金额	同比%	占比%
总值	208,964	1.4	100.0
中国	35,328	4.7	16.9
新加坡	26,224	2.8	12.6
日本	16,739	−6.5	8.0
美国	16,006	−1.1	7.7
泰国	12,123	−1.3	5.8
中国台湾	10,515	5.3	5.0
韩国	9,705	−0.2	4.6
印度尼西亚	8,482	−4.5	4.1
德国	7,090	−2.6	3.4
澳大利亚	6,189	18.1	3.0
阿联酋	4,756	−0.7	2.3
越南	4,662	−22.7	2.2
印度	4,075	−21.8	2.0
法国	3,807	−10.5	1.8
哥斯达黎加	3,423	90.0	1.6

（来源：中华人民共和国商务部亚洲司. http：//countryreport. mofcom. gov. cn/record/view. asp news _ id=43281. 2015—04—13）

马来西亚贸易差额主要来源（2014年）

金额单位：百万美元

国家和地区	2014年	上年同期	同比%
总值	25,286	22,276	13.5
主要逆差来源			
中国	−7,124	−3,029	135.2
哥斯达黎加	−3,363	−1,750	92.1
中国台湾	−2,903	−3,331	−12.9
法国	−2,225	−2,514	−11.5
瑞士	−1,987	−1,631	21.8
沙特阿拉伯	−1,665	−895	86.0
韩国	−1,627	−2,040	−20.3
俄罗斯	−1,340	−535	150.6
德国	−1,253	−1,343	−6.7
科威特	−1,211	−462	161.9
主要顺差来源			
日本	8,530	7,428	14.8
中国香港	8,030	6,565	22.3
新加坡	7,068	6,408	10.3
印度	5,693	2,962	92.2
荷兰	4,653	4,855	−4.1

（来源：中华人民共和国商务部亚洲司. http：//countryreport. mofcom. gov. cn/record/view. asp news _ id=43284. 2015—04—13）

泰国对外贸易年度和月度表

金额单位：百万美元

时间	总额	同比%	出口	同比%	进口	同比%	差额	同比%
2001年	126,861	−2.6	64,909	−5.3	61,952	0.3	2,957	−56.3
2002年	133,207	5.0	68,594	5.7	64,614	4.3	3,980	34.6
2003年	155,932	17.1	80,253	17.0	75,679	17.1	4,573	14.9
2004年	192,295	23.3	97,098	21.0	95,197	25.8	1,901	−58.4
2005年	227,961	18.5	109,848	13.1	118,112	24.1	−8,264	—
2006年	259,273	13.7	130,621	18.9	128,652	8.9	1,969	—
2007年	314,822	21.4	163,119	24.9	151,703	17.9	11,416	479.9
2008年	358,430	13.9	177,846	9.0	180,583	19.0	−2,737	—
2009年	286,390	−20.1	151,793	−14.6	134,597	−25.5	17,196	—

续表

时间	总额	同比%	出口	同比%	进口	同比%	差额	同比%
2010 年	379,830	32.6	195,293	28.7	184,536	37.1	10,757	—37.4
2011 年	449,673	18.4	220,373	12.8	229,300	24.3	—8,928	—
2012 年	479,835	6.7	228,117	3.5	251,718	9.8	—23,601	164.4
2013 年	473,420	—1.3	225,182	—1.3	248,238	—1.4	—23,057	—2.3
2014 年	453,738	—4.4	225,464	0.2	228,274	—8.6	—2,809	—88.7
其中：1 月	37,799	—12.5	17,541	—5.0	20,258	—18.2	—2,716	—56.7
2 月	35,138	—6.9	18,347	3.3	16,791	—15.9	1,557	—
3 月	38,478	—9.6	19,848	—4.0	18,630	—15.0	1,219	—
4 月	35,884	—9.4	17,103	—1.8	18,781	—15.3	—1,677	—64.8
5 月	39,199	—3.6	19,071	0.3	20,128	—7.0	—1,058	—60.0
6 月	37,808	—2.3	19,680	7.5	18,128	—11.1	1,552	—
7 月	39,236	—0.2	18,926	0.8	20,310	—1.1	—1,384	—21.4
8 月	36,593	—9.4	18,752	—5.9	17,841	—12.8	912	—
9 月	41,177	7.9	19,564	2.3	21,613	13.5	—2,048	—
10 月	39,978	—1.7	19,882	2.9	20,096	—5.9	—214	—89.5
11 月	36,625	—2.0	18,160	—0.7	18,465	—3.2	—305	—61.7
12 月	35,823	—1.6	18,588	3.9	17,234	—6.9	1,354	—

（来源：中华人民共和国商务部亚洲司. http：//countryreport. mofcom. gov. cn/record/view. asp news _ id=42811. 2015—04—18）

泰国对主要贸易伙伴出口额（2014 年）

金额单位：百万美元

国家和地区	金额	同比%	占比%
总值	225,464	0.2	100.0
中国	24,825	—7.4	11.0
美国	23,639	4.6	10.5
日本	21,753	—0.6	9.7
马来西亚	12,660	—1.1	5.6
中国香港	12,468	—4.0	5.5
新加坡	10,313	—6.7	4.6
印度尼西亚	9,413	—12.1	4.2
澳大利亚	9,202	—9.7	4.1
越南	7,803	10.4	3.5
菲律宾	5,805	17.1	2.6
印度	5,556	8.9	2.5
荷兰	4,562	4.5	2.0
德国	4,487	12.1	2.0
柬埔寨	4,476	6.9	2.0
韩国	4,471	—1.0	2.0

（来源：中华人民共和国商务部亚洲司. http：//countryreport. mofcom. gov. cn/record/view. asp news _ id=42812. 2015—04—18）

泰国自主要贸易伙伴进口额（2014 年）

金额单位：百万美元

国家和地区	金额	同比%	占比%
总值	228,274	−8.6	100.0
中国	38,540	2.4	16.9
日本	35,766	−12.8	15.7
美国	14,603	0.1	6.4
马来西亚	12,764	−3.7	5.6
阿联酋	12,728	−26.8	5.6
韩国	8,563	−5.4	3.8
新加坡	7,896	−3.5	3.5
沙特阿拉伯	7,831	−7.7	3.4
中国台湾	7,548	−0.4	3.3
印度尼西亚	7,292	−9.7	3.2
德国	5,926	−2.9	2.6
澳大利亚	5,428	−1.3	2.4
瑞士	4,196	−54.8	1.8
越南	3,942	20.8	1.7
缅甸	3,918	−2.6	1.7

（来源：中华人民共和国商务部亚洲司. http：//countryreport. mofcom. gov. cn/record/view. asp news _ id=42813. 2015—04—18）

泰国贸易差额主要来源（2014 年）

金额单位：百万美元

国家和地区	2014 年	上年	同比%
总值	−2,809	−24,875	−88.7
主要逆差来源			
日本	−14,013	−19,119	−26.7
中国	−13,714	−10,801	27.0
阿联酋	−9,519	−14,348	−33.7
沙特阿拉伯	−4,751	−5,548	−14.4
韩国	−4,092	−4,533	−9.7
中国台湾	−3,586	−4,262	−15.9
卡塔尔	−3,488	−3,695	−5.6
俄罗斯	−2,523	−2,365	6.7
泰国	−2,273	−2,258	0.7
瑞士	−2,244	−7,818	−71.3

续表

国家和地区	2014年	上年	同比%
主要顺差来源			
中国香港	11,277	11,355	—0.7
美国	9,037	8,007	12.9
柬埔寨	3,886	3,832	1.4
越南	3,861	3,804	1.5
澳大利亚	3,774	4,686	—19.5

（来源：中华人民共和国商务部亚洲司. http：//countryreport. mofcom. gov. cn/record/view. asp news _ id=42816. 2015—04—18）

新加坡对外贸易年度和月度表

金额单位：百万美元

时间	总额	同比%	出口	同比%	进口	同比%	差额	同比%
2001年	237,635	—12.7	121,691	—11.6	115,943	—13.8	5,748	76.4
2002年	241,578	1.7	125,156	2.8	116,422	0.4	8,734	52.0
2003年	296,517	22.7	160,116	27.9	136,401	17.2	23,715	171.5
2004年	372,510	25.6	198,791	24.2	173,719	27.4	25,072	5.7
2005年	429,755	15.4	229,681	15.5	200,075	15.2	29,606	18.1
2006年	510,816	18.9	271,916	18.4	238,900	19.4	33,016	11.5
2007年	562,651	10.1	299,404	10.1	263,247	10.2	36,157	9.5
2008年	657,891	16.9	338,143	12.9	319,748	21.5	18,395	—49.1
2009年	515,761	—21.6	269,909	—20.2	245,852	—23.1	24,057	30.8
2010年	663,049	28.6	352,076	30.4	310,973	26.5	41,102	70.9
2011年	775,684	17.0	409,722	16.4	365,961	17.7	43,761	6.5
2012年	788,557	1.7	408,621	—0.3	379,935	3.8	28,686	—34.4
2013年	783,490	—0.6	410,368	0.4	373,122	—1.8	37,246	29.8
2014年	776,057	—0.9	409,789	—0.1	366,268	—1.8	43,521	16.8
其中：1月	64,652	—1.9	33,874	0.5	30,777	—4.4	3,097	106.0
2月	60,379	6.6	31,866	8.7	28,513	4.3	3,353	69.0
3月	68,759	9.3	35,189	5.6	33,570	13.4	1,619	—56.4
4月	70,235	4.3	36,798	4.2	33,437	4.4	3,361	1.5
5月	67,293	0.2	34,850	—1.4	32,442	1.9	2,408	—31.5
6月	64,856	3.2	34,781	4.6	30,075	1.6	4,706	29.7.
7月	67,007	—0.5	35,148	0.5	31,859	—1.5	3,290	25.1
8月	63,161	—2.9	34,321	0.7	28,840	—6.9	5,481	78.0
9月	65,723	—3.4	35,066	—1.7	30,657	—5.2	4,409	31.9
10月	66,190	—8.5	34,758	—9.3	31,432	—7.6	3,326	—22.8
11月	57,920	—10.4	31,501	—6.7	26,420	—14.5	5,081	76.6
12月	59,882	—5.3	31,636	—5.0	28,245	—5.6	3,391	0.9

（来源：中华人民共和国商务部亚洲司. http：//countryreport. mofcom. gov. cn/record/view. asp news _ id=43081. 2015—04—13）

新加坡对主要贸易伙伴出口额（2014 年）

金额单位：百万美元

国家和地区	金额	同比%	占比%
总值	409,789	—0.1	100.0
中国	51,471	6.4	12.6
马来西亚	49,041	—1.8	12.0
中国香港	45,088	—1.6	11.0
印度尼西亚	38,373	—5.4	9.4
美国	22,801	—3.1	5.6
日本	16,743	—5.0	4.1
韩国	16,697	0.4	4.1
中国台湾	16,140	5.5	3.9
澳大利亚	15,503	—1.7	3.8
泰国	15,048	—0.9	3.7
越南	12,906	18.7	3.2
印度	11,128	—0.9	2.7
巴拿马	9,222	—18.5	2.3
荷兰	7,299	13.7	1.8
菲律宾	6,867	2.5	1.7

（来源：中华人民共和国商务部亚洲司. http：//countryreport. mofcom. gov. cn/record/view. asp news _ id=43082. 2015—04—13）

新加坡自主要贸易伙伴进口额（2014 年）

金额单位：百万美元

国家和地区	金额	同比%	占比%
总值	366,268	—1.8	100.0
中国	44,376	1.6	12.1
马来西亚	39,042	—4.4	10.7
美国	37,704	—2.3	10.3
中国台湾	30,015	3.5	8.2
韩国	21,602	—10.2	5.9
日本	20,107	—1.4	5.5
印度尼西亚	18,790	—2.2	5.1
阿联酋	15,398	—6.9	4.2
沙特阿拉伯	14,646	13.9	4.0
德国	10,643	—2.1	2.9
泰国	8,768	—5.5	2.4

续表

国家和地区	金额	同比%	占比%
印度	8,271	－9.3	2.3
法国	8,100	0.2	2.2
俄罗斯	7,927	51.4	2.2
卡塔尔	7,780	－1.5	2.1

（来源：中华人民共和国商务部亚洲司. http：//countryreport. mofcom. gov. cn/record/view. asp news _ id=43083. 2015—04—13）

新加坡贸易差额主要来源（2014 年）

金额单位：百万美元

国家和地区	2014 年	上年同期	同比%
总值	43,521	37,246	16.9
主要顺差来源			
中国香港	41,788	42,894	－2.6
印度尼西亚	19,583	21,346	－8.3
澳大利亚	10,822	11,611	－6.8
马来西亚	9,999	9,085	10.1
越南	9,708	7,811	24.3
巴拿马	9,215	11,311	－18.5
中国	7,095	4,673	51.8
泰国	6,281	5,896	6.5
利比里亚	3,948	3,862	2.2
比利时	3,311	2,820	17.4
主要逆差来源			
美国	－14,903	－15,062	－1.1
中国台湾	－13,874	－13,696	1.3
沙特阿拉伯	－13,377	－11,619	15.1
阿联酋	－9,264	－10,937	－15.3
卡塔尔	－7,550	－7,634	－1.1

（来源：中华人民共和国商务部亚洲司. http：//countryreport. mofcom. gov. cn/record/view. asp news _ id=43086. 2015—04—13）

印度尼西亚对外贸易年度和月度表

金额单位：百万美元

时间	总额	同比%	出口	同比%	进口	同比%	差额	同比%
2001 年	87,283	－8.9	56,321	－9.3	30,962	－8.0	25,359	－10.9
2002 年	88,448	1.3	57,159	1.5	31,289	1.1	25,870	2.0
2003 年	93,609	5.8	61,058	6.8	32,551	4.0	28,508	10.2
2004 年	118,109	26.2	71,585	17.2	46,525	42.9	25,060	－12.1
2005 年	143,361	21.4	85,660	19.7	57,701	24.0	27,959	11.6

续表

时间	总额	同比%	出口	同比%	进口	同比%	差额	同比%
2006年	161,864	12.9	100,799	17.7	61,065	5.8	39,733	42.1
2007年	188,574	16.5	114,101	13.2	74,473	22.0	39,627	−0.3
2008年	266,218	41.2	137,020	20.1	129,197	73.5	7,823	−80.3
2009年	213,339	−19.9	116,510	−15.0	96,829	−25.1	19,681	151.6
2010年	293,442	37.5	157,779	35.4	135,663	40.1	22,116	12.4
2011年	380,932	29.8	203,497	29.0	177,436	30.8	26,061	17.8
2012年	381,722	0.2	190,031	−6.6	191,691	8.0	−1,660	−93.6
2013年	369,181	−3.3	182,552	−3.9	186,629	−2.6	−4,077	145.6
2014年	354,471	−4.0	176,292	−3.4	178,179	−4.5	−1,887	53.7
其中：1月	29,389	−4.6	14,473	−5.9	14,915	−3.5	−444	492.0
2月	28,426	−6.3	14,635	−2.5	13,791	−9.9	843	283.8
3月	29,717	−0.7	15,193	1.1	14,524	−2.4	615	262.8
4月	30,546	−5.7	14,291	−3.2	16,255	−1.3	37	102.2
5月	29,593	−9.5	14,823	−8.1	14,770	−11.4	53	25.6
6月	31,107	2.3	15,409	4.4	15,698	0.4	−289	−67.0
7月	28,206	−13.2	14,124	−6.4	14,082	−19.2	42	101.8
8月	29,275	12.2	14,482	10.7	14,793	13.7	−311	−23.2
9月	30,822	2.0	15,276	3.9	15,546	−1.8	−270	−66.4
10月	30,677	−2.2	15,349	−2	15,328	−2.2	21	−12.5
11月	27,658	−11	13,616	−15	14,042	−7.3	−426	−64.9
12月	29,056	10.4	14,621	−14	14,435	−6.6	186	−87.7

（来源：中华人民共和国商务部亚洲司. http：//countryreport. mofcom. gov. cn/record/view110209. asp news _ id=43765. 2015—05—15）

印度尼西亚对主要贸易伙伴出口额（2014年）

金额单位：百万美元

国家和地区	金额	同比%	占比%
总值	176,292	−3.4	100.0
日本	23,166	−14.5	13.1
中国	17,606	−22.1	10.0
新加坡	16,807	0.7	9.5
美国	16,530	5.3	9.4
印度	12,249	−6.0	7.0
韩国	10,621	−7.0	6.0
马来西亚	9,759	−8.5	5.5
中国台湾	6,425	9.6	3.7
泰国	5,830	−3.8	3.3

续表

国家和地区	金额	同比%	占比%
澳大利亚	5,033	15.2	2.9
荷兰	3,985	−3.0	2.3
菲律宾	3,888	1.9	2.2
德国	2,822	−2.2	1.6
中国香港	2,778	3.1	1.6
阿联酋	2,503	57.5	1.4

（来源：中华人民共和国商务部亚洲司. http：//countryreport. mofcom. gov. cn/record/view110209. asp news _ id=43766. 2015—05—15）

印度尼西亚自主要贸易伙伴进口额（2014 年）

金额单位：百万美元

国家和地区	金额	同比%	占比%
总值	178,179	−4.5	100.0
中国	30,624	2.6	17.2
新加坡	25,186	−1.6	14.1
日本	17,008	−11.8	9.6
韩国	11,847	2.2	6.7
马来西亚	10,855	−18.5	6.1
泰国	9,781	−8.6	5.5
美国	8,170	−9.9	4.6
沙特阿拉伯	6,516	−0.2	3.7
澳大利亚	5,648	12.1	3.2
德国	4,091	−7.6	2.3
印度	3,952	−0.3	2.2
中国台湾	3,758	−16.1	2.1
越南	3,418	25.5	1.9
尼日利亚	3,306	5.9	1.9
巴西	2,554	15.2	1.4

（来源：中华人民共和国商务部亚洲司. http：//countryreport. mofcom. gov. cn/record/view110209. asp news _ id=43767. 2015—05—15）

印度尼西亚贸易差额主要来源（2014 年）

金额单位：百万美元

国家和地区	2014 年	上年同期	同比%
总值	−1,886	−4,077	−53.7
主要逆差来源			
中国	−13,018	−7,248	79.6
新加坡	−8,379	−8,895	−5.8
沙特阿拉伯	−4,360	−4,792	−9.0

续表

国家和地区	2014年	上年同期	同比%
泰国	−3,951	−4,641	−14.9
尼日利亚	−2,658	−2,564	3.6
阿塞拜疆	−2,416	−1,733	39.4
卡塔尔	−1,497	−1,386	8.0
科威特	−1,290	−1,297	−0.5
德国	−1,270	−1,543	−17.7
阿根廷	−1,228	−1,351	−9.1
主要顺差来源			
美国	8,360	6,626	26.2
印度	8,297	9,067	−8.5
日本	6,158	7,802	−21.1
菲律宾	3,188	3,040	4.9
荷兰	3,076	3,072	0.1

（来源：中华人民共和国商务部亚洲司. http：//countryreport. mofcom. gov. cn/record/view110209. asp news _ id=43770. 2015—05—15）

数据挖掘篇

中国—东盟整体经济

2014 年中国—东盟重点产品进出口趋势发展分析

一、2014 年中国—东盟双边经贸情况

近 3 年来，中国—东盟自由贸易区进展顺利，促进了双边贸易增长。2012 年，中国—东盟双边贸易额达到创纪录的 4001 亿美元，年均增长 22%，是 2003 年的 5.1 倍。中国已连续第 4 年成为东盟的第 1 大贸易伙伴，东盟是中国第 3 大贸易伙伴。

2014 年是《中国—东盟全面经济合作框架协议》签署 12 周年，中国—东盟自由贸易区建设不断深化，双边贸易稳步增长。海关数据显示，2014 年中国与东盟贸易额再创历史新高，达到 4801.25 亿美元，同比增长 8.2%，高于同期中国对外贸易平均增幅（6.1%）。其中，中国对东盟出口 2717.92 亿美元，同比增长 11.4%；中国自东盟进口 2083.32 亿美元，同比增长 4.4%，中方顺差 635.20 亿美元。中国已连续 4 年成为东盟最大的贸易伙伴，东盟是中国的第 3 大贸易伙伴、第 4 大出口市场和第 2 大进口来源地。

2014 年，中国在东盟 10 国中的前 3 位贸易伙伴分别是：马来西亚（双边贸易额为 1019.75 亿美元，同比下降 3.9%），越南（双边贸易额为 835.16 亿美元，同比增长 27.5%），新加坡（双边贸易额为 796.48 亿美元，同比增长 4.9%）。在中国与东盟 10 国的双边贸易中，缅甸、越南、菲律宾是贸易增速最快的 3 个国家。专家预测，在全球经济复苏缓慢的形势下，中国和东盟作为新兴经济体将加强合作，以寻求新的发展，因此 2015 年中国与东盟贸易将继续保持上升，有望再创新高。

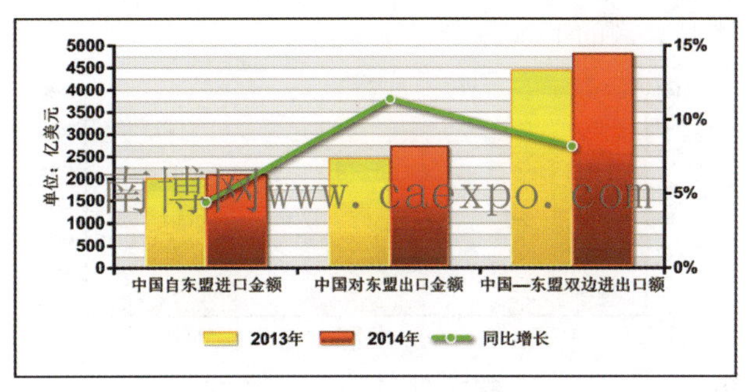

图 1　2014 年 1～12 月中国—东盟双边贸易额

二、2014 年中国重点产品对东盟（国别）出口趋势分析

（一）中国电子产品对东盟出口趋势分析

中国—东盟自由贸易区建立已有 4 年多，中国与东盟双方 90%的贸易产品将实现零关税，实现货物贸易自由化。电子产品作为中国与东盟最大的贸易商品，尤其是电子电器，普遍受到大多数东盟国家消费者的喜爱。2014 年 1～12 月，中国对东盟出口电子产品 519.32 亿美元，比 2013 年同期增长 14.7%，中国对东盟出口电子电器已经驶上了快车道。

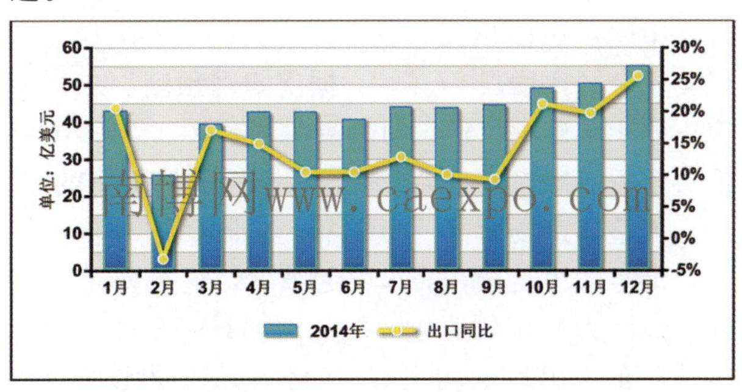

图 2　2014 年 1～12 月中国对东盟出口电子产品金额

目前，在中国—东盟自由贸易区建设和“电子东盟”框架协议的推动下，东盟国家积极发展电子产业建设，并不断从中国进口具有互补性的电子产品。近年来，越南电子电器产业蓬勃发展，2014 年中国销往越南的电子产品金额为 120.63 亿美元，比

2013 年同期增长 28.1%。海关数据显示，2014 年 1～12 月，中国对新加坡出口电子产品 114.97 亿美元，同比增长 10.5%。出于对中国电子产业发展的长期看好，最近 2 年，马来西亚、泰国和新加坡等电子产业先进的东盟国家不断加强与中国的贸易合作，中国电子电器产品出口成效良好。目前，越南、新加坡、马来西亚、印尼、泰国和菲律宾等东盟国家已成为中国电子电器输出的重要市场。2014 年 1～12 月，中国对马来西亚出口电子产品 93.11 亿美元，同比增长 7.1%，占中国对东盟出口电子产品总额的 17.9%。

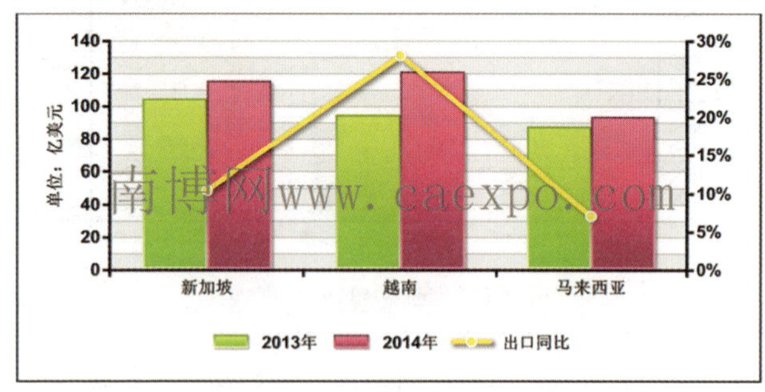

图 3　2014 年中国电子产品主要出口东盟国家

（二）中国钢铁对东盟出口趋势分析

有关数据显示，2014 年中国钢材出口呈现爆发式增长态势，钢材出口量达 9378 万吨，同比大幅增长 50.5%，创下历史新高。2013 年东盟保持中国第 1 大钢材出口区域。这些年，东盟国家加快经济建设步伐，基础设施升级改造，拉动钢铁消费持续增长。2014 年前 11 个月，中国对东盟出口钢材达 2329.08 万吨，同比大幅增长 44%。在东盟钢铁进口总量中，中国产品所占比例逐年增长，2009 年为 10%，2010 年增至 17%，2011 年为 18%，而 2012 年上半年增至 23%。海关数据显示，2014 年 1～12 月，中国对东盟出口钢铁 1565 万吨，价值 143.37 亿美元，同比增长 37.6%。据南博网预测，东盟国家正处于基础项目建设的热潮时期，2015 年中国钢铁对东盟的出口额将会保持较为平缓的增长速度。

就整体市场而言，2014 年，中国钢铁对东盟的出口走势较为复杂，需求此起彼伏，这主要是源于外围经济大环境的影响。2014 年 11～12 月，中国钢铁对东盟出口额均突破 15 亿美元，同比平均增幅逾 70%。2014 年 2 月，中国钢铁对东盟出口表现疲乏，出口额仅为 6.24 亿美元。

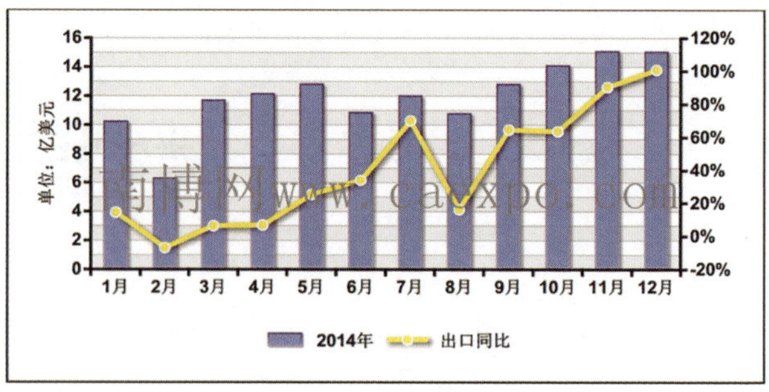

图 4　2014 年 1～12 月中国对东盟出口钢铁金额

按单一国家（地区）出口量计算，2014 年中国钢铁对东盟出口主要集中在越南、马来西亚、菲律宾、新加坡、泰国和印尼等成员国。以上 6 个东盟国家中，越南对钢铁的需求最为旺盛。2014 年 1～12 月，中国对越南出口钢铁 369.24 万吨，价值 37.91 亿美元，同比大幅增长 56.2%，占中国对东盟 10 国出口钢铁总额的 23.3%，是东盟 10 国中对钢铁需求增长最快的国家；对菲律宾出口钢铁 259.94 万吨，价值 25.73 亿美元，同比激增 73.7%，占比 17.7%；对泰国出口钢铁 258.12 吨，价值 20.75 亿美元，同比增长 12.8%，占比 14.7%。

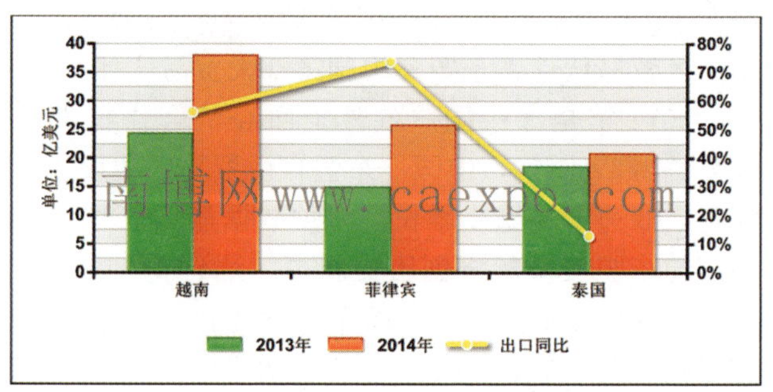

图 5　2014 年中国钢铁主要出口东盟国家

目前，中国钢材出口猛增引发东盟国家出台多项贸易保护措施，泰国宣布调整对中国等涂层板卷反倾销税率，马来西亚则对中国热轧卷等产品作出反倾销终裁。此外，印尼等其他东盟国家此前也对中国钢材出口施加“双反”压力。据南博网调查，东南亚国家钢铁企业认为来自中国的普通低碳钢被归类为合金钢，能够享受出口退税政策红利，导致东南亚国家钢铁工业产能利用率处于不可持续的低水平，给企业经营造成损失。因此，当地钢铁企业一直呼吁政府应采取措施控制来自中国的低价钢材涌入东盟市场。

（三）中国机械产品对东盟出口趋势分析

中国的机械产品在东盟市场具有很强的竞争力，产品的种类、档次、性价比都比较适合东盟国家。

2010 年中国—东盟自由贸易区建成后，东盟各国普遍降低进口关税，双边机械行业经贸合作增长明显。2014 年 1～12 月，中国对东盟出口机械产品 384.09 亿美元，同比增长 4.9%。无论从东盟当地市场需求还是中国机械发展的方向来看，东盟都将成为中国机械企业未来开拓的重点市场。

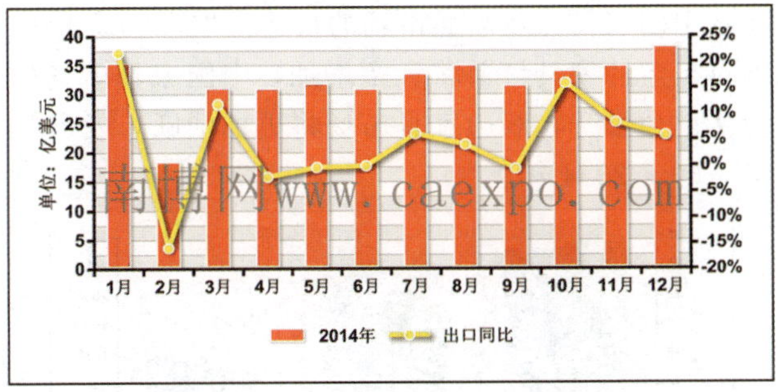

图 6　2014 年 1～12 月中国对东盟出口机械产品金额

从出口总额来看，东盟 10 国中，中国机械对新加坡的出口总量最大。2014 年 1～12 月，中国对新加坡出口机械产品 85.11 亿美元，同比增长 4.2%，占中国对东盟出口机械总额的 22.2%。除新加坡之外，大多数东盟国家同样迫切存在着大量的基础设施建设需求。

2014 年，越南的基础设施建设项目正在兴起，在机械方面的需求量大且急切。加之越南 90%以上的机械设备依赖国外进口，这无疑给中国机械企业提供了大量的机会。2014 年 1～12 月，中国对越南出口机械价值 77.75 亿美元，同比增长 31%，占中国对东盟出口机械总额的 20.2%。

2014 年，印尼启动总投资额达 29 亿美元的 3134 项道路、桥梁等基础设施项目，投资额较 2013 年增长 10%。2015～2019 年，印尼政府计划兴建 49 座大型水坝，开发 24 个现代化港口，新建 15 个机场，新增电力装机总量 3500 万千瓦，新建高速公路 1000 公里，铁路里长增至 8692 公里。由此可见印尼基础设施建设的巨大潜力，而基础设施建设的加速推进无疑会加大对相关机械等设备的需求。2014 年 1～12 月，中国对印尼出口机械产品 65.54 亿美元，同比下降 4.3%，占中国对东盟出口机电产品的 17.1%。可见，印尼机械市场对中国机械企业而言，隐藏着巨大的商机。

目前，泰国是东盟区域影响力较大的国家。泰国市场上的各种专业机械，如食品机械、纺织机械、医疗机械及农用机械等绝大多数依靠进口，居于泰国从中国进口商品的主要地位。上述印尼、越南、泰国等国家代表了整个东南亚地区经济发展状态，其基础设施建设的蓬勃发展引发了东盟国家对大量机械产品的需求。

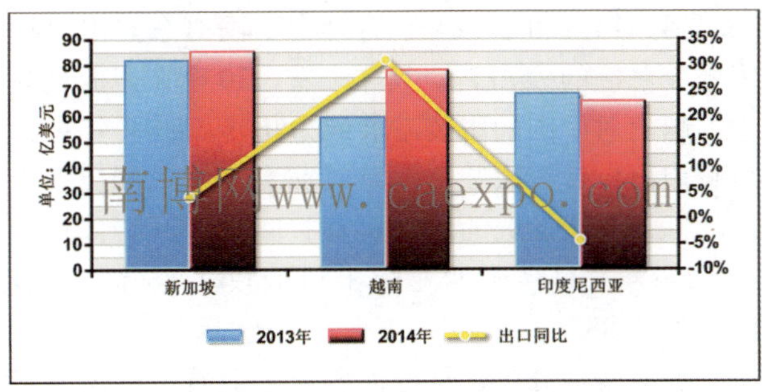

图 7　2014 年中国机械产品主要出口东盟国家

（四）中国针织服装对东盟出口趋势分析

一直以来，中国与东盟在服装的国际市场上存在着激烈的竞争，但中国服装与东盟国家相比，其竞争力的优势更加明显，原因是中国在技术、规模效益上有较强优势。随着中国—东盟自由贸易区的构建，中国服装行业面临重大发展机遇。由于关税减免，东盟企业可以从中国进口零关税的纺织品原料用于加工，进而降低生产成本，提高产品竞争力，获得更大的市场发展空间。目前，东盟是中国第 1 大纱线出口市场和第一大面料出口市场。2014 年，中国服装产品对东盟出口呈现负增长，出口额为 124.80 亿美元，同比微降 1.1%，占中国对东盟出口商品总额的 7.3%。其中，中国对马来西亚和新加坡的出口额降幅最明显，同比分别下降 21.9% 和 9.4%。

近几年中国与东盟双边服装贸易愈来愈活跃，尤其是中国服装对东盟国家的出口，在中国对外贸易中已占据重要地位，已经成为中国—东盟自由贸易区建设的重要内容。2010～2013 年，中国与东盟纺织品服装贸易额从 160 亿美元跃升至近 375 亿美元，年均增长 33%。近年来，中国与东盟纺织品服装贸易的一大特点是服装商品表现活跃，进出口均实现增长。2014 年，中国对东盟出口纺织品服装总额达 361 亿美元，同比增长 5.5%；中国自东盟进口纺织品服装 39 亿美元，同比增长 20%。

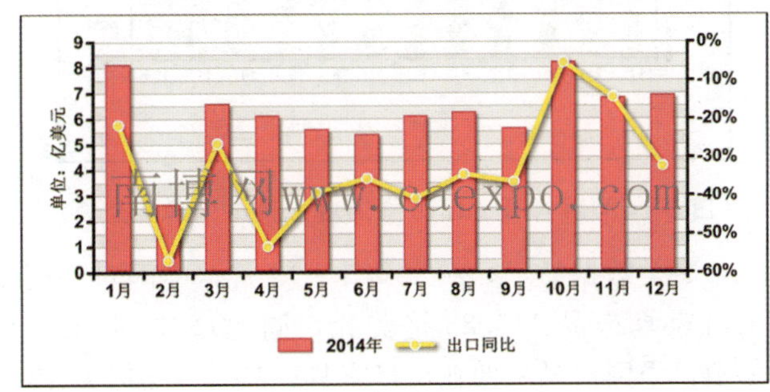

图 8　2014 年 1～12 月中国对东盟出口针织服装金额

从出口国别来看，中国针织服装对东盟的出口主要集中在越南、新加坡和马来西亚，占比分别为

48.5%、14%和13.2%，合计占中国对东盟出口针织服装总额的75.7%。具体来看，10个东盟成员国中，越南对中国的服装需求最为旺盛，2014年中国对越南出口针织服装金额为5.36亿美元，同比下滑85.2%；对新加坡的出口额为1.55亿美元，同比下滑82.6%；对马来西亚的出口额仅1.46亿美元，同比下滑88.4%。

据南博网分析，从劳动力成本上看，东盟国家较中国而言，有着明显的比较优势。为了充分利用东南亚国家的成本优势、关税优惠和棉花价格优势，适应进口商采购战略的变化，许多中国企业实施了成功的产能转移和海外布局，把中国与东盟国家的竞争关系转变为合作共赢的关系。

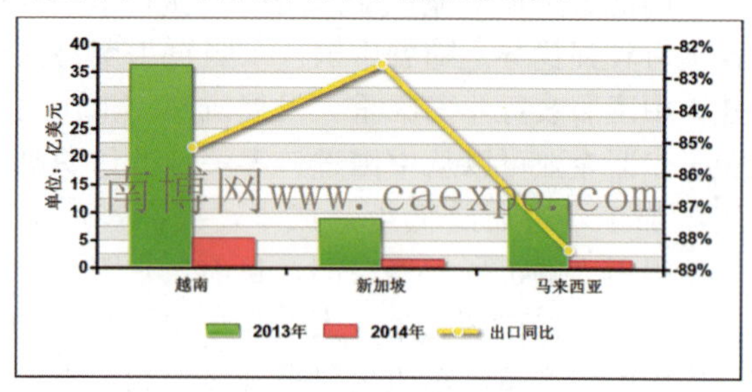

图9　2014年中国针织服装主要出口东盟国家

（五）中国家具产品对东盟出口趋势分析

2002～2012年，中国家具出口额由54亿美元增长至488亿美元，年复合增长率高达25%。自2006年起，中国稳居全球家具生产、消费和出口的第1大国。2014年，在全球经济萎缩的情况下，中国家具出口仍保持稳步增长，产品远销200多个国家和地区。目前，东盟是中国家具产品出口的重要市场，中国与越南、老挝、缅甸等东盟国家红木家具产业贸易往来频繁。

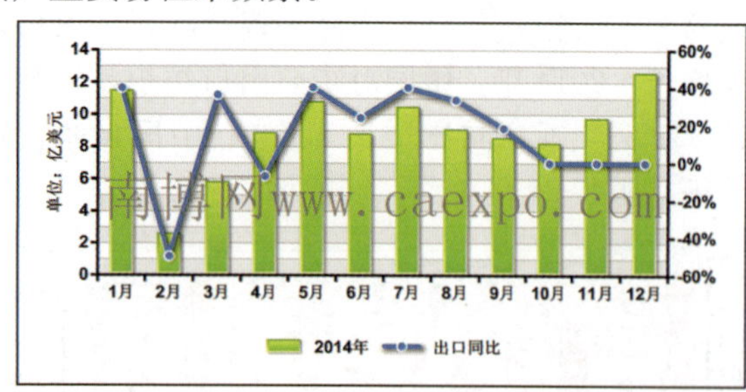

图10　2014年1～12月中国对东盟出口家具金额

海关数据显示，2014年1～12月，中国对东盟出口家具产品110.85亿美元，同比增长12.4%。其中，中国对马来西亚出口家具产品32.69亿美元，同比下降3.1%，占中国对东盟出口家具总额的30.6%，是中国家具产品出口金额最大的东盟国家。新加坡是中国家具产品对东盟出口的第2大贸易伙伴，2014年1～12月，中国家具对新加坡的出口额为30.37亿美元，同比增长25.7%，占中国对东盟出口家具总额的28.5%。中国家具产品对印尼的出口额为14.71亿美元，同比增长14.2%，占中国对东盟出口家具总额的13.8%。据南博网分析，随着中国家具行业流通市场的快速发展，2015年中国对东盟的家具订单将大幅增加，中国家具市场的价格也会攀升，双边家具市场将更加活跃，发展趋势会好于2014年。

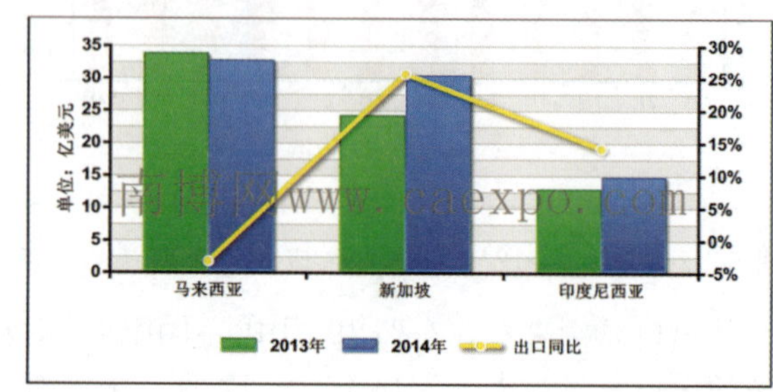

图11　2014年中国家具产品主要出口东盟国家

三、2014年中国重点产品自东盟（国别）进口趋势分析

（一）中国珍珠宝石自东盟进口趋势分析

近2年，中国消费者对珠宝产品表现出强大的购买力，推高了整体市场的需求。2014年前7个月，中国成品钻石的进口量达109.35万克拉，价值14.11亿美元，同比大幅增长62.6%，成为中国进口珠宝饰品中增幅最大的产品。从国别来看，中国自泰国进口珠宝首饰价值37.01亿美元，占中国进口珠宝首饰总额的8.1%，位居韩国、日本、南非和美国之后。据南博网分析，随着中国经济增长的逐渐企稳，国内钻石消费热将再度升温，2015年中国进口钻石产品的前景看涨。

缅甸是世界上最大的宝石生产国之一，尤其以盛产红宝石和翡翠闻名。海关数据显示，2014年1～12月，中国自东盟进口珍珠宝石132.81亿美元，同比激增808.1%，跃居中国自东盟进口的第4大产品。

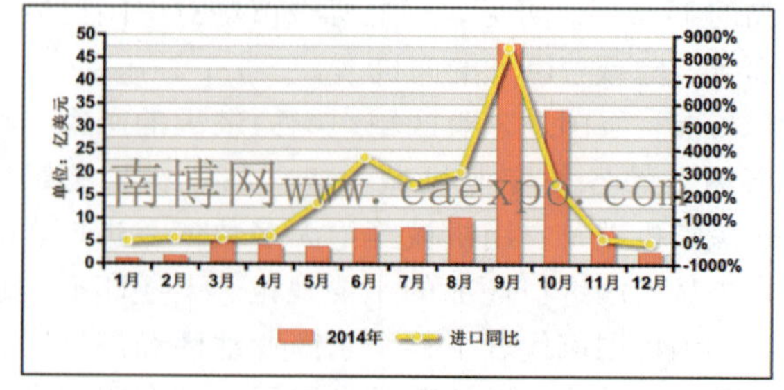

图12　2014年1～12月中国自东盟进口珍珠宝石金额

2014年，缅甸和泰国是中国珍珠宝石进口的主要东盟国家，占据99.4%的东盟市场份额。其中缅甸占比最高，达92.5%，泰国为6.9%。缅甸宝石产量丰富，多年来一直是中国主要进口来源国。2014年1～12月，中国自缅甸进口珍珠宝石122.82亿美元，同比激增963%。中国对宝石饰品需求表现强劲，除缅甸是主要进口国之外，泰国也是中国珠宝的主要输出国，2014年中国自泰国进口珍珠宝石为9.19亿美元，同比激增273.2%。从图表上看，中国在11月份进口额最大，进口额为11.33亿美元，占全年珍珠宝石总额的9.6%。

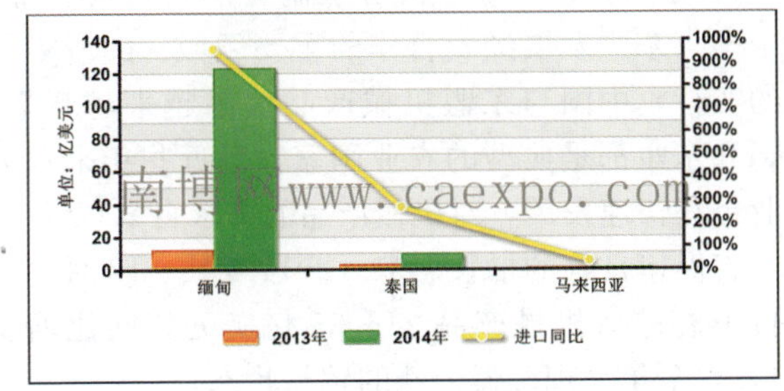

图13　2014年中国珍珠宝石主要进口东盟国家

（二）中国矿物燃料自东盟进口趋势分析

中国工业经过这几年的发展，对能源和矿产的需求持续旺盛，“降税计划”的启动惠泽中国与东盟在能源领域的合作，中国与东盟能源贸易渐入佳境。海关数据显示，2014年1～12月，中国自东盟进口矿物燃料242.21亿美元，占中国自东盟进口总额的13.2%，是第2大进口产品。从图表上看，中国在12月份自东盟进口额最大，进口额为34亿美元，占全年矿物燃料总额的12.9%。2月份、6月份和10月份为中国自东盟进口矿物燃料的低谷期，平均跌幅超过20%。

回顾这几年中国与东盟在能源领域所取得的贸易佳绩，不难看出中国与东盟能源合作的迅速发展并非偶然，这与双方资源禀赋差异所带来的互补性、经济快速增长带来的资源需求、地理位置临近带来的运输优势等密切相关。东盟国家能源资源丰富，降税更有利于将这些资源性商品引进中国。

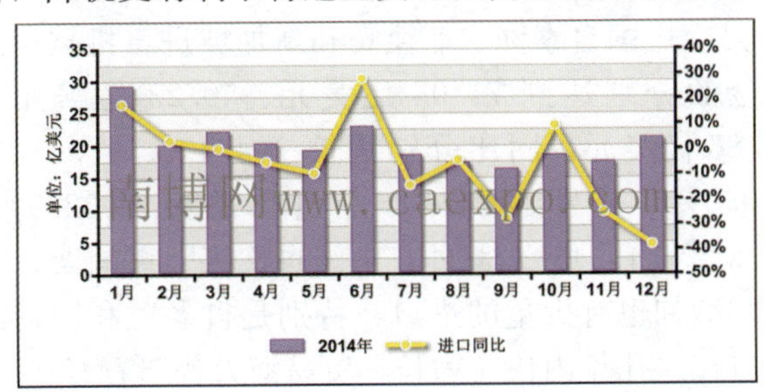

图14　2014年1～12月中国自东盟进口矿物燃料金额

在东盟10国中，印尼、马来西亚和新加坡的矿物燃料占中国大部分的市场份额，中国自以上3国矿物燃料的进口总额达191.37亿美元，占中国自东盟进口矿物燃料总额的79.1%。其中印尼的矿物燃料在中国市场的占有率最高，达34.9%。2014年1～12月，中国自印尼和新加坡进口矿物燃料呈现下滑趋势，同比分别下降25.4%和8%。

马来西亚是中国矿物燃料的主要供应国。2014年1～12月，中国自马来西亚累计进口矿物燃料59.48亿美元，占中国自东盟进口矿物燃料总额的24.6%。从进口额来看，马来西亚矿物燃料在中国市场的占有率不是很高。但从增长率来看，以上3国中，中国自马来西亚进口最为稳定。2007至2011年5年间，中国自马来西亚进口矿物燃料的金额呈现逐年增长，年均增长高达50.4%。这不仅说明中国对矿物燃料的巨大需求，也显示了马来西亚在矿物燃料的比较优势。

巨大的市场需求、优良的港口条件，以及规范化管理金融支持，使新加坡成为亚洲的燃料油贸易中心。2007～2011年，中国自新加坡进口矿物燃料的总额达193.25亿美元，占中国自东盟进口矿物燃料总额的24%，新加坡位居第2大矿物燃料进口东盟国家。2014年1～12月，中国自新加坡进口矿物燃料47.45亿美元，同比下降8%，占中国自东盟进口矿物燃料总额的19.6%。

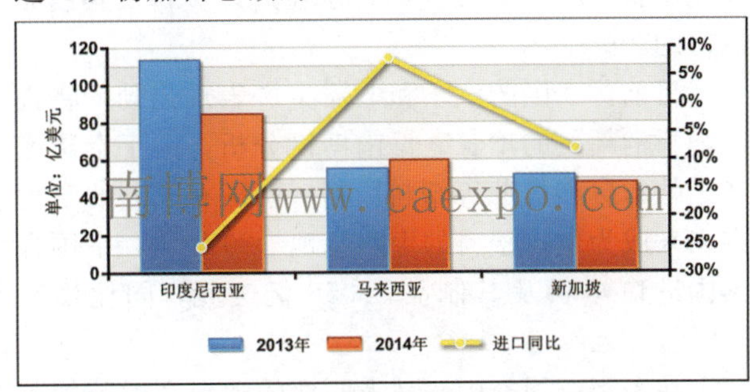

图15　2014年中国矿物燃料主要进口东盟国家

（三）中国塑料及其制品自东盟进口趋势分析

2014年，中国塑料制品累计出口量达951万吨，同比增长6.1%。目前，中国塑料行业整体技术水平偏低，低档产品占塑料制品的比重较大。同时，长期以来中国凭借低廉劳动力建立起来的传统产业优势与越南等东盟国家相比正在逐渐消失，出口竞争压力愈发明显。随着“以塑带钢”、“以塑代木”进程的推进，中国塑料制品产量近年来发展速度远高于世界塑料行业的平均增长水平，产业规模在不断扩大，中国塑料工业正由大国向强国迈进。海关数据显示，2014年1～12月，中国自东盟进口塑料及其制品 106.63 亿美元，同比增长 11.1%，占中国自东盟进口总额的 5.1%，位居第 2 大进口产品。从图表上看，中国在 1 月份进口塑料及其制品最大，进口额为 10.21 亿美元，占 2014 年塑料进口总额的 9.6%。1 月份、4 月份、7 月份、9 月份和 12 月份是中国自东盟进口塑料及其制品的高峰期，进口额均突破 9 亿美元。

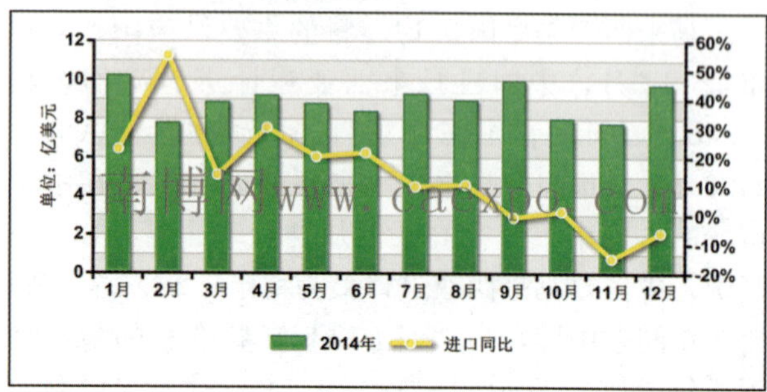

图 16　2014 年 1～12 月中国自东盟进口塑料及其制品金额

近年来，东南亚塑料业发展十分活跃。2014 年，中国塑料及其制品自东盟进口的前 3 位国家分别是新加坡、泰国和马来西亚。目前，新加坡是跨国塑料企业新产品开发的亚洲聚集地，越来越多的塑料公司将总部设在新加坡进行新产品开发，尤其是电子电器产品和模具制造领域。2014 年 1～12 月，中国自新加坡进口塑料及其制品 42.12 亿美元，同比增长 22.9%，占中国自东盟进口塑料及其制品总额的 39.5%。

目前，泰国的汽车和电器生产表现强劲，将推动塑料消耗量的增长。据南博网分析，由于泰国盛产生物木薯和甘蔗等塑料原料，泰国有充分的潜力在未来成为生物塑料的生产基地。2014 年，中国自泰国进口塑料及其制品 38.55 亿美元，同比增长 6.8%。

在东南亚国家中，马来西亚的塑料和橡胶加工行业最为先进。截至 2015 年 4 月，马来西亚拥有超过 1550 家塑料产品制造厂家。由于技术水平高，生产成本低，马来西亚的塑料和橡胶加工行业已重塑为具有强大竞争力的制造基地。2014 年，中国自马来西亚进口塑料及其制品达 16 亿美元，同比增长 3.2%，占中国自东盟进口塑料及其制品总额的 15%。据南博网调查显示，马来西亚主要出口制品是塑料容器、板材、薄膜、片材、箔、条带和其他塑料制品，主要出口欧盟、中国内地、中国香港、新加坡、日本和泰国等地。

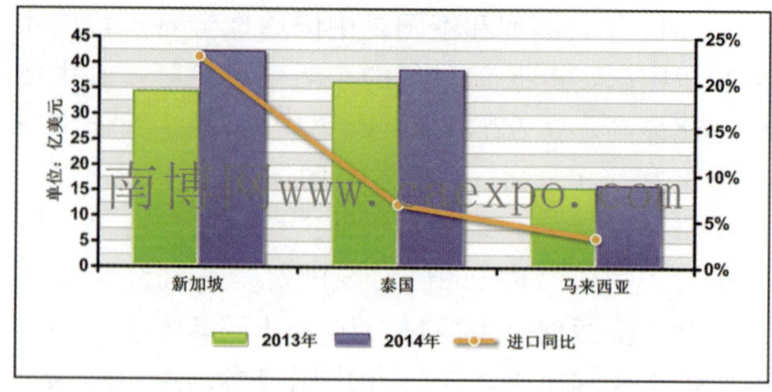

图 17　2014 年中国塑料及其制品主要进口东盟国家

（四）中国机械产品自东盟进口趋势分析

机械产品是平衡中国与东盟贸易的重要行业，是中国与东盟发展经贸合作的重要领域。随着零关税的实行，中国与东盟机械产品贸易越来越频繁。中国和东盟都是典型的农业国家，且近些年来双方工业也在快速发展，对机械产品的需求自 2000 年以来一直保持良好的增长态势。2014 年 1～12 月，中国自东盟进口机械产品 216.35 亿美元，同比增长 2.4%，全年呈现缓慢上涨的贸易状态。

就整体市场而言，除 2 月份外，2014 年中国自东盟进口机械产品的金额均超过 17 亿美元。1 月份、7 月份、9 月份和 12 月份，这 4 个月为中国自东盟进口机械产品的高峰期。3 月份和 5 月份，中国自东盟进口机械产品呈现下降的状态，跌幅均超过 4%。

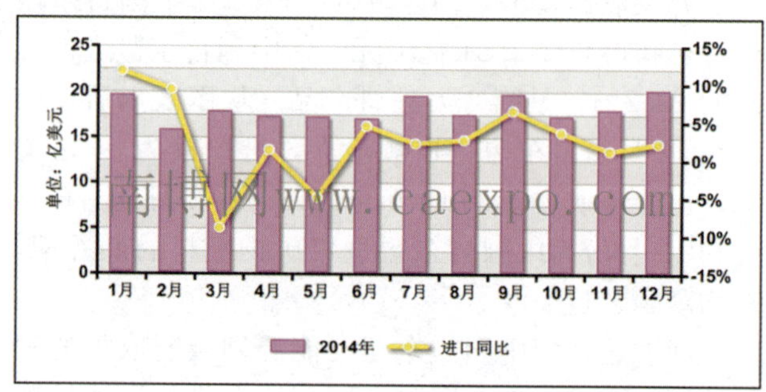

图 18　2014 年 1～12 月中国自东盟进口机械产品金额

长期以来，中国自东盟各国都有进口机械产品，其中自印尼、马来西亚、菲律宾、新加坡、泰国和越南等 6 个国家的进口规模较大。2014 年 1～12 月，中国自泰国、菲律宾和新加坡进口机械产品的金额分别达到 71.08 亿美元、50.23 亿美元和 41.86 亿美元，同比分别增长 −4.4%、16.6%和 −0.3%，分别占机械产品进口总额的 32.9%、23.2%和 19.4%。此外，中国自文莱、柬埔寨、老挝和缅甸也有少量的进口，特别是自老挝和缅甸的进口在这几年内快速增长，贸易潜力普遍看好。

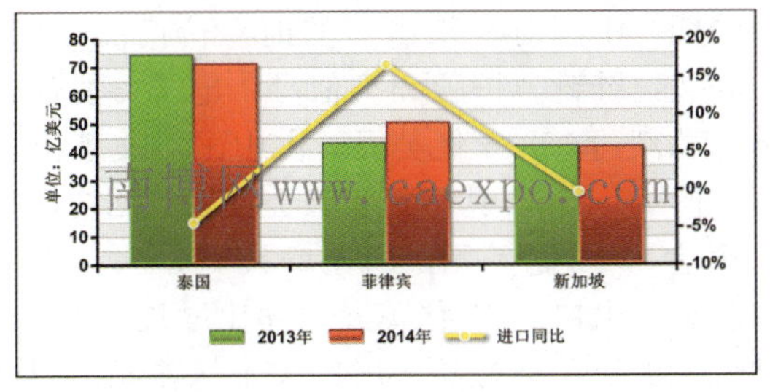

图 19　2014 年中国机械产品主要进口东盟国家

（五）中国电子产品自东盟进口趋势分析

一直以来，中国与东盟在电子产品上存在着激烈的竞争，但由于双方的电子产品各有优势，需求较大，互补性较强，因此多年来，电子产品一直都是中国与东盟双边贸易的第一大产品。除 2008、2009 年面临金融危机的冲击外，中国自东盟电子产品的进口一直呈现良好的发展势头。2014 年 1～12 月，中国自东盟进口电子产品 675.60 亿美元，同比下降 1.2%。

就整体市场而言，除 2 月份外，2014 年中国自东盟进口电子产品金额均突破 50 亿美元。6 月份、10 月份和 12 月份，中国自东盟进口电子产品金额同比增幅均超过 8%。9 月份和 12 月份，这 2 个月为中国自东盟进口电子产品的高峰期。

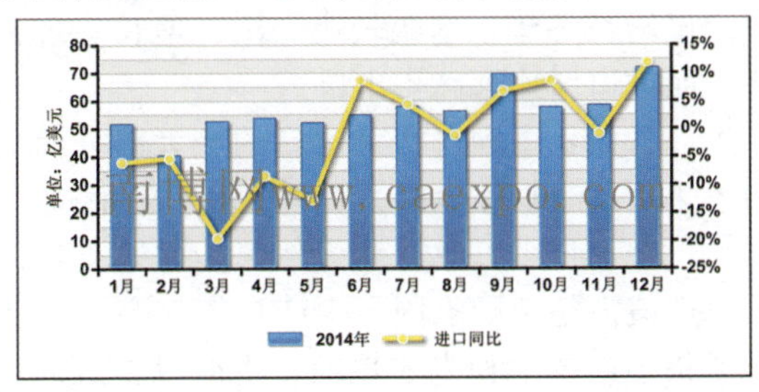

图 20　2014 年 1～12 月中国自东盟进口电子产品金额

从国别来看，2014 年 1～12 月，中国主要自马来西亚、菲律宾和新加坡进口电子产品，进口额分别为 322.68 亿美元、94.25 亿美元、89.96 亿美元，同比分别增长 －9.1%、7.2%、－3.6%，分别占电子产品进口总额的 47.8%、14%和 13.3%。。马来西亚是中国电子产品自东盟进口的第 1 大供应地，双边在电子贸易方面的合作日益频繁。

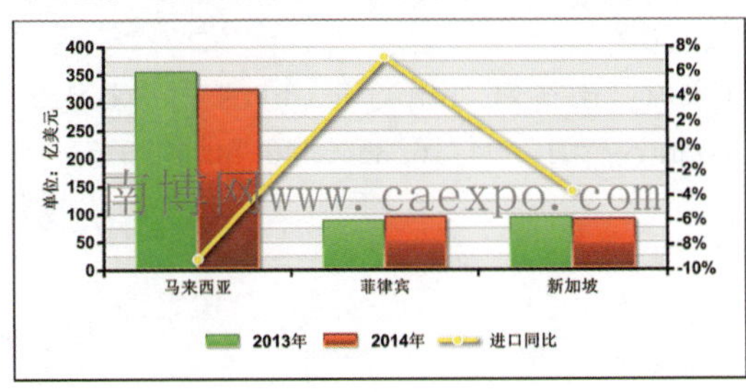

图 21　2014 年中国电子产品主要进口东盟国家

四、2014 年中国—东盟重点产品进出口趋势分析

2014 年，全球经济复苏稍显缓慢，但中国—东盟经贸交往成效显著，贸易逆势“开花”，总额突破了 4800 亿美元，东盟与中国的双边贸易进一步发展。目前，东盟是中国第 3 大贸易伙伴、第 4 大出口市场，以及第 2 大进口来源地。中国出口到东盟国家的产品从农副产品、化肥、纺织品到建筑材料、机械设备、电子设备等。

产品贸易结构持续优化。一是传统型贸易产品继续维持良好增长态势，机电产品、矿产品、钢铁产品、木制品在 2014 年分别获得了稳健的增长率；二是新兴产品不断涌现。最为突出的是珍珠宝石，受东盟消费需求的拉动和中国收藏品投资市场的回升，2014 年中国与东盟珍珠宝石进出口贸易额同比激增 546.9%。东盟作为亚洲新近发展起来的国家，近年来经济发展水平有很大提高，对宝石这类奢侈品的消费需求也不断增加，其珠宝市场挖掘空间和潜力巨大。

从国别角度来看，中国与主要东盟国家，如马来西亚、印尼、新加坡、菲律宾、泰国和越南等 6 国的贸易往来依旧频繁，马来西亚、越南和新加坡位列前 3。值得关注的是，中国与缅甸的贸易额实现翻番，进出口同比激增 146%，老挝、越南的进出口总额分别增长 31.9%、27.5%，在极大的程度上高于中国对外贸易增速。中国与新加坡、泰国的贸易保持低速增长，分别为 4.9%、2%。与前几年相比，中国与这些国家的贸易增长率有明显变化，外贸市场空间较大，市场潜力巨大。

中国—东盟自由贸易区促进作用日益明显。随着中国—东盟自由贸易区深入发展，降税产品种类的增加，以及降税幅度的加大，这种作用逐步增强。从总量上看，中国与马来西亚、越南、新加坡、泰国的双边贸易，无论是出口还是进口，占中国与东盟进出口的总量比重仍然较高，对中国外贸的影响程度依然较大。加上关税减让所带来的其他类别产品量的增长，双方将会形成更多各自的比较优势产品，双边的贸易联系会逐渐增强。

从贸易不平衡性来看，中国与越南、新加坡、印尼的贸易逆差仍持续加大，这主要源于双边产品税率的差异、国内不同产品需求所致。另外，为保护本地区的产品不受外来市场的强大冲击，东盟国家对一些产品实施了某些贸易保护措施，这一点在钢铁产品上就得到了体现。2014 年，泰国、印尼、马来西亚针对中国发起的钢材贸易保护措施愈演愈烈，随着其他类别产品量的增长，钢铁有可能被其他产品所取代。

近年来，中国高新技术类贸易的增长速度非常快，在太阳能、新能源等领域甚至具备了与发达国家竞争的优势，这是未来与东盟增强互补性的关键领域。目前，东盟与中国不仅互为对方最重要的需求市场，也是未来潜在的巨大消费市场，双方的互补性正在增强。随着劳动力成本上升，部分低端产业从中国转移至东盟，东盟市场对中国制造的中端产品特别是机械加工类产品的需求在上升。

2014 年中国—东盟重点国别市场动态监测

2014 年 1～12 月中国—文莱重点产品进出口趋势分析

据海关数据统计，2014 年 1～12 月，中国与文莱双边贸易总额达 19.36 亿美元，较 2013 年同期增长 8.0%，占中国与东盟 10 国双边贸易总额的 0.4%，是中国在东盟的第十大贸易伙伴。其中，中国自文莱进口 1.90 亿美元，同比激增 111.4%；对文莱出口 17.47 亿美元，同比增长 2.5%。2014 年，中国对文莱贸易呈现顺差，顺差额为 15.57 亿美元。

从产品结构来看，2014 年 1～12 月，中国自文莱进口的前 5 位产品有矿物燃料，有机化学品，木浆及其他纤维，石料及类似制品，软体动物，累计进口总额达 1.89 亿美元，占中国自文莱进口产品总额的 99.5%。其中，以进口矿物燃料最多，进口额达 1.41 亿美元，同比激增 102.8%；其次是有机化学品，进口额达 4360.9 万美元，同比激增 161.1%；再者是木浆及其他纤维，进口 230.02 万美元，同比下降 24.8%；石料及类似制品位居第 4，进口 186.62 万美元，无同比；对软体动物进口最少，进口额为 23.08 万美元，同比增长 20.3%。

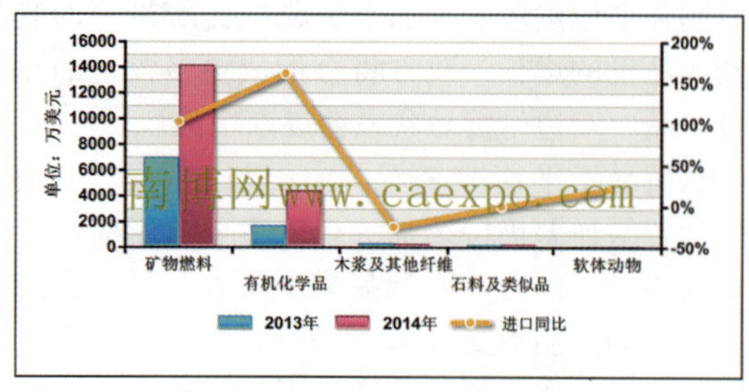

图 1　2014 年 1～12 月中国自文莱主要进口产品金额

同期，中国对文莱出口的前 5 位产品是家具，针织服装，鞋靴、护腿和类似品，电子，船舶，累计出口总额达 10.16 亿美元，占中国对文莱出口产品总额的 58.2%。其中，家具是第一大出口产品，出口额达 5.16 亿美元，同比增长 15.6%；其次是针织服装，出口 1.45 亿美元，同比增长 6%；再者是鞋靴、护腿和类似品，出口 1.4 亿美元，同比下降 31.8%；电子位居第 4，出口 1.32 亿美元，同比下降 0.9%；对船舶出口最少，出口额为 8306.35 美元，同比激增 94.03%。

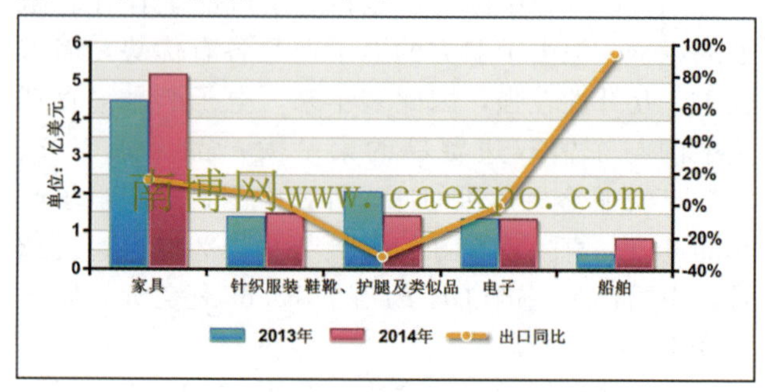

图 2　2014 年 1～12 月中国对文莱主要出口产品金额

综上所述，1～12 月，中国与文莱双边贸易呈现以下特点：

与 2013 年同期相比，中国与文莱双边贸易总额呈现缓慢增长态势，增幅较小，出口增长呈现良好态势，而进口增速远高于出口。

进口方面，中国自文莱进口的绝大部分商品是矿物燃料、有机化学品，占中国自文莱进口的 96.1%。文莱是个以原油和天然气为主要支柱的国家，总产值占整个国家国内生产总值 50%。由于文莱市场狭小，技术和人才短缺，生产成本过高，经济发展仍以油气出口为主。近年来，中国加大自文莱进口制成品、农产品、日用品等，而矿物燃料和有机化学品仍然是未来中国自文莱进口贸易的主要产品。

出口方面，文莱日益发展的国内市场已为中国出口商打开了多个产品市场，出口继续呈现多样化趋势。2014 年，船舶成为中国对文莱出口的 5 大产品之一，全年出口额达 0.83 亿美元，占中国对文莱出口总额的 4.8%。家具产品贡献最大，占出口的 1/3（29.8%）。

（来源：南博网．http://customs.caexpo.com//data/country/2015/04/16/3643346.html. 2015—04—16）

2014 年 1～12 月中国—柬埔寨重点产品进出口趋势分析

据海关数据统计，2014 年 1～12 月，中国与柬埔寨双边贸易总额达 37.57 亿美元，较 2013 年同期下降 0.4%，占中国与东盟 10 国双边贸易总额的 0.8%，是中国在东盟的第 8 大贸易伙伴。其中，中国自柬埔寨进口 4.83 亿美元，同比增长 33.5%；对柬埔寨出口 32.75 亿美元，同比下降 4.0%。2014 年，中国对柬埔寨贸易呈现顺差，顺差额为 27.92 亿美元。

从产品结构来看，2014 年 1～12 月，中国自柬埔寨进口的前 5 位产品有木制品、针织服装、非针织服装、电子和谷物，累计进口总额达 3.44 亿美元，占中国自柬埔寨进口产品总额的 60.5%。其中，以进口木制品最多，进口额达 1.39 亿美元，同比增长 58.6%；其次是针织服装，进口额达 1.09 亿美元，同比增长 25.9%；再者是非针织服装，进口 0.33 亿美元，同比下降 11.7%；电子位居第 4，进口 0.32 亿美元，同比增长 44.1%；对谷物进口最少，进口额为 0.32 亿美元，同比激增 66.3%。

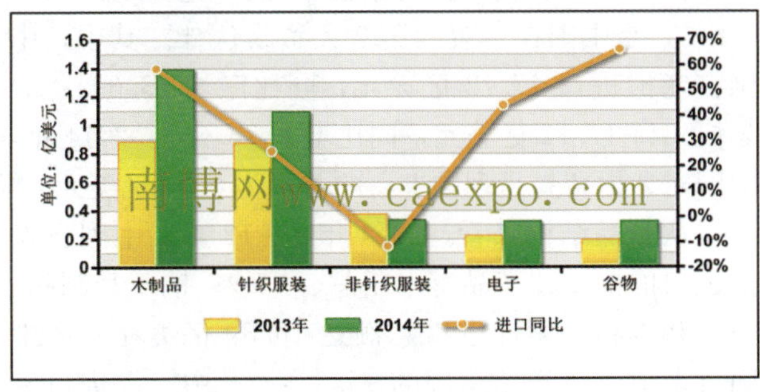

图 1　2014 年 1～12 月中国自柬埔寨主要进口产品金额

同期，中国对柬埔寨出口的前 5 位产品是针织物、棉花、机械、电子和化学纤维短纤，累计出口总额达 20.04 亿美元，占中国对柬埔寨出口产品总额的 51.6%。其中，针织物是第一大出口产品，出口额达 9.91 亿美元，同比增长 12.8%；其次是棉花，出口 3.87 亿美元，同比增长 1.2%；再者是机械，出口 2.92 亿美元，同比下降 19.6%；电子位居第 4，出口 2.03 亿美元，同比下降 6.8%；对化学纤维短纤出口最少，出口额为 1.31 亿美元，同比下降 6.8%。

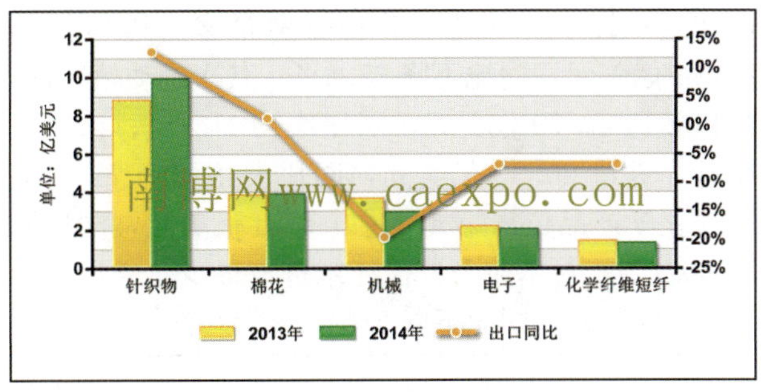

图 2　2014 年 1～12 月中国对柬埔寨主要出口产品金额

综上所述，1～12 月，中国与柬埔寨双边贸易呈现以下特点：

与 2013 年同期相比，中国与柬埔寨双边贸易总额呈现缓慢下降的态势，而进口增长呈现良好态势。

进口方面，中国自柬埔寨进口的绝大部分商品是木制品、针织或非针织服装，占中国自柬埔寨进口的 58.2%。2014 年，柬埔寨制衣业依然保持工业重要支柱产业地位，服装仍然是未来中国自柬埔寨进口贸易的主要产品。

出口方面，柬埔寨日益发展的国内市场和持续的基础建设已为中国出口商打开了多个产品市场，出口开始呈现多样化趋势。2014 年，化学纤维短纤成为中国对柬埔寨出口的 5 大产品之一，全年出口额达到 1.31 亿美元，占中国对柬埔寨出口总额的 4.1%。针织物贡献最大，占出口的 1/3（30.3%）。

（来源：南博网 .http://customs.caexpo.com/data/country/2015/03/26/3642206.html.2015—03—26）

2014 年 1～12 月中国—印度尼西亚重点产品进出口趋势分析

据海关数据统计，2014 年 1～12 月，中国与印尼双边贸易总额达 635.86 亿美元，较 2013 年同期下降 7%，占中国与东盟 10 国双边贸易总额的 13.2%，是中国在东盟的第 5 大贸易伙伴。其中，中国自印尼进口 245.25 亿美元，同比下降 22%；对印尼出口 390.62 亿美元，同比增长 5.8%。2014 年，中国对印尼贸易呈现顺差，顺差额为 145.37 亿美元。

从产品结构来看，2014 年 1～12 月，中国自印尼进口的前 5 位产品有矿物燃料，动植物油，矿砂，杂项化学产品，木浆及其他纤维，累计进口总额达 162.28 亿美元，占中国自印尼进口产品总额的

66.2%。其中，以进口矿物燃料最多，进口额达84.44亿美元，同比下降25.4%；其次是动植物油，进口额达29.79亿美元，同比增长11.1%；再者是矿砂，进口20.32亿美元，同比大幅下降71.2%；杂项化学产品位居第4，进口15.3亿美元，同比激增90.2%；对木浆及其他纤维进口最少，进口额为12.43亿美元，同比下降2.9%。

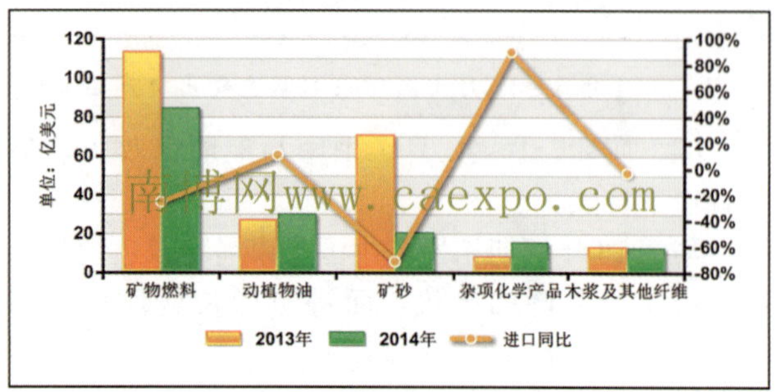

图1 2014年1～12月中国自印尼主要进口产品金额

同期，中国对印尼出口的前5位产品是机械、电子、矿物燃料、钢铁和钢铁制品，累计出口总额达182.38亿美元，占中国对印尼出口产品总额的46.7%。其中，机械是第1大出口产品，出口额达65.54亿美元，同比下降4.3%；其次是电子，出口61.54亿美元，同比增长9.9%；再者是矿物燃料，出口21.87亿美元，同比下降17.7%；钢铁位居第4，出口17.68亿美元，同比增长40%；对钢铁制品出口最少，出口额为15.75亿美元，同比增长12.2%。

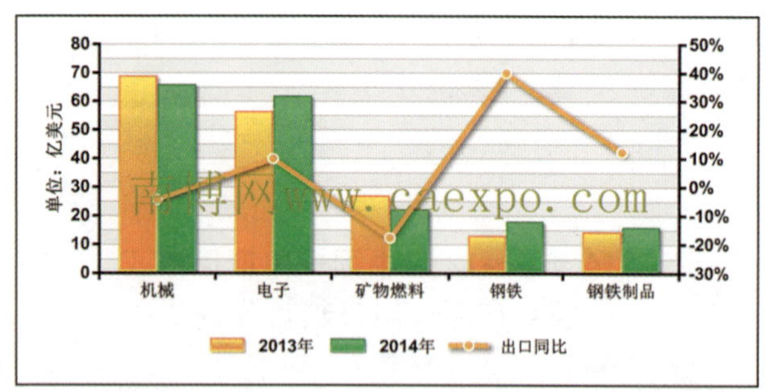

图2 2014年1～12月中国对印尼主要出口产品金额

综上所述，1～12月，中国与印尼双边贸易呈现以下特点：

与2013年同期相比，中国与印尼双边贸易总额呈现下降的态势，进口同比下降，而出口呈现良好增长态势，出口增速远远大于进口。

进口方面，中国自印尼进口以资源性产品为主，进口的绝大部分商品是矿产品，如矿砂、矿物燃料，合计占中国自印尼进口的42.3%，以及已加工原材料和农产品，如木浆及其他纤维、动植物油，分别占进口的5%和12%。整体来看，2014年，中国自印尼进口的资源性产品增减趋势波动不明显，但结合目前中国产业的发展态势，未来几年中国的能源和资源需求依然很大，确保与资源出口国之间的贸易联系对中国的持续发展将变得非常重要。中国与印尼双边贸易发展仍然是未来中国与东盟双边贸易发展的主旋律。

出口方面，印尼日益壮大的国内市场和持续的基础建设已为中国出口商打开了多个产品市场，出口较为多样化。2014年，钢铁及其制品成为中国对印尼出口的主打产品，全年出口额达到33.43亿美元，占中国对印尼出口总额的8.6%。机电产品贡献最大，占出口的1/3（32.7%）。

（来源：南博网．http://customs.caexpo.com//data/country/2015/04/16/3643410.html．2015—04—16）

2014年1～12月中国—老挝重点产品进出口趋势分析

据海关数据统计，2014年1～12月，中国与老挝双边贸易总额达36.14亿美元，较2013年同期大幅增长31.9%，占中国与东盟10国双边贸易总额的0.8%，是中国在东盟的第9大贸易伙伴。其中，中国自老挝进口17.72亿美元，同比激增73.6%；对老挝出口17.72亿美元，同比增长73.6%。2014年，中国对老挝贸易呈现顺差，顺差额为0.71亿美元。

从产品结构来看，2014年1～12月，中国自老挝进口的前5位产品有木制品、矿砂、铜及其制品、橡胶和谷物，累计进口总额达16.89亿美元，占中国自老挝进口产品总额的95.3%。其中，以进口木制品最多，进口额达10.29亿美元，同比激增136.7%；其次是矿砂，进口额达4.52亿美元，同比增长25.5%；再者是铜及其制品，进口0.85亿美元，同比增长8.5%；橡胶位居第4，进口0.78亿美元，同比下降2.4%；对谷物进口最少，进口额为0.44亿美元，同比增长33.8%。

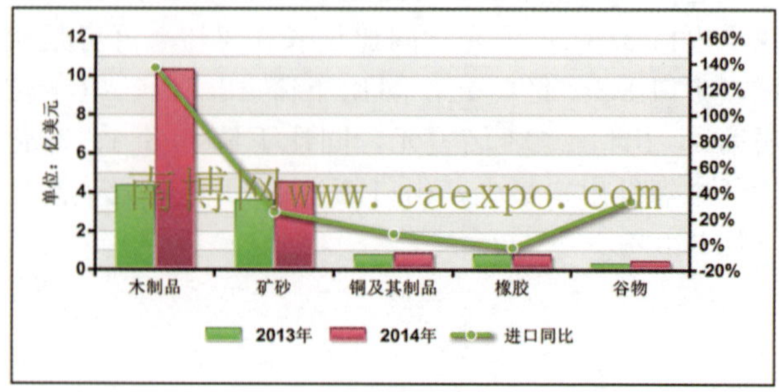

图1 2014年1～12月中国自老挝主要进口产品金额

同期，中国对老挝出口的前5位产品是电子、机械、车辆及其零件、钢铁制品和化肥，累计出口总额达16.26亿美元，占中国对老挝出口产品总额的91.8%。其中，电子是第1大出口产品，出口额达8.16亿美元，同比增长18.1%；其次是机械，出口4.91亿美元，同比下降3.1%；再者是车辆及其零件，出口1.58亿美元，同比增长16.7%；钢铁制品位居第4，出口1.29亿美元，同比增长9.1%；对化肥出口最少，出口额为0.31亿美元，同比激增83.7%。

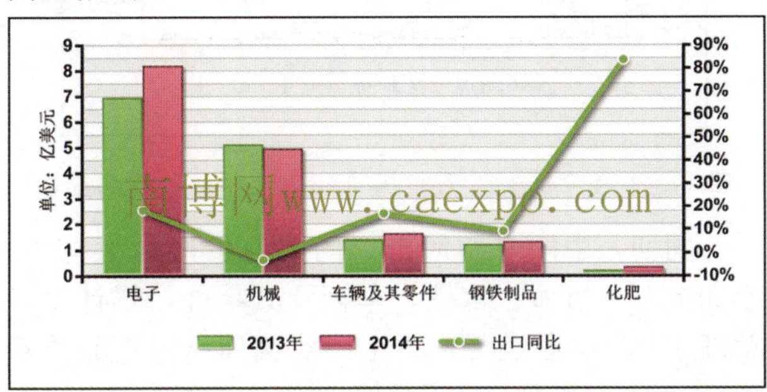

图2 2014年1～12月中国对老挝主要出口产品金额

综上所述，1～12月，中国与老挝双边贸易呈现以下特点：

与2013年同期相比，中国与老挝双边贸易总额呈现快速增长态势，增幅非常明显，进口与出口增长均呈现良好态势，而进口增速远大于出口。

进口方面，中国自老挝进口的重点商品是木制品，占中国自柬埔寨进口的57.6%。2014年，老挝进一步发展木材加工业，主要出口精加工成品，其木制品深受中国消费者喜爱。整体来看，木制品、橡胶、谷物等仍然是未来中国自老挝进口贸易的主要产品。近几年，橡胶产业已成为老挝快速崛起的新产业之一，中国企业在老挝北部地区投资橡胶种植发展潜力巨大。据统计，2014年老挝种植橡胶面积已超过15万公顷。

出口方面，老挝日益发展的国内市场已为中国出口商打开了多个产品市场，出口呈现多样化趋势。2014年，化肥成为中国对老挝出口的5大产品之一，全年出口额达到0.31亿美元，占中国对老挝出口总额的1.5%。机电产品贡献最大，占出口总额的2/3（64.3%）。近年来，中国汽车陆续进入老挝市场，由于在价格、质量、服务等方面符合老挝的消费市场，受到老挝消费者的青睐。

（来源：南博网．http://customs.caexpo.com//data/country/2015/03/26/3642209.html.2015—03—26）

2014年1～12月中国—马来西亚重点产品进出口趋势分析

据海关数据统计，2014年1～12月，中国与马来西亚双边贸易总额达1019.75亿美元，较2013年同期下降3.9%，占中国与东盟10国双边贸易总额的21.2%，是中国在东盟的第一大贸易伙伴。其中，中国自马来西亚进口556.97亿美元，同比下降7.4%；对马来西亚出口462.79亿美元，同比增长0.8%。2014年，中国对马来西亚贸易呈现逆差，逆差额为94.18亿美元。

从产品结构来看，2014年1～12月，中国自马来西亚进口的前5位产品有电子、矿物燃料、机械、动植物油和橡胶，累计进口总额达467.3亿美元，占中国自马来西亚进口产品总额的83.9%。其中，电子进口最多，进口额达322.68亿美元，同比下降9.1%；其次是矿物燃料，进口59.48亿美元，同比增长8.1%；再者是机械，进口38.24亿美元，同比增长7.7%；动植物油位居第4，进口26.78亿美元，同比下降16.5%；橡胶进口最少，进口额为20.11亿美元，同比下降24.1%。

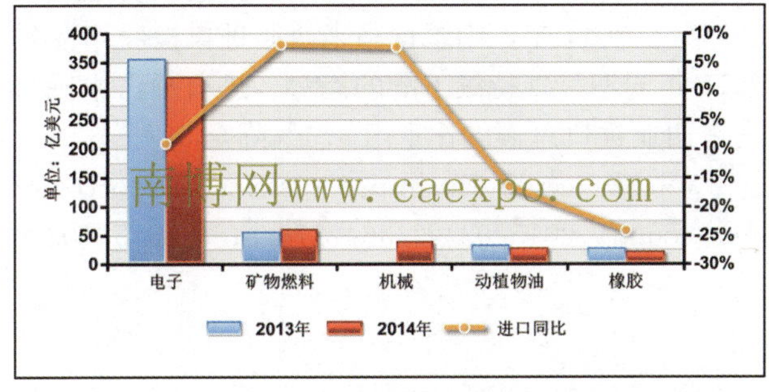

图1 2014年1～12月中国自马来西亚主要进口产品金额

同期，中国对马来西亚出口的前5位产品是电子、机械、家具、仪器设备、塑料及其制品，累计出口总额达216.14亿美元，占中国对马来西亚出口产品总额的46.7%。其中，电子出口最多，出口额达93.11亿美元，同比增长7.1%；其次是机械，出口49.65亿美元，同比下降7.8%；再者是家具，出口32.69亿美元，同比下降3.2%；仪器设备位居第四，出口23.85亿美元，同比增长1.1%；塑料及其制品出口最少，出口额为16.84亿美元，同比增长7.9%。

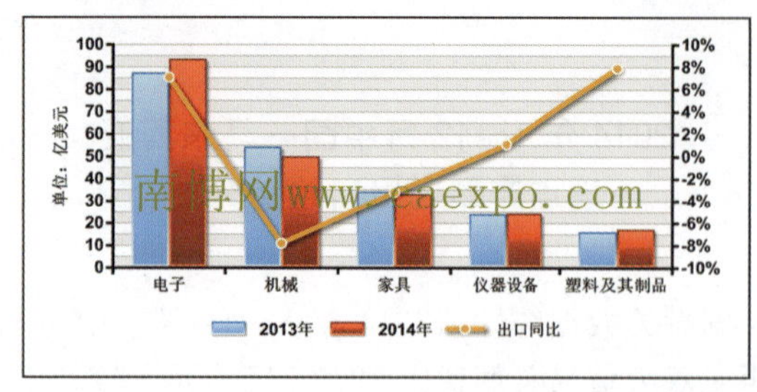

图 2 2014 年 1～12 月中国对马来西亚主要出口产品金额

综上所述，1～12 月，中国与马来西亚双边贸易呈现以下特点：

中马两国在 2014 年的双边贸易约占中国与东盟总贸易额的 1/4，中国是马来西亚的最大进口国。与 2013 年同期相比，中马双边贸易总额呈现微降的态势，中国对马来西亚贸易逆差进一步缩小。

一直以来，信息技术产品和棕榈油是中马两国贸易中的主要产品。但近年来，两国贸易的主要产品结构发生了变化。2014 年，棕榈油在进口产品中所占的份额有所下滑，在所属的动植物油品类中位居第 1，占进口总额的 4.3%。由此可知，近年来，中马贸易不仅局限在棕榈油贸易方面，两国贸易的产品逐渐呈现多样化，尤其表现在出口方面，2014 年塑料产品呈现 7.6%的增长。机械和电子产品仍然是中马双边贸易的最大产品，占双边贸易总额的 50.4%。2014 年，中国自马来西亚进口橡胶产品较 2013 年同期呈现持续下滑的态势，进口额占中国自马来西亚进口总额的比重由 4.4%降至 3.7%。

（来源：南博网 .http://customs. caexpo. com//data/country/2015/03/27/3642276. html. 2015—03—27）

2014 年 1～12 月中国—缅甸重点产品进出口趋势分析

据海关数据统计，2014 年 1～12 月，中国与缅甸双边贸易总额达 249.73 亿美元，较 2013 年同期激增 146.0%，占中国与东盟 10 国双边贸易总额的 5.2%，是中国在东盟的第 7 大贸易伙伴。其中，中国自缅甸进口 156.03 亿美元，同比激增 455.2%；对缅甸出口 93.70 亿美元，同比增长 27.7%。2015 年，中国对缅甸贸易呈现逆差，逆差额为 62.33 亿美元。

从产品结构来看，2014 年 1～12 月，中国自缅甸进口的前 5 位产品有珍珠宝石、矿物燃料、木制品、矿砂和钢铁，累计进口总额达 151.63 亿美元，占中国自缅甸进口产品总额的 97.2%。其中，以进口珍珠宝石最多，进口额达 122.82 亿美元，同比激增 963%；其次是矿物燃料，进口额达 13.71 亿美元，同比激增 781.39%；再者是木制品，进口 6.62 亿美元，同比增长 6.6%；矿砂位居第四，进口 5.61 亿美元，同比增长 29.4%；对钢铁进口最少，进口额为 2.87 亿美元，同比激增 2180.3%。

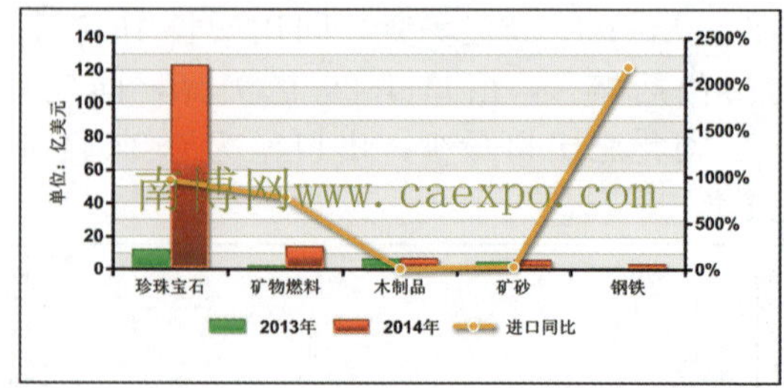

图 1 2014 年 1～12 月中国自缅甸主要进口产品金额

同期，中国对缅甸出口的前 5 位产品是电子、珍珠宝石、机械、钢铁、车辆及其零件，累计出口总额达 57.44 亿美元，占中国对缅甸出口产品总额的 61.3%。其中，电子是第 1 大出口产品，出口额达 16.43 亿美元，同比增长 53%；其次是珍珠宝石，出口 11.41 亿美元，同比激增 124.8%；再者是机械，出口 10.12 亿美元，同比增长 1.4%；钢铁位居第 4，出口 9.82 亿美元，同比大幅增长 59.31%；对车辆及其零件出口最少，出口额为 9.66 亿美元，同比增长 14.1%。

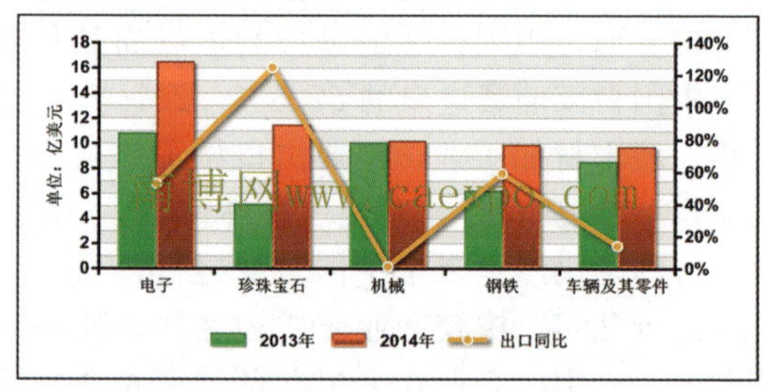

图 2 2014 年 1～12 月中国对缅甸主要出口产品金额

综上所述，1～12 月，中国与缅甸双边贸易呈现以下特点：

中国是缅甸最大的贸易国，与 2013 年同期相比，中国与缅甸双边贸易总额呈现迅猛增长态势，增幅非常明显，进口与出口增长都呈现良好态势，而进口增速远超出口。2014 年，在中国与东盟 10 国的双边贸易中，缅甸、越南和菲律宾是贸易增速最快的 3 个国家。

进口方面，中国自缅甸进口的绝大部分商品是珍珠宝石、木制品，占中国自柬埔寨进口的 84.2%。随着 2014 年 4 月缅甸开始实施禁止原木出口的政策，木材原料可得性大大减少，2015 年中国自缅甸进口的木制品将向高附加值产品领域发展。众所周知，缅甸是全球主要的翡翠原石产地，而中国则是翡翠的主要消费国之一。珍珠宝石、矿物燃料等仍然是未来中国自缅甸进口贸易的主要产品。

出口方面，缅甸积极的贸易政策拉动中国出口贸易增长，机电产品和工业制成品成为中国出口缅甸的主要产品。同时，缅甸对通讯、汽车、摩托车的管制进一步放宽，一定程度上刺激了中国对缅甸的出口贸易。2014 年，机械、电子、车辆及其零件成为中国对缅甸出口的重点产品，全年出口额达到 36.21 亿美元，占中国对缅甸出口总额的 2/5（39%）。

（来源：南博网．http://customs.caexpo.com//data/country/2015/03/27/3642291.html.2015—03—27）

2014 年 1～12 月中国—菲律宾重点产品进出口趋势分析

据海关数据统计，2014 年 1～12 月，中国与菲律宾双边贸易总额达 444.43 亿美元，较 2013 年同期增长 16.8%，占中国与东盟 10 国双边贸易总额的 9.3%，是中国在东盟的第 6 大贸易伙伴。其中，中国自菲律宾进口 209.83 亿美元，同比增长 15.1%；对菲律宾出口 234.59 亿美元，同比增长 18.3%。2014 年，中国对菲律宾贸易呈现顺差，顺差额为 24.76 亿美元。

从产品机构上看，2014 年 1～12 月，中国自菲律宾进口的前 5 位产品有电子、机械、矿砂、铜及其制品、食用水果，累计进口总额达 191.07 亿美元，占中国自菲律宾进口产品总额的 91.1%。其中，电子是第 1 大进口产品，进口额达 94.25 亿美元，同比增长 7.2%；其次是机械，进口额为 50.23 亿美元，同比增长 16.6%；再者是矿砂，进口 32.79 亿美元，同比增长 11.9%；铜及其制品位居第四，进口 7.6 亿美元，同比下降 11.9%；食用水果进口最少，进口额为 6.19 亿美元，同比激增 85.2%。

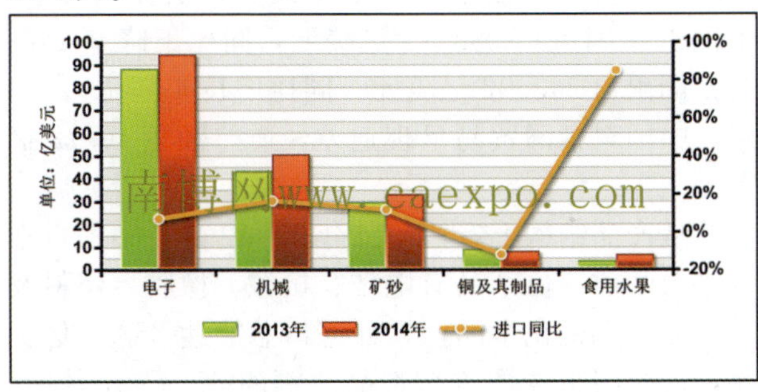

图 1　2014 年 1～12 月中国自菲律宾主要进口产品金额

同期，中国对菲律宾出口的前 5 位产品是电子、钢铁、机械、矿物燃料和车辆及其零件，累计出口总额达 109.06 亿美元，占中国对菲律宾出口产品总额的 46.5%。其中，电子出口第 1，出口额为 37.34 亿美元，同比增长 31%；其次是钢铁，出口 25.73 亿美元，同比激增 73.7%；再者是机械，出口 24.72 亿美元，同比增长 18%；矿物燃料位居第 4，出口 12.32 亿美元，同比大幅增长 42.2%；对车辆及其零件出口最少，出口额为 8.94 亿美元，同比增长 31.9%。

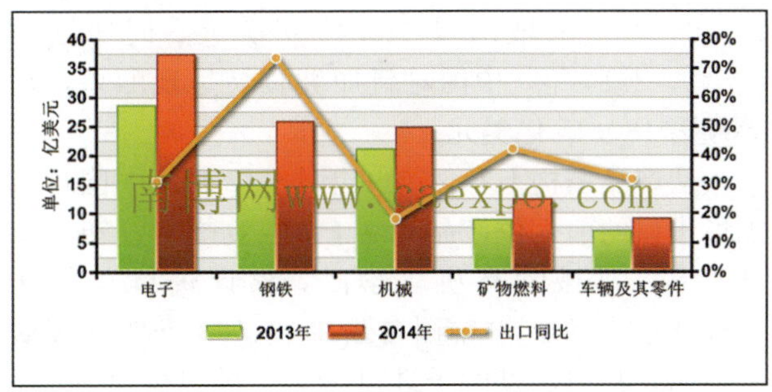

图 2　2014 年 1～12 月中国对菲律宾主要出口产品金额

综上所述，1～12 月，中国与菲律宾双边贸易呈现以下特点：

中国与菲律宾双边贸易总额稳步增长，创下历史最高纪录，进口额和出口额都呈现两位数的增长。

尽管菲律宾国土面积不算太大，但拥有十分丰富的矿产资源，中国依然是菲律宾矿产主要出口的对象国，2014 年矿产品在中国自菲律宾进口的总额中占据 16%的份额，是 2014 年仅次于机电产品的第 2 大进口产品。其中，机电产品在进口中占据 70.5%的比重，同比增长略为明显。另外，机电产品也是中国对菲律宾主要出口的商品，出口额达 62.06 亿美元，在中国对菲律宾的出口总额中占据 27.2%的比重，双方的机电产品具有较强的互补性。

从两国主要出口的产品来看，目前两国相互出口的不仅是对方的优势产品、互补性产品，还有食用水果、车辆等新兴产品，中国和菲律宾的经贸合作领域逐渐往多元化发展。从新兴产品的出口形势来看，增长幅度较大，前景看好。

（来源：南博网．http://customs.caexpo.com//data/country/2015/03/26/3642197.html.2015—03—26）

2014 年 1～12 月中国—新加坡重点产品进出口趋势分析

据海关数据统计，2014 年 1～12 月，中国与新加坡双边贸易总额达 796.48 亿美元，较 2013 年同期增长 4.9%，占中国与东盟 10 国双边贸易总额的 16.6%，是中国在东盟的第 3 大贸易伙伴。其中，中国自新加坡进口 308.02 亿美元，同比增长 2.5%；对新加坡出口 488.46 亿美元，同比增长 6.5%。2014 年，中国对新加坡贸易呈现顺差，顺差额为 180.45 亿美元。

从产品结构上看，2014 年 1～12 月，中国自新加坡进口的前 5 位产品有电子、矿物燃料、塑料及其制品、机械和有机化学品，累计进口总额达 253.43 亿美元，占中国自新加坡进口产品总额的 82.3%。其中，以电子进口最多，进口额达 89.96 亿美元，同比下降 3.6%；其次是矿物燃料，进口 47.45 亿美元，同比下降 8%；再者是塑料及其制品，进口 42.12 亿美元，同比增长 22.9%；机械位居第 4，进口 41.86 亿美元，同比下降 0.3%；有机化学品进口最少，进口额为 32.06 亿美元，同比增长 7.1%。

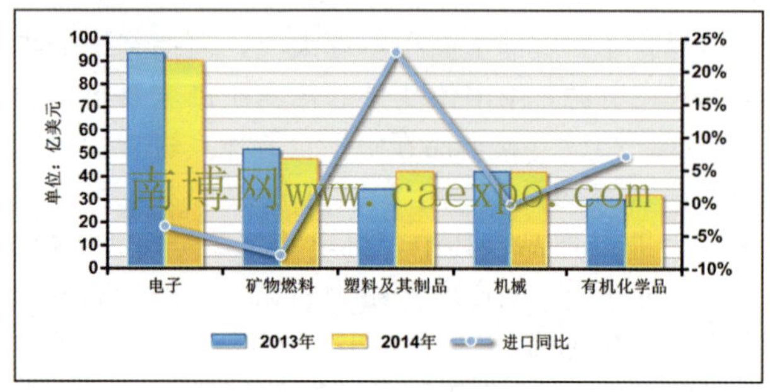

图 1　2014 年 1～12 月中国自新加坡主要进口产品金额

同期，中国对新加坡出口的前 5 位产品是矿物燃料、机械、电子、船舶和家具，累计出口总额达 313.52 亿美元，占中国对新加坡出口产品总额的 64.2%。其中，对电子出口最多，出口额达 114.97 亿美元，同比增长 10.5%；其次是机械，出口 85.11 亿美元，同比增长 4.2%；再者是船舶，出口 43.53 亿美元，同比下降 14.7%；矿物燃料位居第 4，出口 39.54 亿美元，同比增长 12.8%；对家具出口最少，出口额为 30.37 亿美元，同比增长 25.7%。

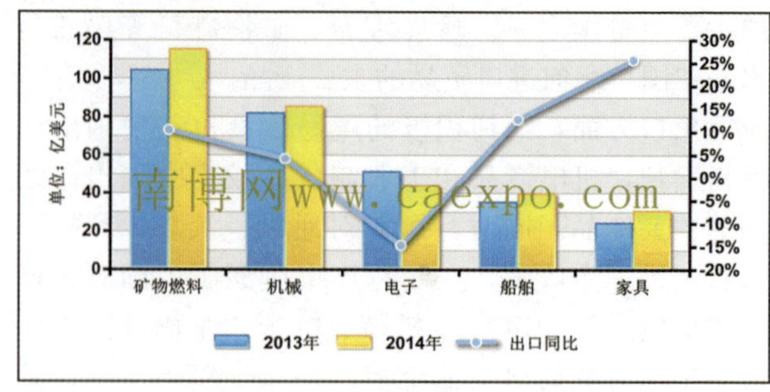

图 2　2014 年 1～12 月中国对新加坡主要出口产品金额

综上所述，1～12 月，中国与新加坡双边贸易呈现以下特点：

2014 年，中国与新加坡双边贸易增长相对较为缓慢，期间贸易总额增长率为 2%，其中进、出口贸易增长率分别为 2.6%、1.6%。中国与新加坡对外贸易在总体上呈现顺差，而且近年来呈现逐步缩小的趋势，从 2013 年的 158.97 亿美元降至 2014 年的 158.66 亿美元。可见，中国与新加坡双边贸易联系日趋紧密，中方在两国经贸合作领域相对活跃。

两国在贸易总量扩大的同时，产品贸易结构进一步优化，朝多元化的方向发展。机电产品一直是新加坡对中国出口的主力产品，2014 年出口额为 131.82 亿美元，占新加坡对中国出口总额的 42.9%。另外，中国在新加坡家具、船舶市场上也有较大优势，为其主要进口来源地，2014 年分别占据进口总额的 6.5%和 9.3%。

（来源：南博网．http://customs.caexpo.com//data/country/2015/04/16/3643408.html. 2015—04—16）

2014 年 1～12 月中国—泰国重点产品进出口趋势分析

据海关数据统计，2014 年 1～12 月，中国与泰国双边贸易总额达 726.75 亿美元，较 2013 年同期增长 2.0%，占中国与东盟 10 国双边贸易总额的 15.1%，是中国在东盟的第 4 大贸易伙伴。其中，中国自泰国进口 383.73 亿美元，同比下降 0.4%；对泰国出口 343.02 亿美元，同比增长 4.8%。2014 年，中国对泰国贸易呈现逆差，逆差额为 40.72 亿美元。

从产品结构上看，2014 年 1～12 月，中国自泰国进口的前 5 位产品有电子、机械、橡胶、塑料及其制品、有机化学品，累计进口总额达 258.4 亿美元，占中国自泰国进口产品总额的 67.3%。其中，电子是第 1 大进口产品，进口额达 73.39 亿美元，同比增长11.5%；其次是机械，进口额为71.08亿美元，同比下降4.4%；再者是橡胶，进口51.12亿美元，同比下降18.3%；塑料及其制品位居第4，进口38.55亿美元，同比增长6.8%；对有机化学品进口最少，进口额为24.26亿美元，同比下降16%。

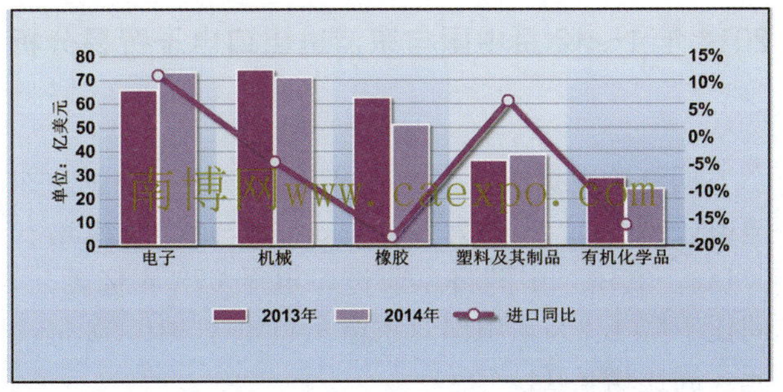

图1　2014年1～12月中国自泰国主要进口产品金额

同期，中国对泰国出口的前5位产品是电子、机械、钢铁、塑料及其制品、钢铁制品，累计出口总额达172.23亿美元，占中国对泰国出口产品总额的50.2%。其中，电子出口最多，出口额达63.79亿美元，同比增长3.9%；其次是机械，出口62.69亿美元，同比增长0.1%；再者是钢铁，出口20.75亿美元，同比增长12.8%；塑料及其制品位居第4，出口13.04亿美元，同比增长6.5%；钢铁制品出口最少，出口额为11.96亿美元，同比增长24.6%。

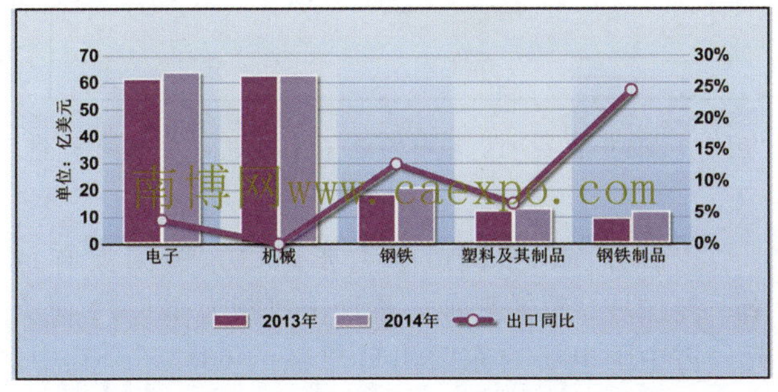

图2　2014年1～12月中国对泰国主要出口产品金额

综上所述，1～12月，中国与泰国双边贸易呈现以下特点：

2014年，中国与泰国双边贸易呈现缓慢下降，但出口增速仍优于进口。近年来，泰国对中国的出口贸易异常活跃，中国也在积极地开拓泰国市场，两国贸易逐渐趋于平衡。

两国进出口贸易的产品结构也在不断优化，呈现优势互补、互利双赢的格局。机电产品在双边贸易中所占比重最大，增长稳健。电子是2014年双边进出口第1大产品，机械是双边进出口第2大产品。上述两类产品占泰国对华出口总额的38.1%，占泰国自华进口总额的38.6%。其中，2014年中国电子产品自泰国进口的增幅为11.5%。塑料及其制品是泰国对华出口的重要产品，占泰国对华出口总额的10.2%，2014年的增幅有所增长。有机化学品是2014年泰国自华进口的第5大产品，占泰国自华进口总额的6.4%，呈现16%的下滑。

此外，在双边主要进出口产品结构中，塑料及其制品正日益成为双边贸易的主要产品，双边产品结构进一步优化，2014年出口额分别达到13.04亿美元，占2014年中国对泰国出口总额的4%，并在2014年获得了6.5%的增长。

（来源：南博网．http://customs.caexpo.com//data/country/2015/03/30/3642383.html.2014—06—20）

2014年1～12月中国—越南重点产品进出口趋势分析

据海关数据统计，2014年1～12月，中国与越南双边贸易总额达835.16亿美元，较2013年同期增长27.5%，占中国与东盟10国双边贸易总额的17.4%，跃居中国在东盟的第2大贸易伙伴。其中，中国自越南进口199.05亿美元，同比增长17.9%；对越南出口636.11亿美元，同比增长30.9%。2014年，中国对越南贸易呈现顺差，顺差额为437.05亿美元。

从产品结构上看，2014年1～12月，中国自越南进口的前5位产品是电子、矿物燃料、棉花、机械和木制品，累计进口总额达134.21亿美元，占中国自越南进口产品总额的67.4%。其中，电子是第1大进口产品，进口额达82.96亿美元，同比增长19.1%；其次是矿物燃料，进口16.73亿美元，同比增长19%；再者是棉花，进口12.82亿美元，同比增长40.4%；机械位居第4，进口11.15亿美元，同比增长3.2%；木制品进口最少，进口额为10.55亿美元，同比增长5%。

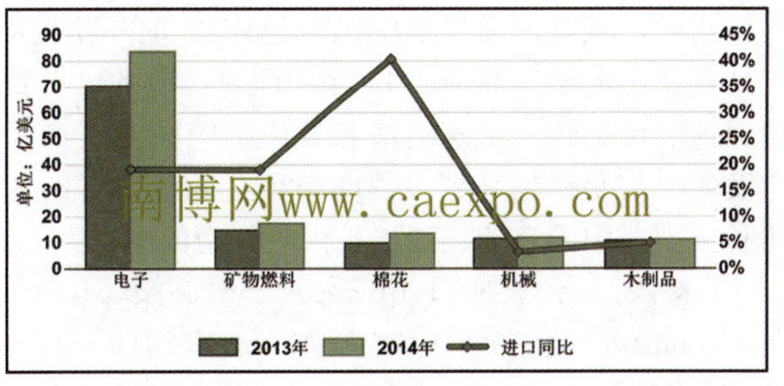

图1　2014年1～12月中国自越南主要进口产品金额

同期，中国对越南出口的前5位产品是电子、机械、钢铁、针织服装和非针织服装，累计出口总额达298.31亿美元，占中国对越南出口产品总额的46.9%。其中，电子是第1大出口产品，出口额达120.63亿美元，同比增长28.1%；其次是机械，出口77.75亿美元，同比增长31%；再者是钢铁，出口37.91亿美元，同比大幅增长56.2%；针织服装位居第4，出口36.21亿美元，同比下降24.1%；非针织服装出口最少，出口额为25.82亿美元，同比激增229.7%。

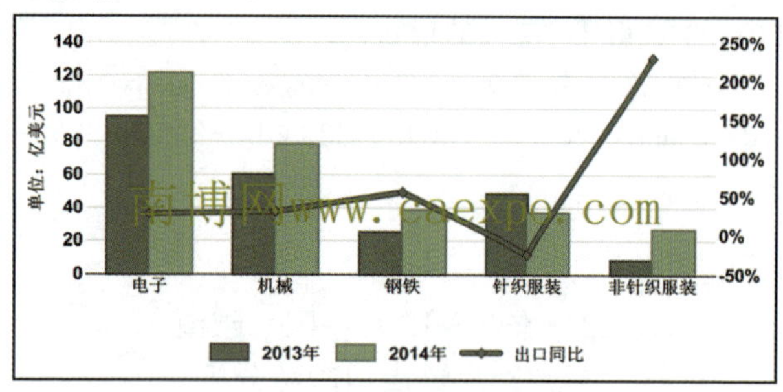

图2 2014年1～12月中国对越南主要出口产品金额

综上所述，1～12月，中国与越南双边贸易呈现以下特点：

相比其他东盟国家，2014年，中国与越南双边贸易呈现迅猛发展，进口和出口增速非常明显，中国对越南贸易仍然保持较大幅度顺差。越南跃居中国在东盟的第2大贸易伙伴，两国的优势产业拉动贸易额持续上涨。

长期以来，中国自越南进口的主要产品有电子、能源、机械、木材等，中国对越南主要出口的产品有电子、机械、钢铁、服装等。从2014年两国的产品贸易形势来看，中国纺织品对越南的出口金额持续增加，2014年中国对越南出口非针织服装同比激增229.7%；自越南进口大宗产品的金额也在增加，2014年中国自越南进口棉花同比增长40.4%，对电子产品的进口同比增长19.1%。电子产品的进口额非常大，且在自越南进口产品中增速很快，是近期呈现的贸易增长点。电子产品进口逐渐增加说明越南在该领域电子产品的竞争力有所提高。同样，机电产品也是中国对越南出口的第1大产品，其中电子产品在2014年中国对越南的出口贸易中，取得了较为快速的增长，说明中国电子产品愈发成熟，获得越来越多越南的企业和消费者的认同和接受，中国企业正逐步扩大对越南的出口。

（来源：南博网．http://customs.caexpo.com//data/country/2015/04/16/3643412.html．2015—04—16）

2014年中国—东盟重点行业市场动态监测

2014年1～12月中国与东盟进出口电子贸易分析

据海关数据统计，2014年1～12月，中国与东盟电子双边贸易额为1194.93亿美元，同比增长5.1%。其中，中国自东盟进口电子675.6亿美元，同比下降1.2%；中国对东盟出口电子519.32亿美元，同比增长14.7%。

从单一国别来看，进口方面，中国电子进口的前3位东盟国家有马来西亚、菲律宾、新加坡，进口额分别为322.68亿美元、94.25亿美元、89.96亿美元，同比分别增长−9.1%、7.2%、−3.6%，进口额分别占中国自东盟进口电子总额的47.8%、14.0%、13.3%。

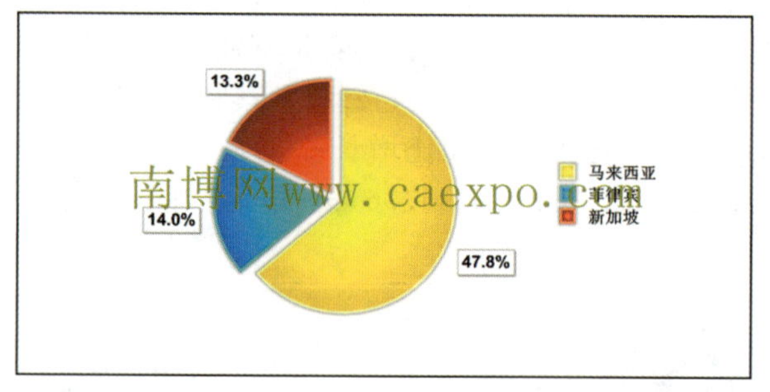

图1 2014年1～12月中国电子主要进口东盟国家金额占比

出口方面，中国电子主要出口东盟国家有越南、新加坡、马来西亚，累计出口额为328.71亿美元，占中国电子对东盟出口总额的63.3%。其中，中国对越南出口额最大，为120.63亿美元，同比增长28.1%；其次是对新加坡的出口额，为114.97亿美元，同比增长10.5%；再者是对马来西亚的出口额，为93.11亿美元，同比增长7.1%。

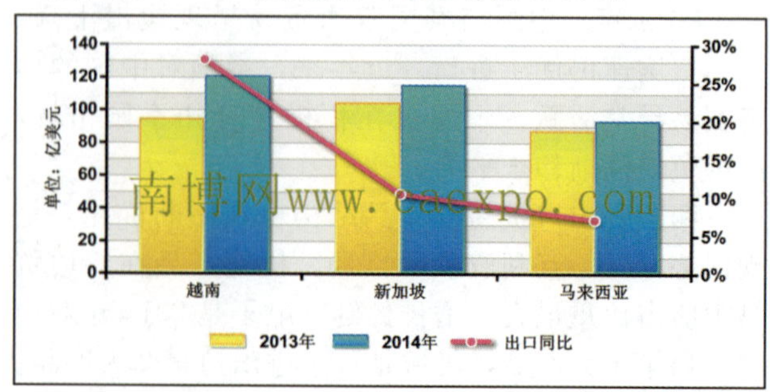

图2 2014年1～12月中国电子主要出口东盟国家金额

从产品结构来看，进口方面，2014年中国自东盟进口电子的前3位产品是集成电路、半导体器件、电话机及其他发送或接收设备，进口额分别为431.82亿美元、55.43亿美元、30.39亿美元，同比分别增长－7.6%、17.7%、－3.8%。

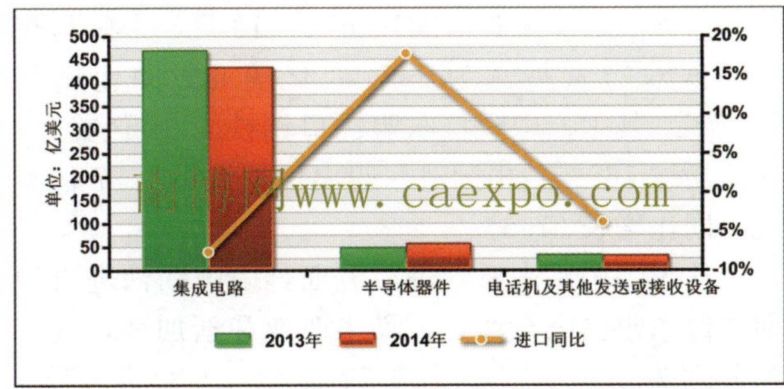

图3 2014年1～12月中国自东盟主要进口电子产品金额

出口方面，中国对东盟主要出口电子产品是电话机及其他发送或接收设备，集成电路，变压器、静止式变流器及电感器，累计出口额占中国对东盟出口电子总额的47.2%。其中，电话机及其他发送或接收设备的出口额最大，为130.66亿美元，同比增长25.9%；其次是集成电路，出口额为87.25亿美元，同比下降2.5%；再者是变压器、静止式变流器及电感器，出口额为27.01亿美元，同比增长6.0%。

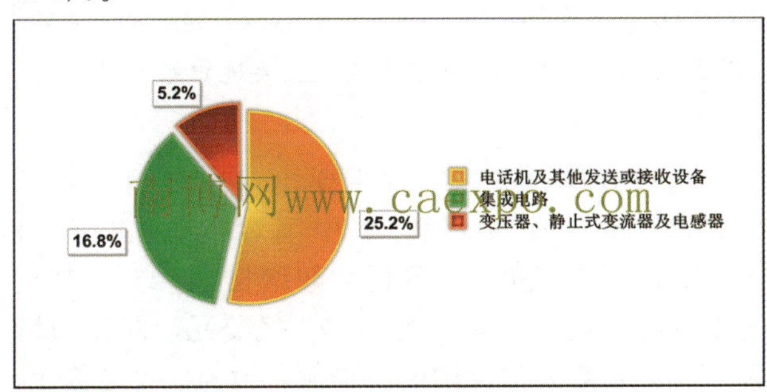

图4 2014年1～12月中国对东盟主要出口电子产品金额占比

2014年1～12月，中国与东盟双边电子贸易整体上呈现持续增长的趋势。进口方面，中国自东盟进口半导体器件金额同比增长17.7%；出口方面，越南是中国电子在东盟的第1大出口国，同比增长28.1%。据南博网分析，越南作为亚洲新近发展起来的国家，近年来经济发展水平有很大提高，对消费类电子产品的需求在不断攀升，其电子市场具有极大的拓展空间。

（来源：南博网．http://customs.caexpo.com//data/trade/2015/04/20/3643599.html.2015—04—20）

2014年1～12月中国与东盟进出口动植物油贸易分析

据海关数据统计，2014年1～12月，中国与东盟动植物油双边贸易额为58.02亿美元，同比下降4.4%。其中，中国自东盟进口动植物油57.31亿美元，同比下降4.6%；中国对东盟出口动植物油0.71亿美元，同比增长16.4%。

从单一国别来看，进口方面，中国动植物油进口的前3位东盟国家有印尼、马来西亚、泰国，进口额分别为29.79亿美元、26.78亿美元、0.26亿美元，同比分别增长11.1%、－16.5%、－25.9%，进口额分别占中国自东盟进口电子总额的52%、46.7%、0.5%。

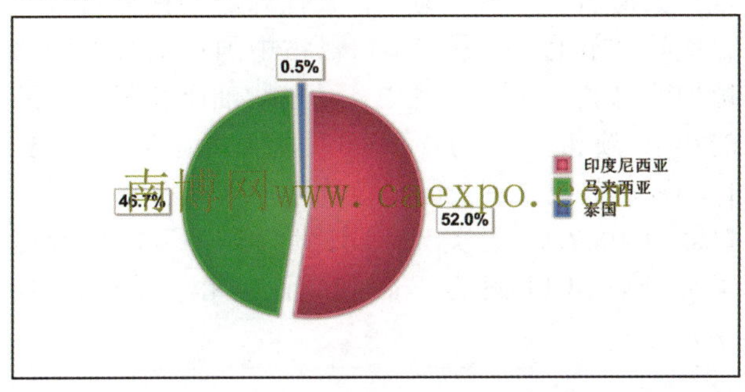

图1 2014年1～12月中国动植物油主要进口东盟国家金额占比

出口方面，中国动植物油主要出口东盟国家有新加坡、马来西亚、印尼，累计出口额为0.5亿美元，占中国动植物油对东盟出口总额的70.4%。其中，中国对新加坡出口额最大，为0.2亿美元，同比下降12.1%；其次是对马来西亚的动植物油出口额，为0.17亿美元，同比激增72.8%；再者是对印尼的出口额，为0.13亿美元，同比大幅增长55.5%。

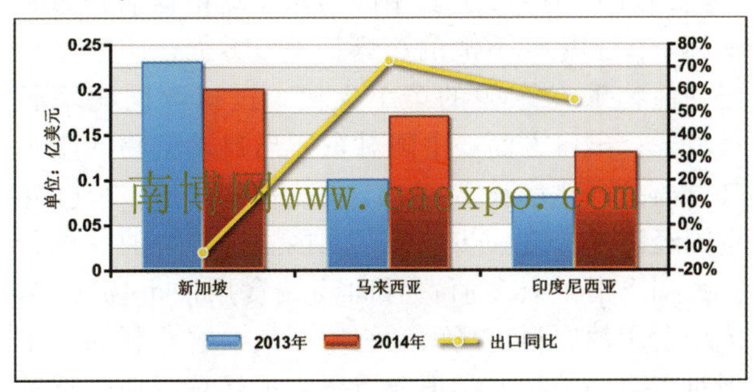

图2 2014年1～12月中国动植物油主要出口东盟国家金额

从产品结构来看，进口方面，中国自东盟进口动植物油的前3位产品是棕榈油及其分离品，椰油、棕榈果仁油及其分离品，人造黄油，进口额分别为43.83亿美元、7.46亿美元、2.86亿美元，同比分别增长－9.9%、15.4%、33.3%。

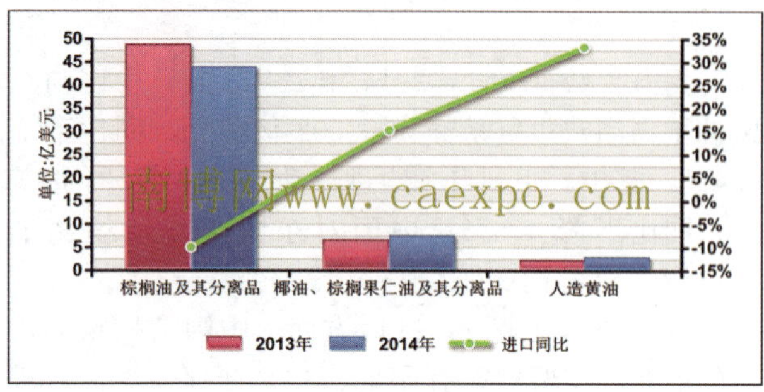

图3 2014年1～12月中国自东盟主要进口动植物油金额

出口方面，中国对东盟主要出口动植物油产品是动植物油脂及其分离品、其他固定植物油脂及其分离品、羊毛脂，累计出口额占中国对东盟出口动植物油总额的69%。其中，动植物油脂及其分离品的出口额最大，为2960.37万美元，同比增长14.8%；其次是其他固定植物油脂及其分离品，出口额为1082.01万美元，同比增长3.4%；再者是羊毛脂，出口额为859.11万美元，同比增长0.9%。

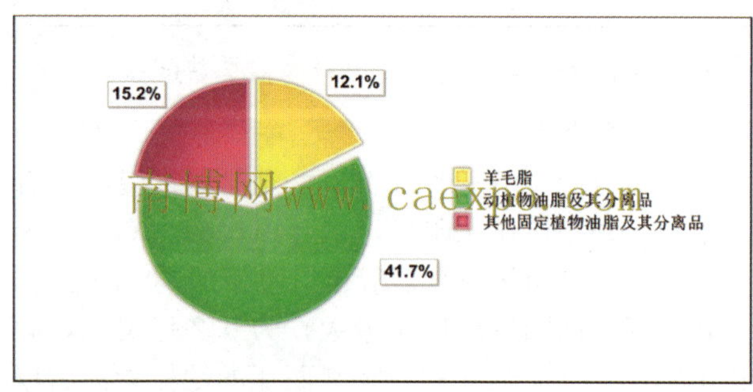

图4 2014年1～12月中国对东盟主要出口动植物油金额占比

2014年1～12月，中国与东盟动植物油双边贸易额整体上呈现下滑的趋势。进口方面，印尼是中国动植物油在东盟的第1大国，进口额同比增长11.1%；出口方面，中国对东盟出口动植物油脂及其分离品同比增长14.8%。据南博网分析，2014年中国经济增长进一步放慢，国内主要植物油品种价格大幅下滑，众多消费者向高端食用油市场转移，传统食用油原料市场的动销不景气，这些制约了中国对东盟动植物油的消费需求。虽然东盟动植物油产量日益增长，但是中国整体消费增幅放慢，当前中国对马来西亚和印尼的动植物油市场依赖程度仍较高。

（来源：南博网．http://customs.caexpo.com//data/trade/2015/04/28/3644163.html.2015—04—28）

2014年1～12月中国与东盟进出口钢铁贸易分析

据海关数据统计，2014年1～12月，中国与东盟钢铁双边贸易额为147.98亿美元，同比增长39.7%。其中，中国自东盟进口钢铁4.61亿美元，同比激增168%；中国对东盟出口钢铁143.37亿美元，同比增长37.6%。

从单一国别来看，进口方面，中国钢铁进口的前3位东盟国家有缅甸、马来西亚和新加坡，进口额分别为2.87亿美元、0.74美元、0.32亿美元，同比分别增长2180.2%、5.3%、－1.0%，进口额分别占中国自东盟进口钢铁总额的62.3%、16.1%、6.9%。

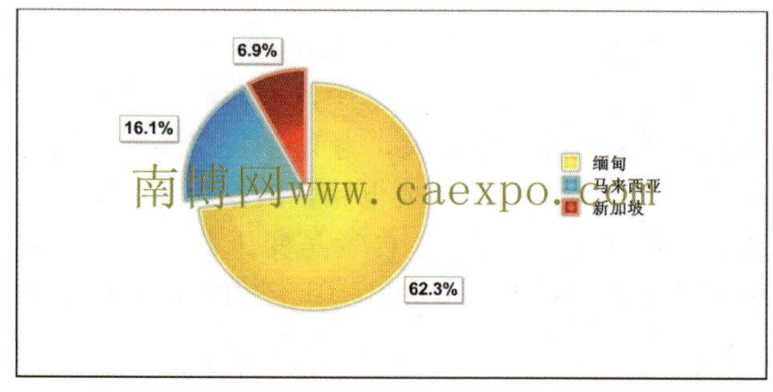

图1 2014年1～12月中国钢铁主要进口东盟国家金额占比

出口方面，中国钢铁主要出口东盟国家有越南、菲律宾、泰国。其中，中国对越南出口额最大，为37.91亿美元，同比大幅增长56.2%；其次是对菲律宾的出口额，为25.73亿美元，同比激增73.7%；再者是对泰国的出口额，为20.75亿美元，同比增长12.8%。

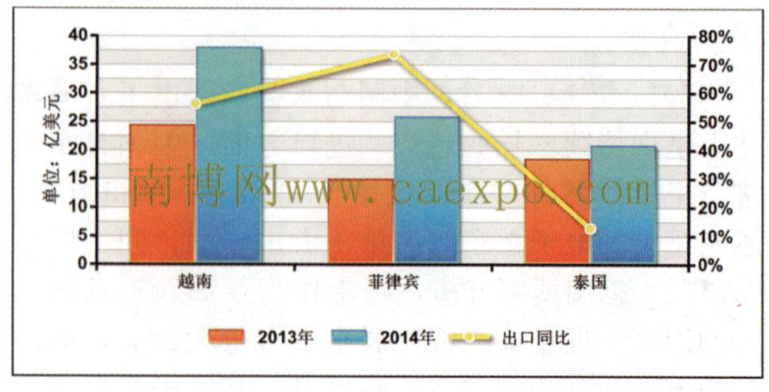

图2 2014年1～12月中国钢铁主要出口东盟国家金额

从产品结构来看，进口方面，2014年中国自东盟进口钢铁的前3位产品是铁合金、其他合金钢平板轧材（宽＜600mm）、铁丝或非合金钢丝，进口额分别为 3.27 亿美元、0.31 亿美元、0.18 亿美元，同比分别增长 1875.7%、1.9%、30.1%。

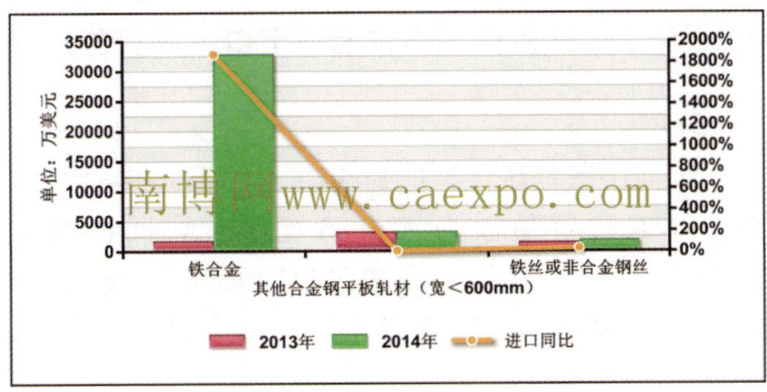

图 3 2014 年 1～12 月中国自东盟主要进口钢铁产品金额

出口方面，中国对东盟主要出口钢铁产品是其他合金钢条、杆、角材、型材及空心钻钢，其他合金钢平板轧材（宽度≥600mm），不规则盘卷的其他合金钢热轧条、杆，累计出口额占中国对东盟出口钢铁总额的 64%。其中，其他合金钢条、杆、角材、型材及空心钻钢的出口额最大，为 44.23 亿美元，同比激增 71.3%；其次是其他合金钢平板轧材（宽度≥600mm），出口额为 25.20 亿美元，同比增长 47.3%；再者是不规则盘卷的其他合金钢热轧条、杆，出口额为 22.26 亿美元，同比增长 12%。

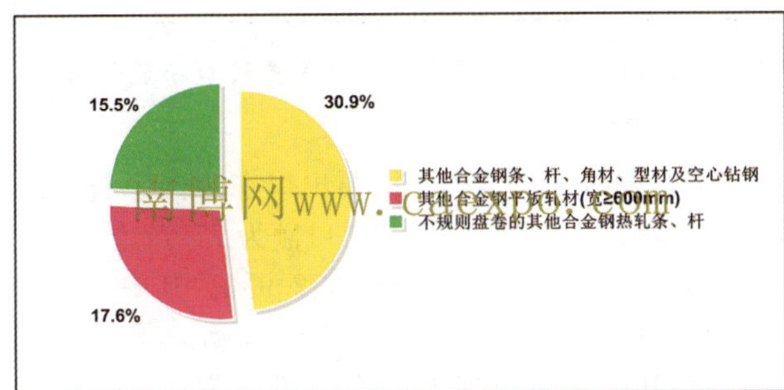

图 4 2014 年 1～12 月中国对东盟主要出口钢铁产品金额占比

2014 年 1～12 月，中国与东盟钢铁双边贸易额整体上呈现持续增长的趋势。进口方面，缅甸跃居中国自东盟进口钢铁的第 1 大国，进口额同比增长了 22 倍；出口方面，中国对东盟出口其他合金钢条、杆、角材、型材及空心钻钢的金额同比激增 71.3%。据南博网分析，近年来东盟市场钢材需求强劲，但由于当地钢铁工业较弱，东盟国家主要依靠进口来满足钢铁需求，2015 年建筑钢材在东盟国家的钢材消费中占比依然较高。

（来源：南博网．http://customs.caexpo.com/data/trade/2015/04/24/3643950.html.2015—04—24）

2014 年 1～12 月中国与东盟进出口机械贸易分析

据海关数据统计，2014 年 1～12 月，中国与东盟机械双边贸易额为 600.44 亿美元，同比增长 4%。其中，中国自东盟进口机械 216.35 亿美元，同比增长 2.4%；中国对东盟出口机械 384.09 亿美元，同比增长 4.9%。

从单一国别来看，进口方面，中国机械进口的前 3 位东盟国家有泰国、菲律宾、新加坡，进口额分别为 71.08 亿美元、50.23 亿美元、41.86 亿美元，同比分别增长 −4.4%、16.6%、−0.29%，进口额分别占中国自东盟进口机械总额的 32.9%、23.2%、19.4%。

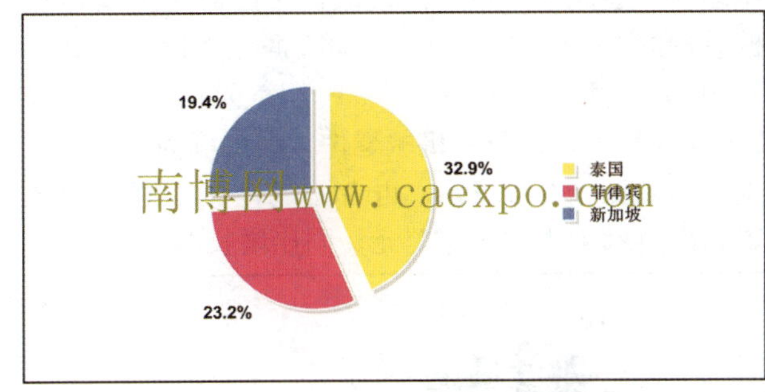

图 1 2014 年 1～12 月中国机械主要进口东盟国家金额占比

出口方面，中国机械主要出口东盟国家有新加坡、越南和印尼，累计出口额为 228.40 亿美元，占中国机械对东盟出口总额的 59.5%。其中，中国对新加坡出口额最大，为 85.11 亿美元，同比增长 4.2%；其次是对越南的出口额，为 77.75 亿美元，同比增长 31%；再者是对印尼的出口额，为 65.54 亿美元，同比下降 4.3%。

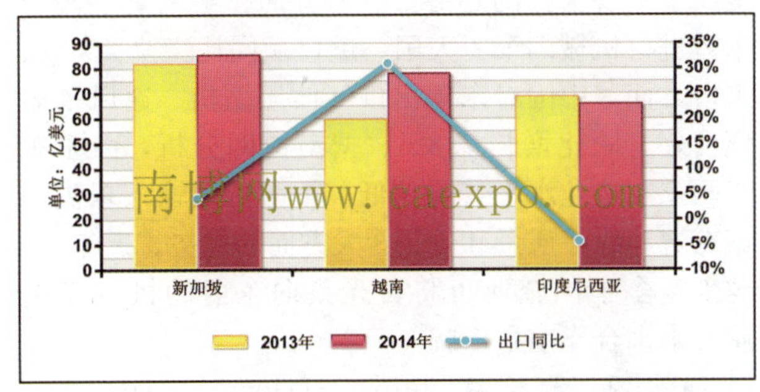

图 2 2014 年 1～12 月中国机械主要出口东盟国家金额

从产品结构来看，进口方面，中国自东盟进口机械的前 3 位产品是自动数据处理设备及其部件，办公用机器零件，印刷用版、滚筒及其他印刷部件进行印刷的机器，进口额分别为 97.24 亿美元、49.11 亿美元、21.14 亿美元，同比分别增长 —7.4%、18%、5.4%。

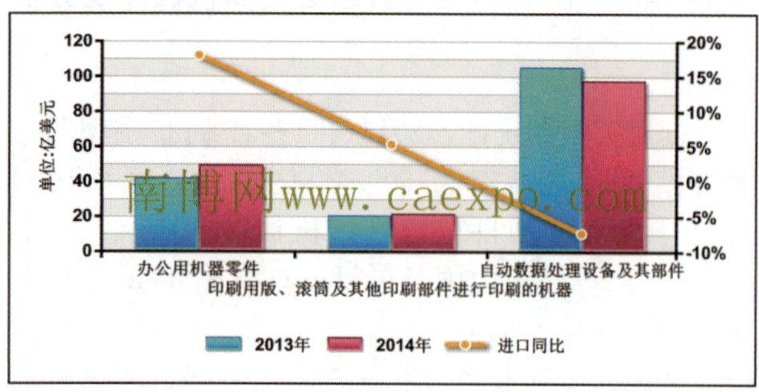

图 3 2014 年 1～12 月中国自东盟主要进口机械产品金额

出口方面，中国对东盟主要出口机械产品是自动数据处理设备及其部件，办公用机械零件，气体压缩机、通风罩，累计出口额占中国对东盟出口机械总额的 31.1%。其中，自动数据处理设备及其部件的出口额最大，为 75.63 亿美元，同比下降 3.5%；其次是办公用机械零件，出口额为 26.83 亿美元，同比增长 1.8%；再者是气体压缩机、通风罩，出口额为 16.93 亿美元，同比增长 7.8%。

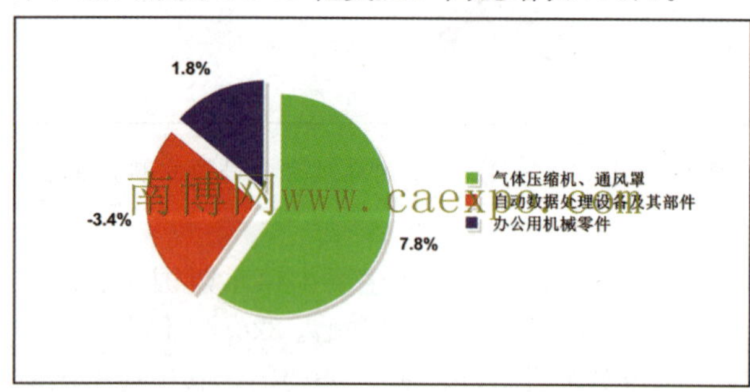

图 4 2014 年 1～12 月中国对东盟主要出口机械产品金额占比

2014 年 1～12 月，中国与东盟机械双边贸易额整体上呈现增长的趋势。进口方面，泰国是中国自东盟进口机械的第 1 大国，进口额同比微降 4.4%；出口方面，中国对东盟出口气体压缩机、通风罩表现良好，同比增长 7.8%。据南博网分析，由于东盟国家制造业水平普遍偏低，中国机械输入东盟国家有着地缘、质量和价格 3 大方面的优势。近年来，越来越多中国企业也将目光投向东盟的机械制造业，未来合作前景广阔。

（来源：南博网．http://customs.caexpo.com/data/trade/2015/04/22/3643769.html．2015—04—22）

2014 年 1～12 月中国与东盟进出口家具贸易分析

据海关数据统计，2014 年 1～12 月，中国与东盟家具双边贸易额为 110.85 亿美元，同比增长 12.4%。其中，中国自东盟进口家具 4.12 亿美元，同比增长 25.6%；中国对东盟出口家具 106.73 亿美元，同比增长 12%。

从单一国别来看，进口方面，2014 年中国家具进口的前 3 位东盟国家有越南、泰国和印尼，进口额分别为 2.08 亿美元、0.70 亿美元、0.66 亿美元，同比增长 22.4%、87%、15.5%，进口额分别占中国自东盟进口家具总额的 50.5%、17%、16%。

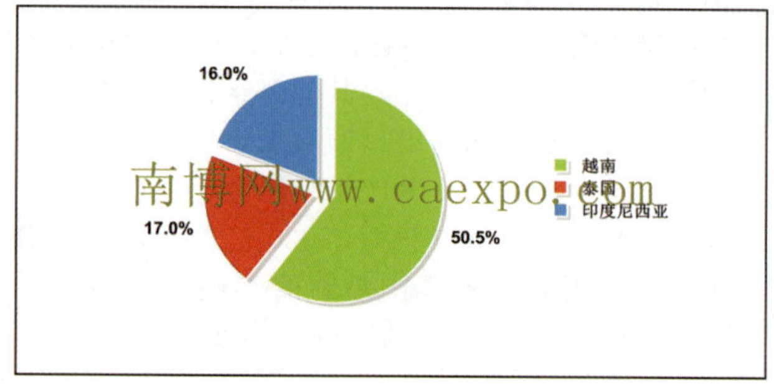

图 1 2014 年 1～12 月中国家具主要进口东盟国家金额占比

出口方面，中国家具主要出口东盟国家有马来西亚、新加坡、印尼，累计出口额为 77.77 亿美元，占中国家具对东盟出口总额的 72.9%。其中，中国对马来西亚出口额最大，为 32.69 美元，同比下降 3.1%；其次是对新加坡的出口额，为 30.37 亿美元，同比增长 25.7%；再者是对印尼的出口额，为 14.71 亿美元，同比增长 14.2%。

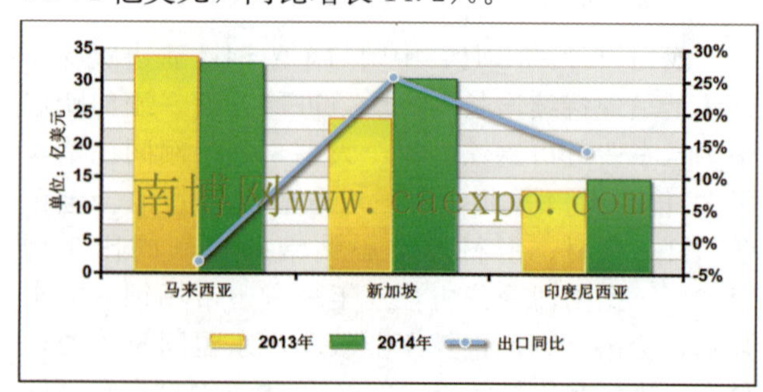

图 2 2014 年 1～12 月中国家具主要出口东盟国家金额

从产品结构来看，进口方面，中国自东盟进口家具的前 3 位产品是其他家具及其零件、坐具及其零件、灯具及照明装置，进口额分别为 1.97 亿美元、1.60 亿美元、0.43 亿美元，同比分别增长

53%、23.6%、-28%。

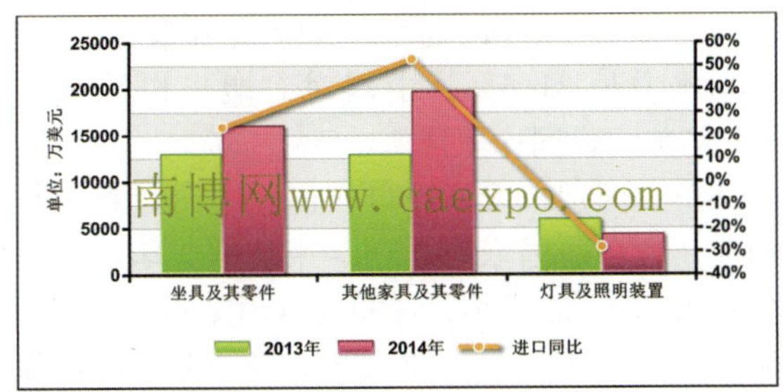

图 3　2014 年 1～12 月中国自东盟主要进口家具产品金额

出口方面，中国对东盟主要出口家具产品是其他家具及其零件、灯具及照明装置、坐具及其零件，累计出口额占中国对东盟出口家具总额的 93.1%。其中，其他家具及其零件的出口额最大，为 39.87 亿美元，同比下降 6.1%；其次是灯具及照明装置，出口额为 38.61 亿美元，同比增长 49.1%；再者是坐具及其零件，出口额为 20.93 亿美元，同比下降 0.1%。

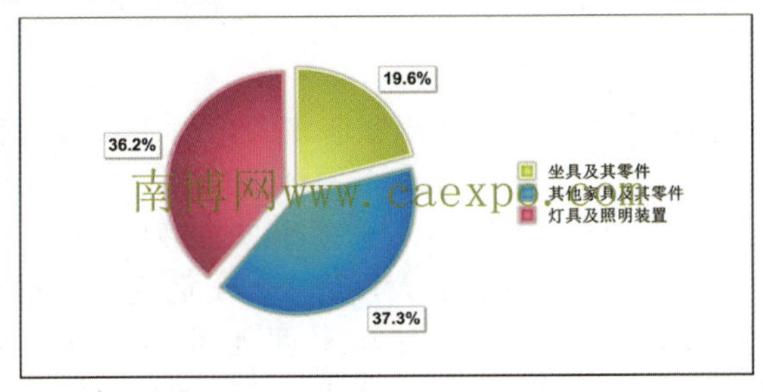

图 4　2014 年 1～12 月中国对东盟主要出口家具产品金额占比

2014 年 1～12 月，中国与东盟家具双边贸易额整体上呈现快速增长的趋势，同比增长 12.4%。进口方面，泰国是中国家具在东盟的第 2 大进口国，中国自泰国进口家具金额同比激增 87%；出口方面，中国对东盟出口灯具及照明装置表现强劲，同比大幅增长 49.1%。据南博网分析，随着木制品、金属制品、藤制品、塑料制品和竹制品在内的家具生产持续增长，2015 年中国与东盟的家具市场需求上升，未来发展前景广阔。

（来源：南博网．http://customs.caexpo.com/data/trade/2015/04/21/3643674.html. 2015—04—21）

2014 年 1～12 月中国与东盟进出口矿物燃料贸易分析

据海关数据统计，2014 年 1～12 月，中国与东盟矿物燃料双边贸易额为 351.18 亿美元，同比下降 4.3%。其中，中国自东盟进口矿物燃料 242.21 亿美元，同比下降 7.7%；中国对东盟出口矿物燃料 108.97 亿美元，同比增长 4.1%。

从单一国别来看，进口方面，中国矿物燃料进口的前 3 位东盟国家有印尼、马来西亚和新加坡，进口额分别为 84.44 亿美元、59.48 亿美元、47.45 亿美元，同比分别增长-25.4%、8.1%、-8.0%，进口额分别占中国自东盟进口矿物燃料总额的 34.9%、24.6%、19.6%。

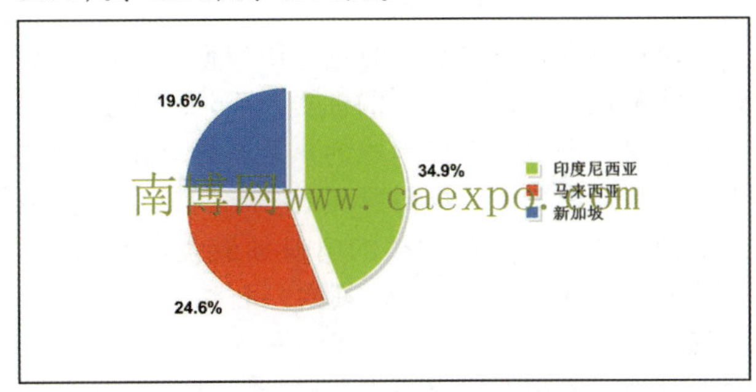

图 1　2014 年 1～12 月中国矿物燃料主要进口东盟国家金额占比

出口方面，中国矿物燃料主要出口东盟国家有新加坡、越南和印尼，累计出口额为 85.56 亿美元，占中国矿物燃料对东盟出口总额的 78.5%。其中，中国对新加坡出口额最大，为 39.54 亿美元，同比增长 12.8%；其次是对越南的出口额，为 24.15 亿美元，同比增长 13.9%；再者是对印尼的出口额，为 21.90 亿美元，同比下降 17.7%。

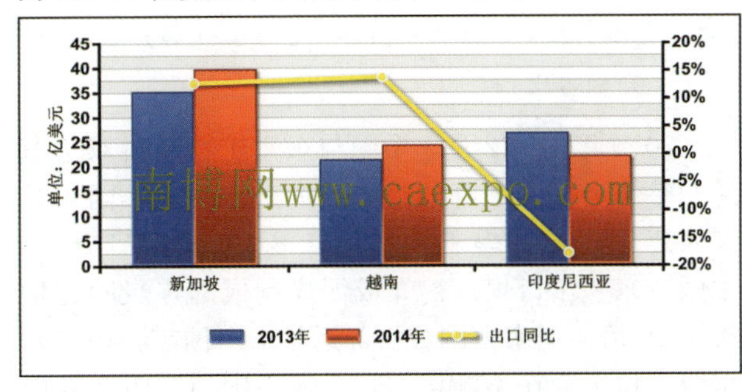

图 2　2014 年 1～12 月中国矿物燃料主要出口东盟国家金额

从产品结构来看，进口方面，中国自东盟进口矿物燃料的前 3 位产品是石油及从沥青矿物提取的油类、石油气及其他烃类气、煤及用煤制成的类似固体燃料，进口额分别为 64.07 亿美元、37.93 亿美元、37.46 亿美元，同比分别增长 -36.5%、96.7%、-39.6%。

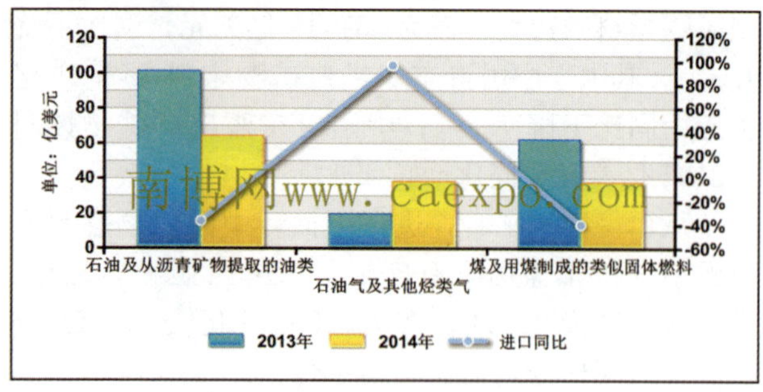

图3　2014年1～12月中国自东盟主要进口矿物燃料金额

出口方面，中国对东盟主要出口矿物燃料产品是石油及从沥青矿物提取的油类，石油气及其他烃类气，煤、褐煤或泥煤制成的焦炭，累计出口额占中国对东盟出口矿物燃料总额的95%。其中，石油及从沥青矿物提取的油类的出口额最大，为93.57亿美元，同比增长3.7%；其次是石油气及其他烃类气，出口额为8.26亿美元，同比增长16.8%；再者是煤、褐煤或泥煤制成的焦炭，出口额为1.66亿美元，同比增长2035.1%。

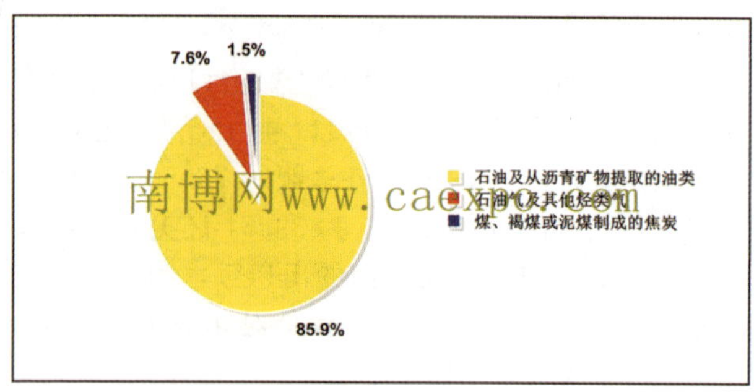

图4　2014年1～12月中国对东盟主要出口矿物燃料金额占比

2014年1～12月，中国与东盟矿物燃料双边贸易额整体上呈现下降的趋势。进口方面，中国自马来西亚进口矿物燃料同比增长8.1%；出口方面，中国对东盟出口煤、褐煤或泥煤制成的焦炭同比增长了20倍。据南博网分析，近年来中国矿物燃料对东盟出口金额在不断增加，未来中国与东盟在新能源方面的合作有望催生新商机。

（来源：南博网．http://customs.caexpo.com//data/trade/2015/04/27/3644079.html.2015—04—27）

2014年1～12月中国与东盟进出口针织服装贸易分析

据海关数据统计，2014年1～12月，中国与东盟针织服装双边贸易额为79.21亿美元，同比下降31.1%。其中，中国自东盟进口针织服装5.29亿美元，同比增长31.6%；中国对东盟出口针织服装73.92亿美元，同比下降33.4%。

从单一国别来看，进口方面，中国针织服装进口的前3位东盟国家有越南、柬埔寨、印尼，进口额分别为2.42亿美元、1.09亿美元、0.79亿美元，同比分别增长43.5%、26.1%、12.7%，进口额分别占中国自东盟进口珍珠宝石总额的45.8%、20.6%、14.9%。

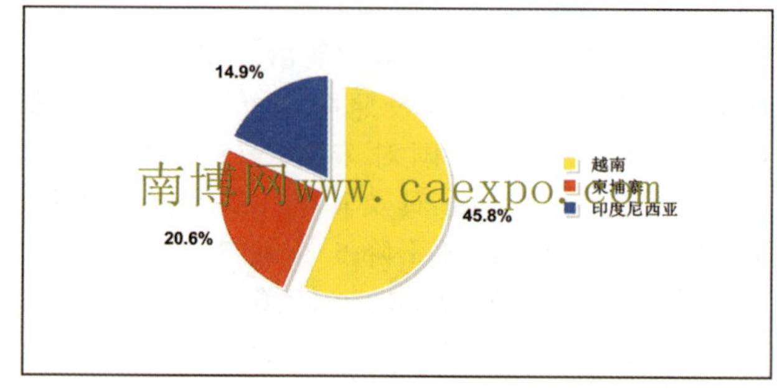

图1　2014年1～12月中国针织服装主要进口东盟国家金额占比

出口方面，中国针织服装主要出口东盟国家有越南、马来西亚、新加坡，累计出口额为57.71亿美元，占中国针织服装对东盟出口总额的78.1%。其中，对越南出口额最大，为36.21亿美元，同比下降24.1%；其次是对马来西亚的出口额，为12.59亿美元，同比下降51.2%；再者是对新加坡的出口额，为8.91亿美元，同比下降29%。

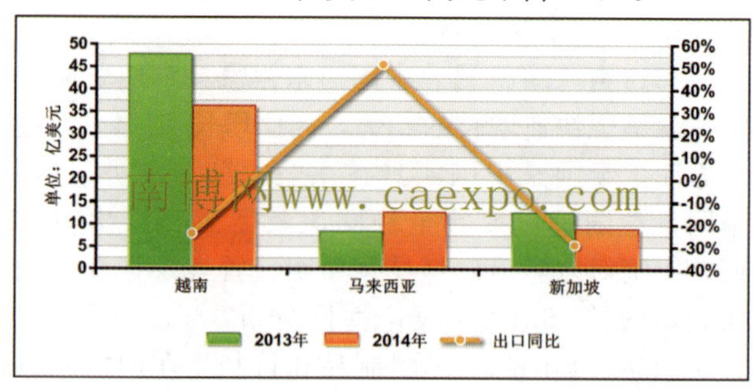

图2　2014年1～12月中国针织服装主要出口东盟国家金额

从产品结构来看，进口方面，中国自东盟进口针织服装的前3位产品是针织T恤衫及其他背心、针织套头衫及类似品、针织女士西服，进口额分别为1.24亿美元、1.17亿美元、0.92亿美元，同比分别增长26%、43.6%、48.1%。

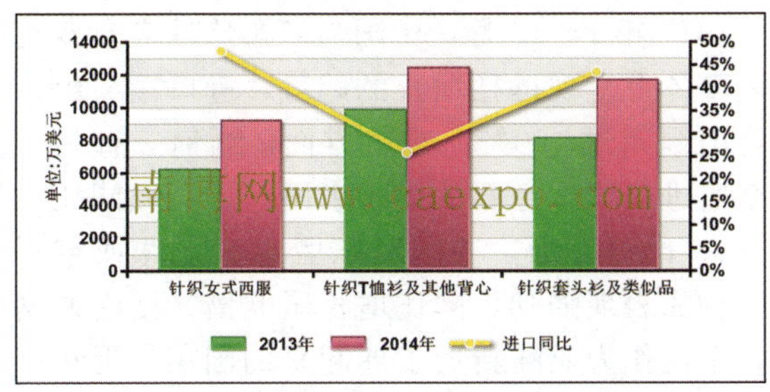

图 3　2014 年 1～12 月中国自东盟主要进口针织服装产品金额

出口方面，中国对东盟主要出口针织服装产品是针织女士西服、针织男士西服、针织套头衫及类似品，累计出口额占中国对东盟出口针织服装总额的 75%。其中，针织女士西服的出口额最大，为 36.03 亿美元，同比下降 37.1%；其次是针织男士西服，出口额为 12.78 亿美元，同比下降 48.8%；再者是针织套头衫及类似品，出口额为 6.6 亿美元，同比下降 18%。

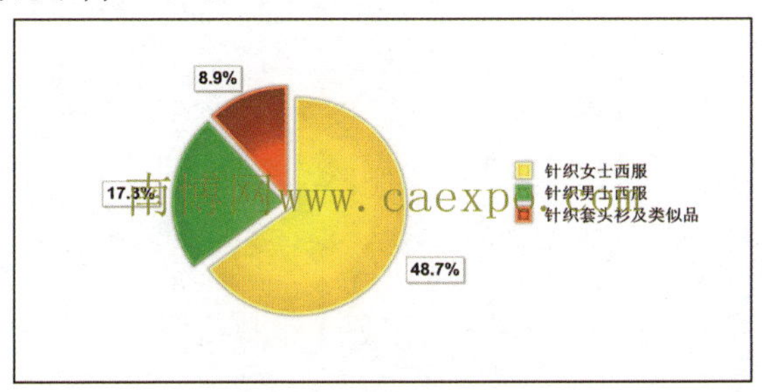

图 4　2014 年 1～12 月中国对东盟主要出口针织服装产品金额占比

2014 年 1～12 月，中国与东盟针织服装双边贸易额整体上呈现下降的趋势。进口方面，越南保持中国针织服装自东盟进口的第 1 大国，进口额同比增长 43.5%；出口方面，针织西服是中国对东盟出口的主要产品。据南博网分析，近年来，中国对东盟出口纺织品日益增多，东盟已成为拉动中国纺织服装出口增长的主要力量。

（来源：南博网．http://customs.caexpo.com//data/trade/2015/04/21/3643671.html.2015—04—21）

2014 年 1～12 月中国与东盟进出口珍珠宝石贸易分析

据海关数据统计，2014 年 1～12 月，中国与东盟珍珠宝石双边贸易额为 147.62 亿美元，环比激增 546.9%。其中，中国自东盟进口珍珠宝石 132.81 亿美元，同比激增 807.8%；中国对东盟出口珍珠宝石 14.81 亿美元，同比激增 80.8%。

从单一国别来看，进口方面，中国珍珠宝石进口的前 3 位东盟国家有缅甸、泰国、马来西亚，进口额分别为 122.82 亿美元、9.19 亿美元、0.45 亿美元，同比分别大幅增长 963%、273.2%、38.4%，进口额分别占中国自东盟进口珍珠宝石总额的 92.5%、6.9%、0.3%。

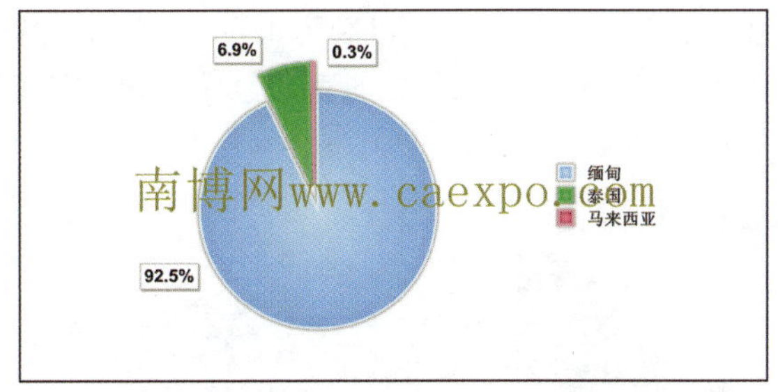

图 1　2014 年 1～12 月中国珍珠宝石主要进口东盟国家金额占比

出口方面，中国珍珠宝石主要出口东盟国家有缅甸、新加坡、泰国，累计出口额为 13.61 亿美元，占中国珍珠宝石对东盟出口总额的 91.9%。其中，对缅甸出口额最大，为 11.41 亿美元，同比激增 124.8%；其次是对新加坡的出口额，为 1.24 亿美元，同比激增 87.9%；再者是对泰国的出口额，为 0.96 亿美元，同比下降 39.1%。

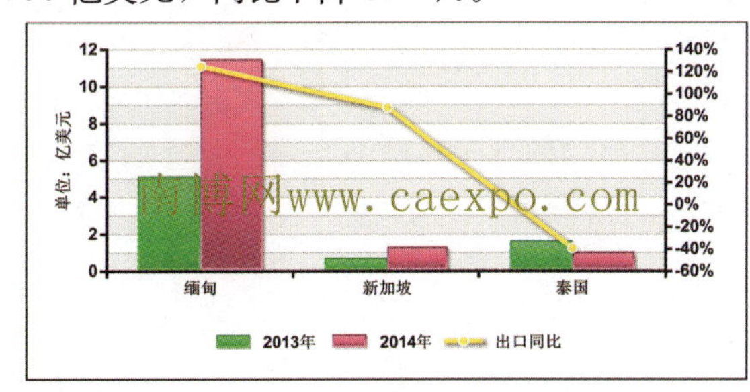

图 2　2014 年 1～12 月中国珍珠宝石主要出口东盟国家金额

从产品结构来看，进口方面，中国自东盟进口珍珠宝石的前 3 位产品是天然宝石、珍珠或宝石制成的物品、仿首饰，进口额分别为 125.94 亿美元、4.95 亿美元、0.57 亿美元，同比分别增长 944.9%、307.6%、16.9%。

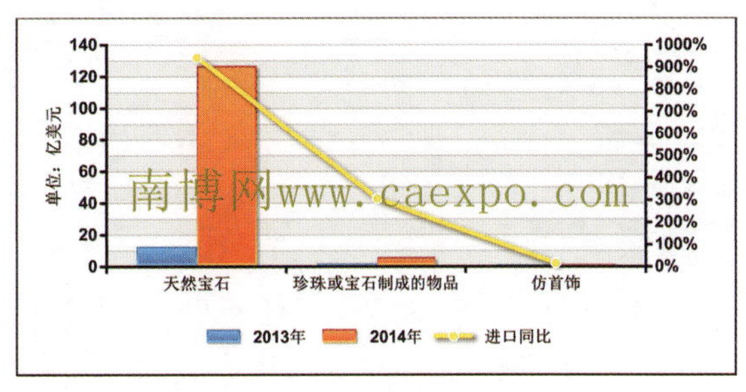

图 3　2014 年 1～12 月中国自东盟主要进口珍珠宝石金额

出口方面，中国对东盟主要出口珍珠宝石产品是天然宝石、珍珠或宝石制成的物品、贵金属或包贵金属制的首饰，累计出口额占中国对东盟出口珍珠宝石总额的84.1%。其中，天然宝石的出口额最大，为6.94亿美元，同比增长36.1%；其次是珍珠或宝石制成的物品，出口额为4.54亿美元，同比激增863.9%；再者是贵金属或包贵金属制的首饰，出口额为0.97亿美元，同比增长34.8%。

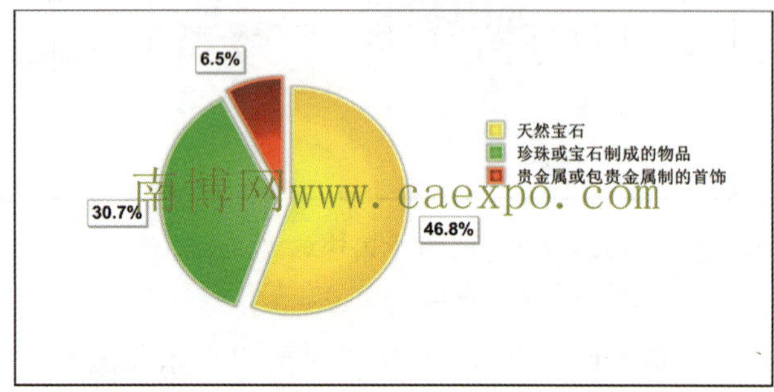

图4　2014年1～12月中国对东盟主要出口珍珠宝石金额占比

2014年1～12月，中国与东盟珍珠宝石双边贸易额整体上呈现迅猛增长的趋势，进口额与出口额平均增幅超过400%。进口方面，缅甸一直是中国自东盟进口珍珠宝石的第1大国，进口额同比激增963%；出口方面，中国对东盟出口珍珠或宝石制成的物品表现强劲，同比增长了9倍。据南博网分析，东盟作为亚洲新近发展起来的国家，近年来经济发展水平有很大提高，对黄金宝石这类奢侈品的消费需求也不断增加，其珠宝市场具有极大的拓展空间。

（来源：南博网．http://customs.caexpo.com//data/trade/2015/04/28/3644161.html.2015—04—28）

文　　献

重要讲话

2014 年 12 月 20 日，中国国务院总理李克强在泰国曼谷出席大湄公河次区域经济合作第 5 次领导人会议并发表讲话，全文如下：

携手开创睦邻友好包容发展新局面

——在大湄公河次区域经济合作第 5 次领导人会议开幕式上的讲话

（2014 年 12 月 20 日，泰国曼谷）

尊敬的巴育总理，各位同事，女士们，先生们：

很高兴来到美丽的曼谷，感谢泰国政府为本次会议所做的周到安排。这是我第一次出席大湄公河次区域经济合作领导人会议，与新老朋友一同交流，感到十分高兴。

当前，全球经济复苏乏力，主要经济体走势分化，地区热点问题此起彼伏。亚洲虽然也遇到经济下行压力的挑战，但仍然是全球具有增长活力的地区。这得益于本地区和平稳定的发展环境，得益于区域和次区域合作的持续推进。中国与东盟已建成宽领域、多层次、全方位的睦邻友好合作格局，结成休戚与共的命运共同体，正在协力推动落实去年达成的“2＋7”合作框架，促进和平共处、包容和可持续发展，实现互利共赢。我愿在此重申，中国将坚定不移继续走和平发展道路，坚定不移维护地区和平稳定，坚定不移支持东盟一体化进程，始终把东盟作为中国外交的优先方向。

中南半岛 5 国是东盟的重要成员，与中国同处澜沧江—湄公河两岸，山水相连，人文相通，经济互补，是中国在东盟近邻中的近邻。中国始终与湄公河流域国家友好往来、相互尊重、平等相待，在地区和国际多边事务中相互沟通。我们愿践行“亲、诚、惠、容”的周边外交理念，继续坚持与邻为善、以邻为伴的周边外交方针，与中南半岛 5 国一道弘扬睦邻友好传统，促进区域经济发展和民生改善，深化各领域互利合作，为实现本地区长期繁荣稳定发展打好基础。

各位同事，

大湄公河流域国家加强合作的先天条件优越，民众意愿强烈，未来前景广阔。自 1992 年区域合作机制启动以来，在推动经济一体化、促进各国社会经济发展等方面取得了可喜成绩。2013 年中国与中南半岛 5 国贸易总额达到 1500 多亿美元。深化大湄公河次区域发展合作，是促进东盟各国缩小发展差距的有力举措，也是打造中国—东盟合作升级版的重要组成部分。本次会议将通过《区域投资框架执行计划》，进一步明确未来 4 年合作路线图，涵盖经贸、交通、环保、城镇化、人文等十大重点领域。中方愿与五国共同努力，构建中国与中南半岛邻国深化合作新框架，迈向大湄公河流域全面发展伙伴关系新阶段。

在此，我提出 5 点建议：

一是深化基础设施领域合作。湄公河流域国家都处在发展的关键时期，交通等领域基础设施建设将成为拉动经济、扩大就业新的增长点，而中南半岛互联互通更是实现澜沧江—湄公河次区域经济一体化的重要保障。中国提出“一带一路”倡议，为深化次区域合作带来新契机。中泰于 2014 年 12 月 19 日签署铁路合作谅解备忘录，这是双方经过两年努力，达成的重要共识。这将是中南半岛首条现代化标准轨道铁路，全都使用中国技术和装备建造，并由中方提供必要融资支持，必将有力推动中南半岛泛亚铁路网建设。相信这条铁路一定能高水平、高质量、高速度建成。各方应以建立区域铁路联盟为契机，推动次区域公路、铁路、航运等综合运输体系建设。同时，加快通关便利化，落实次区域便利货物及人员跨境运输协定，提升“软件”联通水平。中方始终坚持开发与保护并举原则合理利用水资源，将出资1亿元人民币，用于开展澜沧江—湄公河航道二期整治工程前期工作，愿与有关国家分享水文信息，加强防灾合作。

二是创新产业合作模式。中国已成为次区域国家最重要的贸易伙伴，与5国的相互投资持续扩大，利益融合不断加深。中国与湄公河流域国家都面临产业转型升级的紧迫任务，完全可通过优势互补，推动产业深度合作，实现共同发展。中南半岛国家区位优势明显，自然资源和劳动力丰富，基础设施大项目需要设备、技术和资金支持。中国高铁、电力、电信等装备制造业水平先进，钢铁、水泥等建材产能富余，建设经验成熟，外汇储备充裕，双方可充分利用地理毗邻的有利条件，兴建跨境经济合作区，在5国特别是新建铁路沿线设立工业、技术和产业园区。中方鼓励企业带着先进产能在当地建厂生产，这样可以直接帮助邻国增加就业、提高工业化水平，也可以使中国装备走出去接受国际市场检验，实现中国装备升级。中方主张建立次区域跨境电子商务合作平台，愿主办2015年经济走廊论坛。

三是加强对贸易投资合作的金融支持。中方将与湄公河流域国家开展跨境贸易本币结算试点，扩大本币直接兑换规模，支持双方扩大经贸合作。中方将按市场化、可持续原则，出资10亿美元支持次区域互联互通等重点项目。中国国家开发银行设立的100亿美元中国—东盟基础设施专项贷款，不仅用于支持基础设施建设，也用于支持企业在当地设厂发展产业。中国向东盟国家提供的优惠贷款，也欢迎次区域国家积极立项申报。正在筹建中的亚洲基础设施投资银行，可以为次区域互联互通建设及产业合作融资。同时，探索各种有利于大项目合作的投融资方式，如政府与企业合作模式（PPP）等，鼓励私营部门参与，推进国有企业股份化改造，为双方各领域务实合作提供可靠的金融保障。

四是推进民生与社会事业发展。改善民生和消除贫困依然是大湄公河次区域的主要任务。中方将继续对次区域国家发展提供力所能及的支持。近年来，中国利用减贫与区域合作基金，已为26个次区域合作项目提供了约1100万美元支持。中方明年将向东盟欠发达国家提供30亿元人民币无偿援助，主要用于支持中南半岛国家减贫合作。2014年12月19日，中泰双方还签署了农产品合作备忘录。双方扩大农产品贸易，有利于增加农民收入，能够实现互利双赢。今后3年，中国将为次区域国家提供3000个培训名额，帮助各国培训农业、卫生等民生领域专业人才，为长远发展增强后劲。

五是提高地区发展的开放联动水平。大湄公河流域次区域合作是开放的合作。地区各国应加大投入，并鼓励域外发展伙伴积极参与。应继续发挥好亚洲开发银行等国际机构的作用，拓展筹资渠道，促进发展能力的提高。次区域合作也是联动发展的合作。地区各国应加强自身发展与次区域规划的对接，推进次区域共同体建设，保持与东盟共同体、“10＋1”、“10＋3”等地区合作机制的沟通协调。中方愿积极响应泰国倡议，在“10＋1”框架下探讨建立澜沧江—湄公河对话合作机制，并于2015年举行外长会和高官会。次区域各方应加强团结协作，提升地区国家在全球价值链中的竞争力，加强环境保护，促进大湄公河流域和中国—东盟自由贸易区经济持续健康发展。

各位同事，

中国谚语说，邻居好，赛金宝。中国的发展需要和平稳定的环境，中国的发展与地区的发展互为机遇。2014年以来，中国经济面临复杂环境和下行压力，但总体运行平稳，就业状况良好，经济结构更加优化，生态环境逐步改善。我们将坚持稳中求进，全面深化各领域改革，实施高水平对外开放，依靠创新驱动发展战略，激发市场主体的潜能，鼓励大众创业、万众创新，保持经济中高速增长，推动发展迈向中高端水平。中国在进一步发展中，不会忘记我们一衣带水的近邻友邦，特别是欠发达的贫困地区，而会更多更好惠及周边国家、造福地区人民。

中国与大湄公河流域国家是好邻居、好伙伴，同饮一江水，亲如一家人，深化合作是民心所向。面向未来，中国愿与各方携手努力，打造中国—东盟合作升级版，打造中国同次区域国家经济合作升级版，为亚洲和平稳定发展与繁荣而不懈努力！

谢谢大家！

（来源：中华人民共和国外交部网站．httphttphttp://www.fmprc.gov.cn/mfa _ chn/gjhdq _ 603914/gj _ 603916/yz _ 603918/1206 _ 604642/1209 _ 604652/t1221315.shtml.2014—12—21）

2014 年 9 月 16 日，中国国务院副总理张高丽在第 11 届中国—东盟博览会和中国—东盟商务与投资峰会开幕式上发表了题为《携手共建 21 世纪海上丝绸之路共创中国—东盟友好合作美好未来》的演讲，全文如下：

携手共建 21 世纪海上丝绸之路
共创中国—东盟友好合作美好未来

——在第 11 届中国—东盟博览会和中国—东盟商务与投资峰会上的致辞

（2014 年 9 月 16 日，广西南宁）

尊敬的各位嘉宾，女士们，先生们，朋友们：

很高兴与大家相聚在美丽的绿城南宁，共同出席第 11 届中国—东盟博览会、中国—东盟商务与投资峰会。首先，我谨代表中国国家主席习近平、国务院总理李克强和中国政府，对本次博览会和峰会的召开表示热烈祝贺！对来自东盟各国及有关国家和地区的嘉宾表示热烈欢迎！

中国和东盟地缘相近、血缘相亲、人文相通、商缘相联、利益相融，是天然的合作伙伴。2000 多年前开启的古代海上丝绸之路，建立了中国与东南亚国家人民经贸、文化、情感交流的纽带。中国明代著名航海家郑和 7 次远洋航海，每次都到访东南亚国家，传播和平与友谊的种子。千百年来，中国和东南亚人民通过海上丝绸之路相知相交，互通有无，传递情谊，许多历史佳话传诵至今。

新形势下，中国—东盟友好关系揭开了新篇章。从 1991 年双方建立对话关系、特别是 2003 年建立战略伙伴关系以来，双方关系走过了不平凡的历程，成为睦邻友好合作的典范。我们的政治互信不断增强，在许多重大国际和地区事务上相互支持，在东盟对话伙伴中，中国首先加入了《东南亚友好合作条约》。我们的经贸合作不断深入，建成了世界上最大的发展中国家自由贸易区，双方互为重要的贸易和投资伙伴，从 2004 年到 2013 年，双边贸易额从 1059 亿美元增至 4436 亿美元，翻了两番多，双向投资额累计超过 1200 亿美元。我们的全方位合作不断拓展，在农业、信息产业、人力资源开发、相互投资、湄公河流域开发、交通、能源、文化、旅游、公共卫生和环保等 11 个重点合作领域以及其他许多领域开展了务实合作，双方缔结了 140 多对友好省市，每周有 1000 多架次的往来航班，每年有高达 1800 万人次的人员往来，双方互派留学生已超过 18 万人。我们团结协作，同舟共济，成功应对了许多重大自然灾害和传染病疫情。前不久中国云南鲁甸地震造成重大人员伤亡和财产损失，东盟国家向中国政府和人民表达了慰问和支持。实践证明，中国—东盟友好合作不仅为双方人民带来福祉，也推动了地区和平、稳定与发展。

女士们，先生们，朋友们，

2014 年是中国和东盟战略伙伴关系第二个 10 年的开局之年，中国和东盟关系正站在新的历史起点上。中国政府将一如既往地高度重视发展同东盟的友好合作，坚持与邻为善、以邻为伴，突出“亲、诚、惠、容”的理念发展双方关系；坚持把东盟作为周边外交的优先方向，支持东盟发展壮大，支持东盟共同体建设，支持东盟在区域合作中的主导地位。我们愿与东盟携起手来，进一步打造健康、稳定、富有活力的中国—东盟关系。

中国正在全面深化改革、扩大对外开放，努力实现中华民族伟大复兴的中国梦。东盟是蒸蒸日上的发展中国家组织，正朝着 2015 年建成东盟共同体目标迈进。中国和东盟的发展目标是一致的，首要的任务都是发展经济、改善民生，使我们的明天更加美好。今年以来，中国经济运行保持在合理区间，主要指标符合年度预期目标，上半年国内生产总值增长 7.4%，这样的速度在世界主要经济体中位居前列，也有利于中国调整经济结构、提高经济增长质量和效益，有利于世界经济稳步复苏。今后 5 年，中国将进口超过 10 万亿美元的商品，对外直接投资将超过 5000 亿美元，出境旅游将超过 5 亿人次。中国经济持续健康发展将继续为世界经济发展提供动力，也将更多惠及东盟各国人民。

中国坚定不移走和平发展道路，坚持和平共处五项基本原则，愿同世界各国共谋和平、共护和平、共享和平，和睦相处、共同发展。南海的和平稳定关乎地区的发展繁荣和人民福祉，符合地区各国的共同利益。中国在坚定维护领土主权、海洋权益和国家安全的同时，始终致力于同直接当事国，在尊重历史和国际法的基础上，通过协商谈判和平解决争议。中国愿与东盟国家全面有效落实《南海各方行为宣言》，积极推进“南海行为准则”磋商，加强对话沟通，促进务实合作，排除各种干扰，将南海建设成为和平之海、友谊之海、合作之海。

女士们，先生们，朋友们，

2013 年 10 月，习近平主席访问东盟国家时提出建设 21 世纪海上丝绸之路、携手建设中国—东盟命运共同体等合作倡议。这是一个传承历史、面向未来、顺应时代潮流，符合中国—东盟共同发展愿望的重大战略构想，为中国—东盟关系发展进一步指明了方向。“21世纪海上丝绸之路”，是一条促进共同发展、实现共同繁荣的合作共赢之路，是一条增进理解信任、加强全方位交流的和平友谊之路，必将为双方发展创造更多的利益共同点和经济增长点，为双方战略伙伴关系增加新的契合点。李克强总理在2013年中国—东盟领导人会议上提出了凝聚两点共识、推动七个领域合作的“2＋7合作框架”，为双方合作明确了重点、规划了蓝图，有力推动了中国—东盟关系进一步发展和全面合作的深化。我们应秉持包容开放的精神，增强团结合作意识，积极落实双方领导人达成的共识，促进政策沟通、道路联通、贸易畅通、货币流通、民心相通，共创“21世纪海上丝绸之路”新的辉煌。

为此，我提出以下6点倡议：

第一，大力深化政治互信。政治互信是推进中国—东盟关系持续健康稳定发展的基础和保障。在东盟的对话伙伴中，中国第一个与东盟建立战略伙伴关系，中国也愿第一个同东盟国家商签“睦邻友好合作条约”，为中国—东盟世代友好提供法律和制度保障。为进一步加强高层交往，增进了解与互信，中方建议结合中国—东盟博览会和博鳌亚洲论坛年会，不定期在华举行中国—东盟国家领导人非正式会晤，就双方关系发展和共同关心的问题加强沟通，增加理解，促进合作。

第二，大力提高中国—东盟自由贸易区质量和水平。贸易投资便利化是“21世纪海上丝绸之路”建设的优先领域。提高中国—东盟自由贸易区质量和水平不仅将促进双方的经贸往来，也将为“区域全面经济伙伴关系”（RCEP）等地区自贸安排奠定基础。我们欢迎双方正式启动自由贸易区升级版谈判，建议尽快确定下一阶段的工作方案。进一步开放市场，降低关税，开展新一轮服务贸易承诺谈判，在中小企业合作、能源、环境、可持续发展等领域商签合作协议，深化经济、贸易和投资合作，努力实现2015年双边贸易额达到5000亿美元，2020年双边贸易额达到1万亿美元的目标。我们支持中国企业到东盟国家开展投资合作，继续推动在东盟国家设立产业、经贸合作区，同时也欢迎东盟国家在中国设立产业园区。中新苏州工业园区、天津生态城等项目已成为中国与东盟国家合作的典范。我们要建设好中马钦州产业园区、马中关丹产业园区，努力将“两国双园”建设成为中国—东盟产业合作的示范园区。中国也愿与东盟国家积极探讨在边境地区设立跨境经济合作区，让边境地区成为双方利益融合的纽带。

第三，大力加强互联互通建设。互联互通是建设“21世纪海上丝绸之路”的重要内容。要加强规划，抓住关键通道、关键节点和重点工程，着力构建海运水运网、高速公路网、高速铁路网、航空网、通信光缆网，打造安全高效的综合联通网络。要加快建设中国—东盟港口城市合作网络、中国—东盟港口物流信息公共平台。要积极推进筹建亚洲基础设施投资银行，解决本地区，尤其是东南亚地区的融资瓶颈，推动地区的共同发展。要扩大双边本币互换的规模和范围，扩大人民币跨境贸易结算，建设人民币同东盟国家货币的市场交易中心，推进金融基础设施建设和金融服务的跨境合作。

第四，大力开展海上合作。东盟是海上丝绸之路必经之地，也是建设“21世纪海上丝绸之路”的重点地区。我们愿与东盟国家加强海上合作，让海上合作成为中国—东盟关系发展的新亮点、新动力。中国愿与东盟探讨将2015年确定为“中国—东盟海洋合作年”，加强双方涉海部门的对话沟通，密切海洋政策交流与协调，探讨建立海上执法机构间交流合作机制。我们要充分利用中国—东盟海上合作基金，推进海洋经济、海上联通、海洋环境、海上安全、海洋人文等领域交流与合作，为沿线各国共建海上丝绸之路积累经验，树立样板。

第五，大力推进次区域合作。泛北部湾经济合作作为中国—东盟次区域合作的重要内容，经过8年来各方的共同努力，取得了务实的成果，应继续大力推进。要积极推动南宁－新加坡经济走廊建设，促进各种资源和生产要素跨区跨国流动，形成优势互补、区域分工、联动开发、共同发展的通道经济带，构筑中国—东盟合作的大动脉。为进一步支持东盟共同体建设，帮助东盟缩小地区发展差距，中方愿与湄公河国家探讨建立对话合作机制，与大湄公河次区域经济合作（GMS）相互补充，相互配合，使次区域合作更好地造福中国和东盟各国人民。

第六，大力增进人文交流。人民相互了解越多、友谊越深，越有利于双方友好关系全面持久稳定发展。中方愿进一步密切与东盟各国在教育、文化、科技、环保、旅游、卫生等领域合作，加强青年、媒体、智库和地方交流。中方将积极落实向东盟国家提供1.5万个奖学金名额，用好中国—东盟中心、中国—东盟教育交流周、中国—东盟教育培训中心、中国—东盟环保合作中心等平台；设立中国—东盟技术转移中心；支持中国—东盟思想库网络建设；推动建设泛北部湾和海上丝绸之路旅游圈。2014年是中国—东盟文化交流年，我们要共同办好百余项形式多样的文化活动，增强双方民众的文化共鸣和情感联系，共同夯实双方关系的民意和社会基础，弘扬团结合作、同舟共济的亚洲精神。

女士们，先生们，朋友们，

中国有句古话："兄弟同心，其利断金。"只要我们坚持合作，就一定会共赢。中国—东盟博览会和商务与投资峰会是中国与东盟各国增进政治互信、开拓自由贸易区市场、推进全方位交流的重要平台，已经成为中国—东盟友好合作的象征。我衷心祝愿各位来宾在本次博览会和峰会期间工作顺利、身体健康！祝愿第11届中国—东盟博览会和商务与投资峰会取得圆满成功！希望博览会和商务与投资峰会年年有收获，岁岁呈亮点，为建设21世纪海上丝绸之路和促进本地区的合作与发展作出重要贡献。

谢谢大家！

（来源：中华人民共和国外交部网站httphttphttp://www.fmprc.gov.cn/mfa_chn/ziliao_611306/zyjh_611308/t1191739.shtml.2014—09—16）

2014年11月13日，中国国务院总理李克强在缅甸内比都出席第17次中国—东盟（10＋1）领导人会议并发表讲话，全文如下：

在第17次中国—东盟（10＋1）领导人会议上的讲话

（2014年11月13日，缅甸内比都）

尊敬的吴登盛总统，各位同事：

很高兴来到美丽的内比都与大家共同出席中国—东盟领导人会议。感谢吴登盛总统和缅甸政府为此次会议所做的精心准备和周到安排。我期待同与会各方充分沟通，集思广益，为进一步拓展中国—东盟合作凝聚更多共识。

2013年是中国与东盟建立战略伙伴关系10周年。这些年来，中国与东盟友好合作持续稳定发展，已成为东亚区域合作的一面旗帜。我们在总结已有成就的基础上，登高望远，提出了建设中国—东盟命运共同体、构建"21世纪海上丝绸之路"等重大倡议，并决定实施"2＋7"合作框架，包括政治安全和经济发展"两个轮子一起转"的共识和政治、经贸、互联互通、金融、海上合作、安全及人文科技环保等7大领域合作，明确了双方关系未来发展方向。

过去1年，中国—东盟关系取得长足进展。2014年前3季度，在国际经济复苏乏力的情况下，双方贸易额达到3466亿美元，同比增长7.5%。我们就启动中国—东盟自由贸易区升级版谈判达成共识，并举行了首轮谈判。我们携手推动成立亚洲基础设施投资银行，中国和东盟10国均将成为亚投行创始成员国。我们大力推动人文交流，中国—东盟文化交流年内容丰富、精彩纷呈。中国—东盟思想库网络正式启动。这些阶段性成果充分体现出中国—东盟合作的旺盛生命力，预示着双方关系发展的美好前景。

当前，国际形势错综复杂，全球经济、政治、安全等领域问题此起彼伏。但东亚保持了总体稳定和上升势头，这得益于地区国家共同维护和平稳定的环境，得益于各国专心致力于发展经济、改善民生，中国和东盟都作出了重要贡献。中国是维护亚洲和平发展的坚定力量，始终坚持走和平发展道路，长期奉行睦邻友好的周边政策，愿以自身发展惠及周边、造福亚洲，愿与东亚邻国永远和平共处、共创繁荣。

中国与东盟国家互为近邻，共同利益广泛，但也有不同关切，邻里之间难免磕磕碰碰，这并不奇怪。虽然中国与个别东盟国家之间存在南海争议，但这不会影响南海总体稳定，南海航行是畅通的，安全也是有保障的。2014年以来，我们就南海问题进行了有效沟通与对话，达成了很多重要共识。我们提出了处理南海问题"双轨思路"，明确有关具体争议由直接当事国依据历史事实、国际法和《南海各方行为宣言》，通过谈判以和平方式协商解决，南海和平安全由中国和东盟国家共同加以维护。我们强调积极推进海上务实合作，加快建立海上联合搜救、科研环保、打击跨国犯罪等合作机制。我们同意积极开展磋商，在协商一致基础上早日达成"南海行为准则"。中国愿与东盟国家继续推进全面有效落实《宣言》和商谈"准则"，有效促进彼此沟通与互信，扩大共识与合作，努力让南海成为造福地区各国人民的"和平之海"、"友谊之海"、"合作之海"。

各位同事，

中国—东盟战略伙伴关系已跨入历史新阶段，双方全面合作正面临难得机遇。中国政府始终把东盟作为周边外交的优先方向，坚定支持东盟政治安全、经济和社会文化共同体建设，支持东盟在东亚合作中的主导地位，与东盟国家拓展各领域务实合作，在"2＋7"框架的基础上，不断深化双方利益融合，打造更为紧密的中国—东盟命运共同体，使双方关系更上一层楼。为此，我提出如下建议：

第一，协力规划中国—东盟关系发展大战略。我们应尽快启动制定《中国—东盟面向和平与繁荣的战略伙伴关系联合宣言》第三份行动计划（2016～2020），引领双方关系未来发展。中方愿向东盟国家提供100亿美元优惠性质贷款，支持双方各领域务实合作，并在去年基础上再向东盟提供5000万元人民币无偿援助，以支持东盟共同体建设。中方加强与东盟国家的双边合作，也有利于东盟共同体发展。中方愿与东盟商谈签署“中国—东盟国家睦邻友好合作条约”，建议双方继续用好高官会等机制并成立工作组。为促进东盟次区域发展，中方愿积极响应泰方倡议，在“10＋1”框架下探讨建立澜沧江—湄公河对话合作机制，并于2015年适时举行外长会和外交高官会。中方愿积极参与东亚减贫合作，2015年愿向东盟欠发达国家提供30亿元人民币无偿援助，以支持东盟缩小内部发展差距。

第二，共同打造中国—东盟自由贸易区升级版。建设好中国—东盟自由贸易区有利于提升双方经贸合作水平，还可为区域全面经济伙伴关系协定（RCEP）奠定基础。中方愿本着互利共赢的原则，与东盟国家共同推进自贸区升级版谈判，力争在2015年年底前完成谈判。中方愿以更加开放的态度，与东盟探讨以准入前国民待遇加负面清单模式开展投资协定谈判。中方将在未来3年提供3000万元人民币，支持自由贸易区框架下的经济技术合作。中方愿与东盟国家推进建设跨境经济合作区和产业园区。双方还可在自由贸易区规则与标准协同、产业对接、中小企业合作等领域加强研究与合作。

第三，加快建设互联互通基础网。互联互通网络是贸易投资自由流动的前提。我们应继续大力推动海陆空联运通道的畅通，加强通信、电力、网络等领域的联通规划和建设，着力改善通关便利、市场监管、标准规范等互联互通的软环境。双方应继续推动亚洲基础设施投资银行早日运营，为地区基础设施建设提供资金支持。中方已宣布成立丝路基金，优先支持互联互通建设。中方将启动中国—东盟投资合作基金二期30亿美元的募集，中国国家开发银行还将设立100亿美元的中国—东盟基础设施专项贷款。中国经过多年发展，在基础设施建设领域有较强实力，装备的质量也是有保障的。我们鼓励国内钢铁、水泥、平板玻璃等优势产能以投资、租赁、贷款等多种方式转移到有基础设施建设需求的东盟国家，实现互利共赢。

第四，精心营造海上合作新亮点。中国提出建设“21世纪海上丝绸之路”，有利于促进中国—东盟海上合作。中方建议将2015年确定为“中国—东盟海洋合作年”，双方可探讨举办包括相关国家海洋部长出席的海洋合作论坛，加强海上执法机构间对话合作，成立海洋合作中心。中方对在亚洲开发银行支持下完成《泛北部湾经济合作路线图》表示欢迎和赞赏，愿与各方一道继续开展务实合作。中方将与东盟国家共同实施好中国—东盟海上合作基金2014年支持项目，同时欢迎东盟国家积极申报2015年基金项目。

第五，努力保障传统领域和非传统领域“双安全”。为增进双方战略互信，中方欢迎东盟国家防长2015年赴华举行中国—东盟防长非正式会晤，双方可探讨建立中国—东盟防务热线，并开展联合演练。我们还应继续推进非传统安全领域合作。中方欢迎双方签署《灾害管理合作安排谅解备忘录》，中方已提供5000万元人民币的救灾援助，希望尽快确定合作项目，做好落实工作。

第六，积极开拓人文科技环保合作新领域。人文交流润物无声，民间合作强基固本。中方愿与东盟国家加快落实《中国—东盟文化合作行动计划》，支持缅甸办好中国—东盟文化交流年闭幕式，增设第二批中国—东盟教育培训中心，加大投入办好中国—东盟教育交流周。中方将在东盟国家新建农业技术示范中心，大力开展农村减贫合作和公共卫生人才培养百人计划等。我们愿与东盟国家推进实施“科技伙伴计划”，在未来3年支持100名东盟青年科学家来华开展短期科研。中方建议启动制定中国—东盟环保合作战略（2016～2020），分享科技创新和生态建设成果，让地区各国民生得到显著改善，扶贫进程大大加快，双方人民从中受益。

各位同事，

中国—东盟战略伙伴关系经历了“黄金十年”，正步入起点更高、内涵更广、合作更深的“钻石十年”。中国人历来认为，要成就大事，必须具备天时、地利、人和3个条件。中国与东盟的合作已进入快车道，又赶上快速发展的良好机遇，可谓“天时”；东亚各国毗邻而居，方便人员交流和贸易往来，可谓“地利”；东亚国家文化相近，人脉关系密切，可谓“人和”。我们之间的共同利益和传统文化的相通之处远远大于个别不同认识和分歧。中国愿同东盟努力扩大共同利益，抓住机遇，让中国—东盟关系发展给各国人民带来更多红利，让双方全方位合作在东亚地区乃至世界发出和平、发展、合作的耀眼光芒！

谢谢大家！

（来源：中华人民共和国外交部网站．httphttphttp://www.fmprc.gov.cn/mfa_chn/gjhdq_603914/gj_603916/yz_603918/1206_604498/1209_604508/t1210820.shtml.2014—11—14）

2014 年 11 月 13 日，中国国务院总理李克强在缅甸内比都出席第 17 次东盟与中日韩（10＋3）领导人会议并发表讲话，全文如下：

在第 17 次东盟与中日韩（10＋3）领导人会议上的讲话

（2014 年 11 月 13 日，缅甸内比都）

尊敬的吴登盛总统，各位同事：

很高兴出席“10＋3”领导人会议，与各位共同商讨和规划东亚合作的未来。感谢吴登盛总统和缅甸政府为会议所作的精心准备和安排！

当前，国际形势处于复杂变化之中，地区热点和局部动荡仍在升温，恐怖主义成为全球性挑战，埃博拉疫情扩散令人担忧。全球经济正经历深度调整，发达国家经济复苏步伐不一，新兴市场国家经济增速放缓。值得庆幸的是，东亚仍然保持总体和平稳定，经济增长势头并未受到根本影响，区域合作进程持续向前推进。今年东亚发展中国家经济有望保持较高增速，继续成为带动全球经济增长的重要引擎。

东盟 10 国与中日韩 3 国地缘相近、经济互补、文化相通，17 年来“10＋3”合作从无到有，不断成长，有力地促进了东亚一体化进程。去年，各方通过了《2013～2017 年“10＋3”合作工作计划》，就 24 个重点领域务实合作进行了科学规划。2014 年，清迈倡议多边化（CMIM）协议修订稿正式生效，“10＋3”宏观经济研究办公室（AMRO）升级为国际组织，为本地区金融安全提供了更多保障。“10＋3”大米紧急储备机制不断完善，让遭受自然灾害的国家切实受益。这些成绩和进展，印证了“10＋3”在东亚合作中的主渠道地位，表明了“10＋3”在促进地区稳定、推动区域融合、共同应对挑战中不可或缺的重要作用。《第二东亚展望小组报告》评估工作取得积极进展，梳理出 25 项优先建议，在此我宣布，中方愿牵头落实东亚互联互通、贸易投资和扶贫等 3 项建议。

东亚国家的发展，与总体和平稳定的地区环境密切相关。没有和平稳定，东亚永无振兴之日。地区国家应切实做到相互尊重、平等相待，摒弃你输我赢的零和思维，共同管控好矛盾与分歧，绝不能因为这些问题的干扰使东亚失去发展的历史机遇。因此，坚定维护和平稳定的大环境，是地区各国的共同利益所在。中国愿与东盟国家商谈签署中国—东盟国家睦邻友好合作条约。我们主张朝鲜半岛无核化，维护半岛和东北亚的长期和平稳定，支持各国继续通过对话协商和平解决分歧。我们主张有关当事国在尊重历史事实和国际法的基础上，通过对话与协商和平解决领土主权和海洋权益的争端。

在此基础上，地区各方应继续加强协调，牢牢把握互利合作的大方向，开展相关领域务实合作，朝着东亚共同体的目标稳步迈进。这里，我愿就加强“10＋3”合作提出几点意见：

第一，推动东亚经济一体化进程。过去 10 多年中，亚洲区域内贸易规模从 1 万亿美元扩大到 3 万亿美元，已达到区域各国贸易总量的 50％，建立一个开放公平的区域贸易投资环境乃大势所趋。中国—东盟自贸区升级版谈判已正式启动，中韩自贸区已结束实质性谈判，“中日韩投资协定”和区域全面经济伙伴关系协定（RCEP）谈判取得积极进展。“10＋3”国家经济融合度高，我们应加强协调，在区域自贸安排中发挥引领作用，灵活务实推动 RCEP 谈判如期在 2015 年年底前完成，建成东亚地区最大自由贸易区。中方倡议 2015 年与马来西亚联合举办东亚投资高层论坛，欢迎各国参与。

第二，提升区域金融合作水平。当前，东亚经济也面临较大下行压力，一些国家的量化宽松政策已影响到地区金融稳定。“10＋3”国家要加强财金合作，着力提升清迈倡议多边化可操作性，充分利用新增预防性贷款工具，应对潜在的短期流动性困难。完善“10＋3”宏观经济研究办公室治理结构，逐步建立区域高效监管协调与预警机制。进一步扩大本币互换的规模和范围，扩大跨境贸易本币结算，加强清算机制建设。

第三，密切地区互联互通。互联互通是区域合作的基础。中方愿与日韩加强协调，发挥在资金、技术和人才方面的优势，同东盟加强基础设施建设。建议中日韩 3 国与东盟互联互通合作委员会加强沟通，探讨制定“东亚互联互通总体规划”。中方将继续办好“10＋3”互联互通研讨会，愿出资 3000 万元人民币建设好东亚海洋合作平台。亚洲基础设施投资银行筹建工作正加快进行，将与世界银行、亚洲开发银行等一道，为亚洲特别是东盟国家基础设施建设融资作出积极贡献。这次亚太经合组织领导人非正式会议期间，中方宣布成立400亿美元的丝路基金，优先支持互联互通建设。

第四，深化民生领域合作。亚洲发展的不平衡性较为突出，缩小差距、减少贫困、改善民生是地区国家面临的首要任务。《第二东亚展望小组报告》将消除贫困作为“10＋3”优先合作领域，中方深表赞同。中方提议实施“东亚减贫合作倡议”，并提供1亿元人民币，开展乡村减贫推进计划，建立东亚减贫合作示范点，并愿于明年向东盟欠发达国家提供30亿元人民币无偿援助。各方应加强农业技术交流和粮食安全合作，完善“10＋3”大米紧急储备机制，努力让东亚实现“人皆有食”。

第五，扩大人文交流渠道。国家间友好的基础在于人民间的相互了解和友谊。中方建议探讨成立中日韩3国分设的东盟中心的定期交流机制。中方支持继续开好“10＋3”文化、教育、新闻部长会，继续举办东亚商务论坛、“双10万留学计划”、青年科学家交流等项目，希望各方尽快签署《“10＋3”旅游合作谅解备忘录》。2015年，中方愿在亚洲区域合作专项资金中安排6500万元人民币，用于支持本地区交流合作项目。

第六，加强公共卫生合作。埃博拉疫情对全球公共卫生已构成严峻挑战，疫情走向还不确定。建议“10＋3”国家卫生机构在防控埃博拉疫情方面加强沟通合作，在此基础上积累经验，共同推进完善“10＋3”公共卫生体系建设。

各位同事，

近年来，中国经济持续较快增长为世界所瞩目，也为东亚带来了发展机遇。2014年以来，国际经济复苏进程波折不定，中国经济面临较大的下行压力。我们坚持稳中求进的工作总基调，保持定力，主动作为，继续创新宏观调控思路和方式，强力推改革，巧力稳增长，大力调结构，着力惠民生，实现了经济总体平稳、稳中有进、稳中提质。2014年前3季度，经济运行处于合理区间，GDP增长7.4%，就业完成全年任务，结构调整取得积极进展，服务业比重进一步上升，新产业、新业态、新模式不断催生，正在形成经济发展新动能。随着一系列创新、转型、惠民政策措施的落实到位，全年能够实现7.5%左右的预期增长目标。

2015年，受国内外环境复杂多变和各种矛盾交织作用的影响，中国经济下行压力仍然较大，但中国经济的基本面没有变，正处于新型工业化、信息化、城镇化和农业现代化建设的重要阶段，发展的韧性、潜力和回旋余地很大，完全有条件保持经济持续健康发展。我们将坚持稳中求进，保持宏观政策的连续性稳定性，适时适度预调微调，着力在改革创新、提质增效上下功夫，促进大众创业、万众创新，充分发挥广大劳动者的聪明智慧，形成新的发展动力，推动中国经济保持中高速增长、向中高端水平迈进，继续为东亚地区各国提供更多发展机遇。

东亚是我们共同的家园。东亚实现繁荣稳定是人民之福，东亚如动荡不安将是各国之痛。不管国际风云如何变幻，东亚人终究要在同一块大地上繁衍生息，在同一片田野上耕耘收获，只有真诚相待、互帮互助、同心合力，才能创造属于我们自己的美好生活！

谢谢大家！

（来源：中华人民共和国外交部网站．httphttphttp://www.fmprc.gov.cn/mfa _ chn/gjhdq _ 603914/gj _ 603916/yz _ 603918/1206 _ 604498/1209 _ 604508/t1210821.shtml. 2014—11—14）

2014年11月13日，中国国务院总理李克强在缅甸内比都出席第9届东亚峰会并发表讲话，全文如下：

李克强在第9届东亚峰会上的发言

（2014年11月13日，缅甸内比都）

尊敬的吴登盛总统，各位同事：

很高兴出席第9届东亚峰会，与各位同事共商东亚和平发展合作之道。感谢吴登盛总统和缅甸政府为会议所作的精心准备和周到安排。

东亚历史悠久，人口众多，不同民族、宗教和文化多样并存、交流互鉴，创造了独具特色的东亚文明，为人类发展进步事业作出重要贡献。从20世纪七八十年代开始，东亚迅速崛起，成为全球发展最快、最富活力的地区。近年来，东亚国家同舟共济，克服国际金融危机影响，保持地区稳定和经济增长势头，继续为世界繁荣发展作出贡献。

东亚得以快速发展，根本原因在于有一个和平稳定的地区环境。东亚国家都是地区和平的直接受益者，也应当成为地区稳定的坚定维护者，各方应通过和平方式妥善解决有关争端，走世代友好、合作共赢之路。东亚国家经济互补性强、合作潜力大，各方应深入推进地区经济一体化，实现融合发展、共同繁荣。东亚国家陆海相连、文化相通，有患难与共、守望相助的传统，各方应真诚理性地看待彼此利益关切，致力于包容互敬、和睦共处。

当前，国际形势正处于复杂变化之中，世界经济复苏进程缓慢，局部冲突和地区热点此起彼伏，恐怖主义、公共卫生事件等成为国际社会共同威胁。我们更应该珍视东亚来之不易的良好局面，把握好政治安全和经济发展“两个轮子一起转”的大方向，促进地区和平安定，积极应对全球性挑战，深化经济社会等领域合作，为建设一个和平与繁荣的东亚地区而努力。

关于政治安全问题，关键是维护东亚的和平稳定。

东亚稳定发展的局面，是东亚各国人民共同努力的结果，中国也作出了应有的贡献。中国始终是东亚地区和平稳定的重要力量。中国还是一个发展中国家，实现“两个100年”奋斗目标，需要有一个长期和平稳定的国际和周边环境。我们坚定不移地走和平发展道路，这是由中国的历史文化传统和实现现代化这个现实根本利益所决定的，绝不因任何外界干扰或质疑而改变。中国坚持与邻为善、以邻为伴是真诚一贯的，希望以自身发展带动地区、惠及周边是发自内心的。中国坚定支持东盟明年建成政治安全、经济、社会文化共同体，为地区稳定发展发挥积极作用。中国愿与地区国家一道，建设亚洲利益共同体、责任共同体和命运共同体。

东亚的长治久安需要有坚实的制度安排。中方正与东盟国家商讨签署“睦邻友好合作条约”，就是为双方世代和平共处提供制度框架和法律保障。中国是首个加入《东南亚友好合作条约》的东盟对话伙伴，也愿成为首个与东盟签署友好合作条约的对话伙伴。中国和东盟国家都需要和平稳定，任何冲突都不符合本地区人民的共同利益。中国维护领土主权的意志是明确的，维护地区和平稳定的决心也是坚定的。中国愿以商签此条约为契机，与更多地区国家探讨达成睦邻友好法律文件，推动实现东亚持久和平。2015年中国愿主办中国—东盟国防部长非正式会晤，探讨建立中国—东盟防务热线，并加强防务安全合作。中方倡导“共同、综合、合作和可持续”的亚洲安全观，欢迎俄罗斯、印度尼西亚、印度等提出的地区安全合作原则倡议，建议峰会共同就相关安全合作理念和原则深入探讨，积累共识，为地区安全稳定做出努力。

南海形势总体是稳定的，航行自由和安全也是有保障的。2014年以来，中国与东盟国家就全面有效落实《南海各方行为宣言》、推进海上务实合作，进行了密切有效的对话与沟通。我们明确了处理南海问题“双轨思路”，即有关具体争议由直接当事国在尊重历史事实和国际法基础上，通过谈判协商和平解决，南海和平稳定由中国和东盟国家共同加以维护。我们同意积极开展磋商，在协商一致基础上早日达成“南海行为准则”。这方面已经取得了早期收获。我们同意在各国海事部门间建立海上联合搜救热线平台，在外交部门间建立应对海上紧急事态高官热线。各方还在探讨建立南海沿岸国之间的各种交流合作机制。在寻求解决争议的过程中，中方倡议有关国家积极探讨共同开发，这也是管控分歧现实有效的办法。邻国是不能选择的，彼此长相往来，低头不见抬头见，磕磕碰碰在所难免。中国古训说“里仁为美”，只要我们始终秉持以诚相待、求同存异之心，就没有迈不过去的坎，爬不过去的坡。

妥善处理朝鲜半岛核问题，事关东北亚乃至整个亚洲地区的和平稳定大局。中方主张朝鲜半岛无核化，维护半岛和东北亚长期和平稳定，支持各方继续通过对话协商和平解决分歧。中国坚定支持东盟国家建立东南亚无核武器区的努力，已与东盟就签署《东南亚无核武器区条约》议定书达成一致。我们希望东盟与其他4个有核国加紧协商，争取早日签署有关议定书。

恐怖主义、传染性疫病、气候变化、灾害管理等非传统安全问题是国际社会面临的严峻挑战。缅甸作为东盟轮值主席国，提议将上述问题作为本次会议提示性议题，我们对此表示欢迎。中方支持峰会就此发表宣言或声明，显示成员国携手应对挑战的决心。中国从自身需要出发，从中国作为发展中大国应尽的责任考虑，将努力应对气候变化，在履行节能减排目标上言必信，行必果。中国政府向埃博拉疫区提供了价值约7.5亿元人民币的紧急援助，现有300余名专家和医护人员在疫区参加疫情防控和救治工作。我们还将增派医护人员，增加物资支持，帮助疫区国家更好开展防疫工作。中方正在筹建“东亚应对气候变化区域研究与合作中心”，将与湄公河流域国家共同构建“青蒿素类疟疾治疗药物抗药性流域联防机制与响应体系”，继续与有关国家联合举办地震和海上搜救演练，推动东亚非传统安全领域合作。

关于发展合作问题，关键是促进东亚经济一体化。

中国作为世界主要经济体之一，在今后相当长时间仍然是发展中国家，实现现代化还有很长的路要走。东亚地区仍有不少发展中国家，发展仍然是东亚国家的首要任务。中国同东盟国家的发展互为机遇。东亚峰会应将《落实〈金边发展宣言〉行动计划》作为未来合作指导文件，推动6个重点领域合作，努力促进东亚经济一体化。

——推动东亚贸易投资便利化。中国与东盟自2002年启动自贸区谈判以来，双边贸易增长了8倍，东盟10国的人均GDP增长了2倍多，中国连续5年是东盟最大贸易伙伴，东盟已成为中国第3大贸易伙伴。双方正在努力争取中国—东盟自贸区升级版谈判尽快完成，中方愿以准入前国民待遇加负面清单模式开展投资协定谈判。中方将在未来3年提供3000万元人民币支持双方经济技术合作。中国主张贸易自由化，致力于建设公平竞争的市场环境和法律环境。中方愿与各方一道，力争区域全面经济伙伴关系协定（RCEP）在2015年年底前结束谈判。在刚刚闭幕的北京APEC领导人非正式会议上，与会各方都支持启动亚太自由贸易区（FTA-AP）倡议。中方对跨太平洋经济伙伴关系协定（TPP）谈判持开放态度。各种自贸安排都可为构建公平自由的国际和地区贸易秩序发挥积极作用。

——加快东亚互联互通。中方提出建设“丝绸之路经济带”和“21世纪海上丝绸之路”的倡议，就是要加强传统陆海丝绸之路沿线国家互联互通。正在筹建的亚洲基础设施投资银行，秉持开放包容理念，与亚洲开发银行、世界银行等现有机构形成互补，着力解决地区基础设施建设融资难问题。中方已宣布成立丝路基金，优先支持基础设施建设。中方将向东盟国家提供100亿美元优惠性质贷款，并启动中国—东盟投资合作基金二期30亿美元的募集。中国国家开发银行还将设立100亿美元的中国—东盟基础设施专项贷款。这些举措都有助于加快地区互联互通建设。

——扩大东亚金融合作。为避免东亚发生较大金融动荡，我们应加强财金合作，尤其是完善清迈倡议多边化机制安排，为地区短期流动性困难提供有效解决方案。应充分发挥“10＋3”宏观经济研究办公室作用，提高区域金融监管协调与预警能力。各国还应扩大本币互换和跨境贸易本币结算规模，为贸易往来提供金融便利和支持。

——加强东亚减贫合作。消除贫困仍然是东亚发展的重要任务之一。中方将在“10＋3”会议上提出“东亚减贫合作倡议”，愿出资1亿元人民币开展乡村减贫推进计划。中方明年将向东盟欠发达国家提供30亿元人民币无偿援助。中方愿在中国—东盟合作框架下，探讨建立澜沧江—湄公河流域国家对话合作机制，支持东盟缩小发展差距的努力。地区国家可用好10＋3大米紧急储备机制，应对突发粮食安全问题。

——推进东亚海上合作。2015年是中国—东盟海洋合作年，双方可探讨举办包括相关国家海洋部长出席的海洋合作论坛，加强海上执法机构间对话合作。总额为30亿元人民币的中国—东盟海上合作基金的设立，为双方推进海上各领域合作提供了重要平台，双方应实施好2014年项目，并尽早启动2015年基金项目的申报工作。中方还将提供3000万元人民币，支持“东亚海洋合作平台”建设。

——密切东亚人文交流。东亚国家不同文明对话和文化交流有益于增进相互了解和信任。人与人的交流延伸到哪里，友谊合作之路就通向哪里。我们应继续挖掘海上丝绸之路的历史人文内涵。中方赞赏印方为重建那烂陀大学所做努力，愿共同推动文化教育及留学生等领域合作。我们应鼓励中国—东盟思想库网络、东亚思想库网络等地区二轨合作机制，为加强东亚人文社会领域交流、共商亚洲发展大计贡献智慧。

各位同事，

2015年是东亚峰会成立10周年。峰会要继续发挥好作为领导人引领的战略论坛的作用，继续坚持东盟主导等原则，本着平等、开放、包容精神，照顾各方舒适度，就地区和全球重大议题坦诚对话，推动相关领域务实合作。

东亚是世界最具潜力和发展前景的地区之一。东亚的兴衰荣辱不仅涉及地区各国人民福祉，而且关乎整个亚太地区的前途与命运。无论是本地区国家还是相关域外国家，都是同一条大船上的乘客，利益攸关，休戚与共。缅甸有句谚语：“谁不向前看，谁就会遇到许多困难。”各方都是东亚合作的促进者，应该齐心协力、共襄盛举，推动世界的和平与发展事业！

谢谢大家！

（来源：中华人民共和国外交部网站．httphttphttp://www.fmprc.gov.cn/mfa _ chn/gjhdq _ 603914/gj _ 603916/yz _ 603918/1206 _ 604498/1209 _ 604508/t1210824.shtml. 2014—11—14）

联合声明

中马建立外交关系40周年联合公报

一、值此中华人民共和国和马来西亚建立外交关系40周年之际，应中华人民共和国国务院总理李克强邀请，马来西亚总理达图·斯里·穆罕默德·纳吉布·宾·敦·阿卜杜尔·拉扎克于2014年5月27日至6月1日对中国进行正式访问。

二、访问期间，中国国家主席习近平会见了纳吉布总理，李克强总理同纳吉布总理举行会谈，中国全国人民代表大会常务委员会委员长张德江会见了纳吉布总理。双方全面回顾和总结了中马关系40年来取得的成就，对两国关系未来发展作出规划，就推进两国各领域交流与合作深入交换意见，并达成广泛共识。

三、双方一致认为，1974年建交以来，中马两国不断拓展和深化双边关系，给双方带来实实在在的利益，也为促进两国和本地区的繁荣与进步发挥了重要作用。双方重申将进一步加强在广泛领域的协调与合作，共同促进两国和本地区的和平、稳定、安全、和谐与发展。

四、双方忆及马来西亚1974年在东南亚国家联盟中率先同中国建立外交关系，并在开启中国—东盟对话进程中发挥重要作用。中方对此表示赞赏。

五、双方回顾了1974年《中华人民共和国政府和马来西亚政府联合公报》中确立的相关原则，重申这一联合公报和两国此后发表或签署的其他文件在指导中马关系长期发展中的重要性。这些文件包括1999年5月31日《中华人民共和国政府和马来西亚政府关于未来双边合作框架的联合声明》、2004年5月31日《中华人民共和国和马来西亚联合公报》、2005年12月15日《中华人民共和国和马来西亚联合公报》、2009年6月3日《中华人民共和国政府与马来西亚政府关于中马战略性合作共同行动计划》和2013年10月5日《中华人民共和国和马来西亚联合新闻稿》。

六、双方承诺相互尊重国家独立、主权和领土完整。马方重申坚定奉行一个中国政策，承认中华人民共和国政府是代表全中国的唯一合法政府，台湾是中国不可分割的一部分，支持两岸关系和平发展和中国和平统一大业。

七、双方高度评价习近平主席在2013年10月3日至5日对马来西亚国事访问取得的丰硕成果，并认为这次访问将两国关系提升为全面战略伙伴关系，对未来两国关系的长远发展具有十分重要的意义。双方重申将在相互尊重、互惠互利、造福两国人民的基础上，积极致力于建设中马全面战略伙伴关系。

八、双方认为，40年来中马两国交往与合作显著加强。双方在政治、贸易、投资、旅游、教育、金融服务、基础设施建设和执法、安全、防务等众多领域的合作取得重要进展和成就。双方重申将致力于深化和拓展上述领域的互利合作。

九、双方同意，在当前复杂的国际和地区形势下，两国构建更加紧密的全面战略伙伴关系尤为重要。双方重申将从战略大局和长远出发，在相互尊重、平等互利基础上深化互信，加强合作，共同努力将双边关系提升到新的高度。

十、双方重申将保持密切的高层往来，加强双边关系战略规划，通过外交部战略磋商等双边交流机制和其他领域各层级官员的经常性接触，就涉及双方利益的双边和重大国际地区问题交换意见。

十一、双方表达了对2014年3月8日以来失踪的马来西亚航空吉隆坡至北京MH370航班乘客和机组人员家属的深切同情和慰问。纳吉布总理就中国在MH370客机前一阶段搜寻过程中给予马来西亚的支持与帮助向中国政府表达诚挚谢意。马方赞赏中国为国际搜寻行动作出的积极贡献，认为在26个国家参与的大规模国际搜寻行动中，中国派出最多数量的舰船、飞机和专家，协助马来西亚主导的国际搜寻行动。中国参与搜寻的力度是前所未有的。马方承诺将继续搜寻工作，直至找到MH370客机。中方对此表示欢迎。双方同意继续密切合作，在南印度洋澳大利亚西海岸水域开展水下搜寻。马来西亚也欢迎中国参与下一阶段搜寻工作。

十二、双方赞赏马来西亚、中国和澳大利亚于2014年5月5日至7日就MH370客机下阶段搜寻工作举行了三方会议。三国坚定承诺将继续加大搜寻力度。中国承诺在过渡阶段使用自有设备参加深海探测，这对下阶段水下搜寻行动至关重要，马来西亚对此表示欢迎。马方也欢迎中国在下阶段搜寻行动中参与部署侧扫声呐设备。

十三、双方对两国经贸合作稳步发展感到满意，同意将进一步促进双边贸易多元化增长。双方积极评价中国—马来西亚钦州产业园区和马来西亚—中国关丹产业园区取得的进展。面对当前全球金融和经济挑战，双方重申将共同努力保持经济增长。为强化双边贸易纽带，双方将进一步深化在清真产业领域的合作，加强马来西亚输华燕窝检验检疫交流与合作，在马来西亚棕榈油对华出口、绿色橡胶材料在华推广和质量检测以及品牌建设、促进贸易便利化等方面加强合作。

十四、双方同意根据2013年10月签署的《中华人民共和国政府与马来西亚政府经贸合作五年规划》（2013～2017年），积极鼓励和支持双向投资，努力实现2017年双边贸易额1600亿美元的目标。双方同意扩大并推进在特许经营、建造、建筑和设计服务、电讯、垃圾和水处理、港口开发与物流、铁路、银行与金融服务、医疗卫生、教育、康体养生、在华清真产品与服务等领域的合作。

十五、双方重申将加强在医疗领域，特别是中医药领域的合作。双方认识到中医药的潜力，认为两国开展合作和专家交流将使双方共同受益。双方同意加强合作，发掘马来西亚草药作为传统医疗手段的效用。

十六、双方表达了在中马全面战略伙伴关系框架下，就宏观经济政策加强对话，并逐步扩大至双方共同关心的国际、地区及国内财经议题的意愿。双方将进一步促进双边金融合作，加强两国央行在货币政策、金融发展、金融稳定以及国际金融体系改革方面的交流与对话。两国央行将进一步加快本币用于两国贸易结算和投资，并推动必要配套基础设施的建设。

十七、双方重申愿扩大教育、文化、青年、出入境管理、防务、安全、农业、媒体、旅游、体育等领域合作。

十八、双方确认，为纪念中马建交40周年，并加强双方在有关领域的科研合作，中国一对大熊猫于2014年5月21日抵达马来西亚。这体现了中国人民对马来西亚人民的友好情谊。这对在马来西亚生活的大熊猫代表中马之间长期存在的友谊和密切关系。马方将确保这对大熊猫在马来西亚受到良好的照顾，并期待双方在大熊猫合作研究领域取得进展。

十九、双方对两国政府《高等教育学位学历互认协议》的全面落实表示欢迎，呼吁加强专家交流与学生往来，以实现2020年中国—东盟“双十万”学生流动计划，以及马来西亚在马培养20万名国际留学生的目标，确保更多人从高等教育中受益。

二十、双方同意加强科学、技术和创新领域的合作，推动在共同感兴趣的领域共建联合实验室，推动共建中马技术转移中心，促进两国青年科学家交流。双方同意于2014年10月在中国北京举行的首届中马科学、技术和创新联委会会议期间讨论有关合作细节。

二十一、双方同意进一步提升两国农业合作水平，重点开展在作物种植、畜牧及水产养殖、动植物疫病防控、能力建设及农业投资等领域的交流与合作。双方愿加强检验检疫领域合作，愿就达成进出口水生动物检验检疫协议共同作出努力。中方同意进一步研究马来西亚提出的扩大对华出口菠萝蜜、菠萝及其他热带水果等农产品的市场准入问题。中方还考虑在符合新检验检疫准入要求的前提下允许现有马来西亚生产商继续向中国出口牛奶及奶制品。

二十二、双方同意加强防务合作，增进两国防务部门间的友好、理解与协调。有关合作包括高层交往与会议、联合训练、人员培训、建立两军联络热线、海军舰船互访等。两国还签署国防科技工业领域合作谅解备忘录，同意本着平等互利的原则推进在国防科技工业领域的合作。

二十三、双方同意进一步加强学术、文化、媒体、体育等领域的交流，增进两国民众间的相互理解，巩固中马传统友谊。双方同意鼓励更多本国民众赴对方国家访问，进一步扩大游客互访规模。

二十四、双方欢迎两国就马来西亚在南宁及中国在槟城、哥打基纳巴卢设立新的总领事馆达成协议。双方一致认为，马来西亚驻南宁总领事馆和中国驻槟城及驻哥打基纳巴卢总领事馆的设立，将进一步便利两国人民往来，促进双边交流与合作。

二十五、双方一致认为，多边事务合作是两国全面战略伙伴关系的重要组成部分。双方同意加强与其他发展中国家的沟通与协调，促进本地区和地区间合作，推动发展中国家更多地参与重大国际事务。

二十六、双方同意将共同努力，深化中国与东盟合作，欢迎中国和东盟领导人提出的包括“2+7合作框架”、共同建设21世纪海上丝绸之路在内的重要倡议。马来西亚欢迎中国提出的建设中国—东盟命运共同体的建议，也欢迎建立亚洲基础设施投资银行，并愿参与该进程。双方一致同意推进区域全面伙伴关系谈判进程。双方还将在东盟与中日韩、东亚峰会及其他有关会议框架下保持密切沟通。中国支持马来西亚2015年担任东盟轮值主席国。双方同意于2015年2月1日至6日在马来西亚联合主办2015年东盟地区论坛救灾演习。

二十七、马方确认将出席中国在北京主办的2014年亚太经合组织领导人非正式会议。

二十八、双方一致认为，在应对国际金融危机过程中，中马两国为保持各自国内经济增长采取重要举措，为全球经济复苏作出了积极贡献。双方一致认为，国际货币基金组织和世界银行正在进行的改革应进一步深化，赋予发展中国家更多代表性和话语权。国际金融机构应向受危机影响的发展中国家提供更多实质性帮助。发展中国家在国际和地区组织中的代表性应得到进一步加强。双方呼吁发达国家采取积极举措应对危机，并希望有关举措不损害发展中国家利益。

二十九、双方反对采用贸易保护主义措施应对国际金融危机。两国将继续在世界贸易组织框架下开展工作，愿合作推动多哈回合谈判尽早达成均衡成果。谈判成果应符合多哈授权，特别是与中马在内的发展中国家的发展目标保持一致。

三十、双方强调维护南海和平、安全与稳定及航行自由安全的重要性。双方强调，各直接有关的主权国家应保持克制并根据包括1982年《联合国海洋法公约》在内公认的国际法原则，通过友好磋商和谈判以和平方式解决分歧。双方一致认为，不直接相关方干涉和介入有关争议无助于解决问题，反而会使上述分歧进一步复杂化。

三十一、双方将同其他东盟国家一道努力，全面有效落实《南海各方行为宣言》，在协商一致的基础上积极、稳步推动磋商进程，朝着制定“南海行为准则”而努力。

三十二、纳吉布总理对他本人及马来西亚代表团受到中国政府和人民热情友好接待表示感谢，并邀请李克强总理在双方方便时访问马来西亚。李克强总理愉快地接受了邀请。

（来源：新华网．http://news.xinhuanet.com/world/2014－05/31/c_1110948563.htm.2014－05－31）

中缅关于深化两国全面战略合作的联合声明

一、应缅甸联邦共和国总统吴登盛邀请，中华人民共和国国务院总理李克强于2014年11月12日至14日对缅甸进行正式访问并出席东亚合作领导人系列会议。访问期间，李克强总理同吴登盛总统举行会谈，双方就双边关系和共同关心的国际地区问题深入交换意见，达成广泛共识。李克强总理还会见了缅甸联邦议会议长兼人民院议长吴瑞曼。

二、双方回顾了中缅友好关系发展历程，高度评价中缅传统“胞波”友谊。双方一致认为，面对深刻复杂变化的国际地区形势，两国在发展和安全方面的共同利益更加广泛。保持中缅关系长期健康稳定发展，符合两国人民的共同愿望和根本利益，也有利于本地区的和平与繁荣。双方同意，秉承和平共处五项原则精神，在相互信赖、互利共赢的基础上，全面加强两国政治、经贸、安全、军事、人文等各领域合作，将中缅全面战略合作伙伴关系推向新高度。

三、中方重申尊重缅甸的独立、主权和领土完整，积极评价缅甸国内改革发展取得的进展，支持缅甸国内和平进程，支持缅甸为促进国内稳定与发展所作的努力。缅方重申坚持一个中国政策，承认中华人民共和国政府是代表全中国的唯一合法政府，坚定支持中方在台湾、涉藏、涉疆等问题上的立场，支持中国和平统一大业。

四、双方决定继续保持两国高层密切交往，加强战略沟通。增进两国议会、政府、司法机构和政党之间各层级团组互访与友好合作，保持两国外交部副外长级不定期磋商机制。

五、双方支持两军和两国执法部门加强友好交流合作，维护地区安全稳定。双方谴责一切形式的恐怖主义活动，同意开展中缅老泰湄公河流域执法安全合作，加强在地区反恐、禁毒和打击跨国犯罪等领域合作，提高两国边境管理合作水平，及时就边境事务进行沟通，维护两国边境的安宁稳定。

六、缅方欢迎中方提出的“共建丝绸之路经济带和21世纪海上丝绸之路”的倡议。双方同意将继承和弘扬和平合作、开放包容、互学互鉴、互利共赢的丝路精神，加强海洋经济、互联互通、科技环保、社会人文等各领域务实合作，推动中缅及与其他沿线国家间的合作共赢、共同发展。

七、双方同意本着平等互利的原则，推进两国经贸领域务实合作，促进两国共同发展，惠及两国民生。双方将继续为两国贸易、投资创造有利环境。双方同意通过协商解决经济合作与贸易中存在的问题，推动两国经贸合作可持续发展。

八、双方决定成立中缅农业合作委员会。中方支持缅甸农村和农业发展，决定继续向缅方提供小额农业优惠贷款，为缅农村地区民生改善提供帮助。中方鼓励中资企业参与缅甸农业开发，将继续帮助缅方培训农业技术管理人员。双方同意加快中缅农业示范中心建设。

九、加强电力基础设施建设是两国经济发展的现实需要，双方电力合作基础良好，前景广阔。双方同意建立两国政府间电力合作机制，支持两国企业本着公平、透明、安全、环保的原则开展电力项目合作。

十、双方认为，孟中印缅经济走廊建设为中缅加强互利合作、释放本地区发展潜力提供了重要平台，同意加强协调配合，推进孟中印缅经济走廊建设前期工作，并同其他有关国家保持密切沟通协调。双方同意结合孟中印缅经济走廊建设，继续推进中缅公路等互联互通项目。

十一、双方同意继续加强金融领域合作，探讨建立双边货币互换机制可能性，以促进贸易投资便利化。双方同意探讨进一步扩大合作，促进缅甸金融领域发展。

十二、双方认为，加强人文交流对增进两国人民相互了解和友谊具有重要意义，同意进一步扩大媒体、文化、教育、体育、卫生、旅游等领域交流合作，促进两国新闻机构、学术机构、民间友好团体、妇女和青年组织之间的团组互访。中方将继续向缅增加政府奖学金名额。中方将支持缅方办好今年底中国——东盟文化交流年闭幕式活动。双方同意结合明年中缅建交65周年举办系列庆祝活动。

十三、双方支持两国边境省份发挥互补优势，加强经贸合作和多种形式的友好交往，促进两国边境地区发展和民生改善。

十四、中方祝贺缅方成功主办东亚合作领导人系列会议，赞赏缅担任东盟轮值主席国期间为东亚合作作出的积极贡献。双方一致认为，两国应携手建设更为紧密的中国——东盟命运共同体，加强中国和东盟在东盟与中日韩、东亚峰会、东盟地区论坛等机制下的合作，共同推进东亚区域合作。

十五、双方同意进一步密切在联合国等其他多边场合中的协调配合。双方同意在应对气候变化、自然灾害、传染病防控及其他涉及发展中国家诉求和挑战的全球性议题上继续保持密切协作。

十六、李克强总理对吴登盛总统及缅甸政府在访问期间给予的热情友好接待表示衷心感谢。

（来源：新华网．http://news.xinhuanet.com/world/2014－11/14/c_1113257573.htm.2014－11－14）

中泰联合新闻公报

一、应中华人民共和国国务院总理李克强邀请，泰王国总理巴育·占奥差阁下于2014年12月22日至23日对中国进行正式访问。访问期间，国家主席习近平会见巴育总理，李克强总理同巴育总理会谈，全国人大常委会委员长张德江会见巴育总理。

二、中国领导人请巴育总理转达对普密蓬国王和诗丽吉王后的亲切问候和良好祝愿，对普密蓬国王87岁寿辰表示祝贺。泰方表示感谢。

三、泰国政府2014年12月19日至20日在曼谷成功举办大湄公河次区域经济合作（GMS）第五次领导人会议，中方对此表示赞赏。泰方感谢中国政府予以支持，并为会议取得丰富成果发挥建设性作用。双方重申将继续推动大湄公河次区域深入可持续发展。

四、双方一致认为，在国际地区形势持续变化、各国经济依存度不断加深背景下，加强中泰全面战略合作伙伴关系，符合两国共同的根本利益，有助于提高两国人民的共同福祉，有利于促进本地区和世界的和平、稳定与发展。

五、双方对两国关系发展表示满意。两国领导人同意2015年共同纪念中泰建交40周年，并希望以此为契机，传承中泰友谊，加强战略对话，推动中泰全面战略合作伙伴关系取得更大发展，造福两国和两国人民。

六、中方重申对泰国政局的理解，支持泰国为实现国家改革、经济发展、民生改善“路线图”所作的努力。

七、泰方重申将继续坚持一个中国政策，支持海峡两岸关系和平发展和中国和平统一大业。

八、两国领导人积极评价两国副总理级经贸联委会第三次会议成果，同意全力支持这一重要机制的工作，加强两国在贸易、投资、基础设施、金融、能源、旅游、橡胶工业、信息通讯与航天技术等领域合作。双方同意继续促进和便利农产品贸易。泰方欢迎中方加大对泰投资，特别是高附加值产业的投资。双方同意共同努力实现2016年双向旅游人数500万人次的目标。

九、双方支持用好泰国和中国地方政府的合作机制，促进两国贸易、投资和旅游合作。

十、双方重申实现地区增长、繁荣和互联互通的共同目标，欢迎中华人民共和国政府和泰王国政府签署《关于在泰国2015年至2022年交通运输基础设施发展战略框架下开展铁路基础设施建设合作的谅解备忘录》和《关于农产品贸易合作的谅解备忘录》，认为这将为中泰现有的紧密关系增加新动力，也有利于本地区的长远发展和进步。双方将就有关项目具体细节加紧商谈，争取早日付诸实施。

十一、泰方支持中国提出共建“丝绸之路经济带”和“21世纪海上丝绸之路”的倡议。泰方支持中国通过基础设施建设合作推进地区互联互通，包括筹建亚洲基础设施投资银行。双方重视通过加强R3、R8和R12等主要公路网建设为中国与泰国及地区之间的跨境货物和人员运输提供便利，从而促进两国贸易、投资、旅游和人员交流。

十二、双方同意深化金融和银行业合作，扩大本币结算，通过在泰国建立人民币清算安排和续签中泰双边本币互换协议促进双边贸易投资。

十三、双方同意共享水资源管理、防洪减灾方面的技术和经验，积极开展有关项目建设，探索开展其他潜在的互利合作。

十四、双方同意加强包括航天领域在内的科技合作，推进遥感、全球导航及其他卫星技术应用，积极商签两国政府间航天活动合作协定。

十五、双方同意举行两国国防部防务安全磋商，在联演联训、人员培训以及国防工业等领域不断扩大合作，进一步加强预防和根除有组织偷渡、贩卖毒品、恐怖主义等跨国犯罪，继续通过现有机制推进湄公河流域执法安全合作。

十六、双方同意继续加强两国人文、教育特别是职业教育等领域合作。双方愿积极开展地方间交流与合作，不断扩大民间交往，夯实中泰友好的社会基础。

十七、泰方认为中国在医疗卫生、打击贩毒和贩卖人口等领域作出的贡献将大力促进本地区各国发展。

十八、中方赞赏泰方担任中国—东盟关系协调国以来所发挥的积极建设性作用。双方重申将致力于深化各领域合作，进一步增强中国—东盟战略伙伴关系，继续维护本地区和平与稳定。双方同意为全面有效落实《南海各方行为宣言》紧密合作，推进“南海行为准则”磋商进程，以期早日在协商一致的基础上达成“准则”。

十九、中方支持东盟在地区构架中发挥主导作用。双方同意继续加强在中国——东盟、东盟－中日韩、东亚峰会、东盟地区论坛、大湄公河次区域经济合作、亚洲合作对话、亚太经合组织、联合国等多边机制框架内的协调与配合。

二十、双方对巴育总理正式访华取得的成果表示满意，一致认为此访对两国关系未来发展具有重要意义。巴育总理代表泰国政府和人民，感谢中国政府和人民予以的热情友好接待。

（来源：新华网．http://news.xinhuanet.com/world/2014－12/23/c_1113752385.htm.2014－12－23）

中越联合公报

一、应中国共产党中央委员会总书记、中华人民共和国主席习近平的邀请，越南共产党中央委员会总书记阮富仲于2015年4月7日至10日对中华人民共和国进行正式访问。

访问期间，中共中央总书记、国家主席习近平与阮富仲总书记举行会谈。中共中央政治局常委、国务院总理李克强，中共中央政治局常委、全国人大常委会委员长张德江，中共中央政治局常委、全国政协主席俞正声分别会见阮富仲总书记。在友好、坦诚的气氛中，双方相互通报了各自党和国家的情况，就新形势下进一步加强两党两国关系及共同关心的国际和地区问题深入交换了意见，达成广泛共识。除北京外，阮富仲总书记还前往云南省参观访问。

双方一致认为，访问取得了圆满成功，为推动中越关系稳定健康发展，维护两国人民根本利益作出了重要贡献，也对促进本地区和世界的和平、稳定、合作与发展产生了积极影响。

二、双方对各自国家的社会主义建设事业取得的历史性重大成就感到高兴，强调坚持共产党的领导和具有本国特色的社会主义发展道路，是符合两国人民根本利益的正确选择。双方将继续努力，相互借鉴，推动中国改革开放和越南革新事业向前发展，不断为社会主义建设事业注入新活力。

越方高度评价中共十八大以来中国各项事业取得的重大进展，衷心祝愿并相信中国人民在中国共产党坚强领导下，一定能协调推进全面建成小康社会、全面深化改革、全面依法治国、全面从严治党，胜利实现建成富强民主文明和谐的社会主义现代化国家目标。

中方高度评价越共十一大以来越南人民在越南共产党领导下全面推进革新事业取得的巨大成就，衷心祝愿并相信越南人民一定能实现越共十一大提出的各项目标任务，圆满完成现代化、工业化事业，胜利实现把越南建成民富、国强、民主、公平、文明的社会主义国家目标。

三、值此中越建交65周年之际，双方回顾了两国人民在争取民族解放时期和推进社会主义革命与建设事业进程中并肩携手、相互支持、相互帮助的优良传统。中越作为重要邻邦，一致认为两国政治制度相同、发展道路相近、前途命运相关，两国发展互为重要机遇。

双方总结了中越关系发展的重要经验和启示：中越传统友谊由毛泽东主席和胡志明主席等双方老一辈领导人亲手缔造，是两党两国和两国人民的宝贵财富，应珍惜、维护并发扬光大；中越两国拥有广泛共同利益，这是两国关系的大局所在，双方应始终坚持相互尊重、坦诚协商、求同存异、管控分歧；中越政治互信是双边关系健康稳定发展的基础，双方应加强高层交往与沟通，从战略高度引领双边关系向前发展；中越互利合作给两国人民带来实实在在的利益，有助于促进地区的和平、发展与繁荣，应予全面深化和加强。

四、双方重申，中越将继续坚持并努力落实好“长期稳定、面向未来、睦邻友好、全面合作”方针和“好邻居、好朋友、好同志、好伙伴”精神，始终牢牢把握中越关系发展方向，推动中越全面战略合作伙伴关系不断向前发展。

双方一致同意，重点在以下领域深化合作：

——通过灵活方式，继续保持两党两国高层密切接触的优良传统，就国际地区形势和双边关系重大问题及时交换意见，不断深化战略沟通，巩固政治互信，加强对中越关系发展的引领和指导。

——继续发挥好中越双边合作指导委员会等两党两国间交流合作机制的作用，统筹推进合作，协调解决问题，服务于两国人民利益。实施好《落实中越全面战略合作伙伴关系行动计划》，推动两国各领域务实合作取得新进展。

——落实好两党合作计划，继续办好理论研讨会，推进两党对口部门交流合作，就党的建设、经济社会发展、国家治理等加强经验交流，深化党政干部培训合作。积极推动中国全国人大和越南国会、中国全国政协和越南祖国阵线之间的友好交流合作。

——落实好《中越2012～2016年经贸合作五年发展规划》，推进落实重点合作项目清单和双方业已签署的各项经贸合作协议。促进双边贸易稳定、平衡、可持续增长，中方鼓励中国企业扩大进口越南有竞争力的商品，双方积极研究商签《中越边境贸易协定》（修订版）。尽快协商并确定跨境经济合作区建设共同总体方案，切实推进基础设施互联互通项目。推进农业、制造业、服务业等产业和科技、医疗、检验检疫等领域合作。中方支持中国企业赴越投资兴业，也愿为越南企业来华开拓市场创造更便利条件。越方将为中国企业在越投资经营提供必要的便利条件。

双方宣布正式成立基础设施合作工作组和金融与货币合作工作组。同意加强上述两个工作组同海上共同开发磋商工作组协调配合，共同推进各领域合作全面发展。

——加强在外交、国防、执法和安全等领域交流合作。继续做好年度外交磋商，拓展两国外交部间交流合作。保持两军高层接触和防务安全磋商，加强两军边防友好交往，妥善管控分歧，深化军队党务和政治工作经验交流，加强人员培训合作，继续举行海军北部湾联合巡逻和军舰互访活动。深化安全和执法领域合作，加强安全对话，有效落实双方业已签署的合作机制和合作协议，加强在反恐、禁毒、打击电信诈骗、出入境管理、边境管控、网络安全等领域合作，保护对方国家驻在本国的机构、企业和人员安全。

——扩大双方新闻、文化、教育、旅游等各领域及两国地方间的友好交流与合作，继续办好中越青年友好会见、人民论坛等民间交流活动，积极推进互设文化中心工作，加强两国媒体交流和记者互访，深化双方研究机构和专家学者间友好交流，切实加强中越友好宣传，不断增进两国民众之间的相互了解和友谊。

——继续发挥好中越陆地边界联委会作用，落实好两国陆地边界有关法律文件，尽早签署《合作保护和开发德天瀑布协定》和《北仑河口自由区航行协定》，共同维护边境地区稳定和发展。发挥好中越陆地边境口岸管理合作委员会作用，加强双方边境口岸基础设施建设和管理，提升两国边境口岸开放合作水平。加强双方边境省（区）合作，促进两国边境地区共同发展。

五、双方就海上问题坦诚交换意见，强调恪守两党两国领导人达成的重要共识，认真落实《关于指导解决中越海上问题基本原则协议》，用好中越政府边界谈判机制，坚持通过友好协商和谈判，寻求双方均能接受的基本和长久解决办法，积极探讨不影响各自立场主张的过渡性解决办法，包括积极研究和商谈共同开发问题。共同管控好海上分歧，全面有效落实《南海各方行为宣言》（DOC），并在协商一致的基础上早日达成“南海行为准则”（COC），不采取使争议复杂化、扩大化的行动，及时、妥善处理出现的问题，维护中越关系大局以及南海和平稳定。

双方一致同意，推进海上共同开发磋商工作组工作，加强低敏感领域合作，稳步推进北部湾湾口外海域划界谈判，积极推进该海域共同开发，年内尽早启动北部湾湾口外海域共同考察。

六、越方重申坚定奉行一个中国政策，支持两岸关系和平发展与中国统一大业，坚决反对任何形式的“台独”分裂活动。越南不与台湾发展任何官方关系。中方对越方上述立场表示赞赏。

七、双方同意继续加强在联合国、亚太经合组织、中国—东盟等多边框架内的协调与配合，共同维护和促进世界的和平、繁荣与发展。中方支持越方成功主办2017年亚太经合组织领导人非正式会议，越方祝贺中方成功主办2014年亚太经合组织领导人非正式会议。双方同意加强地区互联互通建设合作，促进地区共同发展。

八、访问期间，双方签署了《中国共产党和越南共产党合作计划（2016～2020年）》、《中华人民共和国和越南社会主义共和国引渡条约》、《中华人民共和国政府和越南社会主义共和国政府关于中越联合勘探北部湾海上油气资源税收问题的协议》、《中华人民共和国国防部与越南社会主义共和国国防部联合国维和领域合作备忘录》、《中华人民共和国国家发展和改革委员会和越南社会主义共和国计划投资部关于成立基础设施合作工作组的谅解备忘录》、《中国人民银行与越南国家银行金融与货币合作工作组工作大纲》、《中国中央电视台与越南电视台合作拍摄电视专题片谅解备忘录》等合作文件。

九、越共中央总书记阮富仲对中共中央总书记、国家主席习近平以及中国共产党、政府和人民所给予的隆重、热情和友好的接待表示衷心感谢，邀请中共中央总书记、国家主席习近平尽早对越南进行正式访问。中共中央总书记、国家主席习近平对此表示感谢并愉快地接受了邀请。

（来源：新华网．http://news.xinhuanet.com/politics/2015－04/08/c_1114906532.htm．2015－04－08）

中老联合新闻公报

一、应中华人民共和国国务院总理李克强邀请，老挝人民民主共和国总理通邢·塔马冯于2014年4月8日至12日对中国进行正式访问并出席博鳌亚洲论坛2014年年会。访问期间，中国国家主席习近平会见了通邢总理，国务院总理李克强同通邢总理举行了会谈，全国政协主席俞正声会见了通邢总理。

二、双方一致认为，中老建交53年来，由两国老一辈领导人共同缔造和精心培育的中老传统友谊历久弥坚，不断发扬光大。双方高度评价2009年中老建立全面战略合作伙伴关系以来，两国在政治、经济、社会、人文等各领域合作取得的新进展。

三、双方一致认为，在国际和地区形势深刻复杂变化的新形势下，坚持“长期稳定、睦邻友好、彼此信赖、全面合作”方针和“好邻居、好朋友、好同志、好伙伴”精神，丰富和发展以互信互助互惠为特征的中老全面战略合作伙伴关系，对促进两国各自稳定与发展具有重要意义，符合两国根本利益和两国人民的共同愿望，也有利于本地区的和平、稳定与繁荣。

四、双方一致同意，继续认真实施好2013年签署的《关于落实中老全面战略合作伙伴关系的行动计划》，统筹协调和全面深化各领域务实合作，推动中国与老挝全面战略合作伙伴关系取得更大发展。

五、双方同意，保持两国高层交往传统，就双边关系和共同关心的重大问题及时交换意见，加强战略沟通，增进政治互信与团结协作。双方将进一步深化治党理政经验交流，加强干部考察和培训合作。双方将密切两国防务、执法安全等领域合作，维护各自国家安全，促进地区和平稳定。

六、双方对两国经贸合作取得的长足发展表示满意，同意加强经济发展战略协调，继续推进基础设施、农业、自然资源开发加工、能源、旅游、通信、生态等领域合作，实现优势互补，促进各自国家经济转型升级。中方将继续为老挝国家发展提供力所能及的支持和帮助。

双方一致认为，建设连接中老边境中方口岸磨憨至老挝万象市的中老跨境铁路项目，对于增进两国货物运输、人员往来和密切双边经贸合作具有重要意义，将抓紧研究实施方案，以便尽快启动项目建设。双方共同宣布启动两国政府间铁路合作协议商谈，争取尽早签署，为下一步合作打好基础。

七、双方同意，加强两国地方之间以及文化、教育、卫生、新闻媒体等领域的合作，夯实中老友好的社会和民意基础。

八、双方同意，加强两国在中国—东盟、东盟—中日韩、东亚峰会、大湄公河次区域经济合作、泛北部湾经济合作以及联合国等多边机制框架下的协调与配合，就涉及地区和平与发展的重大问题积极协调立场，相互支持与配合，促进本地区和平、稳定与发展。

九、中方重申支持老挝坚持独立自主，全面推进革新开放事业。老方重申继续坚定奉行一个中国政策，支持中国的和平统一大业，支持中国人民坚定不移沿着中国特色社会主义道路前进，为实现“两个100年”奋斗目标和中华民族伟大复兴的中国梦而不懈努力。

十、双方对通邢总理访问中国取得的成果表示满意，一致认为此次访问对推动两国关系发展具有重要意义。

（来源：新华网．http://news.xinhuanet.com/world/2014－04/11/c_1110211565.htm.2014－04－11）

附　录

中国驻东盟各国大使馆

（名称/大使/地址/电话/电子邮箱/网址）

驻文莱达鲁萨兰国大使馆/杨　健（Yang Jian）/NO. 1, 3, 5 SIMPANG 462, KAMPUNG SUNGAI HANCHING BARU, JALAN MUARA, BC2115, BANDAR SERI BEGAWAN, BRUNEI DARUSSALAM /00673－2－334163;00673－2－335710(传真)/ EMBPROC@BRUNET. BN, BN@MOFCOM. GOV. CN /http://bn. china－embassy. org

驻柬埔寨王国大使馆/布建国（Bu Jianguo）/No. 156, Blvd Mao Tsetung, Phnom Penh, Cambodia/00855－12810928, 12901923; 00855－23－720922(传真)/chinaemb_kh@mfa. gov. cn/http://kh. china－embassy. org

驻印度尼西亚共和国大使馆/谢锋(Xie Feng)/JL. MEGA KUNINGAN NO. 2 JAKARTA SELATAN 12950 INDONESIA / 0062－21－5761037; 0062－21－5761038(传真)/chinaemb_id@mfa. gov. cn /http://id. china－embassy. org

驻老挝人民民主共和国大使馆/关华兵（Guan Huabing）/ WAT NAK ROAD, SISATTANAK, VIENTIANE, LAO P. D. R. /00856－21－315100; 00856－21－315104(传真)/ chinaemb_la@mfa. gov. cn /http://la. china－embassy. org/

驻马来西亚大使馆/黄惠康（Huang Huikang）/229, JALAN AMPANG, 50450 KUALA LUMPUR, MALAYSIA / 00603－21411729, 21447652; 00603－21414552, 21453924（传真）/ CHINAEMBMY @ MFA. GOV. CN/http://my. china－embassy. org/chn/

驻缅甸联邦共和国大使馆/杨厚兰（Yang Houlan）/ NO. 1 PYIDAUNGSU YEIKTHA ROAD, YANGON, UNION OF MYANMAR /0095－1－221280, 221281; 0095－1－227019(传真)/ chinaemb_mm@mfa. gov. cn /http://mm. china－embassy. org

驻菲律宾共和国大使馆/赵鉴华（Zhao Jianhua）/ 4896 Pasay Road, Dasmarinas Village, Makati, Metro Manila, Republic of the Philippines /0063－2－8443148(总机); 0063－2－8452465(传真)/chinaemb_ph@mfa. gov. cn/http://ph. china－embassy. org

驻新加坡共和国大使馆/陈晓东（Chen Xiaodong）/东陵路150号新加坡247969，邮编247969（150 Tanglin Road, Singapore 247969）/ 0065－64180252, 67344737; 0065－64793250(传真)/chinaemb_sg@mfa. gov. cn /http://www. chinaembassy. org. sg

驻泰王国大使馆/宁赋魁（Ning Fukui）/ 57 RACHADAPISAKE ROAD HUAY KWANG, BANGKOK 10310, THAILAND /0066－2－2457044; 0066－2－2468247（传真）/chinaemb_th@mfa. gov. cn /http://www. chinaembassy. or. th

驻越南社会主义共和国大使馆/洪小勇（Hong Xiaoyong）/46 Hoang Dieu Road, Hanoi, Vietnam, P. O. BOX 13（信箱）/ 00844－38453736; 00844－38232826（传真）/chinaemb_vn@mfa. gov. cn /http://vn. china－embassy. org

（来源：中华人民共和国外交部网站. http://www. fmprc. gov. cn/mfa_chn/wjb_602314/zwjg_603776/zwsg_603778/）

东盟各国驻中国外交机构

（名称/大使/地址/电话/电子邮箱）

文莱达鲁萨兰国驻华大使馆/张慈祥（H. E. Ms. Magdalene Teo）/北京市朝阳区亮马桥北街1号（No. 1, Liang Ma Qiao Bei Jie, Chaoyang District）/

010—65329773,65329776,65324093;010—65324097(传真)

柬埔寨王国驻华大使馆/凯·西索达(H. E. Mrs. Khek M. Caimealy)/北京市东直门外大街9号(No. 9,Dong zhi men wai Daj ie)/010—65321889;010—65323507(传真)/cambassy@public2. bta. net. cn

印度尼西亚共和国驻华大使馆/苏更·拉哈尔佐(H. E. Mr. Soegeng Rahardjo)/北京市朝阳区东直门外大街4号(No. 4,Dong Zhi Men Wai Da Jie, Chaoyang District)/010—65325486,65325489;010—65325368,65325782(传真)/set. indonesia. kbri@deplu. go. id

老挝人民民主共和国驻华大使馆/宋迪·本库(H. E. Mr. Somdy Bounkhoum)/北京市三里屯东四街11号(No. 11,Dong Si Jie,San Li Tun)/010—65321224;010—65326748(传真)

马来西亚驻华大使馆/扎伊努丁(H. E. Mr. Zainuddin Bin Yahya)/北京市朝阳区亮马桥北街2号(No. 2,Liang Ma Qiao Bei Jie,Chaoyang District)/010—65322531;010—65325032(传真)/mwbjing@kln. gov. my

缅甸联邦共和国驻华大使馆/吴帝林翁(H. E. Mr. Tnit Lin Ohn)/北京市东直门外大街6号(No. 6,Dong Zhi Men Wai Da Jie)/010—65320359;010—65320408(传真)/info@myanmarembassy. com

菲律宾共和国驻华大使馆/艾尔琳达·巴西里奥(H. E. Mrs. Erlinda F. Basilio)/北京市建国门外秀水北街23号,100600(邮编)(23 Xiu Shui Bei Jie, Jian Guo Men Wai,100600)/010—65321872;010—65323761(传真)/Philemb_beijing@yahoo. com

新加坡共和国驻华大使馆/罗家良(H. E. Mr. Loh Ka Leung)/北京市朝阳区建国门外秀水北街1号(No. 1 Xiu Shui Bei Jie,Jian Guo Men Wai)/010—650321115;010—65329405(传真)/singemb_bej@mfa. sg

泰王国驻华大使馆/醍乐堃·倪勇(H. E. Mr. Theerakun Niyom)/北京市光华路40号(NO. 40, Guang Hua Lu) /010—65321749;010—65321748(传真)/thaiemb@easbnet. com. cn

越南社会主义共和国驻华大使馆/阮文诗(H. E. Mr. Nguyen Van Tho)/北京市建国门外光华路32号(NO. 32,Guang Hua Lu,Jian Guo Men Wai)/010—65321155;010—65325720(传真)/suquanbk@yahoo. com

(来源:中华人民共和国外交部网站 http://www. fmprc. gov. cn/mfa_chn/ziliao_611306/wjgmc_611378/)

中国驻东盟各国总领馆

(名称/总领事/地址/电话/电子邮箱)

驻泗水总领事馆(印度尼西亚)/于　红(Yu Hong)/Jalan Mayjend. Sungkono Kav. B1/105,Surabaya Jalan Paris Argosari V D—3,Surabaya(签证厅)/0062—31—5675825;0062—31—5674667(传真)/chinaconsul_sur@mfa. gov. cn/http://surabaya. china—consulate. org/(网址)

驻棉兰总领事馆(印度尼西亚)/朱洪海(Zhu Honghai)/Jalan Walikota No. 9,Medan 20152/0062—61—4571232;0062—61—4571261(传真)/ chinaconsul_mdn_id@mfa. gov. cn/http://medan. chineseconsulate. org(网址)

驻古晋总领馆(马来西亚)/刘　全(Liu Quan) /马来西亚砂捞越州古晋市王长水路10段276号(Lot 276,Block 10,Jalan Ong Tiang Swee,93200 Kuching,Sarawak,Malaysia)/0060—82—240344;0060—82—232344(传真)/ consulate_kuching@mfa. gov. cn/http://kuching. chineseconsulate. org(网址)

驻曼德勒总领馆(缅甸)/王　愚(Wang Yu)/Yadanar Lane,Yanfyi Aung Road/00952—34457;00952—35944(传真)/ chinaconsul_man_mm@mfa. gov. cn/http://mandalay. china—consulate. org(网址)

驻宿务总领馆(菲律宾)/张卫国(Zhang Weiguo)/Cebu Fil—Chinese Volunteers Fire Brigade Building,Don Julio Llorente Street,Barangay Capitol Site, Cebu City 6000, Philippines /0063—32—2563422,2563455;0063—32—2563499(传真)/chinaconsul_cb_ph@mail. mfa. gov. cn/ http://cebu. china—consulate. org(网址)

驻拉瓦格领事馆(菲律宾)/赵桥梁(Zhao Qialiang)/菲律宾北伊罗戈省圣尼古拉斯县三蕃镇一区国道216号(No 216 National Highway,Brgy. 1,San Francisco San Nicolas, Ilocos Norte 2901, Philippines)/0063—9178051226;0063—77—6706338(传真)/Chinaconsul_lg_ph@mfa. gov. cn/http://laoag. china—consulate. org

驻宋卡总领馆(泰国)/张晋雄(Zhang Jinxiong)

/ NO. 9,Sadao Road,Ampur Muang,Songkhla,90000(邮编)/0066—74—322034 /chinaconsul_skh_th@mfa. gov. cn/http://songkhla. chineseconsulate. org/

驻清迈总领馆(泰国)/巢小良(Chao Xiaoliang)/泰国清迈昌罗路 111 号(No. 111,Changlo Road,Chiangmai 50000,Thailand)/ 6653— 276125;6653—274614(传真)/ http://chiangmai. chineseconsulate. org(网址)

驻胡志明市总领事馆(越南)/柴文睿(Chai Wenrui)/ 175 Hai Ba Trung Road, District 3, Ho Chi Minh City /00848—38292457;00848—38295009(传真)/ chinaconsul_hcm_vn@mfa. gov. cn/http://hcmc. chineseconsulate. org/(网址)

(来源:中华人民共和国外交部网站. http://www. fmprc. gov. cn/mfa_chn/wjb_602314/zwjg_603776/zwzlg_603792/)

东盟国家贸促机构与商协会通讯录

国家	机构名称	地址	电话、传真	电邮、网址
文莱	文莱国家工商会	No. 1,Block D,Beribi Industrial Complex 1,Kg. Beribi BE 1119 Negara Brunei Darussalam	Tel:00673—2421839 Fax:00673—2421839,2237843	E—mail:sybas@brunet. bn
	文莱斯市中华总商会	72 Jalan Robert 2/3/4 Floor, Bandar Seri Begawan BS8811,Brunei Darussalam	Tel:00673—2235495 Fax:00673—2235492	E—mail:ccc@brunet. bn
柬埔寨	商业部	Lot 19—61,MOC Road (113broad), phum Teuk Thla, Sangkat Teuk Thia,Khan Sen Sok,Phnom Penh	Tel:00855—23426024 Fax:00855—23426024	E— mail: wtooffice @ camnet. com. kh(东盟与国际组织司),itd@gocambodia. com(国际贸易司)http://www. moc. gov. kh
	柬埔寨中国商会	金边市 106 街 19 号(捷运旅游集团大厦 2 楼)	Tel/ Fax:00855—12—811919	sinocam@hotmail. com
	柬埔寨金边总商会	No. 7B the corner of Road No. 81 — 109, sangkat boeung Raing, khan daun penh, phnom phenh	Tel:00855—23—212265 Fax:00855—23—212270	
印尼	印尼中华总商会	23rd Fl. , Tower A Landmark Building Tower, Jl. Jend. Sudirman Kav. 1, Jakarta 12190,Indonesia	Tel:0062—21—5209393 Fax:0062—21—5202680	
	印尼工商会	Menara Kadin Indonesia 29th FloorJl. H. R. Rasuna Said X—5Kav. 2—3,Jakarta 12950	Tel:0062—21—5274485,9165535 Fax:0062—21—5274486	E—mail:inquiry@kadinnet. com http://www. kadinnet. com
	印中商务理事会	Gedung Pusat Niaga Lt. 4,Arena PRJ Kemayoran,Jakarta 10620 Indonesia	Tel:0062—21—3910947 Fax:0062—21—6678353,6612338	
	印尼工贸部出口促进局	ITC Building,Jl. Abdul Muis No. 8,Jakarta 10180,Indonesia	Tel:0062—21—3800654 Fax:0062—21—38558850	E—mail:kabpen@dprin. go. id; E—mail:kabpen@nafed. go. id; http://www. nafed. go. id
老挝	老挝国内外投资促进管理局	LuangPrabang Road,Vientia—Ne,Laos	Tel:00856—21—217005 Fax:00856—21—215491	E—mail:fimc@laotel. com http://www. invest. laopdr. org
	老挝工商会	Rue Ponexay Post Box 4596 Vieentiane	Tel:00856—21—414383 Fax:00856—21—414383	

续表

国家	机构名称	地址	电话、传真	电邮、网址
马来西亚	国际贸易及工业部	Block 10,Kompleks PejabatPe—jabat Kerajaan,Jalan Duta,50622 Kuala Lumpur	Tel:00603—62033022 Fax:00603—62012337	http://www.miti.gov.my
	马来西亚中华工商联合会	Lot 6.05&6.06,6th Floor,Menara Promet,Jalan Sultan Ismail,50250 Kuala Lumpur	Tel:00603—21452503,21452653 Fax:00603—21452562,21457819	E—mail:acccim@acccim.org.my http://www.acccim.org.my/
	马来西亚中国经济贸易总商会	No.8—2,Jln Metro Pudu,Fraser Business Park Off Jalan Yew,55100 Kuala Lum—pur	Tel: 0060—3—92231188 Fax: 0060—3—92221548	E—mail:mccc.sec@mccc.my enquiry.mccc@gmail.com http:// www.mccc.my
	马来西亚全国工商总会	Level 3,West Wing,Menara MATRADE,Jalan Khidmat Usaha, Off Jalan Duta,50480,Kuala Lumpur,Malaysia	Tel:00603—6204 9811 Fax:00603—6204 9711	E—mail:enquiry@nccim.org.my http://www.nccim.org.my
缅甸	缅甸中国企业商会商务中心	Room 0305,Business Suite,Sedona Hotel,Yangon,Myanmar	Tel:0095—1—666900—7904 Fax:0095—1—666900—7904	E—mail:dongbobo@myanmar.com.mm
	缅甸联邦商业和工业联合会	No.29,Min Ye Kyawswa Road,Lanmadaw Township,Yangon,Myanmar	Tel :0095—1—214344,214345 Fax :0095—1—214484	E—mail:umcci@mptmail.net.mm http://www.umfcci.com.mm
	缅甸华商商会	No.1—5,Shwe Dagon Pagoda Road,Latha Tsp.,Yangon	Tel:0095—1—246076	
菲律宾	菲律宾工商联合会	G/F,Philippine Internatio—nal Convention Center, East Wing, Secretariat Building,CCP Complex, Roxas Blvd., Pasay City,Metro Manila,Philippines.	Tel :0063—2—8338591,8338595 Fax :0063—2—8338895	
	菲律宾中华总商会	1122 Soler St.,Manila,Ph—ilippines.	Tel:00632—7114141,2327231 Fax: 00632—7436366	
	菲律宾华工商总会	6th Floor Birch Tree Plaza Bldg., 825 Muelle de la Industria, Binondo, Manila,Philippines	Tel:0063—2—2444991,2444996 Fax: 0063—2—2444997,2416475	http://www.cfbc.com.ph
	菲律宾华商联总会	6th Floor,Federation Cen—ter,Muelle De Binondo St. Manila,Philippines	Tel:0063—2—2419201 Fax:0063—2—2422361,2422347	E—mail:secretariat@ffcccii,com.ph http://www.ffcccii.com.ph
新加坡	新加坡中华总商会	47 Hill Street #09—00,Sin—gapore 179365	Tel:0065—63378381 Fax:0065—63390605	http://www.sccci.org.sg
	新加坡中小企业协会	ASME Secretariat 167 Jalan Bukit Merah Tower 4,#03—13 Singapore 150167	Tel:0065—65130388 Fax:0065—65130399	E—mail:sme@asme.org.sg
	新加坡贸易与工业部	100 High Street #09—01 The Treasury,Singapore179434	Tel:0065—62259911 Fax:0065—63327260	http://www.mti.gov.sg/
	新加坡中国商会	6001 Beach Road #11—01 Golden Mile Tower,Singapore 199589	Tel:0065—62213900 Fax:0065—62251558	http://www.scbworld.com

续表

国家	机构名称	地址	电话、传真	电邮、网址
新加坡	新加坡工商联合总会	19 Tanglin Shopping Centre, Singapore 247909	Tel:0065—68276828 Fax:0065—68276807	http://www. sbf. org. sg
	新加坡国际商会	6 Raffles Quay ＃10—01 Sin—gapore 048580	Tel:0065—62241255 Fax:0065—62242785	E—mail:general@sicc. com. sg http://www. sicc. com. sg/
	新加坡制造商联合会	The Enterprise ＃02—02, No. 1 Science Centre Road,Singa—pore 609077	Tel: 0065—68263000 Fax: 0065—68228323	http://www. smafederation. org. sg
泰国	泰国中华总商会	No. 889 Thai C. C. Tower, 9th Floor, Sathorn Road. Bangkok 10120,Thailand	Tel:0066—26758577 Fax:02—2123916	
	泰国贸易院	150 Rajbopit Rd. ,Bangkok 10200	Tel:02—2211827 Fax:02—2253995	E—mail:Bot@bkk. a—net. net. th
	泰国工商总会	464/11 Nakornchaisri Rd. ,Dusit,Bangkok 10300	Tel:0066—23984671 02—2430484	www. thaicci. orq
	泰华进出口商会	No. 1249/143 Gems Tower 16Fl. ,Charoen-krung Rd. ,Bangrak,Bangkok 10500	Tel:0066—22677662 02—2677670	www. tcea. or. th
	泰中促进投资贸易商会	16th Asok Tower BLDG. ,219/53 Sukhum-vit 21 Rd. ,Bangkok 10110	Tel:02—2600181—90 Fax:02—2613492	
	泰国商会	150 Rajbopit Rd. , Bangkok 10200, P. O. Box 2—146	Tel:02—6221860—77 02—2253372	
	泰国华人青年商会	160/808—811 ITF Silom Palace 31 Fl. ,Si-lom Rd. ,Bangkok 10500	Tel:0066—22356136 Fax:02—2372381	www. tycc. orq
越南	越南工商会	9 Dao Duy Anh Str. ,Hanoi,Vietnam	Tel:0084—4—5742017 Fax:0084—4—5742020	http://www. vcci. com. vn
	越南科技联合总会	53 Nguyen Du Str. ,Hanoi	Tel:0084—4—9438108 Fax:0084—4—8227593	E—mail: vanphonglhh@ya-hoo. com http://www. vusta. org. vn
	越南工业财产协会	100B Ngoc Ha Street,Ba Dinh,Hanoi	Tel:0084—4—7332266 Fax:0084—4—7340646	E—mail: Vipa@fpt. vn
	越南标准及消费者协会	14 ngo 22 pho Ton Tat Tung,Hanoi	Tel:0084—4—8527769 Fax:0084—4—8527769	E—mail: Vanatas@fpt. vn
	青年企业协会	64 Ba Trieu,Hanoi	Tel:0084—4—9437527	E—mail: Dnt@hn. vnn. vn
	越南银行协会	193 Ba Trieu Str. ,Hanoi	Tel:0084—4—8218679 Fax:0084—4—8218732	

（资料来源：中华人民共和国驻各国大使馆经济商务参赞处）

中国—东盟自由贸易区部分关税削减时间表

起始时间	关税税率	覆盖关税条目	参与的国家
2000年	对所有东盟成员国0%～5%	85%的CEPT条目	原东盟6国
2002年1月1日	对所有东盟成员国0%～5%	全部CEPT条目	原东盟6国
2003年7月1日	WTO最惠国关税税率	全部	中国与东盟10国
2003年10月1日	中国与泰国果蔬关税降至0%	中泰水果蔬菜	中国、泰国
2004年1月1日	农产品关税开始下调	农产品	中国与东盟10国
2005年1月	对所有成员开始削减关税	全部	中国与东盟10国
2006年	农产品关税降至0%	农产品	中国与东盟10国
2010年	对所有东盟成员国0%	全部减税产品	原东盟6国
2010年	关税降至0%	全部产品（部分敏感产品除外）	中国与原东盟6国
2015年	对所有东盟成员国0%	全部产品（部分敏感产品除外）	东盟新成员国
2015年	对中国—东盟自由贸易区成员国关税降至0%	全部产品（部分敏感产品除外）	东盟新成员国
2018年	对东盟自由贸易区和中国—东盟自由贸易区所有成员国0%	剩余的部分敏感产品	东盟新成员国

（来源：2002年11月签署的《中国与东盟全面经济合作框架协议》）

中国和东盟各国的主要港口及国际航空港

国家	主要港口	国际航空港（机场）
中国	海港：大连、营口、秦皇岛、天津、烟台、青岛、日照、连云港、上海、宁波、厦门、汕头、广州、湛江、北海、钦州、防城、海口、香港、澳门、基隆、高雄 河港：重庆、万州、武汉、芜湖、南京、扬州、常州、张家港、南通、广州、梧州、贵港	北京首都、广州白云、上海浦东、上海虹桥、深圳宝安、昆明巫家坝、成都双流、西安咸阳、厦门高崎、重庆江北、天津滨海、大连周水子、杭州萧山、福州长乐、南京禄口、沈阳桃仙、桂林两江、南宁吴圩、哈尔滨阎家岗
文莱	海港：穆阿拉、斯里巴加湾、马来亦、卢穆、诗里亚	斯里巴加湾
柬埔寨	海港：西哈努克	金边、暹粒
印度尼西亚	海港：丹戎不碌、泗水（丹戎佩拉）、三宝垄、勿拉湾、雅加达	巴厘岛登帕萨、雅加达苏加诺—哈达
老挝	河港：沙湾拿吉	琅勃拉邦、万象瓦岱、巴色、沙湾那吉
马来西亚	海港：巴生港、槟城、关丹、新山、纳闽（拉布安）、哥打基纳巴卢。 河港：古晋	吉隆坡、槟城、兰卡威、哥打基纳巴卢、古晋
缅甸	海港：仰光 河港：勃生	仰光敏加拉洞、曼德勒
菲律宾	海港：宿务、马尼拉、怡朗、三宝颜	马尼拉阿基诺、宿务马克丹、达沃、苏比克、克拉克、拉瓦格

续表

国家	主要港口	国际航空港（机场）
新加坡	海港：新加坡	新加坡樟宜
泰国	海港：宋卡、普吉 河港：曼谷	曼谷素旺那普、清迈、普吉、合艾
越南	海港：海防、岘港、金兰湾、广宁、炉门、归仁、义安、芽庄、西贡	河内内排、岘港、胡志明市新山一国际机场

（来源：《中国—东盟自由贸易区与广西》）

东盟国家的主要报纸

国家	本国文报纸	华文报纸	英文（其他语言）报纸
文莱	《婆罗洲公报》《文莱灯塔》	《文莱美里日报》《文莱诗华日报》《联合早报》	《婆罗洲公报》
柬埔寨	《柬埔寨之光报》《人民报》《和平岛报》《柬埔寨日报》《柬埔寨时报》	《华商日报》《柬华日报》《星洲日报》《大众日报》《新时代日报》	《柬埔寨日报》《金边邮报》《柬埔寨时报》
印度尼西亚	《罗盘报》《专业之声报》《印尼媒体报》《共和国日报》《革新之声报》《印尼商报》《华文邮报》	《印度尼西亚日报》《华文邮报》《国际日报》《商报》《新生日报》《星洲日报》《世界日报》《千岛日报》	《雅加达邮报》《印尼观察家报》
老挝	《人民报》《新万象报》《人民军报》《青年报》《巴特寮》		《Vintiane Times》（英文报）《Le-renovateur》（法文报）《每日消息》（英、法文）
马来西亚	《马来西亚使者报》《每日新闻》《祖国报》	《南洋商报》《星洲日报》《中国报》	《新海峡时报》《星报》《马来邮报》
缅甸	《缅甸之光》《镜报》《首都报》《曼德勒报》《雅德那崩报》	《缅甸华报》	《缅甸新光》
菲律宾	《消息报》《菲律宾快报》	《世界日报》《商报》《菲华时报》《联合日报》《环球日报》	《马尼拉公报》《菲律宾星报》《菲律宾询问日报》《自由报》《马尼拉时报》《马尼拉纪事报》
新加坡	《每日新闻》《泰米尔日报》	《联合早报》《联合晚报》《新明日报》	《海峡时报》《商业时报》《新报》
泰国	《泰叻报》《民意报》《每日新闻》《国家报》《沙炎叻报》《经理报》等	《新中原报》《中华日报》《星暹日报》《亚洲日报》《京华中原日报》《世界日报》等	《曼谷邮报》《民族报》
越南	《人民报》《人民军队报》《大团结报》《西贡解放日报》	《西贡解放日报》	《西贡时报》

（来源：据新华网相关资料整理）

中国和东盟各国主要通讯社、电台、电视台

国家	通讯社	电台	电视台
中国	新华通讯社（简称“新华社”，1931年11月7日创建）、中国新闻社（简称“中新社”，于1952年9月14日正式成立，并于1952年10月1日正式对海外播发电讯通稿）	中央人民广播电台（全称“中华人民共和国国家广播电台”，诞生于1940年12月30日）、中国国际广播电台（中国唯一使用外语以及汉语普通话和方言向全世界广播的国家广播电台，创建于1941年12月3日）	中央电视台（全称“中华人民共和国国家电视台”，于1958年5月1日试播，1958年9月2日正式播出，英文简称“CCTV”）
文莱	文莱新闻社（唯一官方新闻机构，创建于1959年）	文莱广播电台（创建于1957年5月，拥有两个广播网，一个用马来语和方言广播，一个用英语、华语和廓尔喀语广播）	文莱广播电视台（创建于1957年5月，从1975年起开设彩色电视频道，播放马来文和英文节目）
柬埔寨	柬新社（AKP）（成立于1980年，为柬埔寨唯一的官方通讯社）	FM103国家台	国家电视台（建台于1984年，以柬语广播为主）、仙女台第11频道（私营）、第9频道（私营）、第5频道（军队频道）、首都第3频道（官方开办）、巴戎台（私营，每日有中文新闻报道）；有线电视台：柬埔寨有线电视台、金边有线电视台、微波无线电视台
印度尼西亚	安塔拉通讯社（创办于1937年12月13日，系印度尼西亚国家通讯社）、印尼民族通讯社（私营，于1967年成立）	印度尼西亚共和国广播电台（国营，于1945年9月11日成立）	印度尼西亚共和国电视台（于1962年8月17日正式运营）、鹰记电视台、太阳电视台、教育电视台、美都电视台
老挝	巴特寮通讯社（于1968年1月成立，国营）	老挝国家广播电台（用老挝语广播，对外用越、柬、法、英、泰语广播）、老挝人民军广播电台	老挝国家电视台（建于1983年12月），每天播放老挝语节目5小时左右
马来西亚	马来西亚国家新闻社（简称“马新社”，半官方通讯社，成立于1968年）	马来西亚广播电台（官办，建于1946年，拥有6个广播网，用马来语、英语、华语和泰米尔语广播）、马来西亚之声电台（建于1963年，用马来语、阿拉伯语、英语、印尼语、缅甸语、他加禄语和泰语等8种语言对外广播）	马来西亚电视台（官方，建于1963年）、第三电视台（TV3）、城市电视台（METRO VISION）、国民电视台（NTV）、ASTRO卫星有线电视频道、8TV电视台
缅甸	缅甸通讯社	缅甸之声（建于1937年，目前用缅甸语、英语及八种少数民族语言广播）	缅甸电视台（建于1980年），妙瓦底电视台（创办于1995年3月27日，军方创办）
菲律宾	菲律宾通讯社（官方通讯社，成立于1973年3月1日）	菲律宾广播局	人民电视台
新加坡		新加坡国际广播电台（每天以华语、英语、马来语及印尼语播音）	TCS（新加坡最大的电视公司，有3个频道，占有新加坡80%的收视率）

续表

国家	通讯社	电台	电视台
泰国	泰国通讯社	泰国国家广播电台（设有国外部，用泰、英、法、中、马来、越、老、柬、缅、日等语言广播）	泰国国家电视台
越南	越南通讯社（国家通讯社，于1945年创立，1976年合并越南南方解放通讯社）	越南之声广播电台（目前共有6个频率，以中波（SW）AM，调频和短波（SW）AM等向越南各地和世界其他地区播出）	越南电视台（VTV）（越南社会主义共和国的国家电视台，成立于1970年9月7日，1987年4月30日正式取名为“越南电视台”，成为越南的国家电视台）

（来源：中国网、新华网有关资料）

中国—东盟博览会参展物主要入境口岸局一览

名称	简介	地址	邮编	电话	传真
桂林检验检疫局	桂林检验检疫局成立于1999年11月。下设办公室、检务科、检验检疫1科、2科、3科、两江机场办事处、旅检1科、2科等12个科室。	桂林市漓江路25号	541004	0773—5813528	0773—5845585
东兴检验检疫局	东兴检验检疫局成立于1999年10月，下设办公室、检务科、检验检疫科、旅检科、货场办事处、垌中办事处、江山办事处等11个科室。	东兴市兴新华路265号	538100	0770—7682811	0770—7682477
凭祥检验检疫局	凭祥检验检疫局成立于1999年11月。下设办公室、财务科、政工科、综合业务科、友谊关办事处、浦寨办事处、爱店办事处、火车站监管科、叫隘监管科、弄怀监管科、综合技术服务中心和综合实验室12个科室。	凭祥市南大路1支9号	532600	0771—8521560	0771—8521560
北海检验检疫局	北海检验检疫局成立于1999年10月。下设办公室、综合业务科、卫生检疫科、动植物检疫科、食品检验科、检验鉴定科、检务科、财务科、政工科、综合实验室等10个科室。	北海市广东南路126号	536000	0779—3206192	0779—3206199
防城港检验检疫局	防城港检验检疫局成立于1999年11月。下设办公室、综合业务科、卫生检疫科、动植物检疫科、食品检验科、化矿检疫科、检验鉴定科、检务科、财务科、政工科、综合实验室等11个科室。	防城港市港口区兴港大道91号	538001	0770—2821830	0770—2821830

（来源：广西出入境检验检疫局网）

东南亚国家联盟
(Association of Southeast Asian Nations—ASEAN)

成立日期

1967年8月8日。

目 标

《东盟宪章》确定的目标包括：（一）维护和促进地区和平、安全和稳定，并进一步强化以和平为导向的价值观；（二）通过加强政治、安全、经济和社会文化合作，提升地区活力；（三）维护东南亚的无核武器区地位，杜绝大规模杀伤性武器；（四）确保东盟人民和成员国与世界和平相处，生活于公正、民主与和谐的环境中；（五）建立一个稳定、繁荣、极具竞争力和一体化的共同市场和制造基地，实现货物、服务、投资、人员资金自由流动；（六）通过相互帮助与合作减轻贫困，缩小东盟内部发展鸿沟；（七）在充分考虑东盟成员国权利与义务的同时，加强民主，促进良政与法律，促进和保护人权与基本自由；（八）根据全面安全的原则，对各种形式的威胁、跨国犯罪和跨境挑战作出有效反应；（九）促进可持续发展，保护本地区环境、自然资源和文化遗产，确保人民高质量的生活；（十）通过加强教育、终生学习以及科学技术领域的合作，开发人力资源，提高人民素质，强化东盟共同体意识；（十一）为东盟人民提供适当的就业机会、社会福利和公正待遇，提高其福利和生活水平；（十二）加强合作，为东盟人民营造一个安全、没有毒品的环境；（十三）建设一个以人为本的东盟，鼓励社会各界参与东盟一体化和共同体建设进程，并从中受益；（十四）增强对本地区丰富文化和遗产的认识，促进东盟意识；（十五）在一个开放、透明和包容的地区架构内，发展与域外伙伴的关系与合作，维护东盟的主导力量、中心地位和积极作用。

成 员

10个（截至2014年8月）：印度尼西亚、马来西亚、菲律宾、新加坡、泰国、文莱、越南、老挝、缅甸、柬埔寨。总面积约444万平方公里，人口6.01亿。观察员国：东帝汶、巴布亚新几内亚。

主要负责人

首脑会议是东盟最高决策机构，由东盟各国轮流担任主席国，负责召集。现任主席国为马来西亚，2015年1月接任。东盟秘书长是东盟首席行政官，向东盟首脑会议负责，由东盟各国轮流推荐资深人士担任，任期5年。黎良明（Le Luong Minh，越南前副外长）于2013年1月接任东盟秘书长，任期至2017年。

总 部

东盟秘书处设在印度尼西亚首都雅加达（70A Jl. Sisingamangaraja，Jakarta 12110，Indonesia）。网址：http://www.asean.org/。

出版物

东盟拥有众多定期或不定期发行的出版物，如《东盟年度报告》、《东盟商务通讯》等。

组织机构

2008年12月，《东盟宪章》正式生效。根据该宪章，东盟调整了组织机构，主要包括（一）首脑会议：就东盟发展的重大问题和发展方向做出决策，每年举行2次。（二）东盟协调理事会：由东盟各国外长组成，是综合协调机构，每年举行两次会议。（三）东盟共同体理事会：包括东盟政治安全共同体理事会、东盟经济共同体理事会和东盟社会文化共同体理事会，协调其下设各领域工作，由担任东盟主席的成员国相关部长担任主席，每年至少举行2次会议。（四）东盟领域部长机制：加强各相关领域合作，支持东盟一体化和共同体建设。（五）东盟秘书长和东盟秘书处：负责协助落实东盟的协议和决定，监督落实。（六）常驻东盟代表委员会：由东盟成员国指派的大使级常驻东盟代表组成，代表各自国家与东盟秘书处和东盟领域部长机制进行协调。（七）东盟国家秘书处：是东盟在各成员国的联络点。（八）东盟人权机构：负责促进和保护人权与基本自由的相关事务。（九）东盟基金会：与东盟相关机构合作，支持东盟共同体建设。（十）与东盟相关的实体：包括各种民间和半官方机构。

主要活动

自1976年以来东盟共举行了26次首脑会议。

2003年10月举行的第9届东盟首脑会议发表《东盟协调一致第二宣言》(亦称《第二巴厘宣言》)，宣布将于2020年建成东盟共同体，其三大支柱分别是“东盟政治安全共同体”、“东盟经济共同体”和“东盟社会文化共同体”。2004年11月举行的第10届东盟首脑会议通过为期6年的《万象行动计划》(VAP)，以进一步推进一体化建设，并决定建立“东盟发展基金”以保障其落实。2005年12月举行的第11届东盟首脑会议签署《关于制定〈东盟宪章〉的吉隆坡宣言》。2007年1月第12届东盟首脑会议签署《关于加速于2015年建立东盟共同体的宿务宣言》、《关于〈东盟宪章〉蓝图的宿务宣言》和《关于建设一个关爱和共享的共同体的宿务宣言》。同年11月举行的第13届东盟首脑会议签署《东盟宪章》、《东盟经济共同体蓝图宣言》、《东盟环境可持续性宣言》和《东盟关于第十三次〈联合国气候变化框架公约〉缔约方会议和第三次〈京都议定书〉缔约方会议的宣言》。

2009年2月在泰国曼谷举行的第14届东盟首脑会议以落实《东盟宪章》和合作应对全球金融危机为重点。会议签署《东盟政治安全共同体蓝图》、《东盟社会文化共同体蓝图》、《东盟共同体2009～2015年路线图宣言》，发表《关于全球经济和金融危机的新闻公报》、《东盟地区食品安全声明》和《关于东盟实现千年发展目标的联合宣言》、第2份《东盟一体化倡议工作计划》，并见证签署《东盟货物贸易协定》、《东盟全面投资协定》和《东盟石油安全协定》。

2009年10月泰国昌安华欣举行的第15届东盟首脑会议以“促进互联互通，提高人民能力”为主题，强调推进基础设施建设，以及通过教育合作和能力建设加强各国民众的东盟意识和认同感。会议发表《东盟领导人关于东盟互联互通的声明》、《关于加强教育合作实现东盟关爱与共享的共同体的昌安华欣宣言》、《关于成立东盟政府间人权委员会的昌安华欣宣言》和《东盟关于气候变化的联合声明》，通过《东盟协调理事会职责范围》，签署《东盟特权与豁免协议》。

2010 年 4 月第 16 届东盟首脑会议在越南河内举行，主题为“迈向东盟共同体：从愿景到行动”，重点就进一步落实《东盟宪章》、加快共同体建设和加强后金融危机合作等进行讨论。会议签署《东盟宪章争端解决机制议定书》，发表《东盟关于持续复苏和发展的声明》、《东盟领导人关于联合应对气候变化的声明》，宣布启动东盟促进和保护妇女儿童权利委员会，并将妇女儿童发展等确定为社会文化共同体建设优先领域。

2010 年 10 月第 17 次东盟首脑会议在越南河内举行。会议通过《东盟互联互通总体规划》，签署《东盟服务框架协议第 8 个一揽子计划》，修订《东盟货物贸易协定为大米和糖提供特殊补贴的议定书》，发表《为经济复苏和可持续增长的人力资源和技能开发东盟领导人声明》和《促进东盟妇女儿童福利和发展河内宣言》。

2011 年 5 月，第 18 次东盟首脑会议在印尼雅加达举行，主题为“全球大家庭中的东盟共同体”，重点就加快东盟共同体建设、东亚峰会发展、柬泰边界冲突等问题进行讨论。会议发表了《全球大家庭中的东盟共同体联合声明》，表示到 2022 年东盟成立 55 周年时，东盟将更有能力在国际事务中发挥建设性作用。

2011 年 11 月，第 19 次东盟首脑会议在印尼巴厘岛举行。会议通过了《全球大家庭中的东盟共同体巴厘宣言》（也称第 3 份《巴厘宣言》），阐述了东盟成员国在政治与安全、经济、社会、文化等方面应如何加强合作，并承诺在 2022 年建立应对全球事务的东盟共同平台。

2012 年 4 月，第 20 次东盟首脑会议在柬埔寨金边举行，主题为“东盟：共同体、共命运”，重点就提升东盟一体化水平等问题进行讨论。会议发表了《金边宣言——东盟：共同体、共命运》、《东盟共同体建设金边议程》、《2015 年实现无毒品的东盟宣言》、《“全球温和派运动”概念文件》等文件。东盟领导人还共同庆祝了东盟成立 45 周年。

2012 年 11 月，第 21 次东盟首脑会议在柬埔寨金边举行，主题为“东盟：共同体、共命运”，重点就确保共同体于 2015 年如期建成等问题进行讨论。会议发表了《东盟人权宣言》、《东盟领导人关于建立东盟区域地雷行动中心的宣言》、《巴厘协调一致第三行动计划（2013～2017 年）》。

2013 年 4 月，第 22 次东盟首脑会议在文莱举行，主题为“我们的人民、我们的未来”，重点就进一步加强东盟共同体建设、建设“以人为本”的东盟进行了讨论。会后发表了《主席声明》，强调东盟当前重点仍在于加强内部建设和融合，推进政治安全、经济和社会文化共同体进程。

对外关系

东盟积极开展多方位外交。自 1978 年始，东盟国家每年与其对话伙伴（时为美国、日本、澳大利亚、新西兰、加拿大、欧盟，后相继增加韩国、中国、俄罗斯和印度）举行对话会议，就重大国际政治和经济问题交换意见。1994 年 7 月，东盟倡导成立东盟地区论坛（ARF），主要就亚太地区政治和安全问题交换意见。1994 年 10 月，东盟倡议召开亚欧会议（ASEM），促进东亚和欧盟的政治对话与经济合作。1997 年，东盟与中国、日本、韩国等共同启动了东亚合作，东盟与中日韩（10＋3）、东亚峰会等机制相继诞生。1999 年 9 月，在东盟的倡议下，东亚—拉美合作论坛（FEALAC）成立。

近年来，美国、日本、韩国、澳大利亚等主要域外国家不断加强与东盟关系。2009 年 7 月，美国签署《东南亚友好合作条约》。2009 年，日本提出“亚洲经济倍增倡议”，对以东盟为主的亚洲发展中国家打出包括官方发展援助、贷款保险、贸易融资担保、环保投资倡议等共约 700 亿美元援助计划。韩国于 2009 年 6 月举行了纪念与东盟建立对话关系 20 周年特别峰会，宣布东盟—韩国自由贸易区将于 2010 年 1 月正式启动。2009 年，澳大利亚、新西兰与东盟签署自由贸易区协议，2012 年 1 月正式生效。2009 年，印度与东盟签署了货物贸易领域自由贸易协定，并于 2010 年 1 月开始实施，但针对服务贸易和投资自由化的谈判一直没能取得重大进展。

2011 年 11 月，东盟提出“区域全面经济伙伴关系（RCEP）”倡议，旨在构建以东盟为核心的地区自贸安排。2012 年 11 月，在第 7 届东亚峰会上，东盟国家与中国、日本、韩国、印度、澳大利亚、新西兰 6 国领导人同意启动“区域全面经济合作伙伴关系”（RCEP）的谈判。

（来源：中华人民共和国外交部网．http：//www. fmprc. gov. cn/mfa _ chn/gjhdq _ 603914/gjhdqzz _ 609676/lhg _ 610158/）

亚洲基础设施投资银行

(Asian Infrastructure Investment Bank—AIIB)

成立日期

2014年10月24日。

总部

中国北京。

创立背景

亚洲经济占全球经济总量的1/3，是当今世界最具经济活力和增长潜力的地区，拥有全球6成人口。但因建设资金有限，一些国家铁路、公路、桥梁、港口、机场和通讯等基础建设严重不足，这在一定程度上限制了该区域的经济发展。各国要想维持现有经济增长水平，内部基础设施投资至少需要8万亿美元，平均每年需投资8000亿美元。8万亿美元中，68%用于新增基础设施的投资，32%是维护或维修现有基础设施所需资金。现有的多边机构并不能提供如此巨额的资金，亚洲开发银行的总资金约为1600亿美元，世界银行也仅有2230亿美元，两家银行目前每年能够提供给亚洲国家的资金只有区区200亿美元，都没有办法满足这个资金的需求。由于基础设施投资的资金需求量大、实施的周期很长、收入流不确定等因素，私人部门大量投资于基础设施的项目是有难度的。

另一方面，中国已成为世界第3大对外投资国，中国对外投资2012年同比增长17.6%，创下了878亿美元的新高。而且，经过30多年的发展和积累，中国在基础设施装备制造方面已经形成完整的产业链，同时在公路、桥梁、隧道、铁路等方面的工程建造能力在世界上也已经是首屈一指。中国基础设施建设的相关产业期望更快地走向国际。但亚洲经济体之间难以利用各自所具备的高额资本存量优势，缺乏有效的多边合作机制，缺乏把资本转化为基础设施建设的投资。

2014年10月24日，包括中国、印度、新加坡等在内21个首批意向创始成员国的财长和授权代表在北京正式签署《筹建亚投行备忘录》，共同决定成立亚洲基础设施投资银行（AIIB），标志着这一中国倡议设立的亚洲区域新多边开发机构的筹建工作将进入新阶段。

该组织经历了4次谈判代表会议，分别在2014年11月28日（云南昆明）、2015年1月15至16日（印度孟买）、2015年3月30至31日（哈萨克斯坦阿木图）、2014年4月27至28日（北京）。最终，2015年3月，亚投行总部的选址已确定北京西城区金融街，位于全国政协礼堂附近。

性质

亚投行将是一个政府间性质的亚洲区域多边开发机构，按照多边开发银行的模式和原则运营，重点支持亚洲地区基础设施建设。亚投行将与世行、亚行等其他多边及双边开发机构密切合作，促进区域合作与伙伴关系，共同解决发展领域面临的挑战。

成员

57个（截至2015年4月15日）：亚洲34国，欧洲18国，大洋洲2国，南美洲1国，非洲2国。57个国家已全部成为正式的意向创始成员国。

联合国安理会5大常任理事国已占4席：中国、英国、法国、俄罗斯。

G20国家中已占14席：中国、印度、印度尼西亚、沙特阿拉伯、法国、德国、意大利、英国、澳大利亚、土耳其、韩国、巴西、俄罗斯、南非。

西方7国集团已占4席：英国、法国、德国、意大利。

金砖国家全部加入亚投行：中国、俄罗斯、印度、巴西、南非。

亚投行的12个理事席位，将被划分为9个地区性席位和3个非地区性席位，中国和另外几个国家将占有永久席位，其他国家则可轮流进入理事会。

投资方向

作为由中国提出创建的区域性金融机构，亚洲基础设施投资银行主要业务是援助亚太地区国家的基础设施建设。在全面投入运营后，亚洲基础设施投资银行将运用一系列支持方式为亚洲各国的基础设施项目提供融资支持——包括贷款、股权投资以及提供担保等，以振兴包括交通、能源、电信、农业和城市发展在内的各个行业投资。

运行机制

根据现有章程《筹建亚投行备忘录》，亚投行作为“多边开发银行”治理最核心问题的投票权实际上分为两个部分：一部分是亚洲区域内国家和地区所占有的75%，另一部分是区域外非亚洲国家和地区占有的25%。亚洲区域内国家和地区的投票权将通过GDP、人口等一系列指标来决定。这与世界银行、亚洲开发银行根据出资占股比例决定投票权截然不同。

自2014年10月筹建亚投行备忘录签署以来，

各意向创始成员国先后举行了 5 次谈判代表会议。2015 年 5 月 20 日至 22 日，筹建亚洲基础设施投资银行第 5 次谈判代表会议通过 3 天的谈判，各方就《亚投行章程》文本达成一致，并商定将于 2015 年 6 月底在北京举行《亚投行章程》签署仪式。

亚投行的法定资本为1000 亿美元，针对出资比例，中国计划向亚洲区域内国家分配 75％，向欧洲等域外国家分配 25％。亚投行最大股东将为中国（30.85％），以下依次为印度（10.4％）、印尼（3.99％）、德国（3.96％）和韩国（3.93％）

（来源：综合整理自百度百科、21 世纪经济报道）

中国—东盟博览会出入境检验检疫服务指南

为了办好中国—东盟博览会，方便各国客商和有关人士出入境检验检疫，根据《中华人民共和国进出口商品检验法》、《中华人民共和国进出境动植物检疫法》、《中华人民共和国国境卫生检疫法》和《中华人民共和国食品安全法》的规定，以及国家质量监督检验检疫总局（以下简称：国家质检总局）专为中国—东盟博览会批准的便利措施，制定本服务指南。

一、广西出入境检验检疫局机构设置

中国—东盟博览会期间，广西出入境检验检疫局在各主要口岸设置中国—东盟博览会入境参展物检验检疫专用通道、参会人员礼遇通道和专用通道，实行优先检验检疫，优先通关。主要航空口岸有南宁、桂林、北海；海港口岸有北海、防城港；边境陆路口岸有凭祥、东兴。中国—东盟博览会秘书处委托中国外运广西公司和广西中邮物流有限责任公司全权办理参展物出入境检验检疫有关事宜。

二、入境参展物检验检疫方式和工作流程

（一）检验检疫方式

广西出入境检验检疫局对参展物实行“口岸查验，展出地集中检验检疫监管”的方式。

广西出入境检验检疫局在南宁国际会展中心专门设立有中国—东盟博览会检验检疫现场办公室（以下简称“检验检疫现场办公室”），负责会展现场的咨询、报检和检验检疫监管工作，并在会展期间实行 24 小时电话值班制度。

（二）参展物出入境检验检疫工作流程（见下图）

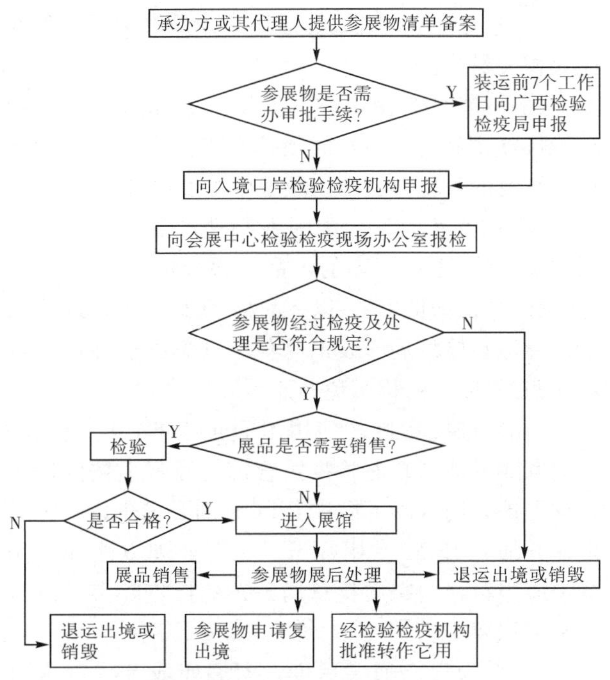

三、入境参展物的报检管理

（一）参展物主要是指展品、礼品及样品等，需由参展商或其代理人在入境时向口岸检验检疫机构申报，提交参展物清单及有关参展物的证明文件，提单/运单等，并注明是否展后销售。

（二）入境口岸检验检疫机构根据参展物的性质，实施感观检查或检疫处理后，予以放行。必要时，出具通关单或有关检验检疫证单。

（三）参展物运达展出地点后由参展商或其代理人，向检验检疫现场办公室申请办理报检手续。

（四）对非销售的展品可免予检验，涉及放射性检测的重金属矿、石材产品等除外。

（五）展品为动植物及其产品的，报检时必须附有输出国官方出具的动物检疫证书或植物检疫证书。属于需要办理检疫审批的，还须提交国家质检总局或者广西出入境检验检疫局签发的《中华人民共和国进境动植物检疫许可证》，或农业、林业部门签发的检疫审批单。

（六）需要展后销售的预包装食品、化妆品，报检时应申请品质、安全卫生、标签等项目的检验，检验合格后领取《卫生证书》才予以销售。报检时需提供下列材料：

1. 原标签和中文标签样张，中文标签内容应符合中国法规、标准规定；

2. 当标签中有特别强调某一内容，如获奖、获证、法定产区等内容时，应提供相应的证明材料；

新资源食品、保健食品还需提供中国卫生部门的进口批准件；

3. 化妆品还应全成份标注，并提供主要成份配比等相关材料。

（七）展品为微生物、生物制品和血液及其制品等特殊物品的，报检时须持有广西出入境检验检疫局签发的入境《特殊物品卫生检疫审批单》。

（八）展品为列入中国强制性产品认证（以下简称CCC认证）管理的产品，报检时须持有效的《强制产品认证证书》（以下简称CCC证书）或广西出入境检验检疫局签发的《免于办理强制性产品认证证明》（以下简称《免办证明》）。

（九）进境参展物使用木质包装的，应当在输出国家或者地区政府检疫主管部门监督下按照国际植物保护公约（以下简称IPPC）的要求进行除害处理，并加施IPPC专用标识。除害处理方法和专用标识应当符合国家质检总局公布的检疫除害处理方法和标识要求。

（十）为提高通关速度，参展商或其代理人可提前办理报检手续，参展物运抵入境口岸时，进行必要的查验后，即可快速放行。

（十一）参展物一律免收检验、检疫、除害处理和监管费用。

四、中国对入境参展物品的有关规定

（一）下列物品禁止入境

动植物病原体（包括菌种、毒种等）、害虫及其他有害生物；动物尸体、土壤；动植物疫情流行的国家和地区的有关动植物、动植物产品和其他检疫物，其目录可参阅国家质检总局在网站WWW. AQSIQ. GOV. CN上《动植物检疫》栏目公布的《禁止从动物疫情流行国家/地区输入的动物及其产品一览表》和《中华人民共和国进境植物检疫禁止进境物名录》。

（二）参展的动植物及其产品检疫审批的规定

1. 以下参展的动植物及其产品入境前由广西检验检疫局负责办理检疫审批手续

动物及其产品：（1）观赏鱼；（2）食用性动物产品；（3）蚕茧；未经加工的养殖珍珠。

植物及其产品：（1）果蔬类：新鲜水果、番茄、茄子、辣椒果实；（2）粮谷类：大麦、黑麦、燕麦、高粱等及其加工产品，如麦芽等；（3）豆类：绿豆、豌豆、赤豆、蚕豆、鹰嘴豆等；（4）薯类：马铃薯、木薯、甘薯等；（5）饲料类：麦麸、豆饼、豆粕等。

2. 以下参展的植物种子、种苗及其他繁殖材料，入境前由广西农业或林业行政主管部门审批。栽培或野生的可供繁殖的植物全株或部分，如植株、苗木（含试管苗）、果实、种子、砧木、接穗、插条、叶片、芽体、块根、块茎、鳞茎、球茎、花粉、细胞培养材料等。

3. 以下参展物不需要办理检疫审批手续

动物产品：蓝湿（干）皮、已鞣制皮、净洗羽绒、洗净毛、碳化毛、条毛、贝壳类、水产品、蜂产品、蛋制品（不含鲜蛋）、奶制品（鲜奶除外）、熟制肉类产品（如香肠、火腿、肉类罐头、使用高温炼制的动物油脂）；

除上述以外的动物产品，向广西出入境检验检疫局申报，由国家质检总局检疫审批。

4. 需要检疫审批的参展物，参展商或其代理人在展品交付装运前至少提前7个工作日，向广西出入境检验检疫局提出申请，申办时须提交参展物清单和有关参展证明文件。因特殊情况未能事先办理审批手续的，在入境时可向广西出入境检验检疫局申请补办。

（三）下列特殊物品报检前须办理卫生检疫审批手续

微生物、生物制品、血液及其制品、人体组织等特殊物品。

参展商或其代理人在展品交付装运前至少提前7个工作日，向广西出入境检验检疫局提出申请，申办时须提交中国政府省级以上主管部门签发的《医用特殊物品准入境证明》。

（四）需要进行展后销售，而未获得我国强制性产品认证的下列展品须申报备案核准手续

电线电缆、电路开关及保护或连接用电器装置、低压电器、小功率电动机、电动工具、电焊机、家用和类似用途设备、音视频设备类、信息技术设备、照明设备、电信终端设备、机动车辆及安全附件、汽车零部件、机动车辆轮胎、安全玻璃、农机产品、乳胶制品、医疗器械产品、消防产品、安全技术防范产品、装饰装修产品、玩具、无线局域网产品。

有关详细产品目录和信息，可查阅网站http://www. cnca. gov. com/，国家质检总局、国家认监委2001年第33号、2002年第60号、2004年第6号、62号、2005年第137号、198号、2006年第103号公告和国家认监委2005年第3号公告等。

参展商或其代理人在展品交付装运前至少提前7个工作日，向广西出入境检验检疫局提出申请，由国家认监委备案核准。申报时须提供有关参展证明、生产厂家产品合格证书、生产国官方认可的检

测机构出具的安全检测合格证书以及生产厂家对该展品在使用过程中的安全问题负责的自我申明等。申报的数量不应超出展览用途。因特殊情况未能事先办理备案核准手续的，在入境时可向广西出入境检验检疫局申请补办。

五、参展物的展后处理

（一）参展物展后处理的基本要求

展后需在中国境内销售的展品，须由参展商或其代理人填写《入境货物报检单》，并补齐相关的手续，附上入境时检验检疫机构签发的相关证单，经检验检疫合格后方可销售；参展后复出境的参展物，应填写《出境货物报检单》，并附上入境时检验检疫机构签发的相关证单，检验检疫机构依法出具通关单。

（二）动植物及其产品的展后处理

展览结束后，参展的动植物及其产品一般应退回参展国或作销毁处理。参展商或代理人要求保留的，必须经广西出入境检验检疫局批准，并按规定进行检验检疫。经检验检疫合格的，准许保留使用；经检验检疫不合格的，作除害或销毁处理。

（三）预包装食品、化妆品的展后处理

需要展后销售的预包装食品、化妆品，应当在入境报检时申请进行品质、安全卫生、标签等项目的检验，经检验合格领取《卫生证书》者方可销售，不合格者不准销售，展后作退运出境、销毁等处理。

（四）列入中国强制性产品认证展品的展后处理

列入中国强制性产品认证（CCC认证）管理的入境参展物，对已获得CCC认证并加施CCC认证标志的展品可以在展后进行销售；未获得CCC证书、未加施CCC认证标志而凭《免办证明》入境的展品，不准在中国境内销售，展后一律作退运出境或销毁处理。

六、人员出入境检验检疫流程

（一）入境检验检疫：旅客入境时按规定主动申报——→现场检疫查验——→查验携带物品——→合格放行。

（二）出境检验检疫：旅客出境时按规定主动申报——→现场检疫查验——→合格放行。

如果有发热、寒颤、咳嗽、呼吸困难、腹泻、呕吐等体征或症状之一的旅客，以及患有传染性疾病、精神病的旅客，在出入境时，须主动口头向检疫官员申报，并接受检验检疫。

七、人员携带物入境检验检疫管理规定

携带的参展物品按入境参展物的规定执行。广西出入境检验检疫局将在各出入境口岸公告栏和中国—东盟博览会秘书处的网站（http://www.caexpo.org）上公布人员携带物出入境检验检疫的有关信息。根据国家质检总局第56号公告《出入境人员携带物管理办法》的规定：

（一）禁止携带入境的物品

1. 人类血液及其制品（除人血清白蛋白以外）；

2. 水果、辣椒、茄子、西红柿；

3. 动物尸体及标本；

4. 土壤；

5. 动植物病原体、害虫及其它有害生物；

6. 活动物（伴侣犬、猫除外）及动物精液、受精卵、胚胎等遗传物质；

7. 蛋、皮张、鬃毛类、蹄骨角类，油脂类，动物肉类（含脏器类）及其制品，鲜奶、奶酪、黄油、奶油、乳清粉，蚕蛹、蚕卵，动物血液及其制品，水生动物产品；

8. 转基因生物材料；

9. 废旧服装。

如您携带了上述物品，请主动交由检验检疫官员处理。

（二）允许携带入境但须向检验检疫机关申报，并接受检疫的物品

1. 种子、苗木及其它繁殖材料、烟叶、粮谷、豆类（入境前须事先办理检疫审批手续）；

2. 鲜花、切花、干花；

3. 植物性样品、展品、标本；

4. 干果、干菜、腌制蔬菜、冷冻蔬菜；

5. 藤、柳、草、木制品；

6. 犬、猫等宠物（每人限带1只，须持有狂犬病免疫证书及出发地所在国或者地区官方检疫机构出具的检疫证书，入境后须在检验检疫机构指定的地点隔离检疫30天）；

7. 特需进口的人类血液及其制品、微生物、人体组织及生物制品（入境前须事先办理检疫审批手续）。

如您携带了上述物品，请主动向检验检疫机关口头申报并接受检疫。

八、法律责任及解释

（一）对不如实申报或逃避检验检疫监管的，或造成疫情疫病扩散等严重后果的，检验检疫机构依据有关法律法规追究其法律责任。检验检疫工作人员应严格履行职责，违法、失职的依法给予行政

处分，构成犯罪的追究刑事责任。

（二）本服务指南由广西出入境检验检疫局负责解释。

广西出入境检验检疫局

二〇一五年五月十一日

（来源：广西出入境检验检疫局网 .http://www.gxciq.gov.cn/jqzl/fwzgdm/40699.htm.2015—05—11）

中国—东盟中心

2009年，在第12次中国—东盟领导人会议期间，中华人民共和国政府（以下简称“中国”）和文莱达鲁萨兰国、柬埔寨王国、印度尼西亚共和国、老挝人民民主共和国、马来西亚、缅甸联邦共和国、菲律宾共和国、新加坡共和国、泰王国和越南社会主义共和国等东盟10国签署了《中华人民共和国政府和东南亚国家联盟成员国政府关于建立中国—东盟中心的谅解备忘录》。缔约各方据此建立一个信息和活动中心，即中国—东盟中心。

中国—东盟中心是一个政府间国际组织，旨在促进中国和东盟在贸易、投资、旅游、教育和文化领域的合作。中心总部设在北京，今后将不断拓展，并在东盟各成员国和中国的其他地区设立分中心。

根据《谅解备忘录》，中国和东盟10个成员国是中心成员，中国和东盟的企业和社会团体可通过向中心秘书处提出申请成为联系会员。中心将根据《谅解备忘录》所赋予的使命，推动中国—东盟各领域的务实合作。

2010年10月，温家宝总理同东盟国家领导人共同启动了中心官方网站（www.asean-china-centre.org），并宣布2011年建成实体中心。2011年11月18日，中国—东盟中心在第14次中国—东盟领导人会议暨中国—东盟建立对话关系20周年纪念峰会上正式成立，时任中国国务院总理温家宝与东盟10国领导人及东盟秘书长共同为中心揭牌。

根据《谅解备忘录》，中心职责如下：

（一）成为信息、咨询和活动的核心协调机构，为中国和东盟的商务人士和民众提供一个关于贸易、投资、旅游、文化和教育的综合信息库；

（二）成为中国与东盟就有关促进贸易、投资、旅游和教育信息进行有益交流的渠道，包括涉及市场准入，特别是支持中小企业发展的规章制度；

（三）通过对数据和信息的广泛收集、分析，以及对市场趋势的预测，开展贸易和投资领域的研究，彰显中国—东盟自由贸易区的益处；

（四）通过宣传中国和东盟的传统艺术、手工艺品、音乐、舞蹈、戏剧、电影和语言，以及在中国和东盟的教育机会，促进文化和教育；

（五）通过征询意见、提供教育咨询服务和组织贸易投资交易会、旅游展、食品节、艺术展和教育展，向中国和东盟的公司、投资者和民众介绍和宣传中国和东盟的产品、产业和投资机会、旅游资源、文化及教育；

（六）开展市场调查活动，确定潜在市场和合作领域；

（七）管理中心框架内设立的永久性东盟贸易、投资和旅游展厅；

（八）成为核心的投资促进机构，建立行业联系，向中国和东盟企业推介商机，特别是协助投资者和公司寻找当地的商业伙伴；

（九）与中国政府、东盟各成员国政府，以及相关区域和国际组织在贸易、投资和旅游领域保持密切合作；

（十）为中国和东盟之间的贸易和投资活动提供便利；

（十一）提供中国和东盟与贸易、投资和旅游领域有关的机构和政府官员名录；

（十二）开展能力建设活动以支持中国和东盟之间的贸易、投资和旅游促进活动；

（十三）支持中小文化企业发展，促进文化旅游；

（十四）组织中国与东盟成员国之间关于贸易、投资和旅游便利化等问题的研讨会或研修班；

（十五）建立一个艺术、文化和语言的学习中心，以加强民间交流，增进中国和东盟民众和社会之间的相互了解；

（十六）研究开展与贸易、投资和旅游领域相关的人员交流项目的可能性；

（十七）支持关于缩小东盟国家间发展差距的项目；

（十八）开展中心实现其目标所需其它活动。

（来源：中国—东盟中心官方网站. http://www.asean—china—center.org/zxgk/）

索　　引

A

B

C

E

F

G

H

J

K

L

M